CAUSES CÉLÈBRES

TABLE-AVIS

Ce septième volume des **CAUSES CÉLÈBRES** comprend :

Cahier 26.

LE MARÉCHAL NEY.
JOBARD.
LÉGER L'ANTHROPOPHAGE.
LES ERREURS JUDICIAIRES : D'ANGLADE ; LEBRUN ;
  MONTBAILLI ; VICTOIRE SALMON ; VERDURE.

Cahier 32.

UNE NOUVELLE BRINVILLIERS : HÉLÈNE JEGADO.
LA MACHINE INFERNALE DE SENLIS : BILLON.
JEANNE DARC.

Cahier 33.

LE FAUX MARTIN GUERRE.
LE FAUX CAILLE.
LE COCHER COLLIGNON.
LE PALEFRENIER BAUMANN.
DUMOLLARD, L'ASSASSIN DES BONNES.

Cahier 34

LAVALLETTE, Mme LAVALLETTE ET LES TROIS
  ANGLAIS.
LE GUEUX DE VERNON.
LE COMTE DE SAINT-GÉRAN.
LE CURÉ GOTTELAND ET Mme DUSSABLON.

Cahier 35.

Mme LEMOINE ET SA FILLE.
LA BELLE ÉPICIÈRE ET EUSTACHE LE NOBLE.
LES ADULTÈRES DE LA BASTIDE-NEUVE : Vve AUPHAN ET DENANTE.

N. B. — MM. les Souscripteurs qui feront relier ou brocher les cahiers 26, 32 à 35, devront enlever, s'ils ne l'ont fait déjà, du cahier 27 (formant, avec les cahiers 28 à 31, le sixième volume des *Causes Célèbres*), la livraison 120, c'est-à-dire les pages 17 à 32 des Erreurs judiciaires, et la joindre, à son ordre, dans ce septième volume.

Chaque procès ayant sa pagination propre et distincte, l'indication ci-dessus est tout simplement le rappel de l'ordre de publication.

Nous avons été amené à adopter le mode de séparation, de préférence à l'ordre alphabétique ou chronologique, parce qu'il a pour effet d'éviter jusqu'à l'apparence d'un rapprochement entre des faits et des hommes qui n'ont entre eux aucun rapport comme date, et surtout comme moralité, et parce qu'il laisse au souscripteur la faculté d'isoler ou de combiner, selon ses répulsions ou ses préférences, les CAUSES, si diverses, appelées par leur retentissement à faire partie de la collection des CAUSES CÉLÈBRES.

MODE DE PUBLICATION, CONDITIONS DE VENTE ET D'ABONNEMENT :

La collection des **Causes célèbres illustrées** est publiée, depuis 1857, par cahiers de cinq feuilles in-4° double, à deux colonnes de texte, avec gravures. Cinq cahiers forment, réunis, un magnifique volume de 400 pages, orné de 80 à 100 gravures.

Abonnement à 5 cahiers (ou Volume) : Paris, 6 fr. ; Départements, 7 fr.

Chaque cahier se vend séparément 1 fr. 25 c.

LES PROCHAINES LIVRAISONS CONTIENDRONT :

La Roncière ; — la conspiration Babeuf ; — l'affaire du Fœderis-Arca ; — le drame de la Bastide-de-Besplas : Jacques Latour, Audouy, Sallot, etc. ; — l'affaire Berezowski, attentat contre l'Empereur de Russie ; — Oscar Becker, attentat contre le roi de Prusse ; — le drame de la forêt de Fontainebleau, etc.

La traduction et la reproduction sont interdites.

Paris. — Typographie de Ad. Lainé et J. Havard, rue des Saints-Pères, 19.

CAUSES CÉLÈBRES

DE

TOUS LES PEUPLES

PAR A. FOUQUIER

CONTINUATEUR DE L'ANNUAIRE HISTORIQUE DE LESUR.

Édition illustrée.

TOME VII. — LIVRAISONS 115 A 139.

PARIS

LEBRUN ET Cᵉ, ÉDITEURS

8, RUE DES SAINTS-PÈRES.

1865-67

CAUSES CÉLÈBRES

TOUS LES PEUPLES

LES PROCÈS POLITIQUES.

LE MARÉCHAL NEY (1815).

Statue du maréchal Ney (au Carrefour de l'Observatoire.)

Parmi les lieutenants de Napoléon Ier, il en est deux que la faveur de l'histoire et l'admiration du peuple ont choisis entre tous comme les types les plus accomplis de l'héroïsme : c'est nommer Joachim Murat et Michel Ney.

Tous deux sortis du sein des classes déshéritées dans les derniers jours de la monarchie féodale, tous deux, par la seule vertu de leur intelligence et de leur énergie, s'élevèrent aux situations les plus hautes. Tous deux en tombèrent foudroyés, mais plus grands encore par leur chute. Tous deux, aux fortes qualités du soldat ou du capitaine, joignirent les faiblesses les plus misérables ; la France leur a pardonné à tous deux, parce qu'ils ont, pour ainsi dire, résumé dans leurs figures chevaleresques ses petitesses et ses grandeurs.

Si Murat fut surtout un soldat fougueux, téméraire, habile à lancer sur l'Europe ces masses profondes qui enlevaient d'assaut la victoire, Ney fut un homme de guerre dans ce sens le plus complet du mot. Audacieux, fort de corps comme son émule, méprisant comme lui la mort, mais avec plus de calme et moins de jactance théâtrale, il eut de plus le coup d'œil sûr des capitaines, les grandes conceptions stratégiques, les ressources d'esprit, la prévoyance, le conseil, et, à quelques moments, le génie militaire. Grand capitaine d'avant-garde, il fut aussi un héros d'arrière-garde, solide et prudent autant que téméraire, ménager d'hommes au besoin autant que prêt à les sacrifier lorsqu'il le fallait et à se sacrifier lui même.

Son âme était *trempée d'acier*, a dit Napoléon, qui, le premier, l'a surnommé *le brave des braves*. Le soldat, juge suprême en fait de bravoure, disait, en voyant passer dans l'ouragan d'une bataille ce Germain aux cheveux d'un blond vif : « Voilà *Pierre le Roux* qui arrive ; si le *lion rouge* s'en mêle, tout va bien. »

Michel Ney, né à Sarrelouis, le 10 janvier 1769, dans la boutique d'un tonnelier, hussard en 1787, général en 1796, maréchal d'Empire en 1804, prince en 1812, a attaché à son nom plébéien ces souvenirs tout autrement glorieux que ces vains titres : Elchingen, Iéna, Magdebourg, Friedland, la Moskowa. La Moskowa surtout, cette bataille de Titans, où Ney se montra supérieur à Napoléon lui-même !

Mais c'est surtout la retraite fatale de 1812 qui le vit développer ses rares qualités d'audace et de fermeté. Soldat et général tout ensemble, il soutint de son corps et de son âme cette armée qui s'en allait en lambeaux, brisée, dispersée par une de ces forces invisibles qui domptent les énergies les plus robustes. Sur les bords de la Bérésina, du Kowno et du Niémen, il se fit admirer, dit M. de Ségur, « toujours combattant, reculant et ne fuyant pas, marchant toujours après les autres, et, pour la centième fois depuis quarante jours et quarante nuits, sacrifiant sa vie et sa liberté pour sauver quelques Français de plus. Il sort enfin le dernier de cette fatale Russie, montrant au monde l'impuissance de la fortune contre les grands courages, et que, pour les héros, tout tourne en gloire, même les plus grands désastres. »

Pendant la campagne de 1813, Ney, qui avait fait des prodiges à Lutzen et à Bautzen, fut battu à Dennevitz par son ancien compagnon d'armes, Bernadotte. Napoléon, toujours injuste dans l'infortune et qui aimait à justifier ses propres fautes en les rejetant sur ses lieutenants, fit sentir au maréchal les effets de cette humeur acerbe qui oubliait, pour un seul jour de désastre, des années de glorieux services. Ney, tombé dans une sorte de disgrâce, conçut de l'injustice de son chef une rancune puérile, indigne d'un grand cœur.

Lorsque, en 1814, Napoléon tomba sous l'effort de l'Europe, Ney fut dur envers son maître. Le premier, à Fontainebleau, il parla d'abdication et signifia à l'Empereur vaincu sa déchéance ; un des premiers, il offrit humblement ses services au pouvoir nouveau.

Louis XVIII s'empressa d'attacher à sa cause cet illustre capitaine, et ajouta de nouvelles distinctions à celles dont il était déjà revêtu. Le 20 mai, le maréchal Ney fut nommé commandant en chef du corps royal des cuirassiers, des dragons, des chasseurs et des chevau-légers lanciers ; le 1er juin, chevalier de Saint-Louis ; le 4 juin, pair de France.

. Nous ne voulons point raconter ici les fautes de la première Restauration. Il nous suffira d'indiquer celles qui devaient, peu à peu, détacher des Bourbons le peuple, l'armée et les anciens chefs qui l'avaient si glorieusement conduite par l'Europe.

Ney, comme tant d'autres, avait mis à la charge de Napoléon l'humiliation de la défaite. Il avait ressenti, comme la nation elle-même, un grand dégoût de cette gloire qu'on payait de tant de honte. Relevé de ses serments par la déchéance de l'Empereur, ne voyant de salut que dans l'hérédité légitime, séduit par les promesses de liberté qu'apportait la monarchie, il avait pu se donner très-sincèrement au gouvernement restauré. Pour l'honneur de la nature humaine, il faut croire qu'une pensée patriotique, dégagée de tout intérêt personnel, avait porté le héros impérial vers la royauté devenue la seule ressource de la France.

Mais l'illusion ne dura guère. Les imprudentes jactances des émigrés, les revendications menaçantes des biens de l'Eglise et de la Noblesse, les épurations pratiquées dans l'armée, dans les fonctions publiques, dans la magistrature, les exagérations de zèle des nouveaux ralliés, l'intolérance du clergé, la morgue des corps d'élite, toutes ces fautes réunies enlevaient chaque jour aux Bourbons un peu de l'âme de la France. Tout était condamné de la Révolution par les royalistes, ses grandeurs comme ses crimes ; tout était haï en elle, ses libres institutions comme ses tyranniques violences. La Charte elle-même, ce pacte d'oubli, cette promesse de pacifiques libertés, semblait n'avoir été donnée que pour être reprise, et déjà la voix du pays se taisait dans la Chambre des députés. Les campagnes regorgeaient de soldats, de sous-officiers, d'officiers en demi-solde, exaspérés de leur humiliation, réduits à l'inaction et à la misère, vexés par une police ombrageuse.

Plus l'incompatibilité d'humeur se prononçait entre la France et le roi, plus la faction royaliste redoublait de défiances, de provocations. Les lieutenants de Napoléon dévoraient, dans les antichambres royales, des mépris mal déguisés. Il n'y avait pas jusqu'aux familiarités, jusqu'à la bienveillance qu'on ne leur rendît amères.

Ney avait, en 1810, épousé mademoiselle Auguié, fille d'un receveur général et amie intime de madame Louis Bonaparte. La mère de mademoiselle Auguié avait été femme de chambre de Marie-Antoinette, et la duchesse d'Angoulême retrouva, dans la maréchale Ney, une compagne des jours de son enfance. Sans le vouloir peut-être, la fière duchesse blessa la maréchale d'Empire, la princesse de la Moskowa, duchesse d'Elchingen, par ces familiarités qui ravalent une inférieure au rang des domestiques. Le nom de baptême, substitué au nom du mari, rappelait maladroitement qu'on ne voulait voir dans la bonne Auguié que la fille d'un ancien serviteur.

Qu'on ajoute à ces piqûres les commérages de cour, les petites passions, les rangs disputés entre les anciennes et les nouvelles duchesses, les sarcasmes lancés d'une lèvre dédaigneuse aux personnes de la Révolution, et l'on comprendra que, fatigué d'humiliations et de défiances, le maréchal se fût retiré dans sa terre des Coudreaux, près de Châteaudun.

C'est là qu'il vivait, dans la plus modeste obscurité, quand, le 6 mars 1815, un ordre du ministre de la guerre, le maréchal Soult, vint l'en tirer pour l'envoyer à la tête de la sixième division militaire. Le débarquement de Napoléon au golfe Juan avait forcé la monarchie menacée de recourir aux services trop vite dédaignés du plus énergique des capitaines de l'Empire.

Le premier sentiment qu'éprouva Ney, à la nouvelle de la réapparition de Napoléon, fut un sentiment d'indignation sincère. Que venait faire cet homme sur le territoire de la France? Quelle folie le poussait à troubler la paix du monde? Venait-il réclamer une défection nouvelle, un nouveau serment? On hait secrètement qui nous place entre l'ingratitude et le parjure. Vaillant sur un champ de bataille, Ney était irrésolu en face d'une situation politique complexe. Comme le maréchal Soult, il ressentit une sourde colère, née de sa faiblesse, une impatience d'en finir avec celui qui le compromettait une fois de plus à ses propres yeux. De tous côtés, se présentait à lui le parjure : ou renier ses vieux et glorieux souvenirs, ou mentir à son serment, tel était le dilemme que lui posait le débarquement de Fréjus.

Ney, s'il hésita, n'hésita pas longtemps. Le soir même du 6 mars, il partit des Coudreaux pour Paris. Arrivé le 7, il alla aux informations. Chez M. Batardi, son notaire, il eut sur la tentative d'invasion de l'exilé de l'île d'Elbe des détails qui lui représentèrent cet acte comme un coup de tête de désespéré : « — Voilà un bien grand malheur ! s'écria-t-il; que va-t-on faire? qui pourra-t-on envoyer contre cet homme ? »

A ce même moment, le maréchal Soult, dans une proclamation tristement célèbre, invitait les Français à courir sus à l'*insensé*, au perturbateur du repos public. Tous ceux qui s'étaient compromis avec les Bourbons exagéraient leur zèle et retrempaient leur fidélité monarchique dans les outrages adressés à ce vaincu qui n'acceptait pas la défaite. Il ne faut donc pas trop reprocher à Ney ces mouvements passionnés qui le soulevaient alors contre son ancien maître. A Paris, dans le monde officiel, Napoléon n'était considéré que comme un lâche brigand, repoussé par les populations, apportant la guerre civile et la guerre étrangère. Homme d'impressions, de sensations, incapable de mesure, Ney parla la langue du jour avec la crudité d'un soldat. Quand il se présenta chez le ministre de la guerre pour recevoir de lui ses instructions, quand il obtint de Louis XVIII son audience de départ, il se montra animé de la plus vive colère contre l'homme pris en flagrant délit d'attentat à la sûreté publique. Fier d'être choisi pour arrêter le prisonnier en rupture de ban, il se laissa aller jusqu'à promettre au roi, qui lui fit le plus bienveillant accueil, de lui ramener Buonaparte *dans une cage de fer*.

Le propos a été nié; ce procès démontrera qu'il fut tenu. Intempérance soldatesque, orgueil flatté, craintes secrètes, honte inavouée d'une situation fausse, tout cela se retrouverait au fond de ce mot malheureux ; mais Ney n'analysait pas ses impressions si multiples : encore une fois, il était sincère.

On le crut à la Cour, ou du moins on feignit de le croire. Il fallait bien se fier à quelqu'un de ces vaillants ; car on se dissimulait assez mal l'insuffisance et l'impopularité des princes du sang. Macdonald, l'honnête homme, qui inspirait le respect et la confiance même aux plus exagérés royalistes, fut chargé de couvrir Lyon par la route de Nîmes. Ney fut envoyé à Besançon.

On sait comment l'activité foudroyante de Napoléon avait déjà rendu inutiles ces préparatifs de résistance. Echappé, par la route des montagnes, aux dangers qui le menaçaient dans la royaliste Provence, l'Empereur s'était bientôt trouvé au milieu des patriotiques populations du Dauphiné. Il y avait été accueilli par les cris de : *Vive l'Empereur ! A bas les nobles ! A bas les prêtres !* Eclatantes protestations contre les hontes récentes, contre l'aveugle réaction du royalisme. L'armée avait reconnu son chef, repris ses aigles; Grenoble avait ouvert ses portes, et tout corps envoyé contre l'envahisseur venait grossir le torrent de l'invasion : la journée du 7 mars avait déjà décidé la chute des Bourbons.

Le 10 mars, Napoléon n'eut qu'à paraître devant Lyon pour s'emparer, par sa seule présence, du corps d'armée qu'y commandait Macdonald. Le 13, il prenait, avec douze mille soldats fanatisés, la route du Bourbonnais, et annonçait pour le 20 mars son arrivée sous Paris.

Sur cette route, un seul obstacle pouvait encore être opposé à l'envahisseur, et c'était le corps commandé par le maréchal Ney. Se portant sur le flanc de Napoléon par Besançon et Lons, Ney pouvait lui couper la route de Paris. Mais c'est à peine s'il avait pu réunir six mille hommes, et cette grande inégalité de forces était encore accrue par le secret pressentiment d'une générale, d'une irrésistible défection. Ney, pour dépeindre au vrai sa situation, allait manœuvrer en pays ennemi, à la tête de troupes dévouées corps et âme à l'ennemi. La Franche-Comté, la Bourgogne étaient profondément attachées à la Révolution et à l'Empereur; les soldats n'attendaient que la vue de la redingote grise et du petit chapeau pour fouler aux pieds la cocarde blanche.

Malgré ces difficultés insurmontables, et dont il avait la claire conscience, Ney voulut faire son devoir jusqu'au bout. Arrivé à Besançon, il y organisa très-loyalement et très-énergiquement la résistance. Rien n'était prêt; il s'efforça de suppléer à tout. Il partagea en deux divisions les huit régiments dont il pouvait disposer, et en donna le commandement à Bourmont et à Lecourbe : deux bons choix, au moins en apparence, et capables de rassurer les royalistes : Bourmont, un Vendéen; Lecourbe, un républicain disgracié par Napoléon.

Le 12 mars, le maréchal arriva à Lons-le-Saulnier. C'est là qu'il apprit l'entrée de l'Empereur à Lyon. Les royalistes étaient profondément découragés; les populations se partageaient entre l'inquiétude et l'espérance d'une restauration impériale; les soldats protestaient par leur silence contre le rôle qu'on prétendait leur faire jouer, et il n'était pas difficile de comprendre qu'ils étaient impatients de suivre l'exemple donné par les corps de Lyon et de Grenoble.

Ney, cependant, multipliait les assurances de lutte énergique et tentait de répandre autour de lui une confiance qu'il n'avait pas lui-même. Il excitait les royalistes ou les gourmandait avec cette rudesse de langage qui ressemblait trop souvent à la brutalité. Il encourageait ses soldats : « Il faudra bien qu'ils se battent, disait-il ; je prendrai moi-même un fusil de la main d'un grenadier, j'engagerai l'action et je passerai mon sabre au travers du corps du premier qui refusera de me suivre. »

Les soldats, les officiers, ne répondaient que par un silence significatif, ou haussaient les épaules en murmurant : « Ne sait-il pas ce que nous pensons, et ne doit-il pas le penser comme nous? »

Le 13, on apprit à Lons que Napoléon marchait sur Mâcon, que Bourg et le 76ᵉ de ligne, caserné dans cette ville, s'étaient prononcés pour l'Empereur. Quelques heures après, on sut que Mâcon avait chassé les autorités royales. Puis, ce fut Dijon qui, à l'aide du 6ᵉ hussards, proclama le rétablissement de l'Empire. Enfin l'artillerie, impatiemment attendue par Ney, se réunit à l'armée de Napoléon.

Les nouvelles se succédèrent jusque vers le milieu de la nuit. A ce moment, le maréchal reçut la visite de deux émissaires du grand maréchal Bertrand. Ils lui apportaient l'assurance d'un soulèvement général de Paris et de la France tout entière, d'une entente secrète de Napoléon avec l'Autriche. Les puissances alliées elles-mêmes laissaient faire, à la condition que l'Empereur s'engageât à respecter la paix générale.

Ney se vit dès lors jeté seul en face d'un irrésistible mouvement, impuissant, compromis, abandonné. Assumerait-il cette responsabilité d'engager une lutte inutile? Encourrait-il cette honte de ne pouvoir pas même la soutenir un instant? Les Bourbons valaient-ils ce sacrifice sans résultat? L'Empereur oublierait-il les scènes de Fontainebleau? La guerre civile n'était plus à craindre; la guerre étrangère ne menaçait plus la France. Que faire contre tous, et pourquoi se refuser plus longtemps à vouloir ce que voulait la nation, ce que permettait l'Europe?

Dans ces perplexités, Ney consulta Bourmont et Lecourbe. Lecourbe reconnut qu'il fallait céder au torrent, mais qu'il eût mieux valu ne pas essayer follement de l'arrêter. Bourmont conseilla l'abandon de la cause royale.

Il n'y avait plus à hésiter. Les deux officiers envoyés par Bertrand avaient remis au maréchal une proclamation toute faite. Ney la relut et la signa. Elle était conçue en ces termes :

« Officiers, sous-officiers et soldats,

« La cause des Bourbons est à jamais perdue. La dynastie que la nation française a adoptée va remonter sur le trône. C'est à l'empereur Napoléon, notre souverain, qu'il appartient seul de régner sur notre beau pays. Que la noblesse des Bourbons prenne le parti de s'expatrier encore ou qu'elle consente à vivre au milieu de nous, que nous importe? La cause sacrée de la liberté et de notre indépendance ne souffrira plus de leur funeste influence. Ils ont voulu avilir notre gloire militaire, mais ils se sont trompés; cette gloire est le fruit de trop nobles travaux pour que nous puissions jamais en perdre le souvenir. Soldats! les temps ne sont plus où l'on gouvernait les peuples en étouffant leurs droits; la liberté triomphe enfin, et Napoléon, notre auguste empereur, va l'affermir à jamais. Que désormais cette cause si belle soit la nôtre et celle de tous les Français; que tous les braves que j'ai l'honneur de commander se pénètrent de cette grande vérité.

« Soldats! je vous ai souvent menés à la victoire; maintenant, je vais vous conduire à cette phalange immortelle que l'empereur Napoléon conduit à Paris, et qui y sera sous peu de jours; et là, notre espérance et notre bonheur seront à jamais réalisés. Vive l'Empereur !

« *Lons-le-Saulnier, le 13 mars 1815.*

« Le maréchal d'Empire,

« PRINCE DE LA MOSKOWA. »

« Je ne puis pas arrêter la mer avec la main, » avait dit le maréchal, en se jetant, les yeux clos, dans le courant. Dès ce moment, il alla en avant avec l'énergie qu'il déployait dans toutes les situations bien comprises. Il ordonna que, le 14 au matin, les troupes fussent réunies sur les places principales de Lons. Là, au milieu d'un de ces silences qui précèdent les résolutions graves, il tira son épée et lut la proclamation que l'on vient de voir.

Dès les premiers mots, armée, peuple éclatèrent en acclamations de joie, en cris enthousiastes de *Vive l'Empereur! vive le maréchal Ney!*

M. Thiers raconte et analyse cette scène avec une précision de détails qui fait toucher du doigt les sentiments divers soulevés autour de Ney et dans l'âme de Ney lui-même. Il faut citer ce récit d'un acte qui influa si tristement sur la destinée du maréchal.

« Une joie furieuse, dit l'illustre historien, éclata comme le tonnerre dans les rangs des soldats. Mettant leurs shakos au bout de leurs fusils, ils poussèrent les cris de *Vive l'Empereur! vive le maréchal Ney!* avec une violence inouïe; puis ils rompirent les rangs, se précipitèrent sur le maréchal, et baisant, les uns ses mains, les autres les basques de son habit, ils le remercièrent à leur façon d'avoir cédé au vœu de leur cœur. Ceux qui ne pouvaient l'approcher entouraient ses aides de camp un peu embarrassés d'hommages qu'ils ne méritaient pas, car ils étaient étrangers au brusque revirement qui venait de s'accomplir, et leur serrant la main : — « Vous êtes de braves gens, disaient-ils, nous comptions sur vous et sur le maréchal, et nous étions bien certains que vous ne resteriez pas longtemps avec les émigrés. » Les habitants, non moins expressifs dans leurs témoignages, s'étaient joints aux soldats, et Ney rentra chez lui escorté d'une multitude bruyante et remplie d'allégresse.

« Pourtant, en revenant à sa résidence, il trouva la gêne, et même l'improbation sur le visage de la plupart de ses aides de camp. L'un d'eux, ancien émigré, brisa son épée en lui disant : « —Monsieur le maréchal, il fallait nous avertir, et ne pas nous rendre témoins d'un pareil spectacle. — Et que vouliez-vous que je fisse? lui répondit le maréchal. Est-ce que je puis arrêter la mer avec mes mains? »

« D'autres, en convenant qu'il était impossible de faire battre les soldats contre Napoléon, lui exprimèrent le regret de ce qu'il prenait sur lui de jouer, à si peu d'intervalle de temps, deux rôles si contraires. — « Vous êtes des enfants, répliqua le maréchal; il faut vouloir une chose ou une autre. Puis-je aller me cacher comme un poltron, en fuyant la responsabilité des événements? Le maréchal Ney ne peut pas se réfugier dans l'ombre. D'ailleurs, il n'y a qu'un moyen de diminuer le mal, c'est de se prononcer tout de suite pour prévenir la guerre civile, pour nous emparer de l'homme qui revient et l'empêcher de commettre des folies; car, ajouta-t-il, je n'entends pas me donner à un homme, mais à la France; et si cet homme voulait nous ramener sur la Vistule, je ne le suivrais point! »

« Après avoir ainsi rudoyé ses improbateurs, Ney

reçut à dîner, outre les généraux, tous les chefs des régiments, un seul excepté qui refusa de s'y rendre. Sauf un peu de gêne, provenant de la violation du devoir militaire qu'on se reprochait intérieurement, ce ne fut qu'une longue récapitulation des fautes des Bourbons qui, sans le vouloir ou en le voulant (chacun en jugeait à sa manière), s'étaient livrés à l'émigration, à l'étranger, et avaient affiché des sentiments qui n'étaient pas ceux de la France. Ce ne fut aussi qu'une protestation unanime contre les anciennes fautes de l'Empereur, contre sa folie belliqueuse, contre son despotisme, contre son refus d'écouter les représentations de ses généraux en 1812 et 1813; ce ne fut enfin qu'une résolution énergique de lui dire la vérité, et d'exiger de sa part des garanties de liberté et de bonne politique. — « Je vais le voir, disait Ney, je vais lui parler, et je lui déclarerai que nous ne nous laisserons plus conduire à Moscou. Ce n'est pas à lui que je me donne, c'est à la France, et si nous nous rattachons à lui comme au représentant de notre gloire, ce n'est pas à une restauration du pouvoir impérial que nous entendons nous prêter. » Les généraux Lacourbe et de Bourmont assistèrent à ce dîner, prenant peu de part à ce qui s'y disait, mais admettant comme inévitable, et comme trop motivée par les fautes des Bourbons, la révolution qui venait de s'accomplir.

« Le maréchal quitta ses convives... Il adressa à sa femme une lettre dans laquelle il racontait ce qu'il avait fait, et qu'il terminait par ces mots caractéristiques : « Mon amie, tu ne pleureras plus en sortant des Tuileries. »

Voilà la faute accomplie. On a pu juger si Ney s'était lancé de gaieté de cœur dans cette fatale aventure des Cent-Jours. Il éprouvait pour Napoléon une répugnance aussi vive que celle que lui inspiraient les Bourbons eux-mêmes. Surpris le 6 mars par la nouvelle de l'invasion, sincèrement indigné, loyalement décidé à servir le roi, il s'était vu, sept jours après, paralysé par un mouvement d'opinion irrésistible. S'il trahissait le peuple et l'armée, la bourgeoisie presque tout entière trahissait comme lui, avait trahi avant lui. Qu'eût-il pu contre tous, surtout quand ceux-là mêmes qu'il s'agissait de sauver s'abandonnaient et reconnaissaient leur propre impuissance?

Le vrai malheur de Ney, c'était d'avoir donné bruyamment une parole qu'il ne pouvait tenir; c'était d'avoir laissé compter sur lui, c'est-à-dire de paraître avoir levé par sa défection le dernier obstacle qui séparait Napoléon des Tuileries.

Quand les envoyés de Bertrand se furent assurés que Ney n'était plus à craindre, ils lui communiquèrent les ordres de marcher que lui adressait l'Empereur. Napoléon connaissait admirablement l'homme à qui il avait affaire; c'était, disait-il, une *mauvaise tête*, c'est-à-dire un tempérament violent et faible à la fois. Il ne fallait pas discuter avec lui, récriminer, menacer; ce qu'il y avait de mieux à faire, c'était de considérer le passé comme non avenu, de renouer le fil un moment rompu des relations hiérarchiques et de ne pas paraître douter de l'obéissance ; l'ascendant habituel du chef sur ses lieutenants ferait le reste.

Napoléon prescrivait au maréchal, dans les termes ordinaires, de se diriger sur Autun et Auxonne. Le maréchal obéit.

Le 17, l'Empereur était à Auxerre, et y accueil-lait de la manière la plus flatteuse M. Gamot, beau-frère de Ney, et alors préfet de l'Yonne. Le 19, Ney arriva lui-même à Auxerre, très-décidé à faire ses conditions, à stipuler pour la paix, pour la liberté. Napoléon ne lui en laissa pas le temps. Comme le maréchal se présentait devant lui, tenant à la main une sorte de manifeste dans lequel il expliquait sa conduite et faisait ses réserves, l'Empereur lui ouvrit ses bras, en disant : « Embrassons-nous, mon cher maréchal ! » Ney voulut parler, voulut lire : — « Vous n'avez pas besoin d'excuses, lui dit Napoléon ; votre excuse, comme la mienne, est dans les événements qui ont été plus forts que les hommes. Mais ne parlons plus du passé, et ne nous en souvenons que pour nous mieux conduire dans l'avenir. »

C'était le plus adroitement du monde fermer la bouche au maréchal, et mettre fin à une situation pénible pour tous deux.

A partir de ce moment, Ney reprend sa place parmi les satellites du soleil impérial. Mais les souvenirs de Fontainebleau et de Lons rendent sa position difficile, gênée, gênante. Napoléon ne peut conserver auprès de lui ce frondeur mécontent de son maître, mécontent de lui-même; il lui confie la mission d'assurer la défense du territoire sur les frontières du Nord et de l'Est.

Napoléon à peine réinstallé sur le trône, il fut évident que l'Europe coalisée n'accepterait pas de lui la paix. Une nouvelle alliance fut signée et on se décida, à Londres, à Vienne, à Berlin, à Saint-Pétersbourg, à engager une lutte à mort avec l'homme qui menaçait le repos du monde. Cette fois, c'était avec des sentiments de haine et de crainte furieuse qu'on se préparait à la guerre. L'instinct de conservation se compliquait d'une grande ardeur de vengeance. Il fallait, disait-on, traiter Napoléon, ses lieutenants, la nation française elle-même comme des *chiens enragés*. Les plus sages diplomates attisaient ces fureurs. M. Pozzo di Borgo écrivait à lord Castelreagh : « Il faut *purger la France de cinquante grands criminels*, dont l'existence est incompatible avec la paix. » Parmi ces victimes dévouées à l'avance à une réaction impitoyable, l'opinion de l'Europe plaçait au premier rang, à côté de Napoléon lui-même, le maréchal Ney.

Les Bourbons, en effet, même le plus sage et le plus calme d'entre eux, le roi Louis XVIII, se refusaient à croire que la France les eût abandonnés. Ils se plaisaient à regarder leur chute comme l'effet d'une vaste conspiration militaire. L'incroyable mouvement d'opinion qui avait, en vingt jours, porté Napoléon de l'île d'Elbe à Paris, n'était à leurs yeux qu'une trame criminelle, et le comte d'Artois, oubliant qu'il avait été chassé de Lyon avec le fidèle Macdonald, s'en allait disant contre toute évidence que Ney, s'il n'avait pas été complice du *brigand corse*, eût pu l'écraser et sauver la dynastie légitime.

Il ne faudra pas un instant perdre de vue cette opinion intéressée, mais très-sincère : elle explique tout ce procès. Les plus grandes fautes, les crimes mêmes ne sont pas aussi souvent qu'on le pense inspirés par des passions mauvaises; il faut les attribuer, pour la plus grande part, à l'aveuglement, au préjugé, à l'emportement de passions déplorables, mais excusables.

Pour mieux juger encore la position singulière du maréchal Ney, on doit dire que si les Bourbons et leurs partisans lui réservaient leurs plus implacables colères, Napoléon, de son côté, ne lui ménageait pas les manifestations d'une défiance et d'une rancune trop bien justifiées. Lorsque, le 1er juin 1815, l'Empereur réunit solennellement le corps électoral au Champ de Mai, Ney, qui n'avait pas paru aux Tuileries depuis un mois, fut salué par son maître de cette apostrophe humiliante : — « Je croyais que vous aviez émigré! »

Ce qui n'empêcha pas le maréchal d'être compris, avec ses neuf collègues, dans la liste des cent trente nouveaux pairs publiée quelques jours après.

A quelques jours de là, une lutte suprême était engagée. Ney, redevenu le soldat héroïque d'autrefois, battait l'ennemi aux Quatre-Bras et déployait dans la fatale bataille de Waterloo un courage inutile. Mais en lui le caractère n'était pas à la hauteur du génie et de la bravoure militaires. Revenu à Paris, il fut un des premiers à désespérer du salut de la patrie, à représenter dans la Chambre des pairs notre désastre comme irrémédiable. L'accuse qui voudra de ces tristes défaillances; elles ne sont que trop communes en France, et les époques troublées n'y montrent que trop d'exemples de ces défections morales que le philosophe attribue à la faiblesse de la nature humaine, mais que l'opinion populaire qualifie plus sévèrement. Ney ne fut malheureusement pas le seul à oublier sa dignité, à renier sa gloire, à placer une fois de plus son intérêt personnel au-dessus de son devoir et de l'indépendance de son pays. Pour lui, du moins, plus compromis, sinon plus coupable que beaucoup d'autres, l'expiation devait bientôt effacer la faute.

Dans les situations extrêmes, la faiblesse n'est pas seulement une honte, elle est encore un danger : Ney l'éprouva bientôt. Après la seconde abdication de Napoléon, le roi Louis XVIII, au moment même où il rentrait en France, promettant le pardon et l'oubli, s'empressa d'exempter de l'amnistie qu'il offrait à ses sujets, « les instigateurs et les auteurs de cette trame horrible....., d'une trahison dont les annales du crime n'offrent pas d'exemple.» (*Proclamation de Cambrai*, du 28 juin 1815.)

C'était suffisamment désigner le maréchal Ney. « Ils seront, ajoutait la proclamation, désignés à la vengeance des lois par les deux Chambres. »

Le maréchal, cependant, joignait ses efforts à ceux de Soult, de Davout, pour persuader à Paris, à l'armée française, si redoutable encore après la défaite, que la seule chance de salut qui restait encore était dans la soumission immédiate, complète, aux forces alliées. Bassesses inutiles : un des premiers soins de Louis XVIII fut d'exécuter ses menaces de Cambrai, et Fouché accepta la mission de dresser une liste de proscription. Cinquante-sept noms y furent portés; le premier était celui du maréchal Ney.

L'ordonnance du 24 juillet, qui réalisait ces tristes vengeances, établissait deux catégories de proscrits. Dans l'une, étaient placés les noms de trente-huit personnes, condamnées, sans autre forme de procès, à l'exil. On y voyait côte à côte le général Exelmans, qui, aux portes de Paris, avait le dernier fait sentir à l'ennemi le poids d'un sabre français, et le maréchal Soult, qui avait déployé pour la cause des Bourbons un zèle si affligeant et si inutile. Dans l'autre, on lisait, à la suite du nom de Ney, ceux de Labédoyère, des frères Lallemant, de Mouton-Duvernet, de Grouchy, de Clausel, de Bertrand, de Drouot, de Cambronne, de Lavalette. Ces derniers, coupables d'avoir *trahi le roi avant le 23 mars*, d'avoir *attaqué la France et le gouvernement à*

main armée, de s'être emparés du pouvoir par violence, seraient *arrêtés et traduits devant les conseils de guerre compétents, dans leurs divisions respectives.*

Ces listes, disait-on, ne pourraient jamais être étendues à d'autres noms pour quelque cause, et sous quelque prétexte que ce pût être, autrement que dans les formes et suivant les lois constitutionnelles auxquelles il n'était expressément dérogé que pour ce cas seulement.

Vaine promesse bientôt oubliée! S'arrête-t-on comme on le veut sur la pente de la vengeance et de l'arbitraire?

De tous ces proscrits, dont la plupart, au grand péril de leur honneur, avaient conseillé ou même provoqué la capitulation de Paris et la soumission aux Bourbons, les uns étaient encore à la tête de leurs corps, les autres étaient rentrés dans leurs foyers; les plus compromis cherchaient, à travers la France occupée par des masses ennemies, et surveillée par une police inquiète, une route sûre pour gagner la frontière.

Ney, parti de Paris le matin même du jour où les alliés devaient entrer dans la capitale, emportait un congé illimité signé de Davoust, et deux passeports signés de Fouché, dont l'un au nom de Neubourg (Michel-Théodore). En trois jours il gagna Lyon, où il arriva le 9 juillet. De là, son intention était de gagner la Suisse, mais les Autrichiens barraient les chemins de ce côté. Il lui fallut rétrograder vers Montbrison et s'installer près de cette ville, dans un petit village d'eaux thermales nommé Saint-Alban. Il était là depuis une douzaine de jours, caché sous le nom de Reiset (Michel-Théodore), major au 3e hussards, avec une feuille de route que lui avait délivré le commissaire général de police à Lyon, M. Teste, quand, le 25 juillet, un exprès de la maréchale l'informa que son nom était placé en tête des listes de proscription du 24 juillet. Trop en vue à Saint-Alban, Ney résolut de se faire oublier dans une retraite que lui offrait une des parentes de la maréchale, madame de Bessonis, dont le château était situé dans le Lot, sur la lisière du Cantal. Le 29 juillet, Ney arriva à Bessonis sous le nom de d'Escaffre, une vieille famille d'Auvergne.

Laissons ici la parole à M. Achille de Vaulabelle (*Histoire des deux Restaurations*), dont le récit est de tout point excellent :

« Confiné dans une chambre haute d'où il ne descendait même pas pour prendre ses repas, il dut se croire à l'abri de toute recherche. Une inconcevable imprudence le livra. L'Empereur, lors du mariage du maréchal, en juillet 1802, lui avait fait présent d'un sabre turc de la plus grande richesse. Ce sabre, curieusement examiné sans doute par ses hôtes, était resté déposé sur un ces sièges du salon. Un habitant d'Aurillac, en visite au château, vit l'arme et l'admira; de retour à sa ville, il raconta ce qu'il avait vu; à la description de l'arme, une des personnes présentes dit : — « Je crois connaître le sabre dont vous parlez; il n'existe en Europe que deux personnes qui peuvent le posséder : le maréchal Ney ou Murat. » La conversation rapportée au préfet du département, M. Locard, excita le zèle de ce fonctionnaire. Bien que Bessonis, situé dans un autre département que le sien, ne fût pas sous sa juridiction administrative, il y dirigea immédiatement un capitaine et un lieutenant de gendarmerie avec quatorze gendarmes. Le maréchal avait lu la veille, dans une feuille royaliste, qu'au moment de quitter le roi, quatre mois auparavant, pour marcher contre Napoléon, il avait sollicité et obtenu un don de 500,000 francs, largesse, ajoutait le journal, qui augmentait l'odieux de la défection. Cette calomnie rendait le maréchal presque fou de douleur. Il était dans cette situation d'esprit lorsque, le 5 août au matin, on lui annonça la présence des gendarmes aux portes du château. Il pouvait fuir; on le lui proposa : il s'y refusa avec obstination. Bien plus, ouvrant la fenêtre de sa chambre et apercevant les gendarmes dans la cour, il cria à celui d'entre eux qui semblait le chef : — « Que voulez-vous? — Nous cherchons le maréchal Ney, répondit le gendarme, sans même regarder qui l'interpellait. — Que lui voulez-vous? — L'arrêter. — Eh bien! montez, je vais vous le faire voir. » Les gendarmes montèrent; le maréchal ouvrit sa porte : — « Je suis Michel Ney, » leur dit-il.

« La nombreuse escorte du prince de la Moskowa le conduisit à Aurillac, pendant que, de l'autre côté des montagnes qui séparent le Cantal du Languedoc, le Rhône roulait dans ses eaux et emportait vers la mer les restes d'un de ses frères d'armes, du maréchal Brune, assassiné trois jours auparavant à Avignon; le corps à ce moment était encore le jouet du fleuve.

« Ney resta dix jours sous la garde du préfet Locard; le 10 août, sur des ordres venus de Paris, le maréchal prit la route de la capitale, conduit par deux officiers de gendarmerie, auxquels le préfet du Cantal recommanda les précautions de surveillance les plus sévères. L'un des officiers, qui avait servi sous le maréchal, répugnant à ces mesures de rigueur, dit à Ney qu'il aurait dans son camarade et lui, non des gardiens, mais de simples compagnons de route, s'il promettait de ne point chercher à s'échapper. Le maréchal donna sa parole : engagement regrettable, car une partie de l'armée de la Loire se trouvait sur son chemin, entre autres le corps des dragons d'Exelmans, cantonné à Riom, ville que Ney devait traverser. La nouvelle de son arrestation s'était promptement répandue parmi toutes ces troupes. Exelmans attendit le prisonnier au passage et lui fit proposer de l'enlever. — « Non, « répondit Ney, ma parole est engagée. » A quelques lieues de Paris, il rencontra la maréchale qui l'attendait à une des maisons de poste de la route; on les laissa seuls. Quand le maréchal fit ensuite appeler un des officiers de gendarmerie et lui dit qu'il était prêt, des larmes coulaient lentement de ses yeux; l'officier ne put réprimer un mouvement de surprise : « Vous êtes étonné de me voir pleurer, « lui dit le maréchal; mais ce n'est pas sur moi que « je pleure, c'est sur ma femme, sur mes quatre « fils... » Le maréchal entra dans Paris et fut déposé à la prison de la préfecture de police, à la même heure, au même moment où Labédoyère sortait de la prison de l'Abbaye et tombait à la plaine de Grenelle. »

A ce moment, en effet, la réaction monarchique sévissait dans tout le midi de la France. A Marseille, à Avignon, à Nimes, à Uzès, des bandes de brigands massacraient les bonapartistes et les protestants au cri de *vive le roi!* Le maréchal Brune, les généraux Lagarde et Ramel tombaient victimes du fanatisme politique et religieux. Les autorités royalistes, la magistrature protégeaient les assassins. La justice elle-même assassinait. Les frères Faucher pourrissaient dans une prison de Bordeaux, en attendant le supplice. Le comte de Labédoyère payait de la vie son dévouement chevaleresque à Napoléon, et le roi répondait à madame de Labédoyère,

sollicitant à genoux la grâce de son mari : — « Je ferai dire des messes pour le repos de son âme. »

Encore une fois, il ne faut pas taxer de cruauté ce malheureux roi aveuglé, trompé, entouré de fanatismes, d'ambitions immondes, de lâchetés féroces. Il croyait qu'une conspiration coupable avait seule pu le renverser du trône; on lui disait que pardonner aux conspirateurs serait appeler de nouveau le danger sur sa tête. Les vrais criminels de ces crimes, c'étaient ces zélés qui poussent tout pouvoir à l'exagération de son principe; c'étaient ces fonctionnaires affamés d'avancement, ces juges désireux de se distinguer, ces traîtres jaloux de faire oublier leurs trahisons, ces prêtres oublieux de la charité évangélique, qui ne respiraient que rancune et vengeance. La Cour, l'Eglise, la Chambre des députés, excitaient les colères et les terreurs du prince; il n'y avait pas jusqu'aux chefs militaires des puissances alliées qu'un misérable esprit de haine ne portât à réclamer la punition de ces braves adversaires qu'ils n'avaient que trop souvent rencontrés sur les champs de bataille. Fureur endémique, lâcheté universelle!

L'arrestation de Ney raviva la soif de sang que n'avait pas encore étanchée le meurtre populaire ou juridique. Il sembla qu'on se fût emparé du plus grand ennemi de la France, et qu'on eût hâte de sacrifier le héros qui avait sauvé tant de Français sur les bords de la Bérésina. N'était-ce pas lui qui avait assuré le triomphe éphémère de Bonaparte?

On se hâta de procéder au jugement. L'ordonnance du 24 juillet avait été, le 2 août, suivie d'une autre ordonnance qui attribuait exclusivement aux conseils de guerre de la première division la poursuite et le jugement des crimes imputés aux personnes dénommées dans la catégorie dont Ney faisait partie. Il fallut constituer un conseil de guerre spécial, la dignité de maréchal plaçant Ney au-dessus de la juridiction du conseil permanent. Un arrêté du maréchal ministre de la guerre Gouvion Saint-Cyr constitua ce conseil, dont la présidence fut attribuée au maréchal Moncey.

Le vieux héros de Clichy refusa l'odieuse et déshonorante mission; en vain, un des ministres vint-il, au nom du roi, lui signifier l'ordre d'accepter; Moncey répondit par cette admirable lettre à Louis XVIII, dont la courageuse grandeur contraste si singulièrement avec les bassesses du temps. Il faut citer cette lettre, la véritable défense de Ney, l'éternelle accusation de ses bourreaux.

« Sire, placé dans la cruelle alternative de désobéir à Votre Majesté, ou de manquer à ma conscience, je dois m'expliquer à Votre Majesté. Je n'entre pas dans la question de savoir si le maréchal est innocent ou coupable; *votre justice et l'équité de ses juges en répondront à la postérité, qui juge dans la même balance les rois et les sujets. Ah! Sire, si ceux qui dirigent vos conseils ne voulaient que le bien de Votre Majesté, ils lui diraient que l'ÉCHAFAUD NE FIT JAMAIS DES AMIS.* Croient-ils donc que la mort soit si redoutable pour ceux qui la bravèrent si souvent!

« Sont-ce les alliés qui exigent que la France immole ses citoyens les plus illustres? Mais, Sire, n'y a-t-il aucun danger pour votre personne et votre dynastie à leur accorder ce sacrifice? Et, après avoir désarmé la France à ce point que dans les deux tiers de votre royaume, il ne reste pas un fusil de chasse, pas un seul homme sous les drapeaux, pas un canon attelé, les alliés veulent-ils donc vous rendre odieux à vos sujets, en faisant tomber les têtes de ceux dont ils ne peuvent prononcer les noms sans rappeler leur humiliation?

« Qui, moi, j'irais prononcer sur le sort du maréchal Ney! Mais, Sire, permettez-moi de demander à Votre Majesté où étaient les accusateurs tandis que Ney parcourait tant de champs de bataille? Ah! si la Russie et les alliés ne peuvent pardonner au prince de la Moskowa, la France peut-elle donc oublier le héros de la Bérésina?

« C'est à la Bérésina, Sire, que Ney sauva les débris de l'armée. J'y avais des parents, des amis, des soldats, enfin, qui sont les amis de leurs chefs; et j'enverrais à la mort celui à qui tant de Français doivent la vie, tant de familles leurs fils, leurs époux, leurs pères! Non, Sire; et s'il ne m'est pas permis de sauver mon pays, ni ma propre existence, je sauverai du moins l'honneur. S'il me reste un regret, c'est d'avoir trop vécu, puisque je survis à la gloire de ma patrie. Quel est, je ne dis pas le maréchal, mais l'homme d'honneur qui ne sera pas forcé de regretter de n'avoir pas trouvé la mort dans les champs de Waterloo? Ah! Sire, si le malheureux Ney eût fait là ce qu'il avait fait tant de fois ailleurs, peut-être ne serait-il pas traîné devant une commission militaire; peut-être ceux qui demandent aujourd'hui sa mort imploreraient sa protection!

« Excusez, Sire, la franchise d'un vieux soldat qui, toujours éloigné des intrigues, n'a jamais connu que son métier et la patrie. Il a cru que la

« L'Empereur lui ouvrit ses bras, en disant : — Embrassons-nous, mon brave maréchal! — »

même voix qui a blâmé les guerres d'Espagne et de Russie, pouvait aussi parler le langage de la vérité au meilleur des rois. Je ne me dissimule pas qu'auprès de tout autre monarque, ma démarche serait dangereuse et qu'elle peut m'attirer la haine des courtisans; mais si, en descendant dans la tombe, je peux m'écrier avec un de vos illustres aïeux : *Tout est perdu, hormis l'honneur*, alors je mourrai content. »

Cette lettre qui flétrissait si vigoureusement les servilités, qui frappait si juste sur les fautes des royalistes, indigna profondément la Cour et les zélés. Le maréchal Moncey fut *destitué* par ordonnance royale, contre-signée de Gouvion Saint-Cyr, et, de plus, condamné à trois mois d'emprisonnement.

Ney, cependant, avait été, dès le 19 août, écroué à la Conciergerie, et soumis au secret le plus rigoureux. Le 20, le Préfet de police, M. Decazes, vint l'interroger; il s'y reprit à trois fois, cherchant, avec une détestable finesse, à tirer du prisonnier des réponses capables de le perdre et de compromettre avec lui de prétendus complices. Le maréchal répondit d'abord avec hauteur et vivacité puis avec un certain désordre d'idées, un dégoût visible, mais aussi avec un grand accent de loyauté. Ses premières paroles furent pour décliner à la fois la compétence du juge instructeur qu'on lui adressait et celle du tribunal militaire devant lequel on prétendait le traduire.

« Je ne suis pas, dit-il, obligé de vous répondre; je ne dois pas être jugé par une commission militaire, mais par la Chambre des pairs. Je vois bien que vous avez un costume qui est celui des autorités royales; mais rien ne prouve que vous soyez préfet de police. Je suis prêt à répondre à toutes les questions, à réfuter toutes les calomnies, et à dire des choses qui étonneront bien des gens. Je veux d'abord savoir pourquoi je suis ici. Pourquoi on m'a mis sur une liste où l'on m'appelle Ney! Si j'avais connu l'ordonnance du roi, je me serais rendu à Paris. J'ai été arrêté arbitrairement et contre les formes établies par les lois. »

Puis le maréchal nia formellement qu'il eût offert au roi ses services, qu'il lui eût fait des protestations de fidélité. Il repoussa surtout avec force l'accusation d'avoir reçu de l'argent du roi. Le ministre lui avait seulement délivré, sur le payeur de Besançon, un bon de 25,000 francs, à valoir sur 40,000 francs d'arrérages qui lui étaient dus.

« Je dis au roi, ajouta le maréchal, que le ministre de la guerre m'avait donné l'ordre de me rendre dans mon gouvernement, et je lui demandai ses dernières instructions. Sa Majesté me répondit que Buonaparte était débarqué, et me recommanda de prendre les mesures nécessaires pour m'opposer à ses progrès. Je crois que je lui répondis que cette démarche, de la part de Buonaparte, était insensée, et qu'il méritait, s'il était pris, d'être conduit à Paris dans une cage de fer. Je ne me rappelle pas bien ce que j'ai dit; je sais que j'ai prononcé ces mots : *Cage de fer*. Il y avait en ce moment plusieurs personnes auprès du roi, entre autres, autant que je puis me rappeler, M. le prince de Poix, le duc de Grammont, le prince de Neufchâtel, et quatre

Bataille de la Moskowa.

ou cinq autres. Je dis aussi que Buonaparte me paraissait bien coupable d'avoir *rompu son ban*. Je lui ai dit, au reste, tout cela à lui-même, quand je l'ai vu depuis, et il en a ri.

« On a répandu dans le public que j'avais baisé la main du roi : cela est faux. Je n'avais pas besoin de lui faire des protestations de fidélité, car mon intention était de le bien servir, et je l'aurais fait si j'avais vu que cela eût été possible. »

Rappelant cependant ses souvenirs, le maréchal dit : « J'ai, en effet, baisé la main du roi. Sa Majesté me l'ayant présentée en me souhaitant bon voyage. Le débarquement de Buonaparte me paraissait si extravagant, que j'en parlai avec indignation, et que je me servis en effet de cette expression de *cage de fer*. »

Le maréchal donna ensuite quelques détails sur les dispositions prises par lui pour s'opposer à Napoléon; il protesta de sa fidélité et de son dévouement au roi jusqu'à l'époque du 13 mars. C'est alors qu'il avait reçu la proclamation, qu'il l'avait signée et publiée.

« Je dis *la* proclamation et non *ma* proclamation, car elle me fut envoyée toute faite par Buonaparte, et apportée par un agent particulier et un officier de la garde. Dès la veille, un autre officier de la garde, remarquable parce qu'il est manchot, était revenu après avoir vu Napoléon; il avait été dépêché de Metz, à ce qu'il paraît, par les autres officiers de ce corps, pour demander à Buonaparte de leur indiquer le point où ils devaient se réunir. Avant de lire la proclamation aux troupes, je la communiquai aux généraux de Bourmont et Lecourbe, et les consultai sur ce que je devais faire.

De Bourmont me répondit qu'il fallait se joindre à Buonaparte; que les Bourbons avaient fait trop de sottises, et qu'il fallait les abandonner. Ce fut le 14, à midi ou une heure, que je fis cette lecture sur l'esplanade de Lons-le-Saulnier; mais la proclamation était déjà connue. Des agents, venus du quartier-général de Buonaparte, l'avaient répandue dans la ville. Je crois même qu'ils avaient aussi apporté des aigles. »

Au reste, le maréchal déclara n'avoir pas correspondu avec Napoléon avant le 15. Ce jour-là il lui avait envoyé son aide de camp Devaur, le colonel Passinger et un maréchal de camp dont il ne se rappelait pas le nom.

Le maréchal s'étendit avec une sorte de complaisance sur les preuves de zèle qu'il avait, avant ce jour-là, données pour le service du roi. Il avait envoyé des gendarmes déguisés recueillir des renseignements sur la marche, les forces et les dispositions de l'Empereur. Il avait rassemblé les officiers de chaque régiment, et leur avait rappelé avec chaleur leurs devoirs envers Sa Majesté. Ne s'était-il pas écrié en exhortant ses hommes : « Si je vois de l'hésitation dans la troupe, je prendrai moi-même le fusil du premier grenadier pour m'en servir et donner l'exemple aux autres. »

Mais, objecta M. Decazes, comment pouvez-vous donc expliquer le changement qui s'est opéré en vous? Comment justifierez-vous votre conduite du 14 mars? Vos devoirs, ce jour-là, n'étaient-ils plus les mêmes?

— Cela est vrai, répondit le maréchal, j'ai été entraîné... j'ai eu tort... il n'y a pas le moindre doute.

M. Decazes. — Qui est-ce qui a pu vous entraîner? Et n'est-ce pas vous-même qui avez entraîné, par vos discours et par votre exemple, les officiers et les troupes qui étaient sous vos ordres?

Le maréchal. — Je n'ai entraîné personne. Le colonel Dubalen, du 64e, fut le seul qui protesta : il vint me dire qu'ayant prêté serment de fidélité au roi, il voulait se retirer. Je l'autorisai à le faire, et j'ai empêché qu'il ne fût arrêté. Mon aide de camp Clouet me dit qu'il n'approuvait pas ma conduite, et me demanda de retourner à Paris. Je l'engageai de différer de quelques jours ; ce ne fut que pour sa sûreté. Ce qui m'a déterminé personnellement, c'est la crainte de la guerre civile, et l'assurance que les agents de Buonaparte m'avaient donnée, que les puissances alliées étaient d'accord avec lui; que le baron Kohler, général autrichien, était venu le trouver à l'île d'Elbe, et lui dire, de leur part, que les Bourbons ne pouvaient plus régner; qu'on l'engageait à débarquer en France, sous la condition de ne jamais faire la guerre hors des limites; que le roi de Rome et sa mère resteraient en otages à Vienne jusqu'à ce qu'il eût donné à la France une constitution libérale : toutes choses que lui-même m'a répétées ensuite, quand je l'ai vu à Auxerre.

Les généraux de Bourmont et Lecourbe ne m'ont fait ni objections ni observations. De Bourmont a vu Buonaparte, et a, de suite, été employé par lui. Je fais observer que la proclamation qui m'est attribuée, et que je n'ai publiée que le 14, était connue dès le 13 en Suisse; qu'elle émanait de Buonaparte, qui l'avait envoyée à Joseph, à Prangin. Cette tactique était celle de Buonaparte, qui déjà, dans le commencement de la campagne de Russie, avait fait insérer dans le *Moniteur* une lettre dans laquelle il me faisait parler d'une ma-

nière fort inconvenante sur les Russes et sur les affaires politiques. Je n'en eus connaissance que parce qu'il me dit le lendemain, en plaisantant, qu'il m'avait fait faire de l'esprit. Je lui fis les représentations les plus fortes; mais la chose était faite. Il en avait fait autant à l'égard du prince Eugène et de Davout. Je me rappelle aussi qu'il m'avait fait dire, pour me persuader, que les Anglais le protégeaient; que, huit jours avant son départ de l'île d'Elbe, il avait dîné sur un vaisseau de guerre de cette nation; que le colonel ou général Campbel, qui était commissaire dans cette île, en était parti le lendemain, et que par suite il avait pu faire ses préparatifs et s'embarquer.

D. — Les troupes avaient-elles manifesté, avant votre proclamation, de mauvaises dispositions contre le roi?

R. — Il y avait une rumeur sourde, mais les mauvaises dispositions des troupes étaient connues. J'avais cru pouvoir les changer en faisant arrêter, le 13 au matin, un officier que le général Bourmont doit connaître, et qui avait l'intention de passer à Buonaparte. Je donnai l'ordre au général Bourmont de l'envoyer à la citadelle de Besançon.

Depuis l'arrivée de Buonaparte, je l'ai très-peu vu. Depuis cette malheureuse proclamation du 14, je ne vivais plus; je ne désirais que la mort, et j'ai tout fait pour la trouver à Waterloo. Lorsque je suis venu de ma terre pour le champ de Mai, Buonaparte me dit : *Je vous croyais émigré? — J'aurais dû le faire plus tôt*, lui répondis-je, *maintenant il est trop tard.*

Je dois dire aussi que j'avais des désagréments intérieurs. Ma femme croyait bien que je marchais contre Buonaparte, et cela l'affligeait. J'ai été fort mal traité par lui, et ma femme aussi : j'étais regardé chez lui comme *la bête noire.* Il ne voulait pas voir ma femme, je lui en demandai la raison; il lui reprocha d'avoir tenu des propos. J'ai eu bien des fois envie de me brûler la cervelle; je ne l'ai pas fait, parce que je désirais me justifier. Je sais que les honnêtes gens me blâmeront; je me blâme moi-même; j'ai eu tort, je me le reproche, mais je ne suis pas un traître : j'ai été entraîné et trompé.

D. — Le jour de votre arrivée à Paris, le maréchal Soult, ministre de la guerre, ne vous engagea-t-il pas à ne point voir le roi?

R. — Lorsque j'arrivai auprès du ministre, il me dit : « Buonaparte est débarqué. » Je lui répondis : « Je viens de l'apprendre; c'est une folie. Que faut-il que je fasse? » Il me répondit que « je devais aller à Besançon; qu'il m'y avait envoyé mes instructions. — Mais quand je serai arrivé? Faudra-t-il réunir les troupes? Sur quel point les dirigerai-je? — Vous le saurez, me répondit-il brusquement, en lisant vos instructions » Je lui parlai de mon désir de voir le roi. « N'y allez pas, me dit-il sur le même ton; Sa Majesté est souffrante, elle ne reçoit pas. » Je le quittai en lui disant : « Vous ne m'empêcherez pas de voir le roi. »

D. — Vous expliquez-vous quel pouvait être le motif du maréchal Soult en vous détournant de voir Sa Majesté?

R. — Non; je ne peux le deviner. Je l'ai poussé à bout de toute manière pour le savoir et pour connaître aussi la quantité de troupes que j'avais dans mon gouvernement; je n'en pus rien obtenir. Le fait est que, si j'avais suivi mes instructions, je n'aurais fait faire aucun mouvement à ces troupes, je serais resté seul à Besançon. Comment se fait-i que l'aide de camp de Soult soit venu disséminer ces troupes au lieu de les réunir? Si j'avais voulu trahir, j'aurais donné de faux avis à Suchet et à Oudinot, et je ne les aurais pas pressés de marcher en avant. Suchet m'écrivait que ses troupes étaient déjà en fermentation; Gérard, qui se défiait de Suchet, avait envie de reprendre le commandement. Le général Bertrand avait envoyé partout des lettres et des proclamations. Buonaparte, ne voyant pas arriver de Bourmont, Lecourbe, Lagenetière, Dubalen et quelques autres officiers, ordonna de les faire arrêter et de faire afficher leurs noms dans les villes; mais il révoqua son ordre à mon arrivée à Paris, et il envoya le général Mermet pour prendre le commandement de Besançon.

Voilà, en substance, le premier interrogatoire; dans la seconde séance, M. Decazes insista sur le prétendu complot, sur la prétendue singularité d'un revirement que nul ne s'expliquait mieux que le trop habile interrogateur.

D. — Affirmez-vous que, jusqu'au moment de votre arrivée à Lons-le-Saulnier, vous n'avez pas eu la pensée et n'avez pas formé le complot de déserter la cause du roi?

R. — Non, bien certainement. Je n'avais aucune connaissance de ce que le comte d'Erlon, Lefèvre-Desnouettes et les autres ont pu faire. On peut demander à Colbert, à Ségur, à Lefèvre-Desnouettes lui-même, ce que je leur ai dit avant de partir de Paris et si je ne les ai pas engagés à rester fidèles au roi.

D. — Si vous n'aviez pas formé, avant votre arrivée à Lons-le-Saulnier, le projet de joindre Buonaparte avec vos troupes et de reconnaître ses ordres, comment avez-vous pu vous déterminer si promptement à changer de conduite et de sentiments?

R. — On peut dire que *c'est une digue renversée...* Je conviens que cela est difficile à expliquer. C'est l'effet de toutes les assertions des agents de Buonaparte. Le préfet de Bourg m'avait manifesté une grande terreur; tout paraissait perdu. Mais je n'ai rien changé cependant jusqu'au moment où j'ai lu la proclamation aux troupes. Je n'avais reçu aucune dépêche ni aucun émissaire de Buonaparte avant la nuit du 13 au 14 mars; je n'étais en relation avec qui que ce fût; je n'avais rien su de ce qui s'était passé auparavant. J'ai eu tort, sans doute, de lire la proclamation; mais j'ai été entraîné par les événements. La preuve que, le 13 même, j'étais encore fidèle au roi, résulte des lettres que j'ai écrites ce jour-là aux maréchaux Suchet et Oudinot. Celle qui s'adressait à ce dernier a été écrite le soir, et elle doit en faire mention. Je crois bien que d'autres généraux ont reçu des lettres de Bertrand, mais qu'ils n'ont pas osé les montrer. _

D. — N'en avez-vous pas reçu vous-même, ou ne vous a-t-on pas communiqué celles reçues par les généraux? Ne vous en a-t-on pas dit du moins le contenu?

R. — Non, on ne m'a communiqué aucune lettre. J'ai reçu des lettres de Bertrand dans la nuit du 13 au 14 avec des proclamations. Je crois que d'autres en ont reçu aussi, mais je ne les ai pas vues. De Bourmont en a reçu lui-même une, par laquelle on lui ordonnait de se porter sur Mâcon. Je crois qu'elle était écrite de Tournus sous la date du 13 ou du 14.

D. — Que contenait la lettre que vous avez reçue de Bertrand?

R. — L'envoi pur et simple de la proclamation;

l'invitation de la répandre et de diriger mes troupes sur Dijon.

D. — N'avez-vous pas reçu aussi, avant le 13, une lettre de Buonaparte?

R. — Je n'ai reçu de lettre de lui que dans la nuit du 13 au 14. Elle doit être dans mes papiers. Il m'y donnait l'ordre de marcher sur Mâcon ou Dijon, et de faire suivre beaucoup d'artillerie. Il m'y disait: «Ainsi, vous devez avoir cent pièces de canon; si vous en manquez, j'en ai trouvé cinq cents à Grenoble.» *Il ne me parlait aucunement du roi, il me donnait des ordres comme il aurait fait un an auparavant et comme si notre position respective n'avait jamais changé.* Ses agents m'avaient dit qu'il aurait pu faire arrêter à Paris, s'il l'avait voulu, le roi et la famille royale, d'après ce que lui mandaient ses partisans; lui-même me l'a répété à notre première entrevue. Il m'a même chargé, à Dijon, d'écrire à Maret qu'il était inutile de rien faire à Paris; que son succès était inévitable, et j'ai envoyé à cet effet à Maret, duc de Bassano, un de ses parents, habitant de Dijon, qui était dans la garde nationale, autant que je puis me le rappeler, et inspecteur des droits réunis ou de l'enregistrement. C'est la seule lettre que j'aie écrite à Maret, et c'est *par ordre.*

D. — N'en avez-vous pas vous-même reçu une de cet ancien ministre?

R. — Non; je n'écrivis à Maret que *sur l'ordre* que m'en a donné *l'Empereur,* dans une lettre qu'il m'adressa lui-même à Dijon. Il était déjà en avant, et même, je crois, à Fontainebleau.

D. — Comment se fait-il, qu'étant beaucoup plus près de Paris que vous, il vous ait chargé d'écrire à Maret? Votre lettre n'a dû arriver qu'après lui?

R. — Je présume qu'il lui a écrit de son côté; il ne m'en chargeait que pour plus de sûreté. Ma lettre a dû arriver avant lui; il n'avait qu'une marche devant moi.

D. — Savez-vous où il a reçu les premières dépêches qui lui sont parvenues de Paris?

R. — Non.

D. — Savary n'était-il pas déjà auprès de lu.. quand vous l'avez rejoint?

R. — Non; d'après ce que j'ai ouï dire, Savary était resté aux environs de Paris et courait dans les campagnes. Je crois qu'il n'a rejoint Buonaparte qu'à Paris.

D. — Buonaparte ne vous a-t-il pas fait part des complots qui avaient préparé et facilité son retour?

R. — Il m'a parlé de son entrevue avec le général Köffler et de son dîner à bord d'un vaisseau anglais. Nous étions une quinzaine à table. Il annonça que son affaire était une affaire de longue combinaison. Cambronne, Labédoyère, Bertrand, Drouot, Bouyer, un colonel d'artillerie, qui commandait celle de la garde, Alix, je crois, et un colonel polonais, assistaient à ce dîner. Il nous parla avec détail de ce qui s'était passé pendant son absence, et s'entretint des plus grandes choses comme des plus petites. Il savait, par exemple, ce qui s'était passé au dîner du roi à l'Hôtel de Ville, me faisant remarquer que les maréchaux n'y avaient pas eu de places; il me dit même que ma femme n'y avait pas été invitée, ce qui est inexact; il est vrai seulement qu'elle n'y était pas allée, parce que l'invitation du roi lui était parvenue à la campagne. Il me demanda des nouvelles de plusieurs personnes. Je crois que c'est lui qui me fit connaître la disgrâce de Soult et la remise de son épée au roi. Il était extrêmement bien informé de tout ce qui se passait et de tout ce qui s'était passé à Paris ; il cita plusieurs femmes de maréchaux comme n'ayant pas été invitées au dîner de l'Hôtel de Ville.

Il parla de la cérémonie funèbre du 21 janvier ; il me demanda ce que faisait Soult, et pourquoi ce ministre avait coupé les divisions militaires en deux en envoyant deux lieutenants généraux pour chaque division, de sorte que chacun d'eux correspondait directement avec le ministre, qui, de cette manière, avait des gens qui étaient à lui, et d'autres qui étaient au roi. Ainsi, en arrivant à Besançon, je trouvai le général Mermet, qui partageait à mon insu depuis vingt jours le commandement de la division avec Bourmont. Mermet était placé à Lons-le-Saulnier, Bourmont à Besançon.

D. — Buonaparte ne vous rappelait-il pas, dans sa lettre du 13, vos anciennes liaisons, et ne vous tutoyait-il pas ?

R. — Non ; jamais je n'ai été tutoyé par lui. Il me parlait seulement de mes campagnes ; il me disait qu'il se rappelait toujours avec plaisir mes actions : je crois qu'il m'y appelait *le Brave des braves,* ainsi qu'il le faisait quelquefois.

D. — D'après ce que vous m'avez déclaré dans votre premier interrogatoire, il paraîtrait que vous auriez conservé, jusqu'au 13 au soir, l'espérance de faire marcher vos troupes contre Buonaparte, et que vous n'avez eu à punir aucune rébellion de leur part ?

R. — Je n'ai eu à punir qu'un officier, ainsi que je vous l'ai raconté. Le bouleversement n'a eu lieu que le 14 au matin. Auparavant il n'y avait que de la fermentation. Le préfet vint me déclarer, après la publication de la proclamation, qu'ayant prêté serment au roi, il voulait rester fidèle, et qu'il se retirait. Je l'autorisai à se retirer à la campagne. On peut lui demander si je cherchai à le détourner de cette résolution. Il fut le seul, avec le colonel Dubalen, qui me fit des observations et me montra de l'opposition.

Le maréchal termina en disant : — Je voudrais que vous pussiez annuler ce que j'ai dit, dans mon dernier interrogatoire, à l'égard de Gérard, de Bourmont et d'autres généraux. Je ne veux dénoncer personne ; je ne désire que prouver au roi que je n'ai pas eu l'intention de le trahir ; lorsque je l'ai quitté, je suis parti dans l'intention de sacrifier ma vie pour lui. Ce que j'ai fait est un grand malheur : j'ai perdu la tête, je n'ai jamais formé le complot de trahir le roi. J'aurais pu passer aux États-Unis ; je ne suis resté que pour sauver l'honneur de mes enfants. J'avais annoncé, en partant de Paris, que j'étais prêt à me mettre à la disposition du roi. Je ne tiens pas à la vie, je ne tiens qu'à l'honneur de mes enfants.

Au troisième interrogatoire, M. Decazes demanda au maréchal : — Savez-vous pourquoi vous avez été arrêté ?

R. — Je n'ai eu connaissance du motif de mon arrestation qu'à Aurillac, département du Cantal, où l'on m'a donné connaissance de l'ordonnance du roi du 24 juillet dernier.

D. — Où avez-vous été arrêté et par quel ordre ?

R. — J'ai été arrêté dans le château de Bessonis, département du Lot, par ordre de M. Locard, préfet du Cantal, le 5 avril dernier, par un capitaine, un lieutenant et quatorze gendarmes, qui m'ont de suite conduit à Aurillac.

D. — Pourquoi, à l'époque du 3 août, vous trouviez-vous dans le département du Lot ?

R. — J'ai quitté Paris le 6 juillet, à l'entrée des alliés dans la capitale. Mon intention était de me rendre en Suisse : j'avais des passe-ports du ministre de la police générale et un congé limité du ministre de la guerre, qui m'autorisait à me rendre dans ce pays pour y rétablir ma santé. J'avais appris en route que Lucien Buonaparte, qui avait passé par Lyon, avait dîné chez le général en chef de l'armée autrichienne, comte de Bubna, et, probablement sur le rapport qu'il a fait du passage de ce personnage, il avait été arrêté à Turin. Le commissaire général de police de Lyon étant venu me rendre visite, me prévint que toutes les routes conduisant en Suisse étaient gardées par les Autrichiens, qu'il était à craindre que je ne fusse arrêté par eux, et me conseilla, ou de leur demander des passe-ports, ou d'aller aux eaux minérales de Saint-Alban, près Roanne, en attendant des nouvelles de Paris ; à quoi je répondis que s'il n'y avait pas sûreté pour moi d'aller en Suisse, je préférais rétrograder sur Paris. Le passe-port dont j'étais porteur fut visé par ce commissaire général de police pour retourner à Paris. Cependant je me décidai à me rendre provisoirement à Saint-Alban, ayant appris que Moulins et d'autres villes voisines étaient occupées par les Autrichiens. C'est là, à Saint-Alban, qu'une personne de confiance, qui me fut envoyée par madame la maréchale Ney, m'engagea à la suivre dans le château de Bessonis, appartenant à une parente de madame la maréchale, et où j'arrivai le 29 juillet. J'y restai jusqu'au 5 août, époque de mon arrestation. Conduit, comme je l'ai dit plus haut, à Aurillac le jour même et depuis à la maison de ville, j'y restai jusqu'au 15 du même mois, que l'ordre de me conduire à Paris fut apporté par le capitaine de gendarmerie Jomard, accompagné d'un lieutenant, qui me firent partir et m'accompagnèrent jusqu'à la Conciergerie, où j'arrivai le 19 au matin.

D. — Avez-vous écrit à Napoléon Buonaparte pendant qu'il était dans l'île d'Elbe, ou à quelques-unes des personnes qui étaient près de lui ?

R. — Non.

D. — Avant le retour de Napoléon en France, auriez-vous reçu quelques avis de son projet d'y revenir ?

R. — Non, je n'avais rien su de ses projets.

D. — Où étiez-vous lorsque Buonaparte effectua son invasion dans le département ?

R. — J'étais à ma terre de Coudreaux, près Châteaudun, département d'Eure-et-Loir.

D. — Comment avez-vous appris cette invasion ?

R. — Je ne l'ai apprise qu'à mon arrivée à Paris, le 7 mars, par mon notaire, Me Batardi.

D. — Pourquoi, à cette époque, avez-vous quitté votre terre des Coudreaux ?

R. — En vertu des ordres de M. le duc de Dalmatie, ministre de la guerre, qui me furent apportés par son aide de camp, datés du 7, et qui me furent remis le 6, dans l'après-midi. Ils m'annonçaient qu'en vertu des ordres du roi, je devais me rendre de suite dans mon gouvernement de Besançon, où je recevrais de nouveaux ordres. Immédiatement après l'arrivée de l'aide de camp du duc de Dalmatie, je donnai des ordres pour mon départ, et je me mis en route, dans la soirée, pour Paris, où je devais passer, ayant besoin de prendre des uniformes, et où j'espérais connaître le motif de ces dispositions, l'aide de camp du ministre n'ayant pu me donner aucun détail à ce sujet. Arrivé à Paris, je me rendis chez S. A. R. Mgr. le duc de

Berri, qui me confirma la nouvelle que m'avait déjà donnée mon notaire, et me demanda si je connaissais le colonel Labédoyère. Je lui répondis qu'il avait été aide de camp du prince Eugène. Ne croyant pas pouvoir faire ma cour au roi avant mon départ, parce qu'on m'avait annoncé que Sa Majesté était souffrante, je priai Son Altesse Royale de vouloir bien me mettre aux pieds du roi, et de l'assurer de tout le zèle que je mettrais à remplir mes devoirs. Son Altesse Royale voulut bien me le promettre. En sortant des Tuileries, je me rendis chez le ministre de la guerre, à qui je demandai s'il pouvait, préalablement aux instructions qu'il m'annonçait que je trouverais à Besançon, me faire connaître l'ensemble des opérations et des dispositions prises pour déjouer les projets de Buonaparte. Il refusa de s'expliquer, en disant que je recevrais mes instructions dans mon gouvernement; que M. le général de Bourmont, commandant la sixième division militaire, avait déjà des ordres, qu'il me remettrait à mon arrivée à Besançon.

(Ici, le maréchal s'excuse de répondre sur le contenu des ordres qu'il reçut à son arrivée à Besançon et sur le nombre de troupes qu'il mit en mouvement. Il a besoin, dit-il, pour donner à ce sujet des explications satisfaisantes, de revoir ses papiers. Il renvoie, au surplus, aux copies qui doivent exister au ministère de la guerre.)

D. — A quel endroit et quel jour avez-vous rejoint vos troupes?

R. — A Lons-le-Saulnier, le 12 mars; c'était le point de rassemblement que j'avais donné par suite des nouvelles qui me furent apportées, le 10, à Besançon, par M. de Maillé, premier gentilhomme de la chambre de *Monsieur*, qui avait accompagné ce prince à Lyon, et duquel j'appris les premières nouvelles de la prise de Grenoble par Buonaparte, de la défection des troupes, et du mouvement rétrograde de Monsieur sur Roanne. Je me déterminai à rejoindre les troupes mises en marche sur Lyon par le général de Bourmont. Je chargeai M. le duc de Maillé, qui devait retourner auprès du comte d'Artois, d'engager ce prince à me donner un rendez-vous et de faire en sorte de nous rejoindre entre Auxonne et Besançon. Les troupes furent échelonnées depuis Bourg, Saint-Amour, Lons-le-Saulnier et Poligny, à l'exception du 6ᵉ régiment de hussards, qui, de Dôle, fut envoyé à Auxonne.

D. — Quand Votre Excellence rejoignit ces troupes, quels rapports reçut-elle sur les dispositions où elles étaient pour servir la cause du roi?

R. — On m'assura qu'elles étaient fort mal disposées, et pour chercher à les maintenir, j'assemblai les corps d'officiers au fur et à mesure que je rencontrai les régiments sur la route, afin de les rappeler à leur devoir et à la fidélité qu'ils devaient au roi. Les généraux Bourmont et Lecourbe étaient présents et peuvent rendre témoignage de tout ce que j'ai dit et fait pour raffermir les corps d'officiers dans le sentiment de leur devoir.

Ces premiers interrogatoires servirent de base au procès. Le maréchal, durant les trois premières semaines de la procédure, resta au secret. « Son cachot, dit M. de Vaulabelle, situé au fond d'un corridor obscur, était long, étroit, et se terminait par une espèce de fenêtre masquée, à l'extérieur, par un abat-jour, dont l'ouverture, à sa partie supérieure, ne laissait pas entrer assez de lumière pour lui permettre de lire. Des noms propres et des exclamations de désespoir, charbonnés sur les murs,

étaient le seul ornement de ce triste séjour; un mauvais bois de lit, une vieille table, une chaise et deux baquets infects en formaient tout l'ameublement. Il y resta un mois. Transféré ensuite au-dessus du cachot occupé par le comte de Lavalette, dans une pièce dépendant du logement du greffier de la prison, où l'on mit un poêle pour le garantir du froid, ce changement ne modifia point les façons de ses geôliers; leur despotisme inquisitorial et grossier l'y poursuivit dans ses distractions les plus innocentes : le maréchal jouait assez bien de la flûte; durant quelques jours, il essaya de tromper, à l'aide de cet instrument, les ennuis de sa position; cette ressource lui fut interdite, comme contraire aux règlements de la geôle. En revanche, on lui permettait chaque jour deux courtes promenades dans un étroit préau, où deux factionnaires, placés l'arme au bras sous une galerie couverte formant l'un des côtés de la cour, ne le perdaient pas de vue. Cette surveillance sévère ne le quittait pas un instant : jour et nuit, trois sentinelles, habituellement revêtues de l'habit de gendarmes et de grenadiers à pied ou à cheval de l'ancienne garde impériale, veillaient sous ses fenêtres et à sa porte; la police, dans sa défiance des soldats ayant appartenu à l'ancienne armée, ne confiait ce triste service qu'à des dévouements éprouvés : des volontaires royaux, des hommes ayant appartenu aux bandes de la Bretagne ou de la Vendée, et des gardes du corps se cachaient le plus souvent sous ces uniformes (1). »

Aussitôt après le noble refus du maréchal Moncey, le Conseil de guerre avait été recomposé de la manière suivante :

Président : le maréchal comte *Jourdan;* juges : les maréchaux prince d'Essling (*Masséna*), duc de Trévise (*Mortier*), duc de Castiglione (*Augereau*); les lieutenants généraux comte *Maison, Claparède* et *Vilatte;* commissaire du roi : le commissaire ordonnateur *Joinville;* rapporteur : le maréchal de camp comte *Grundler.*

Le général Maison sut échapper à ces tristes fonctions en faisant observer que le général comte *Gazan* était plus ancien que lui de grade; ce dernier lui fut donc substitué.

Le 3 novembre, le Conseil de guerre tint sa première séance dans la grande salle du Palais de Justice, ordinairement consacrée aux assises criminelles.

Dès le matin, une foule immense en assiégeait les portes, et, à l'intérieur, la plupart des places étaient déjà occupées par de nombreux privilégiés. On y remarquait, comme au procès de Labédoyère, un certain nombre de spectateurs attirés par une curiosité haineuse, des émigrés, des dames de la cour, des étrangers, le prince Auguste de Prusse, lord et lady Castelreagh, le prince de Metternich. Mais les sentiments hostiles de cette partie de l'assemblée étaient amplement contrebalancés par ceux de la majorité de l'assistance, composée des amis du maréchal.

Autour du palais, de nombreux détachements de la garde nationale, la gendarmerie presque tout entière et une grande partie du corps des sapeurs pompiers veillaient au maintien du bon ordre; à

(1) « J'en acquis la preuve, dit Lavalette dans ses *Mémoires,* par une de mes parentes, mademoiselle Dubourg, qui avait obtenu la permission de me voir. Elle avait reconnu, en entrant, un garde-du-corps de ses cousins, qui montait la garde, revêtu de l'habit d'un ancien grenadier à cheval. »

l'intérieur, la garde nationale et les vétérans se partageaient le service.

Le maréchal Jourdan ouvrit la séance à dix heures et demie. Un premier incident retarda les débats; Masséna, jaloux d'échapper au déshonneur que Moncey avait si courageusement évité, se récusa. Il alléguait les vieilles inimitiés qui, en Espagne, l'avaient séparé de Ney. Le Conseil, consulté par son président, ne jugea pas que de pareils ressentiments pussent trouver place dans la conscience du juge, et repoussa la récusation.

L'accusé ne prit point part à cette première séance. Le greffier lut les interrogatoires faits par le Préfet de police, puis les procès-verbaux d'information. Parmi ces derniers, les interrogatoires faits par le comte Grundler étaient précédés de la protestation suivante :

« Je déclare par ces présentes décliner la compétence de tout Conseil de guerre pour être jugé en conformité de l'ordonnance du roi du 24 juillet dernier. Cependant, par déférence pour MM. les maréchaux de France et lieutenants généraux qui composent le Conseil de guerre, je suis prêt à répondre aux questions qu'il plaira à M. le maréchal de camp comte Grundler (remplissant les fonctions de rapporteur) de m'adresser.

« *A la Conciergerie, le 14 septembre 1815,*

« Le maréchal prince DE LA MOSKOWA. »

Dans ces interrogatoires de la procédure du Conseil, les réponses de Ney sont plus nettes, plus claires, mieux ordonnées. Il nous faut en reproduire les parties saillantes : c'est la matière même du procès.

D. — Vous avez déclaré que vous n'aviez vu les agents de Buonaparte pour la première fois que dans la nuit du 13 au 14 mars. Pourquoi donc votre proclamation est-elle datée du 13 ?

R. — C'est à tort qu'elle porte cette date. Elle est réellement du 14. Je l'ai lue moi-même à une fraction des troupes, le reste a été connu par l'ordre du jour.

Le maréchal convient qu'il a eu connaissance, mais seulement par les journaux, et non officiellement, de l'ordonnance du roi qui déclarait Buonaparte traître et rebelle, et qui ordonnait à tous les citoyens de lui courir sus. Une grande partie des troupes, dit-il, avait déjà abandonné la cause du roi avant qu'il eût publié la proclamation. Deux bataillons du 76ᵉ s'étaient même permis de garder prisonnier à Bourg leur général, le maréchal de camp Gauthier; et comme les mauvaises dispositions des troupes ne peuvent le justifier de s'être réuni à Buonaparte, il rejette ce que sa conduite offre de criminel sur la force des circonstances et la crainte de la guerre civile.

— Les agents de Buonaparte, dit-il, avaient déjà réussi à influencer la totalité des troupes. Déjà, depuis le 10 et le 11, une grande partie des soldats avaient commencé à discuter. Un grand nombre d'agents obscurs et inconnus s'étaient mêlés parmi eux. J'ai su depuis que deux aigles leur avaient été apportées. L'exaltation était à son comble; un silence sinistre annonçait que les troupes étaient prêtes à lever l'étendard de la révolte; les soldats menaçaient de me tuer, ainsi que cela me fut rapporté par le général de Bourmont et par plusieurs autres officiers. J'étais moi-même troublé de la po-

sition affreuse où je prévoyais que la France allait se trouver, et j'ai plutôt suivi l'entraînement général que je n'ai donné l'exemple.

Le matin du jour où je lus la proclamation aux troupes, je fis appeler chez moi les généraux Lecourbe et Bourmont; je leur en donnai communication. Je sommai ce dernier, au *nom de l'honneur*, de me dire ce qu'il pensait. Ils en approuvèrent le contenu et m'accompagnèrent sur le terrain où le général Bourmont avait fait assembler les troupes.

D. — Lorsque vous eûtes pris le parti de rejoindre Buonaparte, écrivîtes-vous aux maréchaux Suchet et Oudinot pour les prévenir de votre détermination?

R. — Non. Je crois me rappeler que je leur écrivis quelques jours après pour leur transmettre les ordres qui m'avaient été adressés par le général Bertrand.

D. — Où avez-vous rejoint Buonaparte?

R. — A Auxerre, direction qu'il m'avait fait indiquer pour la marche des troupes.

D. — Avez-vous reçu, du 13 au 14 mars, des ordres des ministres du roi?

R. — J'ai reçu une lettre du ministre de la guerre, à Besançon, qui me faisait connaître les mouvements ordonnés par lui aux maréchaux Suchet et Oudinot; mais je ne me rappelle pas précisément la date.

D. — N'avez-vous pas donné l'ordre de faire arrêter plusieurs officiers généraux et supérieurs employés dans votre département, entre autres les généraux comte de Bourmont, Lecourbe, Delort, Jarry, M. le comte de Scey, préfet du département du Doubs, et M. le maire de Dôle?

R. — Oui, d'après l'ordre que j'en ai reçu de Buonaparte : c'était *une mesure provisoire que l'on croyait utile*, mais qui ne les a pas atteints, la plupart de ceux que vous me désignez étant arrivés à Paris presque en même temps que Buonaparte. J'ai su depuis qu'ils n'avaient pas été inquiétés, et que l'ordre avait été envoyé au général Mermet, commandant à Besançon, de mettre en liberté ceux qui avaient été arrêtés, excepté le préfet de Besançon qu'on fit sortir de la ville.

D. — Connaissez-vous M. Cayrol, commissaire ordonnateur? — R. Oui.

D. — Pourquoi l'avez-vous fait arrêter à Lons-le-Saulnier?

R. — Je ne me rappelle pas avoir donné cet ordre-là. Je crois me souvenir que lui ayant reproché de n'avoir pas pris toutes les mesures nécessaires pour assurer la subsistance des troupes, je lui ordonnai de se rendre à Besançon pour y pourvoir.

D. — En arrivant à Besançon, donnâtes-vous l'ordre de désarmer la place? — R. Non.

D. — Savez-vous si le directeur d'artillerie fit retirer des canons de dessus les remparts, et par quel ordre?

R. — Je n'en ai rien su. On peut en demander compte au général de Bourmont, pour savoir s'il y avait des ordres matériels à cet égard.

D. — Vous rappelez-vous avoir fait demander, par votre chef d'état-major, une somme de 15,000 fr. à M. le préfet de Besançon? — R. Non.

D. — De qui le général Gauthier reçut-il l'ordre de rétrograder sur Bourg avec le 76ᵉ?

R. — Je suppose que c'est du général de Bourmont.

D. — Par qui Votre Excellence apprit-elle la révolte du 76ᵉ et son départ pour rejoindre Buonaparte?

R. — Par le préfet de l'Ain et deux autres personnes qui arrivaient de Lyon.

D. — Quelles étaient les forces sous vos ordres à Lons-le-Saulnier, tant infanterie que cavalerie et artillerie?

R. — Il y avait à Lons-le-Saulnier les 60ᵉ et 77ᵉ de ligne, 8ᵉ de chasseurs et 5ᵉ dragons; l'artillerie n'était point encore arrivée.

D. — D'où Votre Excellence attendait-elle son artillerie?

R. — De Besançon. Le général Mongenet avait l'ordre de la diriger sur Lons-le-Saulnier. Je crois qu'il y arriva une batterie le 15; mais je ne puis pas l'affirmer, parce que j'étais déjà parti de cette ville.

D. — Votre Excellence a écrit, le 13, de Lons-le-Saulnier, une lettre au ministre de la guerre, dans laquelle elle lui fait connaître la composition des deux divisions sous ses ordres. Ces troupes étaient donc à Lons-le-Saulnier ou dans les environs?

R. — Je vous ai déjà répondu que deux régiments étaient à Lons-le-Saulnier : le reste était cantonné dans les environs, à l'exception du 3ᵉ de hussards, dont une grande partie était déjà passée à Buonaparte; du 6ᵉ de hussards, que j'avais dirigé sur Auxonne, et du 76ᵉ, qui était à Bourg. Quant à l'artillerie, elle n'était point encore arrivée en totalité, et les divisions dont j'ai fait connaître la composition au ministre n'auraient pu être réunies que le 15.

D. — De quoi se composaient vos approvisionnements de guerre, le 13, à Lons-le-Saulnier?

R. — Je ne puis répondre positivement à cette question. Je sais seulement que quelques-uns des régiments d'infanterie devaient avoir cinquante cartouches par homme : d'autres régiments *n'en avaient pas du tout*. On avait mis une telle précipitation à faire partir les troupes, que le général de Bourmont avait oublié de faire donner des cartouches à quelques-uns des régiments. A mon arrivée à Besançon, il n'y avait pas encore *un seul cheval de réuni* pour le service de l'artillerie de mon corps d'armée, ce qui m'obligea de faire partir de Lons-le-Saulnier, pour Besançon, un officier d'état-major du ministre de la guerre, qui arrivait de Lyon avec M. le marquis de Soran, pour demander au directeur d'artillerie de m'envoyer des cartouches en poste.

D. — Avez-vous fait à M. Pessinges de Préchamp, votre chef d'état-major, quelques confidences sur votre projet de vous réunir à Bonaparte? — R. Non.

D. — Pourriez-vous nous représenter et la lettre que vous reçûtes du général Bertrand, de la part de Napoléon, dans la nuit du 13 mars, et l'original de la proclamation que vous avez lue aux troupes, et qui, dites-vous, était jointe à la lettre du général Bertrand?

R. — Ces deux pièces doivent se trouver dans mes papiers.

D. — Vous rappelez-vous d'avoir dit, sur la place de Lons-le-Saulnier, aux personnes qui vous entouraient, après la lecture de la proclamation, que le retour de Buonaparte en France était arrangé depuis plus de trois mois?

R. — Non, je ne me rappelle pas cela.

D. — N'avez-vous pas dit à l'ordonnateur Cayrol : « Il y a plus de trois mois que je savais cela de l'île d'Elbe? » — R. Non.

D. — Avez-vous donné, à Dôle, l'ordre de faire imprimer et afficher une proclamation?

R. — Je ne me le rappelle pas.

D. — Avez-vous dit, le 13 mars, au maire de Dôle, en présence du sous-préfet, que depuis trois mois MM. les maréchaux de France avaient formé le projet de renverser le gouvernement des Bourbons, et que depuis un mois ce projet avait été définitivement arrêté?

R. — C'est une fausseté : je ne connaissais pas le maire de Dôle. Je crois me rappeler l'avoir vu à mon passage par cette ville; mais je ne lui ai fait aucune espèce de confidence ni de déclaration dans le genre de celles qui sont rapportées dans sa déposition.

Quelques jours après, le comte Grundler revient sur les deux pièces du 13 mars.

D. — Avez-vous fait faire la recherche des deux pièces dont je vous ai invité à nous représenter l'original, savoir : la lettre de Bertrand, et la proclamation que vous assurez y avoir été jointe?

R. — J'en ai fait la demande à madame la maréchale : elle m'a répondu qu'à l'époque où elle apprit mon arrestation et l'exécution du colonel Labédoyère, un premier mouvement d'inquiétude la détermina à donner l'ordre à son régisseur des Coudreaux de brûler tous les papiers qui se trouvaient dans mon château, et au nombre desquels se trouvaient les deux pièces que vous me demandez. Cet ordre a été exécuté.

Dans un autre interrogatoire, le maréchal fait, en ces termes, l'historique de la mission qui lui fut confiée par l'Empereur après le retour de l'île d'Elbe :

— Je suis parti de Paris le 23 mars, par ordre de Buonaparte, pour me rendre à Lille. Je reçus dans cette ville une lettre très-longue de lui, le 25 ou le 26, dans laquelle il me prescrivait de parcourir toute la frontière du nord et de l'est de la France, depuis Lille jusqu'à Landau; de passer la revue des troupes; de visiter les places pour m'assurer de l'état des fortifications et de la situation de leurs approvisionnements de guerre et de bouche, ainsi que les hôpitaux militaires.

Dans cette commission où je déployais le caractère de commissaire extraordinaire, j'étais également chargé de donner des renseignements sur les fonctionnaires civils et militaires, de les suspendre provisoirement quand je le croirais convenable, et de proposer leur remplacement. On sait que je n'ai usé qu'avec une extrême réserve de ce pouvoir, et que personne n'a été déplacé par moi. Lorsque j'arrivais dans les villes, les autorités civiles et militaires venaient me rendre visite. Je m'informais à elles de l'état de choses : je leur faisais part des ordres que j'avais reçus et des pouvoirs qui m'étaient confiés. Il était tout simple que je leur parlasse dans le sens du gouvernement d'alors; mais je nie formellement avoir tenu aucun discours ou propos insultant pour le roi ou pour les princes de sa famille : mes instructions portaient l'ordre exprès d'annoncer partout que l'Empereur ne voulait et ne pouvait plus faire la guerre hors des frontières de France, d'après les arrangements faits et conclus à l'île d'Elbe, entre lui, l'Angleterre et l'Autriche; que l'impératrice Marie-Louise et le roi de Rome devaient rester à Vienne en otage, jusqu'à ce qu'il eût donné à la France une constitution libérale et exécuté toutes les conditions du traité, après quoi elle viendrait le rejoindre avec son fils à Paris. J'avais en outre l'ordre, dans le cas où le Roi ou quelques princes de la famille royale tomberaient en mon pouvoir, de ne rien faire pour les retenir, mais de les laisser aller où ils jugeraient convenable, et de protéger même leur sortie du territoire français. Je devais rendre compte tous les jours à Bonaparte lui-même.

D. Avez-vous dit, le 14 mars, à M. de Vaulchier, préfet du Jura, que le retour de Buonaparte était depuis longtemps préparé; que vous correspondiez avec l'île d'Elbe fréquemment et facilement; que le ministre de la guerre et plusieurs maréchaux étaient dans le complot?

R. — Je nie formellement l'assertion de M. le marquis de Vaulchier ; j'ai bien pu l'engager, dans l'intérêt de la troupe et des citoyens, à conserver l'administration de son département pour y maintenir la tranquillité publique et protéger les personnes et les propriétés, mais je n'ai jamais dit avoir correspondu avec l'île d'Elbe avant le retour de Buonaparte. J'ai déjà fait connaître que j'ignorais entièrement ses projets, et l'on a dû voir que je n'appris son débarquement sur les côtes de France que par M. Batardi, mon notaire. Toutes les mesures que j'ai ordonnées jusqu'au 14, au matin, étaient dans les intérêts du Roi, et prouvent qu'elles avaient pour but de contrarier et d'arrêter la marche de Buonaparte. Si, à cette époque, la troupe avait été pourvue de munitions de guerre que j'attendais de Besançon; si j'avais eu les canons qu'on m'avait promis d'envoyer, et si j'avais pu compter sur l'esprit des troupes, je n'aurais pas hésité de marcher à la rencontre des troupes de Buonaparte, quoique je fusse inférieur en forces. Les renseignements que je reçus à cette époque sur les progrès et les forces de Buonaparte ne pouvaient point me laisser l'espoir de le combattre avec succès. Chaque jour les soldats désertaient en grand nombre et manifestaient l'intention de se réunir à lui ; les habitants des villes, le peuple des campagnes travaillaient l'opinion des soldats et les engageaient à la défection. Si j'ai été entraîné à suivre le mouvement général, c'était dans la crainte d'attirer sur ma patrie des malheurs incalculables. Abandonné à moi-même, je n'ai pas trouvé dans mes lieutenants les conseils dont j'avais tant besoin et que je leur demandais.

Depuis la défection de l'armée de Lyon, toute la responsabilité morale pesait sur moi seul, et cependant mes moyens contre Buonaparte diminuaient tous les jours par la désertion et l'influence toujours croissante de ses agents. Si j'ai failli dans cette circonstance, on doit me rendre la justice de penser que jamais je n'ai eu l'intention de trahir le Roi. Seulement j'ai préféré ma patrie à tout.

Dans les interrogatoires subséquents, le maréchal de camp rapporteur revient plus d'une fois sur les questions déjà faites, et le maréchal reproduit ses réponses sans modifications intéressantes.

On lui fait reconnaître les diverses pièces trouvées dans ses papiers, au moment de son arrestation. A cette occasion, il faut prendre note de quelques détails curieux relatifs au rôle assez odieux joué par la police dans cette affaire.

D. On a trouvé dans vos papiers un passe-port pour Lausanne ; vouliez-vous y aller? — R. Oui ; au reste ce passe-port paraît avoir été antidaté.

D. Pourquoi un passe-port sous le nom de Michel-Théodore Neubourg se trouve-t-il dans vos papiers? — R. C'était une chose convenue avec le ministre de la police qui me l'a donné. C'était pour conserver l'incognito.

D. Voici un autre passe-port trouvé dans vos papiers, *délivré par M. Decazes, préfet de police;* le reconnaissez-vous? — R. Oui.

Telles furent les pièces d'informations communiquées au Conseil. Lecture fut aussi donnée de quelques témoignages : nous les retrouverons plus tard.

Le 10 novembre seulement, la lecture de ces pièces fut terminée. Il était midi : *le Président* s'adressant aux gardes, leur dit : « *Priez le maréchal accusé de vouloir bien comparaître* devant le Conseil. »

Par ces paroles qu'accueillit un murmure d'approbation, Jourdan tenait à marquer ses sentiments de déférence pour son ancien compagnon d'armes, et pour la grande dignité de maréchal impérial, que les Bourbons traitaient avec une maladroite défaveur. Jourdan n'avait pas voulu que la place assignée à l'armée dans l'enceinte fût ce le qu'occupaient journellement les malfaiteurs. Il avait fait disposer pour Ney un fauteuil dans la demi-lune laissée vide en face du tribunal. Ce sont là, pensera-t-on aujourd'hui, des procédés honorables, mais sans importance. Ils passèrent alors pour des actes de courage. Il faut songer que la réaction royaliste applaudissait à l'assassinat impuni du maréchal Brune, dépouillait d'une dignité jusqu'alors considérée comme inamovible le brave et honnête Moncey, et ne voulait voir dans le héros de la Moskowa et de la Bérésina qu'un traître et un brigand.

Ney fut introduit au milieu d'un solennel silence; la garde lui présenta les armes, et il prit place, le front haut, les traits empreints d'une calme assurance. Il portait l'habit de son grade, sans broderie, les épaulettes et la plaque de la Légion d'honneur.

Le Président, s'adressant au maréchal. — Quels sont vos nom, prénoms, âge, lieu de naissance, domicile et profession ?

Ney. — Par déférence pour MM. les maréchaux et MM. les lieutenants généraux, j'ai consenti à répondre aux questions que M. le rapporteur m'a adressées en leurs noms, n'ayant pas voulu entraver l'instruction préparatoire de cette procédure; mais aujourd'hui qu'elle est achevée et que je me trouve dans l'enceinte d'un tribunal, je dois renouveler mes réserves et les convertir en même temps en un déclinatoire formel de la compétence de tout Conseil de guerre. Je déclare donc à MM. les maréchaux de France et lieutenants généraux que, sans m'écarter du respect dû à l'autorité, sans vouloir récuser les suffrages d'aucun d'eux, je refuse de répondre à tout Conseil de guerre, comme à tout Tribunal autre que celui auquel la loi attribue le pouvoir de me juger. Étranger aux matières de jurisprudence, je les prie de me permettre de développer les motifs de mon déclinatoire par l'organe de mon avocat, et de l'écouter avec une bienveillante indulgence.

Le Président. — Le Conseil donne acte à l'accusé de sa déclaration. Maintenant, monsieur le maréchal, vous devez répondre à la question que je vous ai faite, afin que votre identité soit constatée. Votre défenseur aura ensuite la parole pour développer vos moyens d'incompétence.

Le maréchal. — Je me nomme Michel Ney, duc d'Elchingen, prince de la Moskowa, chevalier de Saint-Louis, grand cordon de la Légion d'honneur, chevalier de la Couronne de fer, grand croix de l'ordre du Christ, maréchal de France, né à Sarrelouis, le 10 janvier 1769.

L'identité ainsi constatée, le défenseur prit la parole. C'était M° *Berryer père.*

Aussitôt après l'arrestation du maréchal, son beau-frère, M. Gamot, avait cherché un avocat qui consentît à se charger de cette défense. A Paris c'était chose difficile à trouver; dans le reste de la France, c'eût été presque impossible. Deux mois auparavant, le barreau de Bordeaux, composé d'hommes distingués, honorables, avait lâchement refusé d'assister les frères Faucher, et les défenseurs nommés d'office aux jumeaux de la Réole s'étaient misérablement excusés d'avoir à remplir *un devoir pénible*.

M. Gamot courut chez M⁰ Bellart. Cet avocat s'était distingué autrefois à côté des de Sèze et des Tronson-Ducoudray, en prêtant le secours de sa parole aux victimes du Tribunal révolutionnaire. M⁰ Bellart, membre du conseil général du département de la Seine, avait été, en 1814, un des premiers à provoquer la déchéance de Napoléon. Aux Cent-Jours, il s'était enfui en Angleterre pour éviter une punition que Napoléon ne songeait guère à lui infliger. M⁰ Bellart arrivait de Londres quand M. Gamot se présenta chez lui ; il venait chercher aux Tuileries la récompense de son exil passager et volontaire. Le moment était mal choisi pour lui proposer la défense d'un ennemi du trône : M⁰ Bellart aspirait aux plus hautes fonctions de la magistrature ; aussi répondit-il à M. Gamot qu'il ne défendrait pas le maréchal, pour deux raisons, « dont la première était que, révolté de sa conduite, il ne trouverait ni idées ni expressions pour la justifier, et dont la seconde naissait de sa conviction que le maréchal ne pouvait se sauver ni en chicanant sa vie ni en recourant à des moyens de palais. Le maréchal seul, selon M⁰ Bellart, pouvait se défendre, et il ne le pouvait qu'en s'abandonnant. Qu'il prononçât seulement ces mots : «Soldats!... Je ne viens pas vous demander la vie, je vous demande la mort! Je l'ai méritée... J'ai été faible et non perfide... Ce fut là mon vrai forfait. Il est grand, puisque j'y sacrifiai ma patrie. Que ma patrie se venge, cela est juste! (1) »

« Dans la retraite fatale de 1812, soldat et général tout ensemble... » (Page 2.)

Ce conseil d'avocat et de royaliste fut tout ce que M. Gamot put obtenir de M⁰ Bellart. Avocat ambitieux et royaliste sincère, M⁰ Bellart était d'ailleurs, comme tous les partisans zélés de la dynastie légitime, persuadé que Ney eût pu, s'il l'avait voulu, écraser Napoléon déjà maître de Grenoble et de Lyon, maître de l'armée, maître de la France. Ney était *criminel*, dit expressément M⁰ Bellart dans un opuscule intitulé : *Relation d'un voyage aux Pyrénées* ; il était criminel, « *puisqu'il ne tint qu'à lui de rejeter Bonaparte sur ses vaisseaux.* »

Voilà jusqu'à quel point la passion politique peut défigurer les vérités les plus claires.

M. Gamot s'adressa donc à M⁰ Berryer père. C'est celui-ci qui va soutenir le déclinatoire. Il nous faut bien, quoique à regret, donner un échantillon de l'éloquence de cet honnête homme, excellent avocat consultant, dont la véritable gloire est d'avoir donné le jour au plus grand orateur des temps modernes : éloquence vieillie, boursouflée, démodée, diffuse, qu'allait remplacer un art nouveau, tout autrement vivant et pratique.

» Quel sentiment j'éprouve, s'écria M⁰ *Berryer père,* en prenant la parole dans cette enceinte : mes yeux se fixent avec respect et admiration sur cette réunion des premiers personnages de l'État, dont les noms si chers à la patrie appartiennent déjà à l'avenir. Oubliant à leur aspect et les temps et les lieux, je me demande pourquoi sont réunis en aréopages ces sénateurs des camps ; je me crois transporté dans les armées, et je me demande quelle magistrature nouvelle ils viennent exercer en ces lieux.

« En reportant mes regards sur celui que je défends maintenant, quels souvenirs glorieux s'offrent à ma pensée! quelles réflexions douloureuses viennent se mêler à ses souvenirs! Eh quoi! le bouclier

(1) *Mémoires de Michel Ney,* etc., publiés par sa famille (par M. Gamot). Paris, 1833, 2 vol. in-8°.

qui fut impénétrable aux coups de l'ennemi n'aurait-il pas pu garantir le maréchal Ney des coups de la fatalité?... »

Après cet exorde de collége, le défenseur aborde le déclinatoire, mais non sans avoir évoqué tous les souvenirs de la vieille rhétorique : le Macédonien qui en appelle « à Philippe, *mieux informé :* » non sans avoir académiquement vanté la promotion de Ney à la pairie, « promotion honteuse..., promotion fatale..., promotion encore utile, puisque, semblable au majestueux vaisseau que la foudre a brûlé, elle offrait au navigateur perdu dans un océan de misère la planche du naufrage sans laquelle il eût peut-être péri. »

L'avocat terminait en disant : — « O mouvement inouï des vicissitudes humaines! celui qui fit la gloire de la patrie et marcha le premier dans le chemin de l'honneur est accusé maintenant d'avoir trahi la patrie et l'honneur. Je prouverai plus tard que les torts du maréchal ont été les torts de son jugement. L'univers apprendra que, général sans armée et sans instructions, ébranlé par l'affreux tableau d'une défection qui entraînait tout autour de lui, par les récits alarmants qui lui parvenaient de tous côtés, et par les progrès de l'usurpateur, le maréchal céda au torrent. Dans l'état désespéré où il voyait les choses, il craignit d'attirer sur sa patrie, par une résistance inutile, le fléau de la guerre civile! Il fut trompé, mais ne fut pas trompeur.

«Le temps n'est pas encore venu de faire le tableau de la position difficile où s'est trouvé M. le maréchal; il s'agit maintenant de savoir par quelle autorité, par quelle magistrature ses actions peuvent être jugées.

«Le maréchal, sans doute, ne peut pas espérer des juges plus intègres et meilleurs, appréciateurs de sa conduite; mais il s'agit, dans cette affaire, des priviléges de la pairie et de la consolidation de nos lois fondamentales; et je dois, dans ce procès trop fameux, faire entrer en première ligne les formes protectrices de toute liberté. De quoi le maréchal est-il accusé? du crime de haute trahison contre la France, contre le Roi; de là résulte l'incompétence de tout conseil de guerre.... »

D'abord, la connaissance d'un crime d'État présumé ne peut être attribuée à un conseil de guerre; ce serait faire rendre la justice par le souverain lui-même. Puis, l'article 33 de la Charte attribue à la Chambre des pairs la connaissance des crimes de haute trahison, et les articles 62 et 63 s'opposent à ce qu'un justiciable soit distrait de ses juges naturels. Enfin, par un autre article du pacte conclu avec la nation, le Roi a renoncé au pouvoir d'établir des tribunaux extraordinaires.

D'ailleurs, en raison de sa dignité, le maréchal ne peut être jugé par un conseil de guerre; pair de France, il a droit à une juridiction privilégiée.

Enfin, le conseil de guerre ne peut être régulièrement composé; il n'est pas constitué en *conseil permanent* de la division militaire.

«Vous avez, messieurs, conclut M⁰ *Berryer père,* pour vous fixer sur le déclinatoire qui vous est proposé, vous avez, ouvert sous vos yeux, le livre saint de nos libertés, la Charte, où sont gravés les titres du maréchal Ney. Vos valeureuses consciences sentent le prix du dépôt qui leur est confié. Prononcez. »

Le rapporteur, général Grundler, admet, tour à tour, chacun des moyens d'incompétence proposés par le défenseur; mais il ne conclut pas,

et déclare s'en rapporter à la sagesse du Conseil.

Le commissaire du Roi repousse le déclinatoire. La Charte attend encore une loi qui fixe le priviïége des pairs de France. Quant à la dignité ce maréchal, elle ne donne plus droit, comme sous l'*usurpateur,* à une juridiction privilégiée : les maréchaux, d'après la Charte, ne sont plus que des généraux, justiciables par conséquent des conseils de guerre. D'ailleurs, aux termes de l'ordonnance du 5 mars, le maréchal, en trahissant le Roi, s'est mis hors la constitution. Enfin, tout a été décidé sur la compétence par l'ordonnance du 24 juillet.

M. Joinville ajoute que la composition du Conseil est à l'abri de toute critique, et qu'il eût été impossible, en le composant, de veiller plus généreusement aux intérêts de l'accusé.

Le rapporteur avait raison. Ce fut une faute pour Ney, une faute fatale, que de repousser la compétence d'un conseil de guerre, où siégeaient un Jourdan, un Masséna, tous deux pairs des cent jours; un Mortier, son compagnon d'armes dans la campagne de Belgique; un Gazan, qui avait été plus loin que Ney lui-même, en repoussant la honte d'une capitulation; un Augereau, qui, dans une proclamation célèbre, avait insulté les Bourbons. Frères d'armes, compromis dans les mêmes revirements politiques, les sept juges du Conseil de guerre pouvaient-ils accorder aux fanatiques du royalisme la tête de Ney? Non, ils l'eussent sans doute condamné à l'exil.

Au contraire, quelle indulgence le maréchal pouvait-il attendre de cette pairie composée de royalistes fervents ou de serviteurs empressés à racheter leur passé? On l'a d'ailleurs fort justement remarqué, la responsabilité encourue par un tribunal de sept juges est différente de celle qui atteint une assemblée nombreuse. La mémoire publique garde rarement le souvenir de deux cents noms. L'individualité de chaque juge disparaît dans la masse; on accuse l'assemblée, non les individus; tandis que la sentence prononcée par quelques hommes s'attache, pour ainsi dire, à la personne, et les poursuit partout, dans tous les instants et dans les moindres actions de leur vie (1).

Il est triste d'avoir à le dire, les juges militaires furent heureux de la faute que commettait le maréchal; ils ne laissèrent point échapper cette occasion qui s'offrait à eux de décliner un mandat difficile, dangereux. Placés entre la nécessité de frapper, en se déshonorant, la victime qu'on leur avait livrée et le danger d'encourir une colère implacable s'ils l'épargnaient, ils passèrent l'arme à d'autres bourreaux et se lavèrent les mains.

«Ah! nous avons été des lâches! s'écriait quelques mois après Augereau mourant; nous devions nous déclarer compétents, le juger malgré ses avocats, malgré lui-même! Il vivrait du moins! »

Nous ne dirons pas, avec ce soldat expirant le cœur navré de remords, que les juges militaires furent des lâches; disons seulement qu'ils furent hommes et faibles, que ces vaillants du champ de bataille manquèrent du vrai courage.

Donc le Conseil, après quelques minutes de délibération, prononça, par la voix de son Président, le jugement qui suit :

«Le Conseil, après avoir délibéré sur la question de savoir s'il était compétent pour juger le maréchal Ney, accusé de haute trahison, se déclare incom-

(1) A. de Vaulabelle.

pétent à la majorité de cinq voix contre deux. M. le rapporteur est chargé de donner connaissance du présent jugement à l'accusé. »

Ney, en effet, avait été, selon l'usage, reconduit dans sa prison avant l'entrée du Conseil dans la chambre des délibérations. Quand il apprit la décision des juges militaires, il se réjouit; ses amis, plus prudents, s'affligèrent de ce que le maréchal, sa famille et ses défenseurs considéraient comme un succès. L'indignation des courtisans et des ministres sembla d'abord donner raison à l'accusé. La prudence des juges militaires fut considérée par eux comme une trahison, et vingt-quatre heures ne s'étaient pas écoulées depuis la déclaration d'incompétence, que déjà, le Président du Conseil des ministres avait contre-signé l'ordonnance suivante:

« Louis, par la grâce de Dieu, etc. ;

« A tous présents et à venir, salut.

« Vu l'article 33 de la Charte constitutionnelle ; nos ministres entendus,

« Nous avons ordonné et ordonnons ce qui suit :

« La Chambre des pairs procédera sans délai au jugement du maréchal Ney, accusé de haute trahison et d'attentat contre la sûreté de l'Etat; elle conservera, pour ce jugement, les mêmes formes que pour les propositions de lois, sans néanmoins se diviser en bureaux.

« Le Président de la Chambre interrogera l'accusé, entendra les témoins et dirigera les débats. Les opinions seront prises suivant les formes usitées dans les tribunaux. .

« La présente ordonnance sera portée à la Chambre par mon Ministre secrétaire d'Etat et par notre Procureur général près la Cour royale de Paris, que nous chargeons de soutenir l'accusation et la discussion.

« Donné en notre château des Tuileries, le onzième jour de novembre 1815.

« *Signé* LOUIS.

« Par le Roi :

« Le Ministre secrétaire d'État au département des affaires étrangères, Président du Conseil,

« *Signé* RICHELIEU. »

Le lendemain, 12 novembre, M. de Richelieu déposait l'ordonnance sur le bureau de la pairie, en l'accompagnant des paroles suivantes :

« Messieurs,

« Le Conseil de guerre extraordinaire, établi pour juger le maréchal Ney, s'est déclaré incompétent. Nous ne vous disons pas toutes les raisons sur lesquelles il s'est fondé ; il suffit de savoir qu'un des motifs est que le maréchal est accusé de haute trahison.

« Aux termes de la Charte, c'est à vous qu'il appartient de juger ces sortes de crimes. Il n'est pas nécessaire, pour exercer cette haute juridiction, que la Chambre soit organisée comme un tribunal ordinaire. Les formes que vous suivez dans les propositions des lois, et pour juger en quelque sorte celles qui vous sont présentées, sont sans doute assez solennelles et assez rassurantes pour juger un homme, quelle qu'ait été sa dignité, quel que soit son grade.

« La Chambre est donc suffisamment constituée pour juger le crime de haute trahison dont le maréchal Ney est *depuis si longtemps* accusé.

« *Personne ne peut vouloir que le jugement soit retardé* par le motif qu'il n'existe pas auprès de la Chambre

des pairs un magistrat qui exerce l'office de procureur général. La Charte n'en a pas établi ; elle n'a pas voulu en établir : peut-être ne l'a-t-elle pas dû. Pour certains crimes de haute trahison, l'accusateur s'élèverait de la Chambre des députés; pour d'autres, c'est le Gouvernement lui-même qui doit l'être. Les Ministres sont les organes naturels de l'accusation, et nous croyons bien plutôt remplir un devoir qu'exercer un droit, en nous acquittant devant vous des fonctions du ministère public.

« Ce n'est pas seulement, messieurs, au nom du Roi que nous remplissons cet office; c'est *au nom de la France, depuis longtemps indignée et maintenant stupéfaite.* C'EST MÊME AU NOM DE L'EUROPE que nous venons vous CONJURER et vous REQUÉRIR à la fois de juger le maréchal Ney.

« Il est inutile, messieurs, de suivre la méthode des magistrats, qui accusent en réunissant avec détail toutes les charges qui s'élèvent contre l'accusé : elles jailliront de la procédure qui sera mise sous vos yeux. Cette procédure subsiste dans son intégrité, malgré l'incompétence, et à cause même de l'incompétence prononcée. La lecture des pièces, que nous faisons déposer dans vos bureaux, vous fera connaître les charges. Il n'est donc pas besoin de définir les différents crimes dont le maréchal Ney est accusé; ils se confondent tous dans les mots tracés par cette Charte, qui, après l'ébranlement de la société en France, en est devenue la base la plus sûre.

« Nous accusons devant vous le maréchal Ney de haute trahison et d'attentat contre la sûreté de l'Etat.

« Nous osons dire que la Chambre des pairs doit au monde une éclatante réparation : elle doit être *prompte, car il importe de retenir l'indignation qui de toutes parts se soulève.* Vous ne souffrirez pas qu'une plus longue impunité engendre de nouveaux fléaux, plus grands peut-être que ceux auxquels nous essayons d'échapper. Les Ministres du Roi sont obligés de vous dire que *cette décision du Conseil de guerre devient un triomphe pour les factieux. Il importe que leur joie soit courte, pour qu'elle ne leur soit pas funeste.* Nous vous *conjurons* donc, et, au nom du Roi, nous vous *requérons* de procéder *immédiatement* au jugement du maréchal Ney, en observant pour cette procédure les formes que vous observez pour la délibération des lois, sauf les modifications portées par l'ordonnance de Sa Majesté, dont il va vous être donné lecture.

« D'après cette ordonnance, vos fonctions judiciaires commencent dès cet instant. Vous vous devez à vous-mêmes, messieurs, de ne faire entendre aucun discours qui puisse découvrir votre sentiment pour ou contre l'accusé. Il comparaîtra devant vous aux jour et heure que la Chambre fixera. »

C'est à peine s'il est besoin de souligner dans ce discours les mots trop nombreux qui dénotent chez l'accusateur une impatience mêlée de colère et d'effroi. Ce n'est pas un acte de justice, c'est un acte de vengeance et de sûreté personnelle qu'on réclame avec instance de la Chambre. Et ce n'est pas seulement au nom du Roi, mais au nom de la France, au nom de l'Europe qu'on demande la mort du parjure. Au nom de l'Europe !-et l'Europe est là, campée dans les rues, assise aux conseils du monarque! Et celui qui parle ainsi est un homme honnête, sincère, un esprit élevé, un cœur vraiment français; c'est le ministre qui pleurera sur l'humiliation de la France, qui signera en frémissant le traité qui consacra notre défaite.

Ceci suffit pour faire comprendre quelles passions agitaient les cœurs, quelle croyance profonde avaient les partisans de la monarchie d'une conspiration latente, exclusivement militaire, étrangère aux sentiments véritables et aux intérêts de la nation. Le grand mouvement patriotique et révolutionnaire de 1815 ne leur avait rien appris, et ainsi se creusait chaque jour davantage l'abîme qui allait bientôt séparer la vraie France de la dynastie restaurée.

Le discours, à nos yeux si étrange, du duc de Richelieu, fut accueilli par une attitude générale de dévouement recueilli. L'assemblée, après avoir entendu la lecture du jugement d'incompétence et de l'ordonnance royale, déclara, sur la proposition d'un de ses membres, qu'elle recevait avec respect la communication faite au nom du Roi, qu'elle reconnaissait les attributions dont l'investissait l'article 33 de la Charte (1), et qu'elle était prête à remplir ses devoirs. Elle s'ajourna au 13 novembre pour prendre connaissance des pièces de la procédure.

Par l'ordonnance du 11, tous les Ministres secrétaires d'État avaient été nommés commissaires du Roi pour le procès. C'étaient le *duc de Richelieu*, le *marquis de Barbe-Marbois*, le *comte du Bouchage*, le *duc de Feltre* (Clarke), le *comte de Vaublanc*, le *comte de Corvetto*, et le *comte Decazes*. Le Procureur général près la Cour de Paris, chargé de soutenir l'accusation, était ce même *M. Bellart*, qui avait refusé au maréchal Ney le secours de sa parole.

Le 13, la Chambre reçut communication d'une nouvelle ordonnance, en date du 12, qui réglait définitivement les formes de l'instruction et du jugement. Puis *M. Bellart* lut un premier réquisitoire, et le chancelier, président de la Chambre, *M. Dambray*, délégua l'un des pairs, *M. le baron Séguier*, pour procéder sans délai, soit à l'audition des témoins, soit à un nouvel interrogatoire de l'accusé. *M. Séguier* s'acquitta de cette tâche avec la hâte qu'avait *implorée* le duc de Richelieu. Sur son rapport, déposé avec une rapidité inouïe, la Chambre fixa l'ouverture des débats au 21 novembre. L'instruction n'avait duré que trois jours.

Témoignages et interrogatoires de cette instruction hâtive formeraient double emploi avec ce que l'on connaît déjà de l'instruction en conseil de guerre et ce que l'audience publique de la Chambre va nous montrer; il suffira de dire que le maréchal, avant de répondre au baron Séguier, avait d'abord prié ce dernier de noter cette déclaration préalable : « Je mets aux pieds du Roi l'hommage de ma respectueuse et vive reconnaissance pour la bonté que Sa Majesté a eu d'accueillir mon déclinatoire, de me renvoyer devant mes juges naturels et d'ordonner que les formes constitutionnelles soient suivies dans mon procès. Ce nouvel acte de sa justice paternelle me fait regretter davantage que ma conduite au 14 mars dernier ait pu faire soupçonner que j'avais intention de le trahir. Je le répète, dans toute l'effusion de mon âme, à vous, monsieur le baron, à la France, à l'Europe, à Dieu qui m'entend, que jamais, lors de la fatale erreur que j'ai déjà tant expiée, je n'ai eu d'autre pensée que d'éviter à mon malheu-

(1) Cet article était ainsi conçu : « La Chambre des pairs connaît des crimes de haute trahison et des attentats à la sûreté de l'État, *qui seront définis par la loi.* » Cet art. 33 devint l'art. 28 de la Charte de 1830.

reux pays la guerre civile et tous les maux qui en découlent. J'ai préféré la patrie avant tou... Si c'est un crime aujourd'hui, j'aime à croire que le Roi, qui porte ses peuples dans son cœur, oubliera cette funeste erreur, et que, si je succombe, la loi n'aura puni qu'un sujet égaré et non un traître (1). »

Cent cinquante-neuf pairs avaient, avec le Président, signé l'arrêt d'ouverture des débats après avoir reçu des mains du ministre et du Procureur général l'acte d'accusation et un réquisitoire tendant à obtenir la prise de corps.

Le 21 novembre, à dix heures du matin, l'audience fut ouverte. Un public de choix remplissait à l'avance les places réservées. Le prince de Metternich, le prince royal de Wurtemberg, le comte de Goltz, ambassadeur prussien; le comte de Griseir, général russe; un grand nombre de dames de la Cour, plusieurs députés en costumes se faisaient remarquer dans l'enceinte. Le maréchal Oudinot, commandant en chef de la garde nationale, veillait au maintien de l'ordre.

La salle avait été disposée de manière à offrir l'aspect du plus imposant des tribunaux. En face du Président, une légende se déroulait sur le mur, composée de ces trois mots : *Sagesse, Tolérance, Modération.* Mots menteurs, inscrits de bonne foi; les gouvernements, comme l'homme lui-même, prétendent surtout aux qualités qui leur manquent le plus.

A dix heures et demie, les ministres prennent place à leur banc. *M. Bellart* vient occuper le siége du ministère public. *M. Cauchy*, archiviste, faisant fonctions de greffier, s'asseoit à gauche du Procureur général et au-dessous du Président. Les pairs prennent séance; on introduit l'accusé.

Il entre escorté de quatre grenadiers de la nouvelle garde royale, et s'asseoit sur un fauteuil placé en face de l'assemblée. *M° Berryer père* l'assiste. Un jeune avocat lui a été adjoint, *M° Dupin aîné*, plus tard une des gloires les plus hautes de notre barreau moderne, alors déjà connu par une récente publication qui fut un acte de courage : *La Libre Défense des Accusés.* *M° Berryer fils* est en robe, à côté de son père, mais ne prendra pas part à la défense. Le maréchal est vêtu de la même manière que lorsqu'il parut devant le Conseil de guerre. Il salue respectueusement l'assemblée.

Le greffier procède à l'appel nominal; cent soixante pairs y répondent; voici leurs noms :

Les ducs d'*Uzès*, de *Chevreuse*, de *Brissac*, de *Rohan*, de *Luxembourg*, de *Saint-Aignan*, d'*Harcourt*, de *La Force*, de *Valentinois*, de *La Vauguyon*, de *La Rochefoucauld*, de *Clermont-Tonnerre* de *Choiseul*, de *Coigny*, de *Laval-Montmorency*, de *Montmorency*, de *Beaumont*, de *Lorges*, de *Croï-d'Havré*, de *Lévis*, de *Saulx-Tavannes*, de *La Fotée*, de *Castries*, de *Doudeauville*, de *Sirent*;

Les princes de *Chalais*, de *Bauffremort*;

Les comtes *Abrial*, d'*Aumont*, *Barthélemy* de *Beauharnais*, de *Berthollet*, de *Beurnonville*, de *Cancleaux*, de *Caylus*, *Chasseloup-Laubat*, *Cholet*, *Colaud*, *Cornet*, d'*Aguesseau*, *Davout*, *Demont*, *Dembarrère*, *Depère*, *Fitz-James*, d'*Hédouville*, *Dupont*, *Dupuy*, *Emmery*, de *Fontanes*, *Garnier*, de *Gouvion*, *Herwyn*, *Klein*, de *Lamartillière*, *Lanjuinais*, *Laplace*, *Lecculteux de Canteleu*, *Lebrun de Rochemont*, *Lemercier*, *Lenoir-Laroche*, de *Lespinasse*, de *Maleville*, de *Fonbazon*, de *Pastoret*, *Péri*, de *Sainte-Suzanne*, *Porcher de Ri-*

(1) *Constitutionnel* du 20 novembre 1815.

chebourg, de *Saint-Vallier*, de *Sémonville*, *Soulès*, *Shée*, de *Tascher*, de *Villemanzy*, *Vimar*, *Maison*, *Dessolle*, *Victor de Latour-Maubourg*, *Curial*, de *Vaudreuil*, *Charles de Damas*, *Boissy-d'Anglas*, de *Brigode*, de *Clermont-Tonnerre*, du *Cayla*, de *Castellane*, de *Choiseul-Gouffier*, de *Contades*, de *Crillon*, *Victor de Caraman*, de *Durfort*, de *Damas-Crux*, d'*Ecquevilly*, *François d'Escars*, *Ferrand*, de *La Ferronays*, de *Gand*, de *La Guiche*, d'*Haussonville*, de *Lally-Tollendal*, de *Latour-du-Pin-Gouvernet*, *Machault-d'Arnouville*, de *Lauriston*, *Molé*, de *Mun*, du *Muy*, de *Nicolaï*, de *Noë*, de *Rougé*, de *Rully*, *Suffren de Saint-Tropez*, de *Saint-Priest*, *Auguste de Talleyrand*;

Les marquis d'*Harcourt*, de *Clermont-Gallerande*, d'*Albertas*, d'*Aligre*, d'*Avaray*, de *Boisgelin*, de *Bonnay*, de *Brézé*, de *Chabannes*, de *Frandeville*, de *Gontaut-Biron*, d'*Herbouville*, de *Juigné*, de *Louvois*, de *Mortemart*, de *Mathan*, d'*Orvilliers*, d'*Osmont*, de *Raigecourt*, de *La Suze*, de *Talaru*, de *Vence*;

Les vicomtes de *Châteaubriand*, *Mathieu de Montmorency*, de *Vérac*;

Les barons *Boissel de Monville*, de *La Rochefoucauld*, *Séguier*;

Le chevalier d'*Andigné*;

Le bailli de *Crussol*;

De *Boissy du Coudray*, *Emmanuel Dambray*, *Christian de Lamoignon*, de *Saint-Roman*, *Le Peletier de Rosambo*, de *Sèze*, de *Vibraye*, *Morel-Vindé*, *Lynch*;

Les maréchaux comte *Pérignon*, duc de *Bellune*; L'amiral *Gantheaume*;

Les généraux *Campans*, *Monnier*, duc de *Raguse* (Marmont).

Sont absents, les ducs de Mortemart, de Brancas, de Broglie; les comtes Destutt de Tracy, de Vaubois et Jules de Polignac.

Sur la demande du *Président*, l'accusé décline, d'une voix calme et assurée, ses nom, prénoms, âge, lieu de naissance, domicile, qualités et titres. Les titres de ses ordres sont : chevalier de Saint-Louis, grand-cordon de la Légion d'honneur, officier de la Couronne-de-Fer, grand-croix du Christ.

Le greffier donne lecture des pièces et termine par l'acte d'accusation; voici la teneur de cette pièce importante :

« Les Commissaires du roi, chargés, par ordonnances de Sa Majesté des 11 et 12 de ce mois, de soutenir devant la Chambre des pairs l'accusation de haute trahison et attentat contre la sûreté de l'État intentée au maréchal Ney, et sa discussion,

« Déclarent que des pièces et de l'instruction qui leur ont été communiquées par suite de l'ordonnance qu'a rendue, en date du 15 du présent, M. le baron Séguier, pair de France, conseiller d'État, premier Président de la Cour royale de Paris, commissaire délégué par M. le Chancelier président de la Chambre, pour faire ladite instruction, résultent les faits suivants :

« En apprenant le débarquement à Cannes, le 1er mars dernier, de Bonaparte, à la tête d'*une bande de brigands de plusieurs nations*, il paraît que le maréchal Soult, alors ministre de la guerre, envoya, par un de ses aides-de-camp, au maréchal Ney, qui était dans sa terre des Coudreaux, près Châteaudun, l'ordre de se rendre dans son gouvernement de Besançon, où il trouverait des instructions.

« Le maréchal Ney vint à Paris le 6 ou le 7 (car le jour est resté incertain, et, au surplus, cette circonstance est peu importante), au lieu de se rendre directement dans son gouvernement.

« La raison qu'il en a donnée est qu'il n'avait pas ses uniformes.

« Elle est plausible.

« Ce qui l'est moins, c'est que, suivant le maréchal, il ignorait encore, lorsqu'il est arrivé à Paris, et l'événement du débarquement de Bonaparte à Cannes, et la vraie cause de l'ordre qu'on lui donnait de se rendre dans son gouvernement de Besançon. Il est bien invraisemblable que l'aide-de-camp du ministre de la guerre ait fait au maréchal, à qui il portait l'ordre de partir subitement, un secret si bizarre de cette nouvelle, devenue l'objet de l'attention et des conversations générales; secret dont on ne peut même soupçonner le motif, comme il ne l'est pas moins que le maréchal ait manqué de curiosité sur les causes qui lui faisaient ordonner de partir soudain pour son gouvernement, et n'ait pas interrogé l'aide-de-camp, qui n'eût pu alors se défendre de répondre.

« Le maréchal veut pourtant qu'on admette cette supposition; et il soutient qu'il n'a appris cette grande nouvelle qu'à Paris, par hasard, et chez son notaire Batardi.

« Le maréchal a-t-il cru qu'en affectant cette ignorance prolongée du débarquement de Bonaparte, il ferait plus facilement croire qu'il n'était pour rien dans les mesures qui l'ont préparé, puisque, en effet, il n'eût pas dû rester indifférent à ce point sur le résultat du *complot*? On n'en sait rien : ce qu'on sait, c'est que cette ignorance n'est pas naturelle, et qu'elle est plus propre à accroître qu'à dissiper les soupçons sur la possibilité que le maréchal ait trempé dans les manœuvres dont ce débarquement a été le funeste résultat...

« C'est le 8 ou le 9 que le maréchal partit de Paris; il n'a pas su fixer le jour avec exactitude.

« Il trouva à Besançon les instructions du ministre de la guerre. Ces ordres portaient en substance : qu'il réunirait le plus de forces disponibles, afin de pouvoir seconder efficacement les opérations de S. A. R. Monsieur, et de manœuvrer de manière à inquiéter ou détruire l'ennemi.

« On a vu que, d'après les récits opposés de certains témoins, dont les uns rapportent des discours du maréchal qui sembleraient supposer qu'il savait dès longtemps ce que méditait l'ennemi de la France, et dont les autres assurent n'avoir remarqué dans ses mesures et dans ses discours que de la droiture, il est au moins permis de conserver beaucoup de doute à cet égard.

« Mais ce sur quoi toutes les opinions se réunissent, c'est sur la conduite que le maréchal tint à Lons-le-Saulnier, le 14 mars.

« Le maréchal avait dirigé sur cette ville toutes les forces qui étaient éparses dans son commandement.

« Quelques officiers, bons observateurs, et même des administrateurs locaux, qui avaient conçu de justes inquiétudes sur les dispositions de plusieurs militaires de divers grades, et sur des insinuations perfides faites aux soldats, avaient indiqué au maréchal, comme un moyen probable d'affaiblir ces mauvaises inspirations, le mélange qu'il pourrait faire de bons et fidèles serviteurs du Roi, qu'on choisirait dans les gardes nationales, avec la troupe, que par leurs exemples et leurs conseils ils maintiendraient dans le devoir. Le maréchal, du premier mouvement, rejeta ces propositions, même avec une sorte de dédain, en disant : *qu'il ne voulait ni pleur-nicheurs ni pleurnicheuses ;* et quoiqu'il fléchît un peu ensuite sur cette idée, ce fut avec tant de lenteur et de répugnance, que la mesure ne put malheureusement ni être réalisée, ni empêcher le mal que le maréchal semblait prévoir sans beaucoup d'inquiétude.

« Cet aveuglement ou cette mauvaise disposition secrète du maréchal eut bientôt les graves conséquences qu'avec d'autres intentions, le maréchal eût dû redouter.

« Quelques témoins pensent que, jusqu'au 13 mars au soir, le maréchal fut fidèle.

« En admettant leur favorable opinion, l'effort n'était pas considérable. Le maréchal était parti de Paris le 8 ou le 9 ; c'était le 8 ou le 9 qu'il avait juré au Roi une fidélité à toute épreuve et un dévouement tel, qu'il lui ramènerait, selon son expression, dans une cage, son ancien compagnon de guerre. Depuis lors, quatre ou cinq jours seulement s'étaient écoulés : quatre ou cinq jours suffisent-ils à éteindre ce grand enthousiasme? quatre ou cinq jours, durant lesquels le maréchal n'avait encore ni rencontré d'obstacles ni vu l'ennemi, n'avaient pas dû consommer, à ce qu'il semble, l'oubli de sa foi.

« Il est triste pour la loyauté humaine d'être obligé de dire qu'il en fut autrement.

« Cinq jours seulement après de telles promesses faites à son maître, qui l'avait comblé d'affection et de confiance, et qu'il avait trompé par l'expression, démesurée peut-être, d'un sentiment dont le monarque ne lui demandait pas l'espèce de preuve qu'il en affectait, le maréchal Ney trahit sa gloire passée, non moins que son Roi, sa patrie et l'Europe, par la désertion la plus criminelle, si l'on songe au gouffre de maux dans lequel elle a plongé la France, dont le maréchal, autant qu'il était en lui, risquait de consommer la perte en même temps que, sans nulle incertitude, il consommait celle de sa propre gloire. Ajoutons même qu'il trahit sa propre armée, dans laquelle le gros des soldats savait résister encore aux brouillons et aux mauvais esprits, s'il en était qui cherchassent à l'agiter; sa propre armée, qu'il est apparent qu'on aurait vu persister dans cette loyale conduite, si elle eût été assez heureuse pour s'y voir confirmée par l'exemple d'un chef dont le nom et les faits militaires commandaient la confiance aux soldats; sa propre armée enfin, qu'il contraignit en quelque sorte, par les proclamations dont il va être rendu compte, à quitter de meilleures résolutions pour suivre son chef dans la route du parjure où il l'entraînait après lui.

« On vient de dire que le maréchal Ney n'avait pas vu l'ennemi : on s'est trompé.

« Il ne l'avait vu que trop; non pas, il est vrai, comme il convient aux braves, en plein jour et au champ d'honneur, pour le combattre ou le détruire; mais, comme c'est le propre des traîtres, au fond de sa maison et dans le secret de la nuit, pour contracter avec lui une alliance honteuse, et pour lui livrer son Roi, sa patrie et jusqu'à son honneur.

« Un émissaire de cet artisan des maux de l'Europe, encore plus habile à tramer des fraudes et des intrigues qu'à remporter des victoires, était parvenu jusqu'au maréchal dans la nuit du 13 au 14 mars dernier. Il lui apportait une lettre de Bertrand, écrite au nom de son maître, dans laquelle celui-ci appelait le maréchal le *brave des braves,* et lui demandait de revenir à lui.

« S'il est vrai que le maréchal, jusque-là, ne fût entré dans nul complot, il n'en fallut pas davantage du moins pour qu'il consentît à trahir ses serments. Sa vanité fut flattée; son ambition se réveilla. Le crime fut accepté; et ce ne fut pas plus tard qu'au lendemain matin qu'en fut renvoyée l'exécution... »

Ici l'acte d'accusation rappelle la proclamation du 14 mai.

« On peut juger de l'effet que durent produire sur la masse des soldats cette conduite et ces ordres d'un chef révéré.

« La surprise, d'ailleurs, eût pu opérer les mauvais effets qu'il est hors de doute qu'on avait déjà préparés par d'autres moyens. Ces moyens, toutefois, avaient si peu obtenu un plein succès, et les troupes *auraient été si faciles à maintenir dans le devoir,* qu'en effet le cœur des Français n'est pas fait pour trahir, quand la perfidie ne cherche pas à les égarer, qu'il faut dire d'un témoin entendu dans la procédure du Conseil de guerre (le chef d'escadron Beauregard), tandis que les soldats qui étaient plus près de leur général, entraînés par les séductions de l'obéissance, répétaient le cri de rébellion qu'il avait jeté : *vive l'Empereur !* les soldats plus éloignés, fidèles au mouvement de leur cœur et de l'honneur français, et qui étaient loin de supposer l'exécrable action du maréchal Ney, criaient : *vive le Roi!...* »

En voilà assez pour faire comprendre la physionomie de ce document. Le maréchal a tout fait. C'est lui qui a livré la France à Bonaparte ; c'est lui qui a entraîné des soldats fidèles dans un complot depuis longtemps médité. Qu'il eût marché à l'ennemi, les *brigands* étaient jetés à la mer.

En somme, le maréchal était accusé d'avoir « entretenu avec Bonaparte des intelligences à l'effet de faciliter, à lui et à ses bandes, leur entrée sur le territoire français... ; » d'avoir « passé à l'ennemi avec une partie des troupes sous ses ordres... ; » enfin, « d'avoir commis une trahison envers le Roi et l'État, et d'avoir pris part à un complot dont le but était de détruire et de changer le Gouvernement et l'ordre de successibilité au trône, comme aussi d'exciter la guerre civile en armant ou portant les citoyens et habitants à s'armer les uns contre les autres.

« Tous crimes prévus par les articles 77, 87, 88, 89, 91, 92, 93, 94, 96 et 102 du Code pénal, et par les articles 1er et 5 du Titre Ier, par l'article 1er du Titre III de la Loi du 21 brumaire an V. »

Cet acte d'accusation était signé : *Richelieu, Barbé-Marbois, du Bouchage, de Feltre, de Jaublanc, de Corvetto, Decazes, Bellart.*

Cette lecture terminée, *le Maréchal* se lève et demande que la Cour veuille entendre ses défenseurs sur les moyens préjudiciels qu'il a à proposer. *M. le Procureur général* demande que l'accusé soit tenu de présenter ses moyens cumulativement, « attendu la nécessité urgente de donner fin à une affaire qui intéresse si essentiellement la sûreté de l'État. »

Me Berryer père dépose des conclusions tendantes à ce qu'il soit sursis à toutes poursuites jusqu'à ce que, par une loi générale et organique, la procédure à suivre devant la Chambre des pairs en matière criminelle de son attribution ait été déterminée. *Me Berryer père* se réserve, dans le cas où ses conclusions ne seraient pas admises, de proposer et de faire valoir d'autres moyens préjudiciels.

M. Bellart, au nom des commissaires du Roi, insiste pour que les défenseurs, s'ils ne veulent pas être déchus de leurs moyens préjudiciels, soient tenus de les présenter tous successivement et sans préjudicier les uns aux autres.

M° Dupin. — Ce qui est préjudiciel doit, avant tout, être décidé par un jugement : si l'on nous refusait la loi demandée, encore faudrait-il nous accorder les délais nécessaires pour produire une défense, en nous retranchant, pied à pied, dans nos demandes où nous attendait l'impossible, auquel nul n'est tenu. Elle serait arrivée cette loi que nous sollicitons, si, au lieu de suivre une marche *tortueuse*, le ministre eût procédé *légalement* et suivi la ligne directe de la Constitution. Combien faut-il de temps pour obtenir une loi ? Celui qui a suffi pour rédiger les deux ordonnances. Nous avons, avant tout, espéré qu'il serait décidé si nous serions jugés avec ou sans loi. Le 18 seulement, les pièces nous sont arrivées ; deux jours à peine ont été à notre disposition pour nous occuper de la question préjudicielle : nous ne demandons que le temps physique de répondre.

La Chambre se retire pour délibérer sur l'incident, et ordonne que le commissaire du Roi sera entendu sur les moyens proposés.

M. Bellart prend la parole pour répondre aux fins de non-recevoir. Il fait ressortir l'évidente contradiction qui existe entre les différentes attitudes de l'accusé. Le maréchal a demandé à être jugé par ses pairs, et, au moment où cette faveur lui est accordée, au moment où il ne devrait apporter d'autre empressement que celui de se justifier du crime qu'on lui impute, il cherche, au contraire, à soulever de nouvelles difficultés, à éluder encore le jugement qui doit prononcer sur son sort.

Le Procureur général n'a ici que trop raison. Ney, mal conseillé, s'est soustrait à une juridiction bienveillante, et, devant la juridiction nouvelle qu'il s'est choisie, il a recours à de puérils ergotages. Ce n'est pas tout : il a eu aussi la pensée malheureuse de s'abriter derrière la capitulation de Paris. Il a fait adresser par la maréchale une note aux ministres alliés, pour leur demander d'interpréter en sa faveur l'article 12 de cette convention militaire (1). C'est le duc de Wellington, signataire, avec Blücher, de la capitulation du 3 juillet 1815, qui a reçu la note, et lui, le rival militaire de Ney, lui dont l'illustre maréchal a, dans la retraite de Portugal, contenu toute l'armée avec quatre régiments, lui qui a rencontré récemment ce rude adversaire dans les plaines de la Belgique, n'a pas su s'honorer en plaidant la cause d'un aussi noble ennemi. Wellington s'est contenté de répondre, dans une sorte de *memorandum* sèchement rédigé, que la convention invoquée avait été exclusivement militaire, que son seul objet était la reddition de Paris, et que la garantie contenue dans l'article 12 n'engageait que les généraux alliés, mais non le gouvernement établi postérieurement à la capitulation. Appuyant son opinion de celles du duc d'Otrante et de Carnot, le duc de Wellington ajoutait : (2)

« Le jour de la remise de Paris, le 6 juillet, le maréchal Ney a quitté cette capitale sous un faux nom avec un passe-port que lui donna le duc d'O-

trante ; l'aurait-il fait, s'il avait compris que l'article 12 le protégeait contre d'autres mesures de sévérité que celle des deux généraux en chef alliés ? »

Toute cette argumentation est inattaquable, mais peu digne d'un soldat. Un Français, en pareil cas, eût été plus généreux et moins logique.

Voilà donc l'attitude que des amis imprudents et de maladroits défenseurs ont conseillé au maréchal. Aussi, le *Procureur général* peut-il terminer ainsi la réponse : « Il n'est plus temps de chercher la justification du maréchal dans une sorte d'affectation à éluder tous les tribunaux et tous les juges. Plus de divagations : le péril de ce procès doit avoir des bornes. »

Après une réplique de *M° Dupin*, la Chambre se retire pour délibérer, et, à la majorité de 160 voix sur 161, elle décide que, sans s'arrêter aux moyens préjudiciels proposés par l'accusé, il sera tenu de présenter cumulativement tous ceux qu'il s'était réservé de produire.

La *Chambre* s'ajourne au 23 novembre.

A cette audience, *M° Berryer père* présente cinq moyens de nullité. *Le Commissaire du Roi* s'attache à les combattre, et requiert qu'il soit passé outre.

M. Dupin fait observer que les défenseurs n'ont eu que quarante-huit heures pour donner signification aux témoins à décharge.

Après une réplique assez vive de *M. Bellart*, la Chambre, faisant droit aux conclusions du commissaire du roi, et sans s'arrêter aux moyens présentés par les défenseurs, ordonne qu'il sera passé outre, et que les débats seront ouverts.

Puis, sur les instances des défenseurs, tendant à obtenir un délai pour assigner les témoins à décharge, la Chambre rend un jugement qui ajourne la cause au 4 décembre suivant.

C'est ce jour-là que le procès va, enfin, se dégager des subtilités de procédure, et que l'accusé va se trouver véritablement en face de ses juges.

A l'ouverture de l'audience, l'appel nominal constate la présence de cent soixante-un pairs. MM. de Saulx-Tavannes, le général comte Dembarrère et Boissy-d'Anglas sont absents.

Lecture est de nouveau donnée de l'acte d'accusation. *M. le Président* interroge l'accusé.

D. Monsieur le maréchal, où étiez-vous le 6 mars dernier ?

Ney. — Monseigneur et messieurs les pairs, je déclare que je vais répondre à toutes les questions qui pourront m'être faites dans cette enceinte, mais sous la réserve du bénéfice qui m'est attribué par l'article 12 de la convention militaire de la capitulation de Paris, et par le traité du 20 novembre dernier.

M. Bellart. — Les commissaires du roi déclarent qu'ils ne peuvent admettre de pareils moyens comme défense fondamentale dans cette cause ; l'accusé peut user des ressources qu'il croit utiles, mais non pas hors des limites de la procédure.

Le maréchal dit comment il fut mandé à Paris par le ministre de la guerre, comment il fut reçu par le Roi, à son départ pour Besançon. — « Le Roi ne savait ou ne se rappelait point les ordres donnés par le duc de Dalmatie, et ne m'entretint d'aucune disposition militaire. On a dit que j'avais donné l'assurance que je ramènerais Bonaparte dans une cage de fer ; ceci n'est point exact et serait une sottise. J'ai dit qu'en hasardant une entreprise aussi folle, il mériterait, s'il était pris, d'être mis dans une cage de fer, mais je ne me suis point chargé, moi, de l'exécution. Dussé-je être passé par les armes et déchiré en lambeaux, je suis prêt à confirmer cette déclaration. »

(1) Cet article est ainsi conçu : « Les personnes et propriétés individuelles seront également respectées. *Les habitants et, en général, tous les individus qui seront dans la ville*, continueront de jouir de leurs droits et libertés, *sans être recherchés*, soit en raison des emplois qu'ils occupent ou ont occupés, *ou de leur conduite ou opinions politiques*.

(2) *Mémorandum* à la date du 19 novembre 1815, placé sous le n° 1007 dans le *Recueil des dépêches et des ordres* du duc de Wellington.

Arrivant aux faits qui précédèrent immédiatement la proclamation du 14 mars, *le maréchal* dit : — « Des émissaires de Bonaparte arrivèrent de toutes parts, et m'ont circonvenu.... Ils m'ort tous assuré que l'Autriche et l'Angleterre étaient d'accord avec Napoléon, que j'étais responsable de la guerre civile et du sang français qui pourrait être versé. Jusqu'alors, j'avais été fidèle ; il n'a pas fallu moins que des considérations de cette valeur, et le nom si sacré de la patrie pour me faire oublier mes engagements... J'ai pu être égaré, jamais perfide.... On me disait que l'affaire de Bonaparte était arrangée d'avance ; on me montrait, *ce qui était une vérité,* l'espèce de rage et d'enthousiasme qui emportait vers lui les soldats et les habitants des campagnes. »

M. Bellart. — Je prie monsieur le Président de demander à l'accusé s'il ne lui fut pas remis, dans la nuit du 13 au 14, des plaques de la Légion d'honneur à l'effigie de l'usurpateur, et des aigles pour les drapeaux de ses régiments.

Le maréchal. — A moi, personnellement, il ne me fut rien apporté. Les chefs des différents corps remplacèrent les signes royaux par des aigles et des couronnes de laurier. Nulle part les drapeaux blancs ne furent insultés.

M. Bellart. — Quelles décorations portait l'accusé ?

Le maréchal. — Je portais celles du roi. Je les ai portées à Auxerre ; j'ai abordé Napoléon avec elles ; je les ai portées jusqu'à Paris.

Sur les faits de la journée du 14, *l'accusé* répond : — « J'étais chagrin, j'avais besoins de conseils et je n'en eus point. Ceci deviendra évident dans les débats.

« Soldats, droit au cœur!.. » (Page 32)

Je sommai, au nom de l'honneur, MM. les lieutenants généraux Lecourbe et de Bourmont de m'aider de leurs lumières et de me prêter leur appui : je n'en obtins rien.... Depuis le 14, le général Bertrand disposa absolument de la marche des troupes. Je n'ai joué dans tout cela qu'un rôle secondaire.

M. le Président. — Avez-vous fait cette proclamation qui fut lue le 14 mars ?

Le maréchal. — Jamais. On la lut, à la vérité ; je l'ai lue moi-même, et je n'ai jamais cherché à dissimuler ce tort ; mais je ne l'ai point signée.

On appelle les témoins ; le premier entendu est *M. le duc de Duras.* Il raconte ainsi l'entrevue du 9 mars. — Étant auprès de Sa Majesté, M. le maréchal Ney fut introduit..... Il alla au-devant du roi d'un pas assuré, parut entendre avec reconnaissance les assurances que lui donna Sa Majesté de son extrême confiance en lui ; puis, en se retirant, il lui baisa la main, *et promit de tout entreprendre pour ramener Bonaparte dans une cage de fer.*

Le maréchal. — Je croyais avoir dit que Bonaparte mériterait d'être mis dans une cage de fer, et non que je voulusse l'y mettre. Il se pourrait cependant que, dans le trouble où m'avaient naturellement jeté cet événement et la présence du Roi, ce mot me fût échappé ; je n'ai nulle raison de mettre en défiance les assertions de M. le duc de Duras.

M. le prince de Poix fait une déposition conforme à celle du précédent témoin.

M. le comte de Scey, ancien préfet du Doubs. — Durant ses fonctions de préfet dans la 6e division militaire, il a connu l'accusé, qui se rendit chez lui à son arrivée à Besançon, pour le voir et s'informer si le duc de Berri arrivait. Le maréchal Ney lui demanda de l'argent et des chevaux. Il tint des discours propres à lui faire penser qu'il était dévoué au Roi. L'enthousiasme était général à Besançon, et les sentiments unanimes dans l'attachement à la cause des Bourbons. La veille, les voitures du duc de Berri étant arrivées, elles avaient été traînées en triomphe.

On fit partir des canons de la forteresse; on lui dit, sur les observations qu'il fit à ce sujet, que ces dispositions étaient hors des attributions de sa place. Il demanda des armes pour les volontaires royaux, il ne s'en trouva pas. Le baron Passinges de Préchamp lui dit, en parlant de Napoléon : « Il ne s'en ira pas comme vous croyez, » et cela dans un sens et avec un ton à lui faire concevoir des alarmes.

Le maréchal. — Je ne vous ai point demandé d'argent : il est vrai que j'avais un bon de 15,000 fr., donné par le Ministre de la guerre, sur les caisses publiques de Besançon; mais cette affaire fut réglée par mon secrétaire et postérieurement à mon départ de Besançon. Je vous ai demandé des chevaux,

et je le laisais dans l'esprit de mes instructions et de mes devoirs : vous ne les avez pas fournis. Rien n'est sorti de la citadelle en armes ou canons; vous n'avez point eu la précaution de faire distribuer des cartouches aux troupes de passage dans votre résidence. Je ne sais pas de quel nom je dois caractériser, monsieur le Préfet, votre déposition inexacte en presque tous ses points.

Le témoin. — Je ne dis pas que cet argent fût pour un autre emploi que celui que commandait l'intérêt public. J'ai redemandé ce bon comme une pièce de comptabilité : il avait été envoyé pour régulariser les comptes généraux.

Le maréchal. — Vous rappelez-vous, monsieur le

Transporté à l'hospice de la Maternité, il y demeura gardé par des sœurs de la Charité... (Page 32)

Préfet, que vous m'offrîtes 700,000 francs, et que je vous dis, sur cet argent mis à ma disposition, « que ni moi ni mes soldats n'avaient besoin de rien, et que ces fonds devaient être réservés pour les urgentes nécessités qui ne pouvaient manquer de naître, et pour le service du Roi? »

M. le comte de Scey dit qu'il y avait, en effet, dans la caisse de Besançon, 700,000 francs, et qu'il eût été possible de réunir une somme plus forte, si l'on en avait eu besoin.

Le maréchal. — Je crois que c'est de Besançon, monsieur le Préfet, qu'est partie, à son origine, cette infâme calomnie qui m'accusait d'avoir reçu 500,000 francs pour faire mon devoir? On ne la reproduit plus aujourd'hui, parce qu'on a senti qu'il était trop odieux et trop absurde d'accuser d'une pareille bassesse un homme tel que moi; mais si j'eusse été assassiné dans mon transfert d'Aurillac à Paris,

comme j'en ai couru vingt fois le risque, mes enfants n'auraient pu se laver de cette tache.

Le témoin parle des munitions qui auraient manqué et de quelques détails militaires.

Le maréchal répond : « Ce n'était pas là votre affaire, et vous n'étiez pas responsable; mais ce qui vous regardait ne fut point exécuté. J'ai supplié M. le Préfet de faire des dispositions administratives: il ne les a point faites. Les paysans, les habitants ont jeté dans le canal les canons dont il parle. On a dit que j'avais voulu éloigner, disséminer les gardes nationales: je ne les ai point désunies comme on le prétend; j'ai appelé, au contraire, autour de moi tout ce qui se sentait du courage et du dévouement; mais beaucoup de gens de bonne volonté paraissent aujourd'hui, et à cette époque il n'y en avait pas.

M. de Rochemont, autre témoin, a été envoyé, le 13 mars, par le maréchal, à Mâcon, pour sonder l'esprit public et observer les forces de Napoléon. Le maréchal le complimenta sur la résolution où il était de donner au Roi une preuve de zèle.

M. le comte de Faverny, commandant des gardes d'honneur au moment des événements du 14 mars, à Lons-le-Saulnier, rapporte des propos que le général Lecourbe aurait tenus le 15, à Poligny. — Le général nous annonça que tout était fini, que le maréchal Ney avait dit que *tout était arrangé*, et que la reddition des troupes à Napoléon n'avait été pour lui qu'un jeu d'enfant.

Le maréchal. — Je prie monsieur de me dire si je ne lui ai pas parlé à lui-même constamment dans les intérêts de Sa Majesté. Lui, sans doute, avait de bonnes intentions; mais qu'il déclare s'il aurait pu réunir trois hommes? Quant à ce qu'on lui *a dit* que *j'avais dit que tout était arrangé*, cela ne se rapporte qu'à ce que je tenais moi-même du général Bertrand.

M. de Faverny. — J'avais beaucoup d'hommes qui m'avaient donné parole de marcher. Qu'on ne dise pas, sur ce que j'ai avancé touchant M. le général Lecourbe, que j'invoque le témoignage d'un mort : il vivait quand ma déposition a été faite; à cette époque, nous avions tous l'espoir de le voir lui-même à Paris.

M. le Président demande à M. de Faverny s'il y avait d'autres témoins de la conversation qu'il entendit à Poligny?

M. de Faverny. — Oui, monsieur le Président, M. Legagneur, maître de la maison, et quelques autres personnes... J'ai entendu dire encore au général Lecourbe qu'il irait trouver Bonaparte, et qu'il lui ferait de vives remontrances sur sa conduite; qu'il lui déclarerait que, s'il traitait encore les généraux comme il avait fait autrefois, on saurait bien se défaire de lui; qu'au reste, tout était en subversion; que si Bonaparte était tué, ils étaient cinq ou six qui voulaient être empereurs, et que la France ressemblait à l'Empire romain dans sa décadence. Le général Lecourbe a détaillé ensuite que les troupes avaient été échelonnées par le maréchal Ney, et divisées en petits pelotons pour mieux opérer leur défection, et prévenir toute résistance.

Le maréchal. — Il était impossible que Lecourbe tint de pareils discours : il savait que les troupes étaient en marche et suivaient l'itinéraire tracé par le ministre de la guerre; qu'ainsi il n'était pas en mon pouvoir de séparer les troupes en détachements particls.

M. Bellart insiste pour que l'accusé donne à ce sujet une explication plus précise; celui-ci répond que les troupes étaient parties de Besançon à l'époque où il arriva, et qu'ainsi tous les ordres qu'elles ont exécutés ont été, jusqu'au 14, apportés par le général comte de Bourmont.

Le lieutenant général comte de Bourmont. — J'ai déjà fait, à Lille, une déposition en vertu d'une commission rogatoire : je m'étais abstenu de charger l'accusé. Je n'avais répondu que sur des faits où j'étais strictement obligé de donner des détails. Je fus retenu par la commisération qui s'attache à une grande infortune; mais aujourd'hui qu'il m'attaque, qu'il a déposé que j'approuvais sa conduite et sa proclamation, que je lui avais fait entendre qu'il faisait bien de quitter le parti du Roi pour celui de Bonaparte, je vais m'expliquer avec plus de détails : de pareilles allégations touchant à mon honneur, je parlerai; et si je l'inculpe davantage, qu'il ne s'en prenne qu'à lui.

Le 13, M. le baron Capelle arriva à Lons-le-Saulnier; il vint me voir, et me dit que Bourg était insurgé. Je portai avec lui cette nouvelle au maréchal; il en parut fâché : il pensa que nous persévérions dans notre attachement à la cause du Roi. Le 14 au matin, arriva le 8ᵉ régiment de chasseurs à cheval; j'allai le dire encore à M. le maréchal; il me donna l'ordre de le faire mettre en bataille. « Eh bien! mon cher général, me dit-il ensuite, vous avez lu les proclamations que répand l'Empereur; elles sont bien faites; qu'en pensez-vous? Elles doivent avoir une grande influence sur les soldats » Je lui répondis qu'en effet, il s'y trouvait des expressions qui étaient d'un effet immanquable sur leurs esprits, telles que celles-ci : *La victoire marchera au pas de charge*, etc. « Vous avez été surpris, ajouta-t-il, de voir l'armée se diviser pour aller en avant? c'est ainsi qu'elle a fait sur tous les points, et tout est fini. » Le général Lecourbe entra : il lui tint le même langage. Il lui dit qu'il y avait trois mois que tout le monde savait à Paris cet arrangement; que, si nous y eussions été, nous l'aurions su comme les autres, que toute l'armée était fractionnée par deux bataillons et trois escadrons. « Le roi n'est plus à Paris, dit-il · s'il y était, il eût été enlevé; ce n'est pas qu'on en veuille à sa personne. Qu'il s'en aille, qu'il s'embarque; malheur, malheur à qui entreprendrait rien contre lui ou quelqu'un de sa famille! Il faut aller trouver l'Empereur. » Je m'en défendis. « Il vous traitera bien, me dit-il : au reste, vous êtes le maître; mais Lecourbe viendra avec nous. »

Le général Lecourbe dit : « Ma foi, je n'ai jamais reçu que des mauvais traitements de Bonaparte, et le Roi ne m'a fait que du bien; j'ai de l'honneur, d'ailleurs, et je ne veux pas manquer à mes serments. — Et moi aussi, dit le maréchal, j'ai de l'honneur, et c'est pour cela que je vais rejoindre l'Empereur : je ne veux plus voir ma femme rentrer en pleurant, le soir, de toutes les humiliations reçues dans la journée. Il est évident que le Roi ne veut pas de nous. Les maréchaux et l'armée doivent avoir de la considération, et Bonaparte seul peut leur en donner. »

Le général Lecourbe voulut se retirer à la campagne. Le maréchal insista pour le retenir. Il nous lut alors la proclamation qu'il allait lire aux soldats. Le général Lecourbe et moi nous étions entièrement opposés à ces sentiments; mais nous crûmes qu'il avait été pris contre nous des mesures en cas de résistance : nous pensâmes d'ailleurs que l'influence du maréchal serait grande sur l'esprit des troupes. Nous allâmes donc sur le terrain pour juger l'effet qu'il allait produire. Nous étions tristes et abattus. Les officiers vinrent nous prendre la main, en nous disant : « Si nous avions su cela, nous ne serions pas venus. »

Cependant les troupes criaient : *Vive l'Empereur!* M. le maréchal Ney était si bien résolu d'avance à prendre le parti de Bonaparte, qu'une demi-heure après cette lecture, il portait le grand aigle à l'effigie de l'usurpateur; et à moins de croire qu'il l'eût apporté dans l'intention de servir le Roi, je demande ce qu'il faut penser de la conduite du maréchal?

Le maréchal. — Il paraît que M. le comte de Bourmont a fait son thème depuis longtemps, que depuis huit mois il avait préparé ses dénonciations à Lille. Il s'était flatté peut-être que nous ne nous reverrions jamais; il a cru que je serais traité ici comme le fut Labédoyère. Il est fâcheux que le général Lecourbe ne soit plus; mais (levant la main avec solennité), je l'invoque dans un autre lieu; je l'interpelle contre ces témoignages devant un tribunal plus élevé, devant Dieu qui nous entend tous, devant Dieu qui nous jugera, vous et moi, monsieur de Bourmont. Ici, M. de Bourmont m'accable; là, nous serons jugés l'un et l'autre.

Cependant je fis venir ces deux officiers chez moi; je les sommai, au nom de l'honneur, de me dire leur pensée. M. de Bourmont me dit : «M. le maréchal, vous pouvez lire cela aux troupes. » Lecourbe dit : «Cela vous a été envoyé?» Je ne répondis point; mais j'insistai pour m'éclairer de leurs lumières : nulle réponse. Quelqu'un m'a-t-il dit : «Où allez-vous? vous allez risquer l'honneur et votre réputation pour une cause funeste. » Je n'ai trouvé que des hommes qui m'ont poussé dans le précipice. Je les invitai à rester chez moi, ils se retirèrent. Ce fut le général Bourmont qui fit assembler les troupes : il eut deux heures pour réfléchir. S'il jugeait ma conduite criminelle, ne pouvait-il pas me faire arrêter? J'étais seul, je n'avais pas un homme avec moi, pas un cheval de selle pour m'échapper; il s'éloigna, il se réfugia chez le marquis de Vaulchier, formant ensemble des *coteries* pour être en garde contre les événements, et s'ouvrir dans tous les cas une porte de derrière. Enfin, tous les officiers rassemblés vinrent me prendre et me conduire sur la place d'Armes jusqu'au milieu du carré.

M. le Président. — Qui avait donné l'ordre de faire réunir les troupes?

M. de Bourmont. — Ce fut moi, sur l'ordre verbal de M. le maréchal.

Le maréchal. — Il les a rassemblées après communication de la proclamation.

M. de Bourmont. — A onze heures.

M. le Président. — Comment se fait-il, qu'ayant désapprouvé la conduite de M. le maréchal, vous l'ayez suivi sur le terrain, sachant ce qu'il allait y faire?

M. de Bourmont. — Je voulais voir l'effet que produirait cette proclamation, et s'il se manifesterait quelque esprit d'opposition dans les troupes. Quant au moyen de parer à l'influence que devait exercer le maréchal, il n'y en avait qu'un seul : c'était de le tuer lui-même. On a dit que je pouvais rejoindre le Roi; j'ai craint d'être arrêté; et m'éloigner était d'ailleurs manquer mon objet, *qui était de rendre compte de tout à Sa Majesté.* Si je passais par Dôle ou Besançon, je tombais nécessairement sous la puissance du maréchal. Ma voiture s'est cassée. Le pont de Méry-sur-Seine était impraticable, et m'a obligé à faire un long détour. J'étais à Paris le 18, et j'ai fidèlement rapporté au Roi ce dont j'avais été le témoin.

Le maréchal. — M. de Bourmont a dit que j'avais à Lons-le-Saulnier la plaque à l'effigie de Napoléon; cela est inexact. J'ai porté jusqu'à Paris les décorations du Roi. Vous me supposiez donc un misérable! j'aurais donc, comme l'ont prétendu les ministres, emporté de Paris l'intention de trahir le Roi? Je suis fâché qu'un homme d'esprit emploie des moyens aussi faux et aussi petits; il y a vraiment quelque indélicatesse à déposer de pareilles suppositions.

M. Bellart. — Je prie M. le président de demander à M. le maréchal s'il ne s'est point élevé quelque querelle personnelle entre lui et le déposant?

Le maréchal. — Aucune.

M. le Président. — M. le comte de Bourmont a-t-il continué à servir?

Le maréchal. — Il a suivi la colonne, et ensuite s'est échappé.

M. le Président. — Pourquoi avez-vous compris le général de Bourmont dans l'ordre d'arrêter quelques officiers?

Le maréchal. — L'ordre a été donné à Auxerre, et personne n'en a été frappé. Cet ordre venait de Bonaparte. M. de Bourmont a disparu d'auprès de moi; je ne sais si c'est par mauvaise honte, ou par quelque sentiment que je ne saurais m'expliquer : le fait est qu'il a contribué à me pousser à la défection.

Me Berryer. — Que M. de Bourmont nous dise à qui il faut attribuer l'ordre de faire marcher l'armée par fractions?

M. de Bourmont. — Au ministre de la guerre.

Le maréchal. — C'est vous qui en avez apporté l'ordre et qui l'avez fait exécuter; il est au moins curieux de savoir comment on veut m'attribuer cet ordre?

Me Berryer. — Permettez-moi, monsieur le Président, de demander à M. de Bourmont, qui prétend avoir été conduit sur la place d'Armes par un sentiment de pure curiosité, si c'était aussi la curiosité qui l'amenait au banquet donné à l'état-major par M. le maréchal après la proclamation?

M. de Bourmont. — Il fallait écarter les soupçons et empêcher qu'on ne m'arrêtât. Le maréchal était inquiet de moi, il envoyait fréquemment des officiers pour savoir quel parti j'allais prendre; il fallait remplir mon objet.

Le maréchal. — Je n'ai fait arrêter qui que ce soit; j'ai laissé tout le monde libre. Vous ne m'avez fait aucune objection; personne ne m'en a fait. M. le colonel Dubalen vint m'offrir sa démission; seul il se conduisit en homme d'honneur. Vous aviez un grand commandement, vous pouviez me faire arrêter; vous auriez bien fait; si vous m'aviez tué, vous m'auriez rendu un grand service, et peut-être était-ce là votre devoir !...

M. de Bourmont ayant rappelé que Bonaparte était déjà à Lyon, le 13, avec 5,000 hommes : «Pourquoi tromper sur le nombre? s'écrie *le maréchal;* tout le monde sait qu'il était à la tête de 14,000 hommes, sans y comprendre les soldats qui se rendaient de toutes parts à sa rencontre, et cette foule d'officiers à demi-solde. Je voyais la guerre civile inévitable; il eût fallu marcher sur 60,000 cadavres français. »

M. le Président, au témoin. — Croyez-vous que le maréchal eût pu opérer quelque résistance contre les troupes de Napoléon? Aurait-il pu engager le combat?

M. de Bourmont. — Tout eût dépendu d'une première démarche. Si le maréchal eût pris une carabine et eût chargé le premier, nul doute que son exemple n'eût été décisif, car aucun homme n'avait plus d'empire sur l'esprit de l'armée. Cependant je n'oserai affirmer qu'il eût été vainqueur : l'issue de l'événement tenait à des dispositions militaires sur lesquelles on ne peut faire que des conjectures.

Le maréchal. — Cela eût été impossible. L'eussiez-vous fait, vous? Je ne vous crois ni assez de fermeté, ni assez de talents.

M. le Président. — On demande enfin si le maréchal eût pu (sa proclamation à part) faire marcher ses troupes contre Bonaparte?

M. de Bourmont. — Il eût pu disposer de celles qui étaient encore à Poligny, à Lons-le-Saulnier, à Saint-Amour, et qui n'avaient pas pris la cocarde de la rébellion.

Me Dupin. — M. le maréchal ne vous lut-il la proclamation qu'une fois?

M. de Bourmont. — Il la lut une seconde.

Me Dupin. — Je demande si, quand il la lut la seconde fois, vous saviez ce qu'allait faire M. le maréchal ?

M. de Bourmont. — Nul doute.

Me Dupin. — Avez-vous fait quelques dispositions contraires à l'effet qu'on voulait produire?

M. de Bourmont. — Je n'en ai pas eu le temps.

Me Dupin. — Comment saviez-vous donc que les troupes penchaient pour le Roi?

M. de Bourmont. — Je ne pouvais pas en répondre.

M. le baron Séguier. — Demandez, monsieur le Président, si un officier ne fut pas arrêté le 13 par les ordres de l'accusé ?

M. de Bourmont. — On m'a dit que cet officier avait parlé de se rendre à Bonaparte : je le fis arrêter; mais comme c'était un militaire recommandable, je le fis seulement conduire à Besançon.

M. le baron Séguier. — Pourquoi n'avez-vous pas fait arrêter les émissaires de Bonaparte?

M. de Bourmont. — Je n'ai eu connaissance de leur arrivée qu'après que le maréchal m'en eut instruit.

Le maréchal. — Il y eut en effet un officier arrêté le 13, et ce fut M. de Bourmont qui le dénonça; mais il y avait impossibilité d'arrêter les autres. Je doute même que celui-ci ait été conduit à la citadelle de Besançon.

Me Berryer. — Nous supplions M. le Président de demander à M. de Bourmont quel effet produisit la lecture de la proclamation ?

M. de Bourmont. — Les soldats criaient : *Vive l'Empereur!* les officiers étaient stupéfaits.

Me Berryer. — Qu'on demande à M. de Bourmont s'il a crié: *Vive le Roi!*

Des murmures se font entendre. Plusieurs pairs s'agitent et interpellent le défenseur. « La question est tout à fait déplacée, » s'écrie *M. le comte Molé.* « Ce sont là des personnalités auxquelles il faut mettre ordre, » ajoute *M. de Frandeville.*

M. le marquis de Vaulchier. — En apprenant l'entrée de Bonaparte à Lyon, le maréchal se plaignit des mauvaises dispositions qui avaient été prises contre lui. Il ajouta : «Si je m'étais trouvé auprès de S. A. R. Monsieur, je serais monté dans sa voiture et je lui aurais dit : Marchons, monseigneur, il faut aller aux avant-postes; c'est là le seul moyen d'opposer quelque résistance au progrès de Bonaparte.» Le maréchal parla ensuite des raisons particulières de mécontentement qu'il avait, et surtout des mortifications qu'on avait fait éprouver à la Cour à madame la maréchale; puis il s'étendit sur les motifs du mécontentement de l'armée, et sur la conduite qu'on aurait dû tenir à son égard. Le témoin rend compte enfin de l'événement du 14, qui lui avait été raconté par des personnes présentes à la lecture de la proclamation sur la place de Lons-le-Saulnier. Après s'être fait raconter tous les détails relatifs à cette lecture, il prit la résolution de se retirer. Avant de se mettre en route, il vit le maréchal. Ce dernier ne mit aucun obstacle à son départ; seulement il l'invita à désigner, parmi les notables de la ville, un successeur pour administrer le département au nom de l'Empereur. Le doyen des conseillers de la préfecture prit, quoique avec beaucoup de répugnance, les rênes de l'administration.

Antérieurement à ces mesures, *M. de Vaulchier* avait reçu une lettre du maréchal dans laquelle celui-ci lui donnait l'ordre de continuer à administrer le département au nom de l'Empereur. Il l'assurait qu'aucune arrestation n'aurait lieu, et que tout se passerait avec calme.

Le maréchal, au témoin. — Je me rappelle, en effet, avoir eu à Lons-le-Saulnier un entretien avec vous; mais si notre conversation a duré dix minutes, c'est tout au plus; et, certes, on conviendra que j'avais alors autre chose à faire que de vous donner des explications si longues. Je déclare, au surplus, que vous avez refusé de servir l'Empereur.

M. de Vaulchier termine sa déposition en affirmant, comme l'a fait M. de Bourmont, que, le 14, le maréchal, après la lecture de sa proclamation, était décoré de l'aigle de la Légion d'honneur.

Le maréchal. — Cette assertion est contraire à la vérité : cent mille témoins en pourraient affirmer la fausseté.

M. le baron Capelle et *M. le comte de la Genetière* font des dépositions à peu de chose près semblables à celle de M. de Bourmont.

M. Grison, capitaine. — Il était à Landau quand le maréchal y arriva dans le courant d'avril, visitant le cordon des troupes par ordre de Bonaparte. Il dépose qu'ayant fait assembler le corps des officiers, le maréchal ferma la porte de la maison où ils étaient réunis, et dit : « J'espère qu'il n'y a ici ni étrangers ni intrus. » Il se répandit ensuite en propos outrageants contre la famille royale.

Le maréchal. — Un maréchal de France, un officier quelconque, faire retirer les clefs d'un lieu où sont assemblés des officiers!… cela n'est point vraisemblable. Je n'ai rien dit d'outrageant pour la famille royale; les instructions secrètes de Bonaparte contenaient l'injonction formelle d'en respecter tous les membres, de favoriser leur retraite, de s'abstenir de tout mauvais procédé. Je ne sais pas, monsieur l'officier, par qui vous êtes envoyé pour me dénoncer; mais je répète que vos allégations n'ont pas même de vraisemblance.

Le témoin. — Vous avez dit des mots injurieux, des paroles contre la famille royale que je n'ose pas répéter; vous avez dit que plusieurs maréchaux de France avaient pensé à la République.

Le maréchal. — Je n'ai ni observation ni réponse à faire.

Un autre témoin, le capitaine *Casse*, reproduit les allégations du précédent témoin.

M. Cailloé, passementier et joaillier, déclare que ce ne fut que le 25 mars que les plaques et les décorations du maréchal lui furent apportées pour y ajouter les ornements impériaux. Il montre en preuve son registre.

M. Batardi, notaire. — Il déclare que c'est de sa bouche que le maréchal a appris le débarquement de Bonaparte à Cannes. Le maréchal témoigna le plus vif étonnement et une grande affliction : «Mon malheureux pays!… dit-il. Que vient faire cet homme qui n'a que la guerre civile à nous apporter? S'il n'eût pas compté sur des mésintelligences et des ressentiments, il n'eût pas osé mettre le pied sur le sol français. »

M. le duc de Maillé. — Il dépose, après un narré succinct de sa propre conduite dans les événements de mars, qu'il laissa le maréchal à Lons-le-Saulnier dans les dispositions les plus favorables pour la cause du Roi. Il ajoute : «Je dois encore à la vérité de déclarer que j'ai entendu M. le maréchal donner les ordres les plus rassurants, et dire en propres termes à M. le comte Bourmont : «Allons, mon cher général, il faudra marcher contre Bonaparte. Nous serons peut-être inférieurs en nombre; mais nous nous battrons bien, et, morbleu! nous le frotterons. »

M. le général comte Philippe de Ségur. — J'ai l'honneur de connaître beaucoup M. le prince de la Moskowa. Je le vis le 7 mars. Il me dit qu'il allait combattre Napoléon; il me chargea, en son absence, de plusieurs dispositions militaires. Tout ce que j'entendis de sa bouche était digne du général français qui a fait la gloire de son pays dans vingt campagnes.

Madame Maury. — A Dijon, le 16 ou le 17 mars, un Italien, le comte Byano, qui vit alors le maréchal, l'entendit parler de sa préoccupation, de ses regrets, maudire les circonstances difficiles où il se trouvait, et ajouter que le sentiment du salut de la patrie l'avait emporté chez lui sur tout le reste.

M. de Boursillac, sous-préfet à Poligny. — J'ai vu le maréchal avant sa défection. Il me reçut, m'offrit de mettre à ma disposition les gardes nationales, et de donner lui-même l'exemple de la résistance. Je l'entendis se plaindre du Roi, de M. et de madame de Blacas, du rejet qu'on avait fait à la Cour des services de la vieille garde.

Le maréchal. — Sur ce que j'ai dit de la vieille garde, je dois une explication. Oui, j'ai dit au Roi qu'il était politique et généreux de se l'attacher, qu'elle avait des droits à défendre sa personne; que la garde était la récompense de toute l'armée, et qu'il ne fallait pas l'anéantir. Ce discours, je l'ai tenu à Compiègne, dans un moment où Sa Majesté daignait me donner une confiance toute particulière. Bonaparte l'a su, et m'a dit depuis : « Si le Roi eût suivi vos conseils, jamais je n'eusse mis le pied en France.»

Le lieutenant-général comte Heudelet. — Dans les départements placés sous mon commandement et dans les pays environnants, le mouvement d'insurrection était général : *on ne pouvait point compter sur les soldats ni sur les habitants; le parti du Roi était une infime minorité. Il en était de même, à ce que je crois, dans le gouvernement du maréchal. Les habitants étaient exaspérés et portés à se réunir à Bonaparte.*

Le maréchal prince d'Eckmühl (Davout) donne, sur l'invitation de M⁰ Berryer, quelques explications sur la capitulation de Paris, du 3 juillet, et sur l'article 12, destiné à garantir la sûreté des personnes, quelles qu'eussent été leurs opinions et leur conduite antérieure. Il ajoute que si ces garanties n'eussent pas été données, il avait une magnifique armée, bien disposée, pourvue d'une nombreuse artillerie, et, en sa faveur, toutes les chances que peut prévoir un général en chef. Mais quand M⁰ Berryer demande au témoin d'expliquer quel effet devait avoir, dans sa pensée, l'article 12, *M. Bellart* s'oppose à ce que le prince réponde à de pareilles interpellations, comme étant étrangères à la cause.

La liste des témoins est épuisée. Que dire de ces témoignages! Quel triste spectacle que celui de ces lâchetés, de ces rancunes! Etre juste, sincère, ce serait encourir la disgrâce. Aussi le comte de Secy ne répondra-t-il que d'une façon évasive à propos de l'absurde calomnie des 500,000 francs. Aussi le marquis de Vaulchier, le baron Capelle accableront-ils l'accusé sous cette autre calomnie des insignes impériaux préparés à l'avance. Il faudra qu'un honnête joaillier vienne donner à ces hommes une leçon de courage et de sincérité. M. Cailloé, le duc de Maillé, le général comte de Ségur, et deux ou trois autres témoins, échappent seuls à l'entraînement des passions mauvaises.

Quant à Bourmont, son rôle était tout tracé d'avance. Le traître du 15 juin, le misérable qui continua de servir Napoléon, pour pouvoir *rendre compte de tout au Roi*, ne pouvait parler autrement qu'il ne fit devant la Chambre des pairs. Il se sent méprisé même de ceux qu'il sert, et il est facile de noter ce mépris dans les questions du chancelier d'Ambray. Aussi, avec quelle sourde rage, avec quelle rancune enfiellée, Bourmont écrase de ses mensonges l'homme près duquel il a joué le rôle d'espion et d'agent provocateur !

Mais que penser de M. Bellart, demandant si quelque querelle ne s'est pas élevée entre le témoin et l'accusé? C'est là une naïveté d'ignorance qui s'accorde bien avec l'opinion du magistrat sur la possibilité d'une lutte dans laquelle Ney eût vaincu Napoléon. M. Bellart paraît ne pas savoir que Bourmont avait si bien capté la confiance du maréchal, qu'il comptait si bien sur sa générosité, que lorsqu'il voulut vaincre les défiances de Napoléon et de Davout, c'est à Ney qu'il demanda les moyens de faire accepter à l'Empereur ses services. Après le départ des Bourbons, Bourmont n'obtint que par l'intervention de Ney le commandement de la division d'infanterie du 4⁰ corps, et le malheureux maréchal répondit à Napoléon et à Davout de *la fidélité* de l'homme qui ne demandait à commander un corps français que pour porter à l'ennemi le plan de la future campagne !

Il y a, parmi les témoins, deux capitaines qui déshonorent leurs épaulettes en se rendant complices d'une calomnie ridicule ; mais du moins ces malheureux ne sont que des sycophantes ; ils n'ont reçu de l'accusé aucun service, ils ne lui doivent aucune reconnaissance, et ils font leur métier. Le rôle de Bourmont est plus odieux encore que celui de ces deux hommes.

Cependant, *M. Bellart* prend la parole pour résumer l'accusation. Il fait consister le crime dans la proclamation du 14 mars, et termine ainsi :

« Messieurs, vingt-cinq années de troubles et d'orages politiques n'ont que trop affaibli les principes de la morale; dans ces derniers temps surtout, ces principes ont été trop souvent méconnus : que d'hommes, que je n'accuse point pourtant, et dont les circonstances doivent atténuer les erreurs, se sont écartés de leurs devoirs ! Mais si l'on aime à chercher quelques excuses pour des fautes nées des événements, il est bien douloureux et bien pénible de rencontrer, au nombre des vrais coupables, l'un de ces citoyens illustres qui firent longtemps la gloire de la France, et de le trouver au premier rang de nos guerriers, dont l'honneur devrait composer l'existence tout entière.

« Si pour la première fois, en effet, l'accusé eût redouté le péril, ne lui restait-il pas une autre ressource moins glorieuse pourtant que celle qui lui était naturellement offerte; et ne devait-il pas au moins rentrer dans la retraite pour y conserver religieusement la foi qu'il avait jurée?

« Je m'arrête, messieurs, et je laisse à vos consciences le soin d'apprécier les charges contenues dans l'acte d'accusation.

« Je me réserve de répondre aux moyens qui seront présentés par l'accusé. »

C'est le 6 décembre que *M⁰ Berryer père* lit la défense du maréchal. Rien de nouveau dans ce plaidoyer, qui repousse longuement la préméditation. Tout s'y réduit à un inutile ergotage, qui diminue l'accusé en rapetissant la cause. Déjà l'on a rencontré dans la question adressée par Mᵉ Berryer à Davout l'argument principal de la défense. Mᵉ Berryer le développe longuement. Selon lui, l'article 12 couvre le maréchal, ainsi que toutes les personnes placées dans la même situation. Le poursuivre aujourd'hui pour ses opinions et pour sa conduite antérieure, c'est rayer d'un trait de plume la convention du 3 juillet et les garanties qu'elle renferme. Ce n'est pas là un argument, c'est une argutie. Qui ne voit, en effet, que cette convention, ou plutôt, pour l'appeler de son nom véritable, cette capitulation, n'a pu engager que les généraux des deux armées et n'a pu s'appliquer qu'à la situation provisoire d'une capitale livrée à l'ennemi ? Le duc de Wellington, consulté par la maréchale sur l'interprétation à donner à l'article 12, avait répondu, avec plus de logique que de générosité, que ces garanties débattues entre le vainqueur et le vaincu n'engageaient évidemment pas le gouvernement futur de la France.

Si cet argument de la défense n'était qu'un sophisme, au moins n'avait-il pas le caractère d'indignité du second argument que développa Mᵉ Berryer. S'appuyant sur le traité du 20 novembre, il réclama pour Ney, né à Sarrelouis, la qualité d'*étranger*, soustrait par là aux lois françaises ! Aux premiers mots de cette argumentation misérable, qui faisait la partie belle à l'accusation, *M. Bellart* se lève et dit :

« Avant que les défenseurs s'engagent dans de nouveaux raisonnements, absolument étrangers au fait de l'accusation, je dois éviter un scandale de plus dans ces pénibles discussions. Nous sommes Français, ce sont les lois françaises seules qu'il faut invoquer. Nous avions bien senti qu'on avait eu l'idée de nous présenter les moyens qu'on se dispose à faire valoir; mais nous avions cru, je l'avoue, que la réflexion y ferait renoncer; nous attendions, pour y répondre, qu'on développât la défense de l'accusé; mais puisqu'on s'écarte si notoirement de la controverse, puisqu'on oublie même l'arrêt que la Cour a rendu pour fermer la discussion sur la question préjudicielle, je déclare que les commissaires du Roi s'opposent formellement à ce que les défenseurs de l'accusé s'écartent plus longtemps du point de fait qu'ils sont appelés à discuter. »

Mᵉ *Dupin* insiste sur l'argument, tout en faisant cette réserve que le maréchal est toujours Français d'intention.

Le maréchal.—Oui, messieurs, je suis Français, je saurai mourir Français. Jusqu'ici ma défense avait paru libre, je m'aperçois qu'on l'entrave à l'instant. Je remercie mes généreux défenseurs de ce qu'ils ont fait et de ce qu'ils sont prêts à faire; mais je les prie de cesser plutôt de me défendre tout à fait que de me défendre imparfaitement; j'aime mieux n'être pas du tout défendu, que de n'avoir qu'un simulacre de défense. Je suis accusé contre la foi des traités, et on ne veut pas que je les invoque ! *Je fais comme Moreau* (1), j'en appelle à l'Europe et à la postérité.

Le maréchal n'avait pas été le dernier à comprendre combien l'attitude de sa défense était peu digne de lui. Son tort fut de s'abandonner lui-même et de paraître accepter les sophismes imaginés par des avocats. Combien son rôle n'eût-il pas été plus simple, combien n'eût-il pas embarrassé ses ennemis, si, regrettant loyalement un entraînement qui

avait été celui de toute la France, il se fût contenté de s'offrir en victime expiatoire, de rappeler la sincérité de ses intentions et d'opposer à cet instant d'oubli, toute une vie de gloire et de dévouement à la grandeur de la France !

Ce n'est qu'au dernier moment qu'il comprend enfin l'abaissement du rôle qu'on lui fait jouer devant ses ennemis assemblés, non pour le juger, mais pour le condamner. Et encore, la défense lui fait-elle commettre une dernière faute. On aura remarqué, en effet, un mot malheureux : *Je fais comme Moreau.* Jamais Ney n'eût dit cela. Sa protestation, dont le sentiment général était noble et élevé, fut, à l'exception de la première phrase, rédigée par l'un des défenseurs.

Les commissaires du Roi ne manquèrent pas de saisir le prétexte qu'on leur offrait pour mettre un terme aux débats. Le maréchal avait à peine prononcé ces dernières paroles, que *M. Bellart* se leva.

— Il est temps, dit-il, de mettre un terme à ce système de longanimité qu'on a constamment adopté. On a fait valoir des maximes bien peu françaises. On a poussé jusqu'à la licence la liberté de la défense. Doit-il être permis à un accusé d'intercaler dans sa défense des matières qui y sont absolument étrangères? Les défenseurs ont eu plus de temps même qu'ils n'en avaient demandé. A quoi bon les dérogations du fait capital auxquelles ils se livrent? Ce n'est porter aucune atteinte à la défense que de vouloir la faire circonscrire dans les faits de l'acte d'accusation. Les commissaires du Roi, quelles que soient les résolutions de M. le maréchal, persistent dans leur réquisitoire.

M. le Président. — Défenseurs, continuez la défense en vous renfermant dans les faits.

Le maréchal. — Je défends à mes défenseurs de parler, à moins qu'on ne leur permette de parler librement.

M. Bellart. — Puisque M. le maréchal veut clore les débats, nous ne ferons plus, de notre côté, de nouvelles observations. Nous terminerons par notre réquisitoire.

Le Procureur général requiert, au nom des commissaires du Roi, que la Chambre applique au maréchal Ney les articles du Code pénal relatifs aux individus convaincus du crime de haute trahison et d'attentat à la sûreté de l'État.

M. le Président. — Accusé, avez-vous quelques observations à faire sur l'application de la peine ?

Le maréchal. — Rien du tout, monseigneur.

M. le Président. — Faites retirer l'accusé, les témoins et l'auditoire.

Il est cinq heures. L'accusé, les témoins et le public se retirent. La Chambre reste en séance. Ce n'est qu'à près de minuit que l'audience publique est reprise. *M. le Président* lit l'arrêt, conçu en ces termes :

« La Chambre, après en avoir délibéré, attendu qu'il résulte de l'instruction et des débats que Michel Ney, maréchal de France, duc d'Elchingen, prince de la Moskowa, ex-pair de France, est convaincu d'avoir, dans la nuit du 13 au 14 mars 1815, reçu plusieurs des émissaires de l'usurpateur; d'avoir, ledit jour 14 mars, lu, sur la place publique de Lons-le-Saulnier, département du Jura, à la tête de son armée, une proclamation tendant à exciter les troupes à la révolte et à la défection; d'avoir, immédiatement après, donné l'ordre de se réunir à l'ennemi; et d'avoir lui-même, à la tête de son armée, effectué cette défection;

<hr>

(1) M. Dupin aîné, dans ses *Mémoires*, supprime de l'autographe de Ney ces mots malheureux : *Je fais comme Moreau.* Il est cependant certain qu'ils furent lus par le maréchal.

« Qu'il est, en conséquence, convaincu du crime de haute trahison et d'attentat à la sûreté de l'État, dont le but était de détruire, ou de changer la forme du gouvernement et l'ordre légitime de succession au trône,

« Le déclare coupable des crimes prévus par les articles 77, 87, 88 et 102 du Code pénal; 1er et 5 du Titre Ier de la loi du 21 brumaire an v, et 1er du Titre III du même Code.

« En conséquence, faisant application desdits articles, condamne Michel Ney, maréchal de France, à la *peine de mort*, et aux frais du procès.

« Ordonne que l'arrêt sera exécuté, conformément aux dispositions de la loi du 12 mai 1793, à la diligence des commissaires du Roi.

« Et conformément à la faculté accordée par l'ordonnance du Roi du 12 novembre dernier, ordonne que le présent arrêt sera prononcé publiquement, hors la présence de l'accusé et en présence de ses conseils, ou eux dûment appelés, et lu et notifié au condamné par le secrétaire archiviste faisant fonctions de greffier, à la diligence des commissaires du Roi. »

M. Bellart. — Les commissaires du Roi chargés de la poursuite de l'accusation de haute trahison contre le maréchal Ney :

« Attendu la condamnation à mort rendue par la Chambre des pairs contre le maréchal Ney, requièrent qu'en conséquence de l'article 5 de la loi du 24 ventôse an xii, qui prononce qu'aucune condamnation contre un individu membre de la Légion d'honneur ne pourra être exécutée qu'après sa dégradation, il plaise à M. le Président prononcer que le maréchal Ney ayant manqué à l'honneur, a cessé d'être membre de la Légion. »

M. le Président fait droit au réquisitoire.

Après les fautes nombreuses commises par l'accusé, qui semble avoir tout fait pour faciliter à ses ennemis l'acccomplissement de leur vengeance, cet arrêt n'a plus rien qui étonne. Une seule chose pourrait surprendre ceux qui ne savent pas quelles défaillances, quelles lâchetés, quelles passions aveugles se rencontrent parmi les hommes les plus éminents dans des temps troublés, c'est l'énorme majorité que réunit l'arrêt de mort. Sur 161 membres présents, majorité 81, 128 votèrent la mort, 17 la déportation, 5 membres s'abstinrent, et 11 voix furent déduites pour avis semblables entre parents.

Nous ne dresserons pas à nouveau la liste des noms avec les votes en regard; ce serait, pour ceux qui eurent le malheur de voter la mort, une sorte de liste d'infamie. Il faut bien pourtant en citer quelques-uns. Que les émigrés, que les gens de cour, les princes et les ducs de l'ancien régime, obéissant à leurs rancunes et à leurs terreurs, fissent cette réponse à l'échafaud du 21 janvier, au meurtre juridique de Vincennes, il n'y avait rien là qui pût surprendre; Ney, pour ceux-là, n'était que le complice d'un brigand, un représentant de la Révolution. Mais il est pénible d'avoir à noter, parmi ceux qui votèrent la mort, des hommes qui portaient ces noms vénérés : *Lamoignon, d'Aguesseau, de Sèze, Séguier.* Et que dire de ces noms inféodés à toutes les gloires de l'Empire, portés par des hommes qui savaientce qu'avait été le glorieux soldat qu'ils envoyaient mourir sous des balles françaises? Ceux-là s'appelaient : le comte *Serrurier*, le duc de *Valmy*, le duc de *Bellune*, le comte de *Castellane*, le comte de *Lauriston*, le général *Monnier*, le comte *Dupont*, l'ami-

ral *Gantheaume*. Le comte de *Tascher*, le comte de *Beauharnais* votèrent la mort! Le vicomte de *Chateaubriand* vota la mort!

Les 5 membres qui s'abstinrent furent le duc de *Choiseul*, le comte de *Sainte-Suzanne*, le marquis d'*Aligre*, le comte de *Brigode*, le comte *Théodore de Nicolaï.*

Les 17 membres qui votèrent la déportation furent : les ducs de *Broglie* et de *Montmorency;* les comtes *Berthollet*, de *Chasseloup-Laubat*, *Cholet, Colaud*, de *Fontanes*, de *Gouvion*, *Herwyn*, *Klein*, *Lanjuinais*, *Lemercier*, *Lenoir-Laroche*, de *Maleville*, *Porcher* de *Richebourg*, *Curial*, de *Lally-Tollendal.*

M. de Fontanes, le solennel discoureur de l'Université impériale, bonapartiste enthousiaste autrefois, aujourd'hui royaliste fervent, toujours ambitieux et timide, eut le courage de voter la déportation. Qui le lui donna? Peut-être le général Collard, qui, au moment où les Pairs allaient se retirer dans la chambre du Conseil, lui dit à l'oreille : « Ne votez pas la mort, vous en dormirez mieux. »

C'est le 6 que la Chambre des Pairs avait rendu cet arrêt déplorable. Quelques heures après, le secrétaire archiviste de la Chambre, M. Cauchy, se présentait dans la prison du maréchal pour lui notifier la sentence. Depuis trois jours, Ney avait été transporté de la Conciergerie dans une chambre des combles du palais du Luxembourg.

Quand M. Cauchy demanda à être introduit près du prisonnier, celui-ci dormait d'un profond sommeil. Ney n'eut pas de peine à comprendre, à l'attitude de M. Cauchy, la nature du message dont il était porteur. Alors, le soldat se retrouva tout entier : il ne s'agissait plus pour lui d'une de ces situations complexes, délicates, qui demandent la finesse du jugement, la délicatesse du toucher, l'esprit de suite et de conduite, le caractère : il se voyait désormais en présence d'une perte inévitable, situation nette et simple, pour laquelle il ne fallait que le cœur tranquille et l'œil intrépide. Il se crut en face d'une redoute, au moment où va partir le signal de l'assaut. Calme et souriant, il écouta la formule préliminaire de la sentence. Comme M. Cauchy entamait la longue énumération des titres et dignités du condamné : — « Passez, passez, monsieur, dit-il ; dites tout simplement *Michel Ney*, et bientôt un peu de poussière. »

Ici, cédons encore une fois la parole à M. Achille de Vaulabelle. Son récit des derniers moments de Ney peut être considéré comme un modèle. Vérité, sobriété, rapidité, simplicité magistrale, émotion sincère et contenue, toutes les qualités de l'historien se rencontrent dans cette belle page, auprès de laquelle pâlissent singulièrement les récits prétentieux des historiens poètes, malgré les broderies chatoyantes, les métaphores, les traits qui les enjolivent.

« Il demanda là, avant d'aller à la mort, s'il pourrait embrasser sa femme et ses fils. La réponse fut affirmative. « A quelle heure est-ce pour demain? demanda-t-il avec un indéfinissable sourire. — A neuf heures, monsieur le maréchal. — Bien, répliqua Ney ; en ce cas, faites avertir la maréchale pour cinq heures et demie. Mais j'espère, ajouta-t-il, que personne ne se permettra de lui annoncer ma condamnation; je me réserve de la lui apprendre. Puis-je être seul maintenant? » M. Cauchy s'inclina et sortit. Le maréchal se rejeta sur son lit où il se rendormit profondément.

« Le lendemain, 7 décembre, à cinq heures et demie du matin, il fut éveillé par l'arrivée de la maréchale qu'accompagnaient ses quatre fils et sa sœur, madame Gamot. La maréchale, en entrant dans la chambre de son mari, tomba sans connaissance; on la releva, et à un long évanouissement succédèrent les pleurs et les sanglots. Madame Gamot, à genoux devant son beau-frère, n'était pas dans un moins déplorable état. Les quatre fils du maréchal, dont l'aîné était à peine âgé de douze ans, sombres, silencieux, regardaient leur père. Il les prit sur ses genoux, leur parla longtemps à voix basse, puis, voulant mettre un terme à cette scène déchirante, il dit à demi-voix à madame Gamot, mais de manière à être entendu de la maréchale, que celle-ci « aurait peut-être le temps d'arriver jusqu'au Roi. » La maréchale saisit avidement cette ouverture qui n'avait pour but que de l'éloigner, et, se jetant dans les bras du condamné qu'elle étreignit longtemps, elle se hâta de courir aux Tuileries.

« Resté seul avec ses gardes, Ney écrivit quelques dispositions. Les hommes chargés de sa surveillance, bien que couverts de l'uniforme de gendarmes et de soldats de la nouvelle garde, appartenaient aux anciennes bandes de l'Ouest ou du Midi, ou aux différents corps de la maison du Roi. L'un d'eux, dont les formes et le langage contrastaient avec l'habit dont il était vêtu, s'approcha de Ney : — «Monsieur le maréchal, lui dit-il, à votre place je penserais maintenant à Dieu; j'enverrais chercher le curé de Saint-Sulpice. » Ney regarda le garde et sourit : — «Eh bien ! lui répondit-il, envoyez-le chercher. »

« A huit heures, on vint l'avertir; il répondit qu'*il était prêt*. Il portait le deuil de son beau-père; il avait pour vêtements une redingote de gros drap bleu, une culotte et des bas de soie noire, pour coiffure un chapeau rond. Il descendit entre une double haie de soldats qui se prolongeait jusqu'à l'entrée du jardin, où l'attendaient le curé de Saint-Sulpice et une voiture de place. Au moment de monter, il dit au prêtre, en lui cédant le pas : — «Montez le premier, monsieur le curé, j'arriverai encore avant vous là-haut ! » Le fiacre se mit en marche, traversa le jardin du Luxembourg, entra dans la grande avenue de l'Observatoire, et s'arrêta à moitié chemin environ entre cet édifice et la grille du jardin. Un officier de gendarmerie, ouvrant alors la portière, annonça au maréchal qu'il était près du lieu d'exécution. Ney mit pied à terre, non sans manifester quelque étonnement; il croyait devoir être conduit à la place de Grenelle. Mais le Gouvernement, redoutant des rassemblements trop nombreux et quelque échauffourée populaire, avait pris le parti de l'exécuter, pour ainsi dire, en fraude.

«Une foule considérable était effectivement réunie, depuis le matin, à la plaine de Grenelle; l'avenue de l'Observatoire, au contraire, même à cette heure de la matinée, ne laissait voir que quelques passants. Après avoir fait ses adieux au prêtre, et lui avoir remis, pour la maréchale, la boîte en or dont il faisait habituellement usage, et, pour les pauvres de sa paroisse, quelques pièces d'or qu'il avait sur lui, le maréchal alla se placer lui-même devant le peloton d'exécution. Ce peloton, composé d'hommes revêtus de l'uniforme de vétérans, était commandé par un officier qui fit offrir au prince de la Moskowa de lui bander les yeux. — «Ignorez-vous, répondit le maréchal, que depuis vingt-cinq ans j'ai l'habitude de regarder en face les boulets et les balles? » Puis il ajouta : «Je proteste devant Dieu et la patrie, contre le jugement qui me condamne ! J'en appelle aux hommes, à la postérité, à Dieu ! Vive la France ! »

« L'officier écoutait, immobile. Le général commandant la place de Paris et qui, depuis le matin cinq heures, se trouvait chargé de la garde du condamné et des détails de l'exécution, le comte de Rochechouart, s'adressant au chef de peloton, lui dit à haute voix : — « Faites votre devoir ! » Le maréchal ôta aussitôt son chapeau de la main gauche, et posant la main droite sur la poitrine, il s'écria d'une voix forte : — « *Soldats, droit au cœur !* » Il tomba immédiatement, frappé de six balles à la poitrine, de trois à la tête et au cou, et d'une balle dans le bras. Conformément aux règlements militaires, le corps resta exposé durant un quart d'heure sur le lieu d'exécution. Transporté ensuite à l'hospice de la Maternité, il y demeura jusqu'au lendemain, gardé par des sœurs de la Charité que l'on relevait d'heure en heure, et qui, agenouillées près de lui, récitaient les prières des morts.

« Cependant, la maréchale était accourue aux Tuileries. Elle s'était adressée, pour parvenir jusqu'à Louis XVIII, au duc de Duras, premier gentilhomme de service; elle dut attendre assez longtemps. Le roi, disait M. de Duras, ne recevait encore personne. La nouvelle de l'exécution ne tarda pas à arriver au château : le premier gentilhomme annonça alors à la veuve « que l'audience ne pouvait lui être accordée, parce qu'elle était maintenant sans objet. »

Ne soyons pas trop sévère pour cette faute énorme de la Restauration. Elle fut sincère dans son fanatisme; elle se crut juste, et tua ce vaillant comme on tue un malfaiteur à qui on dispute sa vie. Tous les gouvernements ont commis de ces fautes, et, tant qu'un pouvoir vainqueur se croira le droit de juger le vaincu, de pareilles fautes seront commises. Le procès de Ney, comme celui de Louis XVI, comme celui du duc d'Enghien, comme tant d'autres, démontre l'iniquité, l'absurdité, l'inutilité de la peine de mort en matière politique.

L'arrêt odieux du 6 décembre 1815 avait, depuis longtemps, été cassé par la France, lorsqu'après la révolution de 1830, la veuve, les trois enfants, et l'un des défenseurs de Ney, M. Dupin aîné, obtinrent du roi Louis-Philippe une première réparation, une pension viagère de vingt-cinq mille francs pour la maréchale. Le 12 novembre 1831, une pétition des habitants de la Moselle, demandant que les cendres de Ney fussent transférées au Panthéon, et qu'il lui fût élevé un monument aux frais de l'État, souleva la question d'une réparation nationale. M. Dupin aîné, dans une requête au Roi, en date du 23 novembre 1831, reproduisit les arguments de la défense. L'influence des anciens Pairs qui avaient pris part à la condamnation, fit avorter ces efforts honorables, mais inutiles. Le sentiment national n'avait-il pas suffisamment infirmé l'arrêt de 1815?

Ce ne fut que le 7 décembre 1853, jour anniversaire de l'exécution, après trente-huit ans écoulés, qu'un signe visible de la réhabilitation fut enfin dressé sur le lieu même où des balles françaises avaient étendu mort le héros français. Ce jour-là, la statue de Ney, décrétée le 18 mars 1848 par le Gouvernement provisoire, fut solennellement inaugurée sous le règne d'un Napoléon. Cette image du grand capitaine est là comme une nouvelle leçon de modération donnée aux peuples et aux rois.

s'imaginera sans peine ce que dut être une adolescence en proie à ces deux pertes d'elle-même, à ces deux énervations, à ces deux ulcères, à ces deux immoralités réunies.

M. le docteur Gensoul a fait connaître son opinion sur ce point : Les excès vénériens, a-t-il dit, affaiblissent et finissent par tuer la force morale ; la nature ne permet jamais qu'on l'outrage en vain. Elle punit ces excès de l'égoïsme le plus sec, le plus désordonné, le plus féroce ; car il peut entraîner jusqu'au meurtre même.

Pendant qu'il est dans la maison Thiébault, Jobard se livre à la débauche avec plus de fureur encore ; il ne se passe presque pas de jour, sans qu'il prenne le chemin de l'opprobre et de l'infamie ; et, cependant, il sauve les apparences.

Il ne pouvait pas résister à ses passions, dit-il. Excuse commode, et qui peut justifier tous les crimes! Mais qu'est-ce donc que la vie, sinon la lutte de l'intelligence contre les sens, de la conscience contre les passions? C'est là toute l'élévation du dogme *catholique*. Nous n'avons pas d'autres passions que celles auxquelles il nous est donné de pouvoir résister. Elles ne deviennent impétueuses et irrésistibles que lorsque nous les avons flattées, que nous leur avons laissé prendre sur nous un trop grand empire.

Ici, les débats ont offert un élément qui appelle toute l'attention du Jury : «Je veux parler, dit M. le Procureur général, du calepin saisi chez l'accusé, et contenant les notes de ses dépenses. On y voit certains articles sous la désignation : M... C... (mauvaise

« . . . Je vous demande pardon, mademoiselle! Mon Dieu! je vous demande pardon des idées que j'ai eues. » (PAGE 1.)

chance). Messieurs les Jurés, je ne puis fermer l'esprit à une conjecture. Oui, il y a quelque chose de prophétique dans cette énonciation. Cette mauvaise chance, c'était celle qui gît, et qui est ramassée dans les mauvais lieux : c'est la chance de ruiner les ressorts de son corps, d'éteindre en son cœur tous les bons instincts, la chance de contracter une démoralisation croissante, de se rouler dans la fange du vice, d'être entraîné des passions au crime, et du crime à l'assassinat. Mauvaise chance! Ce mot dit tout. N'est-ce pas comme une suprême protestation contre le crime vers lequel il se sentait poussé ? »

La mauvaise chance se produit : Jobard commet des détournements dans la maison Thiébault. C'est ainsi que fléchissent peu à peu ses résistances morales ; de mauvaises lectures, le *Juif-Errant*, les *Mystères de Paris*, viennent encore hâter le progrès de sa démoralisation.

Voilà les deux parts de la vie de Jobard ; que maintenant ces deux parts se joignent, et il se pro-

duira une monstrueuse hypocrisie, et cette hypocrisie, Jobard l'a dit lui-même, le conduira insensiblement au crime. Car rien ne pèse, à la longue, autant que le mensonge, et il faut que celui qui s'est courbé sous ce joug s'en délivre d'une façon ou d'une autre. A quel moyen Jobard aura-t-il recours? Au suicide, car le suicide est un acte qui naît du dégoût de soi-même. Et qui, plus que lui, a des raisons de recourir au suicide? Il se sent au pouvoir d'une passion indomptable, irrésistible, dont il rougit lui-même ; la pensée du suicide surgit dans son esprit : « *J'avais*, dit-il, *songé au suicide*. » Mais l'immense responsabilité qu'il encourra devant Dieu l'effraye ; l'idée religieuse l'emporte, et le suicide est abandonné.

Une autre pensée remplace celle-là, la pensée du crime, la pensée du meurtre !

La gradation se trouve ainsi établie : l'onanisme, la débauche, le vol, la pensée du suicide, puis le crime. Jobard veut toujours mourir : c'est le point fixe de sa résolution ; mais il ne veut pas compromettre son salut ; il veut trouver dans l'autre vie la clémence divine, les joies célestes.

Il cherche un moyen, il croit l'avoir trouvé. Quel est-il? Jobard commettra une action dont l'expiation lui sera demandée par la justice humaine ; dans l'intervalle, il aura le temps de se repentir, et il pourra ainsi mourir en toute sécurité. Crime pour crime, mieux vaut celui qui lui ouvrira une source vive de repentir ; car, à ses yeux, le meurtre n'est pas le fait punissable prévu par le Code pénal ; c'est le péché mortel, le fait qui mérite la damnation éternelle.

Jobard prétend qu'il n'a jamais apprécié les conséquences de son crime. Mais, pendant dix mois qu'a duré l'incubation de l'idée criminelle, il l'a travaillée, modifiée, remaniée, pétrie. Il l'a combinée de manière à alléger le plus possible sa responsabilité. « Entendez-le ! il veut d'abord immoler un prêtre ! C'est une victime qui doit être propice pour Dieu. Une fille publique ! créature de malheur et de dégradation. Un enfant ! il s'envolera plus facilement vers le ciel. Il a même songé à porter sa main impie sur le prince-président de la République. Que votre providence soit bénie, grand Dieu ! que la fortune de la France ait été à l'abri d'une aussi effroyable calamité ! »

Une fois, cependant, il a voulu revenir sur sa fatale pensée. Il s'est approché du tribunal de la pénitence ; il a reçu l'hostie sainte : « Mais bientôt, dit-il, je suis retombé dans mes mauvaises habitudes. »

Ainsi, il lutte, il délibère, il hésite entre plusieurs crimes. La lutte accuse la présence de la conscience ; la délibération est le fait de l'intelligence.

Jobard a donc l'appréciation du crime qu'il va commettre ; il jouit de tout son libre arbitre. Il se débat, il attend, il ajourne, il temporise. Néanmoins il avance, il persiste. Nous voilà au 14 septembre.

M. le Procureur général retrace à MM. les Jurés la longue série des honteuses débauches de Jobard, dans les journées des 14 et 15 septembre ; il le suit dans toutes ses pérégrinations, pénètre avec lui dans la salle des Célestins, et arrive au moment où le meurtrier est sur le point d'accomplir son crime, il ajoute : « Jobard est près de sa victime ; il a entendu la première pièce avec intérêt ; il a pu juger de son mérite ; il s'est rendu compte de ses impressions. « La pièce était médiocre, dit-il, j'attendais mieux. » C'est le mot d'un blasé ; c'est aussi le mot d'un spectateur attentif, et non pas celui d'un monomane qui cède à un entraînement irrésistible. Il y a des enfants à côté de lui : il pourrait les frapper ; mais le coup ne serait pas assez sûr. Après avoir fait choix de sa victime, il se rapproche de Mᵐᵉ Ricard. Le couteau est ouvert, hors de la poche de l'assassin ; un instant encore, et il va frapper. Mais voyez comme il se possède, cet homme que les médecins vous représentent cédant à un entraînement irrésistible, comme il est clairvoyant ! Il voit apparaître, à la porte de l'amphithéâtre, M. Esprit, le contrôleur ; il remarque qu'il porte de fausses manches. Il se doute que c'est un employé du théâtre ; il ne s'est pas trompé. Et Jobard, qui fait luire la lame de son couteau, pense qu'il va éveiller les défiances ; il craint qu'on ne le fasse surveiller, et, pour éloigner tout soupçon, il feint de se nettoyer les ongles avec son couteau. Il fait plus : il se retourne à chaque instant du côté de M. Esprit, et se met à sourire à chaque passage gai récité par l'acteur en scène.

« Voilà donc l'esprit de ce fou porté sur trois points à la fois : il est à sa victime, au contrôleur, à la pièce qui se joue ; il est à tout à la fois. Quelle faculté ! quelle liberté d'esprit ! Les médecins nous disent : Mais les fous raisonnent ! Et, si Jobard avait fait quelque extravagance, ils nous diraient encore : Vous voyez bien, il était fou ! En telle sorte que, quoi que nous disions, on le tournera toujours contre l'accusation. On veut que les caractères soient vrais à la fois. Je sais qu'un fou peut raisonner, mais pas à ce point de clarté, de précision, d'ensemble.

« Poursuivons : l'accusé voit sortir M. Esprit. Il va frapper. Oh ! non. Il hésite un instant ; c'est lui qui le dit. Qu'est-ce que cette hésitation ? C'est la résistance de la conscience à la perpétration du crime ; c'est la preuve de la présence du sens moral. Est-ce que les gens entraînés s'arrêtent? Non, Messieurs. La Providence a, d'ailleurs, ménagé de telles lumières dans cette affaire, qu'il n'est plus permis de douter. Après la résistance de la conscience, nous avons l'effet de la volonté criminelle qui a persisté : l'invasion d'une sueur froide a précédé le coup, et la main a tremblé. « J'ai été, dit Jobard, saisi d'une sueur froide ; j'ai été obligé de me surmonter un peu pour frapper. » Voilà la force criminelle qui triomphe, et il tremble ! C'est que tout répugne à la pensée du meurtre, c'est que le moment de son exécution constitue la plus grande crise morale. La sueur perle, inonde l'assassin d'une liqueur glacée.

« Vous vous rappelez, messieurs les Jurés, les dépositions des voisins de la victime. Jobard était pâle d'abord ; il avait un cercle violet sous les yeux ; après le crime, il avait la figure calme.

« Jobard a donc vaincu la résistance de sa conscience ; il a raffermi sa volonté chancelante. Alors il mesure son coup, et d'une façon si juste, que son bras, surplombant l'épaule de Mᵐᵉ Ricard, vient la frapper au sein gauche... Pauvre jeune femme ! Vous étiez venue avec l'époux qui vous adorait ; dans vos rêves d'avenir, déjà vous mêliez vos espérances d'épouse et de mère, et voilà que le blanc voile de la mariée s'est changé en un sanglant linceul!...

« Mais l'assassin, où est-il? que fait-il? Dans son imperturbable sang-froid, il se croise tranquillement les bras sur la poitrine. « Que vous avons-nous fait?» lui dit M. Ricard. Il répond : « Je suis un misérable ; faites de moi ce que vous voudrez. » Est-ce que ce n'est pas là l'expression d'une volonté réfléchie, libre, ayant conscience d'elle-même? Le bon sens des Jurés répondra.

« Le meurtre est consommé, mais l'idée criminelle a survécu : l'assassin déclare qu'il a atteint son but ; qu'il est content... »

Ici, M. le Procureur général analyse avec la plus grande clarté les procès-verbaux de l'instruction ; les aveux de l'accusé, son attitude en présence du mari et devant le cadavre de sa victime, ses réponses aux divers interrogatoires, son accès de folie en prison, que l'accusation regarde comme simulé, tout démontre que Jobard n'est pas un monomane.

« Rappelez-vous, messieurs les Jurés, l'affaire Papavoine, jugée par la Cour d'assises de la Seine. En prison, Papavoine chercha aussi à simuler la folie par une nouvelle tentative d'assassinat. La Justice ne s'y est pas trompée : vous savez de quelle peine Papavoine paya à la société la dette de son forfait. »

M. le Procureur général a épuisé tous les faits compris dans l'acte d'accusation. Il les résume en trois points : le crime, il n'est que trop certain ;

l'auteur du crime, il a été pris la main dans le sang ; la responsabilité du crime, Jobard avait la conscience de son action : « J'ai toujours su que je commettais un crime et que j'en étais responsable devant Dieu et devant les hommes, » a-t-il dit au Juge d'instruction. Jobard a été conduit au crime par la débauche et ses penchants honteux ; qu'il n'échappe pas à la solennelle expiation que réclame l'opinion publique !

L'audience est levée et renvoyée au lendemain pour la continuation du réquisitoire.

M. le Procureur général n'est entré jusqu'à présent dans aucune des questions spéciales si importantes posées au début de son réquisitoire. Il va maintenant les examiner.

Il se demande tout d'abord quelle sera la défense ?

La défense n'a qu'un seul refuge, la responsabilité morale, la question de monomanie, que l'opinion exprimée par plusieurs médecins lui a indiquée d'avance. Elle invoquera l'article du Code pénal qui déclare qu'il n'y a ni crime, ni délit, lorsque l'accusé ne jouit pas de ses facultés mentales, ou lorsqu'il a agi sous la pression d'une force supérieure. Elle fera appel à l'humanité du Jury, à son indulgence en faveur d'un accusé dont la vie a été jusque-là exempte de tache, ou du moins exempte de tout acte de cruauté. Ce sont les lieux communs de ces sortes d'affaires.

Sur cette thèse de la monomanie, il n'y a que deux arguments véritablement sérieux : la prédisposition héréditaire, alléguée en faveur de Jobard ; la nature des motifs qu'il a lui-même donnés de son crime. Hors de là, tout appartient à l'accusation. Dans la vie de l'accusé, aucune trace d'aliénation mentale ; ni hallucinations, ni langueur ; la débauche et la superstition, voilà les principes générateurs de son crime.

Pour *la prédisposition héréditaire*, il est allégué qu'un certain nombre de parents de Jobard auraient été atteints d'aliénation mentale. Ce fait, établi, peut apporter un poids dans la balance : l'aliénation mentale est une maladie de l'organisation qui revêt toutes les formes. Mais sur quoi repose cette allégation ?

Ici, M. le Procureur général passe en revue les cas d'aliénation mentale signalés par l'instruction ou par les témoins dans la famille Jobard.

Dans la ligne directe, il ne s'en trouve qu'un seul : Jean Jobard, l'aïeul de l'accusé. A la suite de la perte d'un procès, une maladie s'est déclarée chez lui dans laquelle il s'est laissé, dit-on, mourir de faim. Y a-t-il là une preuve suffisante de folie ? n'est-ce pas plutôt le résultat de l'affection morbide ? D'ailleurs, l'invasion de la maladie aurait eu lieu à une époque postérieure à la naissance du père de Jobard. Comment donc y aurait-il pu avoir transmission héréditaire ? On objecte que la folie n'éclate pas sans qu'il existe déjà une certaine prédisposition, laquelle, dans le cas, aurait été transmise de l'aïeul au père, et du père à Jobard lui-même. Mais qu'est-ce qu'on entend par une prédisposition ? Ne peut-elle pas consister dans une simple faiblesse des organes, comme, par exemple, chez l'homme âgé ou infirme ? Et si c'est la seule prédisposition qui existait chez Jean Jobard, que peut-on en conclure à l'égard de son petit-fils, bien constitué et dans la force de l'âge ? Toute induction, ici, manquerait de bases certaines.

Dans la ligne collatérale, on cite plusieurs cas. Un arrière-grand-oncle de l'accusé serait mort dans un âge avancé, répétant sans cesse : Je suis perdu ! Des cousins ou cousines issus de germain ont été ou sont atteints de diverses affections : délire cérébral, épilepsie, mutisme, idiotisme, etc. Ces maladies ne sont pas caractéristiques de l'aliénation mentale ; donc, aucune présomption à tirer de la prédisposition héréditaire, si ce n'est une impressionnabilité de l'organisation, qui ne saurait entrer pour quelque chose dans les décomptes de la Justice criminelle.

L'action de Jobard est sans motifs, par suite, est l'action d'un fou ; ou bien, son motif serait pris dans un ordre d'idées qui implique une aberration mentale ?

M. le Procureur général s'attache à combattre cette double proposition.

Il est vrai qu'on ne retrouve pas ici les motifs qui inspirent les crimes ordinaires : la cupidité, la vengeance, la jalousie. Mais y a-t-il, pour cela, absence de motifs ? La cause impulsive de l'acte de Jobard a été le désir qu'il avait de sortir de la vie en opérant chrétiennement son salut. Or, ce motif participe de l'essence qui détermine tous les crimes, à savoir, l'intérêt : Jobard, lui aussi, a son intérêt, le plus grand de tous dans l'ordre de ses idées, celui de faire une fin chrétienne. L'acte de Jobard n'est donc pas sans motifs.

Dira-t-on maintenant que son mobile est le mobile d'un fou, qu'il ne peut entrer dans un esprit sain d'espérer gagner le ciel à l'aide d'un crime qui sera effacé par le repentir et amènera une bonne mort ? Mais suffit-il de regarder aux motifs d'une action criminelle, d'examiner si ces motifs sont faux ou mal raisonnés, pour nier l'imputabilité ? L'imputabilité existe dès qu'il y a eu conscience et action. Est-ce que dans le fait criminel ne se rencontre pas toujours un calcul vicieux, d'où cet aphorisme : La raison ne conseille jamais le crime ? Est-ce que le voleur de grand chemin raisonne juste ? Est-ce que le gain qu'il peut espérer est en rapport avec les risques qu'il encourt ? Est-ce que l'empoisonneur raisonne juste, quand il cherche à s'emparer par le crime d'un héritage dont il ne jouira pas sans remords, et que peut-être l'intervention de la Justice l'empêchera d'atteindre par la découverte du poison ? Il y a donc du faux calcul dans tous les crimes.

Toute une classe de crimes ont plus particulièrement pour base un fond de raisonnement faux : ce sont les crimes du fanatisme et de la superstition, les crimes des Jacques Clément, des Châtel, des Ravaillac, des Louvel, des Alibaud, crimes qui se ressemblent tous, qui sont tous de la même famille, et qui présentent ce point commun de départ, que leurs auteurs croient se préparer un but méritoire, et cherchent à aller dans l'autre vie à la rencontre de la Justice divine. Ces actes criminels, il y a intérêt pour la société, il y a justice à les frapper sévèrement : intérêt pour la société, car, sans cela, l'inviolabilité de la vie humaine manquerait de protection ; justice, car il y a un orgueil excessif à penser qu'un crime n'en sera plus un parce qu'il aura plu à son auteur d'en croire la fin méritoire.

Jobard n'est pas sous le coup d'une idée délirante, comme cet homme qui entend un ange qui lui ordonne de sacrifier sa fille, et qui accomplit ce sacrifice ; comme cet autre qui se dit inspiré de Dieu, et prétend qu'un rayon lumineux lui passe par la bouche, qui se promène dans sa chambre et croit errer dans l'immensité, qui tue, parce qu'il en aurait reçu la mission : voilà qui est, non pas de la monomanie, mais bien de la véritable folie. L'aberration de Jobard, c'est le mauvais raisonnement d'un superstitieux. Il a commis le crime, croyant que le crime était dans son intérêt, comme Jacques Clément, comme Ravaillac. Jobard se croit dominé par la passion lubrique : c'est là un sentiment qui est vrai peut-être, mais ce n'est pas de la folie. Il croit que la débauche de tous les jours, un libertinage effréné l'exposent à la perte du salut : personne n'osera dire le contraire. Il veut échapper au péril qu'il voit sans cesse dressé devant lui : cela est naturel. Il cherche un moyen, et, quel qu'il soit, il l'emploiera pourvu qu'il lui offre une chance de salut : il raisonne encore juste. Il croit que ce moyen peut consister dans un meurtre qui le fera condamner à la peine capitale et qui lui laissera le temps de se repentir avant l'expiation : le meurtre entraîne la peine capitale, c'est vrai; le meurtre peut être remis par l'Église, c'est la vérité encore. Où sera donc le vice du raisonnement de Jobard? Dans la spéculation à laquelle il se livre sur le pardon de l'Église, sur l'absolution qu'elle accorde, en un mot dans la fausse application qu'il fait d'une idée religieuse qui est vraie. Jobard a compté sur le repentir, mais le repentir lui fera défaut; non que la religion lui refusera ses consolations; mais, parce qu'au point de vue de la raison, il ne peut espérer le repentir vrai, ce repentir qui fait pénétrer la détestation du péché dans le cœur, qui annonce l'enfantement d'un homme nouveau. Il ne l'aura pas, car s'il pouvait l'obtenir, cet homme aurait joué Dieu, il serait plus puissant que Dieu lui-même.

Jobard n'est donc qu'un superstitieux dont le calcul est faux et qui sera trompé dans son attente. Mais son erreur suppose-t-elle la folie? Ote-t-elle le sentiment? Renverse-t-elle le monde réel et intelligible? Non, assurément. C'est simplement l'erreur d'un esprit faible et borné.

C'est maintenant le côté scientifique de la question que va aborder M. le Procureur général.

D'abord, il veut écarter du débat toutes les théories. La monomanie existe, sans doute; mais où se rencontre-t-elle? A quels signes peut-on la reconnaître? La science est impuissante à fixer la limite où s'arrête la raison, où commence l'insanité.

« Il se passera longtemps, dit M. Rossi, avant qu'on soit d'accord sur cette matière. L'observation n'a pas encore fourni assez de matériaux pour élever une théorie incontestable, et les observateurs eux-mêmes ne se sont pas mis à l'abri de tout reproche dans leur manière d'observer. Le spiritualiste redoute l'observation des faits purement physiques. Ses adversaires prétendent, à leur tour, tout savoir, tout comprendre, tout expliquer par les altérations du fluide nerveux, de la bile, du sang, de la poitrine, de l'estomac, des intestins, de la substance cérébrale, que sais-je? Il nous est impossible à nous autres profanes de rien croire, de rien accepter, tant que les médecins nous offrent cinquante systèmes, tous opposés, tous également fondés sur l'observation et la pratique. » (Rossi, *Traité du droit pénal.*)

« Depuis longtemps, dit Descuret, des hommes aussi éclairés que consciencieux ont cherché à différencier les actes résultant d'une lésion de l'entendement de ceux qui proviennent du trouble des passions, et aucun d'eux n'est encore parvenu à fixer à cet égard des préceptes positifs et immuables. Tout ce qu'ils ont pu faire, c'est de placer çà et là quelques faibles jalons, pour orienter ceux qui voudront s'engager dans la même voie. » (Descuret, *de la Médecine des passions.*)

MM. les Jurés le voient, on n'est arrivé à rien ! on n'a fait que planter des jalons. Rien, en effet, n'est plus difficile que de distinguer la monomanie de ce que l'on a appelé la passion. En quoi, par exemple, la monomanie érotique différera-t-elle de la passion charnelle? En quoi la monomanie homicide différera-t-elle du meurtre? En quoi la monomanie de s'approprier le bien d'autrui différera-t-elle du vol? En un mot, qui pourra tracer le point exact qui distingue et sépare la monomanie de la passion? Seront-ce les médecins? Mais ils ne connaissent ni la nature, ni le siége de la monomanie; leur appréciation ne peut se déduire que de l'état moral du sujet, de son langage, de ses actions. M. Tavernier dit bien que la monomanie est une maladie de l'âme; mais les médecins ne sont compétents que pour le corps; ils se trouveraient donc ici tout à fait en dehors de leur domaine.

Ils ont encore émis cette doctrine, que la maladie consiste dans l'altération de la volonté. Quoi! ils ne savent pas découvrir le siége matériel de la folie, et ils veulent saisir, montrer cette chose insaisissable, cachée, mystérieuse, cette faculté de l'âme qu'on nomme la volonté, comme ils saisiraient et feraient voir au bout de leur scapel un ganglion nerveux! S'ils inventent, qu'ils inventent mieux, et qu'ils ne composent pas le roman impie de la science.

M. le Procureur général passe ensuite en revue quelques exemples de prétendue monomanie homicide cités par les auteurs, et il en tire la conclusion qu'elle n'existe pas plus dans le cas actuel qu'elle n'existait dans ces cas.

Arrivant à examiner les rapports des médecins, M. le Procureur général constate la différence profonde qui existe entre leurs conclusions. Il fait ressortir, dans l'intérêt de l'accusation, la divergence des solutions, des opinions, des raisons apportées à la barre à l'appui de la défense, et il s'élève avec force contre « cette science orgueilleuse et remplie d'elle-même qui se croit infaillible quand elle a prononcé un arrêt, et chez laquelle il ne retrouve plus la logique et le sens profond qui en font les guides éclairés de la Justice. » M. Gensoul, dit-il, le prince de la chirurgie lyonnaise, est venu vous dire que Jobard n'avait tremblé qu'après son crime, et que ce n'était qu'à ce moment-là qu'il s'était senti couvert d'une sueur froide. Admettant comme vraie l'existence de la monomanie, M. Gensoul a voulu par là plier à son système, en le déplaçant, un fait acquis aux débats, un fait avoué par l'accusé lui-même. Cela doit-il être permis?

Jobard, a encore dit M. Gensoul, n'a rencontré personne qui lui tendît la main, qui l'aidât de ses conseils; Jobard était seul, il n'avait pas d'amis! Allons ! n'avait-il pas des enseignements religieux, les souvenirs de l'éducation qu'il avait reçue de sa mère, les bons exemples de la maison Thiébault? Est-ce que les bons exemples nous manquent dans la vie? Est-ce que nous ne sommes pas tous placés au milieu de salutaires avertissements?

M. Magaud, lui, n'a voulu voir dans Jobard qu'un être dont le sens moral avait été perverti par la débauche, qui avait eu conscience de son crime, et qui devait en être responsable. MM. les Jurés comprendront l'importance de cette conclusion, et, en présence d'un grand crime, ils feront un grand exemple. Pour l'honneur de la société et le triomphe de la justice, il faut que l'on sache bien que ce sont les vices qui sont les générateurs du crime ; il faut qu'à une époque où les théories les plus subversives ont porté une telle atteinte au lien social, où le théâtre et le roman moderne en sont venus à présenter les passions comme de réelles et séduisantes voluptés, il faut que la Justice du pays, que tout ce qu'il y a d'honnête et de consciencieux se ligue pour s'opposer à ce débordement, à ces fausses et dangereuses maximes. Il faut que le bon sens du Jury repousse ces théories chimériques.

« Jurés, dit en terminant M. le Procureur général, vous êtes les arbitres de ce grand débat, sur lequel la science et le pays peut-être ont les yeux fixés. Je ne vous dirai qu'un mot, en me plaçant au point de vue de la terreur que vous pouvez ressentir au spectacle effrayant de l'assassinat qui a été commis : Frappez ! Condamnez ! parce qu'il faut rassurer la société alarmée.

« Ce que je vous demande, c'est un acte de justice. Ce n'est pas du sang de théâtre, c'est du vrai sang, le sang le plus pur, le plus généreux qui a été versé ! Les mânes d'une victime attendent, et moi, magistrat, dépositaire de la sécurité publique, chargé de faire régler la dette de l'homicide, j'attends comme elle.»

Ce n'est pas ici le moment d'apprécier ce réquisitoire, qui a duré sept heures, et dont nous n'avons pu que donner une courte mais fidèle analyse. Il nous suffit de constater que l'effet produit par M. le Procureur général a été grand à l'audience. Tout l'auditoire a frémi quand, ajoutant à sa parole énergique une action plus énergique encore, le magistrat a mimé le mouvement du bras assassin, surplombant le sein de sa victime et retombant pour le percer.

La parole est au défenseur de Jobard. *Me Dubost* s'exprime en ces termes :

« Messieurs les Jurés, c'est une grande et magnifique parole que celle que vous venez d'entendre, vous l'avez senti et compris comme moi ; et cependant, peut-être exprimerai-je à la fois votre pensée et la mienne, en disant que cette admiration profonde que nous ressentons tous en ce moment est malheureusement mêlée de tristesse et de douleur : c'est qu'en effet, Messieurs, il serait puéril de nous le dissimuler, en cet instant suprême, la question qui s'agite au fond de ce procès, c'est tout simplement la question de la bonté, de la perversité, c'est la question de la moralité humaine. Serait-il vrai que, sans motifs, sans passion, sans intérêt, ou, ce qui revient au même, en vue de l'intérêt le plus faux, le plus mal compris, l'homme, maître de lui-même, en pleine possession de son intelligence, de sa raison, de sa liberté, puisse descendre au crime, à cette seule fin de commettre le mal pour le mal, et de donner satisfaction aux plus exécrables instincts?»

Cette question redoutable, c'est la vie, c'est l'âme du procès ; elle le remplit, elle le résume, et c'est une nécessité pour la défense de la discuter, comme ce sera pour le Jury une nécessité de la résoudre. Sans doute, le crime est horrible, et le défenseur a, l'un des premiers, condamné le meurtrier dans son cœur ; mais un prêtre vénérable, M. l'abbé Cognet, aumônier de la prison où était renfermé Jobard, est venu lui demander de se charger de la défense de ce malheureux.

« Malheureux ! c'est ainsi qu'il l'appelait dans son ardente charité. C'est l'honneur, c'est la grandeur de cette religion chrétienne de conserver, même

aux plus grands coupables, d'inépuisables trésors de pardon et de miséricorde ; c'est son privilège aussi, il faut le dire, d'apaiser les esprits, de pacifier les cœurs, de les entraîner malgré eux. En écoutant cette douce et touchante parole qui me venait au nom de la religion, je me sentis insensiblement saisi d'une immense pitié : l'on me parlait de sa famille, frappée, percée du même coup... Et puis on ajoutait : Si le fait est horrible, il est également étrange. Cet homme, en effet, ne connaissait pas cette femme ; il ne pouvait avoir contre elle ni haine, ni ressentiment, ni colère ; jamais il ne l'avait vue avant cette soirée fatale du 15 septembre...

« Et, pendant que le ministre de Dieu me disait cela, Messieurs, voici ce que, d'un autre côté, me rappelaient mes souvenirs. A toutes les époques, chez les peuples les plus divers, au milieu des transformations successives du droit criminel, oui, c'est une maxime que nous tenons de nos anciens, de ceux qui nous ont précédés, dans l'étude de l'appréciation des lois : IL N'Y A PAS DE CRIME SANS INTÉRÊT ; j'entends sans un intérêt sérieux, raisonnable. »

Après avoir ainsi préparé le terrain à la défense, Me Dubost aborde les faits relevés par l'accusation :

« De pareils faits, Messieurs, quand, par hasard, ils se rencontrent, il est de notre honneur, de notre dignité à tous, avant de les imputer à la conscience, de rechercher s'ils ne doivent pas être plutôt imputés à quelque trouble, à quelque égarement de la raison. Et c'est l'honneur de notre magistrature d'avoir compris qu'une telle recherche était ici impérieusement exigée.

« Cette recherche a été faite, Messieurs ; M. le Procureur général vous disait tout à l'heure quels en étaient, suivant lui, les résultats ; mais sa haute impartialité ne s'étonnera pas, je l'espère, si, dans une matière aussi grave, nous délaissons la voie si lumineuse et si sûre que trace ordinairement sa parole, pour ne demander cette fois, et pour ne devoir notre conviction qu'à notre propre examen.

« J'ai eu l'honneur de dire, Messieurs, que l'accusé était étranger à notre ville. Il est arrivé à Lyon dans la matinée même du 15 ; il est arrivé par le bateau à vapeur de Châlon, et nous savons maintenant qu'il venait de Dijon. Pourquoi a-t-il quitté Dijon? personne ne peut le dire. Pourquoi est-il venu à Lyon? lui-même l'ignore. Pourquoi ne s'est-il pas arrêté à Châlon? oh ! pour cela, il l'explique : au sortir du débarcadère du chemin de fer, il a trouvé devant lui les omnibus, et il y est entré. On l'a déposé sur le quai, vers le port ; il a vu qu'on s'embarquait sur le bateau à vapeur, et il s'est embarqué. Il est venu, et il est probable que, si à l'arrivée des bateaux à vapeur de la Saône il s'était trouvé des omnibus destinés à transporter les voyageurs aux bateaux à vapeur du Rhône, Jobard aurait fait à Lyon ce qu'il a fait à Châlon ; il aurait passé, il aurait traversé notre ville, et... Dieu, peut-être, aurait eu pitié de lui.

« Jobard, Messieurs, arrive donc à Lyon, sans raison ; il y reste sans raison. Il se trouve bientôt seul sur le quai, inconnu, perdu dans cette ville immense ; il erre à l'aventure. Où va-t-il ? Que cherche-t-il ? Nul ne peut le deviner. Certes, Messieurs, si, à ce moment, Jobard avait rencontré un parent, un ami de sa famille qui l'eût reconnu, accosté, qui l'eût raisonné, qui l'eût arraché à Lyon, où rien ne le retenait, qui l'eût ramené à Dijon, où tout le rappelait, il n'eût été douteux, je crois, pour personne, que ce départ précipité, que cette fuite dévaient être considérés comme le résultat d'une crise de folie, d'un accès de délire.

«Ainsi, voilà un jeune homme qui est placé depuis trois ou quatre années dans une maison de commerce à Dijon. Là, il s'est toujours montré bon, soumis, docile et dévoué. Le chef de cette maison n'a pas à se plaindre de lui; loin de là, il lui porte et lui témoigne le plus vif et le plus paternel intérêt. Une nuit, cependant, le jeune homme prend tout à coup la fuite : il s'élance vers le chemin de fer; il prend le convoi qui passe. Il veut aller à Paris; c'est à Lyon que le convoi le mène; il part pour partir; il va pour aller, sans recommandation, sans but, sans pensée aucune. Le hasard le jette à Lyon ; il parcourt à l'aventure quelques quartiers de la ville, que lui-même ne peut plus indiquer. Le soir, il entre dans une salle de spectacle; une femme se trouve devant lui, une jeune femme qu'il ne connaît pas, qu'il n'a jamais vue; il la frappe d'un coup de couteau, il la tue.

«Maintenant, Messieurs, en présence d'un pareil fait, qu'importe d'examiner, d'analyser en détail l'emploi que l'accusé a pu faire de son temps, depuis le moment où il est sorti du bateau à vapeur jusqu'à l'heure fatale où le crime s'est accompli? On nous dit qu'il a passé une partie de la matinée dans une maison de prostitution; cela est vrai. Épuisé, brisé de fatigue, après qu'il a erré quelque temps dans la ville, il se souvient de je ne sais quelle adresse dont il a entendu parler, à Dijon, par un commis voyageur. Il prend un fiacre; il se fait conduire à la porte de cette maison; il entre. Là, il est tout à coup poursuivi, tourmenté par d'horribles idées de meurtre, d'assassinat; il résiste, il a peur, si vous voulez; il se promet de revenir la nuit, et fait même marché, moyennant une somme de dix francs, je crois, pour revenir coucher dans cette maison. Il sort, il dîne, il achète un couteau, il va au café, il entre au spectacle; tout cela, vous le comprenez, Messieurs, n'a véritablement dans la cause qu'une valeur d'accident. Les choses se sont passées ainsi; elles auraient pu se passer tout autrement, et cela n'aurait absolument rien changé à la difficulté qui fait l'objet du procès. Jobard, au lieu de consumer une partie de sa matinée dans une maison de prostitution, aurait pu entrer et rester dans une église, que cela ne nous empêcherait, en aucune façon, de dire que cette journée du 15 septembre a été marquée par deux actes d'une insigne folie : l'arrivée à Lyon, sans but, sans motif, et l'assassinat commis, dans la soirée, par des raisons dont nous aurons à faire ressortir tout à l'heure l'inimaginable absurdité.

«Ce n'est donc pas seulement un fou, un insensé, qui a commis l'attentat du 15 septembre; c'est encore un fou, un insensé, qui, dès le matin même, était arrivé à Lyon. Ceci, Messieurs, me semble démontré jusqu'à la dernière évidence, et démontré par un de ces raisonnements à la portée du dernier d'entre nous. Je suppose que, le matin, nous ayons rencontré Jobard sur le bateau à vapeur. La conversation s'engage, comme cela arrive quelquefois entre voyageurs. — «Où allez-vous? — Je n'en sais rien. — Mais vous êtes sur le chemin de Lyon. — A Lyon, ou ailleurs, peu importe. — Quoi! rien ne vous appelle à Lyon, et vous y allez? — Oui, je suis sans argent, sans ressources. Je ne vais rien chercher, rien demander, à Lyon. Je ne sais pas même si j'y resterai; je vais... » Messieurs, j'en appelle à chacun de vous: n'est-il pas vrai que vous vous seriez

dit : Mais cet homme est fou; c'est un aliéné, c'est un malade; il faudrait le surveiller; il faudrait connaître les personnes qui peuvent s'intéresser à lui, et les avertir; car, dans l'état où se trouve cet homme, avec cette absence de volonté, de raison, d'intelligence, il peut, d'un moment à l'autre, devenir la cause de quelque grand malheur.

« Messieurs, vous auriez dit cela, j'en suis convaincu; et, en parlant ainsi, cependant, vous n'auriez pas su, vous ne pouviez pas savoir encore à quel point vous auriez été dans la vérité. »

Ici, le défenseur rappelle que la folie est depuis longtemps héréditaire dans la famille de Jobard. Il le montre livré, dans son enfance, aux pratiques d'une piété exaltée. Plus tard, Jobard a cédé à des habitudes funestes qui ont énervé son intelligence; le dégoût, la honte se sont emparés de lui, l'ont poussé au suicide.

« Jobard, continue le défenseur, prie sans espoir; il voudrait mourir; mais mourir, comment? Le suicide lui est interdit. Non, non; il faut que jusqu'au bout il porte sa chaîne; il faut qu'il boive le calice, qu'il le boive jusqu'à la lie; il faut que chaque jour, à chaque instant, à chaque heure, il fasse un pas de plus; qu'il entre, qu'il entre plus avant dans la damnation éternelle.

« Un jour, une idée, une idée folle, il faut le dire, lui traverse l'esprit.

« Je dis une idée folle, Messieurs; et comment nommer autrement le délire de ce malheureux qui recule devant le suicide, et qui ne comprend pas que l'acte qu'il médite est un suicide également? Oui, un suicide; comme celui qui place sa tête sous la roue d'une voiture, lui, il place sa tête sous le glaive de la loi... Et puis, voyez quelle aberration! Cet homme qui veut mourir pour abréger son épreuve, cet homme, éperdu de terreur, qui redoute le jugement de Dieu, qui se croit condamné, maudit pour quelques excès de débauche, le voilà qui peu à peu s'habitue, s'apprivoise avec l'idée du plus horrible de tous les crimes : l'homicide, le meurtre, l'assassinat.

« Certes, Messieurs, si c'est là le fait d'un raisonnement sain, si ce n'est pas dans toute la force du terme ce que les médecins appellent une conception délirante, une inspiration de la fièvre et du délire, je ne sais plus à quel signe il sera possible de distinguer et de reconnaître la folie. Écartons pour un instant les souvenirs du fait lamentable que nous déplorons tous; supposons que l'un de vous ait connu Jobard dans les derniers temps où sa raison vacillante luttait encore contre l'idée qui a fini par le dominer : n'est-il pas vrai que celui d'entre vous qui l'eût entendu expliquer et développer son funeste projet, aurait immédiatement conclu à la folie? Eh bien! Messieurs, ce mot de folie que vous n'auriez pas hésité à prononcer avant le crime, pourquoi hésiteriez-vous à le prononcer après? Oh! j'entends bien l'objection : de telles considérations peuvent être dangereuses; autre chose est la pensée, la conception d'un fou, autre chose son action, lorsque cette action surtout porte le deuil dans toute une famille, lorsqu'elle trouble, lorsqu'elle effraye, lorsqu'elle menace la société, qui reste sans garantie.

« Messieurs, de telles considérations, laissez-moi vous le dire, ne sont pas faites pour des hommes tels que vous. Nous sommes ici, si je ne me trompe, pour faire de la justice, non pour céder à des craintes pusillanimes. Quelles garanties, d'ailleurs, la société pourrait-elle trouver dans le châtiment d'un aliéné? Mais un aliéné, c'est un malade ; et, comme le disait autrefois M. le Procureur général Bellart, la mort donnée publiquement à un fiévreux n'empêchera personne d'avoir la fièvre.

« L'on insiste cependant, et l'on dit : Mais il ne suffit pas d'une intelligence plus ou moins égarée, d'une volonté plus ou moins pervertie, pour expliquer, pour justifier le plus grand des crimes. Et où en serions-nous si la pensée du mal pouvait excuser le mal lui-même, la tentation amnistier la chute ? Quel intérêt, d'ailleurs, peut inspirer cet homme qui, dès l'âge le plus tendre, a volontairement accepté le joug de ses passions, qui leur a livré, qui leur a immolé ce qu'il avait de plus précieux et de plus cher, la chasteté de son corps, la pureté de son âme? Si cet homme, qui n'est après tout que sa propre victime, succombe prématurément sous le poids de ses désordres, si son intelligence se voile, si sa raison s'obscurcit, si sa volonté, inerte et paralysée, ne peut plus le défendre contre les suggestions de sa démence et de son délire, faudra-t-il donc, pour lui, que la société suspende toutes ses lois, et, lorsqu'il sera traduit devant elle, lorsqu'on lui demandera compte du sang versé, lui suffira-t-il d'étaler ses plaies et de montrer ses ulcères, pour que le bras de la Justice reste désarmé ?

« Voilà l'objection, Messieurs, que j'ai, plus d'une fois, entendu murmurer à mon oreille. Je ne crois pas l'affaiblir en la reproduisant ; je la rappelle ici, non pour sa gravité, mais parce que je ne veux rien laisser dans vos esprits qui puisse faire plus tard hésiter vos consciences.

« Eh bien ! oui, disons-le, quelle qu'en soit la cause, la folie est une excuse absolue, sans exception, quelles que soient les limites qu'on lui assigne. Ces mots mêmes de châtiment et de peine impliquent la présence d'un agent libre et volontaire, en pleine possession de son intelligence, en pleine possession de sa raison. Donc, sans raison, messieurs les Jurés, pas de crime, et sans crime, pas de responsabilité.

« Ceci, Messieurs, m'amène à toucher et à serrer enfin de très-près la grande et principale objection de l'accusation.

« L'on peut dire : Oui, quand on examine ce qui s'est passé, quand on se trouve en présence d'un assassinat commis sans motif, sans passion, sans aucune de ces raisons qui expliquent ordinairement le crime, oui, cela est vrai, il est de notre honneur, de notre dignité à tous, de reconnaître qu'il y a là quelque chose de bizarre et d'étrange qui peut et qui doit, dans une certaine mesure, appeler notre plus scrupuleuse attention. Mais, lorsqu'on nous demande cependant de prononcer un acquittement, de désarmer la Justice, de déclarer que ce meurtrier, cet assassin, n'appartient qu'à la charité, et qu'il doit échapper à la sévérité des lois, devonsnous, nous qui représentons la société dans cette enceinte, nous qui avons mission de la protéger et de la défendre, devons-nous nous contenter de quelques circonstances plus ou moins singulières que l'on nous signale, et ne devons-nous pas nous demander si cet homme a été, oui ou non, réellement libre; s'il a eu, oui ou non, conscience de l'épouvantable forfait qu'il a commis?

« C'est la difficulté, je dirais presque c'est le danger de ce procès, de toucher ainsi à ce qu'il y a de plus obscur et de plus mystérieux dans l'homme, et de nous obliger maintenant, si nous voulons nous entendre, à analyser et à mettre, pour ainsi

dire, à nu tout le mécanisme intellectuel humain.

« Et d'abord, Messieurs, qu'est-ce, à proprement parler, que la liberté?

« Un homme de notre temps, un des plus grands esprits de notre époque, qui, en s'occupant d'histoire, a vu successivement se lever devant lui tous les problèmes qui ont agité et troublé la conscience humaine, M. Guizot, dès les premières pages de son cours professé en Sorbonne, se pose la question et la fait précéder de ces explications :

« Pour connaître exactement ce fait de la liberté, « il faut le dégager de tout élément étranger, le ré- « duire strictement à lui-même. C'est, je crois, faute « de ce soin, qu'on l'a si souvent mal compris ; on « ne s'est point placé en face du fait de la liberté, et « de celui-là seul ; on l'a vu et décrit, pour ainsi dire, « pêle-mêle avec d'autres faits qui lui tiennent de « près dans la vie morale, mais qui n'en diffèrent « pas moins essentiellement. Par exemple, on a fait « consister la liberté humaine dans le pouvoir de « délibérer et de choisir entre les motifs d'action ; « la délibération et le jugement qui la suit ont été « considérés comme l'essence du libre arbitre. Il « n'en est rien. Ce sont là des actes d'intelligence, « et non de liberté ; c'est devant l'intelligence que « comparaissent les différents motifs d'action, in- « térêts, passions, opinions ou autres; elle les con- « sidère, les compare, les évalue, les pèse et, enfin, « les juge. C'est là un travail préparatoire, qui pré- « cède l'acte de volonté, mais ne le constitue en au- « cune façon. Quand la délibération a eu lieu, quand « l'homme a pris pleine connaissance des motifs qui « se présentent à lui et de leur valeur, alors, survient « un fait tout nouveau, tout différent, le fait de la « liberté; l'homme prend une résolution, c'est-à- « dire commence une série de faits qui ont en lui- « même leur source, dont il se regarde comme l'au- « teur, qui naissent parce qu'il le veut, qui ne « naîtraient pas s'il ne le voulait pas, qui seraient « autres s'il les voulait produire autrement. Écartez « tout souvenir de la délibération intellectuelle, des « motifs connus et appréciés, concentrez votre pen- « sée et celle de l'homme qui prend une résolution « sur le moment même où il la prend, où il dit : Je « veux, je ferai, et demandez-vous, demandez-lui à « lui-même s'il ne pourrait pas vouloir et faire au- « trement, à coup sûr vous repondrez, il vous répon- « dra : Oui. Ici se révèle le fait de la liberté : il réside « tout entier dans la résolution que prend l'homme, « à la suite de la délibération : c'est la résolution « qui est l'acte propre de l'homme, qui subsiste par « lui, et par lui seul; acte simple, indépendant de « tous les faits qui le précèdent ou l'entourent ; iden- « tique dans les circonstances les plus diverses; tou- « jours le même, quels que soient ses motifs et ses « résultats. » (GUIZOT, Civilisation en France, tome I.

« Je crois, Messieurs, qu'il est impossible de jeter en moins de mots, sur une telle question, une plus vive lumière. La liberté, envisagée en elle-même, c'est tout simplement la faculté de faire ou de ne pas faire ; c'est une faculté d'un ordre subalterne, condamnée à garder une éternelle neutralité, et que je ne saurais mieux définir qu'en la comparant au fléau d'une balance qui penche à droite ou à gauche, suivant qu'il a reçu telle ou telle impulsion.

« Ces quelques mots, Messieurs, suffisent, je crois, pour mettre, dès à présent, la liberté hors de cause. Si nous la réduisons à un rôle d'obéissance aveugle, il est clair que nous ne pouvons lui imposer aucune responsabilité sérieuse. Pour être juste maintenant, pour être équitable, il faut rechercher le vrai coupable, et j'appelle le vrai coupable cette force inconnue qui pèse sur la liberté et qui lui imprime le mouvement.

« Ce qui met en mouvement la liberté, Messieurs, c'est la volonté; mais qu'est-ce que la volonté elle-même? Est-ce une hallucination, une fantaisie, un caprice? Non; la volonté chez nous est le résultat de notre jugement, et ce jugement est porté par notre intelligence. C'est devant elle, comme dit M. Guizot, que comparaissent les différents motifs d'action, intérêt, passion, opinion, ou autres; elle les compare, les évalue, les pèse et les juge; d'où la conséquence que, lorsque cette intelligence est saine et bien ordonnée, elle juge bien, et la liberté chargée d'exécuter ce jugement ne reçoit en général qu'une bonne et honnête impulsion; lorsque l'intelligence, au contraire, est malade et viciée, elle juge mal, et la liberté, toujours passive, toujours soumise, n'exécute que le mal.

« C'est donc, Messieurs, poser la question d'une manière très-inexacte, et l'envisager à un point de vue très-étroit, que de demander purement et simplement : «L'accusé était-il libre? » Oui, sans doute, il était libre de tuer ou de ne pas tuer, c'est-à-dire qu'il pouvait obéir à l'une ou à l'autre impulsion; sa liberté pouvait exécuter, dans l'un ou l'autre sens, le commandement qu'elle recevait de la volonté; mais l'intelligence, qui a pour mission d'éclairer, de guider, de diriger cette volonté, cette intelligence, était-elle saine? Voilà toute la question.

« Eh bien, Messieurs, examinons maintenant ce qui se passe dans cette intelligence; voyons les pensées qu'elle enfante, les raisonnements qu'elle produit; demandons-nous si tout cela ne caractérise pas cette désorganisation, ce dérangement, ce trouble, que les médecins ont appelé folie? Et, si nous parvenons à résoudre cette question affirmativement, nous arriverons nécessairement à cette conclusion, que ce malheureux ne peut pas être responsable d'une action accomplie librement, si l'on veut, mais sous l'impulsion d'une intelligence en proie à la fièvre ou au délire.

M⁰ Dubost entre ici dans l'examen de la question médico-légale, de la question de monomanie, posée et prévue par l'accusation elle-même. Le défenseur, s'appuyant sur les avis exprimés par les médecins-experts, recherchant à son tour dans les observations relevées par les auteurs qui ont écrit sur la matière des analogies avec l'action reprochée à Jobard, s'efforce de faire pénétrer dans l'esprit du Jury cette pensée, que la science se rencontre ici avec les faits pour démontrer clairement l'absence de raison chez Jobard au moment de l'accomplissement du meurtre.

Après les développements que nous avons donnés aux rapports et aux dépositions de MM. les docteurs Tavernier, Gromier et Gensoul, et lorsque le lecteur a déjà trouvé (procès Papavoine), on retrouvera plus loin, en grande partie invoqués par la défense, des exemples et des observations de même nature, il nous a semblé que nous pouvions nous dispenser d'insister sur cette partie de la plaidoirie.

M⁰ Dubost termine par le tableau saisissant d'un horrible drame, qui avait eu pour théâtre, quelques années auparavant, ce village de Saint-Cyr au Mont-d'Or, devenu plus tard tristement célèbre par l'assassinat des dames Gayet (voyez les Assassins de Saint-Cyr). Un malheureux, Buillard, était accusé d'avoir frappé, coup sur coup, sa femme et trois de ses enfants. Le Jury le condamna à mort; mais la clémence royale descendit sur la tête de ce célèbre fou-assassin : la peine de mort fut commuée en une détention perpétuelle dans une maison de fous, où il mourut, un an ou deux après, dans un état complet de démence.

« Buillard est mort légalement frappé, dit en finissant M⁰ Dubost, il est mort déshonoré, flétri, au nom de la loi. Messieurs les Jurés, je ne veux ajouter qu'un mot: Il est triste que cela ait été; mais, Dieu merci! si vous me venez en aide, cela ne sera pas aujourd'hui. »

Cette défense, fermement tissée, présentée avec une convenance parfaite, a paru émouvoir l'auditoire et faire une vive impression sur le Jury. Jobard, qui s'était montré inquiet depuis le réquisitoire, s'est rasséréné pendant la défense. Quand M⁰ Dubost a cessé de parler, l'accusé se penche vers lui, et lui dit, sans paraître ému : « Je suis bien reconnaissant de ce que vous avez fait pour moi. »

M. le Président. — Emmanuel Jobard, avez-vous quelque chose à ajouter à votre défense?

L'accusé. — Rien, M. le Président.

M. le Président de Bernardy résume, en peu de mots, ces longs débats. « Encore tout ému, dit-il en s'adressant au Jury, des considérations saisissantes qu'a exposées la puissante parole qui, pendant deux jours, a captivé vos esprits et vos cœurs, pénétré, comme vous, des éloquentes raisons exprimées par la défense, ce que je pourrais dire, ne fût-ce même que pour obéir aux prescriptions de la Loi, n'ajouterait rien à la lumière du débat. Aussi, le devoir du Président des assises, dans cette circonstance, est de s'en remettre à la conscience du Jury, et de lui dire : « Dans votre religieuse attention, vous n'avez rien perdu, rien oublié de ce qui s'est dit à ces débats : à vos consciences éclairées de prononcer. »

MM. les Jurés se retirent dans la chambre de leurs délibérations. Après dix minutes, ils rentrent à l'audience, rapportant un verdict affirmatif sur la question de meurtre et sur la circonstance aggravante de préméditation, modifié toutefois par la déclaration de l'existence de circonstances atténuantes.

M. le Président, après les réquisitions du ministère public. — Jobard, qu'avez-vous à dire sur l'application de la peine?

Jobard. — Rien. C'est Dieu qui l'a voulu ainsi.

M. le Président prononce l'arrêt qui condamne Jobard aux travaux forcés à perpétuité. Jobard l'entend sans manifester la moindre émotion; il prend son chapeau et suit les gendarmes avec un calme et une impassibilité indicibles. A l'observation de M. le Président lui rappelant qu'il a trois jours pour se pourvoir en cassation, le condamné paraît accepter l'arrêt par son silence.

La condamnation de Jobard n'éteignit pas toute sympathie en sa faveur. Le corps médical continua à le couvrir de sa protection; l'autorité elle-même, usant envers lui d'une tolérance exceptionnelle, le laissa quelque temps dans les prisons de Lyon, le soumit à des visites et à une surveillance médicales particulières, se montrant disposée à accueillir favorablement les moindres indices révélateurs d'une démence à laquelle le Jury n'avait pas voulu croire. Mais rien ne vint confirmer les espérances ni les craintes qui s'étaient élevées à ce sujet. Après sa condamnation, la conduite, les sentiments, les habitudes de Jobard restèrent les mêmes : toujours ilpassible, témoignant toujours du repentir de son crime, mais avec plus de froideur ; remplissant exactement ses devoirs religieux, récitant ses prières, mais sans pouvoir, disait-il, fixer son attention sur ce qu'il récitait. Aucun changement, d'ailleurs, dans son état de santé ; persistance des maux de tête.

Cependant, une partie du monde médical, les médecins aliénistes surtout, avaient ressenti une vive émotion de la condamnation de Jobard. Douloureusement étonnés de leur défaite, ils n'étaient pas éloignés de considérer comme injuste et contraire à l'humanité un verdict contre lequel ils avaient vainement combattu. L'un d'eux, *M. le docteur Arthaud*, médecin en chef de l'Asile des aliénés de l'*Antiquaille*, à Lyon, qui avait assisté à tous les débats,

qui avait examiné l'accusé dans la prison, qui avait causé avec lui de longues heures, crut faire œuvre de conscience en consignant dans un travail spécial (*Examen médico-légal des faits relatifs au procès criminel de Jobard*, Paris-Lyon, 1852) l'expression de sa conviction et le fruit de ses études sur cette affaire.

S'il est vrai, comme l'a dit un célèbre médecin, M. le docteur Marc, que la *Médecine légale* doit être considérée comme la tutrice de l'honneur des familles et de la vie des hommes, le lecteur ne pourra que nous savoir gré de la courte excursion que nous allons faire dans le domaine de la science à la suite de M. Arthaud.

La question présente un double intérêt, selon M. Arthaud.

« ... Je ne suis pas damnée, a-t-elle dit, c'est heureux ; mon sort aurait été le tien. » (PAGE 6.)

Un intérêt social : la Société doit protection à tous ; elle a charge de prévenir et de réprimer les attentats ; mais il lui faut discerner l'acte volontaire de l'acte inspiré par la folie, et ne pas imprimer au fou une flétrissure imméritée ; elle doit seulement l'empêcher de nuire.

Un intérêt scientifique : le fait Jobard importe à la Science ; il a sa place indiquée parmi ses Observations ; car, s'il est vrai que certains auteurs refusent aux médecins le droit d'intervenir dans les décisions de la Justice, parce qu'ils ignoreraient le siège de la folie, il en est aussi d'autres, et parmi eux MM. Rossi, A. Chauveau, Faustin-Hélie, qui reconnaissent l'existence d'une démence partielle, et qui disent que c'est à la Science que la Justice doit, dans ces cas, demander des lumières pour ne pas s'égarer dans ses décisions.

M. Arthaud divise son travail en trois parties :

1° Les actes composant la vie de Jobard examinée surtout aux deux points de vue physique et moral ;

2° L'examen critique des rapports des médecins experts ;

3° Ses conclusions rationnelles tirées des documents rassemblés, et appuyées d'exemples offrant une frappante analogie avec le cas de Jobard.

La vie de Jobard, le lecteur la connaît ; nous la laisserons pour arriver de suite aux rapports des médecins.

M. Arthaud se prononce sévèrement sur le rapport de M. Magaud, qu'il considère comme l'une des causes de la condamnation de Jobard. « M. Magaud, dit-il, n'a vu l'inculpé qu'une seule fois. Cette entrevue *unique* était insuffisante pour le renseigner exactement sur ses antécédents, sur son état physique et moral.... M. Magaud, avant de formuler ses conclusions, eût dû soumettre Jobard à une observation attentive, prolongée, comme il a été fait pour Henriette Cornier. »

La préméditation, l'existence d'un mobile, sont sans aucune valeur pour M. Arthaud. La préméditation se rencontre dans tous les crimes commis par les aliénés: elle n'est pas plus constitutive de l'assassinat qu'elle n'est exclusive de la folie. Quant au mobile, M. Magaud a confondu deux formes bien distinctes de la monomanie, la *monomanie instinctive* et la *monomanie raisonnante*, l'une dans laquelle l'aliéné est porté irrésistiblement à des actes instinctifs qui ne sont le résultat d'aucun raisonnement; l'autre, dans laquelle l'acte commis a un mobile, est la conséquence d'une association d'idées. M. Magaud ne devait donc pas seulement établir qu'il y avait un mobile, mais démontrer que le mobile n'était pas le produit d'une conception délirante.

La *prédisposition héréditaire :* elle a d'abord été ignorée de M. Magaud; mais, puisqu'elle a été plus tard signalée aux débats, pourquoi M. Magaud n'a-t-il pas modifié alors ce que ses conclusions premières avaient de trop absolu?

L'absence *d'hallucinations* est sans importance. Les hallucinations qu'on rencontre chez les maniaques en fureur ne se trouvent pas chez le monomaniaque qui agit en vertu d'un raisonnement fondé sur une conception fausse et délirante, ce qui est le cas de Jobard.

M. Arthaud s'élève contre le mot *fausse* appliqué par M. Magaud à l'instruction religieuse de Jobard. Pourquoi ce mot *fausse?* L'instruction religieuse que Jobard a reçue chez les Frères lui a été donnée dans toute sa pureté. D'ailleurs, la nécessité du salut est une pensée religieuse vraie; mais, à côté de la pensée vraie, il y a l'élément déraisonnable de la combinaison.

M. Arthaud reproche encore à M. Magaud d'avoir emprunté à divers auteurs la formule et la conclusion finale de son rapport, ainsi que la corrélation qu'il établit entre la passion et la volonté.

Par toutes ces raisons, M. Arthaud repousse la conclusion finale de M. Magaud.

Au contraire, M. Arthaud trouve «les appréciations de MM. Gromier et Tavernier presque toujours exactes, leurs déductions rigoureuses, leurs réflexions sur la liberté morale de Jobard, sur la connaissance qu'il avait de l'illégalité de l'acte qu'il allait commettre, d'une vérité et d'une sagesse qu'on ne saurait trop louer. »

A peine fait-il quelques réserves sur l'opinion émise par ces médecins experts que la passion honteuse de Jobard pourrait n'avoir été que la première manifestation d'une maladie héréditaire. « Appréciation difficile, dit M. Arthaud. Jobard a été étudié trop tard : il restera là un mystère. »

L'allégation de M. Gensoul que Jobard se serait trompé en disant qu'avant de frapper il s'était *senti couvert d'une sueur froide,* est « regrettable. » Puisqu'il ne s'agit pas ici, dit M. Arthaud, d'une monomanie instinctive, mais d'une monomanie raisonnante, rien d'extraordinaire, donc, que cette manifestation soudaine de l'horreur naturelle qu'inspire à Jobard le sang qu'il va répandre.

Et M. Arthaud cite, entre autres exemples, le fait d'un jeune élève séminariste que le dégoût de la vie, après une expulsion méritée du séminaire de Lyon, avait poussé au suicide, et qui, comme Jobard, considérant le suicide comme le seul crime irrémissible, avait songé à donner la mort à quelqu'un pour arriver à la recevoir lui-même.

Au moment de tirer un coup de pistolet à la victime qu'il s'était choisie, M... (M. Arthaud le désigne par cette seule initiale) avait eu à surmonter une

sorte de répugnance instinctive : « Lorsque je me suis livré à cette action, dit-il à M. le Procureur du Roi, je sentais en moi, quelque chose qui me repoussait, *il me semblait que j'allais tomber en défaillance,* et il m'a fallu faire de grands efforts pour en venir là. Mais, comme *j'étais poussé par une force irrésistible,* et qu'il me semblait que c'était mon devoir, *j'ai cédé;* du reste, je ne me rappelle pas bien les sensations qui se passaient en moi. »

M. Arthaud ajoute qu'il fut chargé, avec un de ses collègues, M. le docteur Piquet, d'examiner l'accusé M..., et qu'ils conclurent en ces termes :

« Le nommé M..., au moment où il s'est rendu coupable d'une tentative d'assassinat, était atteint de cette espèce d'aliénation mentale à laquelle on a donné le nom de *monomanie-homicide-suicide.* »

M... n'était accusé que d'une tentative d'assassinat, la victime ayant évité, en se baissant, la balle qui lui était destinée. Il ne fut pas renvoyé devant le Jury. Les magistrats, acceptant les conclusions du rapport, déclarèrent qu'il n'y avait ni crime ni délit.

M. Arthaud fixe la date de ces faits à l'année 1833.

La discussion des rapports achevée, M. Arthaud énumère les causes nombreuses d'où est ressortie pour lui la preuve de l'aliénation mentale de Jobard au moment du meurtre.

M. Arthaud place en première ligne la *prédisposition héréditaire.* MM. Pinel, Esquirol, Marc, Falret, Descuret, Moreau, tous les aliénistes modernes regardent, dit-il, l'hérédité comme la cause prédisposante la plus ordinaire de l'aliénation mentale.

Il indique à la suite les penchants honteux, la passion désordonnée pour les femmes, les combats entre les principes religieux et les passions de Jobard, ses terreurs religieuses, toutes causes acceptées par la science. Pinel a signalé « le combat qui s'élève entre les principes de religion, de morale, d'éducation, et les passions, comme une cause caractéristique de certaines lypémanies. » Guislain a dit: « Les *habitudes honteuses* conduisent au désordre de l'esprit par les frayeurs d'une conscience religieuse que l'impossibilité de changer une habitude acquise alarme de jour en jour. » Descuret a dit encore : « Les passions demandent, exigent, contraignent; à ce dernier degré, la liberté morale, le libre arbitre n'existe plus dans sa plénitude, le jugement est faussé par l'habitude. »

M. Arthaud ajoute à ces causes l'état moral et intellectuel de Jobard; son organisation physique exceptionnelle, qui l'aurait laissé sans force contre les appels incessants de sa passion; l'excitation entretenue chez lui par un afflux trop considérable de sang vers le cerveau.

Ces causes, M. Arthaud ne les considère toutefois que comme des causes simplement prédisposantes. Le dégoût de la vie, la pensée de suicide comme but combinée avec celle de l'homicide comme moyen, lui apparaissent ensuite comme une transition entre la raison et la folie. C'est seulement au 14 septembre que la conception délirante aurait acquis tout son développement et que Jobard s'est trouvé placé, comme le dit M. Arthaud, « dans les conditions exigées par les médecins légistes allemands pour admettre la réalité de la monomanie, savoir : la domination réelle et absolue de l'intelligence par une idée délirante. »

C'est cette idée délirante qui a inspiré tous les

actes de Jobard pendant les journées des 14 et 15 septembre. Elle a persisté après le meurtre, car Jobard est resté calme, et, fait observer M. Arthaud, « s'il y a crime, l'homme raisonnable ne peut rester calme ; le fou seul reste calme » Elle est allée s'affaiblissant pendant les trois premiers jours, pour disparaître entièrement dans la matinée du 19. « Comment expliquer cette transformation, dit M. Arthaud, si ce n'est par ces mots de Jobard : J'ai pleuré ; *j'ai senti que ma tête se remplissait !* Les auteurs disent : Une abondante sécrétion de larmes peut servir de crise à la folie. »

Toutes ces circonstances ont paru à M. Arthaud suffisamment caractériser l'existence, chez Jobard, de l'aliénation décrite sous le nom de *monomanie-homicide-suicide-raisonnante.*

La folie de Jobard ainsi démontrée, M. Arthaud cherche à détruire les hypothèses sur lesquelles on chercherait à établir la criminalité de son action.

On a dit : Sa passion désordonnée est la cause de son crime, et ne saurait être invoquée comme excuse légale.

M. Arthaud répond qu'il suffit que l'acte incriminé ait été commis par un homme privé de sa liberté morale, pour que cet acte rentre dans ceux que la loi pénale n'a pas voulu atteindre. Mais cette seule considération ne suffit pas à M. Arthaud ; il veut qu'on distingue entre les actes répréhensibles inspirés par une passion, et que celui-là seul ne puisse être considéré comme excusable qui a pour but la satisfaction de cette passion, qui se lie à elle d'une manière évidente et directe. L'acte de Jobard rentre-t-il dans ce cas? Le meurtre qu'il a commis est-il la suite naturelle de sa passion désordonnée pour les femmes? Non, répond M. Arthaud. « Si Jobard, dit-il, avait été un débauché ordinaire qui eût mis de côté toute pensée religieuse, et qui, fatigué de la vie, eût voulu la terminer par un suicide, la combinaison par laquelle il a cherché à assurer son salut ne se serait même pas présentée à son esprit. On arriverait, par le raisonnement contraire, à cette conclusion absurde, que ses convictions religieuses ont été la cause de son crime, et que la loi morale la plus parfaite, le frein le plus salutaire à opposer aux débordements des passions, a inspiré la pensée d'un épouvantable forfait. Il faut donc reconnaître qu'entre la passion, l'idée religieuse et l'acte, se trouve un fait intermédiaire, la conception délirante, la folie... Dans cette hypothèse, tout s'explique, tout s'enchaîne. En dehors de cette hypothèse, on ne trouve plus qu'invraisemblance, contradiction, impossibilité. »

M. Arthaud recherche, en terminant, les causes du verdict du Jury. Il les trouve :

1° Dans l'effroi inspiré par un meurtre commis avec tant de calme et d'impassibilité;

2° Dans les conclusions de l'un des médecins experts, qui ont laissé la conscience des Jurés incertaine entre les solutions diamétralement opposées apportées à la barre par les interprètes de la science;

3° Dans l'incertitude sur l'efficacité des moyens dont la législation arme l'autorité pour mettre les aliénés dangereux hors d'état de nuire.

M. Arthaud regarde cette dernière objection comme spécieuse, sans nulle valeur, au fond, puisqu'en définitive la portée morale de l'acte incriminé doit seule motiver la décision du Jury. Mais cela ne l'empêche pas de regretter l'absence d'une législation spéciale en France, et de témoigner ses regrets que l'Angleterre nous ait devancés dans cet ordre

d'idées. Il rappelle, à cette occasion, l'art. 40 de l'Acte du Parlement, publié sous Georges III, qui remet à l'Administration, pour passer leurs jours en état de détention, les individus qui, reconnus coupables matériellement d'un crime capital, sont néanmoins absous comme l'ayant commis dans un état de démence.

Telle est la remarquable critique faite par M. Arthaud, des rapports et du verdict dans l'affaire Jobard. Il aurait pu ajouter, sur les causes déterminantes du verdict, une observation que nous avons faite plus d'une fois, que nous ne cesserons de faire lorsque la magistrature nous paraîtra méconnaître les véritables principes, et dépasser les limites de sa fonction sacrée.

M. le Procureur général Gilardin ne s'est pas contenté, dans cette affaire, de rejeter, comme c'était son droit, l'imputabilité du crime sur l'accusé ; il a cherché à effrayer la conscience du Jury par des considérations étrangères à la cause. Il a tenté de relier le crime isolé de Jobard à un caractère général de dépravation sociale *qui tend de jour en jour à se développer.* Il a montré l'assassin puisant dans de mauvaises lectures, telles que *le Juif-Errant, les Mystères de Paris,* des éléments nouveaux de démoralisation. Il a demandé le châtiment de Jobard, *parce qu'il faut rassurer la société alarmée.*

Eh bien ! il ne faut pas se lasser de le répéter, ce sont là des moyens regrettables, qu'il faut abandonner à la presse militante, au pamphlet. La Justice, dont la source est éternelle, n'a rien à voir avec ces arguments d'un jour. Quel effort de mémoire ne faut-il pas aujourd'hui déjà pour se rappeler qu'au moment où Jobard frappait à Lyon une femme qu'il ne connaissait pas, dont la mort ne devait lui rapporter d'autre bénéfice que la mort ou la détention perpétuelle, quelques sophistes de conservation ou de destruction disputaient, en France, sur les ruines d'un gouvernement, comme jadis les docteurs de Sainte-Sophie, quand le Turc assiégeait Constantinople ! Quel rapport sérieux pourrait-on établir entre ce malheureux, coupable ou fou, et ces amuseurs du peuple, qui cherchaient alors dans la peinture de mœurs crapuleuses ou dans l'étalage de doctrines ridicules, un moyen de succès ?

Mais ce qu'il faut blâmer surtout, c'est cette justice d'*exemple,* qui frappe le crime à venir sur la tête du criminel présent, qui s'occupe plutôt de rassurer la société et d'effrayer les coupables, que de mesurer la peine à la faute. Justice arbitraire, qui n'atteint pas même le but qu'elle s'est proposé, puisqu'il est certain que jamais la sévérité des châtiments n'a diminué le nombre des criminels.

Écoutons, à ce sujet, M. Rossi :

«On n'entend que trop souvent des magistrats se permettre d'exalter l'imagination des juges et des jurés par d'alarmantes descriptions de l'état de la société et s'écrier qu'il n'y a point de salut, si l'on ne s'empresse d'arrêter par de terribles exemples la violence des malfaiteurs, langage qui fait frémir, quand on pense qu'il tend à enlever à la justice humaine ce calme, cette impartialité, cette pureté, qui seuls la légitiment, et à faire considérer l'homme qui est à la barre comme une victime nécessaire pour la terreur publique. C'est vouloir déterminer le juge à sacrifier au hasard une victime à l'avenir. C'est transformer la justice pénale en une mesure d'administration ; le juge doit connaître ce qui a été ; ce qui sera n'est pas de son domaine. »

Mais, pour laisser ces critiques de détail, quelle leçon peut-on tirer de ce procès Jobard?

Nous y avons surpris, plus marqué que dans beaucoup d'autres causes, l'antagonisme de la science et de la magistrature. Les causes qui divisent, en pareil cas, ces deux grandes fonctions sociales sont sérieuses, profondes. Nous les avons indiquées, toutes deux habitent des milieux différents; leur point de départ, leur but, ne sont pas les mêmes.

Comment les concilier, et pourquoi, jusqu'à présent, a-t-il été impossible d'amener la magistrature à reconnaître certains cas d'irresponsabilité que le plus simple bon sens admet et constate? Par quelle obstination singulière le représentant de la Loi persiste-t-il encore, comme dans ce procès, à condamner les Henriette Cornier, les Papavoine, que l'opinion et la science ont définitivement absous?

Il y a à cette persistance du magistrat une excuse qui ne manque pas de valeur. Le jour où la Science a reconnu certains cas de non-imputabilité, certaines dispositions congénitales ou accidentelles par suite desquelles l'homme se sent irrésistiblement poussé vers le crime, ce jour-là, elle a, comme il n'arrive que trop souvent, généralisé à l'excès un fait incontestable. L'idée *fixe*, l'*obsession* d'un esprit par un sentiment unique, la *monomanie* une fois trouvée, le médecin aliéniste vit des monomanes partout. Suicides, homicides, voleurs, impudiques, pour peu que leur crime eût quelque originalité, quelque ragoût, devinrent des monomanes : monomanie - suicide - homicide - érotique, il ne s'agissait plus que de créer un mot nouveau pour chaque penchant involontaire et irresponsable. C'était le temps où florissaient les doctrines des Gall, des Spurzheim. La phrénologie prétendait montrer, sur l'enveloppe osseuse du cerveau, les protubérances ou les dépressions indicatives des dispositions primordiales.

La magistrature s'alarma, point trop à tort peut-être. Ces doctrines nouvelles n'allaient à rien moins qu'à disputer tous les coupables à la Loi, à les couvrir de l'égide de la fatalité. Les représentants de la Loi réagirent contre la prétention de la Science, et, de même que celle-ci voyait des monomanes partout, ils se refusèrent à voir la monomanie quelque part que ce fût.

Et cependant, si l'on veut laisser de côté ce mot malheureux, dont on a tant abusé, pour n'y voir que la vieille et bonne dénomination de *folie*, on trouvera que, parmi les hommes accusés, convaincus de crime, il en est de vraiment fous, de vraiment irresponsables. Ceux-là, comme les Papavoine, étaient fous d'une folie inévitable, non-imputable, d'une lésion mystérieuse des organes ou de la volonté, d'une maladie de la raison, d'une folie instinctive enfin.

Mais il est d'autres fous chez qui l'acte criminel n'a pas eu pour cause déterminante une lésion congénitale, un entraînement entièrement involontaire. Chez ces derniers, la folie est également certaine; mais elle n'affecte pas le caractère absolu d'irresponsabilité. Le sujet a pu combattre ses mauvais penchants; il ne l'a pas fait. Il a succombé un jour, et sa chute ne l'a pas déchargé de la faute. Il pouvait ne pas tomber. C'est une victime de l'éternelle lutte entre les bons et les mauvais principes, entre l'Ahrimane et l'Oromaze, que chacun de nous renferme dans son cerveau.

C'est pour ce genre de folie que des aliénistes éminents ont compris la nécessité d'une expression nouvelle. M. Lordat, et après lui M. Barbaste, frappés de l'abus fait de ce mot de *monomanie*, y ont substitué, dans certains cas, celui de *morosophie*.

Pour eux, tout être humain est partagé entre deux forces, entre deux principes essentiellement antagonistes : c'est, d'un côté la force instinctive, appétitive, brutale, bestiale; de l'autre, la force intellectuelle, morale. Ici, l'instinct pur, le principe vivant, comme l'appelle M. Flourens, principe de conservation égoïste; là, le principe pensant, la raison, qui s'illumine des lueurs de la conscience et des lumières de l'éducation. Ce qui constitue l'homme, ce qui fait la dignité de sa nature, c'est qu'il peut opposer à celle de ces forces qui l'entraîne en bas, celle qui l'élève et qui l'épure.

Quand l'homme, ainsi armé, a succombé dans la lutte; quand, par faiblesse ou par indifférence, il a laissé la partie grossière de sa nature l'emporter sur le principe divin, appellerez-vous folie sa criminelle décadence? Assurément non. Vous excuserez le *monomane*, vous condamnerez le *morosope*.

Mais doit-on confondre le *morosophe - homicide* avec le criminel ordinaire? Non, selon M. Barbaste. D'abord, si les morosophes ne sont pas fous, dans l'acception rigoureuse du mot, ils sont au moins dévoyés; ce sont les esclaves, plus ou moins coupables, de la bête qui se cache en nous. Puis, on ne rencontre pas chez eux les motifs habituels, communs aux criminels; ce sont des malheureux égarés par l'ardeur des appétits ou la puissance des désirs, ils ne sont pas imputables au même degré. Ils ont droit, sinon à la clémence, du moins à quelque pitié; les peines ordinaires ne leur sont pas applicables, et la gradation des châtiments à leur infliger doit se déduire des mobiles de leur acte, des efforts qu'ils ont faits pour échapper à l'influence de l'instinct pervers. De là l'ingénieuse classification proposée par M. Barbaste, que nous reproduisons :

Il y a d'abord, le morosophe-homicide, qui n'a pas tué son semblable, qui a victorieusement lutté contre l'instinct pervers : ce sera le cas, cité par un journal (1), de ce jeune homme qui cherche, dans le suicide, un refuge contre le penchant à l'homicide. Ici, la Loi n'aura qu'un droit de surveillance, l'internement dans les hôpitaux ou maisons de santé.

Puis, le morosophe-homicide qui cède, mais non sans combattre. Ceux-ci sont les plus malheureux; ils ont souffert horriblement de la lutte engagée entre leurs penchants instinctifs et la raison, entre la concupiscence et la sagesse; ils ont été amenés à faire ce qu'ils ne voulaient pas, ce qu'ils ne désiraient pas. Les bagnes seraient pour eux une punition trop sévère, et M. Barbaste propose la réclusion dans une maison spéciale.

Enfin, le morosophe-homicide qui a cédé sans combat à l'instinct du sang, qui s'est plongé dans le crime avec une sorte de frénésie voluptueuse. Pour ceux-ci les maisons de force, mais avec l'annexe d'un service médical; car il ne faut pas perdre de vue qu'il s'agit toujours, dans le cas de morosophie, d'une maladie de l'instinct « qui a perverti l'affectibilité et poussé aux désirs sanguinaires. » Ce sera le cas de Léger, l'horrible anthropophage, dont nous racontons ailleurs la bestialité.

Devons-nous placer Jobard dans la seconde classe? Oui, sans doute; car il n'est tombé dans le meurtre qu'après une lutte sincère, énergique. Que la *démonomanie*, la superstition ne se fussent pas emparées

____

(1) *La Presse* du 21 novembre 1854.

de son âme, qu'une fausse logique ne lui eût pas montré le crime expié sur l'échafaud préférable au suicide, et Jobard succombait sous sa propre main, innocent aux yeux des hommes, justiciable seulement de Dieu.

C'est justement cet inattendu qui se révèle spontanément dans les conceptions maladives d'une intelligence troublée par les passions, c'est cette mobilité dans la logique affolée, qui constate plus particulièrement la démence. Si les magistrats n'étaient pas presque toujours en état d'opposition systématique contre la prétention, souvent excessive, d'une science que le médecin lui-même, habitué à l'étude des aliénés, éprouve un grand embarras à définir, lorsqu'il ne veut admettre que des faits positifs, nous pensons qu'ils auraient reconnu facilement la folie dans le cas de Jobard. Ce qui les a empêchés, cette fois encore, d'admettre l'irresponsabilité du meurtrier, c'est le caractère trop général, trop vague à la fois et trop absolu de la théorie aliéniste. Si juges, défenseurs et médecins s'étaient contentés de prendre leur simple bon sens comme pierre de touche, ils auraient tous, d'un commun accord, déclaré que Jobard était fou.

Voyez, par exemple, quel est l'argument le plus puissant du défenseur de Jobard : c'est le plus simple, le plus terre-à-terre. Qu'on nous eût appris, dit M° Dubost, alors que le crime n'était encore qu'un projet, ce que Jobard venait faire à Lyon, par quelle série de déductions il se trouvait là plutôt qu'ailleurs, et ce qu'il y venait faire, quel est celui d'entre vous qui ne se fût pas écrié : « Ce garçon-là est fou ; il faut le renfermer ! »

L'apaisement que ressent Jobard après le meurtre, symptôme significatif que nous retrouvons aussi dans Verger (*voyez* cette cause); l'absence évidente de conscience morale, et par conséquent de libre arbitre, après l'arrestation ; le retour graduel de ce sens intérieur, sous l'influence des reproches, des raisonnements, des faits douloureux qui l'assiégent pendant l'instruction ; les modifications lentes, mais visibles, de ce cerveau d'abord *vide* et desséché, qui se remplit enfin par une crise de larmes : tout cela est caractéristique de la folie.

Cette vacuité du cerveau, qu'accusait également l'anthropophage Léger, est, de plus, le symptôme spécial de la décadence physique et morale causée par les excès vénériens, surtout par l'onanisme. L'homme qui s'est laissé dominer par l'habitude des plaisirs solitaires, peut ne présenter aucun des désordres extérieurs, aucune des maladies dégoûtantes dont Tissot, exagérant les conséquences du vice, a fait le cortège nécessaire de cette passion honteuse; mais, infailliblement, cet homme a perdu le libre usage de ses facultés intellectuelles. Son cerveau, épuisé, vidé, ne lui permet plus aucun travail suivi, aucun raisonnement serré.

Outre cela, le malheureux esclave de ce vice contre nature se voit encore plus cruellement puni par la nature outragée. Ce n'est pas seulement son énergie physique et son énergie morale qu'il perd insensiblement et qu'il laisse comme s'écouler de lui-même avec la force vitale, c'est encore sa conscience morale, son sens intime du beau et de l'honnête. En vain cherche-t-il à se reprendre à la vie droite et pure : *il ne peut plus*. Il lutte, et la lutte, toujours vaine, lui inspire une profonde lassitude, une honte singulière de son impuissance, un dégoût croissant de la vie.

Il n'est pas jusqu'à l'onanisme purement *moral*,

qui, même alors que celui qui s'y livre obéit aux lois de la chasteté, n'épuise et ne dessèche les sources de la vie et de la conscience. L'imagination, continuellement nourrie et échauffée par des images lascives, se corrompt, et l'âme est atteinte d'une sorte de gangrène incurable. C'est la maladie du célibat, si fréquente chez les religieux, qui dégénère en hystérie chez les femmes, et en ascétisme halluciné chez les hommes.

Le fait constitutif de l'état mental des malheureux ainsi *possédés*, c'est la perte de leur libre arbitre, *l'impossibilité absolue* de se reconquérir eux-mêmes, et, pour employer le mot si frappant que nous avons emprunté à la langue latine, *l'aliénation*. L'homme qui en est arrivé là est, en effet, étranger à soi-même, *alienus*.

Mais ici s'élève cette grave question : Faut-il faire remonter au vice qui a causé le désordre moral dont est sorti le crime, l'imputabilité qui échapperait à la folie? Le magistrat nous répondra que cette perte du libre arbitre est la conséquence d'une faute ; que tout acte produit par un état semblable est la suite logique de cette faute, et qu'il serait par trop commode de repousser l'imputabilité d'une action qui n'a été amenée elle-même que par un désordre moral quand ce désordre n'est lui-même que l'effet d'un penchant malheureux qu'on n'a pas suffisamment combattu, ou de la négligence qu'on a mise à éviter les occasions propres à le développer. M. Rossi, mieux inspiré d'ordinaire, va lui même jusqu'à s'associer à ce raisonnement des représentants de la Loi, et concède qu'un fou peut être frappé par la Justice, lorsqu'il a mérité sa folie :

« Tous ceux, dit-il, qui ont soumis les faits criminels à une observation attentive n'ignorent pas qu'un certain nombre de crimes, surtout des plus atroces et des plus effrayants, sont, au moment de leur explosion, l'effet d'une véritable monomanie. Ils sont le résultat d'une de ces idées funestes et bizarres qui peut traverser tout à coup l'esprit de toute personne. L'homme moral et ferme la repousse avec horreur ; elle n'est pour lui qu'une pensée momentanée et fugitive ; elle ne lui laisse que l'étonnement de l'avoir vue passer rapidement devant lui. L'homme faible ou immoral ne la repousse pas sans avoir jeté sur elle un regard furtif. Elle revient, il la regarde en face plus longtemps, bientôt il ne la repousse plus que par crainte ; plus tard il la caresse. Enfin elle le maîtrise. C'est alors que commence cette fièvre du crime, cette poursuite ardente, précipitée, irréfléchie, qui étonne, qui effraye, qui confond la raison humaine. Le crime est commis ; le coupable est arrêté ; son défenseur dit que cet infortuné n'est qu'un fou. Il l'était en effet, il se trouvait livré au crime, comme un esclave enchaîné à une bête féroce; mais cet étouffement partiel de la raison de l'homme lui est imputable, parce qu'il est le résultat de sa vie entière, d'une vie toute de liberté et de responsabilité morale. Nous n'avons donc pas été scandalisés ni surpris de voir la Justice humaine frapper des parricides et des assassins évidemment monomanes. Leur punition ne nous a pas seulement semblé *utile*, mais elle nous a paru encore plus juste qu'utile. Considéré sous le rapport *politique*, elle donne plus satisfaction à la morale qu'elle ne prévient les actes du même genre. (Rossi, *Droit pénal.*) »

C'est là, osons le dire, un raisonnement vicieux, une prétention arbitraire, excessive, un déplacement de juridiction. Le magistrat, le juge n'a pas à faire des procès de tendance, mais de fait. Rien ne l'autorise à rechercher dans la vie antérieure d'un accusé, les fautes qui l'ont amené successivement à l'accomplissement de l'acte incriminé. Il n'a à voir que cet acte même et les circonstances dans lesquelles cet acte s'est produit. « Comment punir un homme qui a cédé à des impulsions que la loi pénale n'a aucun moyen de contrebalancer? dit M. Rossi se contredisant heureusement lui-même. De quoi veut-on le punir? De ce qu'il n'a pas résisté aux premières apparitions séduisantes de la pensée criminelle ? Mais s'il n'y a pas chez lui liberté, et si la Loi n'a rien opposé à ces premières impressions, encore une fois, pourquoi le punir? » L'accusé était-il, ou non, en possession de lui-même quand il a fait ce qu'on lui impute ? Voilà toute la question.

Mais sa folie n'est que la résultante de son vice! Que vous importe? Etait-il fou? S'il l'était, vous n'avez plus devant vous une personne responsable, mais une chose. A Dieu seul appartient de mesurer la responsabilité, même au delà de la folie méritée.

Une dernière considération qui milite contre cette tendance de la magistrature à nier les cas les plus évidents de folie, c'est la nature des peines appliquées. Au sommet de cette échelle de châtiments est placée cette peine suprême, irréparable en cas d'erreur, empreinte en quelque sorte, et surtout en cette circonstance, d'un caractère de vengeance et de férocité, contraire à tout droit humain ou divin, la peine de mort. C'est la présence attardée de ce châtiment terrible dans nos Codes qui trouble et fausse la conscience du juré, qui lui inspire ces verdicts illogiques dont notre Justice ne donne que de trop fréquents exemples. Supprimez la peine de mort, aussitôt la Science et la Loi se réconcilient. La détention perpétuelle appliquée au fou-assassin, comme le propose M. Barbaste, se changera bientôt, et nécessairement, en une surveillance médicale du malheureux que la Société a pris désormais à sa charge, dont elle a le droit de se garder, mais qu'elle a le devoir de soigner, et, s'il est possible, de guérir.

Laissons à certains aliénistes ou à des publicistes superficiels la triste responsabilité de cette opinion : qu'il vaut mieux tuer un fou innocent que de s'exposer à absoudre un coupable. Où en arrive-t-on en transigeant ainsi avec l'*utile*? A dire, comme on le fit après les jugements de l'anthropophage Léger et de Papavoine : « Ne pouvant condamner ces hommes, *il faut les tuer* comme bêtes féroces. » (Journal des *Débats* du 18 février 1826). Ou encore : « Ces fous sont trop *embarrassants*, il faut en délivrer la société. » (*Gazette de France* du 19 décembre 1826, article de Colnet.)

Quant à nous, nous préférons conclure avec un aliéniste distingué, M. Brière de Boismont :

« La justice des hommes, qui condamne par an des milliers d'individus dont toutes les actions coupables ont un motif réel, compromettrait-elle beaucoup les intérêts de la Société quand elle renverrait comme fous, dans un établissement spécial, un homme dont l'action incriminée ne peut s'expliquer par aucun motif plausible, ou, du moins, dont les motifs sont si futiles, que la raison ne saurait les admettre? Cet argument est notre seule réponse aux personnes qui nous ont accusé de vouloir sauver tous ces criminels. »

Ces considérations, dont on ne niera pas l'importance, nous ont un moment éloigné, non de l'affaire Jobard, dont elles sont comme le fond même et la substance, mais de Jobard lui-même. L'inutilité d'une plus longue attente reconnue, il fut dirigé sur le bagne de Toulon. Là, il mérita bientôt, par une conduite régulière, d'être admis dans la *Salle des épreuves*. Préposé plus tard à la vente des divers objets confectionnés dans la chiourme, ses actions comme ses paroles ne cessèrent de témoigner d'un retour complet à la raison. Six semaines après sa condamnation, un nouveau crime, tout aussi atroce que le meurtre de la dame Ricard, venait soulever de nouveau la question de la *monomanie-homicide*. Racontons-le.

Le 10 mai 1852, un vieillard, plus que septuagénaire, recevait la mort en plein jour, frappé d'une balle à la tête, sur une des places publiques les plus fréquentées de Marseille, la Place-Neuve. Le meurtrier était resté debout à quelques pas de sa victime, un pistolet à la main. Un ouvrier se précipita sur lui; il n'essaya pas de fuir; il ne fit aucune tentative de résistance; il dit seulement à l'ouvrier qui l'arrêtait ces mots : Conduisez-moi à la police.

Le vieillard assassiné était un ancien capitaine de la marine marchande, de Bastia (Corse). Il se nommait Antoine Santi; il n'était que depuis trois ou quatre jours à Marseille, où l'avait attiré le désir de voir ses enfants, honorablement placés dans l'industrie et dans la marine. Le vieux marin était lui-même d'un caractère inoffensif, estimé de tous; on ne lui connaissait aucun ennemi.

L'assassin fut immédiatement interrogé. Il était né en Corse, comme sa victime; comme elle, il était marin. Ses excursions de mer l'avaient amené tout récemment à Marseille. Dominique Miller, c'était son nom, bien loin de chercher à excuser l'homicide qu'il venait de commettre, s'en applaudit comme d'un acte de vengeance; il indiqua le moment, le lieu de l'achat de l'arme meurtrière, comment il avait attendu sa victime. Il énuméra lui-même toutes les circonstances qui prouvaient la préméditation.

Quels motifs avaient pu le porter à se venger aussi cruellement ? Miller répondit que l'homme qu'il venait de tuer était le consul du Mexique, qu', en 1847, l'avait fait injustement emprisonner à Barcelone, et s'était acharné, depuis lors, à le poursuivre et à le tourmenter. On lui fit observer que le capitaine Santi n'avait jamais été consul, ni du Mexique, ni d'aucun autre pays; qu'il n'avait jamais mis les pieds en Espagne; qu'il était donc absolument étranger à cette incarcération qu'il aurait soufferte. Cependant Miller persista à affirmer que ce n'était pas le capitaine Santi qu'il avait tué, mais bien le consul du Mexique. Son incarcération n'était pas d'ailleurs le seul grief qu'il eût contre le consul : celui-ci avait, dit-il, suscité contre lui des hommes ayant pouvoir surnaturel, changeant à volonté de forme et de figure, des philosophes, des astrologues, qui avaient juré sa perte, et dont il ne pouvait pas supporter plus longtemps les obsessions sans se venger.

Ces étranges déclarations excitèrent au plus haut degré l'attention de la Justice. Que le meurtre du capitaine Santi fût ou non l'effet d'une fatale méprise, il n'en était pas moins constant que la vengeance seule avait armé le bras de l'assassin. Il y avait crime, et crime commis avec préméditation. Mais ces obsessions prétendues d'êtres surnaturels conjurés contre lui n'étaient-elles pas l'indice d'un trouble quelconque de la raison? Aussi, tout en poursuivant la répression du crime, la Justice crut devoir chercher en dehors de l'acte même, les éléments de sa conviction.

D'abord le fait de l'incarcération de Miller à Barcelone fut reconnu exact. En 1847, un navire parti d'Oran soupçonné de piraterie avait été saisi près de Barcelonne par les ordres de l'autorité espagnole. Dominique Miller faisait partie de l'équipage, qui fut incarcéré. Il resta plusieurs mois en prison, et ne dut sa liberté qu'à l'intervention du consul français, qui le dirigea sur Port-Vendre. De là, Miller se rendit à Marseille, où il reprit sa vie de marin.

Son service de mer l'avait ramené dans cette ville, quelques jours seulement avant qu'il exécutât son crime.

On chercha dans sa vie antérieure : on n'y découvrit rien qui pût constater le moindre indice d'aliénation mentale.

La famille de Miller fut aussi l'objet de l'attention de la Justice. De ce côté, on apprit que le père de Dominique Miller avait donné, à la fin de sa vie, des signes d'un dérangement intellectuel, et que son oncle maternel avait été traité, à Marseille, dans l'asile des aliénés, d'où il n'était sorti guéri qu'après un séjour de deux années.

En présence de cette constatation, M. Aubanel, médecin en chef de l'asile des aliénés de Marseille, fut spécialement chargé d'examiner et d'étudier Miller. Il lui parut que cet homme ne jouissait pas de l'intégrité de ses facultés intellectuelles, quand il avait commis l'acte qui lui était reproché.

Toutefois, comme le meurtre était certain, comme, de l'aveu de l'assassin lui-même, le crime avait été médité à l'avance, accompli de sang-froid, Miller fut renvoyé devant la Cour d'assises des Bouches-du-Rhône, où il comparut le 21 août 1852, comme accusé d'assassinat avec préméditation sur la personne d'Antoine Santi.

La Cour est présidée par *M. Marquézy*. M. *Perdrix*, substitut du Procureur général, occupe le siége du ministère public; M° *Mistral* est chargé de la défense.

L'accusé est introduit. C'est un homme de taille moyenne, dont la physionomie a quelque chose de dur et de sauvage. Son regard, qu'il promène sur l'auditoire, est vague et incertain.

Il est donné lecture de l'acte d'accusation; ce document rappelle les faits, et se termine par ces considérations :

« Le mobile fatal auquel l'accusé a cédé est un désir, un besoin de vengeance né d'un événement réel qui avait surexcité la violence de son caractère. Avant le drame du 10 mai, le dérangement de ses facultés intellectuelles n'avait pas notoirement apparu; ce trouble intérieur n'avait exercé aucune influence sensible sur sa vie habituelle et sur l'exercice de sa profession. Déjà deux fois, soit à Oran en 1846, soit à Alger en 1848, la Justice l'a considéré comme sain et responsable de ses actions, puisqu'il a été condamné à l'emprisonnement, d'abord pendant huit jours, ensuite pendant un an, pour rébellion et pour coups et blessures envers une femme. L'appréciation de son état intellectuel, comme de toutes les conditions morales et matérielles en vertu desquelles il a donné la mort à Santi, tombe dans le domaine de la conscience du jury, qui statuera souverainement dans sa sagesse. »

L'accusé a écouté cette lecture avec attention. On procède à son interrogatoire.

Miller répond avec beaucoup de clarté et de pré-cision à toutes les questions. Il donne les détails les plus complets sur l'exécution de son crime. Mais quand *M. le Président* lui demande pourquoi il a tué le capitaine Santi, qui ne lui avait fait aucun mal, il répond avec énergie qu'il a donné la mort au consul mexicain, et qu'il a parfaitement reconnu l'homme dont il avait gravement à se plaindre.

On passe à l'audition des témoins.

C'est d'abord *M. César Santi*, fils de la victime. — Il n'a vu l'accusé qu'après son arrestation. Il l'avait déjà rencontré sur la Place-Neuve, presqu'à l'endroit où son père a été frappé. Par une sorte de pressentiment dont il ne saurait se rendre compte, il s'est arrêté alors, tout interdit. Cependant cet homme ne lui a jamais parlé; il n'avait jamais fait aucune menace à son père, qui n'a pu connaître l'accusé en Espagne, puisqu'il n'y est jamais allé.

Joseph Calamand, tailleur de pierres. — C'est l'ouvrier qui s'est jeté sur l'assassin. Celui-ci n'a pas même essayé de cacher son arme. Avec le plus grand sang-froid il l'a prié de le conduire à la police. Un garde municipal est venu donner assistance au témoin.

Jean Vailet, armurier, déclare que Miller est venu le 8 mai, dès le matin, marchander des pistolets; il est revenu vers les quatre heures du soir, avec un camarade, terminer l'achat. L'accusé paraissait fort calme. Le pistolet qu'on représente au témoin est bien celui qu'il lui a vendu.

Tout l'intérêt des témoignages est concentré dans la déposition du *docteur Aubanel*. Aussi, un vif mouvement de curiosité se manifeste dans l'auditoire à son apparition dans la salle.

M. Aubanel a étudié à fond le caractère de l'accusé; il a pris tous les renseignements qui pouvaient l'éclairer sur l'importante mission qui lui a été confiée par la Justice; et des observations suivies auxquelles il s'est livré, du rapprochement des habitudes de Miller et des circonstances mêmes de son crime, il a déduit les conclusions suivantes :

« 1° Dominique Miller a été frappé d'aliénation mentale dans les prisons de Barcelone, à la suite de l'arrestation du bâtiment sur lequel il était embarqué. *Il était prédisposé par hérédité à la folie.*

« 2° Cette affection mentale, marquée par de nombreuses rémissions, dure depuis cinq ans; elle a présenté par intervalle des accès d'exaspération, mais elle est restée presque constamment à l'état de *monomanie.*

« 3° Cette monomanie, caractérisée par des idées de complots d'ennemis et de persécutions, constitue ce que les aliénistes appellent *lypémanie*, avec délire isolé, ne roulant que sur une seule série d'idées. Nous l'appelons, nous, *monomanie-lypémaniaque.*

« 4° Cet état de folie, donnant naissance à des *hallucinations* ou à des *illusions*, a été cause de nombreuses méprises; ce sont ces illusions qui lui ont fait prendre un pauvre vieillard pour le consul mexicain qu'il voyait toujours devant ses yeux.

« 5° L'inculpé ne jouissait pas de l'intégrité de ses facultés intellectuelles, et son libre arbitre se trouvait manifestement altéré au moment de la perpétration de l'assassinat.

« 6° On ne peut pas le considérer comme responsable de cet assassinat : *l'action de tuer n'est pas un crime en elle-même, c'est le motif pour lequel agit l'individu qui le rend coupable et passible de toute la sévérité de la Loi.*

« 7° La maladie mentale dont il est atteint persiste encore aujourd'hui avec la même intensité, et elle ne présente que de très-faibles chances de guérison. Elle ira plutôt en s'aggravant qu'en s'améliorant.

« 8° L'inculpé est un aliéné excessivement dangereux. *La Justice doit l'absoudre*, mais l'autorité administrative doit pourvoir à sa séquestration dans une maison d'aliénés, et recommander à son égard les plus grandes précautions et la surveillance la plus rigoureuse.

« 9° Cette séquestration dans un asile doit être perpétuelle; les rémissions ne seront jamais considérées comme des indices de guérison, et la maladie viendrait-elle à cesser, ce qui est peu probable, le médecin ne devrait pas demander la mise en liberté à cause des craintes de la récidive. *L'aliéné homicide ne doit pas périr sur l'échafaud*, mais la Société a besoin de se garantir de ses attentats par une séquestration perpétuelle.

« 10° Si jamais on réclamait sa mise en liberté, l'autorité devrait s'y refuser, ou ordonner préalablement l'enquête la plus scrupuleuse sur l'état mental de l'individu. Cette enquête, pour avoir quelque valeur, devrait être confiée à des magistrats très-expérimentés et à des médecins aliénistes d'une réputation méritée. J'indique ces précautions à cause du caractère particulier que présente la folie de cet homme, et des dangers auxquels la Société serait exposée, s'il pouvait un jour être rendu à la liberté. »

Ces conclusions de la Science n'ont point convaincu le ministère public. *M. Perdrix* soutient avec force l'accusation. D'abord, la folie ne lui paraît pas suffisamment établie; puis, l'accusé n'a agi que pour donner satisfaction à un sentiment de vengeance, et la Justice ne saurait absoudre un crime trop longtemps et trop froidement prémédité.

Le rapport, si admirablement raisonné de M. Aubanel, a rendu facile la tâche de la défense. *Me Mistral* s'en empare avec bonheur pour démontrer l'existence de la monomanie chez l'accusé.

Après le résumé de *M. le Président* et quelques minutes de délibération, Miller, plus heureux que Jobard, est déclaré non coupable. Il sera retenu, toutefois, pour être renfermé dans une maison d'aliénés.

Nous avons dit, en rendant compte du procès de Papavoine et d'Henriette Cornier, que le supplice de Papavoine avait valu la vie à Henriette Cornier. Ne pourrions-nous dire, avec autant de raison, que la condamnation mitigée de Jobard a causé l'acquittement de Miller? C'est ainsi, répéterons-nous encore, que « la Loi s'épure; que ses peines diminuent et s'adoucissent à travers les âges, et que le coupable d'hier n'est plus que le malheureux d'aujourd'hui. »
(CAUSES CÉLÈBRES, tome I, procès Papavoine.)

Paris — Typographie de Ad. R. Lainé et J. Havard, rue des Saints-Pères, 19.

ANTOINE LÉGER L'ANTHROPOPHAGE (1824).

« . . . Il fond, comme une bête fauve, sur la jeune fille » (PAGE 2).

Le 10 août 1824, une jeune fille de la commune d'Itteville, canton de la Ferté-Aleps (Seine-et-Oise), Aimée-Constance Debully, âgée de douze ans et demi, sortit de chez ses parents, vers les quatre heures du soir, pour aller ébourgeonner une pièce de vigne, située à un quart de lieue du village, près du bois de Bondiveau. Le soir, ses parents, ne la voyant pas revenir, conçurent quelque inquiétude. Une louve dévastait le canton. Ils se mirent à la recherche. Ils se rendirent à la vigne, la jeune fille n'y était plus; dans un sillon, près d'un ceps, on trouva, rangés avec ordre, son chapeau, ses souliers et sa serpette. Son père et ses frères l'appelèrent et la cherchèrent vainement une partie de la nuit dans les bois des environs.

Les autorités locales, instruites de cette dispari-tion, ordonnèrent aussitôt des battues générales dans tout le pays. Elles ne produisirent, les cinq premiers jours, d'autre résultat que la découverte, à une lé-gère distance de la pièce de vigne, d'un mouchoir rayé bleu et blanc qui n'avait pas appartenu à la jeune fille. Enfin, le 16 août, dans une battue faite par les villageois de Cerny au milieu des roches si-tuées au-dessus de Montmirault, dites les *Roches de la Charbonnière*, on remarqua, dans une crevasse du roc, des branchages de fougère fanés, et qui pa-raissaient avoir été récemment foulés. On les arracha et dessous l'on trouva du foin, de la paille et des feuilles disposés de manière à masquer l'ouverture d'une espèce de grotte dans laquelle on descendit.

Des débris d'artichauts, d'oignons, de cosses de pois et d'épis de blé, un lit de foin et de mousse annoncèrent que cette grotte avait servi récemment d'habitation ; une odeur méphitique qui s'en exhalait excita de nouvelles recherches, et, à la lueur d'un flam-beau, on découvrit, enfoui sous deux pieds de sable, dans un enfoncement pratiqué au fond de la grotte, un cadavre déjà en putréfaction, dont les jambes et les cuisses étaient repliées sur le bas ventre, et qui était enveloppé dans une chemise, un jupon et un mou-choir, et entortillé par une hart de chêne. Le père et la mère de la jeune Debully reconnurent dans ce cadavre leur malheureuse fille.

Avertie de cette découverte, qui révélait un crime, la Justice se transporta immédiatement sur les lieux, assistée d'un chirurgien. A l'examen du cadavre, on reconnut que le corps avait été ouvert dans toute son étendue avec un instrument tranchant; des plaies nombreuses et profondes avaient été faites sur di-verses parties du corps avec la pointe du même in-strument. La tête et le col étaient gorgés de sang, tandis que le cœur et les vaisseaux sanguins qui l'environnent étaient complétement desséchés.

Cependant, l'inquiétude et la terreur régnaient dans les campagnes voisines du théâtre du crime. Les paysans, l'autorité, épiaient avec soin tous les étrangers qui traversaient le pays, croyant décou-vrir l'assassin dans chacun d'eux. On ignorait qu'il était déjà sous la main de la Justice.

Le 12 août, un garde particulier du canton avait aperçu dans un bois, assis près d'une fontaine, un homme qui lui était inconnu. Sa figure portait l'empreinte d'une altération profonde, ses vêtements étaient en désordre. Le garde voulut s'approcher de lui, mais l'homme disparut dans l'épaisseur du bois. Le garde le guetta pendant presque toute la jour-née du lendemain, et le soir, comme il revenait à la fontaine, il l'arrêta.

Cet homme avait déclaré d'abord se nommer Antoine Léger, de Saint-Martin-Brétencourt, can-ton de Dourdan. Il avait quitté, par un coup de tête, son pays, sa famille, le jour de la Saint-Jean, em-portant avec lui une somme de 50 fr. « Je me pro-menais, ajouta-t-il, depuis un jour et demi dans le bois où vous venez de m'arrêter. *Je ne savais où me portaient mes pas; j'allais où mon désespoir me portait.* »

Amené devant l'adjoint de la commune, il s'était donné ensuite pour un forçat évadé, et il avait raconté comment il avait rompu sa chaîne à Brest, comment il avait franchi les remparts pour s'enfuir.

Ces réponses étranges, contradictoires, l'absence de tous papiers, la découverte faite sur sa personne de deux couteaux, dont l'un à manche de bois avait la lame très-aiguisée, toutes ces circonstances réunies éveillèrent les soupçons ; l'individu fut retenu comme inculpé de vagabondage.

Dans la prison, Léger raconta aux autres détenus que, depuis quinze jours, il avait couché dans les bois et les creux des rochers des environs. — «Mais, lui dirent ses compagnons, de quoi vivais-tu donc, puisque tu n'approchais d'aucun village? — De pois, d'artichauts et de blé, » répondit Léger.

Cette conversation vint aux oreilles de la Justice, et fut pour elle un trait de lumière : on avait trouvé dans la grotte de la Charbonnière des débris de pois, d'artichauts et d'épis de blé. En outre, plusieurs femmes vinrent déclarer que, quelque temps avant la disparition de la jeune Debully, elles avaient rencontré, dans les bois des environs des Roches de la Charbonnière, un homme dont la mise extraordinaire, le teint basané les avaient surprises et effrayées. Confrontées avec Léger, elles le reconnurent pour l'homme qu'elles avaient vu et qui en avait même abordé quelques-unes dans le bois.

On se rappelle qu'un mouchoir rayé bleu et blanc avait été trouvé, lors des battues, à peu de distance de la pièce de vigne du sieur Debully : ce mouchoir fut comparé avec celui que portait Léger, et on reconnut qu'il était de la même toile, ourlé du même fil et de la même manière. Enfin, le cadavre ayant été exhumé, on rapprocha des blessures qu'il portait la lame du couteau à manche de bois trouvé sur Léger, et cette opération donna la certitude que ces blessures avaient été faites à l'aide de cette arme.

Léger, qui jusque alors s'était renfermé dans un système de dénégation absolu, ne put enfin résister à la force des preuves accumulées contre lui. Amené sur le lieu du crime, mis en présence du corps de sa victime, pressé de questions par le juge, abattu, tremblant, il laissa échapper le terrible aveu. « Eh bien! oui, dit-il, c'est moi qui ai commis le crime! » et alors il en révéla jusqu'aux moindres circonstances; il indiqua à la Justice et le théâtre du forfait, et la manière dont il avait été consommé. Ici le juge cesse d'interroger, c'est le criminel qui va parler.

Léger a quitté la maison paternelle, comme il l'a déclaré, le jour de la Saint-Jean, sous le prétexte avoué d'aller à Dourdan se louer comme domestique, mais avec la ferme intention de s'éloigner de sa famille pour aller vivre dans un isolement absolu. Outre la somme de 50 fr., il n'emportait que les habits dont il était vêtu. Au lieu de se rendre à Dourdan, il est venu directement à Étampes, où il a passé la nuit dans une auberge. Il s'est ensuite dirigé sur la Ferté-Aleps, et s'est arrêté près de cette ville, dans les bois qui dominent le hameau de Montmirault. Il a parcouru d'abord ces bois pour y chercher une retraite où il pût se mettre à l'abri des injures de l'air, et, au bout de huit jours seulement, il a trouvé la grotte des Roches de la Charbonnière, qui dès lors lui a servi de demeure. Là, il s'est préparé un lit, composé de regain sec qu'il est allé chercher dans la vallée.

Léger, à l'en croire, aurait vécu pendant les quinze premiers jours, de racines, de pois, d'épis de blé, de groseilles et d'autres fruits qu'il allait cueillir dans le vallon, sur la lisière du bois. Au commencement du mois d'août, il est allé, la nuit, voler des artichauts dans le jardin de la filature du sieur Langevin, à Itteville.

Un jour, ayant surpris un lapin sur une roche, il l'a tué et mangé cru sur-le-champ. Enfin, vivement pressé par la faim, il s'est rendu un soir, sur les neuf heures, à la Ferté-Aleps pour y acheter quelques livres de pain et du fromage de Gruyère. Il y est retourné trois ou quatre fois encore, à la même heure et aux mêmes fins.

Cependant, au milieu de sa solitude, il était tourmenté de violentes passions; il éprouvait, dit-il, l'horrible besoin de manger de la chair humaine, de s'abreuver de sang..... L'occasion s'étant présentée, il l'avait saisie sur-le-champ.

Le 10 août, errant dans les bois, et se trouvant, vers quatre heures du soir, sur les hauteurs qui dominent le vallon d'Itteville, il aperçut une jeune fille dans une vigne, près de la lisière du bois. Il conçut à l'instant même le projet de l'enlever. La jeune fille est seule; des bergers, quelques ouvriers épars dans la plaine sont trop éloignés pour pouvoir entendre ses cris et la secourir; il descend rapidement la côte à travers les bois, fond comme une bête fauve sur la jeune Debully, qui, assise près de la vigne, ne l'a pas vu approcher, lui passe son mouchoir autour du cou, la charge sur ses épaules, et l'emporte, en courant, dans les profondeurs du bois.

Enfin, épuisé de sa course, et s'apercevant que la jeune fille est sans mouvement, il la jette sur l'herbe... Le forfait qu'il a médité reçoit son exécution... La jeune Debully est sans vie!.. Léger a eu soif de son sang! . . . .

. . . .

Sa rage bestiale assouvie, Léger replie ce corps inanimé, l'enveloppe des vêtements qui le couvraient, le lie avec une forte branche de chêne, qu'il coupe sur le lieu même, l'emporte dans la grotte et l'y ensevelit sous le sable. Craignant alors que les émanations du cadavre ne se répandent dans la plaine, il ferme avec soin toutes les issues de la caverne; et, après avoir lavé son visage, ses mains, son couteau; après avoir déchiré le col et les manches de sa chemise souillés du sang de la victime, et les avoir cachés sous une roche, tourmenté par les remords, ne pouvant trouver le sommeil, il abandonne, deux heures avant le jour, le théâtre de son crime.

Il avait erré ensuite à travers bois et montagnes jusqu'au moment où il avait été arrêté.

Ces aveux de l'assassin s'accordaient parfaitement avec l'état même du cadavre et avec toutes les découvertes qu'avait déjà faites l'instruction. Conduit sur les lieux, Léger montra l'endroit où il s'était arrêté pour consommer son crime, et on crut encore apercevoir sur l'herbe quelques traces de sang. Il indiqua le chêne sur lequel il avait coupé la branche qui avait servi à lier le cadavre, et cette branche, rapprochée de sa tige, s'y rapporta parfaitement. Enfin, il désigna la roche sous laquelle il avait caché le col et les manches de sa chemise, et on les y trouva en effet.

L'instruction n'avait plus qu'à rechercher les antécédents de l'accusé. Il était batteur en grange et allait fagotter dans les bois depuis l'âge de quinze ans. Appelé au service en 1815, il était resté en garnison à Soissons. A la rentrée des Bourbons, il avait repris ses travaux. Dès sa jeunesse il avait toujours paru sombre et farouche, recherchant habituellement la solitude, et fuyant la société des femmes et des jeunes garçons de son âge.

A partir du moment où il avait tout avoué, Léger conserva le plus étonnant sang-froid. A toutes les questions relatives au crime, un oui, prononcé avec indifférence, était sa seule réponse. Léger fut renvoyé devant la Cour d'assises de Versailles, où il comparut le 23 novembre 1824, accusé 1° de vol avec effraction; 2° d'attentat à la pudeur commis avec violence; 3° d'homicide volontaire commis avec préméditation et guet-apens.

A dix heures, la Cour entre en séance, sous la présidence de M. le Conseiller *Dehaussy*. *M. Douet d'Arcq* occupe le siége du ministère public. *Me Benoît*, avoué, est chargé d'office de la défense.

L'affluence est nombreuse dans le prétoire; chacun veut voir l'auteur, chacun veut assister aux débats d'un crime qui décèle un genre de férocité rare chez les nations civilisées et dont les annales criminelles n'offrent heureusement que peu d'exemples.

A dix heures et demie, on introduit l'accusé. Il est vêtu en paysan, veste et pantalon bleu. Ses longs cheveux, sa barbe touffue ont été coupés; son teint est basané; sa physionomie offre à la fois un mélange de stupidité et de douceur. Ses regards sont hébétés, ses yeux fixes, sa contenance immobile. Il conserve la plus profonde impassibilité; même un air de gaieté et de satisfaction semble régner sur son visage.

Avant la lecture de l'acte d'accusation, et sur le réquisitoire de *M. le Procureur du Roi*, la Cour ordonne que le procès sera jugé à huis-clos; mais cette sage mesure n'a évidemment pour but que d'éloigner les personnes susceptibles, à raison de leur âge, de leur sexe, ou de leur éducation, de recevoir des détails du débat des impressions trop fâcheuses. Les Jurés de la session, le docteur Marc, d'autres médecins, les avocats et avoués, un certain nombre d'habitants distingués de Versailles, les rédacteurs des différents journaux et les témoins de l'affaire, sont autorisés à demeurer dans la salle d'audience.

Lecture est donnée de l'acte d'accusation; on y a groupé tous les faits déjà connus du lecteur. Pendant cette lecture, Léger a conservé un maintien dont il est impossible d'exprimer l'imperturbable tranquillité. Ses yeux presque constamment baissés, se portent de temps à autre sur les vêtements de la victime, sur la hart de chêne et sur le couteau qui lui a servi à commettre le crime, exposés sur la table des pièces de conviction.

M. le Président procède à l'interrogatoire de l'accusé.

D. Fréquentiez-vous les jeunes gens dans le village? — *R.* J'allais avec eux le dimanche au cabaret boire bouteille, jouer aux cartes ou au billard.

D. Aviez-vous ce qu'on appelle une bonne amie, une jeune fille qui fût l'objet de vos préférences? — *R.* Non, Monsieur.

D. Pourquoi avez-vous quitté vos parents? — *R.* Parce que j'étais malade; j'avais un rhume, *et j'étais attaqué de la pierre.*

M. le Président fait remarquer que les docteurs qui ont visité l'accusé n'ont reconnu chez lui aucun signe de cette maladie.

D. De quoi vécûtes-vous pendant les quinze jours que vous avez passés dans les bois de la Ferté-Aleps? — *R.* De toutes sortes de racines, d'oseille sauvage, de merises et de groseilles; j'allais couper le soir,

pour n'être pas aperçu, des branches de groseillier.

D. Le 10 août, vous vous êtes introduit par une brèche dans un jardin d'Itteville et vous y avez pris quelques artichauts? — *R.* J'ai pris aussi des oignons et quelques épis de blé.

D. Vous mangiez donc le grain tout cru, après l'avoir dépouillé de son enveloppe? — *R. Si*, Monsieur.

D. Que buviez-vous? — *R.* De l'eau que j'allais chercher dans les trous de la roche.

D. N'avez-vous pas eu plusieurs fois l'idée d'entraîner quelque femme dans la roche de la Charbonnière? — *R.* J'en ai eu l'idée, mais je ne l'ai pas fait. C'est le désespoir qui m'a conduit dans les roches de la Charbonnière. *J'avais le cerveau vide.* J'éprouvais des désirs, mais je ne voulais pas les satisfaire.

D. Vous avez dit dans l'instruction que vous craigniez la résistance d'une femme adulte; vous craigniez aussi que ses cris n'attirassent les passants? — *R.* Oui, Monsieur.

D. A quelle heure êtes-vous sorti le 10 août de votre caverne? — *R.* Je n'étais pas réglé pour sortir; je suis parti vers trois heures et demie.

D. Qu'avez-vous fait le même jour à quatre heures du soir? — *R.* J'étais allé pour cueillir des pommes. J'ai aperçu au bout du bois une petite fille qui était assise le dos tourné vers moi; il m'a pris idée de l'enlever. Je lui ai passé mon mouchoir autour du cou, et je l'ai chargée sur mon dos. La petite fille n'a jeté qu'un petit cri. J'ai marché à travers du bois, et, à l'endroit que j'ai montré, je me suis trouvé mal de soif, de faim et de chaleur. Je suis peut-être resté une demi-heure comme ça, sans connaissance. La soif, la faim m'ont pris trop fort; je me suis mis à la dévorer...

D. Dans quel état se trouvait alors la jeune fille? — *R.* Sans mouvement; elle était morte. Je n'ai essayé que d'en manger, et voilà tout...

M. le Président interpelle de nouveau l'accusé de dire la vérité. *Léger* nie obstinément tous les faits qui se rattachent au viol et qu'il a confessés dans l'instruction.

M. le Président lit ses réponses précédentes... Il a vu sortir le sang en abondance... Il y désaltéra sa soif... *Poussé par le malin esprit qui me dominait*, j'allai, dit-il, jusqu'à lui sucer le cœur...

L'accusé. — Je n'ai rien dit de tout cela à MM. les Juges, qui ont écrit tout ce qu'ils ont voulu.

M. le Président lui fait observer que c'est la première fois qu'il prétend s'être trouvé mal quand il déposa la jeune Debully sur l'herbe. Quant à l'attentat à la pudeur, les procès-verbaux des docteurs ne le constatent que trop clairement.

M. le Président continue l'interrogatoire.

D. Qu'avez-vous fait des débris du cadavre? — *R.* Je les ai enfouis au fond de la grotte et j'ai bouché l'entrée avec de la fougère et toutes sortes de choses. Après cela, je me suis en allé; il y avait des oiseaux qui croassaient après moi.

D. Quels oiseaux? — *R.* Des pies, que *je croyais être là pour me faire prendre*, parce qu'elles croassaient contre moi.

D. Vous étiez donc agité par la crainte? Vous sentiez donc que vous aviez mal fait? — *R.* Oui; quand j'ai repris connaissance, je suis allé me cacher dans des rochers plus bas. J'y ai passé une partie de la nuit sans pouvoir dormir, *je n'avais plus ma tête à moi.* Le lendemain, je me suis en allé à travers champs par-dessus les montagnes. Je me suis lavé la figure sur les roches où il y avait de l'eau, et j'ai lavé aussi ma chemise. J'ai coupé le col et le bout des manches où il y avait encore du sang *à même*. J'ai rencontré un garde et j'ai pris la fuite. Quand je voyais quelqu'un d'un côté, je m'en allais de l'autre. Le garde m'a dit : « *Halte-là, de par le Roi !* » Je me suis arrêté tout court.

M. le Président. — Que vouliez-vous faire de la jeune Debully? — *R.* Je n'avais pas de connaissance; *j'étais poussé par le malin esprit.*

M. le Président ordonne de présenter à l'accusé la chemise saisie sur lui, encore toute souillée et couverte de déchirures. Cet aspect ne le fait pas un instant sourciller. Il conserve ce même sourire sur les lèvres, cette même apparence de calme gaîté qu'on a pu remarquer pendant toute la durée de ce long interrogatoire.

On passe à l'audition des témoins.

Pierre Debully, père de la jeune Aimée-Constance, raconte les terribles perplexités dans lesquelles l'a jeté la disparition de sa fille. Cette enfant était la joie et l'espérance de sa maison, son bâton de vieillesse, comme la plus jeune de ses cinq enfants.

M. le Président, à l'accusé. — Léger, vous voyez que vous avez privé un père de sa fille chérie? — *R.* Que voulez-vous que j'y fasse?

La femme Debully dépose d'une voix entrecoupée de sanglots. Elle n'a pu reconnaître sa fille qu'à ses vêtements, tant sa figure était méconnaissable, tant son pauvre petit corps était mutilé. Les autorités judiciaires, par un sentiment de pitié, ne voulaient pas qu'elle s'en approchât.

M. le Président, à Léger. — Accusé, qu'avez-vous à dire?

L'accusé, commençant à pleurer. — Je suis bien fâché de cela, je lui en demande bien pardon. Et sa figure, un instant émue, reprend l'expression froide qu'elle avait quelques minutes auparavant.

M. le docteur Ballut, l'un des médecins chargés de faire l'autopsie du cadavre, déclare que l'enfant a dû mourir à la suite d'asphyxie produite soit par strangulation, soit par étouffement. Il a remarqué des incisions qui lui ont semblé faites avant la mort, sans qu'il puisse l'affirmer. Il est porté à croire, d'après certains indices, que l'attentat à la pudeur a été consommé pendant que la victime respirait encore. Il a fallu arracher à Léger l'aveu de son crime. Confronté avec le cadavre, il niait encore avec opiniâtreté qu'il fût l'assassin; mais sa contenance démentait ses paroles; il était pâle, paraissait dévoré de remords. « Malheureux! lui dit alors le docteur, vous avez mangé le cœur de cette infortunée! nous en avons la preuve; avouez la vérité? »

— Léger répondit en tremblant : « Oui, je l'ai mangé, mais je ne l'ai pas mangé tout à fait... » Il ajouta que l'enfant était morte tout de suite.

Léger. — Cela est vrai; mais il n'y a pas eu de viol d'aucune manière. Ces messieurs ont écrit le reste comme ils ont voulu.

Le sieur *Bourreau*, marchand-épicier, à la Ferté-Aleps, reconnaît Léger, qui est venu plusieurs fois lui acheter du fromage de Gruyère.

Léger. — Je vous ai acheté aussi des dragées?

Le témoin. — C'est vrai, je ne me le rappelais plus.

Léger. — Ce témoin-là est le plus franc de tous.

M. le Président, à Léger. — Que vouliez-vous faire de ces dragées? N'était-ce pas pour les offrir à des femmes ou des jeunes filles que vous vouliez attirer dans votre repaire? — *R.* Non, monsieur, c'était pour moi. C'est une idée qui m'est venue comme ça.

Les témoignages sont épuisés. *M. Douel-d'Arcq* prend la parole.

M. le Procureur du Roi expose les faits de l'accusation; après avoir rappelé que les aveux de Léger lui ont été arrachés, il soutient que l'accusé avait conscience de son crime; qu'il en a fourni lui-même la preuve par les précautions qu'il a prises pour en effacer les traces, par l'horreur que lui inspirait la caverne, par l'insomnie et les remords qui le tourmentaient, selon ses propres aveux. « Un insensé, dit *M. le Procureur*, aurait dormi auprès de sa victime, mais Léger est forcé de s'enfuir; il lui semble que les oiseaux viennent lui reprocher sa cruauté. »

Me Benoît, défenseur de l'accusé, après avoir dit que la raison se refuse à croire à l'existence d'un attentat aussi horrible, commis par un homme qui jouirait de ses facultés intellectuelles, s'efforce d'établir qu'il ne faut voir dans Léger qu'un individu en état de démence. Ses habitudes, sa conduite, sa fuite précipitée de chez ses parents, le genre de vie auquel il s'était condamné, toutes ces circonstances démontrent évidemment l'absence de raison chez l'assassin. Le défenseur insiste pour que la question d'aliénation mentale soit placée au nombre des questions soumises au jury.

Le débat est terminé. *M. le Président* fait rouvrir les portes de l'audience; et, maîtrisant la profonde émotion qu'inspirent de tels débats, il résume avec précision et méthode les charges produites par l'accusation et les moyens invoqués par la défense.

Les Jurés, après une heure de délibération, rapportent un verdict négatif sur la question de démence, et affirmatif sur toutes les autres questions.

La Cour prononce un arrêt qui condamne Léger à la peine de mort.

Léger a entendu sa condamnation avec le même calme et la même impassibilité qu'il a montrés pendant les débats.

Léger ne se pourvut pas en cassation. Le 1er décembre 1824, une foule immense assista, à Versailles, à son exécution. Le bestial assassin montra tant de faiblesse dans ses derniers moments, qu'il fallut pour ainsi dire le porter sur l'échafaud.

Écartons un moment de notre esprit l'horreur que nous inspire cette bête féroce à face humaine, et demandons-nous ce que c'était que Léger. Pour l'honneur de l'humanité, on le voudrait fou, l'était-il?

Un des premiers médecins qui aient étudié la folie, *M. Georget*, dans une brochure publiée en 1825, n'a vu dans Léger ni un meurtrier responsable, ni un redoutable cannibale, mais tout simplement un malheureux imbécile. Il en a trouvé la preuve dans l'examen du procès, dans la conduite et dans les réponses de l'accusé. Ses habitudes mélancoliques et solitaires, la bizarrerie de sa fuite sans cause, l'absence des motifs ordinaires du crime, tout, en effet, montre ici un malade et non un scélérat. La dépravation des appétits, l'horrible et soudaine perversion de son sens moral, sont caractéristiques de l'aliénation mentale. L'autopsie a confirmé ces appréciations; chez Léger, le cerveau était manifestement altéré; une adhérence morbide se faisait remarquer entre cet organe et les méninges.

Léger était donc justiciable de Bicêtre plutôt que de l'échafaud.

Trente ans plus tard, nous verrons se dessiner plus nettement encore cette divergence entre la Science et la Magistrature dans le célèbre procès *Jobard.*

D'ANGLADE (1687) — LEBRUN (1689) — MONTBAILLI (1770)
VICTOIRE SALMON (1781) — VERDURE (1780)

LE CHATEAU DE LA TOURNELLE, PRÈS LA PORTE SAINT-BERNARD

... C'était là la dernière station du forçat avant le bagne. (Page 4)

La Justice humaine, comme tout ce qui est de l'homme, est sujette à l'injustice ou à l'erreur. Le catalogue de ses arrêts ne montre que trop d'iniquités ou de déplorables méprises. A plus d'une page on voit l'innocent condamné, soit par passion, soit par aveuglement, soit par négligence. Il est juste de dire, à l'honneur des temps modernes, que le nombre des causes d'erreur a notablement diminué de nos jours. Des lois plus douces, une procédure plus régulière et plus protectrice de l'accusé, l'apaisement des passions intolérantes, l'abolition des priviléges, ont sensiblement atténué, s'ils ne les ont pas fait entièrement disparaître, les tristes effets de la servilité, de l'esprit de vengeance, de la précipitation, de la prévention. Si le Juge, aujourd'hui, peut n'être pas toujours un honnête homme, la Justice est honnête. Seuls, les procès politiques ont retenu le caractère de violence et de partialité; le vainqueur y achève le vaincu.

Mais, avant l'introduction de l'esprit moderne dans la Justice, l'erreur y règne en souveraine. Ses armes sont la torture, qui fait parler les douleurs de la chair, au lieu d'interroger les faits ou la conscience; une procédure, tantôt monstrueusement rapide, tantôt lente jusqu'à la férocité; le secret, qui permet tout et couvre tout; la confusion des juridictions, qui engendre l'arbitraire; le despotisme politique, qui condamne sans entendre; la passion religieuse, qui n'entend que sa propre voix; enfin, et surtout, l'irrégularité des instructions initiales, abandonnées à tous les hasards de la mauvaise volonté, de l'ignorance ou de l'incurie.

Ce serait une tâche immense, impossible, que celle qui consisterait à noter, dans les arrêts antérieurs au dix-neuvième siècle, tous ceux qui, par une de ces causes, furent entachés d'erreur. Il faut se borner, il faut choisir. La mémoire des générations a choisi certains noms, qui resteront éternellement, en France, comme les déplorables types de ces défaillances de la Justice. *Calas, Sirven, de La Barre* (1), rappellent l'aveuglement causé par la passion religieuse ; parmi ceux dont les malheurs immérités accusent la mauvaise foi des Juges ou les défectuosités de la Loi, nous prendrons ces noms à jamais célèbres : *D'Anglade, Lebrun, Montbailli, Victoire Salmon, Verdure.*

D'ANGLADE (1689)

En 1687, une vaste et belle maison de la place Royale, à Paris, était habitée par deux familles d'intérieurs et d'habitudes tout à fait différents. Car déjà ces vieux hôtels, construits sous Henri IV, et qui rentraient dans le plan général d'un quartier grandiose resté en projet, avaient dû être partagés entre plusieurs locataires. Le rez-de-chaussée et le premier étage de cette maison étaient occupés par le comte et la comtesse de Montgomery. Ce n'était là pour eux qu'un pied-à-terre ; ils passaient une partie de l'année dans leur terre de Villebousin, près de Montlhéry. Leur fortune, sans égaler leur nom, était des plus satisfaisantes, bien assise sur bonnes terres au soleil. Leur maison, à Paris, se composait d'une femme de chambre, d'un valet de chambre, d'un cocher, d'un petit laquais, d'un page et d'un aumônier.

Un pavillon, situé au fond de la cour, renfermait une sorte d'atelier dans lequel quatre des bonnes faiseuses, coupeuses de corps, brodeuses et couturières, travaillaient incessamment aux toilettes de la comtesse. Sur le devant, au rez-de-chaussée, trois pièces s'ouvraient à la file dans un long corridor qui aboutissait de la porte cochère à la cour. L'une était le dortoir commun de l'aumônier, du page et du valet de chambre ; la seconde servait de salle à manger ; la troisième, de resserre. Dans ce même corridor, en face des trois portes, s'ouvrait un escalier qui conduisait à l'appartement du premier étage. Parmi les chambres du premier étage, il y en avait une à laquelle attenait un petit cabinet, qu'on nommait *le Trésor* : c'était là que le comte et la comtesse renfermaient leur argent et leurs bijoux.

Quant à Laurent Guillemot d'Anglade, principal locataire de la maison, et qui y occupait le second et le troisième étage, sa noblesse passait pour douteuse. Il menait un certain train, vivait largement, avait de nombreuses et honorables fréquentations dans le monde de la noblesse et de la magistrature, soupait et jouait tous les soirs en ville. Ses amis le disaient beau joueur, heureux ; ses ennemis prétendaient qu'il prêtait sur gages. Sa femme, douce et insignifiante créature, une jeune fille de cinq ans et un domestique peu nombreux composaient toute sa famille. On ne lui connaissait ni parents, ni terres, ni revenus.

Des relations de bon voisinage s'étaient établies entre les deux locataires ; mais on n'avait jamais été jusqu'à l'intimité. Pour la première fois, dans l'automne de 1687, les Montgomery, sur le point de partir pour leur terre, invitèrent les d'Anglade à les y accompagner. D'Anglade accepta l'invitation ; mais, quelques jours avant le départ, il s'excusa de ne pouvoir s'y rendre. Cela le dérangerait de ses habitudes.

On n'insista pas. Le lundi 22 septembre 1687, le comte et la comtesse partirent pour Villebousin,

annonçant leur retour pour le jeudi suivant. L'aumônier et les autres domestiques les suivirent, à l'exception de la femme de chambre et du petit laquais. La femme de chambre garda la clef de la première porte de l'appartement. L'aumônier ferma à double tour la porte du dortoir du rez-de-chaussée, et en emporta la clef.

Comme d'Anglade soupait tous les soirs en ville, il se fit remettre les clefs de la porte de la rue ; car, d'ordinaire, les domestiques du comte remplissaient l'office de portier.

Le mercredi soir, on vit revenir tout à coup le comte et la comtesse de Montgomery, qu'on n'attendait que vingt-quatre heures plus tard. L'aumônier, le page et le valet de chambre, qui avaient fait le voyage à cheval, n'arrivèrent qu'une heure environ après leurs maîtres. Le souper fut dressé, selon l'usage, dans la salle basse du rez-de-chaussée.

Pendant que le comte et la comtesse quittaient leurs habits de voyage, l'aumônier monta pour les prévenir qu'il avait trouvé simplement tirée la porte du dortoir d'en bas, bien qu'il se crût assuré de l'avoir fermée lui-même à double tour. Cette circonstance singulière n'attira pas autrement l'attention.

Le comte et les siens étaient encore à table quand rentra d'Anglade, vers les onze heures. Il était accompagné des abbés de Fleury et de Villars, avec lesquels il venait de souper chez la présidente Robert. Les trois convives étaient en assez gaillarde humeur. Apercevant de la lumière dans la salle à manger du comte, d'Anglade s'avança, présenta ses compliments.—«Quelle affaire imprévue vous ramène si tôt ? demanda-t-il. — Vous allez me taxer de superstition, répondit M. de Montgomery. Hier, à Villebousin, j'ai eu l'esprit frappé de quelques gouttes de sang que j'ai vues, en dînant, sur une serviette et sur une nappe. J'ai craint quelque malheur, et je suis venu ici, poussé par une sorte de pressentiment. — Ce n'est pas nous qui nous en plaindrons, monsieur, et j'estime que tout le malheur sera pour ceux que vous avez quittés si vite. »

On se salua très-cordialement, et, des deux côtés, on se retira dans les appartements supérieurs.

Le lendemain jeudi, vers le soir, M. de Montgomery se rendait près du Lieutenant-criminel du Châtelet, et portait plainte en fait de vol contre les sieur et dame d'Anglade. Il exposait que, pendant son absence, on avait fracturé la serrure d'un coffre de campagne déposé dans un cabinet dit *le Trésor*. On y avait soustrait treize sacs de mille livres en argent blanc, onze mille cinq cents livres en or, en pièces de deux pistoles, cent louis d'or neufs et au cordon, un collier de perles valant quatre mille livres. «Le vol, ajoutait-il, ne pouvait avoir été commis que par des personnes demeurant dans la maison, l'effraction n'ayant été pratiquée que sur le coffre. »

(1) *Voyez ces noms.*

Le Lieutenant-criminel, assisté du Procureur du roi et d'un Commissaire de police, se transporta sur les lieux. La perquisition porta naturellement sur les appartements, le vol étant circonscrit dans la maison aux termes de la plainte. D'Anglade et sa femme demandèrent qu'on commençât la visite par les pièces qu'ils habitaient.

Le Lieutenant-criminel est conduit par eux : coffres, cabinets, tiroirs, lits, paillasses, tout est fouillé avec le plus grand soin ; on ne trouve rien. On va monter au grenier. Madame d'Anglade, à ce moment, s'excuse sur une défaillance subite. Les officiers de justice montent et trouvent, dans un vieux coffre plein de hardes et de linge, un rouleau de soixante-dix louis au cordon, fait d'un papier imprimé dans lequel le comte de Montgomery dit reconnaître un fragment de sa généalogie. Le plaignant fait remarquer, en outre, que ces louis au cordon, comme ceux qu'on lui a volés, portent le millésime des années 1686 et 1687.

Désormais, les soupçons sont fixés sur les d'Anglade. Interrogé sur cette découverte, le mari ne sait que répondre ; il ne peut croire encore qu'on l'accuse.

On descend, cependant, et, d'après le désir de madame d'Anglade, on visite le dortoir, cette salle basse où couchaient l'aumônier, le page et le valet de chambre. Dans son désespoir, madame d'Anglade s'était rappelé que les gens du comte avaient parlé de cette salle basse fermée au verrou et retrouvée simplement tirée. Il fallait, selon elle, s'attacher aux domestiques qui couchaient d'habitude dans cette pièce. — « Je réponds de mes gens, » dit le comte avec hauteur.

On n'en visita pas moins ce dortoir, et, dans un coin, on trouva cinq sacs de mille livres chacun, et un sixième où il manquait à cette somme deux cent dix-neuf livres dix-neuf sous.

Tout fut fini sur cette nouvelle découverte. Le Lieutenant-criminel jeta sur les époux d'Anglade un regard sévère, et, s'adressant au mari : « *Ou vous ou moi, dit-il, avons commis ce vol.* »

Voilà la prévention irrémédiablement établie dans l'esprit du magistrat. C'est dans un grenier faisant partie du logis des d'Anglade qu'a été trouvée une somme provenant du vol ; c'est sur les indications intéressées de madame d'Anglade qu'une autre portion du vol a été découverte dans une chambre habitée par les domestiques du comte ; et, lorsqu'il s'est agi de monter dans le grenier, madame d'Anglade s'est sentie tout à coup indisposée. Plus de doute : il n'est besoin de chercher ailleurs, ni plus longtemps. Les voleurs sont là.

L'information, ici, quels que soient d'ailleurs les coupables, est entachée d'un premier vice : elle est incomplète. Elle accepte comme preuve définitive et sans réplique un indice grave, sans doute, mais un indice. Que restait-il à faire ? Le comte répondait de ses gens ; mais la Justice ne doit pas admettre ces excès de confiance ; elle-même est, de sa nature, personne essentiellement, systématiquement incrédule. Il fallait donc, tout en serrant de près les d'Anglade, tout en fouillant leur vie privée, scruter celle des gens du comte, se demander comment cette porte, si bien fermée par l'aumônier lors du départ, avait pu se trouver simplement tirée au retour.

Le Lieutenant-criminel ne fit rien de tout cela ; il n'interrogea personne, arrêta les perquisitions, et s'assura de la personne de ceux qu'il considérait comme les coupables.

Le Commissaire de police, qui fouilla les deux époux, trouva sur eux dix-sept louis d'or et une double pistole d'Espagne. Nouvelle circonstance aggravante : une grande partie de l'argent volé au comte consistait en pistoles semblables.

Immédiatement, à la réquisition de M. de Montgomery, qui, à ses risques et périls, se rendit partie civile, le Lieutenant-criminel ordonna, avec le consentement du Procureur du roi, qu'il serait informé contre les époux d'Anglade. Le mari fut conduit au Châtelet, la femme au For-l'Évêque. On les y enferma dans des cachots, comme criminels reconnus. Les scellés furent apposés sur leurs meubles et effets.

L'enquête ouverte, les indices furent fortifiés par des preuves nombreuses. Ne s'en trouve-t-il pas toujours contre un accusé déclaré coupable à l'avance ? Les gens du comte ne furent pas des derniers à charger les d'Anglade.

L'un d'eux se rappela parfaitement que d'Anglade, en voyant les Montgomery revenus avant le jour fixé, n'avait pu dissimuler son trouble.

Deux autres déclarèrent avoir vu d'Anglade près de la porte du dortoir.

Celui-ci dit que l'accusé était un joueur et un prêteur sur gages, à telles enseignes que l'abbé Bonier l'avait appelé *fripier*.

Celui-là *avait entendu dire* que d'Anglade n'en était pas à son coup d'essai, qu'il avait volé une pièce de ruban, qu'avant de loger rue Royale il avait habité une maison dans laquelle une grande quantité de vaisselle d'argent avait disparu tout à coup.

Le Lieutenant-criminel rendit, à la hâte, un jugement de compétence, et il fut ordonné que le procès serait vidé par jugement définitif, attendu qu'il s'agissait d'un vol avec effraction. D'Anglade interjeta appel, et, le 25 octobre, le jugement de compétence fut cassé par le grand-conseil.

Sur cet arrêt, d'Anglade attaqua toute la procédure et prit à partie le Lieutenant-criminel. Ce fut une faute ; car, par arrêt du Parlement, en date du 13 décembre, le procès fut renvoyé devant ce magistrat, qui, à sa prévention du premier jour, ajouta une dangereuse rancune.

Plusieurs circonstances nouvelles vinrent favoriser ces dispositions hostiles du Lieutenant-criminel. Il fut prouvé, par exemple, que le mardi, jour présumé du vol, d'Anglade, contrairement à ses vieilles habitudes, n'avait point soupé en ville et était resté chez lui. Si on rapprochait cette circonstance de l'invitation refusée par les d'Anglade, qui d'abord avaient accepté d'accompagner le comte à Villebousin, ne fallait-il pas voir dans tout cela la préméditation du crime ? D'ailleurs, il fut prouvé que d'Anglade savait par M. de Montgomery qu'il avait reçu et gardait chez lui une somme considérable.

Puis, ce qui porta au comble la certitude du magistrat, la vie de d'Anglade se trouva enveloppée d'un mystère qu'aucun effort ne put éclaircir : il se disait gentilhomme, et il ne put fournir aucun renseignement sur son extraction. Il vivait largement, et il ne put prouver que mille neuf cent cinquante livres de revenu. Étaient-ce là des ressources suffisantes pour le train qu'il montrait ? Il fallait bien qu'il eût à son arc quelque corde secrète, le jeu, l'escroquerie, le vol.

Le 19 janvier 1688, d'Anglade fut appliqué à la question ordinaire et extraordinaire. Les tortures ne purent lui arracher aucun aveu, bien qu'il fût de complexion très-faible : endurcissement de scélérat consommé. Le 16 février, il fut condamné aux galères pour neuf ans.

Quant à la pauvre femme, elle avait souffert, au For-l'Évêque, une torture d'un autre genre. Elle était grosse quand on l'arrêta. Le saisissement, les terreurs tous les jours renouvelées dont on l'entoura, déterminèrent une fausse couche. Elle n'eut dans son cachot que les soins d'un geôlier.

L'arrêt du 16 février la condamna au bannissement pour neuf ans, elle et son mari solidairement tenus à payer une amende de vingt livres envers le Roi, à restituer la somme et les bijoux volés, et à payer au comte trois mille livres de réparation.

Remarquons que, par un scrupule d'humanité, l'arrêt ne déclarait pas les époux d'Anglade *atteints et convaincus* d'avoir fait le vol, mais seulement *véhémentement soupçonnés*. La première formule eût alors entraîné la peine capitale.

Brisé par la question, d'Anglade avait été replongé dans le même cachot, où, pendant cinq longs mois, il n'avait eu pour nourriture que le pain bis des prisonniers, pour lit qu'un peu de paille pourrie. Quelques heures après, il fut transporté, rapprochement étrange! dans le plus sombre et le plus affreux cachot de cette tour qui portait le nom de Montgomery, et où Gabriel de Montgomery, le tenant fameux de Henri II, avait attendu la mort (1). D'Anglade n'en sortit que pour être conduit, épuisé, presque sans vie, au château de la Tournelle, près la porte Saint-Bernard. C'était là la dernière station du forçat avant le bagne; là, il devait attendre le départ de la chaîne.

Il y vécut comme vivaient alors les forçats, des aumônes publiques. Atteint d'une maladie grave, qui le fit considérer comme perdu, il reçut le viatique, protesta de nouveau de son innocence, pardonna à ses ennemis, à ses juges, et s'apprêta à mourir.

La mort ne vint pas. D'Anglade était destiné à de nouvelles épreuves. Quand sonna l'heure du départ, il fallut le porter sur l'ignoble charrette et l'attacher, presque insensible, à la chaîne. Sur la route, privé de tous soins, on le descendait chaque soir comme un fardeau, et on le jetait sur la paille.

Le comte de Montgomery, dit-on, eut la cruauté de se repaître de ce triste spectacle. Il assista au départ de la chaîne. C'est sur ses vives instances que le malheureux condamné avait été dirigé sur le bagne dans cet état pitoyable.

D'Anglade traîna quelque temps encore les restes de sa misérable vie. Ce ne fut que le 4 mars 1689, que Dieu lui accorda la fin de ses souffrances. Transporté à Marseille, dans l'hôpital des forçats, il s'y éteignit, après avoir une dernière fois pris Dieu et les hommes à témoins de son innocence.

La femme, tout éprouvée qu'elle fût, résista à ses tortures, qu'avait subies avec elle sa jeune fille, une enfant de cinq ans!

Il sembla que la mort de d'Anglade fût le terme providentiellement assigné à l'erreur qui l'avait tué. A peine venait-il d'expirer, qu'il courut par le monde des lettres anonymes. Celui qui les avait écrites disait qu'avant de s'enfermer dans un cloître, en expiation de ses péchés, il se croyait obligé, pour la décharge de sa conscience, de déclarer que d'Anglade était innocent du vol pour lequel il avait été

condamné; que les vrais auteurs du crime étaient un Vincent dit Belestre, fils d'un tanneur du Mans, et l'aumônier du comte de Montgomery. Une femme de la Comble pourrait fournir là-dessus des renseignements certains.

Ces lettres anonymes provoquèrent une information sur les antécédents de cet aumônier du comte. Il se nommait François Gagnard. Il se trouva qu'il était du Mans, comme Belestre; on sut qu'il était absolument sans ressources à l'époque où M. de Montgomery se l'était attaché, sans prendre aucuns renseignements sur la moralité de cet homme. S'il avait eu cette prudence, le comte aurait facilement appris que Gagnard, fils d'un geôlier de la prison du Mans, avait quitté cette ville en y laissant le souvenir de ses désordres. Venu à Paris, où il subsistait avec peine du prix des messes qu'il disait au Saint-Esprit, il avait su, par ses dehors pieux, capter la confiance de M. et de Mme de Montgomery. Depuis qu'il était entré dans la maison du comte, Gagnard avait vécu dans l'abondance, faisant des dépenses qui excédaient de beaucoup ses appointements; il en retenait richement une fille.

Quant à Pierre Vincent, fils d'un pauvre tanneur du Mans, il avait été, dans sa première jeunesse, complice d'un assassinat. Pour échapper aux poursuites de la Justice, il avait, comme tant d'autres, cherché un asile sous les drapeaux, et s'était engagé, sous le nom de Belestre, dans le régiment de Normandie. Une fois soldat, il n'avait pas renoncé au crime, et avait déserté, après avoir assassiné un sergent. Revenu dans son pays, où il avait eu l'audace de reparaître, il avait vécu de mendicité, vagabondant sur les routes et ne trouvant de ressources que dans le vol. Puis, tout à coup, quelque temps après sa liaison avec Gagnard, on l'avait vu changer de fortune. Il avait acheté, près du Mans, une terre de neuf à dix mille livres.

Ces deux hommes furent arrêtés, non pas sur la présomption du vol commis chez le comte, mais, comme il arrive souvent, par suite d'un dernier crime qui, comblant la mesure, les avait enfin livrés à la Justice. Belestre fut pris sur le fait, volant un marchand forain. Gagnard tomba entre les mains de la maréchaussée, pour avoir été présent au meurtre d'un meunier.

On rechercha, on trouva cette femme de la Comble, qui devait renseigner la Justice. Elle dit tout ce qu'elle savait de ces deux hommes, et fournit les détails les plus précis sur le vol exécuté à la place Royale. Belestre avait fait le coup; Gagnard avait donné les indications et les empreintes à l'aide desquelles Vincent avait fabriqué les fausses clefs.

La potence eut raison de ces deux scélérats. Vincent-Belestre souffrit la question sans rien avouer; Gagnard, moins ferme, confessa le crime, que Belestre avoua également avant d'être pendu.

L'innocence des malheureux d'Anglade était désormais en lumière, ainsi que l'erreur de la Justice. Madame d'Anglade n'eut point de peine à obtenir du conseil du Roi des lettres de revision, que le Parlement retint. Elle forma contre le comte de Montgomery une demande en dommages-intérêts. La lutte fut longue, soutenue avec acharnement par le comte. Enfin, par un arrêt définitif, en date du 17 juin 1693, le Parlement réhabilita la mémoire du mort, justifia la dame d'Anglade et condamna le comte de Montgomery à la restitution des sommes qu'il s'était fait adjuger à titre de réparation, et, en outre, à tous les dépens du procès.

___

(1) Cette tour de Montgomery, autrement dite *de César*, est située sur le quai de l'Horloge, à la droite de la porte principale de la Conciergerie. Damiens (*Voyez* ce nom) y fut enfermé.

L'opinion publique avait, dès le commencement de ce nouveau procès, pris chaleureusement parti contre la Justice pour les innocents condamnés. On fit à la Cour, au profit de la fille des époux d'Anglade, une quête dont le produit s'éleva, dit-on, à plus de cent mille livres.

La mémoire des générations a bien fait de conserver cet exemple de la faiblesse des jugements humains. A quelques variantes près, la torture abolie, la réhabilitation du mort devenue impossible, cette erreur qui frappe toute une famille trouverait facilement son pendant dans les annales judiciaires du dix-neuvième siècle (1). Des deux côtés, même cause d'erreur, une instruction incomplète, la prévention assise au début de l'affaire et dirigeant tous les efforts du magistrat vers un but assigné d'avance. Des deux côtés, des indices suffisants pour faire naître la présomption contre l'innocent accusé, et rejetant dans l'ombre tout ce qui pourrait, tout ce qui devrait mettre sur la trace des vrais coupables.

Ces erreurs-là sont de celles qui n'appartiennent en propre à aucun temps, et qui ont leur racine dans la nature humaine.

LEBRUN (1689)

... Elle me regarda : « Il me faut de l'argent! » lui dis-je. (Page 11)

Une autre aventure du même temps, tout aussi simplement tragique, et dont les circonstances offrent une conformité singulière avec celle des époux d'Anglade, est celle du pauvre *Lebrun*.

Jacques Lebrun était domestique. Dès l'âge de seize ans, il était entré en qualité de valet de chambre chez une dame Mazel, riche veuve, qui occupait un hôtel rue des Maçons-Sorbonne, à Paris. Depuis vingt-neuf ans, Lebrun servait fidèlement sa maîtresse, dont il avait toute la confiance. Était-il bien encore valet de chambre à quarante-cinq ans? C'était le nom modeste de sa fonction; en réalité, il était devenu le maître d'hôtel, l'intendant de sa maîtresse; c'était lui qui achetait, qui payait les fournisseurs, qui faisait exécuter les travaux; il avait l'argent et l'argenterie en compte, et les serrait dans un coffre-fort à secret. Nul n'eût suspecté sa vieille probité, attestée par ces longs services qui, alors, faisaient d'un vieux domestique comme un membre de la famille. C'était un serviteur et c'était un ami. Il était, par avance, couché sur le testament de madame pour une somme de six mille livres, avec la moitié des hardes et du linge servant à l'usage de la maison.

Lebrun était marié; il vivait dans l'union la plus parfaite avec sa femme, et il élevait ses enfants dans le respect de Dieu, de la vertu et de sa maîtresse. Son service, assez strict et minutieux, comme l'est d'ordinaire celui d'une femme âgée, ne lui permettait pas d'avoir auprès de lui sa famille. La dame Ma-

(1) *Voyez* Lesnier.

zel, il est vrai, lui avait offert dans les étages supérieurs de l'hôtel plusieurs chambres inhabitées, où femmes et enfants auraient pu se loger à l'aise. Mais la vieille dame recevait grande compagnie deux fois la semaine; elle donnait à souper et à jouer, et, ces jours-là, la maison était pleine de laquais attendant leurs maîtres, dont la tenue quelque peu débraillée et les propos risqués semblaient à Lebrun devoir être d'un mauvais exemple pour les siens. Il les avait donc logés dans le voisinage, près du collége d'Harcourt.

La maison de la dame Mazel se composait, outre Lebrun, de deux femmes de chambre, d'une cuisinière, d'un cocher et de deux petits laquais.

Restée veuve avec une belle fortune et trois fils, la dame Mazel les avait tous les trois fort bien pourvus. L'aîné, René de Savonnières, était conseiller au Parlement; le second, Georges de Savonnières, seigneur de Lignères, était trésorier de France en la généralité de Paris; le dernier né, Michel de Savonnières, était major au régiment de Piémont.

Au temps où se passe cette histoire, il faut presque toujours chercher parmi les commensaux d'une riche maison quelque abbé plus ou moins authentique: la dame Mazel hébergeait un moine défroqué, l'abbé Poulard. Dire ce que faisait là l'abbé, c'eût été chose difficile. Était-il le confesseur de madame? Avait-il été, était-il encore quelque chose de plus? Ce qu'on savait, c'est que l'abbé Poulard s'était installé dans l'hôtel comme dans sa propre demeure. Il y taillait, il y rognait, difficilement content du service et ne cachant pas sa mauvaise humeur à l'occasion, délicat sur le vivre, méticuleux sur le coucher, fort peu régulier, du reste, et ne se cachant pas pour enfreindre les règlements de l'Eglise les jours maigres et en temps de carême. A table, il faisait autorité, glosait sur les mets, décidait sur le mérite des sauces et faisait le désespoir de la vieille cuisinière. Sa chambre à coucher semblait le boudoir d'une jolie femme, tant il y avait entassé les meubles élégants, commodes, voluptueux, les bonheurs du jour, les petits Dunkerque. Il se trouvait si bien dans cette cellule, qu'on disait qu'en 1673, il avait préféré se laisser excommunier par le grand prieur de Cluny, plutôt que de quitter l'hôtel.

Toutefois, quelque agrément que lui offrit ce séjour, le cher abbé ne s'en contentait pas encore. Il avait, afin d'être plus libre, loué dans le voisinage une chambre où il couchait fort souvent. Ces jours-là, il rentrait à l'hôtel de bonne heure, sans bruit, au moyen d'un passe-partout avec lequel il ouvrait à son gré la porte d'entrée.

Quelques mots maintenant sur la disposition générale de l'hôtel. Il renfermait quatre étages. On entrait, au premier, par l'escalier d'honneur, dans une salle servant d'office, et dans laquelle était une armoire où l'on serrait le service de table. Une des femmes de chambre en avait la clef. Dans cette salle, on avait pratiqué, du côté de la rue, un retranchement où couchait Lebrun, lorsqu'il ne passait pas la nuit chez lui. Le reste de l'étage consistait en un appartement de réserve où la dame Mazel recevait les personnes à qui elle donnait à souper et à jouer.

La chambre à coucher de la dame était au second étage, ayant vue sur la cour. Cette chambre était précédée de deux antichambres, dont l'une, qui donnait sur l'escalier d'honneur, restait toujours ouverte; l'autre se fermait quand la dame était couchée.

On avait, sur l'ordre de la dame, pratiqué dans la porte de la chambre à coucher, au-dessus de la serrure, un petit trou que l'on bouchait avec une cheville. Quand la maîtresse de la maison était indisposée, ou ne voulait pas se lever pour ouvrir elle-même, on introduisait par ce petit trou un crochet qui ouvrait la porte en poussant le bouton correspondant au pène. La dame couchait donc seule dans ce vaste appartement.

Deux portes s'ouvraient dans sa chambre à coucher: l'une aboutissant à un petit escalier dérobé, l'autre donnant dans une garde-robe qui avait issue sur le même petit escalier. La première de ces portes était dans la ruelle du lit, et la dame Mazel pouvait l'ouvrir sans se lever. Au dossier de ce lit pendaient deux cordons de sonnette correspondant aux chambres des deux femmes de chambre.

Il faut dire encore que dans la garde-robe se trouvait une armoire dont on mettait la clef au chevet de la dame Mazel, et dans cette armoire était la clef du coffre-fort.

Excepté la chambre habitée par l'abbé Poulard, le troisième étage de l'hôtel était entièrement vide. La chambre du moine défroqué était située au-dessus de la garde-robe; elle prenait entrée par l'escalier dérobé qui donnait sur la ruelle du lit de la dame Mazel.

Le quatrième étage était occupé par les deux femmes de chambre et les deux petits laquais.

La cuisinière couchait en bas dans un bûcher, et le cocher dans un recoin de l'escalier. Ce dernier était chargé du soin de la porte cochère dont la grosse clef demeurait accrochée à un clou dans la cuisine, à la disposition des gens de la maison.

Au faîte de l'hôtel régnait un vaste grenier toujours ouvert, et dans lequel s'ouvrait une lucarne donnant accès sur une large gouttière placée entre deux toits, et qui se prolongeait fort avant le long des maisons. La porte de ce grenier ne se fermait jamais.

A tous ces détails, dont pas un ne paraîtra inutile à l'intelligence de ce récit, il faut en ajouter un dernier. Quelque temps avant le moment où commence cette histoire, c'est-à-dire à l'entrée de l'hiver de 1689, la dame Mazel avait redemandé à Lebrun un passe-partout dont il se servait pour sortir et rentrer à sa guise, et elle l'avait remis à l'abbé Poulard. Lebrun, toutefois, en avait un second, dont il n'avait point cessé de faire usage.

Tout ceci posé, reportons-nous au 27 novembre 1689.

Ce jour-là, les filles de Lebrun étaient venues visiter la dame Mazel à l'issue de son dîner. Elle les avait reçues, comme d'ordinaire, avec bienveillance, les avait engagées à revenir la voir, et les avait quittées pour aller à Vêpres, car on était au premier dimanche de l'Avent.

Lebrun donna le bras à sa maîtresse; les deux petits laquais suivaient, et le valet de chambre ne rentra à l'hôtel que lorsqu'il eut vu la dame Mazel commodément assise dans son banc, en la chapelle du couvent des religieuses de Prémontré de la rue Hautefeuille. Libre à partir de ce moment de tout service jusqu'à l'issue de l'office, Lebrun s'en alla flâner, voir ses amis au jeu de boules; il en sortit avec le serrurier Lagiée, mari de la vieille cuisinière. Tous deux, gens de mœurs régulières et incapables de faire débauche, avaient concerté un petit pique-nique entre les deux ménages. Ils allèrent chez un rôtisseur acheter de quoi souper. Lebrun monta un instant chez sa femme ; puis, à huit heures, il se rendit rue du Battoir, chez une dame Duvau, où il devait reprendre sa maîtresse avec les deux petits laquais et le cocher. Après l'avoir remise à l'hôtel, il rejoignit Lagiée.

La dame Mazel soupa en tête-à-tête avec l'abbé Poulard, comme à son ordinaire. Pendant le repas, l'abbé annonça qu'il irait coucher dans sa chambre en ville. La dame Mazel se mit au lit vers onze heures. Lebrun s'était attardé à son souper de famille ; on l'entendit gratter à la porte de l'escalier dérobé, au moment où les deux femmes de chambre, après avoir défait leur maîtresse, se préparaient à se retirer. — « Qui est là ? demanda la dame Mazel. — C'est M. Lebrun, répondit la femme de chambre. — Voilà une belle heure ! dit la maîtresse. » Voyant qu'on ne lui ouvrait point de ce côté, Lebrun avait fait le grand tour et revenait par l'escalier d'honneur. Sa maîtresse lui donna ses ordres pour le souper du lendemain, jour de réception. Le valet de chambre fit son service ordinaire, ferma la porte de la chambre en la tirant, après en avoir placé la clef sur un siége en dedans ; puis, ainsi qu'il le faisait tous les soirs, il ferma la porte de la seconde antichambre, et en déposa la clef sur la cheminée de la première.

Cela fait, Lebrun descendit à la cuisine, posa son chapeau sur la table, et prit la clef de la grande porte, dans l'intention de la fermer ; il la mit sur la table et prit un air de feu devant les fagots qui flambaient dans l'âtre. Insensiblement, il s'endormit. Quand il se réveilla, une horloge voisine sonnait une heure du matin. Le brave homme, un peu lourd de son souper, alla fermer la porte, qu'il trouva toute grande ouverte, et emporta la clef dans sa chambre.

Le lendemain, de grand matin, il se mit en campagne. Il fallait acheter les provisions pour le souper du soir, aller à la boucherie, à la Vallée. Il rencontra un libraire de sa connaissance, avec lequel, comme il disait en son langage, il *tailla une bavette.* Il était tout gaillard, même un peu badin.

Chez le boucher, il pressa l'envoi du pot-au-feu ; sa maîtresse voulait prendre un bouillon de bonne heure. Revenu à l'hôtel, il rencontra près de la porte trois amis qu'il fit entrer un instant dans la cuisine. Il était de si folâtre humeur, qu'ayant ôté son manteau, il le plaça en badinant sur les épaules d'un des survenants, et, s'emparant d'une éclanche de mouton, fit mine d'en frapper, disant : — « Il m'est bien permis de battre mon manteau tant que je voudrai. »

Le valet de chambre donna ensuite un coup d'œil aux apprêts du souper, remit une charge de bois à l'un des petits laquais pour la chambre de madame. Huit heures sonnaient cependant, et la maîtresse du logis n'avait pas encore sonné ses femmes. Lebrun s'en aperçut, non sans inquiétude. La dame Mazel se réveillait d'ordinaire à sept heures.

Lebrun tracassa encore quelques minutes, attendant toujours le coup de sonnette. Il sortit un instant, monta chez sa femme pour lui donner à serrer sept louis et quelques écus, qu'il ne voulait pas garder en poche. Il lui dit, en retournant à l'hôtel : — « Madame n'est pas éveillée ; je ne sais ce que cela veut dire. »

A l'hôtel, il trouva tous les domestiques sérieusement alarmés du silence de leur maîtresse. On se résolut à monter et à frapper aux différentes portes de sa chambre en criant : *madame Mazel !*

Point de réponse : l'alarme redouble. — « Aurait-elle été frappée d'un coup de sang ! dit quelqu'un des gens. — Il faut que ce soit quelque chose de pire, dit Lebrun ; je suis vraiment inquiet d'avoir vu cette nuit la porte cochère toute grande ouverte. »

On court au Palais avertir le conseiller de Savonnières. M. l'aîné arrive, frappe sans résultat et envoie chercher un serrurier pour ouvrir la porte. — « Qu'est-ce que cela ? dit-il à Lebrun, il faut que ce soit une apoplexie. — Si on envoyait à tout hasard chercher le chirurgien ? proposa l'une des femmes de chambre. — Il n'est pas question de cela, répliqua Lebrun, c'est bien pis ; il faut qu'il y ait de la malfaçon : je suis bien inquiet à cause de la grand'porte que j'ai vue ouverte cette nuit. »

Le serrurier arrive, ouvre la porte. Lebrun entre le premier, court au lit de la dame Mazel, tire les rideaux et s'écrie : « Madame est assassinée ! » Puis, il entre dans la garde-robe, ôte une des barres de la fenêtre, qu'il ouvre pour donner plus de jour, et l'on aperçoit la dame Mazel étendue dans son lit, morte, baignée dans son sang. Son visage, son cou, ses mains, étaient hachés de blessures.

La première pensée de Lebrun, à ce triste spectacle, fut qu'on n'avait pu tuer sa maîtresse que pour la voler. Il courut au coffre-fort, le souleva ; la serrure était intacte. — « Elle n'est point volée, dit le valet de chambre ; qu'est-ce que cela ? »

L'aîné des Savonnières envoya sur-le-champ le Lieutenant-criminel et deux chirurgiens pour visiter le corps de sa mère. Ces derniers constatèrent cinquante blessures faites probablement au moyen d'un couteau. Aucune des blessures par elle-même n'était mortelle ; la grande effusion de sang avait seule causé la mort. La victime avait donc pu crier.

Le magistrat trouva dans le lit un fragment de cravate à coins brodés, teint de sang, et une serviette roulée en bonnet de nuit, gardant encore la forme de la tête de celui qui l'avait adaptée à cet usage. Cette serviette, toute tachée de sang, était marquée à la marque de la maison. On présuma que la victime, en se défendant, avait arraché à l'assassin ce morceau de cravate et cette espèce de bonnet.

Entre les doigts tailladés de la morte, étaient quelques cheveux qui ne ressemblaient en rien à ceux de la dame Mazel, et qu'elle avait évidemment arrachés au meurtrier pendant la lutte.

L'information dirigée sur les meubles et sur les issues donna des résultats singuliers. Les deux cordons de sonnette se trouvèrent tournés à la tringle de la housse du lit et serrés à deux nœuds, en sorte qu'en les tirant on ne remuait que le lit. La clef de la chambre n'était pas sur le siége où, d'ordinaire, on la plaçait le soir, et il n'y avait aucune trace d'effraction aux portes, ni à celle de l'antichambre, ni à celle de la chambre. La cheville qui bouchait le petit trou au-dessus du pêne paraissait n'avoir pas été dérangée. Les deux portes qui donnaient sur l'escalier dérobé étaient fermées en dedans au crochet.

La clef de l'armoire était à sa place habituelle, au chevet du lit. L'armoire ouverte, on y trouva la bourse dans laquelle la dame Mazel serrait l'argent des cartes ; il y avait environ 278 livres. Dans l'armoire était encore la clef du coffre-fort ; on l'ouvrit, il contenait plusieurs sacs pleins d'argent, une bourse ouverte au fond de laquelle était un demi-louis, et toutes les pierreries de la victime, d'une valeur estimée à 15,000 livres. Enfin, les poches de la dame Mazel renfermaient 18 pistoles en or.

On pouvait supposer, à première vue, que le vol n'avait pas été la cause déterminante du meurtre.

Le Lieutenant-criminel procéda sur-le-champ à l'interrogatoire des deux femmes de chambre et de Lebrun : celles-là avaient assisté au coucher de leur maîtresse, celui-ci l'avait quitté le dernier.

Lebrun, fouillé, fut trouvé porteur de la clef de l'office et d'un passe-partout qui se trouva propre à ouvrir le demi-tour de la serrure de la chambre à coucher; le passe-partout fixa les soupçons sur le valet de chambre. On garda Lebrun à vue.

On lui mit sur la tête la serviette tournée en forme de bonnet de nuit; cette coiffure fut trouvée trop étroite pour lui. On examina ses mains, qu'il n'avait pas encore lavées ce jour-là, on les lui fit laver : elles ne portaient aucune empreinte de sang, aucune trace d'égratignures

Le coffre de Lebrun fut visité; on n'y trouva rien de suspect. Néanmoins, le passe-partout semblait accuser le valet de chambre. Lebrun et sa femme furent immédiatement arrêtés; les scellés furent apposés sur les meubles et sur les portes de l'appartement de la victime.

Le lendemain, 29 novembre, le Lieutenant-criminel fit une perquisition nouvelle; après un interrogatoire assez sommaire du reste des domestiques, il lui vint à l'idée, un peu tard, de visiter le petit escalier dérobé. Il y découvrit, sur l'un des derniers degrés, une corde neuve, très-longue, terminée par un croc de fer à trois branches, et garnie, d'espace en espace, de nœuds pour servir d'échelle.

Lebrun, cependant, avait été minutieusement visité. Il ne s'était trouvé, ni sur lui ni sur ses habits, aucune égratignure, aucune tache de sang. Or, le jour où on découvrait la corde, des agents ramassaient dans un coin du grenier une chemise, dont le devant et les manches étaient ensanglantés, et un col de cravate taché de sang aux deux bouts. Ce linge appartenait-il à Lebrun? En ce cas, il était étonnant qu'on n'eût pas trouvé aux mains et au cou du valet de chambre des marques d'un récent lavage.

Des lingères, appelées comme experts par les magistrats, ne trouvèrent aucun rapport entre la chemise ensanglantée et le linge de Lebrun. Il y eut une femme de chambre qui crut se rappeler avoir blanchi une chemise semblable pour un laquais du nom de Berry, chassé de la maison comme voleur. Une autre dit avoir vu à ce Berry une cravate à coins brodés, pareille à celle de l'assassin. Ces dernières indications étaient précieuses, et devaient ouvrir une voie nouvelle à une information bien faite; on les négligea

Les couteliers qu'on commit à l'expertise ne signalèrent aucune similitude entre les couteaux trouvés chez Lebrun et celui que l'assassin avait abandonné dans les cendres du foyer.

Un perruquier expert affirma que les cheveux trouvés entre les doigts de la victime n'avaient, avec ceux de Lebrun, aucune ressemblance de grosseur et de couleur.

Aucune des cordes existant dans l'office, dans la maison, ou au logis de Lebrun, n'avait de rapport avec la corde à nœuds de l'escalier dérobé. Et, d'ailleurs, pour qui eût su réfléchir, cette corde était toute une révélation. Elle signifiait que le meurtrier, venu du dehors, comptait s'échapper par les toits ou par les fenêtres. Ces linges sanglants, quittés dans le grenier, témoignaient que c'était là l'issue qu'il s'était choisie; que par là, peut-être, il s'était introduit dans la maison. Il eût donc fallu

vérifier minutieusement les toits, la large et longue gouttière qui communiquait avec les maisons du voisinage. On ne le fit pas.

Ce qui sauta aux yeux du magistrat instructeur, c'est que Lebrun, bien que la dame Mazel lui eût retiré le passe-partout, en avait un second ouvrant les doubles tours de la grand'porte, le demi-tour de la chambre à coucher de la victime, et le double tour des portes d'antichambre. C'est que, dès le premier moment, lorsque la dame Mazel ne répondait pas aux cris poussés pour l'appeler, et lorsqu'il était naturel d'attribuer son silence à la maladie ou à la mort par apoplexie, Lebrun avait paru craindre *quelque chose de pis*. C'est encore que, contre son habitude, Lebrun avait, dans la nuit du crime, emporté dans sa chambre la clef de la porte cochère, qu'il prétendait avoir trouvée ouverte dans le milieu de la nuit.

Quel intérêt pouvait avoir Lebrun à la mort de sa maîtresse?

À cela, les magistrats répondaient que le valet de chambre se savait couché sur le testament de la dame Mazel pour une somme de 6,000 livres, et pour la moitié des hardes et du linge de sa maîtresse. Ne pouvait-il pas avoir eu hâte de jouir de ces largesses? Ce qui sembla le prouver, c'est qu'on n'aperçut pas d'abord que la dame Mazel eut été volée après sa mort, Lebrun lui-même en avait fait la remarque avec un empressement suspect; il se pouvait donc faire que, pressé de toucher son legs, craignant, sur quelques mots de sa maîtresse, qu'elle ne changeât ces dispositions testamentaires, il eût poussé au meurtre quelque bras étranger, dont il aurait payé les services à l'aide de quelque somme disparue. Ainsi s'expliquaient le séjour évident de l'assassin dans le grenier, les précautions prises pour assurer sa fuite par les toits, au cas où quelque circonstance imprévue aurait rendu impossible l'issue de la grand'porte.

Si donc Lebrun n'était pas la main, il était la tête; il avait inspiré le crime, s'il ne l'avait commis. Encore était-ce là l'hypothèse la plus favorable, car c'était peut-être pour détourner les soupçons sur un étranger que cette corde à nœuds avait été placée dans l'escalier dérobé, que ce linge ensanglanté avait été caché dans le grenier. Les nœuds de la corde n'étaient pas serrés et on n'en avait pas fait usage.

Ce qu'il y avait de plus certain, c'est que la perpétration du crime indiquait une connaissance profonde des aîtres, la facilité de s'introduire dans l'appartement de la dame Mazel, la facilité d'en sortir sans être vu. À Lebrun seul tout avait été possible. Resté éveillé seul, quand tout dormait dans la maison, ayant seul à sa disposition le feu pour se procurer de la lumière, maître des clefs, il n'avait dû rencontrer aucun obstacle. Il avait l'intérêt qui pousse au crime et les moyens de le commettre.

Telles furent les raisons présentées par M. de Savonnières l'aîné dans une requête au Lieutenant-criminel, signée de lui et de son frère. Il y demandait que Lebrun fut déclaré dûment atteint et convaincu «d'avoir tué et massacré la dame Mazel, de lui avoir volé tout l'or qu'elle avait dans son coffre-fort, à l'exception d'un demi-louis.» Les rois frères demandaient en outre que le valet de chambre fut déclaré indigne et déchu du legs que sa maîtresse lui avait fait par testament, et qu'il fût condamné à restituer le vol et à tels intérêts civils qu'il plairait à la Cour arbitrer, ainsi qu'aux frais du procès.

Ce fut *M° Jean Barbier d'Aucourt*, avocat au Parlement de Paris et membre de l'Académie française, qui entreprit la défense du pauvre domestique devant les juges du Châtelet. Fin critique, M° Barbier n'eut pas de peine à démêler la vérité du milieu du tissu d'erreurs et de préjugés dont se composait l'information. Lebrun, sévèrement interrogé par lui, se montra vite ce qu'il était : naïvement honnête, dévoué jusqu'au fanatisme à sa maîtresse, dont il cherchait à pallier les faiblesses, même au péril de sa vie. Ce ne fut pas par lui, mais par la rumeur publique, que le défenseur apprit certaines circonstances qui signalaient dans la vie de la dame Mazel des mystères où, sans doute, il fallait chercher la cause de sa mort.

Cet abbé Poulard, par exemple, qui avait entretenu avec la défunte des relations suspectes, qui avait chez elle une position si étrange, eût dû attirer l'attention de la Justice.

Ancien moine défroqué, l'abbé Poulard était désigné, dans le testament de la défunte, sous le nom de père Poulard, ci-devant religieux. S'il n'y était couché pour aucun legs spécial, la dame Mazel entendait lui continuer, après sa mort, les avantages dont il avait joui pendant sa vie. M. de Savonnières l'aîné était chargé de loger et de nourrir le moine excommunié.

L'ex-dominicain avait une sœur, nommée madame Chapelain, veuve d'un conseiller au présidial du Mans. Cette femme, indigente comme son frère, de très-agréable figure, était publiquement recherchée par M. de Savonnières de Lignères, le second fils de madame Mazel. Malgré son peu de bien, elle espérait amener au mariage le jeune trésorier, et sa coquetterie avait, par d'habiles résistances, enflammé M. de Lignères au point de lui fermer les yeux sur les défauts de convenance d'une union semblable. La dame Mazel, fort absolue dans ses volontés, s'op-

. . Il faut que ce soit quelque chose de pire, dit Lebrun. (Page 7)

posait à ce mariage, que désirait ardemment l'abbé Poulard.

On disait que, six mois avant le crime, M. de Lignères avait affiché sa passion par des présents d'un luxe inouï : il avait donné à la jeune veuve tout un habit de brocart d'or et d'argent, depuis les souliers jusqu'aux jupes. La Chapelain avait accepté ces cadeaux, tout en continuant ses rigueurs à l'inflammable trésorier.

M° Barbier d'Aucourt vit dans ces intrigues matrimoniales un intérêt à la mort de la dame Mazel tout autrement puissant que celui qui eût pu pousser le pauvre Lebrun. L'abbé Poulard, ce peu scrupuleux personnage, s'était fait donner récemment le passe-partout de Lebrun. Il avait affecté, pendant le dernier repas pris avec la dame Mazel, de répéter qu'il irait, cette nuit-là, coucher en ville. L'abbé Poulard avait connu chez la dame Mazel ce Berry, voleur chassé, dont on avait cru reconnaître la chemise et la cravate dans celles qu'avait abandonnées le meurtrier.

Autre indice, qui parlait contre le moine : depuis que la Justice était saisie, il n'avait cessé de répandre sur Lebrun des bruits singuliers. Tantôt il

le disait seul coupable du meurtre, et mêlait à ces suppositions des insinuations offensantes pour la mémoire de sa bienfaitrice; tantôt il accusait Lebrun de complicité avec ce Berry, que l'information s'obstinait à laisser dans l'ombre. « La dame Mazel, disait le moine, avait eu dans sa jeunesse un enfant avec un grand seigneur, qui lui avait laissé, pour élever ce bâtard, une somme d'argent considérable. Cet enfant n'était autre que ce Berry, devenu depuis laquais chez sa mère. Lebrun, initié à tous les mystères de la jeunesse de sa maîtresse, avait révélé à Berry le secret de sa naissance, dans l'espoir d'en faire son gendre. Le valet de chambre avait cherché à faire rentrer en grâce le bâtard chassé de la maison maternelle; il l'avait introduit, la nuit, dans la chambre à coucher de sa mère, et là, suppliant, menaçant, Berry avait tout employé pour fléchir la dame Mazel ou pour l'effrayer, les réclamations et les prières. Violente comme elle était, la marâtre n'avait pu écouter de sang-froid ces discours; elle avait sauté à la gorge de son fils, qui, forcé de se défendre, avait tiré son couteau et tué la dame Mazel, par emportement et sans dessein prémédité. »

Ces assertions contradictoires, cet absurde roman, cet intérêt considérable à la mort de la dame Mazel, ce passé de désordre, tout désignait le moine aux soupçons du défenseur.

Mais l'instruction n'avait voulu rien voir, rien entendre, et il fallait être prudent, car la direction donnée aux recherches du Lieutenant criminel était du fait de l'aîné des Savonnières. De ce côté-là aussi, M° Barbier pressentait un mystère assez noir, et découvrait des circonstances qui lui donnaient beaucoup à penser.

M. l'aîné, le conseiller René de Savonnières, avait épousé, quelque quinze ans auparavant, une jeune personne, dont la conduite scandaleuse n'avait pas tardé à provoquer les rigueurs de la dame Mazel. Celle-ci avait obtenu contre sa bru une lettre de cachet, et, depuis plus de douze ans, la tenait enfermée dans un couvent de province. Le conseiller aimait beaucoup sa femme, et n'avait consenti à cette séparation que par déférence filiale, peut-être aussi par le désir de ménager un riche héritage. Plusieurs fois, madame de Savonnières s'était échappée de sa prison claustrale; mais sa belle-mère, attentive à ses démarches et toujours impitoyable, n'avait pas tardé à l'y faire rentrer.

Le bruit courait, et le défenseur s'assura de l'exactitude du fait, qu'au mois de mars 1685, dans le même temps que ce mystérieux Berry volait à la dame Mazel une somme de 1,500 livres, madame de Savonnières était secrètement à Paris. Vers la fin du mois d'août, nouvelle escapade de la recluse, nouveau séjour secret à Paris. Elle s'y était tenue cachée pendant quelque temps dans une maison du faubourg Saint-Germain, et avait dit à ses amis : « Tout ceci ne durera pas ; *dans trois mois* je n'aurai plus besoin de me cacher, et je rentrerai publiquement dans la maison conjugale. »

De nos jours, quelles que fussent les influences intéressées à amortir de pareilles rumeurs, à voiler des circonstances aussi suspectes, le défenseur d'un innocent n'hésiterait pas à mettre en lumière tout ce qui pourrait sauver son client. Et aussi, disons-le à l'honneur de notre magistrature, elle ne reculerait pas devant la vérité, quelles qu'en dussent être les conséquences.

M° Barbier ne put faire ce que feraient à coup sûr nos avocats d'aujourd'hui, et ni le Lieutenant-criminel, ni les Juges du Châtelet ne marchandèrent aux influences intéressées à cacher la véritable source du crime, la tête innocente de Lebrun. Les Savonnières étaient riches et puissants, l'aîné était conseiller au Parlement; Lebrun n'était qu'un pauvre diable, qu'on pouvait condamner sans trop faire mentir les apparences. On n'interrogea même pas le moine Poulard; on ne lui demanda pas raison de ses versions contradictoires, de ses mensonges romanesques inventés sur Berry, dont le moine connaissait parfaitement l'extraction véritable. On n'interrogea pas les autres domestiques; on n'essaya sur la tête d'aucun d'eux la serviette tournée en bonnet, qui s'était trouvée trop juste pour la tête de l'accusé. On ne chercha pas à savoir où était madame de Savonnières, ce qu'elle avait dit. Berry était de Bourges; madame de Savonnières était enfermée dans un couvent de Bourges. Quelle coïncidence ! La chemise et la cravate ensanglantées appartenaient, disaient les témoignages, au laquais Berry; le nom de Berry ne fut pas même prononcé dans l'instruction.

De tout cela il ne put être question dans le *factum*

de M° Barbier d'Aucourt. Il se contenta d'exposer les fortes raisons qui prouvaient indirectement l'innocence de son client : toute une vie d'honneur, de probité, de dévouement; un ménage réglé dans ses besoins et dans ses dépenses; la médiocrité de l'intérêt qui eût conseillé le crime; le respectueux attachement que le pauvre domestique vouait à sa maîtresse, même après sa mort; la tranquillité d'âme, la gaieté naturelle qu'il avait montrées la veille de l'assassinat, ainsi que le lendemain matin jusqu'au moment où l'on eut connaissance de ce malheur.

Qu'y avait-il contre Lebrun qui le désignât plus particulièrement aux soupçons de la Justice, et comment se faisait-il qu'il fût resté seul accusé? Portait-il aucune trace de sang? Couteau, corde, linge, paraissaient-ils lui avoir appartenu ? Depuis longues années, il ne portait plus de cravates de dentelle, se contentant de mousseline. Ce passe-partout? mais quoi d'étrange qu'un vieux serviteur eût su où trouver, dans la maison qu'il habitait depuis tantôt trente ans, une seconde clef oubliée ou inconnue?

Ce passe-partout causa pourtant la perte du malheureux Lebrun. Ce fut une preuve pour les uns, un prétexte pour les autres. Sur onze juges, trois conclurent à un plus ample informé, deux à la question préparatoire, six à *la mort*.

La sentence rendue, le 18 janvier 1690, déclara Lebrun « atteint et convaincu d'avoir eu part au meurtre de la dame Mazel ; pour réparation de quoi il est condamné à faire amende honorable, à être rompu vif et à expirer sur la roue, préalablement appliqué à la question ordinaire et extraordinaire pour avoir révélation de ses complices ; tous ses biens confisqués au Roi, ou à qui il appartiendra; sur iceux préalablement prise la somme de 500 livres d'amende, au cas que confiscation n'ait pas lieu au profit du Roi; 800 livres de réparation civile, dommages et intérêts envers MM. de Savonnières ; 100 livres pour faire prier Dieu pour l'âme de la dame Mazel ; ledit Lebrun déclaré indigne des dispositions et legs faits en sa faveur par le testament de ladite dame Mazel, et condamné en tous les dépens; sursis à plus ample instruction contre Madeleine Tisserel, femme de Lebrun, jusqu'après l'exécution »

Lebrun fit appel de ce jugement par-devant la Tournelle; M° Barbier d'Aucourt prit encore sa défense devant cette juridiction nouvelle. Le 22 février 1690, l'affaire fut mise sur le bureau.

Vingt-deux juges opinèrent : deux seulement furent d'avis de confirmer la sentence; quatre d'ordonner un plus ample informé, et les seize autres, la question ordinaire et extraordinaire avant faire droit.

Ce dernier avis forma l'arrêt.

Le 23 février, M. Le Nain, rapporteur, procéda à l'application de la torture. Les souffrances atroces de la question ne purent arracher au malheureux l'aveu d'un crime qu'il n'avait pas commis. Le 27, intervint un arrêt définitif, infirmant la sentence de mort rendue par le Châtelet, et ordonnant le plus ample informé contre Lebrun et sa femme pendant un an. Lebrun, pendant ce temps, garderait prison et sa femme resterait en liberté. On réserva de faire droit sur la demande en nullité du legs et sur celle en dommages et intérêts.

Par suite de cet arrêt, Lebrun, qui jusqu'alors avait toujours été au secret, eut enfin la consolation de voir sa femme et ses amis; mais cet infortuné ne jouit pas longtemps de cette douceur. La torture l'avait brisé, la douleur l'avait tué. Huit jours après l'arrêt, il rendait son âme à Dieu en protestant de son innocence et en pardonnant à ses juges.

Il est à remarquer que l'opinion publique, toujours prête à accabler l'accusé, n'admit pas un seul instant la culpabilité du pauvre valet de chambre. Le corps de Lebrun fut inhumé devant l'autel de la Vierge de l'église de Saint-Barthélemy : parents et amis se pressaient en foule à ses obsèques.

Il y a dans l'injustice consommée, définitive, irréparable, quelque chose sans doute qui crie et force l'attention. A peine Lebrun était-il couché dans la tombe, que les preuves de son innocence s'offrirent de tous côtés. Ce que certains avaient entendu, ce que d'autres, en petit nombre, avaient clairement aperçu, frappa tous les yeux. On rechercha, on trouva Berry, que le Lieutenant de la maréchaussée de Sens fit arrêter le 27 mars, un mois après l'arrêt de la Tournelle. Berry faisait dans cette province trafic de chevaux. Lorsqu'on lui mit la main au collet, il offrit au chef des cavaliers de la maréchaussée une bourse pleine de louis s'il voulait consentir à le laisser s'enfuir.

Berry, de son vrai nom Gerlat, était, comme nous l'avons dit, né à Bourges, où il avait encore son père et sa mère. Il avait d'abord servi un chanoine de sa ville natale, l'abbé Guenois; puis, il avait été domestique chez un M. Benard de Rosé, et, de là, était passé au service de la dame Mazel.

On trouva sur lui une montre que la dame Mazel portait la veille de sa mort.

Berry fut transféré à Paris. Il se rencontra plusieurs témoins pour déclarer l'y avoir vu à l'époque du meurtre, ce qu'il niait énergiquement.

Les charges réunies par l'opinion contre l'abbé Poulard étaient devenues trop nombreuses, trop criantes, pour qu'on pût se dispenser de l'arrêter. Décrété de prise de corps et conduit à la Conciergerie, il y fut confronté à Berry. A partir de ce moment, on n'entendit plus parler du moine défroqué. Sans doute, pour éviter le scandale d'un religieux compromis dans une affaire de meurtre, peut-être aussi pour épargner une honte à la puissante famille des Savonnières, on avait livré l'excommunié à l'autorité ecclésiastique.

Quant à Berry, il fut sacrifié; son crime devint patent du jour où on voulut bien le voir. La chemise et la cravate lui avaient bien appartenu. La serviette roulée en bonnet était exactement à la taille de sa tête; le couteau avait été vu entre ses mains; il était encore nanti de la montre de la victime.

Rien de plus évident; mais Lebrun avait-il été complice de Berry ? Celui-ci, ne pouvant plus nier sa participation au meurtre, voulut au moins en rejeter l'inspiration sur le valet de chambre; mais, le jour de l'exécution, il parla enfin, et déchargea sa conscience de cette calomnie. En présence de M. Le Nain, rapporteur, et du conseiller Gilbert il fit une déclaration circonstanciée, de laquelle il résultait qu'il était le seul auteur de l'assassinat et du vol.

« J'arrivai à Paris, dit-il, le mercredi 23 novembre 1689, et je descendis à l'auberge du *Chariot d'or*. Mon plan était fait; je connaissais parfaitement les êtres et les habitudes de la maison Mazel.

» Le vendredi suivant fut le jour que je choisis pour exécuter mon dessein. Sur la brune, j'entrai rapidement par la grand'porte, que je trouvai ouverte; je ne rencontrai personne dans la cour. Je montai alors sans bruit dans le petit grenier, qui est auprès du grenier à l'avoine. C'est là que je restai jusqu'au dimanche, attendant l'occasion, mangeant quelques pommes de terre et un peu de pain que j'avais apportés.

» Le dimanche matin, j'étais aux écoutes. Quand j'entendis le premier coup de onze heures, je me préparai; je savais bien que c'était l'heure où la dame Mazel avait accoutumé de sortir pour aller à la messe. Je descendis lentement du grenier avec toutes sortes de précautions. La chambre de madame était ouverte et il n'y avait personne dedans : les filles de chambre achevaient à peine de la faire, comme j'en pus juger par la poussière.

» Je me hâtai alors de me fourrer sous le lit; mais j'avais beau m'efforcer, avec le justaucorps je n'entrais pas. Craignant d'être surpris, je remontai rapidement au grenier, j'y quittai justaucorps et camisole, et je redescendis en bras de chemise dans la chambre. Elle était toujours déserte.

» Je me glissai sous le lit, et je pus bientôt entendre mon ancienne maîtresse qui revenait de l'office. Elle vira, tracassa, grommela, fit ses tours; moi, je je me tenais coi, retenant mon souffle.

» Elle partit pour vêpres. Quand j'entendis le carrosse passer la grand'porte, je sortis de dessous le lit, où je me trouvais fort mal. Mon chapeau m'incommodait, je l'y laissai, et je pris derrière le miroir une serviette, dont je fis un bonnet. Je profitai aussi de ce moment pour nouer à deux nœuds les cordons des sonnettes à la tringle du lit.

» Le jour baissait; j'étais prêt. Je me chauffai un peu, et m'assoupis légèrement dans le fauteuil de madame jusqu'au moment où j'entendis le carrosse rouler dans la cour. Alors, je rentrai sous le lit, et j'y demeurai jusqu'à minuit.

» Il y avait une heure que la dame Mazel était couchée; je pensais la trouver endormie; mais elle avait les yeux bien ouverts. Elle me regarda. « Il me » faut de l'argent! » lui dis-je. Elle voulut se mettre sur son séant. « Ne criez pas, madame, lui dis-je » doucement; si vous criez, je vous tue ! » Elle allongea rapidement le bras, mais ne rencontra point les cordons des sonnettes. Elle se mit à crier : « A » moi ! » C'est en ce temps-là que, voyant que je n'en aurais point raison par la peur, je tirai mon couteau et lui en donnai quelques coups. Elle se défendit un peu; mais bientôt, manquant de force, elle se laissa aller sur le lit, le visage sur la couverture. Alors, je lui donnai beaucoup de coups, jusqu'à ce qu'elle ne remua plus. Si elle n'avait point crié, je ne l'aurais point tuée.

» Cela fait, j'allumai de la chandelle et je pris, à côté du lit, la clef de l'armoire. Dans l'armoire, je pris les clefs du coffre-fort, et l'ouvris sans aucune peine; j'y pris tout ce qu'il y avait d'or qui était dans une bourse. Cela pouvait monter à cinq ou six mille livres. Je mis cette somme dans un sac de toile, que je pris dans le coffre, et où il y avait quelque peu d'or. Puis, je fermai le coffre et j'en remis les clefs dans l'armoire, où je trouvai une montre qui me tenta.

» Je replaçai la clef de l'armoire près du lit, à sa place ordinaire; je jetai dans le feu mon couteau. Quant à ma cravate, et à cette serviette dont je m'étais fait un bonnet, je ne sais comment je les perdis.

» Je pris mon chapeau, qui était sous le lit, je sortis de la chambre, dont je trouvai la clef sur un siége près de la porte. Je m'en servis pour la fermer, craignant, si je tirais la porte sans clef, de faire trop de bruit. La porte de l'antichambre était fermée ; je l'ouvris et je la laissai ouverte.

» Je remontai alors dans le petit grenier; il faisait un beau clair de lune. Je vis mes mains toutes rouges, et je les lavai avec mon urine. J'ôtai ma chemise et la laissai sous la paille. Je ne sais si j'y abandonnai aussi ma cravate ou le col. Je remis ma camisole et mon justaucorps sans chemise, et je descendis.

»Il pouvait bien alors être une heure après minuit. J'allai à la porte de la rue, et je tâtai si les verrous étaient fermés; les ayant trouvés ouverts, j'ouvris la petite porte, je sortis et laissai la porte ouverte

» Pour le cas où j'aurais trouvé les verrous fermés, j'avais apporté une échelle de corde, pensant descendre par une fenêtre du premier étage. Si je n'avais pu, j'aurais suivi la gouttière du grand grenier jusqu'à ce que j'eusse trouvé une issue dans quelque maison voisine.

» Une fois sorti, je jetai la clef de la chambre dans une cave de la rue de Mâcon, et je m'en retournai au *Chariot d'or*. Une servante à moitié endormie me vint ouvrir, et je me couchai. »

En terminant cette confession générale, Berry ajouta : « Tout ce que je viens de dire est la vérité, comme Dieu est au ciel et comme je tiens ce crucifix dans mes mains. »

... A table, il faisait autorité, glosait sur les mets... (Page 6)

Il ne dit rien des complicités de famille ou d'entourage que l'on croyait apercevoir derrière l'assassin. On éteignit, on étouffa tout ce côté de l'affaire. Berry fut exécuté ; il mourut avec courage.

L'innocence de Lebrun était désormais prouvée; la réhabilitation de sa mémoire, la restitution des biens de la veuve, la délivrance du legs semblaient ne devoir présenter aucune difficulté. Cependant, par un inexplicable et monstrueux abus de pouvoir, la pauvre veuve resta encore pendant sept mois dans les liens du plus amplement informé.

On voulait, en torturant, en effrayant cette malheureuse, l'empêcher de mener à fin l'action en dommages-intérêts qu'elle intentait à M. de Savonnière. La partie civile avait fait condamner Lebrun à cette question cruelle qui l'avait tué; elle devait au moins à la veuve la seule réparation qui fût possible, une indemnité. M. de Savonnières fut assez misérable pour ne pas le comprendre. Il plaida pour ne pas payer.

Le 30 mars 1694, un arrêt du Parlement réhabilita la mémoire de Lebrun, et, malgré es efforts du conseiller de Savonnières, confirma le legs de 6,000 livres. Mais les Savonnières gagnèrent sur les autres points; ils furent condamnés seulement aux dépens et aux intérêts de la somme léguée, à partir du 27 novembre 1689.

Les tortures, la mort, la ruine de cet honnête serviteur, de cette pauvre famille, tout cela ne fut compté pour rien. M. de Savonnières était magistrat, riche, bien apprécié; la veuve du valet dut se trouver heureuse qu'on ne lui refusât pas tout ce qu'elle avait droit d'obtenir.

Les Savonnières et la justice de ce temps-là sont l'objet du mépris des générations modernes; le pauvre valet injustement condamné, la pauvre veuve, à qui on marchanda le sang de son mari, ont ajouté leurs voix à toutes celles qui ont condamné tour à tour le régime infâme sous lequel étaient possibles de semblables justices.

MONTBAILLI (1770)

Plus simple encore, mais tout aussi touchante, est l'histoire des époux *Montbailli*.

En 1770, vivait à Saint-Omer une famille estimée, non pas riche, mais aisée. Elle se composait de la mère, du fils et de la femme. La mère, veuve âgée de soixante ans, avait obtenu de la Ferme générale une concession, qui lui permettait de fabriquer le tabac. Le fils et la femme vivaient avec leur mère, des produits de la manufacture.

Montbailli le fils, homme de mœurs simples et

douces, s'occupait de jardinage et de culture, à ses moments perdus : il se plaisait à cultiver des plantes, des fleurs rares. La femme, d'une honnête famille du pays, s'adonnait aux soins du ménage. Seule, la mère faisait tache dans ce paisible et décent intérieur : elle avait contracté, sur l'âge, un honteux penchant, qu'elle cachait à tous les yeux, mais qui n'avait pu échapper à la sollicitude de ses enfants. Elle s'enivrait d'eau-de-vie, et déjà plus d'une fois, cette passion funeste avait éveillé les craintes des époux, en leur faisant redouter des accidents que ne favorisaient que trop chez leur mère un énorme embonpoint, et une évidente disposition à l'apoplexie.

Le fils et la femme couchaient dans une antichambre, à portée de la chambre à coucher de la mère. De là, ils pouvaient veiller sur elle à son insu. Toutefois, une honte secrète avait inspiré à la veuve une sourde haine contre la douce créature qui avait été, qui pouvait être encore l'involontaire témoin de ses excès solitaires. Madame Montbailli avait résolu d'éloigner de sa maison ces yeux importuns.

Elle employa, pour se délivrer de cette surveillance filiale, tous les moyens que lui suggéra son penchant. Naturellement violente, souvent surexcitée par les liqueurs fortes, elle poursuivit de ses injures, de ses menaces, sa pauvre belle-fille, à qui elle avait résolu de rendre la maison insupportable. Elle y réussit enfin, et la jeune femme, effrayée d'une scène plus vive que les autres, alla chercher un refuge dans la maison paternelle.

Depuis un mois, elle habitait chez ses parents, quand son mari, navré de cette séparation, vint la conjurer de revenir. Elle s'y refusa opiniâtrément, quelque douleur que lui causât cette résistance aux désirs d'un mari adoré, et il fallut que la Justice lui ordonnât de réintégrer le domicile conjugal.

Là, elle retrouva la guerre, la discorde. La mère de Montbailli se retira dans sa chambre, et annonça la résolution de s'y séquestrer. Cette boutade dura peu : le besoin de parler et d'agir en maîtresse la fit reparaître bientôt, et elle n'eut plus qu'une pensée, celle de se débarrasser de ses enfants.

Pour y parvenir, elle eut recours à la Justice, et, le 26 juillet 1770, elle fit faire, à son fils et à sa bru, une sommation de vider la maison dans les vingt-quatre heures.

Atterré par cette démarche insensée, Montbailli court se jeter aux pieds de sa mère. Il la supplie de revenir sur cette détermination, de leur épargner à tous ce scandale, cette douleur. Il baigne ses mains de larmes, il l'attendrit enfin, et la nature reprend ses droits sur ce cœur plus aigri que méchant. Montbailli poursuit son succès, redouble d'efforts, conjure sa mère, au nom de son amour, au nom de leur considération commune, au nom de son propre intérêt, de ne point chasser ses enfants. Qui la veillera si elle reste seule ? A son âge, se confiera-t-elle à des soins étrangers ? Il lui rappelle les périls qu'elle a déjà courus, lui retrace ceux qu'elle peut courir encore. Enfin, désarmée par ces prières, à demi vaincue, elle répond : — « Eh bien ! nous verrons cela demain. »

Montbailli, heureux de ce délai, qui ressemble à une promesse, l'embrasse, la remercie ; en signe de réconciliation, elle vient passer une heure avec ses enfants : puis elle se retire dans sa chambre.

Le lendemain, 28 juillet 1770, dès cinq heures du matin, on frappe à la porte extérieure de la maison. C'est une ouvrière qui demande à parler à la veuve. Montbailli et sa femme sont encore couchés ; cette dernière est endormie. Montbailli se lève, écoute

à la porte de sa mère : point de bruit ; elle repose encore, il ne faut pas l'éveiller : l'ouvrière attendra.

La bonne femme était matineuse. On s'étonna bientôt, son heure étant passée, de n'entendre aucun mouvement dans sa chambre. Montbailli frappa doucement, puis plus fort. Effrayé du silence, il ouvrit la porte, et au même moment, ce qu'il vit lui arracha ce cri : — « Ah ! mon Dieu, ma mère est morte ! »

Près du lit, dont les couvertures étaient rabattues et les matelas affaissés, la vieille femme gisait renversée sur un petit coffre. La tête, à moitié couverte d'une cornette plissée, laissait voir une plaie assez profonde près de l'œil droit ; le nez et les joues étaient bouffis et livides, et des narines s'échappait un caillot de sang. Évidemment, madame Montbailli, frappée d'apoplexie, était tombée sur l'angle du coffre, et, sans doute, la mort l'avait surprise au milieu d'une de ses ivresses solitaires.

Le fils Montbailli, à cette vue, était tombé sans connaissance. Sa femme, au cri qu'il avait poussé, accourut, et saisie de terreur à l'aspect de ces deux corps gisant sur le parquet, appela au secours. Les voisins arrivent au bruit ; un médecin, mandé, déclare que la mère a cessé de vivre. Il saigne le fils, qui revient à lui.

Cette fin de la veuve Montbailli n'avait rien qui pût surprendre. On consola les époux ; on les aida à rendre à leur mère les derniers devoirs. Le corps enseveli, inhumé, les scellés furent apposés, l'inventaire dressé.

Tout s'était passé le plus régulièrement du monde, et les amis, les voisins de Montbailli, avaient été témoins de la douleur des deux époux. Cependant, quelques jours à peine avaient passé sur ce malheur de famille, quand une rumeur accusatrice s'éleva contre eux. La voix du peuple est la voix de Dieu, dit la sagesse des nations ; elle pourrait dire, avec tout autant de raison : la voix du peuple est la voix du diable. Quelques commères désœuvrées, qui n'avaient rien vu de tout cela, se mirent à raisonner, ou plutôt à déraisonner, sur la mort de la mère de Montbailli. Celle-ci se rappelait que la veuve et ses enfants avaient été récemment en désaccord ; la bru s'était fait chasser de la maison conjugale, y était rentrée malgré la belle-mère ; elle allait être forcée d'en sortir encore, quand cette mort était survenue bien à propos. Celle-là avait remarqué quelques gouttes de sang sur un des bras du fils Montbailli. C'était, disait-il, le sang qui avait rejailli de la saignée pratiquée sur lui. N'était-ce pas plutôt le sang de sa mère ? Bien sûr, ces deux méchants enfants s'étaient débarrassés de la pauvre vieille.

Celui-là a fait, qui profite. Jamais axiome n'a enfanté plus d'erreurs déplorables. On ne manqua pas d'appliquer aux Montbailli cet axiome sanguinaire. Et cependant, ils perdaient tout en perdant leur mère ; c'était elle qui avait obtenu le privilège de la Ferme.

Ces rumeurs, d'abord discrètes, se réunirent bientôt en une clameur menaçante de l'opinion publique. Les Montbailli avaient tué leur mère. C'était évident.

Les juges de Saint-Omer ne purent mépriser plus longtemps cette accusation sortie de la bouche aux mille langues. Il fallut lancer un mandat d'arrêt contre les époux Montbailli. On les interrogea séparément ; nulle apparence de preuves, nul indice. Le caractère bien connu des époux protestait contre l'accusation ; il fut impossible de rien bâtir sur la clameur publique. Malheureusement, notre ancienne législation admettait, entre la condamnation et l'ordonnance de non-lieu, un absurde, un féroce compromis, le plus ample informé. Un plus ample informé d'un an fut ordonné ; c'est-à-dire que les deux innocents furent condamnés à une année de prison préventive. Le magistrat qui faisait les fonctions de Procureur du Roi, en appela *a minima* au conseil d'Artois, tribunal souverain de la province. Ce conseil se fit un mérite de se montrer plus sévère que celui de Saint-Omer. Sans interroger les témoins nécessaires, sans confronter les accusés aux témoins entendus, avec une légèreté révoltante, les juges condamnèrent Montbailli à être rompu vif, et à expirer dans les flammes ; sa femme, à être brûlée.

La pauvre femme de Montbailli, âgée de vingt-quatre ans, était enceinte : cela la sauva. Il fallut attendre ses couches pour exécuter l'arrêt, et elle resta, chargée de fers, dans son cachot d'Arras. Montbailli fut reconduit à Saint-Omer pour y subir son jugement, protestant de son innocence. Conduit au lieu du supplice, il s'y montra plein de douceur, et d'une résignation chrétienne. Le bourreau lui coupa d'abord la main droite, supplice réservé aux parricides. — « Ah ! dit-il, on ferait bien de la couper, si elle avait commis ce grand crime. » Deux moines l'exhortaient, le pressaient, dans les intervalles des coups de barre, d'avouer le meurtre. — « Pourquoi vous obstinez-vous à me demander un mensonge ? leur dit-il doucement. Prenez-vous devant Dieu ce crime sur vous ? Laissez-moi mourir innocent ! »

Cette résignation toucha profondément l'assistance. Ce peuple, ce barbare peuple, qui avait inventé le crime, fondait en larmes. Passant d'un excès à l'autre, les calomniateurs s'écrièrent que Montbailli était un saint, un martyr. On alla jusqu'à recueillir ses ossements parmi les cendres du bûcher.

Ce bûcher, cependant, allait bientôt se rallumer pour la femme : elle avançait dans sa grossesse. C'est alors que l'illustre défenseur des Calas, des Sirven, des de La Barre, le pamphlétaire éloquent du dix-huitième siècle, Voltaire, prit en main la cause des Montbailli. Il adressa un Mémoire au chef suprême de la magistrature, et la révision du procès fut confiée à un nouveau conseil établi dans Arras.

Ce Tribunal, par arrêt unanime et définitif du 8 avril 1772, proclama l'innocence de Montbailli et de sa femme. Pour tous deux il était trop tard. L'un avait expiré sur l'infâme échafaud ; l'autre, veuve et mère d'un orphelin, fut ramenée en triomphe dans sa ville natale, par l'avocat qui avait embrassé leur défense. Tardive et inutile réparation : triomphe stérile ! Les erreurs de la Justice sont de celles que rien ne répare, et c'est peut-être à cause de cela que la Justice a pris souvent le parti de nier ses erreurs.

VICTOIRE SALMON (1781)

Le 1ᵉʳ août 1781, vers les dix heures du matin, la carriole bien connue du voiturier Flambert faisait son entrée dans la cour de l'auberge du *Panier fleuri*, à Caen. L'aubergiste et cabaretier Le Bouteiller quitta ses fourneaux au bruit joyeux du fouet de Flambert, et vint aider son *poys* à décharger les paquets que, depuis dix ans, celui-ci apportait régulièrement de Bayeux. Ce matin-là, Flambert n'était pas seul : une jeune fille sauta lestement du marche-pied, sans s'appuyer sur la main que lui offrait galamment l'hôtelier du *Panier fleuri*.

La fillette, elle paraissait vingt ans à peine, était gentille, accorte, avait l'air modeste. Elle portait sous le bras gauche un petit bissac, sur lequel était brodé grossièrement, en fil rouge et bleu, ce nom : *Victoire Salmon*.

Petite, proprette, vêtue, à la mode des domestiques normandes, d'un grand bonnet de dessus, coquettement posé sur un bonnet piqué, d'une jupe gros bleu, et d'un corset d'indienne, Victoire Salmon, avec ses grands yeux bleus, son petit nez retroussé et ses joues fraîches, pouvait passer pour une jolie fille. Elle ressemblait à ces mignonnes chambrières que Chardin se plaît à représenter coquettement appuyées sur un balai, ou faisant mousser d'un air mutin la chocolatière. Elle remercia d'une belle révérence l'empressé Le Bouteiller, tira de sa pochette un petit écu qu'elle donna à Flambert, resserra à la taille son tablier, puis, apercevant à la porte de la grand' salle la mère Le Bouteiller, grosse commère à figure ouverte, lui dit avec un salut : — « Madame, je viens de Bayeux pour me mettre en condition ici ; je vous saurais grand gré de m'enseigner une bonne place. » — » Oui dà, petiote, répondit la cabaretière, avez-vous déjà servi ? » — « Assurément, ma bonne dame ; depuis tantôt cinq ans que mon père s'est remarié, il m'a bien fallu travailler chez le monde. Nous sommes de Méautis, près de Carentan : j'ai été en condition chez M. Anseaux, chez les Angoville et dans la ferme de M. Perris. M. Flambert les connaît bien, et tout Carentan pourra vous dire que je les ai honnêtement servis. De là, j'ai été à Formigny, chez un herbager, M. Dumesnil le neveu. J'en suis sortie pour travailler en journée de mon métier de couturière ; mais la couture est bien peu payée à Bayeux, et je me suis déterminée à rentrer en maison. Si vous pouvez m'en indiquer une, je sais faire un peu la cuisine, et je soignerais le ménage et le linge à la satisfaction de mes maîtres. » — « Elle est gentille, la petiote, dit la mère Le Bouteiller ; ça, mon homme, la Guidelot ne te disait-elle pas hier qu'il fallait une domestique chez la demoiselle Cotin ? » — « Oui, femme, mais ce n'est pas un bien joli cadeau que tu ferais à cette jeunesse de l'envoyer chez la Cotin. Elle n'est pas facile à servir, celle-là, et on ne mange pas tous les jours son saoûl dans cette maison. » — « Merci toujours, monsieur et madame, dit Victoire : je ne suis point difficile, ni portée sur ma bouche, et, si vous voulez m'indiquer la maison de cette dame, je ferai mon possible pour la contenter. »

Flambert sortit avec Victoire, fit quelques pas avec elle dans la rue, et lui indiqua du doigt une petite maison à porte basse et cintrée : c'était celle de la maîtresse de pension Mˡˡᵉ Cotin.

La demoiselle Cotin interrogea Victoire, la trouva presque à son gré, et lui dit de revenir le lendemain. Victoire se retrouva seule dans la rue, peu affriandée par la grande figure sèche de la vieille fille. Comme elle se dirigeait de nouveau vers le *Panier fleuri*, comptant y déposer son bissac, elle passa, chemin faisant, devant la porte d'un menuisier. Le maître du logis y poussait la varlope en chantant ; la menuisière berçait en souriant son dernier né. Ce couple avait si brave mine, que Victoire n'hésita pas à demander à la femme si elle ne pourrait pas lui indiquer une condition. — « Eh! oui, mon enfant, répondit la Duclos (c'était son nom); vous m'avez l'air d'une honnête fille : allez, sans retard, et de ma part, chez les Huet-Duparc, qui font demander partout une domestique. » — « Ces Duparc, dit le mari, sont bien changeants. Sais-tu que voilà cinq filles qu'ils font depuis la Saint-Clair ? » La Saint-Clair n'était passée que depuis treize jours.

— « Bah! reprit la Duclos, ce sont de bonnes gens, vous serez bien là, ma mie. La besogne n'y manque point, c'est vrai, non plus que les maîtres, mais il faut bien gagner son pain. »

Victoire n'avait pas peur du travail ; elle accepta, bien que ce détail des cinq domestiques en treize jours ne la rassurât pas beaucoup. La Duclos recommanda à son mari de veiller sur l'enfant, et accompagna Victoire chez les Duparc. Victoire fut agréée, et sur le champ mise en fonctions.

Ces Duparc avaient, au vrai, pour nom, celui de Huet ; mais, en Basse-Normandie, comme dans tout le reste de la France, la petite bourgeoisie s'évertuait à singer la noblesse, et, qui d'un parc, qui d'une mare, qui d'une haie, se forgeait un nom supplémentaire, destiné à devenir quelque jour le principal, et à se dédoubler grâce à la particule. Delahaie, Delamarre, Duparc, autant de futurs nobles à la seconde ou à la troisième génération. Les Huet avaient un parc ; une autre famille, les Paisant, alliée aux Huet, habitaient Beaulieu : déjà Paisant et Huet commençaient à s'effacer devant Duparc et Beaulieu, jusqu'à ce que vînt le jour de la particule.

Les Duclos n'avaient pas exagéré en annonçant à Victoire Salmon qu'elle ne manquerait pas de maîtres chez les Duparc. Il y en avait jusqu'à sept. Il y avait d'abord le vieux Paisant, dit Beaulieu, père de madame Huet-Duparc, bonhomme de quatre-vingt huit ans passés, tombé en enfance, plus difficile à servir qu'un enfant. Puis, la mère Paisant, demoiselle Fergaut, femme du vieillard. Venaient ensuite les époux Huet-Duparc, âgés l'un de cinquante-trois ans, l'autre de quarante-six ans ; les enfants des époux Duparc : l'aîné, Jacques Huet, assez mauvais sujet, d'environ vingt-un ans; la demoiselle Huet, fille aînée, dix-sept ans environ ; le puîné, onze ans à peu près.

Ajoutez à cette liste trois autres enfants, placés dans diverses maisons d'éducation, qu'on voyait apparaître aux sorties et pendant les vacances. En somme, une maison de gros labeur ; un cheval à panser, et pas d'autre domestique que la servante.

N'oublions pas un certain Vassol, moitié ami, moitié majordome, commandant beaucoup, faisant peu, un monsieur *j'ordonne*.

C'est à cette rude tâche que venait de s'atteler Victoire Salmon, moyennant cinquante livres de gages par an.

Quelques mots sur cette fille, dont l'histoire si simple au début, ne va pas tarder à devenir tragique.

Marie-Françoise-Victoire, fille d'un journalier bas-normand, avait perdu sa mère, et, dès quinze ans, avait dû chercher fortune hors de la maison paternelle. Nous savons déjà par quelles conditions elle avait passé avant d'arriver chez les Duparc. Ce que l'on ne sait pas encore, c'est comment l'idée était venue à Victoire de se placer à Caen. Lorsqu'elle était chez les Dumesnil, à Formigny, elle y voyait souvent un parent de la maison, dont le bien de campagne joignait la ferme de ses maîtres, un sieur Revel de Bretteville, procureur du Roi au bailliage de Caen. Le Procureur, bien qu'il ne fût plus jeune, avait encore des yeux pour les *tendrons*, comme on disait alors. Il remarqua la petite servante, la loua plus d'une fois sur sa gentillesse, lui disant que c'était péché qu'une aussi jolie fille n'habitât pas la ville, où, sans doute, elle trouverait quelque condition plus avantageuse que celle de servante de ferme. Ces discours, s'ils ne détournèrent pas du droit chemin la petite Victoire, lui donnèrent au moins à penser. Elle refusa de suivre à Caen le Procureur; mais elle pensa dès-lors à élever sa condition. C'est à cette époque qu'elle prit le métier de couturière. Elle n'y réussit guère ; bien que naturellement adroite, elle était estropiée de la main gauche ; un pourceau lui avait dévoré une partie de cette main dans le berceau.

Aussi, un beau jour, s'était-elle décidée à mettre dans un paquet toute sa petite fortune, à savoir : quatre chemises, trois jupes, trois paires de souliers, sept bonnets, deux corselets, trois tabliers, deux pièces de corps, quelques morceaux destinés à raccommoder son linge et ses hardes, une camisole de soie, 48 livres, et, détail qui aura son importance, trois paires de poches, dont une non achevée.

C'est avec ce léger bagage qu'elle était venue de Bayeux à Caen.

La voilà donc installée chez ses nouveaux maîtres. La dame Duparc la mit en possession des fourneaux, et lui fit l'énumération de ses devoirs journaliers. Le matin, elle irait aux provisions et rapporterait, entre autres choses, deux liards de lait pour faire la bouillie du vieux de Beaulieu ; une bouillie *sans sel*, la dame Duparc insista sur ce point, et qu'il faudrait tenir prête pour sept heures précises. La bouillie versée, il faudrait aussitôt donner le bras à la vieille dame de Beaulieu, pour la conduire à la messe de sept heures. Puis, les achats au marché, les commissions de la maison, les lits à faire, en un mot, tous les détails du ménage. Avant tout, dès l'aube, le cheval à panser. — « Nous vous prêterons la main, moi et ma fille, » ajouta la dame Duparc, craignant d'effrayer la jeune fille par cette formidable énumération.

Le lendemain, 2 août, c'était un jeudi, la dame Duparc montra à Victoire comment on préparait la bouillie sans sel. Le vendredi et le samedi, tout se passa bien; Victoire était déjà au courant de son service. Pendant ces trois jours, elle ne déroba à ses occupations multipliées que quelques instants, pour remercier la bonne menuisière, et pour faire savoir à Clément, le domestique du Procureur du roi Revel, qu'elle était placée à Caen. Le samedi 4, elle avait, en faisant sa provision de lait, acheté chez une mercière, la femme Lefèvre, assez d'indienne pour se faire une jupe, et un morceau de toile d'Orange pour un tablier : ce petit achat montait à 21 livres 7 sous, que Victoire paya comptant, sauf un petit appoint de 2 sous 6 deniers.

Le dimanche 5, Victoire fit un peu de toilette; elle quitta sa vieille paire de poches fond bleu, rayée blanc et jaune, pour en prendre une autre plus fraîche, de siamoise rayée bleu et blanc. Elle suspendit la paire qu'elle venait de quitter au dossier d'une chaise, dans le petit cabinet où elle couchait, au rez-de-chaussée, près de la salle à manger.

Le lundi matin, 6 août, Victoire sortit, suivant son usage, sur les six heures du matin, pour aller chercher le lait nécessaire à la bouillie du bonhomme Paisant; mais le laitier n'étant point encore arrivé, elle revint à la maison. Elle se disposait à retourner en chercher, quand la dame Duparc l'en détourna, en lui disant qu'on en apporterait. En effet, le lait fut apporté. Victoire récura le poêlon, et reçut de la main de la dame Duparc le pot de terre qui contenait la farine. Victoire jeta de l'eau sur la farine, et la délaya sous les yeux de sa maîtresse et des deux aînés. Le poêlon était déjà sur le feu, quand la dame Duparc dit à Victoire : — « Avez-vous mis du sel ? — Non, madame, répondit-elle, vous savez bien que vous m'avez prévenue de n'en pas mettre. »

Sur cette réponse, la dame Duparc lui prend le poêlon des mains, va au buffet, porte la main dans une des quatre salières qui s'y trouvent, et saupoudre de sel la bouillie. Le déjeuner du vieillard une fois prêt, Victoire le verse sur une assiette que la dame Duparc tenait prête, et le sert au bonhomme Paisant, déjà assis devant la table, sa serviette au cou.

Le poêlon vidé sur l'assiette, la dame Duparc, sa fille et son fils restent auprès du vieillard, et Victoire remporte le poêlon à la laverie; après en avoir détaché le gratin qu'elle mange, elle s'apprête à ratisser l'intérieur du poêlon, lorsqu'elle s'entend appeler de deux côtés d'une manière pressante, par la dame de Beaulieu pour la conduire à la messe, par la dame Duparc pour aller au marché. Victoire laisse là le poêlon, sans avoir même le temps d'y jeter de l'eau, selon l'usage, pour le faire tremper. Elle conduit la dame de Beaulieu à l'église. Il était alors sept heures du matin.

Victoire reçoit, en partant pour la messe, des commissions qui l'occupent une partie de la matinée; elle n'est de retour qu'un peu avant midi. Lorsqu'elle rentre, on lui apprend que le bonhomme Paisant s'est trouvé, vers neuf heures du matin, attaqué de coliques et de vomissements. On lui ordonne de le coucher; ce qu'elle fait. La dame Duparc lui demande si elle veut le garder, ou s'il faut envoyer chercher une garde. Victoire répond qu'elle le gardera bien toute seule. Sur ce mot, la dame Duparc fait transporter le lit de Victoire, du cabinet où elle couche, dans la chambre du vieux Paisant de Beaulieu.

L'état de ce dernier ne tarde pas à empirer. La dame Duparc fait venir un garçon apothicaire, qui lui applique des vésicatoires. Soins inutiles ! le vieillard expire vers cinq heures et demie du soir, au milieu d'épouvantables souffrances, sans avoir reçu le viatique.

Son père mort, la dame de Beaulieu fait venir une garde pour ensevelir et veiller le corps. Déjà, Victoire était installée auprès du cadavre, à genoux, disant ses prières.

— « Le pauvre homme est donc mort de mort subite ? » dit la garde. — « Vraiment bien subite, répond Victoire, puisqu'il se promenait encore hier en bonne santé. »

L'heure du souper, cependant, est arrivée. Victoire met le couvert. La dame Paisant de Beaulieu, vivement affectée de la perte de son mari, se trouve hors d'état de manger. Quant aux Duparc, femme et enfants, ils soupent à l'ordinaire. M. Huet-Duparc, absent depuis la veille, ignorait encore ce malheur de famille. Dès les premiers moments de l'agonie, le fils aîné était monté à cheval pour le quérir.

La garde et Victoire reprirent leur place auprès du lit funèbre; tous les autres hôtes de la maison se couchèrent.

Dès le matin du jour suivant, mardi 7 août, Victoire s'adonnait, malgré sa fatigue, aux soins habituels du ménage, quand la dame Duparc l'aborda, et, l'apostrophant avec aigreur : — « Vous êtes, ma mie, lui dit-elle, une bien mauvaise ménagère; de-

puis dimanche, vous gardez des poches neuves quand vous en avez d'autres assez bonnes pour tous les jours. »

Victoire trouva l'observation étrange, surtout en un pareil moment; toutefois, sans répondre, elle alla sur-le-champ dans son cabinet, quitta ses poches neuves et reprit ses vieilles, qu'elle trouva où elle les avait laissées, suspendues au dossier d'une chaise.

Quelques heures se passèrent, pendant lesquelles Victoire vaqua aux soins du ménage, mais tellement accablée par la fatigue et par le sommeil, que la dame Duparc et sa fille durent la suppléer dans la plupart des préparatifs du dîner. Ce furent elles qui mirent le pot-au-feu, le salèrent, le garnirent de légumes. Ce fut la demoiselle Duparc qui tailla et trempa les deux soupes : celle des maîtres avec le bouillon du jour, celle de la garde et de la servante avec le bouillon de la veille.

A onze heures et demie, quelque temps avant que l'on se mît à table, M. Huet-Duparc arriva de la campagne. Il fallut alors que Victoire conduisît le cheval à l'écurie, le dessellât, lui donnât à manger, rangeât la valise de son maître. Ces soins remplis, elle mit le couvert dans le salon. A une heure, on servit le potage.

Sept personnes étaient réunies autour de la table : la veuve Paisant de Beaulieu, les époux Duparc, le jeune Duparc, une dame Beauguillot, sœur de la dame Duparc, le jeune Beauguillot, son fils, et la demoiselle Duparc, qui faisait le service avec Victoire.

Celle-ci ayant apporté la soupe, la dame Duparc la servit à ses convives, s'en servit à elle-même, et faisant observer qu'il ne restait au fond de la soupière qu'un peu de bouillon, elle proposa ce reste au jeune Duparc, qui l'accepta. Victoire, voyant que sa maîtresse était trop éloignée de l'enfant pour lui verser commodément ce bouillon, prit de ses mains la soupière et versa le reste dans l'assiette de l'enfant. Ensuite, elle rapporta la soupière à la cuisine, pour faire place aux autres mets.

Victoire revint un instant après, apportant le bouilli et un plat de hachis fait de la veille; après quoi, elle se retira dans la cuisine, pour y manger avec la garde la soupe que la dame Duparc leur avait destinée à toutes deux, soupe servie dans une écuelle à part, faite, comme on l'a dit, du bouillon de la veille, et couverte des mêmes légumes que ceux qui avaient paru à la table des maîtres.

Victoire avait à peine commencé de manger, quand on l'appela pour changer les assiettes. A ce moment, le petit Duparc se plaignit d'avoir rencontré, dans la soupe et dans les légumes, quelque chose de dur, qui craquait sous les dents. La dame Duparc dit : — « L'enfant a raison; j'ai senti également quelque chose qui craquait comme du sable. »

L'observation n'eut pas d'autre suite. Victoire, qui changeait les assiettes, ayant voulu chercher si, en effet, il y avait quelque gravier dans les assiettes, la dame Duparc mit fin à ses recherches en la renvoyant à sa cuisine, où elle retourna avec les assiettes desservies, empilées les unes sur les autres. Elle les déposa à la laverie avec la soupière, comptant les nettoyer dans l'après-midi. Puis, elle se remit à manger sa soupe.

La compagnie demeura à table fort tranquillement jusqu'à deux heures et demie. Le bouilli et le hachis desservis, Victoire apporta le dessert, qui consistait en un plat de cerises.

A ce moment, arriva un sieur Fergand, cordonnier, parent de la dame Duparc, ce qui porta la compagnie au nombre de huit personnes.

Victoire retourna à la cuisine, et acheva son dîner avec les restes du bouilli sortant de la table des maîtres. Elle mit de l'eau chauffer pour laver la vaisselle.

Tout à coup, pendant qu'elle était encore assise à la table de la cuisine, arrive le jeune Duparc se plaignant de maux d'estomac. Successivement, six autres des convives viennent se plaindre de douleurs semblables. — « Ah ! s'écrie la dame Duparc, nous sommes tous empoisonnés ! On sent ici l'odeur d'arsenic brûlé. » — « C'est vrai, dit le cordonnier Fergaut, c'est frappant ; ça sent bien l'odeur d'arsenic brûlé. »

Aussitôt, le fils Beauguillot court chercher le sieur Thierry, apothicaire. Thierry trouve tous les convives se plaignant de maux d'estomac et de nausées. Il s'informe de ce qu'on a mangé. — « De la soupe, » répond la dame Duparc. L'apothicaire se fait représenter les vases et ustensiles de cuisine qui ont servi à préparer, à servir et à manger cette soupe. — « Qu'est-ce que tout cela signifie ? » dit-il à Victoire. Elle, tout surprise : — « Je ne connais vraiment rien à tout cela, » dit-elle.

Thierry s'approche de l'âtre, remue les cendres,

« Une jeune fille sauta lestement du marchepied... » (Page 14.)

dérange les morceaux de bois allumés autour de la chaudière ; il ne voit rien, il ne sent rien.

Cependant, le bruit ne tarde pas à se répandre par la ville que toute la maison Duparc vient d'être empoisonnée par la domestique. On se rappelle la mort si prompte du vieux Paisant ; assurément, la servante l'a empoisonné comme les autres. Un attroupement se forme à la porte de la rue ; tous les amis, toutes les connaissances des Duparc, attirés par la curiosité, pénètrent dans la maison, accablent Victoire de questions, d'invectives, de menaces.

La pauvre fille, tout abasourdie, accablée de fatigue, tombe sur une chaise, dans un tel état de faiblesse et d'ahurissement, qu'elle excite la pitié de quelques bonnes âmes. On lui conseille de prendre un peu de repos ; elle cède à ces avis, et se laisse pousser sur un lit qu'un soldat, nommé Cauvin, avait préparé pour le jeune Beauguillot. Les draps n'étaient pas encore mis ; Victoire se laisse tomber sur la couverture, dont elle s'enveloppe en la relevant des deux côtés. Une servante du voisinage, émue de pitié, lui apporte un peu de lait coupé d'eau chaude, qu'elle lui fait boire comme à un enfant.

Cependant, tout empoisonnée qu'elle était, la dame Duparc racontait aux voisins, aux amis, aux parents, le danger qu'elle venait de courir avec toute sa famille. La soupe *croquante*, l'odeur d'arsenic brûlé, elle reprenait tous ces détails avec une animation toujours croissante ; elle conduisait ses auditeurs par les différentes pièces du rez-de-chaussée, marchant de la cuisine à la salle à manger, de la salle à manger à la cuisine, de la cuisine à la chambre où Victoire était étendue, dans un état de prostration complète. Les reproches, les menaces pleuvent de nouveau sur la malheureuse. Les langues s'enveniment, les poings se lèvent contre Victoire, qui, agenouillée sur le lit, promène sur les assaillants des yeux hagards. Un ami de la maison, un chirurgien, le sieur Hébert, déclare qu'il faut visiter les poches de la servante. Victoire détache le cordon de ses poches et les tend à Hébert. Celui-ci trouve dans l'une quelque monnaie et un dé à coudre, dans l'autre des miettes de pain dont il s'empare et qu'il emporte sans mot dire.

Hébert, arrivé dans le salon avec sa trouvaille, fait voir ces miettes à quelques arrivants, et leur fait remarquer des grains blancs et luisants, de différentes grosseurs, mêlés au pain. Un sieur Dubreuil, médecin, enveloppe ces miettes dans un papier et les emporte.

La journée se passe dans ces agitations. Victoire, pourchassée jusque sur son lit, s'est décidée à retourner dans la cuisine. Là, la tête dans ses mains, les deux coudes sur la table, elle entend les allées et venues des curieux qui se succèdent. Après les chirurgiens et les médecins, les hommes de loi officieux ont envahi la maison. C'est le sieur Vassol, c'est un sieur Friley, se prétendant avocat au bailliage de Caen ; tous deux se disent attirés par le besoin de rechercher la vérité. La dame Duparc, toujours ardente, et ne paraissant pas plus ressentir les effets du poison qu'aucune des autres victimes de Victoire, raconte, pour la centième fois, les circonstances du crime.

A ce récit, Friley s'écrie qu'il n'y a plus à en douter ; cette malheureuse a empoisonné tous ses maîtres. Il faut sauver ces bonnes gens, punir cette vipère. Friley réclame l'honneur de faire arrêter Victoire. Il connaît M. le Procureur du Roi, M. le Lieutenant criminel et il va leur dénoncer le forfait.

Sur la dénonciation de Friley, le Procureur du Roi envoie dans la maison Duparc le commissaire de police Bertot, avec ordre de conduire la fille Salmon en prison, et de la mettre au secret. Bertot arrive en habit de ville, et, cachant sa qualité, se présente à Victoire. Il se fait montrer par la servante la marmite d'airain, la potine de terre, les assiettes encore empilées et dans l'une desquelles il y avait encore un peu de soupe, plus une petite casserole. Il fait renfermer ces divers objets dans le bas du buffet de la cuisine, et en prend la clef. Puis, sans faire connaître à la fille Salmon l'ordre dont il est porteur, il lui propose de venir chez M. le Procureur du Roi, qui désire lui parler.

Victoire accepte avec empressement. Enfin, elle va pouvoir s'expliquer ; elle trouvera un visage ami, celui d'un homme qui la connaît depuis longtemps pour une honnête fille. Elle sort, accompagnée du factotum Vassol. Cet homme et Berto., au lieu de conduire Victoire chez M. Revel de Bretteville, la conduisent à la prison. Arrivés entre les deux guichets, Bertot fait connaître à Victoire le mandat d'arrêt dont il est porteur, et fait faire sur elle une perquisition par le guichetier Brunet. Dans les plis de sa jupe piquée, on trouve un petit paquet de toile cousu, renfermant un petit morceau de pain bénit de la messe de minuit. Dans les poches attachées à la jupe, ces mêmes poches déjà retournées par le chirurgien Hébert, Brunet trouve encore un peu de cette poussière mêlée de pain ; Bertot la reçoit dans un papier qu'il scelle et dépose au greffe. Pendant ce temps, la femme du guichetier cherche dans le sein de Victoire, et trouve, sous la pièce d'estomac, une clef que Victoire dit être celle de son armoire.

La fille Salmon, enfin, est écrouée et mise au secret.

L'expédition terminée, Bertot dresse le procès-verbal suivant :

« L'an 1781, le 7 août, certifions qu'en exécution des ordres de M. le Procureur du Roi, nous nous sommes transporté en la paroisse Saint-Étienne, aux fins d'arrêter la servante du sieur Huet-Duparc, qui, suivant le bruit public, était accusée *d'avoir participé à l'empoisonnement du beau-père dudit sieur Duparc.*

« ..... Et, étant parvenus à la porte de la prison, nous lui avons déclaré que nous la constituions prisonnière, requête de M. le Procureur du Roi ; et l'avons fait ensuite entrer entre les deux guichets, où,..... nous avons fait faire perquisition sur ladite servante. S'est trouvé..... »

Le lendemain matin, 8 août, le Procureur du Roi présentait le réquisitoire suivant :

« Le Procureur du Roi du bailliage et présidial civil et criminel de Caen vient d'être informé qu'un sieur Paisant de Beaulieu est décédé en la paroisse de Saint-Étienne de cette ville, *soupçonné d'être empoisonné ;*

« Pour quoi, requiert qu'il plaise à M. le Lieutenant criminel se transporter en ladite paroisse Saint-Étienne, avec son greffier et les chirurgiens jurés du quartier, pour, en notre présence, être dressé procès-verbal du cadavre et de la cause de mort ; et pour ensuite être requis ce qu'il appartiendra.

« *Donné à Caen, ce 8 août 1781.* »

Conformément à ce réquisitoire, le Lieutenant criminel se transporta immédiatement dans la maison Duparc, accompagné du Procureur du Roi, du greffier, de deux médecins et de deux chirurgiens. Les deux chirurgiens firent l'ouverture du cadavre et dirent avoir trouvé dans l'estomac *une liqueur rouge, briquetée, telle que du vin mêlé avec un peu de sa lie, quelques portions de la membrane veloutée de ce viscère détachées, et sa surface interne corrodée.* Examen fait de cette liqueur, ils déclarèrent y avoir trouvé un *sédiment cristallisé, angulaire,* qui n'était autre chose que de *l'arsenic.* Ils trouvèrent *une portion de la même substance dans le duodénum et le jéjunum,* et conclurent que le sieur Paisant avait été empoisonné, et que le poison avait été la cause de sa mort.

Ces constatations des experts ne furent ni précédées ni suivies de perquisitions, d'interrogatoires. Aucun autre procès-verbal ne fut dressé que celui de l'autopsie.

Le même jour, dans l'après-midi, M. Revel de Bretteville fit un nouveau et très-court réquisitoire, par lequel, sans rendre plainte, il demandait à être autorisé « à faire informer de la mort du sieur de Beaulieu, circonstances et dépendances, et que le Lieutenant criminel se transporte avec son greffier au domicile du sieur Huet-Duparc, *pour y recevoir sa déposition et celle des personnes actuellement malades chez lui.* »

Le magistrat se transporte, comme il en était requis, dans la maison Duparc, et donne connaissance aux membres de la famille, qu'il trouve tous debout et nullement malades, du procès-verbal d'autopsie, du réquisitoire et de l'ordonnance portant permission d'informer.

Le sieur Huet-Duparc fut entendu par lui le premier. Il était absent, on se le rappelle, le jour de la mort du bonhomme Paisant de Beaulieu. Il n'avait aucune connaissance personnelle de ce qui avait pu occasionner la mort de son beau-père, ni de ce qui s'était passé depuis cette mort jusqu'à son retour, effectué le mardi 7, vers onze heures et demie du matin. Il ne put donc dire autre chose que ceci : sa femme l'avait envoyé chercher par son fils, à sa campagne du Mesnil-Manger, parce que son beau-père était en danger de mort; en arrivant, il avait été reçu par la nouvelle servante, qui s'était chargée de son portemanteau, en lui disant :

« Ah ! mon pauvre maître est mort ! si j'avais su qu'il eût vécu si peu de temps, je ne serais pas entrée à son service. »

Puis, Huet-Duparc ajouta de nombreux détails sur l'empoisonnement des sept maîtres dont l'ordonnance d'information ne parlait pas.

Vint ensuite la déposition de la vieille dame de Beaulieu, court récit de faits déjà connus, présentés, comme on pouvait s'y attendre, sous l'impression des accusations portées la veille contre la servante.

Ces accusations, la dame Huet-Duparc les reproduisit avec une énergie toujours croissante, avec des détails infinis, surtout en ce qui concernait l'empoisonnement du dîner; car elle glissa rapidement sur la mort du sieur de Beaulieu. Seulement, la dame Duparc, soit erreur involontaire, soit besoin de déguiser la vérité, altéra quelques circonstances essentielles des faits relatifs au vieillard. Elle dit, par exemple, ce qui était faux, que la fille Salmon avait rapporté elle-même le lait qui avait servi à composer la bouillie; elle dit, ce qui n'était pas plus vrai, que le vieillard avait ressenti les premières atteintes du mal quatre ou cinq minutes après avoir mangé cette bouillie. Elle ne dit pas qu'elle eût elle-même présenté à Victoire le pot à farine; qu'elle eût de ses propres mains semé sur la bouillie le sel qu'on n'y mettait jamais.

Le jeudi 9, le Procureur du Roi revint chez les Duparc; il fit mander les Beauguillot, qui n'étaient pas plus souffrants que les Duparc. Les Beauguillot, entendus ce jour-là et le lendemain vendredi, n'eurent rien à dire sur l'empoisonnement du sieur de Beaulieu, qu'ils n'avaient connu que par ouï-dire. Les jeunes Duparc racontèrent à leur tour cet empoisonnement général du mardi 7, qui n'avait réellement empoisonné personne. Seulement, le fils contredit sa mère, en avouant que les maux de cœur et le flux du ventre ne s'étaient déclarés chez le sieur de Beaulieu que deux heures après l'ingestion de la bouillie.

Les jours suivants, vingt-neuf autres témoins furent entendus par le magistrat, dont pas un n'avait la moindre connaissance personnelle des faits. Trois d'entre eux seulement déposèrent des perquisitions faites sur Victoire.

Le sieur Friley, l'avocat, dit avoir trouvé sur le matelas du lit où reposait cette fille sept à huit grains brillants, de la même apparence que ceux que l'on avait dit avoir été trouvés dans les poches de la servante. Le lendemain, il aurait trouvé quatre à cinq grains semblables sous le lit, et les aurait fait remarquer au sieur Duparc et au soldat Cauvin. On lui demanda ce qu'il avait fait de ces pièces de conviction; il dit avoir recueilli seulement les sept à huit grains du premier jour dans une feuille de papier, et avoir confié ce paquet au fils Beauguillot, qui n'en put rendre aucun compte.

Quant aux quatre à cinq grains du second jour, il les aurait remis aux chirurgiens et aux magistrats venus pour la visite des cadavres, et les experts les auraient brûlés entre deux liards.

Le chirurgien Hébert, que nous avons vu emporter sans mot dire la poussière trouvée dans les poches de Victoire, déclara, le 14 août, que ces miettes de pain, examinées par l'apothicaire Thierry, avaient été reconnues par ce dernier contenir quelques parcelles d'arsenic; et il remit au Procureur du Roi un paquet qu'il affirmait être celui qu'avait examiné le sieur Thierry.

Hébert parla encore d'un autre petit paquet qu'il n'avait pas trouvé lui-même, mais qu'il assura tenir d'une femme de ses amies, nommée Desbleds, laquelle lui avait assuré l'avoir trouvé sur le lit de la servante.

Le commissaire Bertot, seul de tous les témoins, put fournir une pièce de conviction légalement acceptable, à savoir, ce petit paquet de poussière recueilli en retournant les poches de Victoire, à son arrivée au greffe de la prison. Mais Vassol, présent à la perquisition, contredit le commissaire, d'une façon vraiment remarquable, en soutenant que c'était lui, Vassol, qui avait fouillé Victoire, qui avait recueilli la poussière, qui avait fait le paquet, et que Bertot n'avait pris d'autre part à cette perquisition que par le fait de prêter son cachet pour sceller le paquet.

La procédure en était là quand, le 24 août, le Procureur du Roi fut informé, par les rumeurs de la maison Duparc, que si l'on fouillait un placard de l'appartement occupé dans la maison par une dame Précorbin, locataire des Duparc, on y trouverait des effets appartenant à ces derniers. Une clef trouvée sur la fille Salmon, et déposée au greffe de la prison, ouvrait, disait-on, cette armoire, où la fille Salmon serrait ses hardes.

Nouveau réquisitoire, nouvelle information, nouvelle prévention, celle d'un vol commis par la servante au préjudice des époux Duparc.

Victoire, interrogée à ce sujet, avait répondu que cette clef était celle d'une armoire qu'on lui avait attribuée chez un de ses anciens maîtres. Puis, reconnaissant sa méprise, elle avait déclaré que cette clef ouvrait un buffet des Duparc.

L'armoire désignée au magistrat se trouva, en effet, pratiquée dans le mur d'un cabinet faisant partie de l'appartement de la dame Précorbin. Il fut prouvé que la fille Salmon n'en connaissait pas l'existence; que, seule, la dame Duparc en avait la clef, parce qu'elle s'en était réservé la jouissance, et qu'elle serrait là des effets d'un usage peu habituel. Jamais cette armoire n'avait été attribuée à Victoire, pour qui elle eût été particulièrement incommode, puisqu'elle n'avait pas le libre accès de l'appartement Précorbin.

Si étrange que fût l'assertion des Duparc, on visita, sur leur demande, le placard de l'appartement Précorbin; la clef déposée au greffe servit à l'ouvrir, et on y trouva des chemises d'homme et de femme, des gants, des tabliers, des coiffes, des mouchoirs, des morceaux d'étoffes, des bouquets de fleurs artificielles, des écheveaux de fil, des lettres et des papiers de famille, le tout appartenant aux époux Duparc.

Mais, parmi ces effets, on trouva aussi deux petits écus de trois livres, une coiffe de batiste montée, une autre non montée, une petite camisole de toile de coton, un mouchoir d'indienne à fond blanc, deux tabliers de cuisine, un tablier à carreaux bleus, le tout appartenant à la fille Salmon.

A la vue de ces effets, la dame Duparc s'écria que, seule, Victoire avait pu enfermer là les effets et papiers appartenant à ses maîtres, et dont, sans doute, elle avait eu l'intention de s'emparer.

Cette perquisition eut lieu hors de la présence de Victoire; l'inculpée ne fut interrogée que deux jours après, le 27 août, sur les découvertes faites dans l'armoire Précorbin. Elle répondit aux questions du Juge d'instruction :

« Comment est-il possible qu'on ait trouvé quelques-uns de mes effets dans l'armoire dont vous parlez? Je n'ai jamais eu, chez les sieur et dame Huet, d'armoire destinée à serrer mes hardes; je n'en avais pas même besoin pour la petite quantité d'effets que j'avais emportée avec moi, et qui étaient répandus çà et là dans le cabinet où je couchais. »

On lui montra les objets trouvés dans l'armoire Précorbin; elle déclara que la plus grande partie de ces effets lui était inconnue; mais elle en reconnut quelques-uns comme lui appartenant.

« Seulement, dit-elle, je ne conçois pas comment vous dites qu'ils se sont trouvés dans l'armoire de la dame Précorbin, et sous clef, vu que je n'avais d'armoire ni chez la dame Huet ni, à plus forte raison, chez la dame Précorbin. S'ils y ont été mis, ce n'est pas de mon fait. »

Ce même jour, 27 août, le Procureur du Roi lança, à raison de cet incident, un nouveau réquisitoire dont voici la teneur :

« Le Procureur du Roi, etc..., qui a pris communication des pièces du procès commencé d'instruire à sa requête contre la nommée Marie-Françoise-Victoire Salmon, accusée d'avoir empoisonné le sieur Paisant de Beaulieu avec de l'arsenic mis dans sa bouillie, et d'avoir tenté d'empoisonner ses autres maîtres, le mardi 7 de ce mois, aussi avec de l'arsenic qu'elle mit dans la soupe qu'elle leur servit ledit jour :

« A remarqué, par la lecture du procès-verbal dressé samedi dernier, 25 du présent mois, que ladite fille Salmon, nouvellement entrée dans la maison et au service du sieur Huet-Duparc, ne s'est pas bornée à attenter à la vie de ses maîtres par le poison, mais qu'elle a *cherché* à les voler, et qu'à cet effet, elle avait furtivement soustrait et déposé dans une armoire d'un cabinet situé à l'extrémité de la maison, et dont elle a été trouvée saisie de la clef lors de son emprisonnement, plusieurs linges et autres effets pour se les approprier et en faire tort à ses maîtres.

« Il est très-intéressant que ce vol, qui doit être réputé vol domestique, soit constaté par les voies ordinaires de l'information; mais, comme la dame Huet et quelques autres personnes qui ont des connaissances sur ce vol ont déjà été entendues en genre de témoins sur les faits de poisons, et ne peuvent être régulièrement réassignées sans ordonnance de justice;

« A ces causes, requiert le Procureur du Roi d'être autorisé de faire informer, par addition, dudit vol et autres qu'elle pourrait avoir commis, circonstances et dépendances. »

En conséquence de ce réquisitoire, le Juge ordonna qu'il serait procédé à l'information; et, comme le réquisitoire ne se réduisait pas à la tentative de vol chez les Duparc, mais qu'il s'étendait à *tous autres vols* que la fille Salmon pourrait avoir commis, l'information pouvait, dès lors, être convertie en une inquisition générale sur toute la vie de cette fille.

On entendit donc, outre la dame Duparc, les différentes personnes chez lesquelles Victoire avait été en service : *Dumesnil*, de Formigny, le laboureur *Pérée*, M. *Ansot*, M. *Angoville*. Les trois derniers déclarèrent que jamais la fille Salmon ne leur avait donné aucun sujet de plainte, qu'elle ne leur avait fait aucun tort. Quant aux Dumesnil, parents et amis du Procureur du Roi, ils ne tinrent pas le même langage. Le père, la mère et le fils dirent que Victoire, pendant qu'elle était à leur service, s'était fait une jupe et un tablier d'un vieux drap de la maison. Ils parlèrent encore d'une vieille chemise, sans col et sans manches, trouvée sous son oreiller. Même, ils l'accusèrent, mais sans affirmer le fait, d'avoir mis dans son paquet, le jour de son départ, deux coiffes et deux chemises de sa maîtresse.

Enfin, cette femme *Lefèvre*, mercière, chez qui, le 4 août, la fille Salmon avait acheté une pièce de toile d'Orange, sollicitée par une amie de la dame Duparc de dire s'il ne lui avait pas manqué quelque chose, déposa, mais sans pouvoir l'affirmer, qu'un morceau de cette toile avait disparu de sa boutique. Or, on dit à la femme Lefèvre qu'on avait trouvé le morceau de toile chez la dame Duparc, parmi les effets de la servante. Ce fut tout ce qu'elle put déclarer.

Interrogée, confrontée avec les témoins, Victoire reconnut qu'en effet une fille dite *la Major*, domestique avec elle chez les Dumesnil, l'avait injustement accusée du vol insignifiant qu'on lui reprochait aujourd'hui; mais l'accusation avait paru insoutenable, puisque Victoire, en quittant la maison des Dumesnil, avait fait visiter son paquet, et qu'on ne lui avait pas adressé, au sujet de cette calomnie, le plus léger reproche.

Quant au fait de la toile d'Orange, tout démentait l'accusation, c'était la mercière elle-même qui avait fait le paquet, et, en arrivant chez les Duparc, Victoire n'avait eu rien de plus pressé que d'ouvrir le paquet devant sa maîtresse et de lui montrer son emplette. Les sollicitations dont on avait entouré la mercière, son hésitation à affirmer sa soustraction, tout indiquait une déloyale manœuvre.

Ce fut à la suite de cette instruction que M. Revel prit les conclusions suivantes :

« Le Procureur du Roi du bailliage, siége et présidial civil et criminel de Caen, qui a pris communication des pièces du procès extraordinairement instruit à l'encontre de Marie-Françoise-Victoire Salmon, accusée de poison, consistant lesdites pièces en un procès-verbal de capture de ladite Salmon, du 7 août dernier, autre procès-verbal, etc., etc.

« Requiert être ladite Marie-Françoise-Victoire Salmon, 1° *dûment atteinte et convaincue* d'avoir, le lundi matin, 6 août 1781, fait cuire dans un bassin de la bouillie pour le sieur Paisant de Beaulieu, beau-père du sieur Huet-Duparc, chez lequel ladite Salmon demeurait, en qualité de servante, depuis le 1er dudit mois d'août, et d'avoir mis dans ladite bouillie, en la préparant ou la faisant cuire, de l'arsenic, duquel ledit sieur Paisant est mort empoisonné, le même jour, sur les six heures du soir;

« 2° *Convaincue* d'avoir, le lendemain mardi 7 dudit mois, mis de l'arsenic dans la soupe qui fut servie le midi sur la table des sieur et dame Huet-Duparc, ses maîtres, duquel arsenic tous ceux qui se sont mis à table ont été empoisonnés et dangereusement malades, au nombre de sept, savoir : la dame Beaulieu, mère de la dame Huet-Duparc, les sieur et dame Huet-Duparc, leur jeune fils et la fille de ladite dame Duparc, la dame Beauguillot, sœur de cette dernière, et le fils de ladite dame Beauguillot ;

« 3° *Convaincue* d'avoir été saisie des restes d'arsenic, lequel aurait été trouvé, ledit jour mardi après-midi, tant dans ses poches que sur le matelas du lit où elle s'était reposée, et aurait été reconnu *de même nature et parfaitement semblable à celui que tous lesdits convives avaient trouvé dans leur soupe*, et à celui trouvé le lendemain dans le cadavre du sieur de Beaulieu, lors de l'ouverture qui en fut faite ;

« 4° *Véhément soupçonnée* d'avoir mis de l'arsenic sur un plat de cerises qu'elle porta à la dame de Beaulieu ledit jour mardi matin, et qu'elle servit encore sur la table de ses maîtres ;

« 5° *Convaincue* d'avoir, pendant son séjour dans la maison des sieur et dame Duparc en qualité de servante, pris divers effets, et notamment plusieurs pièces de fil appartenantes auxdits sieur et dame Duparc, et de les avoir recélés, à dessein de les voler, dans une armoire qu'ils lui avaient prêtée, et de la clef de laquelle ladite servante a été trouvée saisie ;

« 6° *Convaincue* d'avoir, vers la Saint-Michel 1780, fait une jupe et un tablier à son usage aux dépens d'un des draps des sieur et dame Dumesnil, chez lesquels elle demeurait en qualité de servante..., lesquels jupe et tablier furent reconnus par ladite dame Dumesnil pour avoir été faits aux dépens de sa toile, et par elle repris ;

« 7° *Véhément soupçonnée* d'avoir, dans le même temps, caché, sous l'oreiller du lit où elle couchait, deux chemises, dont une appartenant à la dame Dumesnil et l'autre à son fils, à dessein d° les voler ;

« 8° *Véhément soupçonnée* d'avoir, lorsqu'elle sortit de la maison de la dame Dumesnil, serré dans son paquet, dans le dessein de les voler, trois coëffes appartenant à ladite dame Dumesnil, une des chemises de ladite dame, une coëffe de nuit et quelques taillures d'indienne, lesquels effets furent repris par ladite dame Dumesnil, en l'absence de ladite Salmon, sans que celle-ci les eût redemandés depuis ce temps ;

« 9° Enfin, *véhément soupçonnée* d'avoir, les premiers jours du mois d'août 1781, volé un morceau de toile d'Orange, à fond blanc et bouqueté bleu, chez la dame Lefèvre, marchande mercière, en y achetant une jupe et une camisole, lequel morceau de toile d'Orange aurait été trouvé au nombre des effets appartenant à ladite Salmon.

« Pour punition et réparation de quoi, et des autres cas résultant du procès, SERA ladite Salmon condamnée à faire amende honorable, en chemise et la corde au col, tenant en main une torche de cire ardente du poids de deux livres, au devant de la principale porte et entrée de l'église Saint-Pierre, où elle sera amenée et conduite par l'exécuteur des sentences criminelles, qui attachera, devant elle et derrière son dos, un écriteau où sera écrit en gros caractères ces mots : *Empoisonneuse et Voleuse domestique;* et là, étant à genoux, déclarer que, méchamment, elle a commis lesdits vols et empoisonnements, dont elle se repent et demande pardon à Dieu et à la Justice ; ce fait, être conduite par ledit exécuteur sur la place du marché de Saint-Sauveur, pour y être attachée à un poteau, avec une chaîne de fer, et brûlée vive, son corps réduit en cendres, et icelles jettées au vent, ses biens acquis et confisqués au Roi, ou à qui il appartiendra ; icelle être condamnée en dix livres d'amende envers le Roi, en cas que confiscation n'ait lieu au profit de Sa Majesté ;

« Requiert, en outre, être ladite fille Salmon, préalablement appliquée à la question ordinaire et extraordinaire, pour avoir révélation de ses complices, et notamment de ceux qui lui ont vendu ou donné de l'arsenic dont elle a été trouvée saisie ; et, renouvellant, en tant que besoin, les arrêts et règlements concernant la vente et distribution de l'arsenic et autres drogues dangereuses, enjoindre à tous ceux à qui ladite vente est permise, de se conformer exactement aud. règlements, sous les peines au cas appartenantes ;

« Ordonner l'impression et affiches partout où il appartiendra, de la Sentence à intervenir ;

« Délibéré au Parquet, ce 17 avril 1782,

« *Signé :* REVEL. »

La sentence, portée le lendemain 18 avril, fut en tous points conforme à ces conclusions, qui, d'ailleurs, affectaient déjà la forme d'une sentence définitive.

Victoire, frappée comme de la foudre par cette accusation, par cette instruction, par ce réquisitoire, par cette sentence, allait succomber sans défense. Il lui restait une seule ressource, l'appel au Parlement de Rouen. Appel de droit, que la Justice alors interjetait elle-même au nom du condamné. Victoire fut donc transférée dans les prisons de Rouen pour y attendre son second jugement.

Le 17 mai, en l'absence du Procureur général du Roi au Parlement de Rouen, sur le rapport de *M. de Coltot*, conseiller, et sur les conclusions de *M. Revel de la Bronaise*, substitut, frère du Procureur du Roi de Caen, la sentence de Caen fut confirmée, et il fut ordonné que la condamnée serait transférée à Caen pour y être exécutée.

Victoire, cependant, ignorait le péril suprême qui menaçait sa vie. Privée de conseils, de défenseur, jugée en secret, elle se reposait sur son innocence. Soit raffinement de cruauté, soit compassion illégale et imbécile, un des guichetiers avait reçu l'ordre de dire à la pauvre fille que la sentence des juges de Caen était cassée, qu'il fallait recommencer l'instruction du procès, et qu'elle allait, pour ce motif, être transportée à Caen. Victoire causait à ce moment dans le préau avec une autre prisonnière : — « Ah ! s'écria-t-elle dans un transport de joie naïve, je le savais bien, moi, que ce jugement serait cassé. »

Et, dans son allégresse, elle monta prestement à sa cellule, où elle se fit une grasse soupe aux choux ; car elle avait eu le cœur si serré ce jour-là, qu'elle n'avait pu manger.

Après son repas, elle descendit dans le préau. Un prisonnier s'approcha d'elle. — « Eh bien ! qu'est-ce qu'on dit, que tu es jugée ? — Oui, la sentence est cassée ; il faut recommencer le procès : cela ne finira point. Il faut que je retourne à Caen. — Bon ! on se moque de toi ; tu es condamnée à être brûlée ; tu es renvoyée à Caen pour ça. Je le sais bien, moi. »

A cette brutale révélation, Victoire chancelle ; son visage se couvre d'une pâleur mortelle. Les yeux égarés, les mains jointes, elle s'écrie : — « Ah ! bon Dieu ! quelle horreur ! » Et elle tombe sans connaissance. On la transporte dans la première chambre ouverte près du préau.

Là, se trouvaient d'aventure réunis trois ecclésiastiques venus pour visiter un prisonnier. Lorsque Victoire revint à elle, la vue de ces trois prêtres lui remit aussitôt en l'esprit le supplice qu'on venait de lui annoncer, et, toute frissonnante : — « Hélas ! mon Dieu ! messieurs, s'écria-t-elle, je suis innocente, et tout est perdu pour moi ! Faut-il donc que je meure de la sorte? Est-ce donc qu'il n'y a plus de justice? »

Et elle retomba sans connaissance. Les ecclésiastiques s'empressèrent autour de la malheureuse. Quand elle rouvrit les yeux, l'un d'eux, l'abbé Godé, lui remontra avec une douceur compatissante que tout espoir n'était pas perdu, que si vraiment elle était innocente, il lui fallait se confier en la justice de Dieu, non sujette à faillir comme celle des hommes.

A ces bonnes paroles, Victoire considéra plus attentivement les charitables personnes qui l'entouraient : — « Hélas! messieurs, leur dit-elle, je suis innocente, Dieu m'en est témoin. »

— « Reprenez vos sens, lui dit l'abbé Godé, tout n'est pas perdu : tâchez de dire votre affaire. Monseigneur le Garde des sceaux est ici d'aventure. Je lui ferai présenter requête par une personne qui a crédit en Cour, et qui vous y protégera si vous êtes innocente. »

Un peu reconfortée par ces paroles d'espoir, la pauvre Salmon remercia autant que le lui permettait le trouble de son esprit. Les trois ecclésiastiques se retirèrent, en la recommandant au concierge, et en emportant un vif souvenir de ce qu'ils avaient vu et entendu.

L'un d'eux, dans ce même jour, fut adressé à un avocat au Parlement de Rouen, *Me Lecauchois*, homme plus habile que savant, quelque peu entaché d'intrigue, de mœurs un peu suspectes, énergique au demeurant, et assez hardi pour affronter les rancunes d'un magistrat puissant. C'était bien l'avocat d'une pareille cause. Un homme honnête et timide y eût regardé à deux fois avant de s'embarquer dans semblable affaire.

L'ecclésiastique rapporta en peu de mots à Me Lecauchois ce qu'il avait entendu dans la prison; il lui fit part des réponses de la condamnée écrites à la hâte sur trois ou quatre chiffons de papier.

— « Tout cela, répondit Me Lecauchois avec une brusquerie qui lui était habituelle, tout cela ne sert de rien. Deux tribunaux ont trouvé cette fille coupable. Qu'y voulez-faire? Laissez aller le cours de la Justice? »

— « Mais on vient de nous affirmer tout à l'heure qu'un des juges, M. de Hotot, ne la trouvait pas coupable. »

— « Cela peut être, mais aussi tous les autres se sont réunis pour la condamner. Encore une fois, ne mettons pas les doigts dans cette affaire. Il nous faudrait, d'ailleurs, des renseignements positifs, et il n'est point facile de s'en procurer. »

— « Et si nous réussissions à vous les procurer? Nous avons écrit à cet effet, et, sous quinze jours, s'il plaît à Dieu, vous aurez tout ce qui vous sera utile pour vous instruire sur ce procès. »

Me Lecauchois donna parole de se prêter à cette bonne œuvre, avec cette condition, toutefois, que s'il trouvait la fille coupable, il l'abandonnerait à son sort.

Pour donner à ces démarches le temps d'aboutir, on avisa Victoire de se déclarer enceinte. Elle le fit, suspendant par là l'action de la Justice. D'ailleurs, l'état de maladie dans lequel l'avaient plongée la terreur et le désespoir, ne permit pas au conducteur de la messagerie de se charger de son prompt transport à Caen, où elle ne put arriver que le 29 mai 1782, c'est-à-dire douze jours après sa condamnation.

Le retour de la servante criminelle y était impatiemment attendu. La populace, toujours féroce et avide de spectacles dramatiques, espéra, pour le lendemain, les plaisirs d'un bûcher. Le lendemain, en effet, dès l'aube, les valets de l'exécuteur apportèrent le bois sur la place publique; on voyait préparer les instruments destinés à la question; la garde prenait les armes.

Tous ces préparatifs furent barrés par la déclaration de grossesse. L'article 23 du titre xxv de l'Ordonnance criminelle ne permettait pas de passer outre. Des matrones consultées sur l'état physique de Victoire ne purent affirmer qu'elle en imposât à la Justice. L'exécution fut donc renvoyée au 20 juillet, et la condamnée fut mise à un secret si absolu, si barbare, qu'on alla jusqu'à calfeutrer les vitres de sa cellule.

Cinq semaines avant l'expiration de ce court délai, Me Lecauchois reçut les renseignements promis. La minute comprenait plus de 250 pages in-folio. Il fallait se hâter d'en tirer les preuves désirées; car le salut de Victoire dépendait de l'activité du défenseur. Me Lecauchois lut le tout sans désemparer.

A première vue, il crut apercevoir, dans le désordre de cette procédure, des irrégularités nombreuses, des faits contradictoires, même des prévarications et des manœuvres. Il lui fut facile de surprendre les preuves de la précipitation apportée par le magistrat. En effet, la seule lecture de l'information, des quatre interrogatoires, des récolements et confrontations exigeait près de quatre heures, et le procès avait été rapporté en trois quarts d'heure au parquet, en l'absence du Procureur général du Roi. Le fait de cette clef qui jouait un grand rôle au procès, dont le commissaire Berlot s'était saisi, et qu'il avait positivement méconnue, le frappa singulièrement. Il entrevit, s'il ne la vit pas clairement, l'innocence de Victoire, et s'empressa de lui écrire la lettre suivante :

« Fille Salmon, je ne vous connais pas, je ne vous ai jamais vue. Des personnes de considération, vous présumant innocente et touchées de vos infortunes, m'ont engagé à vous secourir. Je me suis prêté à cette demande, mais à condition que si je vous trouvais coupable, je vous abandonnerais à votre sort. D'après l'examen que j'ai fait des renseignements qui m'ont été fournis, l'on a obtenu du Souverain surséance à l'exécution. Voici mes observations et mes conditions premières :

« Quoique les magistrats vous aient condamnée, vous devez les respecter jusque même dans leur erreur, si toutefois ils ont erré dans votre procès; parce que, supposé que vous soyez innocente, cette condamnation n'est pas partie de leur cœur, mais parce que l'ensemble des charges et présomptions vous a présentée coupable à leurs yeux; en conséquence, votre premier devoir est de porter vos prières au Maître, au Sage suprême que rien ne peut tromper, afin qu'il daigne éclairer toutes les personnes, sans exception, qui vont s'occuper de votre procès.

« J'exige de vous qu'au reçu de la présente vous appeliez un prêtre, que vous vous confessiez sincèrement; quand on s'est mis en bon état devant Dieu, l'on est bien fort vis à vis des hommes.

« Si l'on réussit à obtenir la révision de votre procès, alors je pourrai vous interroger : préparez-vous à me dire la vérité; car je vous préviens que si je m'apercevais de quelque détour de votre part, je vous abandonnerais à l'instant même. Je désire de tout mon cœur que vous soyez innocente. »

Cependant, il fallait se hâter : le jour fatal approchait. M⁰ Lecauchois analysa scrupuleusement les documents qu'on lui avait remis, fit ressortir les irrégularités commises, les contradictions des témoins, les impossibilités, les probabilités de la cause, et rédigea une très-courte requête au Roi, dans laquelle il demandait provisoirement surséance à l'exécution du jugement, vu la possibilité de l'innocence de Victoire.

La requête porta coup. Le Garde des sceaux soupçonna derrière cette informe procédure, déshabillée par l'avocat de Rouen, une de ces monstruosités si habituelles à la justice des Parlements. Sur l'ordre du Roi, il envoya au marquis de Belbeuf, Procureur général au parlement de Rouen, l'avis de surseoir à l'exécution. Ce fut le vendredi 26 juillet 1782, que le sursis arriva à Rouen ; le lendemain, il était rapporté et registré en Tournelle. L'arrêt d'enregistrement fut expédié sur-le-champ à Caen, et le Procureur du Roi le reçut le dimanche 28.

Il était temps : déjà les ordres étaient donnés pour l'exécution fixée au lundi 29. Soldats, huissiers, exécuteurs disposaient déjà tout pour la lugubre cérémonie.

Le lundi seulement, à midi, la fille Salmon fut informée de cet ordre inespéré qui la sauvait d'un horrible supplice ; elle était restée jusqu'à ce moment dans d'inénarrables angoisses.

Plus libre désormais d'agir avec autorité, M⁰ Lecauchois adressa ses renseignements et son analyse préparatoire à *M⁰ Turpin*, avocat aux conseils, qui se disposa à le seconder chaleureusement.

Le 22 février 1783, sur l'avis unanime de MM. d'Aguesseau, de la Michodière, d'Ormesson, de Baquencourt et de Montholon, conseillers d'État, et sur le rapport de M. Le Camus de Néville, maître des requêtes, intervint un premier arrêt au conseil, qui ordonna l'apport de tout le procès secret au greffe du conseil, aux fins d'être, par MM. les maîtres des requêtes, donné leur avis sur le tout.

Sur ces entrefaites, M. Le Camus de Néville ayant été nommé intendant, M. Alexandre lui fut substitué pour la rédaction du rapport au conseil. Le 18 mai 1784, après un long, un trop long examen du procès, tous messieurs les maîtres des requêtes furent d'avis de la révision demandée, et, le 24 du même mois, intervint arrêt du conseil d'État conforme à cet avis. En conséquence, le 14 août suivant, le Parlement de Rouen reçut des lettres-patentes pour procéder à cette révision, même à nouveau jugement si besoin était.

Quelques jours avant l'expédition des lettres-patentes, M⁰ Lecauchois avait enfin pu communiquer avec Victoire Salmon, qui venait d'être conduite aux prisons de Rouen. La malheureuse était restée depuis *vingt-huit mois* au secret à Caen !

La détestable influence du Procureur du Roi Revel la poursuivit encore à Rouen. A peine arrivée dans la prison du palais, un huissier aposté cria au guichetier qui l'escortait : — « Allons, au cachot ! au cachot ! mettez-la au cachot ! » Un ordre, émané d'une autorité invisible, la fit confiner dans une chambre dont la fenêtre fut soigneusement calfeutrée. Défense fut faite de laisser approcher d'elle qui que ce fût.

Indigné de ces manœuvres, qui menaçaient d'annuler l'effet des dispositions humaines du conseil d'État, M⁰ Lecauchois s'occupa activement de forcer l'accès de la prison nouvelle. Il obtint, à grand'peine, que *M⁰ Tiercelin*, procureur au Parlement,

occupât pour Victoire, et que tous deux fussent admis à conférer avec leur cliente. On dut lui accorder également un peu d'air et de lumière pour la pauvre fille, c'est-à-dire l'ouverture de la fenêtre quand les deux conseils de Victoire la viendraient visiter. Mais on refusa impitoyablement l'autorisation pour la fille Salmon d'aller à la messe et d'assister, avec les autres prisonniers, à la distribution du pain. Enfin, il fut décidé que les conférences de Victoire avec ses conseils ne pourraient avoir lieu qu'en présence du geôlier ou de ses guichetiers.

Ce nouveau secret dura *dix-huit mois !*

En même temps, des rumeurs menaçantes, parties d'une source inconnue, présageaient à la fille Salmon un échec dans ce procès en révision qui tardait tant à s'ouvrir. On disait en ville que le bûcher de Caen ne tarderait pas à s'élever de nouveau, et que cette fois, nul ne saurait en détourner la flamme. Il fallut, le croirait-on, pour rassurer les partisans de la pauvre fille et pour intimider ses ennemis, que des lettres-patentes du 14 août ordonnassent à l'avance de *faire jouir et user pleinement et paisiblement* la fille Salmon du jugement nouveau qu'elle pourrait obtenir. Il fallut plus encore, un ordre du roi Louis XVI à son Procureur général de Rouen de veiller à la sûreté de la fille Salmon.

Les lettres-patentes ne furent registrées qu'en octobre 1784. En tout temps, en tout pays, la Justice est plus lente à réparer ses fautes qu'à les commettre.

Armé des nouvelles garanties spontanément accordées par une autorité tutélaire, M⁰ Lecauchois put conférer avec sa cliente, l'interroger sur les faits du procès, s'assurer par ses naïves réponses des vices inouïs de l'instruction. Il trouva Victoire inébranlable dans ses assertions, toujours fidèle à ses premiers dires. Pendant les trois mois qui lui étaient accordés par l'Ordonnance criminelle (titre XVI, art. 16) pour garder en dépôt les lettres-patentes, le défenseur rédigea son mémoire et sa requête.

Le 3 décembre 1784, le mémoire fut signifié au Procureur général du Roi, qui le distribua à M. Simon de Montigny, doyen des substituts. Ce magistrat y porta toute l'attention que méritait cette cause extraordinaire, et fit au parquet un rapport qui passa dans ce temps pour un chef-d'œuvre de logique et d'humanité. Les assertions du mémoire furent trouvées de tous points conformes aux éléments du procès secret.

M⁰ Lecauchois adressa aussitôt un exemplaire de son mémoire à M. Letort d'Anneville, conseiller rapporteur sur la révision. A peine connu, le mémoire enfanta un libelle anonyme et manuscrit, qui fut distribué sous le manteau. On y annonçait une réponse au mémoire, réponse terrible, écrasante, mais qui ne parut pas.

M⁰ Lecauchois répondit à cette nouvelle manœuvre par la publication, sous le titre de *Supplément*, de la dénonciation donnée par l'accusée aux magistrats de révision.

Tout cela aboutit, le 12 mars 1785, à l'arrêt suivant :

« Vu... les conclusions du Procureur général, et vu le rapport du sieur Letort d'Anneville, conseiller, la Cour, faisant droit sur les lettres de révision, ensemble sur l'appel, a mis et met l'appellation et ce dont est appel au néant ; corrigeant et réformant, a ordonné et ordonne qu'il sera plus amplement informé contre Marie-Françoise-Victoire Salmon, pendant lequel temps elle gardera prison ; au surplus, ordonne que la requête imprimée, ensemble le supplément à icelle, fournis par ladite Salmon, seront supprimés comme calomnieux et injurieux aux juges du bailliage de Caen et à plusieurs citoyens de la même ville. »

Arrêt bizarre, assurément, qui commuait en une peine indéterminée la peine du feu autrefois prononcée contre Victoire. Un plus ample informé était ordonné, *pendant lequel temps* elle garderait prison. Rédaction singulière ou plutôt absurde, qui, sous prétexte d'information, condamnait la fille Salmon à une détention perpétuelle. Mais enfin, c'était déjà quelque chose que d'avoir fait disparaître définitivement l'arrêt homicide de 1782.

Piqué au jeu par la suppression de ses mémoires, qualifiés de calomnieux, Mᵉ Lecauchois voulut savoir d'où venait le coup. Des auteurs du libelle anonyme, peut-être ; à coup sûr, des ennemis invisibles et persistants de la fille Salmon. Était-ce sur les conclusions conformes du Procureur général que l'arrêt avait été rendu ? Mᵉ Lecauchois apprit qu'il n'en était rien. Le Procureur général, loin de conclure en droit sur le fond, avait donné un réquisitoire en plainte contre huit coupables non désignés, demandant autorisation pour faire instruire sur de nouveaux faits, proposant et nommant quatorze témoins *de certain* à l'appui de sa plainte.

Somme toute, le grand danger écarté, il restait à poursuivre l'œuvre commencée. Mᵉ Lecauchois chargea Mᵉˢ Turpin, Godescart-Delisle et Duprat d'examiner les moyens d'un pourvoi à introduire devant la justice suprême du Roi.

Et d'abord, l'arrêt du 12 mars 1785 débutait par une erreur de fait des plus graves. *Vu*, y était-il dit, *les conclusions* du Procureur général ; or, celui-ci, loin de conclure, avait porté plainte en abus et prévarication contre huit personnes, et offert de nombreux témoins à l'appui de sa plainte. Ce réquisitoire, voulait-on le supprimer ?

Puis, comment concilier l'apologie des juges de Caen avec un arrêt qui mettait à néant leur sentence ?

Enfin, ce plus ample informé, cette prison sans limite assignée, n'était-ce pas une pénalité déguisée, furtive, illégale ?

Subsidiairement, à quelle demande juridique ostensible, à quelle partie civile accordait-on cette suppression de mémoires, cette qualification de calomnie ?

Les choses en cet état, le Roi, instruit de tout ce qui s'était passé, fit, le 23 mars 1785, expédier un nouvel ordre au Parlement de Rouen, qui, en lui laissant la liberté d'instruire de nouveau, assurait une fois de plus la vie de la malheureuse servante.

Le 20 octobre 1785, la Cour étant à Fontainebleau, le Conseil, très-nombreux ce jour-là, entendit un rapport très-étendu sur l'affaire, et rendit, à l'unanimité des voix, l'arrêt suivant :

« Vu ladite requête, signée Turpin, avocat de la suppliante, Godescart-Delisle et Duprat, avocats anciens ; ouï le rapport du sieur Foullon de Doué, chevalier, conseiller du Roi en ses conseils, maître des requêtes ordinaires de son Hôtel, commissaire à ce député, après avoir eu communiqué aux sieurs de Racoûvilliers, Delatour, Defarges, Lambert, de Bacquencourt, de Montholon, conseillers d'État, commissaires à ce députés ; le Roi en son Conseil, ayant égard à la requête, a cassé et annulé ledit arrêt du 12 mars 1785 et tout ce qui s'en est ensuivi ; ce faisant, a évoqué et évoque les demandes et contestations sur lesquelles ledit arrêt est intervenu, et icelles circonstances et dépendances, a renvoyé et renvoye au Parlement de Paris, pour y être fait droit ainsi qu'il appartiendra, lui attribuant à cet effet toute cour, juridiction et connoissance, qu'elle a interdit à ses autres cours et juges ; ordonne à cet effet que les pièces et procédures seront remises au greffe dudit Parlement de Paris, à ce fait seront tenus tous greffiers et dépositaires, contraints même par corps, quoi faisant, ils en seront bien et valablement déchargés ; ordonne pareillement que ladite fille Salmon sera transférée sous bonne et sûre garde dans les prisons dudit Parlement de Paris ; ordonne, en outre, que l'amende consignée sera rendue, à quoi faire le Receveur des amendes contraint, quoi faisant, il en sera bien et valablement déchargé.

« Fait au Conseil d'État privé du Roi, tenu à Fontainebleau, le 20 octobre 1785. »

Par cette attribution de l'affaire au Parlement de Paris, Victoire Salmon se vit enfin près du terme de ses infortunes. Fournel, l'un des avocats les plus distingués du Parlement de Paris, se chargea de sa défense, et, dans une longue et remarquable consultation, délibérée à Paris le 7 avril 1736, mit en relief toutes les absurdités qui avaient servi de base au procès. Il découvrit les vices de toute cette procédure, les manœuvres scandaleuses des accusateurs, les infidélités commises pour obscurcir la vérité, les précautions prises pour surprendre la religion du Parlement de Rouen ; il fit voir ce même Parlement, enfin éclairé sur le mensonge, revenant sur ses pas, reconnaissant par un arrêt nouveau l'insuffisance de l'instruction qui avait déterminé le premier, mettant à néant cette même sentence qu'il avait confirmée. Il réclama, enfin, pour sa cliente, le droit de prendre à partie les officiers du Bailliage de Caen, et, singulièrement, le Procureur du Roi Revel et le rapporteur du procès, Letellier de Vauvelle. Subsidiairement, il démontra le bien-fondé d'une poursuite en dommages-intérêts contre la dame Huet-Duparc.

En particulier, la conduite du Procureur du Roi Revel avait été étrangement entachée d'arbitraire. Aux termes de l'Ordonnance criminelle (1), ce magistrat devait, aussitôt que la rumeur publique l'avait averti de l'empoisonnement de huit personnes, se transporter *sur-le-champ*, assisté du Lieutenant-criminel, dans la maison Duparc. Il y devait constater les différents corps de délit, s'assurer de l'état des malades, recevoir leurs déclarations, vérifier les lieux, les aliments, la vaisselle, interroger la prévenue, mettre en sûreté les pièces à conviction. Au lieu de remplir ces devoirs indispensables, le sieur Revel s'était contenté d'envoyer un commissaire de police, qui encore avait déguisé sa qualité ; il avait muni cet officier public d'un mandat d'arrestation, sans audition préalable, sans autre forme de procès.

Or, il ne s'agissait pas pour le sieur Revel d'une

(1) Titre IV, art. 1ᵉʳ, « Les Juges dresseront, *sur-le-champ, et sans déplacer*, procès-verbal de l'état auquel seront trouvés les personnes blessées, ou les corps morts ; ensemble du lieu où le délit aura été commis, et de tout ce qui peut servir *pour la décharge et conviction*. »

fille inconnue, indifférente, puisque c'était sur ses conseils que Victoire était venue se mettre en service à Caen, puisqu'il avait été instruit de son arrivée dans cette ville. N'y eût-il eu que cette considération, elle eût été suffisante pour engager Revel à entendre la fille Salmon. Il était donc permis de supposer que des motifs inconnus, peu avouables, avaient déterminé les ordres donnés au commissaire Bertot.

Par une singulière inadvertance, ce Bertot, appelé pour l'empoisonnement du vieux Beaulieu, s'était fait représenter les vases du dîner dans lequel avait été accompli le soi-disant empoisonne-

ment des sept convives du mardi. Par une blâmable négligence, il n'avait apposé ni bandes ni cachets sur les buffets, et, s'il avait emporté la clef de ce meuble, il l'avait, dès le lendemain, par une infidélité manifeste, remise à la dame Duparc.

On avait laissé les Duparc et leurs amis maîtres de la maison, à portée de distraire ce qui pouvait nuire à leurs intérêts, d'altérer l'état des pièces à conviction.

C'étaient là des prévarications véritables. Ajoutez à cela les irrégularités monstrueuses des réquisitoires, l'abandon du chef d'empoisonnement des sept convives du mardi, la contradiction flagrante

Victoire Salmon, d'après un portrait du temps.

entre l'état véritable de ces sept personnes et l'accusation primitive.

Et ces paquets d'arsenic, multipliés comme les pains de l'Écriture, promenés, colportés de main en main, dont rien n'établissait l'identité, reçus cependant comme pièces à conviction.

Me *Fournel*, après avoir dévoilé toutes ces monstruosités de la procédure, s'arrêtait sur l'absence d'intérêt à commettre les crimes. Une fille de vingt et un ans, de mœurs jusqu'alors irréprochables, qui, dès son entrée dans une maison qu'elle sert avec zèle, où pas un reproche ne lui est adressé sur ses services, conçoit l'affreux projet d'empoisonner huit personnes; qui exécute ce projet à la hâte, sans qu'il en résulte pour elle le moindre avantage, et sans doute pour le seul plaisir du forfait, offrait un inexplicable problème. Sans accuser personne, sans scruter les intérêts de famille des

Duparc, n'était-il pas beaucoup plus probable que ces empoisonnements successifs, si vraiment ils avaient eu lieu, provenaient uniquement de drogues mélangées aux aliments par imprudence. Qui avait, par exemple, mis dans la bouillie du vieillard ce sel *qu'on n'y mettait jamais?* Ce n'était pas Victoire.

Le bruit avait couru qu'un membre de la famille Duparc avait, quelques jours avant les crimes prétendus, acheté de l'arsenic. Pourquoi avait-on négligé d'éclaircir ce fait essentiel?

Et le fils aîné des Duparc, qu'était-il devenu? Ce jeune homme, parti le 6 août 1781 de la maison paternelle, mort deux mois après, le 28 septembre, au Mesnil-Mauger, pourquoi avait-on célé sa mort, pourquoi l'instruction n'avait-elle pas réclamé son interrogatoire, alors qu'il vivait encore?

Et que dire de ces infidélités, de ces vols faussement et tardivement imputés à Victoire, comme si l'on avait senti le besoin d'avilir cette fille afin de mieux la perdre ?

De toute cette discussion, M⁰ *Fournel* concluait avec une grande force de langage :

« Les vœux universels se réuniront donc pour que la fille Salmon obtienne la prise à partie contre les officiers du siége de Caen ; savoir, contre ceux qui ont été les auteurs de ces malversations, et contre ceux qui, en ayant eu connaissance, les ont autorisées par leur suffrage.

» En vain, pour échapper aux effets de cette prise à partie, ces officiers feraient-ils valoir la sanction précaire dont leur procédure fut honorée par le Parlement de Rouen. L'événement a prouvé qu'ils ne devaient cet avantage momentané qu'à la surprise faite à la religion du Parlement...

» On ne doit pas craindre les déclamations hasardées par les juges de Caen, dans leurs remontrances du 6 mars 1785, adressées au Parlement de Rouen, dans lesquelles ils font entendre que ce serait avilir la Justice que d'en livrer les ministres à une poursuite rigoureuse.

» Avilir la Justice, c'est mépriser les plus précieuses lois de la sûreté des citoyens ; violer ouvertement des formalités sacrées ; fermer les yeux sur la vérité, pour aller au-devant de la fiction ; supposer des délits imaginaires, pour les faire suivre de peines cruelles, et solliciter ensuite l'impunité, sur le prétexte de considérations politiques : voilà ce que c'est qu'avilir la Justice.

» Mais, en arrachant un innocent au supplice, lui offrir une juste réparation de cinq années de souffrances et de tribulations ; punir la violation des lois protectrices de la vie et de l'honneur des citoyens ; venger la surprise faite à la religion d'une Cour chère à tous les Français, et dont la nation s'honore ; rassurer la société alarmée, et prévenir par de sages précautions le retour de pareil scandale, ce n'est point là flétrir la Justice, c'est la défendre, c'est en maintenir la pureté, et la présenter au peuple avec tout son lustre et tout son éclat. »

Ces sages et fermes paroles, cette forte argumentation, ne s'adressaient plus heureusement à des juges prévenus. Un mois et demi après la consultation de M⁰ Fournel, le 23 mai, le Parlement de Paris rendit un arrêt par lequel Victoire Salmon fut déchargée de toute accusation et réservée à poursuivre ses dénonciateurs en dommages-intérêts.

« La Cour, disait le dispositif, faisant droit sur l'appel interjeté par ladite Marie-Françoise-Victoire Salmon de la sentence du Bailliage de Caen, du 18 avril 1782, met l'appellation et ladite sentence au néant ; émendant, décharge ladite Salmon de toutes les plaintes et accusations contre elle intentées à la requête du substitut du Procureur général du Roi audit Bailliage ; en conséquence, ordonne que les écrous seront rayés et biffés de tous registres où ils ont été inscrits, et que mention sera faite du présent arrêt en marge d'iceux ; à ce faire, tous greffiers dépositaires desdits registres contraints par corps, quoi faisant déchargés ; comme aussi, ordonne que les effets appartenants à ladite Salmon lui seront rendus ; à ce faire, tous dépositaires d'iceux pareillement contraints par corps, quoi faisant déchargés, sauf à ladite Salmon à se pourvoir contre ses dénonciateurs, ainsi qu'il appartiendra.»

Voilà tout ce qui fut fait pour la réparation morale. Quant à la demande en prise à partie, la sentence refusait impitoyablement à Victoire son recours contre les juges et magistrats trompés ou prévaricateurs. Sur ce chef, elle fut mise hors de Cour. L'honneur de la magistrature aurait trop souffert, pensa-t-on, d'une réparation complète. Cinq ans de tortures imméritées, cette effrayante menace d'un bûcher deux fois élevé, deux fois renversé comme par miracle, tout cela ne pouvait entrer en balance avec *l'honneur de la magistrature*, intéressé au silence de la victime.

Et voilà comment, pour vouloir pallier l'injustice, on s'expose à la perpétuer. C'est l'histoire de presque toutes les erreurs judiciaires : même alors qu'elles sont reconnues, avouées, soi-disant réparées, on en laisse subsister les déplorables conséquences. On s'obstine à rendre la Justice inviolable, même dans ses écarts, et on ne s'aperçoit pas que cette triste inviolabilité l'expose à plus de préventions qu'une réparation complète (1).

Malgré cette défaillance du Parlement de Paris, l'arrêt qui déchargeait Victoire Salmon fut accueilli avec enthousiasme. Tout Paris s'intéressait à la pauvre servante, qui devint l'héroïne du jour. On se pressait en foule sur ses pas ; lorsqu'elle devait paraître dans quelque spectacle, sa présence était annoncée par les affiches. Ce fut un engoûment, une mode. Victoire reçut de plusieurs charitables personnes des secours qui lui auraient procuré une honnête aisance, si son premier défenseur, M⁰ Lecauchois, n'avait fait largement rétribuer son zèle.

Après sa réhabilitation, Victoire Salmon s'était fixée à Paris. Elle s'y maria et obtint un bureau de papiers timbrés qui lui permit de vivre. C'était beaucoup : ceux qu'atteint une erreur judiciaire ne s'en tirent pas toujours à si bon marché.

Témoins les quatre malheureux *Fourré*, dont deux payèrent de leur vie la légèreté de leurs juges.

Le nom de ces innocents, condamnés vingt ans avant Victoire Salmon, fut plus d'une fois rappelé aux juges prévenus de Rouen par M⁰ Lecauchois, le défenseur de cette fille. C'était un argument qui ne manquait pas d'autorité, puisque c'était à Rouen que l'erreur fatale aux Fourré avait été commise.

En 1761, une bande de voleurs commandée par le célèbre *Fleur-d'Épine*, exploitait Rouen et ses environs. Prédécesseur immédiat de ces Chauffeurs (*Voyez* ce procès) dont l'audacieuse férocité tint un moment en échec la France républicaine, Fleur-d'Épine continuait, non sans éclat, la vieille tradition du vol de grande route à main armée. Les hardis compagnons enrôlés sous son drapeau parcouraient les campagnes, prenant d'assaut les fermes, effondrant les portes ou les murs à coups de poutres ou de coutres, torturant les paysans pour leur faire avouer dans quelle cachette ils avaient déposé leurs économies.

Dans la nuit du 13 au 14 octobre 1761, ce brigand redouté assaillit tout à coup la maison d'une veuve

(1) Il faut chercher longtemps avant de trouver dans notre histoire judiciaire un exemple de punition infligée au Juge qui, par erreur, fait périr un innocent. Ce principe salutaire de la responsabilité du juge se rencontre pourtant appliqué dans le procès du sieur de Beaupré, en 172=. Les juges de Saumur avaient condamné ce malheureux à être roué vif. Après sa mort, son innocence fut reconnue, et les Juges coupables, non de prévarication, mais seulement d'erreur, furent condamnés le 9 septembre 1720, à payer à la dame de Beaupré treize mille livres de dommages-intérêts et aux dépens, le tout solidairement.

Fourré, qui, depuis la mort de son mari, vivait seule avec une servante et deux autres filles. La maison passait pour être riche. Suivi de quelques-uns de ses plus déterminés compagnons, *Joseph Cornette* dit *Villars*, *Étienne Paquet* dit *Ricarville*, *Rousin* dit *La Roche*, *Grand-Jean*, *Lapin* dit *Boudin*, *François Le Tellier* dit *La Muselle*, Fleur-d'Épine enfonça la porte de la veuve. Ces sept bandits, la figure noircie ou couverte de linges, se précipitèrent sur la veuve Fourré, l'enveloppèrent dans ses draps et dans ses couvertures, en la menaçant de mort si elle proférait un seul cri. Les trois autres femmes intimidées de la même manière et réduites à l'impuissance, la bande brisa, tout à son aise, les bahuts et les armoires, et disparut, emportant tout ce qu'elle avait trouvé à sa convenance.

Le matin venu, *Marie Savouré, veuve Fourré*, porta plainte. Mais, soit prévention, soit esprit de vengeance inspiré par quelques discussions d'intérêt, elle accusa du crime de la nuit ses voisins et parents, le père Fourré et ses trois fils.

Ces pauvres gens furent appréhendés au corps, jetés dans les prisons de Rouen. La veuve Fourré, confrontée à l'aîné des fils Fourré, François, lui soutint qu'elle avait reconnu sa voix. Dans un premier interrogatoire, elle avait déclaré sous serment qu'elle *croyait* l'avoir reconnu à la voix.

Marie-Anne Vasselin, servante de la veuve, affirma, sans donner aucune preuve de son assertion, que le père Fourré et ses trois fils étaient les auteurs du vol. Dans les récolements et confrontations, elle persista dans son dire.

Cela suffit aux juges. Sur ces indices, que n'appuyait aucune découverte faite chez les Fourré, ils se sentirent convaincus. Ni la bonne réputation des inculpés, ni l'impossibilité de prouver qu'ils eussent quitté leur logis dans cette nuit fatale, ni l'absence de tout corps de délit, ne purent faire hésiter leur conscience. En vain un vénérable prêtre, l'abbé *Massif*, un habile jurisconsulte, *M⁰ Hervieu*, ancien avocat au Parlement de Rouen, s'élevèrent-ils avec force contre cette prévention obstinée qui se contentait d'assertions et d'indices; les Fourré ne purent échapper à leur sort.

Le 11 juin 1761, Fourré, le fils aîné, père de famille lui-même, fut déclaré « *duement atteint et convaincu* d'avoir volé, avec effraction extérieure et intérieure, la veuve Fourré, la nuit du 13 au 14 octobre précédent, après l'avoir enveloppée dans son lit, ainsi que de l'avoir menacée de la tuer si elle criait; d'avoir lié et maltraité la servante et deux autres filles qui étaient pour lors chez elle. »

François Fourré, appliqué à la question, dut faire amende honorable et fut rompu vif. Il expira sur la roue en protestant de son innocence.

Le lendemain, 12 juin, Fourré père et son second fils furent condamnés aux galères à perpétuité. Le troisième fils, trop jeune pour subir cette peine, fut *fouetté sous la custode*, vu, était-il dit dans l'arrêt, CE QUI RÉSULTE DU PROCÈS.

Une étrange rencontre, de celles qui font croire à l'intervention de la Providence dans les affaires humaines, jeta, dès le premier jour qui suivit l'arrêt, un éclatant démenti aux juges de Rouen.

Pendant le procès de Fourré, Fleur-d'Épine et ses compagnons avaient été pris en flagrant délit par la maréchaussée. Le lieutenant de maréchaussée à Rouen, *Prier d'Hattenville*, les avait fait placer dans la prison où Fourré père et son second fils allaient attendre le départ de la chaîne. Le cachot dans lequel les deux innocents furent jetés était, d'aventure, contigu à celui dans lequel avaient été renfermés les brigands.

En entrant dans le cachot, Fourré père, sous le coup de cette indignation profonde qui saisit l'homme accablé par l'injustice, s'écria, en se précipitant à genoux : « *Dieu de miséricorde ! nous sommes innocents, mais nous souffrons pour l'amour de vous ! Mon pauvre fils, si j'ai pu te donner l'exemple du crime, j'aurais dû monter le premier sur l'échafaud où tu viens d'expirer !* »

A peine Fourré venait-il d'exhaler sa plainte, qu'une voix s'éleva du cachot voisin, qui s'écria : « *Ah ! pauvres malheureux ! vous avez raison : ce n'est pas vous qui l'avez fait. — Tais-toi donc, malheureux, tu te perds et tu nous perds !* » répondit une autre voix.

Celui qui venait de laisser ainsi échapper ses remords, c'était Joseph Cornette dit Villars; celui qui lui reprochait son imprudence, c'était Fleur-d'Épine.

Le malheureux Fourré fit connaître à son défenseur l'exclamation involontaire qui avait dénoncé les véritables coupables. M⁰ Hervieu fit les derniers efforts pour obtenir la révision du procès. Alors commença cette lutte trop souvent inégale entre l'erreur légale et sa victime. Les juges défendirent leur arrêt avec acharnement; bien plus, ils en réclamèrent toutes les conséquences, et ce ne fut qu'à grand'peine que M. *Simon de Montigny*, substitut, dont M⁰ Hervieu avait dessillé les yeux, put obtenir que Fourré père et fils ne fussent pas marqués et dirigés sur le bagne.

Après de longs efforts, on obtint du Roi l'ordre de réviser le procès. Il était déjà trop tard pour Fourré père : comme Danglade, il mourait dans les fers. Ses deux derniers fils eurent seuls le bénéfice de la révision; encore ne fut-ce qu'après quatre années de procès qu'ils obtinrent, le 4 novembre 1765, un arrêt déchargeant la mémoire de leur père et de leur frère aîné, et consacrant leur propre innocence.

Cet arrêt tardif mettait en cause la servante Vasselin et la veuve Fourré, à raison de leurs témoignages mensongers. La fille Vasselin fut, le même jour, condamnée par la Chambre de vacations de Rouen à l'amende honorable, au bannissement à perpétuité hors l'étendue de la province, à la confiscation de ses biens et en 50 livres d'amende, applicables à faire prier Dieu pour le repos des âmes de Fourré père et fils.

On ignore quelle fut la condamnation de la veuve Fourré.

<hr>

JACQUES VERDURE (1780)

En 1780, vivait dans la paroisse de Berville, en Basse-Normandie, un cultivateur peu aisé du nom de *Jacques Verdure*. Sa femme, en mourant des suites de couches, lui avait laissé six enfants, dont deux en bas âge, un garçon de cinq ans et demi et une fille de six semaines. La fille aînée, Rose, belle et forte basse-brette, depuis longtemps habituée aux soins du ménage, et âgée de vingt et un ans.

avait remplacé sa mère dans la direction du ménage et dans les soins à donner à son jeune frère et à sa sœur au maillot. Elle s'acquittait de cette double tâche avec cette maturité précoce que donne la misère aux enfants des classes déshéritées.

Cette fille, si nécessaire au pauvre ménage des Verdure, leur fut tout à coup enlevée par un crime. Dans la nuit du 14 octobre 1780, le père, inquiet de ne pas voir rentrer Rose, sortie pour quelque course à faire dans le voisinage, la trouva étendue morte près des fossés situés devant la maison. Deux balles l'avaient frappée dans la poitrine et renversée sans vie.

Cet événement, qui privait la famille de l'un de ses deux soutiens, ne fut pas seulement pour Verdure une cause de douleur ; on va voir que ce malheur n'était que le prélude de désastres irréparables.

A la nouvelle du meurtre, le Haut-Justicier de Berville s'était rendu sur lieux, accompagné du Procureur fiscal, de son greffier et d'un chirurgien juré. Les magistrats constatèrent l'état des blessures, distantes l'une de l'autre de deux pouces environ, et dans l'une desquelles se trouva une balle déchiquetée.

Qui avait pu commettre ce meurtre? Rose était aussi sage que laborieuse; on ne lui connaissait pas d'ennemis. D'accuser les siens, quelle apparence? Où était, pour le père, pour le frère aîné et pour les deux sœurs cadettes, l'intérêt à cette mort? L'intérêt contraire apparaissait clairement.

Les témoins de l'enquête, les voisins, les oisifs de Berville se perdaient en conjectures, quand un mot, prononcé d'abord à voix basse, puis répété plus haut, tourna les soupçons contre le père Verdure. Un des assistants fit remarquer à la gorge de la victime une trace noirâtre de sang extravasé. Rose, en conclut-on imprudemment, n'avait donc pas été frappée à l'endroit où gisait son cadavre. Si absurde que fût la conclusion, elle trouva des partisans. Ce Verdure devait avoir assassiné sa fille à la maison, puis l'avait transportée sans doute à cette place.

Pourquoi ce crime? On ne se le demanda pas. Le transport du cadavre, le meurtre commis chez Verdure devaient avoir laissé des traces; on les chercha vainement. N'importe, Verdure avait fait le coup; c'était probable, c'était certain. Mais Verdure n'avait pas de fusil, et on ne trouva chez lui ni plomb ni balles. L'accusation dut en rester là pour le moment; mais l'impression était faite sur l'esprit des magistrats : on la retrouvera plus tard.

L'instruction fut renvoyée de la Haute-Justice de Berville au Bailliage de Cany, et de là au Parlement de Rouen.

Devant ces juridictions diverses, la rumeur fatale fit son chemin, tandis que s'amoindrissaient les résultats négatifs de la perquisition opérée chez Verdure. Des magistrats nouveaux, qui n'avaient pas procédé à l'instruction première, s'emparèrent du vague soupçon éclos dans la foule imbécile. Il leur fallait un coupable : la prévention populaire le leur fournit.

Le 19 novembre, Verdure fut décrété de corps, et ses deux filles et son fils aîné assignés pour être ouïs. Cinq jours après, Verdure fut arrêté dans sa chaumière par les cavaliers de la maréchaussée.

Le feu du ciel frappant cette chaumière n'eût pas détruit plus sûrement cette famille que cet acte monstrueux accompli au nom d'une prétendue justice. Le fils aîné, les deux filles cadettes, privés de leur dernier appui, désignés à la stupide indignation de leurs voisins, s'enfuirent, éperdus, de ce lieu de douleur. Le garçon de six ans mendia par les rues de Berville. Le nouveau-né ne tarda pas à succomber faute de soins.

L'instruction sans base du Parlement de Rouen dura cinq ans. Oui, *cinq ans*, pour ne rien trouver. Au bout de ce temps, les juges se décidèrent à conclure à *un plus ample informé de trois mois !*

Mais ces absurdes et cruelles lenteurs parurent encore trop douces à quelques-uns. Le Procureur général se rendit appelant *à minimâ* de la sentence, et un arrêt décida de prise de corps pour être ouïs, les trois enfants jusqu'alors simplement décrétés d'assigné par les premiers juges. Il n'y eut pas jusqu'au jeune garçon, qui n'avait pas six ans à l'époque du meurtre, qui ne fut compris dans cet inqualifiable arrêt.

De plus, un *monitoire* fut produit, forme barbare de procédure bien faite pour troubler les consciences, et pour fournir des armes aux accusations les moins fondées. (*Voyez Calas.*)

Toute cette pauvre famille gémissait donc dans les prisons de Rouen, sous la menace d'une accusation sans fin, et sans autre espoir qu'un oubli miséricordieux de ses juges, lorsque la Providence lui suscita un défenseur.

Quand la justice légale méconnaît ses devoirs et manque à sa mission divine, l'esprit de justice individuelle est si profondément blessé, qu'il prend à sa charge les devoirs méconnus et la mission négligée. Alors, du sein de la plus obscure bourgeoisie, du sein même de la magistrature, se lèvent, pour un *Latude*, pour un *Lesurques*, pour un *Lesnier* (*Voyez* ces noms) des défenseurs officieux, qui n'ont puisé leur droit que dans le droit même de l'humanité. Il en arriva ainsi pour les Verdure.

Il y avait, en 1786, au Parlement de Rouen, un avocat, *M. Vieillord de Boismartin*, homme encore jeune, il n'avait pas quarante ans, fils d'un docteur régent de la Faculté de médecine de Paris, âme droite et chaleureuse, sympathique à l'infortune. Cet honnête homme apprit que, dans une prison de Rouen, gémissait, torturée par une législation défectueuse, une malheureuse famille. Il se donna la tâche de la sauver, rôle toujours ingrat, quand il n'est pas dangereux.

Son premier soin fut d'examiner l'instruction, dont les fatales erreurs avaient plongé les Verdure dans cet abîme de misères. Il en reconnut promptement les vides et les défauts. L'intérêt, qui eût pu armer le bras du père et des frères contre leur fille et leur sœur, manquait complétemen ; l'intérêt contraire éclatait partout dans la cause. Pas le traces d'une dissension dans cette famille bien unie, dont Rose était le membre le plus utile. Aucun vestige de ces passions mauvaises dont l'ardeur domine souvent tout autre intérêt. Les mœurs de la jeune fille étaient pures, au moins se croyait-on; pas de relations suspectes, pas d'autre rôle apparent que celui d'une jeune mère de famille, élevée par le malheur à cette sainte fonction qu'imposait à sa virginité la mort de l'épouse. La rumeur publique, odieusement absurde, comme il n'arrive que trop souvent, n'avait ici aucun fondement solide.

Et c'était cependant cette rumeur insensée qui avait égaré l'instruction, perverti le bon sens de la magistrature, armé contre des innocents la rigueur arbitraire de la Loi. M. Vieillard remonta à la source de ces bruits populaires. Il se trouva que leur premier auteur était un garçon meunier de la paroisse, du nom de Jacques Lefret, homme marié, qui tournait autour de Rose. Ce garçon, le matin même de l'événement, averti de la mort de celle qu'il aimait, était entré chez les Verdure, les yeux noyés de larmes, tout affolé, et en était sorti dans un état de surexcitation qui lui avait inspiré les accusations les plus étranges. Interrogé par une voisine, il avait répondu, en serrant son bâton dans sa main et en frappant sur un baquet : « Non, il n'y en a pas d'autre que le père Verdure qui ait tué la Rose. »

C'était là le germe de tout le mal, c'était ce propos imprudent qui avait fait la tache d'huile.

Était-ce injustice de la douleur, légèreté condamnable, ou révélation d'un parricide? En tous cas, l'instruction savait à quoi s'en tenir là-dessus. Éveillée sur ce propos, comme il était naturel, elle avait entendu Lefret, et ce garçon n'avait pas osé reproduire devant les magistrats son accusation sans motifs et sans preuves.

Et, cependant, le germe avait fructifié; la tache d'huile s'était étendue. Déjà le propos de Lefret ne comptait plus comme témoignage, et la prévention qui en était née, s'établissait invinciblement dans les esprits. Qu'aurait fait un juge de sang-froid? Il eût voulu savoir quelle pensée secrète avait inspiré à Lefret ce propos, abandonné si vite; Il eut demandé compte à cet homme d'une accusation qui,

« Il la trouva étendue morte près des fossés situés devant sa maison. » (Page 28.)

peut-être, n'avait pas d'autre but que de mettre la Justice en défaut, en la lançant sur une fausse piste.

On ne le fit pas. Si on l'avait fait, on eût appris que, la nuit même du crime, des voisines avaient vu chez ce Lefret deux fusils, dont l'un était connu pour lui appartenir. On aurait su que, peu de temps auparavant, Lefret avait acheté d'un marchand drapier les plombs servant à l'estampille de ses draps, pour les fondre, disait-il, et en charger les poids de son horloge. Or la balle retrouvée dans le corps de la victime portait la trace de nombreux coups de marteau; elle avait été modelée à froid, grossièrement.

Chez Verdure, au contraire, on n'avait jamais vu d'armes à feu, et nul ne pouvait dire qu'il eût acheté poudre ou plomb. La veille du meurtre, Verdure était allé au moulin pour y faire moudre trois boisseaux de blé; il était gai, badin : il avait joué quelques ritournelles sur le violon de Lefret, et s'était ainsi amusé jusqu'à près de minuit. Lefret, lui-même, avait raconté ces innocents badinages.

Lui, cependant, ce Lefret, si on avait voulu s'enquérir, on aurait su que, cette veille même du crime, il était pensif, silencieux, morne. Tandis que le père, sur le point, disait-on, d'assassiner sa fille, se livrait à de gais enfantillages, Lefret, assis sur la barre de son lit, les genoux dans ses mains, l'œil vague, les traits avalés, gardait l'attitude d'un homme absorbé.

Ce n'était pas tout. Aussitôt après sa déposition, Lefret avait disparu. C'est là l'indice ordinaire du crime qui se signale et se trahit involontairement. Lefret abandonnait une femme grosse, deux enfants, un ménage dont il était le soutien. Verdure, tout au contraire, pendant sa détention dans les prisons de Villefleur, refusait jusqu'à quatre fois de partager le sort de ses compagnons de captivité, qui avaient brisé leurs fers. Resté seul dans son cachot, libre dans les liens de sa captivité, enchaîné par sa seule innocence devant ces portes ouvertes, il s'était constitué son propre geôlier. Rassuré par cette conduite extraordinaire chez un prisonnier accusé d'un tel crime, le concierge s'était habitué à laisser Verdure sous la seule garde de sa probité, et il poussait sa confiance, toujours justifiée, jusqu'à vaquer à ses affaires du dehors, pendant que Verdure prenait sa place. Les enfants du malheureux, les habitants de Berville et des paroisses voisines, qui commençaient à s'intéresser à son sort, venaient le visiter à leur gré; ils n'avaient qu'à pousser la porte, la porte s'ouvrait.

Quelle différence entre cette attitude calme et digne, et la disparition de Lefret!

Une objection, toutefois, pouvait être faite aux partisans de l'innocence de Verdure et des siens. Rose avait été assassinée pour ainsi dire devant sa porte. Comment le père et les enfants Verdure n'avaient-ils pas entendu les deux coups de feu? N'était-il pas permis de supposer qu'ils avaient fusillé leur victime dans la maison, et qu'ils l'avaient ensuite transportée au dehors, afin de dérouter les soupçons?

C'était là le seul indice de la culpabilité des Verdure; fondement bien fragile pour une accusation si grave! Si l'on avait voulu chercher la vérité avec soin, avec calme, la vérité se serait montrée d'elle-même. Un voisin, homme simple, irréprochable, aurait appris aux juges que, pendant la nuit du crime, vers onze heures, étant sorti de sa maison, il avait, sur le pas de sa porte, entendu le bruit d'un coup de feu dans la direction du fossé placé à l'est de la maison de Verdure. Aussitôt après la détonation, une voix plaintive s'était fait entendre, celle sans doute de la personne frappée du coup mortel.

De plus, si le crime avait été commis dans l'étroite chaumière des Verdure, comme le coup n'aurait pu être tiré que de très-près, ou bien la bourre se serait trouvée dans le corps de la victime, ou bien ses vêtements auraient été brûlés.

Trois dépositions avaient, pour ainsi dire, résumé les seules charges admissibles contre les Verdure: en premier lieu, celle d'une femme Bouillon, autrefois voisine de ces infortunés: femme violente, redoutée dans la paroisse pour sa méchanceté, sa langue vénimeuse, et dont le père Verdure, après quatre années de patience, avait dû fuir l'insupportable société. A défaut de preuves contre Verdure, cette mauvaise femme avait eu recours d'abord à des insinuations malignes. Plus tard, voyant la Justice s'égarer, elle avait contribué à l'entretenir dans son erreur, en imaginant des mauvais traitements exercés par le père de Rose sur sa fille; elle avait déposé que, plus d'une fois, elle avait entendu les cris douloureux de sa victime. Elle avait même ajouté que Verdure l'avait menacée elle-même; que le père et les enfants avaient, plus d'une fois, profité de l'absence de son mari pour casser les vitres et briser la porte de sa maison. Il est bon de dire qu'aucune de ces allégations ne put être prouvée, que pas un des habitants du voisinage n'avait eu connaissance de ces prétendues violences exercées par les Verdure.

Le second témoignage avait été celui du propre fils de Verdure, cet enfant de six ans réduit à la mendicité par l'arrestation de son père. Errant de porte en porte, interrogé par ceux qui l'assistaient sur les circonstances d'un crime dont on voulait absolument qu'il eût été témoin, l'imagination toute remplie des récits contradictoires qu'il entendait faire, le pauvre petit s'en allait redisant, au gré de chacun, pour un morceau de pain, pour une pomme, pour un œuf, tantôt l'une, tantôt l'autre des versions ridicules qui couraient le pays. La Justice avait

eu la déplorable pensée d'accueillir ces récits, de s'en faire une arme contre le père du malheureux enfant, de choisir, entre ces versions qui se démentaient l'une l'autre, celle qui pouvait être fatale à Verdure.

Le troisième témoignage, enfin, était celui d'un sieur Gentil. Celui-là avait déposé qu'à une certaine date, dans un lieu et dans des circonstances désignés, Verdure père lui avait annoncé l'intention de se défaire de sa fille. Confronté à ce Gentil, Verdure déclara qu'il ne le connaissait même pas; il offrit de prouver qu'il n'avait pu se trouver dans le lieu en question, au jour désigné. Gentil, mis en demeure de prouver la vérité de ses assertions, les rétracta de la façon la plus formelle. Verdure demanda acte de cette rétractation. Mais le Juge, au lieu de faire droit à cette demande et de consigner la rétractation au procès-verbal, persuada à Verdure qu'il suffisait qu'on ne pût tirer aucune preuve contre lui de cette déposition d'un homme pris évidemment en flagrant délit de mensonge. Le greffier se contenta donc d'écrire cette phrase étrange: « Le témoin croit qu'il aurait pu se tromper sur l'époque, mais assure que c'est dans le mois de juillet; et, au surplus, affirme sa déposition et son récolement. »

Ceci n'est plus de l'erreur ou de la légèreté: c'est de la prévarication. Sur trois témoignages, l'un, celui de la femme Bouillon, n'a aucune importance quant au fait du crime; il est évidemment entaché de malveillance et de rancune, démenti d'ailleurs par la notoriété publique. Le second, celui du jeune fils Verdure, est inadmissible, contredit par le témoin lui-même. Un seul, le dernier, pourrait apporter contre Verdure, non pas une preuve, mais un indice, et, lorsque ce témoignage s'écroule devant une impossibilité de fait, lorsqu'il est rétracté par le témoin lui-même, le juge s'y attache, le retient, comme s'il craignait de voir tomber avec lui le frêle échafaudage de son erreur.

Répétons-le: à ce moment, l'erreur change de nom, et elle devient crime.

Telles furent les lumières que répandit M. Vieillard sur la cause du malheureux Verdure, sous forme de Mémoires, de Factums, de Plaidoiries. Des lettres de sursis, en cas de condamnation de son client, furent sa première récompense. Enfin, après sept longues années, intervint un arrêt du Parlement de Rouen, en date du 31 janvier 1787, qui déclarait Lefret, *contumax*, atteint et convaincu d'avoir *participé* à l'assassinat de Rose Verdure, et le condamnait à être roué vif, préalablement appliqué à la question, pour avoir révélation de *ses complices*.

Qui ne croirait, après cela, que la poursuite va être abandonnée à l'égard des Verdure! Rien, en effet, dans l'instruction, pas un fait, pas un témoignage, si ce n'est peut-être les récits incohérents du jeune Verdure, ne pouvait établir aucun lien possible de complicité entre Verdure et Lefret. Mais la Justice de ce temps, comme l'avare Achéron, ne lâchait point facilement sa proie. Le même arrêt qui condamnait Lefret, différait à faire droit, en ce qui concernait Verdure père et ses quatre enfants, jusqu'après le *Testament de mort* du condamné contumax. Toutefois, par une heureuse libéralité, l'arrêt ordonnait l'élargissement provisoire des deux filles et du plus jeune fils de Verdure. Le père et le fils aîné devaient seuls garder prison.

Renvoyer à prononcer après le testament de mort d'un homme dont la Justice avait perdu la trace, c'était, par le fait, condamner à la prison illimitée des accusés contre qui l'on reconnaissait n'avoir aucune charge suffisante.

M. Vieillard entreprit contre cet arrêt inique, absurde, une lutte nouvelle. C'était presque de la témérité; car, déjà, la Justice s'était émue de ses efforts, et avait paru les considérer comme une insulte personnelle. Ainsi, dans une de ses précédentes requêtes, M. Vieillard de Boismartin ayant laissé entendre qu'il avait eu connaissance des charges du procès (un greffier garde-sac de la Tournelle de Rouen, M. Robyz, lui avait, en effet, communiqué les pièces), cette communication, qui avait permis à M. Vieillard de mettre la Justice elle-même sur les traces du véritable assassin, parut aux juges renfermer un danger pour la Justice; il fut question, un moment, de décréter l'imprudent greffier et le généreux défenseur de Verdure. Ce dernier dut supprimer sa requête, et, à la suite du regrettable arrêt de 1787, la Tournelle de Rouen prit un arrêté qui enjoignait au Procureur général de requérir qu'à l'avenir défense fût faite à toutes personnes de faire imprimer et publier aucunes requêtes, ni aucuns mémoires en faveur des accusés.

Que de peines prises pour repousser la lumière !

M. Vieillard pourtant ne s'effraya pas, ne se découragea pas. Il se pourvut au Conseil à fin de cassation.

Deux ans encore se passèrent avant qu'aucun résultat couronnât ces nouveaux efforts. La révolution commençait, et, avec elle, cet immense désordre qui devait renouveler toutes choses. Ce fut seulement le 14 novembre 1789, que le conseil d'Etat du Roi, sur le vu des charges et des motifs invoqués par l'arrêt du Parlement de Rouen, en prononça la cassation et renvoya aux requêtes de l'Hôtel au Souverain le jugement du fond, accordant aux enfants Verdure, qui s'étaient constitués prisonniers , *les chemins pour prison.*

L'affaire vint le 3 janvier 1790. Le Procureur général, M. Blanc de Verneuil, établit la preuve que le Parlement de Rouen avait formellement violé les lois *protectrices de l'innocence,* en entendant, récolant et confrontant une seconde fois trois témoins entendus, récolés et confrontés par les premiers juges; qu'il n'existait pas l'ombre de preuve contre les accusés; que leur innocence *naturelle* était complétement démontrée, quoique M. le rapporteur du Parlement de Rouen *se fût permis* de leur adresser des questions capables de leur faire perdre la tête; que Lefret était convaincu par quatre témoins concordants d'avoir méchamment et calomnieusement imputé à Verdure l'assassinat de sa fille; que ce même Lefret était le seul sur qui dût tomber le soupçon du meurtre de Rose Verdure. En conséquence, il conclut à la décharge honorable de la famille Verdure; à ce que Lefret, en punition de sa calomnie atroce, fût condamné au fouet, à la marque et aux galères perpétuelles; et, en outre, à ce que procès-verbal fût dressé en sa présence des trois dépositions devenues nulles, qui étaient en contradiction formelle avec les premières dépositions des mêmes témoins, pour par lui être pris le parti au cas appartenant.

Le 7, M. Vieillard de Boismartin prononça sa plaidoirie. Il la divisa en trois parties : la première établissant l'innocence légale de ses clients; la seconde, leur innocence naturelle; et la troisième démontrant que l'esprit de persécution avait seul dirigé l'instruction. Le passage suivant, qui donne un échantillon de la phraséologie en honneur à cette époque, témoigne en même temps de la position désavantageuse qui jusque là avait été faite à la défense vis-à-vis de l'accusation.

« Avez-vous, dit-il, en s'adressant aux juges, avez-vous, dans le nombre de quatre-vingt-dix-huit témoins entendus, un seul homme qui dépose d'un fait personnel à Verdure, d'où l'on puisse conclure que Verdure fût un homme sans conduite, coupable de quelque action basse qui pût le rendre suspect? Non; voilà donc quatre-vingt-dix-huit témoins favorables. Ce n'est pas tout; j'ai offert une liste de cent quarante-sept témoins. Eh bien ! on a fermé les yeux sur les quatre-vingt-dix-huit dépositions qui étaient au procès; on a fermé les yeux sur ma liste, et l'on a demandé au père pourquoi il jouissait d'une si mauvaise réputation dans sa paroisse; question qui n'est que le résultat d'une prévention désordonnée, principe de tous les malheurs des accusés. C'est cette même prévention qui a dicté cette remontrance adressée à Verdure père : *à lui représenté qu'il doit savoir qui a assassiné sa fille, ou bien il demeurera constant que c'est lui;* remontrance qui amène à sa suite une réflexion bien douloureuse : c'est que, désormais, toutes les fois qu'un enfant de famille sera assassiné, de tous les individus qui composent la société, les plus suspects seront son père et sa mère. Oui, je le répète, c'est la prévention qui a tout fait. Je pourrais ajouter... mais non ; s'il est du devoir de l'orateur chargé de la défense d'un malheureux de lutter avec force contre le crédit, la grandeur, l'autorité; de se présenter fièrement au combat quand il y a de grands dangers à courir, des corps redoutables à attaquer, des obstacles puissants à vaincre; si ce devoir sacré lui impose l'obligation de sacrifier ses intérêts les plus chers, jusqu'à sa propre existence pour assurer le triomphe de l'innocence opprimée; si cette noble lutte, soutenue d'un courage inexpugnable, est, pour l'orateur, le seul degré par lequel il puisse monter à la gloire, quand ces grands motifs n'existent plus, le rôle le plus noble qu'il puisse jouer consiste à se renfermer dans les bornes d'une sage modération, à couvrir d'un voile religieux des fautes et des écarts dont l'éclat scandaliserait inutilement le public.

« Que les ennemis de cette famille infortunée se rassurent donc, qu'ils s'applaudissent même en silence de ses malheurs prolongés pendant dix ans; ce sont des plaisirs dignes de leur cœur, je ne veux pas les en priver. Je consens même à me justifier de la prévention qui, si on les en croit, ne m'a pas permis de voir les preuves concluantes que fournit l'instruction, et qui, si je les avais aperçues, ne m'auraient pas permis de me charger de la défense, ni comme père de famille, ni comme citoyen, ni comme attaché au Parlement de ma province. Magistrats, et vous, citoyens, écoutez ma justification, elle sera courte.

« Environné d'une famille nombreuse qui faisait les charmes de ma vie, j'ai vu le père d'une famille nombreuse accusé avec ses enfants d'un abominable parricide ; j'ai cru que le plus saint de mes devoirs était de m'arracher à tout ce que j'avais de plus cher, pour venger la nature outragée, pour épargner un parricide aux ministres de la Justice.

« Comme citoyen, j'ai cru que mon premier devoir était de m'oublier moi-même, pour rendre à la patrie des citoyens menacés de tomber injustement sous le glaive de la loi.

» Et, quant à l'outrage dont on me suppose coupable envers les magistrats, lequel, suivant vous, honore le plus la magistrature, ou l'homme servile qui applaudit à ses méprises, ou l'homme ferme qui, constant dans ses principes et se regardant, non comme l'avocat d'un tribunal, mais comme le protecteur de l'innocence opprimée et l'homme de sa patrie, ne cesse de secouer sur les erreurs des tribunaux le flambeau de la vérité?»

Dans une pathétique péroraison, s'adressant au patriotisme des juges, il déclara qu'il remettait avec confiance entre leurs mains le dépôt que la Providence leur avait confié, et il les conjura, au nom de l'humanité, au nom de l'intérêt social, de *présenter à l'Assemblée des législateurs* ce dépôt sacré : « L'ombre de Calas, dit-il, marchera devant vous, et le décret qui assurera aux accusés absous une juste indemnité, sera un bienfait public qui vous assurera à vous-mêmes la reconnaissance de la France entière et celle de la postérité! »

Le Procureur général donna ensuite ses conclusions définitives, en payant un juste tribut d'éloges au défenseur «pour la fermeté noble et modeste, le zèle infatigable et désintéressé qu'il avait apporté dans la défense de ceux qu'il protégeait, parce qu'il les croyait innocents. »

Après ce dernier acte d'une procédure qui durait depuis plus de neuf ans, les accusés eurent enfin la satisfaction de voir leur innocence proclamée.

Cette affaire, au milieu des sérieuses préoccupations politiques de cette époque, eut un certain retentissement (1); elle s'accordait, il est vrai, avec les idées du moment, en venant déposer contre

l'une des plus graves imperfections du système qui s'écroulait. Le *Moniteur* en rendit compte, et ce défenseur eut l'honneur d'être présenté au Roi par M. le prince de Poix.

Les accusés eurent aussi leur jour d'ovation. Le *Moniteur* du lundi 1er février 1790 rapporte en ces termes leur présentation à l'Assemblée nationale :

« Une famille innocente et malheureuse, sortant des cachots dans lesquels une accusation de parricide l'avait détenue pendant plus de dix années, est reçue à la barre.

« Deux jeunes militaires, les MM. Faucher, présentent la famille Verdure aux représentants de la Nation. L'un d'eux porte la parole :

« Nos seigneurs, nous menons devant vous une famille qui, depuis dix ans injustement accusée de parricide, vient enfin d'être rendue à la société par un jugement conforme à vos décrets.

« Il honorera notre vie le jour où nous venons offrir à la bienfaisance des lois nouvelles ces malheureuses victimes des anciennes lois.

« En rendant cet hommage à l'Assemblée nationale, nous en devons un à cette classe de nos concitoyens passionnément dévoués au service de l'État et à laquelle nous avons l'honneur d'appartenir.

« Elle nous a appris que nous devons autant à l'infortune particulière qu'à la défense de la patrie. »

M. le Président (Target), à la famille Verdure. — « Votre longue infortune touche vivement l'Assemblée. Ses pénibles travaux ont pour but d'écarter *les erreurs qui ont fait tant de victimes*. Oubliez, s'il est possible, les peines cruelles que vous avez éprouvées et goûtez du moins cette consolation, que l'époque où l'on a reconnu votre innocence est celle d'un nouvel ordre de choses, qui préviendra d'aussi funestes méprises.

« L'Assemblée vous permet d'assister à la séance. »

Cette célébrité, due exclusivement à son malheur immérité, ne profita pas à la famille Verdure. Des enfants, deux périrent misérablement; Verdure père mourut concierge d'une filature au faubourg Poissonnière.

---

(1) La mémoire n'en était pas encore effacée en 1795. M. Vieillard de Boismartin, qui s'était déjà compromis vis-à-vis du parti terroriste en portant publiquement le deuil de Louis XVI, venant à la barre de la Convention pour signaler les malversations du représentant Laplanche, fut dénoncé par un de ses membres, Bordas, comme un intrigant, un faux patriote. Plusieurs membres de l'assemblée prirent vivement sa défense, et l'un d'eux rappela, à cette occasion, le noble rôle qu'il avait joué dans le procès Verdure. Ce souvenir provoqua de nombreux applaudissements.

LE POISON.

UNE NOUVELLE BRINVILLIERS : HÉLÈNE JÉGADO (1851).

VINGT-SIX EMPOISONNEMENTS; HUIT TENTATIVES D'EMPOISONNEMENT (1833-1851).

Hélène Jégado.

Y a-t-il, en effet, dans la nature humaine, une raison *déraisonnable* de nos actions semblable à celle que décrit si vigoureusement l'auteur des *Histoires extraordinaires*, l'Américain *Edgar Poë?* Est-il vrai qu'au fond de l'âme se rencontre un principe inné des actions, sous l'influence duquel nous agissions à contre-sens de la conscience, et par cette raison inouïe que *nous ne le devrions pas?*

Ne semble-t-il pas, en effet, que, dans certains cas, chez certains êtres monstrueux, la notion clairement perçue du mal est la force invincible qui les pousse à l'accomplissement du mal? Ce serait là un mouvement primitif, irrésistible, plus fort même que l'esprit de conservation, quelque chose, dans l'ordre moral, d'aussi fatal, d'aussi involontaire que le vertige qui nous tire vers l'abîme, qui nous fait considérer le précipice avec une curiosité mortelle, qui donne à la chute terrible l'attrait même de son horreur.

Ce principe, que, faute d'un mot plus précis, on a appelé l'*esprit de perversité*, semble concilier dans une étrange alliance le sens moral et le besoin de commettre l'action que ce sens réprouve. Les crimes qu'il engendre sont aussi logiquement, aussi raisonnablement accomplis que leur *mobile sans motif* est illégitime et déraisonnable. L'action jugée mauvaise est faite avec une entière délibération, avec une complète prudence, cachée, désavouée avec une intelligence absolue de sa criminalité, recommencée, s'il est possible, avec la même détermination irrésistible.

« Je vois le bien, a dit le poëte (1), je reconnais qu'il est le bien, et, cependant, je me laisse entraîner au mal. » Cette aberration de la volonté, cette impuissance de la conscience, lorsqu'elles n'ont pour effet que des fautes de conduite, que des vices plus nuisibles à celui qui s'y abandonne qu'à ceux qui l'entourent, prennent les noms adoucis de faiblesse, d'entraînement. Lorsqu'elles nous poussent au crime, la société antique les impute à quelque dieu irrité, à la *fatalité* vengeresse. La société moderne a trouvé une explication moins poétique, plus scientifique en apparence : la *monomanie*.

Notre explication moderne ne rend pas, à beaucoup près, compte de tous les désordres moraux qu'elle rassemble sous une seule et même étiquette. La monomanie meurtrière est ou paraît être la conséquence d'une perversion physique, d'une altération des sens, hystérie, hypocondrie, surexcitation ou maladie d'un organe, hallucination, voix entendues..., etc. *Papavoine, Henriette Cornier (voyez ces noms)*; cette mère qui tue son enfant parce que des voix intérieures le lui ont ordonné; ce malheureux qui se tue lui-même pour échapper à un danger imaginaire, semblent être les jouets d'une illusion toute physique, causée par la perversité des sens. Ils sont évidemment irresponsables, puisqu'ils agissent dans la logique d'une organisation détraquée.

Mais la perversité morale est quelque chose de plus inexplicable encore, de plus effrayant pour la raison humaine. Ce forfait perpétré en toute connaissance de cause, sans intérêt appréciable ou suffisant, souvent pour le seul plaisir du forfait, par cette seule raison que c'est une chose à ne point faire, voilà l'abîme pour la logique. Le médecin, qui cherche en vain une lésion matérielle, un désordre des sens; le magistrat, qui ne voit pas de motif à l'acte criminel; le philosophe, qui constate à la fois la responsabilité morale, prouvée par la lucidité de la conscience, et l'impuissance à ne pas faire le mal reconnu mal : tous ceux qui étudient, à des points de vue divers, la nature humaine, restent ici également confondus, empêchés. Ils ne veulent pas, ils ne peuvent pas admettre qu'une âme puisse être ainsi *hantée, possédée* par l'esprit du mal. Les vieilles explications des superstitions humaines, depuis l'Arimane persan jusqu'au diable du moyen âge, ont fait leur temps pour l'humanité. Et cependant, sans aller jusqu'à la perversité meurtrière, qui niera l'inclination de la nature humaine à violer la loi, par cela seul qu'elle est la loi, qu'elle a raison d'être la loi? L'esprit de révolte est contemporain de l'âme même.

Reste à savoir jusqu'à quel point, dans certaines natures, la responsabilité survit à l'entraînement irrésistible qui nous porte vers le mal. C'est la question que s'adresse, en pareil cas, non pas la société, qui mise en présence de ces monstres, ne peut penser qu'à s'en défendre, mais le philosophe qui se heurte à un problème moral des plus délicats et des plus terribles.

Le procès d'*Hélène Jégado* pose ce problème sans le résoudre. Voilà une fille qui, pendant une longue suite d'années, a patiemment, obstinément, incessamment voué à la mort tous ceux qu'elle approchait; qui, froidement, sans intérêt appréciable dans la plupart des cas, a empoisonné plus de trente personnes. Quel est le droit, quel est le devoir de la société, en présence d'un monstre semblable? Cette effroyable perversité n'est-elle pas de la démence et, s'il est légitime de se garder d'un fou, peut-on le punir? La science a balbutié dans cette cause, comme il lui arrive toujours lorsqu'elle rencontre un problème moral. La magistrature a parlé haut et ferme, comme elle doit le faire toutes les fois que l'irresponsabilité de l'accusé n'est pas évidente. Le philosophe, ici, ne décidera peut-être pas comme le magistrat; mais il ne s'étonnera pas, il n'hésitera pas comme le médecin. Sans prétendre à sonder les insondables mystères de l'intelligence et de la volonté humaines, il montrera la vanité de ces luttes inégales entre la Science et la Justice, et, sans résoudre tel ou tel problème déterminé, il dira quelle cause principale d'erreur obscurcit encore, de nos jours, le problème général de la responsabilité humaine devant la loi.

Le mardi 1er juillet 1851, deux honorables médecins de la ville de Rennes, les docteurs Pinault et Baudoin, se présentaient au parquet de M. le Procureur général, et l'un d'eux, M. Pinault, faisait cette déclaration : « Depuis longtemps je conservais, non pas un remords, mais un regret de la mort d'une domestique de M. Bidard, la nommée Rose Tessier : j'ai supposé un empoisonnement. Je viens de donner, de concert avec mon confrère Baudoin, mes soins à une autre domestique dans la même maison, une fille Rosalie Sarrazin, et celle-ci, morte aussi et avec les mêmes symptômes que j'avais observés chez la première, a été certainement empoisonnée; nous en sommes convaincus, mon confrère et moi. Ne trouvât-on pas les traces du poison dans ses entrailles, que nous croirions encore à l'empoisonnement. »

Quelques instants après, la Justice descendait chez M. Bidard. Le magistrat instructeur dit à celui-ci : « Nous venons remplir ici une mission pénible. Une domestique est morte chez vous, et l'on soupçonne un empoisonnement. — *Je suis innocente!* s'écria aussitôt Hélène Jégado, la cuisinière de M. Bidard. — Innocente de quoi? reprit le juge; on ne vous accuse point. »

Il fallut, sur cette réponse significative et sur le soupçon si formellement exprimé des deux médecins, étudier le passé d'Hélène Jégado. Voici ce qu'on y trouva dès les premières recherches.

Le 7 novembre 1850, une des domestiques de M. Bidard, professeur à la Faculté de droit de Rennes, expirait dans les plus cruelles souffrances. La maladie de cette fille s'était manifestée par des vomissements, et s'était terminée par des convulsions. Les médecins appelés à lui donner des soins ne purent expliquer la mort que par l'une de ces deux causes : une rupture du diaphragme, ou un empoisonnement.

Cette dernière supposition ne parut pas admissible, et les hommes de l'art ne voulurent pas même manifester la pensée qu'un crime eût été commis.

Rose Tessier, c'était le nom de la fille qui venait de succomber, fut remplacée par une autre servante, la fille Françoise Huriaux. Cette dernière se trouva, comme Rose Tessier, en compagnie, chez M. Bidard, d'une autre domestique, Hélène Jégado.

Françoise Huriaux n'avait pas tardé à être atteinte elle-même d'un mal qui se révéla par les mêmes

<hr>

(1) Video meliora, proboque,
Deteriora sequor.
HORACE, ép. aux Pisons.

symptômes que ceux remarqués chez Rose Tessier : son état s'aggrava tellement, qu'elle dut demander son congé. Une fois hors de la maison de M. Bidard, elle était entrée en pleine convalescence.

Rosalie Sarrazin lui avait succédé en mai 1851 : c'est cette jeune fille, à peine âgée de 19 ans, pleine de force et de santé, qui venait de mourir, le 1er juillet, après quelques jours d'atroces douleurs. Les médecins, frappés de la similitude existant entre les caractères de la maladie de Rosalie Sarrazin et de celle à laquelle avait succombé Rose Tessier, n'avaient pas hésité, cette fois, à admettre que ces deux morts étaient le résultat d'un empoisonnement pratiqué à l'aide d'une substance irritante, comme l'arsenic, et ils avaient cru devoir prévenir l'autorité judiciaire.

Hélène avait seule donné ses soins aux malades, préparé ou servi les boissons et les médicaments qu'elles avaient pris; d'autres circonstances semblaient appeler sur elle les soupçons de la Justice; elle fut immédiatement arrêtée.

A peine le bruit de l'arrestation et de la nature des poursuites dirigées contre Hélène Jégado fut-il parvenu dans le département du Morbihan, où elle était née, où elle avait longtemps servi, que de sourdes rumeurs s'élevèrent de toutes parts. On se rappela que des morts nombreuses avaient, pour ainsi dire, marqué son passage dans chacune des maisons où elle avait séjourné, et on en vint bientôt à penser que toutes ces morts, ou du moins la plupart d'entre elles, dont la cause était restée jusqu'alors inconnue, pouvaient bien être aussi le résultat du poison. Sans s'arrêter aux énergiques dénégations d'Hélène, la Justice se livra à d'actives recherches. Tout le passé d'Hélène fut soumis à un sévère examen. Une longue instruction, habilement dirigée, suivie avec un soin minutieux, amena la découverte à sa charge d'une épouvantable série de forfaits commis avec un sang-froid, une audace, une perversité dont la raison s'effraye.

La vie d'Hélène Jegado, nous allons la dérouler aux yeux du lecteur, telle qu'elle sortit de l'instruction, toute remplie de vols et de crimes.

Hélène Jégado était née à Ploufinec (Morbihan), le 28 prairial an XI (1803). Orpheline dès l'âge de sept ans, elle fut recueillie par le curé de Bubry, M. Riallan, chez lequel servaient ses deux tantes. Après un séjour de dix-sept ans dans ce village, elle accompagna l'une de ses tantes, Hélène Liscoüet, à Seglien, chez M. le curé Conan. Là se révéla déjà, chez Hélène Jégado, une sorte d'inclination au mal; une petite bergère trouva des graines de chanvre dans une soupe préparée par Hélène.

En 1833, Hélène entra au service de M. Le Drogo, prêtre, à Guern. Dans cette maison, en trois mois, du 28 juin au 3 octobre 1833, décédèrent sept personnes, parmi lesquelles Anna Jégado, la sœur d'Hélène, le père et la mère du recteur, et M. Le Drogo lui-même. Ce dernier, malgré sa constitution robuste, fut enlevé en trente-deux heures.

Toutes ces personnes moururent à la suite de pénibles vomissements. Toutes avaient mangé des aliments préparés par Hélène et avaient reçu ses soins jusqu'à leurs derniers moments. Après chaque décès, Hélène avait témoigné la plus vive douleur, disant toujours : *Ce ne sera pas le dernier.* En effet, deux morts avaient suivi celle de M. Le Drogo.

Tant d'accidents, arrivés presque subitement, devaient éveiller l'attention. Cependant un seul cadavre fut interrogé, celui de M. Le Drogo. M. le docteur Galzain se borna à constater de graves désordres

dans les voies digestives, une inflammation des intestins. Un autre médecin, le docteur Martel, soupçonna un empoisonnement; mais Hélène montrait dans sa conduite une piété exemplaire; il n'osa insister.

Hélène retourna alors à Bubry, où elle remplaça sa sœur Anna chez M. le curé Lorho. Là encore, trois personnes moururent en trois mois : une autre tante d'Hélène, Marie-Jeanne Liscoüet, la sœur et la nièce du curé. Celle-ci, forte fille de dix-huit ans, succomba en quatre jours. Toutes ces morts présentèrent les mêmes symptômes déjà observés à Guern. Hélène avait soigné ces trois femmes; elle avait passé bien des nuits à leur chevet. La sœur de M. Lorho ne voulait boire que du lait, servi de la main d'Hélène.

Hélène quitta Bubry et se rendit à Locminé, où, après avoir passé trois jours chez le recteur, elle se mit en apprentissage chez une lingère, Marie-Jeanne Leboucher. Là, deux morts nouvelles : la veuve Leboucher et une de ses filles. Un autre enfant de la veuve Leboucher, Pierre Leboucher, tomba aussi malade; mais il avait pris Hélène en aversion, il refusa ses soins, et guérit. Hélène n'attendit pas ce moment pour quitter la maison. « *Je crains*, dit-elle à Marie-Jeanne Leboucher, *d'être accusée par la rumeur publique de toutes ces morts. Partout où je vais, la mort me suit.* »

Une veuve Lorey l'accueillit alors chez elle. Encore une mort ! La veuve Lorey, disent les témoignages, prit de la soupe préparée par Hélène, vomit et mourut. La mère de la défunte, la veuve Cadic, arriva le lendemain. Hélène se jeta à son cou : — « *Ma pauvre fille*, lui dit-elle, *que je suis malheureuse ! Partout où je vais, à Seglien, à Guern, à Bubry, chez les Leboucher, on meurt !* »

Hélène avait raison : en moins de dix-huit mois, treize tombes s'étaient déjà ouvertes et fermées derrière elle, et d'autres allaient s'ouvrir encore !

Le 9 mai 1835, Hélène entra au service de la dame Toursaint, de Locminé. Là, quatre morts nouvelles : une fille de confiance, Anne Evéno, M. Toursaint père, Mlle Julie Toursaint, tombée subitement malade à la suite d'un bouillon aux herbes donné par Hélène, enfin, Mme Toursaint elle-même. M. Toursaint fils, que la figure douteuse d'Hélène et le bruit des morts semées sur ses pas avaient tout d'abord prévenu contre elle, la chassa brusquement.

Hélène se rendit alors à Auray, au couvent du *Père-Éternel.* Admise comme pensionnaire, elle fut bientôt renvoyée, sous l'accusation d'avoir lacéré méchamment le linge et les vêtements des élèves. Les désordres qu'on lui imputait cessèrent aussitôt après son départ.

En sortant du couvent, Hélène alla comme apprentie chez la sœur Anne Lecorvec, présidente des *Bonnes-Œuvres*, verte vieille de soixante-dix-sept ans. Anne Lecorvec mourut en quarante-huit heures, après avoir mangé d'une soupe préparée par Hélène. « *Ah ! dit celle-ci à la nièce d'Anne Lecorvec, qui pleurait, je porte malheur; les maîtres meurent partout où je vais.* » Elle partit le jour même de l'enterrement.

Une dame Anne Lefur, à Pluneret, la reçut chez elle. Elle y resta un mois environ, manifestant sans cesse le désir de se faire religieuse, s'absentant souvent pour aller voir, disait-elle, les sœurs de la Communauté d'Auray. Anne Lefur, qui avait une excellente santé, tomba tout à coup malade, à la suite d'une boisson que lui fit prendre Hélène. Celle-ci abandonna la malade, et retourna à Auray. Anne Lefur revint à la santé, aussitôt qu'elle eut échappé aux soins d'Hélène.

Hélène, cependant, était entrée, à Auray, au service d'une dame Hetel, mais elle n'y resta que quelques jours. M. Le Doré, gendre de la dame Hetel, ayant appris les motifs qui avaient fait renvoyer Hélène du couvent d'Auray, l'expulsa honteusement. Il était déjà trop tard : la dame Hetel, prise de vomissements après avoir mangé des mets préparés par Hélène, mourut quelques jours après sa sortie.

Hélène ne pouvait plus trouver de condition à Auray. Elle alla à Pontivy, et se gagea, en qualité de cuisinière, chez un sieur Jouanno. Elle était depuis quelques mois dans cette maison lorsque Emile Jouanno, âgé de quatorze ans, mourut d'une maladie qui n'avait duré que cinq jours, caractérisée par des vomissements et des convulsions. L'autopsie montra l'estomac enflammé, les intestins corrodés. Comme l'enfant avait l'habitude de boire du vinaigre, le médecin attribua à ce pernicieux breuvage les désordres signalés par l'autopsie.

Hélène n'en fut pas moins renvoyée par ses maîtres. Elle entra chez M. Kérallic, à Hennebon. M. Kérallic était alors en pleine convalescence d'une fièvre intermittente. Une tasse de thé préparée par Hélène fut suivie d'une rechute. Des vomissements violents et répétés survinrent. Hélène seule veilla le malade, qui mourut en quelques jours. Ceci se passait en 1836.

Vers la fin de 1839, on retrouve Hélène chez une dame Veron. Encore une mort, précédée de vomissements.

Au mois de mars 1841, Hélène entra comme domestique chez les époux Dupuy-de-Lôme, à Lorient. M. Breger, gendre de M. Dupuy, perdit bientôt sa petite-fille, âgée de deux ans et demi. Le lendemain même, la dame Breger, M. Dupuy de Lôme, M. Breger, tous les membres de la famille enfin, furent pris de vomissements. Toutes ces personnes échappèrent à la mort; mais, pour quelques-unes, les conséquences furent très-graves. La dame Breger, M. Dupuy-de-Lôme ressentirent, pendant plusieurs années, une sorte d'engourdissement et de paralysie, avec de vives douleurs aux extrémités.

Forcée d'abandonner Lorient, Hélène alla à Port-Louis, chez M. Duperron; la demoiselle Leblanc, parente de ce dernier, constata la disparition d'un drap. Quand on le réclama à Hélène, elle refusa de le rendre. « *Je viens de faire une retraite,* dit-elle, *Dieu m'a tout pardonné !* »

Vingt-trois morts, cinq malades, plusieurs vols, car on en découvrit d'autres plus tard : telle était la terrible nomenclature des crimes et délits que l'instruction avait révélée contre Hélène, dans la période comprise entre 1833 et 1841. Mais tous ces crimes étaient couverts par la prescription légale, et Hélène n'en devait compte qu'à Dieu et à sa conscience !

Ici commence la nouvelle série de crimes qu'il sera, enfin, permis à la Justice de rechercher et de punir.

Hélène était venue se fixer à Rennes, en mars 1848; quelques vols, commis antérieurement à cette date, furent relevés à sa charge : à Vannes, où elle s'était rendue après son départ de Port-Louis, chez une marchande, Marguerite Maguéro, chez une dame de Bavalan, et chez une dame Legoubioux. A Rennes, les mêmes faits se reproduisirent : Mᵐᵉ Gauthier, Mᵐᵉ Carrière, Mᵐᵉ Charlet, chez qui servit successivement Hélène, furent victimes de vols, il est vrai peu considérables.

Mais, si elle se rendait coupable de vols, Hélène n'avait pas échappé à l'effroyable fatalité qui semait la mort autour d'elle. A peine était-elle entrée, le 6 novembre 1849, comme seule domestique, chez les époux Rabot, à Rennes, que leur fils Albert, déjà malade, décéda le 29 décembre. Dès le 20 décembre, cet enfant avait été atteint de vomissements, après avoir pris un potage de fécule, servi par Hélène.

M. Rabot, s'étant aperçu qu'Hélène lui volait du vin, lui donna son congé le 3 février 1850, en fixant son départ au 13 du même mois. Dès le lendemain, la dame Rabot, après avoir mangé une soupe préparée par sa domestique, fut aussitôt prise de vomissements. Mᵐᵉ Brière, sa mère, à la suite d'une panade, également servie par Hélène, éprouva les mêmes symptômes. Les deux malades guérirent après le départ d'Hélène ; mais Mᵐᵉ Rabot, comme autrefois M. Dupuy-de-Lôme, resta longtemps affligée d'une sorte de paralysie.

Hélène était devenue la domestique des époux Ozanne. Dans cette maison, on eut d'abord à lui reprocher des vols d'eau-de-vie. Bientôt, le jeune enfant de M. Ozanne fut atteint d'un mal inconnu et mourut comme foudroyé. Le médecin attribua cette mort à une affection croupale aiguë; mais des symptômes identiques à ceux observés chez tous les autres maîtres d'Hélène avaient précédé le décès.

Dès le lendemain de la mort du jeune Ozanne, Hélène entra au service de M. Roussel, tenant l'hôtel du *Bout-du-Monde.* Six semaines après, le 18 juin, la mère de cet aubergiste, la veuve Roussel, qui avait dû reprocher à Hélène sa malpropreté, tomba subitement malade. Elle venait de manger un potage qu'Hélène lui avait servi. La maladie fut longue, le traitement douloureux. Dix-huit mois après, Mᵐᵉ Roussel n'était pas encore entièrement rétablie.

A l'hôtel du Bout-du-Monde servait, conjointement avec Hélène, une fille de confiance, Perrotte Macé, âgée de trente ans, bien portante, fortement constituée. Cette fille, dont les observations avaient valu à Hélène les justes reproches de sa maîtresse, s'était encore attiré par deux autres causes la haine jalouse de sa nouvelle compagne : d'abord, elle se trouvait, par cinq années de bons services, en possession de la confiance de ses maîtres; puis un garçon d'écurie de l'hôtel, André, ne cachait pas sa préférence pour elle. Perrotte Macé ne tarda pas à s'aliter, comme sa maîtresse. Mêmes symptômes chez les deux malades : vomissements, maux d'estomac, douleurs aux membres, enflure du ventre et des pieds. Perrotte résista de toute la force de sa jeunesse et de sa constitution. Ce fut en vain; moins heureuse que la veuve Roussel, elle expira le 1ᵉʳ septembre, après une horrible agonie.

Les docteurs Vincent et Guyot, appelés à donner leurs soins à Perrotte, ne purent se rendre compte de la marche de la maladie. L'idée d'un empoisonnement se présenta à l'esprit de l'un d'eux ; ils réclamèrent l'autopsie : mais ils durent s'arrêter devant la répugnance de la famille de Perrotte à donner son consentement à cette opération conseillée par la prudence.

Là encore, Hélène fut surprise en flagrant délit de vol de vin. Elle fut renvoyée dès le lendemain.

Quinze jours après son expulsion, Hélène entra au service de M. Bidard. Nous avons dit, en commençant cette triste nécrologie, les morts nouvelles qui marquèrent son passage dans cette maison.

Cependant, Hélène persistait à nier tous les faits d'empoisonnement qui lui étaient imputés. « *Je ne connais pas l'arsenic,* répétait-elle sans cesse; *pas un*

témoin ne pourra dire qu'il en a vu en ma possession. »
Aucun témoin, en effet, n'était venu démentir les
assertions d'Hélène. En vain, la science avait constaté la présence de l'arsenic dans le corps de ses
dernières victimes, l'instruction n'était pas parvenue
à découvrir comment Hélène s'était procuré cette
substance. Ce n'était certainement pas à Rennes;
les recherches les plus actives n'avaient rien révélé
à cet égard. Ne fallait-il pas plutôt croire qu'elle en
avait depuis longtemps en sa possession, et qu'au
premier soupçon dont elle avait été l'objet, elle en
avait fait disparaître jusqu'aux traces ? Cette supposition était d'autant plus admissible, qu'à Locminé,
où sept morts avaient signalé son passage, on avait
trouvé dans un coffre à son usage trois paquets,
dont l'un contenait *une poudre blanche semblable
à de la gomme.*

La Cour d'appel de Rennes, chambre des mises
en accusation, renvoya Hélène Jégado devant la
Cour d'assises d'Ille-et-Vilaine, sous l'accusation
d'avoir commis onze vols, trois empoisonnements et
trois tentatives d'empoisonnement. Vingt-trois empoisonnements, cinq tentatives, plusieurs vols, qui
remontaient à plus de dix ans, avaient été écartés,
comme couverts par la prescription légale.

Le 6 décembre 1851, s'ouvrit la première audience.

La Cour est présidée par *M. Boucly,* premier
Président. *M. Du Bodan,* Procureur général de la
République (1), occupe le siège du ministère public ;
il est assisté par *M. Tiengou de Tréfériou,* l'un de
ses substituts ; *Me Magloire Dorange* est au banc
de la défense.

Malgré les préoccupations politiques excitées par
le coup d'Etat tout récent du 2 décembre, l'auditoire est nombreux. On remarque dans l'enceinte un
grand nombre de dames.

Beaucoup d'avocats en costume assistent à l'audience. M. le premier Président donne l'ordre d'introduire l'accusée.

A peine l'interrogatoire d'Hélène a-t-il été commencé par les questions d'usage, que *Me Dorange* se
lève pour demander le renvoi de l'affaire à une autre
session. Il se fonde sur les événements politiques,
dont l'explosion imprévue a jeté le désordre, et autour de lui, et en lui-même. Un médecin éminent,
représentant à l'Assemblée nationale, M. Baudin (de
l'Ain), son meilleur ami, son témoin le plus important, dont l'opinion eût été d'un grand poids dans
ces débats, est mort, dit le défenseur, «*pour le maintien des lois.*» Ce douloureux événement, qui a foudroyé l'ami, a désarmé le défenseur. L'illustre chimiste Raspail lui manque également tout à coup.
Toutes les précautions avaient été prises pour qu'il
pût comparaître. M. le directeur de Doullens (2),
M. le Préfet de la Somme avaient reçu avis de l'assignation donnée à Raspail, et, si M. le Procureur général de Paris ne se fût pas emparé du projet de
citation que lui soumettait l'huissier requis d'instru-
menter, les ministres de l'Intérieur et de la Justice
eussent été avisés eux-mêmes. Enfin, un célèbre
médecin de Nantes, le docteur Guépin, qui devait
apporter à la défense le tribut de sa science, était re-

tenu à Nantes par les fonctions de conseiller général.

C'est pour ces motifs que la défense en désarroi
demande la remise de l'affaire : *Me Dorange* dépose
ses conclusions, dont une partie, on devine laquelle,
fut supprimée d'office par la Cour.

M. le Procureur général repousse la demande.
« La défense se prétend désarmée, dit-il ; elle pense
ne pouvoir se produire librement, soit à raison de
circonstances générales, soit à raison de circonstances
qui lui sont spéciales. Le défenseur serait placé sous
l'empire de douloureuses impressions, qui lui enlè-
veraient toute liberté d'esprit. Eh ! mon Dieu, Messieurs, la France entière est émue à l'heure qu'il est ;
mais, avant tout, nous devons faire appel à l'énergie,
à l'indépendance des bons citoyens. La cause du
pays est toujours debout. Il y a des intérêts communs à tous qu'il faut sauvegarder. La paix publique,
la paix de nos cités doit, avant tout, être assurée. Que
les pouvoirs tutélaires de la société n'abandonnent
pas leur mission ! La Providence décidera du reste.
Eh ! en 1814, en 1830, en 1848, le cours de la Justice a-t-il donc été interrompu?... Me Dorange a un
ami à pleurer... Nous lui tenons un grand compte
de ce chagrin ; mais qu'il sache maîtriser son émotion
et accomplir un grand devoir. Il y a quelques jours,
un magistrat de cette Cour (1) apprenait, au moment
de monter sur son siège, la mort d'un frère chéri.
Imposant silence à sa douleur, il assura d'abord à son
pays le cours de la Justice, et ne pleura son frère
qu'après avoir dépouillé sa robe de juge. »

M. Du Bodan ajoute que si Me Dorange persiste à
arguer de son impuissance, la défense ne sera pas
pour cela désertée. M. le Président a déjà fait appel
au zèle du barreau de Rennes, et un orateur que la
Cour aime à entendre (2) prêtera à l'accusée le secours de sa parole.

Quant aux témoins appelés par la défense, l'absence de trois sur cinq ne saurait nuire à l'accusée.

« Nous sommes heureux, ajoute *M. le Procureur
général,* de pouvoir révéler ici la pensée de M. le ministre de la Justice. L'administration, consultée par
nous, s'est montrée disposée à faire sortir de Doullens le sieur Raspail, si sa déposition devenait utile à
la manifestation de la vérité. Nous avons déjà dit à
Me Dorange que nous ne voyions pas en quoi le
sieur Raspail pourrait seconder la défense ; voilà
pourquoi nous ne l'avons pas assigné. La défense
l'appelle, et il ne comparaît pas. Nous pensons encore, à l'heure qu'il est, que, quelle que soit la science
de ce chimiste, son concours n'est pas nécessaire à la
défense, et que les hautes lumières de M. Malaguti (3)
éclaireront suffisamment le débat. En vain semble-
t-on se rattacher à une espérance : on attend beaucoup de M. Raspail, qui a dit, dans une circonstance
sérieuse, quelque chose qui semblait l'être bien peu :
On trouve de l'arsenic dans le plus vieux meuble (4)!
Cela ne saurait vous toucher. »

M. le premier Président ajoute que M. Guépin,
bien que malade, a fait savoir qu'il tâcherait de se
présenter pendant le cours des débats.

Me Dorange insiste. Il croit savoir que M. Guépin
est à Nantes, et qu'il a protesté, «au nom de la démo-
cratie nantaise, contre la violation de la constitution.»
Quant à charger un honorable avocat, si habile qu'il
puisse être, de plaider instantanément une affaire
qui exige, pour être étudiée superficiellement, huit

<hr>

(1) MM. Boucly et Du Bodan sont aujourd'hui (1865) conseillers à la Cour de cassation
(2) Raspail était détenu dans cette prison, depuis sa condamnation par la Haute-Cour à Bourges.

(1) M. Lemeur.
(2) M. Méaulle.
(3) Professeur de chimie à la Faculté de Rennes.
(4) *Voyez* les procès *Lafarge* et *Lacoste.*

jours de travail, cela paraît impossible. D'ailleurs, au nom de quelle autorité suprême M. le Procureur général pourrait-il conclure aujourd'hui? Est-ce au nom du Peuple français et en vertu de la Constitution, ou serait-ce au nom de l'ex-président de la République? Le défenseur termine en déclarant qu'il est dans l'intention de se retirer si l'affaire est retenue.

M. le premier Président.—Les arrêts de la Justice portent au nom de qui la Justice est rendue en France.

La Cour rend un arrêt portant, quant aux témoins absents, que, n'étant pas appelés à déposer sur des faits relatifs à l'accusation qui seraient à leur connaissance personnelle, mais seulement à donner leur avis comme hommes de science, leur présence aux débats ne saurait être considérée comme indispensable à la manifestation de la vérité; quant à l'impuissance arguée par le défenseur, qu'elle ne peut pas et ne doit pas interrompre le cours de la Justice; quant aux développements donnés à l'appui de la demande de renvoi, qu'ils constituent des appréciations politiques inutiles pour justifier la demande, absolument étrangères à un débat judiciaire, et pouvant avoir pour résultat de troubler la paix publique. Par ces motifs, la Cour rejette la demande et, supprimant une partie des conclusions, ordonne qu'il sera passé outre au débat.

Sur une dernière insistance de *M⁰ Dorange*, la Cour ordonne qu'il sera assisté par *M⁰ˢ Gaillard de Kerbertin* et *Aristide Bouïnais*.

Puis, lecture est donnée de l'acte d'accusation. Ce document, rédigé avec une simplicité louable, nourri de faits, sobre de phrases, reproduit, jour par jour, les faits nombreux invoqués à titre de renseignements contre Hélène Jégado, ou mis à charge. Hélène y est accusée : 1° de vols divers commis, en 1843 ou 1844, en 1846 ou 1847, en 1847 ou 1848, de 1849 à 1850, en 1850, au préjudice de Marguerite Maguéro, de la dame de Bavalan, de la dame Joubioux, des époux Gaultier, de la dame Carrère, des époux Ozanne, de Roussel et de Rose Tessier, ses maîtres et camarade ; 2° d'attentats à la vie des dames Brière et Rabot, de la veuve Roussel, de Françoise Huriaux, au moyen de substances de nature à donner la mort plus ou moins promptement ; 3° du crime d'empoisonnement commis sur les personnes de Perrotte Macé, de Rose Tessier et de Rosalie Sarrazin.

Lecture donnée de l'acte d'accusation, et avant l'appel des témoins, *M⁰ Dorange* demande que M. le Président veuille bien ordonner, en vertu de son pouvoir discrétionnaire, que M. le docteur Pitois, appelé par M. le Procureur général et par la défense, soit entendu le premier, et assiste à tous les débats. Le but avoué de la défense est de faire apprécier l'état mental de l'accusée.

M. le premier Président procède à l'interrogatoire de l'accusée, qui embrasse d'abord tous les faits écartés par l'accusation, comme couverts par la prescription légale.

M. le premier Président. — Chez M. le curé de Séglien, n'y avait-il pas une jeune fille? N'a-t-elle pas trouvé un jour des graines de chanvre dans sa soupe, et n'a-t-elle pas refusé plus tard du pain beurré par vous?

Hélène Jégado. — Jamais!

D. Pourquoi avez-vous quitté la cure de Séglien? — *R.* Pour les mensonges que cette fille avait faits sur moi, et parce que ma tante les croyait.

D. On vous reprochait dès lors d'aimer la boisson? — *R.* C'était cette fille seule qui le disait.

D. Au presbytère de Guern, où vous êtes allée ensuite, n'y a-t-il pas eu de nombreux décès? — *R.* Le feu prit au lit de M. le recteur, et cela causa une telle frayeur, que beaucoup moururent après.

D. Mais les maladies dont ils sont morts commençaient toutes par des vomissements? — *R.* Oui, mais ma sœur n'a pas vomi beaucoup.

D. Et cette sœur, vous êtes allée la remplacer chez M. le curé de Bubry? — *R.* Oui.

D. Est-ce qu'il y avait une mortalité à Guern? — *R.* Je ne sais pas, moi.

D. Vous avez soigné tous ces malades? — *R.* Oui, et j'ai toujours trop soigné les personnes, et c'est là mon grand malheur, et c'est ce qui cause ma peine aujourd'hui.

D. Chez M. Lorho, curé de Bubry, trois personnes ne sont-elles pas mortes? — *R.* Oui, ma tante la première. C'est moi qui les ai toutes soignées. J'ai passé bien des nuits. Ma tante ne voulait boire que du lait, et de ma main.

D. Après leur mort, la figure de ces personnes présentait des taches d'un bleu violacé? — *R.* Jamais je n'ai vu cela, moi.

D. Pourquoi êtes-vous sortie de la cure de Bubry? — *R.* Parce que Monseigneur l'évêque ne voulait pas que les curés eussent des domestiques ayant moins de quarante ans, et que j'étais trop jeune.

D. On fit alors des recherches dans votre lit, et on trouva des herbes étranges? — *R.* Jamais on n'a rien trouvé dans mon lit.

D. Après votre départ, on a remarqué qu'il manquait du linge? — *R.* Je n'ai emporté que ce qui était à moi.

D. Le linge des parentes du curé était plus blanc que celui des campagnes? — *R.* Mon Dieu, non.

D. A Locminé, dans la famille Leboucher, deux personnes sont mortes? — *R.* Je ne me rappelle que de la mère, bien sûr... Je sortis de là étant malade.

D. N'avez-vous pas dit à Marie Leboucher : « Partout où je vais la mort me suit ? » — *R.* Je n'ai jamais dit cela, bien sûr.

D. Quand vous fûtes sortie de chez Mᵐᵉ Leboucher, on trouva sur le ciel de votre lit des espèces d'emplâtres? — *R.* On n'a jamais rien trouvé de pareil.

D. Vous avez ensuite passé quelques jours chez une veuve Lorey, qui tenait café? — *R.* Oui, pour lui donner des soins.

D. Quels soins! Quand vous êtes entrée chez elle, elle n'avait qu'une légère indisposition, et cette indisposition, après une soupe que vous lui avez servie, a pris un caractère tellement effrayant, qu'elle est morte en quatre jours, après d'horribles souffrances? — *R.* Non, je ne me rappelle pas ça ; je ne lui ai donné que ce qu'elle m'a demandé.

D. Vous êtes entrée, en 1835, dans la famille Toussaint; n'y eut-il pas là encore plusieurs décès? — *R.* Oui, le monsieur, qui tomba malade dès le premier jour ; puis, la factrice, Mˡˡᵉ Eveno, qui avait attrapé un refroidissement en revenant d'Auray; et Mˡˡᵉ Julie Toussaint. Mais elle n'était pas forte... Je ne montais près d'elle que quand elle m'appelait. Deux fois, avant sa mort, elle a serré ma main dans la sienne ; *elle m'était bien reconnaissante.*

D. Vous lui avez servi un bouillon d'herbes qu'elle trouva très-mauvais? — *R.* Pas plus mauvais bouillon pour elle que pour d'autres, pour sûr.

D. Ne fûtes-vous pas gravement malade alors, et, au lieu de vous trouver au lit, ne vous trouva-t-on pas préparant une certaine sauce? — *R.* Non.

D. A votre sortie de la maison Toursaint, on trouva parmi vos effets trois paquets : l'un, de safran; l'autre, d'une poudre brunâtre; et le troisième, d'une poudre blanche; enfin, quelques clefs? — *R.* C'est impossible, à moins qu'on ne l'y ait mis. *Je vous le dis franchement, comme à l'Angelus.*

D. A cette époque, n'avez-vous pas été insultée et poursuivie dans les rues de Locminé? Ne disait-on pas : *C'est la femme au foie blanc; elle porte la mort avec elle?* — *R.* On ne m'a jamais rien dit de cela, pour sûr.

D. Vous êtes allée à Auray, au couvent du *Père-Éternel*. Vous fûtes renvoyée : pourquoi? — *R.* Je ne sais pas; la supérieure m'a dit de sortir, que j'étais trop âgée pour apprendre à lire et à écrire.

D. N'est-ce pas plutôt parce que, dans les armoires du couvent, on trouvait les linges, les draps coupés, déchiquetés en morceaux? — *R.* On avait bien aussi coupé ma jupe, et jamais les sœurs ne m'ont accusée de cette méchanceté; je n'en ai aucune, allez!

D. On remarqua que votre linge était bien blanc, pour une domestique? — *R.* J'avais filé le même fil que celui des parentes du recteur de Bubry.

D. Par les soins des religieuses, vous fûtes placée chez une sœur âgée, Anne Lecorvec. Un jour, n'avez-vous pas vanté votre talent pour faire une certaine soupe à l'oseille, et ne la fîtes-vous pas? — *R.* Non, j'ai bien dit comment la faire, mais cela sans bouger de ma place.

D. Cette soupe fut faite cependant, et servie par vous. Le lendemain, Anne tomba malade et mourut. On remarqua sur le cadavre cette même teinte bleue violacée déjà signalée. — *R.* Je n'y suis pour rien.

D. N'avez-vous pas dit à la mère d'Anne Lecorvec : « *La mort me suit partout?* » — *R.* Je ne me rappelle pas.

D. Vous allâtes ensuite chez une dame Lefur, à Pluneret. N'est-elle pas tombée dangereusement malade bientôt après votre entrée chez elle? — *R.* Non, elle fut peu malade; j'y restai seulement dix jours.

D. Votre conduite ne témoignait-elle pas d'une piété fervente? N'approchiez-vous pas souvent des sacrements? — *R.* Toujours, comme maintenant.

D. Cependant vous fréquentiez des militaires? — *R.* Je n'ai jamais été vue avec des soldats, ni avec personne autre. Je n'aurais pas commencé à mon âge.

D. Ne vous a-t-on pas mise précipitamment à la porte de chez Mme Hétel? — *R.* Non; quand on me renvoyait d'une maison, on ne me disait pas pourquoi. J'avais bien du malheur, allez! La dame d'Auray, où je fus renvoyée, me parla très-poliment.

D. Mais ce fut le gendre de la maison, M. Le Doré, qui vous mit à la porte? On jeta vos hardes dehors, ainsi que tout ce que vous aviez préparé pour un dîner. — *R.* Oh! jamais il ne m'a manqué de cette façon.

D. M. Jouanno, chez qui vous entrâtes ensuite, perdit son fils? — *R.* C'est qu'il avait été battu au collége; il n'en avait rien dit, il fut pris dans la nuit de vomissements. Oh! il était bien méchant, il battait jusqu'à son frère, ce petit drôle! Après sa mort, madame me dit de m'en aller, sans me dire pourquoi.

D. Vous fûtes alors chez Mlle Kérallic, à Hennebon? — *R.* Oui, elle me connaissait et m'engagea elle-même.

D. Lui aviez-vous dit, à Mlle Kérallic, que vous portiez malheur? — *R.* Personne ne me l'avait dit, je ne le savais pas.

D. M. Kérallic tomba malade à la campagne, où vous étiez allée le rejoindre? — *R.* Oui, on le ramena à Hennebon, où il mourut.

D. Ne vous mit-on pas dehors? — *R.* Non; ce fut moi qui voulus sortir de cette maison, parce que nous eûmes discussion sur les habits de deuil.

D. De là, vous êtes allée chez Mme Véron. Pourquoi, dans l'instruction, avez-vous passé sous silence les diverses maisons où vous aviez servi entre votre départ de Séglien et votre entrée chez Mlle Véron? — *R.* Faut-il que je sache tout ce que j'ai été, et par où j'ai passé.

D. Mme Véron n'est-elle pas morte aussi à la suite de vomissements? — *R.* Si son médecin vivait, il dirait bien qu'elle est morte par sa faute, *d'une digestion de poitrine*, pour n'avoir pas fait diète, comme je lui conseillais.

D. Après la mort de Mme Véron, vous êtes entrée chez Mme Dupuy-de-Lôme. Pourquoi avez-vous oublié aussi de parler de cette maison? — *R.* J'en suis sortie par ma tête; j'avais trouvé de meilleurs gages ailleurs.

D. Une enfant de Mme Dupuy ayant été malade de la rougeole, la famille parla d'aller à la campagne pour la rétablir? — *R.* Oh! j'aimais beaucoup cette enfant-là : elle m'appelait sa marraine; elle s'appelait Hélène, comme moi.

D. Mais enfin vous étiez mécontente d'aller à la campagne? — *R.* Oui, il y avait trop loin pour venir faire les provisions.

D. Le jour même fixé pour le départ, l'enfant ne mangea-t-elle pas une soupe préparée par vous, et un gâteau? Ne fut-elle pas prise de vomissements, qui eurent pour conséquence de faire différer le départ? Un mieux s'étant déclaré, on partit. Et à la campagne, l'enfant ne mourut-elle pas dans d'affreuses douleurs? — *R.* J'en eus bien de la peine.

D. Toutes les personnes de la famille ne furent-elles pas aussi prises de vomissements? Ne se crurent-elles pas empoisonnées, à ce point, que le gendre de M. Dupuy, M. Breger, prit le parti de ne plus manger que des œufs à la coque? — *R.* Je ne me le rappelle pas; personne ne m'en a parlé.

D. Avez-vous été renvoyée de chez Mme Dupuy? — *R.* Non. On me dit que je regretterais d'avoir quitté la maison pour une augmentation de gages : on avait bien raison. Je vous le dis franchement, comme je l'ai dit, pour la première fois, je ne demande rien à Dieu, que ma santé se conserve jusqu'à ce que je sorte d'ici : je suis restée six semaines, mes hardes sur le dos, à soigner des malades, et j'ai eu trop de bonté pour mes maîtres.

M. le premier Président. — Vous avez eu alors bien du malheur! On ne trouverait pas une mauvaise chance pareille à la vôtre.

D. A Port-Louis, la demoiselle Leblanc vous réclama un drap que vous aviez emporté. N'a-t-elle pas remarqué, dans vos effets, en grande quantité, des mouchoirs de fine batiste démarqués? — *R.* Ce linge venait de ma mère et de ma sœur.

Là se termine la série des faits couverts par la prescription. L'interrogatoire aborde les vols reprochés à l'accusée, dont l'importance ici est secondaire. Nous les avons indiqués dans le récit, et on les retrouvera aux débats. Nous reprenons l'interrogatoire au moment où commencent les empoisonnements, tentés ou consommés, retenus par l'accusation.

M. le premier Président. — Mme Carrère n'a-t-elle pas pris une médecine préparée par vous, à la suite de laquelle elle a ressenti une chaleur intérieure tellement dévorante, que douze pots de lait purent à peine l'apaiser? — *R.* Je n'ai pas su que madame fut plus malade le jour où elle a pris sa médecine qu'un autre jour.

D. Vous avez servi chez M. Rabot. Il y avait alors dans cette maison un enfant en convalescence. N'a-

t-il pas éprouvé une rechute, suivie de vomissements, après un potage que vous lui avez servi? — *R.* Je ne l'ai pas remarqué. Je ne donnais rien à l'enfant avant de le montrer à monsieur et à madame.

D. Mais la vue d'un potage n'indique pas ce qu'il y a dedans? — *R.* Ah! Dieu merci, je n'ai jamais fait de mal à personne.

D. Après la mort de l'enfant, Mme Rabot et sa mère, Mme Brière, ne furent-elles pas malades? — *R.* Mme Brière disait : Je veux faire diète, car je sens bien que si je mange cela me fera du mal. Mme Rabot, elle, était bien malade de chagrin.

D. Quand on demandait des nouvelles de Mme Ra-

« ..... M. le curé ne cessait de recommander de prendre des précautions, etc. » (Page 11.)

bot, que répondiez-vous? — *R.* Le monsieur me dit : « Faut chercher une place. » Je dis : « C'est bien vilain, moi qui ai eu tant de mal ici. » Il dit : « Je sais bien que vous avez fait ce que vous avez pu. »

D. Vous ne répondez pas à ma question. Selon les témoins, vous disiez : « Elle n'en reviendra pas; c'est la même maladie que son enfant. » — *R.* Non, j'ai dit : « Elle a gagné cela à soigner son enfant. »

D. Vous êtes entrée chez M. Ozanne; son enfant, âgé de cinq ans et demi, tomba malade? — *R.* Oui, on crut que c'était des vers. Pendant la grand'messe, il empira; je le mis dans mon lit; le médecin vint; il trouva qu'il était assez mal; finalement il mourut de *la croupe.*

D. Vous dites là avoir soigné un enfant de la même maladie? — *R.* Je dis que le petit Rabot avait été comme cela, mais qu'il vomissait plus de saletés... *J'ai bien regretté cet enfant;* il était bien aimable avec moi.

D. En sortant de chez M. Ozanne, vous êtes allée

à l'hôtel du Bout-du-Monde. Mme Roussel menaça de vous renvoyer à cause de votre saleté? — *R.* Au contraire, madame me dit qu'elle était très-contente de mon service. Si elle s'est plainte, ce n'est pas à moi. Je l'aimais beaucoup; depuis qu'elle était malade, elle ne venait plus à la cuisine, j'étais bien triste. On servait à madame un petit potage à part dans un bol.

D. Après que Mme Roussel vous eut fait des reproches sur votre saleté, ce potage ne lui causa-t-il pas des vomissements violents? — *R.* Quelquefois elle vomissait aussi quand elle n'en avait pas pris, après des œufs ou de la bouillie.

D. A la suite de ces vomissements, ne vit-on pas se déclarer les mêmes symptômes déjà signalés chez vos autres maîtres? — *R.* Dès le premier jour, elle me montra ses pauvres jambes qui étaient enflées. C'était pas moi qui en étais cause, pour sûr.

D. Il y avait là une jeune femme de chambre, Perrotte Macé; elle se plaignait aussi de votre mal-

propreté? — *R.* Jamais elle ne m'a rien reproché.
Je l'aimais beaucoup; je me forçais de faire mon
ouvrage, pour l'aider à faire ses chambres. Je n'ai
que le défaut de trop m'attacher aux gens.

D. Il y avait aussi un garçon nommé André? Ne lui
avez-vous pas parlé de mariage et d'argent que vous
aviez? — *R.* Quand il sortit de l'hôpital, je lui donnais tous les matins une bolée de bouillon. Les autres disaient : « Elle est sa bonne amie! — Pourquoi
pas comme une autre? » dis-je. Quant à l'argent, j'en
avais chez Mme Roussel, et si j'en ai parlé à André,
c'était vrai.

D. N'étiez-vous pas jalouse de Perrotte? N'avez-
vous pas craint qu'André la préférât à vous? — *R.* Ja-

mais je n'ai eu de chagrin contre elle. Je n'en ai eu
que contre le bonhomme Jean. André tirait de l'eau
dès que je lui demandais, et Jean me refusait toujours.

D. Perrotte était depuis cinq ans dans la maison ;
elle avait toute la confiance de ses maîtres. N'avez-
vous pas été jalouse d'elle, à cause de cela? — *R.* Jamais jalouse de personne.

D. Perrotte a été malade après un repas que vous
lui aviez préparé. Puis elle devint mieux, reprit ses
travaux, et alors ne lui avez-vous pas offert une de
ces bonnes soupes aux herbes que vous savez si bien
faire? — *R.* Je lui offris de la soupe; j'en avais fait
pour nous deux. Elle n'en voulut pas. Ce fut le lende-

... Je lui donnais tous les matins une bolée de bouillon... (Page 9.)

main qu'elle en mangea et que survinrent les vomissements. J'étais au marché, moi... *Voilà comme on
reconnaît mes bontés ; j'ai perdu ma santé à la soigner.*

D. Oui, vous la soigniez. Aussi, elle disait : « Je ne
sais, mais tout ce qu'elle me donne me brûle. » —
R. Si elle a dit cela, c'est bien mal. Quand M. Roussel me défendit de monter chez elle, elle en eut bien
du chagrin. Aussi je montai pour la satisfaire, et je
désobéis à M. Roussel.

D. Tout cela est vrai jusqu'à un certain point ; mais
il est vrai aussi qu'elle avait demandé d'abord qu'on
vous éloignât. Et vous-même, ne disiez-vous pas :
« Les médecins n'y entendent rien : la maladie est
mortelle? » — *R.* Je l'ai dit devant la gardienne, et je
l'ai dit au médecin même. La pauvre fille, elle me
disait souvent : « Viens me donner à boire! » *Oh! si
le bon Dieu me faisait la grâce de me trouver jamais
devant un malade, je ne lui donnerais rien, quand
il en devrait mourir!... Voilà comme ma bonté m'a
mise dans la peine.*

D. Perrotte est morte; on a fait l'autopsie de son
cadavre ; elle est morte empoisonnée par l'arsenic :
qui l'a empoisonnée?... N'est-ce pas celle qui lui servait des potions brûlantes et qui lui a fait une soupe,
cause des vomissements?... Qui donc, si ce n'est pas
vous? — *R.* Je ne connais pas aucun poison, et, si
le bon Dieu le veut bien, je n'en connaîtrai jamais.

D. Du *Bout-du-Monde*, vous entrâtes chez M. Bidard. Il y avait là une femme de chambre, jeune
aussi, et d'une bonne constitution : Rose Tessier.
Rose avait toute la confiance de M. Bidard : elle avait
le compte de l'argent ; vous étiez en quelque sorte
sous ses ordres, et cela vous blessait. — *R.* Je disais
qu'elle ne pouvait souffrir aucune domestique, que
j'étais fâchée d'être entrée chez M. Bidard. Quand
elle fut à la campagne, elle fit une chute, et elle se
plaignit beaucoup de son côté : on lui mit des sangsues. En rentrant en ville, elle tomba de nouveau
dans l'escalier, je me mis à rire. Elle riait aussi et
dit : « Je vais donc me tuer en tombant? » Plus tard,

après être allée trop promener un dimanche, elle fut prise de vomissements.

D. On a fait l'ouverture du cadavre, et l'on n'a rien trouvé qui justifiât que la mort pût être attribuée à une chute, comme vous avez voulu le faire croire. — *R.* M. Guyot dit bien qu'il y avait un abcès qui avait crevé en dedans.

D. Le docteur pensa qu'il y avait rupture du diaphragme. Enfin, il est certain que Rose était bien portante le dimanche où elle sortit, et qu'à sa rentrée, après le repas que vous avez fait en commun, elle a été prise d'indisposition ; que les vomissements ont augmenté quand elle eut bu une tasse de thé que vous lui aviez préparée. L'avez-vous soignée seule ?— *R.* Non, tout le monde s'en mêlait ; je mettais seulement la tisane à bouillir. J'ai bien souffert ; *le bon Dieu me fera la grâce d'aller jusqu'au bout.* Si je ne suis pas morte de ce que j'ai souffert en prison, c'est le doigt du bon Dieu qui m'a guidée et soutenue.

D. On a fait l'analyse du cadavre de Rose, comme on l'avait faite de celui de Perrotte. Eh bien ! on y a trouvé beaucoup plus d'arsenic. Aussi, Rose est morte en quatre jours, et Perrotte seulement après plusieurs semaines. La puissance de la science interrogeant un cadavre est grande, vous le voyez ! Comprenez-vous, accusée ? — *R.* Qu'est-ce que c'est que l'arsenic ? Je n'en ai jamais vu d'arsenic, moi !

D. Après Rose, est entrée Françoise Huriaux. D'abord, vous l'avez signalée comme une fainéante « qui volait le pain qu'elle mangeait. » Vers ce temps, vous changeâtes votre habitude de manger avec elle la soupe qui sortait de la table ; vous vous mîtes à faire deux soupes et deux parts : pourquoi ? — *R.* C'était dans le carême, et je me faisais une soupe à part.

D. Mais Françoise Huriaux dit qu'elle ne vomissait que quand elle mangeait la soupe que vous lui serviez ; aussi, avait-elle cessé d'en manger. Vous lui dites alors : « Crois-tu que je veux t'empoisonner ? » — *R.* Non ; je lui dis un jour : « Il vaut mieux donner le pain aux malheureux que de le laisser perdre ; ainsi, si tu veux manger de la soupe, fais la toi-même. »

D. Enfin, elle a été malade depuis le jour où vous lui avez témoigné de l'aversion... Et elle n'a été guérie que quand elle eut quitté la maison : celle-là, vous ne l'avez pas achevée !... Rosalie Sarrazin la remplaça. M. Bidard voulut que celle-ci prît la gestion de l'argent, comme Rose Tessier, et il vous dit de lui rendre vos comptes ? — *R.* Monsieur ne m'a pas dit cela. Je lui dis : « Voici une nouvelle domestique ; il faudra qu'elle marque la dépense. » Elle l'a fait pendant quelque temps. Un soir, elle se fâcha de ce que je lui dis à propos du jour où il fallait faire remonter le compte ; nous nous disputâmes. M. Bidard avait entendu la querelle ; il dit : « Je ne veux pas de disputes dans la maison. » Quelques jours après, il me dit de nouveau : « Si vous continuez comme cela, il faudra chercher une place pour la Saint-Jean. — « Ah ! je dis, *j'ai été chercher un bâton pour me battre.* »

D. Rosalie ne vous a-t-elle pas dit qu'elle ne recevait de gages que de M. Bidard, et qu'elle n'obéirait qu'à lui ; et, à la suite de cette querelle, n'avez-vous pas été tellement colère contre cette pauvre fille, que vous en avez vomi le sang ? — *R.* C'est bien vrai, et sans M. Pitois, qui me saigna, je serais morte... Mais quand j'ai été malade, on ne m'a pas soignée, moi !... Et quand elle a été malade, je l'ai bien soignée comme les autres, celle-là !

D. Vous vous plaignez aujourd'hui ; mais quand Rosalie voulait vous soigner, vous la repoussiez ? — *R.* Non, je lui disais : « Ma pauvre Rosalie, tu m'as bien fait de la peine ; mais le bon Dieu saura qui de nous deux a raison. » C'était moi, Monsieur, qui l'avais fait entrer chez M. Bidard !

D. Quand vous avez été rétablie, le 10 juin, Rosalie fut prise de vomissements ; elle avait mangé des petits pois servis par vous-même, contre l'ordre du service. Vous en aviez offert à M. Bidard, en lui disant : « Mangez-en donc, Monsieur..., ils sont bien bons. » Un médecin fut appelé ; un mieux se manifesta chez la malade ; mais, le dimanche 15, les vomissements reprirent, après que vous eûtes servi un bouillon d'herbes à Rosalie ? — *R.* Le médecin avait dit de lui en donner un tous les matins, *j'obéissais* le médecin.

D. Le dimanche 22, au retour de la campagne, où elle s'était bien portée, Rosalie fut encore prise de vomissements. — *R.* Elle avait pris une potion que monsieur avait apportée ; elle a vomi au troisième verre seulement : « Je ne sais pas, dit-elle, ce que m'ordonne le médecin. » Je lui dis : « Faut jeter la médecine à la rivière. »

D. Voici ce qui résulte des faits : le premier verre fut donné par M. Bidard, et Rosalie ne vomit pas..., le troisième par vous, et elle vomit. — *R.* Ce n'était pas cette fois-là, Monsieur ; c'est erreur.

D. N'avez-vous pas dit : « Je goûte tous les remèdes qu'elle prend » ? — *R.* Jamais je ne les goûtais que pour voir si c'était assez sucré.

D. Dans la soirée du 28 juin, vous fûtes chercher chez le pharmacien une potion où il devait y avoir de l'acétate de morphine ? — *R.* Je ne peux rien me rappeler à cet égard.

D. Vous êtes restée une partie de la nuit avec Rosalie : a-t-elle pris de cette potion ? — *R.* Je crois, une cuillerée toutes les heures.

D. N'a-t-elle pas vomi chaque fois qu'elle en a pris ? — *R.* Non ; elle n'a pas vomi cette nuit-là ; elle était gaie, et riait des sangsues qu'on lui avait mises.

D. Le lendemain, cependant, elle était très-malade. M. Bidard fit venir MM. Guyot et Pinault, qui, ne doutant plus d'un empoisonnement, administrèrent une forte dose de magnésie. Dans la nuit du dimanche au lundi, vous l'avez veillée encore ? — *R.* Oui, cette nuit-là fut assez bonne ; elle n'eut qu'un vomissement.

D. Qui lui avait donné à boire ? — *R.* Je crois bien que c'était moi.

D. Eh bien ! dans la potion que vous êtes allée chercher, que vous avez administrée, et dans les viscères de Rosalie, il y avait de l'arsenic. Qu'avez-vous à dire ? — *R.* Je dis encore : Je ne connais ni poison, ni empoisonnement.

M. le Président. — Enfin, voilà trois femmes de chambre empoisonnées ; chez toutes trois, l'arsenic apparaît, elles n'ont été soignées que par vous, et vous êtes innocente ! Il y a là une grande fatalité !

Ce long interrogatoire a été soutenu par l'accusée avec une fermeté sombre, quelquefois violente. Elle parle les yeux baissés, avec une volubilité qui ne masque pas suffisamment la dissimulation hypocrite. Les réponses vont rarement droit à la question. Sa parole est le plus souvent lourde, empâtée, nette seulement quand la passion l'emporte. L'accent morbihannais, les bretonnismes de son langage lui donneraient un certain cachet d'originalité, n'était sa physionomie dure, basse et repoussante.

Le 7 décembre, on passe à l'audition des témoins.

Le premier témoin appelé est *M. Pitois*, docteur en médecine à Rennes; c'est le médecin de l'accusé. La défense a désiré qu'il assistât aux débats pour s'expliquer plus tard sur son état mental. — M. Pitois a suivi l'accusée dans ses diverses conditions à Rennes. Il déclare que, jusqu'à la mort de l'enfant des époux Rabot, Hélène ne lui a dit que du bien de cette famille; mais qu'à partir de ce moment, ce fut tout le contraire. M. Roussel a été aussi la victime de ses propos. Il a vu, chez M. Bidard, Hélène repousser les soins de Rose Sarrazin. Il en fit l'observation à Rose, qui répondit : « *Elle est toujours la même. Il faudrait lui obéir; je ne reçois de gages que de M. Bidard, je n'obéirai qu'à lui.* »

Hélène lui a dit en plusieurs circonstances : « *La mort me suit partout.* »

Interpellé par M. le Procureur général sur la santé et sur le caractère de l'accusée, *M. Pitois* répond qu'il a toujours vu dans cette femme un caractère bizarre. Elle s'est plainte à lui de maux d'estomac violents et de fourmillements dans la tête. Il s'expliquera plus amplement sur ces points, si la question de monomanie vient à être soulevée par la défense.

M. Julien Guimart, vicaire à Séglien, quand Hélène était domestique chez M. Conan, curé de cette commune, dit qu'Hélène était violente et continuellement en discussion avec son maître et sa propre tante. Il confirme le fait des graines de chanvre trouvées dans la soupe de la jeune pâtre, et il ajoute cette révélation, importante au procès : En entendant hier tout le monde se demander où Hélène avait pu se procurer de l'arsenic, je me suis rappelé que, durant mon vicariat à Séglien, M. le curé en avait fait venir de Pontivy. Hélène était-elle alors notre servante, voilà ce que je ne saurais affirmer; mais ce que je sais, c'est que M. le curé ne cessait de recommander de prendre des précautions pour garantir les animaux domestiques contre les breuvages préparés pour les rats. J'ajoute que les domestiques avaient libre disposition de l'arsenic.

Hélène. — Je sais que M. Conan a demandé de l'arsenic, mais je n'étais pas là dans ce temps. Ma tante m'en a parlé.

M. le Président fait observer à l'accusée qu'elle a déclaré, dans son interrogatoire, ne pas connaître l'arsenic, et n'en avoir jamais entendu parler. *Hélène* persiste dans sa première déclaration, reconnaissant toutefois que sa tante lui a signalé cette substance comme dangereuse, et comme ne devant être employée qu'avec les plus grandes précautions.

M. Galzain, médecin à Pontivy, a fait l'autopsie de M. Le Drogo. Il a été frappé des caractères que présentait l'estomac du décédé, et qui aujourd'hui encore, après dix-huit ans, lui semblent être tels que l'arsenic pourrait en produire.

M. Martel, pharmacien, frère du docteur Martel, qui a donné ses soins à M. Le Drogo et qui est mort depuis, a vu les substances vomies par M. Le Drogo; elles étaient verdâtres. Son frère lui communiqua ses soupçons sur cette mort, soupçons qui s'accrurent encore quand il reconnut chez M. le curé de Bubry les mêmes symptômes. Son frère en parla à M. le vicaire, qui repoussa avec énergie ces idées... Partout, d'ailleurs, Hélène semblait prodiguer aux malades des soins très-affectueux.

Hélène. — C'est bien vrai que je leur donnai de bons soins.

M. Auffret, ancien vicaire à Bubry, a eu connaissance des vols de linge dont Hélène fut soupçonnée. Tout cela fut tenu secret, afin de ne pas empêcher l'accusée de se placer. Le témoin a vu un onguent jaune, qu'on avait trouvé dans le lit de l'accusée; elle s'en servait, dit-elle, pour guérir la gale.

Hélène. — On l'y avait donc mis? Quant aux vols, M. le recteur m'a toujours fait bonne mine quand je l'ai revu plus tard.

Marie Leboucher, lingère à Locminé. — Quand l'accusée est entrée chez elle, sa mère avait mal au poignet. « Je crois bien que votre mère en mourra, lui dit Hélène. — Mais pourquoi? On a dit qu'elle n'avait qu'un rhumatisme goutteux. — *Ah! oui; mais où je vais, la mort me suit... A Guern, j'ai fermé la porte!* » En effet, ma mère et ma sœur moururent; mon frère fut pris de vomissements. Hélène les entourait de soins empressés.

Hélène. — J'étais si heureuse de rendre service !

M. le Président, à Hélène. — Mais pourquoi prédisiez-vous qu'elle mourrait? — R. Je ne me rappelle pas avoir dit cela; peut-être ai-je dit : Tout le monde tombe malade !

M. le Président. — Et vous pouviez bien le dire!

Veuve Cadic. — Elle a trouvé sa tante, la veuve Lorey, morte, en arrivant à Locminé. Cette fille vint à moi, dit-elle, et m'embrassa en me disant : « Que je suis malheureuse ! *Partout où je vais, le monde meurt !* » Elle me fit bien pitié, je la consolai. On disait dans la ville qu'Hélène *avait le foie blanc et que son haleine faisait mourir.* Je fus alors assez simple pour le croire, au point qu'un jour, l'ayant vue sortir du confessionnal, je n'eus jamais le courage d'y entrer après elle ! J'eus encore la simplicité de lui donner quelques hardes ayant appartenu à ma tante.

M. Toursaint fils, médecin à Locminé. — Il a donné ses soins à la veuve Lorey, et a supposé chez elle une affection du pylore. Appelé plus tard près du jeune Leboucher, ce dernier lui sembla atteint d'une fièvre typhoïde. On lui dit que sa mère et sa sœur avaient succombé, peu de jours avant, d'un mal qui avait présenté les mêmes symptômes. En 1835, l'accusée, malade, le fit mander; le témoin crut reconnaître chez elle une fièvre intermittente. Quand il revint le lendemain, cette fièvre avait disparu. On lui dit qu'elle se droguait elle-même. On lui montra un paquet qu'elle avait laissé : il s'y trouvait des substances qui lui parurent être du kermès minéral, du safran, et une poudre blanche, dont il y avait environ 10 grammes. Il a ressenti de la répulsion pour Hélène à la première vue; à peine fut-elle au service de sa mère, qu'une fille de confiance, qui avait eu le malheur de montrer aussi de la répugnance contre Hélène, tomba malade et mourut. Son père fut attaqué à son tour avec une extrême violence; il alla mieux, on le crut sauvé; des accidents survinrent qu'il ne put s'expliquer; son père succomba soudain à une hémorrhagie du canal intestinal. Sa sœur, qui avait été atteinte la première de vomissements, paraissait rétablie ; après la mort de son père, elle eut une rechute. Il supposa alors qu'Hélène, se traitant elle-même, pouvait bien droguer les malades confiés à ses soins. Le témoin prescrivit de l'écarter absolument. Mais, dans la nuit, elle éloignait les veilleuses. Un de ses confrères, appelé par lui, ordonna un bouillon : Hélène était à la cuisine, ce fut elle qui le donna; trois quarts d'heure après, sa sœur succomba dans d'horribles souffrances.

Je proposai l'autopsie, ajoute M. Toursaint. Ma

famille s'y refusa; la piété de l'accusée la mettait à l'abri du soupçon. Je pris cependant sur moi de la renvoyer. Pendant la maladie de mon père, elle avait été malade elle-même; je ne voulais pas la voir; mais on me dit qu'elle allait succomber. J'y courus, et au lieu de la trouver couchée, je la vis faisant une espèce de sauce blanche; elle se rejeta sur le lit, et feignit des douleurs atroces... Un moment après, je demandai où était cette sauce : elle avait disparu... J'avais recommandé à ma nièce de garder les déjections de ma sœur; elle me dit : Cette fille est extrêmement propre...., dès qu'il y a un vase sale, elle s'en empare et le nettoie. Je la revis après son renvoi, je la trouvai très-bien portante.

L'accusée. — Jamais je n'ai eu de drogues en ma possession. Quand j'avais la fièvre, je prenais des poudres que me donnait le médecin, mais je ne sais pas ce que c'était.

M. le Président, à Hélène. — Pourquoi avez-vous dit hier qu'on n'avait jamais rien trouvé dans vos hardes? — *R.* Je ne m'en souvenais pas.

D. Que faisiez-vous du safran? ne l'aviez-vous pas dès votre séjour à Séglien? — *R.* Je le prenais pour le sang.

D. Et la poudre blanche vient-elle aussi de Séglien? — *R.* Jamais j'ai mis des poudres blanches dans mes effets; jamais j'ai vu arsenic; jamais on ne m'a parlé arsenic.

D. Votre tante vous en a parlé cependant, à Séglien; vous nous l'avez dit ce matin; elle vous avertit que c'était une substance mortelle! Vous niez cette poudre blanche; vous savez qu'elle est un poison; vous la repoussez avec horreur!

A ce moment, l'accusée essuie à plusieurs reprises son visage baigné de sueur.

D. Aviez-vous, oui ou non, de la poudre blanche à Locminé? — *R.* Je ne puis savoir si j'avais encore la fièvre alors.

D. Qu'est-ce que c'était que cette poudre? Quand avez-vous commencé à l'avoir? — *R.* Je l'ai prise à Locminé, on m'en donna pour deux sous.

D. Pourquoi ne l'avez-vous pas dit dès le commencement, et pourquoi avez-vous attendu, pour l'avouer, que le témoin vous confondît? (L'accusée ne répond pas.) Au témoin : Quelle pouvait donc être, Monsieur, cette poudre blanche qu'on donnerait pour la fièvre?

M. Toursaint fils. — Du sulfate de quinine; mais celle-là n'en était pas.

A une interpellation de Me Dorange, le témoin répond ne pas pouvoir affirmer que la poudre blanche fût de l'arsenic. Son opinion, aujourd'hui, est que son père et sa sœur ont dû succomber par suite d'injections d'arsenic, mais à des doses minimes.

Hélène Rolland, journalière, à Locminé.—Elle déclare que les deux enfants de sa sœur furent malades après avoir mangé du chocolat préparé par l'accusée. Celle-ci raconta au témoin qu'elle avait été insultée et poursuivie dans les rues de Locminé par la foule, qui l'accusait d'être la cause de la mort des personnes qu'elle servait. Le jour de la mort de Mlle Toursaint, elle eut des convulsions accompagnées de vomissements. A l'entendre, c'était la suite de la douleur que lui causait cette mort inattendue. Elle s'écriait : « *Ah! que je suis malheureuse! la mort est à ma suite!* »

Sœur Anastasie, jadis au couvent du Père Éternel, à Auray. — Tandis que l'accusée était chez nous, on s'aperçut de dégâts commis sur les vêtements des pensionnaires. Alors nous mîmes sous clef tous les ciseaux, même ceux d'Hélène ; les dégâts continuèrent malgré cela, et l'on ne comprenait rien à la chose. Il y a plus : dans un coffre placé dans la chambre de la première maîtresse, il y avait quelques livres : « Voyons-donc, dit-elle, si mes livres ne seraient pas coupés aussi. » En effet, on avait coupé un volume, de telle sorte que les noms de Jésus et de Marie étaient seuls épargnés. « Je l'avoue, dit en riant le témoin, nous crûmes un moment qu'il y avait quelque chose de diabolique. » Enfin Hélène fut renvoyée, bien que sa conduite fût très-édifiante.

Marie-Louise Gullo, marchande à Auray. — Sa tante, Anne Lecorvec, a bien vomi pendant sa maladie; elle a eu force convulsions et contorsions. On a dit au témoin (car elle était trop jeune pour rester auprès du lit de sa tante) que la morte était noir-bleu. Il n'y avait alors à Auray aucune épidémie. « La conversation d'Hélène, ajoute ce témoin, m'effrayait : *c'était la conversation des morts.* Elle faisait des jérémiades, se plaignait de sa destinée, et puis restait longtemps courbée sur sa couture, morne et silencieuse. Sa conduite, du reste, était excellente. Quand elle sortit de chez ma tante, elle nous dit : « Je sors, *je n'ai pas de bonheur* » Sa voix avait un accent tel, que je me dis : « Hélène tournerait-elle au mal? Que signifie ce départ inopiné? Elle me voit dans les larmes et elle part ! »

La sœur Anastasie est rappelée. — Elle déclare n'avoir rien remarqué de méchant dans Hélène; seulement elle ne lui trouvait pas l'air ouvert. L'intelligence lui faisait défaut, même pour apprendre à lire.

Louise Clocher a vu Hélène cheminant sur la route d'Auray à Lorient, en compagnie d'un militaire. Comme elle racontait le fait, on lui dit : « *Ce n'est pas un militaire, c'est le diable que vous avez vu la suivre.* »

L'accusée. — Comment peut-on dire de telles choses?

Marie-Anne Lefur, lingère à Plumeret, a vu deux paquets de velours entre les mains de l'accusée. « Un jour que j'étais malade, Hélène me dit: « *Prenez ce breuvage que j'ai préparé; il vous guérira certainement.* » Je le pris, et fus horriblement malade. Hélène s'enfuit aussitôt; je ne l'ai pas revue depuis. Quand ma santé fut revenue, tout le monde me disait : « *Vous êtes bien heureuse d'en être quitte ainsi. Il y a un mois, Hélène a empoisonné une bonne sœur à Auray.* »

L'accusée. —Jamais je n'ai eu de velours qu'au bas de ma robe de première communion, et je n'ai jamais quitté le chevet de son lit, à cette ingrate; car c'est bien ingrat de sa part.

M. André Le Doré, maire d'Auray. — A un repas de famille, chez la dame Hetel, sa belle-mère, un ecclésiastique me dit d'un air effrayé, en apercevant Hélène : « *Comment! cette fille est chez vous! Renvoyez-la. Partout où elle se trouve, les personnes qui l'entourent sont frappées de mort!* » Précisément ma belle-mère avait été saisie de vomissements la veille; elle est morte le surlendemain.

Dès le jour qui suivit la révélation qui m'avait été faite, j'expulsai Hélène; elle se jeta par terre, et poussa des hurlements affreux. Le repas du jour était préparé, je le fis jeter, et la mis à la porte elle-même, avec ses hardes, dont elle fit un paquet à la hâte. Mme Hetel mourut le lendemain, dans les douleurs atroces.

Mme Marie Hetel, propriétaire à Auray, confirme

la déposition précédente, ajoutant : Mon frère a chassé cette fille, pour ainsi dire, malgré nous; car elle accablait notre mère de prévenances et de soins.

M. Pierre Jouanno, maire à Pontivy. — Le lendemain de l'enterrement de son fils, sa femme dit à Hélène : « Votre présence renouvellerait mes chagrins, je ne puis vous garder. » Elle sortit donc, mais sans qu'il y eût mécontentement contre elle. Les domestiques dirent cependant qu'elle avait le *foie blanc*.

M. Gustave Bréger, avocat, après avoir rendu compte des accidents survenus dans sa famille, ajoute : Je crus un instant à l'empoisonnement, et Hélène me parut suspecte. Mais comment s'arrêter à cette pensée? Quel intérêt avait cette fille à attenter à nos jours? Aucun. Je repoussai donc cette idée. Nous mangions en commun, et les accidents se produisaient tantôt chez l'un de nous, tantôt chez l'autre ; cette circonstance était certes de nature à écarter de notre esprit l'idée d'un crime. Nos soupçons ne se sont éveillés qu'après les récents événements de Rennes.

M. Bréger croit se souvenir que les fermiers de M. Dupuy-de-Lôme, dont l'habitation était contiguë, ont été pris aussi de vomissements. *M. Dupuy-de-Lôme* confirme cette partie de sa déposition.

Angélique Danet, domestique, a pris du café préparé par Hélène et a été gravement indisposée.

M. Diberder, médecin à Lorient, a donné ses soins à la famille Dupuy-de-Lôme. Il a cru M. Dupuy atteint d'une *acrodynie*, maladie dont le principal caractère est un fourmillement aux extrémités. L'affection s'est prolongée, et, après dix ans, le malade en ressent encore les suites. Y a-t-il eu empoisonnement? Il lui semble aujourd'hui que les symptômes observés alors chez les malades devaient provenir d'une injection d'arsenic plutôt que d'une maladie quelconque.

On entend les témoins sur les faits retenus par l'accusation.

Marguerite Maguero, domestique à Plourin, chez M. le curé. — L'accusée, durant son séjour chez moi, a souvent forcé mon tiroir. J'ai vu les traces du forcement dans le bois qui contenait la serrure. Je ne sais au juste quelle somme elle m'a volée. Après son départ, elle m'a restitué à grand'peine 10 francs, et encore s'est-elle beaucoup récriée, quoiqu'elle m'ait dit : « *Ne dites rien, je vous aiderai et vous rendrai ce que j'ai pu vous soustraire.* »

L'accusée. — C'est le neveu du témoin qui a commis les larcins dont se plaint la fille Maguero; elle ne vendait presque rien, d'ailleurs. Si je lui ai donné 10 francs, c'est pour avoir la paix de cette mauvaise langue.

Laurent Person, ouvrier à Vannes, a été témoin d'une tentative de vol, par Hélène, dans le tiroir de sa tante.

Hélène. — Je ne sais pas comment le monde peut venir ainsi mentir devant la Justice. Le Jury croira ce qu'il voudra, je lui ai pris l'argent dans la main.

Le témoin. — Peut-être celui que m'a donné ma tante! Elle m'a d'ailleurs restitué 10 francs. Cette fille s'ingéniait à me faire gronder ; mais je ne lui en veux pas pour cela.

L'accusée. — J'ai remis 30 francs. La tante le disait bien : « Mon neveu sera mauvais sujet. »

M⁰ la marquise de Bavalan, propriétaire à Vannes, n'a connu les vols commis à son préjudice par Hélène que quand on lui a montré les objets volés. Elle ne l'eût pas même soupçonnée sans cette preuve.

Hélène se disait affiliée à une société religieuse, servait très-bien, était travailleuse.

Mme Lejoubioux, à Vannes. — Les mémoires de ses fournisseurs ont été bien considérables pendant le séjour d'Hélène chez elle. Elle lui a dérobé deux torchons.

L'accusée. — C'était par vengeance ; j'étais furieuse d'être renvoyée.

Un sieur *César Leclerc*, *Mme Gauthier*, à Rennes, déclarent avoir été également volés par Hélène.

L'accusée. — Je n'ai volé à Mme Gauthier qu'une bouteille de vin. Si j'ai commis ce larcin, c'est un effet de la colère. *Quand je suis furieuse, je vole.*

Mme Carrère, après avoir raconté une tentative d'empoisonnement dont Hélène l'a rendue victime, déclare qu'elle n'aimait pas les enfants; qu'elle était dissimulée.

M⁰ Dorange. — Quel était au juste le caractère de l'accusée?

Le témoin. — C'était un caractère difficile à comprendre; elle passait de la joie la plus vive à la tristesse la plus grande. Elle devait se mettre à table avec nous, et nous ne pouvions la décider à manger avec tout le monde.

Mme Charlet, à Rennes. — Quand elle a gagé Hélène, celle-ci lui a dit qu'elle était restée vingt-huit ans dans la maison d'où elle sortait. Mme Charlet la crut sur parole. Elle fit d'abord un bon service; mais bientôt elle devint brusque et grossière. Elle tomba malade; aux soins qu'on voulut lui faire donner, elle répondit par des injures telles, qu'il fallut la renvoyer. « Cependant, ajoute Mme Charlet, je ne soupçonnais pas sa probité; *elle allait tous les matins à la messe, le soir aux offices.* J'ai été bien surprise de trouver des serviettes à moi parmi les objets qu'Hélène fut accusée d'avoir dérobés. »

M. Joseph Ozanne, propriétaire, à Rennes. — Hélène buvait chez lui de l'eau-de-vie en cachette, et, pour éviter qu'on s'en aperçût, elle remplissait la bouteille avec du cidre. M. Ozanne, ayant découvert la fraude, lui en fit des reproches; Hélène se défendit vivement, et annonça qu'elle partirait. La femme du témoin s'apitoya et consentit à la garder quelques jours encore. Le mardi suivant, continue M. Ozanne, notre jeune enfant fut indisposé; mais cette indisposition ne dura pas et nous le croyions rétabli, quand, le samedi, il fut pris de vomissements. Nous nous demandions s'il fallait appeler le médecin. « *Si monsieur*, dit Hélène qui tenait l'enfant sur ses genoux, *le voyait aussi malade que je le vois, il n'hésiterait pas.* »

Le dimanche dans l'après-midi, M. Bruté fut appelé, et crut à une très-légère indisposition. Dans la soirée, le petit se plaignit de douleurs dans tout le corps. Il avait les extrémités glacées, et l'on ne put le réchauffer. Il se roidissait. M. Bruté revint vers dix heures, et dit : « Mon Dieu! c'est le croup! » Le docteur essaya en vain de lui poser des sangsues. L'enfant expira peu de moments après. Hélène s'empressa de l'ensevelir; nous en fûmes douloureusement émus.

Cette fille, ajoute M. Ozanne, parlait toujours poison quand on ne mangeait pas. Elle disait : « *Croyezvous donc que je vous empoisonne?* »

Un jour, j'offris à Hélène un verre de cognac. Elle me répondit : « Est-ce que je bois de ces saletés-là? »

M. le Président, à Hélène. — Avez-vous pris de l'eau-de-vie chez M. Ozanne? — *R.* Oui, une fois.

Julie Cambrai. — Hélène, sortant du cimetière où nous avions conduit le petit enfant de M. Ozanne, me dit : « *Oh! je ne regrette pas ce petit : ses parents m'ont fait une crasse.* » J'avais remarqué son insensibilité, et je venais de la lui reprocher.

L'accusée. — C'est faux, *j'aimais bien ce petit enfant.*

M. le Procureur général, à l'accusée.—Le témoin vous en voulait-il? — *R.* Non, mais elle se trompe.

M. Bruté fils, docteur médecin, à Rennes, rend compte des symptômes qu'il a observés sur le petit Ozanne, qui, selon lui, a succombé à une affection croupale, la plus aiguë qu'il ait jamais vue. L'enfant fut foudroyé.

M. le Président, à M. Bruté. — Mais vous n'avez pas aperçu les fausses membranes qui sont caractéristiques de cette maladie? — *R.* Souvent elles sont cachées; il ne se manifeste parfois qu'une rougeur.

D. Enfin rien ne vous a donné lieu de penser à un empoisonnement? — *R.* Non, Monsieur.

D. Il est bizarre que, dans tous les cas que nous venons de passer en revue, les médecins ne voient d'abord rien de grave; ils admettent une indisposition, et prescrivent des remèdes peu actifs, et puis, soudain, les malades empirent et meurent! Enfin, avez-vous distingué la toux croupale, Monsieur? — *R.* D'abord, c'étaient les symptômes d'une angine seulement; puis le croup fit subitement invasion; la toux, cette toux qui ressemble tant au chant du coq, n'existait pas, mais il y avait le timbre croupal, qu'on ne peut confondre avec un autre.

M. Victor Rabot, vérificateur de l'enregistrement, à Rennes. Les souvenirs cruels que réveillent les faits dont il est appelé à déposer l'ont douloureusement ému; par instant, des larmes s'échappent de ses yeux. — M. Rabot fait le récit détaillé des malheurs qui sont venus le frapper dans ses affections, la mort de son jeune enfant, la maladie de sa belle-mère et de sa femme, dont la guérison est encore loin d'être complète. Il reconnaît que le service d'Hélène, dans les premiers temps de son entrée chez lui, a été satisfaisant. S'il prit la résolution de la renvoyer, c'est qu'elle lui volait son vin. Ce renvoi mécontenta vivement Hélène; c'est alors que Mme Rabot est tombée malade. Une garde fut placée près d'elle; Hélène trouva le moyen de la faire partir.

L'accusée, interpellée par M. le Président, persiste à dire qu'elle n'a mêlé aucune substance nuisible aux aliments pris par les malades. L'enfant, elle l'a protégée contre les faiblesses de la mère, toujours disposée à lui donner à manger. Mme Rabot, elle l'a soignée avec dévouement. Quant aux propos qu'on l'accuse d'avoir tenus sur le compte de la famille, elle les nie énergiquement.

M. le Président, à l'accusée. — M. Rabot vous annonça votre congé, et vous en fûtes blessée? — *R.* Ah! c'était bien mal de sa part... après tant de peine que je m'étais donnée. Bien punie pour tous mes soins.

D. Mais Mme Rabot n'a guéri qu'après votre départ, et nous retrouvons chez elle ces mêmes symptômes qui ont persisté si longtemps chez M. Dupuy-de-Lôme, chez Mme Bréger! Ces maladies n'ont-elles pas toutes eu la même cause, et cette cause n'est-elle pas le poison? — *R.* Ah! tout ce que j'ai fait, c'est pour rendre service.

M. Rabot fait remarquer que jamais on ne voyait Hélène manger des plats préparés pour les maîtres, elle voulait même que certains vases de la cuisine ne servissent qu'à son usage.

M. le Procureur général, au témoin. — Avez-vous su si Hélène n'aimait pas votre enfant? — *R.* Mon enfant avait horreur de cette fille, qui prenait du tabac et qui était sale. Elle en a gardé rancune, car elle disait de lui : « *Quel enfant mal élevé!* »

D. M. Brière, votre beau-père, n'a-t-il pas envoyé Hélène chercher du sirop de violette chez M. Morio? — *R.* Oui; la bouteille ne fut pas *capuchonnée* par M. Morio. Mon beau-père trouva le sirop mauvais, et ne voulut pas qu'on le servît à sa fille. Le sirop était rose comme du sirop de mûres; le flacon fut reporté au pharmacien, qui remarqua que la couleur était changée et ne le reconnut pas pour le sien.

Charlotte Brière, dame Rabot. Elle paraît en proie à une vive douleur; sa figure est pâle et souffrante. — Elle confirme la déposition de son mari. Hélène recevait ses ordres avec tant d'emportement, qu'elle en vint à ne plus rien oser lui dire, se résignant à être témoin de ses vols et de ses désordres. Quand elle allait à la cuisine, Hélène paraissait gênée, ayant toujours l'air de cacher quelque chose. Elle ne mangeait jamais devant elle.

L'accusée. — Je mangeais cependant pour vivre. Madame me servait.

Mme Rabot. — Je n'avais pas l'habitude de servir Hélène; un jour, cependant, je lui donnai du canard sauvage, mais je crois qu'elle le jeta.

Interpellé par M. le Procureur général, *M. Rabot* dit avoir souvenir que les malades ont éprouvé une rechute après avoir mangé d'un canard sauvage.

M. Vincent Guyot, docteur médecin, à Rennes, a donné ses soins au jeune Rabot et à Mme Rabot. Il décrit la marche et l'issue funeste de la maladie de l'enfant. Mme Rabot vomissait beaucoup. Comme elle dit aux médecins qu'elle était enceinte, son confrère et lui virent l'explication de sa maladie et de ses suites dans son état de grossesse et dans le chagrin qu'elle avait éprouvé. Une fausse couche de Mme Rabot, où l'enfant était réduit à l'état de putréfaction, vint confirmer en quelque sorte leur première appréciation.

Mais, depuis, sa manière de voir a changé. Pour l'enfant, il croit, sans toutefois en être absolument convaincu, qu'il a été empoisonné. Mais il ne conserve aucun doute sur ce point-ci : Mme Rabot a été victime d'une tentative d'empoisonnement. Sa conviction est plus forte encore en ce qui touche Mme Brière. Si la grossesse de Mme Rabot permettait jusqu'à un certain point d'expliquer son état, il n'en était pas ainsi quant à la maladie de Mme Brière. Aujourd'hui, tout s'explique par l'injection répétée d'une substance arsenicale.

Le témoin ajoute qu'il a été le médecin de Mme veuve Roussel, au Bout-du-Monde. Cette dame a été saisie de vomissements qui ont duré pendant vingt jours, accompagnés de refroidissements aux extrémités; on fit subir à Mme Roussel une médication énergique, qui ne put avoir raison du mal; les vomissements ne cessèrent que quand Mme Roussel renonça à prendre un potage qui lui était régulièrement préparé par Hélène.

Le docteur a également donné ses soins à Perrotte Macé. Ici encore, il y eut incertitude sur la nature de la maladie; un instant on crut à une grossesse, supposition reconnue bientôt inadmissible. Il y eut rémittence des symptômes, on espéra la guérir. Point : une rechute subite eut lieu; les vomissements redoublèrent, une inquiétude générale agitait la malade, les extrémités se refroidirent; enfin, elle expira.

Le témoin et M. Révault, son confrère, croyaient à un empoisonnement; l'autopsie aurait révélé la vérité; mais les parents s'y opposèrent, partageant une répugnance commune à tous les paysans.

Aujourd'hui, la pensée intime du témoin est que Mme Roussel doit sa paralysie à l'injection arsenicale; que Perrotte Macé est morte empoisonnée.

Hélène. — J'ai fait ce que j'ai pu pour rendre service à Mme Roussel et à Perrotte Macé; je les ai soignées le jour et la nuit. Jamais je n'ai mêlé quoi que ce soit à leurs aliments.

M. le docteur Guyot. — Hélène me disait, en parlant de Perrotte Macé : « Elle est poitrinaire, elle ne guérira jamais ! » Ces mots : *Elle ne guérira jamais!* furent aussi ceux qu'elle prononça à l'égard du petit Rabot.

M. Morio, pharmacien à Rennes. — Hélène s'est plainte à lui plusieurs fois du caractère de Mme Rabot. Elle lui a dit, pendant la maladie de l'enfant, *qu'il était plus malade qu'on ne le pensait, et qu'il n'en reviendrait pas.* En ce qui concerne la fiole de sirop de violettes, à lui rapportée comme contenant du sirop de mûres, elle fut mise de côté, confondue avec d'autres, et le contenu en fut jeté, de sorte que le témoin ne put le vérifier. « Depuis lors, dit-il, j'ai essayé l'action de l'arsenic sur le sirop de violettes. Ce dernier n'a pas rougi. Peut-être l'arsenic en solution dans l'eau bouillante produirait-il cet effet? Quant à la fermentation qui résulterait de la chaleur de la main, elle ne pourrait produire le changement de couleur en si peu de temps.

Victoire Morel, domestique; *Marie Hochet, femme Angevin,* ont plus d'une fois reçu les confidences d'Hélène. Outre les mauvais propos qu'elle tenait sur Mme Rabot, Hélène a dit à Victoire Morel : « C'est *absolument la même maladie que son fils; Mme Rabot en mourra.* » A Marie Hochet : « *Le fils de Mme Rabot n'en reviendra pas.* »

L'accusée. — Tout cela est faux.

Marie Trouchard. — Je n'ai vu l'accusée qu'une fois; elle me dit : « *Mme Rabot mourra; elle ne peut pas en revenir. Je suis allée chercher le prêtre; on l'a refusé; elle mourra sans sacrements.* »

L'accusée. — J'ai dit seulement que Mme Rabot avait passé une mauvaise nuit.

M. Roussel, maître d'hôtel, au *Bout-du-Monde.* — Il confirme tous les détails déjà connus sur les débuts et les progrès de la maladie de sa mère et de Perrotte Macé. Il n'a su ce qui concerne la soupe d'herbes offerte par Hélène à Perrotte, qu'après l'arrestation d'Hélène. Alors seulement s'est présentée à son esprit l'idée d'empoisonnement. Hélène lui avait paru, dans toute circonstance, porter beaucoup d'intérêt à la malade.

Le détestable caractère d'Hélène, ses querelles avec les autres domestiques, et surtout un vol de vin dont elle se rendit coupable, ont été les seules causes de son renvoi.

Le témoin ajoute qu'Hélène ne mangeait jamais avec les autres domestiques; elle trouvait toujours un prétexte pour s'en dispenser; elle disait qu'elle vomissait souvent, et qu'elle avait mal à l'estomac.

M. Roussel a reconnu, parmi les objets saisis chez Hélène, un drap lui appartenant.

Hélène. — J'ai volé ce drap parce que je me doutais que M. Roussel ne m'avait pas donné exactement ma part de ce qu'il y avait dans le tronc des domestiques.

Mme veuve Roussel. — Ce témoin entre dans la salle, appuyée sur le bras de son fils. Sa déposition a trait aux faits qui ont précédé sa maladie et la mort de Perrotte Macé. Quand elle eut remarqué que les boissons seules qui passaient par les mains d'Hélène lui faisaient mal, elle renonça au bouillon qu'elle avait l'habitude de prendre avant le repas. Elle n'a été saisie de vomissements qu'après qu'elle eut fait des reproches à Hélène sur sa malpropreté.

M. Révault, docteur-médecin, a donné ses soins à Mme Roussel concurremment avec M. Guyot. Comme son confrère, il a vivement regretté de ne pouvoir procéder à l'autopsie du cadavre de Perrotte Macé. Il dit plus tard à M. Roussel, qui lui demandait ce qu'il pensait de cette mort : « Si la maladie de cette fille a quelque analogie avec le choléra, ce n'est point cependant le choléra. Je crois à l'empoisonnement. » M. Roussel se récria, et lui dit que l'autopsie était impossible.

M. le Président. — L'analyse chimique a démontré la présence de l'arsenic dans les viscères de Perrotte Macé. Qui a donné cet arsenic, dont l'existence avait été si bien prévue par le témoin? Qui le lui a donné? (A Hélène) : Le savez-vous? N'est-ce pas vous, Hélène ?

L'accusée murmure quelques paroles inintelligibles. Enfin, elle dit : « Jamais je n'ai eu d'arsenic entre mes mains, monsieur le Président, jamais ! »

Jean André, menuisier à Saint-Gilles. — Le service que faisait Hélène était excellent, *le mien aussi.* Elle a parfaitement soigné Perrotte Macé; mais elle disait que c'était en vain, *les médecins allant au contraire de sa maladie.*

D. Hélène n'avait-elle pas bien soin de vous, qui reveniez de l'hôpital? — *R.* Hélène me donnait le bouillon tous les matins *pour me faire revenir.* Elle me dit un jour qu'elle était lassée de servir, et qu'elle aurait bien voulu se retirer.

D. N'avez-vous pas attaché une certaine pensée à cette confidence? — *R.* (Avec énergie.) Non !

D. Les bouillons qu'elle vous a donnés ne vous ont fait aucun mal? — *R.* Beaucoup de bien, au contraire.

D. L'accusée n'était-elle pas jalouse de Perrotte Macé, qui, par son extérieur agréable, pouvait vous plaire? — *R.* Perrotte était une bonne fille *dans son vivant.* Elle ne s'est pas dérangée *d'un moment.* On ne s'y serait pas frotté.

D. Hélène ne vous a-t-elle pas dit : Perrotte n'en reviendra pas? — *R.* Elle m'a dit cela. « *C'est une personne de moins,* ajoutait-elle; *les médecins la traitent contre sa maladie.* »

Le témoin, continuant. — Hélène ne mangeait pas souvent avec nous, même alors; elle travaillait jour et nuit; mais je croyais qu'elle mangeait *en cache.* D'ailleurs un camarade m'a dit qu'il l'avait vue manger un *callot* de pain, avec de la viande, qu'elle mordait à même. Quant à moi, *j'en ignore,* mais je le crois, car on ne vit guère chez nous sans manger !

Hélène. — Je vomissais tout ce que je prenais... Je buvais un bouillon par-ci par-là... quelquefois une petite bouchée de pain, rien en cachette... Je n'ai jamais pensé à André pour le mariage, pas plus à lui qu'à d'autres... Tout cela était plaisanterie.

On entend *plusieurs témoins,* amies et compagnes de Perrotte, qui l'ont visitée ou gardée pendant sa maladie. — Toutes s'accordent à dire que Perrotte montrait une extrême répugnance pour Hélène, et pour les boissons que celle-ci lui donnait. Elle disait à Hélène : «*Que vous êtes sale, vilaine Bretonne!*» Elle avait horreur du bouillon : « *Oh ! des bouillons d'herbes!... j'en ai bien assez. Celui que m'a donné*

Hélène, cette nuit, m'a fait mal!» Les témoins n'y comprenaient rien; car l'accusée paraissait très-bonne pour sa compagne. Au chevet de son lit, elle s'écriait : *« Que ne ferais-je pas pour le sauver, ma pauvre Marie! »* Sur le point de mourir, Perrotte voulut faire des excuses à Hélène. L'accusée répondit à la mourante, en l'embrassant : *« Ah! je ne t'en veux pas, ma pauvre Perrotte; je sais que tu n'y es pour rien. »*

M. Esnault, pharmacien. — J'affectionnais Perrotte Macé; aussi lui portais-je moi-même ses médicaments. Elle me dit un jour : « Je brûle, je suis altérée. » Je dis à Hélène, qui était présente, de lui donner à boire.

L'accusée venait chez moi se plaindre de maux d'estomac. Elle me disait de Perrotte : « *Les médecins ne se connaissent pas à sa maladie; Perrotte mourra. Je ne sais ce qu'ont les messieurs Roussel, ils ne veulent pas que je soigne cette pauvre enfant.* » J'en parlai aux gardiennes, qui dirent : « Ce n'est pas étonnant, Marie (on appelait ainsi Perrotte Macé) a une horrible répugnance d'elle. »

Julienne Berhault, domestique chez M. Roussel. — Elle était présente quand Hélène a proposé à Perrotte de lui faire une soupe d'herbes *pour lui décrasser le cœur*. Elle s'absenta et revint. Hélène lui dit : « Perrotte a mangé de la soupe; elle s'est trouvée très-mal; moi, je n'en ai pas mangé. » Le témoin monta à la chambre de la malade. Celle-ci lui dit : « Oh! j'ai mangé de cette soupe; *je crois que la malheureuse m'a empoisonnée!* Je souffre horriblement. »

M. Gaillard de Kerbertin. — Qu'est devenue la portion de soupe qu'Hélène ne mangea pas?

M. le Procureur général. — Demandez-le à Hélène.

Interpellée par M. le Président, Hélène déclare qu'elle a jeté le reste de la soupe dans le foyer.

Le témoin reconnaît, parmi les objets qu'on lui présente, un parapluie qui lui a été dérobé par Hélène. — L'accusée prétend l'avoir pris pour s'en servir, et avec l'intention de le rendre, et non pour le voler.

M. Hippolyte Roussel, commissaire priseur. — Ce témoin a surpris Hélène, dans l'office, prenant et cachant une bouteille de vin. Il lui dit : « Vous êtes une malheureuse! vous volez mon frère. » A ce moment, Hélène lui jeta un regard qui avait quelque chose d'infernal.

M. Bidard (*Théophile*), professeur à la Faculté de droit de Rennes. — Les faits qu'il va exposer n'ont eu de signification positive pour lui qu'au moment où le dernier allait s'accomplir; il lui faut donc faire un retour vers le passé pour les retracer dans l'ordre de leur avénement.

Il rappelle l'admission d'Hélène à son service et les excellentes recommandations qu'elle apportait.

Hélène, en effet, fit d'abord preuve de beaucoup d'intelligence. Le témoin crut qu'à cette intelligence elle joignait un bon cœur; car, à l'entendre, elle se vouait au travail pour deux pauvres petites créatures et pour sa vieille mère, dont elle était l'unique soutien. Cependant Rose Tessier, sa compagne, ne tarda pas à souffrir beaucoup de son caractère.

Rose, après une chute qu'elle avait faite, souffrait de douleurs dans le dos. Bien que nul symptôme grave n'apparût, Hélène pronostiqua à cet accident des suites fâcheuses. Une nuit, ceci se passait à la campagne du témoin, elle se leva, et appela plusieurs fois, d'une voix sépulcrale : *Rose! Rose!* Cette pauvre fille eut peur et se cacha sous sa couverture. Le lendemain, Rose se plaignit au témoin, qui fit des reproches à ses domestiques. Hélène prétendit que c'était le garçon de ferme qui avait fait ce le mauvaise plaisanterie. Puis elle ajouta : « *J'ai moi-même entendu frapper un grand coup dans la porte. J'ai cru entendre l'avénement de cette pauvre Rose!* »

Le dimanche 3 novembre, M. Bidard quitta la campagne et revint à Rennes. Après le dîner de ce jour, qu'elle avait pris en commun avec Hélène, Rose fut saisie de vomissements. Hélène lui prodigua dans cette circonstance les soins d'une mère. Elle lui fit du thé, et passa la nuit près d'elle. Le lendemain matin, Rose se leva, quoique encore souffrante. Hélène lui ayant de nouveau donné du thé, Rose fut comme terrassée par des vomissements atroces, qui éclatèrent comme un coup de foudre; ils ne cessèrent qu'après que la malade eut pris beaucoup de thé préparé et servi par le témoin lui-même. La nuit fut assez bonne, et M. Pinault, appelé, ne vit dans ces accidents, qu'une affection nerveuse. Mais, dans la journée du 5, les vomissements reprirent, et Hélène de s'écrier alors : « *Les médecins n'entendent rien à la maladie, Rose va mourir!* » Prédiction folle, en apparence du moins; car Rose avait le pouls excellent et pas de fièvre.

Dans la nuit de mardi à mercredi, calme; mais dans la journée, vomissements intenses, douleurs d'estomac affreuses. A dater de ce moment, la vie de Rose, pendant les trente-six dernières heures, n'a plus été qu'un long cri déchirant. Elle brûlait, elle était dévorée par un feu ardent. Elle rendit le dernier soupir le jeudi soir, à 5 heures et demie. « Pendant toute sa maladie, ajoute le témoin, Rose n'a été soignée que par moi et par Hélène »

La mère de Rose vint; cette pauvre femme perdait en Rose une fille chérie, son unique soutien; elle était atterrée. La douleur d'Hélène parut égaler la sienne; elle avait des larmes dans les yeux et dans la voix; l'expression de ses regrets avait quelque chose d'inouï. Au retour du cimetière, en voyant l'accusée agitée, comme joyeuse dans sa douleur, le témoin crut un instant qu'il s'y mêlait de l'hypocrisie. Mais, les jours suivants, Hélène ne fit que parler de *la pauvre Rose*, et M. Bidard, devant cette persistance, ne douta pas qu'il ne se fût trompé. « Ah! disait d'ailleurs Hélène, *je l'aimais comme cette pauvre fille qui est morte au Bout-du-Monde, où je n'ai pu rester.* »

Le témoin voulut remplacer Rose. Hélène tenta de l'en empêcher. Elle lui disait : « Pour ne passer de femme de chambre, je ferai tout. » Il n'engagea pas moins une autre fille, Françoise Huriaux, faible d'intelligence comme de volonté, mais la douceur même. Hélène ne tarda pas à la rendre malheureuse. « *C'est une fainéante*, disait-elle au témoin : *le pain qu'elle mange, elle le vole.* » Il lui imposa silence, disant que cela ne regardait que lui seul.

Françoise, cependant, prit peur d'Hélène, à ce point qu'elle accepta sans résistance toutes ses volontés. Le témoin, allant à la cuisine, vit Hélène manger une soupe sur un bout de la table, Françoise en manger une autre à l'extrémité opposée. Il signifia à Hélène qu'elle eût à servir désormais le repas en commun, sur une nappe, et composé de la desserte de sa table. Hélène parut très-blessée. « Cette fille semblait vivre sans manger; c'était aussi à peine si elle dormait. »

Un jour, le témoin remarqua que les mains de Françoise étaient enflées, sa figure aussi. Il en parla à Hélène, qui s'emporta, accusant sa compagne de se lever la nuit, de se faire du thé, et de gaspiller le sucre, ajoutant qu'elle le mettrait sous clef. M. Bidard lui enjoignit de n'en rien faire, et lui dit que si Françoise avait besoin de sucre, il entendait qu'elle en prît : « Eh bien ! je veux bien, » dit Hélène visiblement contrariée.

L'enflure gagna les jambes, tout service devint impossible à Françoise. Le témoin se vit forcé de charger l'accusée de chercher une autre femme de chambre. C'est alors qu'elle lui présenta Rosalie, dont elle lui parla avec une sorte d'enthousiasme : « Bonne fille, disait-elle, vêtue à peine, parce qu'elle donne tout à sa mère. » « Ces paroles, continue M. Bidard, furent prononcées par Hélène avec un accent de vérité remarquable. On a dit qu'elle était destituée du sens moral ; il ne me semble pas possible, au contraire, de mieux apprécier et exprimer ce qu'elle pensait de cette fille, qui, elle aussi, se dévouait à sa mère. »

... « Vous avez, à côté du sublime de la vertu, la plus haute expression du crime. » (Page 19.)

En installant Rosalie, le témoin dit à sa nouvelle domestique : « Vous aurez affaire à une compagne difficile ; dès la première insolence, ne vous laissez pas manquer : je ne veux pas qu'elle vous opprime comme elle a opprimée Françoise. » Il renouvela à cette occasion ses instructions sur le service du dîner à la cuisine. Hélène s'en montra contrariée. « Faut-il, disait-elle, des nappes pour les domestiques ! c'est ridicule. »

Dans les premiers jours, ce fut entre Hélène et Rosalie une tendresse vraiment touchante. Une circonstance vint mettre fin à cette bonne entente. Rosalie savait écrire. Le 23 mai, le témoin voulut qu'Hélène lui rendît compte de sa dépense. De là, mauvaise humeur, colère même contre Rosalie. Celle-ci répondit gaiement : « M. Bidard me donne des gages pour lui obéir ; si vous voulez me commander aussi, convenons d'autres gages. » A partir de ce moment, Hélène la prit en grippe.

Vers cette époque, Hélène eut elle-même des vomissements. Elle se plaignit à Mlle Bidard, la cousine du témoin, du défaut de soin de la part de Rosalie. Celle-ci monta alors à sa chambre, mais Hélène lui dit : « Va-t'en, vilaine bête ! j'ai mis dans la maison un bâton pour me battre. »

Ces querelles continuant, le témoin dit à Hélène dans les premiers jours de juin : « Si cela ne cesse pas, il faudra chercher une place ailleurs. » Hélène se récria et dit : « C'est cela, à cause de cette jeune fille il faudra que je parte. »

Le 10 juin, après une nouvelle scène, le témoin congédia Hélène pour la Saint-Jean. A son repas du soir, on lui servit un rôti, et des petits pois auxquels il ne toucha pas. C'est Hélène qui les lui avait apportés, malgré la défense qui lui avait été faite de servir à table : « Comment, lui dit-elle, vous n'avez pas mangé de ces petits pois ? Ils sont cependant bien bons ! » Là-dessus, elle saisit le plat et le porta à la cuisine. Rosalie en mangea. A peine en eut-elle avalé quelques cuillerées, qu'elle se sentit mal à l'estomac; les vomissements survinrent. Quant à Hélène, elle se dit indisposée, et ne soupa pas.

Le témoin n'eut connaissance de ces faits que le lendemain; il demanda à voir le reste des petits pois, on ne put les retrouver. Les vomissements continuant chez Rosalie, il l'engagea à aller voir son médecin à elle, M. Baudoin. Hélène, devenue tout à coup aimable de maussade qu'elle était envers Rosalie, offrit de l'y accompagner. M. Baudoin ordonna un vomitif, qui produisit de bons effets.

Le 15, Rosalie était très-bien. Dans l'intervalle, une cuisinière s'était présentée chez le témoin pour se gager à la place d'Hélène; celle-ci l'avait su. On avait prescrit à Rosalie un bouillon d'herbes; Hélène prépara cette boisson; la malade la prit et fut aussitôt en proie à des vomissements abondants. Ce même jour-là, Hélène vint trouver le témoin, toute colère : « Vous allez donc me renvoyer pour cette jeune fille? — Eh bien ! promettez-moi de vivre en paix avec Rosalie, et je vous garderai. » Hélène parut satisfaite, et un mieux se fit chez Rosalie, qui parut guérie.

Le 21, M. Bidard partit pour la campagne emmenant Rosalie. Ils revinrent le 22. Le témoin alla lui-même, ce jour-là, prendre chez le pharmacien un dernier purgatif, du sel d'Epsom, ordonné à Rosalie par le médecin. Le témoin le partagea en trois doses et le fit dissoudre dans trois verres de petit lait préparé par Hélène. Le premier verre fut donné par lui-même; Hélène donna le dernier; la malade le vomit. La nuit du 22 au 23 fut mauvaise. Hélène, reprenant son dicton sur les médecins, ne cessait de dire : *Ah! elle en mourra! Je vous dis qu'elle en mourra!*

Le 23, M. Baudoin ayant prescrit une application de sangsues et de vésicatoires, nouvelles déclamations d'Hélène contre les médecins : « *Voyez plutôt, Monsieur,* disait-elle au témoin, *c'est demain son jour, et on lui met des sangsues!* » Inquiet, il écrivit à son médecin, M. Pinault, qui vint le lendemain, et approuva le traitement.

M. Baudoin avait ordonné à la malade un mélange d'eau de Seltz et de sirop de groseille. Deux premiers verres, préparés et servis par sa mère, parurent bons à Rosalie; après un troisième verre, elle n'en voulut plus; c'était Hélène qui le lui avait donné. La malade dit au témoin : « *Je ne sais ce qu'Hélène a mis dans la boisson, mais cela m'a brûlé comme un fer rouge.* »

« Frappé de ces symptômes, ajoute le témoin, j'interrogeai à l'instant Hélène. Il ne m'a été donné que deux fois en ma vie de voir son œil. Je le vis cette fois-là se glisser sur Rosalie. C'était un regard de bête fauve, de chat-tigre. A ce moment, l'idée me vint d'entrer dans mon cabinet, d'y prendre des cordes, de la lier sur place et de la livrer à la Justice ! Mais une réflexion m'arrêta. Qu'allais-je faire ? perdre une fille sur un simple soupçon? J'hésitai. Ah ! Monsieur, ma situation était horrible; mon esprit flottait entre la pensée que j'avais devant moi une empoisonneuse ou une femme d'un admirable dévouement. »

Le témoin passa une nuit tourmentée; mais il eut bientôt lieu de se féliciter de n'avoir pas cédé à une première impulsion; car, dès le matin du 24, il vit accourir vers lui Hélène, toute joyeuse, pour lui annoncer que Rosalie était mieux. En effet, le 27, trois jours après, elle paraissait presque guérie. Ce jour-là, le témoin rassuré partit pour sa campagne. Quel fut son étonnement quand, le lendemain, il apprit qu'en son absence, Rosalie avait été prise de nouveaux vomissements ! Il s'empressa de revenir à Rennes.

Dans la nuit du 28 au 29, les vomissements continuèrent avec intensité. On donnait à la malade, de deux heures en deux heures, une potion calmante qu'avait prescrite M. Baudoin; à chaque fois le mal redoublait de violence. Le témoin se leva, et fit remplacer la potion par une forte infusion d'ail, croyant à la présence des vers dans les intestins. Les vomissements cessèrent aussitôt, mais pour reparaître après six heures du matin.

Le témoin courut alors chez M. Pinault qu'il rencontra dans la rue avec son confrère, M. Guyot. « Il n'y a pas à hésiter, leur dit-il, ce sont les vers qui sont la cause des vomissements de Rosalie, ou c'est un empoisonnement. » — « J'y avais pensé, lui dit M. Pinault, dès la mort de l'autre... » Les médecins l'accompagnèrent; la magnésie fut administrée à la malade à forte dose; les vomissements cessèrent, des selles abondantes survinrent, mais il était trop tard.

Le témoin avait recommandé inutilement jusqu'à ce jour de garder les déjections de la malade. A peine un vase était-il sale, qu'Hélène l'enlevait et le nettoyait. Cette fois, il renferma lui-même les vases dans un cabinet dont il prit la clef. Hélène s'en aperçut, et se montra inquiète; il comprit dès lors qu'elle allait faire disparaître le poison dont elle s'était servie.

A dater de ce moment, Rosalie fut confiée aux soins de sa mère et d'une fille de garde. Hélène tenta de faire éloigner ces deux femmes, en les accusant de négliger la malade pour se livrer à boire. « Je la veillerai, moi ! » dit-elle au témoin. Il ne le voulut pas, mais il ne put empêcher qu'Hélène se joignît à la mère.

Cependant Rosalie continuait d'être en proie à des souffrances atroces. La dernière nuit fut horrible. La pauvre fille se débattait avec une violence extrême ; elle se jetait d'un côté et de l'autre; tantôt elle se dressait debout, tantôt elle se repliait sur elle-même; c'était déchirant à voir. Hélène, pendant ce temps, ne cessait d'aller et venir autour de sa victime. Elle n'eut pas cependant le courage de la voir mourir : à cinq heures du matin, elle sortit pour faire le marché, laissant la mère seule près de sa fille. Cette pauvre mère, à moitié morte, partit aussi pour réclamer l'assistance de quelques amies, et Rosalie expira devant le témoin le 1er juillet, à sept heures du matin.

Quand Hélène rentra : « Tout est fini, » lui dit-il. Le premier mouvement d'Hélène fut de chercher à jeter les déjections, qui étaient verdâtres; il l'en empêcha, et les enferma sous clef. Le même jour, la Justice fut prévenue.

« Voilà, Messieurs, dit M. Bidard, en terminant cette déposition qui a tenu, pendant près d'une heure et demie, tout l'auditoire ému et captif, voilà le récit bien affaibli des faits qui, pendant plusieurs mois, ont troublé ma vie. »

Il avait cru, ajoute-t-il en dernier lieu, qu'Hélène, malgré sa conduite criminelle et les bas motifs qui l'avaient inspirée, était au moins une domestique fidèle; il n'en était rien : elle avait mis sa cave au pillage; dans son armoire on avait trouvé divers objets à lui, un diamant à sa fille, enfin son alliance.

M. le Président interpelle l'accusée sur cette déposition si importante. Hélène se jette dans un système de dénégation absolu. Ce n'est pas elle qui a été jalouse de Rosalie, c'est Rosalie qui a été jalouse d'elle. Elle a soigné les deux malheureuses filles du mieux qu'elle a pu et dans la seule intention de leur faire du bien.

Sur l'observation que lui fait pour la seconde fois *M. le premier Président* qu'il y a eu injection d'arsenic, que personne autre qu'elle n'avait intérêt à empoisonner les victimes, et n'était à même de le faire, l'accusée se contente de répondre : « *Vous ne me ferez pas rougir en me parlant de l'arsenic ; je défie que personne m'ait vue me servir de l'arsenic.* »

M. le Procureur général invite M. Bidard à s'expliquer sur le degré d'intelligence qu'il a reconnu chez Hélène.

M. Bidard. — Je n'ai jamais trouvé chez aucun de mes domestiques une intelligence aussi fine, aussi déliée, et je la tiens en outre comme un phénomène d'hypocrisie.

Un fait que le témoin a négligé dans sa déposition peint encore la noirceur du caractère de cette femme. Françoise Huriaux avait une robe à sécher dans sa mansarde. Hélène monta au grenier, fit un trou dans le plancher, et versa par cette ouverture de l'huile de vitriol qui brûla la robe de sa camarade.

Autre fait : bien que Rosalie ait accusé Hélène de lui avoir donné ces boissons qui la brûlaient, M. Bidard ne pensait pas qu'il fût jamais venu à l'idée de la malade qu'elle mourrait empoisonnée. Mais la dernière nuit, au moment où elle venait de recevoir l'extrême onction, il fut cruellement détrompé. La mourante avait appelé Hélène pour l'embrasser dans un dernier adieu. M. le vicaire, qui venait d'administrer Rosalie, dit au témoin : « *Ah! Monsieur, vous avez dans votre maison, à côté du sublime de la vertu, la plus haute expression du crime.* »

M. Pinault, docteur-médecin, à Rennes. — Il rend compte des symptômes de la maladie de Rose Tessier, et du mode de traitement qu'il a prescrit. M. Guyot, appelé en consultation par lui, admettait la possibilité de la fracture du diaphragme. « Car, qui aurait empoisonné? disait-il. Ce ne peut être M. Bidard. Serait-ce la cuisinière? Mais elle prodigue tant de soins à cette fille! » Ne voyant après tout rien à quoi rattacher ses soupçons, le témoin finit par se rendre à l'avis de son confrère.

Le 24 juin, M. Baudoin vint le chercher pour aller voir Rosalie Sarrasin. Chemin faisant, il lui décrivit les symptômes qu'il avait observés chez Rosalie. « Comme vous, dit-il à M. Baudoin, j'ai donné des soins à une fille de la même maison ; elle est morte, et selon moi, morte empoisonnée ; tenez-vous sur vos gardes. »

Le témoin n'eut pas de peine à reconnaître chez Rosalie les symptômes qu'il avait déjà vus chez Rose, et, en quittant son confrère, il renouvela ses observations.

Quelques jours après, il apprit par M. Baudoin qu'il y avait amélioration. « Gardez pour vous, lui dit alors le témoin, les soupçons dont je vous ai fait part. »

Mais, quand il sut que l'état de la malade avait considérablement empiré, quand M. Bidard lui eut communiqué ses craintes personnelles, il ne douta plus qu'il y eût empoisonnement : « Surveillez Hélène, dit-il à M. Bidard ; voyez si elle n'a pas d'arsénic. »

Rosalie morte, la Justice se transporta chez M. Bidard. Les armoires furent visitées avec soin ; la potion que Rosalie avait accusée de l'avoir tant brûlée, était encore là, entamée. La fiole qui la contenait fut cachetée.

Il n'y avait plus alors moyen d'éviter l'autopsie ;

elle eut lieu le lendemain. M. Pinault rend compte du résultat :

Le cadavre présentait sur la peau des traces violacées, notamment à la joue gauche.

Le cerveau, le larynx, les poumons étaient dans leur état normal.

Il y avait inflammation de la muqueuse, mais peu de lésion.

L'estomac, l'intestin grêle et le gros intestin renfermaient un liquide rouge verdâtre. Ces organes, avec les liquides qu'ils renfermaient, furent placés dans des bocaux séparés, et cachetés.

Le foie et la rate étaient dans l'état normal ; les reins offraient une légère altération.

La mort ne pouvait être attribuée à aucune des altérations signalées. Le témoin et son collègue conclurent qu'elle résultait de l'injection d'une substance étrangère, de l'arsenic, sans doute, dans l'estomac.

Le témoin fut appelé au cimetière pour l'exhumation de Rose Tessier. On déterra le cadavre, dont l'identité fut constatée ; on prit de la terre dans la tombe et aux environs de la tombe, et cette terre fut renfermée dans des vases.

On procéda ensuite à l'autopsie du corps. La tête n'était plus reconnaissable ; l'estomac était assez bien conservé ; pas de péritonite, pas de perforation : la mort ne pouvait provenir que d'un empoisonnement, et non des maladies présumées. Tous les organes furent réunis dans des bocaux.

Le témoin a fait également l'autopsie du cadavre de Perrotte Macé. Le corps étant réduit à l'état de gras de cadavre, il n'a pu constater aucune lésion pathologique.

M. Aristide Guyot, docteur en médecine, confirme la déposition de son confrère en ce qui concerne les malades Rose Tessier et Rosalie Sarrazin.

Il a traité personnellement Rosalie Huriaux. Il n'a reconnu chez la malade, à l'origine, aucun symptôme d'empoisonnement ; mais depuis les derniers événements, il y croit. Le poison a dû nécessairement être administré par petites fractions, et à des intervalles assez éloignés.

M. Théophile Baudoin, docteur en médecine, à Rennes, a donné des soins à Rosalie, pendant tout le temps qu'a duré sa maladie. Il décrit, comme l'ont déjà fait MM. Bidard et Pinault, les symptômes primordiaux du mal, ses rémittences sans cause apparente, ses progrès subits et imprévus, l'insuccès de ses efforts pour le combattre, les souffrances inouïes auxquelles a succombé la victime. « Elle accusait une douleur affreuse le long de l'épine dorsale, et un feu intérieur, inextinguible... C'était atroce à voir ! »

Comme ses confrères, il n'a aucun doute que Rosalie ait succombé à l'empoisonnement par l'arsenic.

Mme Brissard, blanchisseuse. — Le 30 juin, la veille de la mort de Rosalie, comme elle venait chercher le linge chez M. Bidard, Hélène lui dit : « *Vous ne pouvez prendre le linge ; le bon Dieu va venir, Rosalie va mourir... Il faudra revenir demain, vous aurez à prendre le linge de la défunte.* » Le témoin alla voir Rosalie, et ne crut pas son état aussi désespéré. Pourtant, avant de sortir, Hélène lui dit encore : « *Demain, dès qu'elle sera morte, je vous enverrai chercher.* » Elle lui dit aussi : « *M. Bidard a bien du mal ; il tombera malade, et il mourra peut-être.* »

Le témoin trouve l'explication de la conduite d'Hélène dans la jalousie qui la dévorait ; elle ne pouvait souffrir aucune surveillance; elle voulait avoir seule le maniement de l'argent.

L'accusée nie avoir tenu les propos que le témoin lui attribue au sujet de M. Bidard, qu'elle aimait tant, et dont elle avait tant de soin; peut-être a-t-elle craint une indisposition.

Veuve Tessier, laveuse. — C'est la mère de Rose. — La pauvre femme raconte sa dernière entrevue avec sa fille. « *Chère mère, me disait-elle, je ne puis rien durer sur moi.* » Me fallut la quitter pour aller à la rivière. Quand revins, on me dit qu'elle avait passé! Continuant : « Seigneur Dieu! me voici abandonnée de ma pauvre fille! Plus personne pour me donner du pain! Ah! mon cher Président, ai perdu la meilleure de toutes! Pauvre Seigneur Dieu! »

Le témoin reconnaît parmi les effets trouvés en la possession de l'accusée une chemise de sa fille : « La voilà bien, dit-elle, sa pauvre chemise! Ai le même linge sur mon corps. »

Françoise Huriaux, domestique.—C'est Hélène qui la reçut quand elle s'est présentée la première fois chez M. Bidard : « *Ah! lui dit-elle, je pensais que Monsieur m'aurait gardée seule!* »

Pendant les trois premières semaines, elle se laissa entièrement mener par Hélène, se disant à part soi : Il faut bien qu'elle me dise ce qu'il y a à faire. Vers la fin de la quatrième, elle se décida à lui dire : « Est-ce que M. Bidard veut que vous me meniez ainsi? — *Ah!* dit Hélène, *voilà encore une ingrate; je le dirai à Monsieur.* » Dès ce jour, elle la mena plus durement, cherchant toutes les occasions de la dégoûter, surtout par la nourriture.

Le témoin tomba malade, et elle remarqua que ses souffrances augmentaient toujours après qu'elle avait mangé des mets préparés par Hélène. Elle prit alors le parti de se nourrir au dehors. Comme elle refusait un jour de la soupe que lui offrait Hélène, celle-ci lui dit : « *Est-ce que vous croyez que je vous empoisonne? Faites votre soupe vous-même, et n'en faites qu'à votre faim. Il faut mieux donner le pain aux pauvres que de le perdre!* » Et quand elle ne mangeait pas la soupe, Hélène la jetait, et ne la donnait à personne.

Hélène l'a rendue très-malheureuse, elle peut le dire à la face de tout le monde. Elle lui arrachait les plats des mains pour l'empêcher d'approcher de M. Bidard; elle l'empêchait de faire son service, pour avoir prétexte de l'accuser de paresse; elle la privait de vin, de sucre, de sorte qu'elle était réduite à boire de l'eau mêlée de vinaigre. Elle lui a fait en un mot toutes les misères.

A sa sortie de chez M. Bidard, le témoin est allée passer quelques jours chez ses parents; puis elle est entrée à l'Hôtel-Dieu. Elle en est sortie le 8 juillet, imparfaitement guérie; aujourd'hui encore, elle a sans cesse des refroidissements aux pieds.

M. le Président, à l'accusée. — Pourquoi jetiez-vous la soupe que Françoise ne mangeait pas? — *R.* Je jetais pas, je donnais à une bonne femme qui venait toutes les semaines... *Je ne perds pas ce que je peux donner aux malheureux; c'est une habitude que je tiens de ma bonne tante, et je ne la veux pas changer.*

Perrine Jameaux a veillé Rosalie. Elle a entendu Hélène dire : « *J'ai le cœur trop bon; je ne puis voir les autres souffrir.* »

La veuve Renaud. — Rosalie disait à ses derniers moments : « *Quoi! je n'ai que dix-neuf ans et je vais mourir! Ma mère, tu n'as plus d'enfant, je meurs!* »

Mlle Marianne Bidard a veillé souvent Rosalie. Elle décrit les phases de la maladie jusqu'à la mort, comme l'a fait M. Bidard. Elle aussi, elle a eu l'idée d'un empoisonnement, mais non du fait d'Hélène; elle a craint qu'il y eût du vert de gris dans les casseroles. Quand Rosalie éprouva du mieux, Hélène parut contente. Cependant elle lui dit : « *Vous verrez, Mademoiselle, ce n'est pas fini; c'est comme chez Rose. Je ne sais pas ce qu'il y a dans cette chambre : Rose y est morte; Françoise y a été bien malade, et Rosalie y mourra! Je ne voudrais pas y coucher.* »

Hélène témoigna de la douleur de la mort de Rosalie; mais elle était restée calme pendant les atroces souffrances de la malade, souffrances telles, que la pauvre fille, pendant son agonie, a brisé entre ses dents un verre de cristal. « J'ai eu toutes les peines du monde, lui a dit Hélène, à en retirer les morceaux de sa bouche. »

M. le Procureur général donne lecture de la déposition de *la veuve Gabillard*, qui a aussi soigné Rosalie. — Ses souffrances, dit ce témoin, étaient horribles à voir. Hélène, à un moment, prit le crucifix, le fit embrasser à la malade, en lui disant: « *Voici ton Sauveur qui a souffert pour toi; recommande ton âme à lui.* »

Le matin, pendant une violente crise, la malade lui échappa et tomba du côté de la muraille. La mère de Rosalie dit à Hélène : « Mettez-lui un oreiller. — *Ma foi! vous commencez à m'ennuyer*, répondit Hélène; *vous êtes sa mère, soignez-la.* »

La veuve Sarrazin. — « Cette fille m'a enlevé mon existence en m'enlevant mon enfant, » s'écrie cette pauvre mère. Sa fille s'est plainte à elle de l'humeur jalouse d'Hélène; elle lui répondit que c'était bien malheureux, parce que les cœurs jaloux étaient capables de tout.

Deux jours avant sa mort, sa fille lui a dit : « *On m'a trahie, ma mère!* » La mère répéta : « Les cœurs jaloux sont capables de tout. » Sa fille reprit : « *Ne dis rien, ma mère! ne dis rien, ma mère, il faut mourir!* »

Françoise Louarne, domestique. — Hélène lui a dit un jour : « M. Bidard est parti avec sa femme de chambre pour la campagne. Tout ce qu'elle fait est bien fait; moi on me laisse ici... *Travaille si tu veux; mange du pain sec*, voilà ma récompense... *La femme de chambre sortira avant moi*, continua-t-elle. Quoique M. Bidard m'ait donné mon congé, il faudra qu'il me le redise une autre fois avant que je parte. »

« Voilà le lit de la vilaine femme de chambre, ajouta-t-elle. *Voyez, elle couche dans une chambre non loin de celle du maître, moi dans la mansarde.* »

Plus tard, Hélène lui dit encore : « La femme de chambre se meurt, je suis chagrine. — Vous ne devriez pas l'être beaucoup, lui répondit-elle, car vous m'en avez dit bien du mal. »

L'accusée. — Tout cela est faux; cette fille n'est jamais venue chez M. Bidard.

Le témoin. — En me reconduisant, Hélène me dit : « *Gardez toujours bien ce que je vous ai dit.* »

L'accusée. — Est-il possible! *Voilà qui est menti!*

M. Legault, pharmacien. — C'est chez lui que M. Bidard est allé chercher le sirop de groseilles que M. Baudoin avait prescrit à Rosalie. — Hélène vint les jours suivants. Elle se plaignit à lui, en disant : « Je tomberai malade moi-même, j'ai trop de mal. » — « Faites veiller la mère, » lui dis-je. Elle lui répondit, en pleurant : « La mère est une bête qui fait le contraire de ce qu'ordonne le médecin. »

Le témoin ajoute : J'ai préparé moi-même la potion dans laquelle entrait de l'acétate de morphine. Cette opération a été faite par moi avec le plus grand soin. Je l'ai livrée à Hélène le 28 juin, vers cinq heures.

M. le premier Président, au témoin. — On a trouvé de l'arsenic dans le reste de cette potion. — *R.* Quand elle est sortie de mes mains, elle était conforme à la formule. Je n'avais même pas d'arsenic sous la main, quand je l'ai préparée. L'arsenic est soigneusement tenu à l'écart dans une armoire dont j'ai seul la clef.

A l'audience du 12 décembre, M. le docteur Pinault est invité à compléter sa déposition relativement à un fait qui se serait passé au moment où l'on transvasait les déjections de Rosalie Sarrazin. — *M. Pinault :* Comme nous nous livrions à cette opération, Hélène entra, et parut très-décontenancée.

M. Bidard. — Cela se faisait dans la chambre de ma fille, où l'on n'entre jamais. Quand Hélène se présenta à la porte, je fus surpris, et je n'ai pu expliquer sa venue que par un motif de curiosité.

M. Pinault. — Elle avait paru tourmentée de ne pas retrouver les déjections autour du lit de la morte, et c'est sans doute pour les chercher qu'elle est venue dans la chambre.

Hélène prétend qu'on lui avait donné un entonnoir à laver et qu'elle le rapportait.

M. Bidard. — Hélène exploite, avec habileté, une circonstance vraie. La voyant venir, pour me débarrasser de sa présence dont j'étais contrarié, je lui dis : Hélène, prenez cela et allez le laver.

L'accusée persiste dans sa première affirmation.

M. Malagutti, professeur de chimie à la Faculté des sciences de Rennes. — Chargé, avec M. Sarzeau, de procéder à l'analyse chimique des parties conservées des corps de Rosalie Sarrazin, de Perrotte Macé, de Rose Tessier, à l'effet de rechercher si ces parties contenaient de l'arsenic, il vient rendre compte des résultats de cette mission.

1° ROSALIE SARRAZIN. — L'analyse n'a pas seulement porté sur les viscères, c'est-à-dire, le cœur, la rate, le foie et l'estomac, mais encore sur les matières vomies par la malade pendant la dernière nuit, et sur diverses substances saisies dans la chambre mortuaire et dans la chambre de l'accusée.

Le foie étant, de toutes les parties du corps humain, celle où l'arsenic se localise de préférence, c'est ce viscère que les experts ont choisi d'abord pour être l'objet de leurs expériences.

Après l'avoir divisé en deux parties égales, ils ont opéré isolément sur chacune d'elles.

La première partie, traitée par le chlore, n'a pas fourni de preuve décisive de la présence de l'arsenic.

Soupçonnant alors que le procédé du chlore, bon dans les cas d'empoisonnement subit, se trouve insuffisant lorsque l'empoisonnement s'opère par l'ingestion successive de petites quantités de matières toxiques, ils y ont substitué l'eau régale (acide hydrochloronitrique).

Ce nouveau procédé, appliqué à l'autre moitié du foie, a amené une désorganisation complète, et le résidu des réactions, introduit dans l'appareil de Marsh, a donné un anneau arsenical très-bien caractérisé et des taches arsenicales en quantité suffisante pour constater la présence et l'injection de l'arsenic.

(Ici *M. Malagutti* met sous les yeux de la Cour un tube contenant l'anneau arsenical, et une soucoupe de porcelaine sur laquelle on distingue quelques taches, une partie d'entre elles ayant disparu à la contre-épreuve dont il sera question plus loin dans la déposition du professeur.)

Les experts se sont alors occupés de la matière des vomissements. Les mêmes opérations, répétées sur ces matières, ont donné le même résultat, c'est-à-dire la constatation de faibles quantités de poison. Ceci était inévitable. Cette circonstance, que l'arsenic s'était trouvé dans le foie en quantité minime, était exclusive de la présence d'une grande quantité de substance toxique dans les matières vomies. Le résultat de la seconde analyse confirmait donc la première.

Parmi les substances saisies dans la chambre mortuaire se trouvait une potion préparée et étiquetée : *selon la formule.* L'analyse qu'en ont faite MM. les experts a fourni la preuve qu'elle contenait une quantité d'arsenic notable, relativement à celle recueillie dans le foie et dans les vomissements, mais faible, absolument parlant, l'appareil de Marsh décelant l'arsenic à l'état impondérable.

De quoi eût dû être composée cette potion selon la formule ? D'acétate de morphine, d'eau de laitue et de sirop de gomme. Mais n'y avait-il pas eu méprise ? Le préparateur de la potion n'avait-il pas mis l'arsenic à la place de l'acétate de morphine ? Non, car alors il ne s'y serait pas trouvé de morphine, il n'y aurait eu que de l'arsenic. Mais les experts y avaient bien trouvé de l'acétate de morphine. L'erreur n'existait donc pas.

Mais l'arsenic aurait pu être mêlé à l'acétate de morphine ? Outre que cette supposition se trouvait déjà presque détruite d'avance par la connaissance qu'avaient les experts des précautions généralement apportées dans la fabrication, la préparation et la conservation de toutes les substances dangereuses, pour en avoir le cœur net, ils avaient demandé à M. Baudoin une formule entièrement semblable à celle qu'il avait prescrite à Rosalie Sarrazin ; ils avaient analysé la potion préparée selon cette formule, et n'y avaient pas trouvé de trace d'arsenic. La présence de cette substance dans la potion saisie ne provenait donc pas de la mixtion de l'acétate de morphine.

Tous les autres médicaments ou substances trouvés, soit dans la chambre mortuaire, soit dans la chambre de l'accusée, soumis à une analyse minutieuse, n'avaient fourni aucune parcelle d'arsenic.

M. Malagutti fait remarquer, en ce qui concerne Rosalie, la connexité qui existe entre les résultats affirmatifs de l'arsenic dans les trois expériences. Toujours il s'est manifesté en petite quantité et pour ainsi dire proportionnellement dans le foie, dans les matières vomies et dans la potion. Les conclusions des experts sont donc trois fois justifiées.

2° PERROTTE MACÉ. — Les médecins ont décrit l'état du cadavre. Les experts étaient convaincus que la mort avait été le résultat du même crime dont ils avaient déjà vu les effets ; qu'elle avait été préparée par la même main, consommée par les mêmes moyens. Il y avait donc lieu de craindre qu'en opérant sur un petit volume de substance, ils ne parvinssent à dégager qu'une quantité trop minime d'arsenic pour produire une démonstration efficace. C'est pourquoi ils ont réuni ensemble tous les viscères pour les soumettre à une seule et même analyse.

Mais quel procédé devaient-ils suivre ? Celui du chlore ? Non ; le gras du cadavre paralyse son action, et, outre l'inconvénient signalé, spécial au cas actuel, il est insuffisant en présence de grandes quantités de matières organiques. Le nitrate de potasse? Il est inférieur au chlore comme réactif. L'acide sulfurique? Son emploi est incommode lorsqu'on opère sur des volumes considérables de substance, et, de plus, ce procédé a subi, depuis peu, de vives et nombreuses critiques.

Après mûr examen, les experts se sont décidés pour l'eau régale. Grâce à elle, le gras du cadavre, qui s'opposait à l'action du chlore, a disparu; les matières organiques ont été complétement dissoutes. Le résidu, soumis à l'action de l'appareil de Marsh, a produit un anneau arsenical d'une netteté remarquable, et des taches nombreuses sur plusieurs soucoupes, dont huit seulement ont été déposées avec le tube comme pièces à l'appui, les autres ayant servi aux contre-épreuves d'usage.

(Ces récipients, dégagés de leurs enveloppes, passent, comme les premiers, sous les yeux de la Cour, des Jurés, du Ministère public et de la défense.)

M. le premier Président, à M. Malagutti.—Voulez-vous donner à MM. les Jurés quelques explications sur le but et la nature de ces contre-épreuves?

M. Malagutti. — Les expériences fournissent deux sortes d'épreuves : un anneau arsenical dans le tube par lequel s'évapore l'acide arsénieux, et des taches arsenicales sur les récipients qu'on présente à l'ouverture de ce tube. Mais il y a d'autres métaux, ou pour mieux dire un autre métal (l'antimoine) qui peut produire des résultats affectant la même apparence. Il faut donc pratiquer sur cet anneau et sur ces taches des réactions qui soient caractéristiques de l'arsenic. Ces réactions une fois obtenues il n'y a plus de confusion possible.

M. Malagutti en signale quatre :

1° Le chlorure de chaux fait disparaître les taches arsenicales; l'antimoine résisterait.

2° Exposées à un jet enflammé d'hydrogène, les taches arsenicales disparaissent aussitôt: l'antimoine au contraire hésite et tarde à disparaître.

3° Quand on mouille une tache avec de l'eau forte (acide azotique ou nitrique), elle semble s'effacer immédiatement; mais, dans le fait, on voit des lamelles noirâtres nager dans le liquide, et, pour qu'elles se dissolvent, il faut les chauffer.

4° Et enfin, si l'on dissout dans l'eau-forte les taches arsenicales, si l'on fait évaporer le liquide, et si on baigne le résidu avec une dissolution concentrée d'azotate d'argent, il se forme un arséniate d'argent, d'une couleur brique, qui n'a point d'analogie dans les sels minéraux. Sans cette dernière preuve, l'expérience n'est pas décisive.

C'est dans les contre-épreuves faites par les experts qu'a disparu une partie des taches produites par les diverses analyses et manquant sur les soucoupes.

Après ces explications si lucides, M. Malagutti rend compte de l'analyse qui a été faite de la terre prise dans la tombe même, au-dessus du cercueil.

A la première inspection, les experts ont été convaincus que cette terre ne pouvait contenir de matière arsenicale soluble. Elle contenait une grande quantité de plâtre. Or, là où il y a beaucoup de plâtre, point de dissolution d'arsenic possible, ou du moins les dissolutions ne sont que momentanées; car il se forme immédiatement, dans ce cas, un arsenite de chaux, qui est insoluble. Et, comme la terre n'avait pas fait invasion dans le cercueil, qui était intact, ainsi que le suaire qui enveloppait le cadavre, il est évident que l'arsenic n'aurait pu s'introduire dans le corps que sous la forme aqueuse. Mais, l'arsenic ne pouvant persister sous cette forme dans la terre qui entourait le cadavre, il était certain que les experts n'en trouveraient pas. L'expérience a confirmé cette prévision; ils n'ont pas trouvé d'arsenic.

3° ROSE TESSIER. — Ici encore, les experts avaient supposé un empoisonnement lent, progressif, et ils en avaient tiré la conclusion qu'il se trouverait peu d'arsenic dans les organes et qu'ils devaient opérer sur la masse des viscères.

C'est ainsi qu'ils ont fait. Mais, au lieu d'une quantité relativement forte, l'analyse chimique a dégagé une quantité absolument exorbitante. Ce ne sont plus ici des taches isolées : les soucoupes en sont littéralement enduites. L'anneau arsenical n'est plus un nuage transparent: il intercepte le tube et forme un métal dense, imperméable à la lumière, dont les écailles qui s'en détachent prouvent l'épaisseur.

De ces résultats, les experts avaient conclu à un empoisonnement brutal, violent, dans lequel le poison s'était immédiatement localisé et n'avait pu être entraîné dans ses exutoires naturels.

Et cette conclusion s'est trouvée d'accord avec les faits qu'ils ignoraient et qu'ils n'ont appris que par la lecture de l'acte d'accusation, à savoir que Rose avait été enlevée après quatre jours de maladie. Ils avaient découvert la vérité *a priori*.

(Les soucoupes et le tube sont mis sous les yeux de MM. les jurés; des taches noires arsenicales apparaissent sur le blanc de la porcelaine, comme des larmes sur un drap mortuaire.)

M. le Président demande à M. Malagutti s'il est bien certain que les réactifs qu'il a employés étaient purs de toute parcelle d'arsenic. *M. Malagutti* répond affirmativement, ces réactifs étant toujours préparés d'avance et avec le plus grand soin.

En outre, ces réactifs, comme le constate le procès-verbal des experts, ont été essayés *à blanc*, c'est-à-dire qu'ils ont été préalablement introduits dans l'appareil de Marsh, et qu'ils n'ont donné aucun résidu arsenical. Enfin, ce sont les mêmes réactifs qui ont servi à toutes les expériences de MM. les experts. S'ils avaient contenu de l'arsenic, ils en auraient trouvé partout, tandis qu'au contraire certaines substances ont donné à l'analyse des résultats négatifs.

M. le Président, à l'accusée. — Vous le voyez, l'arsenic a été trouvé par la science dans les trois cadavres! Les résultats qu'elle a obtenus sont d'accord avec les accidents divers éprouvés par les victimes et avec l'opinion des médecins. Vous seule avez veillé près de toutes les trois; contre toutes trois vous aviez des motifs de haine. Il y a eu empoisonnement; quelle est l'empoisonneuse, si ce n'est vous?

L'accusée. — Ben franchement, je n'ai rien à me reprocher. Je ne leur ai donné que ce qui sort des pharmacies, par ordre des médecins.

On passe à l'audition des témoins à décharge.

M. Bruté père, docteur en médecine, déclare qu'Hélène a une tumeur squirreuse au sein gauche. Il a eu de la peine à la décider à se faire soigner: « Je ne ferai mon traitement, disait-elle, qu'après la fin de mon affaire. » Du reste, pendant son séjour à la prison, elle était généralement gaie.

M. le docteur Pitois est entendu, pour la seconde fois. — Appelé par la défense à apprécier ici l'état moral de l'accusée, je ne viens pas, dit-il, comme on m'en a prêté l'intention, soulever la question de monomanie. Hélène n'est pas monomane. En présence d'une série de crimes combinés avec tant d'audace, exécutés avec tant de sang-froid, envisagés avec aussi peu de remords, ce n'est pas elle que je veux disculper, c'est la société. Hélène, selon moi, est une anomalie. Je désire aussi écarter, dès à présent, l'idée que je veuille faire du matérialisme : la preuve que je ne suis pas matérialiste, c'est que j'accepte de l'homme cette définition d'un philosophe célèbre : « Une intelligence servie par des organes. » Or je dis que si un de ces organes est lésé, les manifestations intellectuelles qui y correspondent, seront en dehors des règles normales.

Ceci est de la phrénologie, je ne me le dissimule pas, et la phrénologie, selon beaucoup de monde, n'est qu'un rêve. Mais ce rêve fut celui des Gall, des Broussais, des Spurzheim, et les rêves de tels hommes peuvent n'être que des vérités écloses trop tôt pour être admises. Eh bien ! je dis que, chez Hélène, les organes de l'hypocrisie, de l'astuce, sont extrêmement développés; mais, au-dessus de tous encore, les organes du meurtre et du vol. Aussi, loin de me refuser à admettre l'existence des crimes que lui reproche l'accusation, je soutiens, sans crainte de me tromper, qu'elle les a tous commis, et bien d'autres encore sans doute, dont la trace échappe à la justice.

J'ajoute qu'elle ne s'en repent pas, et que, si elle éprouve quelque regret, c'est de ne pas avoir donné la mort aux témoins qui sont venus l'accuser. Elle est même si loin de se repentir, que, mise en liberté, elle recommencerait demain à voler, à empoisonner. C'est chez elle un tel besoin instinctif, que j'ai cru saisir sur son visage une expression de bonheur chaque fois que l'on racontait dans cette enceinte les dernières palpitations de ses victimes; elle semblait éprouver une joie indicible à ce tableau qui la représentait approchant, les larmes dans les yeux, l'image du Christ des lèvres mourantes de Rosalie Sarrazin.

Cela tient à son organisation même, qui est profondément perverse. Et ici, la science remplit un sacerdoce douloureux, mais nécessaire, en venant expliquer comment, pour l'honneur de l'humanité tout entière, Hélène Jégado n'est point autre chose qu'une erreur de la nature, une anomalie.

Mais, objectera-t-on, l'instinct du meurtre ne se traduit pas par l'empoisonnement? Je réponds : Quiconque détruit, détruit selon son âge, selon son sexe, selon son tempérament. Cela est vrai pour le suicide même. Le vieillard ou se pend, ou se noie ; la femme se noie ou s'empoisonne ; le jeune homme a le pistolet ou le poignard. Hélène, donc, devait, pour satisfaire son instinct meurtrier, avoir recours au poison.

M. le premier Président, au témoin. — Vous avez prétendu, Monsieur, que les instincts funestes d'Hélène n'avaient pas été combattus. Mais ne pouvait-elle donc trouver, dans le sens moral qu'on ne lui conteste pas, un frein à opposer à ses passions?

M. le docteur Pitois. — Je ne nie pas le sens moral, le libre arbitre chez Hélène; mais il était entièrement dominé par la passion : voilà ce que j'ai voulu dire.

M. le premier Président. — Mais, chez tous les individus, la passion existe à un plus ou moins haut degré? Vous avez encore supposé que l'éducation morale lui avait complétement manqué, c'est une erreur. Hélène a été élevée dans des sentiments religieux ; sa vie s'est passée au milieu des pratiques de dévotion; elle avait vingt-cinq ans, quand elle

est entrée dans la voie du mal. Si les mobiles qui l'ont portée à commettre ses premiers crimes nous échappent, ou ne nous apparaissent que confus, faut-il dire qu'il n'en a pas existé? Ne devons-nous pas plutôt supposer le contraire, en regard de ceux qui existent pour les derniers faits qui pèsent aujourd'hui sur elle ?... Il est possible qu'on dise : Hélène est un monstre; mais on ne dira pas : Hélène est une folle.

M. le docteur Pitois. — Je ne disculpe, ni n'accuse. Je n'ai pas voulu soulever la question de la liberté morale ; j'ai voulu seulement expliquer comment la nature s'est étrangement méprise dans la création d'Hélène. On dit qu'il y a eu des mobiles aux crimes de l'accusée, cela est vrai; mais je réponds que ces mobiles n'ont jamais été en rapport avec la gravité du crime. Là où une autre se fût fâchée, ou se fût portée à une voie de fait, Hélène a empoisonné. Voilà ce que je dis pour l'honneur de l'humanité.

M. le premier Président. — L'honneur de l'humanité est-il donc bien compromis parce qu'il y a des êtres comme Hélène? L'honneur de l'humanité me semble plutôt placé dans ce principe, que la faute entraîne l'expiation, et que Dieu a fait l'homme avec une volonté intelligente, et responsable dès lors de tous ses actes.

Une courte discussion s'élève à propos des maux d'estomac dont Hélène s'est plainte au témoin, *M. Pitois* avoue que l'accusée l'a trompé en cette circonstance, comme elle en a trompé tant d'autres ; que le sang qu'il avait cru apercevoir dans les matières vomies par elle n'était autre chose qu'une poudre qu'il suppose être du kermès.

M. le docteur Guépin, de Nantes. — En 1834, M. Martel, maire de Pontivy, me parla d'empoisonnements nombreux qui avaient eu lieu à Guern et dans les environs. — « Il y a eu empoisonnement, me dit-il ; mais comment? Je l'ignore. Je me suis trouvé au milieu de morts successives, sans qu'un seul motif plausible me fît entrevoir une cause au crime. » — Cette affaire, restée confuse dans mon esprit, s'y est retracée plus nette à la lecture de l'acte d'accusation.

On m'a demandé à m'expliquer sur l'état moral de l'accusée. C'est là une question bien délicate. Je n'ai pas parlé à l'accusée et je ne l'ai pas vue ; je ne puis donc que me borner à présenter ici quelques considérations d'ordre intellectuel, ayant analogie avec les faits de ce procès.

En 1836, M. Isidore Saint-Hilaire a posé d'une manière scientifique et complète les *anomalies humaines*. Il est maintenant acquis à la science que ces anomalies sont nombreuses ; qu'elles peuvent porter sur tous les organes du corps humain et qu'elles représentent, le plus souvent, chez l'homme des états qui sont définitifs chez des espèces animales qui lui sont inférieures. Le cerveau ne peut échapper à cette règle. Sans doute, il n'a été scientifiquement exploré que depuis cinquante ans, et même depuis vingt années. Il y a plus, l'on peut dire que son anatomie est encore en arrière. Mais ce qu'on ne peut attaquer avec le scalpel, étudier par la dissection, on peut le reconnaître métaphysiquement par des investigations d'un autre ordre.

Il y a dans l'intelligence humaine deux ordres de substances : l'une éthérée, impondérable, qui ne se coupe pas au couteau ; l'autre, le cerveau, indispensable pour toute espèce de manifestation humaine. L'on peut bien comparer celle-ci à un piano-

qui présenterait trois octaves, et dans chaque octave une série de notes différentes.

Le premier est celui des facultés animales : il nous est commun avec les êtres inférieurs à nous. Le second est celui des facultés intellectuelles ; il présente encore certains points de contact avec les animaux. Le troisième est celui des facultés humaines ou morales, qui est spécial à l'homme. Or il peut se présenter des anomalies cérébrales dans ces trois ordres : ainsi, par exemple, la poule est un animal qui aime beaucoup ses petits, cependant quelques poules tuent les leurs. La chatte est dans le même cas. Pourquoi cette anomalie des espèces animales n'existerait-elle pas chez l'homme ?

Passons à l'ordre intellectuel. Il y a des hommes qui, par anomalie cérébrale, sont privés de la faculté des nombres ; bien plus, il y a des races entières chez lesquelles ce fait est régulier et permanent. C'est ainsi que les habitants de la Nouvelle-Hollande ne savent, en général, compter que jusqu'à trois, et que, là, compter jusqu'à cinq ou six, c'est être un homme de génie.

Autre exemple, la faculté de percevoir les sons. Un accord parfait est celui dans lequel les sons se trouvent entre eux comme le nombre 1, 2, 3. Or il y a des individus qui ne savent pas distinguer, dans un accord parfait, la première note de la dernière.

Prenons un exemple plus saillant ; il y a des indi-

... On disait dans la ville qu'Hélène avait le foie blanc et que son haleine faisait mourir. (Page 11.)

vidus tellement mal organisés, sous le rapport des couleurs, qu'ils ne peuvent distinguer le rouge du bleu. Il existe, en Allemagne, un de mes confrères, homme remarquable sous tous les autres rapports, qui ne saurait distinguer la couleur rouge de la verte. Un philosophe populaire de l'Angleterre, le cordonnier Harris, et le poëte français Colardeau étaient dans le même cas. J'ai vu ce phénomène se présenter héréditairement ; mais l'un de mes amis, M. le docteur Cunier, de Bruxelles, a signalé le fait le plus curieux sous ce rapport : c'est celui d'une famille dans laquelle l'impossibilité de différencier les couleurs s'est présentée pendant cinq générations successives, mais seulement chez les femmes.

Ce qui a lieu pour les facultés animales et intellectuelles, se présente aussi dans l'ordre moral. On peut classer les facultés humaines sous cinq chefs : la justice, le sentiment religieux, la sociabilité, le philosophisme, le sentiment de l'idéal. On pourrait présenter une autre division ; celle-ci me semble la

plus commode. Eh bien ! je conçois parfaitement qu'une ou plusieurs de ces facultés, même que toutes manquent à la fois à un individu.

L'absence de la sociabilité surtout aura pour résultat de laisser l'intelligence humaine avec de grandes passions sans contre-poids. Il en résultera que l'être ainsi conformé trouvera indifférent, pour arriver à son but, de briser un morceau de bois, de tuer une souris, de détruire une existence humaine.

Vers 1834, étant à Angers, et causant avec quelques hommes de la science et du barreau de la grande question de la moralité humaine, j'affirmais ce que j'affirme aujourd'hui. A la suite de cette conversation, un magistrat distingué, dernièrement ministre, m'envoya, à Nantes, un crâne très-curieux. J'ai été le disciple et l'ami de Gall ; cependant, je ne crois pas à la cranioscopie, comme science positive ; mais il y a des cas où elle permet de beaucoup prévoir. Celui-ci était du nombre. Je trouvai que ce crâne indiquait de l'imagination, des facultés perceptives, toutes les facultés animales : la ruse, la discrétion, etc.; mais point de facultés humaines ou morales. J'en conclus que l'homme à qui il avait appartenu n'avait jamais pu pardonner une injure faite à son amour-propre, une lésion à son intérêt. Pour le peindre par une expression triviale de notre pays, je le désignerais par le nom de *blèche*. J'ai appris depuis que c'était Réveillon d'Angers, fils et petit-fils d'assassin, assassin lui-même, et qu'il avait failli, à force de ruses, faire condamner un innocent à sa place. Voilà un exemple frappant d'absence de moralité humaine et de transmission héréditaire.

Je vous laisse à juger, Messieurs, comment vous devez appliquer à cette femme les principes que je viens d'exposer. Quant à moi, je ne le puis.

M⁰ Dorange. — Mais enfin, en admettant tous les faits de l'acte d'accusation, que pense le témoin de l'accusée?

M. le docteur Guépin. — Je ne suis pas un juré... Je n'ai pas étudié l'accusée. Peut-être, si j'eusse été le magistrat instructeur, aurais-je ajouté d'autres considérations à l'acte d'accusation.

M. le premier Président. — Vous avez raison, Monsieur, vous n'êtes pas juré, et ceux-ci peuvent toujours considérer que l'intention et la volonté sont deux conditions constitutives du crime.

M⁰ Guépin. — Il y a des hommes, et je les crois

nombreux dans mon pays, pour lesquels il existe, au-dessus de la justice humaine, une éternelle justice et une éternelle vérité. Mais il y en a, heureusement ils sont très-rares, qui, par suite d'une moralité insuffisante, prennent l'expression de la justice pour la Justice elle-même et qui ne la voient que dans un président de Cour d'assises, des jurés, une prison et un bourreau ! Je n'ai plus rien à dire.

M⁰ Gaillard de Kerbertin. — Un témoin nous a dit que l'accusée était un prodige d'hypocrisie. M. Guépin comprend-il qu'on puisse réunir cette hypocrisie à la monomanie?—*R.* Je ne crois pas, ici, à la monomanie; rien, dans l'espèce, ne me prouve une folie générale ou partielle. Ce qui me semble ressortir des faits qui me sont connus, c'est une grande preuve d'intelligence, avec l'absence complète de cette moralité qui sert de contre-poids dans la vie. Les êtres ainsi conformés vont directement à leur but, sans s'inquiéter des obstacles. C'est avec la même indifférence, je le répète, qu'ils briseraient

un morceau de bois, qu'ils détruiraient un animal, une existence humaine. Ils ne sont susceptibles ni de remords ni de repentir; ils n'ont que des regrets, et surtout celui de ne s'être pas débarrassés à temps des personnes qui les ont fait paraître devant les tribunaux.

M⁰ Dorange demande que M. Guépin puisse voir de près l'accusée et faire, le lendemain, un rapport.

M. le premier Président. — Cela ne se peut; ce serait une expertise. M. Guépin a été appelé comme témoin, il doit rester au débat en cette qualité. Si la défense eût demandé à temps une expertise, si la nécessité de cette expertise nous eût semblé résulter des débats, nous l'eussions ordonnée avec empressement. Mais cette nécessité n'existe pas.

Sept audiences ont déjà été consacrées à ces importants débats; tous les témoins ont été entendus. A l'audience du 13, *M. le Procureur général* prend la parole au milieu d'un profond silence.

« Messieurs les Jurés, dit *M. le Procureur général,*
dégagée des faits que la prescription légale dérobe
à vos décisions, l'accusation sur laquelle vous êtes
appelés à prononcer n'embrasse pas moins de dix-
sept crimes, dix vols et sept empoisonnements. Mais
la vie d'un accusé appartient tout entière à ses juges :
si elle a été pure, elle le protége; si elle a été mauvaise, elle devient un titre pour l'accusation. Hélène Jégado pourrait-elle nous dire avec quelque
confiance :

> Interrogez ma vie, et voyez qui je suis!

« Assurément non, Messieurs les Jurés. Prouvons
ce premier point. De vives lumières devront en ressortir; elles viendront éclairer toutes les parties de
ces sombres débats, qui, depuis plusieurs jours,
tiennent vos cœurs serrés, sans fatiguer vos courages. Hélène nie avec une persévérance qui nous
oblige à ne négliger aucune preuve.

M. le Procureur général se livre alors à l'examen
des premières années de la vie d'Hélène, en appelant
l'attention du Jury sur les faits et les circonstances
de nature à dévoiler son caractère et ses habitudes.
Il la suit dans sa carrière criminelle, jusqu'au dernier des faits couverts par la prescription.

« Cette revue rapide, dit-il ensuite, n'était-elle
pas nécessaire? Quels enseignements ne nous offre-
t-elle pas sur la moralité d'Hélène! Comme ils expliquent la conformité que nous verrons se révéler entre
ses antécédents et sa conduite postérieure! Bien que
les preuves matérielles fassent défaut, bien que la
plupart des témoins aient disparu avec les familles
chez lesquelles l'accusée a servi, et que la mort a visitées à sa suite, on sait que ceux qui ont péri étaient
le plus ordinairement d'une bonne constitution, et
qu'ils ont été enlevés en peu de jours. On sait aussi
que la maladie s'est toujours manifestée chez chacun
d'eux par les mêmes symptômes, et qu'elle s'est
chaque fois déclarée après l'injection d'aliments ou
de boissons servis ou préparés par Hélène. Aussi,
en prévision du danger qui pourrait en résulter
pour elle, l'accusée s'est-elle bien gardée de faire
connaître, dans l'instruction, les lieux où elle avait
habité avant son arrivée à Rennes. »

Mais comment Hélène s'était-elle procuré la substance mortelle? Un seul fait était ressorti de l'instruction à cet égard : la découverte, en la possession de l'accusée, de trois petits paquets dont l'un
contenait de la poudre blanche. Or, les débats ont
démontré qu'Hélène, à une époque antérieure
à son séjour à Locminé, avait pu faire provision
de poison au presbytère de Seglien. La poudre
blanche de Locminé et l'arsenic de Seglien, c'est
une seule et même chose, selon *M. le Procureur
général.* C'est là le poison vainement cherché par
l'instruction. Aujourd'hui, l'accusation peut dire
avec certitude : l'arsenic, voilà le moyen du crime;
elle est trouvée la preuve qui manquait au procès, et
en l'absence de laquelle l'accusation eût néanmoins
persisté, tant la culpabilité de l'accusée lui paraissait
évidente.

M. le Procureur général se trouve maintenant en
présence des faits déférés à la décision du Jury. Ils
comprennent deux espèces de crimes : des vols
domestiques et des empoisonnements. Les preuves
matérielles existent quant aux premiers; ils sont
avoués d'ailleurs. Mais, si sérieux qu'ils soient, ils disparaissent presque, en regard des crimes bien plus
graves reprochés à l'accusée : *M. le Procureur géné-*

ral se contentera d'en signaler les principales circonstances.

Cela fait, et sur le point d'aborder les empoisonnements de Rennes, *M. le Procureur général* croit
devoir résumer le système général de défense adopté
par Hélène, en exposant ses propres réflexions sur
son caractère.

« Hélène vous a dit : —« Je n'ai qu'un aveu à faire :
j'ai volé; hors cela, on n'a jamais rien eu à me reprocher. Ma piété était sincère. Je n'ai jamais eu l'intention de faire du mal à qui que ce fût. J'aimais, j'ai
assisté avec dévouement tous ceux qu'on dit avoir été
mes victimes; je me suis trop attachée à mes maîtres.
Je n'ai jamais connu la jalousie; je n'ai jamais commis d'empoisonnement; je ne connais même aucun
poison. Je suis innocente : condamnée des hommes,
abandonnée de tous sur la terre, Dieu m'absoudra. »

« Il n'y a de vrai dans tout cela que l'aveu des
vols commis par l'accusée.

« Son mauvais caractère s'est révélé dès ses premières années. L'emportement, la ruse en formaient
les traits principaux. Elle parlait de suicide au curé
Conan qui menaçait de la renvoyer; cela n'était pas
au sérieux, c'était un moyen. Nous verrons plus tard
se développer, chez elle, la jalousie et le sentiment
de la vengeance.

« Elle vole la plupart des maîtres qu'elle servait :
voilà comme elle savait les aimer à l'excès.

« Elle avait la passion du vin. Elle a eu des
mœurs dissolues, alors qu'elle simulait les habitudes les plus régulières.

« Elle abritait ses vices et ses crimes sous le manteau de la religion, et jusqu'au 1er juillet dernier,
cet odieux stratagème lui avait réussi. C'est que, il
faut le dire, à l'honneur de l'humanité, on croit facilement à l'hommage que l'hypocrisie rend à la
vertu. Contentons-nous de rappeler ce mot d'Hélène
qui trahit son méchant cœur et révèle l'impuissance
de sa justification : «Si jamais je soigne d'autres malades, je les laisserai mourir plutôt; car j'ai fait mon
devoir et l'on m'accuse. »

« Voilà donc Hélène, avec son méchant naturel,
avec ses habitudes vicieuses, en disponibilité pour
ce qui sera mauvais et criminel. Le mal ne lui coû-
tera plus à commettre; elle y est accoutumée, et il
lui plaît. Il n'est plus besoin de rechercher, pour
expliquer ses actes, quelques-unes de ces causes
énergiques qui poussent aux grands crimes, et les
expliquent sans les justifier jamais.

« Ne vous étonnez donc pas que les plus légers
motifs aient engendré les forfaits que nous vous dé-
nonçons. Hélène est toute préparée aux empoisonnements de Rennes; elle ne s'arrêtera pas dans la
voie fatale où elle s'est engagée; elle saura attendre
l'occasion, et n'y faillira jamais. »

« L'accusation a limité à sept les empoisonnements
qu'Hélène aurait commis à Rennes. *M. le Procureur
général* exprime la pensée qu'elle aurait pu en augmenter le nombre, en mettant à la charge de l'accusée la maladie de Mme Carrère et les morts des
jeunes enfants de M. Ozanne et de M. Rabot. L'invasion singulière de la maladie, les symptômes particuliers à l'empoisonnement qui ont accompagné
les décès, lui semblent justifier cette supposition,
qui devra peser sur les délibérations du Jury.

Parmi les empoisonnements retenus par l'accusation, les uns ont été suivis de mort, les autres
sont restés à l'état de tentative. Cette différence,
aux yeux de *M. le Procureur général,* ne saurait
modifier la criminalité. Le crime d'empoisonnement

existe selon la loi, dès que la substance mortifère a été administrée avec l'intention de donner la mort. L'orateur du Gouvernement l'appelait l'assassinat le plus lâche parmi les plus atroces, et l'on disait à Rome : C'est plus de tuer par le poison que par le glaive.

M. le Procureur général déroule le tableau des douloureux événements accomplis dans les familles Rabot et Roussel et dans la maison Bidard. Il n'a pas de peine à démontrer qu'une main criminelle est au fond de toutes ces *morts*, et que cette main est celle d'Hélène. L'acte d'accusation, l'interrogatoire, les témoignages, ont trop complétement édifié le lecteur à cet égard, pour que nous ayons à revenir sur ces détails reproduits par le réquisitoire avec une lumineuse exactitude. *M. le Procureur général* termine ainsi :

« Laissez-nous, Messieurs les Jurés, rassembler tous les traits de ce caractère étonnant, exceptionnel, horrible, que vous avez devant vous.

« Hélène est un de ces êtres qui, dédaignant la voix de Dieu et des hommes, sont parvenus à se faire dans le crime une tranquille paix.

« Abandonnée de bonne heure à ses méchants instincts, elle n'a pas voulu les réprimer.

« Entourée, dès ses plus jeunes ans, des meilleurs exemples, elle a préféré marcher dans la voie du mal. Comme chacun de nous, elle a fait son choix, avec son intelligence et sa conscience; tout nous l'atteste. Elle a donc encouru la responsabilité de ses actes; vous la lui laisserez tout entière. Arrière donc, pour le moment, tout ce qui, dans le débat, a paru se rapporter à des imperfections morales dont l'accusée aurait été, nous dit-on, fatalement victime à son tour ! Nous ne reviendrions sur ce point qu'avec regret.

« Hélène fut de bonne heure méchante, emportée, ingrate, habile, dissimulée, voleuse.

« Elle allait au pied des autels chargée de ses crimes de la veille et de ses crimes du lendemain; car elle en nourrissait la pensée, et ces crimes étaient des assassinats! Elle ne pouvait ignorer cependant que Dieu n'accorde le pardon qu'au repentir.

« Son enfance et sa première jeunesse avaient été protégées; l'asile du presbytère, l'exemple d'une pieuse famille ne lui avaient pas manqué; il ne lui avait manqué qu'une bonne volonté. Elle a marché toute sa vie au crime d'un pas résolu, abritée d'une vertu d'emprunt; elle allait à ses victimes comme on va, par des chemins cachés, au cœur de la place assiégée.

« Elle a feint la piété et tous les bons sentiments, avec une constance restée inébranlable pendant près d'un demi-siècle, jusqu'à ce moment où je l'accuse.

« Il a fallu que les hommes les plus généreux, les plus éclairés vinssent avertir la Justice et lui prêter un puissant secours, pour que la vérité pût triompher et que la société pût être efficacement protégée.

« Remarquez enfin, Messieurs, comme pendant toute sa vie Hélène est restée semblable à elle-même. L'accusation partage sa vie en deux parties : la prescription en a marqué la limite; l'une reflète l'autre, et réciproquement.

« La complète identité des faits, des actes, des mouvements du cœur de l'accusée, des créations de son intelligence, à toutes les époques; l'impossibilité de trouver un autre coupable qu'elle, tout la désigne **aux rigueurs de votre justice.**

« En présence de tant de charges qui vous accablent, persistez-vous, Hélène, à nier vos attentats? Ce que vous croyez pouvoir retenir encore comme un secret, s'est attesté ici à toutes les consciences. Vos aveux n'ajouteraient rien à nos convictions; mais ils pourraient, sans les désarmer, satisfaire vos juges et vous profiter à vous-même.

« Je me hâte de vous le dire : si je sollicite ces aveux avant de me taire, ce n'est pas pour mieux assurer un arrêt légitime indispensable; mais on vous trouvera peut-être encore quelque chose d'humain, si l'on vous trouve accessible au repentir. Et puis, croyez-nous, Hélène, c'est beaucoup que d'arriver devant la Justice divine avec un commencement d'expiation. Hélène, vous vous taisez, vous nous refusez l'expression d'un regret !... Je n'ai plus rien à dire.

« Messieurs les Jurés, nous persistons avec la plus douloureuse conviction, comme avec la plus entière confiance, dans l'accusation portée contre Hélène Jégado. »

La parole est au défenseur : il se lève, et, après un modeste exorde tiré de son insuffisance, il s'exprime en ces termes :

« Quelle que puisse être la pensée du vulgaire, quelle que soit la somme des colères, des haines, des malédictions que l'accusée traîne à sa suite, jamais défenseurs n'ont apporté à votre barre une sincérité plus grande, une conviction à la fois plus ferme et plus réfléchie que celle dont sont animés les défenseurs d'Hélène Jégado. Aussi, après avoir interrogé tous les témoignages de notre conscience et de nos sens, nous venons vous dire avec confiance : Il y a ici phénomène, mystère si vous voulez; oui, il y a ici un de ces mystères impénétrables de la nature qu'il peut être donné à l'homme de voir, de constater, de toucher, mais qu'il ne peut lui être donné d'expliquer. Phénomène tout aussi exceptionnel, dans l'ordre des lois morales, que le sont les idiots dans l'ordre des lois de l'intelligence et les monstres dans l'ordre des lois de la nature.

« Bien loin de nous, donc, la pensée de discuter pied à pied avec le ministère public les faits de l'accusation. Nous reconnaissons, sans hésiter, tous les malheurs du présent et du passé, et nous aurons le courage et la franchise de montrer, à toutes les époques, le vol et le poison partout où la main d'Hélène a commis le vol et versé le poison. »

Mais Hélène Jégado est-elle responsable devant la justice humaine de tous les crimes qu'on lui reproche et dont la défense proclame elle-même la réalité? Avait-elle, quand elle a commis tous ces crimes, cette liberté morale sans laquelle il ne peut y avoir de responsabilité?

« Messieurs les Jurés, continue le défenseur, il y a en nous des idées que nous appelons nécessaires, innées, et dont l'ensemble constitue le sens commun. La première de toutes est l'idée de cause; il n'y a pas d'effet sans cause. Nous ne nous expliquons les actions des hommes que par les motifs que nous leur trouvons. Si elles nous apparaissent destituées d'une explication raisonnable, nous parlons immédiatement de folie. D'après ces principes, la défense ne peut-elle pas, aujourd'hui, exiger que l'accusation donne aux empoisonnements d'Hélène une explication quelque peu plausible, si elle veut conclure à la responsabilité de l'accusée? Non-seulement elle le peut, mais encore c'est son devoir le plus étroit.

« Or, l'accusation reproche à Hélène des empoisonnements sans nombre; mais elle ne trouve à aucun d'eux un motif dont la raison puisse se déclarer satisfaite.

« Si la défense, au contraire, établit que ces crimes inouïs n'ont pas de causes sérieuses avouables, vous ne saurez voir dans Hélène qu'une monomane; vous direz qu'il y a eu anomalie, perturbation morale, trouble du cerveau, ce que vous voudrez; mais vous devrez dire enfin qu'elle est irresponsable. »

A l'appui de sa thèse, *M⁰ Dorange* se livre à l'examen des crimes imputés à Hélène, en commençant par les plus récents, les mieux prouvés, les faits de Rennes. Il combat tous les motifs allégués par l'accusation, et les considère comme spécieux ou futiles, ou comme devant conduire à un résultat tout autre que celui qu'aurait ambitionné l'accusée.

Ainsi, pour la dernière victime, Rosalie Sarrazin, empoisonnée, elle était remplacée le lendemain, et cette surveillance générale, ce poste de confiance, mobile prétendu du crime, échappait encore à Hélène. Celle-ci se voit soupçonnée; qu'elle s'arrête, et les soupçons se dissiperont! Non, elle ira jusqu'au bout; elle empoisonne la potion dont on va s'emparer; elle se livre elle-même.

Françoise Huriaux, si douce, si craintive, qu'Hélène maniait à son gré, n'était-elle pas la compagne qu'Hélène eût choisie si elle avait été maîtresse de choisir? En la supprimant, Hélène pouvait-elle espérer de se trouver seule? Non : M. Bidard avait déclaré qu'il ne se passerait pas de femme de chambre.

Et Rose Tessier, excellente pour Hélène, à la prière de laquelle elle est restée chez M. Bidard : cet *avènement* qui lui est prophétisé par Hélène, n'est-ce pas quelque chose d'inouï et dont une créature raisonnable ne serait jamais supposée capable? Hélène, qui va empoisonner, prophétise; la défense reconnaît à ces traits l'empoisonneuse de Françoise Huriaux.

Tout ici est contradictoire, inexplicable, fantastique! Que signifient ces empoisonnements tentés sur les fermiers de M. Bidard qui, eux apparemment, ne gênaient pas Hélène? Ils signifient, comme tous les autres, que l'accusée avait la folie du poison.

Dans la maison Roussel, même absence de motifs aux crimes relevés par l'accusation, même erreur quant à leurs résultats prétendus. Si Hélène voulait devenir maîtresse à l'Hôtel du Bout-du-Monde, c'est contre M. Louis Roussel qu'elle devait diriger sa tentative d'empoisonnement, et non contre M⁰ᵉ Roussel, âgée déjà, devenue paralytique et qui ne pouvait plus s'occuper des mille détails de l'intérieur. Et c'est M⁰ᵉ Roussel qui est sacrifiée, et Louis qui est épargné!

Perrotte Macé! Oh! celle-là avait été victime d'un propos qui appelait sur sa tête une vengeance criminelle! Mais n'avait-elle pas déjà reçu des mains d'Hélène la soupe empoisonnée, quand elle a reproché à Hélène sa malpropreté? Hélène aimait André, et André aimait Perrotte. Erreur : tous les deux ont ici donné un démenti à l'accusation.

Quel est, se demande la défense, quel est parmi tous ces motifs, celui qui résiste au plus simple examen? Pourquoi nier l'évidence, et ne pas vouloir reconnaître qu'Hélène ne fait aucune distinction; que, si elle tue, c'est uniquement pour tuer?

« Que si maintenant, ajoute le défenseur, je passe en revue les autres crimes reprochés à Hélène, je ne sais plus en vérité quelle forme donner à ma discussion! Quand j'aurai dit avec vous : Qu'avait fait à ce monstre le jeune Rabot, cet intéressant enfant immolé par Hélène, me restera-t-il quelque chose à ajouter? Comme vous, je cherche en vain le motif de cette scélératesse! Je n'en trouve aucun... Je puis moins encore dire que M⁰ᵉ Rabot a été empoisonnée parce qu'elle avait rappelé à Hélène qu'il entrait dans ses attributions de nettoyer une lampe. Je ne puis pas le dire, car je veux être sérieux, et si je parle de l'empoisonnement de M⁰ᵉ Brière, ce sera pour vous faire remarquer que cette dame, qui passait à Rennes, ne pouvait avoir encouru la haine de l'accusée. Mais n'embarrasserais-je pas l'accusation, si je lui demandais, à mon tour, pourquoi la haineuse Hélène a laissé vivre M. Rabot, le seul qui a menacé d'un renvoi, lui qui a découvert dans sa caisse un déficit considérable qu'il attribue à sa domestique? Mettez-vous donc d'accord avec vous-même, et étonnez-vous avec moi, tout en remerciant la Providence, qui l'a protégé, que la vengeance d'Hélène ait pardonné au père, quand elle attentait sans motif à la vie de la mère, de l'épouse et de l'enfant.

« Vous parlerai-je du jeune Ozanne? Les parents ont, il est vrai, congédié Hélène, mais elle est rentrée en grâce. C'est ce moment qu'elle choisit pour frapper, non pas le père, non pas la mère qui l'auraient froissée, mais leur fils qu'elle idolâtrait. Sa douleur fait bientôt place à une joie féroce; elle conduit en pleurant sa victime au tombeau, et interrompt le cours de ses larmes pour s'écrier : « Pourquoi donc pleurerais-je ce petit! les parents m'ont fait une crasse. » Comprenne qui pourra! Pour moi, je demeure anéanti, et, plutôt que de balbutier une explication qui ne satisferait personne, je m'incline devant la triste réalité!

« Chez M. Charlet, elle n'empoisonne plus, elle vole; mais, pouvant tout voler, parce que tout est sous sa main, elle dérobe deux serviettes!

« Chez M⁰ᵉ Gauthier, elle déteste, il est vrai, tous les domestiques; mais elle les épargne tous! Quelle mystérieuse créature! Qui donc pourra la comprendre?

« La série de ses crimes n'est pas encore complète. Elle empoisonne M⁰ᵉ Carrère avec laquelle elle est en bonnes relations, et qui la supplie de demeurer près d'elle. M⁰ᵉ Legendre est encore sa victime; c'était M⁰ᵉ Legendre qui lui avait donné, à Rennes, son premier asile! Elle dépouille Leclerc, son ami; mais comment? Les bols et la hache qu'elle lui a dérobés deviennent, dans ses mains, l'objet d'une largesse immédiate. J'allais parler des vols! Cela n'entre pas dans mon plan. Que dirais-je de ses larcins, si minimes, qu'il a fallu l'arrestation d'Hélène pour que les propriétaires dépouillés se doutassent qu'ils l'étaient? Elle arrache à ses victimes quelque objet qui leur ait appartenu, et quand on lui demande compte de ces larcins, elle s'excuse en prononçant ces incroyables paroles : *Je vole quand je suis furieuse.*

« Maintenant que j'ai parcouru, en les analysant, tous les faits que relève l'accusation et quelques autres encore, sans que j'aie pu découvrir nulle part une raison sérieuse à tous ses crimes, ne puis-je pas vous demander à cette heure : Que pensez-vous d'Hélène? La thèse que la défense s'est proposé de soutenir n'est-elle pas dès à présent justifiée? »

M⁰ Dorange, remontant ensuite jusqu'aux premières années d'Hélène, à son séjour à Seglien, voit dans le fait des graines de chanvre jetées dans la soupe de la jeune bergère par Hélène, comme une première inspiration de l'assassinat par le poison. Puis, lorsqu'on la menace de la congédier, et qu'elle veut se donner la mort, c'est à l'horrible instinct de destruction qui est en elle qu'elle obéit. Cet instinct hésite à se produire entre le suicide et l'empoisonnement; l'avocat compare en ce moment Hélène à la jeune lionne, qui ne sait encore si elle doit déchirer ses petits ou se déchirer elle-même. Mais la lionne, la tigresse plutôt, va bientôt se révéler, et Hélène, d'un seul bond, atteint les dernières limites de la férocité. Depuis Guern jusqu'à Lorient, la mort la suit. S'emparant de ce passé, scrutant toutes les tombes semées sur son passage, le défenseur cherche à démontrer combien, dans cette autre série de crimes, il est plus difficile encore, non de découvrir leurs causes (elles n'ont jamais existé, selon *la défense*), mais d'en imaginer une seule qu'on puisse sérieusement faire valoir.

La question de fait épuisée, *Me Dorange* aborde la question scientifique. Ici, la défense déclare qu'elle n'a rien autre chose à faire que d'appliquer à Hélène les principes posés par la science dans le cours des débats. La défense ne sera ni fataliste ni matérialiste; mais elle croit, avec M. Pitois, avec M. Guépin, avec tous les philosophes, avec tous les chrétiens, que les hommes ne naissent pas également doués; qu'ils reçoivent avec l'existence des penchants plus ou moins bons, plus ou moins impérieux, qui trouvent dans la famille, dans l'éducation morale ou religieuse, leur contre-poids. Hélène est née avec cette malheureuse organisation cérébrale, d'où résultent les penchants impérieux au meurtre, au vol, à la ruse. Ces instincts n'ont trouvé d'obstacle suffisant ni dans l'éducation, ni dans l'antagonisme des organes d'où proviennent les inspirations supérieures de la morale et de l'intelligence. Elle a tué sans motifs, ou, encore une fois, pour se venger d'un grief pour lequel un cerveau mieux équilibré se serait contenté d'une plainte, d'une injure, d'une correction insignifiante. Hélène est donc une erreur de la nature, ou plutôt un fléau de Dieu.

Hélène est joyeuse dans sa prison; elle rit, elle plaisante. Joyeuse! quand on a laissé derrière soi tant de cadavres. Joyeuse! quand le moment approche où il faudra rendre compte à Dieu de ses crimes. Joyeuse! ah! la défense a bien raison de le dire : Hélène n'appartient pas à l'humanité! Les lois qui la gouvernent n'ont pas été faites pour elle; car jamais elles n'ont eu à punir ni à prévoir rien de semblable.

« Depuis six mois, continue *Me Dorange*, le nom d'Hélène Jégado est dans toutes les bouches, et personne n'a trouvé dans ses souvenirs rien qui pût lui être comparé. Si le nom de la Brinvilliers a été prononcé, on a ajouté qu'Hélène dépassait de cent coudées le type le plus célèbre des empoisonneuses. Aussi, n'avons-nous pas eu de peine à comprendre que les hommes les plus sérieux, après avoir beaucoup parlé de cette affaire, aient conclu en disant : « Nous ne voudrions pas être jurés. » Mais nul n'a osé émettre une opinion; car tous ont pensé et se sont dit comme nous : *Il y a là un problème, il y a là un mystère.*

« C'est qu'il y a en effet, dans l'ordre du monde moral, des profondeurs mystérieuses pour nos raisons humaines, comme il y a pour nos intelligences, dans l'ordre du monde intellectuel, des mystères de génie dont nous ne pouvons apprécier les causes et le mouvement. »

Me Dorange, après avoir cherché à prouver, par quelques exemples, que le même problème qui existe pour les hommes de génie existe aussi pour les monstres, termine ainsi sa plaidoirie :

« Il se pourrait cependant que, parmi vous, cette pensée qu'Hélène a eu quelquefois la conscience de ses actes, eût ses adhérents. C'est à ceux-là que je dis : Mais écoutez d'ici le cri de l'opinion publique si défavorable à Hélène, et tâchez de le bien distinguer. Tous, dans leur indignation, ne disent-ils pas, aux portes de ce palais : «Hélène est un monstre! » Vous le voyez bien, cette femme est unique; elle ne peut être jugée comme le seraient les autres hommes; elle ne leur ressemble pas. Faites au moins quelque différence entre le sort que vous lui préparez, et celui que vous feriez à un criminel raisonnable doué de toutes ses facultés. Vous le savez d'ailleurs : votre verdict pur et simple aurait d'épouvantables conséquences. Et moi, je vous dis : Hésiterez-vous entre le cachot qui se referme pour défendre à jamais la société contre un criminel et le bourreau qui *tue en public*, pour enseigner au peuple qu'il *ne faut pas tuer!* Je vous dis : choisissez entre le juge selon *la barbarie*, et le juge selon *l'Evangile*.

«Encore une fois, choisissez; ou plutôt, laissez faire à Dieu ! Car Dieu seul est la Justice suprême, le juge infaillible, l'appréciateur sans erreur, celui qui pèse à poids rigoureusement juste, celui qui compte jusqu'au cheveu tombé de la tête, pour en demander justice et le restituer.

«C'est encore lui, c'est devant lui, c'est par lui seul que la Justice est infaillible!

«Si encore la vie d'Hélène pouvait être tolérable! Mais qu'elle reste en ce monde, et elle y sera dévorée par un mal effroyable! Et que fais-je en ce moment? Ah! plutôt que de vous demander ses jours, ne devrais-je pas vous supplier de les prendre? Une déclaration de culpabilité pour Hélène, c'est la délivrance! Mais non : vous et moi sommes chrétiens, et la justice de l'Evangile est celle que nous adorons. Nous avons, gravées dans le cœur, ces paroles de la divine doctrine : *L'âme d'un criminel est encore précieuse à mon père !* Nous demeurons attendris au souvenir de la parabole si consolante du Bon Pasteur qui, ayant retrouvé la Brebis égarée, la portait sur ses épaules, de peur qu'elle ne se froissât aux cailloux du chemin. Le Christ est mort pour tous les pécheurs : pourquoi précipiter Hélène dans l'éternité, quand elle peut encore revenir à Dieu !

« Oui, revenir à Dieu ! Hélène le peut, il est vrai; mais à la condition que vous lui laissiez quelques années pour se repentir. Le repentir ne naît pas vite dans l'âme d'Hélène; vous le savez bien !

«C'est donc, si vous devez la condamner, c'est au nom de la justice, c'est au nom de la pitié, au nom de Dieu lui-même, que je vous supplie de donner au moins à Hélène les circonstances atténuantes.

« Grâce pour son âme ! »

M. le Procureur général ne croit pas pouvoir laisser passer sans réponse et sans protestation les « théories étranges », les « idées malheureuses, les assertions hasardées que le jeune défenseur a laissé échapper dans l'entraînement de la parole. » Il se lève donc pour répliquer. Il est 7 heures et demie du soir.

« On est, dit-il, bien loin du procès; il faut y revenir. Nous avons quitté l'ordre des faits pour entrer dans l'ordre des systèmes; on a accepté les faits, on les explique par des hypothèses inadmissibles; jamais l'accusation n'avait trouvé un si fidèle écho au banc de la défense. Là où nous n'osions avoir que la probabilité du crime, elle admet la certitude du fait. Ainsi disparaissent les dénégations de l'accusée; la défense les répudie.

« Et cependant Hélène ne serait pas coupable ! Hélène n'a pas su ce qu'elle faisait. Elle n'a pas, comme les autres, la conscience du bien et du mal ; Hélène est un monstre !

« Si encore on s'était contenté de soutenir cette thèse extraordinaire, l'accusation aurait pu se borner à dire : Examinez et jugez ; voyez si la conduite d'Hélène dénote une oblitération native de son intelligence. Mais la défense a appelé à son aide la physiologie, la phrénologie, la psychologie.

« On s'égare facilement, Messieurs, dans le monde des idées ; rien n'est plus mal aisé que d'y suivre le droit chemin. Ici, nous avons un fil conducteur, un guide certain : c'est la Loi, qui nous oblige tous ; et vous resterez fidèles à ses prescriptions.

« Or, la Loi dit : *Il n'y a ni crime ni délit lorsque le prévenu était en état de démence au temps de l'action, ou bien qu'il a été contraint par une force à laquelle il n'a pu résister.* (Art. 64, Code pénal.)

« La première partie de cet article est inapplicable. Sur ce point, la défense a été abandonnée par ses meilleurs auxiliaires. Les médecins appelés à sa requête vous ont déclaré qu'il n'y avait chez l'accusée, ni folie absolue, ni folie partielle. Ils ne croient pas à la monomanie ; — or, si l'accusée n'est pas monomane, à quelle force irrésistible aura-t-elle donc cédé ? D'ingénieux systèmes vous ont été présentés. M. le docteur Pitois a soutenu résolûment que l'accusée manquait totalement de sens moral, et qu'elle était dépourvue de ce sens, comme d'autres sont privés de la vue ou de l'ouïe ; elle est née sans l'*organe de la conscience*, comme on naît sans l'organe de la parole. — M. le docteur Guépin a traité le problème des monomanies de l'intelligence, donnant à entendre qu'Hélène offrait un exemple de ces infirmités morales : nos facultés se balancent ; si l'une manque de contre-poids, il y a perturbation, anomalie. Chez Hélène, le sens moral a trouvé un instinct destructif exagéré contre lequel il n'a pu lutter. L'équilibre s'est trouvé rompu, ou plutôt il n'a jamais existé ; ainsi l'a voulu la nature.

« Cette femme serait donc née empoisonneuse, comme elle eût pu naître sourde ou muette. Il y aurait ainsi des prédestinés du crime, qui, sans être fous, seraient incapables de comprendre la vertu, et que le mal entraîne sans qu'ils aient la force d'y résister.

« Voulez-vous que je vous livre toute ma pensée sur ce sujet ? c'est qu'il y a beaucoup à apprendre dans l'ordre physique, mais que tout est su dans l'ordre moral.

« Les anomalies sont de tous les temps ; qui a jamais prétendu que les intelligences fussent égales ?

« Il y a de bonnes et de mauvaises natures. On naît plus enclin au bien ou plus enclin au mal. Dieu nous jugera tous dans sa miséricorde et dans sa justice. Il sait comment il a distribué la force et la faiblesse, et il ne nous demandera que ce que nous aurons pu lui donner . . . .

« La balance de Dieu n'est pas celle des hommes...

« Au-dessus de toutes les inégalités, au-dessus de toutes les incertitudes, s'élève une règle stable et uniforme, qui est le fondement de la Justice et sans laquelle il n'y aurait pas de société ; c'est que, dans chaque homme, le libre arbitre a une force proportionnée aux penchants naturels ; de là dérive la responsabilité de nos actes. »

Ici M. le *Procureur général* combat avec énergie les divers systèmes invoqués à l'appui de la défense. Il les trouve ou inutiles ou dangereux ; ils peuvent exciter la curiosité, amuser l'esprit ; ils sont impuissants à fournir une règle de vie pratique. Ce magistrat poursuit ainsi :

« On veut trouver la justification d'Hélène dans l'absence du sens moral. Est-ce sérieusement qu'on allègue une telle excuse ? Ce qu'on appelle le sens moral, la conscience, la faculté de discerner le mal du bien, existait à un haut degré chez Hélène ; tous ses actes le prouvent.

« Qui savait mieux qu'elle louer la vertu ? Rappelez-vous en quels termes elle faisait à M. Bidard l'éloge de Rosalie Sarrazin ? comme elle vantait sa piété filiale ! Elle avait donc le sentiment de ce qui est bon, grand, généreux ; elle comprenait le mérite du sacrifice ; elle appréciait la vertu.

« Et cette pratique affectée des plus belles qualités ; cette dissimulation prodigieuse de ses vices ; l'hypocrisie profonde qui la poussait chaque jour au pied des autels et la conduisait fréquemment jusqu'à la table sainte, tout cela prouve-t-il aussi l'ignorance du bien et du mal ?

« Vous savez en quels termes elle exhortait Rosalie Sarrazin à bien mourir ; vous la voyez présentant le crucifix à sa victime, et lui disant : *Embrasse ton Sauveur qui a souffert pour toi ; prie avec nous.* Et Rosalie répondait : *Mon Dieu, ayez pitié de moi ! prenez-moi !* — Magnifique exhortation, sans doute ; mais dans la bouche d'Hélène, ce n'était qu'une abominable profanation. — L'accusée n'ignorait donc pas la force que donne aux âmes cette doctrine de l'immortalité, comme elle a été enseignée à la terre, il y a dix-huit cents ans, et qui traversera l'éternité des âges.

« Hélène avait ainsi la conscience du bien et du mal.

« L'intelligence est chez elle prodigieusement développée. Vous avez vu avec quelle précision elle saisissait le point capital de chaque déposition, avec quelle sagacité elle tirait parti des moindres circonstances, expliquant ce qui était explicable, évitant ce qui la condamnait. Calculez d'ailleurs tout ce qu'elle a dépensé d'astuce et d'habileté dans la consommation de ses crimes.

« Le libre arbitre, la force morale ! qui donc en a montré plus qu'elle ? Quelle puissance de volonté pour le mal ? Persévérance fabuleuse dans ses machinations, énergie féroce contre les obstacles, résistance indomptable à la Justice humaine, impénitence obstinée envers la Justice divine, voilà les traits de ce caractère sans pareil.

« D'où vient qu'Hélène s'est abandonnée au mal ?

« Elle fut, dit-on, livrée à elle-même, dès le bas âge, livrée aux emportements de ses mauvais instincts ; elle a marché, seule, sans appui, sans direction, dans la vie.

« La vérité n'est pas là, Messieurs les Jurés. La jeunesse d'Hélène fut entourée de bons soins et de pieux exemples ; elle fut instruite à la vertu. Si elle a failli, c'est qu'abusant de sa liberté, elle a dédaigné tant et de si précieuses garanties. Elle s'est montrée ingrate et cruelle envers sa famille, ses amis, ses bienfaiteurs. Enhardie par l'impunité, elle s'est fait une habitude du crime, et le crime a fini par lui être indifférent. Est-ce une anomalie ? Non, c'est le train ordinaire des choses, c'est la voie battue, c'est la règle commune attestée par l'expérience des siècles.

« Ne dites donc pas que cette femme est inexplicable. Et en quoi ? — Elle tue pour l'affreux plaisir de tuer ? — Non, ce serait de la monomanie. Quand elle lue, c'est toujours par un motif différent de l'instinct de destruction.

« Mais ce motif, a-t-on dit, n'est jamais en rapport avec le crime? Cela est vrai, dans une certaine mesure toutefois. Les mobiles qui la dirigent ne sont pas autres que ceux qui font les plus grands crimes : c'est la jalousie, la vengeance, l'ambition, l'intérêt. Seulement, ces passions s'attachent à des objets vulgaires; voilà pourquoi elles paraissent petites. Aspirer à devenir servante maîtresse, briguer les préférences d'un garçon d'écurie, cela est bien misérable à vos yeux ; mais cela n'était pas tel aux yeux d'Hélène. Prenez-la dans sa condition. Les passions qui l'ont fait agir sont communes aux grands et aux petits. Le but qu'elle poursuivait manquait d'élévation, de cette poésie, je ne sais laquelle, qu'on a quelquefois voulu trouver dans le crime; mais il était en rapport avec l'humble sphère où elle vivait.

« Que reste-t-il à la défense? Le nombre inouï des crimes. — Quel abri pour l'innocence ! — Parce qu'Hélène Jégado aura commis plus d'empoisonnements qu'aucun empoisonneur connu, voilà qu'il faudra la trouver justifiée ! Comme si l'on arrivait jamais à l'innocence par le chemin du crime ! Comme si, à force d'accumuler les forfaits, on devait acquérir des droits à l'impunité ! — Oui, Hélène est un monstre. On est allé jusqu'à la comparer aux Néron et aux Caligula. — Tous ces exemples seraient-ils bien choisis? Néron manquait-il du sens moral? Était-il monomane de naissance? Non ; son règne eut d'heureuses prémices. Après avoir commandé à ses passions, il y céda, s'habitua au mal, étouffa le remords et devint la honte et l'effroi du monde.

« Placée entre le vice et la vertu, Hélène a librement choisi le vice, et puis le crime; qu'elle subisse la responsabilité de son coupable choix! »

M⁰ *Dorange*, répliquant à son tour, pense que M. le Procureur général a été impuissant à trouver des mobiles raisonnables aux actes criminels de l'accusée. Cette impuissance est telle, que, dans son premier réquisitoire, le magistrat n'avait pas même songé à rechercher ces mobiles. L'effort qu'il vient de faire n'a pas été plus heureux que son silence des premiers moments. Il s'est tenu dans des considérations générales, étrangères précisément aux arguments de fait qu'il devait combattre. Il a cherché à établir qu'Hélène est très-intelligente. Qui le nie? Est-ce que la manie exclut l'intelligence?

Dans son dédain de la théorie, M. le Procureur général a énoncé ce paradoxe incroyable qu'il n'y a plus rien de nouveau à trouver dans l'ordre moral. Comme si Dieu avait donné à aucun homme en ce monde la mission de se poser en face de l'esprit humain, et de lui dire : *Tu n'iras pas plus loin!*

Le langage qu'on parle aujourd'hui, c'est celui qu'on a parlé toujours lorsqu'il s'est agi de faire condamner de pauvres maniaques innocents : c'est celui qu'on tint à l'occasion des meurtres commis par Papavoine, par Henriette Cornier, déplorables victimes d'erreurs judiciaires, dont on s'obstine aujourd'hui à affirmer, pour les besoins de la cause, la culpabilité.

Deux citations curieuses, empruntées à un livre qui ne sera pas suspect au Ministère public, puisque c'est l'œuvre de M. Orfila, feront prendre une idée de la manière dont les magistrats étaient alors disposés à envisager cette question de la manie :

« L'un disait, il y a peu d'années, à M. Marc : « Si « la monomanie est une maladie, il faut, lorsqu'elle

« porte à des crimes capitaux, la guérir *en place de* « *Grève.* »

Un autre écrivait, en 1826 : « La monomanie est « une ressource moderne; elle serait trop commode « pour arracher tantôt les coupables à la juste sévé-« rité des lois, tantôt pour priver un citoyen de sa « liberté. Quand on ne pourrait pas dire qu'il est cou-« pable, on dirait qu'il est fou, et l'on verrait Cha-« renton remplacer la Bastille. »

M. le Procureur général. — Ce ne sont pas là nos doctrines.

M⁰ Dorange. — Je terminerai par ces réflexions que j'emprunte encore à M. Orfila : « Il serait ab-« surde, aujourd'hui, de mettre en doute la réalité « de cette affection dont on est forcé d'accepter les « conséquences, c'est-à-dire il serait révoltant de « condamner un inculpé qui aurait commis un crime, « s'il était monomaniaque. »

Le 14 décembre, *M. le premier Président* prononce la clôture des débats et en fait le résumé.

Après l'analyse rapide de tous les chefs d'accusation, et l'exposition abrégée, mais lucide, des divers systèmes invoqués à l'appui de l'accusation et de la défense, *M. le premier Président* pose en ces termes le triple et redoutable problème soumis à la décision du Jury :

« Jetez un dernier regard, Messieurs les Jurés, sur l'ensemble de ces débats; consultez-vous dans le calme et le recueillement de l'âme. S'il ne vous est pas prouvé qu'Hélène Jégado soit responsable de ses actes, acquittez-la. Si vous pensez que, sans être absolument dénué du libre arbitre et du sens moral, elle a été, sous ce rapport, moins bien dotée que la plupart des hommes, accordez-lui le bénéfice des circonstances atténuantes.

« Mais si vous la jugez coupable, si vous ne voyez en elle ni débilité d'esprit, ni absence ou faiblesse de sens moral, remplissez votre devoir avec fermeté, et souvenez-vous que, pour qu'il y ait justice, il ne suffit pas qu'il y ait châtiment, mais qu'il faut encore que la peine soit proportionnée à la faute. »

M. le premier Président lit les questions, et le Jury se retire. Il rentre, après une heure et demie de délibération, avec un verdict affirmatif sur tous les points, et *M. le Procureur général* requiert l'application de la peine de mort.

M. le premier Président. — Hélène Jégado, avez-vous quelque chose à dire sur l'application de la peine?

Hélène Jégado. — Non, Monsieur le Président, je suis innocente ; je suis résignée à tout. J'aime mieux mourir innocente que de vivre coupable. Vous m'avez jugée, mais Dieu vous jugera tous. Il verra alors, M. Bidard... ils verront, tous les faux témoins qui sont venus me perdre ici...

M. le premier Président prononce, d'une voix émue, l'arrêt qui condamne Hélène à la peine de mort.

Hélène se pourvut en cassation; son pourvoi fut rejeté. Mais passons rapidement sur les détails de l'expiation. L'intérêt n'est pas ici dans l'acte matériel de la vengeance légale; il faut le chercher dans le sujet monstrueux, dans l'énigme psychologique et physiologique. Jusqu'au dernier moment, Hélène resta ce qu'elle avait été pour ses défenseurs et pour ses juges, un mystère de perversité. Sur l'échafaud, quelques secondes avant de paraître devant Dieu, n'ayant plus pour auditeurs que le greffier et l'exécuteur, fidèle aux habitudes de toute sa vie, elle accusa de lui avoir conseillé ses premiers crimes et de s'en être rendue complice, une femme dont le nom n'avait pas même été prononcé dans le procès. On ne tint compte de ces dernières paroles, et la justice humaine passa sur cette tête condamnée. Lorsque le Procureur général fut informé de cette révélation *in extremis*, il s'indigna de n'en avoir pas été informé à temps ; il sévit : mais, quand on alla aux renseignements, il se trouva que la personne désignée par Hélène était une pauvre vieille femme paralytique dont toute la vie avait été exemplaire ; on l'appelait la sainte et la providence du pays.

Et maintenant, cherchons, avec plus de liberté d'esprit que le magistrat ou le défenseur, tous les deux détournés du calme philosophique par l'intérêt dominant ou de la société ou de l'accusé, cherchons ce que fut vraiment Hélène Jégado. A première vue, il nous faut reconnaître dans cet être marqué du signe d'une perversité native, un prédestiné du crime. C'est un tempérament hypocondriaque, adonné à un vice solitaire, l'ivrognerie. Le vin, l'eau-de-vie sont l'objet le plus ordinaire de ses détournements. La luxure, que l'accusation lui a reprochée d'après une assertion sans importance, la luxure n'est pas caractéristique de sa nature. Cette tête dure, sombre, silencieuse, aux yeux de fauve ou d'oiseau de nuit, n'a rien qui appelle ou qui révèle l'amour, même le plus grossier. Hélène a des alternatives de joies rares et sans cause apparente, de tristesses prolongées, d'irritations sans objet ou dont l'objet n'est pas en proportion suffisante avec la haine qui la brûle au dedans. Elle mange peu ; elle a des maux d'estomac, des fourmillements dans la tête. L'atrabile la dessèche. La colère lui fait vomir le sang. Rappelez-vous Damiens donnant le coup de canif à Louis XV pour ne s'être pas fait saigner à temps. Hélène est évidemment atteinte d'une hypocondrie spéciale. Qui dira les relations mystérieuses entre le tempérament primordial ou acquis du criminel, et ses crimes ? Qui pourra démêler dans une nature complexe, résultante logique de principes divers, les phénomènes imputables à la volonté, ceux qui se réfèrent à l'idiosyncrasie, et ceux, tout à l'heure seulement entrevus, qui naissent de la transmission par hérédité ? Que les êtres soient *titrés* en naissant, que leur titre congénial, tout en pesant sur la vie tout entière, puisse être modifié par les milieux physiques et moraux, ce sont, aujourd'hui, des vérités incontestables. Il faut n'avoir jamais comparé des têtes choisies au hasard dans le quartier Mouffetard de Paris ou de White-Chapel de Londres, avec celles que fournissent ces mêmes capitales dans leur quartiers sains et riches, pour n'avoir pas d'idée de la façon différente dont la misère et l'ignorance d'une part, l'aisance et l'instruction de l'autre, modèlent les cerveaux. Osera-t-on dire que les sauvages de notre civilisation moderne, au crâne déprimé, au corps rongé de scrofule, soient responsables au même titre que les civilisés, fils de civilisés ? Prétendra-t-on que l'Australien ou le Hottentot

soient justiciables de la même justice que le Français ? Et le Français lui-même, je parle de l'habitant de nos pauvres campagnes, ou de celui qui hante les bas fonds de nos villes, le ferez-vous équitablement passer sous le même niveau que des peuples plus vraiment civilisés, auxquels l'instruction et la moralité sont largement départies depuis plusieurs générations : les Suisses, par exemple, les Toscans, les Scandinaves et quelques populations favorisées de l'Allemagne et de l'Angleterre ? Il faut des couches de civilisation successives pour faire mûrir l'instruction et la moralité ; il faut des siècles de culture intellectuelle et morale pour modeler les cerveaux d'une nation.

Mais on va répondre, et avec une grande apparence de raison pratique, que la Justice humaine ne saurait admettre ces inégalités de nature, distribuer la responsabilité d'après la forme des cerveaux, mesurer la punition aux doses de culture intellectuelle et morale des coupables. Cela est vrai. La Justice divine, seule infaillible, est seule capable de sonder les cœurs. La Justice humaine, incessamment sujette à l'erreur, doit borner au fait visible sa courte vue, et ne peut désarmer la société, parce qu'il lui est refusé de voir le vrai fond des âmes. L'aveu en a été dignement fait dans ce procès par le magistrat accusateur : « La balance de Dieu, » a-t-il dit, et c'est ce qui a été dit de meilleur dans cette cause, « n'est pas celle des hommes. » A la bonne heure ! Mais dans ces causes où la Justice humaine, se heurtant à l'inconnu, risque si fort de dépasser la mesure, ce qui l'expose aux doutes et aux accusations de la raison, ce n'est pas son ignorance même des lois intimes qui régissent les âmes, c'est la nature de la peine qu'elle réclame, au nom de la Loi, contre les âmes les plus diversement responsables. Cette peine, absolue, définitive, irrémédiable, la peine de mort enfin, est, nous l'avons dit déjà dans ce ouvrage, un instrument disproportionné pour notre humaine faiblesse. Elle dépasse le droit de l'homme, et l'homme qui l'applique est écrasé par le moindre doute qui s'élève sur la responsabilité véritable de celui qu'il tue. Supprimez la peine de mort, et tous les doutes s'en vont disparaître. Le droit qu'a la société à faire sortir de ses rangs l'être dangereux à quelque point de vue que ce soit, ne sera plus contesté du jour où la suppression sociale du condamné aura remplacé sa suppression matérielle.

Ce qui est au fond du procès d'Hélène Jégado, c'est donc encore la peine de mort. Ce qui, ici, constitue le doute terrible, ce qui partage les hommes de science et les hommes de justice, ce n'est pas tant la responsabilité du monstre, que (le mot est du défenseur) *la barbarie de l'échafaud*. Elle disparaîtra, cette barbarie, et la Justice y gagnera, comme l'humanité. Montaigne, il y a près de trois siècles, disait chose nouvelle en parlant ainsi : « Tout ce qui est au-delà de la mort simple me semble pure cruauté. » Espérons que le paradoxe du dix-neuvième siècle, la barbarie de l'échafaud, deviendra une vérité plus vite que ne l'est devenu le paradoxe de Montaigne.

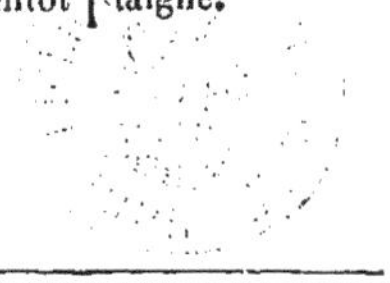

Paris. — Typographie de Ad. R. Lainé et J. Havard, rue des Saints-Pères, 19.

LA MACHINE INFERNALE DE SENLIS : BILLON (1789).

L'explosion, d'après une gravure du temps. (Page 7.)

A douze lieues de Paris, au confluent de deux jolies rivières, la Nonette et l'Aunette, entourée des bois charmants d'Halatte, d'Ermenonville et de Chantilly, s'élève une gracieuse petite ville, Senlis, autrefois la perle du Valois, maintenant un peu déchue de ses splendeurs antiques, mais riante, riche et proprette. Si elle a perdu son évêché, son présidial; si elle n'est plus, comme du temps des Carlovingiens, résidence royale; si ses vieilles fortifications ne sont plus qu'une curiosité archéologique; si elle ne retentit plus des solennelles discussions des conciles, elle est toujours une des plus aimables fleurs sylvestres de la vallée de l'Oise.

Aux premiers jours de la Révolution française, à cette heure si rapidement disparue, où l'esprit nouveau faisait encore, dans nos provinces, bon ménage avec l'esprit monarchique, Senlis, un peu plus petite, un peu moins industrieuse, mais tout aussi paisible qu'aujourd'hui, ne connaissait guère des agitations patriotiques de Paris que les cérémonies innocemment bruyantes, les discours pompeux et, comme nous dirions aujourd'hui, les *manifestations*, dans lesquelles le tiers-état, pour nous servir d'une autre expression de notre jargon politique moderne, *s'affirmait* et s'essayait à la vie publique.

Vers la fin de l'année 1789, deux mois seulement après ces journées fameuses qui avaient vu l'Assemblée nationale quitter Versailles pour siéger à Paris, Senlis, récemment dotée d'une milice nationale, s'amusait, comme Paris lui-même, à jouer au jeu nouveau du soldat citoyen.

On était au 13 décembre 1789. Ce jour-là était un dimanche, et la petite ville était tout en rumeur. C'est qu'il s'agissait de faire bénir les drapeaux de la nouvelle milice : tous les corps constitués, toutes les compagnies publiques ou particulières avaient été invités à la fête, et, bien que le temps fût incertain, sombre et très-froid, la gaieté, l'animation régnaient dans toute la cité.

Le point de départ du cortége avait été naturellement fixé à l'Hôtel de Ville, d'où on devait se rendre à la cathédrale. L'ordre adopté pour les corps divers va nous donner une idée des éléments que renfermait alors une ville de province.

Venait d'abord un détachement de la Cavalerie nationale, précédé de son trompette. Puis, le Corps de l'Arquebuse et celui de l'Arc, avec leurs splendides costumes, précédés tous deux de leurs tambours et de leurs fifres. Au troisième rang, devait marcher la Compagnie des Royalistes-Fusiliers, au milieu de laquelle prendraient place les Officiers Municipaux, accompagnés des Hocquetons et des Valets de Ville. Puis, l'État-Major de la Milice Nationale et le Comité Permanent. A la suite de ces corps d'élite, viendraient le drapeau, porté par le commandant de la milice nationale, et le guidon de la cavalerie aux mains du porte-guidon de cette arme. Un détachement de cinquante hommes, tirés des différents corps des troupes nationales, servirait d'escorte d'honneur à ces insignes, véritables héros de la fête.

A la suite des drapeaux, quatre compagnies de Fusiliers-Nationaux. Enfin, fermant la marche, la Compagnie de Chasseurs.

Certes, si ce cortége devait être imposant, ce n'était pas par le nombre de ceux qui le composeraient, mais plutôt par l'excellente tenue des différents corps, par la ferveur d'un enthousiasme encore tout frais, et aussi, il faut le dire à la louange de Senlis, par la bonne intelligence qui régnait entre les officiers et les soldats de la milice, et que n'avaient pas encore altérée les discordes civiles.

A midi sonnant, une boîte devait annoncer l'instant du départ. Les cloches de la cathédrale devaient répondre à ce signal, et déjà une troupe d'enfants se tenait en avant des tambours, qu'ils se proposaient d'accompagner par leurs cris de joie. A ce moment, une certaine indécision se manifesta parmi les chefs militaires. L'incertitude du temps faisait hésiter les autorités sur la route qu'on tracerait au cortége.

Deux chemins s'offraient pour l'itinéraire de la cérémonie. Du point de départ, c'est-à-dire de la place au Vin, située à l'extrémité ouest de la ville, à l'église de Notre-Dame, il existait deux routes : l'une, à travers des rues tortueuses et étroites, la rue du Grenier aux Poids et la rue de la Treille ; l'autre, conduisant à angle droit, par la rue aux Fromages, dans la rue du Châtel, voie principale, large, droite et relativement bien bâtie, qui devait permettre aux colonnes du cortége de se développer dans une ligne ascendante presque directe jusqu'au Parvis Notre-Dame.

Les avis étaient partagés, quand on vit venir un petit homme, âgé de cinquante ans environ, dont le costume bourgeois tranchait sur les costumes officiels des armes diverses de la milice. Le nouveau venu était vêtu d'une ample redingote brune, et ses mains étaient enfoncées dans un énorme manchon noir. Ses cheveux étaient simplement roulés, et il semblait décidé à se borner au rôle de curieux. Toutefois, le petit homme paraissait fort préoccupé de l'itinéraire du cortége. Après qu'il eut échangé quelques paroles avec deux ou trois officiers, il s'approcha du commandant de la deuxième division de la cavalerie, M. Hamelin, sous-aide major de la milice nationale, capitaine de dragons, écuyer de S. A. R. Mme Adélaïde de France. — « Eh ! comme vous voilà fait, Billon ! s'écria joyeusement M. Hamelin. Eh ! pourquoi diable n'êtes-vous pas en costume et dans une compagnie? — Vous savez ce qu'ils m'ont fait à l'Arquebuse, répondit Billon : je ne pourrais me mêler de tout ceci, après l'affront qu'on m'a fait subir. Mais vous, monsieur Hamelin, quel poste occupez-vous? — Dame ! vous savez, je suis aide-major, et ma place est un peu partout, à la tête, à la queue, au milieu. — Croyez-moi, monsieur Hamelin, re-

stez à la queue, vous serez mieux. Mais qu'est-ce qu'on me dit? Est-ce vrai que vous ne voulez pas prendre le beau chemin, la rue du Châtel? Et tous les boutiquiers, tous les garçons, toutes les femmes, qui vous attendent par là, sur les portes et aux fenêtres! Ce serait un meurtre que de défiler par les ruelles, quand vous avez cette belle rue droite pour vous développer. — Je crois que vous avez raison, Billon; mais j'attends les ordres de l'Hôtel de Ville et je n'y puis rien. Allez donc vous habiller, Billon; un jour comme celui-ci, il ne faut pas bouder. Nous ne vous avons rien fait, nous autres. »

L'homme qu'on appelait Billon salua respectueusement M. Hamelin et se dirigea, en souriant, vers la compagnie des fusiliers dont il semblait connaître tous les officiers. On le salua de quelques quolibets bienveillants, on lui serra la main, et il se mit à pérorer avec chaleur, en recommandant le chemin par la rue du Châtel.

A ce moment, le timbre de l'horloge de ville frappa le premier coup de midi. Un exprès, arrivé en courant de l'Hôtel de Ville, apporta l'ordre de faire passer le cortége par la rue du Châtel, et Billon, qui entendit l'ordre passer de bouche en bouche, se retira par la rue de la Chancellerie, en jetant un long et profond regard sur les hommes du corps de l'Arquebuse, dont le riche costume se détachait au milieu des costumes divers qui s'agitaient sur la place au Vin.

Il serait vraiment puéril de vouloir transporter le lecteur en plein drame et de chercher ici l'intérêt au moyen d'un trop facile artifice de narration. Il nous semble préférable d'exposer simplement ce que c'était que Billon, et de dire comment était née chez lui la pensée criminelle dont il allait préparer l'exécution.

A l'angle formé par les rues du Châtel et de la Tonnellerie, habitait un horloger, nommé Réculi-Michel Billon. C'était le petit homme que nous avons dit, âgé d'environ cinquante ans, grêle, blême, aux cheveux châtain fade, au visage fortement gravé de petite vérole. Cette figure couturée, ordinairement triste et sévère, était éclairée par de petits yeux vifs et saillants. Toujours vêtu avec une propreté voisine de l'élégance, poli avec tout le monde, mais d'une politesse réservée, qui ne se livrait jamais, le petit horloger fréquentait chez Gagneux, le limonadier. C'était là que se réunissaient les bourgeois les plus honorables de la ville. Billon s'y était fait remarquer par ses bonnes manières, par sa conversation agréable et par son esprit. Tout au plus s'était-il fait quelques ennemis parmi les joueurs et les politiques du café : car il tenait à ses idées et soutenait ses dires avec une âpreté qui allait quelquefois jusqu'à la colère, et il était assez mauvais joueur. On ne lui connaissait, au fond, que des défauts dont personne, parmi les habitués du café Gagneux, n'avait à souffrir. Ainsi, on disait que cet homme, si convenable et si poli chez les autres, était, chez lui, maussade et tyrannique. Il passait pour maltraiter sa femme, pauvre créature insignifiante, bonne ménagère, d'un caractère doux et soumis, d'une réputation irréprochable, mais assez sotte et d'une figure peu attrayante.

Billon s'était lié particulièrement avec un imprimeur, habitué comme lui du café Gagneux, M. Desroques. Tous deux avaient même tournure d'esprit, mêmes goûts; ils jouaient le même jeu; leurs promenades, leurs lectures, leurs opinions étaient les mêmes: ils n'avaient rien de caché l'un pour l'autre et se visitaient fréquemment dans le jour, pour se retrouver le soir assis à la même table du café Gagneux.

Dans le courant de l'année 1788, le caractère déjà mélancolique de Billon sembla s'assombrir encore. Son ami Desroques, son seul confident, connaissait sans doute la cause de ce chagrin, mais il ne crut devoir en parler que pour chercher les moyens de l'adoucir. On entendit plus d'une fois l'imprimeur dire en famille ou devant ses ouvriers: «Mon pauvre Billon n'est pas gai et cela me fait de la peine. C'est cependant un garçon plein d'honneur et de mérite, et qui n'a rien fait pour être malheureux. Je voudrais lui trouver quelque distraction qui le déridât et lui fît oublier ses idées noires. »

Desroques était, depuis longtemps, de la Compagnie de l'Arquebuse, ancienne société jouissant de priviléges honorifiques assez étendus et qui, avant l'organisation de la milice nationale, comptait dans ses rangs les bourgeois les mieux posés de Senlis et même quelques membres de la petite noblesse. Desroques pensa que s'il réussissait à faire admettre son ami dans cette compagnie, Billon y trouverait des distractions aussi honorables que peu coûteuses et y nouerait des relations nouvelles qui l'arracheraient à ses sombres pensées. Billon, adroit de ses mains et porté de goût naturel vers tous les exercices qui demandent plus de coup-d'œil que de force de corps, excellait au tir des armes à feu.

La première ouverture que fit à ce sujet Desroques à Billon fut assez mal accueillie par celui-ci: — « Eh ! mon cher Desroques, lui dit-il, après ce que je vous ai confié, croyez-vous que je puisse avoir le cœur à ces amusements et à ces parades ? Et quand même je pourrais me résigner à me frotter à ces beaux messieurs de l'Arquebuse, dites-moi si je ne ferais pas une belle figure avec l'habit écarlate, l'épée dorée au côté et l'épaulette à graines d'épinards. — Pardieu ! répliqua Desroques, vous ferez toujours aussi belle figure que votre serviteur et tant d'autres qui ne valent pas mieux que vous dans la ville. »

Desroques en dit et en fit tant, que Billon s'accoutuma à l'idée de partager les amusements de son ami, et, comme l'imprimeur avait un excellent renom de prud'homie, comme Billon d'ailleurs jouissait à Senlis de l'estime générale, les compagnons de l'Arquebuse, d'ordinaire assez difficiles sur les admissions, reçurent dans leurs rangs le petit horloger à bras ouverts.

Les fêtes de la réception de Billon furent des plus brillantes; l'horloger paya sa bienvenue par des prouesses de tireur et par des chansons dites avec une verve joyeuse qu'on ne lui connaissait plus depuis longtemps. Ses traits perdirent, à cette occasion, leur expression ordinaire de tristesse, et quand, à l'occasion du premier concours, il eut remporté le second prix, il se montra presque gai compagnon.

Ce fut comme un éclair dans la vie de l'horloger. Quelque temps après, il revenait à ses habitudes de mélancolie, et son front paraissait plus sombre que jamais.

Au commencement de l'année 1789, il lui arriva une fâcheuse aventure, qui devait avoir sur sa destinée la plus déplorable influence. Billon avait prêté à un aubergiste de Senlis une somme de 2,400 fr., pour laquelle avait été stipulé un intérêt de 10 pour cent. Il avait reçu en nantissement deux montres en or et plusieurs pièces d'argenterie. A l'échéance du billet, l'emprunteur ne se trouva pas en mesure de rembourser. Fatigué d'attendre, Billon menaça de vendre les objets engagés, et, comme sa menace n'avait eu aucun effet, il se décida à les faire vendre publiquement à l'hôtel du *Grand-Monarque*, par l'entremise d'une marchande à la toilette.

La femme de l'emprunteur, courroucée du procédé de Billon, alla trouver un homme de loi et fit faire à l'horloger des offres réelles pour le montant du capital prêté et pour les intérêts calculés à 5 pour cent seulement. A l'entendre, Billon était un usurier d'habitude, une sangsue des pauvres. Triste et malhabile usurier que Billon, et qui eût dû prendre quelques leçons auprès des Gobseck de son temps ! Le naïf horloger, au lieu de prélever 60 ou 80 pour cent d'intérêt sur le capital prêté, tout en stipulant l'intérêt apparent de 5 pour cent, s'obstina à réclamer les 10 pour cent convenus; l'aubergiste, se cramponnant à l'intérêt légal, s'en tint à ses offres: Billon l'assigna en payement du principal et de l'intérêt dit usuraire. C'était se heurter maladroitement aux lois excessives qui réglaient alors le commerce de l'argent. L'horloger devait perdre sa cause: il la perdit. Débouté de sa demande, quant aux intérêts, il prêta le flanc aux accusations de l'emprunteur et fut noté comme usurier dans la ville.

Billon, qui avait cru à la légalité de sa réclamation, qui professait pour son débiteur de mauvaise foi un mépris ouvertement déclaré, Billon ressentit du jugement qui l'atteignait une indignation profonde. Révolté de l'injustice des hommes, confirmé par son malheur dans sa naturelle misanthropie, il se complut dans son désespoir avec l'obstination d'un hypocondriaque. Il dit à Desroques: «Mon ami, c'est là une bien malheureuse affaire. Ceci me finit, c'est le coup de grâce. Ce jugement inique est ma condamnation . . . je n'y survivrai pas. »

L'honnête Desroques chercha à consoler son ami. Tout fut inutile. L'opinion du monde avait trop de prix pour l'orgueilleux Billon et devait l'emporter sur celle de quelques intimes, disposés, selon lui, à l'indulgence. Parmi ceux qui absolvaient Billon de sa peccadille et qui lui maintenaient leur estime, comptaient quelques-uns des praticiens les plus considérés de Senlis. Mais rien n'y fit: le coup était porté. L'horloger s'abandonna à une tristesse profonde, bientôt suivie d'accès furieux. Il se rongeait lui-même lentement, ou tendait jusqu'à les rompre les ressorts de son âme vindicative.

Il y eut, toutefois, une sorte de rémission dans cet état violent; l'amitié de Desroques, l'estime obstinée de quelques-uns des négociants les plus justement honorés de la ville, apportèrent quelque soulagement à cet esprit ulcéré. Peut-être le temps eût-il, comme il arrive d'ordinaire, cicatrisé cette plaie si vive et si douloureuse : mais un nouvel outrage vint l'exaspérer.

Le commandant de la compagnie de l'Arquebuse était un sieur de Lorme, aide-major, ancien gendarme de la garde, chevalier de Saint-Louis, maître particulier des eaux et forêts de Senlis. Cet homme, orgueilleux et dur, affectait une sévérité de principes et un rigorisme d'honneur qui, aux yeux de certains vieux soldats, sont un des priviléges de l'esprit militaire. Aussitôt que le commandant de Lorme eut connaissance de l'aventure de Billon, il jura sur sa croix de Saint-Louis qu'un usurier ne souillerait pas plus longtemps le noble drapeau de l'Arquebuse. Par ses soins, la compagnie fut convoquée extraordinairement, et l'expulsion du membre indigne, provoquée par le commandant de l'Arquebuse, fut votée en séance secrète.

Le dimanche suivant, Billon, qu'on n'avait pas daigné prévenir de la mesure prise à son égard, se présenta, comme d'ordinaire, au jardin de l'Arquebuse : l'entrée lui en fut interdite. L'horloger insista, fit observer à ses anciens camarades que la façon dont on prétendait l'exclure était plus humiliante encore que l'exclusion même. Il demanda qu'au moins on y mît des formes. N'était-il pas possible, par exemple, de fermer les yeux sur sa présence et d'attendre jusqu'au dimanche suivant? Ce jour-là, il donnerait sa démission de lui-même et on éviterait ainsi tout scandale. On répondit à Billon qu'il était trop tard, que la décision prise était irrévocable. Il se retira sans mot dire, la rage dans le cœur.

Le lendemain matin, à la première heure, il se présenta chez le commandant de Lorme. Le hautain officier refusa de l'entendre et le fit jeter à la porte par ses gens. La mesure était comble. Billon rentra chez lui, brûlé par la fièvre. Il s'enferma, pleura et cria de rage, puis se calma, au moins en apparence. Pendant quelques jours, on ne le vit pas sortir de sa maison. Il parut se livrer exclusivement aux soins de sa profession, et on l'aperçut pendant des heures entières, l'œil à la loupe, placé devant la boule de verre, et maniant du bout de la pince de petits rouages de montres et d'imperceptibles aiguilles. Puis, peu à peu, Billon reprit ses anciennes habitudes; il retourna au café Gagneux, où il fut accueilli comme par le passé par ses vieux camarades.

Billon occupait à cette époque, nous l'avons déjà dit, une maison placée à l'angle des rues du Châtel et de la Tonnellerie. Cette maison, assez proprette, à deux étages, avec un balcon au premier étage, une boutique et un petit salon au rez-de-chaussée, des persiennes vertes aux fenêtres, s'ouvrait sur la rue par une porte bâtarde peinte en vert gris. Sur le pas de cette porte, ou sur le seuil de la boutique, Billon, réconcilié en apparence avec les hommes, recommençait, comme autrefois, à regarder d'un œil calme et comme endormi le mouvement de la rue. Tout le monde crut qu'il avait oublié son injure, et ses amis s'en réjouirent. Lui, du reste, n'en parla plus à personne, pas même à l'ami Desroques, qui, trompé par l'indifférence apparente de Billon, espéra que rien ne surnageait de tout cela dans l'âme de son ami.

Billon, cependant, roulait dans son esprit ulcéré mille pensées de vengeance, dont pas une ne laissait trace sur son front impénétrable. Il conçut d'abord l'idée de tuer M. de Lorme à la chasse : mais de Lorme n'avait pas seul infligé à Billon l'irréparable affront que le sang seul pouvait laver. Cette vengeance incomplète ne pouvait satisfaire les ressentiments du petit horloger. Parmi les membres de l'Arquebuse, quelques-uns, il le savait, MM. Leblanc, Caron et Pigeau, entre autres, s'étaient énergiquement prononcés pour son exclusion. Il fallait les punir tous, et comment faire?

L'excitation patriotique produite dans Senlis par la Révolution promit à Billon une occasion de vengeance véritable. L'organisation des milices nationales, les assemblées fréquentes, les clubs à l'instar de Paris, toutes ces nouveautés qui réunissaient dans une pensée commune des citoyens divisés jusqu'alors par la fortune et par la naissance, donnèrent à l'horloger l'espoir de prendre quelque jour tous ses ennemis dans un seul coup de filet. Le paria de l'Arquebuse fut appelé, comme tout le monde, dans les rangs de la garde nationale. Plus d'un, parmi ceux qui l'avaient injustement flétri, vint alors à résipiscence; mais le vindicatif Billon ne reçut leur poignée de main que sous bénéfice d'inventaire, se réservant de faire justice quand le moment serait venu.

Dès le mois de juillet 1789, Billon sembla s'apprêter pour quelque mystérieuse expédition. Il fit quelques voyages successifs à Paris, en revint avec des caisses pleines de marchandises qu'il serra précieusement dans sa chambre à coucher, et que lui seul déballait sans témoins. Sa femme vit apporter à la maison quantité de madriers, de solives, dont la destination lui resta inconnue. A ses demandes, Billon resta sourd comme un sphinx, et ne répondit que par un sourire de ses lèvres minces et sarcastiques. Un menuisier fut appelé, et Billon lui commanda des traverses, des treillages, dont les dessins compliqués ne laissaient pas deviner l'usage. Mme Billon, créature soumise et craintive, habituée aux bourrades et aux reproches, n'avait nul accès dans le cabinet placé derrière la chambre à coucher de son mari, et c'était là que s'entassaient les ouvrages de menuiserie, les provisions, les paquets et les malles dont la destination ne piquait pas médiocrement sa curiosité.

Un jour seulement, voyant son mari fourbir et ajuster des canons de carabine et de fusil de chasse, Mme Billon se hasarda à l'interroger. Billon lui répondit, en la poussant jusqu'à l'escalier par les épaules : — « Les ennemis vont bientôt envahir la France, et un bon citoyen doit prendre ses précautions pour le jour de la lutte. Au reste, Madame, mêlez-vous de votre ménage et n'ayez souci du reste. Il y a assez de coquins en ce monde, et il est bon que les honnêtes gens soient prêts à se défendre. »

La pauvre créature, habituée depuis longtemps à l'obéissance passive, se le tint pour dit et ne souffla plus mot.

Les portes du cabinet de Billon donnaient, l'une sur sa chambre à coucher, l'autre sur un escalier de service conduisant au grenier. Billon démonta cette dernière porte, y pratiqua des coulisseaux mobiles, sortes de créneaux par lesquels pouvait passer un canon de fusil. Le parquet du cabinet fut démonté, pièce à pièce, et une énorme caisse oblongue fut posée entre deux solives, remplie de poudre, scellée dans le plâtre et fortement comprimée par des poids énormes. Billon démonta également ses persiennes, creusa dans les feuilles de petits créneaux qu'il recouvrit par des coulisseaux de bois blanc.

Tous ces soins occupèrent pendant près de six mois le taciturne horloger, sans que personne, si ce n'est sa femme, qui, la pauvre, n'était pas habituée à l'indiscrétion, pût soupçonner quelque chose de ces étranges préparatifs.

On arriva ainsi au 13 décembre 1789. C'est ce jour-là, on se le rappelle, que devaient être bénis les deux drapeaux donnés à la milice nationale de Senlis par son député, le duc de Lévis, depuis pair de France.

Nous avons laissé les diverses compagnies de la milice rassemblées sur la place au Vin, et prêtes à partir au coup de midi. L'heure sonnée, l'ordre venu de faire passer le cortége par la rue de la Chancellerie et par la rue du Châtel, le tambour battit, une nuée d'enfants, poussant des cris de joie, courut en avant pour précéder les troupes, et le cortége s'ébranla.

Billon, cependant, avait regagné sa maison solitaire : car il avait envoyé sa femme et sa servante voir le défilé des fenêtres d'une maison voisine. Toutes ses mesures étaient prises, toutes ses réflexions faites. Il entra chez lui par la porte de l'allée, qu'il ferma à double tour et dont il jeta la clef dans un coin obscur. Puis, il monta dans son cabinet, ouvrit les coulisseaux des persiennes, s'assura qu'ils jouaient bien, prit l'une après l'autre plusieurs armes, arquebuses, carabines, fusils de chasse, rangées sur une table, les arma et les replaça. De temps en temps, il tendait l'oreille; mais on n'entendait encore aucun bruit dans la rue, dépeuplée d'habitants. — « Ils sont encore loin, se dit Billon, mais ils arrivent, ils arrivent, et je les attends... Pourvu que Desroques n'aille pas se raviser !... »

Le soir du jour précédent, Billon avait, comme à l'ordinaire, fait sa partie au café Gagneux; mais, avant d'y venir, il avait été trouver l'imprimeur Desroques. Celui-ci était alors convalescent d'une assez grave maladie, pendant laquelle son esprit, surexcité par la fièvre, avait travaillé plus que de coutume. Dans sa convalescence, Desroques, pour occuper son habituelle activité, avait dévoré de nombreux journaux, des brochures chauffées à blanc par l'enthousiasme qui brûlait alors la nation tout entière. Le paisible Desroques était presque passé tribun. Des velléités ambitieuses avaient germé dans son cerveau, et, dans ses épanchements avec Billon, il se voyait déjà l'un des représentants, à Senlis, d'un régime nouveau de gloire et de liberté. Que fallait-il pour donner un corps à ces rêves patriotiques? Une occasion, et la bénédiction des drapeaux n'en était-ce pas une? Un discours ardent, à la Mirabeau, ne pouvait-il pas mettre un homme en lumière? On n'était plus, Dieu merci! dans ces temps de servitude morale, où les petits n'osaient lever les yeux ou ouvrir la bouche en présence des grands. Le tiers état ne devait-il pas, à Senlis aussi bien qu'à Paris, prouver qu'il était tout?

Billon goûta peu toutes ces belles idées de son ami Desroques et combattit ses prétentions républicaines. Qu'irait-il faire à la cérémonie, faible et pâle comme il était encore? Il s'agissait bien, ma foi, de discours par un temps pareil : par cette bise de décembre, un bon feu et une chaude houppelande feraient bien mieux l'affaire. Desroques, piqué de la tarentule républicaine, insista; mais Billon se montra si inquiet, si malheureux des projets de son ami, que Desroques, habitué à céder, promit de ne pas sortir le lendemain.

Au café Gagneux, où il avait joué son petit écu comme d'habitude, Billon avait cherché aussi à détourner d'assister à la cérémonie quelques-uns de ses plus intimes camarades. « Je n'attends rien de bon de ces fêtes de demain, leur avait-il dit;

j'ai de mauvais pressentiments. Faites comme moi, n'y allez pas. »

A neuf heures, en sortant du café, l'horloger était retourné chez Desroques, et, peu satisfait de la promesse qu'il avait obtenue de lui, lui avait fait donner sa parole d'honneur de rester au coin de son feu. Le lendemain encore, au moment où s'ébranlait le cortége, Billon s'inquiétait à l'idée que Desroques pourrait lui manquer de parole.

Cependant, on commençait à entendre au loin les cris de joie des gamins de Senlis et les sourds roulements du tambour. Billon jeta un rapide et dernier regard sur ses préparatifs, sur une petite table où étaient éparses quelques feuilles de papier, couvertes des poésies écloses dans son cerveau fiévreux pendant la dernière nuit, une nuit d'insomnie! On y lisait, en gros caractères, des sentences, des vers, des phrases sans suite. Il y était écrit, par exemple :

> Je serai grand comme l'Éternel.
> Je serai comme lui terrible dans
> Mes vengeances.

Sur un autre feuillet, on lisait :

> Vous entrerez avec la fureur des lions
> Et vous serez foudroyés comme
> Des moucherons.

Et, à côté de ces paroles bibliques, cette épitaphe humoristique :

> Ci gît Rieul-Michel Billon,
> Horloger de son état,
> Fou de sa profession
> Et non pas de sa femme.

Comme Billon regardait une dernière fois ces folles élucubrations, une grande clameur, mêlée des sons aigus du fifre et des graves roulements du tambour, s'éleva du côté de la rue de Paris. Billon se dit à lui-même : Les voilà! Il ferma avec soin la porte qui donnait sur l'escalier, prit une arquebuse et s'approcha de la fenêtre.

Le détachement de la cavalerie nationale déboucha dans le carrefour formé par les rues de Paris, de la Chancellerie, de la Tonnellerie et du Châtel. Les cavaliers passèrent devant la maison de l'horloger, et on vit s'avancer, dans le plus bel ordre, les compagnons de l'Arquebuse, tambours et fifres en tête. A ce moment, un coup de feu se fit entendre, et une sorte de frissonnement agita la foule, comme un vent subit courbe les épis d'un champ de blé. Un instant on crut à un accident; quelque arme partie au repos, peut-être même un pétard tiré par quelque joyeux spectateur. Mais, aux premiers rangs de l'Arquebuse, on ne put s'y tromper longtemps. Un des tambours, le nommé Cambronne, étendait les bras et s'abattait par terre comme foudroyé. On s'empresse, on le relève sur ses genoux, et on s'aperçoit avec horreur qu'il avait reçu une balle au-dessus de l'œil droit. C'était donc un assassinat et non pas un accident. Pendant qu'on s'agite autour du corps du malheureux Cambronne, un second coup de feu retentit, et, cette fois, c'est un des chevaliers de l'Arquebuse, M. Leblanc fils, avocat, fils de M. Leblanc, député à l'Assemblée nationale, qui tombe atteint d'une balle dans le bras gauche, et de plusieurs chevrotines dans la poitrine et dans différentes parties du corps.

La confusion se met alors dans les premiers rangs de l'Arquebuse; quelques-uns des chevaliers cherchent leur salut dans la fuite; d'autres courent çà et là, sans but, et cependant, au milieu de ce désordre, de nouvelles détonations se font entendre, rapides, pressées. On ne sait pas encore d'où partent les coups, et la main invisible qui les porte continue de semer la mort dans la foule avec une sinistre régularité.

Le premier, un tonnelier de la rue de Paris, Henry Spère, s'aperçoit que la fumée des coups de feu sort des fenêtres de Billon. Spère, dont la maison fait presque le coin de la rue de la Chancellerie, à l'autre bout du carrefour, monte rapidement à sa chambre, décroche son fusil, le charge et loge une balle dans la fatale persienne, dont il fait voler en éclats deux feuillets. Billon, car c'était bien lui qui mitraillait ainsi la foule, ajuste Spère et perce son chapeau à quelques lignes au-dessus de la tête. Henry Spère, ancien soldat, recharge son fusil avec sang-froid et s'apprête à continuer ce duel étrange.

Mais déjà tous les yeux sont fixés sur la fenêtre du meurtrier, et M. du Boulet, commandant de la milice, a donné l'ordre à M. Hamelin d'enfoncer la porte de l'horloger. La cavalerie d'avant-garde, les chevaliers de l'Arquebuse et de l'Arc, les Royalistes-Fusiliers et les Chasseurs, se précipitent sans ordre, en masse confuse, sur la maison ennemie. Les uns cherchent à ébranler la porte à coups de crosse; d'autres s'accrochent aux fenêtres du rez-de chaussée et en ébranlent les volets. Pendant cet assaut, plusieurs coups de feu partent encore de la fenêtre, et chacun d'eux fait de nouvelles victimes. M. Roze, major de la garde nationale, a les mains criblées de chevrotines. M. de Lorme, commandant de l'Arquebuse, objet spécial des fureurs de l'horloger, ne peut échapper au coup-d'œil perçant de celui qu'il a offensé. Au moment où il cherche à se rendre compte de ce carnage, dont il ne comprend pas encore la cause, M. de Lorme reçoit trois balles dans la poitrine. Il se traîne tout sanglant jusqu'au coin de la rue de la Tonnellerie, s'affaisse et meurt sans avoir pu proférer une seule parole. M. Deslandes, lieutenant-général du bailliage et président du Comité, voit à son tour la redoutable carabine de l'horloger dirigée contre sa poitrine. Le magistrat, par un mouvement instinctif qui lui sauva la vie, se baisse, et sept chevrotines lui labourent le crâne.

Cependant, la porte de l'allée de Billon a cédé sous les efforts des assiégeants; ils se précipitent dans la maison, M. Hamelin à leur tête. Avec M. Hamelin, entrent M. Aulas de la Bruyère, lieutenant de la maréchaussée, commandant de la première division de la cavalerie nationale; M. Boitel de Dienval, maréchal des logis de la cavalerie; MM. Lanier et Bruneau, brigadiers; le lieutenant Jourdain, de la compagnie des chasseurs; MM. Darsonval, brigadier de la maréchaussée de Senlis, et Rouiller, sous-lieutenant de la maréchaussée de la généralité de Paris à la résidence de Compiègne.

Au bout de la porte d'entrée, en face du vestibule, est une porte à vitrage. M. Boitel l'atteint le premier, l'enfonce d'un coup d'épaule et se trouve dans une salle à manger dans laquelle il ne voit personne. Il aperçoit l'escalier qui mène au premier étage et l'escalade, précédé par M. Lanier qui, d'un coup de crosse de fusil, fait sauter les gonds d'une porte ouvrant dans une chambre qui fait face au balcon de la rue. M. Boitel et l'aîné des frères de Gozenbré entrent dans cette chambre, la parcourent du regard, la fouillent sans y rien découvrir.

Ils en font autant dans la chambre voisine, retournent les lits, ouvrent les armoires, les placards. Rien! Rentrés dans le corridor, ils essayent d'enfoncer les panneaux d'une autre porte : celle-là résiste; elle est barricadée en dedans. Les assaillants frappent à coups de pied; car le peu de largeur du corridor ne permet pas de prendre assez de champ pour employer la crosse du fusil. Voyant l'inutilité de ces efforts, M. Hamelin redescend, demande un sapeur. Le sieur Gousset se présente, armé d'une hache dont il frappe les panneaux. C'est en vain : l'obstacle est solidement agencé. Le sieur Chevalier, taillé en Hercule, s'impatiente de ces retards, arrache la hache des mains de Gousset, et, du premier coup, fait voler en éclats un des panneaux de la porte. On aperçoit alors, accumulés derrière un lourd fauteuil, une pile de bois de sciage, des échalas et des bottes de treillage réunis par des ficelles et par des clous : le tout est recouvert de fagots, de bottes de paille, et tout cet amas, de près de quatre pieds de hauteur, est caché à l'intérieur par un vieux pan de tapisserie.

Au milieu de la chambre, à travers ces obstacles qu'on se hâte de déblayer, on entrevoit du feu, et la fumée, chassée par le courant d'air, aveugle les assiégeants. — « Il a mis le feu chez lui, le misérable! » s'écrie Chevalier, et, comme il est pompier, il court chercher la pompe et réclamer l'aide de ses camarades. Cependant, les obstacles ont été en partie retirés ou dispersés : MM. Boitel et Lanier escaladent le fauteuil et se trouvent dans la chambre où brille l'incendie. Personne encore; mais une porte latérale vient de se fermer : ce bruit dénonce l'asile de l'assassin. C'est là, en effet, qu'est Billon, et cette porte est celle de son cabinet. MM. Boitel et Lanier essayent de l'ouvrir, de l'enfoncer; ils n'y peuvent parvenir. Mais, ne soupçonnant pas que le cabinet puisse avoir une autre issue, ils crient à ceux qui montent : — « Il est là dedans, nous le tenons, il est pris! Arrivez, arrivez! » Et tout en parlant, tout en gardant la porte, ils chassent du pied les tisons enflammés, les fagots, la paille, qui s'allument sur le parquet de la chambre.

Que faisait cependant Billon? Sûr que la porte, investie par MM. Boitel et Lanier, résisterait assez longtemps, l'horloger s'apprête à gagner le grenier par l'escalier de dégagement. Mais, de ce côté encore, on l'investit. Des pas précipités l'avertissent qu'il n'aura pas le temps de s'échapper. Non pas que Billon veuille fuir! il a résolu de s'ensevelir dans sa vengeance; mais, du haut du grenier, il pourra encore faire des victimes. Il rentre donc, et, comme il a crénelé cette porte qui donne sur le petit escalier de service, il passe par un des coulisseaux le canon d'une arme, et fait feu. Le coup a dû porter : un des assaillants est tombé sur les marches. Alors, Billon rouvre la porte et va s'élancer, quand une main le saisit à la gorge. C'est celle de M. Rouiller. Billon, sans s'étonner, renverse M. Rouiller d'un coup de pistolet, et, brandissant deux armes encore chargées, monte à reculons l'étroit escalier du grenier. On le suit : à chaque pas, il fait feu et crible de balles et de chevrotines ceux qui montent à l'assaut.

Nous avons laissé derrière la première porte du cabinet MM. Boitel et Lanier essayant d'arrêter l'incendie. Le demi-jour de cette chambre, mal éclairée par la lueur du feu et toute remplie de fumée, leur permet à peine de distinguer le foyer de

l'incendie. Ce n'est qu'en travaillant des pieds et
des mains qu'ils découvrent, sous les sarments et
sous la paille, une sorte de bûcher artistement
construit, avec des jours d'appel et des matières
inflammables reposant sur un vaste coffre scellé
dans le parquet. C'est alors seulement qu'ils soup-
çonnent la vérité : c'est une mine qui va sauter. —
« Vite, vite, Boitel, s'écrie M. Lanier, allez hâter
l'arrivée des pompiers, dirigez-les, faites inonder
cette infernale chambre, ou nous sommes perdus ! »

M. Boitel de Dienval court aux pompiers, et, en
redescendant l'escalier, il peut entendre les coups
de feu qui retentissent à l'étage supérieur. C'est
Billon qui a gagné le grenier et qui, tout en reculant, en se couvrant de l'abri des poutres entrecroisées, sème la mort parmi ceux qui le suivent dans
sa retraite. Mais l'un d'eux, M. de la Bruyère, qui
a imité les mouvements de Billon et s'est défilé de
son feu, bondit tout à coup près de lui, le saisit et
cherche à le désarmer. — « Laissez-moi, M. de
la Bruyère, dit Billon, laissez-moi, ne songez qu'à
vous. La maison va sauter. — Je te tiens, je ne te
lâche pas, » répond M. de la Bruyère. Mais il n'a
pas achevé ces mots, que le parquet oscille sous
ses pieds, s'ouvre avec fracas, et la maison se dé-
chire. Les poutres s'entre-choquent, les pierres pleuvent, un déluge de tuiles, de plâtre, de briques jail-
lit, et tout disparaît dans l'abîme de feu du premier
étage.

L'œuvre du meurtrier était accomplie. Une immense clameur, suivie d'un silence de mort, a accompagné dans les rues voisines l'éruption du vol-
can. Mais, bientôt, on se secoue, on se tâte : ceux
que n'ont point atteints les projectiles se rappro-
chent de la maison béante et fumante. On court
chercher des échelles : M. du Boulet fait placer des
sentinelles, ordonne qu'on reconduise les drapeaux
à l'Hôtel de Ville. De tous côtés arrivent des travailleurs volontaires, avec des échelles, des pioches,
des haches, des cordes. Mille bras déplacent les
poutres, les pierres, les cloisons, dont l'amas recouvre les corps de tant de braves gens engloutis
avec leur assassin.

A mesure qu'un peu d'ordre se faisait dans les
décombres, on y découvrait des cadavres écrasés
ou calcinés, des membres brisés. Le sinistre travail
dura plusieurs heures. En déplaçant plusieurs poutres entrecroisées, formant arc-boutant, on trouva
M. de la Bruyère, couvert de blessures, mais vivant
encore et gardant toute sa présence d'esprit. La
tête et la poitrine avaient été préservées par l'espèce de toit formé par les poutres. Le reste du
corps était chargé de débris sanglants. — « Mes
amis, dit-il aux travailleurs, j'ai le cœur bon ; allez,
sciez la poutre, et je réponds de tout. »

A deux pas de là, tout mutilé, mais respirant encore, fut trouvé Billon. L'énergique petit homme,
si gravement atteint qu'il fût, se cramponnait encore aux décombres, et cherchait à se relever.
Quelques chasseurs, qui le reconnurent, cédant à
une indignation poussée jusqu'à la férocité, lui
écrasèrent la tête avec la crosse de leurs fusils.

Vers la fin de la journée on commença à se rendre compte du désastre : il était effrayant. Une véritable bataille ! Le nombre des morts s'élevait à
vingt-cinq, celui des blessés à quarante et un, en
tout soixante-six personnes frappées par l'aveugle
vengeance de l'horloger Billon.

Pour qu'on ne croie pas à quelque exagération,
nous donnons les noms des victimes. Cette liste fu-

nèbre, ainsi que les détails qu'on vient de lire, sont
extraits d'une relation contemporaine, portant pour
titre :

PRÉCIS HISTORIQUE *de l'Attentat de Billon, horloger,
commis à Senlis, le 13 décembre 1789,*
SUIVI DE
L'ÉLOGE FUNÈBRE
*des malheureuses victimes de cet attentat, prononcé
au service général par M. l'abbé Gentry.*

Et, en sous-titre :

*Précis historique de l'attentat de Billon, horloger à
Senlis, et de la conduite du Comité permanent de
cette ville, contenant diverses lettres, tant de M. le
Premier Ministre des finances, que de M. le Maire
de Paris, et autres personnes, ainsi que la liste des
morts et des blessés.*

*Imprimé par délibération de la Municipalité de Sen-
lis, par M.ᐟ., membre du Comité permanent de la
Cavalerie Nationale de Senlis, mis en vente au profit des blessés et des veuves et orphelins.*

M. D. CC. LXXXX.

Avec cette épigraphe :

*Quis talia fundo
Temperet a lacrymis ?. . . .*
(*Virg. Æneid.*, l. II).

Cette relation, retrouvée par M. Cultru, secrétaire de la mairie de Senlis, et complétée par lui
à la suite d'une enquête minutieuse, dont l'occasion fut l'événement du 28 juillet 1836 (1), est attribuée à un témoin oculaire, M. Boucher d'Argis.

Voici maintenant la liste des morts et des blessés
du 13 décembre :

MORTS : 1° M. de Lorme, commandant de la compagnie de l'Arquebuse, aide-major de la garde nationale, maître particulier des eaux et forêts de
Senlis, chevalier de Saint-Louis, ancien gendarme
de la garde ;

2° M. Lanier, maréchal-des-logis de la cavalerie
nationale, greffier en chef de la maîtrise des eaux
et forêts ;

3° M. Bruneau, marchand épicier, brigadier de
la cavalerie ;

4° M. Turquet fils, chevalier de l'Arquebuse, cavalier de la garde nationale ;

5° M. Martin, marchand boulanger, fusilier de la
garde nationale ;

6° M. Bourguin, marchand boucher, fusilier ;

7° M. Bourgeois, jardinier, fusilier ;

8° M. Fabre, employé aux aides, sous-lieutenant
des chasseurs de la garde nationale ;

9° M. Chaumay, menuisier, caporal des chasseurs ;

10° M. Delaville, cordonnier, fusilier ;

11° M. Boucher, procureur du roi de l'Élection,
chevalier de l'Arquebuse ;

12° M. Lemaître de Manneville, chevalier de l'Arquebuse ;

13° M. Favry, maître cordonnier, chantre de l'é-
glise de Saint-Agnan, de la compagnie de l'Arc ;

14° M. Rigaut père, couvreur, officier faisant les

____

(1) La machine infernale de Fieschi. *Voyez* cette affaire.

fonctions de major des Royalistes-Fusiliers en l'absence du commandant;

15° M. Gousset, maître charpentier, sapeur;

16° M. Rouiller, sous-lieutenant de la maréchaussée de Senlis, à la résidence de Compiègne. Ce malheureux était, racontait-on, revenu, le 12 décembre, de Paris, où il venait de perdre un jeune fils. Il avait cru devoir, en passant par Senlis, rendre une visite à M. et à Mme de la Bruyère, et cette dernière l'avait, d'une façon pressante, engagé à rester à Senlis pour la cérémonie du lendemain. M. Rouiller ayant témoigné le désir de se rendre promptement à Compiègne, pour informer sa femme de la mort de leur enfant, Mme de la Bruyère insista, lui remontra qu'il vaudrait mieux, par une lettre datée de Senlis, préparer Mme Rouiller à ce triste événement. M. Rouiller eut le malheur de se rendre à ces instances.

17° M. Darsonval, brigadier de la maréchaussée;

18° M. Louvet, cavalier de la maréchaussée;

19° M. Dupuis, maître maçon;

20° M. Lerouge, maître bourrelier;

21° M. Poté fils, compagnon maréchal;

22° M. Frigault, garçon boucher;

23° M. Messen, apprenti cordonnier;

24° Mme Letellier, rentière;

25° M. Doublet, compagnon menuisier.

BLESSÉS : 1° M. Deslandes, lieutenant-général du Bailliage, président du Comité permanent;

. . . M. de la Bruyère le saisit et cherche à le désarmer. (Page 7.)

2° M. Roze, ancien capitaine d'artillerie, chevalier de Saint-Louis, major de la garde nationale;

3° M. Hamelin, capitaine de dragons, écuyer de main de Son Altesse Royale Mme Adélaïde de France, commandant de la 2e division de la cavalerie nationale, sous-aide major;

4° M. Aulas de la Bruyère, lieutenant de la maréchaussée de Senlis, commandant de la 1re division de la cavalerie nationale;

5° M. de Gozengré le jeune, cavalier;

6° M. Pouillet, perruquier, fusilier de l'infanterie nationale;

7° M. Guichard, vannier, fusilier;

8° M. Horger, maître bourrelier, fusilier;

9° M. Spère (Étienne), compagnon serrurier, fusilier;

10° M. Cambronne, marchand fourreur, tambour. Ce pauvre homme, le premier atteint par le feu de Billon, ne mourut pas de la blessure terrible qu'il reçut au-dessus de l'œil. On dut le trépaner. Il obtint les Invalides, et, dix-huit mois après l'é-vénement, il rendit par le nez la balle qui avait traversé le coronal.

11° M. Spère, maître charpentier, fifre de l'infanterie nationale;

12° M. Jourdain, conseiller de l'Élection, lieutenant des chasseurs de la garde nationale;

13° M. Boursier fils, lieutenant au même corps;

14° M. Delvois, sergent au même corps;

15° M. Bay, scieur de long, fusilier de la garde nationale;

16° M. Spère (Aignan), charpentier, fusilier;

17° M. Durey, garnisaire, fusilier;

18° M. Margry (Pamphile), sculpteur marbrier, fusilier;

19° M. Becqueret, scieur de pierre, fusilier;

20° M. Magny, maître de danse, roi de l'Arquebuse et porte-guidon de cette compagnie;

21° M. Perelle, officier de l'Arquebuse;

22° M. Guéret (Pierre), meunier et fermier à Villemétrie, porte-drapeau de l'Arquebuse;

Paris. — Typographie de Ad. R. Lainé et J. Havard, rue des Saints-Pères, 19.

23° M. Leblanc fils, avocat, chevalier;
24° M. Carbon, marchand orfévre, chevalier;
25° M. Pasquier, charretier, chevalier de l'Arc;
26° M. David, menuisier, grenadier aux Royalistes-Fusiliers;
27° M. Lefèvre, fabricant de pain d'épice et couvreur, grenadier au même corps;
28° M. Rigaut fils, couvreur, grenadier;
29° M. Merlette (Nicolas), maçon, grenadier;
30° M. Delafrenaye, pensionnaire à la Charité;
31° M. Decamp, compagnon serrurier;
32° M. Gourlet fils, compagnon menuisier;

33° M. Colombel, garçon boulanger;
34° M. Michel, compagnon taillandier;
35° M. Lesueur, compagnon cordonnier;
36° M. Adrien, compagnon coutelier;
37° M. D'Humy le jeune, garçon perruquier;
38° M. Brunet, maître cordonnier;
39° M. Lequeux, berger à Villevert;
40° Mme Motelet, épouse de M. Motelet;
41° Mlle Guy, fille de M. Guy (Antoine), menuisier.

Cette longue liste devait s'augmenter, pour les
morts, du nom de M. Delafrenaye, mort depuis de

La place Billon, à Senlis. — (A. Emplacement de la maison Billon.)

ses blessures. Quant à M. de la Bruyère, un des plus
grièvement atteints parmi les blessés, il disputa
longtemps sa vie aux opérations les plus douloureuses et n'en fut quitte qu'en perdant un œil et
après avoir vu se détacher de ses os de nombreuses
esquilles. Ce brave homme survécut près de quarante-cinq ans à l'événement du 13 décembre 1789,
et exerça pendant près de vingt ans les fonctions
de juge de paix à Senlis. Le roi Louis XVI, informé
de la bravoure qu'il avait déployée à l'assaut de la
maison de Billon, lui envoya en récompense la
croix de Saint-Louis, et l'Assemblée nationale lui
accorda, par une loi spéciale et motivée, une pension annuelle de 1800 livres, confirmée plus tard
par le pouvoir exécutif de la République, suivant
brevet du 6 juin 1793. Mme de la Bruyère, dont la
santé était très-délicate, mourut des suites de la
frayeur que lui causa cette épouvantable catastrophe. La fin malheureuse de M. Rouiller, qu'elle
avait en quelque sorte retenu malgré lui à Senlis,
et ses propres douleurs, précipitèrent sa fin.

Pour ne prendre que les chiffres officiels du jour
de l'événement, voilà, de compte fait, soixante-
six victimes, dont vingt-six mortellement atteintes.
L'attentat du 28 juillet 1836, dit de la machine infernale de Fieschi, n'a frappé que quarante-deux
personnes, dont dix-neuf mortellement.
L'attentat du 14 janvier 1858 (Orsini et consorts,
voyez cette cause) a porté sur cent cinquante-six
personnes; mais huit seulement sont mortes de
leurs blessures, et beaucoup parmi les blessés n'ont
reçu que des égratignures ou des contusions sans
gravité.
A ces rapprochements on peut ajouter une comparaison entre les auteurs principaux des attentats
de 1836 et de 1858, et l'auteur de l'attentat de
1789. Fieschi, mercenaire ignoble, Félice Orsini,
fanatique politique, entassent les victimes sans dé-
vouer leur propre vie : le premier, frappé providentiellement par ses propres armes; le second,
abattu par une égratignure sans gravité, ont préparé lâchement une fuite que le hasard seul ou la

prostration morale rendent impossible. Billon, au moins, a eu le courage de sa férocité. Il a sacrifié sa vie à l'avance; il a lutté jusqu'au dernier soupir. L'avantage, ici, n'est pas aux assassins politiques, quelle qu'ait été chez eux la forfanterie de l'échafaud.

Reportons-nous maintenant au lendemain du carnage de 1789. La ville de Senlis offrait le spectacle d'une cité saccagée par la guerre civile. La maison de Billon, presque entièrement écroulée, couvrait de ses ruines le carrefour dont elle faisait l'angle. La puissance de l'explosion avait été telle, que soixante-six maisons avaient éprouvé de sérieux dommages. Une entre autres, celle du sieur Letellier, s'était entièrement écroulée, et Mme Letellier, sa mère, avait été écrasée sous les ruines. La cathédrale, située à plus de cent toises du théâtre de l'événement, avait été secouée par l'explosion à ce point qu'une énorme pierre s'était détachée de la voûte et était allée tomber au milieu de nombreux spectateurs rassemblés pour la cérémonie. Personne, heureusement, n'avait été atteint. De carreaux intacts, il n'en restait guère dans la ville de Senlis; on trouva dans des murs, à quelque distance de la maison de l'horloger, des boulets de douze, de vingt-quatre et de trente-six livres, et un énorme poids d'horloge, lancés par la mine comme par un canon. Il était peu de demeures où l'on n'eût à déplorer la perte d'un parent ou d'un ami.

Aussi, faut-il faire la part de ces désastres, de ces pertes, de ces douleurs, dans la frayeur exagérée, dans les colères injustes de la population de Senlis. Dans les premiers moments, on ne put supposer qu'un attentat aussi énorme eût été préparé, exécuté par un seul homme. Aussi, les premiers jours qui se passèrent après l'événement furent-ils des jours d'alarmes. L'ennemi eût campé dans la vallée de l'Oise, que la frayeur des citadins n'eût pas été plus forte. On comprendrait ces terreurs imbéciles chez les habitants des classes déshéritées de la fortune et de l'intelligence; mais, ce qu'on comprendra moins facilement, c'est qu'elles furent partagées par la bourgeoisie et par la noblesse, mieux placées cependant pour se renseigner. Le Comité permanent poussa l'absurdité jusqu'à faire fermer les portes, jusqu'à placer des postes à différents endroits de la ville, jusqu'à faire arrêter, fouiller, interroger tous ceux qui essayaient d'entrer et de sortir. La populace, toujours brutale et aveugle dans ses terreurs et dans ses colères, s'empara de la femme de Billon, et cette pauvre souffre-douleur du bilieux horloger fut traînée par les rues et conduite à la prison de ville, bien que le plus simple bon sens témoignât de son innocence. La malheureuse ne fut relâchée qu'au bout de quinze jours, encore qu'elle eût prouvé dès la première heure que son mari, très-dur et très-fermé avec elle, ne lui avait rien laissé soupçonner de ses noirs projets et l'avait envoyée dès le matin chez des voisins, des fenêtres desquels elle assistait tranquillement au défilé du cortége.

Le Comité fut plus intelligent dans l'œuvre de la réparation que dans celle de la vengeance; il est vrai qu'il y fut aidé par l'immense pitié qu'inspira le sort de tant de victimes. Son premier soin avait été d'organiser un service de transport à domicile de tous les cadavres et de tous les blessés réclamés par leurs familles. Les blessés pauvres furent immédiatement placés dans les hôpitaux, car Senlis en possédait deux à cette époque, l'Hôtel-Dieu et la Charité. Les religieux de la Charité firent partir un exprès en poste pour amener de leur maison de Paris le père Potentien, médecin distingué, qui se multiplia dans ses visites aux blessés des deux hôpitaux et à ceux des différentes maisons des particuliers.

Le bruit du sinistre événement de Senlis ne tarda pas à se répandre dans les communes environnantes. A Paris même, on s'en émut d'autant plus qu'on ignorait absolument la cause tout individuelle d'un attentat aussi grave. La passion populaire eut bientôt transformé la vengeance particulière d'un seul homme en une vaste conspiration anti-républicaine. Déjà des libelles diffamatoires, des pamphlets accusateurs étaient sous presse, quand deux de ces voyageurs que le Comité permanent avait fait arrêter dans le premier moment d'émoi, et qu'il avait fait relâcher ensuite sur l'évidence de leur innocence, apportèrent à Bailly, maire de Paris, la lettre suivante :

« A Monsieur Bailly, Maire de Paris, Messieurs les membres du Comité permanent de Senlis.

Le 13 décembre 1789.

« Monsieur,

« Nous nous empressons de vous informer d'un événement affreux, arrivé tout à l'heure dans notre ville. Ce jour était fixé pour la bénédiction des drapeaux; tous les corps étaient invités et s'étaient rendus à l'Hôtel de Ville. Au moment où la troupe défilait, plusieurs coups de fusil, partis d'une croisée voisine, ont tué ou blessé autant de citoyens. Les ordres ont été donnés sur-le-champ pour enfoncer la maison et s'assurer des auteurs de cet assassinat. Après des peines inutiles pour parvenir à la chambre d'où étaient partis les coups de fusil, comme l'on essayait de briser la porte, la maison a sauté en l'air par l'effet d'une mine préparée, à ce que l'on croit, plusieurs jours d'avance. Il paraît que cet événement est l'effet d'une vengeance particulière d'un nommé Billon, horloger, qui s'était présenté quelque temps auparavant pour être admis dans le corps de l'Arquebuse, et avait été refusé. Ce malheureux a été enseveli sous les ruines, et nous n'avons jusqu'à présent aucun vestige du complot. Mais, au moyen du parti que nous avons pris de placer des corps-de-garde à toutes les issues de la ville, et d'interroger à mesure qu'elles se présenteront toutes les personnes qui se trouveront avoir quelque liaison prochaine ou éloignée avec l'auteur de ce crime, nous espérons mettre la justice à portée d'en poursuivre la vengeance.

« Nous avons cru, Monsieur, devoir avoir l'honneur de vous faire ce récit pour prévenir toutes les impressions défavorables que, dans un temps aussi orageux, quelque version peu exacte pourrait donner contre les habitants de cette municipalité. L'événement qui met toute notre ville en deuil n'est que l'effet du ressentiment d'un scélérat.

« De nouveaux détails qui nous parviennent en ce moment ajoutent à l'atrocité du fait. Le malheureux moteur de cette scène sanglante a sûrement attendu que sa maison soit pleine pour immoler à la fois plus de victimes. Quarante personnes au moins sont tués (sic) ou blessés. Il nous est impossible de vous en donner une énumération exacte; plusieurs sont encore sous les décombres, d'où on les retire, pour la plupart, en lambeaux.

« Nous sommes, etc.

« Les membres composant le Comité permanent de la ville de Senlis,

Signé : Deslandes, *président,*

Boucher d'Argis;

Pour le Secrétaire absent,

De Guillerville. »

On peut s'étonner de voir cette pièce signée du nom du président Deslandes, signalé plus haut comme criblé de blessures; le fait est pourtant authentique, et l'auteur de la notice ci-dessus citée, M. Boucher d'Argis, signataire lui-même de la lettre à Bailly, fait remarquer ce fait dans son Précis historique. « Mon titre, dit-il, de membre du Comité, fait que je n'ose qu'à peine rendre à cette Compagnie la justice qui lui est due. Je ne puis cependant me dispenser de remarquer, à l'avantage de notre estimable président, que, tout blessé qu'il était de sept blessures à la tête, il n'a pas suspendu un seul moment l'exercice de ses fonctions et de son zèle. »

Bailly put comprendre par ce récit, encore bien inexact, puisqu'on ne savait pas à Senlis toute la vérité, qu'il ne s'agissait là que d'un crime individuel, perpétré par un seul homme, et la contradiction assez ridicule par laquelle on montrait le Comité à la recherche *du complot,* ne dut pas dénaturer à ses yeux le caractère du crime.

Une lettre à peu près semblable fut écrite par le Comité permanent à l'Assemblée nationale et au Procureur général du Parlement de Paris. Une autre lettre fut encore écrite au rédacteur du *Journal de Paris.*

Bailly s'empressa d'adresser au Comité permanent de Senlis la réponse suivante :

« Messieurs,

« Je n'ai pu apprendre sans la douleur la plus vive l'événement affreux qui a plongé dans le deuil la ville de Senlis, à la tête de laquelle vous êtes placés. Je me suis empressé de publier, par la voie des journaux, la lettre que vous m'avez fait l'honneur de m'adresser; il n'y a pas à redouter que le public prenne le change sur les causes d'un crime enfanté par la scélératesse d'un malheureux qui a voulu assouvir sur ses concitoyens une vengeance personnelle.

« Recevez, Messieurs, mes remercîments des détails que vous avez eu la bonté de m'envoyer. Permettez-moi de vous demander de m'adresser les détails nouveaux qui pourraient venir à votre connaissance, et croyez qu'à l'exemple de M. Lefebvre de Gineau, la commune de Paris, dont il est un des représentants, partage en ce moment votre douleur, et qu'elle mettrait toute sa félicité à pouvoir en adoucir l'amertume.

« Je suis avec respect, etc.

Signé : Bailly, *maire.* »

M. Lefebvre de Gineau, dont il est question dans la lettre du maire de Paris, était, avec un autre représentant de la Commune de Paris, en tournée pour l'approvisionnement de grains de la capitale. Ils avaient appris l'événement à leur arrivée à Creil, et ils étaient venus, sur-le-champ, faire, au nom de la Commune de Paris, leurs offres de secours et de services à la municipalité de Senlis.

Ces secours n'étaient que trop nécessaires. Plusieurs des citoyens blessés grièvement ou tués laissaient des femmes et des enfants absolument dénués de ressources. Cinquante familles étaient prêtes à succomber sous le poids de la douleur et de l'indigence. Les membres du Comité, allant au plus pressé, firent entre eux une contribution volontaire. Cet exemple fut suivi par un grand nombre de citoyens. Les corps ecclésiastiques ne se contentèrent pas de payer aux morts le tribut de leurs prières : le chapitre de la cathédrale, ceux de Saint-Rieul et de Saint-Frambourg, et les chanoines réguliers de Sainte-Geneviève, de la maison de Saint-Vincent, non contents de fonder des services solennels pour le repos de l'âme des décédés, envoyèrent au Comité permanent ou à la Société philanthropique des sommes applicables au soulagement des blessés, des veuves et des orphelins. L'évêque de Senlis fit don de 1,000 livres aux répartiteurs des secours.

Il fallait aussi penser à réparer les dégâts matériels, qui n'étaient pas peu considérables. Les ressources de la charité individuelle n'eussent pu suffire à tout faire : aussi, le Comité permanent jugea-t-il nécessaire d'adresser au Ministre des Finances la lettre suivante :

« Monseigneur,

« Vos éminentes occupations en ce moment pour le bonheur du royaume nous font un devoir de respecter votre temps et de ne point vous fatiguer de la répétition inutile et affligeante de notre désastre, dont nous savons que l'Assemblée du département a déjà eu l'honneur de vous informer; mais nous sollicitons instamment et avec confiance votre justice et vos bontés en faveur de nos malheureux concitoyens.

« Parmi les nombreuses victimes de l'attentat qui répand ici la consternation, la plupart étaient des artisans ou journaliers soutenant avec peine leurs familles sur le produit de leur travail habituel. Cet affreux événement, dans une saison qui fournit d'ailleurs si peu de ressources à l'industrie, réduit beaucoup de veuves et d'orphelins à la plus extrême indigence.

« Oserons-nous mettre aussi sous vos yeux, Monseigneur, le tableau de tous ces citoyens déchirés, mutilés d'une partie de leurs membres, luttant contre la mort qu'ils invoquent à toute heure comme le seul remède à leurs souffrances, ou considérant dans la guérison incertaine et imparfaite dont ils sont susceptibles, une longue suite de misères et d'infortunes? Votre grande âme sera sans doute navrée de douleur et de compassion sur le sort de tant de malheureux.

« Si tous les sujets de notre bon roi sont aujourd'hui ses enfants, ils se regardent en même temps comme vos pupilles, et mettent à vos pieds, Monseigneur, leurs maux et leurs besoins.

« L'humanité de nos concitoyens s'est manifestée en cette occasion; mais leurs moyens sont trop au-dessous de leur zèle, trop insuffisants pour réparer un si grand désastre. Plusieurs maisons, voisines du lieu de l'explosion et appartenant à des citoyens dont elles composaient toute la fortune, ont été renversées, en tout ou en partie, par la commotion qu'elles ont éprouvée; d'autres sont tellement ébranlées, qu'on est réduit à les abattre pour éviter de nouveaux malheurs. C'est à vous, qui secondez si bien les intentions bienfaisantes d'un souverain continuellement occupé du bonheur de ses peuples, c'est à vous, Monseigneur, qu'il appartient de lui présenter le tableau de nos calamités, et de l'engager à répandre sur notre ville, en cette circonstance, des secours capables de la régénérer. La vertu se complaît à réparer les désordres du crime. A qui pourrions-nous donc mieux nous adresser qu'à notre auguste Monarque et à son digne Ministre?

« Nous sommes, avec un profond respect,

« Monseigneur,

« Vos très-humbles et très-obéissants serviteurs,
« Les membres composant le Comité
permanent de la ville de Senlis,

« *Signé* : DESLANDES, président; BOUCHER D'ARGIS; DE GUILLERVILLE, pour le secrétaire absent. »

Necker ne laissa pas cette lettre sans réponse. Quelques jours après, il écrivait aux membres du Comité de Senlis :

« J'ai reçu, Messieurs, la lettre par laquelle vous me faites connaître les effets et les suites du terrible événement qui a répandu dans votre ville le trouble et la désolation. A la première nouvelle, le genre de cet événement m'avait fait présager tous ces maux, et le tableau que vous m'en présentez aujourd'hui n'en a pas moins excité ma sensibilité. J'écris à la Commission intermédiaire de l'Isle-de-France; je lui recommande de se faire remettre par le Bureau intermédiaire de Senlis tous les détails qui pourront la mettre à portée d'accorder sur-le-champ les décharges et modérations d'impositions qu'ont à réclamer les propriétaires et autres personnes qui ont souffert de ce cruel événement. Je lui mande, en même temps, de s'occuper de tous les moyens possibles de secourir, sur les fonds de la province, les familles indigentes qui, privées de leurs chefs, auraient besoin des secours de l'art, de subsistances et d'indemnités pécuniaires. Elle apportera certainement à ces différents actes de bienfaisance tout le zèle et l'activité possibles, et elle sera bien sûre de seconder les intentions paternelles de Sa Majesté.

« Je suis très-sincèrement, Messieurs,

« Votre très-humble et très-obéissant serviteur,
« *Signé* : NECKER. »

Au-dessous était écrit de la main du ministre :

« Vous pouvez toucher tout de suite 1,000 écus chez le receveur des tailles, que j'autorise ici à s'en faire rembourser par le Trésor royal, et j'en préviens M. Dufresne. »

Il convient de clore cette correspondance par la lettre suivante, adressée au Ministre des finances, le 20 décembre 1789, par le Comité permanent de Senlis :

« Monseigneur,

« Quelle que fût la misère de la plupart de ceux de nos concitoyens auxquels vous avez eu la bonté d'accorder des secours, nous serions embarrassés de vous dire ce qui les a touchés davantage du qienfait ou des expressions tendres et paternelles pont vous l'avez accompagné. Les larmes que vous

avez daigné répandre sur leur infortune sont le baume le plus salutaire que l'on pût verser sur leurs blessures; qui ne serait pas idolâtre d'un Ministre qui, au milieu des affaires les plus importantes dont un homme d'État se soit jamais occupé, non content de seconder les vues bienfaisantes de notre auguste Monarque, met une attention particulière et personnelle à accélérer la distribution des grâces destinées aux malheureux? Les termes nous manquent, Monseigneur, pour exprimer la reconnaissance de nos concitoyens; mais votre souvenir restera éternellement imprimé dans nos cœurs, et l'on ne fera jamais l'odieux récit du crime qui a désolé notre ville, sans se rappeler avec un attendrissement délicieux la part que vous avez daigné prendre à notre situation.

« Nos descendants, en parcourant nos fastes, y liront en même temps nos malheurs et le nom du génie tutélaire qui les a réparés.

« Pour nous conformer à vos vues bienfaisantes, Monseigneur, notre premier soin a été de visiter les malheureux, et de donner aux plus indigents l'argent nécessaire pour subvenir aux premiers besoins; nous travaillons en même temps à vous procurer un état exact et circonstancié des pertes et des ressources de chaque famille, d'après lequel nous ferons la distribution des 3,000 livres que vous avez bien voulu nous accorder, ainsi que des secours que vous nous permettez d'espérer. Soyez persuadé, Monseigneur, que nous mettrons dans cette distribution tout le zèle que vous avez le droit d'attendre. Nous allons également envoyer à la Commission extraordinaire l'état des blessés, ainsi que des veuves et des orphelins qui seront dans le cas de participer à la remise des impositions.

« Nous sommes, avec un profond respect,

« Monseigneur,

« Vos très-humbles et très-obéissants serviteurs,
Les membres composant le comité
permanent de la ville de Senlis,

« *Signé* : DESLANDES, *président;* BOUCHER D'ARGIS; DE GUILLERVILLE, pour le secrétaire absent. »

Il était nécessaire de rapporter ces divers documents pour faire comprendre la gravité des suites de la vengeance de Billon. Nous n'ajouterons plus qu'un détail à ce récit. Le 14 janvier 1790, fut célébré, dans l'église collégiale et patronale de Saint-Rieul de Senlis, le service général pour le repos de l'âme des victimes, fondé par le prieur et les religieux de l'Abbaye royale de Chaalis. Ce fut l'abbé Gentry, doyen de l'église, official du diocèse, vicaire général du diocèse d'Orléans et membre du Comité permanent de Senlis, qui prononça l'éloge funèbre des citoyens morts par suite de l'attentat du 13 décembre.

Ce qu'il y a pour nous d'intéressant dans cette cérémonie, ce n'est pas la rhétorique sacrée de l'abbé Gentry, avec ses exclamations cadencées, ses imprécations, ses prosopopées, ses guerriers, héros de la patrie, ses épithètes redondantes; il serait impossible d'y trouver un détail nouveau, un renseignement utile; ce n'est pas le portrait du noir scélérat, caché dans son antre impur et terrible : ce portrait, tracé d'après les règles de l'éloquence telle qu'on la comprenait alors, serait aussi bien celui de Cacus que de Billon. Ce qu'il faut noter, d'après les souvenirs contemporains, c'est le spectacle vraiment imposant et douloureux que présentait cette ville si cruellement frappée, réunie presque tout entière dans le temple; ces femmes, ces enfants, ces pères, ces mères, ces frères, ces sœurs, apportant au pied de l'autel tous ces deuils particuliers dont se composait un deuil public; c'est ce guidon déchiré par l'explosion comme par la mitraille d'un combat; c'est, enfin, l'union parfaite de tous les citoyens des différentes classes dans une douleur commune et l'excellent esprit de cette population de Senlis qui, dans un moment où fermentaient en France tant de passions mauvaises, s'attachait aux idées nouvelles de liberté sans oublier ses vieilles traditions de respect et d'ordre social.

Et maintenant, revenons au triste héros de ce récit. Ce n'est pas sans quelque dégoût que nous avons vu ces braves gens de Senlis, sous le coup d'une colère légitime dans sa source, mais féroce dans ses effets, massacrer l'assassin expirant sous les décombres de sa maison. Après la férocité des hommes, ce fut le tour des férocités de la loi. Car la mort n'avait pas tout fini pour Billon.

Il nous reste à décrire la procédure bizarre et l'absurde autant qu'ignoble châtiment dont furent poursuivis et frappés les restes mutilés de l'assassin du 13 décembre. Ces raffinements de vengeance juridique, empruntés aux lois criminelles issues du droit romain et à l'arsenal du droit canonique, ne sont plus de nos jours qu'une curiosité de criminaliste; mais, là aussi, il y a un enseignement, et le lecteur pourra se demander, en pensant qu'un siècle ne nous sépare pas encore du temps où ces barbaries pénales semblaient naturelles et légitimes aux plus éclairés et aux meilleurs, si, avant qu'un demi-siècle ne s'écoule encore, nos pénalités d'aujourd'hui ne provoqueront pas chez nos fils l'étonnement et l'horreur.

Le cadavre de Billon, retrouvé un des premiers parmi les débris fumants de sa maison, fut porté à la geôle, et, le 14 décembre, sur l'information faite par le procureur du Roi au Bailliage de Senlis, fut condamné à être porté dans un tombereau aux fourches patibulaires. Les exécuteurs de la condamnation traînèrent par les champs ces misérables restes et les abandonnèrent au pied des fourches à la voracité des oiseaux de proie et des loups de la forêt. La malheureuse veuve de l'horloger, que la mort de son mari, la ruine de sa maison et la disparition de leur petite fortune laissaient sans ressources, exposée à la haine cruelle et à l'injuste mépris de ses concitoyens, demanda et obtint, à force d'instances, l'autorisation de faire inhumer ces déplorables lambeaux.

Quant à la maison de l'horloger, elle fut rasée, et, selon la vieille coutume, on sema du sel sur son emplacement. La ville ordonna que cet emplacement resterait désert à perpétuité, pour abolir jusqu'à la mémoire du forfait. On sait du reste ce que valent, d'ordinaire, ces anathèmes contre la matière qui n'en peut mais, et ce que dure la perpétuité des jugements humains. Aujourd'hui, la place formée par le carrefour situé entre les rues du Châtel et de la Tonnellerie, et par l'emplacement de la maison de l'horloger, porte le nom de place Billon!

Nous n'avons pas le texte même de l'arrêt précipitamment rendu dans l'affaire de Billon; mais nous pouvons suppléer à cette perte par le rapide historique des procès faits au cadavre et à la mémoire, et par le formulaire d'usage en pareil cas.

Et d'abord il est facile de comprendre que toute pénalité édictée contre l'enveloppe matérielle d'une âme disparue dénonce un état de grossièreté et de barbarie. Aussi, bien que les procès faits à la mémoire ou au cadavre, comme, au reste, presque toutes les pénalités excessives de l'époque féodale, aient leur origine immédiate dans les législations germanique et romaine, leur source première doit être cherchée dans les législations religieuses de l'antique Orient.

Plutarque raconte qu'Artaxerce-Mnémon, lorsqu'il eut battu son frère Cyrus dans les plaines de Conaxa, fit décapiter son cadavre et lui fit couper la main droite, *selon la coutume des Perses, pour le crime de lèse-majesté.* C'est, en effet, là ce qui, dans les sociétés théocratiques, justifie les pénalités les plus extraordinaires : le roi, le chef, gouvernent au nom de la Divinité, dont ils sont les représentants immédiats sur la terre. Qui les offense, offense la Divinité même. Lèse-majesté divine, lèse-majesté humaine, c'est tout un, et la mort ne suffit pas à satisfaire la vengeance divine. Aussi, la punition s'exerce-t-elle après la mort sur le cadavre, et, à défaut du cadavre, sur la mémoire du coupable.

Ce n'est pas assez que la matière insensible, qui fut autrefois un homme, soit soumise à des supplices capables d'épouvanter les vivants : la pénalité théocratique atteint jusqu'aux brutes irresponsables. La législation juive, empruntée en partie à celle de la Chaldée et de l'Égypte, punit les animaux de leurs méfaits. Moïse ordonne qu'un bœuf soit lapidé et jeté aux chiens pour avoir tué un homme; qu'un pourceau soit pendu pour avoir dévoré un enfant. Le Lévitique veut qu'on brûle vifs l'âne, la jument, la chèvre, qui ont servi à commettre le crime de bestialité. Au moyen âge, le concile de Worms, s'inspirant de ces puérilités asiatiques, fait brûler une ruche dont les abeilles ont commis le crime d'homicide.

Saül, battu par les Philistins, se perce de son épée; les vainqueurs lui tranchent la tête et pendent son cadavre. Josias, roi de Juda, non content de faire tuer les faux prophètes, ordonne que leurs os soient brûlés et leurs cendres jetées au vent.

La Grèce antique recueille dans sa législation confuse ces traditions orientales. Trois crimes, chez les Grecs, sont punis de ces châtiments posthumes : l'offense aux dieux, la trahison envers la patrie, le suicide, c'est-à-dire les crimes de lèse-majesté divine et humaine. Les violateurs des temples, les insulteurs des images divines, sont, après leur supplice, réduits en cendres et les cendres jetées au vent hors du territoire. On fit, dit Plutarque, le procès au cadavre de Phrynicus, traître à la patrie. A Syracuse, on instruisit le procès aux cadavres de Denys, d'Andronodorus, de Thémistius, et même aux statues des tyrans. Enfin, Eschine rapporte qu'on coupait la main au cadavre de celui qui s'était tué lui-même. Les vierges de Milet, coupables de suicide, sont traînées mortes par les rues et vouées à une sépulture ignominieuse. A Athènes, le suicide est un crime d'État.

L'accusation et la punition du cadavre ne se trouvent pas inscrites dans les lois romaines; mais ces lois présentent, dans certains cas, le procès à la mémoire. Ainsi, pour les crimes de perduellion (haute trahison), de concussion, de péculat, la mort n'éteignait point l'action publique. Le préleur instruisait le procès comme si le coupable vivait encore. Il en fut ainsi pour Pison et pour Libo, condamnés *à mort* après leur mort. Le suicide entraînait un châtiment pour le cadavre. Les pauvres gens qui, sous Tarquin l'Ancien, bâtissaient les magnifiques cloaques de Rome, et qui se tuaient par centaines pour échapper au supplice de ce travail forcé, étaient, après leur mort, accrochés au gibet, et servaient de pâture aux corbeaux et aux vautours.

Et ce n'est pas seulement chez les Romains qu'on rencontre ce châtiment du suicide : chez les Carthaginois, dont la religion, les lois et les mœurs sont un reflet de la civilisation phénicienne, on trouve les mêmes pratiques, évidemment répandues par tout l'Orient. Magon-Barcée, le vainqueur de Denys le Tyran, ayant été vaincu à son tour par Timoléon, se tua pour échapper au supplice qui attendait à Carthage un général malheureux : son cadavre fut mis en croix.

L'Allemagne du moyen âge fournit de nombreux exemples de sévices contre le cadavre. Conrad Celtes, poëte impérial et bibliothécaire de Maximilien Ier, écrivant vers la fin du quinzième siècle, nous montre près des portes des villes allemandes des cadavres suspendus par centaines aux gémonies, se heurtant au gré du vent avec de sinistres bruits de chaînes, et déchirés par les corbeaux et les oiseaux de proie. Il ajoute que c'était une coutume *en quelque sorte sacrée* de traîner sur la claie par les rues, et de clouer à des piloris ou à des gibets plantés près des portes des villes, les cadavres des suicidés et des grands criminels. On les déchirait souvent et on en exposait les quatre parts aux quatre points cardinaux.

Voilà pour les origines de ces pénalités bizarres. Voyons maintenant comment ces pénalités s'exécutaient en France. Nous avons sur ce sujet deux guides excellents : Ayrault, lieutenant criminel au siége présidial d'Angers vers le milieu du seizième siècle (1), et Jousse, auteur du traité bien connu *de la Justice criminelle de France* (2).

Ayrault, très-savant jurisconsulte, ancien avocat au Parlement de Paris, quelque peu esprit fort et très-animé contre les jésuites, semble d'abord, dans son livre curieux, juger avec une grande liberté d'esprit et une grande sûreté de bon sens les tortures exercées sur le cadavre. « La mort, dit-il fort bien, efface et estainct le crime... Voyons s'il n'est point ridicule et inepte, voire cruel, voire barbare, de batailler contre des umbres, c'est-à-dire citer et appeler en jugement ce qui ne peut à la vérité ny comparoir ny se deffendre, et où il n'y a crime, correction, ny gaing de cause. C'est à Dieu auquel ils ont désormais affaire... » Montaigne n'eût pas mieux dit.

Ayrault ajoute : « Quel profit ou quel exemple peut-il y avoir à traîner des armoiries en bas, à jeter des cendres au vent, et (ce qui est plus encore barbare) à pendre ou décapiter un corps mort? » Il est vrai que celui qui vient de donner ces excel-

lentes raisons, aujourd'hui adoptées par toute l'humanité civilisée, mais alors fort nouvelles et sentant leur paradoxe, donne ailleurs, en faveur de ces pénalités barbares, cette raison que, si on ne punit pas les morts, on ne peut les *restituer*, c'est-à-dire les réhabiliter.

Ce que l'on paraît avoir cherché en France, par ces supplices étranges, c'est l'exemple (1) On avait voulu réserver aux grands crimes une pénalité monstrueuse comme ces crimes mêmes, et c'est par la même raison déraisonnable qu'on punissait les enfants pour les fautes de leurs pères. Mais ce qui apparaît le plus clairement dans ces singularités de l'ancienne législation française, c'est l'imitation malheureuse des anciennes sociétés théocratiques de l'Orient.

Quels étaient, en effet, les crimes pour lesquels on punissait l'homme même après sa mort? Uniquement ceux qui touchaient à la Divinité ou à ses représentants sur la terre, ou ceux-là encore qui paraissaient assez extraordinaires et atroces pour offenser plus particulièrement les lois divines. Les crimes de lèse-majesté divine en premier lieu : l'hérésie, le blasphème, la bestialité. Ensuite, les crimes de lèse-majesté humaine, c'est-à-dire les attentats contre le prince ou sa famille, contre son autorité, contre l'État. Enfin, l'homicide de soi-même et le duel. Tous cas de punition sur le cadavre ou sur la mémoire du coupable; tous cas dits royaux, punissables du dernier supplice, imprescriptibles, admettant dans la forme du supplice l'arbitraire le plus complet, les fantaisies les plus atroces. Voyez, par exemple, les raffinements de cruauté inventés par la religion royale dans les supplices de Damiens, de Châtel, de Ravaillac, le cortége épouvantable de claies, de tenailles, de torches ardentes, de chevaux tirant les membres, les maisons rasées, le sel répandu sur la place où elles s'élevaient (2).

Et il ne faudrait pas croire qu'en France de pareils procès et de pareils supplices fussent rares. Si les crimes de lèse-majesté divine, les attentats contre le prince, les intelligences avec les ennemis étrangers, la rébellion à la justice avec force, le duel, ne fournissaient relativement qu'un petit nombre d'exemples de cette procédure, le suicide et ses conséquences judiciaires n'étaient que trop fréquents. « Aujourd'huy, dit Ayrault, pour y adjouster plus d'ignominie, ceux qui se sont défaicts eux-mêmes, nous les faisons pendre la teste en bas; et il nous est maintenant *fort ordinaire* de faire le procez au cadaver, et d'y sévir. »

Pour ne citer que quelques autorités et quelques exemples, rappelons que, sous Lothaire, le concile de Valence décida que quiconque mourrait en duel serait privé de sépulture et de prières. Ceci est purement la loi romaine contre le suicide. Sous Philippe le Long, un certain nombre de Juifs, prisonniers à Paris, s'étant, de désespoir, tués les uns les autres, on condamna les cadavres à être pendus et brûlés. Voilà pour le duel et le suicide. Ajoutons le procès fait, en 1604, à Nicolas l'Hôte, commis du secrétaire d'État Villeroi; cet homme, coupable du crime de lèse-majesté humaine (il avait vendu à l'Espagne le secret des délibérations du Conseil royal), s'étant enfui et noyé dans la

---

(1) Des Procez faicts Av Cadaver, Avx Cendres, A la mémoire, Aux bestes brutes, Choses inanimées, et aux Contumax : Liure III. de l'Ordre, Formalité et Instruction Judiciaire : *par Pierre Ayrault, Lieutenant criminel au Siége Présidial d'Angers*, à Angers, par Anthoine Heruault, libraire et imprimeur, demeurant en la rue Lyonnoise, deuant l'enseigne de la Harpe. M.D.XCI.

(2) Traité de la Justice criminelle de France etc.; *par M. Jousse, Conseiller au Présidial d'Orléans*, à Paris, chez Debure père, libraire, quai des Augustins, à l'Image S. Paul. M.DCC.LXXI. Part. IV, Tit. XXI.

(1) *Male tractando et mortuos, terremus viventes* en maltraitant jusqu'aux morts, nous effrayons les vivants. (Optat.)

(2) *Voir* les procès de Damiens, de Châtel, de Ravaillac.

Marne, le prévôt de Meaux instruisit le procès de son cadavre, qui fut condamné à être traîné sur la claie, la face contre terre, puis tiré à quatre chevaux, et les quartiers exposés sur quatre roues aux principales avenues de la ville (1).

Quant au crime d'hérésie, Wiclef nous fournit un mémorable exemple de procès fait au cadavre. Ce célèbre hérétique anglais du quatorzième siècle, ce redoutable ennemi de la puissance spirituelle et temporelle du pape, cet adversaire de la transsubstantiation et de la confession, étant mort frappé d'apoplexie, fut accusé comme hérésiarque par le promoteur et les syndics au concile de Constance, et, comme il ne se trouvait ni parent ni héritier qu'on pût ajourner pour le défendre, ils firent publier trois fois à son de trompe que si quelqu'un voulait se présenter pour purger sa mémoire, il eût à comparaître devant le concile. Personne ne s'étant présenté, on entendit les témoins, et Wiclef fut, par sentence, déclaré hérésiarque, ses os déterrés, brûlés et les cendres jetées au vent.

Déjà, au commencement du quatorzième siècle, le pape Boniface VIII avait fait déterrer et brûler, pour cause d'hérésie, le cadavre d'Hermaier, tenu pour saint pendant sa vie et honoré comme tel à Ferrare.

La loi anglaise s'acharnait naguère encore sur le cadavre du voleur. Le juge pouvait ordonner au shérif de faire pendre après sa mort le corps du supplicié par des chaînes. Elle accordait au créancier main mise sur le cadavre de son débiteur, témoin Shéridan saisi pendant ses obsèques à la requête de ses créanciers (1816). Mais, si ce sont là des pénalités et des usages barbares, ce n'est pas le procès au cadavre. Ce genre de procédure n'existait que pour le suicide (*felo de se*), dont le cadavre, percé d'un pieu, recevait pour sépulture ignominieuse un carrefour de grand chemin. La confiscation des biens accompagnait ce châtiment posthume. On sait que la fréquence des suicides en Angleterre a fait déroger à cet usage judiciaire, et que le *coroner*, en présence du cas le plus évident de suicide volontaire et raisonné, déclare imperturbablement que le suicide a eu pour cause la folie.

Le duel, en France, fut, au dix-septième siècle, aussi fréquent que le suicide l'est en Angleterre de nos jours. Aussi, est-il curieux de rappeler le luxe de peines édictées pour cette cause contre le coupable vivant ou mort, et de faire remarquer l'impuissance de cette procédure excessive.

Le duel, on le sait, était puni par de nombreux Édits royaux avec une sévérité d'autant plus absurde qu'elle fut toujours inutile. La raison que Jousse, en son *Traité de la Justice criminelle de France* (t. III, partie IV, titre 13), donne de ces rigueurs impuissantes, est inepte. Le duel, dit-il, « est une espèce d'homicide *plus criminel que l'homicide ordinaire*, parce que c'est un sacrifice volontaire qu'on fait à la vengeance ou à un point d'honneur le plus souvent imaginaire, qui est suivi ordinairement de la perte de la vie et des biens. » Le vrai est que l'influence religieuse avait, depuis le règne de Henri IV, fait assimiler le crime de duel à celui de lèse-majesté. C'est là le point de départ des pénalités portées et confirmées par l'Ordonnance d'avril 1602 et par de nombreux Édits.

De l'assimilation au crime de lèse-majesté découlait naturellement, en cas de mort de l'un des combattants ou de tous les deux, le procès fait au cadavre ou à la mémoire, ainsi que la privation de sépulture.

Il est vrai de dire que ces peines, comme il arrive toujours de celles qui passent la mesure, étaient rarement appliquées. Ainsi nous voyons que, dans certains cas, on distinguait subtilement entre le duel et la rencontre. Brillon (mot *Procédure*, n° 139, t. V, p. 534) rapporte à ce sujet un Arrêt curieux du 31 mars 1706. Un capitaine, ayant été cassé, avait fait mettre l'épée à la main à celui qu'il jugeait être l'auteur de sa disgrace. Ce duel, si jamais il en fut, fut déclaré n'avoir été ni duel, ni assassinat, mais seulement « le dessein de se venger d'une homme de qui l'on est offensé, par les voies que l'honneur et la bravoure semblent autoriser. »

Voyons maintenant quelle était, d'après l'Ordonnance de 1670 (tit. XXII, art. 1 et suivants), et dans les cas déterminés par elle, ainsi que d'après l'Arrêté de Règlement de 1770, la procédure d'usage en France dans les procès au cadavre ou à la mémoire.

On commençait par informer. L'information une fois faite et le corps du délit établi, tant par la visite que par l'information, et par le rapport des médecins et des chirurgiens, le juge ordonnait, sur les conclusions de la partie publique, que le cadavre fût apporté dans la basse geôle, s'il y en avait une, sinon dans un autre endroit de la prison. S'il s'agissait d'un suicide, il devait aussi ordonner que tous les instruments ou objets ayant servi à procurer la mort à l'accusé, s'il s'en trouvait, fussent remis au greffe, pour être représentés au curateur, lors de l'interrogatoire.

Puis, le juge nommait d'office un curateur au cadavre du défunt, si ce cadavre existait, et à son défaut, à la mémoire. L'Ordonnance de 1670 (tit. XXII, art. 2) disait que si quelqu'un des parents du défunt se présentait pour faire cette fonction de curateur, il devait être préféré à tout autre, les parents étant plus intéressés que toutes autres personnes à remplir cette fonction, tant pour l'honneur de la famille, que pour conserver, s'il y avait lieu, la succession du défunt, à l'exclusion du fisc. Mais c'était aux parents à se présenter d'eux-mêmes; le juge n'était pas obligé de les avertir.

En France, dit Ayrault, on crée un curateur au cadavre, comme au sourd, au pupille. On instruit le procès comme on eût fait avec le défunt. On ouït, on récole les témoins, on confronte au cadavre le curateur présent. Ayrault trouve, à bon droit, cette curatelle absurde. Il fallait, dit-il, faire intervenir la veuve, les héritiers, les parents, les ayants intérêt, et non un curateur pour la forme et qui n'est pas partie légitime.

Et cependant, on tenait tant à cette formalité de la curatelle, qu'on baillait des ajournements personnels aux juges qui ne l'avaient pas observée.

Le curateur devait réunir certaines qualités et se conformer à certaines prescriptions. Il devait savoir lire et écrire. Il devait prêter serment, et il en devait être fait mention. Il fallait observer à son égard les mêmes formalités que pour les curateurs donnés aux sourds et muets. Ainsi, le curateur ayant pour mission spéciale la défense de l'accusé, ne pouvait préjudicier à celui à qui il avait été donné, en avouant mal à propos le crime; il devait ne dire autre chose que ce qu'eût dit l'accusé lui-même, s'il avait vécu. C'était au curateur à répondre, lors de l'interrogatoire, à reprocher les témoins, à faire tous actes de procédure que l'accusé eût pu faire lui-même. Les juges devaient interroger le curateur placé derrière le barreau, et, lors du dernier interrogatoire, on le faisait tenir tête nue et debout, quelques conclusions ou sentence qu'il y eût contre l'accusé. C'est-à-dire que, s'il y avait des conclusions à peine afflictive, le curateur ne devait pas être placé sur la sellette, comme l'eût été l'accusé lui-même. Tous les actes de la procédure devaient faire mention de l'assistance du curateur, à peine de nullité, et de dépens, dommages et intérêts des parties contre les juges, à la réserve du dispositif du jugement définitif, qui ne devait faire mention que de l'accusé.

Le curateur interrogé, on entendait et on récolait les témoins, et on les confrontait au curateur de la même manière que pour les autres confrontations. Pour que la procédure fût exacte, il fallait représenter le cadavre aux témoins et au curateur; à cet effet, le juge, après la confrontation, devait se transporter avec le curateur et ses témoins dans la basse geôle, ou dans tel autre endroit où le cadavre avait été déposé, et dresser procès-verbal de leur reconnaissance.

Si l'instruction se prolongeait, on faisait embaumer le cadavre, afin de conserver le sujet sur lequel, le cas échéant, devait s'exercer la condamnation. Le juge ordonnait, à cet effet, que le cadavre resterait en la garde de personnes désignées, jusqu'à ce qu'il en fût autrement ordonné par justice. Mais si le cadavre était en tel état qu'il ne pût être conservé, on ordonnait, par provision, qu'il fût enterré en terre sainte ou profane, suivant le cas échéant, sauf à l'exhumer plus tard. C'était au tribunal entier à ordonner cette inhumation provisoire, et non au juge d'instruction, qui n'avait non plus qualité pour ordonner seul que le cadavre fût enterré, par provision, en terre profane, puisqu'alors c'était le condamner par avance.

Les condamnations qui pouvaient intervenir contre le cadavre étaient celles-ci : être traîné sur la claie, la face contre terre, par les rues et les carrefours du lieu où la sentence aurait été rendue; puis, être pendu à une potence par les pieds, ensuite traîné à la voirie; enfin, les biens confisqués.

Quand le cadavre n'avait pu être conservé et avait dû être mis en terre, on faisait, selon le sexe de l'accusé défunt, une figure d'homme ou de femme, le représentant grossièrement, et c'était sur cette figure que s'exécutait le jugement.

Si le défunt était noble, et au cas seulement de crime de lèse-majesté, on déclarait quelquefois ses enfants roturiers, ainsi que toute sa descendance; on ordonnait que ses statues et armoiries fussent brisées, ses châteaux et maisons rasés, les fossés comblés, les bords abattus, ainsi qu'il fut jugé sous Charles VI, par sentence du prévôt de Paris du 26 août 1392, contre Pierre de Craon. La même sentence fut portée, le 10 octobre 1458, sous le règne de Charles VII, contre le duc d'Alençon.

Quant aux condamnations qui pouvaient être prononcées contre la mémoire d'un défunt, elles se rendaient sous la formule *ad perpetuam rei memoriam;* mais elles ne s'exécutaient point par effigie, et s'inscrivaient seulement sur un tableau, en place publique.

Il était permis au curateur d'interjeter appel de la sentence rendue contre le cadavre ou la mémoire du défunt, et il y pouvait même être obligé par quelqu'un des parents du défunt; mais, en ce cas, c'était le parent appelant qui était tenu d'avancer les frais. Dans le cas où un curateur était contraint d'appeler, il devait prendre un pouvoir du parent.

L'appel de ces sortes de sentences n'avait donc pas lieu de droit, et elles n'étaient pas du nombre de celles qui ne pouvaient s'exécuter sans avoir été confirmées par arrêt. Toutefois, la maxime et les usages du Parlement de Paris étaient directement contraires à cette disposition de l'article 4 du titre XXII de l'Ordonnance de 1670.

En cas d'appel, le curateur devait être ouï en la chambre du Conseil, lors du jugement, de la même manière qu'en cause principale.

L'Arrêt de Règlement du Parlement, en date du 27 mars 1770, modifie légèrement cette procédure. Il ordonne que, dans le cas où il s'agirait de faire le procès à un défunt pour *homicide de soi-même,* « après avoir fait par les Juges la levée du cadavre et avoir dressé procès-verbal de l'état de ce cadavre, l'avoir fait visiter par médecin et chirurgien, le tout conformément à l'Ordonnance de 1670, aux titres IV et V, et avoir entendu, lors de la levée dudit cadavre, ceux qui étaient en état de déposer de la cause de la mort, du lieu du délit, et des vie et mœurs dudit défunt, et tout ce qui pourra contribuer à la connoissance du fait; lesdits Juges ordonneront l'inhumation dudit cadavre en terre profane, sans pouvoir la retarder ou différer par aucun embaumement et sous quelque prétexte que ce puisse être. Fait défense à toutes personnes, de quelque état ou condition qu'elles soient, d'apporter aucun trouble ou empêchement, sous quelque prétexte que ce puisse être, aux procès-verbaux de visite de l'état des cadavres et à leurs inhumations, sous les peines portées par l'Arrêt de la Cour du 1er septembre 1725; pour, après toutes lesdites formalités, le procès être instruit contre la mémoire seulement dudit défunt, en la forme prescrite par le titre XXII de l'Ordonnance de 1670, et ainsi qu'il est ordonné par l'article IX de la déclaration du 14 mai 1724, concernant la Religion. »

Pour revenir à Billon, dont le procès par-devant le Bailliage de Senlis fut le dernier exemple de ces procédures barbares, si nous n'avons ni l'arrêt ni la procédure, dont nous n'avons pu retrouver la trace, il est à croire que tout cela fut un peu bien sommaire et que le cadavre de l'horloger fut jugé comme avait été frappé l'horloger lui-même, *ab irato.* Sous la pression de l'indignation populaire, ce jugement n'eut sans doute lieu que pour la forme, et afin de justifier l'exposition de ses misérables restes, la confiscation de ses biens et la destruction de sa maison.

Disons, à l'honneur de notre siècle, qu'aujourd'hui sans doute, quelque épouvantable que fût le crime de Billon, la vengeance populaire n'eût pas achevé le coupable expirant, et que si, par impossible, l'horloger eût survécu au massacre dans lequel il cherchait à s'envelopper lui-même, un Jury français n'eût vu dans cet homme qu'un monomane hypocondriaque, un fou dangereux dont on avait surexcité par des procédés injustes la sensibilité maladive.

Paris. — Imprimerie Ad. Lainé et J. Havard, rue des Saints-Pères, 19.

JEANNE DARC (1431).

Jeanne Darc, d'après une photographie de la statue équestre de la princesse Marie (musée d'Orléans).

Un mouvement remarquable d'opinion se fait de nos jours autour du nom naguère quelque peu délaissé de Jeanne Darc. En ce siècle, qu'on nous représente avec obstination comme exclusivement occupé d'intérêts matériels, la simple jeune fille dont la foi patriotique et l'énergique bon sens, il y a quatre siècles et plus, sauvèrent la France, est aujourd'hui l'objet d'enthousiasmes sincères. L'histoire, la poésie, la musique, la sculpture, la peinture étudient et reproduisent avec une passion rajeunie cette grande et douce figure. Et ce mouvement présente ce caractère singulier, qu'il n'est ni religieux, ni patriotique, au moins de ce patriotisme qui procédait, il n'y a pas longtemps encore, de la haine de l'étranger, et qui déclarait à nos voisins un peu étonnés que jamais en France l'Anglais ne régnera.

L'étude présente, dont le cadre et la matière sont nécessairement et rigoureusement définis, ne saurait prétendre à quelque découverte nouvelle, historique ou psychologique. Des travaux excellents, très-complets, ont fait à peu près en cela tout ce qu'il y avait à faire. Nous ne pouvons, nous ne voulons que raconter clairement, rapidement le procès de Jeanne, nous réservant toutefois, comme c'est le droit de tout narrateur, de faire ressortir de ce récit la physionomie qu'il nous aura montrée.

Nous serons bref sur les faits antérieurs au procès. Ils sont connus de tous, et ce n'est pas l'histoire de France que nous avons à faire.

Au commencement de l'année 1429, il n'y avait plus de royaume de France. Depuis qu'un roi d'Angleterre, Edouard III, avait, comme petit-fils de Philippe le Bel, réclamé de prétendus droits sur cette couronne, la maison de Valois n'avait cessé de décliner. Battue en 1346 à Crécy, battue en 1355 à

Poitiers, diminuée en 1360 par le traité de Brétigny, qui donnait à l'Anglais une moitié de la France ; un moment restaurée par Charles V et Duguesclin, elle s'était vue de nouveau précipitée du trône par les désordres d'une régence, par la démence de Charles VI, par les factions, par les révoltes. Jacques, Maillotins, Bourguignons, Armagnacs, désolent tour à tour ce beau pays, et Henri V d'Angleterre, profitant de ces troubles, reprend la Guienne, envahit la Normandie, bat, en 1415, la noblesse française à Azincourt.

En 1417, Charles, duc de Touraine, troisième fils de Charles VI, devient dauphin et régent de France. Faible jouet des factieux, cet enfant ne peut empêcher un duc de Bourgogne et une Isabeau de Bavière de mettre la main sur les villes principales de la Picardie, de la Champagne, de l'Ile de France, et bientôt sur Paris même. Chassé jusque dans le Poitou, le dauphin ne trouve d'énergie que pour commettre cet assassinat de Jean Sans-Peur, qui soulève contre lui ses derniers partisans et amène, en 1420, la signature de ce traité de Troyes qui confère à Henri V d'Angleterre le titre de régent et héritier de France.

Par là, l'Anglais devient maître de tout le nord de la France. En vain, en 1422, le dauphin, après la mort de Charles VI, prend-il le nom de Charles VII : pour la France et pour Paris il n'est que le roi de Bourges. Les mercenaires à sa solde, car c'est à peine s'il lui reste quelques débris d'une armée française, sont battus, en 1423 à Crevant, en 1424 à Verneuil ; Orléans, la clef du Midi, est assiégée en 1428, et la journée des *Harengs* semble faire présager la chute de ce dernier rempart de la vieille France.

Tout manquait à Charles VII : l'argent, les hommes, l'intelligence, aussi la foi en sa propre cause. Le malheureux ne se sentait même pas assuré de son droit : l'infamie d'Isabeau, sa mère, le faisait douter de sa filiation légitime, et il pensait à quitter la partie et à se réfugier en Écosse.

C'est là qu'en était la royauté française, et la France elle-même, tiraillée, décimée, ruinée, s'en allait en lambeaux, quand, en 1428, une jeune fille de dix-sept ans et demi se présenta pour les restaurer toutes deux.

Jeanne Darc (1), née le 6 janvier 1411, à Domremy, village du Barrois, avait pour parents un paysan champenois, Jacques Darc, et une fille d'une ancienne famille du Barrois, Isabelle Romée. Ces bonnes gens, chargés de famille (ils avaient cinq enfants), étaient sujets Lorrains ; leur maison se trouvait située dans la partie du village qui dépendait du Barrois. L'autre partie, séparée par un ruisseau, appartenait à la Champagne, c'est-à-dire à la France.

Ainsi, celle qui devait restaurer la nationalité française n'était pas née en France.

Ce n'est pas ici le lieu de redire cette histoire aujourd'hui si bien connue d'une jeune paysanne lorraine qui, dès l'âge de douze ans, avertie par une voix secrète qui lui semble venir du ciel, conçoit le singulier projet de sauver ce pays dévoré par l'étranger, par les factions intérieures, affamé, pillé. La *pitié qu'il y avait au royaume* l'a saisie au cœur, et, sans

s'ouvrir à personne d'un dessein que sa sainte ignorance peut seule lui montrer réalisable, elle garde son secret jusqu'au jour où, robuste fille, elle pourra l'exécuter. A ce moment, elle brave simplement les dédains, les doutes, les soupçons de tous ceux à qui elle s'adresse, parents, amis, prêtres, hommes d'armes ; elle finit, comme tous ceux qui ont la vraie foi, par persuader les autres ; elle traverse, saine et sauve, ce territoire infecté de brigands, semé d'embûches ; elle triomphe aussi de la faiblesse et des irrésolutions de ce dauphin qui allait s'abandonner lui-même ; et, enfin, elle délivre Orléans, fait sacrer Charles VII à Reims, et, ces deux grandes choses accomplies, tombe au pouvoir des Bourguignons sous les murs de Compiègne.

C'est ici que la Pucelle appartient vraiment à notre récit. Nous ne la quitterons plus jusqu'au bûcher de Rouen.

Que Jeanne Darc ait été ou non trahie et vendue dans ce dernier combat de Compiègne, c'est là une question peu intéressante. Flavy, le rude soldat qui défendait, et qui, après la prise de Jeanne, continua à défendre Compiègne, n'était sans doute, pas plus que les La Trémoille, ou les Giac, ou les Gille de Laval (1), un type de loyauté chevaleresque et de grandeur morale ; mais rien ne prouve cette trahison dont on l'a hautement accusé (2). Ne voyons donc dans la prise de la Pucelle qu'un accident de guerre, résultat de son héroïque imprudence.

Abattue par un archer picard attaché à la lance du bâtard de Wandonne, le 23 mai 1430, Jeanne Darc était, en réalité, dans la puissance de Philippe le Bon, duc de Bourgogne, ce Valois rusé qui, déjà possesseur de la grasse et industrieuse Flandre, de la Hollande, du Luxembourg, s'arrondissait sans cesse et comptait bien, en louvoyant entre l'Anglais et le Français, s'emparer un jour de la France tout entière.

Le bâtard de Wandonne était homme d'armes de Jean de Ligny, de la maison de Luxembourg, et Jean de Luxembourg était vassal du duc de Bourgogne. Aussi, Jean de Ligny acheta-t-il à Wandonne sa prisonnière, qu'il fit conduire à Margny, d'abord, puis à Clairoy.

Il faut noter tout d'abord l'effet causé par l'annonce de cette prise de la Pucelle ; or on comprendra mieux le sens véritable du procès qui va suivre.

Dans le camp des coalisés anglais et bourguignons, la joie fut immense. Mais, du côté des Bourguignons, il y eut plus de curiosité ; du côté des Anglais, plus de haine satisfaite. Le duc de Bourgogne accourut de son quartier général pour voir cette jeune fille qui avait si souvent traversé ses desseins ; mais il la visita comme un ennemi loyal visite un capitaine malheureux qu'il respecte et qu'il admire.

Les Anglais, eux, se réjouirent avec une sorte de férocité. Ils avaient eu peur de la Pucelle, ils avaient été humiliés par elle, battus par elle : c'est ce qui expliquait l'intensité de leurs rancunes, la sauvagerie de leur haine. C'est un des traits persistants du caractère de cette nation, que l'atrocité de ses vengeances. Grands par tant d'autres côtés, les Anglais sont misérablement petits par celui-là. L'orgueil chez eux exclut la pitié : qui a fait peur à un Anglais

---

(1) L'usage a prévalu longtemps d'écrire d'Arc ; mais les expéditions authentiques du procès montrent que c'est bien Darc qu'il faut dire. M. Vallet de Viriville est un des premiers qui aient restitué l'orthographe véritable de ce nom (*Nouvelles Recherches sur la famille et le nom de Jeanne Darc...*, Paris, Dumoulin, 1854, in-8).

(1) Maréchal de Retz, original du *Barbe-Bleue* populaire. *Voyez* son procès.

(2) C'est M. N. Villiaumé qui l'accuse sans preuves, *Histoire de Jeanne Darc*, p. 184 ; M. J. Quicherat, *Aperçus nouveaux*, p. 86, le défend, mais également sur de simples probabilités.

est digne de toutes les tortures. Ils l'ont montré, il y a quatre cents ans, dans cette affaire de Jeanne ; ils le montraient naguère encore pendant les guerres de l'Empire, quand ils refusaient à leurs prisonniers français l'air et les aliments nécessaires à la vie ; ils le montraient hier quand ils organisaient en grand le massacre des révoltés dans l'Inde ou à la Jamaïque ; ils le montreront demain, si quelque autre occasion se présente.

Et ils avaient eu vraiment peur de cette héroïque jeune fille ; elle les avait incurablement blessés dans leur orgueil et dans leurs intérêts. Cette fille que, dans les premiers jours, les Anglais appelaient en dérision la *vachère*, la *ribaude*, la *putain des Armagnacs*, depuis qu'elle les avait battus, était devenue pour eux une redoutable sorcière. A la prise d'Orléans, ils avaient cru voir combattre à ses côtés l'archange Michel et saint Aignan, patron de la ville. Leurs meilleurs généraux, les Suffolk, les Talbot, les Scalles, les Falstoff, les Gladsdale avaient été déconfits par cette ignorante bergerette qui venait de transformer l'art de la guerre. Jeanne, en effet, est un grand capitaine. Elle a eu, la première de ce siècle, l'intelligence et comme la divination de ce qu'on peut faire du soldat français par la mobilité audacieuse, par la foi dans le succès, par la discipline. Elle a eu le coup d'œil militaire, cette faculté innée, que ne donnent ni les livres ni l'expérience ; elle a su se servir de l'artillerie, cette force naissante, encore mal assouplie ; elle a su juger les hommes et les tourner à l'exécution de ses desseins. Jeanne est encore un grand homme d'État ; elle a eu l'instinct des résolutions prises à temps, des actes faits pour frapper les esprits.

C'est par toutes ces qualités, à cette époque fort peu communes, que Jeanne a remporté ces succès rapides, inexplicables pour un ennemi jusqu'alors habitué aux faciles victoires. Aussi, l'Anglais n'a dû voir dans Jeanne qu'un envoyé du démon. Cela seul pouvait expliquer d'une façon satisfaisante pour l'orgueil national qu'une fillette eût battu derrière des remparts ou en bataille rangée ceux qui se considéraient comme les meilleurs soldats du monde.

La mort de Jeanne était, depuis les premiers jours, le but avoué de l'Anglais. Lorsque, sous Orléans, ils se virent forcés de rendre à Jeanne son héraut Guienne, les assiégeants firent dire à la Pucelle qu'ils la brûleraient comme ribaude, à moins qu'elle ne s'en retournât garder ses vaches.

Après la délivrance d'Orléans, le grand Conseil d'Angleterre avait, à Paris, donné aux rancunes anglaises un corps et un but officiel, en déclarant que la Pucelle n'avait vaincu qu'à l'aide d'enchantements, de magie et de sortiléges. Docteurs et prédicateurs avaient été encouragés à prouver les maléfices de Jeanne. A cette accusation s'en ajoutait une autre, que nous retrouverons sans cesse au procès : Jeanne portait des vêtements d'homme, violant par là les règles de la décence féminine.

Dès le 14 mai 1429, un homme de bien, docteur illustre, à qui on a, mais à tort, attribué le livre de l'*Imitation de Jésus-Christ*, Jean Gerson prit, dans un petit écrit, la défense de la Pucelle contre les accusations anglaises. Il montra qu'elle soutenait une cause juste, et qu'elle n'employait que des moyens justes et honnêtes ; qu'elle obéissait, dans tous les actes de sa vie, aux prescriptions de l'Église. « On ne peut lui faire, ajoutait-il, un reproche légitime pour le fait de porter des vêtements d'homme. Si l'ancienne loi le défendait aux femmes sans au-

cune distinction, la loi nouvelle, moins absolue, cède devant la nécessité. Or Jeanne ne revêt l'habit des guerriers que pour combattre les ennemis de la justice, et prouver que Dieu confond, quand il le veut, les puissants par la main d'une femme. »

Aussitôt que fut connue à Paris la prise de la Pucelle, docteurs et prédicateurs reprirent la parole, et réclamèrent dans leurs sermons ou dans leurs écrits les vengeances ecclésiastiques et séculières contre la sorcière. Il y eut à Paris des réjouissances publiques.

On vit même se joindre à ces voix ennemies la voix du chancelier de Charles VII, de l'archevêque de Reims, Regnault de Chartres, politique rusé qui n'avait que mal dissimulé jusqu'alors son mauvais vouloir pour l'enthousiaste jeune fille.

Voici comment le cauteleux prélat annonça aux Rémois la prise de Jeanne : « ..... Elle ne voulait croire conseil, mais faisait tout à son plaisir. Dieu a manifesté que la perte d'une telle orgueilleuse n'est pas très-regrettable. Un pâtre du Gévaudan, qui dit ni plus ni moins que ce qu'avait fait Jeanne, s'étant présenté au Roi, a reçu commandement d'aller avec ses gens déconfire sans faute les Anglais et les Bourguignons. Comme on a dit à ce pâtre que les Anglais avaient fait mourir la Pucelle, il a affirmé qu'il ne leur en arriverait que plus de mal. Enfin, c'est Dieu qui lui-même a voulu qu'on prît la Pucelle, pour la châtier de l'orgueil qu'elle a eu de prendre de riches habits, et d'avoir fait sa propre volonté au lieu de la volonté de Dieu. »

Ainsi, dans cette même ville où Jeanne avait fait donner au roi de France cette consécration divine sans laquelle il n'eût pas été roi, celui-là même qui avait accompli, au nom de Dieu, le *ministère* de Jeanne, insultait à la jeune héroïne, niait sa divine et patriotique mission, et lui opposait on ne sait quel fanatique stupide, un berger du nom de Pastourel, inventé par l'intrigant la Trémoille. Ce pâtre, quelque temps après, fut mené contre les Anglais, pris par eux dans un combat et jeté dans un sac à la rivière.

Condamnée à l'avance par l'Anglais, abandonnée, calomniée par les politiques, Jeanne allait devenir l'enjeu des ambitions bourguignonnes. Philippe le Bon avait, en ce moment, un grand intérêt à ménager l'Angleterre. La succession de Brabant venait de s'ouvrir par la mort du duc de Brabant, qui ne laissait point d'héritiers. Philippe le Bon s'empara du Brabant, au mépris des droits de Marguerite de Bourgogne, sa tante, comtesse de Hainaut, fille de Philippe le Hardi et de Marguerite de Flandre, par qui l'héritage du Brabant était venu dans les mains de Bourgogne. Pour accomplir cette spoliation, il fallait s'appuyer sur l'Angleterre.

Jean de Luxembourg était dans la même situation que son suzerain. Pauvre et avide, il convoitait l'héritage opulent de sa tante, la dame de Ligny et de Saint-Pol. Un frère aîné lui disputait cette immense fortune ; à défaut de droit, le cadet de Ligny devait se ménager des protections puissantes. Aussi, son premier soin fut-il de mettre en lieu de sûreté sa prisonnière, pour en négocier avantageusement la vente.

Jeanne fut envoyée par Jean de Ligny, sous bonne escorte, à son château de Beaulieu, en Vermandois. La Pucelle resta là quelques mois. Elle faillit s'en échapper. Elle avait pratiqué entre deux ais une issue, par laquelle elle gagna la porte du donjon. Elle allait refermer du dehors cette porte sur ses gardiens, quand le portier l'aperçut, se jeta sur elle avec des cris qui attirèrent des gardes. Jeanne fut reprise et, dès lors, encore plus resserrée.

Jean de Ligny, superstitieux comme on l'était alors, craignait que Jeanne ne s'échappât *par art magique ou par quelque autre manière subtile*; mais, plus politique encore que superstitieux, il craignait surtout que l'Anglais ne s'en emparât sans conditions. Aussi, résolut-il d'éloigner encore plus sa prisonnière. Il la fit conduire à son château de Beaurevoir, près des bouches de l'Escaut : c'était terre d'Empire. Là, il crut Jeanne plus en sûreté qu'elle ne le crut elle-même. Les bruits de guerre arrivaient encore jusqu'à elle; on parlait des cruautés que les Anglais se promettaient d'exercer dans Compiègne; on disait que des partis anglais s'avançaient vers Beaurevoir. Elle s'effraya à la pensée de tomber entre leurs mains, et, se confiant peut-être dans un secours surhumain, elle se précipita du haut de la tour. Dans cette chute de plus de trente pieds, elle se blessa, mais non grièvement. On la ramassa évanouie au pied du rempart et on la rapporta dans le donjon.

Elle demanda, dit-on, pardon à Dieu de son imprudente confiance, et crut entendre la voix de sainte Catherine qui lui disait de prendre courage, qu'elle guérirait et que ceux de Compiègne auraient secours.

Elle ne tarda pas, en effet, à guérir, et Compiègne, victorieusement secourue par Vendôme, Saintrailles et Boussac, fut enfin dégagée. Il semblait que ce fût encore la Pucelle qui eût fait lever ce siège et qui eût taillé en pièces les assiégeants. Vendôme, Boussac, Saintrailles et Flavy avaient, dans cette journée, déployé les qualités ordinaires de résolution et d'habileté qui distinguaient Jeanne; aussi la haine de l'Anglais pour la Pucelle s'en accrut, et c'est à la prisonnière de Beaurevoir qu'ils s'en prirent des terreurs paniques de leurs soldats. Il fut ordonné qu'on traduirait en justice militaire tous les soldats anglais que frapperait la terreur de la Pucelle (*terriculamenta puellæ*; décret du 12 décembre 1430).

Les Anglais cependant ne s'endormaient pas. Il leur fallait leur proie, et, dès le mois de mai, ils l'avaient réclamée. Trois jours après la malheureuse journée de Compiègne, le 26 mai, le vicaire-général de l'Inquisition au royaume de France, frère Martin, envoyait à Philippe le Bon une sommation d'avoir à lui livrer Jeanne, comme suspecte d'hérésie. «Enjoignons, disait le message, en faveur de la foi catholique, et sur les peines de droit, d'envoyer et d'amener prisonnière par devers nous ladite Jeanne, soupçonnée véhémentement de plusieurs crimes sentant hérésie, pour ester à droit par-devant nous contre le procureur de la sainte Inquisition. »

Ceci était évidemment une manœuvre anglaise. L'Inquisition, assez décriée en France et pour ainsi dire impuissante, n'eût pas imaginé cette revendication. La main du cardinal de Winchester était derrière celles des pauvres frères dominicains. Winchester avait pris en main le gouvernement des intérêts anglais en France, et tout, pour l'Angleterre, y allait de mal en pis. Orléans et Compiègne dégagés, le roi de France devenu vraiment roi par son sacre, la Picardie et la Normandie barrées ou occupées par les Français, le roi anglais de France confiné dans Calais, tout cela montrait la cause de l'Angleterre à peu près désespérée. Pour la relever, Winchester n'imaginait qu'un moyen : faire condamner par l'Église les victoires de la Pucelle, les attribuer à la main du démon. Il lui semblait que brûler

Jeanne, ce serait réduire en fumée ses succès, désormais reconnus œuvre du diable.

C'est pour cela que le comte de Warwick, gouverneur de Rouen pour Winchester, fit lancer par le frère Martin cette requête au nom de la sainte Inquisition.

Mais, en même temps, on préparait des armes plus sérieuses. Un savant docteur de l'Université, Pierre Cauchon, homme de parti, ambitieux et violent, cabochien autrefois et chassé de Paris pour ses intrigues, s'était attaché à la fortune du duc de Bourgogne, était rentré à Paris avec lui, avait obtenu par lui l'évêché de Beauvais. Les victoires de Charles VII l'avaient chassé de son siège, et il s'était réfugié dans le parti anglais. Créature de Winchester, il espérait obtenir par le cardinal l'enviable archevêché de Rouen. Cauchon imagina de prétendre que Jeanne avait été prise dans son diocèse, et qu'elle relevait de sa justice. Compiègne était seulement à la limite du diocèse de Beauvais.

A l'instigation de Cauchon, qui réclama Jeanne comme sa justiciable, l'Université de Paris adressa au duc de Bourgogne une première lettre pour lui demander qu'il exigeât de son vassal « de livrer à la justice de l'Église une femme dite la Pucelle, pour lui faire son procès dûment, sur les idolâtries et autres matières touchant notre sainte foi ».

Le duc de Bourgogne ne fit aucune réponse à cette lettre. Les Anglais s'en alarmèrent d'autant. Philippe le Bon allait-il donc remettre Jeanne aux Français moyennant rançon ? On ne saurait dire si vraiment les Bourguignons attendirent quelques offres de Charles VII; mais il est certain qu'il n'en vint aucune. L'ingrat monarque ne pensait plus à celle qui l'avait fait roi. Au lendemain même de la délivrance d'Orléans, Charles VII, dans ses félicitations à la ville, oubliait déjà le nom de la libératrice (1).

L'indifférence meurtrière du roi de France laissa toute leur force aux intérêts cachés de Jean de Ligny et de Philippe le Bon. En vain Jeanne de Luxembourg et Jeanne de Béthune, tante et sœur de de Ligny, le suppliaient à genoux de ne pas se déshonorer en livrant sa captive : l'intrigue anglaise s'adressait à plus puissant que de Ligny.

Une nouvelle lettre fut écrite par l'Université de Paris, et, cette fois, Cauchon se chargea lui-même de porter le message. Le 14 juillet, il arriva au camp du duc de Bourgogne. Il fallut plusieurs jours pour mettre d'accord ces diverses convoitises. La signification faite par notaire apostolique aux trois ayants droit, le bâtard de Wandonne, Jean de Ligny et leur suzerain, les mit en demeure d'avoir à livrer la Pucelle. « *Quoiqu'elle ne pût*, disait l'acte, *être considérée comme prisonnière de guerre*, » Cauchon offrit 6,000 francs, et, pour Wandonne, 200 livres de rentes. Après plusieurs jours de pourparlers, l'évêque de Beauvais, pour dernier mot, proposa « *dix mille francs pour toutes choses*, attendu que, suivant le droit, usages et coutumes de France, tout prisonnier, fût-il roi ou dauphin, peut être pour cette somme obtenu par le roi. »

La somme était ronde, en effet : 10,000 francs d'alors représentent plus de 550,000 francs d'aujourd'hui. Dans un temps où l'Anglais était à bout de

---

(1) Les lettres-royaux accordant à la ville d'Orléans divers privilèges immédiatement après la levée du siège, attribuent la victoire « à la divine grâce, au secours des habitants et à l'aide des gens de guerre. » Le nom de Jeanne Darc n'y est pas même prononcé, et aucune allusion n'y est faite à la Pucelle. (*Ordonnances*, XIII, préface, p. 15.)

ressources, ceci montre quel immense intérêt on attachait à la mort de la Pucelle.

Ainsi, voilà un docteur de l'Université de Paris, un évêque de France, qui, après avoir réclamé hautement Jeanne Darc comme sa justiciable, oublie tout à coup son rôle apparent de juge pour ne se montrer plus que ce qu'il est, en effet, l'agent de l'Angleterre, l'entremetteur d'un marché. La sommation de l'évêque est suivie des marchandages du négociateur payé. Car Cauchon recevait, à ce titre, 100 sols par jour de Warwick. M. Jules Quicherat a retrouvé la quittance dans les manuscrits de la Bibliothèque royale (Coll. Gagnière, vol. IV).

L'argent était pour Wandonne et de Ligny; mais la véritable négociation était ailleurs. Entre l'Anglais et Philippe le Bon, il s'agissait du Brabant; entre Jean de Ligny et le duc de Bourgogne, il s'agissait de la donation de la dame de Saint-Pol. M. Michelet (*Jeanne d'Arc*, p. 115) fait très-bien remarquer que, le jour même où Cauchon présentait sa sommation, le Conseil d'Angleterre pesait sur les résolutions du duc de Bourgogne en le menaçant d'une guerre commerciale désastreuse pour les Pays-Bas. Une ordonnance du Conseil d'Angleterre, en date du 19 juillet, interdisait aux marchands anglais les marchés des Pays-Bas, notamment celui d'Anvers. C'était enlever un vaste débouché aux toiles flamandes, et priver les drapiers flamands de la laine anglaise, matière première de leurs draps si renommés.

Toutes ces négociations, toutes ces habiletés aboutirent à ce résultat inévitable, la vente de Jeanne. Jean de Luxembourg, comme vassal, livra sa prisonnière à son suzerain, et Philippe le Bon, à son tour, la remit à Cauchon, c'est-à-dire à Winchester.

La rançon fut payée avant le 20 octobre (1). Les communes de Normandie furent frappées, à cette occasion, d'une imposition extraordinaire.

C'est vers le milieu de novembre que la Pucelle fut conduite à Arras; de là on la fit partir pour le Crotoy, forteresse maritime à quelques lieues d'Abbeville. Elle demeura au Crotoy jusqu'au 21 novembre, y communia entre les mains d'un prêtre de l'église d'Amiens, maître Nicolas de Quenville, qu'elle édifia par sa douce piété et par sa modestie, ainsi que toutes les dames, demoiselles et bourgeoises d'Abbeville venues pour la visiter.

Le 21 novembre, on lui fit traverser la Somme dans un bac, en face Saint-Valéry. Rien n'était décidé, en apparence, sur le lieu où s'instruirait le procès. L'Université voulait que Paris en eût le spectacle et la gloire, Paris, écrivait-elle à Cauchon, « où se trouvaient si grand nombre de sages et de savants pour l'assister. » En même temps, le roi de France et d'Angleterre était invité par l'Université à remettre la prisonnière « à la justice de l'Église, c'est à savoir à l'évêque de Beauvais et à l'Inquisition, auxquels la connaissance des méfaits d'icelle appartient spécialement en ce qui touche notre foi. »

Mais le régent Bedford avait déjà décidé que Paris ne serait point le théâtre du procès : cette ville n'était point assez dans sa main. Rouen lui convenait mieux comme prison bien gardée. Quant à Paris, on lui réservait un spectacle parallèle, complémentaire du procès, le spectacle du sacre de Henri VI. Pendant que Cauchon et l'Inquisition se chargeraient de

prouver ici que la Pucelle était sorcière, on essayerait de prouver là que le sacre de Reims s'était accompli sous les auspices du diable, et que celui de Paris, seul, était agréable à Dieu.

Jeanne fut donc dirigée sur Rouen, par Dieppe, et elle y arriva le 25 décembre. On l'enferma, non dans les prisons de l'archevêché, comme cela eût semblé naturel d'après la juridiction invoquée, mais dans le château de Rouen, au deuxième étage de la grosse tour.

Là, elle fut traitée tout d'abord en suppôt du diable, en dangereuse magicienne. On la plaça dans une sorte de cage de fer bâtie au milieu d'une chambre obscure, le cou, les pieds et les mains pris par une chaîne qui s'attachait aux pieds du lit. Cinq soldats, du corps anglais des *houcepailliers*, malandrins de la plus ignoble espèce, furent commis à sa garde, et, dès lors, couchèrent dans sa chambre. Ces bêtes brutes ne devaient pas épargner les outrages à la pure jeune fille.

On a vu que deux juridictions, celle de l'évêque de Beauvais et celle de l'Inquisition, allaient fonctionner conjointement dans le procès de la Pucelle; mais, de ces deux juridictions, l'une n'était pas en règle avec le droit ecclésiastique. Evêque sans diocèse, Cauchon n'avait à Rouen ni territoire, ni juridiction. Il lui fallut solliciter du chapitre de Rouen, qui semble ne l'avoir accordée qu'après quelque hésitation, l'autorisation de procéder.

Cette autorisation fut donnée le 28 décembre. Six jours après, le 3 janvier 1431, Winchester fit paraître une ordonnance de Henri VI portant ordre à tous officiers « ayant en garde une femme qui se fait appeler la Pucelle, *de la bailler et délivrer à l'évêque de Beauvais toutes et quantes fois que bon lui semblera...*; toutefois, c'est notre intention de *ravoir et reprendre par-devers nous* icelle Jeanne, se ainsi était qu'elle ne fût convaincue ou atteinte des cas d'homicide, superstitions, fausses dogmatisations. »

On prêtait la prisonnière à ses juges, mais en se réservant de statuer sur son sort, si ces juges ne savaient pas faire ce qu'on réclamait d'eux.

On se hâta d'ouvrir la procédure, et, d'abord, on réunit un certain nombre d'assesseurs appartenant au diocèse de Rouen. C'étaient *Gilles, abbé de Fécamp; Nicolas, abbé de Jumièges; Nicolas de Venderes; Nicolas Loyseleur* et quelques autres. Il y eut un honnête homme, *Nicolas de Houppeville*, qui refusa de siéger dans un tribunal qu'il considérait comme irrégulier. Cauchon le fit jeter en prison, et Nicolas de Houppeville put s'estimer heureux d'échapper par la fuite à quelque peine plus grave.

L'Université de Paris fournit, entre autres docteurs, *Jean Beaupère, chanoine; Guillaume Erard; Nicolas Midy; Thomas de Courcelles; Pierre Maurice; Gérard Feuillet; Jacques de Touraine.*

Le 9 janvier 1431, huit des docteurs, réunis dans la salle des conseils du roi, entendirent l'exposé de l'affaire, fait par l'évêque de Beauvais. Quelle marche suivrait-on? Il fut décidé qu'on compléterait les informations déjà prises, et que rapport en serait adressé au Conseil. *Jean d'Estivet*, créature de Cauchon, chanoine de Beauvais, qui avait suivi la fortune de son évêque, fut nommé promoteur ou Procureur général dans la cause; *Jean de la Fontaine* fut nommé juge-commissaire; *Guillaume Colles*, dit *Boscguillaume*, et *Guillaume Manchon*, greffiers; *Jean Massieu*, huissier-appariteur.

Ce sont là les gens du roi au procès, ou, comme nous dirions aujourd'hui, le ministère public.

Le 13 janvier, les mêmes docteurs, auxquels se réunit *William Haiton*, secrétaire des commandements du roi, entendirent lecture des informations déjà faites. Il fut décidé qu'on les résumerait, ce qui était une façon habile de les défigurer.

Le 23, ces informations, rédigées en un certain nombre d'articles, furent définitivement arrêtées, et considérées comme base d'interrogatoire futur.

Le 13 février, le Conseil, augmenté de plusieurs notables docteurs de l'Université de Paris, entendit le serment des officiers publics nommés le 3 janvier. Le lendemain, *Jean de la Fontaine*, assisté des deux greffiers, commença l'information préparatoire, qui dura trois jours.

Enfin, le 19 février, le Conseil vota l'adjonction au procès du vicaire de l'Inquisiteur pour le diocèse de Rouen, *Jean Lemaître*.

Jusqu'ici, nous n'avons vu fonctionner qu'une des deux juridictions, celle de Cauchon : assesseurs, prêtres normands, docteurs de l'Université, tous lui appartiennent. Restait à faire figurer l'Inquisition au procès. L'évêque de Beauvais fit à Jean Lemaître qui, jusque-là, n'avait pris aucune part au procès et n'avait pas même eu copie des actes, sommation d'avoir à s'adjoindre à lui. Le moine, qui ne se souciait guère du rôle qu'on lui réservait, demanda qu'on examinât si ses pouvoirs étaient suffisants. Cauchon s'empressa de les déclarer tels. Le dominicain insista pour qu'on lui substituât quelque autre jusqu'à vérification de ses pouvoirs, alléguant les scrupules de sa conscience. On le força à passer outre, et on alloua au pauvre diable vingt sous d'or par jour pour ses peines. Mais ce ne fut que près d'un mois après, le 13 mars, que Lemaître eut de l'Inquisiteur l'autorisation de siéger au procès.

Tous ces préliminaires achevés, le 20 février, Jeanne fut sommée de comparaître devant ses juges le lendemain. Elle répondit qu'elle le ferait; mais elle demanda que des évêques du parti de la France fussent appelés pour la juger, en nombre égal à ceux du parti de l'Angleterre. Cette requête fut repoussée, ainsi que la demande que faisait Jeanne d'être conduite en la chapelle pour entendre la messe.

Le 21 février, le Conseil, encore augmenté de plusieurs prêtres du parti anglais, se réunit, dans la chapelle du château, sous la présidence de l'évêque de Beauvais.

Jeanne amenée, Cauchon la requit de prêter serment de dire la vérité sur toute chose qu'on lui demanderait : — « Je ne sais de quoi vous me voulez interroger, répondit *Jeanne*. Peut-être me demanderez-vous des choses que je ne vous dirai pas. » Touchant ce qu'elle avait fait depuis sa venue en France, elle consentit à jurer; mais pour les révélations dont elle avait fait part au roi seul, dût-on lui couper la tête, elle n'en dirait rien; car ses voix lui avaient défendu d'en parler.

Elle fit serment, sauf ces réserves.

Interrogée alors sur son nom, sur son âge, sur son enfance, elle répondit très-naïvement, disant, entre autres choses, que c'était sa mère qui lui avait enseigné son *Notre Père*. L'évêque voulut lui faire réciter publiquement cette prière; elle consentit à la dire, mais seulement à celui des prêtres présents qui l'entendrait en confession.

Ce fut tout pour cette fois; l'évêque avait voulu obtenir de Jeanne la promesse de ne pas chercher à s'évader. Elle montra ses fers, et répondit qu'elle s'échapperait si cela était possible, « comme c'est le droit de tout prisonnier. »

Cette première séance, si nue et si vide dans le procès-verbal, se passa dans un grand tumulte de récriminations, d'objurgations, d'interruptions. Il y avait si peu de liberté de parole pour la prisonnière, que les juges mêmes en rougirent, et qu'on décida de choisir, pour les séances suivantes, une salle moins vaste.

Il faut ajouter, à toutes ces iniquités, celle-ci, qui est monstrueuse; outre les greffiers officiels, l'évêque avait ajouté, derrière un rideau, des greffiers choisis qui recueillaient les charges, omettant les excuses, et préparant ainsi une minute mensongère.

Utile prévoyance; car les deux notaires, Manchon et Boscguillaume, se trouvaient être deux honnêtes gens, de qui on ne put obtenir d'altérer les réponses de l'accusée. Nous en avons la preuve dans les annotations qui subsistent de la main de Manchon sur la minute du procès. Le digne scribe rétablissait en marge les véritables textes quand le juge les avait fait tronquer.

Le lendemain, 22, Jeanne fut amenée dans la salle nouvelle et, cette fois, interrogée par *Jean Beaupère*. Nouveau débat sur le serment, qu'on voulait lui faire prêter d'une façon absolue. Jeanne persista à prêter le serment sous réserves.

Et, comme *Jean Beaupère* insistait : — Hier j'ai juré, dit-elle; cela doit vous suffire. Vous me chargez trop.

Elle jura encore, mais sous les mêmes conditions que la veille.

Jean Beaupère continua l'interrogatoire. Mise de nouveau sur les années de sa jeunesse, Jeanne répondit qu'elle les avait passées à coudre et à filer; à ces métiers, elle ne craignait aucune femme de Rouen.

— Se confessait-elle tous les ans?

— *Jeanne* répondit qu'elle se confessait et communiait à Pâques.

— Et à d'autres fêtes?

— Passez outre.

Passez outre, *transeatis ultra*, c'est le fier mot de la jeune fille toutes les fois que le juge la fatigue de détails oiseux ou de demandes indiscrètes.

Interrogée sur ses visions, elle dit à quel âge elle avait, pour la première fois, entendu les voix, vu les clartés. Elle fit toute l'histoire de sa mission. Seulement, elle se refusa à rien dire sur un certain signe de sa mission qu'elle avait donné en secret au roi Charles VII.

— Avait-elle vu, en ce moment, un ange se tenant au-dessus du roi?

— Passez outre.

Il fallait prouver que les voix avaient quelquefois mal conseillé Jeanne. *Jean Beaupère* lui rappela l'échec subi par elle sous les murs de Paris. Jeanne répondit que ses voix lui avaient conseillé de ne pas quitter Saint-Denis.

— N'était-ce pas un jour de fête qu'elle avait attaqué Paris?

— Je le crois, répondit *Jeanne*.

— Était-ce bien?

— Passez outre.

A la troisième séance, qui eut lieu le 24 février, nouveaux efforts de Cauchon pour tirer de Jeanne un serment absolu, inconditionnel.

— J'ai assez juré par deux fois, répondit *Jeanne* avec fermeté.

— Mais, en refusant de jurer, vous vous rendez suspecte.

— Passez outre. Je viens de la part de Dieu, et je n'ai rien à faire ici ; renvoyez-moi à Dieu de qui je viens.

— Laissez-moi parler, dit-elle encore ; par ma foi, vous pourriez me contraindre à dire telle chose que j'ai juré de ne pas dire ; en ce qui touche mes révélations, par exemple. Alors, je serais parjure, ce que vous ne devez pas vouloir... Je vous le dis, prenez garde à ce que vous dites, que vous êtes mon juge, car vous prenez sur vous un grand poids.

Cette séance du samedi 24 février se passait, comme toutes les suivantes, dans la petite chambre du château, que les juges seuls suffisaient presque à remplir. Soixante-et-un assesseurs étaient présents. C'est l'évêque de Beauvais qui avait repris le rôle d'interrogateur, la douceur hypocrite de Jean Beaupère n'ayant pas eu plus de succès que la rudesse de Cauchon.

Ce jour-là, on demande encore à Jeanne depuis quand elle a bu ou mangé. On est en carême, et, si elle a pris le moindre aliment, elle a péché contre les commandements de l'Église.

Elle répond simplement qu'elle est à jeûn depuis la veille après midi. Elle est à jeûn ! C'est à jeûn qu'il lui faut subir ces longs et laborieux interrogatoires !

Le docteur revient sur les voix. — Depuis quand ne les a-t-elle pas entendues ?

— R. Je les ai entendues hier et aujourd'hui.

— D. A quelle heure, hier ?

— R. Le matin, à vêpres et à l'*Ave Maria*, et il m'est plusieurs fois arrivé de les entendre bien plus souvent.

— D. Que faisiez-vous quand la voix est venue à vous ?

— R. Je dormais, et elle m'a éveillée.

— D. Est-ce en vous touchant le bras ?

— R. Elle m'a éveillée sans me toucher.

— D. Était-elle dans votre chambre ?

— R. Je ne sais, mais elle était dans le château. Elle l'a remerciée, cette voix, assise dans son lit, les mains jointes ; elle a imploré son conseil et demandé son secours auprès de Dieu pour qu'il l'éclairât dans ses réponses.

— D. Et que vous a dit la voix ?

— R. De répondre hardiment et que Dieu m'aiderait.

Était-ce donc que les voix lui avaient promis un secours qui la tirerait de prison ? Le juge s'en inquiète : le grossier compagnon voit déjà Jeanne s'envolant, quelque nuit, du château, à cheval sur un balai.

— Vraiment, je vous dirai cela ! répond *Jeanne* avec une douce ironie.

— Et cette voix, à qui vous demandez conseil, a-t-elle un visage et des yeux ?

— Vous n'aurez pas encore cela de moi : on raconte aux petits enfants que quelquefois des gens ont été pendus pour avoir dit vérité.

Là, *Jeanne* s'adresse à l'évêque. — Vous dites que vous êtes mon juge. Prenez garde à ce que vous faites, parce qu'en vérité je suis envoyée de Dieu, et vous vous mettez en grand danger.

Le docteur veut savoir si la voix ne s'est pas quelquefois par elle-même convaincue d'erreur ou de mensonge, si elle n'a point varié dans ses conseils.

— R. Non, elle ne s'est jamais contredite.

— D. Est-ce la voix d'un ange, ou vient-elle de Dieu immédiatement, ou est-ce la voix d'un saint ou d'une sainte ?

— R. Elle vient de la part de Dieu.

Jeanne avoue ici qu'elle ne dit pas tout ce qu'elle sait, craignant plus de déplaire à ses voix parce qu'elle répondrait contre leur conseil, que de répondre au juge. Elle ne sait pas si elle peut tout dire ou non ; qu'on lui donne un délai et elle saura par révélations ce qu'elle peut dire, ce qu'elle doit cacher.

— D. Croyez-vous donc qu'il déplaise à Dieu qu'on dise la vérité ?

— R. Les voix m'ont commandé de dire certaines choses au roi et point à vous. Cette nuit même, la voix m'a dit plusieurs choses pour le bien du roi que je voudrais bien que le roi sût ; et s'il le savait, il en serait plus aise à son dîner.

— D. Mais ne pourriez-vous tant faire auprès de cette voix qu'elle voulût en porter au roi la nouvelle ?

— R. Je ne sais si la voix le voudrait faire ; elle ne le ferait que si Dieu le voulait. Dieu lui-même, s'il lui plaît, le pourra bien révéler au roi, et j'en serai bien contente.

— D. Et pourquoi la voix ne parle-t-elle pas au roi, comme elle le faisait quand vous étiez en sa présence ?

— R. Je ne sais si c'est la volonté de Dieu ; *sans la grâce de Dieu je ne ferai rien.*

Mais sait-elle qu'elle soit dans la grâce. Le docteur lui pose cette question insidieuse, qui doit la perdre aux yeux de tous, comme entachée d'orgueil démoniaque, si elle ose y répondre affirmativement.

— « Elle n'est pas tenue de répondre, » s'écrie un des assesseurs indignés, et des murmures s'élèvent contre le juge dans cette assemblée de bourreaux soigneusement choisie. — « Vous auriez mieux fait de vous taire, » dit à l'assesseur l'évêque irrité. Sa demande perfide était à deux pointes : si Jeanne disait *oui*, orgueil ; si elle répondait *non*, aveu.

Jeanne, sans s'embarrasser de toutes ces subtilités, confondit l'habileté du juge par cette simple réponse : — « Si je n'y suis, Dieu veuille m'y mettre ; si j'y suis, Dieu veuille m'y garder. » Et elle ajouta qu'elle croyait bien que si elle n'avait pas la grâce, la voix ne viendrait point à elle.

Il faut conserver le nom de cet assesseur que révolta la perfide question de l'évêque, c'était *Jean Fabry.*

Si je n'y suis, Dieu veuille m'y mettre ; si j'y suis, Dieu veuille m'y garder ! Sublime simplicité, bien faite pour confondre les Pharisiens qui lui tendaient ce piège infâme. Ils furent grandement stupéfaits, dit le *Procès de révision : fuerunt multum stupefacti.*

Le docteur revint alors aux souvenirs d'enfance. Jeanne avait-elle, depuis ses jeunes ans, détesté les Bourguignons ? *Jeanne*, à qui cette demande retrace toute son enfance écoulée, redit ses jeux, ses promenades avec ses compagnes, quand elle allait, sous le grand arbre appelé *le Beau Mai*, tresser des couronnes de fleurs pour en orner la statue de la Vierge. Les fées, disait-on, venaient sous cet arbre ; mais elle ne les a point vues.

Près de cet arbre, nommé par les uns l'arbre *des Dames*, par les autres l'arbre *des Fées*, coulait une claire fontaine à laquelle venaient boire de pauvres fiévreux. Jeanne avait vu venir là bien des malades ; mais avaient-ils été guéris, elle ne savait le dire. — Quelquefois, ajoutait-elle, et comme insistant avec plaisir sur ces souvenirs d'enfance, quelquefois, j'ai été aussi m'y promener avec d'autres jeunes filles, j'y faisais des couronnes pour l'image de la sainte Vierge. J'ai ouï dire par les anciens, mais non par ceux de ma famille, que les fées fréquentaient ce lieu. La femme du maire d'Aubery, qui était ma marraine, disait les avoir vues ; mais je ne sais si c'est vrai. Pour moi, je ne les ai jamais vues ; quelquefois, j'ai suspendu des couronnes aux branches de l'arbre avec les jeunes filles ; mais, depuis que j'ai su devoir venir en France, je n'ai guère été là jouer et me divertir, le moins que j'ai pu. Je ne sais même pas si, après l'âge de discrétion, j'ai jamais dansé sous l'arbre ; je peux bien l'avoir fait pourtant avec les jeunes filles, mais j'ai plus chanté que dansé.

Il y avait, dans un lieu voisin de son village natal, un bois dit le bois Chesnu, et une prophétie du pays disait que de ce bois devait sortir une jeune fille qui ferait des choses merveilleuses pour le pays ; *Jeanne* déclare qu'elle n'a point ajouté foi à ces dictons populaires.

Ainsi, l'accusée repousse triomphalement, par la seule vertu de sa candeur, tout ce qui peut la montrer obéissant à une superstition condamnable ou à une satanique influence.

Il ne reste plus à ses juges qu'un argument, selon eux le plus terrible. Elle porte l'habit d'homme ; elle se refuse à le quitter. *Jeanne* laisse entendre que sa véritable raison pour rester ainsi vêtue, est dans sa pudeur. — « Donnez-moi un habit de femme et je le prendrai, pourvu qu'on me laisse partir ; sinon, je ne le prendrai pas, et je me contenterai de celui-ci, puisqu'il plaît à Dieu que je le porte. »

Le 27 février (quatrième séance), *Jean Beaupère*

. . . Quelquefois j'ai suspendu des couronnes aux branches de l'arbre avec les jeunes filles (PAGE 8).

lui demande comment elle s'est portée depuis le dernier jour.

— *R.* Vous le voyez, le mieux que j'ai pu.

— *D.* Jeûnez-vous tous les jours de carême ? — *R.* Est-ce de votre procès ? — *D.* Oui. — *R.* Eh bien, oui, vraiment, j'ai toujours jeûné en carême.

Le doucereux interrogateur le savait bien.

On revient sur les voix. Le samedi précédent, dans le lieu même des séances, elle les a entendues, sans bien comprendre ce qu'elles disaient. Dans sa chambre, elles lui ont dit de répondre hardiment.

— *D.* Est-ce la voix d'un ange, d'un saint, d'une sainte, ou de Dieu, sans intermédiaire ?

— *R.* C'est la voix de sainte Catherine et de sainte Marguerite. Je les ai vues couronnées de belles et riches couronnes. Sur ce point, j'ai congé de dire (permission de parler). Mais, si vous en faites doute, envoyez à Poitiers, où j'ai jadis été interrogée.

— *D.* Comment savez-vous que ce soit les deux saintes ? Les distinguez-vous bien l'une de l'autre ? Et à quel signe ?

— *R.* Par la manière dont elles me saluent.

Depuis sept ans, les deux saintes, dit-elle, l'avaient prise sous leur direction ; elles s'étaient nommées à elle.

— *D.* Sont-elles vêtues de même étoffe ? Ont-elles le même âge ?

— *R.* Je ne vous le dirai point, je n'ai point congé de le dire.

— *D.* Laquelle des deux s'est montrée à vous la première ?

— *R.* Je ne les ai point connues tout de suite ; je l'ai bien su un jour, mais je l'ai oublié, et si j'en ai congé, je vous le dirai volontiers. Cela est, d'ailleurs, dans les registres de Poitiers.

La première voix qu'elle avait entendue avait été celle de saint Michel ; elle avait alors treize ans. Elle avait vu l'archange devant ses yeux, et il n'était pas seul, mais bien accompagné des anges du ciel.

— *D.* Avez-vous vu saint Michel réellement et corporellement?

— *R.* Je les ai vus des yeux de mon corps, aussi bien que je vous vois, et quand ils s'éloignaient de moi je pleurais, et j'aurais bien voulu qu'ils m'emportassent avec eux.

— En quelle figure était saint Michel?

— Vous n'aurez pas de réponse pour aujourd'hui. Je n'ai pas de licence de le dire.

— Que vous dit-il à cette première fois?

— J'ai dit une fois au roi tout ce qui m'avait été révélé, parce que c'était à lui que j'étais envoyée; mais je n'ai pas la permission de vous découvrir ce que m'a dit saint Michel.

— Saint Gabriel était-il avec saint Michel, quand vous l'avez vu d'abord?

— Je ne me le rappelle pas.

— Croyez-vous que Dieu ait créé saint Michel et saint Gabriel en la forme même où vous les voyez?

— Oui.

— Ont-ils des têtes *naturelles?*

— Je les ai vus de mes yeux. J'ai vu saint Michel, sainte Catherine et sainte Marguerite, aussi bien que je sais qu'il y a des saints et des saintes dans le paradis, et je crois qu'ils sont, comme je crois que Dieu est.

— Y avait-il longtemps qu'elle n'avait vu saint Michel?

— *Jeanne* ne l'avait pas revu depuis qu'elle avait quitté le château du Crotoy. C'était pour elle une grande joie quand elle le voyait. Par là, il lui paraissait qu'elle n'était pas en état de péché. Ses

La maison de Jeanne Darc, à Domremy.

saintes, sainte Catherine et sainte Marguerite, lui apportaient aussi une grande consolation en lui permettant souvent de se confesser à elles.

— Quand vous vous confessez, croyez-vous être en péché mortel?

— Je ne le sais pas, mais je ne crois pas avoir fait œuvre de péché mortel. Plaise à Dieu me préserver d'avoir jamais fait ou de faire jamais œuvre pour laquelle mon âme soit chargée!

— Quels signes donnez-vous que vous ayez eu ces révélations de la part de Dieu?

— Croyez-moi si vous voulez.

— Croyez-vous avoir bien fait en prenant un habit d'homme?

— Je ne l'ai fait que par le commandement de Dieu et des anges.

Interrogée de nouveau s'il y avait un ange et une lumière au-dessus de la tête du roi, quand elle le vit pour la première fois, elle répond que, pour l'ange, si il y en avait un, elle ne sait, ne l'a pas vu; et elle

ajoute, non sans malice : — Il y avait là plus de trois cents soldats et de cinq cents archers, sans compter la lumière spirituelle. J'ai rarement des révélations qui ne soient accompagnées de lumières.

— *D.* Comment votre roi a-t-il ajouté foi à vos paroles?

— *R.* Par les signes qu'il en a eus et par le clergé.

— *D.* Quelle révélation votre roi a-t-il eue?

— *R.* Vous ne le saurez pas de moi cette année.

Le juge la pressa sur cette épée miraculeusement trouvée derrière l'autel de l'église de Sainte-Catherine-de-Fierbois; épée, selon l'interrogateur, suspectée de magie. Elle répondit que ses voix lui en avaient révélé l'existence. Avait-elle fait bénir cette épée, l'avait-elle posée sur l'autel, avait-elle prié pour que cette épée fût *heureuse?*

— *R.* Non. Il est bon à savoir que j'eusse voulu que mon harnois fût heureux.

— *D.* Qu'aimez-vous le plus, de votre bannière ou de votre épée?

— *R.* J'aime beaucoup plus, quarante fois plus, la bannière que l'épée.

— De quelle couleur était cette bannière?

— Elle était blanche, semée de lis; dessus était figuré le monde et deux anges sur les côtés. Il me semble aussi que les noms de Jésus et de Marie y étaient écrits.

Elle la portait quand elle chargeait l'ennemi, pour éviter de tuer personne.

Qu'était devenue l'épée de Fierbois? *Jeanne* ne le dit pas, et se contenta d'affirmer que ce fut une autre épée dont elle fit hommage à Saint-Denis.

— Cette épée (celle de sainte Catherine de Fierbois), l'aviez-vous quand vous fûtes prise?

— Non; j'en avais enlevé une à un Bourguignon; je l'ai portée à Compiègne parce que c'était une bonne épée de guerre, bonne à donner de bonnes *buffes* et de bons *torchons*.

A Orléans, avant l'assaut, n'avait-elle pas dit qu'elle recevrait seule les flèches, les pierres, les viretons?

Non, et la preuve, c'est que plus de cent des siens périrent. Elle avait dit seulement de *ne pas douter*.

— *D.* Saviez-vous que vous seriez blessée?

— *R.* Je le savais par une sainte, et l'avais dit au roi, mais, nonobstant, qu'il ne cessât point d'agir.

Au reste dans cette quatrième séance, *Jeanne* ne cherche pas à dissimuler son exaltation, sa joie intérieure. Elle a de nouveau entendu ses voix; ses saintes lui ont parlé. — Elles m'ont éveillée; j'ai joint les mains, et je les ai priées de me donner conseil; elles m'ont dit: demande à Notre-Seigneur.

— Et qu'ont-elles dit encore?

— Que je vous réponde hardiment.

Le 1er mars (cinquième séance), nouveau serment, avec les réserves ordinaires. Elle répond seulement: — Pour ce qui touche le procès, je vous dirai volontiers toute la vérité; je vous la dirai comme si j'étais devant le pape *de Rome*.

— *D.* Quel pape croyez-vous qui soit le véritable?

— *R. Y en a-t-il donc deux?*

Quelle réponse, faite par cette vierge naïve, à ces docteurs intrigants, fauteurs de schismes!

On l'interroge sur la fière lettre qu'elle écrivait aux Anglais, en arrivant devant Orléans, pour les sommer de lever le siége. Elle la reconnaît pour sienne, et ajoute qu'*avant sept ans, les Anglais laisseront un plus grand gage que devant Orléans, et perdront toute la France.*

Ainsi, même devant ses juges, Jeanne prophétise. Et sa prophétie sera de point en point accomplie. En 1436, cinq ans après ce jour, les Anglais perdront Paris, et bientôt ce qui leur restera de la France.

— Comment savez-vous cela? lui dit le juge irrité.

— Je le sais par révélation.

Ce mot remet en avant les voix. Comment sait-elle que ce qui lui apparaît est homme ou femme?

— A la voix, et parce qu'elles me l'ont révélé.

— *D.* Quelle figure voyez-vous? — *R.* La face. — *D.* Les saintes qui se montrent à vous ont-elles des cheveux? — *R.* Cela est bon à savoir!

Est-ce une ironie? M. Wallon l'interprète dans ce sens, qui n'est pas en désaccord avec les habitudes d'esprit de la Pucelle. Cependant la traduction de Mme d'Harcourt paraît plus simple et plus naturelle: « *Il est bon à savoir* « (qu'elles en avaient) (1).

Le grossier interrogateur veut qu'elle décrive les membres de ces saintes; elle ne répond rien, sinon que leurs paroles sont belles et bonnes, et qu'elle les entend bien.

— *D.* Comment parlent-elles, puisqu'elles n'ont pas de membres?

— *R. Je m'en réfère à Dieu.*

— *D.* Sainte Marguerite parle-t-elle anglais?

— *R.* Et comment parlerait-elle anglais, puisqu'elle n'est pas du parti des Anglais?

— *D.* Les saintes portent-elles des anneaux aux oreilles?

— *R.* Je n'en sais rien.

Toutes ces inquisitions grossières, tout cet ignoble *réalisme* de l'évêque, comme nous dirions aujourd'hui, a un but: Cauchon va y toucher; c'est l'accusation de magie qu'il vise toujours au milieu de ses disgressions immondes.

— *D.* Et vous, n'aviez-vous pas des anneaux?

Jeanne répond qu'elle en avait deux, un donné par ses parents, pris par les Bourguignons, et qui portait gravés les noms de Jésus et de Marie; l'autre, qu'elle avait reçu de son frère. — « Vous l'avez, dit-elle à l'évêque, rendez-le moi. »

Tant de simplicité eût désarmé d'autres juges. Jeanne ne voit pas même le piége que sa pureté ne soupçonne pas. — Rendez-moi mon anneau, dit-elle. Les Bourguignons aussi en ont un à moi.

— Qui vous a donné, demande *Cauchon* celui qui est entre les mains des Bourguignons?

— Mon père ou ma mère, à Domremi; il y a gravé dessus, comme il me semble, les noms de Jésus et de Marie. Je ne crois pas qu'il y ait aucune pierre.

On voulut voir dans cet attachement à un souvenir d'enfance une preuve que les anneaux avaient quelques vertus magiques; elle protesta qu'il n'y en avait aucune et qu'elle n'avait guéri personne par leur attouchement.

Ainsi, on cherchait partout la magie dans cette âme si naïvement religieuse, si sainte.

Tandis que l'imbécile docteur pense aux sortiléges, aux fées du bois Chesnu, aux charmes diaboliques, Jeanne se préoccupe de cette bague, souvenir pieux de son enfance. Elle voudrait, si Cauchon ne lui rend pas celle qu'il lui a prise, qu'au moins il se charge d'en faire offrande pour elle à quelque église.

Mais le juge insiste: N'a-t-elle pas guéri quelques personnes par l'attouchement de ces anneaux?

— *R.* Jamais; des bonnes femmes ont touché mes mains et mes anneaux, mais je n'ai pas su dans quelle intention.

Autre piége de l'interrogateur: — *D.* Vos voix vous ont-elles dit que vous seriez délivrée avant trois mois de cette prison? — *R.* Reparlez-m'en dans trois mois, et je vous répondrai.

On insiste. — Demandez aux assistants, répond-elle; qu'ils disent, sous la foi du serment, si cela est du procès?

Le conseil se consulte et déclare que cela est du procès.

Jeanne. — Je vous ai toujours bien dit que vous ne saurez pas tout. Il faudra qu'un jour je sois déli-

(1) *Vie de Jeanne d'Arc,* par l'auteur de Mme et *Duchesse d'Orléans.*

vrée. Je veux avoir congé pour le dire. C'est pourquoi je demande un délai.

— *D.* En quelle figure vous est apparu saint Michel?

— *R.* Je ne lui ai point vu de couronne; pour les vêtements, je ne sais.

— *D.* Était-il nu?

— *R. Pensez-vous que Dieu n'ait pas de quoi le vêtir?*

Elle échappe à ces misérables questions en dépeignant sa joie lorsqu'elle voyait l'archange; il lui semblait alors qu'elle n'était point en péché mortel.

On revient opiniâtrément sur ce signe donné par elle au roi? Elle refuse de répondre, parlant seulement, d'une façon en apparence symbolique, d'une couronne plus riche que celle de Reims, et que le roi avait reçue depuis son sacre.

Battu par la simple jeune fille, sur des questions de grâce et de révélation, le juge se rejette sur les opinions politiques de Jeanne. — Était-on du parti des Bourguignons à Domremy?

—Je n'y savais qu'un Bourguignon, auquel j'aurais voulu la tête coupée, *si toutefois,* se hâte d'ajouter la douce Jeanne qui semble se reprocher ce mouvement de passion, *si toutefois cela avait ainsi plu à Dieu.*

— Et au village de Maxey, étaient-ils pour les Bourguignons?

— Oui.

— Avait-elle jamais été avec les enfants de Domremy qui se battaient pour la France contre ceux de Maxey?

— Non pas, autant qu'il m'en souvienne; mais j'en ai vu revenir de là souvent de bien blessés et ensanglantés.

— Aviez-vous grand désir de combattre les Bourguignons dans votre enfance?

— J'avais grande volonté que le roi eût son royaume.

— Ne haïssiez-vous pas les Bourguignons dans votre enfance?

— Je ne les ai pas aimés après que j'ai eu compris que mes voix étaient pour le roi de France... Et les Bourguignons auront guerre, s'ils ne font pas ce qu'ils doivent. Je le sais par mes voix.

Le 3 mars, sixième séance, la dernière publique. Après l'éternel débat sur le serment, on cherche, par des subtilités nouvelles, à lui faire dire quelque parole qui dépeigne ses saints ou ses saintes, de façon à ce qu'on puisse croire à l'imposture ou à l'illusion. Le bon sens robuste de la jeune fille a raison de ces ruses. On veut encore prendre ses voix en flagrant délit d'erreur, en lui arrachant quelque certitude de délivrance à jour fixe. Elle se tait, ou répond : — Cela ne touche pas votre procès. *Voulez-vous que je parle contre moi?* Oui, vraiment, elles m'ont dit que je serai délivrée, et que je fasse bon visage; mais, par ma foi, je ne sais ni le jour ni l'heure où je m'échapperai.

C'est toujours le point de l'habit d'homme qui termine l'interrogatoire. Cela, elle ne peut le nier! Avait-elle été autorisée à ce changement d'habit par révélation? Elle ne s'en souvenait pas. Le roi, la reine l'avaient-ils excitée à quitter l'habit d'homme? Cela n'était pas du procès. Des dames l'en avaient pressée (la dame de Beaurevoir, la demoiselle de Luxembourg); elle avait répondu qu'elle ne quitterait ces habits sans le congé de Dieu.

On tourna encore autour de la magie.

— *D.* N'avez-vous pas dit que les panonceaux faits à la ressemblance du vôtre étaient heureux?

— *R. Je disais à mes gens: Entrez hardiment parmi les Anglais, et j'y entrais moi-même.*

Avait-elle fait bénir ses panonceaux? y avait-elle fait inscrire les noms de *Jésus, Marie?* en avait-elle fait porter en procession? Elle répondit que non.

Avait-elle vu ou n'avait-elle pas fait faire quelque image en peinture d'elle-même? Elle répondit qu'elle n'avait rien fait faire de semblable, mais qu'elle avait vu à Arras, entre les mains d'un Écossais, une peinture où elle était figurée, tout armée, un genou en terre, présentant des lettres au roi.

— Savez-vous que ceux de votre parti aient fait dire des messes ou des prières en votre honneur?

— Je n'en sais rien; et s'ils l'ont fait, ce n'est point par mon commandement. Toutefois, s'ils ont prié pour moi, m'est avis qu'ils n'ont pas fait mal.

— Connaissiez-vous les sentiments de ceux de votre parti quand ils vous baisaient les pieds, les mains et les vêtements?

— Beaucoup de gens me voyaient volontiers, et ils baisaient mes mains le moins que je pouvais; mais les pauvres gens venaient volontiers à moi parce que je ne leur faisais point déplaisir, mais je les supportais selon mon pouvoir.

— Ceux de votre parti croient-ils fermement que vous soyez envoyée de Dieu?

— Je ne sais s'ils le croient, *je m'en attends à leur courage.* Mais, s'ils le croient, ils n'en sont point abusés; et s'ils ne le croient, si suis-je envoyée de Dieu.

— N'avez-vous point levé quelque enfant des fonts de baptême?

— J'en ai levé un à Troyes, deux à Saint-Denis, et je nommais volontiers les fils Charles pour l'honneur du roi, et les filles Jeanne, et quelquefois selon ce que les mères voulaient.

— Les bonnes femmes de la ville ne touchaient-elles point de leurs anneaux l'anneau que vous portiez?

— Maintes femmes ont touché mes mains et mes anneaux, mais je ne sais point leur intention.

— Quand vous alliez par le pays, receviez-vous souvent le sacrement de la confession et le sacrement de l'autel?— Oui. — Les receviez-vous en habits d'homme? — Oui, mais je n'ai point mémoire de les avoir reçus en armes.

Elle avait acheté au prix de 200 saluts la haquenée de l'évêque de Senlis, et s'en était servie comme d'un cheval de guerre; on l'interrogea sur ce chef d'accusation, une profanation selon les juges. Elle répondit qu'elle avait offert à l'évêque de lui rendre cette bête dont elle ne se souciait guère.

On l'interrogea sur un enfant qu'elle aurait ressuscité à Lagny. Elle répondit très-simplement que l'enfant avait trois jours. Il paraît que, depuis sa naissance, il ne donnait aucun signe de vie, et qu'il était noir *comme sa cotte.* On le porta devant l'image de la sainte Vierge; des jeunes filles allèrent là prier Dieu et Notre-Dame pour que l'enfant revînt à la vie; on vint aussi chercher Jeanne, pour qu'elle joignit ses prières à celles de ces vierges. Elle y consentit, et pria comme les autres. L'enfant, alors, bâilla trois fois, et la couleur commença à lui revenir. On se hâta de le baptiser, et aussitôt l'enfant mourut et fut mis en terre sainte.

— *D.* N'a-t-on pas dit par la ville que c'est vous

qui avez fait faire cela, et que cela se fit à votre prière ?

— Je ne m'en informai point.

Jeanne, prisonnière à Beaurevoir, avait voulu s'en échapper, malgré ses voix ; elle avait sauté du haut d'une tour et s'était grièvement blessée. On voulut voir là une tentative désespérée, une idée de suicide pour échapper aux Anglais, c'est-à-dire un crime. Interrogée là-dessus avec l'ordinaire perfidie du juge : — J'ai dit, répondit-elle, que j'aimerais mieux rendre l'âme à Dieu que d'être en la main des Anglais.

— N'avait-elle pas alors, en reprenant ses sens, blasphémé le nom de Dieu? N'avait-elle pas renié le nom de Dieu, en apprenant la défection d'un capitaine?

L'accusation était trop évidemment absurde. *Jeanne* répondit qu'elle n'avait jamais maugréé saint ni sainte, et qu'elle n'avait point coutume de jurer.

Ce fut là la première partie du procès. Jeanne, reconduite à sa prison, ne fut pas assignée à comparaître de nouveau. Cette jeune fille de dix-neuf ans avait dérouté ses juges, à force de candeur, de simplicité, de fermeté, de bon sens. On n'avait obtenu aucun des résultats espérés. On n'avait réussi qu'à faire éclater son innocence. Un seul point avait paru fournir un argument aux juges, ce c'était cette réticence sur une partie de la vérité, cette réserve sur la révélation secrète faite au roi. Aussi avait-on appuyé là-dessus à outrance.

Il est probable que la résolution prise de continuer les interrogatoires dans la prison, fut inspirée par l'effet que produisait dans le public et dans le conseil même cette continuelle victoire de la chasteté, de la foi, de la droiture sur les ruses de l'interrogatoire.

A partir de ce jour, une commission de docteurs fut chargée de réunir et de mettre en écrit les principaux aveux de Jeanne, c'est-à-dire de résumer ses réponses, en leur donnant la couleur désirable.

Jean de la Fontaine fut chargé de continuer l'interrogatoire dans la prison. *Lemaître*, bientôt, le seconda dans cette tâche.

Ainsi se fit une nouvelle information qui dura du 10 au 17 mars.

Quant à l'interrogatoire de la prison, il reproduisit, jusque dans leur marche capricieuse, jusque dans leurs perfides détours, les interrogatoires publics. A le suivre dans sa continuelle persistance à revenir sur les même sujets, on éprouverait une mortelle fatigue, il suffira d'en extraire les parties saillantes, les réponses dignes d'être conservées pour l'histoire.

Jean Lemaître s'appesantit sur le signe donné au roi. — C'était, répondit-elle, un signe « beau et honoré, bien croyable et bon, et le plus riche qui soit au monde. » Il est bon à savoir, dit *Jeanne*, et qu'il durera jusqu'à mille ans et au delà. — *D.* Où est-il? — *R.* Au trésor du roi. — *D.* Est-ce or, argent, pierre précieuse ou couronne? — *R.* Il ne vous en dira autre chose.

Ce fut un ange, envoyé de Dieu et non d'aucun autre, qui donna ce signe au roi. Le roi le vit; et ceux qui étaient avec lui; et, quand elle se fut retirée, elle ouït dire qu'après son départ, plus de trois cents personnes le virent encore. Quand l'ange avait apporté le signe, Jeanne lui avait fait révérence, s'était agenouillée et avait ôté son chaperon.

L'ange n'avait pas seulement approuvé le signe : il avait dit au roi qu'on mit Jeanne en besogne et que le pays serait tôt allégé.

L'ange avait-il mis au roi la couronne sur la tête? Jeanne dépista l'Inquisiteur en lui répondant sacre de Reims, quand il lui parlait couronne de Chinon. A la fin, pourtant, elle dit de cette couronne miraculeuse qu'elle était de fin or, si riche, qu'on n'en saurait nombrer la richesse. L'ange était entré par la porte de la chambre, avait fait révérence au roi en s'inclinant devant lui, puis, sa mission remplie, s'en était retourné par où il était venu.

M. Wallon explique ingénieusement, et dans un seul mot, toutes ces subtilités. « Elle parlait d'un ange, et c'est à elle qu'elle pensait dans tout ce discours. » N'avait-elle pas été l'envoyée de Dieu? Aussi, ne se fit-elle pas faute de répondre au moine qu'elle avait partout accompagné l'ange, qu'elle était venue avec lui, partie avec lui. C'est ainsi que tous ceux qui étaient là, dans le château de Chinon, avaient pu voir cet ange, qui n'était autre qu'elle-même. Que si on lui demandait d'en dépeindre la figure et la grandeur, « Je n'ai point congé de le dire, je répondrai demain, » disait-elle, comme l'eût pu faire une brave Normande.

— *D.* Pourquoi Dieu l'avait-il choisie plutôt qu'une autre?

— *R.* Il lui plut ainsi faire par une simple pucelle, pour rebouter les adversaires du roi.

— *D.* Vous a-t-il été dit où l'ange avait pris cette couronne?

— *R.* Elle a été apportée de par Dieu, et il n'y a orfèvre au monde qui la sût faire si belle ou si riche. (On sent ici le symbole.) Où il la prit, je m'en rapporte à Dieu, et ne sais point autrement où elle fut prise.

— *D.* Avait-elle bonne odeur, était-elle reluisante?

— *R.* Je n'en ai point mémoire; je m'en aviserai. (Après un court moment): Elle sent bon et elle sentira, pourvu qu'elle soit bien gardée, ainsi qu'il appartient.

La première fois que Jeanne avait vu saint Michel, elle avait eu peur, étant encore jeune enfant; mais depuis il lui avait enseigné des choses qui l'avaient fait croire fermement en lui. Cette doctrine de l'archange, c'était qu'en toutes choses elle fût bonne enfant, et que Dieu l'aiderait. C'était qu'elle vînt au secours du roi de France. Et l'ange lui racontait *la pitié qui était au royaume de France.*

Encore pressée de ces sottes et grossières questions sur la figure et l'habit de saint Michel, elle répond : — Il était en la forme d'un très-vrai prud'homme; et de l'habit et autres choses, je n'en dirai pas davantage.

— *D.* Ne savez-vous point que sainte Catherine et sainte Marguerite haïssent les Anglais?

— *R.* Elles aiment ce que Notre-Seigneur aime, et haïssent ce que Dieu hait.

— *D.* Dieu hait-il les Anglais?

— *R.* De l'amour ou de la haine que Dieu a aux Anglais, je n'en sais rien; mais je sais bien qu'ils seront boutés hors de France, excepté ceux qui y mourront, et que Dieu enverra victoire aux Français contre les Anglais.

— *D.* Dieu était-il pour les Anglais, quand ils étaient en prospérité en France?

— *R.* Je ne sais si Dieu haïssait les Français, mais je crois qu'il voulait permettre de les laisser battre pour leurs péchés.

Avait-elle offert aux saints et saintes de ses apparitions des chandelles ardentes, ou autres dons ?

Elle répondit qu'elle avait allumé des chandelles en l'honneur de sainte Catherine.

— *D.* De celle qui vous est apparue? — *R.* De celle qui est au ciel et de celle qui s'est montrée à moi, je ne fais point de différence.

Si elle tenait tant à un de ses anneaux, c'est que l'ayant en la main, elle avait touché sainte Catherine. L'interrogateur, aussitôt: — En quelle partie avez-vous touché sainte Catherine? — *R.* Vous n'en aurez autre chose.

— *D.* N'avez-vous jamais baisé ou accolé sainte Catherine ou sainte Marguerite? — *R.* Je les ai accolées toutes deux.

— *D.* Fleuraient-elles bon? — *R.* Il est bon à savoir qu'elles sentaient bon.

— *D.* En les accolant, ne sentiez-vous point de chaleur ou autre chose? — *R.* Je ne les pouvais point accoler sans les sentir ou les toucher.

— *D.* Par quelle partie les accoliez-vous, par le haut ou par le bas? — *R.* Il convient mieux de les accoler par le bas que par le haut.

Si le moine appuie ainsi sur les détails matériels, ce n'est pas sans raison. Il veut faire dire à Jeanne que ses voix sont des êtres véritables, et elle le dit; qu'elle a honoré ces êtres comme des saints, et elle le dit. Reste à prouver que ce sont là des envoyés du démon, et Jeanne sera dûment convaincue d'idolâtrie.

Or, Jeanne avouait avoir caché ses visions à tous, même à son père, même à sa mère, et en avoir parlé pour la première fois à Robert de Beaudricourt. On ne cèle pas ainsi ce qui est de source pure.

Puis, ses voix l'avaient excitée à la désobéissance; elle avait, sur leur conseil, quitté son pays sans le congé de ses parents. Jeanne répondit qu'il n'y avait point de péché possible quand on obéissait à Dieu. « Quand j'aurais eu cent pères et cent mères, et que j'eusse été fille de roi, je serais partie. »

Les voix ne l'avaient-elles point appelée fille de Dieu? Que Jeanne répondît affirmativement, et les voix étaient convaincues d'avoir cherché à éveiller l'orgueil dans cette âme. Elle répondit simplement qu'avant la levée du siége d'Orléans, et depuis, les voix l'avaient appelée plusieurs fois : « Jeanne la pucelle, fille de Dieu. »

Subsidiairement, on cherchait, séance tenante, à prendre Jeanne elle-même en flagrant délit d'orgueil?

— *D.* Qui aidait plus, vous à l'étendard, ou l'étendard à vous?

— *R.* De la victoire de l'étendard ou de moi, c'était tout à Notre-Seigneur.

— *D.* Mais l'espérance d'avoir victoire était-elle fondée en votre étendard ou en vous?

— *R.* Elle était fondée en Notre-Seigneur et non ailleurs.

— *D.* Pourquoi votre étendard fut-il plutôt porté au sacre, en l'église de Reims, que ceux des autres capitaines?

— *R. Il avait été à la peine, c'était bien raison qu'il fût à l'honneur.*

Le calme bon sens de la jeune fille l'emporte ainsi toujours sur les piéges du frère.

Dernier, éternel argument, elle portait l'habit d'homme. Elle disait l'avoir pris par le commandement de Dieu. Mais un autre commandement de Dieu ordonne d'entendre la messe, et elle ne la pouvait entendre à cause de son habit. Donc, elle paraissait préférer son habit à la messe. Qu'aime-

rait-elle mieux, prendre l'habit de femme et entendre la messe, ou demeurer en habit d'homme et ne point entendre la messe?

— *R.* Certifiez-moi que j'entendrai la messe si je suis en habit de femme, et je vous répondrai.

On le lui certifia. — « Et que direz-vous, reprit-elle, si j'ai juré et promis à notre roi de ne point quitter cet habit? Toutefois je vous réponds : Faites-moi faire une robe longue jusqu'à terre, sans queue, et me la baillez pour aller à la messe, et puis, au retour, je reprendrai l'habit que j'ai. »

On refusa; la vraie raison de Jeanne, pour garder cet habit, c'était sa pudeur. Les juges ne parurent pas ou ne voulurent pas le comprendre. C'est pour le même motif qu'elle demandait une robe longue, une chemise longue, fût-ce une chemise de femme, s'il lui fallait quitter ses habits en article de mort.

L'interrogateur ne pouvant assez clairement montrer le diable en tout cela, chercha au moins à le montrer dans les échecs qu'avait subis Jeanne, sous les murs de Paris, à la Charité, à Pont-l'Évêque, à Compiègne. Elle n'eut qu'à répondre, une fois pour toutes, que là où elle n'avait point réussi, là elle n'avait point été envoyée par ses voix, mais par le conseil des gens d'armes.

Mais elle était prisonnière, et cela seul ne prouvait-il pas que ses voix l'avaient trompée? — Elle dit que non, ses deux saintes lui ayant annoncé qu'elle serait prise avant la Saint-Jean, mais qu'elle le prît en gré, qu'il le fallait ainsi et que Dieu lui aiderait.

Ainsi, dit fort bien M. Wallon, « tous les fantômes de l'accusation se dissipaient à la lumière de cette âme pure; au lieu des œuvres diaboliques de l'orgueil, de la vanité, de l'impudicité, de la violence, du blasphème, du désespoir et des mensonges, on n'avait trouvé en elle qu'humilité, honnêteté, douceur, simplicité, confiance en Dieu. Elle semblait ne pas soupçonner la malice de ses juges, tant elle mettait de franchise, quand elle s'en croyait libre, à leur répondre, sans se soucier si elle ne provoquait pas la malignité de ses accusateurs ou les ressentiments de ses ennemis. »

Jeanne avait, plus d'une fois, exprimé la confiance qu'elle aurait secours et serait délivrée. On voulut savoir comment. Elle ne savait. Peut-être serait-elle délivrée de prison; peut-être, lorsqu'elle serait au jugement, il y surviendrait aucun trouble par le moyen duquel elle pût être délivrée.

« Au jugement, il pourra y avoir trouble par quoi elle serait délivrée, » écrivait le greffier en marge de sa minute.

Jeanne avait dit que ses voix lui avaient promis le paradis. Se croyait-elle donc assurée d'être sauvée et de ne pas aller en enfer? — Elle répondit qu'elle croyait devoir être sauvée aussi fermement que si elle le fût déjà. — «C'est une réponse de grand poids, dit le juge. Croyez-vous donc, après cette révélation, que vous ne puissiez plus faire péché mortel? — Je n'en sais rien, dit-elle, mais pourvu que je tienne le serment de garder ma virginité de corps et d'âme, je m'en attends du tout à Notre-Seigneur. »

C'est pendant cette période d'information à huis clos que fut enfin réglée la situation de l'Inquisition au procès. C'est le 13 mars seulement que le frère Lemaître produisit la réponse de l'Inquisiteur de France, qui, empêché de se rendre à Rouen, choisissait Jean Lemaître pour son vicaire. A partir de ce jour, le moine, grassement payé pour ses fonctions, apporte à l'interrogatoire son contingent d'astuce et de subtilités.

Le 14 mars, Lemaître adjoignit aux deux greffiers primitifs un notaire près l'officialité de Rouen, *Nicolas Taquel*.

Dans cette séance, *Cauchon* s'inquiète de quelques paroles prophétiques prononcées par Jeanne à son sujet. Elle avait dit à l'évêque de Beauvais : « Vous dites que vous êtes mon juge ; je ne sais si vous l'êtes, mais avisez bien que vous ne jugiez pas mal, car vous vous mettriez en grand danger. Et je vous en avertis, afin que si Notre-Seigneur vous en châtie, j'aie fait mon devoir de vous le dire. »

Cauchon, ému de cette menace, contre laquelle le rassurait assez mal sa conscience, lui fait demander : — « Quel est ce péril ou danger ? » — Elle répond que « sainte Catherine lui a dit qu'elle aurait secours ; et qu'elle ne sait si ce sera à être délivrée de la prison, ou, quand elle serait au jugement, s'il y viendrait aucun trouble, par le moyen duquel elle pourrait être délivrée ; et elle pense que ce soit ou l'un ou l'autre. Ses voix lui disent qu'elle sera délivrée *par grande victoire;* et elles ont ajouté : *Prends tout en gré, ne le chaille de ton martyre; tu t'en viendras enfin au royaume de paradis.*

Ce jour-là, on revient encore sur l'attaque de Paris exécutée un jour de fête. *Jeanne répond :* — Je ne crois pas être pour cela en péché mortel, et, si je l'ai fait, c'est à Dieu d'en connaître, et en confession à Dieu et aux prêtres.

Arrêtons-nous un instant à une réponse qui fait éclater une fois de plus le grand bon sens de Jeanne en fait de morale politique. On lui demande si elle pense que son roi fit bien de tuer ou de faire tuer Msr de Bourgogne : — Ce fut, répond-elle, *grand dommage pour le royaume de France;* mais, *quelque chose qu'il y eût entre eux,* Dieu l'a envoyée au secours du roi de France.

Le 15 mars, l'interrogatoire prend une nouvelle allure. On n'a trouvé jusqu'à présent, contre l'accusée, que le crime de l'habit; ce n'est pas assez. Le commissaire trouve ce biais nouveau : si Jeanne a fait quelque chose contre la foi, qu'elle s'en rapporte à la détermination de l'Église. Elle, défiante, proteste qu'elle ne voudrait avoir rien fait contre la foi, et que si, au jugement des clercs, elle avait fait ou dit quelque chose de semblable, elle n'en voudrait soutenir.

Deux jours après, même question, à laquelle on espère que Jeanne, de guerre lasse, fera une réponse catégorique. Affirmative, ce sera reconnaître l'omnipotence de ses juges; négative, ce sera se faire justement taxer d'hérésie.

Jeanne, éclairée par sa simplicité même, établit une distinction entre les matières de foi et l'objet de sa mission. D'ailleurs, n'était-ce pas tout un de Notre-Seigneur et de l'Église? et pourquoi faire difficulté sur cela.

On lui répondit par une distinction sur l'Église triomphante et l'Église militante. Ne voulait-elle pas s'en rapporter à cette dernière? Elle ne répondit pas. On tient bonne note de ce silence.

Cette séance du 17 mars, la dernière de l'enquête, fut présidée par l'évêque de Beauvais.

Nous n'avons donné que la substance des questions et des réponses; il faudrait pouvoir donner la physionomie de ces séances, fatigantes même pour les juges, accablantes pour l'accusée. C'est à peine si on la laissait parler; ouvrait-elle la bouche, des interruptions partaient de tous côtés. — « Beaux Seigneurs, disait-elle, faites l'un après l'autre. » Cette évidente partialité souleva l'indignation de quelques-uns. *J. de Chastillon,* à une question perfidement posée, s'écria qu'elle n'était pas tenue de répondre. Et comme on murmurait : — « Il faut bien que je décharge ma conscience. »

Quelquefois, à une réponse victorieuse de la prisonnière, une voix s'élevait dans l'assistance : — « Vous dites bien, Jeanne. » Un jour, comme elle parlait chaleureusement de la France et de l'ennemi, un loyal Anglais ne put s'en tenir et s'écria : — « C'est vraiment une bonne femme : *si elle était Anglaise!* »

On avait refusé à Jeanne un conseil! Quelques-uns des dominicains présents, entre autres *Isambard de la Pierre,* se montrant trop favorables à Jeanne, l'Anglais Warwick menaça Isambard de le faire jeter à la Seine.

Jeanne, dans le voyage de la prison au conseil, s'arrêtait-elle trop longtemps devant la chapelle, on reprochait à l'huissier de « laisser approcher cette putain excommuniée de l'église. » Un chanoine de Rouen, *Loyseleur,* avait accepté le rôle infâme de chercher à surprendre la confiance de Jeanne, et de l'entraîner, par l'autorité du confesseur, dans les piéges préparés par l'évêque de Beauvais et par Warwick.

Le grand scandale de ce procès, son côté faible, maître *Jean Lohier,* clerc de Normandie, le démontra, c'était l'absence de publicité, l'absence de liberté chez les assistants, l'absence de conseil pour l'accusée, une jeune fille, presque un enfant. Lohier, après en avoir dit son avis, ajouta courageusement : — « Ils procèdent plus par haine qu'autrement. Pour cette cause, je ne me tiendrai plus ici. »

L'esprit d'éternelle justice vivait encore dans quelques cœurs.

L'interrogatoire clos, quelques propositions, extraites des réponses de Jeanne, furent soumises par l'évêque à un certain nombre d'assesseurs choisis. Mais il fallait, pour cela, faire reconnaître à l'accusée le procès-verbal des interrogatoires. Jeanne s'engagea à tenir pour vrai ce qu'elle ne contredirait pas. Entre temps, on lui fit encore l'offre de lui faire entendre la messe, si elle voulait quitter son habit d'homme. Elle répondit qu'elle ne le pouvait pas, que cela ne chargeait pas son âme, et que porter cet habit n'était pas contraire à l'Église.

Revenons sur ces deux premières parties du procès, qui sont la mise en état du *procès d'office,* l'instruction, comme nous dirions aujourd'hui.

Nous avons rapidement analysé les interrogatoires publics et secrets, réservant quelques observations qui prendront leur place à cette heure.

Les cinq premiers interrogatoires ne sont connus que par les expéditions rédigées en langue latine. À partir du sixième, on a une copie de la minute française, écrite par Guillaume Manchon, à la suite de chaque séance, après collation faite avec les greffiers (1).

Comment se faisait le procès-verbal latin? Ce détail a son importance. Après chaque question et sa réponse, toutes deux faites en langue française, la seule qu'entendît Jeanne, l'interrogateur traduisait en latin question et réponse aux greffiers, qui alors seulement écrivaient. D'où cette conséquence, que les réponses de Jeanne ne nous sont parvenues qu'à travers les interprétations d'un juge prévenu ou

(1) C'est ce qu'explique bien M. N. Villiaumé. N. Quicherat a fait erreur quand il a considéré cette minute française de Manchon comme *prise à l'audience.*

prévaricateur. Si Jeanne est si grande dans ce miroir infidèle, que fut-elle donc en réalité?

On se rappelle que les notaires se refusèrent à admettre les altérations des procès-verbaux secrets, dressés par les secrétaires apostés ; mais ils ne purent se soustraire à certaines omissions qui leur furent imposées par l'évêque de Beauvais.

C'est ainsi que le procès-verbal de la première séance omet cette question posée à Jeanne : *Etes-vous vraiment vierge?* Elle répondit qu'on pouvait la visiter. C'est ce qui fut fait. Après la séance, la duchesse de Bedfort vint dans la prison, accompagnée de matrones, qui visitèrent la prisonnière. Ces femmes ne purent s'empêcher de certifier la virginité de Jeanne. On dit que le duc de Bedfort assistait, caché, à cet examen, pour satisfaire une impure curiosité.

Il faut savoir que, dans les idées du temps, les démons ne pouvaient faire pacte avec une vierge. La virginité corporelle renversait donc l'accusation de magie. C'est pour cela que l'on cela la constatation de Rouen, avec autant de soin qu'on avait publié la constatation de Poitiers, faite, celle-là, par la reine de Sicile, mère du roi, assistée de ses dames.

Il n'y a pas non plus trace aux procès-verbaux de la discussion qui s'éleva entre Cauchon et ses assesseurs sur la question du lieu de détention de la Pucelle pendant le procès. La loi voulait que l'accusée fût tenue en prison ecclésiastique, c'est-à-dire transférée à l'archevêché. Plusieurs assesseurs tinrent pour l'exécution de la loi, et il y en eut qui firent observer que ce serait outrager la pudeur d'une jeune fille, que de la laisser ainsi en butte aux brutalités de soldats grossiers.

Cauchon objecta, et pour lui l'objection était décisive, qu'il ne fallait pas déplaire aux Anglais.

A l'issue de la troisième séance, s'était passé un incident qu'on tint également caché.

Cauchon, voulant donner au procès toutes les apparences de la légalité, avait demandé à Jean Lohier, clerc normand, d'un grand savoir et d'une grande autorité, son avis sur la procédure. Jean Lohier examina les pièces, et ne craignit pas de déclarer que la procédure était nulle d'un bout à l'autre. Il en donnait ces raisons entre autres :

Etait-ce un procès d'inquisition? Mais alors l'Inquisiteur eût dû siéger dès l'ouverture du procès.

Etait-ce un procès de droit commun? mais alors les formes les plus respectables avaient été violées. Ne voyait-on pas, en effet, que le nombre des assesseurs variait à chaque audience, et qu'ils n'avaient pas voix délibérative?

Lohier rappelait encore cette loi qui indiquait l'archevêché comme siège du tribunal et comme lieu de détention de l'accusée : cette loi, on l'avait violée.

Jeanne Darc était mineure, n'ayant encore que vingt ans; elle aurait dû, en conséquence, être pourvue d'un curateur. En effet, d'après le droit inquisitorial, c'est-à-dire d'après l'ensemble des décrétales, des constitutions des papes et des décrets des conciles, l'accusé *mineur de vingt-cinq ans* devait être pourvu d'un curateur nommé dès avant sa première comparution devant les juges (1). Le procès était nul de plein droit s'il était instruit en dehors du contrôle du curateur. Et, pour que ce curateur présentât

des garanties sérieuses d'indépendance, il était défendu de le choisir parmi les membres du Saint-Office.

Jean Lohier ajouta que, comme il s'agissait également des actes du roi de France, que Jeanne avait représenté, et dont elle avait soutenu les droits, on était obligé de l'appeler en cause.

Ces critiques si irréfutables, que le notaire Manchon révélera plus tard dans le *procès de révision* (*Procès* II, II, 341), furent, comme on le pense, fort mal accueillies par Cauchon. « Voilà, dit-il, se tournant vers ses fidèles, les Beaupère, les Loyseleur et autres, voilà Lohier qui veut tout calomnier et faire recommencer. Par saint Jean! nous n'en ferons rien, nous continuerons notre procès comme il est commencé. »

Lohier, qui, dès ce moment, refusa de prendre place parmi les assesseurs, fut contraint, par des menaces contre sa vie, de quitter Rouen au plus vite. Il se réfugia à Rome.

On peut noter encore dans les procès-verbaux d'autres omissions aussi graves, que nous a révélées le procès de révision.

Par exemple, les juges ayant sollicité Jeanne de se soumettre à l'Eglise, elle répondit que volontiers elle se soumettrait au Saint-Père, demandant d'être conduite auprès de lui.

A ce moment, Isambard de la Pierre lui suggéra l'idée de se soumettre au concile général de Bâle. — Et qu'est-ce que ce concile général ? demanda Jeanne. — C'est, répondit Isambard, une congrégation de l'Eglise universelle et de toute la chrétienté; et, en ce concile, il y a autant de votre parti comme du parti des Anglais.

Cela entendu, Jeanne commença à crier : « Oh! puisqu'en ce lieu sont aucuns de notre parti, je veux bien me rendre et soumettre au concile de Bâle. »

— Taisez-vous, de par le diable, s'écria lors l'évêque de Beauvais, transporté de fureur. Et il dit au notaire qu'il se gardât bien d'écrire cette soumission de Jeanne. C'est à la suite de cette scène que les Anglais menacèrent Isambard de la Pierre de le jeter à la Seine.

Quand Jeanne entendit la défense faite par Cauchon au notaire, elle s'écria piteusement : — « Hélas! vous écrivez ce qui est contre moi, et ne voulez pas écrire ce qui est pour moi? »

Jean de la Fontaine alla trouver Jeanne dans sa prison, en compagnie d'un autre assesseur, Martin Ladvenu, et ils lui conseillèrent également de se soumettre au Pape et au concile. A l'audience du lendemain, elle déclara de nouveau qu'elle se soumettait, mais l'évêque de Beauvais défendit d'écrire la déclaration au procès-verbal et se répandit en injures et en menaces contre Jean de la Fontaine, qui, lui aussi, dut chercher loin de Rouen un refuge.

Voilà comment avait été conduite cette partie du procès. Nous n'en dirons pas davantage en ce moment, nous réservant, à l'heure du jugement, de montrer l'énorme illégalité de toute cette procédure.

On a vu que Cauchon avait fait résumer à sa façon les réponses de Jeanne dans ses quinze interrogatoires. Le 18 mars, dimanche de la Passion, l'évêque réunit douze assesseurs et leur fit donner lecture de ce résumé. La lecture faite, Cauchon fit décider qu'on résumerait encore ce résumé, c'est-à-dire qu'on le condenserait en un certain nombre d'*articles* qui faciliteraient l'examen des juges, et sur lesquels on devrait prendre l'avis des docteurs les plus compétents et des corps ecclésiastiques. C'était

_____

(1) Le droit inquisitorial a été, vers la fin du quatorzième siècle, condensé et commenté par Nicolas Eymeric, grand inquisiteur du royaume d'Aragon, dans un livre qui a fait longtemps autorité, *le Guide des Inquisiteurs, Directorium Inquisitorum*, imprimé à Rome en 1578 avec l'approbation du Saint-Siége.

là un des moyens de procédure les plus détestables et les plus dangereux pour l'accusé qu'eût inventé l'Inquisition. On donnait ainsi aux propositions une forme générale, impersonnelle, pour ainsi dire, destinée à masquer le parti pris du juge.

C'est pendant qu'on rédigeait ces perfides *articles* que, le 24 mars, Jeanne fut appelée à reconnaître l'exactitude du procès-verbal. Elle trouva, en général, ses réponses assez fidèlement rapportées, sa mémoire ne lui signalant pas, sans doute, au milieu de ces continuelles redites, les graves omissions ordonnées par l'évêque.

A propos de son nom de Jeanne, elle interrompit le lecteur et dit qu'on la nommait indifféremment Darc ou Romée, parce qu'en son pays les filles portaient volontiers le surnom de leur mère. (*Romée* était, en effet, un surnom, dont l'origine remontait à un pèlerinage à Rome fait par les parents d'Isabelle, mère de Jeanne.)

Quand le lecteur arriva aux passages de l'interrogatoire, relatifs à l'habit d'homme, elle prit la parole, non pour contredire le verbal, mais pour déclarer, une fois de plus, ses intentions : — « Donnez-moi, dit-elle, une tunique de femme *pour retourner à la maison de ma mère*, et je la prendrai. Ce sera pour sortir de ma prison, et quand j'en serai hors, je prendrai conseil sur ce que je dois faire. »

L'incident se reproduisit le lendemain, 25 mars, dimanche des Rameaux. Ce jour-là, l'évêque de Beauvais vint, dès le matin, trouver Jeanne à la prison. Il était accompagné de Jean Beaupère, de Nicolas Midy, de Pierre Maurice et de Thomas de Courcelles.

— Jeanne, dit-il, vous nous avez souvent demandé, et hier en particulier, qu'en raison de la solennité de ces jours, vous eussiez permission d'entendre la messe. Si nous vous l'accordions, ne voudriez-vous pas bien quitter cet habit d'homme et reprendre l'habit de femme comme vous aviez coutume de le porter dans le lieu de votre naissance et ainsi que le portent les femmes de votre pays?

— Permettez-moi, dit *Jeanne*, éludant la question, permettez-moi d'entendre la messe dans le vêtement en lequel je suis, et que je puisse aussi recevoir le sacrement d'Eucharistie à la fête de Pâques.

— Répondez à ce qu'on vous demande : Si nous vous accordons cela, quitterez-vous l'habit?

— Je n'ai pas conseil sur ceci. Je ne peux reprendre encore l'habit de femme.

— Voulez-vous en demander conseil à vos saintes?

— On me pourrait bien permettre d'entendre la messe en cet état, ce que je désire par-dessus tout. De changer d'habit, cela n'est pas en moi, et, de moi-même, je n'oserai recevoir la Sainte-Communion en prenant l'habit de femme. Si cela était en moi, ce serait promptement fait. Permettez-moi d'entendre ainsi la messe. Cet habit ne change pas mon âme. Le porter n'est pas contre l'Église.

Et, comme on insistait : — J'aime plus cher mourir, dit-elle, que révoquer ce que j'ai fait du commandement de Notre-Seigneur. Si les juges me refusent de me faire ouïr messe, il est bien en Notre-Seigneur de me le faire ouïr quand il lui plaira sans eux.

Le 26 mars, commença le procès *ordinaire*.

Désormais, le procès était en état. Les propositions tirées des interrogatoires furent approuvées et reçues comme base de l'accusation. Jeanne dut être entendue sur ce résumé de ses paroles.

Ce jour-là, *le promoteur Jean d'Estivet, bientôt suppléé par Thomas de Courcelles*, prononça un ré-quisitoire, dont les conclusions étaient que si Jeanne ne s'expliquait pas catégoriquement sur les propositions, elle devait être considérée comme contumace et excommuniée. Cauchon, dans une allocution préparatoire, exprima pour Jeanne une sollicitude hypocrite; on n'avait contre elle aucune haine; on ne voulait que l'instruire dans la foi et la ramener à la vérité. L'évêque ajouta que si elle voulait un conseil, il lui en choisirait un de sa main.

Jeanne remercia, mais s'en tint, pour conseil, à l'inspiration divine. Elle savait ce que pouvait valoir un conseil donné par Cauchon.

— Nous sommes ici tous ecclésiastiques et doctes hommes, lui disait l'évêque avec une feinte douceur; nous sommes instruits dans le droit divin et humain, et voulons procéder, à votre égard, en toute pitié et mansuétude, ainsi que nous l'avons toujours fait, ne recherchant ni la vengeance ni votre punition corporelle, mais votre instruction et votre retour à la vérité et au salut.

Et l'hypocrite qui disait ces choses venait de préparer, sous forme de résumé mensonger, une véritable sentence de condamnation toute préparée à l'avance.

Voici la réponse textuelle de Jeanne : — Premièrement, de ce que vous m'admonestez pour mon bien et pour notre foi, je vous remercie, et, en même temps, toute la compagnie. Quant au conseil que vous me proposez, je vous remercie encore, mais je n'ai pas intention de me départir des conseils de mon Seigneur.

On apporta les Evangiles, pour qu'elle jurât de dire toute la vérité. — Je dirai, dit-elle, la vérité *sur ce qui touche votre procès*.

Alors, commença la lecture des propositions ou articles. Jeanne l'écouta attentivement, malgré la longueur de ces documents, avec une merveilleuse douceur, malgré les énormités inventées par Cauchon et d'Estivet. De temps en temps, elle se contentait de protester contre une assertion calomnieuse ou de rétablir un fait altéré.

Le préambule établissait la compétence du tribunal en matière d'hérésie, de superstitions et de crimes contre la foi. On y insistait encore sur la bienveillance et l'impartialité des juges.

Au reste, à la suite de ces perfides protestations d'humanité, le réquisitoire signalait Jeanne comme « sorcière, devineresse, fausse prophétesse, invocatrice et conjuratrice de mauvais esprits, superstitieuse, pratiquant les arts magiques, pensant mal de la foi catholique, schismatique, doutant et s'écartant du dogme *unum sanctum* et de plusieurs autres articles de foi, sacrilége, apostate, blasphématrice, scandaleuse, séditieuse, excitant à la guerre, ayant abjuré sans pudeur la décence de son sexe et prenant sans vergogne l'habit indécent et l'extérieur des hommes d'armes; pour ces choses et plusieurs autres, abominables à Dieu et aux hommes, violatrice des lois divine, naturelle et ecclésiastique, séductrice des princes et des peuples, usurpatrice du culte dû à Dieu. »

Les articles, ou propositions, résumés dans le réquisitoire, travestissaient les réponses de l'accusée, en tiraient tout ce qu'elles ne contenaient pas.

Entrant dans le détail, le réquisitoire montrait Jeanne, dès sa plus tendre enfance, hantant les lieux visités par les fées et y pratiquant le sortilége; vers sa vingtième année (c'était la vieillir étrangement), quittant sans permission ses parents, pour habiter des lieux de débauche; citant un jeune homme levant l'official de Toul pour le forcer à l'épouser (c'est le contraire qui avait eu lieu); annonçant à Beaudricourt sa mission, et prophétisant cyniquement qu'elle aurait trois fils, dont l'un pape, l'autre empereur, le troisième roi. Jeanne avait commis le crime de porter des habits d'homme, et le crime plus grand encore de prétendre qu'elle les portait par commandement de Dieu, opposant ainsi Dieu à lui-même.

Le réquisitoire touchait la missive annoncée au roi, et reconnaissait que les prophéties en avaient été accomplies en partie : œuvre détestable de magie. L'invention de l'épée dans la chapelle de Sainte-Catherine de Fierbois : magie. Anneaux, étendards panonceaux : instruments de magie. Les lettres écrites en anglais, portant les noms de Jésus et de Marie : profanations. Mission prétendue divine, tendant à l'effusion du sang humain : blasphème.

Le réquisitoire admettait les révélations, mais comme œuvre du démon. Cela était suffisamment démontré par le caractère d'orgueil et de mensonge imprimé à ces révélations.

Jeanne prétendait connaître l'avenir et entrer en plein dans la pensée de Dieu; n'était-ce pas entreprendre sur la prérogative de Dieu même? Elle at-

LES VISIONS DE JEANNE DARC.

C'est par révélation de sainte Catherine et de sainte Marguerite que j'ai agi (PAGE 18).

tribuait faussement et méchamment à des saints et saintes un sentiment de haine contre *une nation aussi bonne catholique que l'Angleterre*. Elle avait osé dire qu'elle n'avait jamais fait œuvre de péché mortel, quand le sage tombe sept fois par jour. Elle avait préféré une mort volontaire à la prison des Anglais. Elle se promettait le paradis, et pourtant elle avait blasphémé et renié Dieu.

Elle avait cru à la sainteté de ses voix, sans consulter aucun clerc; elle avait invoqué ces voix : adoration de démons, invocation de démons, idolâtrie.

Devant la justice, elle avait refusé de dire toute la vérité, avouant ainsi avoir fait ou dit des choses bonnes à céler. Elle avait refusé de se soumettre à l'Eglise militante. Elle avait insulté de nobles seigneurs et tout un peuple (les Anglais).

Elle avait donc péché contre Dieu, contre l'Eglise, et cela avec l'aggravation de la récidive.

Tel fut cet immense et venimeux réquisitoire, dont la lecture dura deux jours. Le mensonge y trônait impudemment, et on l'y présentait comme résultant des débats. On le voit, le nom de Jean d'Estivet peut être placé à côté de ceux des plus fameux violateurs de la justice, des Jefferies, des Laubardemont, des Fouquier-Tinville.

Jeanne, entendant ces mortelles impostures, ces travestissements éhontés de ses réponses et de la vérité, se contenta souvent de renvoyer à ses véritables paroles. Elle repoussa simplement, par quelques mots, les absurdes calomnies du réquisitoire. Elle donna autorité à un seul grief, en disant : — « Je ne fais point de différence d'habit d'homme ou de femme pour recevoir mon Sauveur. »

Elle répondit noblement au reproche d'avoir prêché l'effusion du sang au nom de Dieu, en rappelant, ce qui était vrai, qu'elle avait toujours commencé par offrir la paix. Même pour les Anglais, qui, cependant, n'avaient qu'une chose à faire, *s'en aller en leur pays*; elle avait toujours sommé avant d'attaquer.

On l'accusait d'orgueil, elle faible et ignorante, et de s'être dite inspirée de Dieu. — *Il est à notre Seigneur*, répondit-elle admirablement, *de révéler à qui il lui plaît.*

Ces prétendus démons qui lui venaient en aide, comment les invoquait-elle? Elle le dit : — Très-doux Dieu, disait-elle alors, en l'honneur de votre sainte Passion, je vous requiers, si vous m'aimez, que vous me révéliez ce que je dois faire ou répondre.... Pour ce, plaise vous à moi l'enseigner.

Cela ne ressemblait guère à une invocation des démons.

Femme, elle avait fait œuvre d'homme et de chef de guerre ; elle répondit fièrement : — Il y a assez d'autres femmes pour faire œuvre de femmes. Si j'étais chef de guerre, c'était pour battre les Anglais.

Elle avait, disait le réquisitoire, encouragé les marques d'adoration des gens du peuple. — Si aucuns ont baisé mes mains ou vêtements, répondit-elle de nouveau, ce n'est pas de ma volonté, et m'en suis gardée selon mon pouvoir.

Jeanne, disait le résumé, avoue elle-même n'avoir pas su avec certitude si les fées, dont lui parlait sa marraine, n'étaient pas de mauvais esprits. — Quant aux fées, répondit-elle, je ne sais ce que c'est. Vous dites que je n'ai pas été élevée dans la foi primitive, mais dans l'art des sortiléges : j'ai pris ma créance et ai été enseignée bien et dûment, comme un bon enfant doit faire.

Le résumé admettait jusqu'à un certain point les visions ; car c'était là la base d'une accusation de sorcellerie. Elle n'avait demandé, sur ces visions, conseil à aucune personne d'Eglise, ce qui dénotait leur caractère démoniaque. Et pourtant, elle prétendait n'avoir rien fait que par le conseil de Dieu. — C'est, répondit *Jeanne*, par révélation de sainte Catherine et de sainte Marguerite que j'ai agi ; je le soutiendrai jusqu'à la mort... J'ai dit seulement que tout ce que j'avais fait de *bien*, je l'avais fait par le conseil de Notre-Seigneur.

Jeanne revient sur ses voix, dont la nature sainte et divine lui est évidente. Elle ajoute : — J'ai souvent par mes voix des nouvelles de Mgr de Beauvais.

— Que vous disent-elles de moi? s'écrie *Cauchon.*

— Je vous le dirai à part.

Sa conclusion, sur les hérésies et sortiléges, fut : — Je suis bonne chrétienne ; je m'en rapporte à Notre-Seigneur.

Sur la question capitale, s'en rapporterait-elle, pour le jugement de ses actions et de ses paroles, à la décision de l'Eglise? Elle répondit, en réservant plus que jamais ses révélations et sa mission : — Mais si l'Eglise condamnait ces révélations comme diaboliques, elle ne s'en rapporterait qu'à Dieu. Elle se considérait comme sujette de l'Eglise terrestre, mais *Notre Sire premier servi* (Dieu servi d'abord).

La lecture terminée, *Jeanne* se contenta de dire avec son ordinaire douceur : — Les délits proposés par le promoteur contre moi, je ne les ai pas commis. Je suis bonne chrétienne. Du surplus je m'en rapporte à Notre-Seigneur.

Mais l'Eglise, insista-t-on, s'y soumettait-elle, ainsi qu'à ceux qui, en son nom, ont pouvoir de punir?

— Samedi, après dîner, je répondrai.

Ce samedi, 31 mars, l'évêque, accompagné de cinq docteurs et de deux bacheliers, se transporta à la prison. — Vous avez demandé délai jusqu'à ce jour, pour répondre à diverses questions?

— Oui, dit *Jeanne.*

— Voulez-vous vous rapporter au jugement de l'Eglise *qui est en terre*, de tout ce que vous avez dit et fait, soit bien ou mal, particulièrement des crimes qui vous sont imputés et de ce qui touche votre procès?

— De ce qu'on me demande, je m'en rapporte à l'Eglise *militante, pourvu qu'elle ne me commande chose impossible.*

— Mais si l'Eglise militante vous dit que vos révélations ne sont qu'illusions du diable, vous en rapporterez-vous à elle?

— Je m'en rapporterai à *Notre-Seigneur*, dont je ferai le commandement.

Voilà, en effet, le point délicat, qui donne prise aux juges. « Dans cette sainteté même, dit bien M. Michelet, comme dans celle de tous les mystiques, il y avait un côté attaquable, la voix secrète égalée ou préférée aux enseignements de l'Eglise, aux prescriptions de l'autorité ; l'inspiration, mais libre, la révélation, mais personnelle, la soumission à Dieu, quel Dieu? le Dieu intérieur... La question du procès se trouva ainsi posée dans sa simplicité, dans sa grandeur : d'une part, l'Eglise visible et l'autorité ; de l'autre, l'inspiration attestant l'Eglise invisible... Tel était le débat, il n'y avait pas de remède, l'accusée devait se perdre! »

Les propositions, ou articles, extraites des réponses de Jeanne, étaient au nombre de soixante-dix ; à partir du lundi de Pâques, on les concentra encore et on les réduisit à douze. Cette façon de résumer, de résumer les résumés, désossait, pour ainsi dire, et défigurait les réponses de l'accusée. Chaque proposition était si habilement présentée, que la conclusion du juge était indiquée à l'avance par la rédaction même.

Cet acte du procès, le plus important de tous, ne fut point communiqué à Jeanne ; on ne l'exposa pas à ses dénégations, à ses vives répliques. Ce ne fut pas tout : des corrections, arrêtées par les assesseurs eux-mêmes, furent omises (1).

Déloyauté, perfidie, illégalité partout !

Si, par aventure, le mouvement du débat amenait Jeanne à entrevoir que ses juges n'étaient pas l'Eglise, si on lui parlait du pape, du concile de Bâle, elle s'empressait de se déclarer prête à se soumettre à ces autorités supérieures. Ce n'était donc pas au-dessus de l'Eglise catholique qu'elle prétendait se mettre par son appel à Dieu, mais seulement au-dessus de la petite Eglise anglaise, hostile et passionnée. A Poitiers, au début de sa mission, elle avait soumis ses révélations à une assemblée de docteurs et de prélats, qui l'avaient rigoureusement examinée pendant trois semaines ; elle rappelait souvent cette enquête, d'où elle était sortie victorieuse, pour prouver qu'elle avait accepté la juridiction ecclésiastique. On ne tenait compte de ce gênant souvenir, et l'enquête de Poitiers, par une iniquité nouvelle, n'avait pas été admise au procès de Rouen.

Le frauduleux document définitivement arrêté, Cauchon écrivit, le 5 avril, aux maîtres et docteurs de lui donner leur avis sur cette pièce. La réponse était bien connue à l'avance, dictée, d'ailleurs, par Cauchon lui-même, dans une série d'épithètes qualificatives.

Ce n'était pas assez de précautions; on y ajouta celle d'*écrémer*, pour ainsi parler, les consulteurs,

(1) Un des assesseurs, écoutant la voix de sa conscience, avait proposé de faire admettre, sur le point important, ce correctif : « Elle se soumet à l'Eglise militante, en tant que cette Eglise ne lui impose rien de contraire à ses révélations faites et à faire. » Cauchon, de sa propre autorité, supprima ce correctif.

et d'en choisir vingt-deux, seize docteurs et six bacheliers, qui devraient parler les premiers et montrer l'exemple. Le 12 avril, ceux-ci se rassemblèrent, sous la présidence d'*Erard Emengard*, et, comme on pouvait s'y attendre, attribuèrent les révélations au démon. Toutes les qualifications indiquées par le réquisitoire et par la lettre de l'évêque furent soigneusement recueillies et admises.

Les autres docteurs suivirent le mouvement, copiant jusqu'aux expressions de la déclaration première. Onze avocats de Rouen donnèrent une consultation conforme, avec cette seule mais étonnante restriction : « A moins, pourtant, ce qui ne parait pas croyable, que ces révélations ne viennent de Dieu. »

Il y eut quelques timides dissidences. Ceux-ci étaient d'avis qu'on consultât l'Université de Paris; ceux-là condamnaient, comme chose indécente, le port d'habits d'homme, « à moins, pourtant, que Jeanne ne l'eût fait pour se défendre contre la violence et garder sa virginité. » Quel aveu ! Un autre proposait de soumettre les réponses de Jeanne à l'examen du pape.

Quelques docteurs, pourtant, osèrent soutenir la possibilité des visions de Jeanne. L'histoire de l'Eglise n'en était-elle pas remplie, et les vies des Saints ne montraient-elles pas sans cesse Dieu en communication directe avec ses élus? *L'évêque d'Avranches* fut d'avis que, d'après la doctrine de saint Thomas, il n'y avait rien d'impossible dans ce qu'affirmait cette pucelle.

L'évêque de Lisieux, tout en admettant que les visions pouvaient être de nature démoniaque, pensa qu'elles pouvaient n'être après tout que de simples mensonges. Que les révélations vinssent de Dieu, ajoutait l'évêque de Lisieux, cela semblait peu probable, *vu la basse condition de la prévenue*.

Un certain *maître Gastinel*, sans mettre en doute la culpabilité de Jeanne, demandait qu'on l'admît au bienfait de l'absolution, dans le cas où elle consentirait à abjurer, mais que, par intérêt pour son âme, elle fût condamnée au pain de douleur et à l'eau d'angoisse.

Maître Sauvage, du chapitre de Rouen, fut net et hardi. « Sauf meilleur jugement, dit-il, *pour l'honneur de sa royale Majesté et du vôtre, pour le repos de la conscience de plusieurs*, il me semble que les propositions doivent être envoyées au Saint-Siége. »

Restait à prendre l'avis de l'Université de Paris; celui-là n'était pas à craindre pour l'accusation. Trois des assesseurs, Jean Beaupère, Jacques de Tours et Nicolas Midy furent chargés de porter à Paris les douze propositions.

A ce moment, on s'aperçut qu'il fallait se hâter; Jeanne était malade. Les Anglais commencèrent à craindre qu'elle n'échappât au supplice par la mort. Le cardinal de Winchester envoya des médecins; Warwick leur dit : — « Prenez-en bien soin; *le roi ne veut pour rien au monde qu'elle meure de mort naturelle. Le roi l'a chère, car il l'a achetée cher.* »

Cela n'est-il pas bien Anglais?

Jeanne avait une grosse fièvre; on la saigna : elle se trouva mieux. Jean d'Estivet fit payer à Jeanne la peur qu'elle venait de lui faire, en l'accablant de sales injures. Ce traitement rendit à Jeanne sa fièvre, et Warwick, dont la férocité était plus habile et plus prudente, défendit au promoteur l'entrée de la prison.

Trois médecins avaient été appelés près de la Pucelle, Guillaume de la Chambre, Jean Tiphaine et Guillaume des Jardins. Lorsque d'Estivet les amena, Jeanne répondit à leurs questions qu'elle avait

mangé d'une carpe envoyée par l'évêque de Beauvais, et qu'elle ne savait si de là venait son mal.

— Elle ment, s'écria d'Estivet. Ah! paillarde, putain, tu as mangé des harengs et d'autres choses qui te sont contraires.

Jeanne protesta qu'elle avait dit vrai, et le médecin Tiphaine apprit d'un des gardiens que la prisonnière avait eu de grands vomissements.

Etait-ce une indigestion? mais la convalescence fut longue, et cependant Jeanne était robuste. Etait-ce le poison? M. N. Villiaumé le suppose, non sans raison. Si l'Anglais voulait voir Jeanne, qui lui coûtait si cher, mourir par justice, le misérable Cauchon n'eût-il pas préféré sortir d'embarras par un crime? L'emportement et les dénégations de d'Estivet seraient alors l'involontaire aveu d'un complice.

L'évêque, cependant, voyant qu'il fallait aller vite, communiqua à l'accusée la teneur des consultations et lui représenta doucement que, blâmée et condamnée par tant d'hommes éminents, elle devait reconnaître son erreur et soumettre son ignorance aux instructions paternelles de certains clercs qu'il lui choisirait. Que si elle refusait et persistait à se confier à son sens propre, il faudrait bien l'abandonner.

Jeanne remercia, et, vu le danger de mort où elle était, demanda les sacrements de l'Eglise. — « Soumettez-vous donc à l'Eglise, » répondit l'impitoyable. Jeanne, tout en suppliant qu'on mît son corps en terre sainte, garda le silence sur le point capital, et dit s'en remettre au Seigneur.

L'évêque, alors, nouveau piége, lui proposa d'ordonner « une belle et notable procession, pour la réduire en bon état, si elle n'y était. » Jeanne accepta, avec plaisir, les prières des catholiques.

La grossière ignorance des médecins ne permet pas même de former une conjecture sur la nature de la maladie de Jeanne. « C'est une *phlébotomie*, dirent Tiphaine et des Jardins! — Méfiez-vous de cette *phlébotomie*, répondit Warwick; la rusée pourrait bien se tuer. »

L'Anglais tenait fort à la tuer lui-même.

Jeanne, cependant, se rétablissait lentement, et on jugea que les tortures pouvaient recommencer sans danger pour sa vie.

Avant tout, l'évêque imagina de corroborer l'admonition privée par une admonition publique. L'insoumission de Jeanne n'en serait que plus éclatante.

Le 2 mai, un savant théologien, *Jean de Châtillon*, archidiacre d'Évreux, fut chargé de l'exhorter devant toute l'assemblée. Il s'acquitta de cette tâche avec la faconde ampoulée des docteurs du temps. Il fallait qu'elle soumit ses révélations au jugement de l'Eglise, le Seigneur ne permettant à personne de ne s'en rapporter qu'à soi de ses dits ou de ses faits, mais ayant confié à des hommes ecclésiastiques le pouvoir de connaître et de juger des faits et des dits des fidèles. Ces hommes, qui la méprise, méprise Dieu même. Si donc elle n'acceptait pas leur jugement comme infaillible, elle était hérétique, auquel cas elle encourait la peine du feu éternel pour son âme, et du feu temporel pour son corps.

Telle fut la substance du discours de Châtillon, et Jeanne répondit, comme toujours, qu'elle était bonne chrétienne, qu'elle croyait à l'Eglise, mais que, sur ses propres faits et dits, elle s'en rapportait à Dieu. — « *J'ai bon maître, c'est à savoir Notre-Seigneur. Si je voyais le feu, si dirais-je ce que je vous dis, et n'en ferais autre chose.* »

Superba responsio, orgueilleuse réponse, est-il écrit en marge du procès-verbal !

On insista.

— *D.* Voulez-vous vous soumettre à notre saint-père le pape?

— *R.* Menez-m'y, et je lui répondrai.

Le juge s'enferrait encore.

Sur le signe mystérieux donné au roi, et dont l'archevêque de Reims, Charles de Bourbon, La Trémoille, La Hire, tous présents, avaient vu le porteur, voulait-elle s'en remettre à ces personnages de son parti? On leur donnerait un sauf-conduit.

— Baillez-moi un messager, répondit-elle, et je leur écrirai de tout ce procès. Qu'on les fasse venir, et je répondrai.

— Voulez-vous en référer à l'Église de Poitiers?

— Me cuidez-vous prendre par cette manière, et par là m'attirer à vous?

Ces réponses ambiguës, évasives, disaient assez la confiance que Jeanne avait dans la bonne foi de son juge.

— Avisez-vous bien, dit *Cauchon* en terminant la séance.

— En quel temps? demanda *Jeanne.*

— Avisez-vous dès à présent.

On n'obtint rien d'elle, il fallut la ramener dans sa prison.

Restait un dernier moyen, la torture. Le 9 mai, Jeanne fut conduite dans la grosse tour du château. On lui montra les instruments qui sauraient bien lui arracher la vérité, les bourreaux qui attendaient. — « Vraiment, répondit Jeanne à l'évêque, si vous me deviez faire détruire les membres et faire partir l'âme hors du corps, si ne vous dirais-je autre chose; et si je vous disais autre chose, après je vous dirais toujours que vous me l'auriez fait dire par force. »

Quel admirable jugement porté sur cet absurde et criminel moyen de procédure! Et c'est une jeune fille qui dit ces paroles! et elle les dit en 1431 ! et il faudra plus de trois siècles encore, avant que des hommes sensés, des magistrats honorables s'avisent de renoncer à cette sauvage pratique !

Jeanne, au reste, se sentait toute reconfortée, tout armée contre les sophismes de ses juges; elle avait consulté ses voix sur la question de la soumission à l'Église; saint Gabriel lui était apparu : elle savait qu'elle devait s'en rapporter à Dieu de toutes choses.

On craignit que Jeanne subît la torture sans parler, ou qu'elle y succombât. On y renonça. N'avait-on pas assez ample matière à condamnation?

Le Chapitre de Rouen, l'Université de Paris vinrent, par leurs décisions, rassurer, si elles avaient quelque besoin de l'être, toutes ces consciences de bourreaux. Si cette femme, déclarait l'Université de Paris, n'était pas folle, elle était schismatique, apostate, devineresse; si elle refusait de revenir à la foi, elle devait être abandonnée au bras séculier. Tel fut l'avis des deux facultés.

La faculté de théologie, répondant à chacune des propositions générales, ajoutait qu'une pareille femme était superbe, contemptrice de Dieu, païenne, cruelle, altérée de sang humain, séditieuse, impie envers son père et sa mère, enfin, scandaleuse.

La faculté de droit se joignit à ces déclarations et à leur conclusion sanguinaire.

Une expédition de l'avis de l'Université fut envoyée au Pape et au collége des cardinaux, et l'Université écrivit au roi d'Angleterre et de France de hâter la punition de cette femme.

Fort de ces assentiments, Cauchon réunit, le 19 mai, les assesseurs, leur donna communication de ses documents nouveaux, et les consulta sur ce qu'il y avait à faire. Il y eut trois opinions principales. Les uns voulaient que la condamnation fût portée sans aucun retard. D'autres étaient d'avis qu'une dernière monition fût adressée à l'accusée. Enfin, et il est facile de reconnaître en ces derniers la minorité bienveillante et sympathique, quelques-uns voulaient qu'après l'admonition, on communiquât à l'accusée les douze articles, et qu'on ouvrît ensuite une nouvelle délibération. La majorité décida qu'il fallait, après une dernière admonition charitable, fermer le débat, et prendre jour pour le prononcé de la sentence.

Le 23 mai, Jeanne fut amenée dans une salle voisine de sa prison, et *Pierre Maurice* fut chargé de lui exposer ses erreurs et leurs suites.

Le chanoine commença par traduire à Jeanne les réponses aux douze articles dont il lui fit un extrait rapide et tronqué. Puis, d'une voix ironique :

— « Jeanne, *ma très-chère amie,* maintenant que l'on touche au terme de votre procès, il est temps...»

Ce fut là le ton de l'admonition dernière. Pierre Maurice termina, disant :

— « En obéissant à l'Église, vous sauverez votre âme et rachèterez, *comme je pense,* votre corps de la mort. Mais si vous ne le faites et que vous vous obstiniez, sachez que votre âme sera frappée de damnation, *et je crains la destruction de votre corps,* desquelles choses daigne vous préserver Jésus-Christ ! »

Jeanne écouta avec calme ces promesses qui n'engageaient guère, et ces doucereuses menaces ; elle maintint ses dires et ses résolutions, dans ces énergiques paroles : — « Si j'étais en jugement et voyais le feu allumé, et les bourrées allumées et le bourreau prêt à bourrer le feu, je n'en dirais autre chose, et soutiendrais ce que j'ai dit au procès jusqu'à la mort. »

Dès lors, le débat fut clos, et il fut renvoyé au lendemain pour la sentence.

Pendant que chaque jour apportait ainsi à Jeanne sa torture morale dans ces audiences où la vengeance se cachait hypocritement sous le masque de la justice, la prison même, avec ses chaînes pesantes et les outrages des soudards, n'était pas un refuge pour la pauvre jeune fille. Un prêtre pénétrait jusqu'à elle ; mais ce prêtre infâme, c'était Nicolas Loyseleur, qui épiait chaque parole de la trop confiante Jeanne, pour la reporter à l'évêque et aux Anglais.

C'était Cauchon lui-même, qui, l'indigne, assistait, caché, à ces conversations du traître avec la victime, qui les notait, qui les eût osé faire inscrire au procès-verbal, si les notaires ne s'étaient refusés à y faire figurer ces honteux espionnages (déposition de *Manchon,* procès III, 141).

Un jour, celui qui avait vendu Jeanne, le comte de Ligny, passant par Rouen, voulut revoir sa prisonnière. Il vint, accompagné de Warwick, de Stafford, de l'évêque de Térouanne et d'Haimond de Macy, par qui nous ont été conservés les détails de cette entrevue.

— Jeanne, dit de Ligny, d'un ton moitié amical, moitié railleur, je suis venu pour vous racheter, si toutefois vous voulez promettre de ne jamais reprendre les armes contre nous.

— En mon Dieu ! vous vous riez de moi, répondit Jeanne, je sais bien que vous n'en avez ni le pouvoir ni le vouloir !.. Les Anglais me feront mourir, je le sais, croyant, après ma mort, faire leur profit du royaume de France ; mais, quand même, ils seraient cent mille *godons* (c'est ainsi qu'elle prononçait *goddams*) plus qu'ils ne sont maintenant, ils n'auront pas le royaume.

A ces mots, le brutal Stafford tira sa dague pour frapper Jeanne ; mais Warwick arrêta son bras.

Un autre jour, la duchesse de Bedford envoyait à Jeanne son tailleur avec un habit de femme. Le misérable prit Jeanne par le sein : la jeune fille, indignée, lui détacha un vigoureux soufflet.

Une dernière épreuve fut tentée. Cela gênait les juges de condamner cette jeune fille tant qu'on n'avait pas obtenu d'elle une rétractation. On voulut essayer d'une scène populaire. La foule hurlante, le bourreau tout prêt, feraient peut-être ce que n'avaient pu faire la ruse, la prière, la menace. Le 24 mai, deux échafauds furent dressés dans le cimetière de l'abbaye de Saint-Ouen. Sur l'un, siégeaient le cardinal de Winchester, l'évêque de Beauvais, des docteurs en grand nombre. Sur l'autre, on fit placer Jeanne.

Un célèbre prédicateur flamand, *Erard*, commença un sermon dont le texte était cette parole de saint Jean : « La branche ne peut porter de fruit elle-même, si elle ne demeure sur la vigne. » Le prétendu sermon ne fut qu'une longue injure contre Jeanne et contre Charles VII. De ce qui la regardait, Jeanne ne s'émut guère. Mais, quand elle entendit insulter son roi, elle ne put s'empêcher de dire :

— « Par ma foi, sire, révérence garder, je vous ose bien dire et jurer, sur peine de ma vie, que c'est le plus noble chrétien de tous les chrétiens, et qui mieux aime la foi et l'Église. »

Puis, à l'éternelle accusation d'hérésie, elle répondit, sur le ton de l'inspiration :

— « Quant à la soumission à l'Église, je leur ai répondu. Je leur ai dit en ce point que toutes les choses que j'ai faites ou que j'ai dites, soient envoyées à Rome, devers notre saint-père le Pape, auquel, et à Dieu premier, je me rapporte ; et, quant aux dits et faits que j'ai faits, je les ai faits de par Dieu. »

Cette protestation publique, solennelle, de soumission au chef visible de l'Église, c'était la confusion de l'Église prétendue, l'Église des Anglais, l'Église des juges-bourreaux. Cette scène, dont on avait tant attendu, tournait contre ceux qui l'avaient préparée. Érard, pour détourner les esprits de cet incident gênant, se hâta de sommer, à haute voix, Jeanne d'abjurer. *Abjurer*, dit-elle, que veut dire ce mot? L'huissier le lui explique, et elle répondit : « Je m'en rapporte à l'Église *universelle*, si je dois abjurer ou non. »

— « Tu abjureras présentement, lui cria Érard avec fureur, ou tu seras arse (brûlée) aujourd'hui même. »

En terminant, Érard lut à Jeanne une cédule d'abjuration de quelques lignes écrites en gros caractères, lui promettant *sa liberté* dès qu'elle aurait apposé sa croix sur cette pièce.

De tous côtés, des voix exhortaient, poussaient, pressaient Jeanne. — « Vous vous donnez bien du mal pour me séduire, » répétait-elle. Enfin, l'évêque, après trois dernières sommations, commença à lire la sentence. Étourdie de toutes ces exhortations, dont un grand nombre prenaient une forme amicale, amenée au doute sur son sens personnel par cet assentiment général, Jeanne vacilla, se troubla, céda. — « Je me soumets à l'Église, » dit-elle en traçant sa croix sur la cédule. On avait réussi à la briser.

C'est surtout à Loyseleur que revenait l'*honneur* de cette victoire. Le prêtre indigne, depuis quelques jours, exhortait *en ami* la pauvre fille à se soumettre.

— Croyez-moi, Jeanne, lui disait-il, acceptez votre habit de femme et remettez-vous aux mains de l'Église, autrement vous êtes en péril de mort. Si vous faites ce que je vous dis, vous n'éprouverez aucun mal, mais serez remise à l'Église.

Pourquoi ces insistances. Ah ! c'était là le nœud du procès. La procédure de l'Inquisition ne permettait une condamnation à mort pour cause d'hérésie, c'est-à-dire la délivrance du coupable au bras séculier, que si, condamné une première fois, l'accusé devenait *relaps*, c'est-à-dire retombait dans ses erreurs après les avoir abjurées.

Les greffiers donnèrent à l'abjuration sa forme authentique, on fit répéter à Jeanne la formule traîtresse ; elle le fit, comprenant à peine. Cauchon triomphait ; le promoteur triomphait. Jeanne venait de donner raison à l'acte d'accusation, au réquisitoire, au résumé des propositions.

On ne se contenta pas de cette victoire. On falsifia, en la développant outre mesure, la très-courte formule d'abjuration qu'on venait d'arracher à Jeanne par cette longue torture morale.

Ce qu'il y eut de plus singulier, c'est que la monstrueuse perfidie qui devait perdre Jeanne et justifier ses bourreaux, fut très-mal comprise et très-peu goûtée des Anglais. Quand ils virent qu'on avait obtenu de Jeanne une rétractation qui semblait la sauver, ils éclatèrent en injures, en cris de fureur. Les juges furent accueillis à coups de pierres. Et cependant, ces hommes qu'on accusait de trahison, qu'on frappait, venaient de faire plus que de tuer Jeanne ; ils avaient, ils le croyaient du moins, tué son passé ; ils avaient, par la propre bouche de Jeanne, détruit la mission divine qu'elle s'était attribuée ; ils avaient, enfin, enlevé à la défaite des Anglais son caractère de punition céleste.

Quant à retrouver un prétexte pour condamner Jeanne, rien de plus facile quand on ne reculait devant aucun moyen.

Le cardinal de Winchester et l'évêque de Beauvais n'hésitèrent donc pas à admettre Jeanne à la pénitence. Tout en la recevant dans le sein de l'Église, on se complut à appuyer sur tous les crimes qui l'en avaient fait sortir, à les énumérer hautement, pour qu'elle ne pût, sans danger de mort, y retomber.

La conclusion logique de l'abjuration et de la pénitence, c'était que la pardonnée fût non pas mise en liberté, mais du moins passât des prisons de l'Anglais dans celles de l'Église. Jeanne y comptait : Érard le lui avait promis. On la reconduisit dans sa prison première ; n'appartenait-elle pas aux Anglais ? La complicité du clergé éclatait aux yeux qui ne l'avaient pas vue encore.

Jeanne, selon les promesses qu'elle avait faites, quitta l'habit d'homme. Mais, trois jours après, on s'arrangeait de manière à ce qu'elle le reprît. Les gens d'Église accoururent pour constater le cas ; toutefois, cette comédie sacrilège fut, ce jour-là, déjouée par les Anglais eux-mêmes, qui gardaient de près leur prisonnière, et ne se fiaient plus à ces traîtres du clergé.

Le lendemain, seulement, l'évêque, le vice-inquisiteur et quelques-uns des assesseurs purent constater la rechute. Mais comment, si bien gardée, Jeanne avait-elle pu reprendre ses habits d'homme ? Un assesseur, *Marguerie*, eut la naïveté de le demander. On le fit taire, avec des menaces.

Si l'on en croit le procès-verbal, Jeanne répondit aux questions qu'elle avait repris volontairement cet habit, qu'elle le préférait à l'habit de femme.

— *D.* Mais vous aviez promis et juré de ne pas le reprendre?

— *R.* Je n'ai jamais entendu faire serment de ne pas le reprendre.

— *D.* Pourquoi donc l'avez-vous repris?

— *R.* Parce qu'il est plus convenable d'avoir habit d'homme étant entre les hommes, que d'avoir habit de femme.

Et elle aurait ajouté qu'elle avait eu le droit d'agir ainsi, puisqu'on ne lui avait pas tenu la promesse donnée de la délivrer de ses fers et de la conduire à la messe.

Relapse sur le fait de l'habit, Jeanne la sincère sera trouvée tout aussi facilement, plus facilement encore, relapse sur le fait de ses révélations. A-t-elle, depuis l'abjuration, entendu ses voix? lui demanda *Cauchon.*

— Oui, dit *Jeanne.* — Et que vous ont-elles dit?

— Dieu m'a mandé, par sainte Catherine et sainte Marguerite, la grande pitié de la trahison que j'ai consentie en faisant abjuration pour sauver ma vie.

Responsio mortifera, est-il écrit en marge de la copie de Saint-Victor, réponse mortelle!

— Avant jeudi, ajouta *Jeanne*, mes voix m'avaient dit ce que je ferais en ce jour-là, et ce que j'ai fait; et, quand j'étais sur l'échafaud, je ne l'entendais pas ainsi faire et dire. Je n'ai pas dit ou entendu révoquer mes apparitions, c'est à savoir que ce furent sainte Catherine et sainte Marguerite. Tout ce que j'ai fait, je l'ai fait par la crainte du feu, et n'ai rien révoqué que ce ne soit contre la vérité. J'aime mieux faire ma pénitence à une fois, c'est à savoir en mourant, que endurer plus longtemps la peine en prison. Jamais je ne fis chose contre Dieu ou sa foi, quelque chose qu'on m'ait fait révoquer; et ce qui était dans la cédule d'abjuration, je ne l'entendais pas, et sur l'heure même, je n'entendais révoquer quelque chose si ce n'est qu'il plût à notre Père. Si les juges veulent, je reprendrai l'habit de femme, et, si l'on veut me laisser aller à la messe, et ôter les fers et mettre en prison gracieuse, et que j'aie une femme, je serai bonne et ferai ce que l'Eglise voudra. »

Sur l'échafaud même ses voix lui parlaient, lui disaient de répondre hardiment à ce faux prêcheur. Jeanne, donc, affirmait de nouveau sa mission. — Si je disais que Dieu ne m'a pas envoyée, je me damnerais. La vérité est que Dieu m'a envoyée. Mes voix m'ont dit que j'avais fait une grande mauvaiseté, de confesser de n'avoir pas bien fait ce que j'ai fait. C'est par peur du feu que j'ai dit ce que j'ai dit.

C'était plus qu'on ne voulait. Les juges se retirèrent. L'évêque, en sortant, ne put contenir sa joie homicide. — « *Farewell, farewell*, cria-t-il en riant à Warwick et aux Anglais, faites bonne chère : *c'est fait.* »

Le lendemain, un conseil fut réuni; les procès-verbaux furent lus. Les avis furent pris, et, à l'unanimité, les membres présents déclarèrent Jeanne relapse et opinèrent pour qu'elle fût livrée au bras séculier.

Comment s'y était-on pris pour avoir raison de Jeanne? Les bourreaux connaissaient si bien la parfaite pureté de la jeune fille, qu'il leur fut facile de la déterminer à reprendre ses habits d'homme. Il n'y avait qu'à la menacer de souillures. Les Anglais sauraient bien s'y prendre.

Nous savons, par les dépositions postérieures du frère *Isambard* et de l'apparteur *Massieu* (1), quels ignobles moyens employèrent les gardiens de Jeanne.

A peine revenue, après l'abjuration, dans cette prison qu'elle n'eût plus dû revoir, les gardiens anglais lui firent revêtir des habits de femme, et, aussitôt cette toilette terminée, se jetèrent sur la vierge avec d'obscènes moqueries, avec d'impudiques attouchements. La jeune fille, moins agile et moins assurée dans ses nouveaux vêtements, eut grand'peine à repousser ces violences. Warwick lui-même, dit-on, vint prendre sa part de cette sale comédie. « Un mylord m'a voulu forcer, » raconte Jeanne à son confesseur Isambard.

Malgré la parole donnée, on riva de nouveau Jeanne à ses fers; ses jambes furent étroitement serrées par deux anneaux que réunissait un cadenas. Et c'est dans cette situation qu'il lui fallait passer les nuits près de soudards avinés, sous des vêtements de femme!

Cependant, jusqu'au samedi soir, veille de la Trinité, Jeanne avait gardé ces vêtements qui la protégeaient si mal. Le dimanche matin, elle pria un des gardes de la déferrer, pour qu'elle se pût lever. Cet homme se contenta de jeter sur le lit les vêtements d'homme, oubliés à dessein dans la chambre.

« Vous savez qu'il m'est défendu, » dit Jeanne, et elle passa plusieurs heures sur son lit, refusant de revêtir ces habits qu'elle s'était interdits par serment. Enfin, comme on lui refusait les autres, de guerre lasse, elle s'habilla.

Le guet-apens est clairement prouvé.

Le matin du 30 mai, Jeanne fut prévenue qu'elle allait mourir. Elle savait bien ce qu'elle s'était attiré; mais elle était femme, par là plus admirable et plus touchante. Elle se récria douloureusement, s'arracha les cheveux, disant : — « Hélas! me traite-t-on si horriblement et cruellement, qu'il faille que mon corps net et entier, qui ne fut jamais corrompu, soit aujourd'hui consumé et réduit en cendres! Ah! ah! j'aimerais mieux être décapitée sept fois que d'être ainsi brûlée. Hélas! si j'eusse été en la prison ecclésiastique à laquelle je m'étais soumise, et que j'eusse été gardée par les gens d'Eglise, non par mes ennemis et adversaires, il ne me fût pas si misérablement meschu, comme il est. Oh! j'en appelle devant Dieu, le grand juge, des grands torts et ingravar ces qu'on me fait. »

Et, apercevant Pierre Cauchon : — « Évêque, je meurs par vous. »

— « Ah! Jeanne, répondit doucereusement le Judas, prenez-en patience. Vous mourez pour ce que vous n'avez tenu ce que vous nous aviez promis, et que vous êtes retournée à votre premier maléfice. »

— « Évêque, j'appelle de vous devant Dieu! »

Que venait faire Cauchon en présence de sa victime? Il tramait une perfidie nouvelle. Vous deviez être délivrée par vos voix, venait-il dire à Jeanne, et vous voyez qu'elles vous ont déçue. A ces paroles, si l'on en croit une addition faite après coup au procès-verbal, Jeanne aurait reconnu que ses voix l'avaient trompée; c'est-à-dire qu'elle aurait couronné sa vie par une abjuration suprême, inutile celle-là, et incapable de racheter sa vie.

La démarche de Cauchon, tout la prouve. Il voulait s'assurer un dernier triomphe, aux Anglais une satisfaction dernière. Mais les réponses prétendues

____

(1) *Quicherat*, II, 5, Isambard; II, 15, Massieu.

de Jeanne, qu'aucune signature de greffier ne certifie, tout en démontre la fausseté.

« Détruire la foi en la mission de Jeanne, dit avec autorité M. Wallon, c'était tout l'objet du procès : si on l'avait pu faire par un acte authentique, l'évêque de Beauvais était trop habile homme pour le faire par une pièce qui se produit avec tous les signes de la clandestinité. »

Jeanne se confessa au frère *Martin Ladvenu*, qui, sur l'autorisation de l'évêque, lui donna la communion. Jeanne reçut l'Eucharistie avec une piété fervente et une grande abondance de larmes.

Vers neuf heures, Jeanne, vêtue de l'habit de femme, coiffée d'une mitre sur laquelle on lisait ces mots : *hérétique, relapse, apostate, idolâtre,* fut livrée au bourreau.

Et elle venait de recevoir, avec une piété rare, le corps de son Sauveur !

Quelques centaines d'hommes, armés d'épées et de bâtons, l'entourèrent à la sortie, et le cortège s'avança vers la place du Vieux-Marché. Jeanne pleurait ; le peuple voyait ses larmes, entendait ses sanglots. Un des juges, celui-là même qui avait le mieux gagné sa confiance, et qui l'avait le plus indignement trompée, sentit un mouvement de remords. Il se nommait *Nicolas Loyseleur*. Il se précipita vers sa victime, implorant le pardon. Les Anglais le repoussèrent avec menaces ; et, dit éloquemment M. Wallon, l'appelèrent traître parce qu'il ne l'était plus. Warwick lui sauva la vie, mais lui fit aussitôt quitter la ville.

Un échafaud en maçonnerie avait été élevé sur la place ; un tableau placé devant portait cette inscription :

Jehanne qui s'est fait nommer la Pucelle, menteresse, pernicieuse, abuseresse du peuple, devineresse, superstitieuse, blasphémeresse de Dieu, présomptueuse, mécréant de la foy de Jésus-Christ, vanteresse, idolâtre, cruelle, dissolue, invocateresse de diables, apostate, schismatique, hérétique.

Au dessus, le bûcher, énorme de hauteur, une montagne de bois.

Sur deux autres échafauds siégeaient les juges séculiers et ecclésiastiques, les prélats, les seigneurs.

La cérémonie homicide commença par un sermon, prêché par Nicolas Midy, l'un des assesseurs. La péroraison était ainsi : — « Jeanne, vas en paix, l'Église ne peut plus te défendre ; elle te livre au bras séculier. »

L'évêque ajouta au sermon une exhortation à Jeanne de pourvoir au salut de son âme, et prononça la sentence qui déclarait Jeanne, dite la Pucelle, vu ses erreurs, son abjuration et sa rechute, hérétique, relapse, excommuniée ; on la retranchait du corps de l'Église comme un membre pourri, et on la livrait au bras séculier, priant seulement que la sentence fût modérée et que la mutilation des membres et la mort fussent épargnés à la coupable.

Cette sentence, la voici :

« Attendu qu'il est constant que cette femme ne s'est jamais sincèrement départie de ses erreurs, de son obstination, ni de ses crimes horribles ; qu'au contraire, elle a caché la malice diabolique de son entêtement sous une fausse contrition ; qu'elle s'est rendue indigne de la miséricorde qui lui était offerte dans notre première sentence, nous procédons comme il suit à notre sentence définitive :

« Au nom du Seigneur, nous te déclarons excommuniée et hérétique, et, comme un membre de Satan, retranchée de l'Église, infectée de la lèpre de l'erreur ; afin que tu n'infectes pas d'autres membres, nous t'abandonnons à la justice séculière. »

Elle, cependant, n'écoutait plus les voix de la terre. Elle priait, elle voyait. Elle demandait pardon de ses offenses, et elle pardonnait toutes celles qu'on lui avait faites. Elle demandait des prêtres à ses bourreaux.

Elle parla du roi de France, ce roi qui l'avait abandonnée : elle le disculpa, disant qu'il n'avait été pour rien dans ce qu'elle avait fait de bien ou de mal. Elle ne savait pas si bien dire.

L'évêque de Beauvais avait, pour la forme, imploré le juge séculier pour que la relapse conservât la vie et que le dernier supplice fût épargné à son corps. Dernière et ironique hypocrisie : le bûcher était prêt !

Jeanne s'agenouilla, protestant de son innocence et de celle du roi, demandant pardon à tous, réclamant les prières des assistants ; tous pleuraient.

Jeanne pria qu'on lui donnât une croix. Un Anglais en fit une avec un bâton. Elle la prit, la baisa, la mit dans son sein.

Quelques soudards, cependant, s'impatientaient de ces longueurs. L'Église avait abandonné sa proie. Qu'attendait-on ? Le juge civil ne prononça même pas la sentence ; il cria aux gardes : « Menez, menez. Bourreau, fais ton devoir. »

A ce moment, et sans attendre l'ordre du bailli, qui seul pouvait envoyer un patient à la mort, deux sergents saisissent Jeanne, l'arrachent des mains des prêtres, la traînent jusqu'au pied du bûcher et la livrent au bourreau qui la fait monter et la lie.

Jeanne, cependant, se plaignait à voix haute : — « Rouen, Rouen, mourrai-je ici, seras-tu ma maison ? Ah ! Rouen, j'ai grand' peur que tu n'aies à souffrir de ma mort ! »

Le bûcher, élevé très-haut, fut allumé par le bas. Jeanne, s'en apercevant, dit à son confesseur, le frère Ladvenu, de descendre, le priant seulement de tenir devant elle la croix bien haut, de manière à ce qu'elle pût la voir jusqu'au bout.

Il faut citer ici M. Wallon, très-simple, très-éloquent, très-convaincu. Il dit qu'à ce moment suprême, Jeanne comprit enfin ce que ses voix lui avaient dit de prendre tout en gré, de ne se soucier de son martyre et de s'attendre au paradis. Ces paroles, entendues jusqu'alors dans le sens étroit et terrestre, « elle les comprit à la lueur des flammes, et elle entendit en même temps la délivrance qui lui était promise. Dès ce moment, la mort même rentrait dans l'ordre de sa mission ; elle l'accepta, comme elle avait accepté tout le reste. Sur le bûcher comme dans la prison, devant la mort, comme devant ses juges « elle maintint et affirma jusqu'à la fin que ses « voix étaient de Dieu ; que tout ce qu'elle avait fait « était du commandement de Dieu ; qu'elle ne croyait « pas avoir été trompée par ses voix, et que les révé- « lations qu'elle avait eues étaient de Dieu. » C'est le témoignage du courageux confesseur qui ne la quitta qu'à l'approche du feu, et ne la quitta que pour tenir devant elle la croix, image du Rédempteur, divin modèle de son martyre. Au milieu des flammes qui l'enveloppaient, elle ne cessa de confesser à haute voix le saint nom de Jésus et d'invoquer les saints et les saintes. Une dernière fois on l'entendit encore prononcer le nom de Jésus, puis elle baissa la tête. Elle achevait sa prière dans le ciel. »

Aussitôt après la mort de Jeanne, et même avant sa mort, pendant que, sur l'échafaud elle souffrait son martyre, il arriva ce qui arrive toujours lorsque se commet, à la face de Dieu et des hommes, quelque injustice énorme, criminelle, irréparable. La pitié vient aux uns, le remords aux autres ; et cela non pas peu à peu, par réflexion, mais tout à coup et sur la simple vue de la victime.

Le traître hypocrite, le prêtre parjure, Loyseleur, on l'a vu, se repentit.

Le bourreau, qui alluma le bûcher où périt l'innocente, dit à l'honnête religieux qui assistait Jeanne à ses derniers moments, le dominicain Ladvenu : — « Non, Dieu ne me pardonnera jamais. Il n'y a pas de pardon ni d'indulgence pour ce que j'ai fait à cette sainte femme. Je crains bien d'être damné. »

Jean Fressart, secrétaire du roi d'Angleterre, revint de là disant tout haut : — « Nous sommes tous perdus ; car une bonne sainte personne a été brûlée. Son âme est entre les mains de Dieu ; mais, pour tous ceux qui l'ont fait mourir, ils seront damnés. »

— « Je voudrais que mon âme allât de certain là où je crois qu'est l'âme de cette femme, » dit à un spectateur voisin de lui sur la place le chanoine Jean Alespès.

On raconte, est-ce une légende? qu'un Anglais, un des plus acharnés contre la Pucelle, et qui s'était vanté d'ajouter au feu son fagot, se sentit défaillir après l'avoir fait. Il se trouva mal et il fallut le porter à une taverne voisine. Là, revenu à lui, il se prit à pleurer, disant : — « J'ai péché contre une sainte

La grosse Tour, à Rouen.

femme. J'ai vu, quand elle rendait l'âme, sortir de sa bouche une colombe. »

Beaucoup de juges pleuraient. Le cardinal de Winchester pleurait ! L'évêque de Beauvais, oui, Cauchon lui-même pleurait ! *Dix mille hommes pleuraient,* dit M. Michelet : c'est exagéré sans doute ; mais il est certain que tout ce qui n'avait pas dans sa poitrine un cœur de brute, se sentait ému. L'orgueil anglais satisfait, l'honnêteté anglaise reprenait le dessus. L'ambition basse et la cupidité ignoble des prêtres français avaient tenu jusqu'au bout ; mais, au bout, la victime morte, ces mauvais prêtres, ces juges iniques redevenaient des hommes. La nature humaine est capable de tous les contrastes et de toutes les inconséquences.

Cette grande pitié, mêlée de remords, ne fit que s'augmenter avec le temps. On se rappelait le mot prophétique de la Pucelle : — « Ah, Rouen ! Rouen ! j'ai grand'peur que tu n'aies à souffrir de ma mort ! » Déjà bien des gens se trouvaient, qui voyaient en Jeanne une vierge martyre; on se montrait avec

horreur les docteurs qui avaient conduit le procès.

«Encore par un mois après, dit plus tard Guillaume Manchon, je ne pouvais bonnement m'apaiser, pourquoi d'une partie de l'argent que j'avais eu du procès, j'achetai un petit missel..., afin d'avoir cause de prier pour elle ; car, au regard de finale pénitence, je n'avais vu oncques plus grand signe à chrétien. »

Comme tout cela allait contre l'effet qu'on avait attendu du procès, et qu'il devenait à craindre que Jeanne passant pour une sainte, ses bourreaux ne fussent regardés comme suppôts du diable, Henri VI écrivit, sous la dictée de Bedford, à tous les souverains, une lettre, où la mort de la Pucelle était calomniée comme sa vie. De son côté, l'évêque de Beauvais fit, le 7 juin 1431, dresser un procès-verbal du dernier interrogatoire subi par Jeanne Darc, le matin du mercredi 30 mai, jour de son exécution.

C'est dans cette pièce faite après coup, où manquaient les deux signatures des greffiers Manchon et Taquel, dont le dernier pourtant est supposé pré-

Paris. — Typographie de Ad. R. Lainé et J. Havard, rue des Saints-Pères, 19.

sent, qu'on fait reconnaître à Jeanne que ses voix l'ont mensongèrement induite en erreur ; qu'elle a vraiment vu les esprits, qu'elle les a entendus, mais qu'il lui semble probable que ce fussent mauvais esprits, puisqu'ils l'ont trompée. La couronne apportée au dauphin par l'ange, ce n'aurait été qu'une fiction, et Jeanne aurait avoué que l'ange, c'était elle-même.

La mort de Jeanne suffit à détruire cette invention honteuse, produite honteusement neuf jours après le crime.

L'esprit humain est si fort altéré de justice, qu'après cette iniquité, comme il arrive après tous les grands crimes, on voulut voir le doigt du Dieu vengeur dans la fin misérable de ceux qui y avaient trempé.

Bedford mourut, jeune encore, en 1435, dans ce même château de Rouen, où il avait torturé la Pucelle ; et il eut le temps de voir, avant de mourir, la fortune de son roi subir en France des échecs réitérés, jusqu'au jour où la défection du duc de Bourgogne prépara l'expulsion définitive des Anglais.

Flavy, ce traître selon les uns, cet envieux selon les autres, qui aurait livré Jeanne ou l'aurait abandonnée à ses ennemis, périt misérablement victime de ses propres parents.

Cauchon dut renoncer à la riche proie qu'il chassait depuis longtemps, l'archevêché de Rouen ; il ne put

. . . L'archevêque releva Isabelle avec bonté (PAGE 26).

obtenir que l'évêché de Lisieux, et mourut subitement en 1442.

Mais les morts de l'abbé de Jumiéges, de Nicolas Midy, de Loyseleur, de d'Estivet, ne se firent pas longtemps attendre. C'est dans la même année que tous les quatre moururent. Nicolas Midy fut frappé de la lèpre. Loyseleur et d'Estivet tombèrent, le premier dans une église de Bâle, le second sur un tas de fumier, renversés par ce mal subit, alors encore mystérieux, que la science moderne nomme l'hémiplégie.

Vengeance divine ! s'est-on écrié, comme si Dieu se vengeait. On a fait remarquer fort justement que plusieurs parmi ces juges assassins menèrent, après le procès, une vie longue, paisible, luxueuse, honorée. Guillaume Érard, par exemple, et Thomas de Courcelles moururent pleins de jours, le premier avec la renommée d'un des plus vertueux et des plus sages docteurs du temps ; le second, investi du diaconat du chapitre de Paris, curé de la riche paroisse de Saint-André des Arcs, chanoine d'Amiens, professeur de théologie à l'Université, prédicateur admiré et qui prononça à Saint-Denis l'oraison funèbre de Charles VII en 1461. Il est juste de dire que ces deux hommes avaient, ainsi que beaucoup d'autres, cet esprit de conduite et ce tempérament vraiment politique qui font d'ordinaire la vie longue et facile. Ils s'étaient attachés à la fortune de l'Anglais, quand l'Anglais avait argent et puissance ; quand puissance et argent changèrent de camp, ils les suivirent fidèlement et s'attachèrent à la fortune de Charles VII.

Si Dieu punit Loyseleur et les autres, il faudra dire peut-être qu'il récompensa ces deux-là.

Ce ne fut pas le doigt de Dieu, mais une douleur immense, qui vint, à la nouvelle de l'assassinat de Rouen, décimer la famille Darc. Jacques Darc, père de Jeanne, et le fils aîné, nommé Jacques comme son père, furent rapidement consumés par le chagrin. Mais Isabelle Romée, douée d'une âme et d'un corps plus énergiques, vécut pour poursuivre sans relâche l'accomplissement d'un devoir sacré, la réhabilitation de sa fille.

La courageuse mère dépensa d'abord infructueusement à cette œuvre ses forces et son petit patrimoine. Elle fit parvenir à l'ingrat Charles VII plus d'une requête restée sans réponse. Elle fut plus heureuse à Orléans. La ville sauvée par Jeanne n'avait pas oublié son sauveur. Isabelle Romée étant à Orléans, en 1440, tomba gravement malade. La ville la fit soigner et lui alloua une pension de quarante-huit sous parisis par mois, somme qui équivaut de nos jours à une pension annuelle d'environ 2,000 francs.

Dès 1436, Charles VII, ou plutôt le connétable et le Bâtard d'Orléans, avait repris Paris aux Anglais, accomplissant ainsi avant l'heure la prédiction de la Pucelle que «avant sept ans les Anglais abandonneraient un plus grand gage qu'ils n'avaient fait devant Orléans.»

En 1449, Rouen revint à son tour à la couronne de France, et cette ville où, comme à Orléans, le nom de Jeanne Darc était tenu pour sacré, ne tarda pas à raviver dans le reste de la France l'enthousiasme et l'amour pour l'héroïne populaire.

Bien mieux, l'imposture même contribua à entretenir cette religion du souvenir. Une fausse Jeanne parcourut la France, accueillie partout comme la véritable, reconnue, dit-on, par les frères Darc, appelée, fêtée par la ville d'Orléans, présentée au pape Eugène IV, redoutée des Anglais qu'elle combattit en Guienne et en Poitou, confondue enfin par Charles VII, qui n'eut, pour la démasquer, qu'à lui demander quel secret existait entre elle et lui.

Cette fausse Jeanne fut emprisonnée, condamnée par le Parlement de Paris à l'exposition publique; mais son mensonge rappela à ceux qui les avaient oubliés, les services rendus au roi et à la France par la véritable Pucelle.

Isabelle Romée, toujours infatigable, sut profiter de ces lentes évolutions de l'opinion publique; et, enfin, après dix-neuf ans de patience, remporta sur les indécisions de Charles VII une éclatante victoire.

Le 15 février 1450, le roi ordonnait à Guillaume Bouillé, docteur en théologie, l'un de ses conseillers, « qu'attendu qu'on a fait mourir Jeanne iniquement et contre raison, d'informer des faits, et de contraindre ceux qui ont des écritures touchant le procès à les adresser au roi ou à son grand conseil. »

Alors, fut ouverte une enquête; des témoins furent entendus. Un Mémoire fut rédigé, soumis à l'approbation d'un certain nombre de jurisconsultes qui s'accordèrent à reconnaître les nullités de la procédure et le mal jugé.

Puis, tout ce bruit s'éteignit; l'enquête et le Mémoire rentrèrent dans l'ombre. A toutes les époques, rien n'est si difficile à obtenir que la reconnaissance d'une erreur judiciaire. Tant de gens sont intéressés à faire croire que la justice humaine est infaillible (1) ! Que sera-ce donc s'il s'agit de prouver qu'elle peut être criminelle !

Mais Isabelle Romée ne se découragea pas. Elle retourna à Rouen, et fit tant, aidée par la clameur publique, que, en 1452, le cardinal d'Estouteville, légat du pape et archevêque de Rouen, convaincu par la lecture des pièces produites par Bouillé, commença, de son côté, une information d'office.

D'Estouteville s'adjoignit l'inquisiteur général

Jean Bréhal, et tous deux entendirent des témoins. Le grand vicaire de l'archevêché de Rouen, Philippe de la Rose, continua l'information en l'absence de d'Estouteville, et d'autres témoins furent entendus, parmi lesquels plusieurs assesseurs de Cauchon.

Mais cette information officieuse, d'ailleurs barrée par la vive opposition du clergé, ne pouvait aboutir; il fallait une information officielle, un procès ecclésiastique à opposer au procès de 1431.

Aussi, Charles VII, enfin vaincu par les instances d'Isabelle Romée et de ses conseillers, se décida-t-il à demander au Saint-Siége des lettres apostoliques de révision. C'était au pape Nicolas V que s'adressait cette demande; mais ce pape mourut, en 1455, sans avoir rien accordé.

Calixte III, un Borgia, qui lui succéda sur le trône pontifical, fut directement saisi par la mère et les deux frères survivants de la Pucelle, Jean et Pierre Darc, d'une requête semblable; et c'est à ce pape que revient l'honneur d'avoir poursuivi et obtenu la réhabilitation ecclésiastique de Jeanne.

Calixte III commit, pour juger à fond le procès, quatre éminents prélats de l'Église française : l'évêque de Paris, l'évêque de Coutances, le grand inquisiteur Jean Bréhal et l'archevêque de Reims. Ce dernier était le successeur de ce misérable traître, Regnault de Chartres.

Les quatre commissaires avaient pleins pouvoirs pour ouvrir une enquête contradictoire, casser le jugement de condamnation ou renvoyer devant un autre tribunal, s'adjoindre tels juges et en aussi grand nombre qu'il leur semblerait nécessaire. La commission pontificale, en forme de bref, est datée du troisième jour des ides de juin de l'année 1455.

Chacun des commissaires légalement investi de ses pouvoirs par la communication du bref que leur firent les parties demanderesses, celles-ci furent assignées à comparaître le 7 novembre dans l'église de Notre-Dame de Paris, en audience publique.

On vit donc, ce jour-là, s'avancer dans la cathédrale, déjà vieille de plus de trois siècles, et que Charles VII venait enfin de faire terminer, le cortége des parents, amis et conseillers d'Isabelle Romée. La noble femme marchait en tête, étonnant les yeux par sa taille haute et droite, par ses traits vigoureusement accentués, que soixante-sept années et de mortels chagrins n'avaient pu ni courber ni flétrir.

Derrière elle venaient Pierre Darc, M° Maugier, avocat des demandeurs, Jean Prévoteau, leur fondé de pouvoirs, et, disent les documents contemporains, beaucoup d'hommes et de femmes très-honnêtes et très-respectables, qui joignaient leurs prières et leurs larmes à celles de la vénérable matrone.

L'archevêque de Reims reçut ce cortége à la porte de la sacristie. Isabelle se prosterna devant lui et lui dit avec des gémissements : — « Jeanne Darc était ma fille légitime. Je l'ai élevée selon son âge et son état, dans la crainte de Dieu et les traditions de l'Église. Quoiqu'elle n'ait jamais rien pensé contre la foi, ses ennemis, au mépris du prince, lui ont intenté un procès en matière de foi. Ils lui ont imputé de faux crimes, et, sans nul égard à ses récusations ni à ses appellations, tant expresses que tacites, ils lui ont fait subir une infamie irréparable pour elle et pour ses proches. »

L'archevêque releva Isabelle avec bonté, lui fit quelques questions sommaires sur la jeunesse de sa fille, sur ses habitudes, sur son éducation religieuse, et promit de donner tous ses soins à cette affaire, ne dissimulant pas au reste qu'une pareille instruc-

----

(1) *Voyez* le procès de *Lesnier*, et aussi, et surtout, celui de *Lesurques*.

tion pourrait être longue. Il s'agissait d'annuler une sentence religieuse, et on n'y pouvait regarder de trop près, car si l'Église est la protectrice naturelle des veuves et des faibles, il n'y a pas de faveur contre la justice ou contre la foi.

L'enquête commença. Des commissaires furent envoyés dans tous les lieux où le premier procès avait recueilli des motifs d'accusation contre Jeanne. C'est ce que nous appellerions aujourd'hui des commissions rogatoires.

A la première audience, l'avocat des demandeurs donna lecture du bref pontifical, puis, limitant habilement le champ du procès, déclara qu'il ne voulait prendre à partie, parmi les juges de 1431, que l'évêque de Beauvais, Jean Lemaître, le promoteur d'Estivet et leurs complices s'il y en avait. Cette déclaration rassurait ceux des assesseurs ou des docteurs, présents au premier procès, qui vivaient encore.

Cet exposé terminé, les commissaires acceptèrent solennellement le mandat que leur conférait le bref du pape et rendirent deux ordonnances. Par l'une, ils autorisaient à citer, pour le 12 décembre suivant, en la ville de Rouen, quiconque avait connu du procès de condamnation, pour former opposition à l'acceptation du bref papal, ou pour y adhérer, ainsi que pour faire l'apport de toutes pièces dont on serait détenteur. Par l'autre, ils autorisaient à citer, aux mêmes lieu et jour, l'évêque actuel de Beauvais, Guillaume Hellande, les représentants ou ayants cause de Pierre Cauchon, ceux des d'Estivet, et Jean Lemaître lui-même, qui vivait encore et que l'ordre des dominicains avait, depuis le procès de Rouen, dérobé à tous les regards.

Bien que les citations eussent été, en partie signifiées, en partie affichées aux portes des églises, quand vint le 12 décembre, personne ne se présenta. Une nouvelle audience fut indiquée à trois jours de là, et, le 15, défaut fut donné, aucune opposition n'ayant été formée. Le tribunal se constitua définitivement. Un promoteur fut nommé, *Simon Chapitault*, et on lui adjoignit pour substitut *Jean le Rebours, homme vénérable et circonspect*.

Un seul nom excite l'étonnement parmi les officiers du nouveau procès, c'est celui de *Jean Fabri*, un des assesseurs de 1431.

Le greffier, notaire au premier procès, *Guillaume Manchon*, fit dépôt des minutes française et latine du procès de condamnation, et *Jean Prévoteau* déposa les cent et un articles contenant les faits et moyens des demandeurs.

Le 20 décembre, les héritiers de l'évêque de Beauvais, tous enfants en bas âge à l'époque du premier procès, ou même nés postérieurement à la condamnation, comparurent par fondés de pouvoirs. Ils se contentèrent de désavouer les actes de leur auteur, s'en référant à la gracieuse amnistie qu'avait accordée le roi Charles septième à l'époque de la réunion de la Normandie à la couronne de France. En l'absence d'opposition de la part des demandeurs, ces héritiers furent mis implicitement hors de cause, et nouvelle citation fut faite aux défaillants pour le 16 février 1456.

Alors seulement parut le fondé de pouvoir de l'évêque actuel de Beauvais et du promoteur de son diocèse, qui protesta contre les imputations lancées contre leurs prédécesseurs, et déclara ne vouloir paraître au procès nouveau. Quant à Lemaître, il se tint coi.

A ce moment commencent véritablement les en-

quêtes, tous les préliminaires étant épuisés. Cent quarante témoins sont entendus, tant à Domremy qu'à Rouen, à Orléans et à Paris. Parmi ces témoins il faut citer le duc d'Alençon; le Bâtard d'Orléans, Dunois; le frère Pasquerel, confesseur ordinaire de la Pucelle; le vertueux Daulon, son écuyer; Louis de Contes, son page; les témoins oculaires de son procès et de son supplice, Martin Ladvenu, Isambard de La Pierre, Jean Toutmouillé, le notaire-greffier Manchon, Massieu, Beaupère et tant d'autres.

Toutes ces dépositions sont favorables à la Pucelle. Toutes, elles témoignent de la pureté de sa vie, de sa foi profonde en sa mission divine, de l'acharnement de ses juges, de l'illégalité de sa condamnation et de son supplice.

Aussi, quand les enquêtes furent terminées, vers la fin de juin 1456, les avis motivés de nombreux docteurs, que les demandeurs joignirent aux témoignages, furent-ils tous d'accord pour conclure à la nullité du procès de 1431.

Incompétence des juges; violence exercée contre ceux des assesseurs qui faisaient passer la justice avant la passion; refus d'admettre la soumission de Jeanne à l'Eglise, au pape et aux conciles : telles étaient les raisons le plus souvent invoquées dans ces consultations. On y disait que Jeanne n'avait pu être relapse, puisqu'elle n'avait pas erré dans la foi; que Dieu seul avait qualité de prononcer sur la nature des révélations et des apparitions, et que tout, dans la cause, faisait supposer la réalité de ces visions surnaturelles. « Quant à l'habit d'homme, la mission de Jeanne la forçant sans cesse à vivre au milieu des hommes, *c'était un moyen de garantir sa pudeur*; car nous voyons bien souvent que l'habit désordonné que portent les femmes provoque les hommes à paillardise et à toute lubricité. »

C'est la première fois, enfin, que cette raison de bon sens est admise pour excuser le costume masculin chez Jeanne. M. Michelet dit très-bien à ce propos :

« La pauvre fille, en tel danger, n'avait eu jusque-là de défense que l'habit d'homme. Mais, chose bizarre, personne n'avait jamais voulu comprendre pourquoi elle le gardait. Ses amis, ses ennemis, tous en étaient scandalisés. Dès le commencement elle avait été obligée de s'en expliquer aux femmes de Poitiers. Lorsqu'elle fut prise et sous la garde des dames du Luxembourg, ces bonnes dames la prièrent de se vêtir comme il convenait à une honnête fille. Les Anglaises surtout, qui ont toujours fait grand bruit de chasteté et de pudeur, devaient trouver un tel travestissement monstrueux et intolérablement indécent. La duchesse de Bedford lui envoya une robe de femme, mais par qui? par un homme, par un tailleur... Si les femmes ne comprenaient rien à cette question féminine, combien moins les prêtres?... Ils citèrent le texte du concile du quatrième siècle, qui anathématisait ces changements d'habit. Ils ne voyaient pas que cette défense s'appliquait spécialement à une époque où l'on sortait à peine de l'impureté païenne. Les docteurs du parti de Charles VII, les apologistes de la Pucelle sont fort embarrassés de la justifier sur ce point; l'un d'eux suppose gratuitement que, dès qu'elle descend de cheval, elle reprend l'habit de femme; il avoue qu'Esther et Judith ont employé d'autres moyens plus naturels, plus féminins, pour triompher des ennemis du peuple de Dieu. Ces théologiens, tout préoccupés de l'âme, semblent faire bon marché du corps; pourvu qu'on suive la lettre, la loi écrite, l'âme sera sauvée ; que la chair devienne ce qu'elle pourra... Il faut pardonner à une pauvre simple fille de n'avoir pas su si bien distinguer. »

Nous avons déjà fait connaître les moyens principaux présentés par les demandeurs ; reprenons-les par le détail :

Incompétence des juges de 1431. En effet, Jeanne n'était point née dans le diocèse de Beauvais ; elle n'y avait point domicile ; ce n'est point sur le territoire de ce diocèse qu'avaient été commis les faits incriminés. Dès lors, l'évêque de Beauvais n'avait point qualité pour juger ;

Incompétence particulière de l'évêque de Beauvais, personnellement et dûment récusé, comme ennemi ;

Nullité de la procédure entamée sans le concours et en dehors de la présence de l'inquisiteur au commencement du procès ; l'arrivée tardive de l'inquisiteur et sa participation à la suite du procès ne faisaient point disparaître l'illégalité de ces préliminaires ;

Détention illégale de Jeanne dans une prison militaire, alors qu'elle eût dû être gardée en prison ecclésiastique ;

Menaces adressées, pendant la durée du procès, à certains assesseurs : ces violences viciaient la procédure et le jugement qui en fut la suite ;

Aucun compte tenu de la soumission de Jeanne à l'Église militante, aussitôt qu'on lui eut fait comprendre la distinction des deux Églises ;

Silence gardé sur l'appel de Jeanne au pape ou à un concile ;

La tentative d'évasion de Beaurevoir, mensongèrement transformée en tentative de suicide, alors qu'il est évident que Jeanne cherchait à échapper à ses ennemis par la fuite ;

Suppression, par l'évêque de Beauvais, des informations que la loi l'obligeait de communiquer aux assesseurs, aux corps consultés et à l'accusée elle-même ;

Omission volontaire, dans les douze articles, des réponses justificatives de l'accusée ;

Introduction de fausses réponses, destinées à entraîner l'opinion des juges contre Jeanne ;

Absence de jugement séculier avant le supplice.

Quelques-uns de ces motifs furent adoptés par le réquisitoire dans lequel le promoteur conclut à la mise à néant des deux jugements de 1431.

La délibération dernière qui précéda le jugement définitif, insista de nouveau sur ces flagrantes nullités du procès.

Enfin, le 7 juillet 1456, le tribunal se réunit une dernière fois au palais archiépiscopal de Rouen. Isabelle Romée et Pierre Darc, n'ayant pu paraître, s'étaient fait représenter par Jean Prévoteau. Jean Darc était là, assisté de Me Maugier, et entouré de onze notables de la ville. Lecture fut donnée de toutes les pièces, et l'archevêque de Rouen lut, à haute voix, la sentence de réhabilitation :

« Ayant imploré le secours de Dieu, afin que notre jugement émane de lui seul, le juge véritable, qui pèse les esprits, qui seul connaît la vérité des révélations, dont l'esprit souffle où il veut, qui choisit quelquefois les faibles pour confondre les puissants, et qui, n'abandonnant pas ceux qui espèrent en lui, les vient secourir dans le malheur et les tribulations ;

« Après avoir mûrement délibéré tant sur les préliminaires de l'affaire que sur la décision de la cause, avec des personnes habiles, remplies de probité et d'une conscience timorée :

« Ayant eu leurs avis et de vive voix et par des traités spéciaux, publiés à un très-grand nombre d'exemplaires, par lesquels tous il a été estimé que les faits et les paroles de la défunte sont dignes d'admiration plutôt que de condamnation ;

« Vu que tout ce qui est au procès est vicieux en la forme et au fond, et notamment les deux jugements rendus contre Jeanne Darc, dont le premier est qualifié de jugement de *chute*, et l'autre de jugement de *rechute* ;

« Vu les récusations et appellations multipliées de Jeanne au Saint-Siége et à notre Saint-Père le Pape, ses demandes réitérées pour qu'on leur envoyât toutes les pièces, et sa déclaration d'entière soumission à leur sentence ;

« Déclarons en premier lieu les articles commençant par ces mots : *Certaine femme* (les douze articles), qui ont servi de base au premier jugement, infidèlement, méchamment, calomnieusement, frauduleusement et malicieusement extraits du procès et des déclarations de Jeanne, éloignés de la vérité, faux en plusieurs points, afin d'entraîner les consulteurs dans un autre avis que celui qu'ils auraient embrassé ; enfin, surchargés de circonstances qui ne sont pas contenues dans lesdites déclarations, comme en altérant plusieurs autres ;

« En conséquence, les cassons, annulons, mettons à néant, et les condamnons à être judiciairement lacérés ;

« Au fond, considérant que l'abjuration insérée audit procès est fausse et substituée ; qu'elle a été, en outre, arrachée par la crainte et la violence en présence du bûcher ; qu'elle n'a pu être comprise par la défunte ;

« Tout considéré, et n'ayant que Dieu en vue, déclarons le procès, l'abjuration et les deux jugements rendus contre Jeanne, entachés de dol, calomnieux, iniques, remplis d'erreur de droit et de fait ; et, en conséquence, le tout nul et de nul effet, cassé, annulé, comme est, en tant que de besoin, cassé et annulé tout ce qui s'en est suivi ;

« Déclarons, en conséquence, que ni Jeanne, ni les demandeurs, ni ses parents n'ont encouru aucune tache ni note d'infamie à l'occasion desdits procès, dont, à tout événement, ils sont entièrement lavés et déchargés ;

« Le présent jugement sera publié dans la ville de Rouen, où seront faites, en outre, deux processions solennelles, avec prédications, la première au cimetière de Saint-Ouen, la seconde, le lendemain, au lieu même où, par une cruelle et horrible exécution, les flammes ont étouffé et brûlé la défunte. Une croix y sera plantée pour en perpétuer le souvenir ;

« Publication solennelle du présent jugement sera faite en toutes les villes du royaume et autres lieux que nous désignerons, nous réservant la décision de tous les points qui resteraient en litige. »

Ce qu'il y a de plus remarquable dans ce jugement, ce n'est pas la réhabilitation qu'il prononce, et qui était alors dans tous les esprits et dans tous les cœurs ; c'est la condamnation du premier procès, comme entaché d'illégalités et de vices de forme. De pareils aveux sont rares, et ne se rencontrent d'ordinaire que lorsque le tribunal coupable a fait place à une juridiction nouvelle, dégagée des influences qui entraînèrent la première à la prévarication et à l'erreur.

L'arrêt de réhabilitation a-t-il tout dit sur ces vices de fond et de forme ? pouvait-il tout dire ?

Non, sans doute. Les deux procès sont, au moins en apparence, des procès d'inquisition, et les irrégularités monstrueuses qui entachent la procédure de 1431, en tant que procédure du Saint-Office, ne sont mises en lumière par les juges de 1456 qu'en tant qu'elles accusent la violence extérieure du vrai juge de 1432, du juge laïque, de l'Anglais.

L'arrêt de réhabilitation ne touche que les violations de forme imputables à la pression qu'exercèrent Cauchon et ses inspirateurs ; l'incompétence territoriale de l'évêque de Beauvais ; son incompétence personnelle comme juge récusé ; la substitution illégale d'une prison militaire à la prison religieuse ; les violences et les menaces dirigées contre des accusateurs et contre l'accusée elle-même, violences qui ont arraché à cette dernière l'abjuration sur laquelle est fondé le procès de rechute ; la falsification de certaines pièces du procès, celle des articles, par exemple ; l'absence d'un jugement séculier : tout cela est du fait de Cauchon et de ses maîtres. Une seule illégalité met en cause directement le représentant de l'Inquisition, juge au procès, à savoir : l'omission volontaire de l'appel de Jeanne au pape ou à un concile. L'arrêt de 1456 accuse, sur ce point, la complicité par lâcheté de Jean Lemaître, vicaire de l'Inquisition en France.

Mais, on l'a déjà vu, la complicité de l'inquisiteur, éclate par d'autres points que, l'arrêt de 1456 laisse dans l'ombre. Il est des vices de forme, dans la procédure de 1431, qui eussent dû être relevés dans le jugement de réhabilitation.

L'absence au procès d'un curateur pour l'accusée mineure. Nul autre, à notre connaissance, parmi les historiens de Jeanne Darc, n'a signalé cette irrégularité que M. N. Villiaumé.

Il a grandement raison : le *Guide des Inquisiteurs* (*Directorium Inquisitorum*, Rome, 1578, in-f°) est formel à ce sujet. Pour tout accusé comptant moins de vingt-cinq ans, un curateur devait être nommé, comme en procédure laïque, pour le fou, le muet ou le mort. Le curateur devait recevoir sa mission même avant la première comparution de l'accusé. Seul il avait qualité pour rectifier ses aveux ; en dehors de son contrôle, la procédure devenait nulle. Par respect pour l'indépendance du curateur, il était défendu de le choisir parmi les inquisiteurs.

L'absence au procès d'un avocat, d'un défenseur de l'accusée. Ce point, aujourd'hui assez clairement établi, a été controversé par quelques critiques, entre autres par celui à qui nous devons la plus grande masse de documents certains sur Jeanne Darc, M. Quicherat.

Il invoque, pour écarter cette illégalité, la *décrétale* portant que le procès d'inquisition pourra se suivre « d'une manière simplifiée et directe, *sans tumulte d'avocats*, ni forme de jugement. »

Mais, comme l'a démontré M. N. Villiaumé, *sans tumulte d'avocats* ne peut pas vouloir dire *sans avocats*, mais seulement sans déclamations dangereuses pour la religion. Le pape Clément V, parmi ses constitutions *clémentines*, en publia, l'an 1307, une qui réglait la procédure d'inquisition, au point de vue de la défense. Il y admit la présence *d'un avocat* et *d'un procureur* pour l'accusé, et ce, non pas d'une façon facultative, mais comme personnes nécessaires au procès. « On demande, y est-il dit, comment on doit entendre ces mots : *sommairement, simplement et de suite, sans tumulte d'avocats, ni de jugement, ni de formes.* Nous répondons qu'en déférant certaines causes, nous ordonnons quelquefois de pro-

céder sans tumulte, ni forme de jugement... Mais il s'agit simplement de repousser les exceptions et appels dilatoires, frustratoires, et la multitude de témoins... Que le juge se garde donc bien d'abréger le procès par le refus d'admettre les preuves nécessaires et les *défenses légitimes* (1). »

Cette constitution clémentine, postérieure à la décrétale en question, l'explique et la commente. Une autre constitution citée au *Directorium* (p. 296), également postérieure à la décrétale, dit formellement :

« Quand le crime est nié, ou n'est pas prouvé par les témoins, et que l'accusé demande à se défendre, on doit lui accorder et *l'on ne peut sous aucun prétexte lui refuser des défenses*. En conséquence, *il est pourvu d'un avocat* probe et non suspect, habile dans les deux droits et zélateur de la foi. On y ajoute *un procureur* en la même forme, avec la copie de tout le procès, dont on ne supprime que les noms des dénonciateurs et des témoins. »

La meilleure preuve qu'un conseil était dû à l'accusée, c'est que, le 27 mars, Cauchon se résigna à lui en offrir un, non pas, comme le dit M. Quicherat, se départissant ainsi de la rigueur de la loi, mais lui obéissant en apparence, trop tard seulement, puisqu'alors Jeanne avait subi quinze interrogatoires, et que les articles étaient juridiquement approuvés (2).

L'absence au procès d'un procureur pour l'accusée. Cette irrégularité nouvelle ressort de tous les textes déjà cités, qui établissent la nécessité de donner à un accusé non-seulement le conseil, mais encore le procureur.

L'absence au procès de témoins à charge et à décharge. Les mêmes textes qui établissent la nécessité du conseil et du procureur, montrent clairement que les témoignages étaient la base légale du procès d'inquisition. « Quand le crime est nié, *ou n'est pas prouvé par les témoins...* » « Il s'agit simplement de repousser... *la multitude* de témoins... »

M. Quicherat fait, à ce sujet, un raisonnement singulier : « Le *Directorium*, dit-il, explique que l'avocat, n'ayant qu'à aider son client dans la recherche des témoins à charge, dont on lui cachait les noms, si l'hérétique avouait, il était superflu de lui en accorder un. L'évêque de Beauvais, *vu son dessein de ne pas échafauder le jugement sur le dire des témoins*, mais de s'arrêter seulement aux paroles tirées de la bouche de Jeanne, *se trouve dans la légalité* (3). »

Ce qui revient à dire exactement que Cauchon se trouve dans la légalité par cela seul qu'il avait commis une illégalité monstrueuse !

Au reste, il n'y a pas même à discuter tout cela. Le procès de 1456 est, comme celui de 1431, un procès d'inquisition. Il est régulier, celui-là, et échappe à toute pression extérieure. Or qu'y voyons-nous ? tout ce qui manque au procès de 1431 : conseil, procureur, témoins. Cela dit tout.

Il ne faudra donc plus dire avec des hommes d'ailleurs respectables et bien intentionnés, MM. Quicherat, par exemple, et Loiseleur, que le procès de Jeanne Darc fut « régulier dans les formes... conforme par sa procédure à celle qu'enseignent tous les traités relatifs à l'inquisition... », et que, « con-

---

(1) *Direct. Inquis.*, p. 74 et 370.
(2) Voyez M. N. Villiaumé, p. 369. Sa discussion sur ce point est excellente, trop âpre seulement en ce qui concerne M. Quicherat, dont il fait, pour le punir de cette opinion mal fondée, un complice de Cauchon.
(3) *Aperçus nouveaux*, p. 130.

formément aux us et coutumes de l'Inquisition, Jeanne n'eut pas de défenseur(1). »

Mais quand ce qui ne fut pas aurait été; quand les formes extérieures se trouveraient ici scrupuleusement respectées, ce procès n'en serait pas moins un crime, et la condamnation de Jeanne Darc n'en serait pas moins un assassinat juridique. La raison en est que le procès apparent n'est que le masque mal attaché d'une vengeance politique. Jeanne est un vaincu, un ennemi : qu'on l'eût tuée, une fois prise, ce n'eût été qu'un acte de férocité de plus à inscrire dans l'histoire des passions humaines. Mais l'hypocrisie ordinaire de la haine politique ne se contente pas ainsi d'un coup d'épée, d'un bout de corde noué au cou, d'un bûcher allumé ; il lui faut plus, il lui faut une parodie de justice, qui la justifie elle-même et qui flétrisse la victime en l'assassinant.

Et c'est là que commence le crime véritable. La vengeance sauvage, ouverte et franche, c'est un coup de passion, une explosion de tempérament, le coup de dent de la brute. La vengeance juridique, c'est un crime de lèse-justice, le plus effroyable, le plus démoralisateur de tous les crimes.

Ce crime-là, ne le reprochons pas trop amèrement au quinzième siècle. Nous avons fait naguère, nous les *civilisés* du dix-huitième et du dix-neuvième siècle, autant et plus que Winchester et Warwick, et à aucun de nos crimes, pour lui donner bon air de justice, ne manqua un Cauchon.

C'est pour cela que, malgré les apparences de la procédure, nous n'avons pas placé le procès de Jeanne Darc parmi les procès d'inquisition, mais parmi les procès politiques. On l'y trouvera en bonne compagnie avec les procès de Louis XVI et de Marie-Antoinette, celui des Girondins, celui du duc d'Enghien, celui du maréchal Ney et quelques autres assassinats juridiques mal déguisés, comme celui de la Pucelle, sous un arrêt rendu par quelque Cauchon portant la toge ou revêtu de l'uniforme.

Revenons à l'arrêt de réhabilitation. Ce jugement fut immédiatement exécuté. « La ville d'Orléans, dit M. N. Villiaumé, érigea sur le pont de la Loire un monument en bronze, représentant la Pucelle agenouillée devant la sainte Vierge, entre deux anges. En 1562, les Huguenots l'endommagèrent par leur artillerie en se défendant contre l'armée royale ; mais la ville le rétablit peu après. Au dix-huitième siècle, on le déplaça par l'entraînement des idées soi-disant philosophiques ; en 1792, au milieu des dangers de la patrie, on en fit des canons, dont l'un toutefois reçut le nom de Jeanne Darc, afin de montrer que cette ville n'en reniait pas la mémoire, mais estimait ne pouvoir mieux l'honorer qu'en consacrant à la défense de sa patrie adoptive... un monument élevé jadis à la gloire de l'héroïne. »

La réhabilitation légale fut suivie d'une réhabilitation poussée jusqu'à une sorte d'adoration patriotique. Quelques années après le procès de révision, un étranger, un pape, donna l'exemple de cette admiration pour la Pucelle. Ce pape, Pie II, de son nom Æneas Sylvius Piccolomini, grand théologien, diplomate habile, historien érudit, poëte distingué, parle ainsi de Jeanne dans ses *Mémoires* sur sa propre vie, qu'il publia en 1463, sous le nom de son secrétaire Gobellini :

« Ainsi mourut Jeanne, qui rétablit le royaume de France, presque détruit et ruiné ; qui, devenue chef d'armée, vivant au milieu des hommes, garda sa pudeur intacte, dont rien que d'honnête ne fut jamais rapporté. Fut-ce œuvre divine ou invention humaine, j'aurais peine à le dire... Ce qui est très-assuré, c'est que, sous sa conduite, le siège d'Orléans fut levé ; que, par ses armes, tout le pays entre Bourges et Paris fut repris ; que, par son concert, Reims fut soumis et le roi couronné ; que, par son élan, Talbot et son armée furent mis en fuite ; par son habileté et diligence, la fortune des Français fut rétablie : chose digne d'être à jamais gardée dans la mémoire, et que la postérité aura plus de peine à croire qu'à admirer. »

Après un pape, deux jésuites. L'Espagnol Mariana parle ainsi de l'héroïne française :

« Par un jugement secret de Dieu, celle dont il voulait jusque-là se servir pour délivrer la France d'une domination étrangère, tomba malheureusement entre les mains des Anglais. P. Cauchon, évêque de Beauvais, en fut le principal persécuteur, et eut plus de part que personne à sa condamnation, sans que nul osât seulement ouvrir la bouche pour la défendre. La plupart étaient, toutefois, convaincus de l'innocence de cette vierge, dont la mémoire sera toujours respectable dans l'univers (1). »

Et le père Le Moyne :

« Dieu a envoyé son ange à Jeanne, comme à Débora et à Judith... Les Anglais mirent le comble à leurs péchés en la suppliciant. Dieu le permit, afin qu'elle remplît tous les devoirs de la femme forte ; qu'elle vainquît par sa patience, comme elle avait vaincu par sa valeur, et que les Anglais fussent détruits par sa mort non moins que par ses victoires (2). »

Ainsi l'Église parlait de Jeanne dans le siècle qui suivit sa mort, et la royauté française tenait aussi en grand honneur et respect la simple fille par qu'elle s'était vue restaurée. Louis XI, par exemple, tyran superstitieux et cruel, soit, mais rude et orgueilleux champion de la nationalité et de la grandeur françaises, professa pour la Pucelle une vénération qui allait presque jusqu'au culte. Il fit rebâtir, avec des matériaux plus solides, la maison rustique d'Isabelle Romée.

Mais, bientôt, la tradition s'efface et se corrompt. Vers la fin du seizième siècle, on ne sait déjà plus bien à quoi s'en tenir sur la guerrière d'Orléans. Sa figure est devenue légendaire, mais, contre l'ordinaire, elle s'est atténuée et réduite. Il se trouvera dans ce siècle un historien flamand pour constater que beaucoup de ses contemporains ne croient pas à l'existence de Jeanne Darc (3).

Les savants, les critiques, les politiques, et non pas les plus vulgaires, mais des du Bellay, des du Haillan, des Juste-Lipse, des Gabriel Naudé, des Bayle, des Machiavel, et plus tard des Leclerc, des président Hénault, des Hume, ne voient dans la Pucelle qu'un instrument dont se serait servie la cour de Charles VII, une fille qui jouait l'inspirée pour relever le courage des troupes royales, et qui aurait été la maîtresse de Dunois, de Poton ou de Beaudricourt.

Ces folies, qu'on qualifierait volontiers d'impies, n'ont été surpassées que de nos jours par l'invention d'un certain M. Caze, sous-préfet de Bergerac, qui

---

(1) *Les Crimes et les Peines*, par M. Jules Loiseleur, bibliothécaire de la ville d'Orléans; bon livre, un peu sommaire, mais consciencieusement étudié.

(1) *Histoire générale d'Espagne*, liv. XXX.
(2) *La Galerie des Femmes fortes* (1647).
(3) Pontus Heuterus.

a vu dans Jeanne Darc le fruit incestueux des amours d'Isabeau de Bavière et du duc d'Orléans !

Après de pareils écarts de la science ou de la fantaisie humaine, il serait injuste de reprocher aux poëtes la façon bizarre dont ils ont fait parler la Pucelle. Shakespeare et Schiller, par exemple, sont bouffons quand ils nous représentent, l'un, Jeanne reniant son père et se disant être d'un sang plus illustre que celui du paysan lorrain ; l'autre, faisant ouvrir les bras d'Agnès Sorel à Jeanne qui s'y précipite ! — « Cette fête de la France, dit tendrement à Agnès la Jeanne de Schiller, c'est la fête de ton amour ! ! »

Il faut tenir compte de cette dégradation successive d'une grande figure historique, de l'ignorance profonde, de l'étonnant oubli qui l'entourent au dix-huitième siècle, pour pardonner plus facilement à Voltaire la longue obscénité de ce poëme qu'il commit à Cirey pour l'amusement d'une princesse impure. Sans doute Voltaire n'eut jamais la fibre patriotique, ni le sentiment de la dignité littéraire ; mais enfin, si la Pucelle eût été honorée de son temps comme une des saintes de la religion patriotique, eût-il osé se livrer à cette débauche d'esprit ?

Il est, au reste, remarquable qu'un Français n'ait jamais su honorer par de beaux vers celle qui honora tant la France. Béranger, dans ses chansons posthumes, n'a trouvé à faire, à propos de cette admirable fille, qu'un grotesque parallèle entre elle et Napoléon.

Seul, Robert Southey, un poëte anglais ! a su célébrer dignement l'héroïne qui chassa l'étranger de la France (1).

La sculpture même et la peinture n'auraient rien produit qui fût digne de la Pucelle, si une jeune fille, une artiste inspirée, la princesse Marie d'Orléans, n'avait créé ses deux Jeanne, deux chefs-d'œuvre ; l'une à pied, serrant son épée contre sa poitrine ; l'autre à cheval, contemplant un Anglais terrassé. Quant à Rude, l'énergique sculpteur, il n'a rien compris à la jeune fille de Domremy, et il serait difficile de reconnaître la paysanne inspirée de dix-sept ans dans cette anguleuse figure se tordant pour écouter ses voix.

Aujourd'hui, après tant de recherches excellentes, après tant de documents publiés, après tant d'études morales et politiques sur Jeanne Darc et son temps ; enfin, après tout ce travail de reconstruction d'une grande figure oubliée, qui fait vraiment honneur au dix-neuvième siècle, il est devenu possible de se représenter assez fidèlement la Pucelle.

Au physique, nous n'avons pas d'elle une seule peinture contemporaine, un seul crayon authentique, et elle a déclaré devant ses juges de Rouen qu'elle ne s'était jamais fait peindre. Mais les documents du temps nous apprennent que la Pucelle était une belle fille, de stature assez haute, les bras et les jambes fournis et vigoureux, les extrémités fines comme la taille, la poitrine large et la gorge belle, portant des cheveux noirs courts, la peau très-blanche et légèrement colorée. Elle avait la voix douce d'ordinaire, éclatante au besoin et qui se faisait bien entendre dans la mêlée.

Etait-elle *fort désirable ?* comme le dit M. Michelet. On a peine à le croire. Si Jeanne fut recherchée en mariage à dix-sept ans par un jeune homme de son pays ; si, à sa vue, un soudard s'écrie : « Jarni-

(1) *Jane of Arc*, 1812.

dieu ! si je la tenais seulement une nuit, elle ne me quitterait pucelle, » cette honnête recherche et cet obscène propos ne prouvent pas que Jeanne fut une beauté accomplie, comme cherche à le prouver un de ses historiens, Lebrun de Charmettes. Le contraire n'est pas plus démontré par la plaisante assertion de l'Anglais Grafton, qui, dans sa rage patriotique, dit : « Elle était si laide, qu'elle n'eut pas grand mal à rester pucelle » (*because of her foule face*).

Ce qui paraît certain, c'est que sa figure et son corps n'inspirèrent le plus souvent à ceux qui les virent qu'une admiration dépouillée de toute idée sensuelle. Sans doute, il ne faut pas, avec M. Michelet toujours porté vers les opinions excessives, voir en elle une créature privilégiée, échappant aux infirmités naturelles, une sorte d'être sans sexe (1) ; rien n'est plus contraire à l'idée que les contemporains se faisaient de la bergère *aux belles mamelles* (2) ; mais n'oublions pas ces joues qui rougissaient au moindre mot ; cette naturelle dignité de la vierge, cette triomphante candeur que nous montrent les récits du temps. C'est à une femme que devait revenir l'honneur d'avoir tracé de Jeanne le portrait le plus fin, le plus délicat et le plus vrai.

« Ceux qui la virent à cette époque, dit Mme d'Harcourt, en nous dépeignant sa figure, nous rendent bien l'état de son âme ; quelque chose de sain et de vigoureux dans tout son être, l'harmonie des traits plutôt que la beauté, la proportion des formes, une voix douce et une certaine grâce naturelle, sans rien de délicat toutefois, l'image enfin de la jeunesse rustique. Les récits diffèrent sur la grandeur de sa taille (3), mais tous s'accordent à la représenter bien compassée de membres, robuste en tout son corps, ainsi qu'une fille qu'ont développée, mais non endurcie, le travail et l'air des champs. Son visage, empreint, d'habitude, d'une joie sereine, s'inondait, nous dit-on, facilement de larmes, comme un cœur tout rempli de l'émotion de l'esprit divin. Louis de Contes, enfant de quatorze ou de quinze ans, que le Roi avait attaché au service de Jeanne en qualité de page, raconte que, bien souvent, lorsqu'il arrivait auprès d'elle, il la trouvait à genoux, les pleurs coulant de ses yeux, des paroles échappant involontairement à ses lèvres, dont le son arrivait seul jusqu'à l'oreille de l'enfant. Ce n'était pourtant ni tristesse de nature, ni exaltation maladive... »

C'est excellemment dit, et cette peinture sobre et vigoureuse fait bien ressortir l'être moral de la créature physique. Oui, l'âme de Jeanne est, comme son corps, un singulier, un aimable mélange de grâce et de force, de finesse et de rusticité.

M. Michelet, en cela très-perspicace, a mis en lumière la grande originalité de Jeanne, *le bon sens*, et c'est là, dit-il, avec le bon cœur, « ce qui la sépare de la foule des enthousiastes qui, dans les âges d'ignorance, entraînèrent les masses populaires. »

Le bon sens de la Pucelle est toujours robuste et sain, et chez elle l'exaltation mystique n'est pas, comme chez Thérèse, voisine de l'hystérie ; sa raison vigoureuse n'est jamais obscurcie par la sincérité de la foi. C'est ce bon sens inaltérable qui lui donne la force de réfuter tous les sophismes des pharisiens qui

(1) « Elle ignora toujours les misères physiques de la femme, » dit M. Michelet, s'appuyant sur cette déposition du vieil écuyer de Jeanne, Daulon : « A ouy dire à plusieurs femmes que ladicte Pucelle... oncques n'avait eu... » Cela prouve seulement combien la pudeur de Jeanne fut toujours attentive et discrète.
(2) *Mammas, quæ pulchræ erant*, dit une déposition.
(3) Il est certain, et nous l'avons dit, qu'elle était assez élevée.

l'entourent. On lui demande des *signes*, des miracles :
ce fut autrefois la manie des Juifs, aussi celle des Co-
rinthiens, et saint Paul, on le sait, la blâme. Jeanne répond : — «Je ne suis pas venue pour faire des signes :
mon signe sera de faire lever le siége d'Orléans. »

On lui demande, comme autrefois à Jésus, de res-
susciter un petit enfant mort. Elle se met à genoux
simplement et prie : et voilà que l'enfant donne
signe de vie, bâille trois fois. Beau sujet pour crier
au miracle ! Elle ajoute que ce petit, qui était noir
comme sa cotte, acheva bientôt de mourir.

Les marques d'adoration superstitieuse dont elle
était l'objet de la part des populations françaises, elle
les a toujours repoussées doucement. Elle démas-
que, en souriant, les jongleries de Catherine de la
Rochelle. Elle ne croit ni aux fées, ni aux mandra-
gores, mais seulement à sa première créance, qu'elle
a reçue de sa mère, « comme un bon enfant doit
faire. »

Mais ses visions ? Eh ! n'est-ce pas la forme naturelle de l'exaltation religieuse en son temps ? Pensons à son instruction, à son éducation premières,
à ses jeûnes fréquents, à sa foi profonde dans la réalité de ces existences surhumaines placées comme in-
termédiaires entre l'homme et Dieu. Elle a choisi
parmi les saintes, vierges et martyres, Catherine et
Marguerite : Catherine, la jeune fille qui, par sa raison simple et sa foi, confondait les vieux docteurs
païens ; Marguerite, cette figure légendaire dont la
pureté vainquit et chassa le démon. Parmi les mes-
sagers divins, elle a choisi Gabriel et Michel, types
de la douceur et de la force irrésistible. Qu'on aille,
après cela, prouver laborieusement que Marguerite,
la touchante victime d'Olibrius, n'a jamais existé ;
que, par conséquent, elle ne pouvait apparaître à la
vierge de Vaucouleurs, qu'importe ? Ces poétiques
fictions de l'ancienne et de la nouvelle foi étaient,
pour la naïve bergère, comme l'incarnation de ses
pensées mystiques.

Et puis, le miracle est prédit, attendu : une jeune
fille doit sauver la France ; et cette prophétie du
vieux Merlin est devenue lorraine en Lorraine. C'est
une pucelle de ce pays-là que Dieu veut choisir ;
aussi, la vision entrevue, l'hallucination établie dans
ce poétique cerveau, le doute n'est plus possible.
C'est elle que la prophétie désigne, et elle a déjà tout
arrêté dans sa pensée, quand elle dit à un aboureur
du voisinage : « Il y a entre Coussay et Vaucouleurs
une jeune fille qui, avant un an, fera sacrer le roi de
France (1). »

Socrate, lui aussi, ce héros du bon sens, a entendu
des voix, a causé avec un génie, un démon, un ange,
le nom n'y fait rien, et tous ces mots sont synonymes.
Qui doutera des visions de Socrate, de Moïse, de
Jeanne ? elles étaient en eux, soit, mais elles étaient
de Dieu, comme tout ce qui est. Sans doute, le miracle extérieur, le *signe*, n'est bon à rien, n'est nécessaire à rien expliquer : Dieu et l'ordre établi de
toute éternité suffisent à rendre compte de toutes
choses, et l'infinie puissance ne gagne rien à être
représentée comme se contredisant ou se modifiant
elle-même pour l'accomplissement d'un certain acte
qui ne serait pas résulté des lois immuables posées
dès le principe. Sans doute, Dieu, comme l'a dit un
père de l'Église, a commandé une fois et obéit toujours (2). Mais si les grandes âmes, prédestinées à une
action sur l'humanité, et dont le fait, comme celui
de Jeanne, est un ministère, ne sont tout simplement que des résultantes, on ne voit pas en quoi cela
peut les diminuer ou rapetisser le Dieu qui les créa.

Un dernier trait : *Jehanne, la bonne Lor-aine* (3),
est surtout française, *patriote*. Elle eut, presque seule
en son temps, l'idée de patrie. Pour elle, il n'y a pas
une Picardie, une Champagne, une Normandie, il
n'y a qu'une France, et c'est la grand'pitié qui est
en ce beau royaume qui lui a inspiré sa mission. Les
cheveux lui dressent, quand coule le sang de France.
Et voilà justement ce qui devait tirer de l'injuste
oubli des siècles derniers et replacer en éclatant
honneur cette figure héroïque, qui est comme l'image
épurée de la France militaire.

(1) Déposition de Michel Lebuin ; le propos est de 1428.
(2) *Semel jussit, semper paret.*
(3) Villon.

LE FAUX MARTIN GUERRE (1560). — LE FAUX CAILLE (1712).

L'épouse n'avait pas encore dix ans accomplis; l'époux en avait onze... (PAGE 2.)

Les questions d'état sont, de leur nature, celles dont le bien ou le mal jugé intéresse le plus vivement une société régulièrement constituée. C'est la qualité d'état qui rend les citoyens capables ou incapables de participer à l'état particulier ou à l'état public des personnes qui composent cette société. L'état particulier du citoyen ne consiste en rien moins qu'à être lui et non pas un autre, pubère ou impubère, majeur ou mineur, bâtard ou légitime, mari ou célibataire, prêtre ou laïque. L'état public fait de lui un citoyen ou un étranger, et, autrefois, faisait de lui un homme libre ou un esclave, une personne ou une chose. L'état de l'individu est donc le principe, à la fois, et la fin de toute jurisprudence.

De toutes les contestations qui peuvent s'élever à propos de l'état d'un individu, la plus grave, assurément, et tout ensemble la plus rare, est celle qui regarde sa propre existence comme personne déterminée. Être soi, et se présenter comme étant un autre; être soi, et voir un autre se présenter comme s'il était vous, revendiquer comme siens votre nom, votre père et votre mère, votre femme, votre enfant : voilà la question d'état par excellence.

Notre ancien droit offre, de ces contestations sur l'état essentiel de l'individu, des exemples plus nombreux qu'on ne pourrait le croire aujourd'hui. Nous en réunissons deux dans ce récit, et ce sont les plus célèbres. Deux Martin Guerre, au seizième siècle, deux Caille, au dix-huitième, en appellent à la Justice pour décider qui des deux a le droit d'être et de se dire lui, qui des deux est un autre.

Voilà, dans les deux procès, le fond identique. Mais là s'arrête la conformité.

Dans l'affaire Martin Guerre, le moyen d'imposture et l'élément d'erreur sont dans une ressemblance exacte de visages et de corps entre deux individus d'origine différente. Les deux Martin Guerre réalisent pour la première fois, pour la dernière fois peut-être, cette merveilleuse conformité de traits, d'habitudes corporelles, même d'imperfections physiques, que la nature donne quelquefois à deux enfants conçus à la même heure, dans le sein de la même mère. Ils ne sont pas jumeaux, ils ne sont pas frères, ils ne sont pas parents, ils ne sont pas compatriotes, et cependant leur prodigieuse ressemblance fait naître dans la réalité de la vie une de ces aventures de Ménechmes, de Sosies, dans lesquelles se complaisait la fable antique. Mercure, dans cette cause, est bien vraiment le second exemplaire de Sosie; Jupiter revêt réellement la peau d'Amphitryon; Alcmène s'y trompe comme les autres, et, trois ans durant, prend un étranger pour son mari.

L'histoire du faux Caille est curieuse par un autre endroit. Ce n'est plus ici un imposteur qui, usant d'une ressemblance parfaite, et s'armant d'une minutieuse connaissance de la vie passée dans laquelle il veut s'introduire comme dans une peau nouvelle, fait à tous l'illusion d'un portrait frappant, ou plutôt d'un trompe-l'œil admirablement réussi.

Non, c'est quelque chose peut-être de plus singulier encore. Ce qu'on va voir, c'est l'histoire d'un imposteur qui n'a de celui qu'il veut représenter, ni les traits, ni le caractère, ni l'éducation, ni l'instruction, ni même aucune connaissance exacte de son passé. Et pourtant, si différent qu'il soit de son type, il réussit à abuser une population tout entière, toute une génération d'individus qui ont connu, fréquenté celui dont il ne reproduit pas, même grossièrement, l'apparence extérieure. Il fait plus, il joue le personnage d'un individu publiquement décédé, dont la mort est attestée par les témoignages les plus réguliers, les plus honorables, et cette audace triomphe, et il parvient à jeter dans l'erreur toute une compagnie d'hommes considérables, de graves et sagaces magistrats; il se fait adjuger solennellement l'état du mort, et ne perd enfin le bénéfice de son imposture que par sa propre imprudence.

Ces deux célèbres causes offrent encore cet intérêt, qu'elles font juger au lecteur des progrès accomplis dans nos mœurs et dans nos lois. On y voit fonctionnant tour à tour les rouages divers de l'ancienne Justice, avec ses délais infinis, avec ses frais énormes; on y prend sur le fait le mécanisme d'une cassation arbitraire suppléant aux garanties plus sérieuses que nous assure aujourd'hui un Tribunal suprême chargé de veiller à l'observation et à la bonne application de la Loi. Enfin, les esprits qui aiment à comparer les époques différentes pour mesurer la marche de la civilisation générale, y reconnaîtront, avec ce plaisir sérieux que fait ressentir la conscience d'une victoire de l'humanité, combien notre temps, un peu calomnié, l'emporte sur les temps antérieurs. Ce sont des récits de ce genre qui nous font le mieux comprendre combien nos lois, nos formes judiciaires et nos magistratures modernes garantissent mieux qu'autrefois la liberté, la sécurité, la propriété de l'individu, quel est leur respect pour l'homme et pour le citoyen.

Ces deux questions d'état, par exemple, seraient-elles possibles aujourd'hui? Que la personnalité d'un homme soit l'objet d'aussi audacieuses tentatives, que l'imposture triomphe, même momentanément, en des contestations de ce genre; que l'imposteur puisse, pendant un temps, s'imposer à une famille qui le repousse, la ruiner en frais judiciaires, la menacer dans sa liberté, dans son honneur, cela nous paraît aujourd'hui une pure curiosité de bibliophile, et nous ne pouvons croire que de semblables débats fussent autre chose que des exceptions bizarres. Eh bien! non. Avant la Révolution française, alors que des clercs presque toujours ignorants, négligents, souvent corrompus, toujours irresponsables, étaient les dépositaires de l'état civil, les erreurs et les impostures étaient fréquentes, et le succès d'un imposteur ha-

bile était possible. Pour ne citer que des affaires où le fourbe s'empare de l'état d'une personne vivante ou récemment décédée, dont la famille tout entière existe encore et peut témoigner contre le spoliateur, les affaires Martin Guerre et Caille ne sont pas des cas isolés. Quelque temps avant que parût le faux Caille, un faux *Adaoust* avait été pendu par Arrêt du Parlement de Provence : celui-là avait eu cette témérité de soutenir à un père qu'il était son fils. Avant même que l'affaire du faux Caille fût définitivement jugée, le Parlement de Bordeaux était saisi d'une revendication d'état non moins étrange. Une fille de joie, *Marie Poupart*, se prétendait, en 1700, fille du marquis d'Allemand, et, trois ans durant, elle soutint son dire en face du père et de la mère de la fille véritable. Le marquis d'Allemand et la dame son épouse, tous deux de bonnes mœurs, de bonne noblesse et fort estimés dans leur province, eurent la douleur de voir la populace prendre parti pour cette misérable intrigante. Il leur en coûta, pour soutenir ce procès, plus de cent mille livres (valeur du temps, environ 250,000 fr. de notre monnaie actuelle), et lorsqu'enfin un Arrêt du Parlement de Bordeaux déclara que l'intrigante n'était pas leur fille et ordonna que le procès lui serait fait pour crime d'imposture, ses partisans la firent disparaître.

Voilà notre passé, un passé de cent cinquante ans à peine. Qu'on le compare à notre présent, qu'on ajoute à l'admirable certitude de notre état civil moderne la magnifique unité de nos lois, les progrès de notre procédure, le zèle éclairé, l'incorruptible honneur de nos magistrats, et on comprendra ce que représente pour nous, citoyens du dix-neuvième siècle, ce mot un peu vague et trop souvent contesté de *Progrès*.

En l'année 1539, en la ville d'Artigat ou d'Artigues, du diocèse de Rieux (aujourd'hui chef-lieu de canton du département de la Haute-Garonne), fut célébré le mariage d'un certain Martin Guerre avec Bertrande de Rolz.

L'épouse n'avait pas encore dix ans accomplis; l'époux en avait onze. Nos anciennes lois françaises permettaient, on le sait, ces unions contrenature, dont l'issue n'était que trop souvent misérable. Cette honorable et sainte chose, le mariage, ainsi parodiée entre deux enfants, aboutissait d'ordinaire au dégoût mutuel, à la stérilité, aux séparations éclatantes ou à l'adultère honteusement consenti. Les familles royales et les grandes maisons avaient, par raisons d'ambition ou de convenance, donné cet exemple, bientôt suivi par la bourgeoisie et par le peuple lui-même.

« Je me mariai à trente-trois ans, dit Montaigne, qui vivait au même temps, et loue l'opinion de trente-cinq... »

Il arriva de ce mariage, contracté avant l'âge de discrétion, ce qui arrivait de tant d'autres. Les époux Guerre, ces enfants, étaient tous deux d'assez bonne condition, un peu au-dessus de celle du simple paysan. Les deux familles avaient quelque bien : demi-bourgeois, demi-manants, eût dit La Fontaine. Martin était natif d'Andaye, en pays basque, et y possédait quelques terres. Petit, noir, marqué d'un ulcère au visage et d'une cicatrice au sourcil droit, il ne pouvait assurément passer pour un bel enfant. La mariée, en revanche, promettait une belle fille; sage d'ailleurs, douce et point sotte.

Il ne faut point qu'on se figure que ce mariage précoce fût seulement une cérémonie d'apparence, ni qu'on eût au moins le bon sens de séparer le garçonnet de sa compagne jusqu'à ce que la puberté fût venue légitimer leur union. Point. On poussa jusqu'au bout la parodie sacrilége. Les deux enfants furent, après les noces, pompeusement couchés en même lit, et on n'épargna pas à la petite Bertrande l'obscène cérémonie du *réveil*. Sur le minuit, on apporta aux nouveaux mariés la collation de *media noche*, avec les épices destinées à restaurer leurs forces.

A partir de ce jour, les parents ne cessèrent de s'enquérir auprès de Bertrande des suites de cette belle union. Martin Guerre avait-il donné signe d'homme? La pauvre petite, à qui il fallut bien expliquer ces impudiques questions, répondit non bien longtemps. On patienta d'abord, excusant le mari par la considération de son âge si tendre. Puis on l'excita, on lui fit honte de sa froideur, on le semonça. Rien n'y fit. Nature ne voulait parler avant l'heure.

Trois ans se passèrent ainsi, et il fut bien avéré pour les parents de Bertrande et pour tous les habitants d'Artigat que ce garçon de quatorze ans, pour être ainsi lié près d'une fille déjà grandelette et appétissante, devait être sujet à quelque maléfice. On le prit en dégoût, même en peur, et on parla d'user contre lui de la loi qui permettait, après trois ans de mariage passés sans connaissance charnelle, de présumer l'empêchement perpétuel et de requérir la séparation pour cause d'impuissance incurable.

Bertrande, plus sage que les siens, tenait à son petit mari, et ne se voulut point rendre aux sentiments de ceux qui lui conseillaient la séparation.

Six autres années se passèrent sans plus de résultat. Martin Guerre, bien que ses vingt ans ne fussent pas loin, était toujours ensorcelé, soit que sa nature tardive donnât à la précocité de son mariage un démenti plus long qu'il n'est d'ordinaire en ces climats, soit peut-être que toutes ces excitations anticipées eussent chez lui refroidi d'autant l'imagination et le corps.

Il n'y avait plus à en douter, et Bertrande elle-même se rendit à l'évidence : Martin Guerre avait l'aiguillette nouée. Les deux époux s'adressèrent à un honnête curé d'Artigat, qui se chargea, moyennant finance, de rompre le charme, et, comme le dit plaisamment Montaigne, de dresser une « contre-batterie d'enchantements. » Quatre jours durant, Martin et Bertrande se rendirent en l'église pour entendre la première messe, dite à l'intention de leur maléfice, et, chaque fois, mangèrent dévotement une hostie et une *fouasse* (sorte de galette cuite sous la cendre) dûment préparées.

Il se trouva que, le jour qui suivit ce beau traitement, Martin Guerre et sa femme allèrent, avec deux de leurs amis, frère et sœur, s'ébattre en une campagne peu éloignée d'Artigat. Le soir venu, plus vite qu'on ne pensait, il fallut coucher là. Il n'y avait que deux lits : les deux femmes s'accommodèrent de l'un, les deux jeunes gens de l'autre. Dans la nuit, fut-ce l'effet de la fouasse magique ou celui d'une imagination rassurée par les momeries du curé, ou tout simplement éveil de nature, toujours est-il que Martin, poussé d'un désir tout nouveau, s'en alla doucement trouver sa Bertrande, qui, de bonne aventure, couchait au bord

du lit. Il y resta jusqu'au matin, et, dès ce jour-là, se fit partout compter pour un homme.

Ce qui le prouva mieux encore que ses dires et que le tacite acquiescement de Bertrande, c'est que, à neuf mois de là, Bertrande avait un fils que l'on nomma Sanxi.

Quelque temps après, et comme il semblait que cette union mal commencée dût enfin s'achever heureusement, Martin Guerre disparut tout à coup. On sut de quelques-uns qu'on l'avait vu, le sac au dos, le bâton en main, se dirigeant vers Toulouse.

Pourquoi ce départ subit et furtif? On dit bien que Martin Guerre avait fâché son père, bonhomme peu endurant, qu'il lui avait dérobé quelques mesures de blé, et que sans doute il fuyait sa colère. Mais les plus sages virent dans cette fuite la marque d'une humeur vagabonde, le besoin de courir pays et cette soif de nouveautés naturelle chez un garçon marié trop tôt, et qui ne s'était oncques émancipé de sa vie.

Quoi qu'il en fût, de Martin Guerre point de nouvelles. Huit ans se passèrent, pendant lesquels le père de Martin Guerre mourut, Sanxi grandit et Bertrande de Rolz se maintint dans son quasi veuvage en bonne renommée.

Au bout de ces huit ans, Martin Guerre reparut tout à coup, et on le vit par les rues d'Artigat, interpellant voisins et voisines, embrassant les anciens camarades, et se dirigeant résolûment vers son ancienne demeure. Il était parti n'ayant poil en barbe, et il revenait barbu et moustachu comme un reître, hâlé de visage, épaissi de taille, mais du reste si reconnaissable par les traits, par la voix, par le port, par les signes, que nul n'eût pu douter que ce fût là le petit Martin Guerre d'autrefois.

La désolée Bertrande n'en douta pas plus que les autres, et lui ouvrit ses bras. Il demanda qu'on lui amenât son petit Sanxi, qu'il couvrit de baisers. Pierre Guerre, son oncle, ses quatre sœurs et ses deux beaux-frères, tous lui firent fête et pleurèrent de joie entre ses bras.

Pendant qu'on tuait le veau gras, femme, parents, amis accourus de tous les coins de la ville, pressaient de questions Martin Guerre. Qu'était-il devenu pendant ce long temps? De reproches, il n'y en eut guère. Bertrande elle-même avait pardonné, et la meilleure excuse du coureur d'aventures, c'était son retour.

Il raconta quel dégoût l'avait pris de la vie heureuse et du foyer paisible, et comme quoi, sur ses vingt et un ans, il s'était tout à coup trouvé tout honteux de n'avoir rien vu du monde et de n'être bon à rien. Quelques lansquenets passant par Artigat lui avaient inspiré le désir de s'engager dans quelque compagnie, et il avait pris du service sous les drapeaux du Roi (1), qui justement commençait la guerre contre l'Anglais et contre l'Empereur (2). Martin avait assisté aux siéges de Metz, de Toul et de Verdun, et il en racontait des épisodes qui étaient passablement à sa gloire. Lors de la trève de Vaucelles, en 1556, Martin, bientôt las de la paix et toujours curieux de voir du pays, avait été prendre du service en Espagne. Mais, après quelques mois, il s'était senti saisi du désir de revoir tout ce qu'il avait quitté, femme, enfant, parents, pays natal.

Tel fut le récit de Martin Guerre, et il y ajouta

(1) Henri II.
(2) Charles-Quint.

bien des détails qu'il serait oiseux de rapporter ici. A tous les voisins, les amis, les parents, les alliés, il rappela des faits souvent oubliés d'eux-mêmes. Il y a vingt ans, nous étions en tel lieu, dénichant des œufs de pinsons. Et cette partie de plaisir, sur les bords de l'Arize, qui finit par un bain forcé. Et cette batterie avec Jean, et cette école buissonnière avec André.

Le soir, seul avec Bertrande, ce fut bien autre chose. Que de souvenirs évoqués! Les niaiseries puériles d'un premier amour, les joies d'une union plus sérieuse, et tous ces petits mystères du lit conjugal, les premières caresses de l'époux, le premier soupçon d'une maternité qu'on n'espérait plus. Et, le lendemain matin, après tout ce passé réveillé, passé en revue, quand Martin se voulut lever : — « Va-moi, dit-il à Bertrande, chercher ma culotte blanche, doublée de taffetas blanc. Tu la trouveras tout au fond du grand coffre de hêtre, entre deux linges. » Elle avait oublié depuis long-temps coffre et culotte, Bertrande; mais, lui, n'oubliait rien. Le coffre se trouva, aussi la culotte.

Pénélope, autrefois, se tint pour convaincue à moins de frais, qui se contenta d'une description du lit conjugal.

De douter que ce fût là Martin Guerre, la pensée n'en serait venue à personne.

Tout alla bien pendant quelque temps à Artigat. Les voyages avaient formé Martin Guerre; il était bon compagnon, amusant causeur, amoureux mari et bon père. En trois ans, Bertrande de Rolz devint deux fois mère; un des enfants mourut peu de temps après sa naissance; l'autre vécut, une fille.

Ces trois ans paisiblement écoulés, quelques nuages s'élevèrent entre Martin Guerre et son oncle Pierre. L'oncle Guerre, après le départ de Martin, était devenu, par la mort de son frère, le chef de la famille. Il avait administré l'héritage, et Bertrande avait vécu sous sa tutelle. Un jour vint où Martin Guerre s'avisa qu'il serait temps de vivre chez soi et de gérer soi-même un bien assez considérable pour le temps et pour le pays, puisqu'il n'allait pas à moins de 7,000 livres. Il parla de comptes à rendre.

Le mot fut mal accueilli. L'oncle Pierre s'était tellement habitué à gérer la fortune du neveu Martin, qu'il en était venu tout doucement à la considérer comme sienne. Deux gendres qu'avait l'oncle Pierre furent aussi mal contents que lui des réclamations du revenant. Il y eut des querelles de famille, même des coups.

Puis, un beau matin, l'oncle Pierre et les deux gendres s'en furent par la ville, disant : — « Vous savez ce Martin Guerre, qui nous est revenu : il n'est pas plus Guerre que vous. Le gueux nous a trompés et nous veut voler à présent. — Eh quoi! votre Martin n'est pas Martin! nous l'avons cependant reconnu tous tant que nous sommes, et vous les premiers. Jamais homme donna-t-il plus de véritables enseignes de sa personne? — Piperie que tout cela, affrontement et impudence, si ce n'est maléfice. Nous nous en étions toujours doutés; mais, ces jours-ci, il n'y a plus en de doute. Deux témoins, un aubergiste et sa femme, nous sont venus raconter qu'un soldat de passage, arrivant de Rochefort, ayant entendu prononcer ce nom de Martin Guerre, avait demandé qui on appelait ainsi. Et comme on lui montrait l'homme en question passant dans la rue, ce soldat s'était écrié : « Mais ce n'est pas là Martin Guerre, d'Arti-

gat; celui-ci est un imposteur, et j'ai laissé le véritable Martin Guerre en Flandre. Il serait difficile de s'y tromper, car celui-ci est entier de ses membres, tandis que le vrai Martin Guerre a une jambe de bois, la sienne ayant été emportée par un boulet devant Saint-Quentin, à la bataille de Saint-Laurent. »

Bertrande de Rolz, chapitrée par l'oncle Pierre et ses deux gendres, ne se résigna pas facilement à voir un faussaire dans ce mari si regretté, si heureusement recouvré. — « C'est bien Martin Guerre, leur répondait-elle, mon vrai mari. Qui s'y connaîtra mieux que moi? C'est mon mari ou quelque diable en sa peau. »

Pourtant, à force de revenir à la charge, on finit par jeter le doute dans l'esprit de Bertrande. Elle était faible de tête et molle de cœur; ne sachant que croire, elle n'attendit pas des preuves plus certaines d'une imposture, et se laissa conduire en secret chez le notaire du lieu, qui prit acte de sa déclaration du soldat de Rochefort.

Ce premier pas fait, on tenta plus encore, et, après quelques hésitations, quelques déchirements, Bertrande de Rolz se résigna à porter plainte contre l'imposteur. Il est vrai qu'entre temps, des raisons nouvelles de douter s'étaient élevées contre le prétendu Martin Guerre. L'éveil une fois donné, il se trouva des gens qui reconnurent, dans ce Martin Guerre prétendu, un certain Arnauld du Tilh, dit Pansette, du lieu de Sagias, depuis assez longtemps disparu de son pays natal.

Bertrande de Rolz se décida donc à porter pardevant le juge de Rieux une requête terminée comme suit :

« ..... Concluant ladite suppliante, à l'encontre dudit du Tilh, à double amende honorable, à demander pardon à Dieu, au roi et à icelle de Rolz, demanderesse, tête et pieds nus, en chemise, tenant une torche ardente en ses mains; disant que faussement, témérairement et proditoirement l'a déçue, abusée, trahie et circonvenue en prenant le nom et supposant la personne de Martin Guerre, son vrai mari; dont s'en repent, et lui en requiert merci; et pour le profit, en deux mille livres, et aux dépens, dommages et intérêts. »

Sur la requête, le contesté Martin Guerre fut arrêté, conduit devant le juge de Rieux. Il subit un long et minutieux interrogatoire, et il fallut bien reconnaître qu'il répondait à tout victorieusement. Détails infinis donnés sur sa naissance, sur celle de tous ses proches, sur son mariage, les personnes qui y assistaient, le prêtre qui l'avait célébré, les costumes des conviés, les circonstances les plus intimes, rien n'y manqua. Il dit le jour et l'heure de son départ, quelles personnes il rencontra sur la route, quels propos il leur tint.

Ces preuves données, avec une abondance et une sûreté de mémoire où il fut impossible de trouver le défaut, il ajouta que si, aujourd'hui, après l'avoir reconnu, après l'avoir éprouvé, non pas une heure, mais trois ans et plus, on venait lui contester son nom, cette méconnaissance n'avait pour cause que la cupidité de son oncle et des deux gendres de son oncle. On l'avait tenu pour Martin Guerre tant qu'il avait sacrifié ses intérêts à la paix domestique; il devenait un imposteur le jour où il demandait des comptes.

Il dit encore qu'on n'avait rien oublié pour le perdre, jusqu'à chercher à lui ôter la vie. L'oncle Pierre, après l'avoir épié plusieurs fois, avait fini par l'attaquer à son avantage, l'avait jeté à terre d'un coup de barre de fer, et l'eût assommé, si sa femme Bertrande, ne trouvant d'autre moyen pour le sauver, ne se fût étendue sur lui et ne lui eût servi de bouclier contre les coups de l'assassin.

La pauvre femme, comme il fallait qu'on eût surpris sa raison et son cœur, pour qu'elle se joignît à ses ennemis acharnés! Aussi, le contesté Martin Guerre demandait-il que Bertrande lui fût confrontée, persuadé que, hors de la vue de ses parents, laissée à elle-même, elle n'écouterait plus que la voix de la vérité et de la nature.

Il concluait à ce que les calomniateurs fussent condamnés, suivant les lois de l'équité, aux mêmes peines qu'ils voulaient lui faire subir; à ce que Bertrande de Rolz fût séquestrée dans une maison où la subornation ne pourrait l'atteindre; enfin, il demandait d'être renvoyé absous de l'accusation sans dépens, avec dommages et intérêts.

Le juge de Rieux entendit *quelques* témoins parmi ceux qu'avait désignés l'accusé, Bertrande de Rolz particulièrement, qui, interrogée à part, tomba d'accord avec l'accusé sur une foule de détails intimes, de ceux que l'on ne confie guère et que deux époux doivent seuls connaître. La confrontation du mari à la femme fut, pour l'accusé, un nouveau triomphe.

On entendit *tous* les témoins contraires à l'accusé, et contre lesquels il fournit des reproches.

La cause en cet état, le contesté Martin Guerre obtint la séquestration de Bertrande de Rolz et la publication d'un monitoire, pour avoir révélation de la pression exercée sur Bertrande, et pour vérification des reproches opposés aux témoins.

De son côté, le juge de Rieux ordonna qu'il serait fait une enquête d'office sur les lieux dits du Pin et de Sagias, patrie du supposé du Tilh, et dans la ville d'Artigat.

Cent cinquante témoignages environ sortirent de cette enquête : trente à quarante favorables, reconnaissant l'accusé Martin Guerre à des signes certains, à des souvenirs incontestables; soixante à soixante et dix hésitants, constatant entre le Martin Guerre et l'accusé, quel qu'il fût, une ressemblance frappante; cinquante environ défavorables, reconnaissant l'accusé pour le du Tilh, dit Pansette, qu'ils avaient vu et fréquenté dès le berceau.

Le juge de Rieux ordonna encore une épreuve, admirablement choisie celle-là, et dont le résultat devait être, à ses yeux, des plus concluantes : à savoir, la constatation de la ressemblance ou de la dissemblance de Sanxi avec l'accusé et avec les sœurs de Martin Guerre. Comme s'il n'arrivait jamais qu'un fils ne ressemble pas à son père! L'enquête donna ce résultat que Sanxi ne ressemblait pas à l'accusé, et qu'en revanche il avait un air de famille avec les sœurs de Martin Guerre.

Fut-ce cette lumineuse expérience qui éclaira tout à coup l'intelligence du juge de Rieux en cet étonnant conflit de preuves contradictoires? On ne sait. Toujours est-il qu'avec cette certitude effroyable qui se montre en tant de jugements humains, le juge de Rieux déclara l'accusé atteint et convaincu d'être Arnauld du Tilh, dit Pansette, et comme tel, un imposteur; en conséquence, condamné à perdre la tête, et, après sa mort, son corps mis en quatre quartiers.

Il n'y allait point de main morte, ce juge de Rieux!

« Il s'engendre, dit Montaigne, beaucoup d'abus au monde, ou, pour le dire plus hardiment, tous les abus du monde s'engendrent de ce qu'on nous apprend à craindre de faire profession de notre ignorance, et que nous sommes tenus d'accepter tout ce que nous ne pouvons refuser : nous parlons de toutes choses par préceptes et résolution. Le style, à Rome, portait que cela même qu'un témoin déposait pour l'avoir vu de ses yeux, et ce qu'un juge ordonnait de sa plus certaine science, était conçu en cette forme de parler : *Il me semble...* On me fait haïr les choses vraisemblables, quand on me les plante pour infaillibles : j'aime ces mots qui amollissent et modèrent la témérité de nos propositions : *à l'aventure, aucunement, quelque, on dit, je pense,* et semblables. »

Le pauvre diable, si hardiment *atteint et convaincu,* se rendit appelant au parlement de Toulouse. C'est ici le véritable procès qui commence, avec cette défavorable circonstance pour l'accusé que, de par le juge de Rieux, il n'est plus le contesté Martin Guerre, mais bel et bien Arnauld du Tilh, dit Pansette. Il nous faudra bien, à partir de ce moment, ne lui plus donner que ce nom.

Ce procès de Toulouse nous a été raconté par un contemporain, jurisconsulte éminent, professeur distingué, faisant autorité, à cette époque, par ses interprétations du droit. C'est Jean de Coras, conseiller au Parlement de Toulouse, chancelier de la reine de Navarre, ami du grand Michel de l'Hôpital. Ce sont là des titres : un honnête homme, au reste, et de conscience, car, en un temps où le huguenotisme était souvent maladie mortelle, il embrassa hautement la religion réformée et fut martyr de sa foi; chassé d'abord du Parlement de Toulouse, puis, en 1572, à l'âge de cinquante-neuf ans, massacré par les catholiques.

Ce jurisconsulte nous a laissé une relation du procès du faux Martin Guerre, sous ce titre :

Arrêt mémorable du parlement de Tolose, contenant une histoire prodigieuse d'un supposé mari, advenue de notre temps, enrichie de cent et onze belles et doctes annotations, Paris, 1572, in-4°, Lyon, 1605, in-8° (1).

Cet opuscule, qui fit bruit en son temps, traduit en latin par Hugues Surœus (Francfort, 1588, in-8°), mis en vers par le poëte hollandais Cats, est un spécimen intéressant de l'éloquence judiciaire de l'époque. On y trouve, à côté de quelques réflexions sensées sur le procès, et de détails précieux semés çà et là, des dissertations sur tous sujets et sur d'autres encore. Abimelech, Abraham, Absalon, les Sosies célèbres, les deux Amphitryons, le faux Démétrius, Sartorius et le faux Baudouin, comte de Flandre, y occupent plus de place que du Tilh ou Martin Guerre. L'honnête pédant y traite sérieusement la question de savoir si Achille, jadis, tua loyalement Hector sous les murs de Troie. Tout cela dans un style qui ne manque pas de saveur, et qui, deux ou trois fois, fait penser à Montaigne.

Le procès du faux Martin Guerre y est traité comme une curiosité judiciaire des plus alléchantes, « un argument délectable, monstrueusement étrange par la inouïe merveille du sujet. » Ce procès soulevait plus d'une question curieuse, dont

(1) Une première édition avait paru sous ce titre : *Arrét mémorable du Parlement de Tolose, contenant une histoire prodigieuse de notre temps, avec cent belles et doctes annotations, de Moisieur Jean de Coras, conseiller en ladicte Cour et rapporteur du procès, prononcé ès arrestz generaulz le xij septembre MDLX,* Paris, 1565.

ces sérieux magistrats se léchaient les barbes. Légitimité de l'enfant né de la cohabitation entre Bertrande de Rolz et le supposé Martin Guerre; valeur des contrats faits par du Tilh sous le nom de Martin Guerre : toute une casuistique. Le croira-t-on? Jean de Coras soulève sérieusement ces deux questions :

1° Par sa longue absence, le vrai Martin Guerre ne s'était-il pas rendu coupable de tout ce qui était arrivé, et n'avait-il pas donné à sa femme « licence de paillarder, » et ne pourrait-il pas être puni « comme maquereau de sa femme? »

2° Bertrande de Rolz ne devait-elle pas être condamnée, comme s'étant laissé abuser avec complaisance?

Mais laissons ces graves enfantillages et venons au procès de Toulouse.

La cour ordonna d'abord que Pierre Guerre et Bertrande de Rolz seraient, en pleine chambre, confrontés l'un après l'autre à l'accusé. Ce dernier montra, à Toulouse comme à Rieux, une contenance assurée, tandis que l'oncle Pierre et Bertrande, déconcertés et confus, semblaient deux calomniateurs.

Puis, eut lieu une enquête qui, comme celle de Rieux, ne fit qu'apporter au procès des éléments nouveaux de doute et d'incertitude. De trente témoins ouïs à nouveau, neuf ou dix déclarèrent que c'était là le véritable Martin Guerre; sept ou huit reconnurent dans l'accusé Arnauld du Tilh, dit Pansette; les autres flottèrent incertains.

Tout cela, dit Coras, jetait les juges dans une grande perplexité. Ils inclinaient vers une opinion contraire à celle du juge de Rieux, et se sentaient tentés d'attribuer à l'accusé la faveur du doute, celle surtout de la possession d'état, celle de ce mariage de trois ans, celle de cet enfant né d'un mari contesté.

En rassemblant tous les témoignages défavorables à l'accusé, les juges de Toulouse trouvaient que quarante-cinq témoins reconnaissaient Arnauld du Tilh dans le prétendu Martin Guerre. Et, parmi ces témoins, il en était dont la qualité donnait un grand poids à leurs témoignages.

Par exemple, un certain Carbon Barreau, oncle maternel de du Tilh, qui reconnut, sans balancer, l'accusé pour son neveu, et lui voyant les fers aux pieds, se prit à pleurer.

Et encore, d'honnêtes négociants et propriétaires de Sagias, qui avaient contracté avec du Tilh, qui justifiaient de ces actes, et qui voyaient dans l'accusé du Tilh en personne.

Parmi ceux qui ne savaient se résoudre à choisir, il en était qui, cependant, indiquaient des différences entre le Martin Guerre d'autrefois et l'accusé. Martin Guerre, disaient-ils, était plus haut, plus noir; il était grêle de corps et de jambes, quelque peu voûté, portant la tête entre les deux épaules, le menton fourchu, la lèvre supérieure pendante, le nez large et camus.

Et l'accusé leur paraissait plus petit, plus trapu, plus fort de corps, la jambe grosse d'ailleurs, le port droit, le nez pointu.

Le cordonnier qui chaussait Martin Guerre déposa que sa pratique se chaussait à douze points; l'accusé ne se chaussait qu'à neuf.

Un témoin déclara que Martin Guerre était habile à lutter et à manier les armes; l'accusé n'y entendait rien.

Un autre faisait remarquer que l'accusé, bien que né en pays basque, s'il était vraiment Martin Guerre, n'entendait pas le langage « des Bascous, fort peu entendible à Français ou à Gascons. » Il n'en parlait que quelques mots dérobés qu'il plaçait avec affectation dans ses discours.

Autre preuve contre l'accusé. Arnauld du Tilh, dès son enfance, s'était montré confit et consommé en toute espèce de vices, adonné au larcin, affronteur, plein de lubricité dans le langage, renieur et blasphémateur du nom de Dieu. Ce passé ne permettait-il pas de le supposer capable de l'impudente piperie qu'il avait tentée plus tard?

Parmi tous les témoignages, nous n'en voyons vraiment, à distance, de considérables que les suivants : ceux d'abord de ces aubergistes qui avaient entendu la déclaration du soldat de Rochefort relative au vrai Martin Guerre et à sa jambe de bois; celui ensuite de Jean Espagnol, hôte du lieu de Tonges, lequel vint dire que l'accusé s'était découvert à lui, lui recommandant de ne pas le déceler, et justifiant sa ruse par ce fait que le vrai Martin Guerre lui aurait, en mourant, légué tout son bien; enfin ceux de Valentin Rougie, qui affirma que l'accusé, se voyant par lui reconnu pour du Tilh, lui fit signe du doigt de ne rien dire, et de Pélegrin de Liberos, qui fit une déposition à peu près semblable, ajoutant que l'accusé lui avait donné deux mouchoirs, dont l'un destiné à Jean du Tilh, son frère.

Il y avait là quelques raisons assez fortes contre l'accusé; mais que de raisons en sa faveur!

Près de quarante témoins le déclaraient Martin Guerre, certains de leur dire, appuyés sur de nombreux souvenirs d'enfance. Parmi ceux-là, on comptait les quatre sœurs de Martin Guerre, honnêtes et discrètes personnes, de bonne renommée; aussi deux maris de deux de ces sœurs, beaux-frères et amis d'enfance de Martin.

Catherine Boëte, celle qui avait porté aux deux enfants le *réveil* de la première nuit des noces, et plusieurs autres avec elle, n'admettaient pas un seul instant la possibilité du doute : c'était bien là Martin Guerre.

On avait parlé de quelques différences entre le Martin Guerre d'autrefois et l'accusé. Mais quoi entre un adolescent et un homme fait n'y en a-t-il pas d'inévitables? Veut-on que la taille ne s'épaississe pas avec l'âge, et, par là, la stature ne paraît-elle pas diminuer? La jambe ne peut-elle grossir comme la taille, surtout chez un soldat qui court le monde? et l'enfant un peu voûté, qui se tient mal, ne pourra-t-il devenir un homme qui marche droit, la tête haute et dégagée?

A ces vives raisons s'ajoutaient celles de la cicatrice au sourcil droit, de la marque d'ulcère au visage : l'accusé, comme Martin Guerre, avait deux soubredents à la mâchoire supérieure comme Martin Guerre, une goutte de sang extravasé à l'œil gauche; comme Martin Guerre, l'ongle de l'index aplati, enfoncé; comme Martin Guerre, trois verrues à la main droite et une autre au petit doigt de la main gauche. Sont-ce là marques et signes qu'on imite?

Plusieurs témoins firent connaître le complot ourdi contre l'accusé par l'oncle Pierre et ses gendres. Il fut prouvé qu'ils s'étaient adressés à Jean Loze, consul de Palhos, pour le prier de leur fournir l'argent nécessaire à conduire à fin leur entreprise; Jean Loze, parent de Martin Guerre, avait refusé d'aider à le perdre.

D'autres dirent que c'était notoirement contre la volonté de Bertrande que Pierre et sa cabale poursuivaient l'accusé : à plus d'un, elle s'était plainte des violences qu'on lui avait faites. On avait été jusqu'à la menacer de la chasser de sa maison, si elle ne voulait prendre parti contre son mari.

On rapportait, comme preuve de cette pression exercée sur Bertrande, l'histoire de l'arrestation de l'accusé. Ce n'était pas directement, franchement, qu'on l'avait fait incarcérer. Pierre Guerre avait d'abord mis en avant un certain Jean d'Escorneboeuf, qui, pour un tout autre sujet, avait obtenu du sénéchal de Toulouse l'autorisation de faire constituer Martin Guerre prisonnier. L'accusé fut élargi en vertu d'un jugement du sénéchal, qui prononça entre les parties un appointement de contrariété.

Martin Guerre, car à ce moment on ne lui contestait pas encore son état, revint à la maison. Bertrande de Rolz le reçut avec les démonstrations de la joie la plus vive, le caressa, lui lava les pieds elle-même et lui passa une chemise blanche, le fit restaurer, coucher et s'empressa de se coucher auprès de lui.

Et, le lendemain matin, Pierre Guerre, se disant fondé de pouvoir de Bertrande, se démasquait et lançait contre Martin Guerre cette requête qui le fit arrêter de nouveau et conduire, comme imposteur, devant le juge de Rieux.

Or, disait-on, à ce moment, Pierre Guerre n'avait pas la procuration de Bertrande : il ne l'obtint que le soir, Martin Guerre une fois arrêté. N'y avait-il pas dans toutes ces manœuvres la preuve d'un ascendant tyrannique exercé sur Bertrande ? On ajoutait que, son mari à peine incarcéré, elle lui avait envoyé dans sa prison linge, vivres, argent.

Et cette ressemblance ou dissemblance de Sanxi avec l'accusé, belle preuve, vraiment !

Et ce langage des Bascous oublié par l'accusé : on n'avait garde de dire que Martin Guerre avait quitté son pays natal à l'âge de deux ans !

Telles étaient les raisons fournies pour ou contre l'état de l'accusé, et Coras les rapporte avec une impartialité qui, à ce moment du procès, semble devoir donner gain de cause au possesseur de l'état. D'autant que, selon la doctrine alors reçue, deux témoins qui affirment sont plus dignes de créance que mille témoins qui nient. A ce compte, les principaux témoins à charge ayant été dûment reprochés par l'accusé, la masse des témoignages favorables était évidemment de son côté.

Mais, pour qui sait observer, le meilleur témoin à décharge, le plus considérable, le plus triomphant, c'était encore l'accusé lui-même, qui, pendant toutes ces enquêtes, pendant toutes ces confrontations, avait confondu les juges et les témoins eux-mêmes par cette infinie variété d'enseignes données à tous sur un passé que Martin Guerre seul pouvait connaître. Cet étonnant bonheur de mémoire qui lui retraçait tant d'événements sans importance écoulés depuis vingt ans; cette confiance qui le faisait courir au-devant des doutes; cette clarté dans les explications; cette abondance de détails toujours vraisemblables, souvent reconnus vrais; et, par-dessus tout, cette attitude de sincérité, cet accent de loyauté qui se montraient dans ses discours : tout cela était un grand sujet d'admiration et de perplexité pour les juges, qui, inutilement, avaient tâché de le surprendre en quelque mensonge, et ne pouvaient rien gagner sur lui.

Au moment où, perdus en ce conflit de contradictions, les juges de Toulouse allaient sans doute adjuger à l'accusé le profit du doute, voici qu'arrive à Artigat un nouveau Martin Guerre. Celui-là dit venir d'Espagne; il a une jambe de bois, et on se rappelle le propos du soldat de Rochefort; il reconnaît la maison de son enfance, ses voisins, ses parents, ses amis, comme l'autre avait fait naguère. Il demande sa femme, et on lui apprend quel procès se débat à ce moment à Toulouse. Il part, il arrive et présente requête à la Cour.

On cria au miracle. Ce revenant arrivait si à propos pour tirer les juges d'incertitude, qu'on peut croire qu'ils furent assez faciles sur les preuves.

La Cour ordonna d'abord que le nouveau venu, devant que d'être ouï, tiendrait *l'arrêt clos* chez le garde du palais, c'est-à-dire qu'il ne bougerait de ce lieu, qui lui était assigné comme prison provisoire.

Puis, vinrent les interrogatoires, les confrontations à l'accusé, à Bertrande de Rolz, aux sœurs Guerre, à l'oncle Pierre, aux principaux témoins.

La confrontation du nouveau venu à celui qu'on n'appelait plus qu'Arnauld du Tilh fut des plus curieuses. L'accusé soutint son dire, en présence de ce Sosie, avec une énergie qui fut taxée d'impudence. Il traita le survenant d'imposteur, de maraud, d'homme payé par l'oncle Pierre, déclarant qu'il consentait volontiers à se passer lui-même la hart au col, s'il ne prouvait la fourbe.

Ce fut lui qui, de sa propre autorité, interrogea le survenant sur mille faits intimes, sur mille détails secrets de la vie domestique. Et, il fallut bien le reconnaître, le nouveau Martin Guerre ne sortit pas victorieux de ce duel étrange. Il répondit juste sur quelques points; mais sa mémoire fit défaut sur beaucoup d'autres.

Quand le nouveau Martin Guerre fut présenté aux sœurs Guerre, à Bertrande, il fut reconnu d'elles avec la même soudaineté de certitude qu'elles avaient fait paraître en face du premier. La sœur aînée, après s'être arrêtée un instant à considérer l'homme à la jambe de bois, se jeta à son col en pleurant, et, s'adressant aux commissaires : — « Voici, leur dit-elle, voici mon frère Martin Guerre. J'avoue l'erreur où ce monstre abominable m'a jetée et entretenue pendant si longtemps. » Une autre épreuve paraissait naturellement indiquée. Si le contesté Martin Guerre était Arnauld du Tilh, pourquoi ne le confronter qu'à un oncle maternel, quand deux frères d'Arnauld du Tilh pouvaient être appelés à prononcer entre les deux concurrents? On ne le fit pas, et on se contenta de dire que, ces deux frères se refusant à comparaître, il était contraire à l'humanité de les contraindre à déposer contre leur propre sang.

Quant à Bertrande, elle n'eut pas plutôt porté les yeux sur l'invalide, que, tout éplorée, et, dit Coras, tremblante comme la feuille au vent, elle se précipita dans ses bras, implorant son pardon pour la faute involontaire qu'elle avait commise en se laissant abuser par les artifices d'un misérable. Elle dit qu'elle avait été entraînée par ses belles-sœurs, trop crédules; que la grande passion qu'elle avait de revoir son mari avait aidé à la tromper; qu'elle avait été confirmée dans son erreur par les indices que ce traître lui avait donnés, et par des récits de faits si particuliers, qu'ils ne pouvaient être connus que du mari véritable.

Le nouveau Martin Guerre, qui avait tendrement embrassé ses sœurs, demeura insensible à ce touchant plaidoyer de Bertrande, et, gardant un maintien farouche : — « Cessez de pleurer et de prier, lui répondit-il ; je ne puis ni ne dois me laisser émouvoir par vos larmes. C'est en vain que vous cherchez à vous excuser par l'exemple de mes sœurs. Une femme a, pour connaître son mari, des marques que n'ont ni sœurs, ni oncles, ni père, ni mère elle-même, et celle-là seule se trompe qui aime son erreur. Vous seule êtes la cause du désordre de ma maison, et je ne l'imputerai jamais qu'à vous. »

Cela était fort bien dit, sans doute ; mais il y manquait une chose, c'est que cette Bertrande, si disposée à reconnaître tous les maris qui se présentaient, eût pu faire, entre les deux Martin Guerre une comparaison plus approfondie. On se demande quelle preuve de sa véracité apportait ce nouveau venu, autre qu'une ressemblance extérieure avec l'ancien Martin Guerre et avec l'accusé lui-même.

Et, d'ailleurs, il faisait beau voir ce mari, si c'était lui, venir demander compte sur ce ton à une femme qu'il avait quittée presque enfant, il y avait tantôt douze ans. « Je demanderai volontiers, dit Pasquier en ses *Recherches* (t. I, liv. VI, ch. xxxvi), si ce monsieur Martin Guerre, qui s'aigrit si âprement contre sa femme, ne méritait pas une punition aussi grave qu'Arnauld du Tilh, pour avoir, par son absence, été cause de ce méfait..... Il ne doit point être permis à un homme de quitter sa femme sans cause, même d'une si longue absence, et, au bout de cela, d'en avoir été quitte pour une colère représentée devant ses Juges. Il me semble que c'était une vraie moquerie et illusion de Justice..... Si Martin Guerre eût été condamné *à mort*, parce que, étant le vrai mari, il avait, sans raison, abandonné sa femme..., absence qui avait été le principal argument et sujet de toute cette imposture, j'estime que nos survivants eussent solennisé cet arrêt comme très-saint ; pour le moins, m'assure que les femmes n'en eussent été marries. »

Le bon Pasquier est vif et va un peu loin ; mais, en vérité, les reproches de ce maussade éclopé ne semblent pas faits pour prévenir en sa faveur.

Ce qu'il eût fallu voir, constater sérieusement, légalement, c'est le degré de ressemblance qui existait entre ces deux hommes. On les tenait là, tête à tête, corps à corps. La comparaison était facile à faire des traits, des signes particuliers, de l'habitude générale. On ne voit pas dans Coras que cette comparaison ait été faite autrement que par ces exclamations émerveillées : deux œufs ne se ressemblent pas plus entre eux ; qui a vu l'un a vu l'autre ; ce sont parfaits ménechmes.

Or, justement, nous savons aujourd'hui que deux œufs ne se ressemblent pas entre eux, et que les plus parfaits ménechmes, vus de près, sont dissemblables. Il ne semble pas que la Cour de Toulouse ait poussé plus loin que l'apparence. L'accusé lui était présenté, dès l'abord, comme imposteur ; le jour où les Juges se virent pourvus d'un *vrai* Martin Guerre, la cause fut entendue.

Quant à cette science prodigieuse de la vie privée de Martin Guerre, acquise par un impos-

teur à un si haut degré qu'il en arrive à dépasser le véritable ; quant à cette faculté inouïe d'entrer, comme on le dit, dans la peau de son personnage, au point de s'y sentir plus à l'aise que lui-même, Coras ne nous satisfait guère en les attribuant à la sorcellerie. Il y avait vraiment de quoi douter.

Pasquier nous dit, en ses *Recherches* (loc. cit.) : « Ce qui rend cette histoire plus émerveillable, c'est que ce supposé mari n'avait jamais familiarisé avec l'autre. »

Coras, rapporteur du procès, insinue le contraire, mais n'en apporte pas la preuve. Il resterait à expliquer d'ailleurs, en supposant que Martin Guerre et Arnauld du Tilh se fussent rencontrés en Lorraine, en Picardie, ou en Espagne, comment il peut arriver qu'un homme en mette un autre au courant des détails les plus secrets et les plus insignifiants de sa vie passée, jusqu'à le faire plus savant qu'il ne se montrera lui-même ; comment il peut dépeindre à cet homme des lieux et des êtres qu'il n'a jamais vus, jusqu'à le mettre en posture de reconnaître aussi bien ou mieux que lui-même ces êtres ou ces lieux.

Pour résumer, il semble que le Martin Guerre à la jambe de bois, arrivant après le procès de Rieux, après les enquêtes de Toulouse, avait la tâche bien autrement facile que le du Tilh, débarquant en pays inconnu. Et on se prend à soupçonner en ce dernier Martin Guerre, si bénévolement acclamé par les témoins et par les Juges, un compère de l'oncle Pierre.

Quoi qu'il en soit, nous l'avons dit, la conviction des Juges était faite. Le 12 septembre 1560, la Cour rendit l'arrêt suivant :

« Veu le procès fait par le Juge de Rieux à Arnauld du Tilh, dit Pansette, soy disant Martin Guerre, prisonnier à la conciergerie, appellant dudit Juge, etc. Dit ha esté, que la cour ha mit et met l'appellation dudit du Tilh, et ce dont ha esté appellé, au néant. Et pour punition et réparation de l'imposture, faulseté, supposition de nom, et personne, adultère, rapt, sacrilége, plaige, larrecin, et autres cas par ledit du Tilh, prisonnier commis, resultant dudit procès, la court l'ha condamné et condamne à faire amende honorable au devant l'Église du lieu d'Artigat et illec de genoux en chemise, teste et piedz nuz, ayant la hart au col, et tenant en ses mains une torche de cire ardante, demander pardon à Dieu, au Roy, à Justice, auxdits Martin Guerre et de Rolz mariez : et ce fait, sera ledit du Tilh délivré ès-mains de l'exécuteur de la haute Justice, qui luy fera faire les tours par les rues et carrefours accoutumez dudit lieu d'Artigat, et la hart au col, l'amenera au devant de la maison dudit Martin Guerre, pour illec en une potence, qu'à ces fins y sera dressée, estre pendu et estranglé, et après son corps bruslé. Et pour certaines causes, et considérations, à ce mouvant la Court, elle ha adjugé et adjuge les biens dudit du Tilh à la fille procrée de ses œuvres, et de ladite de Rolz, soubz prétexte de mariage par luy faulsement pretendu, supposant le nom et la personne dudit Martin Guerre, et par ce moyen decevant ladite de Rolz, detraictz les fraiz de Justice. Et en outre, ha mis et met hors de procès, et instance lesditz Martin Guerre et Bertrande de Rolz, ensemble ledit Pierre Guerre, oncle dudit Martin : et ha renvoyé et renvoye icelny du Tilh audit Juge de Rieux, pour faire mettre ce présent arrest à exécution, selon la forme et teneur. Prononcé judiciellement, le xij jour de septembre 1560. »

Par cet arrêt, la Cour de Toulouse infirmait la sentence du juge de Rieux, en tant que ce dernier avait prononcé la décapitation, peine réservée aux criminels de noblesse. Et encore, les crimes de bas étage, larcin ou plagiat par exemple (1), même commis par des nobles, étaient punis de la peine de la pendaison : seulement, pour le noble, la potence était plus haute que pour le vilain. Honorable consolation !

Ce ne fut pas, à ce qu'il semble, sans hésitation que les Juges de Toulouse mirent hors de cause Bertrande et Martin Guerre. La première, à leurs yeux, était coupable de s'être laissé abuser par un imposteur. Le second avait, comme le disent très-sérieusement Pasquier et Coras, donné occasion à l'adultère. Mais on lui reprochait un autre crime, celui d'avoir porté les armes contre son prince à la bataille de Saint-Laurent.

On voulut bien considérer, pour l'une, que l'imposteur en avait abusé bien d'autres, et qu'elle avait poursuivi la fraude aussitôt après l'avoir reconnue; pour l'autre, que l'occasion d'adultère avait été bien éloignée, que, s'il était coupable au tribunal de Dieu, il ne pouvait l'être à celui des hommes; que, s'il avait porté les armes contre son prince, c'était parce que, dévoué laquais du cardinal de Burgos, il avait été emmené

Il demanda qu'on lui amenât son petit Sanxi, qu'il couvrit de baisers. (PAGE 3.)

en Flandre par le frère de ce cardinal, qu'il avait ainsi assisté sans le vouloir à la bataille de Saint-Laurent, et que son crime, après tout, paraissait suffisamment expié par la perte d'un membre.

L'arrêt ayant désigné, pour veiller à l'exécution, le Juge du ressort où avait été commis le crime, Arnauld du Tilh, puisque c'est désormais son nom, fut ramené à Artigat. Le Juge de Rieux s'y transporta pour l'interroger, le 16 septembre, et, comme il était d'ordinaire en pareil cas, il fut dit et publié que l'imposteur avouait tout. Il confessa, selon les déclarations du Juge, qu'à son retour du camp de Picardie, quelques amis intimes de Martin Guerre l'ayant pris pour lui, il s'informa auprès d'eux de ce Martin Guerre, de sa famille, de son passé, se procura des détails de Martin Guerre lui-même, et, sans user de charmes ni de sorti-

(1) Le crime de plagiat ou plaige, qui est celui de l'espèce, consistait à donner, vendre, acheter, receler, retenir une personne libre, ou à en abuser.

lége, par sa seule adresse, tenta et fit réussir l'aventure que l'on sait.

Ces confessions *in extremis,* vraies ou fausses, avaient pour effet de justifier la Justice, qui, plus d'une fois, eut besoin de ces justifications. On ne saurait donc accorder à celle-ci beaucoup d'importance, surtout si l'on songe que, de l'aveu de Coras lui-même, le condamné garda après l'arrêt prononcé, l'énergique attitude qu'il avait toujours montrée. La Cour n'osa même faire prononcer l'amende honorable au parquet de l'audience, craignant les *interruptions* et la *pétulance* du condamné.

Tout cela est fait pour laisser des doutes sur cette étrange affaire, et pour nous plonger à distance dans cette merveilleuse perplexité qui saisit les Juges de Toulouse jusqu'au jour où se fit pour eux une lumière soudaine, que leur arrêt n'a pas réussi à faire briller aux yeux de la postérité.

Montaigne, l'incorrigible douteur, dit, à ce sujet : « Je vis, en mon enfance (1), un procès que Coras, conseiller de Toulouse, fit imprimer, d'un accident étrange de deux hommes qui se présentaient l'un pour l'autre. Il me souvient (et ne me souvient aussi d'autre chose) qu'il me semble avoir rendu l'imposture de celui qu'il jugea coupable si merveilleuse et excédant de si long notre connaissance et la sienne, qui était juge, que je trouvai beaucoup de hardiesse en l'arrêt qui l'avait condamné à être pendu. Recevons quelque forme d'arrêt qui die : « La Cour n'y entend rien, » plus librement et ingénûment que ne firent les Aréopagites, lesquels, se trouvant pressés d'une cause qu'ils ne pouvaient développer, ordonnèrent que les parties en viendraient à cent ans. »

Ô le bel arrêt de bon sens que celui de Montaigne, simple, clair, modeste, et qui, si la mode s'en pouvait établir, laisserait le Juge digérer sans remords !

A Manosque, petite ville de l'ancienne Provence, aujourd'hui chef-lieu de canton du département des Basses-Alpes, vivait, vers 1660, un certain Scipion le Brun de Castellane, seigneur de Caille et de Rougon. Il avait, en 1655, épousé demoiselle Judith le Gouche, d'une bonne famille de robe. Les deux époux professaient la religion calviniste, ou, comme on disait alors, prétendue réformée.

En 1685, Louis XIV ayant révoqué le célèbre édit de 1598, dit Édit de Nantes, qui accordait aux protestants la tolérance et des places de sûreté, le Brun de Castellane quitta la France, comme firent tant d'autres malheureux que chassait de leurs foyers l'intolérance catholique.

La famille exilée se composait de cinq personnes : le Brun de Castellane, sieur de Caille, sa mère, son fils et deux filles. Depuis six ans, Judith le Gouche était morte, ainsi que deux de ses fils, décédés en bas âge ; l'aîné seul, Isaac, survivait et avait vingt et un ans au moment où il quitta la France. Un ministre de la religion, Bernard, précepteur du fils de Caille, accompagnait la famille, ainsi que plusieurs domestiques.

Les de Caille allèrent s'établir à Lausanne, petite ville de la Suisse bernoise.

Au mois de décembre 1689, Louis XIV compléta son œuvre d'intolérance par un édit de spoliation qui attribuait aux parents les plus proches les biens des calvinistes émigrés.

A cette époque, la famille de Caille ne se composait plus que de quatre personnes, une des filles étant morte en 1686. Quelques mois après l'édit de spoliation, l'aïeule mourut à son tour.

Parmi les parents des de Caille restés en Provence et qui avaient préféré l'abjuration à l'exil, quatre se présentèrent pour se disputer les dépouilles de leurs proches : c'étaient la dame Rolland, née Anne le Gouche, propre sœur de la dame de Caille et épouse d'un sieur Rolland, avocat général au Parlement du Dauphiné ; une dame Tardivi, parente du sieur de Caille, femme d'un conseiller du roi au siége de Grasse ; un sieur Jean Pousset, de Cadenet ; un sieur de Muges. Ce dernier se prétendait substitué par un fidéi-commis aux droits des émigrés.

(1) Nous supprimons, dans les citations purement littéraires, l'orthographe vieillie, qui n'a pour effet que d'en rendre la lecture pénible.

Un arrêt du parlement de Provence, en date du 30 juin 1690, débouta de Muges, adjugea à la dame Tardivi pour la plus grande part, et à Pousset pour le reste, les biens paternels qui montaient à douze mille livres de rente environ, et saisit la dame Rolland des biens maternels, évalués à deux mille cinq cents livres de rente.

Le 13 février 1696, Isaac de Caille, sieur de Rougon, le dernier des fils de le Brun de Castellane, mourut à Vevay d'une maladie de langueur.

Le malheureux père, après avoir vu s'éteindre dans ses bras ce dernier espoir de son nom, informa de ce nouveau malheur ses parents de Provence. La dame Rolland, qui, espérant pour son neveu des temps meilleurs, lui conservait sa petite fortune, en disposa, sur cette nouvelle, en faveur des pauvres de la Charité de Manosque. La donation entre-vifs, à la date du 5 décembre 1698, qui gratifiait cette communauté de la maison du sieur de Caille et d'un domaine de 800 livres de rente, donnait comme motif de cette gratification la mort du sieur de Caille de Rougon.

Ces faits divers bien établis, arrivons au commencement du mois de mars 1699.

M. de Vauvray, intendant de la marine à Toulon, reçut, à cette époque, la visite d'un certain abbé Renoux, qui lui amenait un quidam d'assez mauvaise mine. Ce dernier lui dit être le fils du sieur de Caille, et lui raconta ce qui suit : Le sieur de Caille, son père, l'ayant pris en aversion à cause de son intelligence rebelle à l'étude et surtout de son penchant vers la religion catholique, l'avait maltraité à tel point, que, pour se soustraire à ses violences, il avait dû fuir la maison paternelle. Ramené plusieurs fois à Lausanne par des parents ou par des amis, il s'en était encore échappé, si bien que son père l'avait étroitement resserré, même emprisonné, jusqu'au jour où, avec le secours d'une servante, il avait enfin réussi à rompre sa captivité. Ce jour-là, profitant du sommeil de son père, il avait pris quarante louis dans la poche de sa culotte et avait gagné pays.

Toujours poursuivi du désir d'entrer dans la religion véritable, lui, de Caille fils, ajouta le quidam, avait résolu de revoir la Provence ; mais, sur la route, il avait été arrêté par des soldats de Savoie, enrôlé, puis fait prisonnier par un corps français que commandait M. de Catinat. Présenté au maréchal sous le nom de fils de Caille, il avait expliqué ses intentions, fait naïvement le récit de ses aventures et en avait reçu un passeport pour France.

Une fois arrivé à Nice, dit encore le quidam, je m'engageai dans la milice de Provence. Un jour que j'étais de garde chez le gouverneur je vis porter par un maître-d'hôtel un bassin d'argent aux armes de ma famille, que mon père avait dû vendre avec le reste de sa vaisselle pour subvenir aux frais de notre fuite en Suisse. Cette vue d'un objet qui me rappelait une heure bien triste de ma vie, me toucha, et, comme je ne pouvais retenir mes larmes, on m'en demanda la cause : — « J'ai bien sujet de pleurer, » répondis-je, en montrant mon cachet où étaient gravées ces mêmes armes. Le chevalier de la Fare, qui commandait à Nice, informé de cet incident, me voulut voir, me fit raconter mon histoire, et, depuis ce jour, me traita avec distinction.

M. de Vauvray, qu'intéressa cette aventure, fit quelques questions à ce fils de Caille. Il lui demanda, par exemple, quel motif l'avait porté, depuis son arrivée en Provence, à garder le mystère sur son état véritable. Car, depuis l'aventure de Nice, il y avait une lacune dans l'histoire du fils de Caille. Celui-ci expliqua qu'il avait voulu revoir son pays natal, qu'il était venu secrètement à Manosque, où une de ses nourrices l'avait reconnu; mais que, sachant la rigueur des lois et n'ayant pas encore abjuré, il avait craint de passer pour un espion des Huguenots. Son seul désir, devenu de plus en plus violent, d'embrasser la religion catholique, avait pu lui délier la langue.

Ce qu'il y avait de plus clair dans tout cela pour M. de Vauvray, c'était une conversion à faire. Or, les conversions étaient bien venues à la Cour. Les Jésuites, qui pilotaient le quidam, réclamèrent vivement l'honneur de faire rentrer cette brebis dans le troupeau, et ils menèrent si rondement l'instruction religieuse du jeune de Caille, que, cinq semaines après son apparition, ils le jugeaient digne d'abjurer.

La cérémonie se fit, le 10 avril 1699, dans l'église cathédrale de Toulon, entre les mains du Grand-Vicaire.

Il faut noter quelques détails singuliers dans cet acte. Le fils de Caille y prenait les noms d'André d'Entrevergues, fils de Scipion d'Entrevergues, sieur de Caille, et de feu dame *Suzanne de Caille*, âgé de vingt-trois ans. Or de Caille père se nommait *le Brun de Castellane*, seigneur de Caille et de *Rougon*, ne prenait jamais dans un acte public le nom d'Entrevergues, qui lui appartenait toutefois, et sa femme, demoiselle *Judith le Gouche*, n'avait jamais, contrairement aux habitudes du temps, pris le nom de son mari. Nous savons de plus que le fils de Caille aurait eu, en 1699, trente-cinq ans et non vingt-trois.

L'imposture était évidente. On n'y prit pas garde à cette heure. Seulement M. de Vauvray, témoin à l'acte d'abjuration, s'étonna fort quand il entendit le fils de Caille déclarer qu'il ne savait point écrire. — « Serions-nous pris pour dupes? » dit l'Intendant de la Marine.

Mais les Jésuites étaient si fiers de leur acquisition, que M. de Vauvray ne pensa pas à troubler leur triomphe. L'abjuration fit du bruit, en ce pays de passions religieuses, et, peu de temps après, la nouvelle en vint à Lausanne.

Voilà M. de Caille stupéfait d'apprendre que son fils, mort depuis plus de trois ans, venait de renier sa foi en Provence. Il s'empressa de mander à M. de Vauvray, par l'intermédiaire de la dame Rolland, qu'un intrigant abusait de son nom, et il joignit, à l'appui de son dire, un certificat légalisé prouvant que ce fils était mort en Suisse le 15 février 1696, et un acte de procuration, à la date du 6 mai 1699, reçu par le notaire Ribeaupierre, contenant sa protestation contre l'imposture.

M. de Vauvray, déjà éveillé sur la supercherie, ne se le fit pas répéter. Il donna l'ordre d'arrêter l'imposteur. Mais ce faux de Caille était soldat, il appartenait à la compagnie de Ligondès, placée sous les ordres supérieurs de M. d'Infreville, qui commandait les troupes à Toulon. Conflit entre M. d'Infreville et M. de Vauvray. Il fallut en référer à la Cour. M. de Pontchartrain, ministre d'État, parla de cette affaire au Roi, qui, le 11 juin, ordonna de passer outre à l'arrestation, de mettre l'imposteur à l'Arsenal et de le livrer au Juge ordinaire, pour lui être fait son procès.

Ce qui fut fait sans délai. Le faux Caille fut interrogé une première fois, le 19 juin, sur sa propre requête.

Cet interrogatoire abonde en preuves criantes de l'imposture. Pressé sur les différences de noms qui existaient entre ses propres déclarations et les attestations envoyées de Suisse, le soi-disant Caille répondit qu'il n'avait jamais bien connu son véritable nom; que son père lui avait toujours donné ceux d'Entrevergues de Rougon de Caille; qu'il croyait avoir *vingt-cinq ans* (tout d'abord il disait vingt-trois); qu'il n'avait jamais su le nom patronymique de sa mère; qu'il n'avait jamais connu son parrain et sa marraine; qu'il avait dix ans à l'époque de son départ de Manosque!

Toutes ces réponses trahissaient une singulière ignorance du passé de celui que l'imposteur prétendait représenter.

Comment, né dans une classe élevée de la société, ne savait-il ni lire ni écrire? Il prétexta la faiblesse de ses yeux, affligés d'une fluxion depuis sa naissance. Du nom de la rue, même du quartier où était la maison paternelle à Manosque, il ne put rien dire. Quelles en étaient les distributions intérieures? Il l'ignorait. Seulement, il en décrivit fort exactement les dehors. Combien son père avait-il eu d'enfants? Il répondit trois. Comment était fait son père? Il le dépeignit noir de cheveux et de barbe, brun de visage. Or M. de Caille père avait les cheveux châtains, la barbe rousse, le visage blanc.

Sa sœur Lisette, seule survivante des cinq enfants de Caille; sa tante, la dame Lignon, qui était venue demeurer à Lausanne; sa grand'mère morte à Lausanne, il ne put dire quels étaient, quels avaient été leurs traits, leur taille, leurs cheveux.

Voilà, on l'avouera, un étrange début et un rôle assez mal étudié.

Le soldat de marine avait, cependant, à la fin de ses interrogatoires, fait requête au Lieutenant Criminel de Toulon, pour être élargi et ressaisi de ses biens. Sur l'ordre du Lieutenant Criminel, l'ensemble des réponses de celui que le procès ne nommera plus désormais que le Soldat de marine, fut signifié au sieur de Caille et à ses parents, pour y être par eux répondu; le tout communiqué au Procureur du Roi, pour être ordonné ce que de raison.

Cependant, si tout, chez le Soldat, trahissait l'ignorance des faits les plus essentiels, rien en lui ne faisait supposer l'embarras ou la crainte. Lui-même fit lever son interrogatoire, et le fit signifier à la dame Rolland, aux sieurs Tardivi et consorts (Jean Pousset), même à des parents du sieur de Caille, qui n'étaient intéressés dans la question par aucune possession de biens ayant appartenu aux exilés.

La dame Rolland protesta et annonça l'intention de poursuivre l'imposteur au criminel. Une ordonnance du Lieutenant Criminel, en date du 16 septembre 1699, porta que le Soldat serait traduit à Manosque et ailleurs, pour y être confronté à tous ceux qui le voudraient reconnaître ou désavouer, et, de son côté, le Soldat se hâta de présenter requête en exécution de cette sentence, demandant qu'il fût commis des officiers *in partibus* à l'effet de cette procédure. M. Rolland se rendit appelant de l'ordonnance au nom de sa femme, et obtint, par requêtes contraires, des ordonnances et décrets, aux dates des 21 et 27 novembre, portant permission d'informer contre le Soldat de la supposition de nom, et de prouver que le prétendu fils Caille n'était autre qu'un certain Pierre Mège, fils d'un forçat de galère bien connu depuis vingt ans en Provence.

Il se trouvait, en effet, des gens qui reconnaissaient à n'en pas douter dans le faux Caille un Pierre Mège de Marseille, enrôlé à Toulon dans la troupe de marine.

Le Soldat, quand ce nom lui fut opposé dans ses interrogatoires, ne fut pas démonté du coup. Il avoua de la meilleure grâce du monde avoir porté ce nom de Mège; mais ce nom n'était pas le sien, et voici ce qu'il raconta :

Après l'aventure de Nice, il lui fallait vivre et attendre l'occasion favorable pour revendiquer son vrai nom de Caille. La milice ayant été congédiée, il se rendit à Marseille, logeant le diable en sa bourse. Il n'y fut pas, qu'il rencontra une certaine Honorade Venelle, femme d'un Pierre Mège, qui vivait avec sa mère et ses deux belles-sœurs. Le mari était absent, la femme de mœurs faciles; toutes ces femmes, d'ailleurs, étaient nées dans la religion réformée, et n'avaient abjuré que contraintes et forcées. Ce fut un lien entre elles et le Soldat. Il s'ouvrit à elles de son nom véritable, de ses projets; elles lui persuadèrent de cacher quelque temps encore son nom et sa religion, et, pour faciliter leur commerce, Honorade consentit à faire passer le Soldat pour son mari absent, pour Pierre Mège.

Sous ce nom nouveau, il s'enrôla, en 1695, sur la galère la Fidèle; il y servit trois ans, puis, fut réformé.

Revenu à Marseille, il chercha à vivre en vendant d'un certain baume que, disait-il, sa grand'mère, la dame de Caille, lui avait appris à composer. Cette industrie remplissant mal la marmite, force lui fut de s'enrôler encore : il le fit en 1697, à Toulon, sous le nom de Pierre Mège, auquel il ajouta un surnom à la grenadière, celui de Sans-Regret.

Vingt témoins furent entendus dans l'information préparatoire provoquée par le sieur Rolland. Plusieurs déclarèrent que ce n'était point là le fils de Caille, avec qui ils avaient fait leurs humanités. Plusieurs autres reconnurent en lui Pierre Mège, soldat de marine depuis 1676.

Le Soldat garda, en face de ces démentis péremptoires, l'attitude la plus calme. Ferme dans la défense, il ne craignit pas d'attaquer toutes les fois que la procédure lui en fournit l'occasion.

Il demanda instamment à être confronté à M. Rolland en présence des Juges. Il lui soutint, d'un œil intrépide et d'une voix assurée, qu'il l'avait vu à Genève; que, depuis son abjuration, lui, Rolland, magistrat et catholique d'apparence, avait secrètement fait la Cène dans le grand temple. Il lui décrivit l'habit qu'il portait, le cheval qu'il montait, tout son équipage.

Après ce beau coup d'audace, fait pour éloigner du sieur Rolland les sympathies populaires, le Soldat demanda l'exécution de la sentence du 16 septembre 1699, et insista pour être traduit dans tous les lieux où avait fréquenté le fils Caille. Le Lieutenant Criminel ordonna, par sentence du 2 décembre 1699, que la Requête serait jointe à la procédure criminelle; le Soldat interjeta appel de toute cette procédure, obtint un arrêt de défense et se fit traduire à Aix.

Cependant M. de Caille père avait, le 1er janvier 1700, envoyé à Pierre Mouton, procureur au Parlement de Provence, sa procuration, avec pleins pouvoirs pour poursuivre l'imposteur et réclamer contre lui la peine capitale. A ces pouvoirs, il avait joint toute une procédure judiciaire faite à Lausanne et à Vevay, touchant la vie, la maladie et la mort de son fils. Le certificat de mort, légalisé par l'ambassade française en Suisse, n'avait pas été admis comme preuve par le juge de Toulon, la seule preuve reçue en France étant un extrait mortuaire. Or, à cette époque, il n'était pas dressé d'acte mortuaire en Suisse.

Le Parlement de Provence rendit, le 23 janvier 1700, un Arrêt ordonnant que l'accusé serait ramené à Toulon, pour lui être son procès fait et parfait, à l'extraordinaire, jusqu'à sentence définitive, sans préjudice du droit des parties et de leurs appellations.

Le Soldat était déjà aux prisons d'Aix; déjà même il avait, à l'entendre, failli succomber sous une habile manœuvre de traitres aux gages de son adversaire. Trois des hommes qui l'accompagnaient, ses conseils et ses guides jusqu'alors, Syli, Cléron et Carbonel, au lieu de le conduire par la grand'route, l'avaient, raconta-t-il, engagé dans des chemins détournés, lui avaient mis quarante louis dans la main, et, lui posant le pistolet sous la gorge, l'avaient voulu obliger à s'enfuir. Il produirait un témoin de ce guet-apens, le concierge des prisons de Toulon, chargé de le conduire à Aix.

L'Arrêt qui rappelait le Soldat à Toulon était pour le déconcerter; mais il ne perdit rien de son assurance, et joua un nouveau personnage. Il se refusa à répondre. Le Lieutenant Criminel de Toulon dut instruire son procès comme celui d'un muet. Le Procureur du Roi conclut à ce que l'accusé fût déclaré convaincu du crime de supposition de nom et de personne, et, pour réparation, condamné à la peine capitale.

Le Soldat ne s'en montra pas ému le moins du monde, et il est à supposer qu'il se savait quelque part des protecteurs dont il attendait quelque mouvement favorable à son procès.

Le 8 mars, les opinions recueillies, contre deux seulement étaient pour la condamnation du Soldat aux galères, le Lieutenant Criminel, conformément à l'avis de la majorité des voix, rendit une sentence interlocutoire qui ordonnait « qu'avant faire droit, les parties feraient juger les appellations respectivement interjetées. » C'était là, sans doute, ce que l'accusé voyait venir, et là était la cause de son obstiné mutisme.

Ce parent, qui, on se le rappelle, avait autrefois inventé sans succès l'histoire d'un fidéicommis, de Muges, était à Toulon depuis le commencement du procès; mais il s'était tenu coi, feignant de ne vouloir se mêler de rien. Invoqué par le Soldat, il se trouva prêt sur l'heure à répondre. Il ne dit pas qu'il reconnaissait le Soldat pour son parent de Caille, car il n'avait jamais vu ce parent; mais il affirma que M. Imbert, vicaire actuel de la Bastide et ancien prieur de Caille, lui avait donné sur Isaac de Caille des renseignements si complets, qu'il n'était pas possible de ne pas reconnaître Isaac dans le Soldat de marine.

Ce témoignage ne fut pas pour peu de chose dans les motifs de la sentence interlocutoire.

M. Rolland interjeta appel de cette sentence qui remettait tout en question. Mais l'accusé, de son côté, comme appelant de toute la procédure criminelle, demanda au Parlement de Provence, à faire preuve de son état. Arrêt intervint le 18 juin 1700, par lequel l'accusé était « admis à prouver qu'il est le fils du sieur de Caille, sauf à ses parties de faire preuve du contraire, si bon leur semble, sans préjudice des preuves du procès. » Cet arrêt étant contradictoire, M. Rolland ne put en appeler.

Le Soldat se retrouvait de nouveau sur le terrain de l'enquête, c'est-à-dire qu'il lui était permis enfin d'exploiter la crédulité et la passion populaires. Il fut conduit à Manosque, à Caille, à Rougon. Son voyage fut un long triomphe. Il fit, dans chacun de ces endroits, son entrée au milieu d'une haie de curieux fanatisés, décidés à le reconnaître pour le jeune Caille d'autrefois. Il reconnut lui-même plusieurs des assistants, les nomma par leurs noms, leur rappela des particularités de son enfance. Il regarda les maisons avec intérêt, demandant la raison de quelques changements faits depuis son absence.

Évidemment, l'imposteur avait préparé son terrain. On se rappelle l'aveu fait par lui d'un voyage secret à Manosque, sa connaissance parfaite de l'extérieur des monuments, sa complète ignorance des dispositions intérieures.

Mais il est temps de dire, ce que le procès ne nous apprendrait qu'un peu tard pour la clarté de ce récit, comment était venue à Pierre Mège, dit Sans-Regret, l'idée étrange de jouer le personnage du fils de Caille. Ce récit nous fera comprendre sur quels auxiliaires l'imposteur pouvait compter en commençant son attaque.

Mort d'Isaac de Caille. (PAGE 10.)

Un jour, assis dans un coin obscur d'un cabaret de Toulon, Pierre Mége buvait chopine, quand entrèrent trois hommes, dont le patois trahit bientôt à ses oreilles exercées des natifs de la haute Provence. Leur conversation lui montra bientôt, en effet, que ces buveurs étaient de Forcalquier et de Manosque. L'un d'eux, récemment arrivé du pays pour vendre à Toulon des figurines d'albâtre, donnait aux deux autres des nouvelles de leurs parents et connaissances. Les de Caille, avant la révocation de l'édit, étaient seigneurs de ce pays : les buveurs ne tarirent pas sur les mésaventures de cette famille, naguère si puissante et si riche. Ils parlèrent du vieux château des Caille, autrefois manoir orgueilleux, aujourd'hui triste débris, emblème de leur fortune écroulée; ils parlèrent de la mort récente du dernier fils, Isaac; de la donation faite à la Charité de Manosque par la dame Rolland; de la fortune considérable qui, sans doute, ne tarderait pas à revenir aux le Gouche et aux Rol-

land par la mort des derniers exilés de Genève.

Les buveurs sur leur départ, Pierre Mège s'approcha d'eux et leur dit : — « Vous parliez tout-à-l'heure d'Isaac de Caille, qu'on dit mort en Suisse : l'un de vous l'aurait-il connu? le reconnaîtrait-il? — Point, répondit un Manoscain, mais nous avons à Toulon, un pays, le menuisier la Violette, qui a fort connu toute la famille et qui reconnaîtrait bien M. de Caille le fils, si, de fortune, il n'était point mort. — Eh bien, messieurs, si vous voyez la Violette, envoyez-le donc chez moi. Je suis Sans-Regret, soldat de marine, bien connu sur le port. Je pourrai dire à votre pays telle chose qui lui causera plaisir et profit. »

A quelques jours de là, le menuisier la Violette alla trouver Sans-Regret, qui, s'il fallait en croire ce que dit plus tard l'imposteur, l'accueillit par ces mots : — « Comment vous va, la Violette? ne me reconnaissez-vous point. » A quoi la Violette aurait répondu : — « Vous êtes le fils de mon ancien maître. »

Ce qui dut se passer entre ces deux hommes, nous ne saurions le raconter avec précision, aucun des deux n'ayant eu intérêt à l'avouer plus tard; mais ce qui est certain, c'est que, quelque temps après, le soldat de marine Pierre Mège, dit Sans-Regret, le menuisier la Violette et de Muges, le parent au fidéicommis, faisaient cause commune; c'est que la Violette appuyait le Soldat de marine dans sa première démarche auprès de M. de Vauvray; c'est, enfin, que le témoignage de de Muges était un des premiers invoqués, avec celui de la Violette, pour établir l'identité du Soldat de marine avec Isaac de Caille.

Maintenant, concentrons et abrégeons toute cette énorme procédure.

Assignation fut donnée à de Caille père, en la personne du Procureur Général du Roi, et le Soldat de marine joignit à cette assignation une respectueuse prière à M. de Caille d'avoir à le venir reconnaître. Peut-être, était-il dit dans cette prière, la vue d'un fils détruirait-elle l'effet malheureux des dissentiments sur la religion, et le père, touché dans ses entrailles, se sentirait-il forcé d'écouter la voix de la nature?

Assignation et prière n'eussent eu valeur que si un bon sauf-conduit les eût accompagnées : M. de Caille connaissait trop bien la rigueur des lois pour se hasarder en Provence.

La dame Rolland répondit à ces manœuvres hypocrites par une requête tendante à ce qu'au cas que les preuves du séjour du fils du sieur Caille en Suisse, jusqu'à sa mort, et les preuves de son décès ne fussent pas jugées suffisantes, attendu qu'elles n'avaient pas été ordonnées par un juge de France, il plût au Parlement de commettre un ou plusieurs magistrats *in partibus* pour faire la preuve de ces faits qui ne pouvaient être établis que dans le lieu du séjour et de la mort du sieur de Caille fils.

Le Soldat s'opposa vivement à la nomination de commissions rogatoires. Nonobstant cette opposition, le Procureur Général donna des conclusions conformes à la requête de la dame Rolland. Mais le Rapporteur mit la requête en poche et ne la rapporta point, alléguant l'urgence du jugement d'un procès qui ne fut, en réalité, jugé que quinze mois après.

Pour détourner l'attention de ce déni de justice qu'on comprendra bientôt, le Soldat accusa M. Rolland de crimes capitaux, commis en vue d'égarer la Justice. A l'entendre, le magistrat avait fabriqué lui-même les attestations des témoins qui signalaient le Soldat comme Pierre Mège, et il avait tenté de détruire, au moyen d'une eau corrosive, certaines pièces déposées au Greffe, qui lui avaient paru trop favorables aux prétentions du fils de Caille. Bien plus, il avait tenté d'empoisonner dans sa prison son adversaire, ou plutôt sa victime.

Pendant ces escarmouches, chacune des deux parties poursuivait son enquête, et ces enquêtes contradictoires durèrent pendant près de trois ans, de 1699 à 1702.

Celle du Soldat recueillit à Manosque, à Caille, à Rougon, à Marseille, à Toulon et à Aix, 394 témoignages. De ces témoins, 110 affirmèrent que le Soldat de marine était bien le fils de Caille, ou au moins *nous le croyons,* dirent la plupart de ces 110 témoins; 5 témoins déclarèrent que le Soldat à eux représenté n'était pas Pierre Mège, mais ne reconnurent pas en lui le fils de Caille; 4 dirent avoir connu un Mège, qui n'était pas cet homme-là; 2 assurèrent que ce n'était pas là le fils de Caille.

Le plus important, parmi les cent dix témoins qui reconnaissaient de Caille, était M. Amédée Imbert, ce vicaire annoncé par de Muges. Celui-là dit qu'il n'y avait pas à s'y tromper, que l'air, les traits, la démarche, tout était conforme à ce qu'il se rappelait du fils de Caille. Le Soldat, ajouta-t-il, présentait au derrière de la tête un os en saillie, et c'était là un signe caractéristique qui existait chez M. de Caille le père, et qu'on pouvait constater chez M. de Muges.

Quatre autres témoins importants, parmi les cent dix, étaient quatre femmes qui disaient avoir nourri le fils de Caille.

Vingt autres, parmi les cent dix, reconnaissaient dans le Soldat le fils de Caille, parce que, disaient-ils, ce Soldat ressemblait d'une façon surprenante à la dame Rolland.

Au reste, à l'exception du vicaire Imbert et de deux ou trois personnes de condition, les cent dix témoins affirmatifs étaient des ouvriers et des paysans; et c'était un ami du vicaire Imbert qui avait lancé et conduit le monitoire à Manosque. Sous cette direction intelligente, les révélations du monitoire avaient eu tous les caractères de l'inspiration et de l'enthousiasme. Dans sa marche triomphale par les rues de Manosque, le Soldat avait encore accru ces dispositions populaires par sa vive piété. En passant devant les fenêtres de la maison de Manosque donnée à la Charité de cette ville par la dame Rolland, le Soldat s'écria, en apercevant les pauvres et les Sœurs qui contemplaient le cortége : — «Vous êtes cédans, et moi, qui suis le fils de la maison, je suis dehors; mais je ne vous en chasserai pas!»

Toute la Communauté éclata en sanglots d'admiration et de reconnaissance. Vingt de ces pauvres firent partie des cent dix témoins affirmatifs de l'enquête du Soldat.

M. Rolland, de son côté, ne demeura pas inactif. Il faisait rechercher à Aix, à Marseille, à Manosque, à Apt, surtout à Joucas, lieu de naissance de Pierre Mège, tous ceux qui pouvaient avoir connu Mège et Isaac de Caille. Son enquête recueillit cent quatre-vingt-deux témoignages, en tout cent quatre-vingt-neuf avec les sept de l'information préparatoire de Toulon. Sur ce nombre, trente-huit affirmaient que le Soldat de marine n'était pas le fils de Caille, affirmation identique à celle des sept témoins de Toulon. Treize témoins, qui avaient participé à des actes sous seing privé passés par Pierre Mège, reconnaissaient ce Mège dans le Soldat. Treize autres témoins, proches parents de Pierre Mège, n'hésitaient pas à dire, en voyant le Soldat : — «C'est là l'homme que nous avons toujours connu comme Pierre Mège, fils de François Mège, cabaretier, faux monnoyeur, voleur et forçat de galères, et de Marie Gardiole.» Un grand nombre de voisins, de connaissances, se trouvaient pour raconter toute l'histoire du Soldat, ses métiers divers, ses aventures, ses traits de friponnerie, non pas seulement depuis 1690, époque prétendue de l'évasion du fils de Caille, mais depuis plus de quinze ans.

L'un dit : — «Il m'a servi de valet; il puisait de l'eau pour mon jardin, je l'employais à peler des oranges. C'est moi qui l'ai porté à faire abjuration aux Jésuites de Marseille.» Et, en effet, la signature de ce dernier se trouvait sur l'acte d'abjuration. Et ceci mit sur la trace de deux abjurations antérieures à celle de 1699, aux dates de 1679 et

1681. Quand les temps étaient trop durs, Mège se convertissait pour vivre.

Un autre avait engagé Pierre à abjurer, mais cette fois à Apt ; il lui avait servi de parrain.

Celui-ci déposa que le prétendu Caille qu'on lui montrait, n'était autre que Pierre Mège, à qui il avait, en 1691, donné deux pistoles pour s'enrôler à sa place.

Celui-là dit : — « Voilà bien Pierre Mège, qui m'a volé tel jour ; » cet autre : — « Cet homme est Pierre Mège, qui vendait des chasubles à Marseille, et qui, depuis, s'est fait recors pour la capitation et cardeur de filoselle. Nous avons travaillé ensemble. » Plusieurs le signalèrent comme étant ce mauvais sujet de Pierre Mège, qui faisait fabriquer par des galériens de fausses commissions d'enrôlement, destinées à escroquer les pauvres qu'il enrôlait. Un le reconnut pour ce Mège qui, à Roussillon, avait poursuivi, le pistolet en main, dans la sacristie, un prêtre revêtu de ses habits sacerdotaux.

C'est lui qui feignait de tomber du mal caduc pour ne pas faire campagne. C'est lui à qui j'ai fait l'aumône à son retour du Ponant. C'est lui à qui j'ai vu vendre des drogues, et qui se promenait sur le port, un havresac au dos, une croix rouge sur la poitrine, qui s'arrêtait devant notre porte pour nous dire combien il avait gagné en chantant une chanson provençale.

On retrouvait des officiers, des soldats, des employés d'administration de la galère la *Fidèle*, sur laquelle Pierre Mège avait servi en 1676 et en 1695 ; et ces officiers, ces soldats et ces employés affirmaient que l'homme de 1676 et celui de 1695 étaient un seul et même personnage.

On retrouvait le notaire Coulet, de Martigues, qui reconnaissait dans le Soldat ce Pierre Mège dont il avait dressé, en 1685, le contrat de mariage avec Honorade Venelle.

Au total, le prétendu Caille était reconnu pour Mège par cent trente témoins.

A ces témoignages oraux, dont la qualité l'emportait singulièrement sur celle des témoignages du Soldat, puisque beaucoup des témoins étaient des magistrats, des officiers, des boutiquiers riches et instruits, s'ajoutaient des preuves littérales d'une grande importance. Par exemple, les signalements de Pierre Mège sur ses commissions d'enrôlement de 1676, 1683 et 1687, antérieures par conséquent à la fuite prétendue du fils Caille, étaient absolument identiques aux signalements de quatre autres commissions d'enrôlement aux dates de 1691, 1694, 1695 et 1697. Et aussi, le Journal domestique de l'aïeul maternel du fils Caille, M. Bourdin, fixant au 19 novembre 1664 la naissance d'Isaac de Caille, et dénommant les cinq nourrices qu'avait eues l'enfant, aucun des noms de ces nourrices ne concordait avec les noms des quatre prétendues nourrices témoins dans l'enquête du Soldat, et dont l'une, la femme Martine Esprite, n'aurait eu que sept ans à l'époque de la naissance du fils Caille.

En même temps, M. Rolland poursuivait en Suisse cette enquête qu'on lui avait refusée. Déjà, pendant la procédure de Toulon, voyant que les officiers à ce siége ne tenaient aucun compte des certificats venus de Lausanne et de Vevay, M. Rolland avait fait écrire à l'ambassadeur français en Suisse, le priant d'informer sur la mort d'Isaac.

Sur cette initiative de M. le marquis de Puysieux, ambassadeur pour le Roi, avait été faite à Vevay, on se le rappelle, la procédure en usage pour établir la mort d'Isaac de Caille. Le ministre qui avait assisté le jeune homme à ses derniers moments, le propriétaire de la maison mortuaire, le médecin, l'apothicaire, le chirurgien, le menuisier qui avait fabriqué le cercueil, la garde qui avait enseveli le corps, les témoins qui l'avaient conduit à sa dernière demeure, avaient été successivement entendus.

Pareille procédure fut faite à Lausanne, où vingt-neuf témoins rendirent compte des études du jeune Isaac, de sa maladie de langueur, attribuée à une trop grande application aux mathématiques. Le registre du professeur de mathématiques de Lausanne, dont extrait fut dressé, faisait partie de ces témoignages, ainsi qu'un extrait d'acte public contenant la signature d'Isaac, et deux lettres écrites de sa main.

Autre procédure à Genève, où furent entendus les professeurs de philosophie et de rhétorique de cette ville, attestant que, en 1681, 1682 et 1683, Isaac de Caille avait suivi leurs cours ; que, en 1683, il avait seize ans. Extrait fut fait du Registre de l'École de Genève, portant qu'Isaac de Caille s'était inscrit lui-même pour les cours de Théologie et de Belles-Lettres.

Tous ces témoignages, tous ces certificats, tous ces extraits furent dûment légalisés par les Bourgmestres, les Syndics, les Résidents des différentes villes, et enfin par les Souverains de Berne et par le marquis de Puysieux lui-même.

Trois tantes d'Isaac de Caille se joignirent au père pour protester, dans cette enquête, contre l'imposture du Soldat de marine.

Enfin, chacune des parties fournissait de nombreux témoignages établissant la ressemblance ou la dissemblance du Soldat avec le fils Caille. Mais la plus grande confusion, les contradictions les plus flagrantes régnaient dans les souvenirs apportés des deux côtés.

Tel était l'état de l'affaire, sauf quelques actes de procédure rapportés par anticipation pour la plus grande clarté du récit, quand, le 18 mai 1700, elle arriva en audience publique de la Grand'Chambre et Tournelle du Parlement de Provence (1).

La Cour était présidée par *M. de Coriolis*. Le Rapporteur était *M. de Boyer d'Aguille*. L'Avocat Général du Roi était *M. de Piolène*. La dame Rolland avait pour avocat *M. Bee* ; les Tardivi et consorts, *M. Géboin*. Le défenseur du Soldat de marine était *M. Sylvain* (2). Ce dernier, que le procès

(1) Nos sources d'information sur cette affaire sont : 1° Les *Arrêts notables de la Cour du Parlement de Provence, recueillis par feu messire Balthazar Debézieux...*, t. VI, 1750, in-fol. ; 2° *Le Journal des Audiences du Parlement de Paris*, Paris, Brunet, 1751, T. VI, in-fol. ; 3° Les *Causes Célèbres et intéressantes, avec les jugements qui les ont décidées*, Paris 1739, T. II. Ce dernier ouvrage, qui est le recueil de Gayot de Pitaval, est, malgré ses longueurs et la confusion du récit, la meilleure source de renseignements, l'auteur ayant vu et entendu. Quant aux *Arrêts notables*, bien que Debézieux fût Conseiller du Roi et Président en la Chambre des Enquêtes du Parlement de Provence, sa collection fourmille d'erreurs. Les noms des parties, ceux des avocats mêmes, sont défigurés. Le *Journal des Audiences* rédigé par *Michel du Chemin*, avocat au Parlement de Paris, est également criblé de fautes grossières, et d'Aguesseau en disait avec juste raison : « Les plaidoyers qu'il y met dans la bouche de l'Avocat Général sont ordinairement mal faits. C'est un livre qui a plus d'autorité de loin que de près. » Enfin, nous avons découvert à la Bibliothèque Impériale deux documents contemporains, que nous rapporterons textuellement.

(2) Silvy, disent les *Arrêts notables*, mais c'est une erreur,

Caille devait mettre en lumière et faire admirer, même à Paris, était un avocat plein de feu, de vive éloquence, quelquefois subtil à force de finesse, ardent, convaincu, digne, comme il le prouva, de se mesurer avec les maîtres les plus estimés du barreau de Paris.

Fixons d'abord le terrain du procès, et, comme on disait alors, les qualités de l'audience. Elles étaient au nombre de six :

1° L'Appel du Soldat des deux ordonnances du Lieutenant Criminel des 21 et 27 novembre 1699, appel qui avait, pour la première fois, saisi la Cour;

2° La Requête du Soldat, à la suite de la sentence du 2 décembre 1699, contenant appel incident de la procédure faite contre lui;

3° Une Requête du même en une provision de 6,000 livres;

4° Sa Requête pour faire informer sur la subornation des témoins;

5° et 6° Les appels incidents des parties adverses des ordonnances et sentences des 16 septembre et 2 décembre.

En outre, il fallait également juger au préalable la requête présentée à la Cour par le Soldat de marine, lors de sa première traduction à Aix, requête par laquelle il avait demandé, comme tiers non ouï, et à la faveur de son opposition, la révocation d'un Arrêt de la Cour à la date du 30 juin 1690, qui avait adjugé à la dame Rolland et aux autres parties adverses la succession du sieur de Caille père.

M. *Sylvain* s'attacha à circonscrire le procès dans ces quelques qualités, dont il fit dépendre la solution des propositions suivantes :

«D'abord l'état d'une personne se doit justifier par des enquêtes et par des preuves à fins civiles, et non par des procédures criminelles; et cela fait voir la justice des ordonnances du Lieutenant qui ont reçu le sieur de Caille à cette preuve;

« Deuxièmement, après un acquiescement des parties adverses à ces ordonnances, et l'exécution qu'elles en ont faite, elles sont non recevables à en appeler. Car, après avoir pris des fins civiles, elles ne peuvent plus être reçues à procéder criminellement; ce qui justifie l'appel du sieur de Caille, aussi bien que la requête en Cassation de la procédure des parties adverses;

«Troisièmement, on ne saurait refuser une provision à un homme qui réclame son état et sa filiation, et qui en a déjà des preuves authentiques;

« Enfin, y ayant eu une subornation de témoins, il doit être reçu à en faire informer.

« Il est constant, à l'égard de la première proposition, que la preuve de l'état de ma partie, qui est malicieusement contesté, ne peut être justifiée que par la multitude des témoins qui l'ont reconnu et le reconnaîtront. Car la question d'état est purement civile; et celui d'un homme doit être prouvé par les marques extérieures, comme celles de sa partie, étant certain par là que les sentences du Lieutenant qui ordonnent cette preuve sont justes, et que, par conséquent, les parties adverses sont mal fondées en l'appel qu'elles en ont relevé.

«Or, si ces premières sentences sont justes, et si les adversaires sont non recevables en l'appel qu'ils en ont relevé, celui que le sieur de Caille a relevé des deux autres ordonnances contraires à ces premières est conséquemment fondé.

« La seconde qualité, qui est l'appel de la procédure, ne peut pas être décidée contre le sieur de Caille, soit parce qu'ainsi qu'il a été dit, la question d'état est purement civile, soit parce qu'après que les parties adverses ont pris la voie civile, elles n'ont pu venir par la criminelle.

« Enfin, cette procédure est inusitée; car, quand il y aurait mille témoins qui déposeraient négativement que ma partie n'est pas le sieur de Caille, on devrait ajouter plus de foi à un seul témoin qui déposera qu'elle l'est. *Plus creditur uni asserenti, quam mille negantibus.*

«Cette procédure est encore nulle par la partialité du Lieutenant, qui, lors de la confrontation du sieur de Caille au sieur Rolland, n'a chargé son Verbal que de ce qu'il a plu au sieur Rolland d'y faire insérer. Que n'aura-t-il pas fait lors de l'audition des témoins, où le sieur de Caille n'a point été présent? Il n'a entendu d'ailleurs en témoins que des soldats et de nouveaux convertis.

« La requête en provision et celle en information sur la subornation de témoins sont également justes. L'adjudication des aliments ne préjuge rien, et, d'ailleurs, les preuves du sieur de Caille sont certaines, puisqu'il est reconnu par plusieurs témoins, et qu'il a des marques infaillibles sur sa personne. Quant à la subornation, il est bien juste que, en présence de la ligue formée par le sieur Rolland et ses adhérents pour perdre le sieur le Caille, celui-ci puisse être admis à éclaircir la vérité. »

Outre cette discussion préliminaire, nous n'avons des plaidoyers de *M. Sylvain* qu'une péroraison dont la date probable est celle de 1705. Et ce mérite d'être rapportée. Quant à la discussion du fond, nous la retrouverons plus tard au Parlement de Paris.

« Si les Juges, dit en terminant *M. Sylvain*, considèrent que M. Rolland est magistrat ne considéreront-ils pas davantage que le prisonnier est innocent? Ne réfléchiront-ils pas plus sur ses crimes que sur sa charge, persuadés que ce n'est pas respecter les dignités que de laisser impunis ceux qui les déshonorent.....

« Jamais une affaire ne mérita plus d'attention et plus d'intégrité de la part des juges. Il s'agit de la vie d'un innocent et de l'état d'un homme de condition. Tous les droits du sang, de l'alliance, des successions des familles, de la nature, de la religion sont remis entre les mains des juges dans cette cause. L'accusé est un dépôt que Dieu leur a confié, et dont ils doivent répondre à Dieu même.

« Qu'ils considèrent donc les suites de l'arrêt qu'ils vont rendre : ils y sont presque autant intéressés que le prisonnier. Les jugements que les magistrats rendent pour les autres sont souvent des arrêts pour eux-mêmes et pour leur postérité : ils ne peuvent rétablir un innocent dans son état et dans son bien, sans assurer la possession des leurs à leurs descendants; et c'est mettre son innocence à couvert que de venger celle des autres.

« Cette cause est d'ailleurs trop grande et trop illustre pour faillir impunément, ou pour bien juger sans gloire. Les Enquêtes et les Mémoires des parties sont publics. Toute la France examinera la justice de l'Arrêt par les pièces mêmes sur lesquelles il aura été rendu. Ainsi, la Cour jugera de la cause, et tous les hommes jugeront de la Cour.

« Il n'y a point ici de matière de distinction ou d'équivoque. Tout est clair et décisif, tout présente la vérité aux yeux mêmes qui voudraient la fuir; tout dépose, tout crie que l'accusé est le fils du sieur de Caille : sa présence, ses témoins, des peuples entiers, les témoins et les pièces de ses

Paris — Typographie de Ad. R. Lainé et J. Havard, rue des Saints-Pères, 19.

parties. Ses parties mêmes le justifient; et, puisqu'il faut enfin parler avec cette hardiesse permise à l'innocence et agréable à de si bons juges, son Arrêt ne saurait être douteux.

« Et cependant M. Rolland, dans ses entretiens, dans ses écrits, le condamne à une mort infâme, comme s'il en avait déjà l'Arrêt à la main. Est-ce donc de tels juges qu'il doit attendre une telle inhumanité? Et n'est-ce pas une audace punissable qu'il ose même s'en vanter en public? C'est peu pour l'accusé que ses plus proches veuillent lui arracher la vie : ils annoncent eux-mêmes d'avance son supplice, et se le promettent hardiment aux yeux de tout le monde. Si leurs discours avaient quelque fondement, il aurait bien mieux valu qu'il eût péri par le poison de son oncle, ou par les mains de Cléron, de Carbonel et de Sylvi.

« Hélas! lorsque les siens lui ravissaient le bien, l'honneur, la naissance, sa patrie et son père, il espérait de retrouver tout dans ses juges. Par combien de malheurs est-il arrivé au point où il est réduit! Il y a six ans entiers qu'il souffre sans soulagement et sans relâche, jeté d'abord dans un horrible cachot, vivant dans la nécessité, dans la douleur, tourmenté, assassiné, empoisonné, moqué, trahi par ses amis, par des prêtres, par des premiers juges, par tous ceux dont il devait attendre du secours. Son père le persécute cruellement, et son oncle, non moins cruel, ose dire à ses yeux, avec une fausse douceur, qu'il souhaiterait qu'il fût son neveu pour le combler de biens. Ainsi, il a tout à craindre de la nature,

Au cabaret. (PAGE 13.)

soit qu'elle s'irrite dans son père, ou qu'elle le flatte dans son oncle. Les plus criminels adoucissent souvent leurs juges, et leur père même, par la considération et la pitié qu'on a de leurs parents; et il a besoin de la pitié de ses juges, pour dérober son innocence à la cruauté des siens. Il vit dans la misère, tandis que ses persécuteurs vivent à ses dépens et à ses yeux dans l'abondance; et, ce qui est de plus pitoyable, on le veut exterminer par le pouvoir d'une charge achetée de son propre bien.

« Accablé par la haine des hérétiques et par la prévention des catholiques, et devenu le rebut des uns et des autres, il ne trouve point d'asile. Quel si grand crime a-t-il commis en rentrant dans l'Église pour s'attirer tant de malheurs? Car c'est là jusqu'ici la seule cause de ses périls et de ses disgrâces. Mais, s'il doit succomber, laquelle des deux religions fera-t-on servir à sa perte? Sera-ce celle qu'il a abandonnée, ou celle qu'il a embrassée?

« Encore, s'il avait des dehors prévenants; mais, pour comble de malheur, il n'a rien pour toucher que sa misère et son innocence; d'autant plus digne de pitié néanmoins qu'il semble moins la mériter. Et il y a même un grand avantage pour la Cour d'avoir, dans une telle cause, un accusé sans fortune et sans mérite. C'est le bonheur et la gloire des juges de ne trouver dans un homme d'autre raison de lui faire justice que la Justice même. »

M. *Bec* répondit, nous apprennent sèchement les *Arrêts notables*, que la Novelle 36, dont excipait M. Sylvain, n'avait pas d'application dans la cause, régie par la loi Cornélia, *de Falsis*, qui permet l'action criminelle contre l'imposteur. Dans l'espèce, en présence d'une supposition de personne, prouvée par un certificat de décès, la loi Cornélia seule était applicable.

Mais, objectait M. *Sylvain*, les parties ont pris la voie civile, et ne peuvent être, après ce choix, recevables en l'action criminelle. M. *Bec* répondit

que l'introduction d'instance n'était pas du fait
des parties, mais que l'affaire avait commencé au
criminel par l'ordre royal du 11 juin. Les parties
avaient été seulement intervenantes.

Voilà tout ce que nous pouvons, à travers les extraits, entrevoir de ce premier engagement du
procès, et on ne comprendrait rien à l'arrêt qui va
suivre, si on ne se rappelait les passions soulevées
en Provence par les dissentiments religieux.

Certes, pour l'homme non prévenu qui, aujour-
d'hui, considère les prétentions inouïes de ce Soldat réclamant, malgré un âge, un passé, des traits
extérieurs, une éducation absolument incompa-
tibles avec ceux du fils de Caille, l'état d'un individu que les témoignages les plus indiscutables
montrent mort il y a plus de quatre ans, l'imposture crie, l'erreur est impossible. Mais souvenons-
nous que de Caille père est un exilé pour cause de
religion, que les parties d'Aix sont de nouveaux
convertis, ainsi que la plupart des témoins qu'ils
invoquent, et suspects d'avoir gardé au fond du
cœur la foi défendue; n'oublions pas l'éclatante
conversion du Soldat, les persécutions qu'il dit
avoir endurées pour la religion de son choix, et
nous commencerons à comprendre qu'on ait pu
se refuser à voir la lumière.

Si la suite nous prouve que des magistrats du
Parlement de Provence sont personnellement intéressés au succès de l'imposture, alors nous comprendrons tout à fait. Nous comprendrons qu'une
Cour illustre ait pu ne pas s'apercevoir qu'en admettant que ce Soldat fût le fils Caille, il était, de son
propre aveu, le scélérat le plus accompli, adultère,
voleur du nom, des biens, de l'état d'un mari qu'il
avait fait sans doute disparaître; nous comprendrons
drons qu'on ait, en lui rendant un nom, un état,
des biens nouveaux, oublié de dessein prémédité
les crimes dont il s'accusait lui-même; nous comprendrons qu'on ait regardé comme nulles et non
avenues les légalisations officielles de pièces qui
démontraient vivement l'imposture de celui qu'on
voulait faire triompher; nous comprendrons, enfin,
qu'on ait réservé toutes les sévérités de la loi pour
les témoins qui avaient eu le malheur de participer
d'une manière quelconque à des actes authentiques
prouvant l'imposture.

Voici donc l'Arrêt que rendit la Cour d'Aix, *six
ans* après sa première audience, et après *cinquante*
audiences disséminées dans ces six années :

« .... Tout considéré, dit a été que la Cour, faisant
droit sur toutes les fins et conclusions des Parties,
a mis et met l'appellation d'André d'Entrevergues
de Rougon de Caille, ci-devant Isaac, de la procédure contre lui faite à la Requête d'Anne le Gouche,
Tardivi et consorts, et ce dont est appel au néant;

« Et, par nouveau Jugement, a déclaré et déclare
ladite procédure, et tout ce qui s'en est suivi, nuls,
et, comme tels, les a cassés et casse, comme aussi
a mis et met les autres appellations, tant dudit
Entrevergues que de ladite le Gouche, Tardivi et
consorts, des Sentences, Ordonnances et Décrets,
et ce dont est appel au néant;

« Et, par nouveau Jugement, sans s'arrêter aux
Lettres Royaux, ni aux demandes sur Requêtes de
ladite le Gouche, Tardivi et Consorts des 13. 15.
Septembre, 1. 8. Octobre, 13. 20. Novembre 1699.
20. Mai, 23. Juin et 17. Décembre 1700. dont les a
démis et déboutés, a déclaré et déclare ledit Entrevergues être le véritable Isaac le Brun de Cas-

tellane, fils de Scipion le Brun de Castellane
sieur de Caille et de Rougon, et de Judith le Gouche, ses père et mère ;

« Et, au moyen de ce, son écrou sera barré par
le Greffier criminel de la Cour, ou son Commis;

« Et, faisant droit à sa Requête d'opposition du
16. Décembre 1699. sans s'arrêter à l'Arrêt du
30. Juin 1690. lui a adjugé et adjuge tous les biens
et héritages de ses père et mère, avec restitution
de fruits depuis le 16 Décembre 1702. dommages
et intérêts, le tout à connaissance d'Experts, accordés ou pris d'office par le Commissaire Rapporteur
du présent Arrêt;

« Et, à ces fins, enjoint aux détenteurs desdits
biens de les lui vuider, leur faisant inhibitions et
défenses de l'y troubler, à peine d'en être informé;

« Et, en ce qui est des Requêtes dudit Isaac le
Brun de Castellane des 5. Mai 1700. et 17. Février
1701. 12 Juillet et 7 Mai 1704. 4 Janvier 1706. tendantes à faire informer contre le sieur Rolland,
Avocat Général au Parlement de Grenoble, et Consorts, en subornation de témoins, calomnie, corruption de domestiques, faussetés, empoisonnement, et en dommages et intérêts, ordonne qu'il en
poursuivra les fins aux Chambres assemblées, ainsi
qu'il appartiendra;

« Et, sur les autres fins et conclusions des Parties, les a réciproquement mises hors de Cour et
de procès;

« Condamne ladite le Gouche, Tardivi et Consorts
à tous les dépens des Instances et Arrêts;

« Ordonne, en outre, que Joseph Fauque du Co-
lombier, Prêtre et Prieur de Sainte-Anne et Curé
de Roussillon, Joseph Perier, Notaire de Rougon,
Antoine Audibert, meunier dudit lieu, Louis Roi
de S. Martin de la Brasque, cabaretier et résident
à Manosque, seront pris et saisis au corps, menés et
conduits à bonne et sûre garde aux Prisons Royaux
de ce Palais, pour y être détenus jusqu'à ce qu'autrement soit dit et ordonné; et, ne pouvant être
appréhendés, seront assignés et criés à la forme de
l'Ordonnance; audit cas, leurs biens immeubles
seront saisis et annotés sous la main de Roy par
description et inventaire, et les autres régis par
Séquestres et Commissaires à la manière accoutumée; Claude Funel et la femme d'Antoine Audibert seront adjournés en personnes, et Croiset,
ci-devant Commissaire Général des Galères, et son
Commis, qui a écrit l'extrait de deux enrollemens
de Pierre Mège du 23. Avril 1683. et 5. Mars 1695.
couchés dans une même feuille, signés Croiset,
expédiés le 27 Novembre 1699. Lardeiral Notaire
de Manosque, et Jacques Coulet Notaire de Martigues, seront assignés pour répondre par-devant le
Commissaire à la diligence du Procureur Général
du Roi, demeurant la Partie civile en qualité, si
bon lui semble, pour ce fait communiqué audit Procureur Général, être ordonné ce qu'il appartiendra;

« Et, pour cet effet, les sacs et pièces des Parties
resteront au Greffe criminel de la Cour jusqu'à ce
qu'autrement soit dit et ordonné.

« Délibéré à Aix le 14. Juillet 1706. Signé de Coriolis Président, et de Boyer d'Aguille Rapporteur. »

Les motifs apparents qui avaient déterminé les
Juges d'Aix à rendre cet arrêt étrange étaient ceux-
ci : 1° il était inutile de s'arrêter aux preuves de la
mort d'un homme que l'on avait vivant sous les
yeux; 2° dans le doute, il fallait se déterminer en
faveur de l'accusé et en faveur de la possession

d'état; 3° deux témoins affirmant devaient être préférés à mille témoins niant.

Voilà les pétitions de principe et les sophismes qui servaient de base à un Arrêt de Parlement dans la dernière année de ce grand siècle de Louis XIV !

L'Arrêt du 14 juillet n'était pas encore expédié, et M. de Boyer d'Aguille, chargé de son exécution, n'était pas encore régulièrement saisi, quand le grossier imposteur pour qui le Parlement de Provence venait de compromettre son honneur, s'empressa d'accabler ses Juges, sous les preuves multipliées de sa sottise et de son infamie, de leur propre infamie et de leur propre sottise.

Dans les premiers jours du mois d'août, on apprit tout à coup à Aix que le nouvel Isaac de Caille épousait Mlle Serry, de Toulon. Or, Mme Serry, mère de cette jeune fille, était une dame de Villeneuve, cousine germaine de M. de Villeneuve, l'un des Juges d'Aix, et cousine issue de germaine du Président Malhiverni, gendre lui-même de M. de Boyer d'Aguille, rapporteur dans la cause.

Tout s'expliquait par là. Il ne fallait plus s'étonner si l'insolvable Pierre Mège avait soutenu pendant près de sept ans les frais énormes du procès. M. Serry y avait pourvu, et ses parents du Parlement de Provence avaient répondu de l'issue du procès.

Le mariage de celui que nous appellerons toujours le Soldat de marine fut célébré avec une hâte significative. M. Serry obtint une dispense de deux bans. Le jour de la signature du contrat, le Soldat fit, sur les biens dont l'Arrêt lui assurait la jouissance, une délégation de 18,000 liv. à son beau-père.

Une fois en possession, le faux Caille dénatura, dissipa, vendit précipitamment les biens arrachés aux Rolland et aux Tardivi. Il fit argent de tout, même des ruches à miel. Il n'oublia pas de payer les créanciers de ce pauvre Pierre Mège, à qui il devait tant.

Le premier effet de ce mariage inattendu fut de soulever les réclamations d'un ancien complice du Soldat, le menuisier la Violette. Au début de l'imposture, et lorsqu'il ne pouvait encore s'appuyer que sur la Violette et sur de Mèges, le Soldat avait promis au menuisier d'épouser sa belle-sœur, la fille d'un cordonnier de Toulon, et d'enrichir sa famille. Les bans, même, avaient été publiés. Mais l'emprisonnement du Soldat avait ajourné ces projets, dont le vainqueur du Parlement de Provence n'eut garde de se souvenir.

La voix de la Violette n'eut pas un grand retentissement; il y eut toutefois des honnêtes gens que ce projet d'autrefois fit réfléchir.

Une faute plus grave du Soldat fut sa conduite à Manosque. Malgré ses dramatiques promesses, il chassa au plus vite de la maison de Manosque les pauvres et les religieuses de la Charité.

Il eut aussi des impudences de parvenu, faites pour gêner singulièrement ses partisans. Il fit, par exemple, graver son portrait avec cette légende :

ISAAC LE BRUN DE CASTELLANE,
SEIGNEUR DE CAILLE ET DE ROUGON,
AGÉ DE 37 ANS EN 1707.

Et, au bas, ces vers :

Depuis mes jeunes ans, j'éprouve avec constance
Les divers caprices du sort.
On me vouloit ravir l'honneur de ma naissance,
Et prouver que je suis mort.
Mais le Ciel, protecteur de la foible innocence,
Par la tempête même enfin m'a mis au port.

L'auteur de cette poésie de mirliton ne se doutait guère, à ce moment, que l'orage allait gronder de nouveau et que la galère du Soldat allait chasser sur ses ancres.

Honorade Venelle, la femme du faux Caille, s'était prudemment abstenue pendant le procès, attendant sans doute du gain de cette affaire de gros profits promis à son silence. Il est à croire que le Soldat, tout enflé d'une victoire qu'il regardait comme définitive, fit banqueroute à l'ancienne compagne de sa vie. Celle-ci, qui, sans doute, ne se fût guère émue d'un mariage nouveau, s'il lui eût rapporté les consolations promises, s'indigna de perdre à la fois mari et argent. Probablement les Rolland et les Tardivi eurent vent de cette colère, pour eux féconde en espérances. Quoi qu'il en soit, au moment même où les vaincus d'Aix entraient dans la seule voie qui leur fût ouverte encore, celle de la cassation par un appel au Conseil Privé, Honorade Venelle lançait une requête d'intervention appuyée d'un appel comme d'abus du second mariage contracté par le bigame.

Voici comment, dans sa requête, Honorade Venelle expliquait son long silence.

Tant que Pierre Mège, son mari, s'était borné à se prétendre le fils de Caille et à revendiquer cet état, elle avait pu être retenue par une double crainte. Intervenir au Parlement de Provence, alors que son mari y était accusé, c'était de toute manière jouer un étrange et peu sûr personnage. S'y présenter pour justifier le prétendu de Caille, c'était devenir complice de son crime. Se joindre à ceux qui l'accusaient d'imposture, c'était affronter le châtiment réservé à l'insuccès. Étrange situation ! elle ne pouvait, sans mentir à sa conscience, s'employer pour sauver son mari; elle ne pouvait s'opposer à sa criminelle tentative, sans lui causer la mort. Qu'elle le réclamât ou qu'elle le désavouât, des deux côtés, soit pour lui, soit pour elle-même, le péril était inévitable.

Aussi, Honorade Venelle eût-elle laissé le faux Caille recueillir le fruit de son imposture triomphante, si, en convolant, il ne lui eût ravi son propre état. Cet état, dont elle était en possession depuis plus de vingt ans, lui était enlevé par la bigamie de Pierre Mège, et, de femme mariée qu'elle était, on la trouvait retombée au rang de concubine.

Cet acte lancé, Honorade Venelle disparut. Et bien fit-elle, car la Cour d'Aix, frappée à la joue par cette réclamation, rendit en hâte une Ordonnance portant que la réclamante serait arrêtée et mise aux prisons de la Conciergerie d'Aix.

Les Rolland et les Tardivi, avons-nous dit, avaient un recours au Conseil Privé ou Grand Conseil ; voie difficile, ressource souvent désespérée. Le Conseil Privé du Roi n'avait pas, comme notre Cour de Cassation moderne, une jurisprudence et des pouvoirs bien définis. La faveur y pouvait plus que la justice. Mais, dans certains cas, cette juridiction arbitraire avait le mérite d'offrir une arme contre les grandes iniquités, contre les erreurs criantes. Le Conseil Privé pouvait casser un Arrêt souverain d'un Parlement, sans même s'appuyer sur des motifs de procédure, et en proclamant purement et simplement le mal jugé.

Un incident diplomatique, amené par le mépris que le Tribunal de Toulon et la Cour d'Aix avaient fait de pièces dûment légalisées en Suisse, ne fut pas sans influence sur les dispositions du Conseil Privé.

Le 10 septembre 1706, les Souverains de Berne avaient écrit au Roi pour se plaindre du peu d'égard que les magistrats français avaient eu à leurs actes. Voici leur lettre :

« Sire,

« Il y a eu, depuis quelques années, un procès considérable au Parlement de Provence entre les parents de Scipion le Brun de Castellane, sieur de Caille, natif de Provence, qui demeure dans notre Jurisdiction, et une personne qui doit être soldat de marine à Toulon, mais qui se dit fils unique du sieur de Caille.

« Le véritable fils étant mort dans ce pays, où il étoit réfugié avec son père, et ayant été enterré à Vevay, qui est de notre Jurisdiction, plusieurs personnes de nos deux villes de Lausanne et de Vevay ont, pour rendre témoignage à la vérité, donné en forme et par serment des déclarations du décès du jeune de Caille, lesquelles pour plus grande autorité ont été reconnues par les Magistrats de ces deux villes, et enfin légalisées par nous leurs Souverains, et remises au père de Caille pour ses parents en France.

« Notre pensée n'est pas de représenter à Votre Majesté Royale le peu de cas que nos attestations et déclarations véritables, aussi bien que celles de nos sujets, ont trouvé au Parlement d'Aix, puisque nous apprenons que l'affaire a été portée au Conseil Royal de Votre Majesté. Mais, comme nous apprenons avec douleur que, dans la procédure faite à ce Parlement, on a attaqué au suprême degré notre honneur et celui des nôtres, ainsi que Son Excellence M. le Marquis de Puysieux, l'Ambassadeur, aura l'honneur d'en informer plus amplement Votre Majesté, nous nous sommes trouvés indispensablement contraints, pour sauver notre honneur qui a été injurié, de nous adresser très-respectueusement à Votre Majesté Royale, et de la prier très-humblement qu'il lui plaise d'ordonner que l'on donne la satisfaction due à notre Etat, qui a particulièrement l'honneur d'être allié avec Votre Majesté, et que l'on défère aussi à nos certificats dans les Tribunaux qui sont en France, de même que dans tous les autres.

« Nous ne manquerons pas de mériter, dans toutes les occasions qui se présenteront, par tous les services qui seront en notre pouvoir, cette faveur que nous espérons de Votre Majesté ; et nous prions Dieu qu'il conserve sa personne Royale dans une constante santé, et qu'il verse ses bénédictions sur son règne. »

A cette lettre, que rapporte Gayot de Pitaval, il faut joindre, pour apprécier l'opinion de la légation française en Suisse, la lettre suivante que nous avons découverte à la Bibliothèque Impériale parmi les papiers du temps. Nous la rapportons textuellement :

Lettre de M. de la Closure, Résident pour le Roy à Genève, écrite à une personne de ses amis, à Paris.

« Il y a déjà long-temps, Monsieur, que je me suis donné l'honneur de vous écrire, et que je n'ay receu de vos Lettres : à la vérité, nous ne sommes pas tout-à-fait en commerce réglé ensemble, dont bien me fâche : car peu de personnes vous honno-

rent, et vous sont dévoüées plus parfaitement et de meilleur cœur que moy ; mais en fait de commerce de Lettres et d'amitié, les choses ne sont jamais assez égales ; il faudroit pour cela, que de vostre costé vous y puissiez trouver autant de plaisir, de douceur et d'agréement que moy. Quel moyen donc, Monsieur, de pouvoir faire un tel marché ensemble, puisque pour estre bon et pour pouvoir durer, il faudroit que les deux parties y trouvassent également leur compte ; tel est le cours des choses de ce Monde. Il vous peut cependant souvenir, Monsieur, que nous sommes dans une sorte de liaison de sentiment dans une affaire, que le seul amour de la Justice et de la Vérité nous fait embrasser ; je veux dire l'affaire du faux Caille ; vous eustes la bonté de m'informer des premières démarches que fit Madame Rolland pardevant le Conseil du Roy en cassation de l'Arrest du Parlement d'Aix ; Arrest le plus inique et le plus surprenant dont on ait encore ouï parler. Je suis dans une véritable impatience d'en apprendre la suite et le succès ; ainsi je vous conjure de vouloir bien m'en faire sçavoir des nouvelles. Si cet Arrest n'estoit pas cassé, il faudroit croire qu'il n'y a plus de justice au monde, vû le grand interest qu'a ce suprême Tribunal, de redresser et rectifier un scandale aussi noir et aussi pernicieux que celuy-là. Il n'y eut jamais vérité plus constante que la mort du fils de Monsieur de Caille, arrivée à Vevay en l'année 1696, après une maladie de langueur, accompagnée d'un accablement qui ne pouvoit luy permettre de s'échapper de Suisse pour se retirer en France, comme on le suppose : deux villes entières, Lauzanne et Vevay sont témoins de sa maladie et de sa mort. D'ailleurs, Monsieur de Caille le père est un bon Israëlite (*sic*), d'une probité reconnuë, très-attaché à remplir tous les devoirs d'un parfaitement honneste homme, et incapable d'attester des mensonges et des faussetez. Je sçay, à n'en pouvoir douter, que ce fils avoit fait ses Estudes et sa Philosophie en cette ville-ci ; qu'il s'étoit fort attaché, surtout aux Mathematiques estant à Lauzanne, et qu'il y avoit acquis des connoissances particulières. J'ay vû les Registres du Collège de Genève sur lesquels il s'est inscrit de sa main, qui sont sans doute attachés au Procès. Je connois Monsieur Minutolo, Professeur aux Belles Lettres à Genève Monsieur Turretin, aussi Ministre et Professeur en Histoire et en Theologie, et M. Chouët, un des Syndics, qui estoit dans ce temps-là Professeur en Philosophie, qui attestent tous l'avoir vû à Genève faire sa philosophie ; qu'il y estoit en 1680. 1681. 1682. 1683. Ils sont tous gens d'honneur et de vertu, et bien éloignés par tous ces différens caractères, de donner de fausses attestations. Quel prodige donc, Monsieur, qu'un homme qu'on a vû mourir en Suisse, soit ressuscité en France ! Que scandale ! qu'on ose produire un imposteur, et un malheureux au préjudice de tant de preuves toutes incontestables ! Enfin, l'honneur de la Nation est tellement intéressé là-dedans, que je vous avoüe que cet indigne Arrest du Parlement d'Aix m'afflige et me révolte. Il y a près de trente ans que je vis hors du Royaume dans les Païs estrangers ; on n'y eut jamais creu autrefois, tant on y avoit une grande idée de l'exacte Justice qui se faisoit en France, qu'un pareil scandale y eut pû jamais arriver, et on en est véritablement surpris ; mais il faut espérer que le Conseil du Roy establi pour estre l'azile et la ressource des opprimés, qui est la lumière mesme, réparera l'injure et effacera un pareil exemple d'iniquité, sous lequel l'honneur et la gloire de la France gémissent. Je vous avoüe qu'en mon particulier j'en souffre, et en suis vivement mortifié. Donnez-moi donc, je vous en supplie, Monsieur, quelque soulagement là-dessus, afin que je n'aye pas à justifier toûjours ma Nation d'un pareil opprobre. Je vous demande surtout des nouvelles de vostre santé, la continuation de l'honneur de vostre amitié, et la justice de me croire toûjours très-parfaitement, et avec toute la parfaite considération, et l'extrême attachement que je vous ai voüé, Monsieur, vostre très-humble et très-obéissant serviteur,

« LA CLOSURE.

« A Genève, le 17 février 1708. »

Si, à Paris, l'opinion des gens calmes et sensés commençait à ouvrir les yeux sur l'œuvre de fanatisme et de corruption qui se poursuivait en Provence, à Aix et à Toulon, l'esprit de parti continuait à faire rage, et, la magistrature aidant, la cause du faux Caille était devenue celle de la religion même. Nous ne disons là rien de trop : on en jugera par la pièce suivante, qui fut, au commencement de l'année 1707, répandue par toutes les Églises et Communautés de la Provence. Nous l'avons trouvée à la Bibliothèque impériale, parmi les papiers du temps. Elle a pour titre :

Lettre circulaire au sujet de la conversion et du procès du sieur de Caille, datée à la main du 12 janvier 1707.

« Monsieur,

« Vous estes prié de faire prier Dieu dans vostre Eglise pour M. de Caille, Gentilhomme de Provence, désavoué par son Père pour avoir embrassé la Religion Catholique. Après avoir esté reconnu par dix mille témoins oculaires, et non suspects, dans le lieu de sa naissance, il a esté déclaré le véritable fils de M. de Caille par Arrest du Parlement d'Aix, du 14. Juillet dernier. M. Roland sa partie s'est pourveu contre cet Arrest au Conseil. Ses moyens de cassation sont si frivoles, que quelques-uns des principaux Juges l'ont avoué. Cependant les Huguenots font une brigue si terrible, M. Roland a de si puissans protecteurs, et il a tellement prévenu les esprits, qu'il n'y a rien que l'Innocent, qui n'a pour luy que son bon droit, ne doive craindre. Ayez donc, s'il vous plaist, Monsieur, la bonté de faire prier Dieu qu'il éclaire les Juges, qu'il empêche que cette injuste prétention ne passe jusque dans leurs esprits, et qu'il leur fasse connoitre et soutenir la Vérité. On espère que vous ferez d'autant plus volontiers cette grâce à ce Gentilhomme, que c'est icy une affaire de religion, et la cause de Dieu même. »

C'est ici une affaire de religion et la cause de Dieu même. On reconnaît là les armes habituelles du fanatisme ; elles sont vraiment redoutables. Et, quand on pense à ce que La Bruyère disait des dévots, dix ans environ avant le commencement de ce procès, il y a lieu d'admirer les magistrats qui oseront résister à cette conjuration de l'injustice et du préjugé religieux.

Cette pièce montre, au reste, qu'on commençait à redouter à Aix la décision du Conseil Privé. La cabale religieuse et judiciaire s'arma fortement pour la lutte. *M. Sylvain* fut expédié à Paris, car il était de règle que l'avocat qui avait occupé en instance, ou qui avait signé la requête sur laquelle était intervenu l'arrêt attaqué, vînt le défendre au Conseil. *M. Sylvain* connaissait admirablement la cause, et il apporterait, dans sa défense de l'Arrêt d'Aix, une chaleur de conviction qu'il était difficile d'espérer chez un avocat du barreau de Paris. On choisit, pour seconder M. Sylvain, un homme déjà célèbre par ses grandes qualités de style, *Mathieu Terrasson*, qu'on appelait la *plume dorée*.

M. Rolland demanda, pour les siens, le concours d'un jeune avocat au Grand Conseil, *M. de la Blinière*, conseiller plus tard à ce même Conseil, rare intelligence, solide à la fois et élégante, orateur véhément, logicien serré.

N'oublions pas, pour apprécier à leur juste valeur les débats qui vont s'ouvrir, que c'est seulement dans les dernières années du dix-septième siècle, que l'éloquence du barreau a commencé à se débarrasser des vieilles entraves du pédantisme. A l'exception de l'élégant Patru et de l'éloquent Lemaistre, qui ne fit que passer au barreau, les avocats contemporains des écrivains et des artistes illustres du grand siècle en sont encore à l'imitation déplacée de l'éloquence antique, à l'érudition puérile, au mauvais goût burlesque si gaiement raillés par Racine.

Mais, au commencement du dix-huitième siècle, la véritable éloquence judiciaire est trouvée : d'Aguesseau est Procureur Général au Parlement de Paris ; Henri Cochin, Louis de Sacy, Le Normand sont dans tout l'éclat de leur talent.

Les moyens de cassation présentés par M. Rolland et consorts avaient, au fond, peu de valeur ; ils étaient fondés sur de prétendues contraventions à l'Ordonnance sur la procédure. *M. de la Blinière* abandonna cette partie de la discussion à l'Avocat chargé de la formalité. Il ne s'attacha qu'à l'iniquité évidente de l'Arrêt du Parlement de Provence, et, par là, trouva moyen de plaider au fond. Nous retrouverons plus tard cette discussion du fond au Parlement de Paris ; ici, elle ferait double emploi.

M. Sylvain repoussa l'appel par deux fins principales de non-recevoir : la première fut qu'en matière criminelle, on ne pouvait toucher à la chose jugée ; la seconde, que les questions d'état ne se jugent jamais deux fois.

Mais là n'était point l'intérêt du plaidoyer ; il faut le chercher dans la discussion du moyen de cassation fondé sur l'iniquité évidente. C'est là qu'était le péril pour l'avocat du faux Caille. On va voir avec quelle habileté il sut élever la question au-dessus de la cause.

« Le Conseil, dit-il, est un Tribunal souverain qui ne juge pas de la Justice, mais de la régularité des Arrêts. On ne touchera donc que la forme et la procédure, non qu'on ait le moins du monde défiance de la cause, mais pour la longueur de temps et les frais immenses qu'entraînerait un tel examen. On ne donnera pas dans le piége tendu par le sieur Rolland et ses protecteurs, qui s'en vont partout publiant que l'iniquité évidente est un moyen de cassation, afin que de Caille étant entraîné à se défendre sur le fond, le Conseil se trouve insensiblement engagé à sa suite à y entrer par les contestations respectives des parties ; d'où sortirait un procès sans fin.

« Ce n'est pas qu'on ne puisse d'un seul mot détruire ce moyen impertinent ; car, où peut être ici l'iniquité évidente, après que l'accusé a été reconnu par les habitants de Caille, de Rougon et de Manosque, par cent trente témoins oculaires qui ont juré sur la damnation de leurs âmes qu'il était le fils du sieur de Caille, et qui se trouvent soutenus par près de trois cents autres témoins, dont les dépositions aident à sa reconnaissance? pourquoi ne pas le dire! trois peuples entiers?

« Mais, s'il était vrai, comme on le prétend, que l'iniquité évidente fût un moyen de cassation des Arrêts, ce serait là, pour le Conseil, un privilége de la plus grande conséquence qui se puisse imaginer, puisqu'il deviendrait par là l'unique Parlement du Royaume; puisque, par là, seraient remis en ses mains les biens, la fortune, l'honneur de tous les peuples de la France, et que tous les Parlements se verraient réduits au rang de simples Baillages.

« Il faut qu'une loi si importante soit quelque part. Qu'on montre où elle est! Quand a-t-elle été publiée? Où est l'Ordonnance, l'Edit, le Règlement qui la contient?-Il n'y en a pas : cette loi n'est nulle part.

« Mais, dit-on, est-ce que le Roi n'est pas assez puissant pour faire casser par son Conseil un Arrêt dont l'injustice sera visible? C'est sortir de la question. Il ne s'agit pas ici si le Roi le peut faire : nous en convenons. Il s'agit de savoir s'il l'a fait. Car nous ne devons point être jugés sur les lois qu'il peut faire un jour, mais sur celles qu'il a faites. Et puisque celle-ci ne l'a point été, on ne peut, ni on ne doit nous juger sur une loi qui ne fut jamais.

« Et comment un Prince si juste, si éclairé aurait-il établi par ses lois une manière si extraordinaire, et, on l'ose dire, si contraire au bien de son Etat et à l'institution des Parlements qui ont été créés pour juger les différends de ses sujets? Ce serait faire perdre à ces Parlements le respect des peuples, et ouvrir la porte à mille désordres qui ont besoin d'être arrêtés sur-le-champ par une autorité présente et supérieure. Ce serait jeter le trouble dans toutes les familles, dont l'état et le repos sont fondés sur les Jugements irrévocables. Il faut être assuré une fois de son sort. Et cette liberté de courir de Tribunal en Tribunal, de laquelle l'homme ne peut s'empêcher d'user, est plus funeste mille fois aux particuliers et au public qu'une condamnation prompte et sans retour.

« C'est par cette raison que les Parlements ont été établis pour juger le peuple en dernier ressort. On sait bien qu'il est possible qu'il y ait des Arrêts injustes, parce que les Magistrats sont des hommes. Mais le tort que ces injustices assez rares feraient à des particuliers, est récompensé par le bien de l'Etat, et par celui des familles, que les Arrêts irrévocables mettent en repos.

« Le Roi peut bien révoquer les Parlements; mais, tant qu'ils subsisteront, on ne peut donner atteinte à leurs Arrêts. Et, si le prétexte de l'injustice était une raison pour le faire, il n'y en a presque pas un seul qui pût subsister. Car la diversité des esprits et des jugements est si grande, et les hommes ont des idées si différentes de la Justice, qu'il arrive presque toujours que ce qui a paru très-juste aux uns, paraît très-injuste aux autres.

« Il ne faut pas croire, comme s'imaginent quelques personnes, que cette autorité des Magistrats donne atteinte à l'autorité du Prince, puisque c'est celle du Prince même. Car les Parlements ne sont rien d'eux-mêmes. Qui est-ce qui parle dans leurs Arrêts? N'est-ce pas le Roi, dont les Juges ne sont que les organes? Quoi! on ferait consister l'autorité du Prince à se combattre et à se détruire elle-même! Est-ce que le Roi est moins Roi dans le Parlement d'Aix que dans son Conseil Privé? C'est en cela que sa puissance est grande et vraiment souveraine, qu'elle peut se communiquer à plusieurs sans se perdre et sans s'affaiblir, et qu'elle peut s'étendre au-delà de sa personne sans qu'il soit moins présent dans les Tribunaux que sur son trône, de même que, dans l'homme, l'âme est tout entière dans chaque partie du corps, et n'agit pas moins puissamment dans tous les autres membres que dans la tête.

« Loin donc que le prétexte de l'autorité du Roi soit une raison pour détruire un Jugement, c'est ce qui doit les rendre inviolables, puisque cette autorité ne doit pas être contraire à elle-même. La maxime qui veut que les Arrêts puissent être cassés pour des contraventions à l'Ordonnance sur la procédure, nous montre que le Roi ne veut point qu'ils soient cassés sous d'autres prétextes. Lorsqu'on les casse pour ces contraventions, c'est qu'étant destitués des formalités, ils ne sont plus regardés comme des Jugements. Car, si on les regardait comme tels, il faudrait nécessairement les laisser subsister. »

Oublions un instant au service de quelle cause M. Sylvain vient de parler, pour nous rappeler seulement que cette discussion si belle, si neuve alors et si hardie, s'est fait entendre à Paris en 1708; que c'est, pour ainsi dire, en présence de Louis XIV, dont la figure souveraine semble présider le Conseil Privé, qu'un avocat de province a osé proclamer le grand principe de l'indépendance de la Justice et de la délimitation des pouvoirs.

Le 12 juillet 1708, le Conseil rendit, à Fontainebleau, l'arrêt suivant :

« Le Roi en son Conseil, faisant droit sur l'Instance, et ayant aucunement égard à la demande en cassation d'Anne le Gouche et de Tardivi, a cassé et casse l'Arrêt du Parlement d'Aix du 14 juillet 1706, et tout ce qui s'est ensuivi contre Anne le Gouche, Tardivi, et pour le défendeur : ce faisant, les a renvoyés et renvoie au Parlement de Paris, pour procéder à fins civiles sur leurs procès et différends dont est question, circonstances et dépendances, comme auparavant l'Arrêt, sans que la voie extraordinaire puisse être reprise contre le défendeur, pour raison de ce que concerne l'accusation intentée contre lui.

« A ces fins, a converti Sa Majesté les informations faites avant l'Arrêt du 14 juillet 1706 en enquêtes.

« Ordonne que le procès, apporté des Greffes du Parlement d'Aix en celui du Conseil, sera porté au Greffe du Parlement de Paris par le Greffier Garde-Sacs du Conseil : quoi faisant, il en demeurera bien et valablement déchargé;

« Condamne le défendeur aux dépens de la présente Instance envers Anne le Gouche et Tardivi.

« Et, pour faire droit sur les procédures extraordinaires, faites en exécution de l'Arrêt du Parlement d'Aix du 14 juillet 1706, contre le sieur Rolland, Avocat Général au Parlement de Grenoble, Antoine Audibert, Louis Roi et autres : Sa Majesté les a évoquées à Elle et à son Conseil, et icelles en l'état qu'elles sont a renvoyées et renvoie au Parlement de Paris, pour y être fait droit, ainsi qu'il appartiendra. »

L'Arrêt du Conseil, qui saisissait le Parlement de Paris, assurait au procès, en raison des formalités infinies de la procédure, une longue existence. Nous laisserons de côté les mille incidents des quatre années qui suivirent, pour ne nous attacher qu'aux faits principaux.

Honorade Venelle avait vainement tenté d'intervenir au Conseil Privé ; n'ayant pas été partie au procès de Provence, elle ne pouvait être admise. Le Conseil l'avait pourtant fait comparaître, mais d'une façon tout à fait extra-judiciaire, et seulement devant le Rapporteur. Elle y fut confrontée à son mari, qui lui soutint avec la plus froide impudence les faits avancés au Parlement de Provence.

Au Parlement de Paris, Honorade Venelle fut reçue partie intervenante et jointe. M. *de la Blinière* fut son avocat, comme il était déjà celui des Rolland et des Tardivi. Il va sans dire que M. *Sylvain* et M. *Terrasson* continuèrent à défendre le Soldat de marine.

Jusqu'en 1710, point d'incidents remarquables. Il fallait préparer le terrain, faire tout ce que les Juges d'Aix s'étaient refusés à faire.

Le Parlement de Provence, dans son obstination à repousser toute preuve contraire à ses préjugés, s'était, par exemple, refusé à ordonner la preuve *littérale*, c'est-à-dire la vérification des écritures fournies au procès. Car les parties le Gouche et Tardivi d'un côté, le Soldat de marine de l'autre, avaient produit des lettres des sieur et dame de Caille père et mère. Il était naturel, il semblait même nécessaire de comparer ces pièces entre elles.

De même, on pouvait s'étonner que les signatures authentiques conservées dans les actes passés chez le notaire Laugier ; les deux lettres signées *de Rougon*, du 1er février 1686 ; les signatures d'*Entrevergues de Rougon*, apposées au bas des articles du mariage et du contrat intervenus entre un Louis Duchesne et une Suzanne Guimon en 1679, et enfin, l'écriture du Livre-Journal du grand-père Bourdin et d'une lettre du même, n'eussent pas été attentivement examinées par la Cour d'Aix et vérifiées au moyen d'une expertise.

M. Rolland demanda au Parlement de Paris ces vérifications et ces expertises.

L'usage du Parlement de Paris était, il est vrai, de n'ajouter de foi aux pièces sous seing privé que lorsqu'elles étaient vérifiées et reconnues par toutes les parties. Mais M. de la Blinière démontra que, du moment où la partie adverse avait produit des pièces privées, ces pièces devenaient authentiques, en ce sens qu'elles pouvaient servir de comparaison à la vérification des écritures privées produites par l'autre partie.

Le prétendu de Caille alléguait, il est vrai, que, ne sachant ni lire ni écrire, il ne pouvait reconnaître si les lettres en question étaient du sieur de Caille père et de la dame de Caille mère. Mais, huit ans durant, il s'était servi de ces pièces ; il était donc convaincu de leur authenticité, et, dès lors, ces pièces avaient les qualités nécessaires pour servir de pièces de comparaison.

Aussi, un Arrêt du 10 mars 1710 ordonna qu'il serait procédé : 1° à la vérification des cinq lettres du sieur de Caille père, des 13 septembre 1693, 5 avril 1694, 17 septembre 1695, 20 février et 26 mars 1696, produites par Anne le Gouche et Tardivi, sur la lettre missive du sieur de Caille père, du 19 septembre 1699, produite par le Soldat de marine, et sur les actes authentiques transcrits sur le protocole de Laugier ;

2° A la vérification d'une lettre de la dame douairière de Caille, produite par les parties le Gouche et Tardivi, sur une lettre de ladite, en date du 13 janvier 1686, produite par le Soldat de marine, et sur les Actes et signatures authentiques transcrits dans le protocole de Laugier ;

3° A la vérification de deux lettres signées *de Rougon*, du 1er février 1686, produites par les parties le Gouche et Tardivi, sur la signature d'*Entrevergues de Rougon* et sur la signature *Rougon*, apposées au bas des articles et du contrat de mariage des époux Duchesne et Guimon ;

4° Enfin, à la vérification d'une lettre de Bourdin, du 3 décembre 1694, et du Livre-Journal du même, produits par les parties le Gouche et Tardivi, sur la minute du Testament solennel dudit Bourdin, écrit et signé de lui le 2 juillet 1655, et sur la carte dudit Testament, fait par-devant Notaire, signé par ledit Bourdin et ledit Notaire.

D'autres incidents furent jugés au désavantage du prétendu de Caille, et chacun de ces incidents fut une leçon pour le Parlement de Provence : leçons de modération, leçons de prudence, leçons de justice, leçons de bon goût.

Le prétendu de Caille continuait, par exemple, à préjuger le procès en sa faveur, en se parant du nom contesté. Sur la plainte de la dame Rolland, un Arrêt du 28 juillet 1711 fit défense à l'accusé de prendre, dans ses procédures ou dans ses écritures, d'autre qualité que celle de *Soldat de marine, se prétendant fils du sieur de Caille*.

Autre incident : une demande de séquestre, par le Soldat de marine, sur les biens des époux de Caille décédés. La dame Rolland et le sieur Tardivi, rentrés en possession depuis l'Arrêt en cassation, représentèrent que si la prétention de l'accusé était accueillie, tout aventurier serait en droit de troubler des héritiers légitimes dans leur juste possession. Ne pouvant s'emparer de leurs biens, on aurait du moins la faculté de leur en ravir la jouissance pendant le cours d'un long procès. D'ailleurs, l'Accusé, pendant la jouissance de ces biens, y avait fait des dégradations telles, que ces biens étaient devenus trop peu considérables pour couvrir les frais immenses du procès. La demande du prétendu de Caille fut repoussée.

Quant à une demande de 1,500 livres de provision faite par le Soldat, elle était tellement absurde, qu'on ne l'écouta même pas.

Le Parlement de Paris voulut aussi se rendre raison de la prétendue ressemblance qui pouvait exister entre le Soldat et les membres divers de la famille de Caille. Il se fit apporter les portraits qu'on put se procurer en Provence ou en Suisse. La Cour, par arrêt du 16 février 1712, ordonna qu'une visite à corps du Soldat serait faite par des experts médecins et chirurgiens. Voici le Rapport qui en fut dressé (1).

(1) Cette pièce est capitale au procès. Nous avons cru devoir la reproduire dans ses parties essentielles, sans nous préoccuper de quelques crudités d'expression bien justifiables en pareille matière. Ce Rapport fut, en son temps, considéré comme un chef-d'œuvre ; et, bien que le moindre médecin de campagne, aujourd'hui, pût mieux faire, il est, en effet, remarquable pour une

Rapport et visite faite de la personne du Soldat de Marine se disant fils du sieur de Caille.

Nous, Médecins et Chirurgiens ordinaires de la Cour, en vertu d'un Arrêt de la susdite Cour du 16. Février 1712. nous nous sommes assemblés aujourd'hui 26. Février de ladite année, huit heures du matin, au Greffe de la Grand'Chambre, pour visiter un particulier qui s'est présenté à nous, et qui a dit se nommer de Caille : à laquelle visite procédant, nous avons observé ce qui suit :

(Suivent les mesures fort inutiles à la cause des différentes parties du corps.)

Les tempes très-aplaties; leurs bords, du côté du front, aigus. *Le front grand, élevé par en bas, aplati par le haut, faisant une espèce de talus.* Le sommet de la tête éminent, au-dessus de laquelle élévation la tête est un peu aplatie; et, un peu plus bas, *l'os occiput forme une éminence transversale* qui fait saillie dans son milieu.

Le tout ensemble compose une tête de figure ovale, qui est *élevée par derrière, et aplatie par devant et par les côtés :* la tête rasée au front et aux tempes; le reste assez garni de cheveux, qui sont bruns, tirant sur le noir, quelques-uns d'iceux blancs, les uns et les autres plats, longs et finissans en mèche. Les sourcils bien séparés l'un de l'autre, longs, étroits, fort garnis, de la même couleur que les cheveux. La barbe fraîchement passée, et néanmoins *il nous a paru en avoir très-peu.*

L'aisselle gauche garnie de poils moitié moins que la droite, lesquels poils, et ceux des parties naturelles sont de même couleur que les cheveux.

L'ouverture des paupières médiocre : la paupière supérieure de l'œil droit assez garnie de fils ou poils; l'inférieure du même œil en a beaucoup moins. La paupière supérieure de l'œil gauche a des fils ou poils moitié moins que que la paupière supérieure de l'œil droit. La paupière inférieure de l'œil gauche est presque sans poils.

Les deux yeux larmoyans, ternes et approchans de la couleur olivâtre plus que de toute autre.

Le nez enfoncé dans son milieu, large par en bas et par les côtés; ce qui fait un nez épaté et camus; la narine gauche plus ouverte que la droite.

Les pommettes des joues éminentes, toutefois la droite plus que la gauche; le bas des joues enfoncé...

L'ouverture de la bouche est longue de deux pouces neuf lignes, *les bords des lèvres peu ourlés et pâles, la lèvre supérieure plate, la lèvre inférieure fait une petite saillie sur la lèvre supérieure.*

Le teint est un peu basané, avec quelques nuances d'un rouge obscur. Le côté gauche du visage fort ridé, le côté droit beaucoup moins.

La figure du menton plus pointue que ronde.

Les dents sont bonnes, petites, bien rangées, portant exactement les unes sur les autres en fermant les mâchoires; elles sont très-serrées, à l'exception de trois dents de devant de la mâchoire supérieure, qui sont un peu écartées. L'émail des dents est un peu jaune, les gencives pâles. Une dent molaire du côté droit de la mâchoire supérieure est sans couronne; il n'en reste que les racines. Il manque trois molaires en la mâchoire inférieure, une du côté droit et deux du côté gauche.

L'habitude du corps est assez délicate, et plus mai-

époque où la précision du langage et le bon sens se rencontrent bien rarement chez le médecin et le chirurgien, même à Paris, même à Versailles.

gre que grasse. Le ton de la voix grêle, l'air du visage un peu efféminé; la peau d'un blanc terne et sans poil, si ce n'est aux aisselles et aux parties naturelles. L'allure et le marcher n'ont rien d'extraordinaire.

Une cicatrice unie, de figure un peu demi-circulaire, située à deux lignes au-dessous du grand coin de l'œil gauche, ayant huit lignes de longueur, et étant un peu plus large par en haut que par en bas.

Une autre cicatrice, de la figure et de la longueur d'un petit grain d'orge, située fort près du côté droit du nez, et au-dessous de l'œil droit, d'environ huit lignes;

Lesquelles cicatrices nous paroissent être les suites de quelques coups de lancette donnés pour l'ouverture de quelques petits abscès.

Une autre cicatrice occupant en partie le derrière de l'aileron de l'oreille gauche, et en partie la peau de la tête couverte et cachée par ledit aileron; laquelle cicatrice compose un ovale de la longueur d'un pouce huit lignes, et de la largeur d'un pouce. Et, en quelques endroits de l'aire ou milieu de ladite ovale, il paroit quelques légers vestiges de cicatrices, séparés les uns des autres. Le tout uni, sans inégalité et sans perte de substance.

Six taillades entamées et cicatrisées, et situées sur l'épine entre les deux épaules, et six autres taillades de la même espèce, situées sur l'épine, environ à six travers de doigt au-dessous des précédentes; lesquelles taillades ont été faites par coups de lancette à la suite des ventouses appliquées sur ces endroits.

La circonstance des ventouses scarifiées sur les endroits énoncés nous donne lieu de présumer que la cicatrice ovale de l'oreille gauche est la suite d'un fort vésicatoire appliqué dans cet endroit, apparemment pour remédier aux fluxions des yeux, mais principalement pour l'œil gauche, qui nous paroit plus faible et plus susceptible de fluxions, comme le marque assez la dépilation des paupières dudit œil. Cette présomption est encore fondée sur ce que la cicatrice de ladite oreille est unie, superficielle et sans perte de substance.

Plusieurs macules naturelles, blanches, éparses au col, au-devant de la poitrine, et derrière les fesses, dont la plus grande n'excède pas la grandeur d'une lentille.

Une verrue noire de la grosseur de la tête d'une petite épingle, située au côté gauche des lombes, et distante de l'épine de quatre travers de doigt.

Les deux mammelons situés trois travers de doigt plus bas qu'ils ne doivent être naturellement. La verge très-petite, d'ailleurs dans sa conformation naturelle, sans tache ni protubérance contre nature. Le testicule droit, situé dans la bourse, très-petit et fané; le testicule gauche, retenu dans le pli de l'aine, plus gros et mieux conditionné.

Le vestige d'une brûlure superficielle et guérie, située à la partie interne et supérieure du genouil gauche, de la longueur et de la figure d'une médiocre feuille d'oranger.

Et, enfin, une cicatrice à la partie interne et supérieure de la jambe gauche, et une autre sur le même genouil, toutes deux petites, superficielles, faites par quelques coups de lancette donnés pour l'ouverture de quelques petits abscès.

Fait et fini le présent Rapport audit Greffe, à sept heures du soir. Signé : *Vernage, Lessier et Arnaud.*

Paris — Typographie de Ad. R. Laine et J. Havard, rue des Saints-Pères, 19.

Voici, enfin, un document authentique, d'après lequel il est possible de discuter la prétendue ressemblance du Soldat avec le fils Caille, tel que le représentaient les enquêtes du Soldat lui-même.

Cette voix grêle, cette habitude du corps glabre, féminine, cette peau d'un blanc terne, cet eunuchisme partiel, tout cela compose une idiosyncrasie difficile à confondre avec toute autre. Un portrait sincèrement tracé du fils de Caille n'eût assurément pas oublié de pareils traits. Comment les prétendues nourrices n'en auraient-elles pas parlé? Ces nourrices prétendaient que leur nourrisson était venu au monde avec les oreilles collées à la tête, et qu'il avait fallu les en détacher avec un rasoir : la description du Rapport ne s'accorde en rien avec ces assertions. Les nourrices avaient en-core signalé des écrouelles aux jambes de l'enfant : le Soldat n'en montrait aucune trace.

Enfin, ce demi-homme aux yeux chassieux, au nez camard, aux cheveux plats et rares, au teint blafard, qui n'avait aucune ressemblance avec les descriptions authentiques du fils de Caille, plus petit de taille, à voix forte, à nez aquilin, à teint basané, se trouvait reproduire tous les traits distinctifs du signalement du Pierre Mège d'autrefois.

Mais arrivons aux plaidoiries. *M. Sylvain*, à Paris comme à Aix, avec la même ardeur de conviction, défendit son client en attaquant M. Rolland, en le déclarant convaincu de mensonge, de subornation de témoins, de falsification de pièces.

«Tout le monde en convient, s'écria-t-il, témoins et pièces tout est faux; mais cela n'empêche pas

Dans les rues de Manosque. (PAGE 14.)

beaucoup de gens de dire : «M. Rolland a raison. Il soutient une bonne cause par de mauvaises voies, et l'accusé ne laisse pas d'être un imposteur. «C'est le bel air, présentement, de le croire imposteur malgré sa preuve. C'est une marque de supériorité d'esprit : cela sert de titre à ceux dont la noblesse est suspecte (1). Ils écoutent avec un sourire dédaigneux et moqueur ceux qui s'écrient : — «Quoi! » «l'on croira que la vérité est du côté de celui » «qui n'a employé que l'imposture! L'accusateur, » «convaincu d'être faussaire, sera crû véritable, » «et l'accusé, contre qui il a fait des faussetés, » «sera un fripon! Les lois disent que les erreurs » «où peuvent jeter certaines circonstances de fait» «ne doivent point nuire à la vérité dans l'esprit» «des juges, et qu'ils sont obligés de juger sur des» «preuves. Et l'on voudra juger ici, non pas sur»

(1) Le trait est vif, lancé au Parlement de Paris, l'an 1712. Molière avait fait le *Bourgeois gentilhomme* quarante ans auparavant; mais Molière ne plaidait pas au Parlement de Paris.

«des faits équivoques qui peuvent jeter dans l'er-» «reur, ce qui seroit déjà très-criminel, mais sur» «des visions, et malgré des faussetés avérées, qui» «frappent les plus aveugles! »

« Mais ce ne sont là que des puérilités et des discours en l'air auprès des grands hommes dont je parle. En effet, voilà une grande merveille, de juger sur une preuve claire et non suspecte, et de croire qu'on ne peut trouver la vérité dans une preuve composée de faux témoins et de pièces fausses! Cela était bon à Athènes et à Rome : cela serait bon tout au plus au cabinet du Roi, ou dans la bouche de quelques princes que je nommerois volontiers, et qui jugeront sur les règles comme le peuple. Mais de se mettre au-dessus de ces règles, ou d'en faire de son autorité, d'apercevoir la vérité dans le mensonge même; de tirer l'innocence d'un homme de son propre crime, c'est ce qui n'appartient qu'à des esprits supérieurs, capables de gouverner des États, qu'à ces sublimes intelligences, qui voient si fort au-dessous d'elles tout le reste des hommes.

« Mais oserais-je bien adresser ma voix à ces grands personnages, et leur dire :

« Pour décider que l'Accusé est un imposteur, malgré sa justification et les faussetés de ses parties, il faut que vous sachiez le fait par vous-mêmes, ou par les preuves du procès. Vous n'avez jamais vu le fils de M. de Caille : vous ne savez donc pas par vous-mêmes que l'Accusé n'est pas ce fils. Vous ne pouvez donc savoir le bon droit de M. Rolland que par sa preuve. Mais sa preuve est fausse; vous le confessez : sur quoi donc croyez-vous sa cause bonne et l'Accusé imposteur? Sur des visions, sur des chimères, sur des imaginations, car c'est tout ce qui vous reste.

« Mais je me trompe : il y en a qui ont une raison admirable de le croire un imposteur; c'est qu'il est mal fait, impertinent, désagréable.

« Il ne s'est jamais fait des raisonnements si extravagants et si ridicules. Il semble que l'Accusé ait communiqué son esprit à mille gens, et que mille nouveaux de Caille s'élèvent pour accabler le véritable. Et ce qui est de plus détestable, il y a même de malhonnêtes gens qui, au lieu d'examiner avec un esprit d'équité s'il est innocent, ne lisent et n'entendent rien que dans l'intention de le trouver coupable.

« Que toutes ces personnes reviennent enfin à eux-mêmes, aux Lois et à la Justice; qu'ils considèrent les conséquences de leur action, qui peut porter un coup mortel à l'innocence, et retomber sur eux-mêmes. Car enfin, ils ne possèdent leurs biens, leur vie, leur honneur qu'à l'abri des lois que je réclame; et, si on doit juger sur des preuves qu'elles condamnent, tout ce qu'ils ont au monde et tout ce qu'ils sont ne dépendent plus que d'un homme hardi, et de juges à qui ils auront appris à raisonner comme ils raisonnent aujourd'hui sur le sujet de l'Accusé; et peut-être qu'ils réclameront en vain un jour ces lois qu'ils trahissent aux dépens de la vie d'un innocent.

« Il ne s'agit ici que d'un fait unique et indivisible, qui est de savoir si l'Accusé est de Caille, ou non. Des deux preuves contraires qui sont sur ce point, il faut que l'une soit véritable, et l'autre fausse. Celle de l'Accusé est au-dessus de tout soupçon. Celle de l'Accusateur n'est absolument composée que de pièces fabriquées et de témoins corrompus.»

On n'a pas la prétention de rapporter ici ces énormes plaidoyers, dont nous ne possédons d'ailleurs que des fragments et de confuses analyses. Nous ne suivrons donc point M. *Sylvain* dans ses assertions audacieuses, dans ses raisonnements souvent plus subtils que solides. Il chercha, non sans succès, à jeter la confusion dans les esprits, en signalant les contradictions existantes entre des centaines de témoignages. Il chercha, en prouvant que le fils de Caille était faible d'esprit, à faire oublier que ce jeune homme, après tout, savait lire et écrire, avait fait ses humanités, tandis que le Soldat n'avait pas même une instruction rudimentaire.

Surtout, l'avocat s'en rapporta au consentement presque unanime du vrai peuple, comme il disait, de Caille, de Rougon et de Manosque. Il glissa sur l'intervention d'Honorade Venelle, sur les faits avoués par son client de la vie de Pierre Mège, et termina en ces termes :

« Quels que soient les protecteurs de M. Rolland, fussent-ils des Maréchaux de France, des Ducs, des Princes, la Cour les considère assez et fait assez de cas de leur estime pour ne pas leur refuser une injustice. Et si tant de gens sont capables de se déshonorer en prostituant leur crédit et leur protection en faveur d'un Accusateur si indigne, la Cour sait qu'elle a sa gloire à soutenir, celle de la Nation et de l'État même.

« La triste situation de l'Accusé et de sa femme, Mlle Serry, seuls, sans secours, sans appui, abandonnés, persécutés, l'attendrira. C'est un objet bien touchant pour des juges chrétiens, qu'un innocent opprimé, qui n'a pour lui que son innocence. Et, lorsqu'elle se présente toute nue, et dépouillée de tout cet appareil de sollicitations et de secours étrangers, qui offusquent plutôt les juges qu'ils ne les éclairent, jamais la Justice ne doit être plus redoutable aux oppresseurs. »

M. Terrasson attaqua également comme falsifiés ou mensongers tous les témoignages contraires à la prétention de son client; mais, dans les quelques extraits de son plaidoyer qui nous sont connus, on ne sent pas une conviction bien impérieuse. Dans ses Œuvres complètes, rassemblées par sa famille, on a négligé ce plaidoyer, qui n'eût rien ajouté à la gloire de celui qui, en 1717, fit au chancelier d'Aguesseau les honneurs de la Cour des Aides.

Quant à *M. de la Blinière*, sa tâche fut immense; mais sa cause le portait. C'est surtout comme avocat de la femme de Pierre Mège qu'il fut puissant, irréfutable. C'est cette partie de ses plaidoyers que nous voulons mettre sous les yeux du lecteur.

Honorade Venelle, dit *M. de la Blinière*, est femme de Pierre Mège, soldat de marine. Elle a habité avec Pierre Mège depuis la célébration de son mariage, en 1686, dans la maison de Marie Gardiole, mère de Pierre Mège. Elle est donc dans la complète possession de son état. Elle a titre.

Mais ce Pierre Mège, qui n'est point un fantôme, qui a épousé Honorade Venelle, qu'est-il devenu? Est-il mort? est-il vivant? où est-ce qu'il habite?

« Vous dites, Soldat de marine, que vous n'en savez rien, que ce Mège a disparu en 1690, que vous n'êtes pas chargé de le retrouver. La réponse est sèche et nue, et il semble que vous sentiez que, pour peu que vous vous avanciez trop, vous nous donneriez prise et nous montreriez celui que nous cherchons.

«Mais n'avez-vous jamais connu cette Honorade Venelle, la femme de cet homme disparu? N'avez-vous point mangé, bu, couché, cohabité avec elle, dans sa maison, à sa table, dans son lit, en présence de Marie Gardiole, mère de Pierre Mège, sous les yeux de ses sœurs? N'avez-vous point fait des actes, donné des procurations et des quittances pour recevoir le bien d'Honorade Venelle? Ces actes, ces quittances, ne les avez-vous point passés en qualité de mari? Ne lui avez-vous point donné à elle-même une reconnaissance dotale de cent livres, en exécution d'une clause de son contrat de mariage? Ne vous êtes-vous point enrôlé sous le nom de Pierre Mège, mari d'Honorade Venelle? N'avez-vous pas été connu sous ce même nom dans les troupes? N'êtes-vous pas ce Mège qui alla un jour dans la ville de Roussillon, accompagné de Mesnil, beau-frère de Pierre Mège, pour exiger des droits dus à Marie Gardiole, mère de Pierre Mège? Ne passiez-vous point dans cette ville comme fils de Marie Gardiole, comme beau-frère de Mesnil? Ne fîtes-vous pas un outrage accompagné de menaces au Prieur, dans le temps qu'il était revêtu de ses habits sacerdotaux? Ne vous donna-t-on pas deux louis pour arrêter votre fureur et empêcher vos violences?

« Oui, accusé, oui, prétendu de Caille, vous répondez, vous ne pouvez pas ne pas répondre, que tous ces faits sont véritables; que vous êtes l'auteur de tous ces actes; que vous avez vécu, agi, contracté, disposé, sous le nom et dans la qualité de Pierre Mège, fils de Marie Gardiole et mari d'Honorade Venelle.

« Alors, vous étiez donc Mège; vous étiez ce fils, ce mari? Non, répondez-vous, je n'étais qu'une personne supposée, et le véritable mari avait disparu.

« Vous ne craigniez donc point que ce mari, que vous remplaciez d'une manière si parfaite, que vous représentiez dans toutes les actions qui n'appartenaient qu'à lui seul, ne revînt tout à coup, et ne vous trouvât en cette possession de sa femme et de son bien?

« Et, à défaut de son mari, dont l'absence paraissait si certaine, si durable, aucun de ceux qui avaient connu le véritable Pierre Mège, aucun parent, aucun voisin, aucun ami du Mège disparu, ne s'est étonné, n'a murmuré? Les débiteurs du vrai Pierre Mège ont payé le faux Mège sans faire aucune observation? Le Notaire, ce Notaire qui avait reçu le contrat du vrai Mège, a reçu, sans se récrier, la quittance dotale que le faux Mège venait donner à Honorade Venelle? Et encore ajoutez-vous, pour rendre tout ceci plus surprenant, qu'entre Mège et vous, il n'y avait aucune ressemblance de traits!

« A ces questions gênantes, que répondez-vous? Rien.

« Ainsi donc, s'écriait M. de la Blinière, après cette rude argumentation, ainsi donc, vous viendrez, avec une effronterie sans exemple, vous donner libéralement, à la face de la Justice, les titres criminels et les noms odieux d'imposteur, de voleur, de faussaire et d'adultère public! Vous prétendrez, sur ces suppositions outrées, en alléguant en l'air une disparition chimérique du mari véritable, faire passer votre femme pour une concubine, votre mère et vos sœurs pour les complices de la débauche, vos parents et vos alliés pour les fauteurs d'une supposition de nom et de personne! Vous prétendrez qu'on s'en rapportera uniquement à la parole d'un homme qui se donne pour un scélérat! Des titres authentiques, une possession d'état suivie, une reconnaissance unanime devront céder, selon vous, à une fable extravagante, scandaleuse, qui n'a ni fondement ni apparence! A la faveur de cette fable, votre femme cessera d'être votre femme; elle vivante, vous aurez la liberté d'en épouser une autre, de commettre une bigamie, un sacrilége, de lui enlever son état et de la couvrir d'opprobre! C'en est trop pour elle d'avoir un mari tel que vous l'étiez; elle ne veut pas se trouver confondue dans les crimes dont vous vous parez... »

Pour prouver que le Soldat imposteur est Pierre Mège, *M. de la Blinière* établit que toutes les actions que l'imposteur a faites, actions prouvées, sont celles du véritable Pierre Mège.

Il y a cinq faits principaux:

Le premier est que Pierre Mège s'est enrôlé sept fois différentes, en 1676, 1683, 1687, 1691, 1694, 1695 et 1697;

Le second est qu'il y a eu un Arrêt contre lui, à cause de violences exercées contre un sieur Fauque, prêtre de Roussillon;

Le troisième est qu'il a fait trois abjurations différentes en 1679, 1681 et 1699;

Le quatrième, qu'il a épousé Honorade Venelle en 1686; qu'il a passé, en qualité de son mari, deux procurations en 1687 et 1691; qu'il a donné cinq quittances d'une rente depuis 1693 jusqu'à 1697; qu'il a fait, le 18 décembre 1694, une reconnaissance au profit de sa femme;

Le cinquième fait est qu'il a exercé plusieurs métiers vils et sordides.

De tout cela, qu'est-ce qu'avoue l'imposteur?

Sur le premier fait, celui des enrôlements, il n'avoue que ceux de 1695 et 1697;

Sur le troisième, il désavoue les deux premières abjurations;

Sur le quatrième, il ne veut prendre à son compte que la procuration de 1691, la reconnaissance de 1694 et les quittances privées;

Sur le cinquième, il convient d'avoir exercé tous les métiers, excepté celui de cardeur de filoselle. Tous les autres actes, il les rejette sur un véritable Pierre Mège, dont il ne serait, lui, que la fausse copie.

D'abord, la présomption est contre l'imposteur. Tout ce qui a été fait sous le même nom, sous la même qualité, a été fait par le même personnage. Le suffrage des témoins se joint, pour le prouver, à l'autorité des actes.

La première abjuration, celle du 23 mars 1679, a été faite entre les mains d'un jésuite. Des témoins reconnaissent dans le Soldat de marine le Pierre Mège qui fit cette abjuration.

La seconde abjuration, faite à Aix, le 26 décembre 1681, a été reçue par le Grand-Vicaire. Le Soldat a été encore reconnu par des témoins comme l'auteur de cette abjuration.

Deux des enrôlements désavoués par le soldat, portent dans l'acte non-seulement son nom, sa filiation, son lieu de naissance, mais encore son signalement, parfaitement conforme à celui du Soldat. La preuve testimoniale vient ici encore au service de la preuve littérale.

Autre preuve, tirée de l'induction. Vous rejetez sur le vrai Mège les enrôlements de 1691 et de 1694. Mais alors, Mège n'avait pas, comme vous le prétendez, disparu depuis 1690. L'acte d'enrôlement de 1694 nous le montre à Marseille; il a donc habité cette ville en même temps que son Sosie. N'est-ce pas là le comble de l'absurde!

Vous avouez le sixième enrôlement, celui de 1695. Or, dans l'acte, vous êtes désigné absolument comme dans les actes d'enrôlement des années précédentes. Le véritable et le faux Mège ne sont donc qu'une seule et même personne.

Ainsi, ce que le Soldat avoue lui appartient; ce qu'il désavoue appartient à Mège. Les pièces et les témoins en font l'application à un seul. L'imposteur est donc convaincu par ses propres aveux.

Il s'est marié en 1686. Le contrat est produit. Les témoins du contrat reconnaissent le Soldat de marine pour être le même Pierre Mège qui a passé cet acte. Pierre Coulet, qui a reçu le contrat, et devant qui, l'année suivante, Mège passe, comme mari d'Honorade Venelle, une procuration pour vendre une maison, reconnaît dans le Soldat de marine le Mège du contrat et de la procuration.

Le Soldat avoue la procuration de 1691 : or les deux procurations contiennent les mêmes noms, les mêmes qualités, et le Notaire qui a reçu la première procuration a reçu quittance à l'occasion de la seconde.

Les autres quittances notariées, que le Soldat aurait passées comme faux Mège, et qu'il avoue à ce titre, viennent encore le confondre. Le débiteur de la rente et les témoins de ces quittances reconnaissent en lui le Mège véritable. Il en est de même pour les témoins de la reconnaissance dotale.

Que l'on joigne à ces preuves si fortes une cohabitation publique avec Honorade Venelle, cohabitation d'autant moins suspecte, qu'elle a eu lieu dans la propre maison de la mère de Mège; qu'on y joigne le public assentiment de Marie Gardiole et de ses trois filles à l'état de Mège, leur fils et frère, et la preuve est complète.

« Honorade Venelle subira-t-elle la peine due aux imposteurs, lorsque, avec des titres si certains, si solennels, elle vient demander qu'on lui conserve son état? Quelle serait la femme qui ne tremblât, si celle-ci succombait dans sa prétention? Et combien y en a-t-il, qui, quoique femmes légitimes, ne pourraient pas rapporter autant de témoignages en leur faveur? »

Plusieurs témoins déposent que Pierre Mège était cardeur; que, à l'époque où commence le procès, ils lui donnaient à carder depuis cinq, six, sept et même huit ans. Et leur Pierre Mège, ce cardeur, c'est bien le Soldat de marine, le prétendu gentilhomme!

« On jugera si tant de preuves authentiques peuvent être effacées, parce qu'il a plu à l'imposteur de dire qu'il a voulu jouer le rôle de Pierre Mège. En croira-t-on une simple allégation, remplie d'impudence et destituée de toute sorte de preuves, au préjudice des actes certains et authentiques qui sont rapportés, au préjudice des témoins qui font l'application de tous ces actes à l'imposteur, et contre une possession d'état suivie et justifiée? C'est insulter à la Justice que de proposer une pareille objection.

« Mais voici la grande objection du Soldat : il choisit les endroits de quelques dépositions, où des témoins disent que Mège est de taille médiocre, gros et petit, les cheveux crépus, les moustaches noires à la Royale, de grosses jambes trainantes et contrefaites, dont l'une tire et décrit un demi-cercle dans la marche; le dos courbé, les yeux chassieux, bordés, avec des paupières tirant en bas; la voix claire, grêle, petite, cassée, enrouée, féminine; le teint jaunâtre, les cheveux noirs et plats.

« De là, il conclut : Je ne puis être ce même Pierre Mège; il n'y a qu'à me voir, je suis un homme tout différent.

« On a cousu des lambeaux, on a ramassé des traits particuliers empruntés aux dépositions de l'une et l'autre enquête, qui pourraient, si on les prenait à la lettre, servir à faire le portrait de trois ou quatre personnes différentes. Mais on s'est joué sur les équivoques. Pierre Mège avait trois frères : Jean, François et Alexandre. Quelques témoins se sont mépris; ils ont donné à Pierre ce qui appartenait à Jean, qui, en effet, était assez gros, petit, les jambes fortes, les cheveux crépus et la grosse moustache à la Royale. Il faut écarter ces différences essentielles, qui témoignent d'une évidente confusion.

« Ce Mège boiteux dont parle l'enquête, ce n'est pas Pierre, c'est son neveu. On a cherché, en confondant les deux personnages, à en imposer à la Justice.

« Voici, en gros, le portrait qu'ont tracé de Pierre Mège les témoins de l'enquête Rolland. Grande taille, au-dessous de la plus haute, au-dessus de la médiocre; corps délié; cheveux noirs, plats et abattus; yeux chassieux, bordés; face pâle, teint jaunâtre, point de barbe. Le prieur de Joucrs dit que Pierre Mège a la face d'un homme qui n'a de l'homme que l'apparence.

« C'est sur ce portrait d'un homme qu'ils ont vu successivement depuis quinze et jusqu'à vingt-cinq ans, que les témoins ont attesté que le Soldat est Pierre Mège. Quiconque l'a vu et le verra attestera la même chose. Il y a même ici une preuve d'identité peu commune et qui, jointe à la conformité de la taille, ne permet pas d'en douter : c'est le défaut de barbe. »

Et, disait encore M. *de la Blinière*, « cet imposteur, qui n'a aucune ressemblance avec le fils Caille, a tout ce qui le montre identique à Pierre Mège. Son signalement actuel est identique à ceux de Pierre Mège dans les enrôlements : c'est là ce qui le confond sans ressource. Dans les enrôlements qu'il avoue et dans ceux qu'il rejette sur Pierre Mège, il est dépeint, signalé, caractérisé de la même manière. Dans les anciens comme dans les nouveaux, on voit au naturel Pierre Mège dans celui qui voudrait dérober au public la connaissance de lui-même, mais qui n'a pu changer sa figure. La malignité de son esprit, son audace, sa cupidité, lui suggèrent de trahir son nom, sa femme et son origine. Mais son air, sa taille, sa voix et son visage le révèlent et le trahissent à leur tour. Ce qu'il entreprend par la duplicité de son cœur se détruit par l'inspection de son corps. Il voudrait se renoncer; mais il ne saurait effacer ni sa nature ni son origine.

« On ne peut donc plus douter que l'imposteur n'ait mis, en 1699, le nom de Caille sur la tête de Pierre Mège. C'est là le mot de l'énigme. Par là on trouve le dénouement, les convenances, les rapports. Sans cela, il n'y a plus que ténèbres, difficultés, abimes dont on ne saurait sortir. En admettant cette vérité, on n'est point obligé de supposer la résurrection d'un mort, ou de traiter une nation de parjure, un père de parricide. On n'est point forcé de feindre la disparition de Pierre Mège, lorsqu'il vit publiquement avec sa femme au milieu de sa famille, faisant la fonction de soldat, exerçant ses métiers ordinaires, passant des actes, recevant les revenus d'Honorade Venelle. On s'épargne la peine de concevoir comment il est possible qu'un homme plein de zèle et de religion, qui dit avoir quitté son pays pour se convertir, ait été neuf ans sans y songer, et ait croupi dans la débauche la plus honteuse; que le fils d'un gentilhomme riche ait été si longtemps inconnu dans le royaume, sans qu'il puisse rendre compte de ce qu'il a fait; qu'il ait usurpé, pendant quatre ans, le nom, le lit et la femme du fils d'un forçat de galères; qu'il ait suivi ses emplois, ses métiers, ses aventures, et se soit réduit à ce qu'il y a de plus vil et de plus abject parmi les hommes pendant qu'il pouvait jouir d'un bien considérable. On n'a plus besoin de chercher à concilier dans une même personne l'ignorance avec l'habileté, la grossièreté avec la politesse, la piété avec l'adultère, la sincérité avec l'imposture. »

M. *de la Blinière* prit ensuite à partie l'étrange doctrine du Parlement de Provence en matière de témoignages. Il montra qu'un imposteur n'aurait qu'à souhaiter de tels juges pour décider de son état.

« Combien de princes, dit-il, auraient été dépossédés, combien d'aventuriers élevés sur le trône, si partout avaient prévalu de pareilles maximes! Aurait-on pu résister, non pas comme ici, aux témoignages de cent dix paysans, mais à la conviction de villes, de provinces, de royaumes entiers, voyant dans un imposteur le légitime héritier de la couronne? Presque tous les Etats de la terre ont vu paraître de ces scélérats, qui, poussés par l'ambition, à la faveur d'une ressemblance trompeuse, à l'aide d'une mémoire excellente, entraînaient les peuples, dont la crédulité reçoit avidement toutes les fausses opinions, et dont l'inquiétude est toujours prête à admettre toute sorte de nouveautés. Sans connaître la personne de l'imposteur, sans examen, attirés seulement par le bruit de son nom et par un certain penchant à se livrer à tout ce qui paraît surprenant et nouveau, ils entrent dans ses intérêts, ils font des fictions en sa faveur, et ils croient ce qu'ils ont inventé. Leur esprit crédule devient la dupe de leur imagination.

« Et puis, quand les nuages se dissipent enfin, le fourbe, abandonné de ses partisans, livré à la Justice, éprouve l'indignation de ceux dont il avait causé l'éblouissement. Honteux d'avoir été séduit, chacun redouble ses insultes à proportion du zèle qu'il avait témoigné. Car c'est là l'effet ordinaire des mouvements du peuple. Tout en lui est extrême : il se livre sans considération, et l'excès de l'amour devient ensuite l'excès de la haine et de la vengeance.

« C'est pour cela que les législateurs ont décidé que, dans les questions d'état, on ne devait jamais admettre la preuve par témoins, si elle n'était soutenue par des preuves littérales. »

Comment donc l'imposteur pourrait-il faire admettre sa preuve, lui qui n'a ni titre, ni possession d'état, et contre qui on rapporte des titres et une possession suivie qui justifient qu'il a un autre état?

Mais, s'était dit la Cour d'Aix, les preuves de la mort ne peuvent prévaloir contre le portrait retrouvé du mort prétendu. *M. de la Blinière* montra qu'en pareille contestation les preuves de la mort doivent l'emporter sur les preuves de l'existence. Ces dernières, en effet, ne sont fondées que sur un portrait de la personne fait par des témoins. Or la ressemblance, si elle existait dans la cause, serait la plus trompeuse des preuves. Mais elle n'existe pas ici, cette ressemblance.

« Il faut bien regarder comme une opinion sujette à erreur le témoignage de ceux qui, n'ayant point vu le fils Caille depuis quinze à vingt ans, disent le retrouver dans la personne de l'imposteur. Il y a, au contraire, une espèce d'infaillibilité dans le témoignage de ceux qui, ayant vu le fils de Caille pendant onze années successives, l'ayant pratiqué, ayant bu, mangé, conversé avec lui, l'ont vu mourir en leur présence. Toute la certitude humaine se rencontre dans les témoignages de ces gens irréprochables, tandis que, dans la déclaration de ceux qui, après quinze ans d'absence, disent que celui qu'ils revoient est un tel, l'imagination seule agit. On travaille de mémoire pour se remettre dans le cerveau ces traits depuis longtemps effacés. On ne s'appuie, pour affirmer, que sur une réminiscence trompeuse, sur une vraisemblance incertaine, sur une connaissance usée. Ce n'est point là une certitude humaine : c'est tout au plus une opinion que l'objet qui se présente a du rapport avec l'objet déjà vu. La complaisance, le désir, la haine, l'amitié, la crainte, l'espérance, toutes les passions, et la prévention que la religion même peut inspirer, renversent l'imagination et lui montrent les objets dans un point de vue souvent contraire à la vérité.

« Mais lorsque je vois, que je touche un homme vivant; lorsque je vois ce même homme malade, que je le porte au tombeau, l'imagination n'a point de part à ces vérités. Cela est réel; tous mes sens en sont frappés.

« Supposez, dans la cause du faux Martin Guerre, que le véritable eût été vu successivement à Artigues, qu'il y eût été malade, qu'il y fût mort, qu'il y eût été enterré : Arnauld du Tilh aurait-il pu réussir dans son entreprise? Il faut donc renverser ces principes et détruire les lumières naturelles, ou convenir que la preuve de la mort est infiniment au-dessus de celle de l'existence, parce que la première détruit la seconde. »

On en appelle à cette maxime que, dans le doute, on doit juger en faveur de l'état. Mais cette maxime n'est recevable que lorsque celui dont on attaque l'état en est en possession. Si un fils, quittant la maison de son père, entre dans une autre famille où il vive, agisse comme le fils de cette famille, l'état où il est forme une présomption contre son premier état, s'il voulait le reprendre. Un homme est réputé tel qu'il paraît être; au défaut du titre, la possession est la véritable règle pour juger de l'état.

« Or ce Soldat, qui se présente pour être le fils de Caille, est publiquement en possession de l'état de Pierre Mège. Et, d'un autre côté, il ne rapporte aucun acte, aucune pièce, pas même une lettre, qui fasse présumer qu'il est le fils de Caille. Il n'a point possédé les biens de cette famille. Dans les règles, on doit présumer qu'il n'est point de Caille, puisqu'il n'a ni titre, ni possession de cet état. Supposons qu'il y ait du doute : de quel côté la Loi, la raison veulent-elles qu'on se détermine? Otera-t-on au Soldat l'état dont il a la possession pour lui donner l'état qu'il ne possède pas? Lui ôtera-t-on la qualité dont il jouit pour lui donner la qualité à laquelle il aspire? Dépouillera-t-on, dans le doute, Mme Rolland du bien qu'elle possède pour le donner au Soldat, qui ne le possède point? Ce serait blesser toutes les règles du droit et de l'équité que de décider, dans le doute, contre la possession de l'état et des biens.

« Mais retournons la question. Au lieu qu'on dispute au Soldat la qualité de fils de Caille, supposons qu'on lui conteste celle de Pierre Mège, et qu'Honorade Venelle vienne prétendre qu'il n'est pas son mari, mais qu'il est de Caille. Pourrait-elle être écoutée, pendant que le Soldat rapporte un contrat et une célébration de mariage passés, en 1686, entre Honorade Venelle et lui, et que le notaire qui a passé ce contrat affirme que c'est pour le Soldat qu'il l'a passé? Pourrait-elle être écoutée, pendant qu'un témoin instrumentaire de l'acte atteste que c'est pour lui qu'il l'a signé? Pourrait-elle être écoutée, pendant qu'ils le reconnaissent l'un et l'autre à sa taille, à ses cheveux, à sa figure, à sa voix, à ses yeux chassieux? Pourrait-elle être écoutée, lorsque le Soldat rapporte neuf quittances qu'il a passées comme Pierre Mège, depuis 1686, en exécution de son contrat de mariage? Pourrait-elle, enfin, être écoutée, quand les fondés de pouvoir, les débiteurs, les officiers de galères, des proches parents, cent trente témoins, pour tout dire, affirment que la personne qui leur est représentée est Pierre Mège?

«Si Honorade Venelle, après une possession aussi constante et aussi publique, venait déclarer que le Soldat n'est point son mari, et qu'elle a seulement vécu avec lui dans le libertinage, on lui demanderait : «Qu'est donc devenu votre mari?» Elle répondrait, en termes vagues : «Il est disparu en 1690; je n'en ai point reçu de nouvelles depuis ce temps-là.» Le Soldat lui dirait : «Je n'ai point disparu; j'ai toujours vécu avec vous, avec ma mère, avec mes sœurs. J'ai, depuis cette époque, reçu vos droits; j'ai passé des actes. Voilà ces actes, qui en font foi, et voilà une infinité de personnes qui le confirment.» Si la femme disait : «Vous êtes le fils de Caille; cent dix témoins le déposent,» le Soldat répliquerait : «Ils sont dans l'erreur. Ils n'ont point vu le fils de Caille depuis seize années. J'ai, moi, un plus grand nombre de témoins, soutenus de preuves littérales, qui me reconnaissent pour Pierre Mège, et qui m'ont vu dans tous les temps. La famille de Caille ne veut point de moi; le père me rejette; le fils est mort, en voilà les preuves. Je n'ai aucune des qualités convenables au fils d'un gentilhomme, et j'ai toutes celles qui conviennent à Pierre Mège. Je ne sais pas un seul mot suisse, quoique le fils Caille ait demeuré plusieurs années à Lausanne et à Vevay. Je ne connais pas le père de celui pour qui vous voulez me faire passer. Votre mari n'est point mort : c'est moi qui suis votre mari.»

«Le Soldat finirait en disant : «Je suis en possession de mon état; je ne veux point troubler une famille étrangère, ni voler leur nom et leurs biens. Je m'en tiens à la famille où j'ai été reconnu.»

«Y aurait-il un Juge, dans le royaume, qui voulût ôter à ce soldat l'état libre et tranquille en possession duquel il est, afin de favoriser une femme qui vient s'accuser d'avoir vécu dans un concubinage honteux, pour faire dissoudre un mariage légitime?»

Le sophisme dans lequel le Parlement de Provence est tombé consiste à dire que l'état du Soldat est d'être de Caille, parce qu'il demande cet état. Ce n'est pas ce qu'il demande qu'il faut regarder, mais ce qu'il était au temps de sa demande. Sans cela, tout aventurier aurait l'avantage sur ceux qu'il viendrait troubler dans une possession libre.

Un autre principe invoqué est celui-ci : des témoins qui affirment doivent être préférés à des témoins qui nient. C'est un principe vrai en général, lorsque des témoins affirment un fait qui s'est passé sous leurs yeux. Les témoins adverses ne disent proprement, en niant ce fait, autre chose sinon qu'ils ne l'ont pas vu commettre.

«L'imposteur n'est point dans le cas de cette règle, puisqu'à son égard, il ne s'agit pas d'un fait, mais de la reconnaissance d'une personne. Or, dans ces sortes de causes, il faut examiner la nature des preuves, la vraisemblance, la possibilité, la personne de celui qui se présente : il faut voir s'il a les mêmes connaissances, les mêmes talents que celui dont il veut jouer le personnage. Qu'il ait avec lui mille ressemblances, et qu'il lui en manque une seule, ce n'est plus la même personne. Qu'il ait sa figure, sa taille, sa couleur, son son de voix, c'est, encore une fois, un jeu de la nature. Il lui ressemblera par le corps; mais s'il n'a pas les mêmes qualités, les mêmes instructions, s'il ne sait rien de ce que l'autre avait appris, il ne lui ressemble point par l'esprit, il n'est point le même. La moindre différence divise l'unité et détruit l'imposture.»

Dans l'espèce, l'imposteur n'a aucune de ces conformités physiques et intellectuelles. Et, parce que quelques témoins lui ont donné l'état de de Caille, on abuserait de cette maxime que des témoins affirmatifs doivent être préférés à des témoins négatifs!

Supposons que, dans une reconnaissance, cette maxime puisse avoir son application, la dame Rolland a deux preuves affirmatives qui doivent avoir la préférence. Les cent trente témoins qui assurent que le soldat est Mège sont affirmatifs, aussi bien que les cent dix témoins de l'imposteur qui affirment qu'il est de Caille. Chacune de ces preuves est négative par rapport à l'autre. Ceux qui le disent Mège nient qu'il soit Caille, et ceux qui le disent Caille nient qu'il soit Mège. Or, dans la concurrence, la preuve affirmative de la dame Rolland est infiniment supérieure à celle du Soldat.

D'ailleurs, dans la bouche d'Honorade Venelle, quelle force n'a pas cette preuve, jointe aux titres et à la possession! Tout ce qu'il peut dire pour appliquer cette maxime à l'état qu'il réclame, Honorade Venelle peut l'employer pour elle avec encore plus d'avantage. Or, si cette preuve affirmative est décisive dans la bouche d'Honorade Venelle, elle ne peut pas devenir fausse lorsque la dame Rolland la met en œuvre : le Soldat ne peut pas être Mège à l'égard d'Honorade Venelle, et Caille à l'égard de la dame Rolland.

Enfin, le Soldat ne peut invoquer à son profit cette autre maxime que, dans le doute, il faut se déterminer pour l'accusé.

Allons jusqu'à supposer qu'il y ait doute, le principal objet du procès est une demande d'état : l'accusation intentée est une défense contraire à la demande. Il faut donc que le Soldat commence par établir sa demande; et, si sa preuve est douteuse, c'est contre lui qu'on doit se déterminer.

M. de la Blinière termina en disant que la ruine de M. et Mme Rolland, la longue persécution qu'ils avaient soufferte, la misère de M. Tardivi et de ses huit enfants, la désolation de trois familles pourraient s'ajouter naturellement aux réflexions mises en œuvre pour exciter la compassion des juges; mais il ne voulait chercher à inspirer aucun sentiment qui ne fût tiré du fond de la cause, persuadé que l'œuvre essentielle était de démasquer l'imposture. Aujourd'hui, il espérait bien que rien ne restait de cet arrêt du Parlement de Provence, par qui on avait vu la nature outragée, le droit des gens violé, la vertu insultée, l'imposture victorieuse et la vérité accablée sous le poids de la calomnie.

«Cette vérité, dit-il, si aimable et si longtemps persécutée, respire enfin sous le puissant abri des Lois et de la Justice. Elle paraît avec confiance à la face de la Cour, bien sûre d'être rétablie dans tous ses droits et de triompher à son tour.»

Cette vigoureuse argumentation avait, à l'avance, cause gagnée. Sur les conclusions de *M. d'Aguesseau*, Procureur Général (1), le 17 mars 1712, la Cour rendit enfin l'Arrêt suivant :

«Notre Cour, faisant droit sur le tout, ayant égard à l'intervention de Me Jean Tardivi, notre Conseiller au siège de la ville de Grasse, et aucunement aux lettres de Rescision obtenues par dame Anne Le Gouche, épouse de Messire André Rolland, Conseiller en nos Conseils, et notre Avocat Général en

---

(1) On n'en trouve aucune trace dans les œuvres complètes du Chancelier.

notre Parlement de Grenoble, et ledit Tardivi, le 9 Juin 1700, en tant que touchent les appellations par eux interjettées des Sentences et Ordonnances du 16. Septembre et 2. Décembre 1699, et 8. Mars 1700. ensemble sur les appellations interjettées par le Soldat de Marine, se prétendant Isaac le Brun de Castellane, sieur de Caille et de Rougon, fils de Scipion le Brun de Castellane, et de Dame Judith le Gouche, tant de l'Ordonnance de permission d'informer et des procédures faites en conséquence contre lui, à la Requête desdits le Gouche et Tardivi, que des Ordonnances et Décrets des 21. 27. Novembre 1699. et de ladite Sentence du 2. Décembre audit an, a mis les appellations respectives et ce dont est appel au néant, a reçu lesdits le Gouche et Tardivi opposans aux Ordonnances des 26. Juin 1703. et 7. Mai 1704; faisant droit sur l'opposition, déclare le rapport d'Experts, fait à la Requête du Soldat de Marine, le 17. de Février 1705. nul; et néanmoins ordonne que les informations faites à la Requête desdits le Gouche et Tardivi, contre ledit Soldat de Marine, pourront valoir comme enquête, suivant l'Arrêt du Conseil du 12. Juillet 1708;

« Et au principal, sans s'arrêter aux réquisitions faites par le Soldat de Marine, étant à la fin des Interrogatoires à lui faits par le Lieutenant Criminel de Toulon le 19. Juin 1699. énoncées dans l'Ordonnance du 27. dudit mois de Juin, et demandes par lui formées, tant par la Requête du 16. Décembre audit an 1699. que par les Commissions, Exploits des 8. Août et 4. Septembre 1708. que par la Requête du 5 décembre 1710. dont elle l'a débouté;

« Déclare ledit Soldat de Marine n'être Isaac le Brun de Castellane, fils légitime de Scipion le Brun de Castellane, sieur de Caille et de Rougon, et de Judith le Gouche, lui fait deffenses d'en prendre à l'avenir la qualité, et de troubler lesdits le Gouche et Tardivi dans la possession et jouissance de biens délaissés par lesdits Scipion le Brun et Judith le Gouche, à peine de 1000. livres d'amende;

« Ordonne que ladite qualité sera rayée par le Greffier de la Cour dans toutes les procédures de l'Instance, dans lesquelles ledit Soldat de Marine se trouvera l'avoir prise, et que mention sera faite du présent Arrêt, tant sur les Minutes que sur les Expéditions des Actes publics dans lesquels ledit Soldat de Marine aura fait employer ladite qualité : à l'effet de quoi, les dépositaires desdites Minutes, et ceux qui se trouveront avoir lesdites Expéditions en leur possession, seront tenus, à la première sommation, de les représenter pardevant le plus prochain Juge Royal des lieux où ils sont demeurans, chacun à leur égard, pour être ladite mention faite en sa présence, par le Greffier du Siége;

« Condamne ledit Soldat de Marine à rendre et restituer auxdits le Gouche et Tardivi les fruits et revenus par lui perçus des biens dudit Scipion le Brun de Castellane et de Judith le Gouche, suivant l'estimation qui en sera faite par experts, dont les parties conviendront, pardevant le Juge Royal de Marseille, autrement nommé d'Office; même à leur rembourser, suivant l'estimation qui sera faite par les mêmes experts, la valeur des dégradations et détériorations qui seront justifiées être survenues esdits biens, pendant que le Soldat de Marine en a eu la jouissance, et aux dommages et intérêts desdits le Gouche et Tardivi, suivant la taxe qui en sera faite en la manière accoûtumée;

« Ayant égard à la Requête dudit Rolland, du 11. Avril 1709. et aucunement à celle desdits le Gouche et Tardivi, du 10. desdits mois et an, a reçu ledit Rolland opposant aux Arrêts et Ordonnances du Parlement d'Aix, contre lui obtenus par ledit Soldat de Marine, et à toute la procédure faite en exécution d'iceux;

« Faisant droit sur l'opposition, déclare ladite procédure nulle;

« Ayant égard à l'intervention d'Honorade Venelle, femme de Pierre Mège, en tant que touche l'appel comme d'abus par elle interjetté de la célébration du mariage d'entre ledit Pierre Mège, sous le nom d'André le Brun de Castellane, ci-devant Isaac, sieur de Caille et de Rougon, et de Magdelaine Serry, fille de Joseph Serry et d'Anne de Villeneuve sa femme, du 7. Août 1706. dit qu'il a été mal, nullement et abusivement procédé et célébré; ordonne que sur tous les Actes dans lesquels ledit Pierre Mège a pris sous le nom de Brun de Castellane, sieur de Caille, la qualité de mari de ladite Magdelaine Serry, mention sera faite du présent Arrêt; à l'effet de quoi, les dépositaires desdits Actes seront tenus à la première sommation de les représenter chacun à leur égard, pardevant le plus prochain Juge Royal du lieu de leur domicile;

« A maintenu et gardé ladite Venelle dans son état de femme légitime dudit Pierre Mège, et en conséquence a reçu ladite dame Venelle opposante à l'Ordonnance du Parlement d'Aix, du 18. Janvier 1707. et à toute la procédure faite en exécution d'icelle; faisant droit sur l'opposition, déclare la procédure nulle, fait deffenses d'attenter à la personne de ladite Venelle; Ordonne que ladite Venelle demeurera séparée de biens et d'habitation d'avec ledit Pierre Mège Soldat de Marine son mari; condamne ledit Pierre Mège à lui rendre et restituer les sommes qu'il se trouvera avoir reçues, faisant partie des deniers dotaux de ladite Venelle; permet à ladite Venelle de jouir du surplus de ses biens dotaux existans; fait deffenses audit Pierre Mège de l'y troubler, le condamne aux dommages et intérêts de ladite Venelle, suivant la liquidation qui en sera faite en la manière accoûtumée;

« Décharge Funel, Perier et Croset, des Décrets contr'eux décernés; ordonne que le Registre ou protocolle dudit Funel notaire à Caille, par lui déposé au Greffe du Parlement d'Aix, étant à présent au Greffe de la cour, sera rendu audit Funel : quoi faisant, le Greffier de la Cour en sera valablement déchargé;

« Et seront les termes injurieux insérés dans les écritures contre ledit Rolland supprimés;

« Sur le surplus des demandes, fins et conclusions des parties, même sur les profits du défaut, a mis les parties hors de Cour;

« Condamne ledit Soldat de Marine en tous les dépens envers toutes les Parties, chacune à leur égard, faits tant à Toulon qu'au Parlement d'Aix et à la Cour, même en ceux réservés;

« Faisant droit sur les conclusions du Procureur Général du Roi, ordonne que les deux protocolles de Laugier Notaire Royal à Manosque, qui sont au Procès, et qui ont été déposés, l'un au Greffe du Parlement d'Aix, et l'autre au Greffe de la Cour, par Larderets, Notaire Royal à Manosque, et successeur dudit Laugier, seront rendus audit Larderets par le Greffier de la Cour, lequel, en ce faisant, en demeurera valablement déchargé;

« Ordonne que ledit Pierre Mège, nommé dans le procès le Soldat de Marine, sera pris au corps et mené dans les prisons de la Conciergerie du Palais, pour ester à droit, être ouy et interrogé pardevant le Conseiller Rapporteur, sur les faits résultans du Procès concernant le crime de bigamie, et répondre aux Conclusions que le Procureur Général voudroit prendre contre lui; et à cet effet, que le Contrat de Mariage du 27. Mars 1686, l'acte de célébration de mariage d'entre ledit Pierre Mège et ladite Honorade Venelle du 10. Avril suivant la Procuration passée par ledit Pierre Mège à Jacques Coulet Notaire, le 13. Juin 1687. le Contrat de vente passé en vertu de ladite Procuration, par ledit Coulet, le 1. Août audit an 1687. la Procuration passée par ledit Mège le 1. Octobre 1691. à Jeanne Venelle; la Quittance donnée en conséquence par ladite Jeanne Venelle le 11. dudit mois et an, pardevant Chausse Notaire; les Quittances sous signatures privées des 29. Septembre 1693. 6. Novembre 1694. 29 Septembre 1695. 1. Octobre 1696. et 20 Novembre 1697. la Reconnoissance donnée par ledit Pierre Mège pardevant ledit Coulet Notaire, au profit de ladite Honorade Venelle, le 18. Décembre 1694. les Enquêtes faites à la Requête desdits le Gouche et Tardivi, à Toulon et au Parlement d'Aix, contre le Soldat de Marine, et l'Acte de célébration de Mariage d'entre ledit Pierre Mège, sous le nom d'André le Brun de Castellane, sieur de Caille, avec ladite Magdelaine Serry du 7 août 1706, seront tirées des productions des Parties, et déposées au Greffe de la Cour, pour servir à l'instruction du Procès;

« Et où ledit Pierre Mège ne pourroit être appréhendé, après perquisition faite de sa personne, sera assigné à quinzaine, ses biens saisis et annotés, et à iceux établi commissaire jusqu'à ce qu'il ait obéi; pour ce fait, et communiqué à notre Procureur Général, être ordonné ce que de raison : et sera le Rapport fait le 26. Février dernier, en exécution de l'Arrêt du 16, dudit mois, annexé à la Minute du présent, et transcrit dans la Grosse d'icelui.

« Donné en Parlement, le dix-sept Mars, l'an de grace mil sept cent douze, et de notre Regne le soixante-dix : Par la Chambre,   DONGOIS. »

Magdelaine Serry, cette pauvre victime d'une cupidité criminelle, demanda d'être reçue opposante à cet arrêt. *M. Sylvain* réussit à faire appointer la cause, et fit publier, pour sa cliente, un plaidoyer imprimé très-éloquent, très-chaleureux; mais la cause n'aboutit pas, et l'instance nouvelle n'eut d'autre effet que de suspendre le procès en bigamie intenté à l'imposteur Mège.

Ce misérable avait été, suivant l'arrêt du 17 mars, appréhendé au corps et conduit à la Conciergerie, sans avoir le temps de se reconnaître. Sa sécurité était grande, car, de l'avis de son conseil et de tous les gens expérimentés, il n'avait plus rien à craindre depuis que l'arrêt du Conseil Privé, en cassant l'arrêt d'Aix, avait fait sortir l'affaire du criminel et fermé le retour à la voie extraordinaire. Mais ni Mège ni ses conseils n'avaient songé au crime de bigamie, dont personne n'avait rendu plainte, et dont il fut question pour la première fois dans les conclusions de d'Aguesseau. Ces conclusions étant, comme toujours en matière criminelle, restées secrètes jusqu'après le jugement, Pierre Mège put être arrêté sans peine. Il mourut à la Conciergerie, se dérobant ainsi aux derniers effets de la Justice humaine.

Gayot de Pitaval, qui, nous l'avons dit, suivit et raconta ce procès sinon en narrateur clair et concis, au moins en homme de sens, bien informé, eut occasion de visiter l'imposteur dans son cachot. Il eut, avec lui, une longue conversation, que nous serions beaucoup plus curieux de connaître que les opinions longuement analysées de Cujas, de Covarruvias et de Bartole. Il se contente de nous dire sèchement qu'il *se plia en cent façons pour tâcher de pénétrer* le fourbe, mais que celui-ci *ne lui donna aucune prise.* « Tout ce que je pus découvrir, ajoute-t-il, c'est que c'était un esprit très-artificieux, qui se cachait sous le voile d'une stupidité apparente. »

... autrefois manoir orgueilleux, aujourd'hui triste débris. (PAGE 13.)

LE COCHER COLLIGNON (1855).—LE PALEFRENIER BAUMANN (1856).

... Collignon tire sur elle un second pistolet. (Page 2.)

Si ce livre n'avait d'autre objet que d'exciter chez le lecteur l'intérêt trop facile et souvent vulgaire que portent avec soi les récits judiciaires, nous n'aurions qu'à laisser parler les faits, à les dérouler successivement dans leur émouvante réalité.

Mais, en écrivant cette Collection de Causes célèbres, nous nous sommes proposé un but plus haut, une fin plus utile. Nous avons voulu préparer des documents pour l'éternelle étude que l'homme fait de lui-même, et c'est pour cela que nous nous inquiétons plus de la leçon morale que de la mise en scène. C'est pour cela aussi qu'il nous arrive souvent de grouper des actes de même nature, superficiellement identiques, pour montrer chez leurs auteurs de radicales différences. La science des lois morales, celle aussi des lois écrites ne peuvent que gagner à de pareilles comparaisons.

C'est ainsi que nous réunissons aujourd'hui deux assassins de la même classe, le cocher Collignon et le palefrenier Baumann.

Nous exposerons d'abord les faits de ces deux causes, sans nous permettre aucune réflexion : nous essayerons ensuite d'analyser ces deux natures morales, qui, réunies par un crime commun, nous paraissent séparées par un abîme.

Le 16 septembre 1855, M. Juge, directeur de l'École normale de Douai, venu à Paris pour quelques jours, prit sur le pont de la Concorde une voiture de remise qui le conduisit, ainsi que sa femme et sa fille, à Auteuil, près de la grille du bois de Boulogne.

Arrivé là, M. Juge donna au cocher les 3 francs qui étaient le prix de la course; mais celui-ci réclama 5 francs, prétendant avoir droit à vingt minutes pour le repos du cheval et à une indemnité de retour. Le tarif imprimé des voitures de place démentait l'assertion du cocher; toutefois, celui-ci insistant, M. Juge donna les 5 francs, mais non sans avertir le cocher qu'il ferait connaître cette exigence à M. le Préfet de police.

Le lendemain, en effet, dans une lettre fort modérée, M. Juge exposa les faits à ce magistrat. « Ma réclamation, disait-il, a moins pour but de me faire rembourser ce qui peut m'avoir été pris en trop, si toutefois le cocher a dépassé son tarif, que d'empêcher les conducteurs de voiture d'abuser de l'ignorance des étrangers qui viennent visiter Paris.»

Le cocher, dont le numéro était indiqué dans cette réclamation, fut mandé à la Préfecture de police pour le samedi 22. C'était un nommé Jacques Collignon, âgé de quarante-neuf ans, né à Benville (Moselle), et demeurant impasse du Maine, n° 12.

COLLIGNON.

L'employé préposé au contrôle de la fourrière donna lecture à cet homme de la lettre de M. Juge, et l'invita, soit à restituer les 2 francs perçus en trop, soit à justifier sa prétention, soit à s'arranger avec le plaignant. Le cocher Collignon opta pour la première alternative, et promit à l'employé de lui apporter bientôt un reçu des 2 francs. Il demanda s'il serait mis à pied pour ce fait; l'employé lui répondit qu'il l'ignorait.

Le 24 septembre, Collignon se présenta à l'adresse indiquée, chez M. Vincent, rue d'Enfer, n° 83. C'est chez cet ami que logeait M. Juge.

Reçu dans la salle à manger par M. Juge, Collignon lui dit fort poliment qu'il venait restituer les 2 francs, objet de la contestation, et qu'il en demandait un reçu.

M. Juge se disposa à rédiger le reçu, et déjà il en avait tracé les deux premiers mots : *Je, soussigné*, lorsque Mme Juge, sa fille, Mme Vincent et la fille de cette dernière quittèrent le salon où elles étaient réunies, pour demander à M. Juge une adresse dont elles avaient besoin. Au moment où M. Juge levait la tête pour répondre à cette demande, Collignon déchargea à bout portant un de ses pistolets sur M. Juge, qui fut mortellement atteint à la tempe droite.

Mme Juge s'élance au secours de son mari, et, ne comprenant pas encore toute l'étendue de son malheur, se penche sur lui, en s'écriant : « Ah! mon ami! mon ami! »

Collignon tire sur elle un second pistolet, dont la charge effleure seulement la partie supérieure du cou. La balle va se fixer dans la boiserie.

Au cri poussé par sa nouvelle victime, Collignon croit l'avoir atteinte, et, tournant sur lui-même avec un air de froide satisfaction, dit : « Je suis vengé. » Il descend tranquillement l'escalier, laissant ses armes sur le parquet.

L'alarme, cependant, est dans la maison. Mme Vincent, folle de terreur, s'est élancée dans l'escalier en criant au secours! Au bruit des détonations, un locataire du rez-de-chaussée s'inquiète, et, voyant descendre une sorte de paysan vêtu d'une blouse bleue, lui défend de sortir; car, sans doute, un crime vient d'être commis. — « Ne cherchez pas plus loin, dit avec calme le prétendu paysan qui n'est autre que Collignon; l'assassin, c'est moi. »

Ce locataire du rez-de-chaussée n'était autre que le grand philosophe Pierre Proudhon, naguère représentant du peuple, alors moins connu pour ses belles études d'économie politique que pour son fameux axiome : *la propriété, c'est le vol*.

L'assassin, qui ne cherchait pas à fuir, fut arrêté par le sergent de ville Henry. Conduit devant le Commissaire de police, et, plus tard, devant M. le Juge d'instruction *Cramail*, il avoua son crime avec une froideur cynique, ne manifestant qu'un regret, celui d'avoir manqué sa seconde victime. Il raconta qu'après la discussion d'Auteuil, une pensée de vengeance lui avait envahi le cœur. En sortant de la Préfecture de police, le 22 septembre, il avait acheté deux pistolets, de la poudre, des balles et des capsules. Il s'était rendu à Pantin, où habitait sa femme, qu'il avait abandonnée avec ses quatre enfants. Là, rencontrant deux de ses fils, il leur avait annoncé qu'il allait quitter la France, et leur avait laissé voir la crosse d'un pistolet.

Le 24 au matin, Collignon avait vendu son chétif mobilier, et avait annoncé à son concierge de l'impasse du Maine qu'il se disposait à s'embarquer.

Interpellé sur les motifs de son double crime, Collignon déclara n'en avoir pas eu d'autres que la plainte de M. Juge. Il fallait, enfin, donner une leçon aux bourgeois qui exploitent l'ouvrier. « Si M. Juge m'avait mis dans la misère, il ne le regretterait pas; je n'ai pas plus de regret qu'il n'en aurait eu. »

Mais ce n'était pas là, objecta le Magistrat, un motif pour tuer les gens. Qui parlait de vous mettre dans la misère? Vous aviez exploité M. Juge, et on vous faisait rendre ce que vous lui avez pris en trop : voilà tout. Et la femme, que vous avait-elle fait? — « Oh! celle-là, répondit Collignon, elle l'avait gagné encore plus que lui. C'est elle qui l'excitait à se plaindre au Préfet. »

On ne put tirer autre chose de cet homme. Il paraissait, au reste, résigné au sort qu'il s'était préparé : « On me coupera le cou, répétait-il; mais, c'est égal, les bourgeois y regarderont à deux fois maintenant avant d'exploiter un ouvrier. »

L'instruction, sur des bases aussi simples, fut rapidement terminée, et l'affaire vint à la Cour d'Assises de la Seine, le 12 novembre 1855.

L'audience est présidée par *M. Perret de Chezelles*. *M. Saillard*, Avocat général, représente le Ministère public. Me *Morise* est désigné d'office pour défendre Collignon.

On introduit l'accusé. C'est un homme de taille moyenne, vêtu d'une blouse bleue, portant au col une cravate blanche. Ses cheveux sont noirs et touffus; ses favoris, également noirs, paraissent être l'objet de soins attentifs, et Collignon les frise de temps en temps du bout des doigts avec quelque complaisance. Le teint est haut en couleur, les yeux ardents, l'expression de la physionomie dure et résolue. C'est un tempérament sanguin mêlé de bilieux.

Il prend place au banc des accusés avec un calme et une aisance un peu théâtrale, qu'on ne rencontre d'ordinaire que chez les vieux habitués de la Cour d'Assises.

Il est donné lecture de l'Acte d'accusation. Ce document, après avoir rapporté les faits que l'on sait, continue et conclut en ces termes :

«Comment Collignon a-t-il pu commettre de tels crimes pour un tel motif? C'est qu'il est des âmes dépravées, cruelles, profondément haineuses, qui ne mesurent pas sur l'offense, ou sur ce qui leur semble tel, la vengeance qu'elles en veulent tirer. Tout devient aliment à leur ressentiment implacable.

« Elles se chargent de pousser jusqu'aux dernières limites du crime *ces théories funestes que d'audacieux novateurs jettent témérairement aux masses*. Ainsi, un homme paisible, d'une bonté qui se révélait au premier abord, est, pour Collignon, *un exploiteur de la classe ouvrière*, parce qu'il réclame avec une rare modération ce qu'on a exigé de lui. « Je lui ai voué, dit l'accusé, une haine mortelle. J'ai préféré la mort à la misère et à l'*esclavage*. »

« Voilà pourtant comment il explique des actes d'une atrocité telle, que le premier mouvement est de ne pas les croire possibles.

« Jamais le crime n'inspire d'horreur que lorsqu'il se montre dans toute sa nudité, sans entraînement, sans regret, froid dans l'exécution et s'applaudissant de son œuvre.

« Depuis longtemps déjà, les sentiments de famille étaient pervertis chez l'accusé : il avait abandonné ses quatre enfants et sa femme, qu'il maltraitait et qu'il poursuit encore aujourd'hui d'odieuses accusations;

« En conséquence, Jacques Collignon est accusé, savoir : 1° d'avoir, en 1855, commis volontairement, et avec préméditation, un homicide sur la personne du sieur Juge; 2° d'avoir, à la même époque, tenté volontairement, et avec préméditation, un homicide sur la personne de la dame Juge, laquelle tentative, manifestée par un commencement d'exécution, a manqué son effet seulement par des circonstances indépendantes de la volonté de son auteur;

« Crimes prévus par les art. 2 et 302 du Code pénal. »

M. le Président interroge Collignon.

D. Depuis quand êtes-vous à Paris? — *R.* Depuis 1821. J'ai été au service de M. Bréon. J'ai travaillé ensuite chez *un tas* de petits loueurs, et je suis devenu cocher de remise.

D. Vous êtes d'un caractère violent? — *R.* Jamais violent.

D. En 1827, vous avez été condamné à six semaines de prison pour rébellion? — *R.* Je n'en ai pas connaissance. J'étais à Mézières à cette époque.

D. Vous vous êtes engagé le 16 décembre 1828? — *R.* Ça doit être en 1827.

D. Vous avez servi pendant trois ans dans le 43e de ligne. Vous êtes entré dans un régiment d'infanterie de marine et vous y êtes resté jusqu'en 1835? — *R.* Oui.

D. A la Martinique, en mai 1834, vous avez été écroué pour insultes et voies de fait envers un supérieur? — *R.* J'ai fait de la salle de police, voilà tout.

D. Qu'avez-vous fait ensuite? — *R.* Je suis rentré chez mon père, puis j'ai été charretier, puis j'ai exploité des voitures.

D. Vous vous êtes marié en 1841? — *R.* Oui.

D. Vous avez légitimé deux enfants? — *R.* Un.

M. le Président, insistant : — Deux.

Collignon. — Un.

M. l'Avocat général. — Deux.

Collignon. — Un... Ah! attendez; c'est ma foi vrai, il y en avait deux; mais il y en avait un qui n'était pas à moi.

D. Vous avez eu cinq enfants? — *R.* Très-bien; jusqu'à la dernière révolution.

D. Votre femme a déclaré que, depuis 1847, vous avez changé pour elle, que vous l'avez maltraitée, que vous lui avez communiqué une maladie honteuse? — *R.* Oh! c'est faux; il faut bien qu'elle dise quelque chose.

D. Vous avez été condamné pour avoir frappé votre femme? — *R.* Je ne l'ai battue que cette fois-là, *et elle l'avait bien gagné.* Je lui ai donné une demi-douzaine de calottes, *qu'il y en avait peut-être quelques-unes dans le nombre à poings fermés...* et c'est pour ça que j'ai été condamné.

D. Vous avez quitté votre femme avec ses quatre enfants à partir de ce moment-là? — *R.* Non, Monsieur. Si vous voulez, j'vas tout vous conter.

M. le Président. — Brièvement.

L'accusé. — Oui, brièvement... Je ne suis pas homme... enfin, suffit.

Ici, *Collignon* entame un long récit de ses différends avec sa femme; il s'y donne raison, comme de juste. *M. le Président* l'arrête dans ces inutiles

confidences, et ordonne qu'il sera fait lecture de la plainte déposée par la femme Collignon contre son mari.

Me Morise. — Je prie M. le Président de permettre à l'accusé de continuer son récit.

M. le Président. — Il le reprendra après cette lecture.

Il ressort des pièces lues que Collignon reprochait à sa femme des faits de la nature la plus grave, et qu'il l'a frappée avec une grande brutalité.

Collignon. — Monsieur..., interrogez nos voisins, marchands de vins et autres, ils vous diront si je suis un mauvais homme à molester ma femme... et ma bonne femme de mère qui est venue mourir chez moi !

M. le Président. — Votre femme a gardé vos cinq enfants, et vous les avez abandonnés !

Collignon. — Mais non, Monsieur. J'avais ma fille avec moi et je la conduisais au catéchisme.

D. Oui, mais elle a fini par vous quitter? — *R.* Parbleu ! c'est son frère qui l'a détournée.

D. Voyons votre conduite comme cocher. On trouve dans vos notes que vous avez été condamné à vingt-cinq jours de prison pour refus de conduire et remise d'une pièce fausse? — *R.* Mais non, ce n'est pas tout à fait ça.

D. Il y a à cela quelque gravité. En somme, on vous signale comme mauvais mari, mauvais père, homme violent et emporté. — *R.* Si vous croyez tout ce que dit ma femme, vous en croirez long. J'vas vous conter ce qui en est.

Ici, *l'accusé* reprend l'interminable et peu intéressant récit de ses démêlés conjugaux.

D. Le 16 septembre dernier, vous avez conduit M. Juge dans votre voiture? — *R.* Oui.

D. Il n'y a qu'une voix sur M. Juge : il était bon, doux, affable. Vous l'avez conduit à la porte d'Auteuil? — *R.* Oui.

D. Vous avez mis trente-cinq minutes? — *R.* Erreur, j'ai mis trois quarts d'heure.

D. Alors, vous auriez été trop doucement, d'après la Préfecture? — *R.* Oui, mais il faisait chaud, et mon cheval était chargé.

D. Il vous était dû 3 francs, et vous en avez demandé 5? — *R.* J'ai montré ma montre et mon tarif, et je lui ai prouvé qu'il me fallait, y compris vingt minutes de repos pour mon cheval, une somme de 5 francs.

D. Mais vous savez bien que ces vingt minutes ne vous sont pas accordées. — *R.* Pardon, toutes les fois qu'on a marché une heure.

D. Non, vous n'ignorez pas que les vingt minutes ne sont dues que quand on revient avec la voiture, après avoir dépassé les fortifications? — *R.* Je croyais que le cocher avait droit à vingt minutes de repos, toutes les fois qu'il avait marché une heure.

D. Ainsi, vous demandiez 2 francs de plus qu'il ne vous revenait. M. Juge vous a donné les 5 francs, en vous disant qu'il allait écrire au Préfet de police? — *R.* J'ai fait mon calcul sur ma montre; elle ne va pas comme un cheval, elle va d'un pas réglé.

D. Vous avez conçu de la colère de cette menace? — *R.* Il m'a donné 5 francs, sur lesquels, d'après mon compte, je lui redevais dix minutes; j'ai voulu les lui rendre, et il n'a pas voulu les reprendre. « Vous m'en faites donc cadeau pour mon pourboire, » que je lui ai dit. « Non, me dit-il; j'écrirai au Préfet. » « Oui, mon ami, disait sa femme, tu écriras. » Je lui dis : « Voyons, Monsieur, ne nous fâchons pas pour des bêtises... » Il était déjà retourné, et nous allions nous entendre, quand sa femme lui dit : « Viens donc, tu écriras. »

D. Et cela vous a irrité? — *R.* Quand il a été parti, je me suis dit : « Ça peut aller loin, il faut tâcher de le rejoindre et de l'empêcher d'écrire au Préfet. » J'ai monté sur mon siége et j'ai couru après lui; j'ai fait le tour du bassin, et je suis revenu jusqu'à l'arbre, sans le retrouver. Je me disais : « Si tu savais où il demeure, tu irais le voir. Il veut me perdre, m'ôter mon travail. Mais *il se met le doigt dans l'œil, et me prend pour un autre...* » Que voulez-vous? *Il a voulu m'exploiter, me ruiner... Je lui ai fait ce qu'il voulait me faire... C'est un malheur!*

M. le Président. — Allons! vous parlez d'exploitation par les bourgeois... *ce sont les fruits de vos mauvaises fréquentations et de vos mauvaises lectures!*

Collignon. — Jamais je n'ai fait partie de sociétés secrètes. Je me suis très-bien conduit au 15 mai, car c'est moi qui ai apporté à la Porte-Saint-Martin la nouvelle que la Chambre était bloquée. Dans les journées de juin...

D. Il ne s'agit pas des journées de juin; il s'agit des expressions dont vous vous êtes souvent servi sur l'exploitation de l'ouvrier. — *R. Qui que ce soit qui se plaigne, on l'écoute toujours, nous jamais!*

D. C'est une erreur; nous avons ici des tableaux desquels il résulte que les choses se passent avec la plus grande impartialité. On vous a commandé d'aller reporter 2 francs à M. Juge? — *R.* Oui.

D. Et cela a redoublé votre désir de vengeance? — *R.* Ça se pourrait bien.

D. Comment avez-vous pu avoir une telle pensée pour un sujet si futile? — *R. Tiens! il voulait bien me mettre dans la peine et me faire de la misère! Il y a eu préméditation chez lui, comme il y a eu préméditation chez moi.* Le lundi, j'ai vendu tout ce que je possédais, avant d'aller *lui dire bonjour.*

D. Vous vouliez vous ménager des ressources? — *R.* Je n'en avais plus besoin; *en faisant ça, je savais ce que je faisais.*

D. Vous vous êtes présenté chez M. Juge? — *R.* Oui.

D. Vous avez offert les 2 francs et vous avez demandé un reçu? — *R.* Oui.

D. Pendant qu'il écrivait ce reçu, vous avez tiré sur lui? — *R.* Oui.

D. Vous avez fait cela froidement? — *R.* Oui.

D. Volontairement? — *R.* Oui.

D. Mme Juge était là? — *R.* Oui, et *si je l'avais connue d'abord, elle ne vivrait plus, parce qu'elle était plus coupable que son mari.* Il y avait là plusieurs dames; quand j'ai vu celle-là prendre la tête de son mari et dire : «Mon ami, mon ami!» alors, j'ai dit : « C'est donc elle, » et j'ai tiré sur elle. Je suis, d'un côté, content de n'avoir pas agi comme un fou, en tirant au hasard sur les dames qui étaient là. *Oh! elle est bien coupable, allez!*

D. Comment, pour avoir voulu empêcher son mari d'avoir une querelle avec un cocher violent? — *R.* Si elle avait fait ce qu'une femme doit faire, elle aurait dit à son mari : «Partons, laissons cet homme.» Mais, au lieu de ça, elle lui disait (Collignon prend la voix de fausset) : « Oui, mon ami, tu écriras au Préfet.» C'est alors que j'ai dit : « *Ici, tu te mets le doigt dans l'œil.* »

D. Après le coup de pistolet, vous avez témoigné votre satisfaction? — *R.* Quelle satisfaction voulez-vous que j'aie éprouvée?

D. Vous avez dit : «Je suis vengé!» — *R.* Ah! oui.

D. Vous voyez avec quel soin nous écoutons votre défense, et vous, vous avez condamné à mort M. Juge sans l'entendre? — *R.* D'une manière, il était plus coupable que moi, et *il a été plus heureux, puisqu'il n'a presque pas souffert!*

Après cet interrogatoire, il est donné lecture des déclarations faites dans l'instruction par Mme Juge. La pauvre femme, qui habite une commune de la banlieue de Douai, n'a pu se rendre à l'audience. Elle est, depuis son malheur, en proie à des attaques nerveuses et à des hallucinations qui ne lui permettraient pas de supporter la vue du meurtrier.

On connaît ces déclarations.

M. le Président fait prendre une paire de pistolets parmi les pièces à conviction. — Accusé, dit-il, ce sont bien là vos pistolets?

Collignon. — Je ne vois pas bien.

M. le Président. — On va vous les montrer.

Collignon, froidement. — Ils ont le canon rayé, n'est-ce pas? Oui, oui, c'est bien ça.

On entend les témoins, d'abord Mme Vincent.

D. Le 24 septembre, M. Juge était chez vous? — *R.* Oui, Monsieur.

D. On a sonné? — *R.* Oui, la jeune fille de M. Juge est venue lui dire que c'était lui qu'on demandait. M. Juge est venu dans la salle à manger et a causé avec un homme en blouse bleue, avec beaucoup de calme. Un moment après, il écrivait un reçu. Je lui dis : « Puisque vous avez la plume à la main, voulez-vous me donner l'adresse de...?» Il tourna le visage vers moi, et il fut frappé à cet instant. J'avais les yeux sur sa figure et je n'y vis aucune trace de souffrance ou de douleur. J'ai pensé que nous avions affaire à un fou furieux, et je me suis sauvée en criant au secours! J'ai dit en bas qu'on arrête l'homme à la blouse bleue qui allait descendre. Après avoir tiré sur M. et Mme Juge, j'ai vu le sourire sur la figure de l'assassin. C'est ce qui m'a fait croire que c'était un fou.

D. A-t-il dit quelque chose? — *R.* Rien.

D. Est-il descendu longtemps après vous? — *R.* Je ne puis le dire; dans de semblables moments, les secondes sont des minutes.

D. Quel était le caractère de M. Juge? — *R.* On ne l'appelait que « ce bon M. Juge.» Il était doux, affable; la bonté était peinte sur sa figure.

M. le Président. — Eh bien! accusé, vous entendez?

Collignon. — Quand un homme en veut réduire un autre à la misère, il n'a pas besoin de l'injurier pour passer pour méchant.

M. Pierre-Joseph Proudhon, quarante ans, homme de lettres. — J'étais, le 24 septembre, dans la maison de la rue d'Enfer, quand j'entendis deux détonations.

D. Vous avez arrêté l'accusé? — *R.* Cela ne peut pas s'appeler une arrestation. J'accourais à la double détonation : je rencontrai un homme en blouse bleue, et je ne croyais pas me trouver en présence d'un assassin. Je le prenais pour un paysan qui apporte des légumes dans la maison. Je lui dis : « On a assassiné quelqu'un, vous ne sortirez pas. » Il me dit : «C'est inutile; ne cherchez pas plus loin; c'est moi! »

D. Il était calme? — *R.* Plus calme que moi, certainement. Il se mit à me raconter une histoire dans laquelle il paraissait dire que l'ouvrier était molesté... C'était comme s'il avait accompli un devoir.

Collignon. — Oui, quand il y a *différence* (différend) entre l'ouvrier et le bourgeois, *l'ouvrier est nettoyé*, autrement dit, il ne peut plus arriver.

M. l'Avocat général. — Vous êtes un homme intelligent, qui analysez très-bien les faits...

Collignon. — Comment! je suis un homme intelligent? Mais je ne suis pas plus intelligent qu'il ne faut.

M. le Président. — Vous avez l'intelligence de l'esprit; il vous manque celle du cœur.

Me Morise. — Depuis quand l'accusé a-t-il sur les ouvriers et les bourgeois les idées qu'il vient d'exprimer?

Collignon. — Depuis quand? Oh!... *il y a longtemps... c'est depuis que je vois ce que je vois.*

L'employé de la Préfecture, qui a reçu la plainte de M. Juge, et qui a fait venir Collignon dans son bureau, déclare que l'accusé s'est présenté devant lui sans animosité, avec beaucoup de calme. Le témoin a invité Collignon à restituer ce qu'il avait perçu en trop, et celui-ci est parti décidé à le faire.

D. A-t-il été question d'une punition à infliger à Collignon? — *R.* Non, Monsieur; Collignon m'a demandé s'il serait puni, et je lui ai répondu que je n'en savais rien.

Collignon. — Monsieur m'a bien répondu ce qu'il dit.

Me Morise. — En admettant que le cocher Collignon ait eu tort, et qu'il ait été puni par l'administration, quelle peine pouvait-il encourir? Une mise à pied d'un jour?

Le témoin. — Il n'y a pas de mise à pied pour un jour; c'est deux, trois jours, huit jours quelquefois.

Me Morise. — Cela ne va pas à mettre un homme dans la misère?

Le témoin. — Oh! non.

L'armurier qui a examiné la balle attribue à la proximité du tir la déformation qu'a subie le projectile.

M. le Président. — Accusé, on a cru d'abord que vous aviez mâché, déformé exprès cette balle?

Collignon. — Je sais bien qu'on a dit ça; mais le chirurgien qui a dit ça *est un imbécile.*

M. le Président. — Vous avez tort de parler ainsi, car le docteur Besson est un homme des plus éclairés.

Mangeot est un témoin dont les déclarations sont invoquées par l'accusé dans le but de justifier les calomnies qu'il répandait contre sa femme. — Avez-vous, demande *M. le Président* à ce témoin, dit à l'accusé que sa femme vous avait donné du poison pour l'empoisonner?

Le témoin, d'un air ahuri. — Moi! ah ça mais, où allons-nous? Mais, mon bon Monsieur, si c'était vrai, je ne le dirais pas... mais, n'étant pas vrai, je ne peux le dire.

Collignon. — Je peux vous expliquer ça, mais il faut des *aboutis;* je ne peux pas vous dire ça de but en blanc. Tout ça c'est des *acolis* de ma femme. Si je disais tou!, ça irait loin, ça irait loin.

M. le Président. — La femme de l'accusé est une honnête femme.

Mangeot, avec une exclamation bouffonne. — Et la mienne aussi!

Voilà tout le procès. Les faits sont simples, clairs; l'accusé avoue; rien n'est douteux. Aussi, n'insistons pas sur cette partie de l'audience qui est souvent une lutte poignante entre la société et l'individu, entre l'accusation et la défense.

Ici, pas de lutte possible. Le résultat est connu à l'avance. *M. l'Avocat général Saillard* n'a, pour développer les charges de l'accusation, autre chose à faire qu'à raconter, à montrer, à redire ce qui s'est passé, ce qu'on vient d'entendre. En présence d'une préméditation cyniquement avouée, il demande au Jury un verdict purement et simplement affirmatif, que ne saurait mitiger une déclaration de circonstances atténuantes.

Me Morise n'a qu'une ressource pour présenter la défense de Collignon, et cette ressource, on l'a déjà devinée. C'est la folie. Rappelant la disproportion incompréhensible qui existe entre la discussion d'Auteuil et le double crime, le défenseur croit que la Justice peut être satisfaite par une punition atténuée. Collignon, aujourd'hui encore, parle avec rage de l'intention qu'auraient eue les époux Juge de le réduire à la misère : or, on vient de l'entendre, tout se réduisait à 2 francs qu'il fallait rendre; il n'était pas même question d'une peine quelconque à infliger au cocher, et, si une peine avait été jugée nécessaire, elle se serait réduite à une mise à pied de deux jours! Et Collignon parle de ruine, de misère! Collignon est donc fou!

Collignon, se levant, crie d'une voix forte à son défenseur: — Ah! mais, je ne suis pas fou, entendez-vous?

M. le Président résume ces courts débats; le Jury se retire pour délibérer, et revient bientôt avec un verdict affirmatif sur toutes les questions, muet sur les circonstances atténuantes. En conséquence, la Cour condamne Collignon à la peine de mort.

M. le Président. — Collignon, vous avez trois jours pour vous pourvoir en cassation contre l'arrêt que vous venez d'entendre.

Collignon, d'un ton indifférent : — Oh! ce n'est pas la peine, allez!

Malgré la forfanterie de son attitude, Collignon se pourvut en cassation. Transféré à la prison de la Roquette, il affecta, jusqu'au dernier jour, la plus profonde indifférence, et ce fut sans émotion apparente qu'il apprit le rejet de son pourvoi. Le 6 décembre 1855, il monta, d'un pas ferme, sur l'échafaud, et regarda curieusement l'instrument du supplice.

Le 11 avril 1856, le Tribunal civil de la Seine était saisi, par la veuve et la fille de M. Juge, d'une demande en 50,000 fr. de dommages-intérêts, dirigée tant contre les héritiers Collignon, que contre M. Besson, loueur de voitures, le maître du cocher Collignon, comme civilement responsable. *Me Senard,* avocat de Mme Juge, soutint, contre *Me Nogent Saint-Laurens,* avocat de M. Besson, le principe de la responsabilité la plus étroite des maîtres à l'égard de leurs domestiques et préposés, et le Tribunal, jugeant que le fait dommageable s'était produit dans l'exercice des fonctions du préposé de M. Besson, condamna ce dernier, conjointement et solidairement avec les héritiers Collignon, à payer à Mme veuve Juge, comme tutrice de sa fille, une somme de 10,000 fr.

Deux mois et demi après le châtiment du cocher, Collignon, un meurtre du même genre fut accompli en plein jour, par un domestique sur sa maîtresse, dans un des quartiers les plus riches et les plus animés de Paris.

C'était le 20 février 1856.

Dans la grande avenue des Champs-Élysées, au n° 78, s'élevait, au fond d'une vaste cour-jardin, l'hôtel de Mme de Caumont-Laforce. A droite et à gauche, aussitôt après qu'on avait dépassé la porte cochère, on trouvait les communs; à droite les écuries, à gauche la loge du concierge et la remise. Dans une ligne parallèle à l'hôtel, derrière la loge et la remise, à quelques pas du mur de clôture, s'élevait l'hôtel de M. Vandenbruck. De cet hôtel, la vue plongeait sur l'hôtel de Caumont, sur le jardin, et sur la partie des communs de l'hôtel de Caumont située à gauche.

Le 20 février, vers dix heures du matin, le valet de chambre de M. Vandenbruck entendit un cri et des gémissements étouffés partir du côté des communs de l'hôtel de Caumont qu'il ne pouvait apercevoir, c'est-à-dire du côté de l'écurie. Inquiet, et craignant un crime, ce valet confia ses craintes à un nègre, son camarade, qui alla se poster sur l'avenue, près de la porte de l'hôtel de Caumont. Aucun bruit ne se faisant plus entendre, le nègre, après quelque temps, avertit un sergent de ville. Ce dernier se disposait à frapper, lorsque la porte s'ouvrit, et un homme se présenta sur le seuil, le visage ensanglanté.

« Où allez-vous? dit l'agent. — Je vais chercher la goutte. — Vous avez du sang à la figure? — Je ne crois pas. — Vous avez fait quelque chose à votre bourgeoise? — Oui, Monsieur... elle est morte. »

Et l'homme, une sorte d'homme de peine, de palefrenier, conduisit le sergent de ville dans l'écurie, et lui montra le cadavre de *sa bourgeoise* gisant sur du fumier, recouvert en partie de paille et de quelques bûches. « La voilà !... » dit l'homme.

Cet homme, interrogé, répondit qu'il se nommait Antoine Baumann, âgé de 32 ans, né à Marienzel (Wurtemberg), ancien palefrenier à l'Hippodrome. La victime, sa maîtresse, était Mme la comtesse de Caumont-Laforce. -

Ce nom, un des beaux noms historiques de France, rappelait ce jeune de la Force (1) miraculeusement échappé aux massacres de la Saint-Barthélemy: il rappelait aussi des ducs et pairs, maréchaux de France, et il est encore porté aujourd'hui par un duc, sénateur de l'empire. La famille de Caumont-Laforce compte parmi ses nombreuses et illustres alliances des de la Grange, des de Terzy, des de Beaufort, des Lamoignon, des Berryer, des Galitzin.

Mais ce nom éveillait aussi le souvenir récent d'un procès en interdiction, dont l'acteur principal n'était autre que la victime du 20 février, la comtesse de Caumont-Laforce.

Edmée-Antoine-Gislaine de Vischer de Celles, comtesse de Caumont-Laforce, avait vu poursuivre son interdiction par sa famille. Une fortune considérable, de hautes amitiés, un esprit des plus distingués, tous ces dons avaient été, chez Mme de Caumont, obscurcis, étouffés, annulés par un vice affreux, l'avarice, et non pas l'avarice d'un grand

(1) Caumont de La Force, c'est ainsi que s'écrit le nom historique; nous avons respecté l'orthographe des documents judiciaires.

seigneur, compatible avec la vie du monde supérieur dans lequel elle était née, mais l'avarice sordide, laide, sale, compagne ou mère de la dureté de cœur, et bientôt de la folie.

On avait d'abord parlé de bizarreries. Mais, bientôt, il fallut s'avouer que la raison de la comtesse s'égarait de plus en plus chaque jour. En Belgique, dans ses vastes domaines, elle se promenait vêtue en mendiante. Les enfants la suivaient, un étranger lui eût offert l'aumône. Elle dévastait sa propriété, coupait les arbres, chassait les fermiers sans motif et sans droit, détruisait ses prairies pour obtenir ce qu'elle appelait des *unités de gazon*, ruinait ses domestiques, les exploitait indignement. Aussi, l'indignation grandissant autour d'elle, l'insensée se vit-elle traquée comme une bête fauve. Les paysans creusaient les chemins sur son passage, pour faire verser sa voiture. Un coup de fusil fut tiré dans ses fenêtres. La sœur de la comtesse le Caumont, Mme la comtesse de Beaufort, écrivait d'elle : « Ses jours sont en danger. »

Trois aliénistes distingués, MM. Blanche, Falret et Voisin, furent chargés d'examiner la comtesse. Ils conclurent en ces termes : « Ce n'est pas là l'avarice; ce n'est pas là la méchanceté; *c'est une perversion maladive des sentiments et des affections.* »

Devant la Cour, cette intelligence en désarroi se retrouva dans un éclair d'éloquence. Elle parla, et tout son passé sordide fut oublié. *M. Moreau,* Avocat général, pensa que si, chez cette femme, la raison avait disparu, elle était revenue tout entière. Il conclut, toutefois, à un conseil judiciaire, et l'arrêt déclara Mme de Caumont-Laforce en possession de sa raison.

Depuis ce jour, les ténèbres se firent de plus en plus épaisses dans cette tête et dans ce cœur. Établie à Paris, dans l'hôtel des Champs-Élysées, elle finit par y organiser la solitude autour d'elle. Elle y vivait, au moment du crime, sans domestique le jour, sans gardien la nuit. Si parfois elle appelait des ouvriers, c'était pour l'entretien exclusif du jardin et de l'écurie, et pour quelques achats d'aliments. Ces serviteurs d'un jour n'avaient aucun accès dans l'hôtel et se retiraient le soir.

C'est à ce titre que, depuis quatorze jours, Baumann était entré au service de la comtesse.

Baumann expliqua son crime à peu près en ces termes : « Madame m'avait beaucoup tourmenté, *embêté* tous les jours précédents, pour une chose ou pour une autre, avec des ordres qui changeaient toutes les minutes. Elle me traitait pire qu'un chien; elle me faisait perdre la tête. Enfin, la colère m'a empoigné; je l'ai saisie à la gorge d'une main, et, de l'autre, j'ai tapé dessus. Elle est tombée. Je ne sais pas si elle a crié. Je lui ai encore donné un ou deux coups de poing, de la main gauche, car je suis gaucher, en continuant de la tenir à la gorge de la main droite. Si j'avais eu ma tête à moi, je n'aurais pas fait ça; je n'ai jamais de ma vie fait mal à personne. C'est une idée qui m'a pris subitement. J'avais bu la goutte; j'ai frappé trop fort, c'est là mon malheur. Je ne voulais pas la tuer, mais seulement lui f..... une pile. Je l'ai vue souffrir et je me suis décidé à l'achever. »

Il dit tout cela avec une sorte de calme idiot. Il ajouta que Mme de Caumont ne lui devait rien, qu'elle le payait tous les soirs.

On trouva sur lui un peu de chocolat, quelques objets sans valeur, deux pièces de 20 francs et une pièce de 5 francs. Il avoua avoir pris cela chez sa maîtresse après le crime, pour se récompenser de dépenses qu'elle lui aurait fait faire injustement et pour s'assurer quelques jours de repos. Au reste, les meubles étaient intacts et des objets de grande valeur, placés à la portée de la main, avaient été respectés par le meurtrier.

Une enquête sur sa vie fit connaître que, pendant plusieurs années de son séjour à Paris, Baumann avait constamment travaillé, sinon avec intelligence, au moins avec probité. Tout au plus ses maîtres lui reprochaient-ils quelques rares excès de boisson, et il était doux et timide jusque dans l'ivresse.

Le lendemain du crime, la première exaltation tombée, Baumann pleura abondamment et regretta vivement son action, que la surexcitation l'avait empêché d'abord de comprendre. « Sur le moment, disait-il, ça ne m'a pas produit d'effet. Aujourd'hui, c'est autre chose. Ça me fait trop de mal. Si j'avais réfléchi dans le moment, j'aurais mieux fait de m'en aller. Mais je n'avais pas médité ça; oh! non, ça non! »

L'arrêt de renvoi caractérisa le crime de la façon suivante : «La procédure n'a point fourni d'indice que Baumann ait agi avec préméditation et guet-apens. Rien n'indique que le meurtrier ait employé un instrument contondant ou tranchant, ce qu'il eût fait sans doute s'il eût agi avec préméditation. La nature brutale et grossière de l'inculpé peut faire penser qu'il a cédé à un moment de colère furieuse. »

La Cour d'Assises de la Seine fut saisie de cette affaire le 15 avril 1856.

M. Anspach préside. *M. Oscar de Vallée,* Avocat général, occupe le siége du Ministère public. Me *Nibelle* défendra l'accusé.

Baumann est introduit. C'est un homme petit, aux traits réguliers et sans expression. Il ne porte ni barbe ni favoris.

Après les questions d'usage, on lit l'acte d'accusation. Ce document ne renferme pour nous rien d'intéressant que les passages suivants :

« Mis en présence de ce cadavre, Baumann est resté froid, impassible et comme indifférent au forfait. Avait-il prémédité la mort de sa maîtresse? Toutes les données de l'instruction attestent l'instantanéité de la pensée du meurtre, qui, s'éveillant dans une nature grossière, a trouvé pour complices l'isolement des lieux et l'énergie forcenée d'un cœur aveuglé par la haine et par la fureur... » « Cet argent et ces objets, il venait de les prendre dans l'hôtel où, de son aveu, l'avait conduit une pensée de vol. Mais il a soutenu, sans qu'aucun document de la procédure ait infirmé son assertion, que cette pensée, née de l'attentat même, loin d'en avoir été le mobile, ne s'était présentée à son esprit qu'à la suite du meurtre dont il voulait assurer l'impunité. »

On passe à l'interrogatoire de l'accusé.

M. le Président. —Baumann, vous avez reçu quelque éducation; vous savez lire et écrire?

Baumann. — Oui, Monsieur.

D. Vous avez de la famille dans votre pays? — *R.* J'ai une sœur, un frère et un beau-frère.

D. Vos parents étaient morts quand vous êtes venu en France? — *R.* Oui, Monsieur.

D. Pourquoi êtes-vous venu en France?—*R.* Pour y apprendre le français.

D. Vous avez eu, chez vos différents maîtres, des occupations pénibles et peu payées? — *R.* Oui, Monsieur; je n'étais pas assez fort sur le français pour entrer dans un hôtel.

D. Vous avez quitté votre dernier maître, M. de Rocheblave, pour quelle cause? — *R.* Parce que je me suis mis en retard d'une heure.

D. M. de Rocheblave a parlé d'habitudes d'ivresse; il vous avait renvoyé et il vous avait repris, pour vous congédier définitivement le 31 janvier? — *R.* Oui.

D. Qui vous a fait entrer chez Mme la comtesse de Caumont-Laforce?—*R.* C'est un cocher nommé Charles, qui m'a indiqué Levasseur comme pouvant me placer; celui-ci m'a envoyé en face, chez Mme de Caumont. J'y suis allé le matin et elle m'a retenu de suite pour me faire travailler.

D. Pourquoi, dans le principe, avez-vous dit que c'était M. Larchevêque, le carrossier, qui vous avait indiqué cette maison?— *R.* Je ne voulais pas faire arriver de la peine à Levasseur et à Charles, qui ne sont que des cochers.

D. Tout cela prouve le sang-froid qui ne vous a jamais quitté, même de suite après le crime. Ne vous avait-on pas averti que, dans le service de Mme de Caumont, vous éprouveriez quelques difficultés, qu'elle changeait souvent de domestiques? — *R.* Oui, on m'avait dit ça.

D. Donné à tort ou à raison, vous avez reçu cet avertissement? — *R.* Oui.

D. Cela devait vous rendre patient, plus patient que si vous n'aviez pas été prévenu. Votre salaire était de 1 fr. 50 c. pour la demi-journée et de 3 fr. pour la journée. — *R.* La demi-journée devait être de cinq heures, et souvent cela se prolongeait jusqu'à sept heures; on ne me payait que la demi-journée tout de même.

D. Vous vous êtes plaint, sans doute? — *R.* Oui, et Madame me répondait : «Si ça ne vous convient pas, allez-vous-en. »

D. Vous étiez payé tous les soirs, rien ne vous obligeait à revenir le lendemain? — *R. C'est vrai, ce que vous dites là.*

D. Vous n'entriez jamais dans l'appartement? — *R.* Je n'y ai jamais pénétré.

D. Vous saviez où était la chambre de Mme de Caumont-Laforce?—*R.* Pas au juste, je m'en doutais pour à peu près.

D. Pendant les quinze jours que vous êtes resté chez elle, vous avez eu à vous plaindre? — *R.* Il fallait de la patience pour rester.

D. Quels reproches vous faisait Mme de Caumont? — *R.* Oh! elle n'était jamais contente. Si je faisais une chose, il fallait la faire autrement; il aurait fallu commencer par autre chose... c'étaient des ordres qui se contredisaient à tout bout de champ...

D. Y a-t-il d'autres faits? — *R.* Quand j'avais fait ce qu'elle avait dit, elle prétendait que j'aurais dû faire autre chose... elle m'appelait imbécile et fainéant.

D. Dans tout cela, on voit les inconvénients ordinaires de la domesticité; car il y a une multitude de maîtres qui ne sont jamais contents, qui ont le caractère difficile; et, à l'âge de trente-trois ans, vous deviez avoir trouvé bien des maîtres capricieux? — *R.* Je n'ai jamais mal répondu à Madame ni à personne.

M. le Président. — On ne vous reproche pas cela.

Baumann. — J'ai tout supporté; mais, ce jour-là, j'ai eu le malheur de ne pas résister. La patience m'a échappé.

D. Dans vos réponses, dans l'instruction, vous convenez que vous vous êtes dit plusieurs fois : « Si elle me tracasse encore, je lui donnerai des coups de poing. » — *R.* Oh! je ne crois pas avoir dit cela; c'était jamais mon intention.

M. le Président. — Voici votre interrogatoire. (M. le Président cherche la phrase et ne la trouve pas.)

Me Nibelle. — Voici, sans doute, la phrase à laquelle M. le Président fait allusion. Il a dit : « Je ne voulais pas la tuer; je m'étais dit que si elle m'embêtait, je lui donnerais une volée. »

M. le Président. — Baumann, vous savez ce que c'est que de donner une volée à quelqu'un? — *R.* Très-bien.

D. Vous savez assez de français pour comprendre ça? — *R.* Oui, Monsieur.

D. Vos griefs n'étaient pas tels qu'ils vous autorisassent à lever la main sur votre maîtresse? — *R.* C'est mon défaut d'éducation.

M. le Président. — Vous avez prémédité ce que vous avez fait?

Baumann. — C'était deux heures d'avance que je m'étais dit que je la corrigerais. Je ne voulais pas lui faire de mal.

D. Qu'entendez-vous par là? Est-ce que vous croyez qu'on ne fait de mal à quelqu'un que quand on donne la mort? — *R.* Je ne dis pas ça.

D. Vous vouliez lui donner une volée; ce n'était pas sans intention de faire quelque mal? *Ce que vous avez fait était prémédité, et la Justice s'est montrée indulgente en ne relevant pas cette circonstance.* Le 19, vous avez commencé à travailler à dix heures? — *R.* Oui.

D. Mme de Caumont a dit, pendant que vous étiez là, à trois personnes, deux hommes et une femme qui travaillaient dans la maison, de ne pas revenir le lendemain, parce qu'elle allait à Saint-Germain? — *R.* Je n'ai pas entendu ça.

D. Le 20 février, quand vous êtes revenu des provisions, quel ordre vous a donné Mme de Caumont? — *R.* De chercher un petit morceau de fer dans le jardin.

D. Vous l'avez fait? — *R.* Oui, et elle est venue deux fois voir si j'avais trouvé son morceau de fer.

D. Vous l'avez appelée une fois? — *R.* Oui, parce qu'on avait sonné.

D. Je crois que vous vous trompez, c'est plus tard qu'on a sonné? — *R.* Non; c'est alors qu'elle est descendue et qu'elle m'a dit :...

D. Vous allez trop vite. Si on eût sonné, avant, comme vous le dites, vous ne vous seriez pas livré aux violences qu'on vous reproche. Vous ratissiez le jardin, et Mme de Caumont est sortie de l'hôtel. Vous avez marché devant elle jusqu'au coin des communs? — *R.* Oui.

D. N'est-ce pas là que, sans explication, vous vous êtes jeté sur elle? — *R.* C'est là qu'elle s'est avancée sur moi en me traitant de fainéant, d'un tas de choses, que je ne trouvais pas son morceau de fer... et ta, ta, ta.

D. Lefilleul déclare qu'étant dans la chambre à coucher de son maître, il a vu Mme de Caumont sortir de son hôtel. Vous ratissiez une allée; vous avez marché devant elle, tenant votre rateau à la main. Il n'y a pas eu une parole échangée. Il vous a suivis de l'œil jusqu'au détour des communs, et, à peine vous avait-il perdu de vue, qu'il a entendu

Mme de Caumont crier « au secours, » de la voix d'une personne qu'on étrangle. Lui-même a crié : « Est-ce qu'on s'étrangle dans cette maison? » Il a été tellement épouvanté, qu'il a quitté son service, qu'il a couru à la porte de l'hôtel et qu'il a sonné. Il est remonté dans la chambre de son maître, d'où il vous a vu continuer à ratisser votre allée, puis entrer dans l'hôtel, y rester vingt minutes, et sortir, y rentrer et en ressortir. Arrêté, vous avez répondu sans émotion, sans une larme, sans un regret? — *R.* Je n'étais pas assez méchant pour me jeter sur elle, si elle ne m'avait rien dit.

D. Mais vous vous étiez promis de lui donner une volée, et l'on comprend très-bien que, trouvant un moment favorable, vous en ayez profité. Vous l'avez saisie à la gorge? — *R.* Oui.

D. Vous l'avez renversée? — *R.* Elle est tombée toute seule.

D. Vous l'avez frappée sur la tête? — *R.* Rien qu'un coup de poing.

D. C'était près d'un tas de fumier? — *R.* Oui.

D. Vous l'avez encore frappée? — *R.* Oui, d'un coup, quand elle était à terre.

D. Et vous la teniez toujours à la gorge? — *R.* Je l'avais lâchée.

D. C'est la première fois que vous dites cela. Pourquoi l'avez-vous frappée à terre? Pourquoi l'avez-vous achevée? — *R.* Je ne sais pas.

M. le Président. — Vous l'avez dit dans l'instruction... Vous répandez des larmes en ce moment, sur votre sort peut-être. *Vous avez une figure qui tromperait bien du monde,* qui a trompé Mme de Caumont elle-même. Vos traits sont doux et vos actes sont cruels, accomplis avec sangfroid. Vous avez pris son corps sous votre bras et vous l'avez traîné dans le bûcher où il y avait de la paille? — *R.* Je ne savais pas ce que je faisais.

D. Si vous aviez été un criminel égaré hors de lui, vous n'auriez songé qu'à fuir. Au lieu de cela, vous avez mis de la paille sur et non sous le corps de la victime? — *R.* Oui, Monsieur.

D. Puis, vous avez jeté des bûches sur son corps? — *R.* Je n'ai pas jeté, mais j'ai posé les bûches l'une après l'autre sur le corps que ça ne touchait pas.

D. C'était pour soustraire le corps à tous les regards et ensevelir votre crime? — *R.* Oh.

D. Nous ne voyons pas d'autre explication; s'il en existe une, dites-la? — *R.* Je ne sais par quelle intention j'ai agi ainsi.

D. Vous avez pris les clefs. Où étaient-elles? — *R.* Par terre.

D. Elle les avait laissées tomber? — *R.* Oui, quand je l'ai renversée.

D. Vous avez ratissé un peu l'allée, avant d'entrer dans l'hôtel? — *R.* Oui.

D. Pourquoi? — *R.* Je ne sais pas.

D. Je vais vous le dire : c'est que vous craigniez l'éveil du voisinage, et vous vouliez faire croire qu'il n'y avait aucun trouble dans la maison. Aussi quand Lefilleul vous a interpellé, vous lui avez répondu : « Il n'y a rien. » — *R.* C'est vrai.

D. Vous êtes entré dans l'hôtel après cette réponse tranquillisante. Pourquoi y êtes-vous entré? — *R.* C'était si sale dans la maison.

D. Allons donc! ce n'est pas sérieux? — *R.* J'y suis allé par curiosité!

D. Vous n'avez dit cela que dans votre sixième interrogatoire. Votre véritable motif, c'était le vol? — *R.* J'ai pris 45 francs seulement.

Paris — Typographie de Ad. R. Lainé et J. Havard, rue des Saints-Pères, 19.

D. Et le nécessaire? — *R.* Je croyais que c'était une tabatière.

D. Ça ne vous excuserait pas. Et le chocolat? — *R.* C'était pour manger.

D. Vous n'avez trouvé que 45 francs, et vous les avez pris? — *R.* Oui, mais je n'ai pas pris d'argenterie.

D. C'est vrai, vous ne pouviez pas emporter une soupière, un plat d'argent, comme vous avez pris une broche de cuivre, que vous avez cru être d'or. Votre sang-froid ne vous a pas abandonné un instant. Vous êtes allé vous laver les mains? — *R.* Elles étaient sales.

D. De quoi étaient-elles sales? — *R.* De terre, de fumier.

D. Et de sang? — *R.* Oh! il n'y en avait pas beaucoup.

D. Il y en avait assez pour vous trahir et vous faire arrêter. Mme de Caumont-Laforce s'est défendue, énergiquement défendue? Vous aviez sur les mains six égratignures? — *R.* C'est vrai.

D. Vous avez pris l'argent pour vivre tranquille pendant quelques jours, avez-vous dit? — *R.* Quelques jours avant, j'avais reçu un coup de pied de cheval qui m'empêchait de travailler. Je voulais me reposer un peu.

On passe à l'audition des témoins. *M. Ambroise Tardieu*, professeur agrégé à la Faculté de Médecine, reproduit les constatations de son rapport. Il pense que la pression violente exercée sur le cou

... Je l'ai saisie à la gorge d'une main, et, de l'autre, j'ai tapé dessus. (Page 6.)

a été la cause déterminante de la mort. L'une des blessures portait des traces de clous, avec incrustation dans la chair de petits grains de sable et de petits détritus de fumier. Les blessures étaient très-graves, mais non mortelles; il n'en était résulté aucune fracture du crâne.

M. le Président. — Baumann, vous prétendez n'avoir porté que des coups de poing, et le docteur a constaté des blessures faites à coups de talon, avec marques de clous et présence de fragments de sable et de fumier incrustés dans la peau? — *R.* Je n'ai pas donné de coups de chaussures à Madame. Je ne sais pas si j'avais des souliers ou des sabots.

D. Quand on vous a arrêté, on a constaté que vous portiez des chaussures fortement garnies de clous à leurs talons; cela concorde bien malheu-reusement pour vous. — *R.* Je n'y ai mis que la main.

Lefillen fait le récit que l'on connaît. *M. le Président* lui demande si le cri de détresse poussé derrière l'écurie a retenti immédiatement après que Baumann et sa maîtresse eurent disparu. *Le témoin.* — Deux ou trois secondes après, tout au plus.

D. Mme de Caumont et l'accusé ne se parlaient pas? — *R.* Non, j'ai même dit: « Tiens, c'est singulier, Mme de Caumont ne se fâche pas contre son domestique' »

Baumann. — Elle ne faisait que me gronder et me traiter d'un tas de choses, mais sans crier.

M. le Président, au témoin. — Vous étiez très-près, et vous auriez entendu, si Mme de Caumont avait parlé? — *R.* Parfaitement, d'autant plus qu'elle avait le verbe très-haut.

M⁰ Nibelle. — Je désire que le témoin dise son opinion sur les habitudes de Mᵐᵉ de Caumont.

M. le Président. — En supposant ces habitudes bien établies, il ne faut pas perdre de vue qu'elles n'auraient d'importance dans l'affaire qu'autant qu'elles auraient provoqué l'accusé.

Le témoin. — Mᵐᵉ de Caumont criait souvent. Je l'ai vue se disputer vivement avec ses domestiques et être violemment frappée par eux. On s'accordait à donner pour cause de ces violences le défaut de nourriture, les mauvais traitements qu'elle se permettait envers les domestiques. Elle nous menaçait des poings, mes camarades et moi, quand elle nous voyait à la fenêtre.

D. Vous avez dit qu'elle avait laissé, au moment d'une absence qu'elle devait faire, 3 fr. à ses deux domestiques, et une assiettée de beurre qu'on vous a dit être rance... — *R.* On ne me l'a pas dit, je m'en suis assuré en le flairant. L'absence de Mᵐᵉ de Caumont a duré quinze jours, et ses pauvres domestiques ont été obligés, dans leur détresse, d'aller implorer la charité des voisins, de demander de l'argent au notaire de Mᵐᵉ de Caumont et même à M. de Caumont.

Cette déposition fait d'autant plus d'impression sur l'auditoire, qu'elle se produit avec une convenance et un choix d'expressions assez inattendus chez un jeune valet de chambre.

Le nègre *Innocent.* — Quand Ferdirand (c'est Lefilleul) m'a dit qu'on s'étranglait chez Mᵐᵉ de Caumont, « allons donc! lui dis-je, elle ne sait que crier et faire du bruit. » Le témoin, après le récit de l'arrestation de Baumann, ajoute : « Mᵐᵉ de Caumont était très-difficile à servir. Elle avait tellement l'habitude de crier, qu'on n'y faisait plus attention. »

M. le Président demande au sergent de ville *Petit* comment étaient arrangées les bûches sur le cadavre. — *R.* Il y en avait une vingtaine, rangées comme quand on commence une pile de bois.

M. Ferrantier, fabricant d'abat-jour, a employé l'accusé pendant plusieurs années. Il l'a toujours connu doux, indifférent, insouciant de l'avenir. Baumann se livrait un peu à la boisson, mais il n'avait pas l'ivresse méchante. Il a toujours été probe et fidèle. Il a payé, sur son travail, du pain à une famille en détresse. C'est, au reste, un être simple et incapable d'apprendre quoi que ce soit.

Lallemand, journalier. — J'ai travaillé au jardin de Mᵐᵉ de Caumont. Elle nous faisait changer de place quatre fois en une heure; elle criait toujours, et nous traitait de *magots*. J'avais bien besoin de travailler; mais, s'il avait fallu finir la semaine, j'y aurais renoncé.

Vivier. — J'ai travaillé, le 19 février, pour Mᵐᵉ de Caumont; j'ai cassé un outil qu'on a fait réparer. Ça m'a fait une petite perte de temps qu'elle m'a obligé de remplacer le soir. Elle nous appelait assez volontiers *bêtes* et *imbéciles...* des mots à elle, quoi !

Labarre, logeur. — Baumann logeait chez moi et il me parlait de sa maîtresse... il me disait que sa maîtresse... était... comme ça...

M. le Président. — Mais parlez donc; que disait-il?

Le témoin, se décidant. — Que sa maîtresse l'embêtait beaucoup.

M. le marquis de l'Aigle, beau-frère de Mᵐᵉ de Caumont. — Ma belle-sœur avait le caractère difficile, entier, supportant peu la contradiction et les observations; mais elle était incapable de rudoyer et de frapper un domestique. Il y a des domestiques qui lui sont restés fort attachés. Une fin tragique efface, d'ailleurs, le souvenir de bizarreries qu'il n'est plus dans l'intérêt de personne de rappeler.

Mᵐᵉ la maréchale Gérard. — Ma nièce venait souvent chez moi. Elle avait de très-grandes vertus, une grande piété; elle faisait beaucoup de bonnes œuvres, qu'elle cachait; elle était vive, pas méchante, bonne avec ses gens, leur parlant avec douceur, leur faisant de petits cadeaux bienveillants, comme des livres de prières. Elle m'a témoigné souvent le désir d'assurer leur avenir. Plusieurs domestiques lui sont restés fort attachés.

D. Vous la croyiez incapable de se porter à des voies de fait ou de s'oublier jusqu'à des injures envers ses domestiques? — *R.* Je ne le pense pas.

Julie Verdier est une de ces domestiques dont la maréchale vient de décrire les félicités au service de Mᵐᵉ de Caumont. Ce témoin s'exprime ainsi : — J'ai nourri un des enfants de la comtesse. J'ai eu souvent à me plaindre de ses vivacités; elle se jetait sur moi et *me griffait*. Au mois de décembre, j'ai tombé et me suis fait mal; je lui ai dit : « Voyez quel coup je me suis donné. » Elle s'est bornée à me répondre : « Bah ! » Elle me dit une autre fois : « Vous êtes bien pâle; est-ce que vous êtes malade? — Ma foi, Madame la comtesse, je suis obligée d'entrer à l'hospice Beaujon. — Bah ! qu'elle me dit, vous n'en *crèverez* pas encore cette fois-ci. » Ça m'a blessée, moi qui avais été la nourrice de son fils.

M. le Président. — Vous avez été entendue dans le procès en interdiction dirigé contre Mᵐᵉ de Caumont par sa famille, et vous disiez alors beaucoup de bien de Mᵐᵉ de Caumont.

Le témoin. — Je croyais ne devoir rien dire qui pût nuire à ma maîtresse.

Tous les témoins entendus, *M. l'Avocat général* s'exprime en ces termes :

« Messieurs les Jurés,

« Je viens vous demander un grand acte de justice; je viens savoir de vous ce que vous estimez la vie humaine ! Les sociétés, en effet, ne se jugent pas seulement par l'éclat des armes, par le mouvement des esprits, par la splendeur des arts : c'est leur enveloppe extérieure. Mais ce qui détermine leur niveau moral, c'est le sentiment et le respect de la Justice. Et, entendez-le bien au début de cette grave affaire, une société où s'affaiblirait ce sentiment pourrait avoir des dehors brillants et des apparences trompeuses, mais elle marcherait certainement vers la dégradation et la barbarie.

« Si, en me levant, je vous tiens ce langage, ce n'est pas, croyez-le bien, que je me défie de vous; j'ai foi dans la fermeté de vos consciences; je vous connais, car, depuis quinze jours, nous participons ensemble à l'œuvre de la Justice, et, durant tout ce temps, permettez-moi de le dire avec un sentiment de fierté, je n'ai pas été un jour, pas une heure, en désaccord avec vous. C'est là une consolation pour nous dans nos difficiles et austères fonctions. J'ai tenu à vous en remercier, et à vous exprimer à la fois ma gratitude et ma confiance. Vous ferez dans cette affaire ce que vous avez fait dans toutes les autres, vous écouterez ma voix quand je viens vous demander justice...

« Si le débat s'égare, ce ne sera pas ma faute.

Mais si le défenseur m'entraîne hors de ce terrain, je le suivrai. Il me trouvera plein de respect pour les morts, et prêt à faire, à cette audience, respecter leur mémoire.

« Je dois avant tout quelques mots au souvenir de celle qui fut Mme la comtesse de Caumont-Laforce. Je ne représente pas seulement ici cet intérêt social, cet intérêt abstrait, qui n'a ni voix ni visage, je représente aussi les douleurs de la famille et de la pitié filiale, et c'est à ce titre que je parlerai de celle dont les enfants s'entretiennent sans doute à cette heure avec Dieu, pour lui demander de protéger mes efforts et d'assurer le châtiment de l'assassin de leur mère !

« C'était une femme qui avait eu et qui avait encore souvent un rare esprit, mais que les chagrins et le malheur avaient aigrie. Son esprit s'était, non pas affaibli, mais resserré dans la solitude et dans la tristesse. Elle avait une maison qui était l'image du désordre... Pourquoi s'en étonner ? On orne sa maison pour ceux qu'on aime, on l'embellit pour un époux, pour des enfants chéris. Pour qui, délaissée, solitaire, abandonnée des siens, Mme de Caumont-Laforce aurait-elle embelli sa demeure ?

« Elle était avare, a-t-on dit. Ah ! prenez garde ! elle était avare pour elle, elle vivait mal, elle vivait de peu, elle vivait de rien, mais elle était prodigue pour les pauvres ! L'avare ne connaît pas les pauvres, ces envoyés de Dieu ; il n'a jamais entr'ouvert ses mains pour l'aumône et pour la charité. Mme de Caumont n'était pas de ce nombre. Elle était bonne, elle était charitable, mais elle était bizarre. Je n'hésite pas à reconnaître cette étrangeté de son caractère, mais je me plais, en même temps, à rappeler les paroles de M. le marquis de l'Aigle :

« Le respect d'une fin tragique doit effacer le « souvenir d'une bizarrerie qu'il n'est dans l'inté- « rêt de personne de rappeler. »

« Elle taquinait ses gens, elle les harcelait, elle les tracassait : tout cela est possible ; mais c'est là tout, sans exagération d'aucune sorte. Je le dis hautement, en m'exprimant ainsi je suis sûr d'être dans la vérité, et, pour rien au monde, vous ne m'en feriez sortir. »

M. l'Avocat général rappelle dans quelles circonstances Baumann est entré au service de Mme de Caumont-Laforce. Il se demande où sont les scènes de violence qui ont été alléguées. L'accusé, interrogé sur ce point, n'a rien pu préciser. Il a balbutié ; il a dit vaguement que sa maîtresse l'avait irrité, provoqué. S'il en était ainsi, pourquoi restait-il dans cette maison qu'il était libre de quitter ? Mais non, il est resté ; il a conçu, il a manifesté la coupable pensée de frapper Mme de Caumont, sinon de la tuer. Il a choisi l'heure et le lieu. Il a, le 17 février, été loger sous un nom supposé dans un garni de l'avenue du Bel-Air. Il a résolu d'accomplir son crime le 20 février, parce qu'il savait que, le 19, elle avait encore chez elle des ouvriers qu'elle employait, que, le 21, son isolement aurait cessé par l'arrivée d'une concierge nouvelle et de l'ancienne nourrice, la femme Verdier.

« Le 20 au matin, il va chercher le déjeuner de Mme de Caumont. Puis, il revient, après avoir bu pour 20 centimes d'eau-de-vie, avec la pensée arrêtée de son crime. Lui-même en a fait l'aveu.

« On peut dire, en présence de ces faits, qu'en repoussant l'idée de préméditation, les magistrats ont fait une large part à l'indulgence. Et, si cette circonstance avait été admise par l'accusation,

peut-être n'y aurait-il eu dans cette affaire qu'une vérité de plus. »

M. l'Avocat général décrit, avec des expressions dramatiques, la scène du 20 février. Il montre, à l'aide de la déposition de Lefilleul, Mme de Caumont suivie par Baumann dans l'allée du jardin, sans qu'une parole, un geste, viennent indiquer une dispute. Au moment où ils entrent dans le bâtiment des écuries, le témoin ne les voit plus, mais il entend, au bout d'un instant, un cri de détresse, d'angoisse. Le crime se consomme.

« Cet homme se jette sur sa victime, il la frappe, la frappe encore ; il l'étrangle d'une main, de l'autre il lui meurtrit le visage, et, comme si ce n'était pas assez pour assouvir sa fureur, il se fait une arme de ses souliers ferrés. Il la voit étendue sous ses coups, et il la frappe encore, parce que, dit-il avec une hypocrisie sanguinaire, il veut l'empêcher de souffrir plus longtemps, ou bien, ce qui est plus vrai et ce qu'il reconnaît encore, parce que, la voyant à demi morte et se sentant déjà perdu, il a voulu l'achever.

« Et il l'achève, en effet ! et il la traîne dans cette écurie, où il l'ensevelit sous un monceau de bûches et de fumier. Je ne suis pas ici, Messieurs, la famille absente de Mme la comtesse de Caumont-Laforce, mais je ne puis me défendre d'une profonde douleur à l'idée qu'une pareille sépulture a été faite à cette femme d'une si haute maison et d'un si grand nom ! »

M. l'Avocat général montre ensuite le vol succédant à l'assassinat. Il fait ressortir l'épouvantable sang-froid de l'accusé au moment de son arrestation, et cherchant à caractériser le crime, il continue ainsi :

« Ce n'est pas là, Messieurs, un crime de premier mouvement ; il n'y a pas eu dans ces faits un moment d'entraînement, d'aberration. Oui, dans les plus honnêtes natures, sous l'influence d'une passion violente et dans des circonstances données, ces orages peuvent gronder, puis éclater ; une main peut s'armer et devenir criminelle ! Mais il n'y a pas eu de ces orages dans l'âme de l'accusé ; il n'y a point eu d'entraînement chez cet homme qui, deux fois à l'avance, avait annoncé qu'il voulait frapper sa maîtresse. L'homme que la colère aurait emporté malgré lui n'aurait pas fait de ses deux mains un étau pour étouffer les cris de détresse de sa victime, frappée du poing, frappée du pied, sans pitié ! Il n'aurait pas eu tous ces raffinements de cruauté ! Non ; ce qu'il y a là, ce n'est pas de la colère, c'est de la férocité, rien de plus, rien de moins. S'il avait cédé à la colère, on l'aurait vu fondre en larmes devant le cadavre de sa victime. Aujourd'hui, il paraîtrait devant vous dans l'attitude du repentir et de la douleur, et sans souci de sa vie. »

« Quant aux causes du crime, il n'appartient qu'à Dieu de les chercher dans l'inaccessible profondeur des consciences ; on peut cependant trouver à ce crime assez de mobiles pour qu'il ne doive pas être rangé parmi les crimes inexplicables. Le premier de ces mobiles, c'est la nature féroce de l'accusé.

« Un autre mobile, s'il en faut chercher un, a pu être l'appât de l'or. Pourquoi n'aurait-il pas tué pour voler, puisqu'il a volé après avoir tué ?

« Je vous supplie, Messieurs, dit en terminant *M. l'Avocat général*, de ne pas vous laisser affaiblir en songeant aux conséquences du verdict que vous allez rendre. Supposez que cette scène de mort se soit passée dans vos familles ; supposez qu'il s'agisse de votre femme, de votre fille; absoudriez-vous, sous la parole d'un avocat qui viendrait vous demander un acquittement? J'ai la confiance de défendre ici la cause de l'humanité. Je ne viens pas provoquer l'effusion du sang; je tâche, au contraire, d'arrêter cette effusion qui devient si fréquente aujourd'hui. Les serviteurs se constituent, dans l'état de domesticité ou de servitude accidentelle, les juges de ceux qu'ils servent; ils font un tribunal barbare; ils y font paraître leurs maîtres, ils les condamnent sur une querelle survenue à propos d'une obole, et ils exécutent eux-mêmes leur épouvantable sentence. Voilà ce que faisait naguère, dans notre grande cité, un homme que la Justice a frappé! Voilà ce que, le 20 février dernier, faisait le palefrenier Baumann sur la personne de Mᵐᵉ de Caumont-Laforce !

« Enfin, s'il le fallait, je viendrais réclamer cette condamnation au nom des lois divines, dont les lois humaines ne sont que l'image efficace. Je la réclame au nom de la croyance de ce Dieu qui a dit cette parole sur laquelle repose tout l'édifice social : « Tu ne tueras pas! » Et Dieu, pour donner le commentaire, adressait à son peuple cette autre parole : « Quiconque versera le sang humain, son sang sera répandu, parce que l'homme est créé à l'image de Dieu! »

« Pascal, s'adressant à de faux docteurs, qui, eux aussi, voulaient, dans leur morale relâchée, excuser le meurtre en plusieurs cas, s'exprimait ainsi :

« Les permissions de tuer que vous accordez en « tant de rencontres font paraître qu'en cette ma- « tière, vous avez tellement oublié la loi de Dieu « et tellement éteint les lumières naturelles, que « vous avez besoin qu'on vous remette dans les « principes les plus simples de la religion et du sens « commun. »

« Je n'ai rien, Messieurs, à ajouter à ces paroles, dans lesquelles le grand esprit de Pascal vous montre la loi divine d'accord avec la loi humaine. J'ai accompli mon devoir; vous saurez, j'en suis sûr, remplir le vôtre. »

La parole est au défenseur : Mᵉ *Nibelle* commence ainsi sa plaidoirie :

« Messieurs de la Cour, Messieurs les Jurés,

« Vous venez d'entendre un éloquent et sombre réquisitoire : j'espère enlever le crêpe de l'accusation.

« Ce n'est pas aujourd'hui seulement que j'ai commencé à plaindre celle qui fut Mᵐᵉ la comtesse de Caumont-Laforce. Elle semblait destinée à une vie à la fois éclatante et désolée, à toutes les grandeurs de la naissance et de la fortune, à toutes les misères de sa délirante imagination. Et le fut belle, elle aspira aux talents de l'artiste, elle rayonna par son esprit; elle eut une fille douce, bonne, charmante; mais les caprices de son cerveau dénaturèrent les dons que le ciel lui avait prodigués. Souvent, dans ses bizarreries avares, elle s'infligea la pauvreté; souvent elle souleva des haines, elle se créa des ennemis; elle repoussa la douceur, la félicité d'être mère. Elle répudia l'amour de son enfant, ce trésor des mères; malheureuse femme !

« Un triste pressentiment, une crainte vague remplissaient l'esprit de tous ceux qui la connaissaient. Une catastrophe menaçait cet être étrange. Quelle était cette catastrophe? On l'ignorait; mais on s'attendait à une catastrophe.

« La femme d'esprit a rencontré une intelligence bornée. La femme étrange a rencontré un idiot. Elle l'a tourmenté, elle l'a provoqué, et l'idiot l'a tuée.

« Je suis ému de pitié pour celle qui a reçu la mort et pour celui qui l'a donnée; je suis ému de pitié pour celle qui fut sa propre victime, la victime d'une brute offensée, à bout de patience. Je plains le pauvre homme et la grande dame.

« M. l'Avocat général, au nom de la société, pour laquelle il demande une grande expiation, a fait un appel à vos affections les plus profondes, à vos passions les plus saintes; il s'est écrié, en terminant : « Supposez que cette scène de mort se « fût passée dans vos familles; supposez qu'il s'a- « gisse de votre femme, de votre fille; absoudriez- « vous, *sous la parole d'un avocat* qui viendrait vous « demander un acquittement? »

« Si un tel malheur, Messieurs les Jurés, ensanglantait vos foyers domestiques, vous ne seriez pas juges, vous seriez parties, vous seriez témoins : vous vous récuseriez les premiers. Les plus vulgaires sentiments d'équité, la loi elle-même repousseraient les victimes voulant juger les meurtriers. Il y a des affections qui vibrent trop énergiquement pour laisser à l'homme la réflexion et la justice. Quant à moi, je le déclare, si j'entendais les cris de détresse de tout ce qui m'est cher, si un homme frappait ma femme ou mon enfant, subitement entraîné par un mouvement plus fort que ma volonté, je ne jugerais pas cet homme, je le tuerais, et je viendrais ensuite, *sous la parole d'un avocat*, d'un noble confrère, vous demander un acquittement.

« Loin de moi, hélas! la pensée de désarmer la société! S'il lui faut une satisfaction, elle se souviendra du caractère de Mᵐᵉ de Caumont-Laforce, du caractère de l'accusé, de ses antécédents, de la spontanéité de l'action dont elle poursuit le châtiment. La peine, qu'il m'est défendu de vous montrer, sera proportionnée au crime. Vous ne prononcerez point sous des terreurs que l'on fait monter ardemment jusqu'à vous. Toutes les terreurs sont mauvaises. Les holocaustes à la peur deviennent cruels et injustes. Qu'y a-t-il, par exemple, de commun entre ce cocher assassin dont on évoque l'ombre, entre ce cocher de hideux souvenir, ce cocher qui tuait sans cause, après avoir longtemps médité l'assassinat, et le palefrenier Baumann, poussé par une colère longtemps vaincue?

« Baumann n'est pas un Collignon!

« M. l'Avocat général m'a effrayé lorsque, dans un légitime orgueil, et invoquant une sorte de jurisprudence du Jury, il vous a dit encore : « Nous sommes à la fin d'une session. J'ai été d'accord avec toutes vos décisions. » J'ai été effrayé lorsqu'il a montré cet accord nécessaire aujourd'hui à la société. L'accord aujourd'hui!... Cette pensée seule me trouble, cette image me fait frémir. Vous serez émus comme la défense. Vous ne consacrerez point, aux derniers jours de vos fonctions, la terrible infaillibilité de M. l'Avocat général. Le Jury n'a point de jurisprudence. Dans chaque affaire, il n'écoute que ses impressions intimes, j'oserais presque dire ses émotions, qui l'égarent rarement. Toute action de l'homme a son mobile spécial, son caractère particulier. Les faits et le cœur d'un accusé ont tant de nuances !

« La confiance de M. l'Avocat général n'a donc pas diminué la mienne. La jurisprudence du Jury?... Ah! s'il en avait une, ce ne serait pas celle de la condamnation, mais celle de la clémence et de l'acquittement. J'ai aussi accusé; je tremblais. Désormais, plus heureux, je défends... je ne tremble plus. »

Après cet excellent exorde, M⁰ *Nibelle* se demande ce que fut la victime. Il respectera les morts, et il était peut-être inutile de le rappeler d'avance à ce respect. Mais il faut bien prendre dans la tombe de Mᵐᵉ de Caumont ce qui se lie au salut de l'accusé. Le défenseur usera de son droit avec mesure, avec regret. Il ne dira, du reste, de cette femme rien qui ne soit connu de tous; car sa vie devait être un douloureux procès, et sa mort un procès plus douloureux encore.

Caractère violent, fort entière, ne recevant pas les observations, bizarre, voilà ce que dit d'elle un parent qui chérit et respecte sa mémoire.

« On se rappelle ce procès d'interdiction, qui a condamné à un grand retentissement le nom et les excentricités de Mᵐᵉ de Caumont. Un arrêt souverain, respectable, a maintenu sa raison; mais cet arrêt a-t-il décidé qu'en gardant les rayons de son esprit, elle a perdu ses singularités? Mᵐᵉ de Caumont, ô misère humaine! conservait sa raison dans un salon, dans les grandes soirées; mais cette raison disparaissait dans l'antichambre, dans les petites choses de la vie : elle était *une folle extra-judiciaire*.

« L'infortunée ne savait que haïr ou se faire haïr. Aucune action du cœur ne sortait des rêves qui l'agitaient. Elle croyait ne rien devoir à personne; elle ne savait pas que le riche, chrétiennement, est le débiteur du pauvre; elle ne savait pas que la bienfaisance est une vertu toute française; que d'abondants secours, que de chauds vêtements sortent de ces demeures bénies où ne s'entasse point une fortune considérable comme la sienne; que de jeunes et charmantes femmes quittent leurs hôtels pour monter aux mansardes délabrées qui ignorent leurs noms, comme on ignore le nom des anges; elle ne savait pas enfin que la première de toutes les noblesses, c'est la noblesse de la charité.

« Mais faut-il l'accuser, cette femme? Il ne faut pas oublier le rapport des trois experts du procès d'interdiction. Vous savez ce qu'ils disaient de Mᵐᵉ de Caumont?

« Tout s'explique maintenant : ces ouvriers rançonnés, ces serviteurs, des étrangers, des Belges, qui ne connaissent personne à Paris, abandonnés pendant quinze jours sans pain, forcés à vivre de charité; ces exigences, ces tracasseries, augmentant de jour en jour; ces duretés de paroles que signale l'arrêt de renvoi, c'est de la *perversion maladive*.

« Voilà Mᵐᵉ de Caumont. Un mot sur Baumann. Ces deux êtres expliqués, les faits montreront si l'accusé est coupable, comment et à quel degré il est coupable, si rien d'étonnant n'apparaît dans ce meurtre.

« Une intelligence bornée, un passé de misère; une mère perdue dans la première jeunesse, un père mort en 1844, le besoin de travailler pour manger et la difficulté extrême de trouver un travail convenable à cette intelligence rétive : voilà le passé de Baumann.

« Il vient à Paris avec de bons certificats, avec une réputation de douceur bien établie; mais il faut pour vivre, même dans les conditions les plus basses de la domesticité, une activité d'esprit qu'il ne posséda jamais. D'abord garçon d'écurie, le travail lui manque. Le voilà promenant sa misère de profession en profession. Un honnête homme, M. Ferrantier, l'initie à un travail nouveau. Baumann taille des abat-jour, et les colporte dans les rues.

« Au milieu de la famille Ferrantier, il est un modèle de bonté, de charité. J'ai visité cette nombreuse famille : je voulais bien connaître le meurtrier des Champs-Élysées, l'homme qui avait étouffé une femme. Au nom de l'accusé, une petite fille charmante, la figure émue, le regard animé, s'écrie : « *Notre ami Baumann!* — Vous n'en avez donc pas peur? il est cependant très-méchant! — Baumann méchant!... il est trop bon; il donne tout; il ne garde rien pour lui. »

« J'apprends, en effet, que sa misère est généreuse. Il sait souffrir la faim pour calmer celle des autres, et coucher dans le plus mauvais réduit pour procurer un asile à ceux qui en manquent. Deux Allemands, un jeune homme et sa femme, arrivent à Paris pour y chercher leur existence. Ils se trouvent sur le pavé, sans ressources, ne connaissant que Baumann. Il donne sa petite chambre; il ne gagne que 2 francs par jour, il s'endette, et nourrit pendant quatre mois ses compatriotes... Je comprends le cri de la jeune fille : « *Baumann méchant!... il est trop bon !* »

« M. Ferrantier l'a dépeint doux, patient, obligeant, intelligent, insouciant, philosophe, s'accommodant de tout. Le philosophe buvait quelquefois, rarement; il n'était pas au surplus assez riche pour boire, et bien peu de spiritueux troublait sa faible tête. Après cinq années passées chez M. Ferrantier à gagner 2 francs, et dans la morte saison 1 franc par jour, Baumann entre chez M. de Rocheblave, et il en sort à la suite d'une libation trop abondante; mais M. de Rocheblave le dépeint doux, rangé, serviable, fidèle.

« Sorti de là sans ressources, il est proposé à Mᵐᵉ de Caumont-Laforce, accepté par elle sans examen, sans renseignements; il entre dans cet hôtel en désordre comme l'esprit de la maîtresse, le vrai palais de l'extravagance.

« Le voilà installé dans les fonctions multiples que l'on sait, au prix convenu de 3 francs par journée de dix heures, de 1 franc 50 centimes par demi-journée de cinq heures. Mais bientôt tout change. Mᵐᵉ de Caumont allonge la journée d'une heure, la demi-journée d'une demi-heure. Ce n'est pas assez; à certains jours, elle veut une heure de plus à la demi-journée. Elle veut que Baumann attende le matin, à la porte, jusqu'à ce que l'heure sonne dans sa pauvre tête de folle, et Baumann attend quelquefois durant deux heures. Elle ne perdrait pas une minute du temps qui lui est dû; mais le temps ajouté ne compte pas. Jamais un peu de pain, jamais un peu de vin n'augmente le salaire promis.

« La patience du malheureux fut mise à toutes les épreuves. Mᵐᵉ de Caumont ne traitait pas mieux ses chevaux que son palefrenier. Elle les promenait à sa manière dans le jardin : c'était un péril. Elle réglait et leur donnait elle-même leur misérable nourriture. Pour trois chevaux, une botte de paille et une botte de foin : c'est la ration d'un seul. Elle supprimait l'avoine ou leur en jetait quelques poignées. Les pauvres bêtes jeûnaient, dépérissaient et se cabraient. Leurs jambes s'engorgeaient dans un fatigant repos. Baumann gémissait plus sur eux que sur lui-même : il souffrait de leur martyre. Il dérobait de la paille, du foin, de l'avoine, et leur en glissait à manger en cachette. Aussi, quand il entrait, les pauvres animaux tournaient la tête vers lui.

«Un matin, à peine est-il arrivé, que Mme de Caumont lui commande de promener les chevaux dans le jardin : leur mangeoire était vide. — Madame, ils ont faim : ils seront méchants. — Faites ce que j'ordonne! Baumann obéit, et, comme il l'avait annoncé, les chevaux deviennent méchants. L'un d'eux, tenu par la corde, ainsi que le prescrivait Mme de Caumont, se dresse et lance un rude coup de pied dans le côté à son guide. Les chairs sont déchirées, le sang coule, Baumann étouffe; il appelle un marchand de fumier qui se rencontre là par hasard, et le prie de rentrer le cheval. Mme de Caumont descend. — Qu'avez-vous? — Madame, j'ai reçu un coup de pied. — Vous aurez joué avec lui. *C'est bien fait!* — Mais, Madame, je suis blessé. Où aller? Je n'ai pas un sou. J'ai besoin du pharmacien. Et il montre la plaie. L'inconcevable femme ne voit qu'une chose; la journée ne fait que commencer. Elle remet, à regret, 1 franc à Baumann, et le congédie avec ces mots : «Je ne puis rien vous faire!»

«Malheureuse femme! pas un mouvement d'humanité!

«Vous avez entendu cette nourrice à qui, pour refuge, sa dure maîtresse montrait l'hôpital, en lui disant : «Tu ne crèveras pas encore de celle-là!»

«Seule, Mme la maréchale Gérard, trompée sans doute par les paroles séduisantes de sa nièce, vous a dit qu'elle était aimée de ses gens, généreuse envers eux, bonne et ne s'occupant que du salut des âmes. Pourquoi ce portrait est-il une erreur? Baumann ne serait pas ici.»

Les jours suivants, Baumann, encore souffrant, est harcelé par son extravagante maîtresse. Retranchée dans son hôtel comme dans un fort où personne ne pénétrait, elle en descend sans cesse pour faire des sorties, changer tout, brouiller tout, gronder, ordonner, être obéie et gronder encore. Baumann s'efforce de suffire à tant de commandements divers. S'il va à droite, il est une bête; s'il va à gauche, il est un imbécile. Quoi qu'il fasse, quoi qu'il dise, il est injurié. Le pauvre homme perd la tête : on l'eût perdue à moins.

Lorsqu'il rentrait le soir chez son logeur, son cœur s'épanchait; il s'écriait qu'il était bien tourmenté. Le lendemain, il retournait aux Champs-Élysées avec la résolution de la patience, avec l'espoir d'être moins persécuté. Pourquoi retourner chez une telle maîtresse? N'était-il pas libre de la quitter? Sans doute, il était libre de mourir de faim! Où prendre du travail, le pain de sa journée, l'argent de sa nuit? D'ailleurs, il se sentait résigné. Il avait été maître de lui toute sa vie; il ne venait pas dans sa pensée qu'il ne le serait pas toujours.

Ce martyre et cette patience durèrent quatorze jours. Nous voici arrivés au jour du meurtre.

Ce jour-là, Baumann arrive, à huit heures moins un quart, à la porte de sa maîtresse. Il se promène, il sonne deux fois; mais la femme singulière attend, pour ouvrir, que l'horloge ait sonné huit heures.

Elle exige d'abord que Baumann donne à boire aux chevaux un vieux lait caillé, aigri. — Madame, ils ne boiront pas ça; c'est trop mauvais. — Faites ce que j'ordonne. Les trois chevaux flairent le lait corrompu et refusent de boire. — Vous êtes une bête, et vous ne savez pas faire boire les chevaux... Enlevez le seau... Vous donnerez à boire

plus tard... Ils n'ont pas soif... — Madame, ils boiraient de l'eau claire. Ils ont soif depuis hier soir. — Baumann nettoie l'écurie. — Imbécile! Laissez cela tranquille. Il ne faut rien toucher là.

La capricieuse femme, mobile dans ses volontés, commande à Baumann de trouver un petit morceau de fer, un tronçon de faucille égaré dans le gazon, et qui lui servait à tondre l'herbe à elle-même. — Prenez la fourche et le rateau. — Il prend fourche et rateau. — Non, prenez la pelle. — Mais, Madame, la pelle n'est pas bonne à cela. — Faites ce que je vous dis. — Madame, je vais le faire, puisque vous le voulez. — Dépêchez-vous, il faut me trouver ça. — Baumann cherche. Madame remonte dans ses appartements. Quelques minutes après, elle revient. — Vous ne voulez donc pas trouver? — Madame, vous voyez bien que je cherche. — Imbécile!... Allez m'acheter quatre petits pains... — Il court acheter les petits pains. Il boit, en même temps, quatre sous d'eau-de-vie pour se réchauffer. Il se réchauffe trop; il perd la timidité. Mme de Caumont lui commande de chercher dans une autre partie du jardin. — Madame, de quel côté?... Vous me tourmentez tant! La colère commence à poindre dans la poitrine de cet homme. Elle lève les épaules et se retire en ajoutant : — Si vous ne trouvez pas, je ne serai pas contente. Comment la contenter? Elle ressemblait à ces méchantes fées prescrivant des choses impossibles. On sonne : l'inculte palefrenier hèle sa maîtresse. Elle descend, irritée de l'irrévérence. — Appeler ainsi madame! — Le visiteur parti, elle retourne au jardin. Baumann n'a plus son sang-froid; il cherche toujours, mais avec impatience. — Vous n'avez pas encore trouvé? — Ce n'est pas ma faute. — Elle s'irrite, elle récrimine. — Tout ce que j'ordonne, vous ne le faites pas. — Baumann cherche avec la main l'introuvable morceau de fer. — Ce n'est pas avec la main qu'il faut chercher. Prenez la pelle... Non, laissez tout tranquille... Suivez-moi. — Il la suit. — Après quelques pas : — Que me voulez-vous? — Vous me dites d'aller avec vous. — Je n'ai pas besoin de vous... Quand on est si bête!... Je vais vous donner autre chose à faire. — Alors, s'emportant, elle multiplie les expressions outrageantes, elle le traite d'idiot et lui ordonne encore de la suivre.

Baumann, si patient jusque-là, entre en fureur. Il ne sait plus ce qu'il fait. D'une main convulsive, il saisit Mme de Caumont à la gorge; de l'autre main, le poing crispé, il la frappe violemment à la tête. Elle tombe sur le fumier, il tombe avec elle, et il frappe encore. D'une complexion délicate, elle dut être promptement étouffée. Elle râlait encore. Dans sa pitié sauvage, il veut l'achever pour l'empêcher de souffrir, et il frappe de nouveau.

«Il l'a achevée, c'est au moins lui qui nous l'apprend, et cette circonstance grandit l'accusation. Pourquoi l'a-t-il achevée? Parce qu'il se sentait perdu, dit-on. Non, il ne voulait pas la tuer d'abord; il l'achève, parce qu'il la voit souffrir.

«Il l'a achevée!... Mais non, malheureux idiot, tu ne l'as pas achevée!... elle était morte. Les médecins déclarent que les blessures, malgré leur gravité, n'ont point causé la mort, dont la cause unique a été l'étouffement.

«Baumann traîne le corps dans l'écurie, le recouvre d'un peu de paille, d'un peu de bois. Veut-il cacher un cadavre? Nullement. Il ne sait ce qu'il fait. Pendant la scène, on a sonné, on a secoué la porte. Il n'a pas entendu. Et il répond à Lefilleul en continuant à ratisser. Idiot, il ne songe pas à fuir. La curiosité le pousse à visiter cette maison où on ne pénètre jamais. Il porte en haut une bouilloire oubliée en bas par Mᵐᵉ de Caumont; il replace dans la cheminée un tison échappé du foyer. Il regarde.

«Le palais de la démence est aussi le palais du désordre : cafetière, bol en argent, vases d'argent, pièces d'argenterie, couverts, s'offrent à ses regards, épars, mêlés par terre à du chocolat, à un petit nécessaire à ouvrage. Il laisse l'argenterie; il prend quelques tablettes de chocolat, le nécessaire, dans lequel il croit voir une tabatière sans valeur. Il prend une méchante cravate, une vieille châtelaine en soie, une mauvaise bourse vide. Il prend, enfin, une pièce de cinq francs et deux pièces d'or pour s'acheter un pantalon, payer son garni, *être quelques jours tranquille.*

«Et c'est là un voleur? et il a tué pour voler? Il n'a même pas compris qu'on l'accusât de vol.

«Vous savez le reste, vous savez sa douleur, une fois l'exaltation tombée. Faut-il maintenant s'en rapporter aux premières impressions de Lefilleul, sincères sans doute, mais fugitives, inexactes? Lefilleul, qui ignorait les excitations de la matinée, n'a pu comprendre la pantomime des deux acteurs de ce drame, qui n'existait pas encore pour lui. Son attention ne s'est éveillée qu'au cri sinistre poussé par la victime, alors qu'un dernier outrage comblait la mesure de la patience du pauvre idiot, alors que la goutte d'eau faisait déborder le vase, et qu'un brusque bouillonnement faisait éclater cette colère amassée depuis longtemps, et, par cela même, aveugle, effrayante.

«L'arrêt de renvoi, l'acte d'accusation, ont écarté la préméditation; on cherche à la ramener sous un autre nom, en liant le vol au meurtre. Mais la probité habituelle de Baumann le justifie. Il n'a pas ouvert un seul meuble, il a respecté l'argenterie. S'il a pris 45 francs et quelques objets sans valeur, c'est que, dans sa pensée peu éclairée, Mᵐᵉ de Caumont lui avait, par ses caprices, par ses duretés, causé un dommage. Il n'a pas été payé comme il devait l'être. Blessé par la faute de sa maîtresse, il n'a pu regagner son garni éloigné, et il doit l'autre. Tout cela est stupide; mais est-ce là le vol de la loi, le meurtre pour voler?

«Baumann, dit en terminant Mᵉ *Nibelle*, n'est pas à craindre pour la société. La victime, l'accusé, les circonstances, tout est exceptionnel. Mais le cri du sang vient monter vers vous; la défense le comprend. Elle vous demande de rendre à cette affaire son véritable degré de justice, ses proportions vraies. Vous écarterez le vol, vous accorderez des circonstances atténuantes. Elles sont dans le caractère, dans les incessantes excitations de Mᵐᵉ de Caumont, dans la longue soumission de l'accusé, dans l'*instantanéité* de son action, dans son passé, dans sa vie entière; elles sont dans ses regrets, dans les larmes qu'il verse devant vous, non sur lui, mais sur sa victime.

«Les terreurs sociales de M. l'Avocat général ne descendront point dans vos esprits, et vous vous rappellerez que si l'ancienne loi divine que l'on invoque était sévère, la loi nouvelle est une loi de grâce.

«Deux mots résument ce triste procès. *J'avais la tête perdue, c'est un malheur*, a dit Baumann. C'est un fait *instantané*, disent l'arrêt de renvoi et l'acte d'accusation. Ce fait, ce malheur, a saisi de surprise et d'effroi la haute classe de la société. Baumann, le palefrenier, Baumann a jeté la mort en plein jour, au milieu du mouvement de la population parisienne, dans l'un des opulents hôtels des Champs-Élysées. Cela n'est que trop vrai; mais enfin cet étranger, ce serviteur, durant deux semaines a subi, sans murmurer, tous les caprices, tous les mépris, tout l'orgueil, toutes les variations d'une femme qu'on voulait interdire. Le quinzième jour, il arrive avec empressement, attend à la porte, préparé aux orages et à se taire; il sort, boit de l'eau-de-vie, rentre, docile encore aux ordres insensés de son insultante maîtresse. Les persécutions s'amoncèlent, la tempête redouble; l'humble serviteur plie comme le roseau; la maîtresse n'a jamais été si injurieuse : on dirait qu'elle rassemble dans un instant tout un passé d'offenses, tout ce qui remue les natures les plus impassibles; on dirait que son mauvais ange la pousse, l'inspire. La poitrine du serviteur bouillonne, sa tête fermente, il cesse d'être ce qu'il était; la colère gonfle son cerveau, un noir délire l'entraîne; le démon du meurtre trouble sa raison, et le serviteur égaré venge, dans une effroyable étreinte, les outrages et les tortures de deux semaines; un moment a suffi pour faire d'une femme si provocante un cadavre. Le serviteur, qui ne comprend pas encore son action, sort, laissant la porte entr'ouverte; il va chercher de l'eau-de-vie et revient dans cette maison de mort continuer son ouvrage; son front est taché de sang; une voix vengeresse lui crie : *Qu'avez-vous fait de votre maîtresse?* Il marche à l'écurie et répond, comme s'il n'avait que bercé et endormi Mᵐᵉ de Caumont-Laforce : *La voilà!*

«Baumann était sans raison, sans volonté.

«M. l'Avocat général vous dénonce ainsi que le plus grand des crimes le vertige d'un moment, et moi, je vous rappelle toute une existence d'affection et de dévouement. Il est triste de voir un pauvre homme auquel s'attachait un intérêt mérité, un pauvre homme que l'intérêt de ceux qui le connaissent bien suit sur ce banc, se débattre contre une accusation sans miséricorde.

«Gémissons sur le déplorable événement qui a frappé Mᵐᵉ de Caumont-Laforce; gémissons sur une femme qui, ayant autour d'elle les félicités de la terre, empoisonne ses joies, et vient tragiquement finir sa vie dans la fantasque solitude qu'elle s'est faite; gémissons sur une femme qui fut la cause de ses malheurs et du malheur des autres; mais plaignons aussi un malheureux dont la vie a été honnête, un malheureux doux et bon à tout le monde, un pauvre charitable, toujours prêt à partager avec plus pauvre que lui le pain à peine suffisant à sa propre existence. Plaignons Baumann : sans Mᵐᵉ de Caumont-Laforce, sa vie se serait achevée exempte de la moindre violence. C'est Mᵐᵉ de Caumont-Laforce qui l'a égaré, exaspéré avec sa folle avarice, ses continuelles injures, ses incessantes duretés. Pitié pour Baumann! pitié au nom de tout ce qu'il y a de noble et de sacré dans le cœur de l'homme, au nom de la justice et de l'humanité ! »

M. le Président résume les débats, et le Jury, après une courte délibération, rentre avec un verdict affirmatif sur toutes les questions, mais mitigé par des circonstances atténuantes. En conséquence, Baumann est condamné aux travaux forcés à perpétuité.

Nous demandons, à notre tour, à distance du crime qui effraye et qui indigne, en dehors de tout intérêt d'accusation ou de défense, à dire notre mot sur ces deux procès, sur ces deux hommes.

Collignon, tempérament sanguin, caractère violent et dominateur, égoïste, vaniteux, envieux, paresseux, est à nos yeux le type du mauvais serviteur, du prolétaire vicieux. Il a eu une famille, un intérieur, la vie facile, assurée par une de ces professions mixtes qui ne sont pas tout à fait la domesticité, mais dans lesquelles se développent trop souvent des habitudes d'immoralité par le continuel appât des gains illicites. Il a essayé de devenir maître à son tour, et l'inconduite l'a rejeté dans le salariat.

Le *socialisme*, mis en cause dans cette affaire, y devait-il être évoqué? Non, sans doute, et il serait désirable qu'en pareil cas les magistrats, se plaçant au-dessus des agitations passagères, conservassent le sang-froid de l'éternelle justice. Si Collignon a paré son crime de quelques mots empruntés au jargon du jour, ce n'est pas aux *théories funestes d'audacieux novateurs* qu'il fallait s'en prendre, mais aux sophismes impérissables de la vanité, de la paresse et de l'envie brutale. Que Collignon, parce qu'il n'a pu détrousser à l'aise un voyageur, se venge froidement et prétende avoir puni le bourgeois qui l'exploite, cela empêche-t-il les forçats de l'industrie de se plaindre à bon droit, et le crime du cocher efface-t-il les longues misères et les souffrances imméritées qui soulevèrent autrefois dans Lyon de terribles désespoirs?

Nous ne verrons donc dans Collignon que ce que montre dans tous les temps la nature humaine, quand à de larges appétits elle unit la soif du gain acquis sans peine, et la haine du bien qu'on ne possède pas.

Baumann, lui, pauvre Allemand flegmatique, cerveau étroit, envahi par la lymphe, intelligence voilée, à qui manque même l'expression facile d'une pensée obscure, Baumann devait-il être comparé à Collignon? Autant vaudrait comparer le chien docile et craintif qui erre affamé par les rues, au dogue tapageur et vorace du boucher. Il est naturellement honnête, aimant, content de peu, travailleur, né pour obéir. Il a été privé tout jeune de la famille et de la patrie; il a souffert patiemment la misère, et n'a jamais envié le bien des autres. A cet homme ainsi fait, donnez un bon maître, indulgent, doucement sévère pour les mauvais penchants, juste appréciateur des vertus natives, et Baumann sera l'esclave dévoué, l'animal domestique aimant et fidèle.

Baumann, malheureusement, a rencontré sur son chemin le mauvais riche, égoïste, âpre, sec, insultant, exploitant le pauvre, et diminuant le salaire s'il sent s'accroître les besoins. Du conflit journalier de ces deux natures, un crime a jailli : le pauvre idiot surmené a tué le mauvais riche.

N'a-t-on pas vu souvent le plus craintif, le plus docile, le plus aimant des animaux domestiques, le cheval, après des mauvais traitements prolongés, persistants, pour lui incompréhensibles et imérités, un jour, à bout de patience, ahuri, transporté, saisir son bourreau, le broyer de ses dents, le piétiner de ses sabots, et, quand le bourreau n'est plus qu'une masse inerte, retomber dans sa douceur hébétée et dans son obéissance instinctive?

Ce cheval révolté, c'est Baumann.

Eh bien! maintenant, on le demande : pourquoi présenter à des jurés ce rapprochement injuste, souverainement faux, de deux actes, de deux individus si essentiellement différents? Est-il donc défendu au magistrat accusateur de percevoir les nuances, et doit-il, sous peine de prévarication, s'obstiner à voir dans tout criminel un type absolu de scélératesse? Était-il vrai, était-il bon, était-il juste, était-il humain de rappeler, à propos du crime instinctif de Baumann, le crime voulu de Collignon, et fallait-il évoquer, dans ce cas, le fantôme du salariat révolté? Fallait-il, pour rendre le meurtrier plus odieux, parer la victime de vertus dont on admet l'impossible éloge dans la bouche décente d'un parent, mais qui font sourire vantées par le magistrat?

Mais surtout fallait-il, pour *obtenir* l'échafaud chercher à reprendre cette loyale reconnaissance de la Justice, qui, à la première heure, constatait l'instantanéité de la pensée criminelle en Baumann? La société a-t-elle été vraiment en danger, parce que le Jury, heureusement sourd aux supplications, aux appels dramatiques du magistrat vengeur, par le seul instinct de son bon sens, lui a refusé cette pauvre tête d'idiot?

Et notez que ce n'est pas ici au magistrat lui-même que nous nous en prenons; dans cette cause, l'intérêt social était représenté par un homme éminent, par une intelligence d'élite, par un cœur droit et noble entre tous (1). Mais ce que nous osons blâmer, ce sont ces déplorables habitudes professionnelles qui font, de l'accusation au grand criminel, une chasse ardente, une poursuite aveugle, dont le but effrayant est invariablement, impitoyablement, la guillotine.

L'avocat de la Loi n'a pas su, dans cette cause, comme il le saura plus tard dans sa maturité, se soustraire à ces habitudes regrettables; aussi, vous aurez vu cet écrivain distingué conduit par l'erreur à l'emphase; vous aurez vu ce chrétien sincère invoquant les sauvages doctrines du mosaïsme, réclamant l'œil pour l'œil, la dent pour la dent. Vous aurez vu cet éloquent doucement repris, finement, justement réfuté par un esprit de taille plus modeste, supérieur ce jour-là par le bon sens, Mr Nibelle. Celui-ci était de ces avocats excellents par les qualités moyennes, dont la raison calme, la langue simple et nette, le discours plein et probe, remportent souvent sur les illustres de l'éloquence des victoires inattendues. Avocat général en 1830, il fut de ces rares magistrats qui ne crurent pas pouvoir prêter deux serments; il donna sa démission, abandonnant ainsi une fortune assurée, car il était à l'avance désigné pour les fonctions de Procureur général. Au reste, le magistrat faisait pressentir l'avocat, car il lui arriva plus d'une fois, chose peu ordinaire, d'abandonner une accusation mal fondée. Cet homme de bien est mort en 1862.

Deux ans après environ, Baumann mourait au bagne. Bon travailleur, obéissant et doux, il s'y était, pendant près de huit ans, trouvé, de son propre aveu, plus heureux qu'en aucun temps de sa vie !

(1) M. Oscar de Vallée, auteur de ce livre excellent, *les Manieurs d'argent*.

DUMOLLARD, L'ASSASSIN DES BONNES (1861)

« De ses deux mains convulsivement étendues, elle repoussa violemment les bras de l'agresseur. » — (Page 3.)

Cette cause, comme celle d'*Hélène Jégado* (*Voyez* ce nom), nous met en présence d'un monstre ; et l'effroyable multiplicité des crimes commis par un seul individu y soulève, une fois de plus, la question de la responsabilité.

Non que Dumollard, comme la Brinvilliers bretonne, offre un cas de perversité maladive, pathologique, et, par conséquent, d'irresponsabilité morale ; mais ce malheureux, marqué dès l'enfance du signe fatal de l'ignorance et de la misère, déclassé avant de naître, peut être considéré, sinon par le magistrat, du moins par le philosophe, comme voué au crime par la nature même du milieu social dans lequel il a pris naissance.

C'est un sauvage, paresseux, rusé, violent, avide, goulu, luxurieux : placez-le parmi les Apaches, il sera un Indio bravo tout comme un autre, ni plus ni moins cruel, ni plus ni moins coupable ; mis en contact avec notre civilisation, il devient un épouvantail, une bête féroce à face humaine.

Affaire de milieu, et surtout affaire d'héritage ; car, pour les classes déshéritées, l'ignorance et la misère ne sont pas des phénomènes isolés et individuels, mais ont essentiellement le caractère sériel, se perpétuent et s'aggravent par l'héritage, modèlent peu à peu les cerveaux, façonnent les instincts, créent des races morales aussi fatalement que les climats créent des configurations physiques.

Ce sauvage de la civilisation, produit logique d'un milieu spécial et d'un germe vicié, doit-il être considéré comme responsable dans la même mesure que les fils de races cultivées et assainies par l'action continue de milieux plus purs, c'est là une question que nous ne voulons qu'indiquer, sans prétendre à la résoudre. Mais jamais peut-être l'action de milieu et la prédestination de race ne se sont manifestées plus clairement que dans cette âme encroûtée de misère et d'ignorance, que dans cette individualité bestiale de *Martin Dumollard*.

Le 26 mai 1861, sur les deux heures de l'après-midi, un homme se promenait à Lyon sur le pont de la Guillotière. Cet homme, vêtu d'une blouse bleue, coiffé d'un chapeau noir à forme haute et à larges ailes, de ceux qu'on appelle *flambards* dans le pays, paraissait être un campagnard des environs. On lui aurait donné, à première vue, cinquante ans environ ; son allure placide, son dos voûté, ses gros traits insignifiants, la niaiserie empreinte dans son regard atone, tout cela composait un ensemble vulgaire, peu fait pour attirer l'attention.

Vint à passer une petite femme à la démarche

vive et assurée, portant au vent un petit nez relevé, l'œil bleu, les sourcils noirs, un bonnet coquet planté sur le haut de la tête, point jolie, mais piquante, vingt-cinq ans environ. Son costume annonçait une ouvrière ou une domestique.

Comme elle s'engageait sur le trottoir du pont, le campagnard la tira par sa robe en lui disant : — « Pardon, Madame, pourriez-vous m'indiquer un bureau de placement? J'ai à chercher une domestique. — J'en connais deux, répondit la petite femme : l'un est place Louis XVI, aux Brotteaux, et l'autre rue Écorche-Bœuf. Ce dernier est tenu par les Blandines. Si vous voulez venir dans celui-ci, vous n'avez qu'à me suivre, car je m'y rends moi-même. — Ah ! vous voulez donc vous placer, Madame? — Oui. — Eh bien, j'ai ce qu'il vous faut. Je suis jardinier dans un château près de Montluel; Madame, qui n'a pas de domestique, m'a envoyé à Lyon avec ordre de lui en ramener une, à quelque prix que ce soit. — Quel gage donne-t-elle donc, votre dame? — Oh! c'est une bonne maison chez Mme Girard. Vous n'aurez pas grand'chose à y faire : surveiller la lingerie, un peu la basse-cour, un gage de 250 fr. par an, de bonnes étrennes. Mme Girard a trois filles; il y en a deux de mariées, la troisième est encore en pension. Par exemple, Madame est dévote; il faudra que vous alliez à la messe, et on fait maigre le vendredi, le samedi et le carême. M. le curé est toujours fourré chez nous. Il y a une des filles de Madame qui habite Paris avec son mari, et qui vient souvent au château; et, à chaque visite, quand même elle ne resterait que vingt-quatre heures, c'est une pièce de cinq francs pour la bonne. »

La petite femme goûta la proposition. Elle se nommait, dit-elle au jardinier, Marie Pichon, veuve Bertin; elle avait vingt-sept ans, et était née en Savoie. Ses frères étaient ouvriers à Lyon. Il fut sur-le-champ convenu qu'on irait chercher la malle de Marie Pichon à l'atelier où travaillait un de ses frères, sur le quai de Pierre-Scize. Le jardinier attendit à la porte, et quand Marie Pichon sortit, accompagnée d'un apprenti qui traînait la malle, le jardinier, s'approchant, souleva cette malle par une poignée : il la trouva trop lourde, et il fallut appeler un crocheteur pour la porter à la gare du chemin de fer de Genève, aux Brotteaux.

Il était sept heures du soir quand le jardinier et la domestique arrivèrent à la gare des Brotteaux; une heure après, ils descendaient à Montluel. Le jardinier chargea la malle sur son épaule et dit à Marie Pichon : « Nous avons pour une heure et demie de marche jusqu'au château; mais nous allons prendre des chemins de traverse, et nous ne durerons guère en route. » Marie Pichon le suivit, portant d'une main un petit carton, suspendu à une ficelle; de l'autre, un panier et un parapluie.

Ils remontèrent un chemin latéral qui longe la gare du chemin de fer, traversèrent un passage à niveau, et l'homme, tournant brusquement à gauche, descendit dans un chemin creux, raviné, couvert de sable et de cailloux, et bordé de chaque côté par des buissons épais.

La nuit commençait à se faire, et l'ombre envahissait le ravin. Ils marchèrent ainsi pendant plus d'une demi-heure. Tout à coup, l'homme, qui marchait toujours en avant, s'arrêta, laissa glisser de son épaule la malle qu'il posa à terre sur champ, et, appuyant dessus ses larges mains de l'air d'un homme qui succombe à la fatigue : « Votre malle

est vraiment lourde, dit-il; je n'en puis plus et je n'arriverai pas au château avec une pareille charge. Si vous m'en croyez, nous la mettrons dans ce champ de colza : elle y sera parfaitement cachée, et demain matin, de bonne heure, je viendrai la prendre avec la voiture du château. »

Sans attendre l'avis de la petite femme, qui regardait sa malle avec un commencement d'inquiétude, le jardinier franchit la berge du chemin creux, traversa quelques champs de trèfle et de colza assez clair-semés, et ne trouvant pas de cachette à sa guise, jeta la malle dans un fossé où croissaient quelques ronces. « Là, dit-il, personne ne peut venir à cette heure, et demain, à l'aube, je la reprendrai. Maintenant, suivons la traverse, et nous ne tarderons pas à apercevoir le château. »

Ils marchèrent longtemps encore, traversant tantôt des prés, dont il fallait passer les coupures sur des planches mobiles, tantôt des terres ensemencées de froment. Ils se retrouvèrent près de la ligne du chemin de fer, qu'ils traversèrent sous la voie; ils s'engagèrent de nouveau dans un chemin raviné et encaissé qui les conduisit sur des mamelons plantés de vignes.

L'homme avait, dans ces chemins difficiles, des prévenances continuelles pour sa compagne de route. Il l'avertissait aux mauvais endroits, lui prenait la main pour l'aider à descendre ou à remonter les fossés. Chemin faisant, on causait. Marie Pichon racontait que, restée veuve, elle s'était placée comme nourrice. L'homme, cependant, paraissait marcher au hasard; la femme s'inquiétait vaguement. Tout à coup, l'homme essaye d'ébranler un gros échalas de vigne; l'échalas, profondément enfoncé, résiste, et comme Marie Pichon suivait de près, l'homme paraît renoncer à sa tentative.

Que voulait-il faire de ce bâton? Les inquiétudes de Marie Pichon commencèrent à prendre une forme plus arrêtée. Ce lieu désert, sans chemins tracés, cette heure avancée de la nuit, ce château qu'on devait atteindre en moins d'une heure et qu'on devait atteindre en moins d'une heure et ce-mie et qui reculait toujours, tout cela lui inspirait défiance. La lune s'annonçait par une blancheur à l'horizon; la nuit ne se faisait plus transparente : la femme ne perdit plus un seul des mouvements de son guide. A quelques pas plus loin que le champ de vignes, l'homme se baissa, comme pour ramasser un des cailloux dont le sol était jonché. Bien que tout à fait effrayée, la femme dit d'une voix qu'elle cherchait à rendre assurée : « Que cherchez-vous donc là? Avez-vous perdu quelque chose? — Non, j'avais cru voir quelque chose à terre; ce n'est qu'une plante. » Et elle remarqua qu'il ralentissait le pas, comme pour se laisser dépasser par elle, et qu'il agitait ses mains sous sa blouse. Préparait-il quelque arme cachée? Elle conçut la pensée de fuir; mais s'il allait la poursuivre !

Ils étaient alors parvenus au sommet d'une colline à peu près dénudée, qu'on appelle Côte-Enverse; là s'élevait une petite maison en construction, encore dépourvue de toiture. Devant cette maison passait un petit chemin, dans lequel se voyaient des ornières; à gauche, sur un revers incliné, s'étendait un pâturage d'herbe courte et fine, taché çà et là de quelques bouquets d'aubépines sauvages et de ronces. A l'horizon, autant que la nuit permettait au regard de plonger dans l'espace, rien, pas une forme indécise qui révélât une ferme, un château.

La frayeur de la femme était arrivée à son paroxysme; elle y puisa un courage désespéré, et s'approchant de l'homme à le toucher, « Je vois que vous m'avez trompée, dit-elle, je ne vais pas plus loin. » Elle n'avait pas achevé ces mots, que l'homme, se retournant brusquement par un mouvement de rotation sur la jambe gauche, lui lança, en étendant ses deux mains au-dessus de la tête, une corde à nœud coulant. A ce mouvement, la femme laissa tomber à terre les objets qu'elle tenait, et, de ses deux mains convulsivement étendues, saisit et repoussa violemment les bras de l'agresseur. La corde, dont le cercle entourait déjà sa tête, glissa, enlevant seulement le bonnet. « Mon Dieu! mon Dieu! je suis perdue! » se mit à crier la malheureuse. Cette résistance inattendue, énergique, cette attaque manquée, ces cris peut-être, tout cela sans doute causa à l'assassin un moment de trouble et d'hésitation, car il resta planté sur ses deux jambes, sa corde à la main. Elle profita de ce court instant de répit pour ramasser son bonnet et se précipita sur le versant incliné du mamelon. La peur lui donnait des ailes. Elle tombait, se relevait, roulant dans les fossés, courant sur le gazon dru et glissant, et, à quelques pas par derrière, elle entendait le pas lourd du meurtrier.

Au bout de quelques minutes de course désordonnée, elle n'entendit plus rien. La lune avait monté dans le ciel; la forme blanche d'une maison se montrait dans la plaine. Marie Pichon, toute haletante, s'élança de ce côté. Elle arriva près d'une barrière du chemin de fer: un des clayonnages était brisé, elle s'introduisit par là sur la voie, la franchit et aperçut une lumière. C'était celle d'une des premières maisons du village de Balan. Marie Pichon, toujours courant, arriva à la porte de cette maison, d'où partait un bruit de voiture. Le propriétaire venait de rentrer et dételait son cheval; aux coups précipités frappés sur la porte, il vint ouvrir, et vit la pauvre femme toute sanglante, les yeux hagards, la poitrine haletante, les vêtements en désordre, qui eut à peine, en s'affaissant sur une borne, le temps de lui dire : « Sauvez-moi... j'ai été attaquée... là-bas... il me suit... »

Le cultivateur, il se nommait Joly, fit entrer Marie Pichon, referma prudemment la porte et écouta le récit que lui fit en sanglotant la pauvre domestique. Tout en elle, au reste, racontait la tentative criminelle à laquelle elle venait d'échapper. Dans les chutes successives faites pendant sa course affolée, elle s'était foulé un poignet ; des contusions, des déchirures saignantes marbraient son visage ; le sang coulait de ses lèvres enflées et de ses dents ébranlées.

On la réconforta, on la pansa d'une façon sommaire ; pendant ce temps, un garçon d'écurie allait chercher Demichaille, le garde champêtre de Balan. Marie Pichon redit à cet homme l'aventure, et Demichaille la conduisit sur-le-champ à la gendarmerie de Montluel, gros village situé à quelque distance, sur la route impériale de Lyon à Genève. Il était minuit quand Demichaille et Marie Pichon réveillèrent la brigade. Quelques hommes se détachèrent, et la domestique chercha à reconnaître, à la clarté de la lune, les lieux par lesquels elle avait passé avec son guide. Après d'assez longues recherches, elle retrouva le champ de colza et le fossé dans lequel avait été déposée la malle : la malle avait disparu.

La nouvelle de ce guet-apens se répandit avec rapidité par tout le pays de Trévoux, et y sema l'anxiété. Qu'était devenu le meurtrier? Ni dans le fossé du champ de colza ni sur le mamelon de Côte-Enverse, on n'avait retrouvé les effets déposés ou perdus avant ou pendant la lutte. Les autorités, les cantonniers, les gardes champêtres, les gardes-barrières, les chefs de station du chemin de fer, à plusieurs lieues à la ronde, ne signalaient sur aucun point, pendant cette nuit du 26 mai, la présence d'un individu semblable à celui que dépeignait la victime, et portant une malle et un carton. Fallait-il donc croire que le malfaiteur avait sa retraite non loin du lieu du crime? L'itinéraire suivi par lui, à travers champs, prés et vignes, semblait révéler une parfaite connaissance des lieux.

Ce n'est pas tout. Une rumeur courut par les campagnes. Le guet-apens du 26 mai rappelait à la mémoire de tous plusieurs attentats de même nature, impunément consommés ou tentés, depuis plusieurs années, dans les localités voisines, avec des circonstances et par des moyens semblables. La condition des victimes, qui toutes appartenaient à la classe des filles à gages, la similitude des manœuvres à l'aide desquelles elles avaient été entraînées, l'invariable conformité de signalement du coupable, tout fit naître la pensée que la tentative à laquelle Marie Pichon venait d'échapper n'était qu'un nouvel anneau d'une longue chaîne de crimes devenus pour leur auteur une véritable industrie.

Une instruction fut commencée, et les constatations du magistrat ne tardèrent pas à confirmer les faits dénoncés par la rumeur publique.

Marie Pichon s'était fait inscrire à l'établissement des Blandines : on nomme ainsi, dans le midi de la France, des maisons spéciales de placement, sous l'invocation de sainte Blandine. La directrice de la maison de Lyon, Madame Clavier, apprenant le guet-apens tendu à cette fille, se rappela que, six ans auparavant, deux faits presque identiques s'étaient passés.

Au mois de septembre de l'année 1855, une fille Josephte Charlety, inscrite au même bureau des Blandines, avait été accostée, sur la place Bellecour, à Lyon, par un homme de la campagne, se disant garçon de peine dans un château près de Trévoux, et chargé de chercher une domestique pour ses maîtres. Les propositions avantageuses de cet homme avaient séduit Josephte, qui, le 22 septembre, était partie à pied avec lui. Tous deux avaient, pendant plusieurs heures, suivi les chemins de traverse qui sillonnent le plateau de Caluire. La nuit venue, brisée de fatigue et saisie de frayeur, soupçonnant tout de cet homme qui lui répétait sans cesse : « Avez-vous de l'argent? » Josephte avait refusé de suivre plus longtemps son guide, et, malgré ses sollicitations et ses promesses, s'était arrêtée dans une ferme où elle avait été recueillie.

Le 11 novembre de la même année, un homme de la campagne s'était encore présenté à ce bureau des Blandines, et y avait demandé une fille à gages pour une maison bourgeoise. On lui présenta Victorine Perrin, âgée de vingt et un ans. Cette fille, bien que tentée par un gage de 200 fr, et par la perspective d'une place peu pénible à remplir, voulait laisser sa malle en dépôt chez les Sœurs de Sainte-Blandine. L'inconnu insista pour qu'elle emportât au moins un change, et elle prit une caisse dans laquelle elle plaça quelques effets et une cinquantaine de francs. Accompagnée de l'inconnu, elle prit le chemin de la Croix-Rousse. Une marche de plusieurs heures les conduisit à travers champs près de Neyron. Il était alors huit heures du soir. Chemin faisant, l'inconnu secouait la boîte placée sur son épaule, et il en sortait un tintement argentin. « Qu'est-ce qui sonne ainsi là dedans? dit-il. — Oh! ce n'est rien, quelques francs mêlés à mes effets. » Ils arrivaient, ce disant, à la lisière d'un bois, près de la route impériale de Lyon à Genève. Tout à coup l'inconnu franchit un fossé et disparut, emportant la caisse.

Josephte Charlety, Victorine Perrin et la sœur Clavier se rappelaient parfaitement que l'auteur de ces deux guet-apens était un homme de quarante-cinq ans environ, à l'air placide, à la mise campagnarde, portant tantôt un feutre gris, tantôt un chapeau flambard, les épaules voûtées, la barbe noire, les cheveux noirs tombant sur un front très-bas, trainant la jambe et remarquable surtout par une lèvre enflée.

C'était bien là le signalement que donnait aussi Marie Pichon.

On se rappela également une fille Olympe Alabert, à qui, en mars 1855, *l'homme de la campagne* avait proposé un bon gage à Neuville-sur-Saône. Elle l'avait suivi par Serin, par les hauteurs de Caluire et le camp de Sathonay; au crépuscule du soir, voyant que le but de leur course reculait toujours, elle avait déclaré qu'elle n'irait pas plus loin et avait parlé si fermement, qu'elle s'était fait rendre son paquet qu'il portait et dont il refusait de se dessaisir.

Même aventure était arrivée, le 31 octobre 1855, à une fille de dix-sept ans, nommée Marie Bourgeois. Comme elle traversait le passage de l'Hôtel-Dieu, à Lyon, *l'homme de la campagne* l'avait accostée, lui avait demandé l'adresse d'un bureau de placement, lui avait proposé une condition excellente, et, le lendemain, l'avait emmenée par les rives de la Saône et le camp de Sathonay. De là, par des chemins de traverse et des détours sans nombre, il l'avait conduite, à la tombée de la nuit, près d'un grand bois qui longe la route impériale de Lyon à Strasbourg, au lieu dit des Polletins. Là, comme Josephte Charlety, elle avait pris frayeur et s'était réfugiée dans une ferme.

Le lendemain, 1er novembre 1855, deux gendarmes de la résidence de Carcy, prévenus de la tentative dont Marie Bourgeois avait été victime, se présentèrent à la ferme où elle avait trouvé asile. La fermière, la femme Françoise Collet, épouse Berthelier, leur raconta l'aventure de Marie Bourgeois, telle qu'elle l'avait apprise de cette fille. La fermière ajouta : « Cette fille m'ayant dépeint l'homme en question comme vêtu d'une blouse bleue, coiffé d'un chapeau à larges ailes, la jambe traînante et la lèvre enflée, je présumai que cet homme n'était autre que l'assassin de la femme dont le cadavre a été — trouvé dans le bois de Tramoyes, et probablement aussi le même qui, peu de temps après, a mené aussi à Mionnay, par des chemins de traverse, une autre fille à laquelle il devait, a-t-on dit, faire subir le même sort. Ainsi avertie, Marie Bourgeois se mit à pleurer et me remercia vivement, en répétant que cet homme lui faisait peur. Elle a couché à la maison, et, ce matin, elle a repris le chemin de Lyon, sur les neuf heures. Quant à l'individu, qui devait venir la prendre à la maison, il ne s'y est pas présenté. »

Le signalement donné, de mémoire, par la fermière des Polletins, se rapportait exactement à celui de l'auteur des tentatives faites sur Marie Pichon, sur Josephte Charlety et sur Victorine Perrin.

Quant au crime de Tramoyes, auquel la fermière des Polletins faisait allusion, voici tout ce qu'on en savait.

En cette même année 1855, le 28 février, quatre jeunes gens de Tramoyes, chassant dans la forêt de Montaverne, se trouvèrent tout à coup, dans un taillis assez épais, en présence d'un cadavre. C'était celui d'une jeune femme, assez récemment assassinée, et portant à la tête six blessures produites par un instrument aigu et tranchant. Le corps avait été entièrement dépouillé de ses vêtements, dont quelques fragments, un mouchoir, un col et un bonnet de tulle ensanglantés, un débris de ruban de soie bleu moirée et une paire de souliers, furent seuls retrouvés à quelques pas de là. La mort paraissait remonter à peine à deux jours.

L'identité de la victime ne put être établie qu'après de longues recherches; enfin, on put s'assurer que ce cadavre était celui d'une fille Marie Baday, domestique à la Guillotière, qui, le 25 février, avait quitté Lyon, en annonçant qu'un *homme de la campagne* venait de lui offrir, dans une maison bourgeoise des environs, une place avantageuse. Ce campagnard s'était déjà, le même jour, adressé dans les mêmes termes à une fille Marie Curt qui avait remis sa réponse à quelques jours de là. Le 4 mars, l'inconnu était venu chercher cette réponse, et Marie Curt, échappant, sans le savoir, au sort de la pauvre Marie Baday, avait refusé la condition offerte, et renvoyé le chercheur de domestiques à cette fille Olympe Alabert, cette domestique entraînée dans un guet-apens à Mionnay, et dont la fermière des Polletins rappelait le souvenir à Marie Bourgeois. L'homme de la campagne, signalé par Marie Curt et par les personnes qui avaient vu partir Marie Baday, était toujours l'homme au grand chapeau, avec épaules voûtées, à la lèvre difforme.

Ainsi, en une seule année, ce dangereux inconnu avait tenté ou accompli six crimes avec une frappante uniformité de moyens.

La tentative dont Marie Pichon venait d'être la victime, allait-elle mettre enfin la Justice sur les traces du mystérieux malfaiteur?

Le 28 mai 1861, M. Genod, juge d'instruction, juge suppléant au tribunal de première instance de Trévoux (Ain), se transporta sur le territoire des communes de Monthuel, de Dagneux, de Balan et de Bressolles, accompagné du substitut de M. le Procureur impérial de Trévoux.

Marie Pichon conduisit elle-même les deux magistrats dans les diverses localités qu'elle avait parcourues avec son guide sinistre. Elle reconnut les endroits qu'ils avaient traversés ensemble, et arriva jusqu'à cette maison de la Côte-Enverse où elle avait trouvé un refuge.

M. Genod, après avoir comparé les signalements divers et les diverses circonstances des tentatives déjà connues, conclut en ces termes dans son rapport: « Les conjectures les plus vraisemblables nous portent à penser que ce dangereux malfaiteur est l'auteur des tentatives commises les années précédentes sur les filles Bourgeois, Alabert, et sur une fille Michel, également entraînée par un inconnu, et peut-être n'est-il pas étranger à l'assassinat de la fille Baday, commis dans le bois de Tramoyes. »

M. Genod dut se contenter, pour le moment, de lancer un mandat d'amener contre le malfaiteur inconnu.

Mais pendant que la Justice cherchait à renouer les fils de cette trame sinistre, une autre instruction se faisait par les campagnes, celle de la terreur et de la curiosité publique. La plupart des guet-apens déjà connus se localisaient dans les environs de la petite ville de Montluel et du village de Dagneux. Or, il y avait à Dagneux un garde cham-pêtre et un cabaretier qui, comme tous les habitants de ces campagnes à plusieurs lieues à la ronde, s'oc-cupaient de l'événement du jour, de l'aventure de Ma-rie Pichon. Joly, le cabaretier, François Maule, le garde champêtre, et le brigadier de gendarmerie passaient en revue les mauvais sujets des environs, cherchant sur qui pourraient tomber les soupçons. « Et Raymond, se dirent-ils, de quoi peut-il bien vivre, ce maraudeur, ce sournois qui ne travaille guère et sort souvent la nuit? »

Ce leur fut un trait de lumière. Ce Raymond ré-pondait singulièrement au signalement donné par Marie Pichon : la blouse, le chapeau flambard, les épaules voûtées, la barbe noire, la jambe traînante, la lèvre enflée, rien n'y manquait. *Ce ne peut être que Raymond*, se dirent-ils, et tous les gens du pays répétèrent : *Ce ne peut être que Raymond*. Joly, pro-che voisin de ce Raymond, apprit aux deux autres causeurs que, le jour du crime, Raymond était ren-tré chez lui à une heure très-avancée de la nuit.

« Il faut que je voie le repaire de ces gens-là, » se dit Maule. Ce Raymond était marié. C'était, en effet, un étrange compagnon. Inconnu du maire et du maréchal des logis de Montluel, à peine connu de quelques personnes à Dagneux, il ne fréquentait ni l'église, ni le cabaret, ni le marché ; vivant comme un ours dans sa tanière, sortant la nuit, tournant le dos ou baissant les yeux quand il voyait une créa-ture humaine. De quoi vivait-il? On ne savait. Il tra-vaillait quelquefois comme journalier, mais il parais-sait tenir fort peu à s'employer ainsi, et il réclamait un salaire plus élevé que les autres. On pensait, vu ses fréquentes absences, qu'il allait aux fardeaux à Lyon, ou qu'il vivait de maraude ou de contrebande.

Le garde champêtre alla au hameau du Mollard, qu'habitait le suspect. Le véritable nom de celui qu'on appelait Raymond était Martin Dumollard. Maule s'adressa d'abord à une voisine du soi-disant Raymond ; mais tandis qu'il prenait des informa-tions sur le compte de Dumollard, Anne Martinet, femme de Dumollard, s'avança d'un air inquiet, comme pour écouter s'il était question d'elle. Maule dépista sa curiosité en avertissant tout haut la voi-sine d'avoir à payer ses impositions. Le lendemain, Maule, qui rôdait toujours autour des deux sus-pects, se sentit assez convaincu pour dire au briga-dier : « Je tiens le brigand, préparez-vous à l'arrê-ter. » Puis, le garde champêtre alla trouver le juge de paix de Montluel. Sur son rapport, ce ma-gistrat jugea une perquisition indispensable. Le 3 juin, il fit une descente chez Dumollard, y trouva une multitude d'effets de femme dépareillés, et, parmi tout cela, des objets ayant appartenu à Marie Baday, démarqués, souillés de taches suspectes. Il n'y avait plus à hésiter ; le magistrat ordonna l'ar-restation de Dumollard.

Transféré immédiatement à Trévoux, cet homme fut, le jour même, confronté avec Marie Pichon, qui le reconnut formellement, sans hésitation. Les autres personnes qui avaient assisté au départ de Marie Pichon le reconnurent également. Dumollard se contenta d'opposer à ces témoignages accablants des dénégations impassibles.

Le 9 juin, M. Genod fit dans la maison de Dumol-lard des perquisitions minutieuses qui amenèrent la saisie de vêtements en quantité innombrable, linges, hardes, malles, caisses, débris de toute sorte à usage de femme. Interpellée sur l'origine de ces objets, la femme Dumollard répondit que son mari les avait apportés à la maison à différentes dates qu'elle ne pouvait préciser, et que chaque fois il lui avait dit les avoir achetés. Elle convint, d'ailleurs, avoir porté elle-même plusieurs de ces effets ; mais, en les affectant ainsi à son usage personnel, elle n'avait fait que céder aux menaces et aux violences de son mari.

Marie Pichon était présente à la perquisition. Parmi tous ces effets qu'on lui présenta, elle n'en reconnut aucun.

Qu'étaient donc devenus la malle de cette fille et les effets qu'elle contenait? En vain le Juge pressa de questions la femme Dumollard : elle répondit constamment que son mari n'avait rien apporté chez elle pendant la nuit du 26 mai, qu'elle ne sa-vait rien au sujet du vol commis au préjudice de Marie Pichon.

L'invraisemblance de ces réponses, et enfin la découverte, dans un tas de fagots, d'un coupon de toile de cretonne que Marie Pichon déclara lui avoir appartenu, décidèrent le Juge à mettre la femme Dumollard en état d'arrestation.

Cependant l'instruction contre Dumollard suivait son cours, et, huit jours après l'arrestation de sa femme, une autre tentative de vol, celle-là remon-tant à 1860, dont l'auteur était resté inconnu, put être mise à sa charge.

Le 30 avril 1860, vers sept heures du soir, en un lieu dit le *Bois-Brûlé*, sur le territoire de Ci-vrieux, canton de Trévoux, un paysan qui conduisait une charrette attelée d'un âne, vit passer près de lui un individu paraissant avoir environ quarante-cinq ans, portant un chapeau noir de haute forme, un pan-talon noir et une blouse bleue. Il cheminait en com-pagnie d'une femme qui pouvait avoir vingt ans. L'homme et la femme s'engagèrent dans la forêt, où le bonhomme les perdit de vue.

Au bout de quelques minutes, il entendit des cris d'alarme et il vit accourir la femme seule, la coif-fure en désordre, le mouchoir déchiré. « Ah! lui dit-elle, le coquin ! il a cherché à m'entraîner dans le bois pour me voler? J'ai crié, et alors il m'a laissée. » La femme parlait avec une grande animation. Elle était allée immédiatement porter plainte à Neuville-sur-Saône ; puis on ne savait ce qu'elle était devenue.

Mais elle avait déclaré au commissaire de po-lice de Neuville qu'elle s'appelait Marie Michel, qu'elle était née près de Belleville, dans le départe-ment du Rhône : ces indications permirent de retrouver bientôt sa trace.

Le 18 mai 1860, la fille Michel, découverte à Poule, canton de Lamure, département du Rhône, fut entendue par M. Genod. Elle raconta qu'étant venue à Lyon pour y faire soigner son enfant ma-lade, elle s'apprêtait, le 29 avril, à retourner à Poule avec le petit, quand elle fut accostée par *un homme de la campagne*, qui lui proposa de l'emme-ner à Meximieux comme domestique. Séduite par un bon gage, elle suivit, le lendemain, cet homme, qui lui fit prendre la voiture de Neuville. Arrivés là, la fille Michel et l'homme firent route à pied, elle portant le plus léger de ses paquets et l'homme portant le plus lourd. A quelque distance de Neu-

ville, la fille Michel insista pour déposer ces deux
paquets dans une ferme, et il fut convenu que
l'homme viendrait les chercher avec sa voiture. Al-
légés de leur fardeau, ils s'engagèrent dans des
sentiers à travers un pays presque désert. Au soleil
couchant, à l'entrée d'un grand bois, ils rencontrèrent ce paysan conduisant une voiture attelée d'un
âne, et dix minutes après environ, comme ils traversaient un taillis, la fille Michel vit son conducteur s'asseoir au pied d'un chêne, prétextant la fatigue et l'invitant à se reposer près de lui. Cette
étrange invitation, le lieu où elle était faite, la nuit
qui s'approchait, inspirèrent à la fille Michel un
sentiment vague de terreur. Elle s'empara de son
parapluie, qui était placé près de l'homme, et
comme celui-ci cherchait à la saisir par sa robe,
elle s'élança en arrière. « Donnez-moi votre argent, dit l'homme. — Si vous voulez venir au
bout du bois, répondit-elle, je vous donnerai tout
ce que j'ai. » En ce moment, il se leva; effrayée,
elle prit la fuite, en criant: Au secours! et, après
une course folle, se retrouva sur la route, non loin
de la charrette attelée d'un âne. Le paysan, à qui
elle fit le récit de ce guet-apens, lui montra le chemin de Civrieux, où elle trouva un garde champêtre
qui la conduisit jusqu'à Neuville.

Voici le signalement que la fille Michel donnait
de l'homme qui avait tenté de la voler : il était vêtu
d'une blouse bleue blanchie, d'un pantalon vert
foncé tirant sur le gris ou noir, chaussé de gros
souliers, coiffé d'un chapeau noir haut de forme et
étroit de bords. Il avait les cheveux noirs et des favoris noirs semés de quelques poils blancs, pas de
moustaches, une grosseur à la lèvre *supérieure* qui
repoussait cette lèvre en dehors. Il était gros et paraissait de quarante-cinq à cinquante ans.

Un des témoins entendus à cette occasion, Mallet
père, fermier de l'hôpital de Saint-André de Corcy, rappela une tentative semblable, faite le 18 janvier 1859, dans le bois de l'hôpital, sur une fille
Fargeat. Attirée là par un homme dont le signalement était le même que celui du conducteur de la
fille Michel, cette fille Fargeat avait pu fuir et se
réfugier près de Mallet, en laissant aux mains du
malfaiteur son tablier et son argent.

Cette instruction de 1860, qui, menée avec plus
d'ardeur, aurait abouti peut-être, ne donna aucun
résultat. M. Genod la reprit après l'arrestation de
Dumollard. On retrouva alors la fille Michel mariée
à Detey, maçon à Chenelette, canton de Lamure
(Rhône). Entendue le 17 juin 1861, cette fille revint
sur le signalement de son agresseur. Ce signe à la
lèvre, qui rendait l'homme si remarquable, elle le
décrivit comme, « une fente, une fissure placée à la
moitié du côté gauche, avec une grosseur au-dessous, qui se développait quand il parlait. « J'ai été
tellement impressionnée, ajouta-t-elle, que je suis
bien sûre que je le reconnaîtrai... » On la mit en
présence de Dumollard. Celui-ci, avec une affectation visible, porta ses regards du côté opposé à cette
fille. Quant à elle : « C'est bien celui-là, s'écria-
t-elle sans hésiter; je déclare devant Dieu que c'est
cet homme qui m'a emmenée. Je le reconnais, et
j'ai la certitude de ne pas commettre d'erreur.

Dumollard. — Dans quel endroit, et quand m'a-
vez-vous vu?

Le Témoin. — C'est le lundi 29 avril 1860 que
vous m'avez accostée. »

Et elle lui rappela toutes les circonstances que
l'on connaît, ajoutant qu'elle avait payé les deux
places à la voiture de Neuville, parce que son prétendu maître disait n'avoir qu'un billet de banque.
Dumollard nia énergiquement avoir jamais été de
Lyon à Neuville par la voiture. La fille Michel persista à reconnaître Dumollard à la figure, à la voix,
à la marche. *Favel*, le conducteur de la voiture de
Neuville, crut pouvoir affirmer que Dumollard était
le voyageur du 30 avril 1860. Le fermier *Frazon*,
chez qui la fille Michel avait déposé ses deux paquets, crut reconnaître la voix de Dumollard ; mais,
s'il avait entendu parler l'homme du 30 avril, il n'a-
vait point vu ses traits. Quant à la fille du fermier,
elle le reconnut positivement. *Aimond*, le paysan à
la charrette attelée d'un âne; *Mallet* père, le fermier
et son fils, sans oser affirmer l'identité de Dumollard avec l'assassin, trouvaient entre les deux hommes une frappante ressemblance.

Dumollard se contenta de s'écrier qu'il fallait que
tous ces gens-là s'entendissent pour l'accuser, et
que, le jour en question, il était à Dagneux, en train
de donner une façon à sa vigne.

Que pouvaient de simples dénégations contre une
accusation dont le cercle s'étendait chaque jour?
Aussi la femme Dumollard, qui, jusqu'alors, comme
elle le dit plus tard, avait craint de le voir sortir de
prison, délivrée de ses appréhensions, n'hésita plus
à entrer dans la voie des aveux. Le 8 juillet, elle
déclara au Juge d'instruction qu'à ce moment où
tout le pays s'occupait et s'inquiétait de la tentative dirigée contre Marie Pichon, son mari et elle
s'étaient transportés de nuit dans le bois des Rouillonnes, à deux kilomètres environ de son domicile,
portant un sac rempli d'effets, parmi lesquels ceux
de Marie Pichon, et qu'il avait brûlé et enterré ces
indices accusateurs.

Le Juge d'instruction, sur l'indication de la femme
Dumollard, trouva, en effet, dans le bois désigné,
un lieu où le sol paraissait avoir été assez récemment fouillé et piétiné. Quelques paillettes miroitantes,
éparses sur le gazon desséché, les feuilles des taillis roussies ou noircies à une hauteur de deux mètres, tout indiquait que ce lieu avait été le foyer
d'un feu ardent. La terre, enlevée sur une profondeur de vingt à vingt-cinq centimètres, mit bientôt
à découvert un amas considérable de linges et de
vêtements en partie consumés. Au milieu de ces débris, il fut aisé de reconnaître la forme et la couleur de quelques étoffes, des livres de piété, des
aiguilles, des bas, des baleines en acier pour corsets, une boule en verre, une médaille de Fourvières. Plusieurs de ces effets furent signalés par
Marie Pichon comme lui ayant appartenu.

Dumollard, amené sur le terrain, avait assisté
aux fouilles avec son calme habituel; mais son attitude devint inquiète et embarrassée quand le Juge
fit paraître la femme Dumollard, que la gendarmerie gardait à vue dans un taillis à quelques pas
de là. Elle, regardant son mari en face, s'écria avec
énergie : « Oui, oui! c'est bien toi qui as apporté
le sac, et c'est toi qui l'as fait brûler!

— Ce qu'elle dit là ne peut m'atteindre, répondit
froidement Dumollard. Je n'ai rien fait brûler du
tout. Je n'ai jamais eu tout ça et je n'ai pas eu besoin de le détruire. »

Ce premier aveu arraché à la femme Dumollard
ne tarda pas à être suivi d'un autre plus grave. Une
montre avait été saisie en la possession de Dumollard. Cette montre n'était-elle pas le produit d'un
crime? Pressée de questions à ce sujet, la femme
Dumollard déclara qu'à une époque remontant à

trois ou quatre années, son mari était rentré la nuit portant cette montre en argent, et quelques vêtements ensanglantés, qu'il lui avait donnés à laver. Comme elle l'interrogeait sur la provenance de ces objets, Dumollard lui répondit d'une voix sourde et brève : « Je viens de tuer une fille au bois de Mont-Main, je vais aller l'enterrer. »

Et il était reparti aussitôt, muni d'une pioche. Le lendemain, comme il manifestait l'intention d'aller reprendre une malle appartenant à cette fille et laissée la veille à la gare de Montluel, sa femme l'en avait détourné en lui disant : « N'y va pas, tu te ferais prendre. »

Interrogé là-dessus, Dumollard nia tout.

La Justice avait le plus grand intérêt à rechercher, par des vérifications matérielles, la preuve de la sincérité des déclarations de la femme Dumollard. Celle-ci avait dit vrai, sans doute : un cadavre devait être enfoui quelque part dans ce bois de Mont-Main. Le Juge d'instruction s'y transporta le 31 juillet, après avoir préalablement donné les ordres nécessaires pour que les prévenus fussent transférés séparément au même lieu (1).

Le bois de Mont-Main, désigné par la femme de Dumollard, est situé à trois kilomètres environ au nord du village de Dagneux, sur le revers occidental d'une de ces nombreuses collines qui sillonnent l'extrémité du plateau de la Dombes. Il s'étend sur une superficie de trois à quatre hectares, recouverte d'arbres et de taillis touffus. Il fallut chercher au hasard, la femme Dumollard ne pouvant indiquer l'endroit précis où le cadavre avait été enterré. Enfin, après de longues et patientes recherches, on découvrit un emplacement de forme allongée, rectangulaire et à bords légèrement déprimés. Quelques coups de pioche amenèrent des ossements. On pratiqua aussitôt une tranchée circulaire, afin de conserver au corps sa position exacte. On mit ainsi à découvert un squelette humain paraissant, par sa stature et par sa forme, avoir appartenu au sexe féminin. Ce corps, enfoncé à une profondeur moyenne de 30 à 35 centimètres, était étendu le dos contre terre, incliné sur le côté gauche, la tête légèrement relevée, la jambe gauche infléchie de dedans en dehors et un peu écartée du tronc. Le crâne présentait au pariétal gauche une fracture étoilée dans son centre, se ramifiant en plusieurs branches sur la boîte osseuse. Au-dessous de la place qu'occupait cette tête dénudée, on recueillit quelques cheveux d'une teinte brune et une épingle double, de celles habituellement employées dans la toilette des femmes.

Mise en présence de ces débris, la femme Dumollard montra une vive émotion, et quelques larmes s'échappèrent de ses yeux. Quant à Dumollard, son impassibilité frappa de stupeur la foule accourue pour assister à ce triste spectacle. C'est au milieu d'un silence lugubre, que le Juge d'instruction et les deux prévenus échangèrent les paroles suivantes :

M. Genod, à Dumollard. — Vous ne pouvez plus mettre en doute l'autorité de la Justice? Le cadavre qui est devant nous est une de vos victimes? C'est vous qui avez creusé le sol où il est enseveli?

Dumollard. — Je ne connais pas ce corps; ce n'est pas moi qui l'ai mis là. Qui a pu vous l'indiquer? Je ne connais pas d'assassin à Dagneux.

La femme Dumollard, avec une énergie indignée :

(1) Voyez, pour l'intelligence de notre récit, le plan général, comprenant les localités des trois départements du Rhône, de l'Ain et de l'Isère, dont il est question dans cette cause.

— Mais avoue donc devant ces messieurs ce que tu m'as dit?

Dumollard. — Je ne l'ai rien dit.

La femme Dumollard. — Il y aura quatre ans à l'entrée de l'hiver prochain, mon mari est rentré en rapportant la montre en argent et quelques vêtements de femme que j'ai désignés primitivement. Il me dit : « *J'ai tué une femme* et je lui ai pris sa montre; je vais l'enterrer. » Il est ressorti; à son retour, au milieu de la nuit, il me dit : « *Je l'ai enterrée au bois de Mont-Main.* »

Dumollard. — Et une supposition que j'aurais dit cela à ma femme?...

M. Genod. — Quel est le sens de votre réflexion?

Dumollard.—Voici ma pensée : je n'ai rien déclaré à ma femme de semblable à ce qu'elle dit. Mais, en admettant que je lui eusse dit que je venais de tuer une fille, ça ne prouverait pas que ce fût vrai.

La femme Dumollard.—Si tu ne m'avais pas indiqué l'endroit, je n'aurais pas désigné le bois de Mont-Main.

Dumollard garde le silence.

Après cette confrontation, M. Genod commit deux hommes de l'art, M. Thiébault, médecin à Trévoux, et M. Montenoux, médecin à Montluel, à l'effet de procéder à l'examen du squelette, d'en constater la stature, l'âge, le sexe, les fractures, en un mot de rassembler toutes les inductions propres à mettre en lumière l'identité de la victime et la nature de l'attentat. A cet effet, le Juge fit transporter le squelette dans la salle mortuaire de l'hospice de Montluel.

Parmi les effets nombreux et disparates compris dans l'immense bazar des époux Dumollard, il s'était trouvé un petit portefeuille vert contenant un bulletin d'acte de naissance, au nom de Marie-Eulalie Bussod, délivré par l'hospice de la Charité de Lyon. On apprit de l'une des sœurs de cette fille, domestique à Lyon, qu'Eulalie avait été emmenée vers la fin de février 1861, par un homme en tout semblable à Dumollard, qui lui avait promis une place de domestique à la campagne. Elle avait emporté une malle remplie de ses hardes et vêtements. On perdait leurs traces à la station de Montluel, et depuis ce jour Eulalie Bussod n'avait pas reparu.

Qu'était-elle devenue, cette fille dont les trois sœurs et quelques amies avaient reconnu, parmi les effets saisis chez Dumollard, la robe, le fermoir du collier, le bonnet, le col?

La femme Dumollard vint encore ici en aide à la Justice. Elle déclara que, vers la fin de février 1861, son mari, en lui apportant le soir des vêtements pleins de sang, des boucles d'oreille, lui avait dit : « Je viens de tuer une fille au bois des Communes, il faut que j'aille l'ensevelir. »

Il fallait trouver ce cadavre.

Le même jour, M. Genod se transporta avec les prévenus, gardés isolément et à distance par les gendarmes, dans ce bois des Communes, sur le territoire de Pizay. Ce bois, d'une étendue de 25 à 30 hectares, est situé au sommet du plateau qui domine la vallée du Rhône; il est éloigné de 6 kilomètres environ de Montluel, de 5 kilomètres de Dagneux, de 3 kilomètres du village de Pizay, et se compose de taillis de quinze à vingt ans, clair-semés et coupés de pâturages. On y arrive par des sentiers étroits, rapides, ravinés par les pluies torrentielles, aboutissant à des gorges sombres et presque impénétrables.

Le sol humide, marécageux, ne laissait apercevoir aucun vestige qui pût guider le magistrat dans ses recherches. De nombreux sondages exécutés pendant cette soirée n'amenèrent aucun résultat.

Le lendemain, une grande partie de la journée s'écoula encore en fouilles inutiles. Les réponses évasives de Dumollard, les explications pleines d'incertitudes de sa femme, la surface considérable du bois à explorer, toutes ces difficultés avaient fait suspendre les recherches, et le magistrat instructeur s'était décidé à revenir à Monthuel, afin d'organiser un système de sondage plus régulier, quand Dumollard, pressé de nouvelles questions, déclara, après de longues réflexions et une sorte de débat intérieur que trahissait la concentration du regard, qu'il connaissait l'endroit où était le cadavre, et qu'il était prêt à y conduire la Justice.

Quelques instants après cette révélation, le Juge retournait au bois des Communes. Selon Dumollard, le corps devait être enfoui près d'une mare d'eau, à cinquante pas environ de la lisière du bois, en s'avançant par un sentier qui le traverse.

Pendant plus d'une heure encore, les recherches faites sur ces indications demeurèrent infructueuses. Enfin, à 75 mètres environ de la lisière méridionale, et à 3 mètres du sentier indiqué, M. le greffier Guillot fit remarquer un emplacement au-dessus duquel voltigeaient des mouches qui paraissaient sortir des fissures du sol. La surface de ce lieu était recouverte de mousse et de deux tiges de bouleau

Les bords du Rhône.

plantées de la façon la plus naturelle. Deux coups de bêche découvrirent la face externe d'une main humaine.

Aussitôt, un fossé circulaire fut ouvert avec précaution, et on mit au jour un cadavre de femme entièrement nu, et dans un état de conservation qu'expliquait la nature argileuse et compacte du sol.

Le corps était enterré à une profondeur de 25 centimètres, étendu sur le dos, les jambes écartées, celle de gauche légèrement infléchie. La main droite, *crispée*, reposait sur l'abdomen, et les doigts s'étaient imprimés sur une petite poignée de terre que la main retenait encore. La main gauche recouvrait la droite, formant voûte au-dessus de celle-ci. Le corps et les membres ne présentaient extérieurement aucune trace de contusion; les lobes des deux oreilles étaient déchirés.

Les deux médecins de Trévoux et de Monthuel constatèrent au pariétal droit et au sommet de la tête deux lésions, avec épanchement sanguin et solution de continuité du cuir chevelu. Ces blessures, qui paraissaient produites par le choc d'un instrument contondant, n'intéressaient pas le crâne, ou du moins ne laissaient apercevoir aucune fracture. Elles n'avaient pas dû déterminer instantanément la mort. Il semblait donc, horrible idée! que la victime eût été enterrée vivante. Cette main crispée, qui avait saisi une poignée de terre, n'était-elle pas comme un témoin de cet instinct de conservation qui se réveille plus énergique au moment de l'asphyxie?

Le viol avait-il accompagné ou suivi l'attentat? On ne put que le soupçonner. La décomposition cadavérique, suivant l'opinion des médecins, était devenue un obstacle insurmontable à la preuve du viol, et même de l'asphyxie.

Dumollard, cependant, considérait froidement ce cadavre; aucune émotion ne se peignit sur sa rude figure, pas même quand la foule indignée fit en-

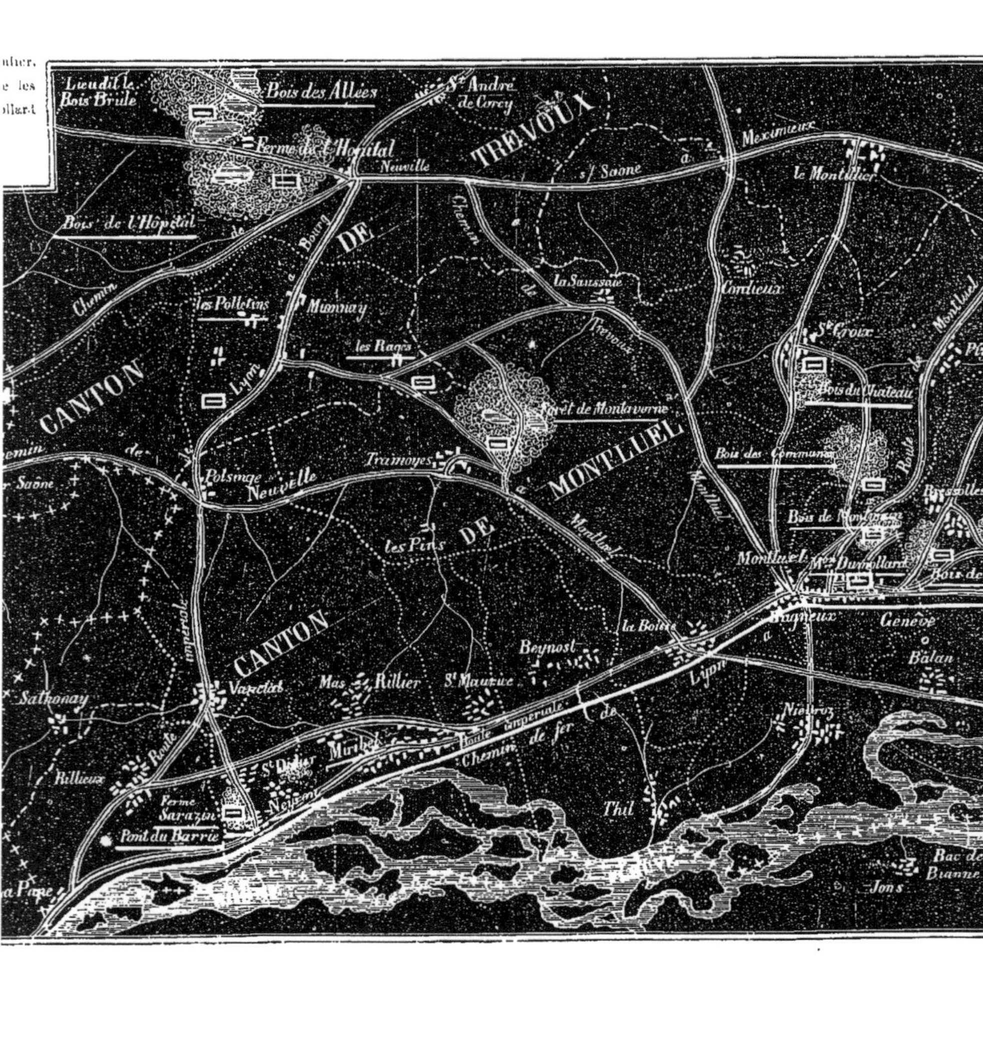

Lieudit le Bois Brûle
le Bois des Allées
S.t André de Corcy
TRÉVOUX
Maximieux
Ferme de l'Hôpital
Neuville
s. Saône
le Montellier
Bois de l'Hôpital
Chemin de
la Saussaie
Cordieux
Bourg
DE
les Polletins
Mionnay
Trévoux
S.te Croix
Pizay
Lyon
les Raqs
Bois du Château
CANTON
Forêt de Montaverne
MONTLUEL
Bois des Communs
Broute
Chemin de
Polsmge
Neuville
Tramoyes
Montluel
Bois de Montmerle
Boissolles
Saône
les Pins
DE
Montluel les...
Du Mollard
Bois des...
impériale
la Boisse
Braqueux
Genève
CANTON
Beynost
Lyon
Balan
Sathonay
Vancial
Mas
Rillier
S.t Maurice
de
Niévroz
Route impériale de fer
Rillieux
S.t Didier
Muribel
Chemin de fer
Thil
Ferme Sarazin
Neyron
Pont du Barrie
Bac de Brianne
la Pape
Jons

tendre des rumeurs menaçantes. Ses petits yeux enfoncés se détournaient parfois, mais sans aucun signe apparent d'horreur.

M. Genod saisit ce moment pour l'interpeller énergiquement, l'adjurant d'abandonner enfin un système de dénégation que cette découverte rendait évidemment invraisemblable.

Alors, après quelques instants de réflexion, Dumollard fit la déclaration suivante, que le greffier écrivit *presque littéralement* sous sa dictée :

« Au mois de décembre de l'année 1853, j'étais allé à Lyon pour mes affaires. En traversant la promenade du cours Napoléon, je fus accosté par deux individus paraissant appartenir à la classe ouvrière, et dont la bonne tenue m'inspira aussitôt une confiance illimitée. Le plus jeune paraissait avoir vingt-cinq à vingt-six ans; il était d'une taille moyenne, un peu gros, et portait une blouse bleue; il était connu sous le nom de Jean. Le second, un peu plus âgé, était vêtu d'un pantalon couleur noisette et d'un paletot de même couleur; il était d'une taille plus élevée, d'un blond très-prononcé; il avait toute sa barbe.

« Pour lier la conversation, ils me demandèrent ce que je faisais. Je leur appris que j'étais cultivateur et que j'habitais la commune de Dagneux, près Montluel. Ils m'invitèrent à prendre un verre de vin avec eux et me conduisirent chez un marchand de vin dont l'établissement est situé en face de la manufacture des tabacs.

« En sortant de là, ils m'entraînèrent vers le quai de la Saône, et après m'avoir adressé une multitude de questions sur ma situation, sur les bénéfices que je pouvais réaliser, ils me demandèrent si je ne voudrais pas travailler avec eux. Je voulus savoir en quoi consistait ce travail; ils me répondirent : « Oh! c'est bien simple, nous emmenons des filles, « et quand nous en avons joui, nous nous en dé-« barrassons. Si vous voulez venir avec nous, vous « aurez 40 francs par chaque prise. Au bout de « vingt ans, si vous restez avec nous, nous vous as-« surerons une somme de dix mille francs. »

« Ces propositions me parurent trop avantageuses pour les refuser. Ils me donnèrent alors toutes les instructions dont j'avais besoin. Ils m'expliquèrent comment je devais m'y prendre. Il s'agissait tout simplement d'aborder les jeunes filles sans place, de leur offrir un bon gage à la campagne, et, si elles acceptaient, de les conduire hors de Lyon.

« A la suite de cette première entrevue, je me séparai d'eux, en leur promettant de revenir huit jours après sur le cours Napoléon.

« Au jour fixé et convenu, je les retrouvai à l'heure et à l'endroit indiqués; ils me conduisirent aussitôt sur la place de la Charité. Ils me désignèrent une domestique qui passait et m'invitèrent à l'accoster. Ma première tentative échoua. Ils me firent, quelques instants après, remarquer une deuxième fille qui suivait la même direction. J'allai franchement au devant d'elle, je lui fis l'offre de 250 francs de gages. Elle n'hésita pas et consentit à me suivre sur-le-champ. Elle était âgée d'une trentaine d'années, avait bonne façon; elle me dit qu'elle avait fait des ménages et qu'elle était actuellement sans place.

« Dès que mes deux compagnons virent que j'avais réussi, ils s'éloignèrent à grands pas pour aller m'attendre à Saint-Clair. C'est là que je devais leur livrer la fille.

« En arrivant à la sortie de ce faubourg de Lyon, ces deux individus vinrent à moi comme de vieilles connaissances. Je prétextai une commission que j'avais oubliée, et je dis à cette fille : « Ce sont deux « de mes parents, marchez en avant avec eux, et je « vous rejoindrai en avant, à Neyron. » Il était déjà nuit. Cette fille suivit sans défiance ces deux inconnus, et moi j'allai attendre leur retour à l'issue du faubourg de Bresse. Près de trois heures s'étaient écoulées, lorsqu'ils revinrent en rapportant un petit paquet de linge qu'ils me remirent. En l'ouvrant, je reconnus les vêtements de la fille que j'avais emmenée. La chemise et la robe étaient ensanglantées. Je leur demandai ce que la fille était devenue; ils me répondirent : « Oh! la fille, tu « ne veux pas la revoir? Emporte ce paquet, tu en « feras cadeau à la femme. »

« Je ne leur demandai pas d'autres explications. Je m'éloignai d'eux en toute hâte. En passant près de la fontaine de Neyron, qui sort du clos Pulgneux, je lavai les vêtements qui étaient tachés de sang, et la même nuit je rentrai à Dagneux.

« En donnant ces effets à ma femme, je lui assurai que je les avais achetés à Lyon.

« Je n'ai jamais su dans quel endroit précis ils avaient assassiné cette fille; mais en établissant un calcul sur le temps qui s'était écoulé entre leur départ de Saint-Clair et leur retour, j'ai supposé qu'ils l'avaient tuée près du pont du Barrie, et que peut-être ils avaient jeté son cadavre dans le Rhône.

« Une circonstance que je ne dois pas omettre me confirme dans cette opinion. Dans le courant de l'été qui suivit l'événement que je viens de raconter, je rencontrai par hasard les deux individus que j'ai signalés. Nous ne nous étions pas revus depuis le mois de décembre. Ils me proposèrent d'explorer avec moi les environs de Neyron, de Miribel, de Montluel et une partie du plateau supérieur de la Bresse. C'était une excursion de pur agrément qu'ils avaient projetée. Mais ils ajoutaient que ma présence leur serait utile pour leur faire connaître le pays, dans le cas où ils voudraient entraîner des filles dans cette direction.

« Je leur servis de conducteur, et je ne me rappelle pas positivement les lieux que je leur ai fait parcourir. Je me souviens seulement qu'en traversant le pont du Barrie, qui est situé au fond d'une gorge étroite et profonde sur la route impériale de Genève, ils me dirent : « Nous en avons fait passer « deux sous ce pont, et nous les avons jetées au « Rhône. » Ils ne me parlèrent pas de celle de Saint-Clair; je crus comprendre qu'il s'agissait de deux autres meurtres accomplis antérieurement sans ma participation.

« Nos relations, sans être interrompues, n'avaient présenté aucun incident remarquable, depuis notre passage au pont du Barrie, lorsque, vers la fin du mois de février 1855, mes deux associés me donnèrent rendez-vous à Lyon, chez le marchand de vin du cours Napoléon. Un troisième individu devait leur amener une fille qu'il connaissait. Nous devions opérer notre réunion à Saint-Clair.

« Effectivement, cet homme, que je n'avais jamais vu, nous rejoignit à Saint-Clair, à la tombée de la nuit. Sa taille était élevée et il avait une belle barbe noire. Une jeune fille brune était avec lui. Une certaine familiarité existait entre eux. Nous sommes partis tous ensemble de Saint-Clair à la tombée de la nuit; nous avons pris la route impériale de Lyon à Bourg, qui traverse les villages de

Rillieux, de Vanciat et de Polsinge. Après avoir dépassé ce dernier bourg, nous nous engageâmes sur la route neuve qui conduit directement à Montluel, en touchant au village de Tramoyes. Arrivés au chemin qui tend de Miribel à Romanèche, et qui passe au milieu des bois, sur la chaussée de l'étang Chevroz, ils tournèrent brusquement à gauche pour suivre cette nouvelle voie. Je les accompagnai à 100 mètres de là, et, en m'asseyant sur un talus de l'ancienne route, qui forme sur ce point une très-forte courbe, je leur déclarai que je n'irais pas plus loin, mais que je les attendrais. Ils employèrent les plus vives instances pour ébranler ma résolution. Ils me dirent à voix basse : « Nous voulons jouir « d'elle, viens donc, nous en jouirons tous les « quatre. » Je résistai, et ils s'éloignèrent en escortant la fille, qui marchait devant eux.

« J'attendis ainsi deux heures : aucun cri n'était venu frapper mon oreille. J'avais néanmoins un pressentiment sinistre. Dès que je les aperçus sans la fille, je leur demandai ce qu'elle était devenue. Ils me dirent qu'ils l'avaient laissée dans une ferme, qu'ils s'étaient bien amusés avec elle dans le bois, et que si j'y étais allé, j'aurais fait comme eux.

« Ils ne rapportaient aucuns vêtements, et, dans ce moment, je crus à la sincérité du récit qu'ils m'avaient fait. Ils retournèrent coucher à Tramoyes, et, dans la même nuit, je regagnai mon domicile à Dagneux.

« Ils m'avaient fait leurs adieux en me fixant un rendez-vous sur le pont de la Mulatière, pour le dimanche suivant, à huit jours de date, circonstance qui peut marquer l'époque précise de l'affaire de Tramoyes.

« Je fus exact, et sur les deux heures de l'après-midi, je retrouvais mes deux anciens affiliés vers le pont de la Mulatière ; le troisième n'y était pas, et je ne l'ai pas revu. L'un d'eux tenait à la main un paquet de linge ; il s'approcha de moi, et en me le remettant il me dit : « Tiens, voilà pour ta femme. » Quelle ne fut pas ma surprise, lorsqu'en l'examinant je crus reconnaître la robe verte de la fille de Tramoyes ! Néanmoins, je leur dissimulai les sombres pensées qui m'agitaient. Nous passâmes la journée ensemble, et dans la soirée nous nous rendîmes aux Brotteaux, dans une auberge qui est voisine de l'établissement du même genre, tenue par une dame Laborde.

« Le lendemain, je les quittai pour rentrer à Dagneux. Je déclarai à ma femme que j'avais acheté ces vêtements. Ils étaient souillés de sang et de boue. Je lui ai dit de les laver.

« Pendant les deux années qui suivirent, je ne pris part à aucune nouvelle entreprise. A divers intervalles, je revis mes deux individus. Ils me prièrent d'accepter plusieurs paquets de vêtements et de linge de femme, dont ils me laissèrent ignorer l'origine. Tout ce que ma mémoire me rappelle, c'est qu'ils me déclarèrent que parmi ces effets se trouvaient ceux des deux filles qu'ils avaient précipitées dans le Rhône, près du pont du Barrie.

« Au mois de novembre ou de décembre 1856 ou 1857 (il y a à peu près quatre ans), je rencontrai sur le quai de Perrache les deux mêmes malfaiteurs ; il faisait très-froid. L'un d'eux me dit : « Veux-tu faire un coup ? nous avons une fille. » Je lui répondis que je voulais bien.

« Il est allé la chercher, et il l'a amenée à la gare de Saint-Clair, où nous nous sommes tous trouvés réunis. Il fut convenu que nous nous arrêterions à Montluel ; en descendant de cette station, en compagnie de la fille, nous prîmes la direction de Dagneux. La nuit était très-noire, car nous étions arrivés par le dernier train. Nous avions à peine fait quelques pas que ces individus me dirent qu'ils voulaient détruire cette fille, après qu'ils auraient assouvi sur elle tous leurs désirs.

« Comme ils ne connaissaient qu'imparfaitement les lieux, je leur servis de conducteur. Ils étaient impatients d'exécuter leur projet ; le bois de Choisey, que nous longions en montant la colline, leur parut un lieu propice. Je leur observai que ce bois était trop rapproché d'un chemin public, et qu'il fallait aller plus loin, c'était plus sourd ! !...

« Nous continuâmes à gravir les pentes qui forment un revers à l'occident, et quand nous eûmes atteint un sentier de desserte, qui conduit au bois de Mont-Main, je leur indiquai ce bois comme un endroit plus sûr et mieux approprié à leurs desseins. Ils s'engagèrent dans le taillis en entraînant la fille à leur suite. Je restai en dehors, ne voulant pas me rendre complice d'un pareil attentat.

« Quelques instants après, j'entendis un cri très-aigu, puis plus rien. J'étais éloigné de 300 mètres environ ; j'attendis une heure. Enfin, les deux individus revinrent auprès de moi ; ils me rapportèrent sa montre en argent, celle qui a été saisie en ma possession, et les vêtements dont ils l'avaient dépouillée. Je leur dis que, de la place où j'étais, j'avais entendu un cri, et je leur demandai si elle avait bien souffert ; ils me répondirent : « Nous « ne lui avons donné qu'un seul coup à la tête et un « au côté, et ç'a été fini. » Je ne tins pas à savoir s'ils l'avaient violée.

« Le fait me paraissait certain, puisqu'ils m'avaient déclaré d'avance leurs intentions criminelles.

« Ils savaient que le cadavre de la fille de Tramoyes avait été découvert au milieu du bois, que la justice s'était émue, et ils voulaient, par une mesure de prudence, enterrer celle-ci. J'avais chez moi tous les instruments nécessaires : une distance de trois quarts d'heure me séparait de mon habitation. Je leur dis de m'attendre sur les lieux, et je retournai à Dagneux, en accélérant le pas.

Lorsque ma femme vit la montre en argent, la chemise et la robe qui étaient tachées de sang, elle me dit : « Où as-tu pris ces objets ?... » Pensant que si j'accusais d'autres individus, elle ne me croirait pas, et comptant du reste sur sa discrétion, je lui répondis : « C'est une fille que j'ai tuée au bois « de Mont-Main. Je vais la mettre en terre, tu auras « le soin de laver ces linges. »

« Je repartis sur-le-champ, en emportant sur mon épaule une triandine en fer. Les deux individus, qui m'attendaient sur la lisière du bois, prirent cet outil et creusèrent une fosse peu profonde, dans laquelle ils jetèrent le corps tout nu de la jeune fille. Je ne leur aidai pas, et je me mis à l'écart pendant qu'ils procédaient à cette lugubre opération.

« Je ne puis fournir aucun renseignement de nature à éclairer la Justice sur l'identité de cette fille ; elle paraissait âgée de vingt-cinq à vingt-six ans, elle était petite, légèrement brune. Les deux individus m'ont dit qu'elle était en chambre, rue de l'Argue, ou rue Mercière... Je ne me rappelle pas... mes souvenirs sont complétement effacés.

« A une époque voisine de celle que je viens d'indiquer, je fis, de concert avec ces deux individus, une autre tentative qui manqua son effet par des circonstances indépendantes de notre volonté. Ils m'avaient emmené, pour me montrer le pays, assez loin de la Guillotière, dans une plaine couverte de broussailles et éloignée de toute habitation. Lorsque nous fûmes dans ce champ isolé et désert, ils me dirent : « Il nous faut une fille ce soir, nous « voulons en jouir; si nous en trouvons une, tu « l'amèneras là. »

« A la tombée de la nuit, nous étions de retour à Lyon. Aux abords du pont de la Guillotière, ils attirèrent mon attention sur une jeune fille blonde, de vingt-quatre à vingt-cinq ans, bien faite, qui portait un paquet de linge sous le bras. Je m'approchai d'elle, et je lui proposai une place de domestique dans le Dauphiné. Elle accepta, et je la conduisis aussitôt dans la direction que nous venions de parcourir. Chemin faisant, elle me dit qu'elle arrivait de l'Auvergne, et m'offrit la moitié d'une orange. Nous traversâmes ainsi plusieurs faubourgs, sans qu'elle manifestât la moindre crainte; mais peu à peu les maisons devinrent plus rares; cette fille prit peur, et elle m'échappa en se réfugiant dans une ferme. Je ne connais pas ces contrées. Je crois cependant que c'est dans les environs de Venissieux.

« Pendant le cours des années 1857, 1858, 1859 et 1860, aucun fait remarquable ne s'est produit. Toutes les filles qui prétendent avoir été les victimes de mes manœuvres dans cette période de temps, m'accusent injustement et en imposent à la justice.

« Ce n'est que vers la fin du mois de février dernier, sans pouvoir préciser de date, que se place un événement auquel j'ai fatalement pris une très-large part. Je veux parler de la fille Marie-Eulalie Bussod, dont le cadavre est en ce moment sous mes yeux.

« J'étais seul quand je l'ai accostée sur la place qui touche le pont de la Guillotière. J'avais reconnu de suite, à ses allures incertaines, que c'était une fille dépourvue de maître, et je lui demandai si elle voudrait servir comme domestique dans une bonne maison à la campagne. Elle répliqua que sa décision dépendrait du gage. Je lui fis l'offre de 200 fr. Elle en exigeait, je crois, 210. Je me montrai difficile sur cette concession de 10 fr.; mais je continuai à la suivre, et elle m'invita à monter chez sa sœur pour terminer le marché. Dès que sa sœur, celle qui m'a reconnu dans une précédente confrontation, sut de quoi il s'agissait, elle s'empressa de m'offrir quelques rafraîchissements. Je parus sensible à ces prévenances, et je consentis à donner les 210 fr. de gages. Mon intention était de l'emmener sur-le-champ; mais elle n'avait pas donné congé. Une huitaine lui était nécessaire; je n'insistai pas, et je lui dis que c'était entendu, de préparer tous ses paquets, que dans huit jours je reviendrais la prendre chez sa sœur.

« En quittant ces femmes, je retournai à Saint-Clair, pour y prendre le chemin de fer, et aussi un peu dans l'espoir de rencontrer mes deux affiliés au faubourg de Bresse, qu'ils visitaient assez fréquemment. En effet, je les trouvai dans une grosse auberge munie d'une enseigne, et sur laquelle il me serait impossible de donner toute autre indication.

« En les apercevant, j'allai à eux, et je leur dis d'une voix confidentielle : « J'ai une fille, revenez « ici dans huit jours, et je vous l'amènerai; vous « irez m'attendre à midi, à la gare des Brotteaux. »

« A l'expiration de la huitaine, j'arrivai par le chemin de fer de Genève, et je retrouvai mes deux individus exacts au rendez-vous. Nous entrâmes dans une auberge pour causer de l'affaire. Notre conférence ne dura pas au delà de vingt-cinq à trente minutes. Il fut arrêté entre nous que nous prendrions un convoi de nuit; nous devions tous nous trouver réunis au train qui partait alors de la gare des Brotteaux, vers les sept heures et demie du soir.

« Je leur serrai la main, en leur disant : « Au « revoir; » et à deux heures de l'après-midi, heure convenue, je me trouvai, pour la deuxième fois, quai de la Charité, dans une chambre qu'occupait la sœur de Marie-Eulalie Bussod. Celle-ci le venait d'arriver; elle acheva de mettre en ordre une malle remplie de vêtements et de linge, me la confia, embrassa sa sœur, et me suivit avec la plus aveugle sécurité. Il était trois heures du soir, le temps était froid, brumeux, et la fille Bussod s'était couverte d'un large tartan gris (celui que vous m'avez montré parmi les pièces à conviction). J'allai directement à la gare des Brotteaux, où je déposai la malle, et je rentrai dans Lyon, toujours accompagné de la fille Bussod. Elle aimait à voir les magasins et les promenades, et je ne trouvai rien de mieux à faire, pour passer le temps, que de lui faire parcourir différents quartiers de la ville.

« A sept heures et demie, nous étions de retour à la station des Brotteaux; les deux individus dont j'ai parlé vinrent se placer dans le même wagon que nous, aux troisièmes. Ils m'adressèrent la parole, je les présentai à Marie-Eulalie Bussod, comme des compatriotes qui habitaient la même localité, et qui feraient route avec nous en sortant du chemin de fer. La pauvre fille ne se doutait de rien; elle crut tout ce que je lui disais. Nous descendîmes à Montluel; la nuit était très-sombre; mes deux camarades ne connaissant pas suffisamment les lieux, je fus donc obligé de leur servir d'indicateur. J'avais pris la malle sur mon épaule, et je marchais en avant pour les guider. En route, l'un d'eux se rapprocha de moi, et me dit : « Oh! la belle « femme! Quel plaisir nous allons avoir! Tu vien-« dras bien avec nous aujourd'hui? »

« Le bois des Communes, qui est situé sur un plateau sauvage et retiré, me sembla le lieu le mieux choisi. Je les engageai dans cette direction, en suivant un chemin de desserte qui passe près la Croix-Martel. Au bas de la montée, j'avais jeté la malle derrière un buisson, elle devenait lourde et embarrassante, et je donnai l'assurance à la fille Bussod que le lendemain je viendrais la chercher. Nous fîmes un instant de halte à la Croix-Martel. Le courage me manquait; je dis tout bas à ces deux individus que je ne pouvais les suivre; je leur indiquai du doigt le bois des Communes qui s'étendait à notre gauche, à une distance de 400 mètres environ. Je m'assis sur les marches en pierre qui forment le socle de la croix, et j'attendis.

« Leur absence dura deux heures. La fille Bussod ne revenait pas avec eux. Je leur communiquai mes inquiétudes. Ils me montrèrent ses vêtements et une paire de boucles d'oreilles en or enveloppées dans un mouchoir. Ils me remirent tous ces objets, en ajoutant : « Tu donneras tout cela à ta femme. » Je les remerciai et j'acceptai. Je les questionnai sur les moyens qu'ils avaient employés; ils me répondirent : « Nous lui avons donné deux coups à la « tête et un coup dans l'estomac, elle n'a pas dit « grand'chose. »

« Ils se rappelaient toujours le meurtre de Tramoyes, et ils me prièrent d'aller leur chercher une

bêche pour enfouir le cadavre, qu'ils avaient laissé
gisant sur le bord d'un sentier qui traverse la forêt,
et à 45 ou 50 mètres d'une mare d'eau.

« Je rentrai à Dagneux, ma femme était au lit.
En voyant ces vêtements pleins de sang et ces boucles d'oreilles, elle exprima tout son effroi. Je la
calmai en lui disant qu'on ne le saurait pas. Je lui
avouai que je venais de tuer une fille au bois des
Communes, et qu'il était urgent de l'ensevelir. Je
ne lui parlai pas des véritables auteurs de cet
attentat. Je pris une bêche et je regagnai dans un
très-rapide trajet le lieu dit à la Croix-Martel, où
j'avais laissé mes deux complices. Ils s'emparèrent
de ma bêche, je refusai encore de les accompagner.
Ils revinrent peu de temps après et me recomman-
dèrent de revoir les lieux dans quelques jours pour
m'assurer si le terrain était régulièrement nivelé.
Ils me quittèrent en se dirigeant du côté de Bressolles, en disant qu'ils allaient au Bugey, et je repris le chemin de mon domicile.

« Le lendemain, j'allai chercher la malle, je l'en-
veloppai dans un sac; c'est celle qui porte l'estampille lacérée du chemin de fer, et sur laquelle on
distingue encore le nom de Montluel.

« Ma femme, conformément aux ordres que je
lui avais donnés, prit toutes les précautions pour
faire disparaître par des lavages les taches de sang
qui couvraient plusieurs de ces vêtements. Quant à
moi, la même semaine, je vendis au prix de 3 francs
les boucles d'oreilles de la fille Bussod à un inconnu, dans l'allée de l'Argue, à Lyon.

« Ce n'est que quinze ou vingt jours après que
je songeai aux mesures de prudence qui m'avaient
été prescrites. J'allai au bois des Communes; la
fosse avait été recouverte avec tant de soin, que
j'eus beaucoup de peine à découvrir son emplacement. Il n'est donc pas étonnant que je n'aie pu
vous fournir aujourd'hui des indications plus précises.

« La fille Marie Pichon aurait inévitablement subi
le même sort, si mes deux compagnons habituels
n'avaient pas manqué au rendez-vous.

« J'avoue maintenant ce que j'avais toujours
dénié.

« C'était au mois de mai dernier, un matin, en
traversant la place de Bellecour, je revis mes deux
individus, qui m'apprirent qu'ils connaissaient une
fille qui voulait quitter ses maîtres et qu'elle passait habituellement sur le pont de la Guillotière.
Ils m'entraînèrent de ce côté, en me disant : « Si
« nous pouvons la joindre, il faudra nous l'amener
« au bois de Côte-Enverse, entre Bellignoux et Bres-
« solles. C'est là où nous voulons lui faire son af-
« faire, après nous être amusés avec elle. » Nous
attendions depuis quelques heures, lorsque l'un
d'eux me signala une fille qui s'engageait sur le
pont, en me disant : « La voilà! » C'était Marie
Pichon. Je l'abordai en la tirant par sa robe; je lui
fis des propositions parfaitement conformes à sa déclaration. Il était convenu avec mes deux hommes
que nous ne prendrions que le dernier train, aux
Brotteaux. Je m'éloignai en leur faisant un signe
d'intelligence, et je suivis Marie Pichon, qui avait
déposé sa malle quai Pierre-Scize. Dès que cette
malle fut remise au bureau, j'entrai dans un cabaret, où Marie Pichon me paya à déjeuner. Enfin,
vers les sept heures ou sept heures et demie du
soir, j'étais avec elle à la gare des Brotteaux. Les
deux individus, qui ne m'adressèrent pas la parole,
montèrent dans le même wagon que nous. Le ma-

réchal des logis de gendarmerie de Montluel était
dans le même compartiment.

« A la station de Montluel, nous descendîmes
tous. L'un de ces individus me heurta, en passant,
avec le coude, comme s'il eût voulu me dire : C'est
bien, nous sommes-là, tu peux marcher en avant.

« J'étais trop connu dans le pays pour me hasarder sur la route impériale qui traverse Dagneux.
Je jugeai prudent de me jeter au milieu des champs,
pensant bien que mes deux compagnons sauraient
me rejoindre au lieu qu'ils m'avaient désigné
d'avance.

« La malle que je portais sur mon dos commençait à devenir un poids trop lourd et incommode :
je la déposai dans une terre ensemencée en colza,
en promettant à Marie Pichon de venir la reprendre
le lendemain.

« En arrivant vers la petite maison en construction, à Côte-Enverse, nous touchions de très-près
au bois indiqué; mais je n'aperçus pas mes individus, qui, en suivant une ligne plus courte, auraient dû me précéder.

« Je commençais à m'inquiéter. Marie Pichon
manifestait une frayeur sérieuse; elle m'avait demandé à plusieurs reprises pourquoi nous n'arrivions pas. Enfin, elle me déclara tout à coup qu'elle
n'irait pas plus loin. J'eus d'abord la pensée de la
faire asseoir pour attendre mes hommes; mais pensant qu'un obstacle imprévu les avait arrêtés, je me
dis : Ma foi! tant mieux, il faut que je lui fasse
peur, et ils ne l'auront pas. C'est dans ce moment
que je lui passai, non pas une corde, mais simplement mon bras autour du cou. Cette fille crut sans
doute que je voulais mal faire, quoique ce ne fût
pas mon intention. Elle me repoussa violemment
en jetant un cri de détresse, et elle se sauva. Je
n'essayai pas de l'atteindre, au contraire, je me dis :
Tant mieux, ils n'auront pas celle-là.

« Je ramassai à terre un parapluie et un carton
que Marie Pichon avait laissé échapper, et je revins
sur mes pas. A un quart d'heure de là, je rencontrai mes deux individus, et je leur racontai qu'elle
avait pris la fuite; l'un d'eux répliqua : « C'est
« bon, nous la rattraperons bien une autre fois. »

« Je les quittai sur ces entrefaites, et j'allai chercher la malle, que je rapportai la même nuit dans
mon domicile.

« Quelques jours après, la Justice arriva sur les
lieux; ses investigations, qui se rapprochaient de
plus en plus de ma demeure, m'inspiraient une
certaine anxiété. Mon parti fut dès lors arrêté; il
me paraissait prudent de faire disparaître tous les
effets qui appartenaient à cette fille.

« Quant aux anciennes affaires, je ne supposais
pas qu'on en eût conservé les moindres traces.

« Un soir donc, voisin de votre transport sur les
lieux, je dis à ma femme : « Vois-tu, il faut brû-
« ler tous les effets de la fille. » Je jetai la malle
vide dans le foyer de ma cheminée et je la réduisis
en cendres. Je plaçai ensuite tous les linges et vêtements de Marie Pichon dans un sac; j'invitai ma
femme à m'accompagner, et à une heure avancée
de la nuit j'incendiai tous ces objets dans le bois
des Rouillonnes, à l'endroit même où ils ont été
découverts.

« Maintenant, j'ai tout dit et je n'ai pas d'autres
révélations à faire. »

Il fallait constater, ce qui n'était pas douteux, que
le dernier cadavre exhumé était bien celui de

Marie-Eulalie Bussod. Dès le lendemain, à huit heures du matin, les trois sœurs de la victime étaient réunies, par les soins du Juge, autour de la fosse béante de la victime. La reconnaissance fut instantanée, accompagnée de cris et de pleurs. Les traits de la victime, quoique un peu décomposés par le contact de l'air, présentaient une ressemblance frappante avec la physionomie de l'une de ses sœurs, Jeanne-Marie Bussod. Mais il existait surtout un signe particulier qui ne pouvait laisser aucun doute sur l'identité. Marie-Eulalie Bussod s'était anciennement coupé le petit doigt de la main gauche avec une faucille. Cette blessure avait crispé la première phalange de ce doigt, et lui avait imprimé, en paralysant l'articulation, une courbure très-prononcée. Cette particularité, signalée par les trois sœurs, fut immédiatement vérifiée et reconnue exacte.

L'attitude de Dumollard, devant cette douloureuse scène, fut aussi calme que celle de la veille. Seule, la femme Dumollard parut éprouver quelque émotion.

Revenons sur les déclarations de Dumollard. Le greffier, avons-nous dit, les transcrit *presque* littéralement. *Presque* est un mot fâcheux en pareil cas, et le lecteur se sera bien aperçu du travail de rédaction que l'instrument de la procédure leur fit subir. C'est là, sans doute, la substance du récit du prévenu; mais on sent trop que ce ne sont point ses propres paroles, et il faut regretter qu'en pareil cas le greffier, au lieu de passer sur ces déclarations le vernis uniforme de son style de greffe, ne se soit pas contenté de reproduire avec leur couleur véritable, avec leur naïve brutalité les paroles du grossier paysan. Tout greffier devrait être doublé d'un sténographe (1).

Ces aveux, auxquels le système bizarre inventé par Dumollard laissait toute leur gravité, faisaient entrevoir à la justice une longue série de crimes embrassant un espace de près de huit années. Six victimes auraient trouvé la mort dans ces guet-apens organisés d'une manière invariable. Peut-être n'avaient-elles succombé qu'après d'infâmes souillures. Neuf autres avaient providentiellement échappé aux tentatives dont elles avaient été l'objet; mais quatre d'entre elles n'avaient pu fuir sans laisser entre les mains de Dumollard l'argent et les autres dépouilles qui avaient excité sa convoitise.

L'innombrable quantité de vêtements et autres effets non encore reconnus (sur 1250, 40 seulement avaient pu l'être), saisis au domicile des accusés, les habitudes de Dumollard, son existence oisive et nomade, la constante périodicité de ses courses nocturnes révélée par ses voisins et par sa femme elle-même, tout démontrait que l'énumération était loin d'être complète, et que les poursuites dirigées contre cet homme, tout en mettant fin à une série de forfaits peut-être sans précédents, n'avaient pu les dévoiler tous aux regards de la justice.

Aussi, la rumeur publique, devançant les constatations des magistrats, traduisait-elle, dès les premiers jours, ses soupçons par ces mots sinistres : *Cet homme doit avoir un cimetière quelque part!!*

L'émotion profonde causée par la multiplicité de ces crimes, l'effroyable réalité de ce drame monstrueux, qui eût semblé invraisemblable s'il avait été enfanté de toutes pièces par l'imagination de quelque romancier populaire, la condition même et le sexe des victimes, tout concourait à passionner les populations si paisibles de l'Ain. Depuis le procès de Peytel, le notaire de Belley, jamais la Bresse n'avait été remuée de la sorte. Qu'était-ce donc, se demandait-on avec anxiété, que ce brigand dont l'industrie avait consisté, pendant une longue suite d'années, dans l'assassinat et le vol régulièrement exploités? N'y avait-il pas, en effet, une bande organisée? Un seul homme eût-il pu suffire à tant de crimes, et le criminel ne s'appelait-il pas légion?

On sait quel rapide chemin font les terreurs populaires; aussi, l'instruction, bien que rendue difficile par la complication et la multiplicité des faits, fut-elle, cette fois, rapidement menée, et, dès le 1ᵉʳ décembre 1861, la chambre des mises en accusation de la Cour impériale de Lyon, réunie en chambre du conseil, sous la présidence de M. *Loyson*, entendit le rapport fait par M. *de Prandière*, substitut du Procureur impérial, sur la procédure instruite au Tribunal de première instance de Trévoux.

Insistons sur quelques parties de cette procédure d'instruction. En même temps qu'elle nous révélera des crimes jusqu'alors ignorés, nous y trouverons d'intéressants détails sur les habitudes de l'assassin, et nous le verrons plus d'une fois en présence de ses victimes.

Dumollard, une fois arrêté et convaincu par ses aveux transparents, l'instruction n'eut pas de peine à compléter les enquêtes inutiles faites à diverses époques contre le malfaiteur encore inconnu. Il parut même que la Justice avait apporté quelque mollesse dans ces investigations premières, et que des recherches plus énergiquement et plus habilement conduites l'eussent dû mettre plus tôt sur la bonne piste. Ainsi, à propos de la tentative faite sur la fille Bourgeois, on s'était contenté d'entendre cette fille, sans rechercher les autres témoins. M. Genod, cette fois, interrogea une veuve *Gerbe*, en présence de laquelle Marie Bourgeois avait conclu son marché avec Dumollard. Il entendit également la femme *Berthelier*, de la ferme des Polletins, qui, plus sagace que ne l'avaient été les magistrats, avait tout d'abord soupçonné l'identité de l'assassin du bois de Tramoyes avec l'auteur de la tentative faite sur la fille Bourgeois.

Confronté avec la veuve Gerbe, Dumollard affirma avec le plus grand sang-froid qu'il n'avait jamais vu cette femme. « Comment donc, dit-il, pourrait-elle me reconnaître? »

La veuve Gerbe, âgée et infirme, aux yeux fatigués et pleurants, examina Dumollard, crut le reconnaître à son dos voûté et à ses grosses mains,

---

(1) A ce propos, il faut faire remarquer que le nouveau Code criminel italien supprime le serment devant le Juge instructeur, parce que souvent les premiers dires sont le résultat d'une émotion passionnée, et son article 173, à propos des témoins, est ainsi conçu :

« Les dépositions seront, autant que possible, libellées dans les termes employés par les témoins. »

M. Bonneville de Marsangy dit, à ce sujet, dans son ouvrage : *De l'amélioration de la loi criminelle* :

« Beaucoup de Juges d'instruction ont l'habitude, dans un but de correction grammaticale, de traduire la déposition des témoins. Cette pratique a l'inconvénient d'enlever à la déposition son caractère original. Le peuple a des façons de dire rudes et grossières souvent, mais imagées, pittoresques, auxquelles il faut se garder de substituer une élégante phraséologie; il en résulte qu'au jour du débat, le témoin, ne reconnaissant plus ni sa pensée, ni son langage, sous la forme académique qu'on leur a donnée, répond bravement : « *Je n'ai pas dit cela.* » De là des controverses et des incertitudes qui affaiblissent d'autant l'autorité probante du témoignage. »

mais n'osa l'affirmer. « Cependant, dit-elle, l'autre avait la lèvre *supérieure* défectueuse. »

La fille *Bourgeois*, elle, ne pouvait hésiter. A la première vue, elle s'écria : « C'est parfaitement cela, c'est bien lui.

— Je ne vous reconnais pas du tout, moi, répondit tranquillement Dumollard ; j'ai sans doute emmené d'autres filles ; mais vous, je ne vous ai jamais parlé. »

Victorine Perrin, la jeune fille victime de l'attentat du 11 novembre 1856, fut également retrouvée et mise en présence de Dumollard. Elle s'écria tout d'abord : « Je reconnais cet homme... c'est lui qui m'a emmenée. » Dumollard répondit froidement : « Je ne vous ai jamais vue, pour sûr. » Mais la fille Perrin reconnaissait aussi, parmi les effets saisis chez Dumollard, un petit nécessaire, un médaillon de Fourvières, une robe et un jupon. Dumollard prétendit avoir acheté la robe et le nécessaire, et posséder depuis longtemps la médaille et le jupon.

La sœur *Clavier*, des Blandines, crut seulement reconnaître Dumollard. C'est sur les conseils malheureux de cette supérieure des Blandines que la fille Perrin s'était abstenue de dénoncer les faits à la Justice.

En même temps que l'instruction répandait ainsi la lumière sur les faits relevés par l'accusation, le concours actif qu'elle trouvait dans le public, surexcité par le bruit qui se faisait autour du nom de Dumollard, la mettait sur la trace de crimes dont les victimes n'avaient pu être retrouvées.

C'est ainsi qu'un certain *Chrétien* (*Jean-Pierre*), meunier à Sainte-Croix, le garde champêtre *Claude Saint-Genis*, de Sainte-Croix, et une dame *Damiron*, firent connaître au magistrat instructeur qu'une fille de vingt-cinq ans environ avait été, le 11 décembre 1859, attirée comme les autres et par les mêmes moyens, dans la contrée déserte et boisée qui s'étend entre les moulins de Sainte-Croix et des Vernes, à une demi-lieue environ du bois des Communes. Cette fille, dont le nom était resté inconnu aux deux témoins, avait échappé à son conducteur, en laissant entre ses mains son carton et son paquet, renfermant un bon châle et 50 francs. Cette fille, originaire du Jura, disparut sans laisser de traces et sans porter plainte.

On retrouva encore une dame *Laborde*, qui déclara à M. Genod qu'un nommé *Mollard* avait couché cinq ou six fois chez elle. On le trouvait inscrit sur les livres aux dates des 9 et 16 février 1860, 10 mars et 18 décembre 1860.

Elle se rappelait que, pendant l'hiver de 1859 à 1860, très-certainement avant le 26 février, ce Mollard était venu avec une femme de trente-deux ans environ. La femme était de taille moyenne, vêtue d'une robe à carreaux rouges, blancs et bruns ; elle portait quelques effets dans un cabas en paille.

Mollard la présenta comme sa nièce et demanda une chambre à deux lits. Sa réponse affirmative parut être désagréable à la jeune femme, car aussitôt elle sortit précipitamment d'un air fâché. Mollard courut après elle ; mais ils ne revinrent ni l'un ni l'autre.

A quelques jours de là, madame Laborde rencontra Mollard dans la rue Moncey. « Pourquoi donc n'êtes-vous pas revenu, l'autre jour ? lui demanda-t-elle. — Ah ! répondit Mollard, c'est que nous sommes partis le même soir ; mais je reviendrai vous voir un de ces jours. »

Il revint, en effet, mais seul, le 26 février.

M. Genod fit montrer à la logeuse les hardes saisies chez Dumollard. Parmi toutes ces épaves, elle reconnut le cabas en paille à carreaux blancs et marrons et la robe à carreaux bruns et blancs de la prétendue nièce. Parmi les effets personnels de Dumollard, elle reconnut le pantalon à côtes très-usé qu'il portait le jour où il avait suivi la *nièce*. Elle chercha, mais vainement, le chapeau noir à haute forme qui, avec une blouse bleue, complétait le costume de *Mollard*.

Confronté à la logeuse, *Dumollard* la reconnut ; mais, tout en avouant qu'il avait couché plusieurs fois chez elle, il nia qu'il y fût jamais venu avec une femme. Quant au cabas, il prétendit l'avoir acheté sept ou huit ans auparavant. La robe, il l'avait volée à une femme de mauvaise vie demeurant à Lyon, près de la cure de l'Immaculée-Conception.

« N'avez-vous pas fait brûler le chapeau noir avec la malle et les effets de la fille Pichon ? demanda *M. le Juge d'instruction*. — C'est bien possible, répondit *Dumollard*, mais je ne m'en souviens plus. »

L'instruction avait à peu près accompli sa tâche ; elle voulut tenter un dernier effort, afin d'établir l'identité de la victime du bois de Mont-Main.

On se rappelle cette montre saisie en la possession de Dumollard, cette malle déposée par lui à la station de Montluel et qu'il avait craint d'aller chercher parce que sa femme lui avait dit : « N'y va pas, tu *te* ferais prendre. » Ces objets devaient, dans la pensée de l'instruction, la conduire à son but par la découverte du propriétaire.

A qui avait appartenu la montre ? Où avait-elle été achetée ? On la fit présenter à presque tous les horlogers et bijoutiers de Lyon ; mais il ne s'en trouva aucun qui dit l'avoir réparée ou vendue, de sorte que, de ce chef, l'instruction n'obtint aucun renseignement qui pût la mettre sur la voie.

Elle fut plus heureuse quant à la malle. Un bizarre concours de circonstances fit qu'après plus de trois ans, elle fut retrouvée intacte à la gare de Montluel.

Le facteur de cette gare était, en 1858, un sieur Fournier, qui, sans savoir son nom, connaissait Dumollard pour l'avoir vu plusieurs fois sur la ligne. Un jour qu'il venait de descendre d'un train à la tombée de la nuit, Dumollard lui avait remis un bulletin de bagages accompagnant une malle, en lui disant : « Je ne fais qu'aller en ville ; je reviendrai prendre cette malle dans quelques instants. » Là-dessus, il était parti, et Fournier n'avait ni délivré de bulletin de dépôt ni inscrit la malle sur le registre de la gare. Quelques jours se passèrent sans qu'il revit Dumollard. Le facteur avait commis une infraction au règlement, qui prescrit de délivrer un bulletin de dépôt pour les bagages laissés par les voyageurs en gare. Comme une visite d'inspection allait avoir lieu, pour n'être pas pris en faute, il descendit la malle dans une cave dépendant de la gare.

Plus tard, en 1859, Fournier eut l'occasion de parler de ce fait à son chef de gare, M. Metzelard. Celui-ci n'y attacha pas d'importance, et la malle resta oubliée dans la cave jusqu'au jour où la dame Metzelard, l'ayant vue par hasard, signala sa présence à son mari, qui la fit remonter pour la mettre à la disposition de son administration.

Ceci se passait au moment même où l'instruction faisait, de son côté, des investigations au sujet de cette malle.

Averti de la découverte qui venait d'avoir lieu, M. Simonet, juge de paix du canton de Montluel, se transportait, le 7 novembre, à la gare de Montluel. Là, il se fit représenter la malle, une malle de moyenne grandeur, usée et toute moisie par suite de son long séjour dans la cave.

Le Juge de paix fit procéder à l'ouverture de la malle ; on y trouva des nippes et des hardes dont voici le détail :

Quatorze chemises de femme en toile et une en flanelle, sans marque ; quatre draps de toile et deux de coton, sans marque ; trois serviettes de fil, dont une portant la marque AC ; deux robes, l'une de soie marron à reflets gorge de pigeon, l'autre de coton à carreaux blancs et marrons ; une robe inachevée en indienne, fond cachou, dessous marron et blanc ; trois jupes de tricot et d'indienne ; sept tabliers, l'un en soie, les autres en coton, variés de couleur ; un châle de tartan, fond noir, à carreaux rouges et gris ; un grand fichu de coton, fond rouge, dessins verts et bruns ; un petit fichu de coton, fond rouge, à semis de fleurs bleu clair ; seize mouchoirs de coton quadrillés, de couleurs variées, dont un marqué au fil blanc de la lettre C, deux de la marque MN, un de la marque JZ, un de la marque PM ; trois foulards de soie, un fond jaune à dessins blancs, un fond rouge à petits pois et à bordure jaune, un varié à médaillons carrés et ovales renfermant des lettres chinoises ; une cravate de beau taffetas noir épais bordée de grosses raies vertes et de filets cerise ; un fichu de coton fond noir, passé de couleur, à dessins brun clair, portant au fil rouge la marque ID ; treize cols ou guimpes en coton blanc ; une pèlerine en crêpe noir à fleurs noires ; cinq bonnets en tulle de coton blanc ; deux bonnets en tulle noir, l'un à rubans bleus, l'autre à rubans marrons ; un bonnet de roulier, en coton rayé de blanc et de bleu ; un gilet d'homme en coton rayé, quadrillé de bleu et de blanc ; deux mauvaises paires de bas en fil gris ; une paire de tiges de bas blanc sans pieds ; quelques coupons et morceaux d'étoffes, de calicot, de vieux rubans ; des pelotons et des écheveaux de fil, de coton et de laine ; un bas de coton commencé au tricot ; un jeu d'aiguilles à tricoter ; trois couteaux de poche ; un rasoir ; deux étuis à aiguilles ; un petit sac contenant des boutons, quatre dés, un chapelet, une médaille, des boucles, un bout de pipe en corne, une lampe de cuisine en étain, une paire de ciseaux attachés à une lisière de laine, une paire de boucles d'oreilles en doré, un peigne fin en corne ; un choix de cantiques ; divers feuillets des *Impressions de voyage*, paginés de 51 à 60 ; un feuillet de l'*Imitation de Jésus-Christ* ; une petite brochure intitulée : *Union catholique* ; enfin, et ceci n'était pas le moins important, une lettre datée de Saulchoy, du 1er mai 1858, et signée *Jean-Baptiste Auguez ;* une autre signée *Pichon Pierre-François ;* une image obscène, dessinée au crayon et signée : *L. Chanaz, 10e dragons ;* un petit morceau de papier de Chine, sur lequel était collée une image de chien (1).

Tel était le contenu de la malle, c'est-à-dire tout un bagage de cuisinière bien nippée, ayant pour amants des soldats. Sur le couvercle de la malle on lisait l'étiquette suivante : *Lyon. Montluel. Bagages.* Cette première étiquette, décollée avec soin, en

(1) Si nous donnons cette longue nomenclature, c'est dans l'espoir que notre publicité pourra mettre sur la trace de la victime restée ignorée jusqu'ici (décembre 1861).

laissa paraître une autre ainsi conçue : *Saint-Rambert. Bugey... N° Saint-Clair.*

La malle fut immédiatement envoyée au parquet de Trévoux.

Le Juge d'instruction fit faire des recherches parmi les dragons du 10e. Un d'eux, *André Geniz*, récemment libéré du service et établi tailleur à Montluel, se rappela avoir connu à Lyon, du mois de mai 1856 au mois d'octobre 1858, un dragon Pinchon, entré depuis dans la garde impériale, et un dragon Chanat, natif de l'Ain comme lui-même.

On représenta au témoin les divers objets trouvés dans la malle ; il n'en reconnut aucun. Quant aux lettres et notes signées Pichon et Chanaz, il ne put dire si c'était leur écriture.

Le 23 novembre, on confronta Dumollard à Fournier. La confrontation fut des plus intéressantes. On va en juger :

Dumollard, spontanément, à la vue du témoin : — Ah ! c'est M. Fournier !

Le témoin. — Vous me connaissez donc ?

Dumollard. — Oui, vous avez été facteur à la gare de Montluel.

Le témoin. — Je ne savais pas votre nom ; mais je me rappelle aussi vous avoir vu fréquemment à la gare du chemin de fer. J'ai remarqué qu'en partant pour Lyon ou en revenant, tantôt vous aviez une blouse, tantôt vous aviez un paletot assez court à l'usage des habitants de la campagne. C'est vous qui, au mois de novembre ou de décembre 1858, m'avez remis un billet de bagage et laissé une malle en dépôt. Vous étiez accompagné d'une femme de petite taille dont il me serait difficile de donner le signalement. Vous paraissiez être seul avec elle, car vous lui avez dit : « Donnez-moi votre bulletin, je vais le remettre. »

Dumollard. — Le témoin se trompe, car ce n'est pas moi qui lui ai remis le billet de la malle. J'en appelle à ses souvenirs : j'étais vêtu d'une blouse bleue ce jour-là, et si un individu en paletot a remis le bulletin de bagage, ce n'est pas moi.

Le témoin. — Je répète que je vous ai vu, à diverses reprises, sous différents costumes. Ce jour-là, vous aviez un paletot dont la couleur m'a semblé gris foncé.

Dumollard. — Je n'ai jamais eu de paletot de cette couleur. J'ai un vieux paletot, en grosse étoffe d'hiver, qui m'a toujours semblé couleur marron.

Le témoin. — J'ai la certitude de ce que j'avance, et, du reste, ce sont les traits particuliers de votre figure qui m'ont frappé.

Voilà pour les éléments importants de l'instruction de Trévoux. Il est bon maintenant, en raison de l'étonnante multiplicité et de la singulière ressemblance de tous ces crimes entre eux, de résumer, par ordre de date, les faits mis à la charge de Dumollard et de sa femme par le réquisitoire de mise en accusation.

Dressons cette funèbre liste :

1° Derniers jours de février 1855 : fille *Marie Beday*, attirée, à l'aide de promesses mensongères, dans la forêt de Montaverne, commune de Tramoyes. Vol, viol et assassinat, concomitance de ces crimes. Complicité de la femme Dumollard, recel d'une partie des objets volés. Aveu partiel par Dumollard.

2° 4 mars 1855 : fille *Olympe Alabert.* Tentative non caractérisée. Niée par Dumollard.

3° 22 septembre 1855 : fille *Charlety.* Tentative non caractérisée. Niée par Dumollard.

4° 31 octobre 1855 : fille *Bourgeois*. Tentative non caractérisée. Niée par Dumollard.

5° Novembre 1855 : *Victorine Perrin, femme Muret*. Vol sur un chemin public, la nuit. Complicité de la femme Dumollard par recel. Nié par tous deux.

6° Novembre ou décembre 1858 : *Fille inconnue* du bois de Mont-Main. Vol, viol, assassinat d'une fille attirée par des promesses mensongères et avec l'intention bien arrêtée de la détruire (c'est la fille de la rue Mercière ou de l'Argue) ; concomitance de ces crimes. Complicité de la femme par recel. Aveu partiel de Dumollard.

7° 18 janvier 1859 : *Julie Fargeat*, attirée dans les bois de l'hôpital à l'aide des mêmes manœuvres.

Vol avec violence, la nuit. Complicité de la femme Dumollard par recel. Nié par Dumollard.

8° 14 décembre 1859 : *fille inconnue*, attirée par les mêmes manœuvres, sur un chemin public, près de Sainte-Croix, la nuit. Vol d'argent et d'effets mobiliers avec violence. Nié.

9° Fin de janvier ou commencement de février 1860 : *femme inconnue*, qu'il donnait pour sa nièce, attirée par ruse à l'hôtel Laborde. Vol consommé ; la femme disparue. Nié. Complicité de la femme Dumollard par recel.

10° 30 avril 1860 : fille *Marie Michel*. Tentative de vol, la nuit, avec violence, dans le bois des Allées. Niée.

« Ils se trouvèrent tout à coup, dans un taillis assez épais, en présence d'un cadavre. — (Page 5.)

11° 26 février 1861 : fille *Marie-Eulalie Bussod*, attirée par les mêmes manœuvres et avec le projet arrêté de la détruire. Vol, viol, assassinat ; concomitance de ces crimes. Aveu de Dumollard, qui aurait facilité l'exécution de ces crimes à des inconnus. Complicité de la femme Dumollard par recel d'effets adaptés à sa taille.

12° 26 mai 1861 : fille *Marie Pichon*. Mêmes manœuvres, même projet, tentative de viol, de vol et d'assassinat de cette fille au lieu dit de Côte-Enverse ; concomitance de ces crimes. Aveu partiel. Complicité de la femme Dumollard par recel.

Le 17 décembre 1861, arrêt conforme de la chambre des mises en accusation et renvoi des mariés Dumollard devant la Cour d'assises de l'Ain.

L'acte d'accusation fut dressé par M. *Gaulot*, Procureur général près la Cour impériale de Lyon, ce même magistrat qui avait requis dans une autre hor-

rible affaire, celle des assassins de Saint-Cyr (*Voyez* ce procès). C'est dire que ce document se distinguait par une simplicité, par une sobriété, par une précision nerveuse qu'on ne retrouve pas toujours dans les documents émanés du Ministère public.

C'est dans l'audience du 20 janvier que l'acte d'accusation fut lu devant la Cour d'assises de l'Ain.

La très-petite salle des débats est remplie depuis longtemps par les personnages les plus notables de Bourg et de tout le département. Vers dix heures, les accusés sont introduits. Les cris de toute une populace indignée, curieuse, ont accompagné Dumollard depuis la prison jusqu'au Palais. *Le voilà ! le voilà !* s'écrient les assistants lorsqu'il est introduit dans la salle d'audience. *Oui*, dit-il, en agitant son chapeau, *me voilà !*

Les regards avides de la foule se fixent sur l'homme

que nous avons décrit. A première vue, pour qui ne le regarde pas de près, il ressemble à un bon paysan de la Bresse, vulgaire et inoffensif. On comprend qu'il ait inspiré confiance à ses malheureuses victimes. Mais si quelque émotion intérieure, curiosité, inquiétude ou irritation, vient à allumer ces yeux vitreux et à animer ces traits atones, on retrouve la bête fauve, avec ses appétits impitoyables, que trahissent l'agitation des maxillaires et la fixité du regard.

Anne-Marie Martinet est de petite taille, assez maigre. Son tempérament est sanguin, sa figure ronde, cuivrée, son front bombé, ses yeux vifs et sournois.

Pendant que Dumollard se place le plus commodément qu'il peut, on se raconte dans l'audience quelques particularités de cet étrange caractère. Pendant ses sept mois de détention préventive dans la prison de Trévoux, il a gagné 13 fr. 75 c. à teiller du chanvre, et, sur ce pécule, il ne s'est permis que 45 centimes de dépense en dehors de la nourriture de la prison. Il a toujours montré un bon appétit, une grande confiance dans l'issue de son affaire; peu communicatif, d'ailleurs, même taciturne.

Des renseignements divers et souvent contradictoires circulent sur les antécédents du monstre. Il paraît être né à Tramoyes, arrondissement de Trévoux, vers l'année 1812, d'un père hongrois et d'une Française, Josèphe Rey. Son père aurait fui sa patrie à la suite d'un crime resté inconnu, et serait venu se réfugier en France. En 1814 ou 1815, les Autrichiens étant en France, le père de Dumollard aurait cherché un asile en Italie; mais, retrouvé par ses compatriotes à Padoue, il aurait subi la peine à laquelle il avait été condamné pour son crime, celle de l'écartèlement. La veuve du supplicié revint en France avec son fils.

Qu'y avait-il de vrai dans cette histoire? Il ne fallait pas le demander à Dumollard, et personne ne pouvait le dire.

Cependant la Cour entre en audience. *M. le conseiller Marilhat* préside. *M. le Procureur général Louis Gaulot, M. le Substitut du Procureur général de Prandières, M. Jeandet,* Procureur impérial au siège de Bourg, prennent place aux fauteuils du Ministère public. *M⁰ Lardière* défendra Dumollard, *M⁰ de Villeneuve,* la femme Martinet.

Il est procédé à l'interrogatoire de Dumollard.

Après quelques questions sur sa vie passée, sur sa famille, *M. le Président* dit à l'accusé : — Il paraît que vous frappiez votre femme; des voisins l'ont entendue crier pendant la nuit. —R. Jamais la nuit.

D. Mais le jour? — R. Ah! oui, le jour, je ne dis pas non; elle me faisait emporter!

D. Et pourquoi? — R. Parce qu'elle voulait toujours dire que j'avais tué les filles, et ce n'était pas vrai.

D. Mais vous le lui aviez dit vous-même? — R. Quand je lui aurais dit, ça ne prouverait pas la chose; bien souvent on dit des choses qu'on n'a pas faites.

D. Il y a un autre motif. Votre femme ne vous reprochait-elle pas d'être un débauché, un libertin? Elle a déclaré que c'était une des causes qui vous avaient précipité dans ces crimes abominables que la Justice vous reproche aujourd'hui. — R. Oh! il y a quinze ans de ça, mais depuis, plus question.

D. Vous verrez le contraire. Vous avez été condamné deux fois pour vol? — R. Non, qu'une fois.

D. C'est-à-dire que vous vous êtes caché pour ne pas subir la seconde condamnation. Que faisiez-vous pour vivre? — R. Je travaillais de mon état de journalier.

D. Mais vous détestiez le travail. Tout le monde dit que vous ne travailliez que contraint et forcé? — R. C'est vrai que depuis que j'avais rencontré à Lyon ces jeunes gens barbus qui m'ont entraîné à ce que vous savez, je ne travaillais pas aussi souvent.

D. Ah! vous revenez à votre système! Mais ce ne serait qu'en 1853 que vous auriez fait ces mauvaises connaissances, et, dès 1844, vous aviez la réputation d'un maraudeur et d'un voleur. Vous viviez chez vous isolé, comme en état de réclusion, au point que, dans votre petite commune, votre maire lui-même ne vous connaissait pas. — R. Il se trompe bien, puisque nous avons vendangé trois ou quatre fois ensemble.

D. Vous passiez aussi pour un homme brutal, violent. Un jour, vous lancez une pierre à la tête d'un vieillard, le père Jacob, au risque de le tuer. — R. Oh! ça, ce n'est pas bien vrai, c'est bien plutôt lui qui a voulu me tuer avec son fusil.

D. Vous faisiez fréquemment des absences qui duraient plusieurs jours; on ne sait où vous alliez. — R. J'allais travailler à Lyon, à Fontaines.

D. On n'a jamais su où vous alliez travailler. Ce qu'on sait, c'est que vous rentriez dans le plus grand silence, au milieu de la nuit. — R. Jamais.

D. Mais votre femme l'a dit. — R. Ma femme peut bien dire tout ce qu'elle veut; d'abord elle a menti.

D. Vous aviez un mot d'ordre; vous prononciez le mot : « Hardi, » et aussitôt la porte s'ouvrait. — R. Ce serait bien trouvé qu'on aurait besoin d'un mot d'ordre pour rentrer avec sa femme !

D. Votre femme a encore dit que depuis sept à huit ans vous rapportiez chaque fois des malles, du linge avec vous. — R. Tout ça n'est pas; si c'était vrai, ma maison n'eût pas été assez grande pour renfermer tant d'effets.

D. Mais voyez ces caisses immenses entièrement remplies ! Et ce n'est pas tout !

M. le Président arrive alors au fait qui a servi de point de départ à l'accusation, à la tentative sur Marie Pichon. *Dumollard* reconnaît, sans hésiter, avoir accosté cette femme sur le pont de la Guillotière, lui avoir parlé d'une place et l'avoir conduite à Dagneux par des chemins de traverse. Il convient encore qu'il a cherché à arracher un échalas d'une vigne; mais c'est qu'*il y avait quelque chose qui le tourmentait.*

M. le Président. — Puis, vous avez pris un caillou. — R. *Je ne crois pas.*

D. Comment, vous ne croyez pas! Et la corde à nœuds coulants dont Marie Pichon n'a évité les étreintes que par la fuite ?

Dumollard. — Oh ! permettez-moi la parole pour que je vous dise le vrai de la chose.

Et il se met à reproduire son histoire de ces deux *individus* à l'instigation desquels il aurait entraîné Marie Pichon.

M. le Président. — C'est toujours votre système de défense; vous n'êtes que l'instrument d'êtres occultes dont vous ne connaissez ni le nom, ni la demeure, ni la profession. Qu'en voulaient-ils faire, de cette fille ? — R. Je n'en sais rien.

D. A quel endroit deviez-vous la leur livrer? — R. A Côte-Enverse; et c'est quand j'ai vu que le moment allait arriver que j'ai fait des mouvements pour que la fille se sauve; ça me *faisait de la peine* de la voir périr.

D. S'il en est ainsi, pourquoi avez-vous cherché à l'arrêter dans sa fuite en lui jetant un nœud coulant? — R. Oh! pour ça, non, je le nie: je n'avais pas de corde. J'ai fait des mouvements de bras pour la faire sauver, voilà tout.

D. Mais vous lui avez volé sa malle, son cabas et son parapluie, à cette fille que vous vouliez sauver? — R. Pardon, *je les ai emportés pour les lui rendre*, parce que j'avais la croyance qu'elle viendrait me les réclamer; mais ces *individus* m'en ont empêché et ils m'ont dit alors : « Il faut que tu brûles cette malle, et tout ce qu'elle contient. »

D. Mais vous aviez d'autres moyens de sauver cette fille, si telle était réellement votre volonté? — R. Mais non; il fallait bien faire croire aux *assassins* qu'elle s'était sauvée malgré moi.

D. Vous aviez donc bien peur de ceux que vous appelez les assassins? — R. Je pouvais bien en avoir peur. Quand ils voyaient que je n'étais pas en bonne fermeté pour leur obéir, ils me disaient : « Si tu nous vends, nous avons des individus qui te retrouveront n'importe où. » Alors, moi, je me disais : Si tu les trompes, tu es perdu. Ça n'était pas une position agréable. C'est pour ça que j'ai fait semblant d'être méchant pour madame Pichon.

D. Mais vous n'avez pas dit un mot de cela dans vos premiers interrogatoires. — R. Si, Monsieur.

D. Non; c'est seulement quand on eut trouvé chez vous des objets ayant appartenu à Marie Pichon que vous vous êtes décidé à faire les déclarations que vous reproduisez aujourd'hui. Parmi les choses brûlées, on a retrouvé des fragments de livres, et vous ne savez ni lire ni écrire, ni vous ni votre femme. Persistez-vous à dire que vous les avez achetés? — R. Pour ça, non, je ne les ai pas achetés; ce sont ces *individus* qui me les donnaient.

D. *Ces individus*, vous voulez dire ces complices mystérieux, dont vous ne connaissez ni le nom, ni la demeure? — R. Ils m'auraient tué si je leur avais fait des questions.

D. Quand vous avez brûlé les effets de Marie Pichon dans le bois des Rouillonnes, votre femme ne faisait-elle pas le guet? — R. Oui, elle allait et venait.

D. Elle a dit qu'elle ne vous y avait suivi que comme contrainte et forcée? — R. Oh bien, mensonge! Elle ne se l'est pas fait dire deux fois.

D. C'est vous qui avez voulu garder la pièce de cretonne? — R. Non; c'est elle qui m'a dit : Cela, il faut le garder.

D. Pourquoi n'avez-vous pas brûlé les effets de Marie Baday et des autres victimes? — R. *C'était pour ne rien faire perdre aux parents.*

D. Oh! vous avez été plus franc devant le Juge d'instruction. Vous lui avez dit que vous n'aviez rien à redouter à raison du temps écoulé.

Nous allons maintenant vous interroger suivant l'ordre chronologique des faits.

M. le Président rappelle ici toutes les circonstances de la découverte du cadavre de Marie Baday dans le bois de Montaverne, et, du fait de l'existence dans le domicile des époux Dumollard de divers objets, notamment de la robe verte maculée de sang, ayant appartenu à cette fille, il tire la conséquence que Dumollard est son assassin.

Dumollard. — Ce n'est pas moi qui ai été chercher cette fille; c'est toujours ces *messieurs* qui ont fait le coup de Marie Baday.

D. Ah! toujours les deux fameux inconnus? — R. Oui; mais, cette fois, ils étaient trois; moi, je n'ai fait que les suivre jusque dans le bois de Montaverne; là, ils se sont écartés avec cette demoiselle; j'étais bien loin de croire qu'il pût en résulter des choses comme celles qui sont arrivées. Ils sont restés plus de deux heures à faire je ne sais pas quoi, et quand ils ont été arrivés sur moi tous les trois, je leur ai dit : « Et la fille? — Ah! ils m'ont dit, nous l'avons conduite dans une maison. » Moi, je l'ai cru. Plus tard, un vigneron me dit : « Il y a une fille qui a été assassinée. » Ça m'a frappé, ça m'a même ennuyé toute la semaine. Huit jours après, ils m'ont fait adresser un paquet d'effets. En regardant ces effets, je leur dis : « Tiens, voilà une robe qui ressemble à la robe de cette fille que vous avez emmenée de Lyon. — Bah! qu'ils me disent, il y a plus d'une robe qui se ressemble. » Je n'en ai pas pensé plus long.

D. Dans l'instruction, vous avez dit que Marie Baday, avant d'être assassinée, avait été violée; le dites-vous encore? — R. C'est ce que ces *messieurs* m'ont dit, et je l'ai cru, puisqu'ils m'avaient dit qu'ils ne l'emmenaient que pour cela; ils voulaient même que j'aille avec eux pour m'amuser, mais je n'ai pas voulu.

D. Vous aviez reconnu, dans la robe et le tablier, les vêtements de Marie Baday; tout le monde avait connaissance du meurtre accompli; comment alors pouviez-vous admettre l'idée qu'on vous eût donné les effets d'une femme vivante? — R. Les associés faisaient ce qu'ils voulaient; ça n'était pas à moi à leur faire des questions.

D. Vous parlez toujours de ces associés; mais que faisaient ces gens-là? Quels étaient leur nombre, leurs moyens d'existence? — R. Ils voyageaient toujours.

D. Est-ce que ce sont des contrebandiers? — R. Pourrais pas vous dire.

D. En connaissez-vous beaucoup? — R. Rien que trois.

D. Et savez-vous le nombre des membres composant cette prétendue association? — R. Ils m'ont dit qu'ils étaient plus de quatre-vingts, et que, n'importe par où je me sauve, ils sauraient bien me trouver.

Poursuivant les faits relevés par l'acte d'accusation, *M. le Président* interroge Dumollard sur les tentatives dont ont failli être victimes Marie Curt et Olympe Alabert.

Dumollard. — Dans ces affaires-là, je ne suis pour rien.

D. Mais ces deux filles vous ont reconnu à la défectuosité de votre lèvre inférieure, à votre vêtement et surtout à la forme de votre chapeau à larges bords? — R. Je n'ai jamais eu de chapeau à larges bords.

D. Mais votre femme le déclare? — R. Si elle a dit ça, elle ment.

D. Qu'est devenu ce chapeau? Vous l'avez détruit, car votre femme dit de la manière la plus positive que vous êtes rentré sans ce chapeau que vous aviez en quittant votre maison? — R. Ceci est faux; je suis toujours rentré la tête couverte.

M. le Président passe au fait du vol commis au préjudice de la fille Charlety.

Dumollard. — C'est encore une question qui m'est inconnue.

D. Mais cette fille a donné de vous à l'avance le signalement le plus complet; quand elle vous a vu, elle vous a reconnu de suite. — R. C'est entendu avec toutes ces femmes qu'il faut me reconnaître. On m'en amènerait cent, qu'elles me reconnaîtraient toutes.

D. Dans l'instruction, vous avez convenu avoir mené une fille du côté de Venissieux. Est-ce une victime de plus à ajouter à la liste déjà trop longue de vos victimes? — R. On me charge bien !

M. le Président. — Et la tentative contre Marie Bourgeois?

Dumollard. — C'est encore là une chose que je ne connais pas; elles disent contre moi tout ce qu'elles veulent.

D. Mais une personne était présente quand vous avez débattu le prix de ses gages? — R. Je ne connais pas ça. Quand un homme est dedans, tout le monde le reconnaît.

Mêmes dénégations quant au vol dont Victorine Perrin a été victime. — Ce n'est pas vrai, se contente de dire *Dumollard,* quand *M. le Président* lui oppose le récit de la victime elle-même, et l'existence dans son domicile de ses effets. « *Ces individus* me les ont donnés, » affirme-t-il. — Mais pourquoi vous donnaient-ils des effets et de l'argent? — Ah ! c'est que je leur passais ces objets en contrebande à Lyon.

M. le Procureur général. — Il ne s'agit ici que des jeunes filles. Quels services rendiez-vous à ces hommes?

Dumollard. — Eh ! c'était pour ce que vous savez.

D. Dites-le. — R. Pour ça que je parlais aux filles.

D. Enfin, vous l'avouez, vous étiez leur pourvoyeur. — R. Pour les amusements, je ne dis pas non; du moment que ça leur convenait et aux filles! mais, pour le reste, non.

D. Combien vous donnaient-ils d'argent? — R. La première fois, ils m'ont donné 50 fr.; mais tantôt ils me donnaient 20 fr., 25 fr.

D. En quelle année vous ont-ils donné le premier argent? n'est-ce pas en 1853? — R. Ah ! je ne sais trop.

D. N'était-ce pas après qu'ils vous eurent dit avoir jeté deux jeunes filles dans le Rhône? — R. Je n'ai pas beaucoup de mémoire.

M. le Président donne connaissance à la Cour d'un fait nouveau qui s'est produit depuis l'arrêt de renvoi. En 1855, Dumollard aurait demandé une domestique à une femme Pain ; celle-ci lui aurait indiqué une fille Rosalie Nicolas. Ils firent marché ensemble, et Dumollard conduisit cette fille en omnibus à Vaulx-en-Velin, sur la rive gauche du Rhône. A la descente de la voiture, il prit sa malle, et marcha avec elle jusqu'à la nuit. Arrivé près d'un bois, il se tourna brusquement vers elle, et lui dit : « Ce n'est pas tout, il faut savoir si tu as de l'argent, » et il la fouilla et lui prit une somme de 60 fr., en lui disant pour adieu : « Si tu parles, je te tue. » Placée en présence des objets saisis chez Dumollard, cette fille a reconnu, comme lui ayant appartenu, quelques effets de lingerie. En outre, bien que Dumollard fût placé au milieu de plusieurs autres individus, elle l'a reconnu parfaitement et sans hésitation.

Interrogé sur ces faits, l'*Accusé* répond : — Ce n'est pas vrai. Elle est restée bien longtemps pour déclarer ça!

Après ces vols tentés ou consommés, vient le crime du bois de Mont-Main, dénoncé par la femme Dumollard.

M. le Président rappelle à l'accusé ces paroles qu'il aurait dites à sa femme dans la nuit de décembre 1858 : « Je viens de tuer une fille au bois de Mont-Main, il faut que j'aille l'enterrer. »

Dumollard. — Ce n'est pas moi qui ai tué cette fille.

D. Qui donc? — R. C'est les autres ; ils étaient deux.

M. le Président. — Mais, dans tous les cas, vous êtes leur complice, et que vous soyez auteur principal ou complice, votre position est la même, car la loi punit le complice comme l'auteur principal. On a constaté sur le crâne de cette femme une fracture étoilée, ce qui indique qu'elle a été assommée. Encore une fois, est-ce vous qui l'avez tuée?

Dumollard, avec une légère animation — Mais, monsieur le Président, il faut pourtant comprendre la raison qu'ayant une femme comme la mienne, qui veut tirer sur moi comme un chasseur tire sur un oiseau, vous pensez bien que si j'avais tué quelqu'un, je n'aurais pas été lui dire. Si j'ai dit une pareille chose à ma femme, c'est positivement parce que ce n'était pas vrai.

M. le Président. — Mais, vous-même, lors de la découverte du cadavre de Marie-Eulalie Bessod dans le bois des Communes, vous avez fait des aveux qui établissent votre complicité dans le crime du bois de Mont-Main.

Et *M. le Président* donne lecture des déclarations de Dumollard dans l'instruction.

Dumollard. — Je n'ai jamais couché ça sur le papier. Je ne sais ni lire ni écrire, mais je sais ce que je dis; si on a écrit cela, c'est à mon insu.

D. Mais M. le Juge d'instruction a donc inventé ça? — R. Pour moi, je n'en peux davantage.

D. Pourquoi vous êtes-vous accusé de cet assassinat près de votre femme? — R. Eh ! je vous l'ai déjà dit. Si cela peut vous faire plaisir, je vais vous le répéter : je savais très-bien qu'elle ne garderait pas le secret.

D. Et c'est parce que vous êtes sûr de son indiscrétion que vous lui confiez un pareil secret? — R. Eh ! sans doute. (Dans l'instruction, Dumollard disait absolument le contraire.)

M. le Procureur général. — Mais elle n'a été que trop discrète; elle a gardé vos affreux secrets jusqu'au jour où elle n'a pu faire autrement que de les révéler.

Dumollard. — Je ne voulais pas dénoncer moi-même ces affaires par peur des individus qui m'avaient menacé, tandis qu'en disant à ma femme que c'était moi qui étais le coupable, j'étais bien certain qu'elle le répéterait, et que cela mettrait fin aux crimes, sans que je sois dénonciateur. Puis, quant à moi, comme je suis innocent, j'étais toujours sûr de pouvoir me défendre.

Interpellé sur le vol commis au préjudice de la fille Fargeat, *Dumollard* répond avec la même assurance bestiale : — C'est encore une affaire de moi inconnue.

M. le Président. — Mais la fille Fargeat et un témoin de Serin vous ont reconnu, outre plusieurs individus. — R. C'est bien malin, on n'a qu'à donner mon *dépeint,* alors toutes les femmes qui ont été assez bêtes pour avoir affaire à un voleur disent que c'est moi.

Ce n'est pas lui non plus qui a volé la fille inconnue du bois de Sainte-Croix. Si on a trouvé à son domicile des objets vus en la possession de cette fille, ce sont *ces individus, ces barbus* qui les lui ont donnés.

M. le Président interpelle Dumollard sur cette fille en compagnie de laquelle il est allé chez la femme

Laborde, logeuse, cette fille dont la robe a été retrouvée chez lui, cette fille qu'on n'a plus revue depuis. — Qu'avez-vous fait de cette fille? Aurait-elle été dépouillée et laissée vivante toute nue? Mais, en ce cas, elle aurait porté plainte : il y a là un terrible mystère.

Dumollard. — Ça, ça ne me regarde pas. La robe dont vous parlez, elle provient d'une fille avec laquelle j'ai couché. En la quittant le matin, j'ai emporté sa robe, à preuve qu'elle a même crié au voleur.

D. Et le cabas trouvé chez vous, reconnu également pour avoir appartenu à cette fille? — R. Le cabas ! ce sont *eux* qui me l'ont donné.

M. le Président. — *Eux!* les inconnus? Alors, c'est une version nouvelle.

M. le Président arrive au fait concernant Marie Michel, cette fille miraculeusement échappée à Dumollard par la fuite.

Dumollard reconnaît qu'il l'a emmenée du côté du bois des Allées pour la livrer à ses complices; mais, pris d'un sentiment de commisération subite, il n'a cherché à l'attirer à lui que pour lui faire peur et la décider à fuir. Quand il a dit à ses complices que la fille s'était sauvée : « Tu l'as gardée pour toi, lui ont-ils répondu; qu'une autre fois ça ne t'arrive pas, et ne nous fais plus attendre inutilement. »

Un dernier crime relevé par l'accusation contre Dumollard est l'assassinat de la fille Bussod. L'*Accusé* avoue avoir été chez la sœur d'Eulalie et avoir emporté sa malle. Il avoue encore, comme il l'a fait le 2 août, l'avoir menée aux *barbus.*

M. le Président. — Vous l'avez nié longtemps. Mais, accusé Dumollard, cette fille, on ne vous accuse pas seulement de l'avoir assassinée, mais, ce qui est horrible à dire, de l'avoir enterrée vivante; car on a trouvé dans ses mains crispées par l'agonie de la mort, des fragments de la terre sous laquelle vous veniez de l'ensevelir. Répondez ici à cette adjuration de l'une des sœurs de votre victime : « Dites, dites, qu'avez-vous fait de ma sœur? »

Dumollard, impassible. — Ce n'est pas moi qui ai détruit cette fille; c'est toujours les mêmes... Figurez-vous que quand ils l'ont menée là, j'étais au moins à deux portées de fusil, je veux dire à deux kilomètres. Je voulais bien la sauver, car elle me faisait peine; mais ils me suivaient de près, ils ne voulaient pas la perdre, car la fille était belle et leur convenait... Quand je les ai vus revenir seuls, ça m'a fait frémir. J'étais même dans un grand ennui et je leur dis : « Qu'en avez-vous donc fait? — Elle nous a contrariés, me dirent-ils, voilà ce qu'elle y a gagné. » Que voulez-vous que je fisse, je vous le demande? Devais-je courir risque de recevoir un coup de poignard ou un coup de pistolet? Je me suis piqué avec eux, et c'est à partir de là que, comprenant qu'ils en faisaient un commerce, je me suis dit : « Eh bien ! autant qu'ils en auront, autant j'en ferai évader à l'avenir ! »

M. le Président. — Mais ce qu'il y avait de plus simple, pour elle comme pour les autres, c'était de la laisser à Lyon. Mais tout cela manque de vraisemblance... Ce n'est pas vous qui l'avez tuée; comment avez-vous appris sa mort?

Dumollard. — Ils m'ont dit qu'elle était morte, mais ils ne m'ont pas dit qu'ils l'avaient tuée.

D. Vous avez déclaré, au contraire, qu'ils l'avaient assommée de coups à la tête. — R. C'est M. le Juge qui a mis cela; pour moi, je l'ai toujours ignoré.

D. Vous êtes signalé par votre femme comme ayant un grand penchant pour le libertinage. — R. Oh! Monsieur, c'est bien faux.

M. le Président. — Dans l'instruction, vous avez rapporté ces paroles que vous auraient dites vos *individus :* «Nous cherchons des femmes, nous nous amusons avec elles, et après, nous nous en débarrassons. » Comment entendez-vous ces derniers mots : « Et après nous nous en débarrassons? »

Dumollard. — Ils s'en débarrassaient; ça veut dire qu'ils les renvoyaient.

D. Mais ces vêtements de femmes qu'ils vous remettaient tout ensanglantés? — R. Oui, après, je me suis bien douté, mais je n'avais pas de preuves.

M. le Président. — L'inventaire des effets saisis chez vous comprend 536 objets différents, tous à l'usage de femmes, qui n'ont pas été reconnus et dont vous ne pouvez justifier l'origine. On y compte 10 jarretières, 4 parapluies, 57 bas de toute taille, et même des bas d'enfant; or, vous n'avez pas d'enfant.

Dumollard. — Que sais-je? Depuis que je suis dans les maisons d'arrêt, on a pu y ajouter bien des choses...

M. le Président. — Qu'entendez-vous par là?... Puis, on y remarque une pèlerine, une voilette, 38 bonnets, 10 corsets, 71 mouchoirs, des cols, des fichus, 29 chemises, 7 coupons de dentelles; et vous auriez acheté tout cela, vous qui étiez dans la plus grande misère !

Dumollard. — Ce sont ces individus qui m'ont donné cela.

L'interrogatoire de Dumollard est terminé. Il est procédé, en l'absence de son coaccusé, à l'interrogatoire de *Anne-Marie Martinet, femme Dumollard.*

M. le Président. — Vous vous êtes mariée avec Dumollard en 1840. Avant cette époque votre mari avait été condamné deux fois pour vol : vous le saviez ? — R. Un peu.

(La femme Dumollard se trompe avec l'accusation; les condamnations prononcées contre Dumollard sont postérieures au mariage.)

D. Quels étaient vos moyens d'existence? — R. J'allais en journée, et lui aussi.

D. Votre mari ne travaillait pas, ou très-peu? — R. Il travaillait quand il avait des journées.

D. Non, il était paresseux, il fuyait le travail. Il sortait souvent; où allait-il? — R. Je ne sais pas, je ne le suivais pas.

D. Il rentrait la nuit? — R. Oui, des fois bien avant dans la nuit.

D. N'avait-il pas un mot d'ordre pour se faire ouvrir? Ne criait-il pas : Hardi? — R. Il l'a dit une fois.

D. Plus d'une fois. Vous étiez pauvre, très-pauvre. Lorsque vous voyiez votre mari rentrer à toute heure de nuit et rapporter tous les objets qui remplissent ces immenses caisses, comment avez-vous pu croire qu'il les avait achetés? — R. Faites excuse; je ne savais pas que c'étaient des objets volés.

D. Quoi! il aurait acheté tout cela? Des objets de pure fantaisie, des livres, quand ni lui ni vous ne savez lire? Des encriers, des carnets, des pèlerines en fourrure? Et avec quel argent eût-il payé tout cela? — R. Je ne sais pas, mais il avait toujours de l'argent.

D. C'est donc qu'il volait de l'argent? — R. Que voulez-vous ! il me disait que c'étaient des objets qu'il achetait.

D. Ce n'était pas une raison pour le croire. Vous

saviez si bien que c'étaient des objets volés, que vous les démarquiez. — R. Il me disait de le faire, il fallait bien lui obéir.

D. Il était donc violent? — R. Oui, Monsieur, il me battait.

D. On vous a bien entendue quelquefois crier, du dehors, mais jamais personne n'a vu votre mari vous battre. — R. C'est cependant la vérité, il n'attendait pas qu'on soit là. Il me forçait bien à tout ce qu'il voulait, même à porter tous ces effets qu'il apportait, et que ça me répugnait beaucoup de les porter.

D. Votre mari n'était-il pas un débauché? — R. Oh! oui, Monsieur, bien débauché.

D. Ne serait-ce pas là la cause de vos querelles? — R. Bien sûr.

D. Connaissez-vous quelques faits particuliers sur ce point? — R. Je sais qu'il courait après les femmes.

D. Vous avez été plus loin, vous avez dit que s'il avait assassiné des femmes, c'était pour les violer. — R. Je le dis encore, Monsieur.

D. Avez-vous des preuves de cette assertion? — R. Puisque c'est lui qui me l'a dit.

D. Lui-même? — R. Mais, oui.

D. Que vous disait-il? — R. Qu'il aimait bien aller à Lyon, parce qu'il y avait des femmes.

D. Comment votre mari était-il habillé le jour où il a amené Marie Pichon? — R. Comme à l'ordinaire.

D. Comment était-il coiffé? — R. Il avait son chapeau comme de coutume.

D. Comment était ce chapeau? Avait-il des ailes courtes, ou grandes? — R. Plutôt courtes que grandes.

D. Non, il portait le matin un chapeau à grandes ailes; tous les témoins s'accordent sur ce point.

Vous vous êtes approprié un coupon de toile de cretonne provenant de Marie Pichon? — R. Non, c'est mon mari qui a voulu le garder.

D. Mais, à ce moment, il était arrêté, et vous cachiez soigneusement cette toile à la Justice, en même temps que divers objets compromettants. Que pouviez-vous craindre de votre mari, puisqu'il était en prison? — R. Je ne savais pas s'il n'en sortirait pas.

D. Votre mari vous a-t-il parlé du meurtre de Marie Baday, commis en février 1855? — R. Non, Monsieur.

D. Cependant vous avez dit au garde champêtre, lors du dépouillement des objets saisis chez vous: « N'est-ce pas vrai qu'on a trouvé des choses appartenant à la fille de Tramoyes? » — R. Non, je n'ai pas dit ça au garde. Je lui ai dit: « Est-ce qu'on ne va pas dire encore qu'on a trouvé chez nous des affaires de la fille de Tramoyes? »

D. Votre mari vous a remis souvent des vêtements de femme, des linges ensanglantés, vous disant de les laver. On a trouvé chez vous, notamment, une robe verte ayant appartenu à Marie-Eulalie Bussod; cette robe était tachée de sang; c'est lui-même qui l'a déclaré. Comment les choses se sont-elles passées alors? — R. Le voyant rentrer avec des vêtements ensanglantés, je lui dis: « Malheureux, qu'as-tu fait? » Il me répondit une fois: « J'ai tué une fille, je vais l'enterrer. » Et l'autre fois, après m'avoir tenu encore le même langage, il ajouta: « Elle m'avait suivi depuis Lyon; je n'ai pu m'en débarrasser autrement. »

D. N'êtes-vous pas allée alors avec votre mari pour enterrer ces femmes, et n'avez-vous point faitle guet? — R. Non, Monsieur, je ne suis pas sortie.

D. Avez-vous porté les vêtements des victimes? — Oui, Monsieur; mon mari le voulait.

D. Ne vous êtes-vous pas parée, notamment des jours de fête, de cette robe verte qui provenait de la fille Bussod? — R. Oui, Monsieur; j'étais bien forcée, puisqu'il me menaçait.

D. N'est-ce pas vous qui avez empêché votre mari d'aller réclamer à la gare de Montluel la malle de la fille qu'il avait assassinée la veille? — R. Oui, Monsieur. Ah! malheureux, je lui ai dit, tu nous feras prendre.

D. Avez-vous dit: Tu nous feras, et non: Tu te feras? Dans l'instruction, vous avez dit: Tu te feras prendre, et aujourd'hui vous dites: Tu nous feras prendre. La différence est grande, car elle indiquerait une complicité de votre part? — R. Je lui ai dit que s'il était reconnu, il se ferait prendre.

D. Votre mari vous a-t-il quelquefois parlé de deux misérables qu'il avait connus à Lyon? — R. Non, jamais.

D. En résumé, vous prétendez que vous avez toujours agi sous l'influence de votre mari et dominée par la crainte qu'il vous inspirait. Mais, si vous aviez été une femme honnête, comment auriez-vous pu consentir à vivre sept ans avec un assassin? Répondez: qui vous empêchait de fuir un tel homme, vous qui n'aviez pas d'enfants? — R. Je n'osais pas; il m'avait dit que si je le quittais, il me tuerait.

D. Vous avez acheté une vigne; avec quel argent l'avez-vous payée? — R. Avec l'argent de mon travail.

D. Vous êtes allée avec votre mari au bois des Rouillonnes brûler les effets de Marie Pichon? — R. Mon mari m'y a forcée.

Tels ont été les interrogatoires des deux accusés. La femme a répondu avec une apparente sincérité, et tout semble prouver, en effet, que son mari lui inspirait et lui inspire encore une terreur profonde. Quant à Dumollard, il n'a pas cessé de se posséder. Quand il ne comprenait pas une question, il se la faisait répéter, il en étudiait les termes, et ne répondait qu'avec réflexion. Tout au plus a-t-il parfois apporté dans ses explications toujours confuses une sorte d'exaltation qui semble destinée à cacher son embarras.

Après cette première audience, il est rentré dans la prison, calme comme s'il venait de travailler à sa vigne. Il s'est montré satisfait des débats et plein d'espoir sur leur résultat.

Le 30 janvier, commence l'audition des soixante-dix témoins assignés à la requête du Ministère public.

On entend d'abord les témoins appelés à déposer sur la moralité des époux Dumollard.

Louis Tripart, maréchal des logis de gendarmerie, à Montluel. — Dumollard, qu'on appelait Raymond dans le pays, passait pour un maraudeur Il sortait souvent la nuit, et vivait dans un isolement complet, ne fréquentant ni les églises, ni les cabarets.

Paul Dazard, maire de Dagneux, ignorait jusqu'à l'existence des époux Dumollard avant leur arrestation. Les renseignements qu'il a reçus depuis ne leur ont pas été favorables. La femme s'est plainte à lui-même que son mari la maltraitait.

Jean-Baptiste Joly, propriétaire à Dagneux. — Il connaissait les accusés. Après l'attentat contre Marie Pichon, ses soupçons, éveillés par les observations de sa femme, se portèrent sur son voisin Raymond (Dumollard). Il les communiqua à l'autorité, qui les accueillit, et Dumollard fut arrêté. Dumollard a travaillé à ses vignes. Il était sombre, taciturne, baissant la tête à chaque rencontre. Il demandait 3 fr., alors que la journée se paye ordinairement 2 fr. 50 c.

Dumollard vivement. — Revenons sur les journées ; on donnait à cette époque 3 francs.

Veuve Blachet (72 ans), propriétaire à Dagneux. — Elle a habité une maison voisine des époux Dumollard. Si elle se tenait sur sa porte, Dumollard la menaçait, la traitant de curieuse. Elle a entendu bien souvent la femme crier, comme si on la battait. Dumollard rapportait des paquets, de jour et de nuit. « Il y avait bien pour avoir peur de lui, ajoute-elle, car un jour, il a lancé une pierre au père Jacob, qui a 77 ans. »

Dumollard. — Cette vieille femme m'en veut, parce qu'elle s'est fâchée avec son fils, qui m'a loué sa maison. Cela l'a *emmalicée* contre moi.

Louis Cochet, tisserand à Dagneux. — Sa maison touche à celle de Dumollard ; il est son voisin depuis trois ans. Dumollard allait souvent en voyage. Quand il rentrait, il criait : Hardi. Le témoin l'a vu revenir avec des malles, des paquets. La femme Dumollard, à laquelle il demandait ce qu'allait faire son mari de sortir si souvent, lui dit brusquement : « Il va à son ouvrage. » Dumollard maltraitait sa femme ; le témoin l'a entendue crier, gémir.

Dumollard. — Je ne dis pas, je lui donnais comme ça quelques calottes, parce qu'elle m'asticotait ; ça n'est pas là des choses à conséquence.

M. le Président annonce qu'il va suivre, pour l'audition des témoins, l'ordre chronologique des faits, en commençant par le fait de Marie Baday.

La dame Robert, fille de Mme Assandon, l'ancienne maîtresse de Marie Baday, décédée pendant l'instruction, reconnaît, comme l'avait fait sa mère, divers objets provenant de Marie Baday, entre autres des fragments d'un fichu brodé dont le témoin a fait elle-même présent à cette fille.

M. le Président, à Dumollard. — Reconnaissez-vous ces fragments de fichu ?

Dumollard. — Oui, cette demoiselle, je lui ai vu ce mouchoir.

D. De quelle demoiselle parlez-vous ? — R. De la demoiselle du bois de Montaverne.

M. le Président. — Mais vous avez toujours dit que vous n'étiez pas au bois de Montaverne, que c'était un des *barbus* qui vous avait apporté les dépouilles de cette fille huit jours après sa mort, et voilà qu'aujourd'hui vous dites avoir vu sur elle ce fichu. Cela se comprend : quand on ment, on se coupe.

Dumollard. — Je ne me coupe pas ; je n'ai pas été dans le bois avec les autres, mais je les avais accompagnés, et j'ai eu le temps de voir la demoiselle, et comment elle était toilettée.

Jeannette Baday, femme Billet, demeurant à Sagy (Saône-et-Loire), reconnaît un grand nombre d'objets parmi les dépouilles de sa sœur, entre autres le tablier noir, dont une attache a été trouvée près du cadavre. — Cette circonstance, dit *M. le Président*, démontre la violence et la précipitation que l'assassin a apportées à dépouiller sa victime.

Marie-Claudine Girard, à Sagy. — J'ai connu Marie Baday, et je l'ai bien reconnue sur son portrait, et de même ses effets, son linge et son panier.

Dumollard, se levant vivement. — Monsieur, ce panier, je l'ai acheté ; si on veut savoir le prix, c'est 25 sous.

M. le Président. — Vous avez dit cela ; mais vous voyez que le témoin le reconnaît pour avoir appartenu à Marie Baday.

Dumollard. — Moi je dis que ce panier est à moi ; je suis aussi croyable que les autres. Je l'ai acheté à la Guillotière chez un marchand de paniers. Puisqu'on fait venir des témoins, qu'on fasse venir aussi le marchand de paniers.

Benoît Fur, cultivateur à Tramoyes, a entendu, vers sept heures du soir, un cri lamentable près de l'étang de Chevroz, cri qui s'est répété par trois fois. Le témoin a supposé que c'était quelque enfant qui pleurait.

M. le Président, à Dumollard. — Vous étiez là, Dumollard, sinon sur le lieu du crime, au moins à peu de distance. Vous avez dû entendre ces cris poussés par Marie Baday aux prises avec ses assassins. Vous ne pouviez vous y méprendre, vous qui l'aviez, dites-vous, confiée à des individus qui en avaient jeté déjà plus d'une dans le Rhône.

Dumollard. — Je n'ai rien entendu ; après ça, cela dépendait de la direction du vent.

La femme Grandjean, cabaretière, a entendu également les cris de détresse de la victime ; cela lui a paru être des cris de femme ; mais il faisait nuit, il faisait froid, ce qui l'a empêchée de s'enquérir davantage. Puis, les cris ont cessé.

M. *Montenoux*, docteur-médecin à Montluel, rend compte des constatations qu'il a faites au sujet du cadavre du bois des Communes. Dans la pensée du témoin, Eulalie Bussod a été enterrée avant d'avoir rendu le dernier soupir ; la preuve en est dans ces fragments de terre que contenait sa main crispée, et qui indiquent un dernier combat contre la mort.

M. le Président, à M. Montenoux. — Il paraît constant que Marie-Eulalie Bussod a été assommée. Peut-on supposer qu'une heure après qu'elle a été frappée, l'évanouissement durât encore ?

M. le Docteur. — Certainement, monsieur le Président ; elle pouvait être dans un état de mort apparente et n'être pas morte cependant ; mais on pouvait s'y tromper, à moins d'être médecin.

M. le Président. — Ainsi Dumollard, survenu seulement une heure après, selon son dire, et apportant sa pioche pour enterrer sa victime, a pu croire qu'elle était morte.

Me Lardière. — Je désirerais savoir sur quelles graves présomptions M. le docteur appuie son opinion que la fille Bussod aurait été enterrée vivante. Elle avait des fragments de terre dans sa main droite crispée ; mais cette terre avait-elle été prise dans la fosse ou en dehors de la fosse ?

M. le Docteur. — Je ne puis rien affirmer sur ce point. Je ne sais si la terre provenait de l'extérieur ou de l'intérieur de la fosse. Je dis seulement que la présence de cette terre serrée convulsivement dans la main de la victime pourrait faire supposer qu'elle a été enterrée avant que la vie eût complétement cessé. Ce n'est qu'une hypothèse que j'émets ; je suis loin de la donner comme certitude.

Me Lardière. — En tout cas, cette hypothèse jette sur le débat une lueur sinistre.

Etienne Ferrand, pharmacien-chimiste à Trévoux, commis pour examiner les cordons du tablier noir, n'hésite pas à dire que le bout du ruban trouvé près du cadavre est identique à celui encore attaché au tablier, et que de l'écartement des attaches de ces cordons, on peut conclure que ce tablier a dû servir à une femme ayant passé par les divers degrés de la grossesse.

M. le Docteur Thiébault, à Trévoux. — Appelé, avec M. le docteur Montencux, à constater l'état des cadavres découverts, l'un dans le bois de Mont-Main, l'autre dans le bois des Communes, ses conclusions ne diffèrent pas de celles de son collègue. Toutefois, chez lui, en ce qui concerne le cadavre d'Eulalie Bussod, les suppositions émises avec réserve par le docteur Montenoux sont remplacées par des affirmations formelles ; le témoin ne doute pas que la fille Eulalie Bussod n'ait été enterrée vivante.

Me Lardière. — Je demanderai aussi au témoin s'il est certain que la terre rouvée dans les mains de la victime était semblable à celle de la fosse qui contenait le corps de cette malheureuse, ou si cette terre ne pouvait avoir été saisie à la surface au mo-ment où elle tombait sur le sol et dans les angoisses de l'agonie?

M. le Docteur. — Je n'ai pas à rechercher d'où vient cette terre. La victime était en puissance de contraction quand elle l'a saisie; elle vivait donc, et elle n'a pas cessé de vivre jusqu'au moment où elle a été ensevelie. Autrement, la distension qu'a-mène la mort n'eût pas permis à la main de conserver la terre qu'elle tenait; cependant, je dois le reconnaître, ceci ne veut pas dire que celui qui l'a enterrée n'a pas pu croire qu'elle était réellement morte.

Me Lardière. — C'est son opinion personnelle que le témoin nous donne; je la combattrai à l'aide des nombreux documents scientifiques dont j'ai les mains pleines.

« Je pris une bêche, et je regagnai le lieu dit à la Croix-Martel. » — (Page 13.)

On passe à l'audition des jeunes filles dont Dumollard a tenté de faire ses victimes et qui ont été assez heureuses pour lui échapper par la fuite.

Olympe Alabert, aujourd'hui mariée, raconte comment l'accusé l'a entraînée du côté de Mionnay, vers la ferme des Ragès, où elle l'a quitté, lui déclarant qu'elle n'irait pas plus loin.

Pierre Barbet, fermier au domaine des Ragès, chez qui la fille Olympe s'est réfugiée vers neuf heures du soir; *la dame Pierron*, ancienne maîtresse de Marie Curt, confirment le récit d'Olympe Alabert : « Votre domestique, vint dire deux jours après au dernier témoin Olympe Alabert, votre domestique m'a mise entre les mains d'un misérable qui a voulu m'assassiner. »

Dumollard. — Et moi, cette petite, je ne la connais d'aucun point. C'est une question fausse qu'elle vous dit. Je n'ai jamais vu cette personne en point de manières.

Josephte Charlety, domestique, vient à son tour exposer la tentative dont elle a failli devenir victime. « N'ayez pas peur, lui disait Dumollard tout le long du chemin, vous êtes avec un ami. » Elle reconnaît bien en lui l'homme qui l'a emmenée.

Dumollard, d'une voix plus haute que d'habitude: — Monsieur le Président, je peux vous affirmer que c'est une réunion entendue entre toutes ces femmes pour faire des discours sur mon compte devant la Cour. Voyez comme toutes ces femmes se sont donné le mot pour me distinguer par mon *uniformité* (difformité) de ma lèvre, comme s'il n'y en avait pas d'autres que moi qui ont une *uniformité*.

Marie Bourgeois, couturière à Lyon, rend compte des manœuvres à l'aide desquelles Dumollard l'a décidée à le suivre.

Dumollard. — C'est encore de la réunion; elles diront toutes la même chose.

La veuve Gerbe, polisseuse à Lyon, était présente lors des propositions faites par Dumollard à Marie Bourgeois ; aujourd'hui sa vue est affaiblie et elle n'ose affirmer que Dumollard est le même individu qu'elle a vu en 1855.

Marie Clavier, directrice de la maison des Blandines, reconnaît positivement Dumollard, qui est venu lui demander des domestiques à louer.

Dumollard.— Jamais, Madame, jamais je n'ai mis le pied dans vos bureaux. Si vous êtes de la réunion, dites-le; si vous n'en êtes pas, dites la vérité.

Benoît Berthelier, fermier des Polletins, déclare que Marie Bourgeois, à laquelle il a donné l'hospitalité dans la soirée du 31 octobre 1855, lui a dit alors que l'homme qu'elle avait suivi avait une bosse à la lèvre et de grosses mains.

Victorine Perrin, femme Murel, reproduit avec tous ses détails le récit de l'attentat dont elle a été victime.

M. le Président. — Vous reconnaissez bien l'accusé? — R. Oh oui! bien. Tant que je vivrai, il ne me sortira pas des yeux.

Dumollard. — Encore une fausse, encore de la réunion. Elles sont je ne sais pas combien. Mais tout ça finira, faut l'espérer.

Le témoin reconnaît comme lui ayant appartenu bon nombre d'objets parmi ceux qui lui sont représentés, notamment la caisse en sapin, une boîte ou saire en acajou, à glace, un médaillon de Fourvières.

Dumollard. — Je ne dis pas non, ça peut être à cette demoiselle, mais je n'y suis pour rien; c'est ces messieurs qui m'ont donné tout cela. Mais, pour l'avoir emmenée par moi-même et volée par moi-même, il n'y a que la réunion qui peut le dire.

M. le Président. — Femme Dumollard, vous aussi

vous reconnaissez ces objets; vous les avez appropriés à votre usage, vous les avez portés?

La femme Dumollard. — Eh! oui; il me disait qu'il les avait achetés.

M. le Président. — Vous saviez qu'il était un assassin, et vous avez pu croire qu'il achetait ce nombre infini de vêtements, d'objets de toilette, des colliers, un médaillon de Fourvières! Cela ne se comprend pas.

Rosalie Nicolas, à la Guillotière. — C'est la victime du vol découvert depuis l'arrêt de mise en accusation. — Lorsque Dumollard l'eut attirée dans un endroit désert, il lui dit : Ce n'est pas tout, il faut savoir si tu as de l'argent. Elle était morte de peur. L'accusé lui prit sa malle et son paquet. A peine put-elle gagner une maison voisine.

M. le Président, au témoin. — Reconnaissez-vous l'accusé pour l'homme qui vous a volée? — R. Pardine, oui; je l'ai déjà reconnu dans sa prison.

M. Metzelard, chef de gare à Montluel, explique les diverses circonstances qui ont amené la conservation et la découverte de la malle abandonnée par Dumollard, ainsi que sa délivrance à M. le Juge de paix.

M. le Président, aux Jurés. — C'est la malle de la victime du bois de Mont-Main. Accusé Dumollard, la reconnaissez-vous?

Dumollard. — Cette malle, monsieur le Président, elle est *inconnaissable* pour moi.

D. Mais vous en avez fait vous-même le dépôt à la gare de Montluel? — R. Je ne dis pas non, mais il y a du temps de cela, et, pour la malle, elle est *inconnaissable* pour moi.

Fournier, ancien facteur à la gare de Montluel, vient confirmer le dépôt de cette malle par Dumollard, qu'il connaissait de vue, sans savoir ni son nom, ni sa demeure.

Dumollard. — Eh! je passais assez souvent à la gare pour aller ou venir à Lyon, pour qu'il me parle de la malle.

CAISSES CÉLÈBRES. — 190e LIVR.

Julie Fargeot, domestique, raconte le vol dont elle a été victime. La veille, elle avait soupé avec Dumollard dans une gargotte. «Il voulait que nous y couchions, dit-elle, mais il n'y avait qu'un lit. Lui, il voulait le prendre, disant que c'était assez pour deux; mais moi, ça ne m'a pas convenu, et je suis retournée coucher chez ma maîtresse.»

Jean-Pierre Chrétien, meunier à Sainte-Croix, vient redire l'histoire de cette fille, demeurée inconnue, à qui Dumollard aurait enlevé, près de là, un carton vert, un paquet d'effets et son argent. Le témoin a couru après l'homme, mais il n'a pu le rejoindre.

M. le Président. — Avez-vous remarqué sa tournure? — R. Tout ce que j'ai vu, c'est qu'il avait sous sa blouse un habit à queue de morue, et que c'était un peu caustique.

Dumollard. — Je ne sais pas ce que ce monsieur veut dire avec son homme un peu *caustique;* mais ce que je peux vous affirmer, c'est que je n'ai jamais navigué dans ces endroits que monsieur dit.

M. le Président. — Mais on a trouvé chez vous le carton vert, le châle, le jupon, la robe de cette fille?

Dumollard. — C'est *les barbus* qui m'ont remis tout cela.

Mme Damiron, cultivatrice au domaine de Putay; *Claude Saint-Genis*, garde champêtre à Sainte-Croix, reproduisent les détails qu'ils ont donnés dans l'instruction relativement à la fille de Sainte-Croix.

M. le Président, au garde champêtre Saint-Genis. — Vous avez reçu la plainte de cette fille, et vous n'avez pas dressé procès-verbal? — R. Non, monsieur le Président.

M. le Procureur général. — Eh bien! vous avez gravement manqué à vos devoirs, et votre négligence mérite un blâme public. Nous éprouvons le besoin d'ajouter que si, dans cette affaire, tous les agents de l'autorité avaient, comme c'était leur devoir, fait preuve de plus de zèle et de sagacité, on n'aurait pas à gémir sur de si nombreux crimes.

La femme Laborde, logeuse à Lyon, raconte les divers cas dans lesquels Dumollard est venu loger chez elle. Elle reconnaît, parmi les pièces à conviction, le cabas en paille à carreaux blancs et marrons, et la robe à carreaux bruns et blancs de la fille que l'accusé lui a présentée comme sa nièce.

Dumollard. — Mme Laborde se trompe grossièrement sur tout le courant de la chose; jamais je n'ai amené de fille dans une auberge; quand j'ai voulu coucher avec une fille, je suis été directement dans sa chambre; tout ce qu'elle dit est faux, bien faux.

M. le Président. — On comprend sur ce point l'énergie de vos dénégations. Une femme a disparu, on ne sait ce qu'elle est devenue, et voilà qu'on trouve chez vous la robe, le cabas de cette femme. N'est-il pas permis de supposer que, comme tant d'autres, elle est tombée sous vos coups et que vous avez creusé pour elle une tombe qui demeurera à jamais inconnue?

Marie Michel, aujourd'hui *femme Detey.* — Au moment où ce témoin va déposer, *M. le Président* invite Dumollard, qui est resté debout, à s'asseoir. — «Il faut bien que je la voie, répond *Dumollard.*»

Le témoin raconte, dans un langage vif et animé, ses longues pérégrinations avec Dumollard jusqu'au moment où «il l'a regardée d'un air si mauvais, qu'elle s'est sauvée et a couru en criant.» Tout le temps que dure sa déposition, Dumollard ne cesse de faire des signes de dénégation.

M. le Président, à Marie Michel. — Vous recon-

naissez bien Dumollard pour l'homme qui vous a entraînée?

Marie Michel, avec énergie. — Si je le reconnais! Ah! Monsieur, je l'ai reconnu rien qu'à le voir passer à Trévoux. Ah! je le reconnais bien! Et lui, il doit bien me reconnaître. (Se tournant vers Dumollard): N'est-ce pas que vous me reconnaissez? Dites que vous me reconnaissez!

Dumollard. — C'est bien moi qui a emmené cette demoiselle, mais elle en dit plus qu'il n'y en a tout de même. Elle a dit qu'elle m'avait attendu longtemps avant de partir de Lyon. Eh bien! pourquoi que j'avais été si longtemps dans ma commission? C'est que ma commission était de prévenir les *individus* pour leur donner cette demoiselle.

M. le Président. — Alors, cette pauvre fille était encore pour eux?

Marie Michel, vivement émue. — Ah! mon Dieu!

M. le Président. — Vous lui réserviez le sort d'Eulalie Bussod?

Marie Michel, avec agitation. — Sainte Vierge! mon Dieu!

Dumollard. — Mais puisque je vous ai sauvée de ces *barbus!* Quand je m'ai assis au pied du chêne, est-ce que je ne vous ai pas dit: «Tu ne bougeras pas de là.» C'était pour vous préserver.

Marie Michel. — Non! non! c'était pour prendre mon argent, et que vous m'avez regardée d'un air de démon, et votre bâton que vous serriez dans votre main!

Dumollard. — Allons, allons, mademoiselle, faut pas avancer des choses qui ne sont pas; si vous avez eu peur pour de rien, c'est pas ma faute.

Marie Michel. — Oh! levez donc la main, si vous l'osez! Oh! quel scélérat! C'est bien *le maître des coupables!*

Un sieur Favel, conducteur de la voiture de Lyon à Neuville; *Antoinette Falcon*, la jeune fille qui a reçu les paquets déposés par Marie Michel *M. Arène*, commissaire de police à Neuville; *Aimond*, l'homme à la charrette, confirment, chacun en ce qui le concerne, le récit de Marie Michel.

M. le Président fait représenter à Dumollard le petit portefeuille vert dans lequel était renfermé un bulletin d'acte de naissance de l'enfant dont la fille Bussod était accouchée à la Charité de Lyon. Après l'avoir examiné en tous sens: «Je ne connais pas ça, dit-il. Je n'ai pas pris garde à tout ce qui était dans les papiers.»

Marie-Joséphine Bussod, femme Chamant, ouvrière en soie, à Lyon. C'est l'une des sœurs de la victime. Elle dépose d'une voix très-émue. — Le 26 février de l'année dernière, un homme, c'est celui-ci (et la pauvre femme désigne Dumollard et se met à pleurer), est venu chercher ma sœur. Huit jours avant, il était déjà venu; mais ma sœur avait de bons maîtres; je voulais qu'elle les prévînt, et je lui dis: «Mais ce n'est pas bien ce que vous faites; vous ne seriez pas content si on vous emmenait comme ça votre domestique tout de suite.» Il m'a répondu que sa servante était chez lui depuis cinq ans, et qu'elle l'avait pourtant quitté sans prévenance. J'ai demandé huit jours; il a consenti. Je lui demandai son adresse. — «Oh! ce n'est pas la peine, me dit-il; je reviendrai au bout de la huitaine...» Il revint en effet. Je lui offris à manger. Pendant qu'il mangeait, ma pauvre sœur acheva de réunir ses hardes qu'elle plaça dans une boîte toute neuve qu'elle ferma avec des pointes de Paris. Je lui dis alors: «Vous me laisserez bien voir ma sœur, car le temps va bien me durer. — Sans doute, à la morte saison, vous viendrez tant que vous voudrez... Au printemps, c'est la *vogue* (fête) dans mon pays; je viendrai vous chercher avec vos enfants... » Les adieux se firent devant lui; j'embrassai ma pauvre sœur...

Ici, les sanglots suffoquent le témoin.

M. le Président. — Votre sœur avait beaucoup d'effets? — R. Oui, Monsieur: une malle pleine, un parapluie, des boucles d'oreilles en or, des robes, des jupons, des chemises, des bonnets.

Ces divers objets sont représentés au témoin et passent successivement sous ses yeux. La malheureuse sœur les reconnaît l'un après l'autre, tantôt par un cri étouffé, tantôt par un signe de tête convulsif. Seuls, au milieu de la foule qui encombre l'enceinte de la Cour, pendant cette revue funèbre des dépouilles de leur victime, les accusés conservent une impassibilité cynique. Des murmures indignés se font entendre et ne s'arrêtent qu'à la voix de M. le Président, qui reprend le cours des débats en s'adressant ainsi à Marie-Joséphine Bussod:

— Vous reconnaissez bien l'accusé pour l'homme qui a emmené votre sœur?

Marie-Joséphine Bussod, essayant de contenir ses larmes: — Ah! je n'oublierai jamais sa figure; rien qu'à le voir venir à Trévoux, je l'ai reconnu.

M. le Président. — Regardez-le bien encore. Est-ce bien lui?

Marie-Joséphine Bussod, faisant effort pour se tourner vers Dumollard. — Si c'est lui! je le vois encore partir avec ma sœur.

Dumollard, avec le plus grand sang-froid. — Vous vous trompez, ma chère dame.

Marie-Joséphine Bussod, avec explosion. — Vous ne l'avez pas assassinée, ma sœur! ma pauvre sœur! Qu'en avez-vous fait? Ah! vous devriez déjà être tombé de remords!

Interpellé par *M. le Président* sur la part qu'il aurait prise à la disparition de Marie-Eulalie Bussod, *Dumollard* répète froidement son récit accoutumé.

Quant à la *femme Dumollard*, elle s'écrie: Je n'ai pas vu ces effets sur la fille; c'est mon mari qui me les a apportés.

M. le Président. — Mais ils étaient tout sanglants, et vous avez eu le hideux courage de les laver et le courage plus hideux encore de les faire servir à votre usage personnel.

M. le Président, à Marie-Joséphine Bussod. — Je suis obligé de vous demander si vous avez reconnu votre sœur, lorsqu'on l'a déterrée devant vous. — R. Oh! oui; il m'a suffi de voir son doigt qui brillait... J'ai reconnu tout de suite que c'était ma sœur.

Les deux autres sœurs de Marie-Eulalie Bussod, *Marie-Françoise*, et *Jeanne-Marie*, ont assisté à l'exhumation de leur sœur au bois des Communes, et l'ont reconnue aussitôt. Elles n'ont jamais vu Dumollard, ni sa femme; mais elles reconnaissent la plupart des objets qui ont appartenu à leur sœur et qui ont été trouvés dans la maison de Dumollard.

On appelle un nouveau témoin, Marie Pichon. Ce nom excite de vives sympathies dans l'auditoire. C'est à elle que les populations du pays font honneur de l'arrestation de Dumollard. Sans son énergie, grâce à laquelle elle a pu échapper à un sort qui n'était pas douteux, les *barbus* désoleraient peut-être encore aujourd'hui la contrée avec le même succès et la même impunité.

Marie Pichon, veuve Bertin, servante à Saint-Genis (Rhône), reproduit avec assurance le récit de sa dangereuse expédition en compagnie de Du-

mollard. Quand elle a fini, *M. le Président*, s'adressant au témoin: — Dumollard prétend qu'il ne vous a pas lancé une corde, qu'il vous menait à deux malfaiteurs, mais que, pris pour vous d'une commisération subite, il a voulu vous effrayer à cette seule fin de vous décider à fuir?

Marie Pichon. — Mais non, nous n'étions que nous deux, et je suis bien sûre qu'il voulait m'étrangler. J'en suis plus que sûre.

Dumollard. — Je n'avais pas de corde; je lui ai passé seulement le bras vivement sur la tête.

Marie Pichon. — Oh! quel menteur! J'ai bien vu la corde; elle était même luisante et retorse.

M. le Président, à Dumollard. — Elle vous a tenu les poignets? — R. Non, elle ne m'a pas tenu les poignets.

Marie Pichon. — Je vous les ai si bien tenus, que j'ai fait tomber votre chapeau.

Dumollard. — Ah! cela c'est vrai; mon chapeau a tombé.

Marie Pichon. — Vous m'avez couru après?

Dumollard. — Eh bien! non; je suis resté plus de dix minutes *mobile* sur le fait. J'étais bien content qu'elle se sauve pour pas qu'on lui fasse du mal.

M. le Président. — Mais, puisque vous étiez si content, pourquoi lui preniez-vous sa malle, son carton, son parapluie?

Dumollard. — C'est les individus qui m'ont bien grondé de ce que je l'avais laissé partir. Ils m'ont demandé où était la malle. Je leur ai dit que je l'avais entreposée dans un champ de colza. « Eh bien! ils m'ont dit, elle va te dénoncer, il faut faire la perdition de toutes ses affaires par le moyen de les brûler. »

D. Et pourquoi ne leur avez-vous pas dit de les brûler eux-mêmes? Cela vous eût moins compromis. — R. Vous croyez que l'on faisait à sa manière avec eux? J'en avais bien trop peur, et quand ils me faisaient à savoir leur volonté, fallait bien y passer.

On représente à *Marie Pichon* le coupon de toile de cretonne découvert dans un tas de fagots. Après l'avoir examiné: « C'est bien à moi, dit-elle, mais il y avait davantage de toile. »

La femme Dumollard. — Vous allez peut-être dire que j'en ai coupé! Ça ne pourra pas passer. Puisque j'ai gardé le coupon, je l'aurais gardé tout de même s'il avait été plus long. D'ailleurs, je ne savais pas que ça provenait de vous.

Marie Pichon, pressée de questions nouvelles, répète: « J'ai bien vu la corde; il a voulu la jeter sur moi, en poussant un grand cri pour m'effrayer; la corde a touché mon bonnet, mais j'ai relevé les bras, je l'ai poussé, et il a comme trébuché, et c'est pendant ce temps-là que je me suis sauvée. »

Dumollard. — Cette demoiselle a eu peur, je ne dis pas non, ce qui fait qu'elle n'a pas bien vu. Je n'avais pas de corde et je n'ai pas couru après elle.

Marie Pichon. — Oh! bien couru; mais moi, j'ai couru plus fort.

M. le Président, à Dumollard. — Ce qui prouve vos mauvaises intentions, c'est que vous avez voulu arracher un échalas et que vous n'avez pas pu.

Dumollard. — L'échalas, il s'est trouvé dans mes jambes, et je l'ai repoussé de mes mains. Qui pourrait croire qu'un homme ne peut pas arracher un échalas, s'il veut?

D. Et ce caillou que vous avez ramassé? — R. Je ne me suis abaissé qu'une fois pour remettre le cordon de mes souliers.

François Maude, garde champêtre à Dagneux, raconte les soupçons de la mère Joly sur Raymond, ses propres démarches et l'arrestation qui s'en suivit.

Quelques jours après, je rencontrai la femme Dumollard, et je lui dis : « Prenez donc garde; vous faites des contes à la Justice, vous risquez d'en avoir pour dix ans. — Que voulez-vous ? On m'écorcherait, que je ne pourrais rien dire... » Et elle ajouta : « Est-ce bien vrai qu'on a trouvé des effets de cette femme assassinée à Tramoyes?... Mais cette fille est morte, on ne la trouvera pas, on ne sait d'où elle est. »

M. le Président, au témoin. — Ah ! c'est elle qui a mis la conversation sur l'assassinat de Tramoyes ? — R. Oui, oui, c'est elle.

La femme Dumollard. — Je ne lui ai pas dit ça du tout. C'est lui qui m'a dit qu'il cherchait pour une fille qu'un individu voulait étrangler. « Nous le trouverons bien, l'individu, qu'il me dit; nous avons son enseigne (son signalement). » Et il a ajouté : « C'est le même qui a tué la fille de Tramoyes. »

Le témoin. — Puisque je n'en avais jamais entendu parler de cette fille de Tramoyes, je ne pouvais pas en parler.

Caroline Izard, domestique, à Lyon, détenue momentanément dans la maison d'arrêt de Trévoux, a reçu cette confidence de la femme Dumollard : « Il y en a encore deux qu'ils ne savent pas, une qui est dans le bois qui est près de chez nous, et une autre qu'ils ne trouveront pas. — Où donc l'avez-vous laissée ? L'avez-vous jetée au Rhône !... Elle ne me répondit pas.

La femme Dumollard. — Celle-ci, c'est un faux témoin, un bien faux. Je ne lui ai parlé que de la fille de Mont-Main ; tout le reste, c'est de sa pure invention.

La femme Izard. — Elle m'a dit aussi, en me parlant des gens de justice : « Ces charognes en savent assez, ils n'en sauront pas plus... c'est comme où j'ai su cacher l'argent, je leur défends de le trouver. » Enfin, un jour, dans la prison, son mari étant monté sur une croisée du préau, dit à sa femme : « Vieille coquine, que n'as-tu pas fait ? Si j'en disais autant que toi, on te couperait le cou comme à moi. — Sois tranquille, lui répondit-elle, ils ne sauront plus rien. »

La femme Dumollard. — Vous êtes un faux témoin. Ça n'est pas à dire, ce que vous dites ; vous n'êtes qu'une bavarde.

Le témoin. — Pourquoi je mentirais contre vous ? Je ne vous en veux pas.

M. le Président. — Dumollard, avez-vous parlé à votre femme en prison ?

Dumollard. — Je vas vous dire : c'est vrai que je lui ai parlé; je lui ai dit : Sais-tu s'ils ont vendu notre vache et notre génisse ? Ils doivent l'avoir vendue ; je trouve bien étonnant qu'ils ne nous donnent pas de l'argent ; si tu en as de l'argent, fais m'en passer ; j'en ai besoin, vu que je ne suis pas nourri ici.

Un gardien de la prison de Trévoux vient relever contre Dumollard une prétendue tentative de suicide que l'accusé explique par un mouvement de curiosité. S'il a cherché à attacher une corde à l'espagnolette de sa fenêtre, c'était pour avoir un marche-pied, afin de voir dans la cour.

Le témoin, répondant à une interpellation de la défense, déclare que la communication par paroles était possible entre les détenus, hommes et femmes, à l'époque où les époux Dumollard se trouvaient dans la prison de Trévoux.

La liste des témoins est épuisée. L'audience est renvoyée au lendemain pour le réquisitoire et les plaidoiries.

Nous avons passé rapidement sur ces longues dépositions, parce qu'elles n'embrassaient que des faits déjà connus. L'évidence est acquise aux crimes de Dumollard. Un seul ordre de faits intéresse le lecteur : c'est tout ce qui lui montre la physionomie de l'audience, tout ce qui lui donne sur les accusés une indication de tempérament et de caractère. Ainsi, de temps à autre, quand un témoin reconnaît une des nombreuses pièces à conviction, Dumollard veut voir, il veut toucher. « Approchez ces objets, faites voir, » dit-il avec un cynisme qui n'a pas conscience de lui-même. L'auditoire frémit et murmure d'horreur; lui, n'en tient compte : il regarde, il touche.

L'audience est-elle suspendue, on voit l'accusé se placer à l'extrémité d'un banc, tirer de sa poche un morceau de pain, un troque de lard, et manger avec un calme qui n'a rien d'affecté. C'est la bête brute qui assouvit sa faim. Puis, ce repas terminé, il s'enveloppe les jambes avec son mouchoir, pour se préserver d'un courant d'air dont il s'est plaint aux gendarmes.

Marie Pichon, ce témoin qui l'a fait arrêter, fille aux traits agréables, aux yeux vifs, à la tournure élégante, vient à passer devant celui qui faillit être son assassin. « Bonjour, monsieur Dumollard, » dit-elle d'un air malicieux, en fille qui n'a plus peur du monstre. Lui, la reconnaissant, répond d'un ton paterne : « Ah! pauvre petite ! c'est vous ; je vous en ai sauvée d'une belle ! Sans moi, les hommes barbus!... Vous pouvez dire que vous m'avez une fameuse obligation!... » Et il s'éloigne en souriant.

Le 1er février, *M. le Procureur général Gaulot* prend la parole.

Après avoir montré, dans un chaleureux exorde, la différence profonde qui sépare les temps modernes des temps anciens, ces époques où une multitude folle d'ignorance et de terreur eût cherché à déchirer de ses mille mains un aussi épouvantable scélérat, de nos jours où elle attend respectueusement l'arrêt de la Justice, le magistrat fait avec émotion le récit des crimes de Dumollard. Il voit la complicité de la femme Dumollard dans ce mot dit à son mari à propos de la malle de Montluel : « N'y va pas, tu nous ferais prendre. »

Quant à l'étrange système de l'assassin, il ne vaut pas l'honneur de la discussion. Dumollard, évidemment, n'avait pas d'affiliés; c'est son ignoble vie qu'il a racontée dans ces récits où il fait passer des inconnus.

C'est sous les rayonnements de l'évidence que le Jury va délibérer. « Livrez donc ces deux accusés à la Loi. L'une a été complice de tous les vols et n'a rien ignoré... L'autre a fait de l'assassinat une habitude et presque une profession. Sa vie entière n'a été qu'un long outrage à toutes les lois divines et humaines. Il s'est plongé dans toutes les infamies; il a souillé des cadavres ; il n'a pas même éprouvé le besoin de faire une halte dans le sang. Jamais le châtiment ne pourra se mesurer sur ses forfaits. »

Nous n'avons pas insisté sur le Réquisitoire, parce qu'il ne fut que ce qu'il pouvait être, une imprécation. L'intérêt est dans la lutte, et, ici, la Loi n'a qu'à réclamer un coupable qu'on ne peut lui refuser. M. *Gaulot* le fit avec chaleur, avec émotion. Ses accents indignés ou douloureux arrachèrent des larmes ou des frémissements à tout l'auditoire. Un seul homme resta froid en face de cette rhétorique passionnée : ce fut Dumollard, dont l'œil vitreux suivait avec une sorte de curiosité impassible les mouvements de l'orateur; Dumollard, qui ne sourcilla même pas quand, aux paroles saisissantes du magistrat, répondirent les gémissements d'une sœur de Marie-Eulalie Bussod, présente à l'audience.

L'intérêt véritable est dans la plaidoirie du défenseur de Dumollard. Comment aura-t-il compris cette tâche difficile? Saura-t-il voir de haut sa thèse, se dégager de l'absurde système adopté par son client, et surtout chercher dans les antécédents de ce misérable, dans les particularités de sa nature, non une justification impossible, mais une explication philosophique qui laisse la porte ouverte à l'indulgence, ou au moins qui jette un doute sur la responsabilité de cette bête à face humaine?

Un mot sur l'homme qui a accepté cette mission redoutable, impossible. *M° Lardière*, ancien élève de Saint-Cyr et d'abord voué à la profession des armes, depuis, en 1840, inscrit au barreau de Lyon, s'était fait remarquer, avant 1848, par ses opinions démocratiques. Nommé par M. Crémieux substitut du Procureur général à 28 ans, puis chef du Parquet en Algérie, après le coup d'État de 1852, enfin, avocat général à Limoges en 1854, il avait donné sa démission en 1859, et avait réclamé une place dans le Barreau parisien. Des convictions sincères, élevées, avec une nuance d'exaltation; une éloquence chaleureuse, émue, un peu surannée, où on eût pu reprendre parfois des traits affectés et des mouvements emphatiques, tel était le défenseur de Dumollard. Plus connu à Lyon qu'à Paris, et tenu par ses compatriotes en haute estime, il était de ces hommes assez rares que l'habitude du réquisitoire n'a pas desséchés, à qui la défense de la société n'a pas fait oublier la protection de l'individu, et qui dans le coupable voient encore un homme.

Écoutons donc son plaidoyer et cherchons-y, non l'impossible justification du criminel, mais le mot du redoutable problème à la fois physiologique, philosophique et social. Cherchons-y, c'est là le point, le degré de responsabilité que le moraliste peut attribuer à ces natures monstrueuses, à ces déviations effrayantes du sens humain.

« Messieurs, dit *M° Lardière*, dans ce pauvre village de Dagneux, hier ignoré de tous, aujourd'hui si tristement célèbre, il y a au devant de l'église un modeste monument qui garde les restes mortels de ce que j'ai le plus aimé dans ce monde, mon père et ma mère!.. Ma mère! Depuis l'époque où les hasards de ma carrière judiciaire ne m'ont plus permis de m'agenouiller sur cette tombe chérie, ma pensée se reporte chaque jour vers ces contrées, vers cette population si calme, si honnête, au milieu desquelles j'ai goûté les douces joies de mon enfance. C'est la seule compensation heureuse à toutes les tristesses de ma vie.

« Aussi, Messieurs, lorsque le premier bruit des faits étranges qui nous réunissent aujourd'hui est parvenu jusqu'à moi, mon émotion n'a pas été celle de tous, et, dans une orgueilleuse défiance, je me suis demandé si ces récits épouvantables étaient pour mon malheureux pays un opprobre ou une immense douleur. Puis, je ne sais par quel pressentiment, il m'a semblé que, si désespérée que fût la voix de celui qu'on accusait, je manquerais à un devoir en refusant de l'entendre. Le hasard a fait le reste; cet homme s'est souvenu de moi, et, du fond de sa prison, il m'a crié de venir à son secours,

« Voilà pourquoi, Messieurs, je suis devant vous, voilà pourquoi ce malheureux, comme première expiation peut-être, n'a pas pour le retenir sur le bord de l'abîme qui s'entr'ouvre la main plus énergique et plus sûre de l'un des membres de ce Barreau à qui je viens demander l'hospitalité.

« Quoi qu'il en soit, cette tâche si lourde que les circonstances m'ont ainsi imposée, après l'avoir mesurée avec une anxiété douloureuse, ma conscience l'a acceptée, et je viens vous demander si vous êtes venus ici pour enregistrer purement et simplement un acte de haute et souveraine justice; si vous, magistrats d'un jour, il est vrai, mais armés de la plus grande puissance que l'homme puisse déléguer à son semblable, vous n'avez autre chose à faire qu'à ouvrir la marche de ce cortége funèbre qui doit partir d'une prison pour arriver à un échafaud!..

« Je veux savoir si une discussion est impossible. Écoutez-moi donc, Messieurs, je ne dirai pas avec bienveillance, je n'ai aucun titre personnel à cette faveur, mais avec la patiente résignation du devoir, et veuillez vous rassurer. Si, dans cette cause difficile, ma parole commet quelque hardiesse, elle ne dépassera jamais la limite du respect que je vous dois et surtout que je me dois à moi-même.

« Et d'abord, quel est donc cet homme à qui la société demande aujourd'hui un compte si sévère, et quelle est la part qu'on lui a faite au soleil de notre civilisation? »

Ici, l'avocat rappelle l'enfance si cruellement éprouvée de son client, sa naissance due aux hasards du concubinage, ses fatigues et ses misères aboutissant au supplice infamant d'un père écartelé sous ses yeux.

« Voilà le premier spectacle qui frappa la jeune imagination de Dumollard!

« Voyez-vous la mère revenant en France, faisant une fois encore cette route si longue, si douloureuse, et frappant enfin, après des mois de souffrances et de larmes, à toutes les portes de son village? On a dit qu'elle y trouva les secours de quelques parents. Non, non, cela n'est pas exact; tout le monde, au contraire, la repoussa, et, à bout de ressources, de forces et de courage, elle devint *la Raymond, la mendiante!*

« Dès que Dumollard peut surveiller et conduire un troupeau, il échappe en quelque sorte à sa mère, et son enfance déguenillée court pieds nus dans la boue des chemins. Puis, au moment où les moins heureux de ce monde sentent le bienfait d'une éducation au moins générale; au moment où le curé du village rassemble tous les enfants, les courbe et les façonne sous son évangélique discipline, un seul est oublié, c'est lui!... Il n'éprouve même pas ce charmant contact des enfants entre eux sous l'œil de Dieu; il n'assiste pas à cet exercice pieusement instructif qu'on nomme le catéchisme, et il n'y puise pas, pour le reste de sa vie, ce souvenir si plein d'émotion et que nous gardons tous comme un premier bonheur... notre première communion!

« Plus tard, lorsque sa jeunesse isolée, affranchie de toute contrainte, privée de tout exemple, le met aux prises avec les mauvais instincts de sa méchante nature, une autre occasion se présente qui pourrait peut-être le sauver de lui-même... la conscription. Mais non, on l'oublie encore, ou plutôt on le laisse à sa dangereuse oisiveté. C'est le fils aîné d'une veuve!... c'est le soutien de la mendiante!... *Quelle ironie!* Qui donc, cependant, osera dire, si cet homme s'était senti pressé dans les rangs de nos braves enfants, de nos généreux soldats; s'il avait vu passer devant lui, un jour de bataille ou de simple revue, le drapeau de la France, qu'il serait dans ce moment au pied d'un échafaud!...

« Mais ce n'est pas tout. Quelques années s'écoulent : le berger, le sauvage qui, comme le dit l'accusation, aura, doit avoir son repaire, cette bête fauve, comme on l'appelle encore, et moi je dis *cet homme, qui, après tout, est une créature de Dieu*, songe à se marier. Le croiriez-vous? il trouve une femme aussi abjecte que lui... Regardez... On dit que les unions se forment dans le ciel et se réalisent sur la terre... Oh! que la poésie est belle! mais qu'elle est triste, la réalité! Est-ce là un mariage? Non, ce n'est qu'un hideux accouplement. Aussi, Dieu ne l'a pas béni, ne l'a pas même visité. Il lui a refusé la douce et sainte joie de la famille! A ces déshérités de tout, il n'a pas voulu donner un enfant.

« Ils ont toujours été seul à seul, les malheureux! Pas un de ces sourires, de ces cris, de ces plaintes même qui animent le foyer. Cet homme n'a jamais senti deux petits bras s'enlacer autour de son cou, lui faire et lui demander une caresse. Jamais personne, entendez-vous, personne, n'a mis la main dans la sienne; ce n'était jamais fête dans son imagination. Jusqu'à son premier crime, sa vie n'a été que travail, fatigue et privations; et c'est à cette machine organisée que vous demandez compte de son oubli des lois divines et humaines!... Mais il fallait les lui apprendre!...

« Maintenant vous dites : Cet homme a volé. Je le comprends, il ne portait pas en lui ce flambeau qui éclaire l'intelligence. Son vrai guide lui manquait, cette liberté qui nous rend tous responsables devant les hommes et devant Dieu. Il a été condamné : oui, dites-le bien haut, car c'est le premier avertissement que vous lui donniez, un contact impur et souillé, celui des réprouvés, par votre justice.

« Ainsi nous arrivons en 1853. Les crimes épouvantables commencent. C'est horrible... qu'importe!... Regardez avec moi. Ah! ne restreignez pas votre accusation, ne la circonscrivez pas dans un cercle calculé. Oui, cet homme était au torrent du Barrie; oui, il était à Tramoyes; oui, il était au bois de Mont-Main, à Montaverne, dans celui des Communes... Cherchez, cherchez encore, et vous le trouverez seul, tout seul devant bien d'autres cadavres...

« Qui donc analysera cette monstruosité morale? Oh! Messieurs, il y a des moments où l'avocat, l'honnête homme ne défend plus; il explique...

« Et cependant, quel est donc le mobile de tous ces crimes? L'accusation dit : c'est la lubricité, c'est l'avarice. Et, dans un admirable langage, M. le Procureur général nous montre toutes les victimes de Dumollard souillées par lui avant d'être lâchement immolées. N'entassons pas, Messieurs, des horreurs inutiles dans ces effrayants débats; repoussez ce chef d'accusation que rien ne justifie, et vous donnerez ainsi une preuve de votre calme au milieu de ces poignantes émotions. »

Ici, M⁰ *Lardière* discute énergiquement cette accusation de viol qui n'a d'autre base que les imputations de Dumollard contre ses prétendus complices. Le défenseur établit que pas une des filles qui ont échappé à Dumollard n'a laissé pressentir qu'elle se crût menacée d'un attentat pareil. « Ah! s'écrie-t-il, le champ de l'accusation est assez vaste pour qu'on ne s'arrête pas à de semblables broussailles. »

Puis, M⁰ *Lardière* s'occupe des vols.

« Parlerai-je, dit-il, de cette imprudence qui fait conserver les dépouilles révélatrices de ses victimes, alors qu'il lui était si facile de s'en débarrasser, de les réaliser en argent? Que sont devenues les sommes volées? Quels besoins ont-elles satisfaits pour cet homme qui se refusait jusqu'aux choses nécessaires à la vie? Les a-t-il enfouies? Les désirs immodérés de jouissance, l'emportement de passions vives à assouvir poussent au crime; mais où trouvera-t-on l'exemple d'un avare allant jusqu'à l'assassinat? Toutes ces réflexions arrivent confuses à l'esprit en présence de ces faits étranges que l'accusation elle-même est impuissante à caractériser.

« M. le Procureur général nous disait tout à l'heure que le monde moral suit sa marche ascendante... Oui, sans doute, la loi du progrès nous presse, et qui sait si l'heure est bien loin où il nous sera permis de comprendre juridiquement toutes les exigences de nos infirmités morales?

« Lorsqu'il y a vingt-cinq ans, un homme avait été accusé d'avoir, dans le bois de Vincennes, assassiné deux malheureux enfants dans les bras de leur mère (1), on prononça le nom de cette affection que je ne veux pas mêler à ce débat, et on répondit par ce mot cruel : *Cette affection, si elle existe, elle se guérit en place de Grève.*

« Ces paroles seraient impies à l'heure où nous sommes, et, à l'honneur du progrès, dont M. le Procureur général a parlé, si cet homme reparaissait aujourd'hui, il n'y aurait pas un magistrat pour requérir, pas un magistrat pour condamner.

« Ne croyons donc pas que tout soit dit sur cette grande thèse de la responsabilité, ni que la justice ait encore fait une part suffisante à l'humanité.

« Etes-vous entrés, Messieurs, une fois par hasard, dans votre vie, dans un de ces hospices qui sont le plus grand enseignement de ce monde? C'est là que sont enfermés ceux que les peuples d'Orient, dans leur poétique langage, appellent les *bénis de Dieu*, et devant lesquels leur religion s'attendrit... Chez nous, cela s'appelle tout prosaïquement l'Antiquaille, à Lyon Bicêtre, et la Salpétrière à Paris. — Tout y paraît étrange; il y a comme une espèce de vide partout; je le comprends : l'intelligence est absente et la dignité de l'homme est représentée par un numéro. Depuis l'idiot en enfance jusqu'à la bête fauve, l'humanité revêt toutes les formes, parcourt tous les degrés de sa désolante imperfection.

« Quand on sort de ces lieux, on brise bien vite le piédestal construit par notre orgueil pour élever nos mesquines individualités, car on est épouvanté des causes si simples qui peuvent nous réduire à ce néant intellectuel, et on constate avec effroi combien peu nous sommes.

« La société, disons-le, doit surtout comprendre tout cela; aussi, quand elle poursuit un coupable, que fait-elle? Punit-elle? Non, Messieurs, ce droit n'est pas le sien; il n'appartient qu'à Dieu, qui, seul, est maître de nous! — Se venge-t-elle? Oh! Messieurs, c'est faire injure à ses éloquents organes que de descendre à une pareille thèse; la société plane au-dessus des passions de l'individu. — Quel est donc son droit, son devoir? *Moraliser en se préservant.*

« Qu'elle se protége, c'est de toute justice; mais quand elle a, pour ainsi dire, favorisé par son incurie les crimes qui l'atteignent et l'épouvantent,

(1) *Voyez* Papavoine, Henriette Cornier.

quand elle a abandonné à lui-même un malheureux devenu criminel faute de soins, faute d'instruction, faute de pain, elle n'a pas le droit de chercher sa protection dans la peine de mort.

« Au milieu du progrès dont M. le Procureur général nous a retracé la saisissante image, il en reste un à accomplir, et c'est celui qui marque le point culminant de notre ordre social. Une grande question sociale est en suspens; ne craignons pas de l'aborder, même de la résoudre, car, ce que nous savons tous, c'est que Dieu a proclamé le principe de l'inviolabilité de la vie humaine, et qu'en effet la civilisation ne gagne rien à ce qu'une tête de plus tombe dans le panier du bourreau.

« Dernièrement, à propos d'un horrible sacrifice légal qui est sur le point de s'accomplir dans un pays voisin, notre grand poète, l'illustre proscrit volontaire, le génie qui porte au front une triple couronne, a fait entendre une prière, un vœu sublime. »

Ici, le défenseur lit une lettre adressée au peuple belge par Victor Hugo, à l'occasion d'une condamnation à mort dont l'exécution imminente allait ensanglanter une place publique de Charleroi. Le procès de John Brown (*Voyez ce nom*) a été pour nous une occasion d'apprécier ces manifestations un peu bruyantes et pompeuses d'une généreuse pensée : nous n'y reviendrons pas. *Me Lardière* emprunte à cette lettre le sujet de sa péroraison, et adjure le Jury de compléter l'œuvre du christianisme en repoussant la peine de mort par le verdict qu'il va rendre.

« Si cependant, Messieurs, dit-il en terminant, je vous ai fait partager une erreur; si, réellement, cet homme a dû être nécessairement responsable devant Dieu et devant les hommes, oh ! cette erreur ne pourrait pas troubler vos consciences; car vous l'aurez condamné à une peine perpétuelle avec le travail, et qui sait... avec le repentir peut-être, et avec l'espérance en Dieu !... »

Plus facile était la tâche de *Me de Villeneuve*. Le jeune avocat s'en acquitta avec convenance, avec chaleur tout ensemble et mesure. Il reconnut que les débats avaient gravement compromis sa cliente; mais quelle différence entre le mari et la femme ! «Elle a vécu, a dit le Ministère public, pendant sept ans avec un assassin, le sachant assassin. Sept ans ! ce n'est pas assez dire : il y a vingt ans, oui, vingt ans ! que la malheureuse est liée à cet homme; il y a vingt ans qu'elle a perdu son libre arbitre, vingt ans qu'elle se courbe, esclave tremblante, sous la volonté de l'homme que l'on sait.

«Eh bien ! là où la liberté fait défaut, la responsabilité ne doit-elle pas disparaître? Voilà une femme de la campagne, avec les goûts, les instincts, les habitudes, les sentiments des femmes de cette classe. Aucun de ses actes ne la signale à la réprobation publique; rien ne relève son insignifiance. Placez cette femme devant Dumollard, et plus vous aurez fait celui-ci dur, exigeant, cruel, pétri de passions cupides et monstrueuses, plus on comprendra qu'elle n'a pu échapper à son ascendant.

« Elle pouvait fuir, dites-vous, réclamer la protection de la Justice ! Fuir, elle, misérable habitante d'une campagne reculée, ignorante des lieux, des choses, sans ressources ! Fuir, elle que clouait sur place la crainte de son mari ! La condamnera-t-on parce qu'elle a cédé à la peur ?

« Messieurs les Jurés, je vous livre le sort de cette femme; je n'invoque pas en sa faveur de circonstances atténuantes : je vous la livre tout entière, telle qu'elle est, telle que vous la connaissez, et je vous demande si vous ne craindrez pas de vous contredire en condamnant la faiblesse, les lâchetés de cette femme tremblante sous la main de fer de son mari, et en condamnant en même temps ce mari, pour qui la Loi ne trouve pas d'expiation trop cruelle. »

M. le Président demande aux accusés s'ils ont quelque chose à ajouter pour leur défense. « Rien, Monsieur, » répond la *femme Dumollard*. — *Dumollard*, se levant et d'une voix haute : « Tout ce que ma femme dit, que jamais j'ai couru après elle avec un couteau, je dis que ça n'est pas. Je sais bien que je l'ai frappée plusieurs fois... » La *femme Dumollard*, pleurant : « Si, il est venu un jour sur moi avec un couteau, et il me l'a planté au ventre. »

M. le Président clôt les débats et résume les faits présentés au Jury avec une clarté parfaite et une louable sobriété. Puis, lecture est donnée à MM. les Jurés de vingt-huit questions à résoudre. Ils se retirent dans la salle de leurs délibérations, et les accusés sont reconduits dans la prison, la femme baissant la tête, le mari recherchant les regards et promenant ses yeux sur la foule d'un air satisfait.

Après deux heures environ, le Jury rentre avec une déclaration affirmative à l'égard des deux accusés sur toutes les questions principales, moins trois (celles qui concernent les viols), et admettant des circonstances atténuantes en faveur de la femme Dumollard.

On fait rentrer les accusés; lecture leur est donnée du verdict, qu'ils n'ont pas compris sans doute, tant est grande l'indifférence avec laquelle ils l'accueillent. La Cour se retire pour délibérer. Alors seulement, pour la première fois depuis le commencement de ces débats, *Dumollard* paraît inquiet; ses traits sont avalés, son regard fixe. Sa femme est profondément abattue et cache sa figure dans un mouchoir. *M. le Président* rentre avec la Cour, et prononce un arrêt qui condamne Dumollard à la peine de mort, ordonne que l'exécution aura lieu sur la place publique de Montluel, et condamne la femme Dumollard à vingt années de travaux forcés.

Dumollard fut reconduit en prison, escorté par une foule hurlant de joie et d'indignation. Lui, calme comme la bête puante prise au piége, livra ses deux jambes au serrurier chargé de les ferrer; il dévorait, cependant, quelques aliments. Le ferrement terminé, il se jeta sur son lit et s'endormit d'un bon sommeil.

Cherchez le remords dans une âme ainsi faite; cherchez-le dans l'âme d'un Indien sauvage, dans celle d'un brigand des Abruzzes !

A partir du jour de sa condamnation, le sauvage de l'Ain reprit toute sa tranquillité, et regagna ce que les luttes de l'audience lui avaient fait perdre en embonpoint. A tous ceux qui purent le visiter dans sa prison, il fit sur ses crimes des réponses brèves, mais sans tristesse, sans inquiétude apparente. Un seul sujet de conversation le réveillait, pour ainsi dire : sa vigne, son champ, sa vache et, par dessus tout, la mangeaille. A ceux qui cherchèrent à le tourner vers des pensées religieuses, il répondit brièvement par l'éternelle histoire des *hommes barbus*. Quelquefois seulement, il laissait paraître un sentiment de haine contre la fille qui l'avait perdu, Marie Pichon.

Le digne aumônier des prisons, M. l'abbé Béroud,

vicaire de l'église paroissiale de Bourg, ne put rien tirer de cette brute insensible. Dumollard accueillit ses exhortations par des plaisanteries cyniques. Pendant les longs jours d'attente qui séparent la condamnation de l'exécution, il se préoccupa exclusivement de son bien-être. Il avait obtenu de suspendre ses fers, qui lui meurtrissaient la chair, par une ficelle attachée à un bouton de son pantalon. Chaque soir, au moment de se mettre au lit, il rendait au gardien la ficelle, mais en réclamant en échange une prise de tabac.

De sa femme, pas un mot, excepté quand on mit à sa disposition une petite somme provenant de la vente de ses bêtes. « Il y en aura bien, dit-il, la moitié pour ma femme. »

Quant à elle, elle ne déguisait pas la répulsion que lui causait l'idée seule de voir son mari. Elle ne s'était pas pourvue contre l'arrêt qui la frappait.

La Cour de cassation eut à statuer sur le pourvoi de Dumollard dans son audience du 26 février. Deux avocats, *M*^{es} *Achille Morin* et *Gigot*, avaient été désignés d'office pour examiner les pièces de la procédure et présenter leurs moyens à l'appui du pourvoi.

L'audience était présidée par *M. Vaïsse. M. le conseiller Bresson* présenta le rapport de la procédure.

Après en avoir signalé la régularité, que ne pouvaient amoindrir une contradiction peu importante dans les termes des réponses du Jury, ni l'absence, moins importante encore, d'une réquisition spéciale relative au mode d'énonciation et à la désignation du lieu du supplice, *M. Bresson* termina son rapport par les considérations suivantes :

« Le terme de ce lugubre procès, on peut le pressentir, n'est pas éloigné. L'expiation qu'attend la Justice humaine apparaît imminente. Que l'action de la vindicte publique, malgré ses efforts et sa vigilance, *a été lente cependant !* Quel fatal encouragement ce grand coupable a puisé dans l'impénétrable secret dont il est parvenu longtemps à se couvrir, et pour combien, hélas! de tristes et pauvres victimes, le sang une première fois impunément versé est devenu la cause d'ignominieuses profanations et d'une fin lamentable! »

C'est, en effet, un déplorable spectacle donné par les autorités locales, que celui de la négligence apportée dans la recherche de l'auteur de tant de méfaits. Gardes champêtres, juges de paix, maires, rivalisent d'indifférence avec les témoins, avec les victimes elles-mêmes. Il faut que le cri de toute une contrée s'élève contre l'homme qui y multiplie ses attentats, pour que la Justice soit, enfin, mise en présence d'un prévenu. C'est une mollesse criminelle, celle qui encourage le crime!

Disons que *Me Achille Morin* ne crut pas devoir produire un Mémoire à l'appui des deux critiques déjà indiquées par M. Bresson. Il se contenta de quelques observations orales sur ce qu'on ne pouvait appeler des moyens de cassation. « Puisse, dit-il en terminant, le condamné, s'il revoit une dernière fois, pour l'expiation suprême, des lieux auxquels il inflige une triste célébrité, puisse-t-il alors se souvenir de tous ses crimes, faire des aveux complets et implorer utilement la miséricorde divine! »

M. le Procureur général Dupin crut devoir, lui aussi, s'indigner et gémir sur « cette suite d'attentats qui s'est perpétuée pendant plus de dix années, sans qu'il apparaisse d'aucun effort tenté par la police locale pour découvrir les premiers de ces crimes et en prévenir le retour. »

Conformément à ses conclusions, le pourvoi fut rejeté.

Bien qu'aucune demande en grâce ne fût jointe au dossier, il y fut suppléé d'office et pour la forme, et, sur l'avis du Conseil compétent, il fut arrêté qu'il n'y avait lieu à faire grâce. L'ordre fut donc transmis de faire exécuter l'arrêt dans les vingt-quatre heures.

On était au 7 mars. Le lendemain, l'exécution devait avoir lieu à Montluel, sur la place Bourgeat.

Le soir, sur les quatre heures, Dumollard fut prévenu qu'il ne lui restait plus d'espoir. « Je m'y attendais, » répondit-il ; sa figure, devenue livide et bientôt fortement colorée, démentit seule cette apparente tranquillité. A cette heure suprême, l'abbé Béroud obtint du condamné qu'il se réconcilierait avec sa femme. Anne-Marie Martinet fut amenée dans le cachot. En voyant son mari, elle se prit à sangloter; lui, resta froid. Ils s'embrassèrent pourtant, lui d'un baiser glacial, elle avec une sorte de terreur mêlée de répugnance.

Les époux furent réunis dans un dernier repas, pendant lequel Dumollard jouit avec délices du double bonheur de se sentir un instant délivré de ses fers, et de manger du boudin, son mets favori! Le souper funèbre terminé, le condamné, toujours préoccupé de ses intérêts, donna à sa femme quelques conseils d'économie, parla de ses bêtes, de l'argent qui lui était dû, le tout avec une grande liberté d'esprit, et écoutant les exhortations du digne aumônier avec autant d'indifférence qu'il avait fait pour celles de Mgr de Langalerie, évêque de Bellay.

A dix heures et demie du soir, Dumollard fut installé dans une voiture, avec deux gendarmes et l'abbé Béroud. Il se couvrit avec précaution, pour ne pas ressentir le froid de la nuit, et, à partir de Meximieux, s'amusa à décrire les lieux, notant exactement les distances d'un point à un autre, et déployant, avec un sang-froid toujours inaltéré, une mémoire locale vraiment étonnante. Il ne perdit un peu de ce calme que lorsque les roues sonnèrent sur le pavé de Pizay, non loin du tombeau qu'il avait creusé pour Marie Bussod.

Vers quatre heures du matin, la voiture entra dans Montluel, escortée par des populations avides de contempler l'horrible spectacle. Une foule immense, accourue de tous les départements voisins, encombrait les rues, chantant, buvant, vociférant.

Dumollard fut conduit dans une des salles de la mairie, et là, le Juge de paix s'efforça de tirer de lui quelques aveux. « Je suis innocent, répondit-il imperturbablement, je paye pour les autres. »

Six heures allaient sonner. Le condamné but, avec sensualité, une tasse de café et un verre de madère; puis il se livra aux aides, qui lui firent l'infâme toilette. Il refusa la voiture qu'on lui offrait et voulut marcher à pied jusqu'à l'échafaud.

Arrivé près de l'ignoble machine, il la regarda, monta, et, se retournant, recommanda à un gendarme de rappeler à sa femme que la Berthet leur devait 27 francs moins un sou!

Ce fut, sur la terre, la dernière pensée de cette pauvre brute à face humaine.

Cette foule immonde, cette bête fauve égorgée, semblèrent à quelques-uns plaider assez misérablement la cause de la peine de mort.

PARIS. — ÉDOUARD BLOT, IMPRIMEUR, RUE TURENNE, 66.

LAVALLETTE, MME LAVALLETTE, LES TROIS ANGLAIS (1815-1816).

L'évasion de Lavallette, d'après Horace Vernet.

Nous sommes au 20 mars 1815. La royauté restaurée, après quinze jours d'affolement, vient de quitter Paris et de fuir la France pour céder la place à cet homme en qui, tout à l'heure, elle ne voulait voir qu'un brigand désespéré. Napoléon est à Fontainebleau; Paris l'attend, morne et presque étonné : car ce que voulait Paris, c'était moins le retour de l'Empereur que le départ des Bourbons. Mais l'armée a ouvert les bras à son chef; le peuple des campagnes a acclamé celui qui va chasser ces revenants de la féodalité dont les prétentions surannées menacent depuis un an toutes les conquêtes de l'égalité révolutionnaire. Napoléon revient : toutes les vieilles habitudes de l'obéissance passive se réveillent; tous les dévouements retournent leur cocarde.

Ce jour-là, vers sept heures du matin, un homme de petite taille, d'un heureux embonpoint, d'une aimable et souriante figure (1), marche sur le boulevard, du côté de la rue Montmartre. En traversant la chaussée, il se croise avec un cabriolet d'où sort une voix qui le hèle. — « Où allez-vous ainsi, Monsieur Lavallette? Montez donc, je vais à la poste chercher des nouvelles. » Le piéton, c'est l'ancien directeur général des Postes de l'Empire; il monte auprès de celui qui l'a appelé, le général Sébastiani, et tous deux arrivent à l'hôtel de la rue Jean-Jacques-Rousseau.

Dans la cour de l'hôtel est une berline attelée de chevaux de poste; c'est celle du comte Ferrand, ministre d'État et directeur général des Postes depuis le 13 mai 1814 jusqu'au 19 mars 1815, c'est-à-dire jusqu'à l'heure où il a appris la fuite du Roi. A partir de ce moment, le comte Ferrand n'est plus rien qu'un vieillard infirme, inquiet pour lui-même, pour sa femme, pour sa fortune, qui se hâte de rassembler ses papiers, qui fait ses malles, et qui, sans se piquer le moins du monde d'être plus chevaleresque que son roi, va chercher dans quelque coin un asile pour son nom un peu compromis dans les récentes exagérations du royalisme.

Quant à Lavallette, à l'heure même où le comte Ferrand s'est senti destitué par le fait, il s'est senti, lui, naturellement et nécessairement institué di-

(1) Le portrait de Lavallette, par Robert Lefèvre, que nous reproduisons ici, nous montre une tête large, grave, placide, mais vigoureusement organisée pour le travail, des traits accentués, mais dont l'expression dominante est la finesse doublée d'honnêteté, de franchise et de bonhomie spirituelle.

recteur général des Postes de l'empire restauré. Aussi, voyez-le; il entre là comme chez lui; les chefs de division l'acclament, les garçons de bureau lui sourient, tous attendent de lui des ordres, tant il est impossible de douter que le comte Lavallette ne soit à cette heure le chef suprême du service.

Le comte Ferrand, cependant, s'agite, presse son départ, traverse la salle d'audience, dans laquelle se trouve le comte Lavallette avec quelques-uns de ses employés. Lavallette, homme du monde, bienveillant et poli par nature et par éducation, veut adresser à son prédécesseur quelques mots de condoléance, lui offrir ses services, lui prêter aide en ce déménagement hâtif. Le bonhomme, ahuri, qui, du reste, reconnaît à peine Lavallette, ne voit pas, n'entend pas, ne répond pas et se retire. Quelques heures après, tout est prêt pour son départ; mais il a peur, il n'ose partir. Si on allait le retenir à la barrière, l'arrêter à la première poste? Et il envoie demander un permis à son remplaçant. Lavallette proteste que ce permis est parfaitement inutile, que le comte Ferrand peut parcourir la France entière s'il lui en prend la fantaisie. On insiste, et Lavallette donne le permis (1).

En quelques mots, voilà le fait essentiel de cette affaire.

Pour comprendre que, sur une situation aussi simple, et que nous avons volontairement ramenée à sa vulgarité, à sa réalité, on ait pu échafauder une accusation de complot, un procès criminel, une tentative d'assassinat juridique, heureusement déjouée par un dévouement sublime, il faut se rappeler par quelles fautes la royauté restaurée venait de mériter une chute nouvelle, quels abîmes elle avait creusés entre elle et la France, quelle ignorance absolue des sentiments, des opinions, des besoins publics la distingua depuis la première heure de son retour jusqu'à celle où il lui fallut reprendre pour toujours le chemin de l'exil. Les procès de Labédoyère, de Ney, des frères Faucher mettent assez en lumière cette incompatibilité d'humeur entre les Bourbons et le pays, pour que nous n'ayons pas à y revenir ici.

Nous nous contenterons d'expliquer, pour l'intelligence des faits, ce qu'étaient le comte Lavallette et le comte Ferrand.

Antoine-Marie Chamans Lavallette, né à Paris, en 1769, d'un honnête marchand (2), après avoir fait au collége d'Harcourt des études supérieures à sa position sociale, s'était voué à l'état ecclésiastique. C'était alors le refuge des ambitions et des talents que n'appuyaient ni le nom ni la fortune. Le jeune Lavallette obtint, grâce à la soutane, une charge de bibliothécaire à Sainte-Geneviève. Mais, aux premiers souffles de la Révolution, il quitta l'Eglise pour une étude de procureur. Il salua avec enthousiasme la grande régénération politique et sociale; toutefois son honnêteté s'indigna lorsque la royauté fut insultée et menacée par quelques misérables usurpant les pouvoirs de la France. Lavallette, garde national, faillit se faire massacrer au 10 août, et quand Louis XVI eut abandonné ses défenseurs, il se compromit encore en signant la pétition adressée à la Convention en faveur de ce pauvre Roi, qui s'abandonnait lui-même.

Lavallette eût sans doute expié cette généreuse imprudence, s'il n'eût pas cherché un asile là où le trouvaient alors tous les Français honnêtes, dégoûtés de sang et de proscriptions. Il s'engagea dans la légion des Alpes, sous Baraguey-d'Hilliers. Bientôt aide-de-camp de son chef devenu général, Lavallette eut la bonne fortune de passer sous les ordres de Bonaparte, en Italie. Capitaine à Arcole, aide-de-camp du jeune vainqueur de l'Autriche, Lavallette n'était pas seulement un officier distingué; il avait aussi ce que Bonaparte trouvait plus difficilement parmi ses compagnons d'armes, une instruction solide, les bonnes manières d'un monde disparu, la finesse, l'intelligence administrative. Aussi, Lavallette fut-il chargé de plusieurs missions secrètes au Tyrol, à Paris pendant le Directoire, à Gênes, à Rastadt.

Pour mieux s'attacher cette habileté dévouée, Bonaparte fit épouser à Lavallette une Beauharnais, Émilie-Louise, fille du marquis de Beauharnais et nièce du vicomte Alexandre, premier mari de Joséphine Tascher de la Pagerie (1).

Revenu d'Égypte avec Bonaparte, Lavallette ne fut pas inutile au succès du coup d'état de Brumaire, et, quand son maître fut devenu le maître de la France sous le nom de Premier Consul, il fut successivement envoyé diplomatique près la Saxe et la Hesse, administrateur de la Caisse d'Amortissement, et enfin administrateur des Postes, d'abord comme commissaire, puis comme Conseiller d'État Directeur général. Nommé comte de l'Empire en 1808, Grand-Officier de la Légion-d'Honneur en 1811, il était encore, à la chute de Napoléon, à la tête de ce grand service des postes de l'Empire.

Il est difficile de se rendre compte aujourd'hui de l'immensité de ce service sous Napoléon Ier. Quelle circulation énorme, quelle centralisation puissante que celle des correspondances d'une France géante, avec ses royaumes annexés et ses armées nomades! Et quels moyens misérablement mesquins pour des nécessités démesurées! Des courriers, des voitures, des postillons, les gendarmes et quelques télégraphes de Chappe, muets pendant la nuit, muets par la pluie ou par le brouillard! Aujourd'hui, avec une France réduite, avec les moyens puissants fournis par la science, un administrateur actif et soigneux et des employés mal payés peuvent suffire au développement inouï des correspondances individuelles; mais alors, si l'individu écrivait peu, il fallait que l'État fît par-

---

(1) M. de Vaulabelle, dans son *Histoire*, d'ailleurs si consciencieusement étudiée, se trompe quand il dit qu'à l'arrivée de Lavallette le comte Ferrand ignorait le départ du roi. La voiture de poste était attelée depuis six heures du matin. Ce détail a toute importance.

(2) Les meilleurs documents sur Lavallette nous sont fournis par lui-même dans les *Mémoires et souvenirs du comte Lavallette,..... publiés par sa famille et sur ses manuscrits, Paris, Fournier jeune,* 1831, 2 vol. in-8°. A ces Mémoires fort intéressants par la loyauté du narrateur et par ses informations spéciales, est jointe une *Notice* par un écrivain d'une grande probité littéraire, M. Cuvillier-Fleury, ami de Lavallette. Cette notice, avant de former la préface des Mémoires, avait paru dans la *Revue de Paris*, t. XII, 1re livr., 7 mars 1830.

(1) L'aîné des deux frères de Beauharnais, le marquis, émigré dès les débuts de la Révolution, avait épousé, à l'âge de dix-neuf ans, une Beauharnais, sa cousine. Il divorça à son retour en France et s'unit en secondes noces à une allemande. De son premier mariage, le marquis avait eu une fille, qui devint Mme de Lavallette. Du second mariage naquit une autre fille, une Hortense de Beauharnais, qui fut mariée à M. Laity, sénateur du second empire. Ainsi, la destinée de ces deux filles de lits différents devait présenter cette singulière ressemblance, que chacune d'elles devait être unie à un serviteur d'un Napoléon, d'un empereur des Français, dévoué à son maître jusqu'au martyre.

tout. Lavallette remplit ces fonctions délicates avec une activité puissante, avec une intelligence peu commune, avec un génie d'organisation qui l'identifia, pour ainsi dire, à son service.

Comme homme, Lavallette était généralement aimé. Il offrait une grande sûreté de relations; sa probité incontestée commandait l'estime; sa bienveillance était proverbiale. « Avec lui, dit le général Sébastiani sur la tombe de cet honnête homme, avec lui l'épanchement et la franchise ne furent jamais un danger. » Bel éloge, et mérité! Ils sont rares, ceux-là qui ne sont administrateurs que par le génie, non par la morgue et le mauvais zèle.

Lavallette fut naturellement destitué par les Bourbons, qui, naturellement aussi, le remplacèrent par un incapable, le comte Antoine-François-Claude Ferrand.

Né, en 1754, d'une famille de robe, Ferrand était à dix-huit ans, par les seules grâces de sa fortune et de sa naissance, Conseiller aux Enquêtes au Parlement de Paris. Doué d'un instinct de conservation personnelle qui ne s'endormit jamais, Ferrand émigra un des premiers, alors que bien peu de nobles ou de princes songeaient à le faire, en 1789. Une fois en lieu sûr, il donna carrière à son royalisme par une foule de petits factums idiots. Admis dans le conseil du prince de Condé, plus tard dans le grand conseil de Régence, Ferrand se trouva être, par le bénéfice de sa prudence précoce, un pur parmi les purs.

En 1802, quand le Gouvernement impérial rouvrit toutes grandes les portes de la France, Ferrand y rentra, mais avec l'autorisation du Roi. Son ineptie et son obscurité aidant, il put conspirer sans danger, mais non sans terreurs, et, quand la vue des soldats de la Sainte-Alliance vint enfin le rassurer, il faisait partie de ce Comité royaliste qui prononça le premier, à l'étonnement général de la France, qui l'avait si fort oublié, le nom des Bourbons.

Récompensé de tant de dévouement et de tant de courage par un ministère et par la direction générale des Postes, Ferrand fut un des commissaires chargés d'élaborer la Charte. L'ancien Conseiller aux Enquêtes fut d'avis que cette Constitution octroyée serait assez acceptable, pourvu qu'elle fût enregistrée en Parlement. Car il croyait encore au Parlement, si bien qu'il lança sous ce titre : *Protestation du Parlement de Paris*, un écrit anonyme, qu'il s'empressa de désavouer aussitôt que Lanjuinais en eut signalé les dangereuses sottises.

Membre de la Commission d'examen des demandes en restitution des biens non vendus des émigrés, Ferrand présenta, au mois de septembre 1814, un projet de loi à ce sujet. C'est dans les considérants de ce projet qu'il glissa cette phrase insensée sur les royalistes de la ligne droite qui fit bondir d'aise, en son palais de l'île d'Elbe, Napoléon, toujours aux écoutes et qui comptait, avec des espoirs croissants, les fautes de ses ennemis (1).

(1) Il faut bien rappeler ici cette phrase célèbre, puisqu'elle a, par son auteur, place au procès. La voici : « Il est bien reconnu que les régnicoles, comme les émigrés, appelaient de tous leurs vœux un heureux changement, lors même qu'ils n'osaient encore l'espérer. A force de malheurs et d'agitations, tous se retrouvaient donc au même point; tous y étaient arrivés, *les uns en suivant une ligne droite, sans jamais dévier, les autres, après avoir parcouru plus ou moins les phases révolutionnaires au milieu desquelles ils se sont trouvés.* »
On voit que l'esprit d'exclusion n'est pas le vice de telle

C'est cet intelligent et courageux inventeur des purs, des demi-purs et des impurs, que Lavallette trouva à l'hôtel des Postes, le 20 mars au matin, aspirant à émigrer au plus vite. Quand, à force d'insistances pusillanimes, Ferrand eut enfin obtenu ce permis sans lequel il croyait sa vie menacée, il prit la route d'Orléans, s'installa paisiblement dans une terre qu'il avait près de cette ville, et ne rejoignit ses maîtres bien aimés que lorsqu'il vit leur cause à peu près gagnée.

Faut-il croire, maintenant, tout ce que dit plus tard Lavallette, ou ce que diront ses amis, sur la paisible révolution effectuée à l'hôtel des Postes, le 20 mars 1815?

A entendre Lavallette, ce serait *par hasard*, et par le seul fait de sa rencontre avec Sébastiani, qu'il aurait été à la poste ce jour-là. Il serait venu simplement prendre langue, et, retourné chez lui, se serait contenté d'écrire à Fontainebleau, demandant à l'Empereur des ordres pour la poste abandonnée. L'espèce de sauf-conduit réclamé par le comte Ferrand, il ne le lui aurait accordé que comme particulier, pour se délivrer de ses instances et sans trop comprendre l'usage qu'on en pouvait faire. M. de Vaulabelle va jusqu'à croire que Lavallette eut la main forcée par ses anciens chefs de division, qui le *contraignirent* en quelque sorte à reprendre le service.

Eh bien! non, il n'en a pas été ainsi, et, de tous les documents il ressort que les choses se sont passées comme nous venons de le dire, comme il était naturel et nécessaire qu'elles se passassent. Lavallette a dû, pour les besoins de sa cause, dire le contraire, et, plus tard, il n'a pu se démentir lui-même. Mais le bon sens le dément. Encore une fois, il s'était identifié à ce grand service. Nul autre que lui ne pouvait le manier en ce moment où le directeur de la royauté quittait son poste, comme faisait la royauté elle-même. Fallait-il, par un vain formalisme, compromettre cette administration si importante, et un vieux serviteur de l'Empereur ne devait-il pas se rasseoir à sa place, quand déjà l'Empereur accourait reprendre la sienne?

Ce qui est certain, c'est que Napoléon, une fois réinstallé aux Tuileries, et procédant à la réorganisation des services généraux de l'Empire, termina ce premier travail en disant : « Vous expédierez des brevets à tous ces messieurs. Quant à Lavallette, il n'en a pas besoin. *Il a conquis la poste.* »

Lavallette, qui raconte l'anecdote dans ses Mémoires, ajoute même que Napoléon dit cela d'un ton moitié badin, moitié piqué. L'autocrate n'aimait pas qu'on se servît soi-même.

Il est encore incontestable, puisque c'est de Lavallette que nous apprenons le fait, que Lavallette fit demander, dans cette matinée du 20 mars, au général Dessolles, commandant en chef de la garde nationale de Paris, un piquet pour protéger la poste. Le prince Cambacérès, que Lavallette consultait à ce sujet, lui dit, en homme prudent : « Vous avez tort de prendre l'initiative. Laissez arriver l'Empereur. »

époque ou de telle religion politique, et que tous les partis ont leurs hommes *de la veille* et leurs hommes *du lendemain.*
M. le comte Ferrand, pour en finir avec cet homme, fut, plus tard, pair de France, et, le croira-t-on? membre de l'Académie française! Il est vrai qu'il fut nommé par le roi à la réorganisation de l'Institut en 1816.

On ne pourrait pas davantage nier que Lavallette prit, ce matin-là, en qualité de Directeur général des Postes, toutes les mesures qui pouvaient contribuer à la restauration de l'Empereur. Il fit arrêter les journaux, et, entre autres, le *Moniteur*, qui allait porter dans les départements une proclamation *in extremis* de la Royauté en déroute. Il envoya, sur les principales routes, des courriers chargés d'annoncer le départ du Roi et l'arrivée aux Tuileries de Napoléon, qui n'était encore qu'en chemin.

. Tout cela, aujourd'hui, à distance, nous paraît être dans le rôle naturel d'un serviteur dévoué, qui voit revenir son maître, alors surtout que le trône est vacant et que toutes les forces vives du pays se donnent sans lutte, sans hésitation, à ce maître accepté de tous.

Mais si Lavallette est, pour tous ces actes, justifié par les nécessités de situation, par la logique du bon sens, il faut avouer que sa conduite prendrait un autre caractère, s'il était prouvé que, de 1814 à 1815, il a contribué à préparer le retour de l'Empereur. Ce sera là le nœud du procès. Insistons donc.

En un mot, y a-t-il eu complot bonapartiste pendant la première Restauration ? Lavallette a-t-il été de ce complot ?

Qu'il y ait eu de secrètes correspondances entre l'interné de l'île d'Elbe et ses fidèles, on n'en saurait douter. A mesure que la France se retirait des Bourbons, il était naturel que ceux pour qui l'Empereur représentait la France, le tinssent secrètement et continuellement informé de tout ce que faisaient, pour lui préparer le retour, ses amis et surtout ses ennemis.

De ces pourparlers entre les impérialistes et l'Empereur, l'histoire n'en a saisi au passage et pris en flagrant délit qu'un seul : c'est l'entrevue de Fleury de Chaboulon avec le roi de l'île d'Elbe. Cette entrevue peut se résumer par un mot : *On vous attend.* Ce n'est pas là un complot, c'est la confirmation, avec détails précis, d'une situation que Napoléon a parfaitement devinée.

Fleury de Chaboulon fut-il, comme on l'a dit, envoyé par Savary, Lavallette et Maret ? Lavallette le nie. Il n'ignora pas, cependant, le départ du jeune auditeur pour l'île d'Elbe ; car, nous voyons, dans les Mémoires, le duc de Bassano dire à Lavallette : « M. Fleury de Chaboulon qui, *vous le savez*, est parti depuis plus de quinze jours... »

Mais, encore une fois, ce n'était pas là un complot. Conspirer, c'est préparer une révolution, en accumulant secrètement les moyens matériels d'un coup de main, en semant l'argent, en soudoyant à l'avance des dévouements. Tout cela était inutile.

Il y eut un complot, un seul, sous la première Restauration. Ce fut celui de l'allée des Veuves, aux Champs Elysées. Là, chez le général Berton, le futur conspirateur de Saumur, se réunissaient Lallemand, Drouet-d'Erlon, Lefebvre-Desnouettes, le comte Thibaudeau, Maret, Davout. Il s'agissait d'enlever les Bourbons et de proclamer l'Empereur. On sait que ce coup de main, mal conçu, sans racines, avorta misérablement, et que le retour de Napoléon put seul en sauver momentanément les auteurs.

Mais Lavallette y demeura étranger : son bon sens, sa prudente sagacité en répondent. « Je n'en avais pas, dit-il lui-même, la plus légère connaissance. » Un jeune imprudent lui en parla ; d'autres le tâtèrent à ce sujet. A la multiplicité des confidences, il s'aperçut bientôt que tout le monde était instruit, excepté le Gouvernement. Mais, si tout le monde était instruit, il s'ensuivait que les habiles et les timides n'iraient pas plus loin que l'adhésion sentimentale. C'est ce qui arriva. A l'heure de l'action, les ardents et les crédules se trouvèrent seuls ; les autres, Davout, par exemple, s'étaient retirés à temps pour eux-mêmes, sinon pour leurs complices.

D'ailleurs, le héros de la trahison Fouché, était dans la confidence : Cela eût suffi pour éloigner Lavallette, pour qui Fouché était fort mal disposé. Lavallette, loin de prendre part à ce périlleux enfantillage, fit aux meneurs de l'affaire de sages remontrances. « De quel droit, leur dit-il, disposez-vous de l'Empereur sans son aveu ? Si vous ne réussissez pas, et c'est l'événement probable, vous aurez fourni aux ennemis de Napoléon le prétexte qu'ils cherchent pour l'envoyer au bout du monde, pour le supprimer peut-être. » Talleyrand, en effet, avait déjà pressenti les puissances au Congrès de Vienne sur les dangers du voisinage de l'île d'Elbe pour la France monarchique.

Et cependant, aussitôt qu'il aperçut Lavallette, le soir du 20 mars, Napoléon, lui tirant l'oreille : « Ah ! vous voilà, *monsieur le conspirateur.* — Non, en vérité, Sire, répondit celui-ci, et vous devez savoir, si on vous a dit vrai, que je ne voulus pas me mêler d'une affaire dans laquelle... (1). » Lavallette allait parler du duc d'Otrante ; mais Napoléon le fit taire : déjà Fouché était installé au ministère de la Police.

Lavallette était d'ailleurs, vis-à-vis de Napoléon, dans une situation particulière qui, tout en lui commandant la fidélité, réclamait de lui la plus grande réserve. A son départ pour la Russie, l'Empereur lui avait confié 1,600,000 fr. en espèces d'or, restes inemployés de ses économies particulières. Lavallette avait caché ce dépôt dans son château de La Verrière, sur la grande route de Versailles à Rambouillet. Cinquante-quatre étuis, habilement déguisés en autant de volumes in-4° portant le titre d'Histoire ancienne et moderne, et contenant chacun 30,000 fr., avaient été enfouis sous les feuilles du parquet du grand salon. Les Prussiers, que Lavallette eut à loger à La Verrière, bivouaquèrent pendant plusieurs jours sur ce trésor. Ce dépôt tourmentait Lavallette, et lui interdisait, cela va sans dire, toute pensée de servir le Roi. Par là, Lavallette était forcé de rester en correspondance secrète avec l'île d'Elbe, où il réussit à faire passer 800,000 fr. par l'entremise du prince Eugène.

Mais ne voit-on pas que, si Lavallette, homme de confiance de Napoléon, avait été du complot Lallemand, les conspirateurs n'auraient pas attendu, pour agir, 100,000 fr. que promettait toujours et que n'envoyait jamais le banquier Hainguerlot, dépositaire de fonds considérables appartenant au prince Jérôme Bonaparte ?

Un dernier argument. Le complot Lallemand se servait du nom de l'Empereur ; mais il est à peu près prouvé aujourd'hui que la restauration de l'Empire n'en était que le but apparent.

Il reste de tout cela que Lavallette, fidèle à son maître, en possession de ses confidences les plus

(1) Lavallette avait raison de se défier de Fouché. Cet homme, tout en encourageant la conspiration prétendue bonapartiste, avait porté Lavallette sur une liste de personnes suspectes, à arrêter. Lavallette, averti, se tint quelques jours caché dans un pavillon attenant à l'hôtel habité par la duchesse de Saint-Leu.

intimes, dut, grâce à son expérience particulière du service des postes, être souvent le trait d'union nécessaire entre les correspondances secrètes de Paris et de l'île d'Elbe; mais il ne conspira pas.

Au reste, à l'exception de quelques casse-cou politiques, peut être moins fanatiques qu'on ne le pense de Napoléon et de son Gouvernement, qui donc conspirait alors? Tout le monde et personne. « On conspirait sur les bornes, au coin des rues, dit Rovigo (*Mémoires*); personne, si ce n'est le ministère, n'ignorait ce qui se passait. » D'accord; mais cette universelle conspiration ne ressemble guère à un complot. On conspirait aussi en faveur de Napoléon dans cette Cour aveugle, qui traitait la France en pays conquis, qui reniait tout un passé d'égalité et de gloire, qui humiliait et affamait l'armée, qui menaçait la propriété du peuple des campagnes. Le véritable complot, cherchez-le dans les brutalités d'un duc de Berry, dans la froideur hautaine d'une duchesse d'Angoulême, dans la jactance insupportable des incurables de Coblentz et des héros de la légion de Condé, dans les prétentions de la noblesse et du clergé.

Napoléon lui-même, qui traite en plaisantant Lavallette de conspirateur, sait fort bien à quoi s'en tenir. C'est aux Bourbons seuls, et non à des dévouements actifs, qu'il doit son regain de puissance. Que dit-il à Benjamin Constant? « Je suis venu sans intelligence, sans préparation aucune, sans concert, tenant à la main les journaux de Paris *et le discours de M. Ferrand*. Lorsque j'ai vu ce que l'on écrivait sur l'armée et sur les biens nationaux, *sur la ligne droite et sur la ligne courbe*, je me suis dit : « La France est à moi (1) ! »

L'Empereur, rentré aux Tuileries, offrit à Lavallette la plus difficile à remplir parmi les grandes fonctions de l'Empire, le ministère de l'Intérieur. Lavallette refusa, se réservant pour le service qu'il connaissait mieux que tout autre. Promu à la dignité de Pair, le 2 juin 1815, il eut à peine le temps de s'asseoir à la noble Chambre, et, vingt jours après, il y prenait pour la première fois la parole pour demander que les lois relatives à l'abdication de Napoléon et à la création d'une commission de Gouvernement fussent envoyées par des courriers extraordinaires.

Le 8 juillet suivant, Louis XVIII remontait sur le trône, et Lavallette, destitué, quittait l'hôtel des Postes.

Alors, commença la longue série des vengeances.

Lavallette tombait sous le coup de la célèbre Ordonnance du 6 mars 1815, qui prescrivait de courir sus à Bonaparte et à ses complices (2).

Il était également compris dans les restrictions encore mal définies de la Proclamation royale datée de Cambrai (3), et, lorsque Fouché fut chargé de dresser des listes de proscription, Lavallette eût dû comprendre qu'il était condamné d'avance.

Nous avons dit que Lavallette méprisait ouvertement cet homme dangereux, habile à se faire considérer comme indispensable par tous les vainqueurs. Il l'avait, autrefois, contrecarré en lui refusant la disposition du secret des lettres pour les besoins de sa police. Fouché ne lui pardonna jamais.

Aussi, quand l'orage se formait, les amis de Lavallette, et il en avait beaucoup, s'inquiétèrent pour lui plus que lui-même. La princesse de Vaudemont-Lorraine, qui, pendant les Cent-Jours, avait fait des démarches en faveur de M. de Vitrolles, royaliste ardent, alors prisonnier d'État, fut avertie par cet honnête homme du danger que courait Lavallette. Fouché et Talleyrand, inspirés par les deux plus ignobles passions de l'âme humaine, la haine et la peur, poussés par les princes, par la duchesse d'Angoulême, proposaient, disait-on, plus de cent victimes, destinées à l'exil ou à la mort. Il fallait se hâter. Fouché lui-même fit dire à la princesse que Lavallette ferait bien de quitter la France ; il est vrai qu'en même temps il lui refusait un passeport.

Lavallette ne crut pas au danger. Fort de son innocence, sûr de n'avoir participé à aucun complot, il se dit qu'après tout ce n'était qu'une affaire de Police correctionnelle. Il en serait quitte pour deux ou cinq ans de prison. Sa femme était souffrante, grosse de cinq mois : mieux valait encore risquer une condamnation et l'emprisonnement à Paris, que de quitter sa femme enceinte, sa fille, ses amis, ses biens.

Et le malheureux, au même temps, pressait, suppliait de son côté Labédoyère de se dérober aux vengeances royales ; et il cherchait à l'effrayer par les mêmes arguments qu'employaient vainement auprès de lui-même ses propres amis !

Tout ce que Lavallette crut devoir concéder à l'inquiétude des siens, ce fut d'envoyer, par l'entremise de la princesse, à Talleyrand, une lettre explicative de sa conduite au 20 mars, dans laquelle il demandait des juges !

On ne s'empressa que trop de le satisfaire. Le 18 juillet, comme il dînait avec sa femme et M. de Meneval, on le fait demander de la part de M. Decazes. Il descend, et se trouve en présence de cinq agents de M. Decazes, qui le font monter en fiacre et le conduisent au dépôt de la Préfecture de police. M. Decazes avait eu à se louer de Lavallette, qui lui avait rendu plus d'un service; aussi, crut-il devoir accuser d'autant plus avec lui la rigueur des procédés.

Pendant quinze jours, Lavallette fut enterré vivant, sans nouvelles, dans un sale galetas dont la fenêtre unique était placée à trois mètres de hauteur. Il eût pu l'ouvrir, à l'aide d'une énorme barre de fer en crémaillère, mais à la condition d'avoir la force d'un athlète. Il fit de vains efforts pour la soulever d'un cran, et dut se résigner à respirer l'air fétide de ce bouge. La privation d'air respirable, une détestable nourriture, l'inquiétude, l'isolement absolu eurent bientôt déterminé chez Lavallette une maladie inflammatoire qui fit hâter son procès. On craignait qu'il ne mourût avant l'heure.

Cependant, le 24 juillet, avait paru la célèbre Ordonnance de proscription contresignée par le duc d'Otrante. On y voyait démenties de la façon la plus cruelle les promesses royales du 28 juin. « Je promets, avait dit ce jour-là Louis XVIII, *moi qui n'ai jamais promis en vain*, de pardonner aux Français égarés. *Je n'excepterai* de ce pardon que les auteurs et les instigateurs de la trame. Ils se-

(1) *Mémoires sur les Cent-Jours*, par Benjamin Constant.
(2) Art. 3. Seront pareillement poursuivis et punis comme fauteurs et complices de rébellion, tous les administrateurs civils et militaires, chefs ou employés, payeurs ou receveurs des deniers publics, même les simples citoyens qui prêteraient directement ou indirectement aide et assistance à Bonaparte.
(3) *Voyez* le procès du maréchal Ney.

ront désignés à la vengeance des *lois par les deux Chambres.* »

Et, le 24 juillet, celui qui ne promettait jamais en vain désignait directement, par ordonnance, sans attendre la réunion des Chambres, cinquante-sept noms, dont dix-neuf voués à la mort, ceux-là devant être arrêtés immédiatement et traduits devant les Conseils de guerre. On sait la cause véritable de cette hâte sanguinaire, de ce déni de clémence et de justice. L'Angleterre avait parlé. Il fallait à sa rancune la mort de Ney, de Labédoyère, de ces soldats si souvent heureux qui lui avaient infligé tant d'humiliations, qui lui avaient coûté tant de sacrifices. Blessures d'argent et d'orgueil ; l'Angleterre ne les pardonne jamais.

Pozzo di Borgo avait parlé ; il jugeait l'existence de *cinquante grands criminels* incompatible avec la paix de l'Europe. Toute la meute ultra-royaliste, M. de Chateaubriand en tête, demandait *des exemples.* La famille royale, la duchesse d'Angoulême en tête, déclarait que c'était assez de clémence, et que l'heure de la vengeance était venue. Ne soyons donc point trop sévère pour ce vieux monarque, sceptique, égoïste, ami du repos et de la bonne chère, mais point cruel : il retira sa parole, il fit couler le sang ; mais on connaît les vrais coupables.

Les cent dix noms primitivement proposés par Fouché avaient été réduits à cinquante-sept. Parmi les dix-neuf dont on demandait la mort aux juridictions exceptionnelles, Ney était inscrit le premier, Lavallette le dix-huitième. Le cas spécial du Directeur général des Postes était prévu dans une formule particulière (1).

Lavallette, malade, avait été transporté à la Conciergerie. Là, on lui avait donné pour cachot une sorte d'étroit boyau terminé par une lucarne que recouvrait extérieurement un abat-jour. On ne pouvait apercevoir par là qu'un petit pan du ciel. Les murs nus n'avaient pour ornement que quelques inscriptions charbonnées, des noms propres, des exclamations de désespoir. Un mauvais lit, une vieille table, une chaise, deux baquets infects, c'était là tout le mobilier. Ney venait de passer trois semaines dans ce trou hideux.

Lavallette se plaignit, réclama : si on voulait sa mort, on ne pouvait autrement faire. Il fallut se rendre à ces plaintes, et on lui donna une chambre plus saine, à côté du cachot que venait de quitter Labédoyère, transporté la veille à l'Abbaye.

Pendant six semaines, Lavallette resta au secret le plus absolu, ne communiquant avec personne autre que son geôlier et M. Dupuy, Juge d'instruction au Tribunal de première instance, qui venait l'interroger (2).

Le cachot de Lavallette était voisin de celui du maréchal Ney. Une seule fois ils purent échanger quelques paroles rapides. Le maréchal dit à Lavallette : — « Labédoyère y a passé ; puis, ce sera vous, mon cher Lavallette ; ensuite, moi. — Peu importe qui de vous ou de moi tombe le premier, répondit Lavallette ; je crois qu'il n'y a plus de ressource. — Oh ! oh ! répliqua Ney, en réfléchissant, peut-être, nous verrons. Cependant tous ces avocats m'ennuient et ne comprennent rien à ma position ; mais je parlerai. »

Le pauvre maréchal se nourrissait d'illusions étranges. On lui faisait passer des brochures remplies d'absurdes radotages, où on représentait les Bourbons comme déjà chancelants sur le trône. Ney fit lire ces puérilités à Lavallette, ajoutant : « Je suis tranquille sur ma position. Des amis nombreux veillent sur moi. Le Gouvernement marche encore vers sa ruine. Déjà les étrangers prennent parti pour moi ; l'indignation publique s'étend jusqu'à eux. »

Quatre mois d'instruction n'ajoutèrent rien aux premiers documents recueillis sur la conduite de Lavallette au 20 mars ; il n'avait rien caché. La difficulté était de déterminer par quelle juridiction on le ferait juger. Un Conseil de guerre ? il n'y fallait point songer. Une ordonnance du 6 septembre le déclara justiciable des Tribunaux criminels ordinaires. Et pourquoi hésiter ? Aux époques de haine et de vengeance politiques, il n'est pas toujours besoin de recourir à des juridictions exceptionnelles : la passion, l'aveuglement et la lâcheté universelles répondent à l'avance du succès, même devant les juridictions ordinaires.

Le 20 novembre, Lavallette fut renvoyé devant la Cour d'assises de la Seine.

Le 18 au soir seulement, il avait reçu communication de la liste du Jury. C'était lui accorder un jour pour se renseigner sur les récusations à faire ! Mais, d'ailleurs, qu'était-ce que ce Jury ? Sait-on comment on le composait alors ? Quinze jours avant l'ouverture des Assises, le Préfet du département, sur la réquisition du Président de la Cour, lui transmettait une liste de soixante noms choisis par lui-même, liste que le Président réduisait à trente-six noms. Dans cette dernière liste ainsi épurée, le sort, après les récusations faites, désignait les douze Jurés définitifs. Le Procureur général et l'Accusé avaient, il est vrai, le droit de récuser un nombre égal de Jurés ; mais ce droit ne pouvant s'exercer, pour l'accusé, que sur le produit épuré d'une première liste de soixante noms déjà scrupuleusement choisis, on comprend devant quels Jurés se présentait un accusé politique.

Le matin du lundi 20 novembre, Lavallette fut amené, avant l'ouverture de l'audience, dans la salle particulière des délibérations de la Cour. Là, il trouva les trente-six Jurés rangés, immobiles, dont les gestes, les regards étaient épiés par le Procureur général Bellart, attentif à surveiller un mouvement de pitié, de sympathie. Tous ces hommes baissaient les yeux sous l'œil inquisiteur. Lavallette n'en reconnut qu'un, M. Héron de Villefosse, ingénieur des mines, maître des requêtes au Conseil d'État de l'Empire alors que Lavallette y était Conseiller. Un ancien collègue ! Lavallette n'eut garde de le récuser. Pour les autres, il récusa en aveugle. Quand on lui fit connaître la liste définitive des douze, il reconnut avec douleur qu'un de ceux qu'il eût pu récuser était M. Jurien, ancien émigré, alors Conseiller d'État et Directeur au Ministère de la marine, un ennemi sans doute.

---

(1) Voici la partie de l'Ordonnance qui concerne Lavallette :

« Voulant, par la punition d'un attentat sans exemple, mais en graduant la peine et en limitant le nombre des coupables, concilier l'intérêt de nos peuples, la dignité de notre couronne, et la tranquillité de l'Europe avec ce que nous devons à la justice et à l'entière sécurité de tous les autres citoyens sans distinction :

« Avons déclaré et déclarons, ordonné et ordonnons ce qui suit :

« Art. 1er. Les généraux et officiers qui ont trahi le Roi avant le 23 mars, ou qui ont attaqué la France et le Gouvernement à main armée, et *ceux qui, par violence, se sont emparés du pouvoir,* seront arrêtés et traduits devant les conseils de guerre compétents, dans leurs divisions respectives. »

(2) M. Dupuy fut, après 1830, président de chambre à la Cour royale de Paris ; c'était un fort honnête homme, doux, humain, point fanatique.

Cependant, dès le petit jour, une foule immense assiégeait les portes du Palais. A dix heures, avocats, jurés, témoins étaient déjà placés. A dix heures et demie, la Cour prit séance.

M. le Conseiller Cholet occupe le fauteuil de la Présidence. *M. l'Avocat général Hua* portera la parole pour le Ministère public. Le défenseur de l'accusé, *Me Tripier*, est assisté de *Me Lacroix-Frainville*.

A onze heures, l'*Accusé* est introduit. Lavallette est vêtu de noir; il est décoré du grand cordon de la Légion-d'Honneur, de la croix de commandeur de l'ordre de la Réunion, et de celle de la Couronne-de-Fer. Sa figure est calme, son regard assuré. Il est conduit par deux sous-officiers de gendarmerie jusqu'au banc des accusés, que, par une attention singulière, on a fait recouvrir de serge bleue.

Après les questions d'usage et les prestations de serment, *M. le Président* fait donner lecture de l'Acte d'accusation, rédigé par *M. Bellart, Procureur général* près la Cour Royale de Paris.

Selon ce document, Lavallette se serait, le 20 mars, rendu à l'hôtel de l'administration des Postes, et, dans la salle d'audience, aurait prononcé à haute voix ces paroles : « Au nom de l'Empereur, je prends possession de la Poste. » Puis, s'adressant au secrétaire intime du directeur, il aurait demandé à voir ce dernier.

Ici, laissons parler *M. le Procureur général :*

«Le secrétaire passe dans l'appartement, revient avec M. Ferrand, à qui l'Accusé, de son aveu, adressa la parole. Il dit qu'il n'eut pas le temps de s'expliquer, parce que M. le comte Ferrand traversa la salle avec vitesse, et entra dans son cabinet; mais il paraît que l'Accusé l'y suivit, et que ce fut là qu'expliquant entièrement ses intentions, il dit à M. Ferrand qu'il allait se retirer dans le cabinet de M. de Villars, pour lui laisser la liberté d'arranger ses papiers; que le Roi avait quitté Paris, et que l'Empereur devait y arriver le jour même. M. le comte Ferrand prit quelques papiers et se retira.

« L'Accusé tenait déjà les rênes de l'administration. Son premier soin fut d'écrire à Napoléon Bonaparte et de lui expédier un courrier en toute hâte à Fontainebleau. En même temps, il empêchait M. le comte Ferrand d'aller à Lille, motivant son refus sur ce qu'il n'était pas dans l'intention de l'autorité actuelle qu'il rejoignît le Roi. Il finit par accorder aux sollicitations de Mme la comtesse Ferrand le permis de poste, mais à condition que son mari irait à Orléans. Ce permis ne fut délivré que sur l'assurance et la garantie qu'en effet M. le comte Ferrand suivrait cette destination.

« Dans l'intérieur de l'administration, l'Accusé prit toutes les mesures et fit tous les actes d'un directeur général en titre et en plein exercice de ses fonctions. On le voit, dans cette matinée du 20 mars, faire appeler auprès de lui les chefs de division, le secrétaire général, s'informer si tous les employés sont à leur poste, intimer des ordres, dire à l'un des chefs : « Je reprends le service, » et lui demander des courriers, faire convoquer les administrateurs généraux. Il se présente à leur assemblée comme leur chef, et c'est bien en cette qualité qu'il leur fait de vifs reproches sur un des actes de leur administration.

« On représente à l'Accusé trois ordres par écrit qu'il a donnés ce même jour 20 mars : le premier, pour arrêter le départ de tous les journaux, et par conséquent du *Moniteur,* alors seul journal officiel, et dont le numéro dudit jour contenait la déclaration du Roi sur son départ forcé, et son ordonnance sur l'ajournement des Chambres; le second, pour arrêter aussi les lettres ministérielles et celles du Préfet de la Seine; le troisième, pour rétablir sur les deux routes de Lyon le service des Postes, que M. le comte Ferrand avait suspendu.

« Ces trois ordres sont datés du 20 mars, signés comte Lavallette. L'un d'eux, relatif aux lettres ministérielles, est entièrement écrit, daté et signé de sa main.

« Le même jour, 20 mars, à quatre heures et demie du soir, le comte Lavallette a expédié, par divers courriers des malles, une circulaire qu'il a signée avec la mention de sa prétendue qualité de Directeur général des Postes. Elle est ainsi conçue :

« Paris, le 20 mars 1815, quatre heures et demie après-midi.

« L'Empereur sera à Paris dans deux heures, et peut-être avant. La capitale est dans le plus grand enthousiasme. Tout est tranquille, et, quoi qu'on puisse dire, la guerre civile n'aura lieu nulle part.

« *Vive l'Empereur!*

«*Le Conseiller d'État, directeur général des Postes,*

Signé, comte LAVALLETTE.

« Cette annonce du jour, et à peu près de l'heure de l'arrivée de Bonaparte à Paris, ne pouvait être faite que sur la connaissance que l'Accusé avait de ses dispositions. En effet, le courrier qu'il lui avait dépêché le matin était de retour. Il avait, à son arrivée, vu le comte Lavallette dans l'assemblée des administrateurs, lui avait rapporté que Bonaparte avait souri à la lecture de sa lettre, et qu'il l'avait chargé verbalement de lui dire qu'il fallait que lui, comte Lavallette, se trouvât le soir même au château des Tuileries, et qu'il prévînt le duc de Bassano. Ce courrier a déclaré que Bonaparte lui avait dit qu'il le suivait, qu'une heure après lui il arriverait à Paris. Et c'est d'après ces instructions que l'Accusé annonçait officiellement et publiquement l'arrivée dont il était prévenu. Il envoya de suite le même courrier chez le duc de Bassano, conformément aux ordres de Bonaparte, et il se rendit au château des Tuileries le soir.

«Ces faits, ces actes se lient à l'attentat qui a couvert la France de deuil et de malheurs. Le comte Lavallette l'avait-il antérieurement préparé? Il dit qu'il a écrit une seule fois à l'Empereur à l'île d'Elbe : c'était une lettre de bonne année, ne lui portant que des souhaits pour sa santé, pour son repos. La lettre était hâtive, puisqu'il l'a datée de novembre 1814; et puis il a chargé un voyageur de la remettre à un des bureaux de poste sur la route, et il ne nomme pas celui qui lui a rendu ce service.

« Mais si, à cette époque, la conduite du comte Lavallette est mystérieuse et reste cachée, elle se dévoile dans les faits plus récents. En ne donnant à la coopération de l'Accusé que la date qu'il a prise lui-même, le 20 mars, on voit qu'il a employé tout ce jour à éclairer, à aider, assurer, autant qu'il était en lui, la marche de l'usurpateur. C'est dans son intérêt qu'il exerce les fonctions qu'il vient de prendre, qu'il ouvre ou qu'il ferme les communications, et qu'il fait parvenir les nouvelles favorables à son parti.

« Que disait-il dans sa lettre confiden.ielle à Bonaparte? Se bornait-il à demander ses ordres? Cela, déjà, eût été un crime; car, s'il y a nécessité de céder à la force, c'est seulement dans les lieux qu'elle occupe; il faut que la force soit arrivée, et Bonaparte n'était pas encore à Paris. Mais il fallait bien que cette lettre continl autre chose. Ces mots, après l'avoir lue : « On m'attend donc à Paris? » ne décèlent ils pas que Bonaparte venait de lire les confidences de son Directeur général? On peut penser que le même homme qui faisa t part aux provinces de l'enthousiasme de Paris, n'allait pas manquer d'en porter l'hommage à son maître, qu'il

trompait assurément, mais qu'il encourageait et rassurait par cette nouvelle.

« La lettre circulaire envoyée dans les départements, avec ordre aux courriers d'en la sser des copies sur les points les plus marquants de leur route, cette lettre, rédigée par l'Accusé elle l'a été dans l'intention de pervertir l'esprit public ou de le neutraliser. En supposant donc à Paris, livré à l'indignation ou à la stupeur, l'enthousiasme, qui est le dernier degré de la joie publique, on voulait déterminer les départements à suivre cet exemple prétendu, leur faire envisager comme inutile l'action ou la résistance qu'auraient pu produire leur fidélité et leur attachement au Roi.

« Le comte Lavallette se défend sur tous les points de l'accusation. Il y a des faits qu'il nie.

Lavallette, d'après Robert Lefèvre.

d'autres qu'il explique; et, quant aux actes, il les fait considérer comme exempts de criminalité, soit par l'intention, ou même en les reportant à une date qui, dans son opinion, les justifie.....

« En conséquence, Marie Chamans-Lavallette est accusé d'avoir, le 20 mars dernier, dès le matin, *usurpé*, dans l'hôtel des Postes, *le titre et les fonctions de Directeur général des Postes;* d'avoir, ledit jour, donné, en cette qualité, divers ordres...; d'avoir, le même jour, expédié... une circulaire ayant pour objet de tromper les habitants des départements sur la véritable situation de Paris ; *d'avoir, le même jour, correspondu avec Bonaparte avant son arrivée à Paris, et de s'être ainsi rendu complice de l'attentat commis, dans les mois de février et mars derniers, contre la personne du Roi et les membres de sa famille, et ayant pour but de changer et détruire le Gouvernement, et d'exciter les citoyens et habitants à s'armer contre l'autorité royale, en aidant et assistant avec connaissance l'auteur ou les auteurs*

dudit attentat dans les faits qui l'ont facilité et consommé, crimes prévus par les articles 86, 87, 59 et 60 du Code pénal. »

Après cette lecture, *M. l'Avocat général* prend la parole pour résumer les charges qui s'élèvent contre l'accusé.

« Vous venez d'entendre, dit-il, l'exposé des faits qui ont motivé l'acte d'accusation. Ces faits sont peu nombreux; ils se renferment dans la journée du 20 mars. Cette journée, si cruellement mémorable, fut une époque de malheurs, parce qu'elle a été une époque de crimes, et que le succès, même momentané, d'un attentat, doit se montrer accompagné de grands désastres, afin de confirmer les hommes dans les idées de morale, et d'effrayer par des exemples terribles ceux qui seraient tentés de douter de la Justice divine.

« La question qui vous est soumise est simple : il est des cas où l'existence d'un délit ne peut être l'objet d'aucun doute, et où la Justice n'a à pro-

Paris. — Typographie de Ad. Lainé et J. Havard, rue des Saints-Pères, 19.

noncer que sur la classification de l'attentat. Par exemple, un homme a été tué : il faut bien voir l'attentat matériel. Mais ce fait constitue-t-il un délit ou un crime ? Comment sera-t-il dénommé ? Quelle punition lui sera applicable ? Toutes ces questions se résoudront par l'intention avec laquelle il a été combiné, par les moyens qui ont servi à son exécution.

« Ainsi, savoir si l'accusé Lavallette a usurpé des fonctions qu'il n'avait pas, et reconnaître si, par l'usage qu'il en a fait, il s'est rendu coupable d'un attentat contre le prince et la patrie, constituent le fond de la procédure, et *ces deux questions n'en font qu'une :* la seconde est le but, la première est le moyen.

« Vous ne rechercherez pas loin si, dans la journée du 20 mars, l'Accusé a usurpé les fonctions de Directeur général des Postes : ce fait est facile à constater.

« Une procédure criminelle est épuratoire; elle rejette tout ce qui ne s'accorde pas avec la vérité. Vous verrez que l'usurpation d'une fonction publique résulte de la prise de possession, qui est précédée elle-même par les ordres qu'on donne en vertu de la qualité dont on s'empare. Ces ordres sont matériels dans l'affaire qui vous occupe ; ils ont été avoués et reconnus par l'accusé.

« Quant à l'usage qu'il a fait de son usurpation, vous verrez qu'il a arrêté les journaux officiels, les lettres ministérielles et celles du Préfet de Paris. Vous verrez qu'il a envoyé à Napoléon Bonaparte une dépêche à Fontainebleau. Que contenait cette

Mᵐᵉ Lavallette, d'après Berthon.

dépêche? je n'en sais rien; mais elle était aimable, apparemment, car Bonaparte a souri en la lisant, et a dit au courrier : « C'est bon. » Puis, il a ajouté : « On m'attend donc à Paris ? »

Après cet exorde, dans lequel *M. l'Avocat général* a posé, comme un jalon, le sophisme mortel sous lequel il va tenter d'écraser l'accusé, il passe en revue les divers chefs résultant de l'acte d'accusation, et termine ainsi :

« Nos malheurs sont grands; vous n'avez point à vous en occuper. L'Accusé ne doit supporter que le poids ordinaire du crime, sans qu'on y ajoute les funestes effets qui en sont résultés. Dans ce temps-ci, un homme serait trop malheureux d'avoir à se défendre contre les passions même légitimes : les lois parlent; c'est vous qui en êtes les dignes organes, vous ne devez écouter qu'elles. Ainsi, en prononçant *sans haine et sans crainte*, vous aurez rempli vos devoirs et satisfait vos consciences.»

Rassurantes paroles, si celui qui les prononce ne

devait pas lui-même y donner tout à l'heure le plus affligeant démenti !

Après ce résumé, *M. le Président* fait subir à Lavallette un très-court interrogatoire, qui porte sur les correspondances qu'il aurait entretenues avec l'île d'Elbe.

— « J'ai déclaré, de mon propre mouvement, dit *Lavallette*, avoir écrit à Bonaparte, vers la fin de novembre, pour lui présenter mes vœux au renouvellement de l'année. »

Le premier témoin entendu est le *comte Ferrand*. Il dépose qu'à sept heures du matin, comme il travaillait dans son cabinet, M. Macarel, son secrétaire intime, vint l'avertir que M. de Lavallette était entré dans la salle d'audience *en frappant avec sa canne, et déclarant qu'il* venait prendre possession des Postes au nom de l'Empereur. « J'avoue que je ne m'y attendais pas; car, si j'en avais eu l'idée, j'aurais fait prier M. Dessolles de m'envoyer un détachement de garde nationale. » Le témoin ajoute que, sur cette nouvelle, il traversa la salle pour entrer dans son cabinet, *où il avait des papiers qu'il voulait enlever*. Il entrevit M. Laval-lette, QUI LUI DIT QU'IL POURRAIT PRENDRE LES PAPIERS, ce qu'il fit. *Il fit demander des chevaux de poste;* mais, sur le point de partir, le chevalier de Villars, secrétaire particulier de l'administration, vint lui dire que M. Lavallette lui avait refusé un permis. Mme Ferrand fut elle-même demander ce permis à M. Lavallette; lui ayant dit que son mari voulait aller joindre le Roi à Lille, elle avait éprouvé un refus positif de M. Lavallette, qui n'avait consenti à donner le permis *qu'à condition que M. Ferrand irait à Orléans.*

Lavallette, invité à répondre au témoin, professe de son respect pour M. Ferrand qui, spontanément, sans qu'il le demandât, lui a fait accorder par le Roi un quart de traitement, comme ancien Directeur général. C'était un bon procédé, bien que l'accusé se crût le droit d'être considéré plutôt comme Conseiller d'État.

Arrivant à la journée du 20 mars, Lavallette raconte la rencontre qu'il fit de M. Sébastiani, qui l'accompagna jusqu'à la salle d'audience des Postes.

« Nous trouvâmes là un M. Macarel. Je me présentai à lui, et, d'un ton fort doux, je lui demandai : « M. le comte Ferrand est-il encore à Paris?» Il me dit : «Oui, Monsieur. » Je lui demandai si je pouvais le voir. « Il est sorti. » Je continuai à me promener dans la salle d'audience, en attendant la réponse. Je pense bien qu'on aura été lui dire que je m'étais présenté en maître à l'Hôtel des Postes; mais c'est faux. *Sébastiani et moi étions soucieux, tristes, et dans un état plus voisin du découragement que de l'exaltation.* J'étais auprès de la cheminée, quand M. Ferrand traversa la salle, tenant en main la clef de son cabinet. Je m'avançai vers lui, et dis : « Monsieur... » Voyant qu'il ouvrait la porte de son cabinet sans me répondre, je restai dans la salle. M. le comte Ferrand se trompe donc quand il dépose que je lui dis qu'il pouvait emporter ses papiers. Comment aurais-je tenu ce discours? Je lui avais demandé une audience; il ne me l'accordait pas, puisqu'il entrait dans son cabinet; il ne me la refusait pas, puisqu'il n'avait rien répondu. Il était tout simple que j'attendisse : c'est ce que j'ai fait. Voilà pourquoi je suis resté dans l'hôtel des Postes. Quant au reproche qu'on me fait d'avoir refusé un permis de poste à M. Ferrand, il se détruit de lui-même. On dit que c'est à midi et demi que M. le chevalier de Villars est venu dans mon cabinet me demander un permis pour M. Ferrand. J'ai quitté l'hôtel des Postes à dix heures, et je n'y suis rentré qu'à une heure. Depuis huit jours, je n'avais pas vu Mme Lavallette; elle était enceinte, fort souffrante et très-inquiète sur mon sort. Je suis resté près d'elle jusqu'à une heure, dans mon domicile, rue de Grenelle-Saint-Germain. M. de Villars ne m'a donc pas pu voir à l'hôtel des Postes à la même heure. Mais, d'ailleurs, M. Ferrand n'avait nullement besoin d'un permis de poste pour partir. Ce permis est nécessaire au voyageur qui, partant de Paris, ne veut pas prendre la poste à Paris même, afin d'éviter les frais de la *poste royale,* qui sont doubles.

M. Ferrand. — Je savais parfaitement ce que c'était qu'un permis de poste, et la preuve que je savais pouvoir m'en passer pour sortir de Paris, c'est que *j'avais déjà des chevaux de poste* quand j'ai fait demander par M. de Villars ce permis à M. La-

vallette. Mais je craignais qu'à la seconde poste, les ordres que M. Lavallette pouvait avoir donnés ne me permissent plus de continuer ma route.

Lavallette. — Je ne me rappelle pas avoir vu M. de Villars; mais je suis sûr qu'il ne m'a parlé de rien qui eût rapport au départ de M. Ferrand.

D. Que dites-vous à Mme Ferrand, lorsqu'elle vous demanda un permis de poste?

R. J'étais dans la salle d'audience, lorsqu'une dame, conduite par un monsieur, M. le chevalier de Thury, je crois, me dit que M. Ferrand demandait un permis de poste pour aller à Lille rejoindre le Roi. Je leur dis (et peut-être ai-je mis un peu de vivacité dans ce refus) : « Cela est impossible. — Eh bien! monsieur, c'est pour aller à Orléans, dans sa famille. — Madame, je ne le pense pas. — Eh bien! Monsieur, *c'est pour sa sûreté.* » A ce mot, je ne résistai pas; j'entrai avec vivacité dans mon cabinet, je pris une plume, et j'écrivis mon nom sur un papier. J'ajoutai, je crois, Orléans, et je remis le papier à Mme Ferrand.

M. le Président. — M. le comte Ferrand a déposé que M. Lavallette lui aurait dit qu'il pouvait emporter ses papiers. Ce fait ne paraît pas bien expliqué, puisque l'accusé n'aurait eu aucun entretien avec M. Ferrand.

M. Ferrand dit qu'*il n'attestera pas que l'accusé lui ait précisément dit ces mots; qu'il lui a dit quelque chose qu'il ne se rappelle pas,* mais qu'à coup sûr, il ne *lui a pas demandé d'audience.*

D. (A Lavallette.) — Pourquoi vous êtes-vous présenté à la Poste et vous êtes-vous chargé du soin de cette administration?

R. C'était pour empêcher que le service ne souffrît. Un chef de division, à qui je demandais si M. Ferrand avait donné des ordres, me répondait : « Non, il a perdu la tête; il ne paraît s'inquiéter que de son départ. »

D. Mais qui vous chargeait du soin de cette administration?

R. Je ne doutais pas que l'Empereur ne me donnât une place que j'avais exercée pendant treize ans.

M. le Président explique que, même en l'absence du Directeur général, le service n'aurait pas souffert, puisqu'il y avait des administrateurs.

On représente à Lavallette, qui les reconnaît, les différents ordres et circulaires qu'il a signés le 20 mars, comme Directeur général des Postes.

Le chevalier de Villars, à qui Me Tripier rappelle que, selon M. Ferrand, il aurait annoncé que l'on s'opposait au départ, répond : — « Je ne peux pas dire avoir donné cet avis à M. Ferrand; c'est lui qui m'a engagé à demander le permis. » Le témoin ajoute qu'on a refusé un permis pour Orléans à M. Ferrand, par ce motif qu'il n'avait rien à craindre à Paris.

M. le Président, au témoin. — Quel obstacle s'opposait au départ de M. Ferrand? — *R.* Je n'en connais aucun.

Lavallette. — Quel usage M. Ferrand a-t-il fait de ce permis? — *M. Ferrand.* Il est resté dans ma poche. — *Lavallette.* Il n'y avait donc pas d'obstacle? — *M. Ferrand.* Aurais-je demandé un permis, s'il n'y avait pas eu d'obstacle? — *Lavallette.* Désignez l'obstacle. — *M. Ferrand.* Vous savez bien que vous seul pouviez mettre un obstacle à mon départ. — *Lavallette.* Vous savez bien que je n'en ai apporté aucun.

Mme Ferrand a cru le permis nécessaire. Elle affirme n'avoir ni demandé ni reçu le permis.

M. de Villars atteste que c'est lui qui a demandé le permis.

Lavallette. — J'affirme sur mon honneur que M. de Villars ne m'a point parlé de ce permis.

Mme Ferrand, pressée de questions, reconnaît avoir demandé le permis. Seulement, elle ne croit pas avoir prononcé les mots *pour sa sûreté*. Elle pense n'avoir parlé que de la *santé* de son mari. Toutefois, elle n'affirme pas.

M. Macarel, SEUL PARMI LES TÉMOINS, a entendu *un individu* frapper sur le plancher avec sa canne et dire d'une voix forte : *Au nom de l'Empereur, je prends possession de la Poste.* M. Lavallette s'est présenté à lui et lui a demandé si M. Ferrand était visible. Le témoin est allé chez M. Ferrand, et, au bout d'une demi-heure, est rentré avec lui, le soutenant et le conduisant jusqu'à son cabinet. M. Lavallette *l'y a suivi, a posé le bras sur le fauteuil de M. Ferrand,* et a balbutié quelques mots fort honnêtes, puis a dit à M. Ferrand : *Prenez vos papiers.*

Lavallette. — Pour qui connaît mon caractère calme, posé, et assez ami des bienséances, on sentira qu'il est impossible que j'aie ainsi agi et que je me sois servi de ces expressions.

M. Ferrand, interpellé par *Me Tripier*, reconnaît que l'accusé *n'est pas entré dans son cabinet.*

Telles sont les dépositions à charge, au moins les seules qui présentent quelque intérêt ; car il serait vraiment inutile de reproduire celles qui prouvent ce fait incontestable, à savoir, que, à partir de sept heures du matin, à l'hôtel des Postes comme dans son domicile privé, Lavallette a agi et parlé en Directeur général. On aura remarqué, en passant, les contradictions contenues dans les témoignages de M. et de Mme Ferrand, ainsi que dans le témoignage de ce M. Macarel, qui, seul, a vu Lavallette entrer dans le cabinet directorial, qui, seul a entendu le propos significatif accentué d'un coup de canne sur le plancher. M. Macarel fut récompensé rapidement pour ce témoignage décisif ; il fut nommé Conseiller d'État.

Le 22 novembre, on entend quelques témoins à décharge : *le baron Pasquier*, à qui Lavallette a parlé, en mars, de sa lettre de novembre 1814, mais en affirmant sur l'honneur qu'il n'était pour rien dans le retour de Bonaparte ; un *Inspecteur général*, qui déclare que, pendant les onze mois, Lavallette n'a eu aucune correspondance par courriers ou par lettres avec l'île d'Elbe ; plusieurs employés aux Postes, entre autres, *Saisset* père et fils, royalistes déclarés, qui sont restés dans l'administration sous Lavallette, sans être inquiétés en aucune façon.

La parole est à *M. l'Avocat général.* A ses yeux, *l'attentat* du 20 mars a été *une entreprise méditée, calculée,* à laquelle une *coopération* a été nécessaire. *Une bande d'aventuriers* n'aurait pu s'avancer en France que pour y trouver la mort ; elle allait *timidement* jusqu'à Grenoble, où la trahison lui tendit la main.

Ce que dit là *M. Hua*, c'est ce que pensa la coterie royaliste, et c'est là l'opinion qui, à ce moment, ensanglante le trône de Louis XVIII et va rendre impossible la réconciliation des Bourbons avec la France.

Mais ce qui appartient en propre à *M. Hua*, ce sont des phrases comme celles-ci :

« Quiconque ne verrait dans cette cause que le fait de l'usurpation des fonctions, et ne verrait pas *l'intention* de servir l'usurpateur, ne verrait qu'un côté et détournerait les yeux de l'autre. Les débats *que vous avez entendus* sont la chose *la moins importante*, je dirais presque *la plus inutile.* L'Accusé n'est pas venu aux Postes dans son intérêt, ni dans l'intérêt de l'administration, mais pour servir Bonaparte, et il l'a servi. Il a préparé la marche de Fontainebleau à Paris ; il a tendu la main de Paris à Fontainebleau. Quand l'usurpateur n'aurait pas eu besoin de ce secours, *l'intention* de l'Accusé n'a pas moins été de coopérer à l'attentat de l'usurpation ; *l'intention fait le crime.* Cette doctrine, Messieurs, n'est pas extraordinaire. La tentative du crime est assimilée au crime lui-même. Attendra-t-on que la victime soit immolée pour punir l'assassin ? »

On voit ici le sophisme se développer ; tout à l'heure, il va aboutir. Voici comment : Lavallette est accusé d'un délit : *usurpation de fonctions;* d'un crime : *complicité d'attentat.* Or la loi, on le sait, prescrit de poser d'abord la question principale. Mais ici, qu'arrivera-t-il nécessairement ? La question principale, la complicité d'attentat, est si peu prouvée, que l'on ne saurait être certain que la majorité du Jury la reconnaisse. L'accusé pourra donc n'être convaincu par le verdict que du délit d'usurpation de fonctions. On n'est donc pas assuré, en ce cas, d'avoir la tête de Lavallette. Et cette tête, on la veut, il la faut.

Que va faire l'accusation ? Elle demandera qu'au lieu de faire de chaque grief différent l'objet d'une question spéciale, on réunisse les deux chefs d'accusation en un seul. Au moyen d'une question unique posée au Jury, on est sûr d'avoir une réponse unique, et ceux-là qui auraient pu répondre *non* pour le complot, répondront *oui* pour l'usurpation, celle-ci étant de toute évidence.

La question complexe renfermant un piége dans lequel devaient s'embarrasser les consciences des Jurés, telle fut la redoutable combinaison du représentant de l'accusation. *M. Cholet* s'y associa ; et, quand *Me Tripier* essaya de combattre cette manœuvre, ce fut avec une passion mal contenue que *M. l'Avocat général* accusa le défenseur de chercher à renverser l'ordre naturel des idées, l'usurpation dans le but du complot (1).

Hélas ! il faut bien le dire, comme tant d'autres magistrats en pareille circonstance, celui-là obéissait à de déplorables nécessités de position, peut-être aussi, soyons équitable, au préjugé politique, au fanatisme aveugle de tout un parti. *L'avancement* par la mort de l'accusé, ou la disgrâce par son salut, c'est là le sinistre dilemme, que pose à

(1) Insistons sur ce point capital.

Les Art. 336 et 337 du Code d'Instr. Crim. veulent que les questions soient posées dans l'ordre de la gravité des faits, la question principale venant la première. Ici, la complicité dans l'attentat était évidemment une question distincte, à poser en premier lieu, celle d'usurpation de fonctions venant en second lieu, et chaque question réclamant une réponse spéciale. Mais, alors, Lavallette pouvait être sauvé par un *non* sur la première question. Aussi, le Président prit-il soin d'indiquer en ces termes aux Jurés l'ordre de leurs délibérations : « Si vous êtes convaincus *sur tout,* vous dites : *Oui, l'accusé est coupable, avec toutes les circonstances aggravantes.* Si vous n'admettez qu'une ou plusieurs circonstances aggravantes, vous dites : *Oui, l'accusé est convaincu,* avec le nombre de circonstances que vous admettrez. Si vous admettez que l'accusé soit convaincu sans circonstances aggravantes, vous l'exprimerez dans votre déclaration. Si, enfin, vous pensez que l'accusé n'est pas convaincu, votre déclaration doit l'exprimer. » On le voit, toujours une réponse unique à une question unique confondant un délit et un crime. Et on avait eu soin de dire : L'usurpation de fonctions, dans le sens de l'autorité légitime, est un délit ; dans le sens de l'usurpation principale, est un crime ! (Résumé du Président.) Là est le sophisme.

un représentant du Ministère public la fonction d'accusateur dans un procès de réaction politique. Pour échapper aux exigences de la fonction, aux influences ambiantes, à l'atmosphère supérieure, pour rester calme, pour voir vrai, il faudrait être plus qu'un homme, il faudrait être un héros, un Moncey, par exemple. M. Hua fit ce que commandait sa fonction; et, s'il le fit avec une âpre énergie, avec un malheureux bonheur, croyons qu'il obéit aux inspirations d'une conscience égarée (1). M. Hua eut l'avancement que méritaient son zèle et son succès, et ne tarda pas à devenir Conseiller à la Cour de Cassation.

Le Jury, cependant, s'est retiré pour délibérer, et Lavallette a été ramené à la Conciergerie. Il trouve dans son cachot un jeune parent, M. Tascher de Saintes-Rose, ancien aide-de-camp du prince Eugène, qui a obtenu la permission de passer quelques heures tous les jours avec Lavallette. Ils commencent une partie d'échecs, tous deux confiants dans le succès de cette autre partie qui se joue là haut. Mais les heures se passent, et on ne vient pas chercher l'accusé. Le Jury est donc partagé? M. Tascher s'inquiète. Dix heures sonnent; c'est l'heure du départ pour les visiteurs. Le jeune homme se sent le cœur serré, il ne peut retenir ses larmes.

Lavallette, resté seul, attend toujours. Il ne peut croire à une condamnation. Minuit sonne : on vient enfin le chercher. Il rentre dans la salle obscure, où rien ne lui dit son sort. Les gendarmes sont impassibles; les Jurés baissent les yeux. Un seul a la tête dans son mouchoir, et sanglote : c'est M. Jurien.

Oui, M. Jurien, l'ancien émigré, qui a lutté pendant plusieurs heures pour sauver cette tête, tandis que M. Héron de Villefosse, l'ancien maître des Requêtes de l'Empire, luttait pour l'obtenir! Les temps de révolutions offrent de ces contrastes et préparent de ces surprises à ceux qui ne connaissent pas l'homme et qui ne savent pas tout ce que sa tête et son cœur peuvent contenir de bon sens ou de sottise, de grandeur ou d'infamie, d'énergie ou de lâcheté!

Et M. Héron de Villefosse l'a emporté, et il est venu, quelques minutes avant la rentrée de Lavallette, la main sur son cœur et d'une voix décemment émue, répondre au nom de ses collègues :

« Sur mon honneur et ma conscience, devant Dieu et devant les hommes, la déclaration du Jury est : *Oui*, l'accusé est coupable d'avoir commis *le crime*, avec toutes les circonstances comprises dans la position des questions (2). »

On sut que ce verdict avait réuni 8 voix contre 4.

M. l'Avocat général se lève, et requiert l'application des articles 86, 87, 59 et 60 du Code pénal. Pendant ces formalités, Lavallette se penche vers son défenseur, plongé dans la douleur la plus profonde, et lui dit : « Eh bien ! donnez-moi la main. »

La Cour s'est retirée pour délibérer; elle rentre, et *M. le Président* prononce la condamnation à mort.

« Que voulez-vous, mon ami, dit Lavallette en se retirant à Me Tripier, *c'est un coup de canon!* » et, saluant de la main les employés des Postes qui ont figuré comme témoins au procès : « Adieu, messieurs de la Poste. »

Le procès du maréchal Ney avait commencé devant la Chambre des Pairs le même jour que celui de Lavallette devant la Cour d'Assises. Il fallut seize jours à la Haute-Chambre pour rendre ce honteux arrêt qui devait la déshonorer, et Ney ne fut condamné à mort que le 6 décembre. Mais il n'y avait pas de recours contre l'arrêt des Pairs, tandis que Lavallette put se pourvoir en cassation contre le jugement de la Cour d'assises.

Tous les soirs, on venait chercher le maréchal en voiture pour le conduire au Luxembourg, et on le ramenait à la Conciergerie le lendemain matin. Un soir, il ne rentra pas. Lavallette interrogea le guichetier, qui se troubla; enfin, le poussant de questions, il en apprit que le maréchal venait d'être exécuté. « Est-ce à la grève, sur l'échafaud? — Non, fusillé. — Il est bien heureux !» Le pauvre guichetier, qui ne comprenait pas, crut que son prisonnier devenait fou (1).

Les jours s'écoulaient, cependant. Un des avocats proposa à Lavallette de ne pas attendre le jugement de la Cour de Cassation, et d'écrire au Roi, pour s'abandonner à sa clémence. Cette démarche répugnait à Lavallette. Un autre de ses conseils ne fut pas de cet avis. «Une telle démarche, dit-il, pourrait être fort dangereuse ou ne produire aucun effet. Si le Roi veut faire grâce, il attendra le jugement de la Cour; s'il est décidé à la refuser, il attendra encore; il est donc préférable de ne rien changer à la marche naturelle de cette affaire. »

Mme la duchesse de Plaisance, fille du ministre de la Justice, vint un jour chercher Mme Lavallette, et la conduisit chez son père. Ces deux dames tombèrent aux pieds du vieillard. Sa fille pleurait, le pressait de ses mains jointes; lui, l'écoutait, laissait couler silencieusement ses larmes sur ces deux mains chéries; mais il ne prononça pas un seul mot. N'était-ce pas tout dire?

Lebrun connaissait les Bourbons et leur entourage; il ne pouvait se tromper. Mais Mme Lavallette ne dut pas le croire. Elle fit demander une audience au Roi, et la princesse de Vaudemont fit passer la requête par le duc de Duras, premier gentilhomme de la Chambre. Le Roi fit répondre qu'il attendait Mme Lavallette dans son cabinet. Quel espoir ! un Roi peut-il, en pareille circonstance, recevoir une femme, s'il ne lui accorde pas à l'avance la grâce de son mari?

Mme Lavallette fut introduite dans le cabinet de Louis XVIII. Elle se jeta aux genoux du monarque. « Madame, lui dit celui-ci, je vous ai reçue pour

---

(1) On comprend que Lavallette ne vit pas, comme nous pouvons le faire à distance et sans prévention personnelle, tout ce qui pouvait excuser son accusateur ; aussi traite-t-il M. Hua, dans ses *Mémoires*, avec une sévérité également excusable chez celui qui a tant souffert. « L'Avocat général Hua, dit-i , était un homme qui avait l'esprit fort exalté, et je ne suis pas la seule victime de son injuste sévérité, que partageaient à cette époque plusieurs autres officiers du Parquet. Il s'était fait mon ennemi particulier; la violence de ses attaques, l'acharnement de sa haine, lui fit repousser avec brutalité tout ce qui pouvait se présenter en ma faveur. L'issue du procès fut, au reste, utile à sa fortune. »

(2) Le Jury était ainsi composé : MM. Héron de Villefosse, Jurien, Parmentier, Varmer, Gueneau de Mussy, Commard, le baron de Courville, Nepveu, Chapellier, Bintot, Bezard, Petit.

(1) M. de Lamartine (*Histoire de la Restauration*, liv. XXXIV, § 2) croit que l'évasion de Lavallette coûta la vie au maréchal Ney! Voilà à quelles incroyables erreurs la précipitation, et, pourquoi ne pas le dire, même lorsqu'il s'agit d'un homme de génie, un travail peu consciencieux entraînent un écrivain. Quand on fait simplement copier, par d'ignorants secrétaires, ses documents et ses renseignements dans des études consciencieuses (celle de M. Lubis, par exemple), et qu'on se contente de coudre quelques broderies à ces lambeaux mal assemblés, on s'expose à ces honteuses méprises.

vous donner une marque de mon intérêt... » Elle attendait... rien, plus rien... Louis XVIII ne la regarda même plus!

La férocité la plus ingénieuse n'eût rien trouvé de plus cruel que cette pitié. C'était bien le même homme qui, voyant à ses genoux Mme de Labédoyère, demandant, elle aussi, la vie de son mari, lui répondait : « Je ferai dire des messes pour le repos de son âme. »

Et qu'on n'aille pas croire que ces atroces vengeances aient fait leur temps, soient devenues impossibles. Non, et ce qui le prouve, c'est que, parmi les partisans de la légitimité, les plus honnêtes, les plus modérés, les moins amateurs de violence en sont encore aujourd'hui à considérer comme des criminels les vaincus de 1815.

« Le comte de Lavallette, dit M. Lubis, ne s'était pas plus justifié devant le Jury que le maréchal Ney devant la Chambre haute. » Ainsi, aux yeux des hommes modérés du parti légitimiste, Lavallette, Ney, Labédoyère, Mouton-Duvernet, les frères Faucher, furent *justement* mis à mort! Cela n'est-il pas effrayant pour la raison humaine! Cela ne doit-il pas nous inspirer l'horreur la plus profonde pour la passion politique, capable de pervertir ainsi le sens du plus honnête!

Un ami de Lavallette, le baron Pasquier, que nous avons rencontré parmi les témoins à décharge, favorisait du peu d'influence qui lui restait (il n'était plus ministre) les démarches incessantes de Mme de Vaudemont. Mais lui non plus ne croyait pas au succès. « Le Gouvernement n'est plus le maître, disait-il à la princesse; il est emporté par la Cour et par la Chambre, qui veulent des exemples. La duchesse d'Angoulême *pourrait seule intervenir avec succès;* une demande présentée par elle ferait taire tous les murmures. Elle y trouverait, d'ailleurs, un moyen assuré de popularité. »

On était arrivé, cependant, au 14 décembre, jour fixé pour le pourvoi. La Cour de Cassation, sous la présidence de *M. Barris,* après avoir entendu le rapport de *M. Olivier,* concluant au rejet, et la défense présentée par Me *Durieux,* rejeta le pourvoi (1).

Cet arrêt attendu put affliger les amis de Lavallette, mais ne les étonna pas. Ils ne se découragèrent pourtant pas, et résolurent de faire auprès du Roi une dernière tentative. Mais, depuis le rejet du pourvoi, l'accès des appartements royaux était sévèrement interdit à la femme du condamné. Partout, les sentinelles avaient le mot d'ordre, et Louis XVIII ne sortait pas, de peur de rencontrer Mme Lavallette. Il se trouva un homme pour encourir la disgrâce royale, en déjouant ces précautions; ce fut Marmont, ancien camarade de Lavallette, Marmont, qui déjà avait prié, supplié, mais en vain, Louis XVIII d'accorder à Lavallette une commutation de peine, ou au moins la mort du soldat. Le duc de Raguse se chargea de braver la consigne. Pendant la messe royale, Mme Lavallette fut amenée par le général Foy dans la galerie de Diane. Là, Marmont vint lui prendre le bras, et la conduisit vers la salle des gardes, par laquelle devait passer la famille royale en revenant de la chapelle.

A la porte de cette salle, le duc de Raguse et la comtesse sont arrêtés par le garde-du-corps de faction. Marmont recourt à l'officier de service, M. de

Bartillat, qui, ne reconnaissant pas Mme Lavallette dans la compagne du maréchal, ou plutôt fermant les yeux, ordonne qu'on les laisse entrer.

Une fois dans la salle, Mme Lavallette est reconnue par le major des gardes, M. de Glandevès, qui insiste pour la faire sortir. « Mais elle est entrée, dit Marmont; vous avez des ordres pour l'empêcher d'entrer, en avez-vous pour l'obliger à sortir?— Non. — Eh bien! je reste. »

A ce moment, le Roi paraît au bout de la salle. Il s'avance et, apercevant Mme Lavallette, fait un mouvement d'arrêt involontaire. Mais il est trop tard pour éviter la suppliante. Le Roi continue sa marche. Elle se jette à genoux, et lui tend un Mémoire. Le Roi prend le Mémoire et laisse tomber ces mots : « Madame, je ne peux faire autre chose que *mon devoir.* »

La duchesse d'Angoulême marchait derrière le Roi. Mme Lavallette veut se précipiter à ses pieds, et lui présenter un second Mémoire. Mais M. d'Agoult, chevalier d'honneur de la duchesse, se place entre celle-ci et la suppliante, étend le bras et arrête le mouvement de Mme Lavallette. La duchesse passe, lançant au maréchal duc de Raguse un regard irrité.

C'était le dernier espoir, et il s'évanouissait. La duchesse, qui *seule* eût pu pardonner, s'était souvenue du Temple et ne pardonnait pas!

Et le lendemain était le jour anniversaire de la naissance de la duchesse et de sa sortie du Temple!

Pourquoi donc mentir à l'histoire, et pourquoi, comme l'a fait M. de Lamartine, supposer que M. de Richelieu, Fouché même et Decazes (oui, il dit Fouché et Decazes!) sollicitèrent auprès de Louis XVIII la grâce de Lavallette; que la duchesse d'Angoulême *s'attendrit et versa des larmes,* qu'elle promit d'intervenir, mais qu'on lui fit un remords de sa vertu et qu'on referma son cœur à la magnanimité au nom de la raison d'État! Qui pense-t-on tromper avec ces inventions ridicules? Non, l'orgueilleuse fille de Louis XVI ne pleura pas, ne s'attendrit pas. Elle avait au fond du cœur une haine froide, impitoyable pour tous ces Français de la Révolution. Elle aussi fut d'avis que le sang était nécessaire.

« Les rois, dit M. de Lamartine, mieux inspiré quand il pense que lorsqu'il raconte, sont comptables à l'histoire, non pas seulement du sang qu'ils demandent, mais du sang qu'ils accordent. »

« Un cœur de femme aux Tuileries, dit ce même historien, interposé entre toutes ces représailles et asile de tous les vaincus, était la seule popularité qui manquât aux Bourbons pour reconquérir tous les partis. »

Ce cœur de femme fut un cœur de pierre. On eut beau frapper dessus, on n'en put tirer qu'un seul sentiment, la vengeance. Or, dit encore et fort bien M. de Lamartine, « se venger d'un peuple, c'est le désaffectionner sans l'anéantir. »

L'enfant terrible de cette famille royale, le duc de Berry, lorsqu'il apprit que Marmont avait facilité à Mme Lavallette l'entrée de la galerie de Diane, s'écria, avec son ordinaire grossièreté et dans des termes qu'on ne saurait reproduire textuellement : « Il mériterait d'être *envoyé* aux galères! » Le duc de Raguse resta quelque temps en disgrâce.

Mme Lavallette s'obstina à faire auprès de l'impitoyable duchesse une dernière tentative. La duchesse habitait, au rez-de-chaussée des Tuileries, ce corps de bâtiment où avait logé le roi de Rome. Mme Lavallette s'y fit conduire, non pas à la porte, mais

(1) L'arrêt, s'associant à la doctrine de M. Hua, déclara *indivisibles* les deux parties de la question présentées au Jury.

dans le voisinage. Elle avait quitté ses vêtements noirs, signalés à tous les factionnaires et domestiques du palais. Vaines précautions : les valets la reconnurent, ou plutôt la devinèrent, à ses yeux gonflés, à sa démarche pénible, à la pâleur de ses traits. Mme Lavallette entendit une voix donner hautement l'ordre de ne pas la laisser entrer.

Elle se dirigea alors vers une autre issue, du côté du grand vestibule. Là, encore, on l'attendait : un valet de pied lui refuse la porte. Épuisée de fatigue et de douleur, la pauvre femme s'assied dans la cour, sur une marche de pierre, comme une mendiante. Elle attend plus d'une heure, et, ne voyant rien, n'entendant rien, se résigne à partir.

Lavallette, on l'a vu, avait beaucoup d'amis, qui ne l'oubliaient pas dans son malheur et, tout en imaginant mille démarches inutiles, lui portaient à la Conciergerie leurs espérances toujours déçues et leurs consolations. C'était M. de Saintes-Rose, le colonel Briqueville, le maître des requêtes de Fréville, M. de Fidières, M. de Vaudreuil, le comte Alexandre de la Rochefoucault, M. Frank, M. O'Gaerty, le comte de Carvoisin. Ce dernier, royaliste zélé, mais ami de Lavallette dont il avait été le voisin de campagne, priait le condamné d'accepter les secours de la religion. Ne pouvant l'y décider, il faisait dire des messes à son intention.

Depuis le rejet du pourvoi, ces visites et ces consolations devinrent moins nombreuses. Le comte Anglès, Préfet de police, avait mandé le greffier-concierge de la Conciergerie, Roquette de Kerguidu, pour lui recommander de redoubler de surveillance, ajoutant que, dans le cas même où l'on se présenterait avec une permission signée de lui pour communiquer avec le condamné, le concierge n'y devrait avoir aucun égard. Le Procureur général, seul, pourrait autoriser des communications semblables.

Lavallette, à qui le concierge fit part de ces nouveaux ordres, écrivit aussitôt au Procureur général, pour le supplier de permettre qu'il communiquât avec sa femme et avec un petit nombre de personnes qu'il désignait. Le Procureur général ne crut pas devoir se refuser à cette prière; mais il exprima formellement, dans sa permission, quelles personnes désignées ne pourraient voir Lavallette que l'une après l'autre et non simultanément.

Le temps marchait, cependant, avec une effrayante rapidité. Il ne restait plus à Lavallette que quarante-huit heures, car les condamnés n'avaient que trois jours pour se pourvoir en grâce. Le Garde-des-sceaux ne voulait présenter la supplique que le second jour. Mais, déjà, la réponse du Roi était connue : le duc de Richelieu, à qui Louis XVIII avait imposé silence à cet égard, ne pouvait se faire illusion. Tous les amis du condamné étaient dans la consternation. Autour de Lavallette, tout montrait déjà l'issue prochaine. Les geôliers eux-mêmes ne l'approchaient plus. Eberle, celui d'entre eux qui était attaché à son service, ne lui adressait plus la parole; il tournait dans la chambre, sans but, ne sachant plus ce qu'il faisait.

On était au mardi soir : « C'est ordinairement le vendredi qu'on exécute les condamnés, dit Lavallette à Eberle? — Quelquefois le jeudi, répondit celui-ci avec un soupir étouffé. — L'exécution a lieu ordinairement à quatre heures? — Quelquefois le matin. » Et Eberle sortit, en oubliant de fermer la porte.

Une geôlière de la prison des femmes passait en ce moment; voyant le condamné seul, elle entra

précipitamment, se jeta sur sa croix de la Légion-d'Honneur, la baisa avec transport et se sauva en pleurant. Ce mouvement passionné d'une femme qu'il n'avait jamais vue que de loin, à laquelle il n'avait jamais parlé, lui donna comme une certitude de sa destinée.

Pendant que Lavallette se considérait déjà comme perdu, la princesse de Vaudemont s'obstinait à le sauver. Une fois guérie de toute illusion sur la clémence de la famille royale, elle ne songea plus qu'à une évasion. Le premier, Marmont avait ouvert cette idée. Il avait dit à Mme Lavallette « Si vous pouviez le faire évader. — Mais, répondit-elle, on veut, m'assure-t-on, lui donner la grâce sur l'échafaud. — Ne vous y fiez pas, s'il y monte, il est perdu. » Cela la décida.

Une circonstance heureuse permettait d'imaginer un plan qui roulerait sur une substitution de personnes : Lavallette était à peu près de la même taille que sa femme. Celle-ci, plus grande que son mari de près d'un demi-pouce (1), était maigre, élancée; lui, gros et trapu, avait maigri en prison. Le costume féminin devait racheter ces différences.

Il fallait donc que la comtesse elle-même sauvât son mari en lui donnant ses vêtements et en restant à sa place. Mme Lavallette, à qui l'idée fut soumise, la jugea praticable. La princesse s'assura le concours de M. le comte de Chassenon, ancien auditeur au Conseil d'État, et d'un de ses amis, M. Baudus, publiciste attaché au ministère des Affaires étrangères, qui se chargèrent des moyens de fuite et de la découverte d'un asile. Le premier attendrait le fugitif dans un cabriolet placé au coin de la rue des Saints-Pères et du quai; le second lui ménagerait une retraite impénétrable, où il pourrait attendre l'occasion de sortir de France.

Le 19 décembre au soir, tout était prêt pour le lendemain, et Lavallette ne savait rien encore. Ce jour-là, sa femme vint, à six heures, pour dîner avec lui. Elle était accompagnée d'une parente, Mlle Dubourg. Les époux une fois seuls : « Il paraît trop certain, dit Mme Lavallette que nous n'avons plus rien à espérer. Il faut donc, mon ami, prendre un parti. » Et elle lui développa, en quelques mots rapides, tout le plan d'évasion concerté avec la princesse de Vaudemont.

Lui, cependant, l'écoutait et la regardait en silence. Mme Lavallette était calme, et le ton de sa voix assuré; elle paraissait tellement convaincue du succès, que cette conviction le faisait hésiter à répondre. Cependant l'entreprise lui paraissait folle; il fallut bien le lui dire; mais, au premier mot, elle l'interrompit : « Point d'objections; je meurs si vous mourez. Ainsi, ne repoussez pas mon projet. Ma conviction est profonde : je sens que Dieu me soutient! »

En vain, il cherche à lui représenter les nombreux geôliers qui l'entouraient chaque soir quand elle quittait la prison, le concierge qui lui donnait la main jusqu'à la chaise à porteurs (Mme Lavallette, très-souffrante et récemment accouchée, était obligée d'user de ce moyen de transport), l'impossibilité d'un déguisement assez parfait pour donner le change; enfin, cette nécessité qui lui répugnait invinciblement, d'abandonner sa femme aux mains des geôliers. « Qu'arrivera-t-il, quand ils découvriront que je suis parti? Ces brutaux, dans leur fureur, ne s'oublieront-ils pas jusqu'à vous maltraiter? »

<hr>

(1) M. de Vaulabelle, toujours si exact, commet ici une erreur; il croit que la taille des deux époux était absolument la même.

Lavallette se tut, car, à la pâleur mortelle de sa femme, aux mouvements nerveux qui la secouaient, il vit que toutes ses objections étaient inutiles. Après un silence de quelques minutes : «Enfin, dit-il, je ferai ce que vous voudrez ; mais vous voulez réussir, souffrez au moins une seule observation. Le cabriolet est placé trop loin ; à peine échappé, on s'apercevra de ma fuite, et, indubitablement, on rattrapera cette chaise ; car il faut près d'une heure (1) pour aller à la rue des Saints-Pères ; je ne peux m'y sauver à pied sous vos habits. »

Cette réflexion la frappa. « Changez, ajouta-t-il, cette partie de votre plan ; la journée de demain doit m'appartenir encore ; je vous jure que, demain soir, je ferai tout ce que vous voudrez. — Eh bien ! dit-elle, vous avez raison, je ferai placer le cabriolet plus près d'ici. Donnez-moi votre parole de m'obéir, car il ne nous reste que cette ressource. » Il lui prit la main : « Je ferai tout ce que vous voudrez, et comme vous le voudrez. » Cette promesse la calma, et ils se séparèrent.

Resté seul, Lavallette eut quelque peine à s'habituer à cette idée nouvelle de la fuite et du salut. Une heure auparavant, il commençait à s'accoutumer à l'idée d'une fin inévitable ; et voilà qu'il lui fallait détourner les yeux de la mort, pour se jeter dans tous les détails d'un projet de fuite impossible à réaliser, extravagant. Le burlesque allait se mêler à la tragédie ; car il serait repris sous des habits de femme, et peut-être aurait-on la barbarie de le produire aux yeux du public sous ce ridicule travestissement ?

Mais, d'un autre côté, comment se refuser à tenter l'épreuve ? La pauvre femme paraissait si heureuse de son projet, si assurée du succès ! Ne pas lui tenir parole, c'eût été la tuer.

Le lendemain, tandis que Lavallette roulait encore ces pensées dans son esprit, sa femme arriva. Elle lui apprit que, en le quittant la veille au soir, elle avait fait prendre à ses porteurs le chemin de la rue du Bac, et qu'elle avait quitté sa chaise à quelques pas de l'hôtel des Affaires étrangères. M. Baudus avait conseillé une dernière tentative auprès du ministre ; mais, pour arriver jusqu'à celui-ci, la ruse était nécessaire.

Mme Lavallette demanda au suisse l'appartement de M. Bresson, trésorier du ministère ; et, comme M. Bresson demeurait dans la première cour, elle s'arrêta quelques minutes sur les premières marches de l'escalier, se glissa ensuite dans la seconde cour, et parvint jusqu'à l'antichambre du ministre.

« Son Excellence est sortie, lui dit-on. — J'attendrai. » Le valet de chambre auquel elle s'adressait la reconnut, et courut se plaindre au suisse auquel elle avait été consignée dès le matin ; car sa présence à la porte de Mme la duchesse d'Angoulême avait donné l'éveil partout. Le suisse accourut, tout troublé, et, parmi beaucoup de reproches, il lui dit : « Vous m'exposez à perdre ma place. — Je vous ai trompé : vous n'êtes donc pas en faute. Je veux voir le Ministre. S'il est sorti, je l'attendrai ; s'il est chez lui, je passerai la nuit dans cette salle ; on ne m'en fera sortir que par la violence. Allez le dire à votre maître. »

Que pouvait faire le Ministre ? il la fit entrer. Mme Lavallette lui fit un exposé clair et rapide du procès, lui exprima avec force toute l'injustice de la condamnation, et finit par implorer l'appui du Ministre auprès du Roi. Le duc de Richelieu l'écoutait, les yeux baissés ; ce grand cœur était touché ; mais, enfin, il lui fallut bien avouer son impuissance. Le Roi lui avait ordonné de ne plus prononcer un mot sur cette affaire. « Alors, Monsieur, sauvez-le vous-même. — Madame, ce serait un crime. — Ne pourriez-vous, du moins, présenter au Roi un nouveau Mémoire en mon nom ? » Le duc, saisissant avec empressement cette idée : « Je le veux bien. Envoyez-le-moi demain à huit heures, et je vous donne ma parole qu'il sera remis sans délai à Sa Majesté. »

M. de Richelieu avait, en effet, reçu ce Mémoire le matin même, et devait l'avoir fait tenir au Roi. Aucune nouvelle n'étant venue du château, il fallait se préparer à exécuter le projet le soir même. Le lendemain, il ne serait plus temps. « Je viendrai dîner avec vous, dit Mme Lavallette. Conservez votre fermeté ; nous en aurons besoin. Pour moi, je me sens encore du courage pour vingt-quatre heures... pas pour un moment de plus... je suis exténuée de fatigue. »

A peine était-elle sortie, que le concierge entra. « Un des rédacteurs de la *Quotidienne*, dit-il au prisonnier, est venu me demander s'il était vrai que vous aviez fait venir quatre confesseurs, et s'il peut l'imprimer dans son journal. — Quatre, c'est beaucoup ; et qu'avez-vous répondu ? — La vérité, c'est que je n'en ai pas encore fait entrer un seul. — Il faut encore attendre ; tantôt, je vous donnerai l'adresse d'un ecclésiastique ; toute la journée est encore à moi. »

Kerguidu ne répondit rien, et se retira en remuant la tête. Lavallette comprit que la démarche de ce brave homme était un avertissement détourné. Il ne se trompait guère, car, à ce moment même, on rédigeait au Parquet l'ordre qui fixait le supplice au lendemain, 21.

Bientôt après, arriva M. de Carvoisin ; en entrant, il se jeta dans les bras de son ami, et se prit à pleurer. Lavallette le fit asseoir, chercha à le calmer. Sa tranquille énergie gagna peu à peu le visiteur. « Le curé de Saint-Sulpice sort de chez moi, dit M. de Carvoisin ; il ne vous refusera pas ses secours spirituels, si vous l'exigez, puisque vous êtes son paroissien ; mais je vous demande grâce pour lui. Il a assisté le maréchal Ney à ses derniers moments, et il m'a avoué que cette scène lui avait fait tant de mal, qu'il ne se sentait pas la force d'en subir une seconde. Cependant, il est prêt à venir, si vous insistez. — Remerciez-le, mon ami ; j'ai un autre ecclésiastique en vue ; je le ferai venir ce soir, mais pas avant. »

La fille de Lavallette, la jeune Joséphine, entra dans ce moment, accompagnée de la vieille tourière de l'Abbaye-aux-Bois. Joséphine pleurait en silence, la religieuse se lamentait bruyamment. « Qu'ai-je fait à Dieu, disait cette femme, pour être témoin de ces horreurs ? » Et ses soupirs, ses sanglots, ses invocations sans fin, commençaient à irriter Lavallette. Il sentit qu'il allait se fâcher, s'il ne mettait promptement fin à cette scène. Il prit donc M. de Carvoisin à part : « Embrassez-moi, et retirez-vous sans bruit, lui dit-il ; cette douleur me fait mal. Adieu, ne m'oubliez pas. » Et il le conduisit doucement à la porte. Le pauvre père eût voulu conserver sa fille plus longtemps ; mais sa vue lui déchirait le cœur. Il la prit sur ses genoux,

<hr>

(1) *Près d'une heure*, c'est de l'exagération ; avec une chaise à porteurs, c'est près d'une demi-heure qu'il faut dire, ce qui est encore trop.

soutenant sur sa poitrine cette jeune tête qui s'abandonnait. Il voulait lui parler, mais les mots s'arrêtaient au passage, et il lui fut impossible de prononcer quelques paroles de consolation. Puis, il la déposa sur une chaise, et se mit à parcourir la chambre, cherchant en vain à respirer. Enfin, prenant son parti : « Retourne au couvent, lui dit-il, je te verrai encore demain, je te le promets ; mes affaires vont mieux qu'on ne croit. N'en dis rien à personne, mais sois sûre que je te verrai demain. »

A peine fut-elle partie, que toute sa fermeté l'abandonna. Il fondit en larmes à ce dernier regard de son unique enfant, et il eut peine à reprendre son courage.

A cinq heures, Mme Lavallette arriva, accompagnée de Joséphine. Le bonhomme Kerguidu avait fermé les yeux ; car, aux termes de l'ordre donné par le Procureur général, deux visiteurs ne devaient pas être admis en même temps ; d'ailleurs, la fille de Lavallette n'était pas même sur la liste approuvée par le Parquet.

Lavallette revit sa fille avec autant de surprise que de joie. « Je crois, dit la mère, qu'il vaut mieux prendre notre enfant pour nous accompagner. Je lui ferai faire plus docilement ce que j'ai en tête. »

Mme Lavallette avait revêtu une robe de mérinos rouge richement doublée en fourrures, un vitchoura, comme on disait alors, qu'elle avait coutume de porter comme sortie de bal. Elle portait une large collerette, un chapeau noir à plumes mélangées et des gants noirs. Elle avait dans son sac une jupe de taffetas noir. « Il n'en faut pas davantage, dit-elle, pour vous déguiser parfaitement. »

Alors, elle renvoya sa fille près de la fenêtre, et dit à voix basse à son mari : « A sept heures sonnant, vous serez habillé : tout est bien préparé. Vous sortirez en donnant le bras à Joséphine ; vous aurez soin de marcher bien lentement, et, en traversant la grande pièce du greffe, vous mettrez mes gants et vous vous couvrirez le visage de mon mouchoir. J'avais pensé à prendre un voile ; mais, malheureusement, je n'ai pas pris l'habitude d'en porter en venant ici : il n'y faut donc pas penser. Ayez bien soin, en passant sous les portes qui sont si basses, de ne point accrocher les plumes du chapeau ; car tout serait perdu. Je trouve toujours les geôliers dans le greffe, et le concierge a l'habitude de me donner la main jusqu'à la chaise à porteurs, qui est toujours placée près de la porte de sortie ; mais, aujourd'hui, elle sera dans la cour, au haut du grand escalier. Là, vous serez rencontré peu de temps après par M. Baudus, qui vous conduira jusqu'au cabriolet, et vous indiquera votre cachette : Alors, à la grâce de Dieu ! mon ami... Faites bien ce que je vous dis. Restez calme. Donnez-moi votre main, je veux vous tâter le pouls... Bien... Prenez la mienne, maintenant ; sentez-vous la plus légère émotion ? »

La pauvre femme avait une forte fièvre ; mais une indomptable énergie la soutenait en ce moment. « Surtout, ajouta-t-elle, point d'attendrissement : nous serions perdus. » Lui, cependant, lui donna son anneau de mariage, sous ce prétexte que, s'il était arrêté dans sa course à la frontière, il ne devait rien conserver qui pût le faire reconnaître.

Elle fit ensuite approcher sa fille. « Ecoutez bien, mon enfant, ce que je vais vous dire, car vous allez me le répéter. Je sortirai, aujourd'hui, à sept heures au lieu de huit ; vous passerez derrière moi, car vous savez que les portes sont étroites ; mais, quand nous entrerons dans la grande pièce du greffe, ayez soin de vous mettre à ma gauche : le concierge a l'habitude de me donner le bras de ce côté, et il me dégoûte. Quand nous serons sorties de la grille pour monter l'escalier du dehors, placez-vous alors à ma droite, pour que ces vilains gendarmes du corps-de-garde ne viennent pas me regarder sous le nez, comme ils le font toujours. Avez-vous bien compris ? »

L'enfant répéta ces instructions avec une grande fidélité. A peine avait-elle fini, que M. Saintes-Lose arriva. Il s'était fait introduire sous prétexte de reconduire Mme Lavallette, et son motif était d'embrasser encore une fois son ami. Il n'était pas dans la confidence, et sa présence allait être gênante. Lavallette le prit à part : « Allez-vous-en maintenant, mon ami, lui dit-il : Emilie ne se doute pas encore de son malheur ; il faut le lui laisser ignorer. Venez à huit heures, mais n'entrez pas, si vous ne voyez pas la chaise à porteurs. Allez la voir chez elle, car elle sera rentrée. »

Il l'embrassa et le mit dehors. Mais, un instant après, nouvelle visite ; c'était le colonel Briccueville. Il ne comptait pas trouver là Mme Lavallette et il s'aperçut promptement que sa présence pouvait devenir embarrassante. Son émotion était profonde, bien qu'il ne sût pas encore combien le moment fatal était proche pour son ami. « Sortez, lui dit tout bas Lavallette, c'est la dernière fois que je la vois. Un instant de faiblesse la tuerait. »

Les époux enfin restés seuls, Lavallette se prit à douter encore du succès ; une idée l'assaillit, idée mortelle. « Si vous alliez trouver le concierge dit-il à sa femme, et que vous lui proposiez 100,000 francs pour fermer les yeux quand je vais passer, peut-être y consentirait-il, et alors nous serions tous sauvés. » Elle le regarda un instant en silence. « Eh bien ! j'y vais, » dit-elle ; elle sortit, et rentra quelques minutes après. Lui, cependant, avait déjà compris toute l'imprudence de cette démarche. Mais elle lui dit tranquillement : « C'est inutile ; le peu de mots que j'ai tirés du concierge ont suffi pour me convaincre de sa probité. Ne changeons rien à notre plan. »

Kerguidu n'avait, heureusement, rien compris à ces quelques vagues paroles.

Enfin, on servit le dîner. Au moment où ils allaient se mettre à table, une vieille bonne, Mme Dutoit, qui avait accompagné Joséphine, entra dans la chambre. Mme Lavallette l'avait laissée au greffe, voulant qu'elle suivît son mari pendant qu'il sortirait, et qu'elle contribuât ainsi, sans le savoir, à détourner l'attention des geôliers. Mais l'extrême chaleur du poêle placé dans le greffe et l'émotion avaient rendu cette pauvre vieille si souffrante, et elle avait, d'ailleurs, si vivement insisté pour voir son maître une dernière fois, que le geôlier la fit entrer sans la permission du concierge.

Loin d'être utile, cette bonne femme embarrassait ; sa tête pouvait s'égarer à la vue du déguisement ; mais, que faire ? Maintenant, il n'y avait plus qu'à la contenir, et elle allait commencer ses gémissements, quand Mme Lavallette lui dit, d'une voix basse mais ferme. « Point d'enfantillage, Dutoit. Restez à table, ne mangez pas, ne dites pas un mot, et respirez ce flacon d'odeur. Dans moins d'une heure, vous serez à l'air libre. »

Le repas commença, ou au moins l'apparence du repas. Ils ne pouvaient manger ; les morceaux s'arrêtaient à la gorge. Pas une parole ne fut échangée. Trois quarts d'heure se passèrent ainsi. Six heures trois quarts sonnèrent enfin. « Il ne me faut que cinq minutes, dit Mᵐᵉ Lavallette; mais je veux parler à Bonneville. »

Elle sonna; le valet de chambre qui portait ce nom entra. Elle le prit à part, lui dit quelques mots à l'oreille, et ajouta tout haut : « Ayez soin que les porteurs soient prêts; je vais sortir. » Bonneville parti : « Allons, dit-elle à son mari, il faut vous habiller. »

Lavallette avait fait placer dans sa chambre un paravent pour se faire une sorte de cabinet de toilette. Il passa derrière avec sa femme. Celle-ci, tout en l'habillant avec une adresse et une prestesse dont l'énergie nerveuse d'une femme est seule capable, lui disait d'un ton clair et bas : « N'oubliez pas de bien baisser la tête au passage des portes. Marchez lentement dans le greffe, comme une personne épuisée par la souffrance. » En moins de trois minutes, la toilette était complète (1). Les époux rentrèrent dans la chambre, et Mᵐᵉ Lavallette dit à sa fille : « Comment trouvez-vous votre père? » Celui-ci se montrait de côté; l'enfant ne le reconnut pas, et répondit à sa mère par un sourire de surprise et d'incrédulité. « Sérieusement, ma fille, comment le trouvez-vous? »

Alors Lavallette se détourna et fit quelques pas. « Mais, pas mal, » dit la pauvre petite, et sa tête retomba de tristesse sur sa poitrine.

Ils s'avancèrent tous en silence vers la porte. « Le concierge, dit rapidement Lavallette, vient

« La courageuse femme s'attache à lui, se cramponne à son habit... » (Page 18.)

tous les soirs après votre départ. Ayez soin de vous tenir derrière le paravent et de faire un peu de bruit en remuant quelque meuble. Il me croira derrière, et sortira pendant quelques minutes, qui me sont indispensables pour m'éloigner. »

Elle comprit, et il tira le cordon de la sonnette. « Adieu, » dit-elle, en levant les yeux vers le ciel. Lui pressait son bras de sa main tremblante. Ils échangèrent un regard; s'embrasser, c'était se perdre.

Le geôlier se fit entendre. Mᵐᵉ Lavallette s'élança derrière le paravent. La porte s'ouvrit. Lavallette passa le premier, sa fille ensuite; la vieille dame Dutoit fermait la marche. Après avoir traversé le corridor, on arriva à la porte du greffe. Il fallait lever le pied et, en même temps, baisser la tête, pour que les plumes du chapeau ne rencontrassent pas le haut de la porte. Lavallette y réussit; mais, en se relevant, il se trouva, dans cette grande pièce, en face de cinq geôliers assis, appuyés, debout, le long de son passage. Il tenait

son mouchoir sur ses yeux, et il attendait que sa fille se plaçât à sa gauche. L'enfant, oubliant ses instructions, prit le bras droit, et le concierge, descendant l'escalier de sa chambre, qui était à gauche, put venir à Lavallette sans obstacle, et,

(1) C'est le moment qu'a choisi Horace Vernet dans le tableau que la gracieuse obligeance de Mᵐᵉ la baronne de Forget (Joséphine de Lavallette) nous permet de reproduire pour nos lecteurs, ainsi que les deux portraits de M. et de Mᵐᵉ de Lavallette. La toile de Vernet est surtout curieuse par l'exactitude des lieux, des costumes et des figures. Sans doute c'est de la peinture plate, comme l'est toujours celle d'Horace Vernet, et plus semblable à une bonne estampe enluminée qu'à une peinture; mais cela est spirituel, vrai, habilement composé. Lavallette, admirablement rendu d'expression, devrait avoir les cheveux gris-blanc; la petite Joséphine, qui écoute à la fenêtre, se mêla beaucoup moins à l'action dans la réalité; le déguisement de Lavallette s'opéra derrière le paravent, et non devant Joséphine et la Dutoit; enfin, la robe que portait Mᵐᵉ de Lavallette sous son vitchoura n'était pas assurément à manches courtes: mais il y a en peinture des conventions excusables. L'ensemble n'en compose pas moins un tableau de genre des plus intéressants.

plaçant sa main sur son bras, lui dit : « Vous vous retirez de bonne heure, madame la comtesse. »

Le brave homme, heureusement, était fort ému, et le silence de la prétendue comtesse ne l'étonna pas ; il se dit qu'elle venait de voir et d'embrasser son mari pour la dernière fois.

Enfin, on arriva au bout de l'interminable pièce. Jour et nuit se tenait là un geôlier, assis dans un grand fauteuil, dans un espace assez étroit pour avoir ses deux mains placées sur les clefs des deux portes, l'une intérieure, en grilles de fer, et l'autre, extérieure, qu'on appelait le premier guichet. Ce geôlier regardait Lavallette et n'ouvrait pas. La fausse comtesse passa sa main droite entre les barreaux pour l'avertir. Il tourna enfin ses deux clefs, et on sortit.

Une fois dehors, Joséphine, ne se trompant plus cette fois, prit le bras droit de son père. Il y avait douze marches à monter pour arriver sur la cour ; au bas de cet escalier était placé le corps-de-garde des gendarmes. Une vingtaine de soldats, l'officier en tête, placés à trois pas, faisaient la haie pour voir passer Mme Lavallette.

Marchant toujours avec lenteur, le condamné atteignit la dernière marche et entra dans la chaise, qui était à deux ou trois pas. Mais point de porteurs, point de domestiques ; Joséphine et Mme Dutoit étaient debout à côté de la chaise, la sentinelle à six pas, immobile et les yeux sur la chaise. A l'étonnement de Lavallette se mêla bientôt une angoisse profonde, une sourde agitation mal contenue ; ses regards, plongeant au-dessus du mouchoir qui cachait sa figure, étaient fixés sur le fusil de la sentinelle comme ceux du serpent sur sa proie. Il dit plus tard qu'il sentait, pour ainsi dire, ce fusil dans ses mains fermées.

Cette situation terrible dura deux bien longues minutes. Enfin, Lavallette entendit la voix de Bonneville, qui disait tout bas : « Un des porteurs m'a manqué, mais j'en ai trouvé un autre. »

Et alors il se sentit soulevé. La chaise traversa la grande cour, et tourna à droite en sortant, prenant le chemin du quai des Orfèvres.

Que se passait-il cependant à la Conciergerie ?

A peine la chaise qui renfermait Lavallette avait franchi la porte extérieure, lorsque le concierge entra dans la chambre du condamné. Comme on l'avait prévu, il se retira au bruit qu'il entendit derrière le paravent. Mais il revint environ cinq minutes après ; ne trouvant encore personne, quoique le même bruit fût répété, Kerguidu, saisi d'une crainte vague, écarta une feuille du paravent. Derrière, dans l'ombre, il distingua une forme de femme.

D'un bond il s'élance, reconnaît Mme Lavallette, jette un grand cri et court vers la porte. La courageuse femme s'attache à lui, se cramponne à son habit : « Laissez aller mon mari, dit-elle en haletant ; attendez un peu, un peu... — Ah ! vous m'avez trompé... Vous me perdez, Madame, » s'écrie-t-il avec fureur ; et, se dégageant par un violent effort qui laisse une partie de son habit dans les mains de la malheureuse, il sort, courant, criant : « Le prisonnier est sauvé ! le prisonnier est sauvé ! »

A ces cris, geôliers, gendarmes s'élancent dans toutes les directions. Le fils de Kerguidu, sorti le premier de la Conciergerie, rencontre à la porte du Palais le guichetier Éberle, et lui ordonne de prendre par la rue de la Barillerie. Lui, prend le chemin opposé, la rue de Jérusalem, pour gagner les devants et couper le chemin aux porteurs. Au débouché de la rue de Jérusalem, il aperçoit la chaise, l'atteint, l'arrête, et n'y trouve que Mlle Lavallette. Éperdu, il revient en toute hâte à la Conciergerie.

Lorsque la chaise qui renfermait Lavallette était arrivée sur le quai des Orfèvres, en face de la petite rue de Harlay, les porteurs s'étaient arrêtés, la porte s'était ouverte, et M. Baudus, présentant la main à la fausse comtesse, lui avait dit à voix haute : « Vous savez, Madame, que vous avez une visite à faire au Président. » Lavallette sortit de la chaise, et M. Baudus lui montra du doigt un cabriolet arrêté à quelques pas dans cette ruelle obscure. Lavallette s'élança dans la voiture, et le cocher lui dit : « Donnez mon fouet. » Lavallette le cherchait en vain ; ce fouet était tombé. « Qu'importe ? » dit le cocher. Un mouvement de rênes fit partir le cheval au grand trot. En passant sur le quai, le pauvre père eut une vision rapide, sa fille, les mains jointes, qui priait Dieu.

La voiture traversa au grand trot le pont Saint-Michel, la rue de la Harpe, et bientôt atteignit la rue de Vaugirard, derrière l'Odéon. Là seulement Lavallette commença à respirer. Il regarda, pour la première fois, le cocher silencieux, et reconnut avec stupéfaction le comte de Chassenon. « Quoi ! c'est vous ! — Oui ; vous avez derrière vous quatre pistolets doubles bien chargés ; j'espère que, s'il le faut, vous en ferez usage. — Non, en vérité, je ne veux pas vous perdre. — Alors, je vous donnerai l'exemple, et malheur à qui se présentera pour vous arrêter ! »

Le cabriolet atteignait le boulevard neuf, au coin de la rue Plumet. Là, M. de Chassenon arrêta le cheval. Lavallette plaça son mouchoir blanc sur le tablier du cabriolet ; c'était un signal convenu. M. Baudus se trouva là comme par enchantement, et Lavallette, qui s'était débarrassé de tout l'attirail féminin dont il s'était affublé, descendit, couvert d'un carrick de jockey, un chapeau rond galonné sur la tête. Il serra vivement la main de M. de Chassenon, et suivit M. Baudus, comme un valet de pied suit son maître.

Il était huit heures du soir ; la pluie tombait à torrents ; la nuit était profonde, et la solitude complète dans cette partie reculée et alors fort déserte du faubourg Saint-Germain. Lavallette marchait avec peine ; M. Baudus avançait rapidement, et ce n'était qu'avec effort que le prétendu jockey pouvait conserver sa distance. Bientôt il perdit un de ses souliers, des escarpins légers, tout à fait impropres à une course semblable (1) ; il fallait marcher cependant. Les deux piétons rencontrèrent des gendarmes courant au galop : Lavallette pensa que ces gens-là s'occupaient de lui, sans soupçonner qu'il fût si près. La supposition était probable : le grand détour fait pour dépister les chasseurs devait avoir permis déjà à la police de diriger des gendarmes sur les barrières.

Après ce qui lui sembla plus d'une heure de marche, trempé jusqu'aux os, harassé de fatigue, un pied chaussé, l'autre nu, Lavallette vit M. Baudus s'arrêter un instant presqu'à l'angle de la rue de Grenelle et de la rue du Bac. « Je vais entrer dans un hôtel, dit M. Baudus ; pendant que je parlerai au suisse, avancez dans la cour. Vous trou-

____

(1) Voyez le tableau d'Horace Vernet ; ce détail n'y est pas oublié.

verez un escalier à la gauche; montez-le jusqu'au dernier étage. Avancez dans un corridor obscur que vous trouverez à droite. Au fond est une pile de bois : tenez-vous là, et attendez. »

Ils entrèrent, sur ces paroles, dans la rue du Bac, et Lavallette reconnut avec stupeur que la porte à laquelle frappait M. Baudus était celle du ministère des Affaires étrangères.

M. Baudus entra le premier, et, pendant qu'il parlait au suisse, qui avait la tête hors de sa loge, Lavallette passa rapidement. « Où va cet homme? cria le suisse. — C'est mon domestique. »

Lavallette gagna l'escalier, monta jusqu'au troisième étage et parvint à l'endroit indiqué. A peine y était-il, que le frou-frou d'une robe se fit entendre ; une main lui prit doucement le bras, le poussa dans une chambre, et la porte se referma sur lui.

Une lueur incertaine s'échappait de la bouche étroite d'un poêle allumé. Lavallette s'avança vers le poêle. En plaçant les mains sur la plaque pour se chauffer, il trouva un flambeau et un paquet d'allumettes. On lui permettait donc d'éclairer la chambre. La bougie allumée, il examina son nouveau domicile.

C'était une chambre assez petite, mansardée. Un lit fort propre, une commode, deux chaises et le petit poêle de faïence en composaient tout le mobilier. Sur la commode était un papier; Lavallette y lut ces mots : « Point de bruit, n'ouvrez la fenêtre que la nuit, chaussez-vous de pantoufles de lisières, et attendez avec patience. »

. A côté du papier était une bouteille d'excellent vin de Bordeaux, plusieurs volumes de Molière et de Rabelais, et un joli panier renfermant des éponges, des savons parfumés, de la pâte d'amandes et tous les petits instruments d'une toilette aristocratique. Ces attentions délicates, la jolie écriture du billet, tout indiquait des hôtes joignant au plus gracieux dévouement des mœurs élégantes et de bon goût. La main d'une femme se trahissait dans ces apprêts d'hospitalité. Mais quels pouvaient être ces hôtes? Comment l'asile offert se trouvait-il dans l'hôtel des Affaires étrangères? M. Baudus était, il est vrai, attaché à ce département, mais d'une manière indirecte et n'habitait pas l'hôtel. M. de Richelieu? c'était impossible. Sa position, qui lui permettait à peine une pitié sympathique, lui défendait évidemment la complicité dans l'évasion d'un criminel d'État.

Comme il se perdait dans ces réflexions, Lavallette vit s'ouvrir lentement la porte de sa chambre, et il se trouva dans les bras de M. Baudus. Après les premiers transports, Lavallette allait interroger son sauveur : « Je vous comprends, dit celui-ci, mais calmez votre imagination; voici la vérité. Avant-hier, Mme Lavallette me fit venir chez elle, et, quand les domestiques furent éloignés et les portes bien fermées : « Je veux sauver mon mari, « me dit-elle, puisque la grâce ne sera pas obte-« nue, mais je ne sais où il pourra trouver un « asile. Mes parents, mes amis sont hors d'état de « me servir; je m'adresse à vous avec confiance. « Trouvez-lui le moyen de se cacher, il sera libre « demain. »

« La sommation était brusque et me déconcerta. Vous savez que je vois peu de monde. Vous cacher chez moi, dans un hôtel garni où logent trente personnes, était chose impossible. Je le dis à Mme Lavallette. — « Pensez-y tout de suite, il faut que vous trouviez ce que je vous demande. » —

Enfin, après beaucoup d'hésitation : « Donnez-moi deux heures, lui dis-je; je suis lié de la plus tendre amitié avec une famille qui a connu le malheur, et dont les sentiments de courage et de dévouement sont admirables. — Allez, allez vite, peignez-leur ma position; c'est la vie qu'ils me donnent en cachant mon mari. »

« Je voulais obtenir quelques détails. — « Non, non, me dit-elle, je vous dirai tout au retour. Mais, avant, courez chez vos amis. » Je la quittai donc et je vins ici... Attendez, point d'impatience; vous êtes chez M. Bresson, chef de la division des fonds et comptabilité aux Affaires étrangères.

— « M. Bresson, interrompit Lavallette, c'est à peine si je l'ai vu deux fois; mais, oui, je me rappelle. A la Convention, il avait voté contre la mort du Roi. Proscrit, obligé de fuir, il trouva, avec sa femme, un asile au fond des Vosges, chez de braves gens qui le cachèrent pendant deux ans avec une courageuse fidélité.

— « Laissez-moi continuer, dit M. Baudus. Mme Bresson, depuis la proscription de son mari, a fait vœu, dans l'effusion de sa reconnaissance pour ceux qui l'ont caché, de sauver à son tour un malheureux condamné pour délit politique, si la Providence la favorisait assez pour qu'un d'eux s'adressât à elle. J'allai donc la trouver. — « Votre vœu est exaucé, » lui dis-je. Je lui racontai votre histoire et la résolution de Mme Lavallette. — « Qu'il vienne, me dit-elle avec enthousiasme; mon mari est absent, mais je n'ai pas besoin de le consulter pour faire une bonne action. Il partage mes sentiments. Je vais préparer une chambre où l'infortuné sera en sûreté. Courez en prévenir Mme Lavallette. »

« Je revins donc chez elle, et c'est alors qu'elle me fit connaître son plan. Je l'écoutais en silence; ce n'était pas le moment de faire des objections. Elle s'exprimait avec une foi si vive, elle paraissait si pénétrée du succès, que je m'associai avec ardeur à tous les détails de l'entreprise. Mais il me fallait un cabriolet particulier; avec la permission de Mme Lavallette, j'allai trouver M. de Chassenon, que je connaissais pour un homme dévoué et de résolution.

« Voilà comment vous êtes ici, par une espèce de miracle; car je ne comprends pas encore comment vous avez pu réussir. Maintenant, vous sentez combien il est important pour nos généreux amis qu'on ne sache jamais que vous leur devez cet asile; la famille entière serait perdue. M. Bresson a besoin de son emploi; il a une fille et des neveux à établir; fonctionnaire, et logé dans une maison du Roi, honoré de la confiance de son ministre, il ne se fait pas d'illusion sur ce qu'il y a d'irrégulier dans cette action; mais, d'un autre côté, il est convaincu de votre innocence. Et que sont toutes ces considérations à mettre en balance avec la vie d'un homme? Nous allons nous occuper de vous tirer d'ici, et de vous faire passer la frontière, ce qui ne sera pas facile. Mais, enfin, le plus important est achevé : la Providence ne laissera pas son ouvrage imparfait. »

M. Baudus partit, et Lavallette resta seul pendant deux heures, osant à peine respirer ni faire un mouvement, réfléchissant tristement à la position de cette pauvre femme, restée en otage dans son cachot.

Vers onze heures du soir, la porte s'ouvrit encore, et il vit entrer une dame vêtue avec élégance, le visage couvert d'un voile. Elle était accompagnée d'une jeune personne âgée de quatorze ans environ. La dame se jeta dans les bras de son hôte; l'enfant, qui pleurait, se tenait timidement à côte de sa mère.

« Au nom de Dieu, dit Lavallette, levez ce voile, Madame, que je connaisse enfin l'angélique personne à laquelle je dois mon salut. — Nous ne nous connaissons pas, dit-elle en se découvrant, mais je suis heureuse de m'associer à l'héroïque action de Mme Lavallette. »

Mme Bresson était une femme d'environ quarante ans, mais à qui la fraîcheur et une taille élégante enlevaient au moins dix bonnes années. En entrant, elle avait déposé sur le poêle une espèce de soupière. « Voilà votre dîner, dit-elle; les deux services sont dans le même vase, vous ferez mauvaise chère, mais nous sommes obligés de nous voler pour vous nourrir. Je ne veux confier notre secret à aucun de nos domestiques; tous habitent ce corridor, et la chambre voisine est occupée par mon neveu Stanislas (1). Ainsi, pas de bruit le matin; faites votre lit et balayez votre chambre vous-même. Comme le lieu où vous êtes n'est jamais habité, le moindre bruit qu'on y entendrait pourrait nous perdre tous. »

Mme Bresson partit; M. Bresson vint ensuite. Lavallette ne le connaissait guère plus que sa femme. C'était un homme d'une figure très-agréable, d'un esprit délicat et très-orné, d'une grande énergie de caractère. Son action était d'autant plus belle, qu'il n'avait jamais aimé ni l'Empereur, ni son Gouvernement. L'humanité seule et le dégoût des crimes de la réaction royaliste l'inspiraient.

« Je viens de courir les salons, dit-il en riant à son prisonnier, et surtout ceux de quelques hauts dignitaires. Vous ne pouvez vous faire une idée de la peur et de la consternation qui bouleversent tous les esprits; aux Tuileries, personne ne se couchera. Ils se persuadent que votre fuite est le résultat d'un grand complot qui va éclater. On vous voit à la tête de l'ancienne armée, marchant sur les Tuileries, et tout Paris prenant les armes. Je ne serais pas étonné qu'on arrêtât le mouvement des troupes étrangères qui commencent à s'éloigner. On parle de fermer les barrières. Imaginez où cela peut aller! les laitières ne pourront entrer demain; plus de lait pour le déjeûner des bonnes femmes! et moi qui écoutais toutes ces lamentations, moi qui vous tiens sous ma clef! »

M. Bresson examina avec soin le petit mobilier. Il ouvrit la commode, et montra qu'elle était remplie de linge et de vêtements à son usage. « Entr'ouvrez seulement votre volet, dit-il, et ne laissez entrer de jour que ce qu'il vous en faut pour lire. Si vous vous enrhumez, placez votre tête, pour tousser, dans cette armoire. »

Lavallette était, depuis un mois, tourmenté d'une soif ardente; il demanda à M. Bresson s'il pouvait lui procurer de la bière. « Vous n'en aurez pas; nous n'avons pas l'habitude d'en boire; cela pourrait se remarquer. Je n'ai pas oublié l'histoire de M. de Montmorin, qui fut découvert et périt sur l'échafaud, pour avoir mangé un poulet dont les os furent jetés au coin de la borne. Une voisine, qui savait la vieille femme qui le cachait trop pauvre pour manger du poulet, devina qu'elle recélait un proscrit, et alla le dénoncer. Vous aurez des sirops et du sucre à discrétion, mais point de bière. »

Lavallette, resté seul, passa cette première nuit de délivrance à se promener avec précaution, à respirer près de la fenêtre entr'ouverte. Il ne pouvait plonger ses regards dans la rue du Bac; mais il entendait parfaitement les bruits de la rue, et le fréquent passage des cavaliers le faisait tressaillir.

Enfin, sur le matin, la fatigue l'emporta sur les inquiétudes, et il s'endormit.

M. Bresson n'avait rien exagéré. Cette évasion de Lavallette, qui eût dû paraître aux royalistes une faveur de la Providence, les frappa comme un coup de foudre. La colère et la peur, voilà tout ce qu'ils sentirent!

Quand la petite Joséphine Lavallette rentra à l'Abbaye-aux-Bois, et qu'on y apprit la part qu'elle avait prise à l'évasion du criminel, il s'éleva contre elle dans cette pieuse maison une clameur de rage; ses compagnes et les religieuses établirent autour de la pauvre enfant un cordon sanitaire, et les nobles parents des élèves déclarèrent qu'ils retireraient leurs filles, si on ne les délivrait pas de l'odieux contact de cette petite pestiférée, assez corrompue pour aider à sauver son père. Comme on ne trouvait pas, dans le premier moment, quelqu'un, parent ou ami, à qui rendre l'enfant, il fut sérieusement question, parmi ces dévotes personnes, de la jeter à la rue.

Mais, écoutons à ce sujet M. de Lamartine : « On peut croire, dit-il, que les ministres... *fermèrent au moins les yeux* sur une ruse qui servait si bien leurs désirs. » C'est le contre-pied de la vérité historique. M. de Lamartine a emprunté cette erreur sentimentale à un écrivain souvent bien informé, mais qu'égare trop souvent la manie d'apercevoir partout la conspiration orléaniste. Peuchet (1) dit de Lavallette : « Le Roi voulait le sauver; il en laissa la gloire à Mme de Lavallette. »

Le vrai est que Louis XVIII, Decazes et Fouché furent atterrés par la nouvelle de cette évasion, qui les mettait à la merci de la majorité ultra-royaliste. Le salut de Lavallette était la ruine de ces ambitieux qu'on loue si gratuitement d'avoir fermé les yeux. L'auteur de l'article *Lavallette* dans la *Biographie universelle* prétend que Louis XVIII, apprenant l'évasion, dit à Decazes : « Madame de Lavallette seule a fait son devoir... *Vous verrez qu'on dira que c'est nous.* » On ne peut guère accepter le propos, par cette raison qu'il eût, en rappelant la réponse du Roi dans la salle des gardes, cruellement fustigé le Roi lui-même. Mais Louis XVIII a pu dire : *Vous verrez qu'on dira que c'est nous.* Les ressentiments de la colère trompée s'exaltèrent, en effet, jusqu'à la rage contre le ministère. Un M. Humbert de Sesmaisons, à la Chambre des Députés, proposa une enquête auprès du Garde des sceaux et du ministre de la Police générale sur la manière dont l'évasion avait pu s'effectuer. Un M. de Bouville alla plus loin encore et demanda que l'enquête recueillît des renseignements sur la part que le ministère avait prise à cette affaire. La proposition Sesmaisons fut, après une discussion scandaleuse, renvoyée dans les bureaux, où on l'enterra.

Personnellement, comme ministre de la Police générale, Decazes se sentait atteint, non pas seulement dans sa fortune politique, mais encore dans

<hr>

(1) M. Stanislas Bresson, membre de la Chambre des Députés sous Louis-Philippe.

(1) *Mémoires tirés des archives de la police de Paris, pour servir à l'histoire de la morale et de la police, depuis Louis XIV jusqu'à nos jours*, par J. Peuchet, archiviste de la police. *Paris, Levavasseur*, 1837-1838, 6 vol. in-8°.

son honneur de policier. Aussi, fit-il d'inénarrables efforts pour rattraper cet homme qu'on l'accusait ridiculement d'avoir laissé partir. Et, il faut le reconnaître, entre les mains de Decazes, la police était redevenue un rouage puissant ; ce n'était plus l'inepte police des Beugnot et des Dandré, mais une force secrète admirablement organisée, d'autant plus redoutable, qu'elle se jouait effrontément de toutes les formes de la Justice, et qu'elle n'épargnait pour arriver à son but ni l'argent ni les crimes. La police de Decazes avait ses pensionnaires partout, jusqu'à la Cour, jusque dans les grands corps de l'État : quatre Pairs de France étaient à ses ordres, et, parmi ces belles jeunes femmes qui allèrent mendier la mort de Ney auprès de ses juges, plus d'une, portant un grand nom, avait touché d'avance, rue de Jérusalem, le prix de ses loyaux services. Enfin, c'est à Decazes qu'appartient l'honneur d'avoir inventé cet utile instrument de police, l'agent provocateur, et d'avoir essayé avec succès son invention sur cet autre habile, peu scrupuleux, Fouché, duc d'Otrante.

Revenons à l'hôte de M. Bresson. Après deux heures de sommeil, il fut réveillé par un bruit qui se faisait autour de lui. A sa profonde stupéfaction, il aperçut dans la chambre un petit homme qui rangeait les meubles, qui balayait et frottait, avec assez de précaution toutefois.

« Qui êtes-vous ? s'écrie Lavallette.—Le valet de chambre de Monsieur.—Mais il était convenu avec vos maîtres que personne n'entrerait chez moi. — On a changé d'avis , et, si vous voulez vous lever, vous passerez dans ma chambre pendant que je mettrai tout en ordre ici. »

Lavallette se leva, et le petit homme le fit entrer dans une autre pièce, placée en face de la sienne dans le corridor. Le valet de chambre parti, Lavallette se mit à considérer cette chambre, qui lui parut beaucoup trop élégante pour celle d'un domestique. Une cheminée, ornée d'une pendule et de vases de fleurs; un lit presque somptueux. Il s'avisa d'ouvrir une garde-robe, à la tête du lit; il y vit des vêtements de femme. Tout cela l'effraya. Ce petit homme était donc marié, sa femme habitait cette chambre avec lui. Ainsi, déjà, une enfant et deux domestiques dans la confidence! et cela dans cet hôtel! était-ce bien sage?

Ces réflexions le troublèrent à tel point, qu'il sentit son cœur défaillir. Il voulut se lever, et tomba de sa hauteur, évanoui. Le domestique revint une demi-heure après, et, le trouvant dans cet état, le traîna jusqu'au lit de la première chambre. Il eut beaucoup de peine à le faire revenir à lui. « Tâchez de vous maintenir, dit le petit homme, car, jusqu'à ce soir, monsieur et madame ne pourront venir. Je reviendrai, si je puis. Mais, au nom de Dieu, n'allez pas tomber malade ; car, comment vous faire visiter par un médecin? »

Lavallette, enfin rassuré par l'évidente honnêteté de ce brave petit homme, fit effort sur lui-même et parvint à se remettre un peu. — Il a raison, se disait-il. Si je tombe malade, comment me soigner? si je meurs, que feraient-ils de mon cadavre?

Il fut arraché à ces réflexions par les cris d'un colporteur qui criait dans la rue une proclamation; il sembla à Lavallette que son nom s'y trouvait mêlé. Il courut à la fenêtre; mais, déjà, l'homme était trop loin pour que les mots pussent arriver distincts. Il fallut attendre un autre crieur, et quatre heures se passèrent avant qu'un autre se fît entendre. Le second qui passa, c'était une femme, fit, de sa voix claire et glapissante, arriver jusqu'à l'oreille de Lavallette ces quelques mots sans liaison : *Locataires... propriétaires... Lavallette... »*

C'était une ordonnance, sans doute, qui prononçait des punitions sévères contre ceux qui donneraient asile au condamné : peut-être des récompenses étaient-elles promises aux révélateurs. Parmi ces domestiques mis dans le secret, ne s'en trouverait-il pas un que l'appât du gain pousserait à dénoncer?

Réflexions bien naturelles, mais heureusement injustes. Le valet de chambre, André Joineau, sa femme, la nommée Montet (il faut conserver ces noms à l'histoire, ce sont ceux que portèrent de nobles âmes, plus dignes de mémoire que tant d'illustres coquins), ces deux domestiques de la famille Bresson, étaient d'une fidélité et d'un dévouement à toute épreuve. A la première heure, on avait cru prudent de se passer d'eux; mais, à la réflexion, Mme Bresson comprit que le plus sûr était de leur livrer le secret.

Il en fut de même pour M. Stanislas Bresson, jeune homme de vingt ans, esprit distingué. Ne pas le mettre dans la confidence, c'était l'exposer à trahir involontairement l'hôte ignoré de la chambre voisine.

Vers six heures du soir, la nuit tombée depuis longtemps, une femme entra dans la chambre que n'éclairait aucune lumière. Elle vint s'asseoir au pied du lit, s'informant tout bas de la santé de Lavallette. Celui-ci crut que Mme Bresson venait le visiter, et il la remerciait de ses bontés, quand elle : « Je ne suis pas madame Bresson, je suis sa femme de chambre. Madame viendra dans une heure ou deux; mais elle a appris que vous étiez souffrant, et elle voulait avoir de vos nouvelles. »

Cette femme était, comme Lavallette l'apprit plus tard, la nommée Montet, mariée au petit valet de chambre Joineau; une personne de bonne éducation, de sentiments élevés, protestante, et jolie.

Mme Bresson vint, en effet, plus tard. Lavallette l'interrogea sur les cris de la rue. « Ce n'est rien, répondit-elle gaiement, une vieille ordonnance de police, renouvelée de 93, et qui fait rire tout le monde: car c'est une incroyable joie dans tout Paris. Mme Lavallette est portée aux nues. Rien n'est piquant comme les propos des femmes du peuple, et surtout à la Halle. Aux spectacles, les plus légères allusions sont saisies avec fureur, et si l'autorité s'avisait de vouloir réprimer ces transports, qui cachent au reste beaucoup de haine, ses agents seraient assommés. Ainsi, tenez-vous en repos sur ce point. Quant aux confidences multipliées autour de nous, nous avons reconnu, mon mari et moi, qu'il était plus sûr de tout dire aux deux domestiques qui logent en face de vous. Malgré toutes vos précautions, ils pouvaient vous entendre, s'en effrayer, en causer avec leurs camarades; il valait mieux leur lier la langue en les mettant dans le secret. Mariés et attachés à nous depuis vingt ans, ce sont des gens pleins d'honneur, et qui exposeraient leur vie pour nous. Nous avons même décidé que Stanislas serait instruit, car il loge à côté de vous; je vous l'amènerai ce soir. »

A partir de ce jour, Stanislas vint passer régulièrement trois heures avec Lavallette, de onze heures à deux heures du matin. Le prisonnier enseignait les échecs à son hôte; l'hôte apportait au prisonnier les journaux et les nouvelles.

Ces nouvelles n'avaient rien d'inattendu. La police se multipliait pour retrouver le fugitif. Après les premiers moments d'émotion, elle avait mis de l'ordre dans ses poursuites. Des visites domiciliaires avaient été faites chez tous les amis de Lavallette, même chez ses simples connaissances, même chez des personnes qui n'avaient eu avec lui que des rapports éloignés. Dès le 21 décembre au matin, les barrières avaient été fermées, et le signalement du fugitif avait été envoyé par toute la France aux brigades de gendarmerie.

Disons cependant ce qu'était devenue la noble femme de Lavallette, après que Kerguidu eut découvert la ruse. Une seule pensée l'occupait, la mesure du temps. Chaque minute écoulée qui ne lui apportait pas le bruit du prisonnier réintégré dans sa prison aux acclamations de triomphe des gardiens, augmentait son espoir. Après une demi-heure, elle eut quelque confiance. Mais ces brutes de geôliers, qui avaient laissé la porte du cachot ouverte, l'assassinaient de leurs imprécations, de leurs menaces, de leurs sales injures, de leurs horribles espérances : «On le reprendra, on le guillotinera. »

Le Procureur général arriva : sa vue mit un terme à ces infamies. Bellart verbalisa gravement, fit à Mme Lavallette des reproches ridicules, mais modérés dans la forme. Ce n'était pas un méchant homme, ce Bellart, il n'était que sot, le pire des sots, le sot grave, emphatique. Il ne comprit rien à la sublimité de ce dévouement d'épouse; il ne vit dans son action immortelle que le délit, la complicité dans l'évasion d'un criminel, et il ordonna que cette femme dévorée d'une fièvre ardente, que cette mère, récemment accouchée, dans une couche laborieuse, d'un fils qu'elle pleurait encore, fût traitée sévèrement.

On ne manqua pas d'obéir. La pauvre femme fut jetée dans ce cachot infect où avait été placé le maréchal Ney. Il n'y avait pas de cheminée dans ce bouge atrocement surchauffé par un poêle, et où l'air ne pouvait se renouveler. Là, la malheureuse fut, jour et nuit, condamnée à entendre les exclamations de rage, les scènes de fureur, les chansons ordurières des filles placées dans le voisinage. Mme Lavallette, cela va sans dire, fut tenue au secret le plus rigoureux; mais ce qu'on ne croira pas, c'est que Bellart ne lui accorda même pas une geôlière, une femme, pour la servir! Plongée dans cette affreuse solitude, en proie à mille terreurs, à mille visions effrayantes, croyant à chaque bruit de sentinelles relevées qu'on ramenait son mari, la malheureuse passa vingt-cinq jours sans sommeil.

Elle n'en mourut pas; mais, grâce à la cruelle sottise du Procureur général Bellart, elle contracta dans cet enfer une maladie nerveuse qui, pendant le reste de sa vie, la retint sur les frontières mal définies de la folie et de la raison (1).

Lui cependant, Lavallette, rassuré sur le sort de sa femme par ses hôtes bien inspirés, la croyait tranquillement et confortablement établie chez la comtesse Anglès.

Lavallette passa tranquillement les dix premiers jours dans sa retraite, comblé des plus touchants témoignages d'affection. Ses hôtes n'oubliaient rien pour le tranquilliser. A les entendre, point d'inquiétudes, de danger point. Il pouvait rester des mois entiers dans sa cachette, sans leur être un instant à charge.

Lavallette, lui, n'en pensait pas ainsi. M. Baudus, qui venait le voir de temps en temps, ne pouvait dissimuler que la police redoublait d'activité. On était sûr que le condamné n'avait traversé la frontière ni du côté de Strasbourg, ni du côté de Metz. Le général Exelmans, proscrit et réfugié à Bruxelles aussitôt qu'il avait lu l'histoire de l'évasion, avait écrit à sa femme, en confidence, qu'il venait de souper avec Lavallette. L'anecdote courut; mais la police ne s'y laissa pas prendre.

C'était donc dans Paris que se continuaient les recherches. Les amis de Lavallette étaient surveillés avec l'ardeur qu'inspirait aux limiers du comte Anglès l'appât d'une riche récompense. M. Bertin de Vaux, secrétaire général du ministère de la Police générale, c'est-à-dire de M. Decazes, donna à M. Baudus le secret de cette obstination à poursuivre l'évadé. Le parti ultra accusait le ministre d'avoir obéi à d'anciens souvenirs de bonnes relations, à une sympathie secrète, et aussi au désir de se faire un mérite de cette évasion auprès de Louis Bonaparte et du reste de la famille impériale, se ménageant ainsi, pour de futurs contingents, un titre à de hautes reconnaissances.

C'était absurde : mais que n'eût pas fait M. Decazes pour maintenir son crédit auprès du Roi? Rien ne lui eût coûté pour servir son ambition. Et ici, il ne s'agissait que de faire âprement son devoir.

On voit que si, chaque jour, la fuite devenait plus nécessaire pour Lavallette, elle ne devenait pas plus facile. Ses amis, cependant, ne désespéraient pas de trouver un moyen pour lui faire quitter Paris et la France. Plus d'un projet fut conçu et abandonné comme impossible. Un jour, il s'agissait de l'habiller une fois encore en femme, de le conduire en secret jusqu'aux environs d'un port de mer, et de le faire passer en Angleterre sur la barque d'un smogleur. Un autre jour, un général russe se chargeait du fugitif, à la condition qu'on le lui conduirait dans son auberge pendant la nuit et qu'on le ferait cacher dans les profondeurs d'une large calèche. Mais il fallait payer d'abord 8,000 francs, le général russe ayant laissé sa bourse aux mains des croupiers du 113 et des filles du Palais-Royal.

Ces dévouements tarifés parurent suspects. Au reste, le Russe fut le premier à se dédire, son gouvernement ayant voulu savoir le nom du proscrit : la peur de la Sibérie fit taire le besoin d'argent.

Une proposition plus acceptable fut celle-ci. Lavallette prendrait le costume de soldat d'un

---

(1) Une folie douce et triste, beaucoup plus que bruyante, trop souvent sillonnée par des terreurs profondes, sans cause définie, échos lointains des terreurs sans nom que lui avait infligées pendant près d'un mois la cruauté inconsciente de ce pauvre Bellart. On se fera, au reste, de Mme Lavallette, une idée assez complète, en regardant son portrait, peint par Berthon, alors que délivrée du secret et de ses inquiétudes pour la vie de son mari, elle attendait paisiblement l'issue d'un procès ridicule. La tête est charmante, non de cette beauté souveraine ou de ces grâces triomphantes par qui sortaient de pair quelques-unes de ses illustres contemporaines, les Joséphine, les Pauline, les Tallien, les Récamier, mais par un charme d'expression douce, calme, pure. L'œil gris bleu au regard franc et un peu vague, la chevelure châtain doré, le sourire triste, une bouche correcte, composent un ensemble harmonieux de beauté plus régulière qu'éclatante, sympathique plutôt que piquante. On cherche en vain dans ces traits un peu mous l'indice matériel de cette énergie qu'elle développa pour sauver son mari. Mais on sait les miracles de volonté que peut réaliser la passion chez la plus faible femme, et, d'ailleurs, quand Berthon peignit Mme de Lavallette, le ressort vital était chez elle détendu, ou, pour mieux dire, à jamais faussé.

bataillon de Bavarois prêt à quitter la France;
l'officier qui commandait ce détachement paraissait sûr, et sauver le parent et l'ami du prince
Eugène eût été pour lui une recommandation auprès de l'excellent roi de Bavière. Mais il fallut
encore renoncer à ce plan. La police l'avait éventé
à l'avance, et le bataillon était si bien surveillé,
les officiers furent tellement circonvenus, qu'il
n'y fallut plus penser (1).

Enfin, au bout de dix-huit jours passés dans la
mansarde de la rue du Bac, M. Baudus vint trouver Lavallette, les yeux étincelants de joie : —
« Nous allons enfin réussir, lui dit-il en l'embrassant; cette fois, ce sont des Anglais qui s'offrent à
vous sauver, et leur but n'a rien que de noble.
C'est pour eux une question d'humanité et d'honneur national. Je crois qu'ils y parviendront. »

C'était encore Mme de Vaudemont-Lorraine qui
avait trouvé ces libérateurs. Inquiète de savoir Lavallette à Paris, bien qu'elle ignorât son asile, elle
confia son chagrin à Mme de Saint-Aignan, une
Caulaincourt, bonne et spirituelle personne, pleine
de cœur et d'énergie. Mme de Saint-Aignan pensa
aussitôt à un jeune Anglais qui lui avait été présenté, sir Bruce.

Le 31 décembre, ce jeune gentleman, que la
noblesse de son caractère, sa fortune indépen-
dante, et l'active sympathie qu'il avait déjà té-
moignée au maréchal Ney, désignaient à la confiance de Mme de Saint-Aignan, reçut, entre sept
et huit heures du matin, des mains d'un inconnu,
un billet anonyme portant en substance :

«Monsieur, j'ai tant de confiance en votre loyauté
que je veux vous faire part d'un secret que je ne
puis dire qu'à vous. M. de Lavallette est encore à
Paris; je mets sa vie entre vos mains; vous seul
pouvez le sauver. »

Bruce était encore au lit. Cette lettre le jeta
dans le plus grand étonnement. Il connaissait fort
peu Lavallette, qu'il avait aperçu une fois ou deux
chez la duchesse de Saint-Leu. Mais, comme tous
les gens de cœur, il était transporté d'admiration
pour le dévouement de Mme Lavallette. Après y
avoir rêvé quelque temps, il dit au porteur du
billet : « Je ne puis répondre pour le moment,
« mais si la personne qui m'écrit veut se trouver à
« tel endroit... à telle heure... je lui ferai part de
« mes réflexions (2). »

Les réflexions de Bruce ne furent pas longues.
On faisait appel à son humanité, et le crime qu'il
s'agissait d'empêcher devait retomber en déshonneur sur l'Angleterre. Il n'hésita pas, et, vers midi,
se rendit à l'endroit indiqué. L'intermédiaire s'y
trouva. Bruce lui dit : «Je ferai mon possible pour
sauver Lavallette, mais il ne faut compromettre
qui que ce soit. Je ne veux pas connaître le nom de
la personne qui m'a écrit; je ne veux même pas
que vous me disiez où est caché Lavallette. Laissez-
moi d'abord aviser au moyen de le sauver. »

Bruce aurait voulu pouvoir seul le sauver, mais

il en reconnut bientôt l'impossibilité. Peut-être
même devrait-il se garder d'agir directement lui-
même, ses sympathies pour Ney l'ayant désigné
aux soupçons de la police. Il était encore dans
cette perplexité, lorsque le 2 janvier, un de ses
amis, le général Wilson, vint le voir. Il eut aussitôt l'idée de lui communiquer son projet, mais il
réfléchit qu'il s'agissait du secret d'autrui, et il se
contenta de lui dire : «Je voudrais bien vous communiquer quelque chose, mais auparavant il me faut
l'assentiment de la personne qui m'en a parlé. »

Wilson lui demanda si c'était une bonne ou une
mauvaise nouvelle. « Désagréable, répondit Bruce,
mais nous en parlerons demain. »

Dans la soirée, Bruce revit l'intermédiaire et en
obtint aisément la permission de s'ouvrir à Wilson.

Celui-ci étant revenu chez Bruce, le lendemain
matin, 3 janvier, Bruce lui raconta ce qu'il savait
de Lavallette. « Il se remet, dit-il, entre nos
mains. Comment faire pour le sauver? »

Cette confidence excita la surprise de Wilson :
«Ah! mon Dieu, s'écria-t-il, vous aviez bien raison de me dire hier que c'était une nouvelle
désagréable! Je le croyais bien hors de France, et
il est encore à Paris!..... » Ici, Wilson éprouva
les mêmes inquiétudes que Bruce, non qu'il eût
mauvaise opinion de l'action en elle-même, il n'y
voyait que le salut d'un homme; mais il craignait
d'échouer et que l'on n'imputât le défaut de succès à imprudence ou maladresse.

Cependant il n'hésita point à répondre à l'ouverture que venait de lui faire son jeune ami,
«qu'il y songerait mûrement, et qu'ensuite ils en
reparleraient. »

Depuis quelque temps, Bruce et Wilson s'étaient
aperçus qu'ils étaient, pour la police française,
un objet d'inquiétude et de surveillance, et cette
observation, qui les engageait à plus de circon-
spection, leur fit sentir la nécessité d'intéresser un
tiers à leur entreprise.

Wilson proposa à l'un de ses compatriotes, sir
Ellister (1), d'accompagner Lavallette jusqu'à la
frontière. Cet officier, car il appartenait également
à l'armée anglaise, accepta la mission, mais
il ne put obtenir un congé de son régiment.

Le jeudi 4, Wilson parla de cette difficulté à
Bruce et lui dit : «Je vois bien qu'il faudra que
j'accomplisse moi-même la commission. Cela sera
plus difficile, mais je m'en chargerai. » Ils con-
vinrent donc que Bruce demanderait à l'intermédiaire la mesure de la taille de Lavallette, et que
Wilson se procurerait les passe-ports.

Ici, laissons parler Wilson lui-même :

« Il fut arrêté que le fugitif porterait l'uniforme
anglais; que je le conduirais hors des barrières
dans un cabriolet anglais, portant moi-même l'uniforme; que j'aurais un cheval de relai à la Chapelle, et me dirigerais de là sur Compiègne, où
Ellister se rendrait avec ma voiture, dans laquelle
je monterais ensuite avec Lavallette, pour gagner
Mons par Cambrai. Je n'eus point de difficulté à
me procurer, auprès de lord Stuart, sur ma demande et sur ma responsabilité, des passeports
pour le général Walys et le colonel Laussac, que
nous avons choisis parce que leurs noms ne sont
pas précédés de prénoms. Ces passeports furent
contresignés par le ministre des Affaires étran-

<hr>

(1) On voit que M. Dupin aîné est dans le faux quand il dit
dans ses *Mémoires :* « On s'affermit dans l'idée que Lavallette a
passé en pays étranger... On cesse, pour ainsi dire, de penser à
lui... On était convaincu qu'il n'était plus possible de l'atteindre. »

(2) Nous avons, pour nous guider dans cette partie de notre
récit, outre les *Mémoires* de Lavallette, une relation par M. Dupin aîné, intitulée : *Comment M. de Lavallette est sorti de
France après son évasion de prison. Paris, Fain,* in-8°, et la
relation secrète et confidentielle, écrite par sir Wilson, un des
amis de Bruce, relation qui est devenue pièce au procès. Nous
avons fondu ces récits divers en un récit unique.

(1) Ellister ou Willis : ces deux noms cachent l'héritier d'un
des plus beaux noms d'Angleterre. H. Churchill.

gères ; mais, lorsqu'on les présenta à la signature, un des secrétaires demanda à Hutchinson quel était ce colonel Laussac ; il répondit aussitôt : c'est le frère de l'amiral.

« Cet objet rempli, Ellister prit le passeport du colonel Laussac (1), et se procura des chevaux de poste pour la voiture ; et, afin d'éviter tout soupçon, il prit un appartement et une remise à l'hôtel du Helder, sous le nom du colonel Laussac. Bruce apprit heureusement que la brigade du général Brisbane était à Compiègne, et que son aide de camp quitterait Paris le lendemain, 7 du mois, pour se rendre à Compiègne avec les chevaux et les bagages du général, qui était alors en Angleterre. Nous vîmes l'aide de camp (capitaine Fennell) chez Bruce, où nous lui avions donné rendez-vous, et nous lui dîmes que des circonstances très-particulières nous mettaient dans la nécessité de passer par Compiègne, avec une personne qui voulait rester inconnue. Nous aurons besoin de rester une heure ou deux dans un quartier retiré. Il répondit, avec grâce, qu'il s'en fiait entièrement à nous ; que son existence dépendait de la conservation de son état, mais qu'il n'hésiterait jamais d'accéder à nos propositions, et surtout lorsqu'il savait que nous étions intéressés dans l'affaire. J'avoue qu'il me répugnait d'impliquer une pareille personne dans l'affaire. Mais la cause était trop importante pour m'arrêter à cette considération, et je conçus l'espérance qu'un jour viendrait où il me serait possible de reconnaître ce service.

« Bruce se procura la mesure de Lavallette, et Hutchinson la donna à un tailleur, comme étant celle d'un quartier-maître de son régiment qui avait besoin d'une redingote, d'un gilet et d'un pantalon, et qui en avait besoin de suite. Le tailleur fit l'observation que la mesure n'avait pas été prise par un homme du métier (2) ; son observation m'effraya, au point que je crus devoir renvoyer Hutchinson lui dire que le quartier-maître ne pouvant pas attendre jusqu'au samedi soir, il fallait que les habits fussent emballés avec soin, et qu'on les lui enverrait après son départ. Hutchinson et Ellister prirent, en outre, toutes les précautions nécessaires relativement aux chevaux, et furent se promener le jour précédent pour reconnaître les barrières.

« Toutes les précautions prises pour éviter les accidents, il fut définitivement conclu que Lavallette se rendrait chez Hutchinson, le dimanche 7 janvier au soir, à neuf heures et demie précises ; et que, le lendemain, à sept heures et demie aussi précises, je me trouverais à la porte dans le cabriolet de Bruce, avec mon domestique, me suivant sur une jument bien équipée, comme si j'allais passer une inspection ; que Hutchinson se tiendrait à côté du cabriolet, faisant la conversation avec nous ; et que, dans le cas où il surviendrait quelque embarras, Lavallette monterait sur son cheval et moi sur la jument, afin de pouvoir agir plus librement et gagner de vitesse. J'aurais certainement préféré passer les barrières à cheval ; mais nous pensions qu'un chapeau à la française pourrait attirer l'attention, et que le passage de la barrière en plein jour, et dans un cabriolet découvert, où l'on serait en évidence, annoncerait trop d'assurance pour donner lieu aux soupçons. »

(1) Les *Mémoires* de Lavallette disent Lossack.
(2) C'était le jeune Stanislas Bresson qui l'avait prise.

Lavallette ajoute, dans ses *Mémoires*, que M. Baudus lui apporta des instructions très-détaillées pour son habillement. Point de moustaches, une perruque à l'anglaise, la barbe faite avec soin, selon l'usage des officiers de cette nation, une redingote aux boutons de la garde anglaise. L'uniforme et la coiffure devaient lui être fournis au moment du départ.

Pendant que les Anglais s'occupaient du costume, M. Bresson alla, de son côté, acheter une redingote aux piliers des halles ; mais il n'avait osé la prendre qu'à sa taille, longue et mince, en sorte qu'elle ne put servir.

Lavallette n'avait pas de bottes, et toute l'imagination du fugitif et de ses hôtes n'alla pas jusqu'à trouver le moyen de s'en procurer. Il fallut se contenter de celles de M. Bresson, dont le pied était d'un quart plus grand que celui de Lavallette. C'est à peine si celui-ci pouvait marcher avec ces chaussures de géant, et cela les fit beaucoup rire.

C'est le 7 janvier 1816, à huit heures du soir, que Lavallette prit congé de ses hôtes. Tous étaient profondément émus. Après les avoir serrés une dernière fois sur son cœur, Lavallette se laissa conduire, par MM. Bresson et Baudus, au coin de la rue de Grenelle, où se trouvait un cabriolet, le cabriolet du fidèle M. de Chassenon.

La voiture traversa le Carrousel. Lavallette ne put s'empêcher de sourire en passant le long des nombreuses sentinelles qui bordaient la grille des Tuileries. Le château était illuminé, et il y avait là bien des gens qui s'occupaient de lui.

On arriva rue du Helder ; là, M. de Chassenon fit ses adieux à Lavallette, qui monta lentement l'escalier du capitaine. Il fut fort étonné d'y rencontrer une de ses parentes, Mlle Dubourg, à qui il n'eut garde de se faire reconnaître. Elle se rendait chez M. Dupuy, le Juge d'instruction, qui habitait le second étage de la maison. Lavallette allait ainsi, sans le savoir, passer la nuit sous le même toit que le magistrat qui avait instruit son procès. Mais cette coïncidence étrange n'était pas un danger. M. Dupuy était un homme loyal, qui considérait Lavallette comme innocent, et qui, depuis un mois, ne se gênait pas pour le dire à qui le voulait entendre, avec un courage bien rare à cette époque, et qui aurait pu lui coûter cher.

Wilson raconte ainsi la présentation :

« L'heure arrivée, Hutchinson, Ellister, Bruce et moi, nous nous réunîmes dans l'appartement de Hutchinson, sous le prétexte d'une partie de punch ; et, aux moments (*sic*) où il devait offrir Lavallette à nos regards, Bruce, s'avançant sur l'escalier, Lavallette le prit par la main et nous vîmes, devant lui et nous, ce personnage intéressant. Il était revêtu d'un uniforme bleu, et assez bien déguisé pour passer sans être remarqué dans l'appartement d'un Anglais. L'ami qui le conduisait n'entra pas dans l'appartement, mais il remit à Hutchinson une paire de pistolets à deux coups pour Lavallette. Celui-ci, d'abord, parut très-ému ; mais nous ne lui permîmes pas de donner cours aux sentiments de la reconnaissance, et, peu d'instants après, Ellister et moi, nous nous retirâmes et le laissâmes aux soins de Hutchinson et de Bruce. »

Racontons la scène, avec quelques autres détails, d'après les *Mémoires* de Lavallette, et d'après la *Notice* de M. Dupin aîné.

Quand Lavallette sonna à la porte de l'appartement de Hutchinson, Bruce, qui ouvrit lui-même, lui frappa sur l'épaule, en disant : « *Goddam!* pourquoi venez-vous si tard ? il y a déjà long-temps que nous vous attendons. Nous avons déjà bu notre premier bowl de punch. » Et, en même temps, le prenant par dessous le bras, il le fit entrer.

Deux minutes s'étaient à peine écoulées, qu'on sonne ; un homme entre dans la première pièce et demande le colonel Laussac. « Priez le colonel de venir, » dit Hutchinson à son domestique. Ce dernier, qui, sans être dans le secret, avait entendu donner à Ellister le nom de Laussac, va lui dire qu'on le demande. Ellister se présente, regarde l'homme et lui dit : « Je ne vous connais pas. » L'homme, de son côté, reste ébahi, car c'est Lavallette qu'il demande sous ce nom. Cependant, Hutchinson, inquiet de cette visite suspecte, pousse doucement l'homme du côté de la fenêtre, et, tout en le poussant, aperçoit, sous sa redingote, un pistolet à canon double, dont il se saisit brusquement. Au lieu de se plaindre de cette violence, l'inconnu se contente de dire : « Je vois que vous êtes de nos amis ; vous êtes un homme ...éreux. » Et il se retire.

Fort peu rassuré, Hutchinson rentre dans la pièce où se trouvait Lavallette, lui raconte l'épisode, et Lavallette reconnaît le pistolet qu'il avait laissé dans le cabriolet, et que vient de lui rapporter M. de Chassenon.

Après cette alarme, la conversation s'engagea. Elle fut calme et digne, comme il convient entre

« ... Vous savez, Madame, que vous avez une visite à faire au Président. » (Page 18.)

gentlemen. On parla des affaires de l'Europe avec autant de sangfroid et de liberté que si l'on eût été dans un salon de Grosvenor-Square. Quant au voyage du lendemain, il n'en fut question que pour en affirmer le succès à l'avance.

Après une heure d'entretien, Ellister (1), Bruce et Wilson se retirèrent, et le général, en secouant la main de Lavallette, lui dit : « Soyez levé demain à six heures ; faites une toilette soignée ; il y a ici un habit de capitaine aux gardes dont vous vous couvrirez : à huit heures précises, je vous attends à la porte. — Moi, dit Bruce, je vais passer trois jours à la campagne de la princesse de la Moskowa, car vous n'avez plus besoin de moi. Mes vœux vous accompagneront, et j'aurai de vos nouvelles par mes amis. »

Après leur départ, Hutchinson offrit son lit à

(1) Lavallette ne nomme pas ici Ellister ; il n'en fera mention qu'une fois, au moment de l'arrivée de la berline à Compiègne, et il le nommera *Willis.*

son hôte. Mais l'inquiétude tenait Lavallette éveillé ; il se contenta d'un canapé, sur lequel il s'étendit. Hutchinson ne tarda pas à s'endormir d'un profond sommeil. Lavallette, assiégé d'idées sinistres, faisait, à bas bruit, la reconnaissance de cet appartement. Où se cacher en cas d'alerte ? Pas un coin ; impossible d'y échapper aux recherches de la police. Il ouvrit la fenêtre ; elle était trop élevée pour espérer de pouvoir se sauver après la chute, trop basse pour espérer d'être tué sur place.

Alors, Lavallette se souvint du pistolet que lui avait donné M. de Chassenon ; il le prit, en vérifia soigneusement l'amorce, et le plaça sous son oreiller. Il s'endormit enfin ; mais, vers une heure du matin, un bruit de voix animées le réveilla. Cela venait de la porte cochère. Lavallette prêta l'oreille, et comprit qu'il s'agissait d'entrer dans la maison. « Je crois que je suis découvert, dit Lavallette au capitaine ; levez-vous, je vous prie, on veut entrer dans la maison. »

Hutchinson sortit tranquillement, et revint, disant : « C'est une dispute de la portière avec un officier français qui loge au troisième étage. Elle se plaint qu'il rentre trop tard. Ainsi, dormons tranquillement. »

Ici, nous reprenons le récit de Wilson :

« Le lendemain, à sept heures et demie, je me trouvai à la porte de Hutchinson; en cinq minutes, j'étais monté pour appeler Lavallette, et nous étions en route pour gagner la barrière de Clichy. Nous rencontrâmes un officier anglais qui parut surpris de voir un officier général qu'il ne connaissait pas; mais mon domestique évitait toute question. (Il faisait un temps magnifique, ajoutent les *Mémoires :* toutes les boutiques étaient ouvertes, beaucoup de monde dans les rues. Par un singulier hasard, on dressait, ce jour-là, sur la place de Grève, le poteau qui servait à l'exécution en effigie des contumaces.)

« Je passai la barrière d'un pas modéré. Les gendarmes nous regardèrent fixement; mais la présentation des armes le mit à même de couvrir son profil par son salut. Quand nous eûmes franchi la barrière, Lavallette pressa sa jambe contre la mienne; et, lorsque nous fûmes hors d'observation, tout son visage parut rayonnant à cette dernière faveur de la fortune.

« Le chemin était couvert de toutes sortes de gens; mais, lorsque nous rencontrions des diligences, j'engageais la conversation bien haut en anglais, et je remarquais que mon chapeau garni d'un plumet blanc, et que Lavallette tenait à la main, attirait les regards des voyageurs et nous dérobait à la curiosité.

« Lavallette a des traits si prononcés, et sa figure est si bien connue des postillons et des maîtres de poste, que la plus grande précaution était nécessaire.

« A la Chapelle, où nous relayâmes, nous eûmes un moment d'alarme, à la vue de quatre gendarmes qui rôdaient auprès de nous.

« Hutchinson, questionné par eux, nous en débarrassa en leur répondant que nous allions choisir des cantonnements pour une division anglaise.

« Nous fûmes obligés de passer auprès d'autres gendarmes qui avaient des affiches de signalement de Lavallette; et c'est ici l'occasion de remarquer que ces affiches avaient été distribuées à presque tous les individus de France.

« En approchant de Compiègne, j'aperçus quelques cheveux blancs qui sortaient de dessous la perruque de Lavallette; me trouvant heureusement avoir des ciseaux sur moi, je lui fis la toilette en chemin.

« A l'entrée de Compiègne, nous trouvâmes le sergent annoncé par le capitaine Francis, qui nous conduisit par la ville, dans un quartier très-heureusement choisi; car nous ne fûmes point incommodés par les spectateurs des rues. Personne ne nous vit entrer, excepté les soldats et domestiques anglais qui nous servirent; et, tandis que nous attendions Ellister avec sa voiture, M. F. (Fennell) nous offrit une collation.

« Enfin, à la nuit tombante, ainsi qu'il avait été convenu, Ellister arriva avec la voiture, qui était sortie de Paris par la barrière Saint-Denis, suivie jusqu'à la Chapelle par les gendarmes. Je fis allumer les lampes, autant pour assurer notre route, que pour montrer que nous étions tranquilles, et, ayant pris congé de nos amis, nous nous mîmes en route, bien armés et bien décidés à faire résistance, si nous rencontrions quelques obstacles. Nous fûmes souvent questionnés aux relais; mais M. le colonel Laussac se tenait bien en arrière, et j'avais bien soin de couvrir la portière. *Une voiture anglaise et le général anglais* toujours dans la bouche de mon domestique et du postillon, étaient d'un très-bon effet.

« Je dois faire remarquer que nous ne prîmes que trois chevaux et un coureur, pensant que quatre montreraient trop d'impatience, ou au moins un trop grand besoin de célérité, et qu'il était bon, d'ailleurs, d'éviter les regards de l'homme qu'il aurait fallu prendre, et qui aurait pu être un argus pour nous.

« Nous n'éprouvâmes aucun retard jusqu'à Cambrai. Nous perdîmes trois heures aux portes, par la faute de la garde anglaise, qui, n'ayant point d'ordre pour appeler le portier, ne voulut pas se rendre à tout ce que nous pûmes lui dire : négligence qui déjà a eu de grands inconvénients pour les communications du Gouvernement, et qui aurait pu nous être funeste. »

Les *Mémoires* nous renseigneront plus complétement sur les derniers incidents du voyage. En voici la substance :

On arrivait à Valenciennes, dernière ville de France, sur cette route. Le maître de poste invita les voyageurs à porter leurs passe-ports, pour les faire viser, chez le capitaine de gendarmerie !

« Vous n'avez pas lu nos qualités, dit tranquillement le général; que ce capitaine vienne, s'il veut nous voir. »

Le maître de poste prit les passe-ports et alla lui-même chercher le visa. Il tarda beaucoup à revenir; Lavallette était dévoré d'inquiétude. Allait-il se noyer au port? Si cet officier de gendarmerie allait venir vérifier les signalements lui-même, s'il allait le reconnaître! Heureusement, le temps était très-froid; le jour commençait à peine; l'officier resta couché et signa.

La voiture franchit les portes. Sur le glacis, un douanier voulut s'assurer aussi si les voyageurs étaient en règle. Sa curiosité satisfaite, les chevaux s'élancèrent sur la route de Belgique.

De temps en temps, Lavallette regardait par la lucarne de la berline, pour voir si on ne courait pas après lui; son impatience augmentait à chaque tour de roue. Le postillon leur avait montré à l'horizon une grande maison, qui était la douane belge; là finissait la France et commençait le salut. Les yeux fixés sur ce bienheureux bâtiment, Lavallette s'en voyait toujours aussi éloigné. Ce postillon n'avançait pas; le fugitif avait honte de son impatience, et ne pouvait la modérer.

Enfin, on l'atteignit. Lavallette était sur le territoire belge; il était sauvé !

Il pressa les mains du général, et lui exprima, avec une profonde émotion, toute sa reconnaissance. Mais celui-ci, toujours grave, souriait sans répondre. Après une demi-heure seulement, il se tourna vers Lavallette, et, avec un flegme tout anglais, lui fit cette question tout anglaise :

« Ah çà ! mon cher ami, expliquez-moi pourquoi vous ne vouliez pas être guillotiné ? »

Lavallette le regardait, surpris, sans répondre.

— « Oui, on m'a dit que vous aviez demandé, comme une faveur, d'être fusillé? — Mais on conduit le condamné dans une charrette, les mains liées derrière le dos, et, quand il est sur l'échafaud, on l'attache sur une planche qu'on abaisse, et on le glisse ainsi sous le couteau. — Ah ! je comprends, vous ne vouliez pas être égorgé comme un veau. »

On arriva à Mons vers trois heures ; là, Wilson et Lavallette dînèrent, et on s'occupa des arrangements nécessaires au voyage ultérieur de Lavallette. Wilson écrivit plusieurs lettres, une pour le roi de Prusse, une pour M. Lamb, ministre d'Angleterre à Munich. Puis, il prit congé du fugitif, et revint à Paris par la route de Maubeuge, Soissons et la porte Saint-Martin, après une absence de soixante heures.

Lavallette était sauvé.

La police, cependant, avait mis la main sur tous ceux qu'elle considérait comme complices de l'évasion de Lavallette, et, toujours persuadée qu'il n'avait pu quitter Paris, redoublait d'activité pour retrouver sa trace.

Elle la trouva bientôt, mais trop tard pour ressaisir sa proie. Ce fut une imprudence de Wilson qui fit connaître l'évasion de Lavallette. Tout entier à la joie du succès, Wilson, à peine de retour à Paris, fit par écrit la relation de son voyage à Mons et l'envoya à lord Grey, son ami, l'illustre chef du parti whig, le grand ministre qui, jusqu'à 1807, avait si dignement recueilli l'héritage politique de Fox. C'est cette lettre dont nous avons placé de nombreux passages sous les yeux du lecteur ; elle se terminait ainsi :

« N'ayant été absent que soixante heures, mon voyage n'a pas dû être beaucoup remarqué, et, jusqu'ici, je n'ai à craindre aucune conséquence fâcheuse de mon entreprise. Je n'ambitionne pas l'emprisonnement ni la perte de mon état, mais *je m'étais résigné à tous les deux, et même à plus*, avant de m'embarquer dans cette entreprise. Mais il n'y a pas d'apparence que j'aie à regretter une tentative qui a si complétement réussi.

« J'ai quelquefois eu l'idée de communiquer confidentiellement au duc d'York ce que j'ai fait, afin de ne pas encourir le soupçon de conspirer clandestinement ; mais je crains de compromettre ceux dont je suis obligé de défendre les intérêts, et, par conséquent, je me borne, pour le moment, à vous faire part de ce qui s'est passé, en vous priant de faire parvenir cette lettre à mon frère, à Arundel, lorsque vous l'aurez lue, n'ayant pas le temps de lui écrire, et craignant, dans le fait, d'envoyer à son adresse une lettre à ce sujet.

« J'ai dû, comme vous le pensez, obtenir des renseignements d'un grand intérêt, mais je dois attendre, pour vous en faire part, que je vous écrive de nouveau, et par des occasions sûres.

« Je serais bien aise que lord Holland fût instruit de ce qui s'est fait, car il connaît Lavallette et s'est intéressé pour lui ; je l'ai dit à ce dernier, qui l'a appris avec reconnaissance.

« Lavallette lui enverra sa protestation relative à la convention, et réclamera sa protection, dès que Mᵐᵉ Lavallette sera sortie de prison et sera en sûreté.....

« Je viens d'apprendre que Soult doit être porté sur la première liste, et que les princes font tous leurs efforts pour assurer sa condamnation et son exécution ; comme cette nouvelle vient de quelqu'un qui est dans la confidence de Feltre, j'en avertirai Soult.

« Pour toujours, mon cher lord, bien sincèrement,
« ROBERT WILSON. »

Pendant que Wilson rédigeait cette belle et imprudente lettre, les agents du comte Anglès, toujours en observation autour de tous ceux qui avaient eu quelque rapport direct ou indirect avec Lavallette, remarquèrent dans la cour de l'hôtel qu'habitait Wilson une chaise couverte de boue. Qui avait voyagé là dedans ? La portière de l'hôtel, interrogée, répondit que c'était le général anglais, que son absence avait duré trois jours à peine. Où avait-il été ? Elle ne savait.

Cela parut suspect. Wilson avait un jeune groom, qu'il avait choisi pour l'accompagner dans sa course à Mons, par cette raison que ce garçon ne savait pas un mot de français. On détacha au groom un agent polyglotte, qui l'emmena chez un marchand de vins boire d'un excellent claret. Le vin de Bordeaux délia la langue du jeune drôle, qui raconta à l'espion son récent voyage, en compagnie d'un officier habillé en Anglais, qui ne parlait pas anglais. L'agent se fit dépeindre cet étrange voyageur, et n'eut pas de peine à reconnaître Lavallette.

Un mandat de perquisition n'eût peut-être fourni aucune preuve ; on préféra saisir la correspondance du général, et, comme le groom était chargé de porter les lettres de son maître à l'ambassade anglaise, on acheta le groom. Moitié menaces, moitié corruption, le jeune misérable consentit à trahir son maître, et la première dépêche qu'il porta à la Préfecture de police contenait le récit fait à lord Grey.

Les Anglais furent arrêtés immédiatement, à l'exception du mystérieux Ellister, dont la police ne put réussir à percer le pseudonyme.

Ceci se passait le 11 janvier 1816. Les trois Anglais furent compris dans l'instruction déjà terminée contre les auteurs ou complices présumés de l'évasion, les deux procédures jointes, attendu la connexité.

Ces prévenus étaient : 1º Mᵐᵉ *Lavallette* ; 2º la veuve *Dutoit* ; 3º le valet de chambre *Benoît Bonneville* ; 4º *Guérin*, dit *Marengo*, l'un des porteurs de la chaise ; 5º *Chopy*, second porteur ; 6º le guichetier *Eberle* ; 7º le concierge *Roquette de Kerguidu* ; et, à partir du 11 janvier, 8º *Wilson*, 9º *Bruce* ; 10º *Hutchinson*.

Le Tribunal de première instance de Paris statua, par ordonnance du 2 mars, sur l'ensemble du procès. À l'égard de « *la femme Lavallette*, considérant qu'*il n'existait pas contre elle des indices suffisants* d'une coopération criminelle à l'évasion de son mari, » le Tribunal déclara qu'il n'y avait lieu à suivre contre elle, *quant à présent*.

Fiction transparente ! On n'osait pas avouer qu'une femme ne peut être coupable de sauver son mari ; on n'osait pas mettre l'héroïne purement et simplement hors de cause.

Quant aux autres complices du 20 décembre, voici ce qu'avait trouvé l'instruction. Le concierge Kerguidu n'était évidemment coupable que de négligence ; mais Eberle, les porteurs, les deux domestiques de Lavallette, parurent suspects de connivence.

On se rappelle que le condamné, une fois parvenu dans la cour de la Conciergerie et installé dans la chaise à porteurs, avait dû attendre les porteurs pendant deux terribles minutes. Les deux porteurs étaient, d'ordinaire, un nommé Guérin, dit Marengo, et un nommé Laporte. Le 20 décembre, Laporte se trouva malade ; Marengo dut remplacer son camarade, et choisit à cet effet le commissionnaire Brigaut. Les porteurs étaient dans l'usage de conduire M᷾ᵐᵉ Lavallette jusque dans la cour de la Conciergerie ; mais, ce jour-là, elle se fit arrêter dans la cour du Palais de Justice, et s'achemina à pied vers la grille de la Conciergerie. La chaise fut rangée près du mur du Palais, et les porteurs allèrent attendre dans le corps de garde de la gendarmerie. L'heure du départ arrivée, Bonneville, après avoir pris les ordres de Lavallette, quitta l'avant-greffe pour s'assurer des porteurs ; il les trouva au corps de garde et les invita à venir boire avec lui. Guérin ne se fit pas prier, mais Brigaut ne céda que sur les instances de Guérin. Chemin faisant, Bonneville leur dit : « Camarades, il y a vingt-cinq louis à gagner ; vous serez un peu plus chargés ; il faudra aller un peu plus vite et nous n'avons que peu de chemin à faire. — C'est donc M. Lavallette que nous allons porter, dit Brigaut. — Cela ne vous regarde pas ; allez toujours. » Brigaut refusa de se compromettre. « Tu n'es pas un homme, » disait Bonneville. « Mais puisque Monsieur assure qu'il n'y a rien à craindre, » disait Guérin. Rien n'y fit : Brigaut voulait savoir ce qu'on demandait de lui, et, ne le devinant que trop bien, il jeta ses bricoles et partit.

Il n'y avait pas de temps à perdre. Guérin-Marengo avisa un charbonnier qui buvait sur le comptoir avec deux camarades ; il lui proposa les bricoles : celui-ci accepta. Arrivés dans la cour du Palais, au bord de l'escalier qui conduisait à la Conciergerie, ils trouvèrent la chaise, dont l'entrée regardait la prison. On plaça le charbonnier Chopy par derrière, de manière à ce qu'il ne vit pas qui entrerait dans la chaise. On sait le reste.

Chopy n'avait donc été qu'un instrument aveugle. Bonneville et Guérin, si le récit de Brigaut n'était pas mensonger, étaient du complot.

Pour Eberle, pendant que Lavallette s'éloignait dans la chaise, il emmenait un de ses camarades, le guichetier Bogiscar, boire de l'eau-de-vie, en lui disant des personnes qui accompagnaient la chaise : « C'est singulier, ces trois êtres-là ne me parlent pas. » Rencontré par Kerguidu fils à son retour avec Bogiscar, Eberle, au lieu d'exécuter l'ordre que lui donnait le jeune homme et de se mettre à la poursuite de la chaise, était rentré à la prison et s'était rendu à la chambre de Lavallette, sous le prétexte de s'assurer si le prisonnier s'était réellement évadé. En sortant, il avait dit à ses camarades, d'un ton significatif : « Il y a toujours quelqu'un d'enfermé dans la chambre, et celle qui y est n'en sortira pas sans ordre. » C'est alors qu'Eberle fut arrêté. Deux heures après, comme il disait qu'il était bien facile de reconnaître le déguisement, parce que M᷾ᵐᵉ Lavallette était plus grande que son mari de la moitié de la tête (1), Kerguidu fils lui demanda pourquoi il n'avait pas fait cette réflexion au moment où elle pouvait être utile : « Le chef était là, répondit Eberle, ça ne me regardait pas. »

L'instruction établit qu'Eberle, attaché au service de Lavallette, comme il avait été précédemment à celui du maréchal Ney, avait reçu de ces prisonniers diverses sommes d'argent à titre de gratification. Eberle n'avouait avoir reçu de Lavallette que cent francs ; mais une perquisition faite à son domicile y fit découvrir une somme de dix-sept cents francs, que sa femme cherchait en vain à soustraire à la vue des agents. Enfin, des contradictions évidentes des réponses d'Eberle, il

<hr>

(1) Ce n'est pas *était*, mais *paraissait* qu'il eût fallu dire.

paraissait résulter qu'il avait dû voir Lavallette déjà déguisé en femme, un instant avant l'évasion.

De la vieille Dutoit, on ne put rien tirer. Quant à M᷾ᵐᵉ Lavallette, elle fut admirable d'énergie et de dévouement à tous ceux qui l'avaient aidée. Elle imputa à elle seule le plan, la conduite et l'exécution de l'entreprise, et fut aussi ingénieuse à s'accuser que d'autres eussent pu l'être pour se défendre.

L'instruction connexe relative au procès des Anglais trouva, dans la relation de Wilson, sa besogne à peu près faite. Quelques lettres de Wilson à son frère Édouard et d'Édouard à Wilson prouvèrent ce que Wilson ne cherchait pas à nier, à savoir que lui et quelques autres Anglais ne ressentaient pour le gouvernement des Bourbons qu'un profond mépris, que, selon eux, l'Angleterre avait perdu sa vieille réputation d'honneur et de loyauté, et avait laissé son nom se couvrir d'opprobre par ses relations avec le nouveau gouvernement de la France ; que les droits du peuple à la souveraineté venaient d'être compromis en Europe, et qu'il n'y avait plus à espérer que dans un vaste mouvement révolutionnaire.

Le zèle peu éclairé des magistrats de première instance se plut à voir dans les conversations politiques échangées entre un général anglais et deux gentlemen retirés dans leurs domaines, au fond de l'Angleterre, un complot contre la sûreté du trône des Bourbons, complot dirigé par Wilson contre le système politique de l'Europe en général, et ayant pour but spécial de détruire ou de changer le Gouvernement français, et d'exciter les habitants à s'armer contre l'autorité du Roi.

Mais l'arrêt de la Chambre d'accusation, à la date du 15 mars 1816, modéra les excès du zèle intempestif des magistrats inférieurs. Cet arrêt, signé de MM. Malleville, Président ; Pinot-Cocheris, Bertin, d'Aubigny, Larricu et de Haussy, Conseillers, ne trouva pas dans l'instruction des charges suffisantes pour établir contre les trois Anglais une prévention de complot, et se contenta à leur égard, comme en ce qui touchait Bonneville, Guérin-Marengo, Eberle, de la prévention de connivence dans l'évasion d'un condamné à mort. Kerguidu père n'était prévenu que de négligence.

Quant à *Louise-Émilie Beauharnais, femme Lavallette*, et *Anne-Marguerite Boylledeu, veuve Dutoit*, l'arrêt reconnut que « l'obéissance passive à laquelle elles se trouvaient réduites par leurs qualités et leurs positions vis-à-vis de Lavallette ne pouvait être considérée comme une participation active et volontaire aux faits de l'évasion. » En conséquence, l'arrêt déclarait définitive la liberté provisoire accordée à M᷾ᵐᵉ Lavallette, et ordonnait la mise en liberté de la veuve Dutoit.

Le porteur Chopy, contre lequel aucune charge n'avait été relevée, avait été mis hors de cause.

C'est le 22 avril 1816 que l'affaire vint à la Cour d'assises de Paris. Ce procès, depuis trois mois, remuait les passions et les curiosités, non-seulement de la France, mais de l'Europe. L'Angleterre, justement fière du rôle qu'y jouaient ses enfants, en attendait le résultat avec anxiété. Les hommes politiques les plus illustres sollicitaient depuis plusieurs jours une place dans la salle d'audience. C'est à cette occasion que, pour la première fois, furent données des cartes d'admission, signées du Président des assises et du Procureur général.

A huit heures et demie, une foule de dames magnifiquement parées, d'hommes revêtus des uniformes les plus divers, s'empare des chaises et des bancs. On remarque dans cet auditoire bigarré l'ambassadeur Ottoman, sir Sidney-Smith, le prince de Masserano, le prince Wolkonski, sir Steward, et, parmi les Français, le duc de Grammont, le comte de Rochechouart, le duc d'Aumont, le maréchal duc de Reggio.

A onze heures, MM. les Jurés prennent leurs places; les témoins et les sept accusés (1) sont introduits. *M. Bruce* est vêtu d'un habit de ville; *sir Hutchinson* et *sir Robert Wilson* portent l'uniforme de leurs grades : ce dernier est décoré de plusieurs ordres, entre autres ceux du Bain, du Croissant, de Sainte-Anne et de Saint-Joseph.

La Cour entre bientôt; elle est ainsi composée : *Président, M.* le conseiller *Desèze fils; Conseillers, MM. Plaisant-Duchâteau, Dupaty, Vannain, Berny* et *Demetz; Officier du Parquet, M. Hua,* Avocat général.

Les accusés sont défendus, savoir : les trois Anglais, par *M⁰ Dupin;* Eberle, par *M⁰ Claveau;* Roquette de Kerguidu, par *M⁰ Blaque;* Benoît Bonneville, par *M⁰ Mauguin;* Guérin, par *M⁰ Conflans.*

Après les questions d'usage et la prestation de serment individuel par les Jurés, *Bruce* se lève, un papier à la main, et se prépare à lire. *M. le Président* l'invite au silence et dit :

« Dans cette cause, plusieurs Anglais se trouvent accusés; ils n'ont pas demandé d'interprète, se fiant sur la connaissance approfondie qu'ils ont de la langue française. Cependant la loi française, *toujours protectrice*, exige qu'il soit donné des interprètes aux accusés étrangers; elle ne veut pas qu'ils puissent former des vœux inutiles dans leur défense; *elle multiplie les sûretés autour d'eux, elle va au-devant de leurs vœux avant qu'ils soient exprimés.* La Cour, en conséquence, nomme d'office, pour interprète dans cette cause, John Roberts. »

L'interprète désigné prête serment; mais Bruce, souriant d'une façon contenue, fait un geste de dénégation poli : « Ce n'est pas çà que je demande, » dit-il, et il insiste pour lire la déclaration suivante :

« Messieurs,

« Quoique soumis à la Loi française pour l'accusation dont nous sommes devenus l'objet, il ne nous a jamais été interdit d'invoquer le droit des gens.

« La réciprocité entre les nations est le premier article de tous les traités; et comme, en Angleterre, les Français accusés ont le droit de réclamer un jury mi-parti de nationaux et d'étrangers, il nous a semblé que le même droit, ou, si l'on veut, la même faveur, ne pourrait nous être refusée en France.

« C'est dans cette vue que nous avons fait soumettre à des jurisconsultes de notre nation diverses questions dont la solution devait attester le droit dont nous parlons.

« Forts de cette décision, nous aurions donc pu réclamer la faveur d'un Jury mi-parti de Français et d'Anglais. Mais, Messieurs, la justice qui nous a déjà été rendue en grande partie par la Chambre d'accusation nous a déterminés à en user autrement.

« Nous nous abandonnons pleinement et sans réserve à la loyauté et à la conscience d'un Jury entièrement composé de Français. Nous ne ferons même aucune récusation.

« Si, du reste, nous faisons de ceci la matière d'une déclaration spéciale, c'est pour exprimer que nous n'entendons renoncer qu'au droit qui nous est personnel, et pour empêcher que, plus tard, on ne s'autorise de la manière dont on aura procédé envers nous contre ceux de nos compatriotes qui, à l'avenir, se trouveraient dans la même situation.

« Nous ne pouvons ni ne voulons préjudicier à leurs droits.

« En foi de quoi, nous avons signé la présente déclaration.

« Paris, ce 22 avril 1816.

« *Signé* WILSON, BRUCE et HUTCHINSON.

« Pour consultation :

« *Signé* DUPIN, avocat. »

On s'attendait à quelque incident de ce genre. Non-seulement les Anglais accusés avaient pour défenseur un jeune légiste fin, savant, retors, procédurier (il ne l'avait que trop montré dans le procès de Ney), mais encore ils représentaient pour ainsi dire, dans cette France à peine arrachée à l'absolutisme et à l'arbitraire impérial, dans cette France qui courbait la tête sous les coups d'une vengeance déguisée en justice, ils représentaient une nation libre, amoureuse du droit, passionnée pour la liberté individuelle. L'Instruction avait eu fort à faire avec eux, non qu'ils cherchassent à tromper la Justice, mais parce qu'ils protestaient en hommes libres contre les violences de parole, contre les calomnies des magistrats instructeurs. C'avait été un étrange spectacle que cette lutte entre une accusation aveugle, infatuée d'elle-même, peu soucieuse du droit de l'individu, qu'elle écrasait sous le droit supérieur d'une société exclusive, et ces trois hommes protestant au nom de leur dignité et de leur liberté. Ils avaient fait publier avant le procès les interrogatoires de l'instruction : M⁰ Dupin avait fait paraître un Mémoire où il battait en brèche le prétendu complot, cette ridicule invention, et le Mémoire, traduit en anglais, s'était vendu à Londres, dans les deux premiers jours, au nombre énorme, pour l'époque, de 10,000 exemplaires. On avait pu lire dans ces publications ces mots, par lesquels Wilson avait coupé court aux efforts d'une instruction inquisitoriale :

« Il paraît qu'on a oublié que je suis Anglais, et qu'on ne connaît pas les droits d'un Anglais. Je fais ma dernière réponse : Que l'on m'accuse, que l'on me mette en jugement; quand je serai devant les tribunaux, je saurai me défendre comme je dois, et soutenir mes droits dans cette circonstance. »

M⁰ Dupin, avec son malicieux sourire, demanda acte de la déclaration produite par Bruce. La Cour et le Parquet se regardaient, pris au dépourvu. Assez ignorants de la législation anglaise, MM. Bellart et de Sèze n'avaient aucune idée des garanties que les accusés pouvaient réclamer. Il leur fallut se concerter pour prendre un parti.

Toute cette petite scène présente plus d'intérêt que le procès lui-même. Insistons-y donc.

---

(1) *Jacques Éberle*, 38 ans, gardien de la Conciergerie; *Jean-Baptiste Roquette de Kerguidu*, 61 ans, greffier-concierge de la Conciergerie; *Benoît Bonneville*, 34 ans, valet de chambre; *Joseph Guérin*, dit *Marengo*, commissionnaire et porteur, 53 ans; *Robert-Thomas Wilson*, militaire anglais, 38 ans; *John-Ely Hutchinson*, capitaine des grenadiers de la garde de S. M. Britannique, 26 ans; *Michel Bruce*, citoyen anglais, 26 ans.

— « Cette déclaration a lieu de nous étonner, s'écrie *M. le Procureur général*. Si quelque chose est attributif de juridiction, c'est un délit; car il attente à l'ordre public, et il n'est point d'Etat qui n'ait le droit, et pour qui même ce ne soit un devoir, de *veiller à sa conservation*..... Si c'est une protestation, vous devez la rejeter; si c'est une déclaration simple, elle est inutile, et je requiers que, sans qu'il en soit donné acte, on passe outre aux débats. »

— « Je ne vois ici, répond Mᵉ *Dupin*, avec une apparente bonhomie, aucune opposition entre les intérêts de mes clients et le Ministère public. Ce n'est pas une protestation contre les débats, c'est une déclaration solennelle par où ils commencent, et par laquelle ils se sont livrés à la loyauté et à la conscience des Jurés français. Il n'y a pas de loi française qui défende que le Jury soit composé mi-parti de Français et mi-parti d'Anglais. Mais il ne s'agit pas de repousser cette prétention, *qui peut être mal fondée*, puisqu'elle n'est pas reproduite, et que la déclaration en contient au contraire le sacrifice. Il ne faut pas en conclure pour cela qu'elle soit inutile, mes clients ne voulant pas qu'il leur soit reproché d'avoir négligé de la faire ; elle est moins pour eux que pour leurs compatriotes, qui pourraient se trouver en pareilles circonstances... Le Jury qui doit les juger doit-il être composé mi-parti d'Anglais et de Français? C'est une question neuve. Ils ne l'élèvent pas pour eux, ils se soumettent pour eux-mêmes à la loi française; mais ils ne doivent pas oublier qu'ils sont Anglais, qu'ils retourneront en Angleterre, et *là, ils veulent jouir du premier honneur pour un citoyen anglais, celui de n'avoir jamais sacrifié, pas même dans les fers, les droits de citoyen anglais*. Cette déclaration ne préjudicie en rien aux droits de la Justice ; on ne doit donc pas en refuser acte. Au surplus, je m'en rapporte à la sagesse de la Cour. »

M. le Procureur du Roi. — « Ou l'on se soumet à la loi, et alors on reconnaît sa juridiction, ou l'on ne s'y soumet pas, et alors on se réserve le droit de la contredire; et c'est ce droit que je repousse *dans l'honneur de la nation*. Peu importe que vous soyez soumis, *de sentiment*, à la loi française, vous l'êtes *de nécessité*. Accusés anglais, *defendite causam*. »

A la bonne heure ! L'organe du Ministère public a eu le temps de se remettre d'une première surprise, et bien qu'un reste d'émotion se trahisse peut-être encore dans ses paroles par l'incohérence et l'impropriété des termes, il est revenu à son ton naturel, qui est celui de l'autorité absolue, infaillible, à son argument privilégié, la loi du plus fort. Mais l'effet est produit : le Jury a reçu l'atteinte; la liberté de l'individu anglais a fait son apparition dans cette enceinte comme un visiteur inattendu, sujet d'effroi et de haine pour les uns, de sympathique curiosité pour les autres. Mᵉ *Dupin* peut se rasseoir et écouter, en souriant, l'arrêt de la Cour, qui, bien entendu, refuse acte aux accusés anglais de leur déclaration, par cette raison que l'exception de réciprocité invoquée n'est admise par aucune disposition du Code d'instruction criminelle.

Après la lecture de l'Arrêt de renvoi, dont on connaît les conclusions, l'Acte d'accusation, rédigé par *M. Bellart*, reprend, discute et adopte ces conclusions de la Chambre du Conseil. Tout en constatant qu'il n'y a pas contre les trois Anglais de charges suffisantes pour établir leur participation à un complot contre la sûreté de l'Etat, le *Procureur général* flétrit, en passant, ces étrangers « imbus de cette doctrine artificieuse qui agite l'Europe depuis un demi-siècle, et qui a produit des fruits si amers en France; ennemis par principe de toute idée d'ordre et de légitimité ; ennemis du pouvoir des rois et du repos des peuples; ennemis de la justice, qui est la base de l'une et de l'autre : de pareils hommes, en guerre avec leur propre gouvernement, ne peuvent respecter le nôtre... Ils ne dissimulaient pas leur haine pour la dynastie des Bourbons, encore moins l'espérance de voir de nouvelles tempêtes agiter l'Europe ; et, pour coopérer au grand œuvre de l'usurpation générale, ils commençaient par faire leurs champions de tous ces grands coupables poursuivis en France. »

Dans ces trois hommes, M. Bellart voit des *indépendants*, qualification qui, dans sa bouche, a la valeur d'une injure, et Wilson pour lui n'est que *cet illuminé Wilson*.

Peut-être ne sera-t-il pas inutile de dire ici, en quelques mots, ce qu'était au juste cet illuminé Wilson. Jamais homme ne fut plus pratique, plus ami de l'action, plus Anglais, moins mystique, que sir Robert Wilson. Whig passionné, partisan bruyant de la reine Caroline à l'époque de son procès (1), adversaire déclaré de Georges IV, il n'en fut pas moins un loyal, habile et utile serviteur de l'Angleterre. Écrivain militaire distingué, il avait commencé par être un brillant officier. A quinze ans, en 1794, il dégageait, par une charge vigoureuse, l'empereur d'Autriche, cerné à Villers-en-Cauchies, près Cambrai. A vingt-sept ans, dans la Péninsule, il se faisait redouter du redoutable Masséna. A Bautzen, à Dresde, à Leipzig, il étonnait les plus braves par sa froide bravoure. Ami d'Alexandre de Russie, de Frédéric-Guillaume de Prusse, de François d'Autriche, décoré de tous les grands Ordres militaires de l'Europe monarchique, il fut surtout un missionnaire politique de premier ordre. A Constantinople, à Saint-Pétersbourg, à Vienne, il représentait l'Angleterre et surveillait l'emploi des ressources accordées par son pays à la grande coalition. Tout cela ne compose pas une figure médiocre. Mais ce qui honore Wilson plus que le talent diplomatique ou le courage militaire, c'est l'élévation de son caractère, c'est sa passion pratique pour l'humanité. En Portugal, il arrache des prisonniers français à la rage d'une soldatesque féroce. A Tarentino, près de Moscou, il sauve la vie au neveu du duc de Feltre. A Wilna, il fait rendre la liberté à Desgenettes, notre illustre médecin militaire. Après le désastre de la Bérésina, il délivre le neveu du prince Talleyrand, tombé aux mains des Cosaques, et partage avec lui sa bourse. Enfin, battu par Ney en Russie, il cherche à sauver Ney en France.

Voilà ce qu'était cet illuminé Wilson.

Quelques extraits suffiront à faire connaître l'esprit des interrogatoires.

M. le Président, s'adressant à l'accusé Bruce. — Vous aviez des liaisons avec le duc de Vicence?

Bruce. — Cela est vrai, Monsieur, mais je ne vois pas ce que peuvent avoir de commun ces liaisons avec l'évasion de M. de Lavallette.

D. Vous avez montré un intérêt très-vif pour le maréchal Ney? — *R*. Cela est vrai, et je suis loin d'en rougir.

Appelé à s'expliquer sur sa coopération à l'éva-

(1) *Voyez* cette Cause.

sion, *Bruce* raconte comment il fut mis en demeure de sauver Lavallette. — « Je m'intéressais vivement à lui, ajoute-t-il, et je me décidai facilement à le servir. Je ne sais pas si j'ai eu tort, mais *je crois que l'honneur et l'humanité ne me permettaient pas de prendre un autre parti*. Je n'aurais mis personne dans la confidence, si je n'eusse pas craint de compromettre, par un excès de confiance dans mes moyens, la sûreté de celui qui s'abandonnait à moi. Je fis part de la nouvelle à un ami *que je ne veux pas nommer*, et qui se fera connaître s'il le juge à propos; il pensa qu'il convenait de la communiquer à un autre ami...

D. Dites-nous ce qui s'est passé dans l'appartement du capitaine Hutchinson, à dater du moment où le condamné Lavallette y est arrivé?

Bruce. — Je n'ai pas nommé le capitaine Hutchinson...

M. le Président. — Mais vous avez rendu publics, par la voie de l'impression, des interrogatoires où vos deux amis se sont fait connaître eux-mêmes.

Hutchinson invite Bruce à le nommer.

Bruce. — Mon ami m'autorise à prononcer son nom; je puis donc maintenant avouer que c'est chez le capitaine Hutchinson que M. de Lavallette a passé la nuit du 7 au 8 janvier.

D. N'avez-vous pas procuré une perruque au condamné Lavallette? — *Bruce.* Je n'ai rien à faire avec la perruque de M. de Lavallette.

Hutchinson avoue avoir escorté Lavallette jusqu'à Compiègne.

M. le Président. — Ce que vous en faisiez n'était que pour obliger vos amis?

Hutchinson. — Point du tout, Monsieur; je n'étais mû que par un sentiment d'humanité.

Wilson déclare s'être chargé de conduire Lavallette hors de France. Hutchinson n'a rien fait que sous son influence.

M. le Président. — Saviez-vous que Lavallette avait été condamné comme complice de Bonaparte, comme ayant fait partie de la faction séditieuse qui avait ramené l'usurpateur?

Wilson. — Je ne regardais point M. de Lavallette comme ayant fait partie d'une conspiration, parce que j'ai toujours été convaincu qu'il n'avait point existé de complot pour faire rentrer Bonaparte en France. Au reste, lorsqu'il a été question, entre mes deux amis et moi, de sauver M. de Lavallette, l'humanité seule a parlé à nos cœurs, et nous n'avons été dirigés par aucune considération politique.

L'interrogatoire des autres accusés n'offrirait au lecteur rien de nouveau ni d'intéressant. Celui d'*Eberle* montre un homme d'intelligence bornée, qui a compris ce qui se passait et a eu ses raisons pour ne point voir; celui de *Roquette de Kerguidu*, un honnête homme, incapable de trahir ses devoirs, dont la pitié a facilité involontairement cette évasion qui lui enlève son gagne-pain. *Bonneville*, malgré ses dénégations, est un serviteur dévoué, qui a tout su, tout préparé. *Guérin-Marengo* a été payé pour participer au salut de Lavallette.

Le premier témoin à décharge entendu est Mme *de Lavallette* elle-même. Elle est vivement émue, et, pendant quelque temps, ne peut prononcer une parole. Enfin, elle trouve la force de dire ces quelques mots : — Les accusés n'ont concouru en rien à l'évasion de M. de Lavallette. Moi seule, j'ai tout fait. Aucun d'eux n'avait connaissance de mon projet; je puis l'attester sur ma conscience.

Sur la demande des défenseurs, Mme *de Lavallette* déclare qu'elle ne sait comment la veuve Dutoit s'est introduite dans la chambre de son mari, qu'elle ne s'était confiée à aucun de ses domestiques, et que M. de Lavallette était déjà travesti, lorsqu'au bruit de la sonnette, Eberle se présenta à la porte de la chambre.

Mlle *de Lavallette* est introduite. M. le Président, aux défenseurs. — La vive émotion du témoin ne lui permettrait pas de répondre à de nombreuses questions. Je vous invite à les abréger.

Me *Claveau.* — Par qui la veuve Dutoit a-t-elle été introduite dans la chambre de M. de Lavallette?

Mlle *de Lavallette.* — Je l'ignore.

L'audition de la jeune fille se borne là.

Le 23 avril, *M. l'Avocat général* prend la parole. Il suffira de quelques citations pour donner le ton de ce Réquisitoire.

« Messieurs les Jurés, dit *M. Hua*, vous connaissez l'événement qui a donné lieu au procès : un condamné à mort s'est dérobé au supplice; il a franchi les portes de sa prison et les frontières de la France. *Heureux si, en fuyant la Justice, il a fui les remords, si les distances le rassurent, s'il a trouvé un lieu où il puisse dire : « Je suis tranquille, » et montrer à découvert un front que la foudre judiciaire a frappé.*

« L'évasion de sa prison a été favorisée par sa femme. Que de bonheur pour elle! Il serait sans mélange, si *l'action qui la glorifie* n'eût compromis personne; mais vous voyez devant vous des hommes qui peuvent être des complices.

« Ce mot *complices* ne m'est pas échappé; et, si l'on demande comment *une action peut être en même temps généreuse et mauvaise, applaudie par l'opinion et réprimée par la Justice*, je dirai que les faits les plus brillants ne sont pas toujours d'une bonté parfaite; que celui-ci est d'une nature mixte; que si l'auteur *a pu se le permettre sans scrupule*, les coopérateurs n'ont pu y participer sans délit.

« En effet, Mme de Lavallette a sauvé son mari. voilà son excuse; elle est placée dans le droit naturel, *qu'il ne faut jamais mettre en opposition avec le droit écrit :* mais, si elle n'a pas agi seule, si son projet est devenu un complot avec d'autres personnes qui y seront entrées par condescendance, par faiblesse, par corruption, peut-être, et, qui sait encore? par cet esprit d'insurrection et de révolte qui cherche des occasions partout, et qui aurait cru trouver dans celle-ci un moyen de désordre utile à ses projets... Oh! alors, et par rapport à eux, le fait se criminalise. Ceux-là, délaissés de toute excuse naturelle, retombent dans le droit ordinaire; ils ont procuré l'évasion d'un condamné, et la loi dit que ce fait est coupable. »

Il est facile de surprendre, dans cet exorde pénible, la gêne de l'honnête homme forcé, enfin, d'admirer ces actes d'héroïsme que le magistrat condamne. Mais de quel poids ces aveux tardifs ne retombent-ils pas sur les agents responsables des cruautés de la première heure?

Parmi les défenseurs des accusés français, Me *Mauguin* se fit remarquer par l'audace de ses admirations pour la femme sublime de Lavallette et pour ses *complices;* le jeune avocat fut assez heureux pour se voir interrompu quatre fois par les admonestations du Président et par les murmures approbateurs de l'auditoire.

Le 24 avril, Me *Dupin* prit la parole. Ce jeune et déjà brillant légiste appartenait, dès ce moment, à un parti formaliste, amoureux de la voie légale, prudent, parlementaire, aussi peu porté de goût vers le despotisme militaire que vers les prétentions surannées du monarchisme féodal, parti dont les aspirations se traduisirent plus .ard dans le gouvernement de la branche cadette des Bourbons. Il ne faudrait pas s'exagérer le mérite de son audace; mais, enfin, quand on compare ce jeune avocat et ses confrères du barreau de Paris à ce barreau de Bordeaux qui refuse lâchement la défense des frères Faucher, il est impossible de leur refuser l'estime et le respect !

M⁰ *Dupin*, après avoir remercié la Chambre d'accusation d'avoir écarté de la tête de ses clients ce crime de conspiration imaginaire, regrette de voir qu'on ait reproduit ce chef dans l'Acte d'accusation et dans les débats. « Il n'était pas dans mon intention d'en parler; mais on m'a mis dans une situation difficile : si je m'égare, je suis un mauvais citoyen; si je mollis, je passe pour un lâche défenseur des intérêts de mon client. *Incedo per ignes...* Mais je connais ma nation, elle est grande, généreuse; elle a le sentiment des convenances; il faut que des étrangers accusés chez nous soient défendus aussi loyalement qu'ils pourraient l'être dans leur pays par des avocats de leur nation. »

Et ailleurs, le jeune avocat déclare qu'il est *des actes sublimes d'humanité qui ne tombent pas sous la juridiction des tribunaux, institués pour punir les crimes, et non pour faire le procès aux vertus.* M⁰ *Dupin*, avec une malicieuse prudence, entremêla les éloges gênants qu'il faisait de la liberté anglaise, d'éloges plus gênants encore adressés à l'esprit de justice, de clémence et de liberté du Gouvernement restauré. « Ne croyez pas que je veuille mettre les Anglais au-dessus de nous. Nous avons aussi nos droits, nos libertés, notre Constitution, et ils voient bien, à la manière dont je les défends, qu'un Français est aussi libre qu'eux. »

Ces allusions, ces réticences, ces habiles contre-vérités, l'auditoire les accueillait avec bonheur par des applaudissements aussitôt réprimés. « Huissiers, faites faire silence, s'écriait M. *Romain de Sèze* (homme de cœur et d'emphase, dit de lui M. Dupin dans ses *Mémoires*); on applaudit au théâtre; devant la Justice on écoute et on se tait. »

Les deux principaux accusés anglais, le général *Wilson* et sir *Bruce*, lurent quelques lignes habiles, dans lesquelles ils rétablirent leur action dans sa simple grandeur, et, sur la réponse du Jury, la Cour rendit un arrêt qui condamnait *Eberle* à deux ans d'emprisonnement et dix ans de surveillance, et chacun des trois Anglais à trois mois d'emprisonnement et aux frais du procès. *Roquette de Kerguidu, Benoît Bonneville* et *Guérin* furent acquittés.

Ainsi finit ce procès de Lavallette et de ses complices, procès malheureux pour le règne naissant, et dont les Bourbons ne recueillirent que le triste avantage de s'être vu arracher leur victime. L'héroïsme de Mme Lavallette, l'admiration qu'inspira cette noble femme, ajoutèrent à l'impopularité croissante de la Monarchie restaurée.

Lavallette trouva, dans les États du roi de Bavière, un asile assuré, que ne put violer le ministre de France, malgré tous ses efforts pour obtenir l'extradition. Le prince Eugène et la duchesse de Saint-Leu adoucirent cet exil par leur ingénieuse amitié. *M. Cossar*, c'est le nom que portait Lavallette, ne quitta la Bavière qu'en 1822, époque où il reçut de Louis XVIII des lettres de grâce. Il fallut entériner ces lettres. *M. Rossée*, avocat-général à Colmar, le fit avec de louables ménagements pour Lavallette. « Il a été condamné, dit-il, *pour un fait dont la gravité diminue chaque jour.* »

Toutes les épreuves n'étaient pas finies pour Lavallette. Sa femme, hélas ! ne le reconnut pas, et, en remerciant le Roi de sa tardive clémence, Lavallette eut le droit de lui écrire : « Votre Majesté m'a rendu des biens que j'estimais plus que la vie; mais la puissance royale elle-même ne saurait égaler mon infortune par ses bienfaits. » A partir de ce jour, Lavallette vécut ignoré, partageant sa vie entre l'étude et un dévouement de toutes les heures à son héroïque épouse. Mme Lavallette survécut à son mari, mort à Paris le 15 février 1830 : elle mourut au mois de juin 1855, pieusement soignée par sa fille, qu'elle avait eu le temps de placer, avant la perte de sa raison, sous la protection d'un honnête homme, le baron de Forget, ancien auditeur au Conseil d'État, d'une famille estimée de l'Auvergne.

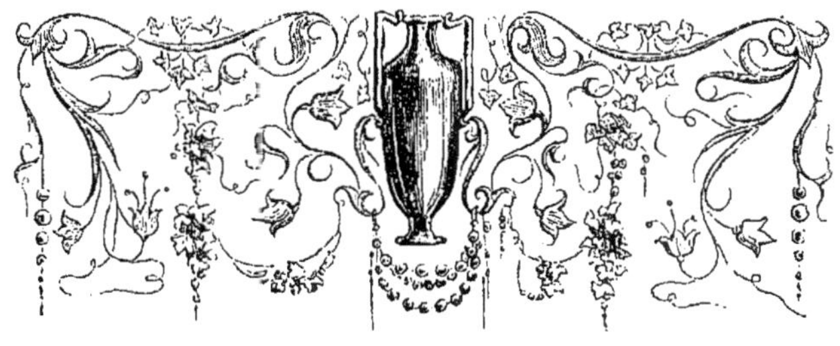

Paris. — Impr. de Ad. Lainé et J. Havard, rue des Saints-Pères,19.

LE GUEUX DE VERNON (1659).—LE COMTE DE SAINT-GÉRAN (1666).

Le gueux Monrousseau.

Un enfant arraché à son père véritable et qu'on veut attribuer à une mère prétendue qui le repousse; la véritable et la fausse mère se disputant l'enfant, comme autrefois les deux femmes de mauvaise vie devant le trône de Salomon, tels sont les sujets étranges de ces deux causes célèbres du dix-septième siècle, dans lesquelles on verra une fois de plus fonctionner la procédure compliquée de notre ancienne Justice, et où l'on pourra comparer l'éloquence simple et pleine de notre barreau moderne aux plaidoyers diffus et chargés de faux ornements des avocats d'autrefois.

Le 25 juillet 1655, les habitants de la petite ville forte de Vernon, en Normandie, étaient réunis dans l'église de Sainte-Geneviève pour entendre la messe paroissiale. Pendant l'Évangile, un mendiant entra dans l'église, accompagné d'un jeune garçon paraissant âgé de huit ans environ. Tous deux, assez déguenillés, portaient besace, et leurs souliers poudreux et déchirés témoignaient d'une longue marche. Ils s'agenouillèrent près d'un pilier, firent une courte oraison, et l'homme, se relevant, cherchait une place où il pût assister à la fin de l'office divin, quand ses yeux rencontrèrent ceux d'une dame assise à l'extrémité du banc le plus proche. La dame fit un mouvement de surprise, appela d'un signe le mendiant, lui dit quelques mots à l'oreille, contempla un instant le jeune garçon, et, fouillant dans son escarcelle, donna

(1) Voir les causes du *Faux Martin Guerre* et du *Faux Caille*.

quelques sous à celui que son âge semblait désigner comme le père du petit vagabond. L'homme remercia d'un geste et se perdit dans la foule des paysans qui encombraient la porte de l'église.

Cet incident avait d'autant moins échappé aux regards curieux des dévotes de Vernon, que la dame n'était pas une paroissienne habituelle de Sainte-Geneviève, mais une dame de Paris, veuve d'un notaire au Châtelet qui l'avait laissée en mourant tutrice de ses enfants. Parmi les biens de la tutelle, étaient deux fermes situées entre Vernon et Saint-Pierre-d'Autils, et dont la gestion appelait de temps à autre à Vernon celle qu'on désignait dans le pays sous le nom de la notaresse.

Pour des provinciales oisives et languardes, c'était une histoire passablement romanesque que celle de madame la notaresse. Jeanne Vacherot avait épousé, le 6 mai 1640, Lancelot le Moine, Normand d'origine, notaire au Châtelet de Paris. De ce mariage étaient nés trois enfants, Pierre, Jacques et Louis. Leur père était mort au mois de janvier 1649, nommant, par un testament en date de 1645, sa femme tutrice des trois enfants mineurs. « Ne désirant pas qu'autre qu'elle soit tutrice, disait le testament, *parce que ce seroit leur ruine...* » Bel éloge d'une femme dans la bouche d'un mari ! Sixte-Quint ne disait-il pas qu'il canoniserait volontiers toute femme louée par son époux ?

La volonté du mourant fut religieusement exécutée, et Jeanne Vacherot, veuve Lancelot le Moine, fut investie de la tutelle de ses enfants par sentence du Châtelet. Discrète et religieuse personne, confite en prud'homie et bonne renommée, Jeanne Vacherot accomplit dignement ses devoirs de veuve et de mère. Elle donna à ses trois fils une éducation convenable à leur condition, les envoya aux petites écoles, où les enfants de bourgeois recevaient alors une instruction très-sommaire, mais considérée comme suffisante : on y apprenait à lire, à écrire, à compter, et même les premières notions de la langue latine.

Au mois de septembre 1654, Jeanne Vacherot fut obligée d'aller à Vernon pour compter avec ses fermiers. Ses trois fils étaient alors âgés, Pierre de quatorze ans, Jacques de dix, Louis de moins de huit ans. Elle n'emmena que le plus jeune, laissant les deux aînés à la garde de Catherine Janvier, leur grand'mère maternelle, et d'une servante qui les avait élevés.

Jusque-là, rien que de fort ordinaire; mais, à ce moment, le roman commence. La mère partie, soit que leur grand'mère et la servante manquassent de vigilance et de fermeté, soit qu'ils fussent entraînés au mal par de mauvais exemples ou par leur naturelle inclination, les deux aînés oublièrent le chemin de l'école, et, de compagnie avec les deux fils d'un bourgeois du voisinage, nommé Coustard, fréquentèrent avec passion cette attrayante école des enfants mal gardés qu'on appelle du joli nom de buissonnière. Un beau soir, les quatre petits drôles ne rentrèrent pas à la maison. Qu'étaient-ils devenus ? La Morgue et le Lieutenant de police ne purent l'apprendre aux parents désolés. C'était l'éternelle histoire du fruit défendu, de la liberté trompeuse, du voyage pédestre à travers les chemins bordés de moissons dorées, de vignes rougissantes, de pommiers aux fruits vermeils, échappées de fantaisie juvénile qui commencent par le rêve attrayant de la vie sauvage et qui se terminent dans quelque auberge hospitalière dont le maître recueille les sauvages affamés, éclopés, repentants, et les adresse tout honteux à quelque magistrat du voisinage.

De Foë n'était pas encore né, et son Robinson Crusoë n'était pas encore écrit pour inspirer aux imaginations de dix ans le goût de la vie solitaire ; mais les Robinsons de l'école buissonnière sont de tous les temps. Les quatre voyageurs mordirent au fruit d'abord si savoureux de la liberté vagabonde; puis, après quelques nuits passées dans les bois, le ventre creux, les pieds enflés et saignants, ils se prirent à regretter le salutaire esclavage de la maison paternelle. Le père Coustard, au bout de quelques jours, vit arriver ses deux fils, que lui ramenait un exempt du Grand-Prévôt, l'oreille basse tous deux, le teint hâve et les habits en lambeaux, mais contents de reconquérir, au prix de la correction paternelle, le lit douillet et la soupe grasse.

Des deux fils de la veuve, point de nouvelles. On s'était séparé sur la route, et chacun avait tiré de son côté. Jeanne Vacherot, que ces tristes nouvelles vinrent chercher à Vernon, fit en vain fouiller tout le pays d'alentour; en vain fit-elle publier à son de trompe par les villages le signalement des fugitifs : elle ne retrouva pas leur trace.

Quelques mois se passèrent dans ces recherches infructueuses. La pauvre mère visitait les foires, interrogeait les mendiants, scrutait les campements de bohémiens : car il courait lors de nombreuses histoires d'enfants enlevés par ces habitants du grand chemin. Mais quoi? à dix ans, à quatorze ans, un enfant ne saurait être volé, ou du moins ne serait pas séquestré longtemps, n'oublierait ni son nom, ni sa demeure.

Enfin, tout fut inutile, et, de guerre lasse, la désolée Jeanne Vacherot rendit plainte le 12 mai 1655 par-devant un Commissaire, et fit informer de l'évasion de ses enfants. C'était là plutôt un acte de prudence, une formalité conseillée par les gens sages, qu'un moyen tardif de retrouver la trace perdue. La police, alors, surtout la police des campagnes, était à peu près impuissante, et ce que n'avait pu faire la sollicitude maternelle, l'information judiciaire ne le ferait sans doute pas.

Jeanne Vacherot, cependant, n'oubliait pas. Un jour, elle avise un pauvre couché sur les degrés de l'Hôtel-Dieu de Paris. A côté de lui est un enfant. Une vague ressemblance avec Jacques frappe la pauvre mère : elle s'avance, examine le petit mendiant, comme elle a fait déjà pour tant d'autres. Non, ce n'est pas Jacques : celui-ci est plus jeune, plus frêle, et d'ailleurs, pour une mère, l'erreur est-elle possible après moins de huit mois écoulés ! La veuve, cependant, prie le père de l'enfant de s'informer par les chemins des deux fils qu'elle a perdus; elle les lui décrit minutieusement, lui fait une légère aumône et lui promet une grosse récompense s'il l'aide à les retrouver.

Cette histoire d'enfants perdus ou volés était nécessairement connue des habitants de Vernon; car Jacques le Moine, le plus jeune des fugitifs, était né à Vernon, et beaucoup de ceux qui assistaient à la messe dans Sainte-Geneviève, avaient vu l'enfant, s'étaient intéressés à sa triste aventure. On avait fait publier par les campagnes environnantes les deux jeunes coureurs de grand chemin.

Aussi, quand on vit la notaresse échanger avec ce mendiant et son jeune acolyte des signes de reconnaissance, des paroles secrètes; quand la lointaine ressemblance qui avait un moment fait battre le cœur de la mère sur le parvis de l'Hôtel-Dieu, eût frappé les regards des spectateurs, il n'y eut qu'une voix dans l'église : « Mais c'est le petit Jacques le Moine ! » Ce mot, chuchoté pendant l'office, éclata à la sortie de l'église. Le mendiant s'était placé, avec le jeune garçon, sur le passage des fidèles, de manière à recueillir quelques charités. Il fut bientôt entouré de curieux et surtout de curieuses. Un autre groupe attendait la veuve; aussitôt qu'elle parut, les rangs s'ouvrirent et un vide se fit entre elle et les deux mendiants. Jeanne Vacherot passa, indifférente, ne se doutant guère qu'elle fût l'objet d'une surveillance indignée. « Vous verrez qu'elle ne le regardera même pas, murmurait-on autour d'elle; et, cependant, c'est bien le petit Jacques. Le moyen de s'y méprendre ! »

La veuve s'éloignait : les bonnes âmes ameutées n'y tinrent plus. Une femme s'approcha d'elle, et lui dit aigrement : « Votre petit Jacques n'est guère cossu, madame la notaresse, et m'est avis que de bons habits et une bonne soupe lui vaudraient mieux que quelques sous d'aumône. » Jeanne Vacherot regarda la femme d'un air surpris, et, voyant ses yeux se porter vers le petit mendiant, elle comprit, et, haussant les épaules : « Mon petit Jacques, répondit-elle, cet enfant ! Le mien avait le nez plus court. D'ailleurs, ne voyez-vous pas la différence d'âge ? »

Et la notaresse regagna lentement sa maison, sans pressentir l'orage qui se formait contre elle à Vernon.

Ce départ fut le signal d'une explosion parmi les commères. « Elle renie son enfant, la marâtre; la dénaturée, la mère sans entrailles! Avez-vous vu de quel sec elle a regardé le pauvre petit? Pour sûr, elle ne s'attendait guère à le revoir, après l'avoir livré à ce mendiant. Voilà donc ce qu'elle fait de ses enfants, madame la notaresse! Et toi, gueux, ravisseur, complice de mauvaise mère, as-tu bien le front de venir en un lieu où tout le monde connaît le pauvret? Va-t'en, gibier de potence, et nous verrons bien si la marâtre ose soutenir jusqu'au bout son mensonge ! »

Le mendiant, entouré, assailli, injurié, ouvrait de grands yeux, et le petit, effrayé, commençait à pleurer. Quand l'homme comprit ce dont on l'accusait, il prit l'enfant par la main, et, se faisant passage : « Vous dites que ce n'est pas mon enfant, bonnes gens! Allez, allez, est bien père qui nourrit. J'ai pris celui-ci dans le lit d'hôpital où sa mère, ma bonne femme, est morte; et j'ai promis à la mourante de ne le point abandonner. »

Le mendiant tira ses grègues et s'en alla par la ville. Les dévotes, cependant, faisaient des recrues parmi les curieux qu'avait attirés cette scène. On se racontait, avec de grandes indignations, la froide cruauté de la mauvaise mère, l'insolence du bohémien. La nouvelle du petit Jacques, retrouvé et repoussé par sa mère, courut par les rues, et tout ce bruit ne s'apaisa un peu que pour se raviver après le dîner, nourri de toutes les rumeurs et de toutes les fantaisies de l'imagination populaire.

Quand les habitants se répandirent de nouveau par la ville, avant l'heure des Vêpres, on n'entendait parler dans tous les groupes que de la notaresse marâtre et du pauvre petit Jacques le Moine.

Le mendiant, cependant, n'avait pas eu la prudence de quitter cette ville affolée. Il s'était établi au soleil, près la porte de Bissi, et là, sans inquiétude et sans vergogne, il tendait la main aux passants, en marmottant des patenôtres. Quelques-uns des fidèles du matin l'aperçurent, et, dix minutes après, une foule compacte entourait les deux pauvres. « Le voilà, le misérable! Et ce pauvre chérubin, dans quel état sa mère l'abandonne-t-elle, grand Dieu! Cela ne crie-t-il pas vengeance! Tenez, le reconnaissez-vous, le petiot?... Si c'est lui, j'en mettrais ma main au feu! »

Le tumulte augmentait, et on vit quelques gros bonnets du pays se diriger vers l'émeute, M. le Procureur du Roi à leur tête. Commères et badauds s'écartèrent respectueusement, et le Procureur du Roi, mis par quelques mots au courant de l'aventure, s'avança vers le mendiant, le regarda sévèrement, examina un instant le petit gueux blondin, et, s'adressant à l'homme : « Qui es-tu, toi, lui dit-il, où es-tu né, d'où viens-tu? — Je suis Jean Monrousseau... Limousin... de Bapaume. — Comment, Limousin de Bapaume! Tu nous la bailles belle. Bapaume est en Artois, et tu te dis Limousin! — J'ai mes papiers, mes certificats, » dit le mendiant, tremblant sous l'œil du magistrat; et il tira d'une enveloppe de toile de couleur assez sordide quelques papiers et parchemins graisseux. Le Procureur du Roi prit ces chiffons, non sans dégoût, en ouvrit un et le parcourut du regard. C'était un certificat de mariage, délivré par le curé et le juge royal de la Neuville-en-Amiénois; le curé, qui attestait avoir marié Monrousseau et Jeanne Blond, avait rédigé ce document en latin : *Philippum Monrousseau et Johannam Blond, in nostrâ parochiali ecclesiâ, sub invocatione sancti Nicolai, per nos rectorem Michaelem Hocquet,* lut le magistrat. « Et tu dis que tu t'appelles Jean, s'écrie-t-il, et voici que tu te nommes réellement Philippe! Cet homme-là n'ouvre la bouche que pour mentir. Çà, petit, viens ici et laisse-moi ce gueux. »

Le magistrat sépara l'enfant du mendiant, et lui adressa quelques questions, répétées, commentées par cent langues de commères. « Comment s'appelait-il? — Louis. — Eh donc! petit, n'aies peur de cet homme. Tu t'appelles Jacques. N'est-ce pas que tu t'appelles Jacques? Connais-tu point quelque village par ici, dis? Bois-Hiérôme, tu te rappelles bien, petit Jacques, Bois-Hiérôme : c'est là qu'on t'a baptisé. »

L'enfant, ahuri, consentit à tout ce qu'on voulut. Il s'appelait Jacques, il connaissait Bois-Hiérôme. Il en eût avoué bien d'autres. Le Procureur du Roi voulut terminer cette étrange instruction par un coup de finesse, une épreuve à la façon de Salomon, moins le sabre. Prenant dans la main de l'enfant sept deniers que venaient d'y glisser des mains charitables, il les donna à un petit tailleur qui s'agitait et pérorait dans la foule. « Allez, dit-il, mon ami, portez ceci au gueux, et dites-lui que le petit Jacques le Moine est reconnu, qu'il ne veut plus vagabonder avec son faux père et qu'il s'en va chez ses parents à Bois-Hiérôme. » Le petit tailleur, tout fier de sa mission, s'alla camper devant le besacier, et lui traduisit les paroles du Procureur du Roi, avec des menaces de geste et de parole peu faites pour rassurer le pauvre diable, qui, se voyant honni, accusé, et l'enfant accaparé par les messieurs, fendit la presse, et, tout effaré, détala.

Comment se refuser à l'évidence? Un innocent ne s'enfuit guère, et n'était-ce pas avouer le fait? On lui courut sus, on le rattrapa sans peine, et ce fut saisi, tiraillé, poussé par vingt mains vigoureuses, qu'il arriva chez le Lieutenant Particulier. Le Lieutenant Général était absent.

Le Lieutenant Particulier, cousin-germain de feu Lancelot le Moine, était déjà mis au courant de l'affaire par la rumeur publique. Il interrogea Monrousseau avec ce luxe de sévérité qui a toujours été considéré en France comme le moyen vraiment infaillible pour conduire à l'obtention de la vérité. Le gueux répondit en substance qu'il s'appelait Jean Monrousseau, fils d'un tailleur de pierres du Limousin, âgé de cinquante ans, au moins le croyait-il. Berger dans son jeune âge, il avait pris du service après ses vingt ans révolus, et il avait fait partie des armées du Roi en Italie et en Flandre. Étant en garnison à Bapaume, il y avait connu et recherché en mariage la veuve d'un cordonnier, Jeanne le Blond. Mais cette femme n'ayant pu rapporter le certificat de mort de son premier mari, la bénédiction nuptiale leur avait été refusée à Bapaume, et ils n'avaient pu l'obtenir qu'à Arras, où elle leur fut administrée, le 17 mai 1642, par ce curé de Saint-Nicolas, Michel Hocquet, dont le certificat, incompréhensible pour l'illettré Monrousseau, le désignait par erreur sous le prénom de Philippe.

Une fois marié, Monrousseau avait quitté le service du Roi, s'était fait garçon de charrue, jardinier, bûcheron. Il avait vécu quelque temps à Montdidier, où sa femme lui avait donné à la fois un fils et une fille, morts à quelques mois l'un de l'autre. De Montdidier, le couple, déjà mordu de misère, avait gagné le bourg de la Neuville, où, en novembre de l'an 1646, Jeanne le Blond était accouchée, une fois encore, de deux jumeaux, un fils et une fille. Le garçon était ce Louis qu'on lui disputait à cette heure.

La déplorable fécondité de Jeanne le Blond les ayant mis à mal, il fallut mendier, et Monrousseau, que recommandaient sa bonne conduite et sa position nécessiteuse, obtint facilement de l'évêque de Beauvais l'autorisation de quêter dans le diocèse.

A partir de ce jour, la mémoire de Monrousseau se perdait quelque peu dans les marches et contremarches de sa gueuserie. Il avait mendié en traversant la France de Beauvoisis en Limousin, de Limousin en Amiénois, Ponthieu et Santerre, de Picardie en Touraine. En Limousin, il avait perdu un des deux jumeaux, la fille, et, à Tours, il avait vu mourir sa femme à l'hôpital, le 10 juin 1654.

Depuis ce moment, il avait voyagé en compagnie du seul enfant qui lui restât, son petit Louis. Il avait visité Paris, où il avait rencontré cette dame le Moine, et venait de quitter la grande ville pour chercher en Normandie quelque occasion de gagner, en se louant aux fermiers pour la moisson. Pour son malheur, il était venu à Vernon.

Ainsi dit le gueux, non d'une haleine, on le peut croire, mais, se faisant, comme on dit, arracher les morceaux. Peur du magistrat et de la foule, peut-être; trouble d'affronteur et de dupeur, pensai-t-on. Dans ce long interrogatoire, coupé de terreurs et de menaces, d'objurgations et de protestations larmoyantes, le Lieutenant Particulier nota plus d'une contradiction. Pourquoi Philippe à Arras, Jean à Bapaume et à Vernon? Il ne le put dire. Tantôt il avait eu quatre enfants de deux couches, tantôt deux seulement. L'enfant qu'on lui disputait était-il de la première couche ou de la seconde? Il dit l'un, puis l'autre. Mais les premiers jumeaux

se nommaient, avez-vous déclaré, Jean et Renée; le garçon de la seconde couche se serait nommé Louis. Vous en imposez donc à la Justice? Il se rétracta, jura ses grands dieux que son Louis était bien de la seconde couche, que s'il avait dit le contraire, c'était erreur et trouble d'esprit. Puis, à quelque temps de là, s'embrouillant une fois de plus dans ces doubles naissances, il affirma que le garçon de la seconde couche était mort à Saint-Valéry six mois après sa naissance.

Sur l'article de la veuve le Moine, il ne fut ni plus clair, ni plus stable dans ses réponses. Combien de fois l'avait-il rencontrée? Une seule fois, sur la place de Grève. Mais l'entrevue du parvis de l'Hôtel-Dieu? Alors, deux fois, en Grève et au parvis. Puis, il parla d'une dernière rencontre, à plus d'un an de date, près de la Porte Saint-Martin. Et combien de voyages avait-il faits à Paris? Il n'y avait été qu'une seule fois, et il l'avait quitté quinze jours avant de venir à Vernon. Il y avait été deux fois, dont une fois l'année précédente. Il y avait été trois fois.

Le Lieutenant Particulier, suffisamment édifié par ces variations, et après une lecture sommaire des papiers et des certificats trouvés sur le mendiant, conclut en ces termes : « Menez-moi ce gueux-là en prison, et qu'on lui mette les fers aux pieds. » D'ordonnance, point; d'écrou, pas davantage. Justice de cadi.

Le Lieutenant Particulier avait fait également saisir la veuve le Moine. Sur son ordre verbal, on l'était allée quérir avec main forte, et conduire à la maison du juge, entre deux haies de peuple hurlant, menaçant, faisant rage. Pour cela encore, aucune formalité de justice, ni information, ni ordonnance, ni décret, ce fut une sorte d'amené pied à pied. Jeanne Vacherot, enfermée dans une des chambres du Lieutenant Particulier, fut confrontée au gueux. Elle et le mendiant persistèrent, l'un à réclamer, l'autre à refuser la paternité de l'enfant.

Restait à confronter la prétendue mère à son fils supposé. Le jeune mendiant, préalablement chambré, endoctriné, ahuri, poussé vers cette femme qu'on lui donnait pour mère, l'appela *maman*. Jeanne Vacherot, quoi qu'on pût dire ou faire, n'eut qu'une réponse : « Ce n'est pas là mon fils. » Froideur criminelle, inhumanité, obstination de marâtre. Les accusations indignées ne manquèrent pas autour d'elle. Le magistrat pria, supplia la veuve d'ouvrir son cœur et ses bras à l'enfant; mais il ne lui vint pas à l'idée d'interroger séparément, avec calme, cette mère et ce fils. Si Jeanne Vacherot était bien la mère, si l'enfant était bien son fils, quoi de plus simple que de faire raconter sur l'heure à ce petit tous les détails de son enfance? Pouvait-il les avoir oubliés, après dix mois seulement, un garçon de onze ans? Voilà ce qu'aurait pu faire le juge. Mais on ne pense pas à tout, pas même à l'essentiel. Le magistrat, en ouvrant l'interrogatoire, ne pensa même pas à ceci, que l'enfant, s'il était Jacques le Moine, devait avoir onze ans, et il s'abstint de lui faire prêter serment, par cette raison qu'il n'avait que huit ans environ!

Après plusieurs heures de cette torture inutile, Jeanne Vacherot fut renvoyée. Le Lieutenant Particulier n'osa la faire mettre en prison, comme il avait fait du gueux; mais il l'engagea à demander conseil à la nuit, et lui annonça, pour le lendemain, une confrontation nouvelle. La veuve, après ce qu'elle avait vu de ce juge , de ce peuple affolé, prit conseil, non de la nuit, mais de ses craintes et de sa prudence, et, dès qu'elle eut vu se disperser les derniers groupes qui, même après le coucher du soleil, avaient entouré la maison qui lui servait d'asile, elle profita des ténèbres et partit pour Paris.

Le lendemain matin , la nouvelle de cette fuite se répandit dans Vernon. La populace, indignée, furieuse de voir échapper la marâtre , enfonça la porte de la maison où elle avait logé , en cassa les vitres , en brisa les meubles. Les femmes et les mères étaient en majorité dans cette exécution populaire , qui ne laissait pas de donner raison aux appréhensions de la veuve.

Cependant, rappelé par son substitut, le Lieutenant Général *Louis Mordant* accourut à Vernon, et prit la direction de l'affaire. Une information régulière commença. Vingt et un témoins furent entendus, parmi lesquels douze femmes.

L'une de ces dernières, *Anne Pourvendire,* était servante de Jeanne Vacherot. Son témoignage fut des plus importants, tant à cause de sa décision que de la situation particulière du témoin. Elle dit avoir élevé le petit Jacques pendant trois ans; elle le reconnut sans hésiter dans le prétendu Louis Monrousseau, et ajouta que sa maîtresse lui avait imposé silence , lorsqu'elle avait voulu parler de cet enfant.

Marie Queron, servante de la veuve Cretté, chez qui Jeanne Vacherot avait logé différentes fois pendant sept ou huit ans, et chez qui Jacques le Moine avait demeuré avec sa mère, reconnut dans le petit gueux le fils de la veuve. Il n'y avait pas à s'y tromper, dit-elle, c'étaient ses yeux, ses traits, sa voix.

Trois bourgeoises de Vernon, *Collette Bonami, Marie Quesnet* et la veuve de *Nicolas le Maître,* en son vivant avocat à Vernon, reconnurent le petit Jacques *sur le péril de leur âme.* Autant en dirent deux bourgeois, dont un, *Robert Roussel,* qui donna des détails très-précis sur les souvenirs que sa vue avait réveillés chez le prétendu fils de Monrousseau.

François Varlot, le petit tailleur que nous avons déjà vu dans les groupes, affirma reconnaître l'enfant à qui il avait fait autrefois une jaquette. *Guillaume Aubert,* chirurgien, avait pansé jadis une petite blessure que Jacques le Moine s'était faite en tombant; il reconnut Jacques le Moine, et montra la cicatrice de la blessure.

Catherine Fimbert, Magdeleine Couturier et *Anne Joubert,* les deux premières parentes, la troisième alliée des le Moine, attestèrent que le petit gueux avait tous les traits du Jacques qu'elles avaient connu, jusqu'aux lentilles du visage. *Anne Joubert,* veuve de *Jacques le Cocq,* hôtesse de Jeanne Vacherot pendant ces derniers jours, ajouta que l'enfant l'avait appelée, en la voyant, *madame le Cocq,* qu'il lui avait demandé des nouvelles de son fils Jacques le Cocq, qu'il lui avait rappelé avoir un jour aidé ce fils à sortir d'une fosse à tan dans laquelle il était tombé.

Tout cela, bien entendu, ne fut pas l'œuvre d'un jour. Du 26 juillet au 12 août, ces dépositions s'étaient lentement élaborées, avaient peu à peu pris corps et revêtu leur forme définitive. Dans les premiers moments, l'enfant avait reçu asile dans la maison de la veuve Cretté, continuellement entouré, chapitré, endoctriné par des curieux qui voulaient tous savoir quelque chose et faire dire au petit ce qu'ils savaient. Quelle part faire dans ces témoignages au préjugé, à l'infatuation, au besoin de paraître? ceci eût dû être l'affaire des magistrats; mais eux-mêmes, prévenus, ne critiquaient rien, admettaient tout. Il ne leur vint pas à la pensée que tant de leçons serinées à ce pauvre petit diable, qui, après tout, se voyait d'autant plus choyé qu'il répondait au gré des questionneurs, avaient pu laisser dans sa mémoire bien des noms, bien des figures et bien des faits qu'il n'y eût peut-être pas trouvés sans ces impertinentes suggestions.

Aussi, quand l'information fut régularisée, que l'enfant fut traduit à l'hôpital de Vernon, où, du reste, il ne fut pas entouré de moins d'obsessions et de sympathies que dans la maison Cretté, les investigations du Lieutenant Général ne firent que constater et accueillir les résultats de l'information populaire. *Me Louis Mordant* se transportait, par exemple, accompagné de l'enfant et de son greffier, chez *Anne Joubert,* cette *veuve le Cocq* de tout à l'heure, et l'enfant, tout d'abord, en entrant, nommait par son nom cette dame, montrait, dans la maison, la chambre où couchait sa mère, désignait les fosses à tan où le petit le Cocq était tombé jadis. Il reconnaissait ce fils le Cocq parmi plusieurs autres garçons de son âge; se dirigeait, à la première demande, vers l'endroit où il y avait eu autrefois un petit rocher d'où coulait un filet d'eau.

Confronté à *Robert Roussel,* il lui rappelait qu'un jour ce même Roussel l'avait menacé du fouet parce qu'il venait polissonner dans sa cour. Il disait, sans se tromper, le prénom de la petite Roussel, et n'oubliait pas que l'écurie, en son temps, était installée dans une salle basse.

Le petit tailleur allait plus loin; il savait comment et où avait été accompli par Monrousseau le rapt de Jacques le Moine. C'était dans la rue Saint-Martin. L'enfant le lui avait confié dans une de ses visites à l'hôpital. Et l'enfant ne disait pas non.

On avait si souvent parlé à l'enfant de Bois-Hiérôme, il en parlait si souvent lui-même, que le Lieutenant Général voulut le conduire dans ce village. Il y fut reconnu pour le fils de Lancelot le Moine par le fermier de sa mère, par le curé, par le seigneur de Bois-Hiérôme et par son frère, par cinq autres habitants, et, bientôt, par toutes les filles et femmes du lieu. On lui fit dire le nom d'un monastère qu'on apercevait sur une éminence. N'y avait-il pas un pont à cet endroit? il dit : vraiment oui. « Mon frère, dit le seigneur, n'a-t-il pas eu mal quelque part, quand tu étais ici? — Vraiment non. — Mais si, petit, cherche bien. — Ah ! oui, il avait mal à la main gauche. — Je savais bien qu'il s'en souviendrait. »

Le duc Henri de Longueville, cet illustre débris de la vieille Fronde, vint, accompagné de sa fille, la duchesse de Nemours, visiter cet enfant dont on parlait à plusieurs lieues à la ronde. Ce qu'ils virent, ce qu'ils entendirent, les convainquit du rapt de l'enfant et ils firent chorus avec le peuple dans ses indignations contre la mauvaise mère.

Toute cette procédure fut terminée par un nouvel interrogatoire de Monrousseau, qui persista à se dire père de l'enfant. Menaces ni chaînes n'y purent rien.

Décret d'ajournement personnel fut prononcé contre la veuve le Moine, et, comme il fallait se mettre en règle avec la Loi qui exigeait un plaignant, un dénonciateur, on produisit un parent,

Claude le Moine, qui joua ce rôle. Toutefois, ce fut au nom du Procureur du Roi que, jusques et y compris le 12 août, furent lancés et exécutés les actes de la procédure. Par sentence du Lieutenant Général en date de ce jour, 12 août, il fut dit que Monrousseau serait tenu en prison et aux fers, que l'enfant en litige serait nommé Jacques le Moine, la sentence devant à cet égard tenir lieu d'extrait baptistaire. Les parents dudit Jacques le Moine seraient convoqués pour lui nommer un curateur, une provision de cent livres lui serait assignée, et, pour cet effet, la sentence autorisait la saisie de tous les biens de la veuve le Moine ès-mains de ses fermiers.

Cette dernière partie de la sentence fut immédiatement mise à exécution par les soins et au nom du Procureur du Roi. Quant à l'assemblée de parents et à la nomination d'un curateur, la sentence resta inexécutée.

Sur signification de cette sentence, toujours à la requête du Procureur du Roi seulement, Jeanne Vacherot interjeta appel au Parlement de Paris de toute la procédure de Vernon, et obtint, le 21 août 1655, un arrêt qui fit défenses de passer outre et de faire aucunes poursuites ailleurs qu'en la Cour. L'arrêt signifié, le 30 du même mois, au Lieutenant Général, au Procureur du Roi et au greffier de Vernon, ces officiers, alléguant que Vernon était du ressort du Parlement de Normandie, ne crurent pas devoir déférer à un Arrêt du Parlement de Paris. Ils poursuivirent donc l'exécution de la Sentence contre les fermiers de la dame veuve le Moine en toute diligence et rigueur. Sur la nouvelle de cette procédure obstinée, seconde signification de l'Arrêt de Paris, avec assignation aux officiers, en leur propre et privé nom, pour répondre sur l'appel. Persistance des magistrats de Vernon, assignation des fermiers à la requête du Procureur du Roi, pour affirmer leurs dettes. Intervention d'une Sentence leur faisant défenses de payer à la veuve le Moine, et, sur réquisitoire du Procureur du Roi, ordonné que la somme de cent livres serait délivrée sur-le-champ au profit de l'enfant. Nouvel Arrêt obtenu par Jeanne Vacherot, ordonnant l'exécution du précédent, et portant main-levée des saisies. Autre Sentence de Vernon, ordonnant que, nonobstant les Arrêts du Parlement de Paris, incompétent dans le ressort, il serait passé outre, et, en conséquence, ordonné par le Procureur du Roi de Vernon que les fermiers seraient contraints par la vente de leurs meubles et chevaux.

En quelques lignes, voilà le conflit de juridiction établi. Nous en épargnons au lecteur les détails fastidieux. Ce conflit se termina, comme d'ordinaire, par un pourvoi par-devant le Conseil privé (1). Jeanne Vacherot y obtint, le 18 février 1656, un Arrêt ordonnant l'apport des informations, la traduction ès-prisons de Paris du gueux et de l'enfant en litige, pour y être interrogés à nouveau, avec défenses de mettre à exécution les sentences de provision contre les fermiers et la veuve le Moine.

Le maître des requêtes choisi pour procéder à l'information nouvelle était Guillaume de Lamoignon, cet illustre parlementaire, élève, ami et collègue des Jérôme Bignon, des Omer Talon, des d'Ormesson, des Fourcroy. Ce grand esprit, si lucide que Louis XIV disait de lui : « Je n'entends bien que les affaires que M. de Lamoignon rapporte; » ce vertueux magistrat, à qui le grand Roi disait, en le nommant Premier Président : « Si j'avais connu un plus honnête homme, je lui aurais donné votre place, » n'eut pas de peine à démêler la vérité dans cette bizarre affaire de Vernon. La passion ne lui fermait pas les yeux, comme aux Juges normands, et le préjugé populaire n'était pas pour aveugler ce magistrat qui disait de la populace : « Sa tyrannie est plus extravagante et plus insupportable aux gens de bien que ne le seraient les princes les plus cruels. »

Dès sa première visite au For-l'Évêque, où l'on avait conduit Monrousseau et l'enfant de Vernon, Lamoignon, patiemment et avec la calme impartialité du juge véritable, tira du mendiant, du jeune garçon et de Jeanne Vacherot confrontée aux deux prisonniers, les réponses les mieux faites pour dévoiler la prévention, la précipitation, l'aveuglement des juges de Vernon.

Interrogé par un magistrat qui l'écoutait sans le menacer, Monrousseau raconta son histoire. Lamoignon y sut faire la part des contradictions et des erreurs de détail inévitables dans cette existence vagabonde, et à une époque où les registres et certificats délivrés par les gens d'Eglise ne présentaient aucune garantie de régularité.

Mis en présence l'un de l'autre, le mendiant et l'enfant se reconnurent, sans hésitation, comme père et fils. La veuve le Moine déclara, du ton le plus tranquille et le plus naturel, que cet enfant n'était pas le sien. Mais, si cette femme est votre mère, dit Lamoignon à l'enfant, pourquoi ne pas l'avouer? Vous le pouvez faire sans aucun danger pour vous, pour elle, ou pour cet homme. L'enfant répondit : « Ce n'est pas là ma mère, qui est morte à Tours, à l'hôpital. — Mais ne voudriez-vous pas être fils de celle-ci? vous seriez plus à l'aise, et ne seriez plus exposé à gueuser par les chemins. — Je voudrais bien être le fils de celle-ci; mais je ne le suis pas. — Donc, gueux vous êtes et gueux vous resterez? — Il faut bien que je le sois. — Vous consentez donc à retourner avec Monrousseau, à mendier avec lui? — Il le faut bien, puisque c'est mon père. Je ne le puis renoncer. »

Un détail frappa Lamoignon, que les Juges de Vernon ou n'avaient point vu, ou s'étaient refusés à voir. L'enfant ne savait ni lire ni écrire. Or, en consultant le dossier de l'information faite sur la plainte rendue par Jeanne Vacherot, le 12 mai 1655, à propos de la disparition de ses enfants, Lamoignon trouvait, parmi les dépositions de huit témoins, celle d'un *Gabriel Alexandre*, maître écrivain, certifiant que les deux garçons disparus savaient lire et écrire, et même les premiers éléments de la langue latine.

La procédure de Vernon ne put se soutenir devant les regards du maître des requêtes de Paris. De ces vingt et un témoins de Vernon, ceux seulement étaient de la parenté de Lancelot le Moine. Pourquoi n'avait-on pas ouï un plus grand nombre de parents, dont il ne manquait point à Vernon ou aux alentours? Quarante de ces parents furent entendus par l'information nouvelle, et tous s'accordèrent à déclarer que l'enfant n'était pas l'un des deux que la veuve avait perdus. La veuve Cretté, parente de la dame le Moine, son hôte à Vernon, dont les Juges normands n'avaient entendu que les

<hr>

(1) Voyez, pour ces appels au Conseil privé, à cause du *faux Caille.*

servantes, ne reconnut pas, dans le petit gueux, Jacques le Moine qu'elle connaissait si bien, Jacques le Moine qu'elle déclara avoir été le Benjamin de sa mère. Le petit Louis Monrousseau ne reconnut pas plus la veuve Cretté qu'il n'avait été reconnu d'elle.

Le résultat de l'information nouvelle fut un Arrêt du Conseil, en date du 2 juin 1656, ordonnant que les parties seraient renvoyées au Parlement de Paris, pour leur être fait droit sur le tout, dépens réservés. Les motifs d'attribution au Parlement de Paris étaient que c'était dans ce ressort qu'avait été contracté le mariage d'où l'enfant était issu, et que l'affaire y avait été introduite par la plainte rendue au sujet de l'évasion des fils le Moine.

Huit jours à peine s'étaient écoulés depuis l'Arrêt du Conseil, lorsque, par un de ces coups de théâtre qui n'éclatent pas toujours à temps dans les drames de la Justice humaine, l'ineptie des Juges de Vernon fut mise en pleine lumière. Un des deux enfants prodigues reparut; c'était l'aîné, Pierre le Moine. Il raconta la sotte et triste histoire de sa fuite avec son frère et les deux Coustard; leur séparation d'avec ces derniers. Lui et Jacques le Moine, une fois seuls, s'étaient dirigés sur Vernon. Mais, soit crainte, soit mauvaise honte, ils n'avaient pas donné signe de vie à leur famille, et s'étaient en allés, mendiant, jusqu'à Saint-Waast (1). Là, un gentilhomme du nom de Montaud les avait reconnus à leur air et malgré leurs habits en lambeaux, pour des fils de famille. Il les avait hébergés et nourris pendant une douzaine de jours. Au bout de ce temps, le cadet, ce Jacques le Moine, que tout Vernon reconnaissait dans le petit gueux Monrousseau, tomba malade et mourut. Il fut inhumé dans le cimetière de l'église de Saint-Waast par les frères de la Charité.

Pierre le Moine, à l'appui de cette histoire, produisait deux certificats signés du curé, du vicaire du gentilhomme, de plusieurs habitants de la paroisse et des frères qui avaient procédé à l'inhumation.

Après la mort de son frère, Pierre le Moine resta quelque temps encore dans la maison de M. de Montaut; puis, repris d'une passion nouvelle pour la vie errante, il s'évada de chez le gentilhomme et se reprit à vagabonder par les routes et à mendier comme devant. Las enfin de ses misères, ou peut-être revenu à la raison et au devoir, il s'était décidé à se venir jeter dans les bras de sa mère (2).

S'il y fut bien reçu, on le pourra penser quand on saura que cet enfant prodigue, si inopinément rendu à Jeanne Vacherot, était désormais son fils unique. Elle avait perdu, par maladie, le troisième de ses enfants, Louis, le plus jeune, celui qui ne l'avait jamais quittée.

Ce serait mal connaître l'ancienne Justice de France, que de s'imaginer qu'avant 1789, même en face de l'évidence, un procès pût être expédié follement. La sage lenteur du Parlement de Paris

conduisit celui-ci jusqu'au printemps de l'année 1659, et comme, malgré la conviction que les magistrats avaient à l'avance de l'innocence de Monrousseau, il eût été inouï d'adoucir le sort d'un homme accusé, même injustement, d'un crime, le gueux resta en prison. Ceux qui savent ce qu'était une prison sous Louis XIV, pourront plaindre ce pauvre diable, victime de l'infatuation des Juges, de la barbarie des mœurs et du vice de la Loi.

La cause, enfin, fut portée à l'audience. Jeanne Vacherot, veuve le Moine, s'y présentait comme appelante de toute la procédure de Vernon, et y prenait à partie deux officiers de ce siége, le Procureur du Roi et le Lieutenant Général. Elle les accusait tous deux, non pas seulement d'aveuglement et de précipitation, mais de prévarication. A ses yeux, ils avaient agi par esprit de cupidité. Les biens dont ils avaient si âprement poursuivi la vente, étaient à leur convenance, et ce motif les avait poussés à l'iniquité. C'est ainsi que la plaignante expliquait les procédés insolites des magistrats, toute une information, toute une procédure menées sans dénonciateur, au seul et privé nom du Procureur du Roi, ce parent avide de feu Lancelot le Moine.

La veuve avait également fait intimer deux des témoins de l'information, le tailleur et le chirurgien, dont les assertions et toute la conduite lui paraissaient avoir le caractère de complicité dans le crime des magistrats.

Enfin, Jeanne Vacherot demandait que les intimés fussent condamnés en tous dommages, intérêts et dépens, et que l'enfant qu'on lui attribuait fût déclaré non recevable.

Me Pousset de Montauban plaida pour la veuve le Moine; *Me Fourcroy* accepta la défense de Monrousseau; *Me Robert* prit la cause de l'enfant, et les intimés confièrent leur défense à *Me Billain*.

Me Pousset de Montauban prit le premier la parole. Jacques Pousset de Montauban, alors âgé de quarante ans environ, est une assez curieuse figure dans le Barreau parisien du dix-septième siècle. Avocat, gentilhomme et poëte, il mourut échevin de Paris. Il fut partout un homme d'esprit, excepté au théâtre, qu'il inonda de tragédies et de comédies dont la médiocrité atteignit souvent le burlesque. Bon compagnon, aimable et plaisant quand il ne cherchait pas à l'être, il fit partie, quelques années après le procès que nous racontons ici, de cette joyeuse société d'épicuriens parmi lesquels brillaient Boileau, Chapelle et Racine encore jeune, Racine avant le jansénisme. C'est de là que sortit cette charmante et immortelle bouffonnerie, *les Plaideurs*, œuvre multiple de quelques rieurs, à laquelle Pousset fournit plus d'un trait finement observé.

C'était pour Pousset une bonne fortune que cette cause, véritable mine d'antithèses toutes taillées, admirablement faite pour aider à l'étalage des oppositions cadencées, des recherches de mauvais goût, des citations superflues, genre d'éloquence alors fort à la mode, dans lequel brillait le sieur de Montauban, et qui déparait les plus éloquents plaidoyers et les plus brillantes mercuriales. On voyait dans ce procès bizarre, œuvre de l'ineptie de quelques magistrats et d'une populace affolée, un enfant, objet du litige, désavouant celle qu'on voulait lui donner pour mère, et désavoué lui-même par cette mère prétendue; un enfant reconnaissant pour sien le père qu'on lui contestait, et ce père reconnaissant et réclamant le fils qu'on

---

(1) Sans doute un des deux Saint-Waast du département actuel du Calvados, petits villages dont l'un est à 22 kilomètres de Caen et l'autre à 15 kilomètres de Pont-l'Évêque.

(2) Remarquons en passant ces faits curieux, bien capables de nous renseigner sur l'état de la France en plein dix-septième siècle. Voilà deux enfants qui vagabondent pendant deux ans, sans que la police, saisie par une plainte de la mère, pense même à les chercher là où les trouver eût été si facile. Voilà un gentilhomme, un curé, des religieux, qui donnent l'hospitalité à ces enfants, en soignent et en inhument un, voient disparaître l'autre, sans qu'il leur vienne à l'idée d'avertir les autorités ou d'écrire à la famille, à quelques lieues de là.

s'obstinait à attribuer à un autre; une fausse mère, qui ne voulait pas l'être, un vrai père à qui on déniait son enfant.

M⁰ Pousset de Montauban, après avoir établi le cas singulier de ce procès, dans lequel *la voix du sang* est deux fois démentie par la voix de l'opinion publique, trouve dans les machinations du Lieutenant Général de Vernon et du Procureur du Roi, la source de cette opinion factice et de cette erreur populaire. C'est, dit-il, parce que Jeanne Vacherot s'est refusée à satisfaire leur cupidité, que ces magistrats prévaricateurs ont voulu la rendre mère malgré elle, malgré la nature, de par leur seule imposture. C'est pour se venger de la résistance de Jeanne Vacherot à leurs desseins avides, qu'ils donnent un démenti audacieux à ces lumières infaillibles de deux cœurs paternels.

Jeanne Vacherot doit, il est vrai, compte à ses juges des enfants véritablement issus de son mariage; car, selon Platon (notons ici, sans y insister comme le fit le défenseur, un trait habituel du goût douteux de l'éloquence judiciaire à cette époque), selon Platon, les enfants naissent à la République et pour la République, auparavant que de naître à leur père et pour leur père.

Le défenseur fait donc l'histoire du mariage de Jeanne Vacherot, de ses enfants et du procès même, et, l'étude de la cause exposée, discute la valeur de la procédure des Officiers de Vernon.

Cette procédure ne peut se soutenir; elle a été entachée de fraude et de violence. Les Juges de Vernon ont excité le peuple contre Jeanne Vacherot, l'ont séquestrée, interrogée, sans qu'il y eût ni plainte, ni ordonnance; ils l'ont réduite à se sauver la nuit, pour se dérober à la fureur du peuple soulevé.

Oui, cette procédure manque de base, car le dénonciateur y fait défaut; celui qu'on a fait paraître après coup est évidemment mendié. Cette invention d'un dénonciateur tardif n'a été faite que pour justifier la provision accordée à l'enfant; la saisie des deniers dus aux fermiers, l'attribution à l'enfant litigieux d'un avoir qui ne pourrait devenir sien que par arrêt définitif.

Ainsi, ces Juges ont, à l'avance, parlé plus haut que les Arrêts de la Cour; ils se sont érigés en souverains et ils ont placé leur autorité propre audessus de celle du Parlement; ils ont enfin, pour parler le langage de l'Écriture, mis *le seuil de leur Tribunal* au-dessus de la Cour.

Une pareille façon de procéder doit faire conclure que les Juges de Vernon ont fait leur cause propre de cette affaire, et que la passion les a aveuglés. Ils ont cessé d'être Juges, puisqu'ils n'ont pas su se purger de passions, *ces vapeurs de la terre qui ne doivent point monter jusqu'à eux ;* ils ont cessé d'être Juges, puisque la haine et la vengeance ont été l'âme de leurs jugements, puisqu'ils ont abusé du dépôt des Lois qui leur avait été confié.

M⁰ Pousset de Montauban établit longuement, péniblement, à l'aide de mille preuves inutiles en cette vive lumière qui sortait de la cause même, l'incontestable filiation de l'enfant perdu par Jeanne Vacherot et de l'enfant contesté à Monrousseau. Aux preuves légales de l'existence de ces deux personnes distinctes, qu'opposait-on ? des preuves testimoniales tendant à détruire l'état et même la personne de ce fils de Monrousseau. Et quelles preuves ces témoignages arrachés à la cré-

dulité, ces témoignages choisis avec soin par des juges prévaricateurs !

C'est sur eux, cependant, que repose l'accusation tout entière. Elle met sa force dans la voix universelle du peuple de Vernon.

« Ah ! s'écria *M⁰ Pousset*, cette voix du peuple sera-t-elle plus forte que celle du sang et de la nature ? Parlera-t-elle quand l'autre est muette ? Quel est ce faux oracle qui nous répond, quand l'oracle véritable, qui est dans le cœur de Jeanne Vacherot, garde le silence ?

« Est-ce la première fois que le peuple aura embrassé l'ombre pour le corps, la fausse apparence pour la réalité, le mensonge pour la vérité ? Ouvrez l'histoire : que d'exemples d'imposteurs obtenant les suffrages du peuple amateur d'idoles !... »

M⁰ de Fourcroy prit ensuite la parole. Celui-là aussi était poëte, et on a de lui des sonnets de frondeur assez médiocres; mais il fut un jurisconsulte habile, assez savant pour que le savant Lamoignon le prît pour second dans son essai de codification des Lois françaises. Avocat, il unissait la vigueur à la science, et la passion faisait chez lui pardonner le mauvais goût. Il avait, pour parler comme Molière, une *gueule* maîtresse, et sa voix tonnait aux grands moments (1).

M⁰ de Fourcroy exposa, lui aussi, dans un exorde aux antithèses savamment cadencées, le sujet étrange de ce procès : « Une mère à qui on veut donner un enfant qui n'est pas à elle, un père à qui on veut arracher un enfant qui lui appartient; une mère qui aimait tendrement l'enfant qu'elle a perdu, et qui n'éprouve que de l'horreur pour celui qu'on lui présente; un père qui ne peut nourrir son enfant, et qui ne peut se résoudre à l'abandonner; un enfant dont le sort est incertain entre une mère insensible et un père misérable. Dans la mère la piété souffre; dans le père, la nature triomphe; dans l'enfant, la fortune se joue. »

N'insistons pas sur ces laborieuses recherches de style, échantillon d'une éloquence affectée qui marque une date dans l'histoire de l'art oratoire en France, et ramenons l'orateur au discours pédestre.

Monrousseau produit des certificats authentiques de son mariage, de la naissance de ses enfants et on l'accuse de plagiat. Lorsqu'il apporte la preuve littérale de la naissance de son fils, devra-t-il être tenu à prouver que cet enfant n'est pas celui d'une mère qui n'en veut pas, qui, seule, aura qualité pour l'accuser ? Ajoutez à cela les vertus incontestées de Jeanne Vacherot, la possession de l'enfant par le mendiant, les vices évidents de la procédure de Vernon, et vous aurez tout le plaidoyer de *M⁰ Fourcroy*, habile, vigoureux, bien que chargé de mille ornements inutiles.

Les plaidoyers de *M⁰ Billain* et de *M⁰ Robert* n'ont rien qui puisse mériter qu'on s'y arrête. Hâtons-nous d'écouter l'*Avocat Général*, qui n'était autre que le fils du grand Jérôme Bignon.

M⁰ Bignon, après avoir établi, contre M⁰ Fourcroy, la compétence de l'action publique en une affaire de plagiat, où la coïncidence de deux coupables pouvait ne laisser qu'au Ministère public seulement la charge de venger la Loi, rassembla dans une première partie de son plaidoyer tous les

_____

(1) On sait que Fourcroy, disputant un jour avec Molière, celui-ci, épuisé, ahuri par les éclats de son adversaire se retourna vers Despréaux et lui dit : « Qu'est-ce que la raison avec un filet de voix contre une gueule comme celle-là ? »

arguments qui pouvaient plaider en faveur de l'accusation.

La conduite de Jeanne Vacherot, après la fuite de ses enfants, avait pu paraître entachée d'indifférence. Alors que toute une ville était frappée de la ressemblance qui existait entre l'enfant du gueux et le jeune le Moine, si bien connu de tout Vernon, cette mère seule ne voulait pas même hésiter et affichait une insensibilité suspecte. Bien plus, au lieu de chercher à convaincre le peuple et les magistrats de leur erreur, elle prenait la fuite, comme si elle craignait de sentir se réveiller en elle des sentiments comprimés.

Mais, dit-on, cet enfant désavoué par une mère est réclamé par un homme qui s'en dit le père. Cela même peut augmenter le soupçon. Cet homme est un vagabond, sans domicile, sans condition certaine, que ni l'âge ni la maladie n'ont réduit à la mendicité. Est-il rare que de semblables individus fassent le trafic d'enfants, vendent les leurs, volent ceux des autres ? Les variations de ce gueux dans les interrogatoires ne peuvent-elles pas faire sup-

Le petit Monrousseau.

poser qu'il s'est passé quelque chose à Paris, dont il appréhende la conviction ?

En outre de ces présomptions, l'information faite à Vernon fournit des preuves. Deux parentes, des voisines, des enfants, camarades du petit le Moine, des servantes qui l'ont élevé, qui l'ont servi, le reconnaissent et en sont reconnus ; quant à l'enfant, il rappelle plusieurs particularités dont la vérité est attestée par ceux à qui il en parle.

Peut-être se trouve-t-il parmi ces témoins quelques-uns qu'on pourrait reprocher ; mais le témoignage de toute la ville de Vernon ne peut l'être.

On ne peut davantage accuser les Juges d'avoir usé de suggestions dans la partie de l'instruction qui concerne les reconnaissances des lieux par où l'enfant avait passé et qu'il avait habités ; tout le peuple en était témoin, et y avait même part en quelque sorte.

On a cependant voulu chercher la source de cette histoire dans une ancienne haine que les Officiers avaient conçue contre feu Lancelot le Moine et contre sa femme ; mais on ne voit aucune apparence de preuves ni de cette haine, ni de la cause qu'on lui attribue.

Le retour de Pierre le Moine, et ce qu'il rapporte de son frère, ne paraît pas détruire des preuves si puissantes. C'est un enfant qui a déjà donné des marques d'un esprit mal réglé et d'un libertinage décidé par son évasion et par celle de son frère, qu'il a sans doute entraîné avec lui. Les pièces, d'ailleurs, qu'il rapporte pour justifier ce qu'il dit, loin d'être authentiques, sont surchargées et sans caractère légal.

Après avoir ainsi accumulé, et, comme à plaisir, exagéré les preuves qui pouvaient militer en faveur des Juges de Vernon, *M. Bignon*, par un coup de théâtre dont le bon goût serait discutable aujourd'hui, produisit, mais cette fois avec une grande force de logique, tous les arguments favorables à Jeanne Vacherot et au gueux.

La veuve le Moine est, dit-il, femme de mœurs réglées, honorée par son mari de la tutelle de ses enfants, épouse vertueuse autant que bonne mère. Le désaveu d'une femme semblable est d'un grand poids. Elle avait recherché ses enfants, elle n'avait rien à apprendre d'un public prévenu, dont l'erreur ne pouvait la surprendre.

Le mendiant a varié, mais non dans les choses essentielles, où ses dires ont été prouvés par des titres authentiques. Il a donc titre et possession. Personne ne revendique cet enfant; celle à qui on veut l'attribuer le rejette, et sa voix est soutenue par celle de toute sa famille. Le seul parent qui combat tous ces suffrages a pu se tromper, puisque Jacques le Moine a habité peu de temps Vernon, tandis qu'il a vécu longtemps à Paris, où tous ses parents sont unanimes pour repousser l'enfant qu'on veut imposer à Jeanne Vacherot.

On fonde un argument sur la ressemblance; mais il s'évanouit devant les preuves du décès de Jacques le Moine. Preuve testimoniale par la déclaration du frère survivant; preuves littérales par les certificats. Sans doute, ces pièces ne sont point en forme; mais la preuve qui en résulte est si forte, qu'on n'a pu les convaincre de faux. Et il n'est pas à douter que le Magistrat de Vernon n'ait fait des diligences pour détruire, par des informations précises, la valeur de ces documents.

Un autre argument est établi sur les informations. Mais il ne faut pas s'en exagérer la valeur. Parmi les témoins entendus à Vernon, on voit douze femmes. Le sexe aime le nouveau, le merveilleux, laisse facilement surprendre sa raison par son cœur.

Il est encore une observation générale qui concerne toutes les dépositions, et les réduit à leur juste valeur. Il n'y a aucun témoin qui n'ait été interrogé sur chaque fait en présence du petit garçon, en sorte que chaque déposition était pour lui une instruction sur ses prétendues reconnaissances. Soumis à l'examen de regards plus clairvoyants, l'enfant n'a pas persisté dans ses réponses suggérées, bien qu'il y eût intérêt s'il était Jacques le Moine.

L'erreur est donc évidente. Mais quelle en a été l'origine? Faut-il en accuser le Lieutenant Général et le Procureur du Roi de Vernon? Ils ont agi sans dénonciateur, mais sous la pression de la voix publique; il y a eu dans leur procédure des vices de forme, mais non des vexations. S'ils ont adjugé une provision, elle est encore aux mains du greffier, et on ne voit pas que la haine ou l'intérêt aient inspiré leurs démarches.

Trouvera-t-on l'imposture dans l'information? mais les contradictions y abondent, et, si elle était l'œuvre de la malignité, elle eût été mieux concertée. Le vrai coupable, c'est le peuple, dont la prévention a tout entraîné.

M. Bignon termina son plaidoyer par les conclusions suivantes:

« Ainsi nous estimons qu'il y a lieu de mettre les Appellans hors de Cour sur leurs intimations, et faisant droit sur les appellations, les mettre au néant et ce dont est appel : évoquant le principal, et y faisant droit, sur l'extraordinaire, ensemble sur les requêtes respectives à fin de dommages et intérêts, hors de Cour : ordonner que Jean Monrousseau soit mis hors des prisons, son écrou rayé et biffé; qu'il soit enjoint à Louis Monrousseau de le reconnaître et de lui obéir comme à son père; ordonner néanmoins qu'il sera mis à l'hôpital pour y être nourri et élevé comme les autres, et que la provision consignée sera rendue à Jeanne Vacherot. »

L'Arrêt, qui fut prononcé, le jeudi de la semaine de la Passion de l'année 1659, par le *Premier Président de Lamoignon*, fut conforme aux conclusions de l'Avocat général Bignon.

Au commencement du dix-septième siècle *régnait* en Bourbonnais, car c'est le mot juste pour ces grandes existences féodales, la vieille maison bourguignonne de La Guiche, qu'il ne faut pas confondre avec ces comtes de Guiche, alliés des Gramont, qui donnèrent à la famille royale de France des courtisans célèbres par leurs grâces et par leurs vices, la *Belle Corisande*, maîtresse de Henri IV, et Armand de Guiche, officier général aventureux, intrigant, aimable et quelque chose de pis, comme l'a prouvé notre procès de la *Chambre ardente*.

Jean-François de La Guiche, comte de La Palice (1), seigneur de Saint-Géran, maréchal de France sous Louis XIII, avait gagné assez facilement, dans les guerres de religion, le plus haut grade militaire. Il avait épousé en premières noces Anne de Tournon, d'une illustre famille du Vivarais. Il en eut deux enfants, Claude de La Guiche, et une fille, qui épousa le vieux marquis de Bouillé.

D'un second mariage avec Susanne aux Épaules, veuve du comte de Longaunay, le maréchal eut deux filles. La comtesse de Longaunay avait, elle-même, du premier lit, une fille, aussi nommée Susanne de Longaunay, que le maréchal, pour sceller sa propre union, maria à son fils Claude de La Guiche, le 17 février 1619.

Le maréchal de Saint-Géran mourut, le 30 décembre 1632, sans avoir eu le bonheur de voir le nom de La Guiche perpétué par un enfant mâle. Car son fils Claude n'avait pas d'enfants, et lui-même n'avait que des filles du second lit.

Claude de La Guiche, héritier par son père du gouvernement du Bourbonnais, fut nommé chevalier des ordres du Roi. Un beau nom, une grande fortune, une grande situation; mais la stérilité persistante de la comtesse de Saint-Géran jetait son ombre sur tous ces bonheurs. C'était là, sans doute, la punition de ces unions précoces, alors habituelles dans les grandes familles, et qu'imitait trop souvent la bourgeoisie (2). Claude de La Guiche de Saint-Géran n'avait que dix-huit ans à l'époque de son mariage, et Susanne de Longaunay en comptait treize à peine.

Cependant, après vingt ans et plus de vaines espérances, la comtesse de Saint-Géran, dans un voyage qu'elle fit à Paris vers la fin de novembre 1640, crut ressentir les premiers symptômes d'une grossesse. Défaillances, dégoûts, nausées, lassitu-

(1) Le nom de cette petite ville du Bourbonnais, située à 42 kilomètres de Moulins (Allier), s'écrit souvent La Palisse

(2) Voyez la cause du faux *Martin Guerre*.

des, rien n'y manqua bientôt, et la comtesse, heureuse de ces souffrances pleines de promesses, écrivit à la maréchale, sa mère, que Dieu exauçait enfin ses ardentes prières. Consultations des médecins fameux, pieux pèlerinages, vœux aux saints les plus accrédités, on avait tout fait pour obtenir ce résultat si longtemps attendu.

Cette nouvelle remplit de joie la maréchale, et tout le Bourbonnais fut en fête. Vers le septième mois de sa grossesse, la comtesse de Saint-Géran fit une chute. Médecins et chirurgiens furent mandés en hâte pour prévenir les suites de cet accident. Il n'y en eut pas, et la comtesse redoubla de précautions. Au huitième mois, tout fut prêt pour recevoir l'héritier du nom et des titres : car de douter que ce fût un fils, il n'y fallait pas penser. Nombre de dames des plus qualifiées du Gouvernement avaient visité la comtesse, qui, dans l'orgueil de sa maternité tardive, leur avait fait sentir les tressaillements de l'enfant : « Vous aurez un fils, lui disaient dames, médecins et matrones, nous nous y connaissons. »

La maréchale était accourue des premières à Saint-Géran. Elle avait, des premières, senti remuer ce petit-fils qu'elle adorait déjà. Elle avait vu ces seins gonflés, que sa fille montrait à toute venante avec une fierté que notre pruderie moderne ne comprend guère. La grand'mère avait voulu donner la layette. Une nourrice était retenue ; la sage-femme restait en permanence dans une chambre voisine, et on l'avait choisie sur sa réputation de femme habile, qui s'entendait aux enfants.

Le jour si désiré s'annonça bientôt par les signes ordinaires, et, le 16 août 1641, la comtesse fut surprise des douleurs de l'enfantement dans la chapelle du château, pendant la messe. On la porta dans sa chambre avant même que l'office divin fût achevé. La maréchale coiffa sa fille de sa propre main, comme on coiffe une femme qui doit garder le lit. On apporta les langes : servantes et nourrice s'établirent au chevet de la comtesse.

Les douleurs furent longues et vives; un moment, on craignit pour la vie de la comtesse, et le Saint-Sacrement fut exposé dans les églises de Moulins, afin d'obtenir une heureuse délivrance. Mais la comtesse puisa dans son vif désir de maternité la force de résister à ces douleurs.

Toute la famille assistait à ces premiers moments du travail. Il y avait là le comte de Saint-Géran, la dame de Saligni, sœur du maréchal; l'aînée des filles du second lit du maréchal, Marie de La Guiche, âgée de seize ans environ, et sa sœur cadette. Il y avait l'homme indispensable dans un château, le maître d'hôtel Beaulieu, demi-confident, demi-valet, bon à tout, prêt à tout, intendant et ancien page, très-dévoué, à ce qu'on croyait, à la famille et au comte, brave du reste, et qui, en une rencontre, avait servi de second à son maître. On voyait encore dans la chambre la marquise de Bouillé, fille du premier lit du maréchal et sœur de Claude de La Guiche, comte de Saint-Géran. Depuis quelque temps, la marquise s'était séparée de son mari, beaucoup plus âgé qu'elle, et dont elle disait avoir fort à se plaindre, tandis que quelques-uns prétendaient que le plus grand tort de ce pauvre marquis était ses soixante-dix ans. Quoi qu'il en fût, la marquise, jeune encore et d'agréable figure, jouait avant l'heure, loin du château de Bouillé, le rôle de veuve.

Au même temps où la marquise était venue demander à Saint-Géran l'hospitalité, un certain marquis de Saint-Maixant, parent éloigné des La Guiche, avait choisi pour asile la résidence du gouverneur du Bourbonnais. Sous cette protection puissante, Saint-Maixant abritait, disait-on, bien des crimes. Faux monnayeur, adonné aux pratiques de magie, incestueux, il avait encore, s'il fallait en croire la rumeur publique, fait étrangler sa femme pour en épouser une autre, dont il avait tenté de faire périr le mari. Ce joli sujet habitait l'Auvergne et faisait partie de cette noblesse féodale qui se croyait tout permis, violences, exactions, brigandages à main armée, et dont les crimes devinrent, à vingt-cinq ans de là, si multipliés, si effrontés, si insupportables, que Louis XIV dut les réprimer en masse par ces assises solennelles tenues à Clermont, que Fléchier nous a racontées sous le nom de *Grands jours d'Auvergne*.

Il y avait déjà quelques mois que, sous les magnifiques ombrages de Saint-Géran, le marquis narguait le Prévôt de la maréchaussée d'Auvergne, et il n'avait pas tardé à charmer les loisirs de sa retraite en s'occupant de la quasi-veuve du marquis de Bouillé. Comme les Guiche, les Vardes, les Lauzun, Saint-Maixant unissait à l'esprit d'intrigues et à l'immoralité la plus profonde les grâces les plus séduisantes. La marquise l'aima, et la grande liberté de la vie de château favorisa ces amours. La marquise était vraiment la femme qu'il fallait à cet aimable sacripant : audacieuse, dévorée d'ambition, de grosse dépense, point chargée de scrupules. Quand la comtesse de Saint-Géran fit connaître cette nouvelle inattendue d'une grossesse tardive, il est probable que marquis et marquise n'en furent qu'à demi ravis : cet héritier renversait leurs espérances. Sa naissance le plaçait entre la marquise et les grands biens du comte de Saint-Géran. Saint-Maixant voyait s'évanouir du même coup le rêve caressé d'un mariage avec la veuve du marquis de Bouillé; car elle deviendrait veuve, Saint-Maixant en avait la certitude : au besoin, il y eût aidé.

Tels étaient les personnages réunis autour du lit de la comtesse. Ajoutons-y les figures subalternes, la sage-femme, Louise Gaillard, et les deux sœurs Quinet, dites sœurs Dada, femmes de la marquise.

Les douleurs duraient déjà depuis quelque temps, lorsque la marquise de Bouillé fit observer que tout ce monde incommodait la comtesse, surtout par l'étouffante chaleur qu'il faisait ce jour-là. Il fallait dégager les abords du lit, faire silence autour de la malade. Que faisaient-là ces petites filles? était-ce un spectacle pour des morveuses de seize et de treize ans? Et la dame de Saligni, et la maréchale, à leur âge, ce travail qui s'annonçait long et difficile n'était-il pas pour les fatiguer et les inquiéter plus que de raison?

Quant aux hommes, il ferait beau voir qu'ils restassent là où des femmes seules avaient affaire. La marquise mit donc tout doucement à la porte de la chambre mari, grand'mère, tante, petites filles et Saint-Maixant tout le premier, qu'elle poussa en riant par les épaules. Il ne resta près du lit de la comtesse que la marquise, la sage-femme, les deux Dada et Beaulieu, qui n'était pas quelqu'un, lui, et dont on pouvait avoir besoin pour quelque message.

Les douleurs continuèrent pendant toute la journée. Le comte, la maréchale, tous ceux qui s'intéressaient à l'événement, envoyaient à tout moment demander s'il y avait du nouveau. Beaulieu, chargé de faire respecter la consigne, répondait, derrière la porte : « Tout va bien. »

Sur le soir, comme les messages se multipliaient, Beaulieu annonça que la comtesse se trouvant épuisée par le travail, la Gaillard avait jugé à propos de lui procurer quelques heures de sommeil au moyen d'un breuvage. On avertirait tout le monde quand la comtesse se réveillerait et quand les souffrances reprendraient leur cours. Le comte et les deux dames allèrent prendre un peu de repos. Pendant toute cette nuit, on ne vit plus debout que Beaulieu, qui allait et venait, et Saint-Maixant, qui rôdait, d'un air inquiet, autour de la chambre de la comtesse.

A la pointe du jour, la comtesse se réveilla de son long assoupissement, la tête fort lourde et comme étonnée, faible à ne pouvoir remuer un membre. Il lui sembla, aussitôt qu'elle se fut reconnue, qu'elle était baignée de sang, qu'elle ne sentait plus dans ses flancs le fardeau de la veille. « C'est donc fini, dit-elle avec effort? Où est l'enfant? — Vous n'êtes point accouchée, répondit la marquise. — Comment? point accouchée, insista la comtesse; mais je le sens bien et ne puis m'y tromper. » La Gaillard confirma le dire de la marquise. Un simple accident précurseur. Il fallait que la comtesse se calmât, laissât agir la nature, qui ne tarderait pas à la délivrer. Rien que de régulier dans tout cela; et si la Gaillard en croyait sa longue expérience, la comtesse aurait un fils.

La pauvre comtesse eut de la peine à admettre cette idée que rien n'était fait. Il fallut que la maréchale intervînt. « Ne vous inquiétez point, dit-elle à sa fille; voulez-vous accoucher comme la femme d'un Suisse? »

La journée nouvelle, ni même celle du lendemain ne virent point se réaliser les promesses de la Gaillard. De guerre lasse, comme on ne voyait rien venir et que les douleurs ne reparaissaient pas, la sage-femme déclara que la lune nouvelle s'était opposée à l'accouchement, qu'il en fallait attendre le déclin, qu'alors l'accouchement serait facile, toutes les voies étant préparées. La comtesse, dont les forces revenaient à vue d'œil, se montrait seule incrédule. « On ne me persuadera pas, disait-elle, que je ne sois pas accouchée. Je le sens bien, et il n'y a que moi qui le puisse sentir. Où est mon enfant? qu'a-t-on fait de mon enfant? — Pures visions, répondait la maréchale. De plus expérimentées que vous s'y trompent, et moi-même, quand je fus grosse de vous, Susanne, ne me trompai-je pas de six semaines sur l'époque de ma délivrance? n'eus-je pas, comme vous, tous les signes avant-coureurs d'un accouchement? »

Il n'y avait rien à répondre. La marquise, Saint-Maixant et le comte lui-même faisaient chorus à ces leçons de l'expérience.

La comtesse, cependant, ne paraissait pas persuadée. Aussi, la Gaillard ouvrit-elle un avis nouveau. L'enfant était peut-être attaché aux reins; il avait fait, pour se produire, tous les efforts possibles; peut-être fallait-il l'aider maintenant? On avait vu quelquefois des enfants ainsi placés se détacher par suite de quelques secousses, de quelque exercice violent de la mère.

La comtesse s'accrocha à cette idée; la maréchale et le comte ne la goûtèrent pas moins : la marquise et Saint-Maixant furent d'avis qu'il fallait

tenter l'expérience. On fit atteler six chevaux à un des lourds carrosses du Gouverneur, et, à grand renfort de fouet, on lança par les terres labourées, par les chaumes, par les sillons, cette voiture, dans laquelle on avait établi la comtesse. Il faut penser que les carrosses de cette époque n'étaient point suspendus sur les ressorts doux et liants qu'on inventa depuis.

On rapporta la pauvre dame assez mal en point de cette cruelle promenade; et les jours se passèrent sans amener l'accouchement. Peu à peu l'idée s'établit que la comtesse s'était laissé tromper par de faux symptômes, qu'elle n'avait jamais été grosse, qu'il n'y avait eu dans son fait que les accidents consécutifs d'une maladie de femme. La comtesse espéra quelque temps encore, puis, dut se rendre, mais la dernière. Il lui restait un doute au fond du cœur, et, quand la maréchale se décida à partir, à la mi-janvier 1642, et qu'elle lui dit : « Votre grossesse de fantaisie, ma chère Susanne, passe bien des merveilles; » la comtesse lui répondit, en hochant la tête : « Patience, ma mère, et vivons pour voir démêler cette fusée. »

A deux ans et demi de là, comme le comte et la comtesse de Saint-Géran résidaient à Paris, Beaulieu, l'intendant, vint leur demander la permission de prendre et d'élever à l'hôtel un sien neveu, fils d'une pauvre veuve, dame Pigoreau, sa belle-sœur.

On la lui accorda, malgré les répugnances de la femme de Beaulieu, qui, chargée déjà de cinq enfants, voyait avec peine ce surcroît de famille.

La comtesse de Saint-Géran partit pour Moulins. Le jeune Pigoreau fut placé dans le carrosse des femmes de la comtesse, et celle-ci, pour la première fois, eut occasion de le voir. C'était un bel enfant, blond, blanc, net, avec des yeux bleus très-tendres. Mme de Saint-Géran l'eut à peine vu, qu'elle se sentit saisie pour ce petit d'un grand amour. Il paraissait l'âge qu'aurait eu le fils espéré. Ce fils aurait eu ces cheveux, ces yeux-là. Tout était vif encore dans le cœur blessé de celle qui avait cru être mère; rien n'était oublié. Elle mit le petit dans son carrosse, le tint sur ses genoux, le fit parler; il avait un ton de voix qui lui entrait dans l'âme, de petites manières au-dessus de son état. La comtesse en raffola bien vite. Ce fut pis encore quand, de tous côtés, on lui dit : « mais il vous ressemble, ce bel enfant-là; on dirait vraiment qu'il a la marque de l'ouvrière. »

Saint-Maixant et la marquise de Bouillé parurent voir avec inquiétude cette passion subite de la comtesse pour le neveu de Beaulieu. Celui-ci laissait échapper des discours singuliers qui peu à peu éveillèrent l'attention. Il mourut tout-à-coup, d'une mort singulière, inattendue, suspecte. Dans l'agonie, il témoigna le désir de demander pardon à ses bons maîtres d'un grand préjudice qu'il leur avait causé. N'imaginant pas ce que ce pût être le comte et la comtesse se dirent : « C'est quelque fredon (volerie) qu'il nous veut avouer, » et ils ne voulurent point avancer sa mort par cette confession. Beaulieu expira sans avoir parlé. On était alors en 1648; le petit Bernard de Beaulieu avait sept ans.

On l'élevait à Saint-Géran en enfant de qualité; à huit ans, il prit la livrée de page.

Cependant, depuis la mort de Beaulieu, des rumeurs couraient le pays. On se racontait les paroles significatives dites en mainte occasion par le maître d'hôtel. Il avait dit qu'il tenait entre les mains l'honneur et la vie de la marquise. Un religieux avait été consulté par le mourant sur ce cas de conscience : un homme qui a supprimé un enfant, a-t-il déchargé sa conscience en le restituant au père et à la mère, sans le leur faire connaître? Un élu de Moulins se rappelait que Beaulieu lui avait dit de son neveu Bernard : « Mes maîtres le peuvent bien aimer, car il les touche de près. »

Quelque chose de ces bruits vint aux oreilles de la comtesse, et les soupçons commencèrent à s'éveiller dans son esprit. Un jour, à Vichy, elle surprit la marquise en conférence mystérieuse avec la Gaillard, et la sage-femme parut troublée de se voir ainsi surprise. La marquise, fine mouche, lut clairement dans les traits de la comtesse les soupçons qui s'éveillaient. Sous un prétexte, elle partit pour Descoutoux, un petit village de l'Auvergne, près Thiers. On ne la revit plus à Saint-Géran.

Cela ouvrit tout à fait les yeux à la comtesse. On envoya quérir la Gaillard, et, sans scandale, sans menace, on l'interrogea. Les contradictions de ses réponses, l'embarras de son attitude firent disparaître les derniers doutes, et, la matrone partie, plainte fut rendue par le comte par-devant le Vice-Sénéchal de Moulins. Sur la plainte, la Gaillard arrêtée, interrogée, confessa la vérité de l'accouchement, mais prétendit que la comtesse avait mis au monde une fille mort-née, dont elle, Gaillard, avait enfoui le cadavre sous une dalle, près de la grange de basse-cour. La dalle levée, on ne trouva rien.

La Gaillard fut interrogée de nouveau. Elle varia dans ses dires. La comtesse n'était pas accouchée; elle était accouchée d'une môle; elle avait mis au monde un fils enlevé par Beaulieu. Enfin, sur la sellette, elle rétracta tout. De Saint-Maixant, de la marquise, on ne put lui faire dire un mot.

L'enlèvement de l'enfant.

Mais le Juge de Moulins n'eut pas besoin d'aveux persistants pour former son opinion. Divers témoins rapportaient qu'on avait vu la Gaillard, le lendemain de l'accouchement, lavant des linges ensanglantés dans le fossé du château. On en trouva d'autres dont les dires concordants permirent de restituer tous les faits de la nuit du 16 au 17 août, de suivre à la piste les auteurs du crime enfin découvert. A l'aide de ces témoignages, on peut voir en partie le complot ourdi contre la comtesse, et deviner le reste.

Quel mystère couvrait donc cette nuit du 16 août?

Au moment où la Gaillard avait vu les douleurs arriver au paroxysme, et alors que tout annonçait une prochaine délivrance, elle fit prendre à la comtesse le breuvage dont on a parlé, et l'effet en fut si prompt, que la malade tomba dans une stupeur profonde. En cet état nouveau, qui paralysait l'intelligence, le travail se fit de soi et la Gaillard reçut l'enfant, un enfant mâle. Elle se hâta d'achever la délivrance, de lier le cordon, de faire disparaître les traces les plus visibles de l'accouchement, et déjà, sous les yeux même de la marquise, la misérable sage-femme pressait fortement de ses doigts et allait enfoncer le crâne de la frêle créature, quand Beaulieu, qui était sorti depuis quelques minutes et qui venait de conférer mystérieusement avec Saint-Maixant, rentra précipitamment, arracha l'enfant des mains homicides de la Gaillard et dit à la marquise : « M. le marquis dit qu'il ne faut pas qu'il meure. »

C'est qu'en effet, comme on l'aura déjà compris, Beaulieu était entré, avec la Gaillard et les sœurs Dada, dans les vues criminelles que la grossesse de la comtesse de Saint-Géran avait inspirées à Saint-Maixant et à la marquise de Bouillé. Chambrer la comtesse, la plonger dans une léthargie momentanée, supprimer l'enfant, tel fut le complot ourdi entre tous ces misérables. Seulement, au moment suprême, Saint-Maixant s'était ravisé et avait défendu à Beaulieu de tuer l'enfant. Était-ce un reste de pitié? n'était-ce pas plutôt une précaution prise contre la marquise, que Saint-Maixant tiendrait par cet enfant dont l'existence resterait suspendue sur elle comme une menace, si jamais elle cherchait à se dégager et à décliner l'union promise?

Quoi qu'il en soit, Beaulieu fit emmailloter l'enfant, le plaça dans une petite corbeille, et, son manteau sur le nez, la corbeille sous le manteau, il descendit dans les jardins par un escalier dérobé, gagna la terrasse par les fossés du château, et franchit le pont qui conduisait au parc. Ce parc immense avait douze portes, dont le maître d'hôtel de Saint-Géran avait les clefs. Il trouva à la porte dite de l'Allier un cheval fin, excellent trotteur, que Saint-Maixant y avait conduit lui-même, et se dirigea à fond de train vers l'Auvergne.

Suivons-le dans ce voyage, dont chaque pas devait être éclairé plus tard par des témoins irréfragables.

A une lieue de Saint-Géran, Beaulieu traversa le petit village des Escherolles et s'arrêta quelque temps chez la Claude Gautier, bonne femme qui nourrissait. La Gautier donna le sein au petit. Beaulieu n'osa laisser le maillot en lieu si voisin du château, et reprit sa course. Il traversa l'Allier à Port-la-Chaise, et, là encore, il mit pied à terre chez Bouchaud, laboureur, dont la femme allaita l'enfant. Puis le ravisseur piqua droit sur l'Auvergne.

Le soleil levé, la chaleur devint bientôt excessive; le cheval, qui avait couru une partie de la nuit, avait besoin de repos : l'enfant souffrait de la chaleur et des secousses continuelles de ce trot endiablé. Beaulieu rencontra d'aventure le voiturier Paul Boition, qui faisait sur cette route le voyage d'Aigueperse à Riom. Il fit marché avec cet homme, attacha le cheval derrière la charrette et monta dedans, tenant l'enfant entre ses bras. Boition lui demanda gaiement s'il était devenu nourrice, et le maître d'hôtel, chemin faisant, se laissa aller aux confidences. Cet enfant-là n'était pas le premier venu : on n'en prendrait pas tant de soin, s'il n'était pas de la première maison du Bourbonnais. Sur le midi, on arriva au petit village du Ché, non loin de Riom. Là encore se trouva une aubergiste qui put donner le sein au maillot : cette femme, trouvant que ce petit corps n'avait pas été lavé, qu'il était tout ensanglanté, fit tiédir de l'eau et le lava.

On repartit; mais, près de Riom, Beaulieu donna le change au voiturier, et se dirigea vers la montagne, du côté de Thiers. A quelque distance de cette ville et près de l'abbaye de Lavoine, la marquise de Bouillé avait un château; c'est dans le village de Descoutoux, au pied de ce château, que Beaulieu s'arrêta. Il donna l'enfant à nourrir à une femme Gabriel Moiniot et lui paya d'avance un mois de nourriture. Mais Beaulieu ne voulut dire ni le nom du père ni celui de la mère; il se refusa même à indiquer un lieu où la nourrice pût envoyer des nouvelles de l'enfant. Aussi, la Moiniot ne se montra pas curieuse de garder ce mystérieux nourrisson, et l'aventure étant connue à la ronde, aucune autre nourrice ne voulut se charger de l'enfant. Il fallut le retirer, et ceux qui l'emmenèrent prirent le grand chemin de la Bourgogne.

Comme on le sut plus tard, de Descoutoux l'enfant avait été porté à Paris, chez une belle-sœur de Beaulieu, Marie Pigoreau, veuve d'un maître en fait d'armes, mort dans le plus complet dénûment. A partir du jour où la Pigoreau se fut chargée de cet enfant, on la vit tout à coup bien nippée, vêtue d'habits fort au-dessus de sa condition, car la Pigoreau, fille d'un comédien, jouait volontiers le personnage de femme de qualité, avait des prétentions à l'esprit, faisait des vers.

Le baptême de l'enfant avait été différé le 7 mars 1642, la Pigoreau le fit baptiser à Saint-Jean-en-Grève, sous le nom de Bernard, sans désignation de père ni de mère. Le parrain fut Maur Marmion, gagne denier et fossoyeur de la paroisse, et la marraine, Jeanne Chevalier, veuve de Pierre Thibou.

Après le baptême, l'enfant fut envoyé en nourrice au village de Torcy, en Brie, chez une commère de la Pigoreau, la Paillard. Les langes étaient d'une richesse inusitée, et la Pigoreau ne se put tenir qu'elle ne dît : « Cet enfant-ci est de qualité, et je ne balancerais pas à racheter sa vie aux dépens de la mienne. » La nourrice étant tombée malade après peu de temps, la Pigoreau, en remettant l'enfant à une autre femme du même village, la veuve de Marc Ségudu, dit à la Paillard : « Je regrette bien pour vous cette maladie, ma commère; si vous aviez nourri l'enfant, votre vie était gagnée pour le reste de vos jours. C'est le fils d'un très-grand seigneur; il fera la fortune de ceux qui le serviront. »

Beaulieu vint souvent visiter le petit Bernard; les mois de nourrice furent régulièrement et largement payés, et, quand l'enfant eut dix-huit mois, la Pigoreau le reprit et le sevra. Elle changea de quartier, alla habiter une maison où elle n'était pas connue, et fit passer Bernard pour l'un de ses fils.

Elle en avait eu deux de son mariage : l'aîné, Antoine, vivait encore; le second, Henri, né le 9 août 1639, après la mort de son père, et mort peu de temps après sa naissance, eût eu, s'il avait vécu, deux ans de plus que le jeune comte de Saint-Géran. L'enfant volé fut affublé de l'état de ce fils.

Voilà ce que fit entrevoir une première information. Si on ne savait pas tout encore, on en savait assez pour frapper la coupable.

Le Juge de Moulins rendit une Sentence déclarant la sage-femme atteinte et convaincue d'avoir supprimé l'enfant de la comtesse, et, pour réparation, la condamnant à être pendue, après avoir été appliquée à la question.

La Gaillard appela de la Sentence, et fut écrouée à Paris, à la Conciergerie du Palais. L'Arrêt une fois connu, les preuves du rapt abondèrent. On retrouva un Raguenet, épicier à Paris, entre les mains duquel Beaulieu avait consigné 2,000 livres pour la nourriture de l'enfant mystérieux. Un sieur Ségueville fit connaître le fait du baptême de 1642; on remonta jusqu'aux nourrices de Torcy, et le comte obtint arrêt pour informer devant le juge de Torcy. Un Monitoire fut publié. L'enfant, présenté par-devant un Conseiller-Commissaire aux nourrices et aux témoins de Torcy, fut reconnu à ses traits, à l'impression des doigts de la Gaillard. On sut que la Pigoreau avait visité l'enfant en compagnie d'un homme de qualité; on reconnut, par ces mêmes témoins et par la servante de la Pigoreau les propos imprudents de cette femme.

Deux incidents nouveaux multiplièrent les révélations, et délièrent bien des langues. La marquise de Bouillé mourut, bientôt suivie dans la tombe par son complice Saint-Maixant. Aussitôt, on apprit la raison des contradictions et des tergiversations de la matrone devant la Justice. Chaque fois qu'elle devait paraître devant le Juge, messages, promesses, menaces, partis du château de Bouillé, la pressaient, l'encourageaient, la disposaient au mensonge. A peine arrivée, la Gaillard avait fait prévenir, par Guillemin, son fils, la marquise de cet événement qui l'intéressait autant qu'elle-même.

La Foresterie, écuyer de la marquise, avait, de la part de sa maîtresse, sollicité pour la sage-femme, porté des ordres et de l'argent au Procureur. Les sœurs Quinet, dites Dada, ayant quitté le service de la marquise, la Foresterie leur avait compté une somme destinée à acheter leur silence, et, comme la marquise apprit qu'elles avaient tout dit à la Foresterie, elle le menaça, s'il bavardait, de lui faire donner cent coups de poignard par son maître-d'hôtel, un de l'Ile, qui était, par quelques audaces de sa vie passée, sur le pied d'un homme redoutable. Plus tard, la marquise rappela ces deux filles auprès d'elle, et en maria une à de l'Ile, avec douze mille livres de dot. Celle-là, peu timide, avait répondu aux menaces de sa maîtresse, en lui mettant le poing sous le nez, et en lui disant qu'il ne fallait point se frotter à elle; que, si on la poussait, elle dirait tout, au risque d'être pendue.

Du côté de Saint-Maixant, les découvertes posthumes ne manquèrent pas non plus. Ce bandit de qualité avait été, en 1643, pris et conduit à la Conciergerie du Palais, à raison de ses vieux crimes d'Auvergne. Prudent Berger, son page, apprit là de son maître l'affaire du rapt de Saint-Géran, et la complaisance tarifée du geôlier leur permit même à tous deux de visiter l'enfant, encore à cette époque entre les mains de la Pigoreau. Quand le marquis tomba malade, Berger lui dit : «Je m'étonne, monsieur, qu'étant accablé du poids de tant d'affaires désagréables, vous ne vous déchargiez pas de celle-là. » Le marquis répondit qu'il avait dessein de rendre cet enfant à son père, qu'un capucin, à qui il s'était confessé, lui en avait donné l'ordre. En effet, à son heure dernière, Saint-Maixant voulut révéler un grand secret au curé qui lui administrait les sacrements; mais il en fut empêché par les convulsions de la mort.

Sur ces révélations, la Cour, d'office, décréta d'ajournement personnel la Pigoreau. Celle-ci, habile intrigante, s'empressa d'appeler à son secours deux alliées naturelles, la comtesse de Lude, fille de la marquise de Bouillé, et 'a duchesse de Ventadour, fille du second lit de la maréchale de Saint-Géran. Sur le conseil des Procureurs, les accusés appelèrent des procédures criminelles; la Pigoreau prit la voie de la requête civile contre les arrêts qui ordonnaient la confrontation des témoins; appel fut fait comme d'abus de la publication des Monitoires. La Pigoreau, portant l'attaque dans le camp ennemi, se chargeait de contester la maternité de la comtesse, et les deux dames, de leur côté, plaidaient en supposition d'enfant.

Sur ces entrefaites, Louise Gaillard mourut à son tour, âgée de plus de quatre-vingt-quatre ans. Après sa mort, Guillemin, son fils, ne fit plus de difficultés pour avouer le crime de sa mère, et pour reconnaître que Bernard n'était autre que l'enfant volé.

Le procès vint à la Tournelle, au mois d'août 1657. Il occupa sept audiences. Me *Pousset de Montauban* parla pour la Pigoreau.

Me *Pousset de Montauban* se montra tel que nous l'avons vu dans son plaidoyer pour Jeanne Vacherot, c'est-à-dire solennel jusqu'à l'enflure, hérissé de citations intempestives, fécond en digressions inutiles. Il passa difficilement au déluge, et en appela plus d'une fois à Aristote.

Mais laissons ces oripeaux de style, et entrons avec l'avocat dans le vif de la cause.

Il soutint que Henri de Beaulieu, dont on ne prouvait pas la mort, n'était autre que celui qu'on appelait indûment le jeune comte de Saint-Géran. On apportait de sa naissance, du mariage de ses parents, de son baptême, les preuves littérales qui constatent l'Etat, preuves qu'on prétendait annuler, au mépris de la Loi, par des preuves testimoniales.

Au contraire, qui prouvera la maternité de la comtesse? Les confessions de la sage femme dans ses interrogatoires? mais elle a varié; mais elle a expliqué ses premiers aveux par la violence qui lui a été faite. Est-ce la notoriété publique? mais tout le Bourbonnais était là, et personne n'a vu l'accouchement.

Elle sera accouchée sans douleur! Mais Dieu n'a-t-il pas dit à la femme : Tu accoucheras dans la douleur? La douleur est la peine inséparable du péché; l'arrêt est irrévocable. *In dolore paries*. Et la comtesse prétendra que, seule dans toute la nature humaine, elle n'a point péché, qu'à elle seule la peine a été épargnée.

Me *Pousset* termina en s'écriant que si un Jugement venait consacrer la fable de l'accouchement de la comtesse, il n'y aurait point de mère qui ne dût trembler pour son fils, point de mère stérile qui ne sût devenir féconde, puisqu'il suffirait pour cela qu'elle dormit quelques heures.

L'avocat des Dames intervenantes dit que ce n'était pas un intérêt sordide qui les faisait entrer dans la lice, mais le désir de repousser d'une maison, source de tant de héros, un enfant de naissance si honteuse. Pour le prouver, il suffisait de déclarer que les Dames de Ventadour et du Lude renonçaient à la succession du comte de Saint-Géran. Il fit bon marché de la Pigoreau; mais il n'en conclut pas moins à ce que l'enfant lui fût rendu, et l'accouchement de la comtesse déclaré chimérique.

Me *Petitpied*, avocat du comte et de la comtesse de Saint-Géran, ramena l'incident à son objet véritable, à savoir, la Requête civile, l'intervention, les oppositions aux Arrêts et appellations. Là seulement était le procès. La requête d'intervention ne pouvait, le mari vivant, être reçue de la part des collatéraux en cas de suppression de part, ou de supposition d'enfant. D'ailleurs, les requérantes s'y étaient prises trop tard.

Sur le fond, l'avocat n'eut pas de peine à renverser par des exemples la théorie absolue de l'impossibilité de l'accouchement sans douleur, si énergiquement établie par Me Pousset, qui ne prévoyait pas l'anesthésie. Me Petitpied eut, lui aussi, sa théorie, non moins étrange que celle de son confrère, à savoir que LA MAGIE pouvait expliquer cet assoupissement pendant lequel accoucha la comtesse.

M. l'Avocat général Bignon apporta dans cette cause sa part d'antithèses, de citations, et aussi de bonnes et solides raisons. Il attacha un grand prix aux preuves testimoniales sur les indices de connivence entre la sage-femme et la marquise de Bouillé, et se joignit gravement à Me Petitpied pour attribuer à la sage-femme des pratiques de magie. La vie de saint Cyprien fournit au magistrat des arguments sans réplique en faveur de ces manœuvres.

Comme, au fond, il s'agissait de la Sentence de

mort prononcée contre la sage-femme, M. Bignon fut d'avis que le procès ne pouvait être jugé en audience; que la Pigoreau ne pouvait être distraite du procès criminel, parce que les charges élevées contre elle devaient être approfondies. Quant aux interventions, il dit qu'il n'était pas ordinaire d'admettre des interventions en matière criminelle.

L'Arrêt prononcé par M. le Président de Mesmes le 18 août 1657 «... débouta les Dames appellantes « et les Accusés de leurs oppositions et appella- « tions avec amende et dépens; faisant défenses à « la Pigoreau de désemparer la ville et fauxbourgs « de Paris, à peine de conviction; jointe la Re- « quête d'intervention au procès, pour, en jugeant, « y avoir tel égard que de raison. »

C'était débouter tacitement les Dames de Ventadour et du Lude de leur intervention.

Jusqu'au dernier moment, la Pigoreau ne s'était pas tenue pour battue. Mais, après l'Arrêt, une confrontation aux témoins ayant été ordonnée sur sa propre requête, il fut dit que la Pigoreau, pour y procéder, se mettrait en état dans la prison de la Conciergerie. Alors sentant bien qu'une fois entrée elle n'en sortirait pas, la Pigoreau quitta la partie et se réfugia à l'étranger. La contumace fut acquise contre elle.

Le comte de Saint-Géran mourut le 31 janvier 1639, sans avoir eu la satisfaction d'arriver à ses fins, mais avec la joie d'avoir entendu le roi Louis XIV, de passage à Moulins, donner publiquement à son fils Bernard le nom de comte de la Palice. Un tel mot valait bien un Arrêt du Parlement.

La comtesse poursuivit l'œuvre commencée avec un courage, avec une passion qui étaient déjà de puissants arguments en faveur de sa cause. « Reconnaissez mon fils, disait-elle à ses Juges, en sollicitant son procès; sinon, je l'épouse, et lui assure tout mon bien. »

Elle avait accepté solennellement la tutelle, et fait nommer un curateur à Bernard. Les Dames du Lude et de Ventadour, qui, dès le 8 février 1639, avaient obtenu des Lettres d'héritières bénéficiaires, appelèrent de la Sentence qui déférait tutelle et curatelle, en même temps que la comtesse appelait elle-même de la Sentence d'entérinement des Lettres bénéficiaires. Alors, le comte étant mort, l'intervention des Dames ne pouvait plus être repoussée. Mais les questions que soulevait cette intervention seraient-elles déférées à la Grand'Chambre, comme le voulaient les Dames, qui n'étaient pas parties au procès criminel, ou rentreraient-elles dans le procès de la Tournelle, comme le demandait la comtesse, prétendant que ces questions étaient incidentes de leur nature et absolument inséparables de la question d'Etat dont la Tournelle était saisie déjà? La comtesse, grâce à ses efforts, vit un Arrêt des trois Chambres assemblées confirmer ses prétentions.

Cela, cependant, ne mit pas fin aux incidents. Les Dames du Lude et de Ventadour se pourvurent en cassation contre l'Arrêt des trois Chambres, entassèrent requête sur requête pour entraver le cours de la Justice. Vains efforts. Le 9 avril 1661, un Arrêt du Conseil privé, évoquant à soi tant le procès de la Tournelle que les appellations et requêtes diverses, renvoya les parties, pour leur être fait droit, conjointement ou séparément, devant les trois Chambres assemblées.

Alors s'ouvrit une nouvelle ère de procédure. L'intervention des Dames admise par un Arrêt du 27 avril 1663, elles prirent des Lettres en forme de requête civile contre l'Arrêt du 18 août 1657, et le 19 juillet 1663, la Cour, réglant le procès, remit les parties en même état que devant; apporta, en conséquence, les Dames de Ventadour et du Lude au Conseil pour, sur leurs appellations et oppositions, écrire, produire et donner contredit; néanmoins, et par provision, maintint Bernard en possession et jouissance du nom et des armes, des biens et succession de Claude de La Guiche, comte de Saint-Géran, sous la tutelle de la dame de Longaunay.

L'instruction du procès eut lieu sur ce règlement. *M. le Procureur général* conclut en faveur de la reconnaissance de Bernard de La Guiche.

M⁰ Billain, avocat, prit la défense de la comtesse dans un factum auquel répondit l'avocat des Dames de Ventadour et du Lude. La matière formant le fonds de ces factums, le lecteur la connaît: d'un côté, l'affirmation de tous les faits acquis par les diverses informations; de l'autre, la négation des mêmes faits, des suppositions hasardées, des raisons spécieuses, tout au plus propres à masquer la vérité, mais incapables de faire triompher le mensonge.

Enfin, le 5 juin 1666, la Cour rendit un Arrêt définitif, conforme aux conclusions du Procureur général, mettant au néant les appellations et sentences, et les parties elles-mêmes hors de Cour et de procès; maintenant Bernard de La Guiche comme fils naturel et légitime de Claude de La Guiche et de Susanne de Longaunay, et condamnant la Pigoreau à être pendue et étranglée en place de Grève, *si prise et appréhendée pouvait être.*

Ce Bernard de La Guiche, dont la jeunesse avait été si aventureuse et qui s'était vu contester si longtemps son état, eut l'âge mûr le plus paisible et le moins chargé d'événements notables qui se puisse imaginer. En 1667, il épousa Claude-Françoise-Magdeleine de Varignies, fille unique de François de Monfreville et de Marguerite Jourdain de Carbonel de Canisi. La jeune comtesse de Saint-Géran fut, avec les dames de La Fayette, de Villars, de Valavoire, de Coulanges, de Buzanval, de Vaudemont, de Sévigné, de ce groupe choisi de femmes, spirituelles et honnêtes tout ensemble, qui rehaussa l'éclat de la cour de Louis XIV. Mme de Sévigné, qui fut des grandes amies de *la Saint-Géran*, nous la peint plus d'une fois, ainsi que le comte Bernard, sous de fort aimables couleurs. « La Saint-Géran, écrit-elle à sa fille le 8 janvier 1676, vient de partir avec *son gros mari...* Voyez quelle fatigue, pour ne pas quitter ce cher époux!.. » Et ailleurs : « Mme de Saint-Géran est toute brûlée du départ de son mari... » Quant au héros de ce procès, l'aimable épistolière en dit, par pure plaisanterie toutefois : « Le gros Saint-Géran est « bon homme, honnête homme, disait le grand « Béthune; mais il a besoin d'être tué pour être « estimé solidement. » Sa femme n'est pas de cet avis, ni moi non plus; mais cette folie s'est trouvée au bout de ma plume. »

Le blondin aux yeux bleus, devenu le gros et l'honnête Saint-Géran, mourut en 1696, ne laissant qu'une fille, née en 1688, qui entra en religion. Ainsi s'éteignit cette illustre famille.

LE CURÉ GOTTELAND ET MADAME DUSSABLON (1850)

Le verre de vin blanc.

Imaginez, c'est malheureusement une histoire de tous les jours, un paysan grossier, aux larges épaules, au large appétit, brutalement sensuel, paresseux, violent, ignorant; au lieu de laisser cet homme dans son milieu naturel, en contact et en lutte avec la nature qui le dominerait, l'assouplirait, l'utiliserait dans le sens de sa destination véritable, donnez-lui pour fonction la plus haute, la plus sainte des fonctions, le sacerdoce; faites que, pour s'élever à cette mission sublime, il lui faille seulement passer quelques années dans un facile noviciat, et que, sorti de là, il ait charge d'âmes, soit investi d'un droit sacré qui inspire à juste titre le respect, mais qui impose en même temps à celui qui le possède l'abstention la plus absolue des jouissances permises à tous les autres hommes, la réserve la plus austère, la sévérité la plus immaculée non-seulement de principes, mais aussi de conduite extérieure, même de simple attitude.

Comment s'étonner si ce brutal compagnon, qui, souvent, n'a eu pour vocation que sa paresse et son désir de s'élever à la vie large et facile sans le travail qui la conquiert, ne demande à sa fonction que les droits, sans en accomplir les devoirs? C'est le malheur de l'Église catholique en nos temps de foi décroissante : elle ne se recrute le plus souvent que parmi les moins intelligents, les moins travailleurs des campagnards; et à ces rustres avides d'argent et de jouissances faciles, elle demande naïvement les plus grands sacrifices, ceux qui réclament d'une âme énergique et épurée des efforts d'héroïsme !

De là les Mingrat, les Contrafatto, les Delacollonge (*Voyez* ces Causes), les Gotteland.

Montrer cette pierre d'achoppement du catholicisme, ce n'est pas sans doute insulter à cette religion; raconter la chute de quelques-uns de ses apôtres, ce n'est pas manquer de respect à ceux qui ne sont pas devenus apostats. Ce sera, peut-être, faire ressortir d'un grand scandale judiciaire une salutaire leçon pour le clergé, et éveiller l'attention des autorités ecclésiastiques sur l'immense danger des vocations fausses et sur le péril non moins grand de l'indulgence qui punit les crimes en les cachant, qui déplace le criminel au lieu de le flétrir et de le rejeter.

Le 21 décembre 1849, vers sept heures du soir, une femme d'une cinquantaine d'années, Fanny Ordonneau, veuve Deguisal, servante du curé de Saint-Germain, paroisse située à 25 kilomètres environ d'Angoulême, mourait chez son maître après une maladie de six jours, caractérisée par de violents vomissements, et par des ardeurs intolérables ressenties dans l'estomac. Le lendemain matin, à la première heure, le curé, un sieur Gotteland, se présentait chez le maire de Saint-Germain pour demander l'autorisation de faire inhumer le cadavre avant l'expiration du délai ordinaire, déclarant que la putréfaction était déjà avancée, et qu'une odeur insupportable s'exhalait dans la cure. L'autorisation fut accordée de confiance, et l'enterrement eut lieu le même jour par les soins du curé de Marthon, paroisse voisine de Saint-Germain.

Le 22 décembre, c'est-à-dire le jour de l'inhumation, le curé avait écrit à Angoulême pour informer le fils de Fanny de la mort de sa mère. Ce fils, Edmond Deguisal, ancien garde mobile, alors tailleur, habitait avec un sien beau-frère, coiffeur à Angoulême. Les deux beaux-frères partirent immédiatement dans une voiture de louage pour Saint-Germain. Leur étonnement fut grand quand, arrivés vers quatre heures du soir à Marthon, commune située à 2 kilomètres environ de Saint-Germain, ils apprirent d'un aubergiste que l'enterrement était déjà terminé, et que le curé de Marthon, parti pour assister son collègue, était déjà revenu depuis une heure de Saint-Germain.

Edmond Deguisal et son beau-frère Guichard furent d'autant plus frappés de cette précipitation, que la lettre du curé Gotteland, datée du 22 décembre, disait, en propres termes : « ... Elle a succombé *aujourd'hui*, et sa mort a eu pour cause une congestion du cerveau... » Mon intention, ajoutait le curé, avait été de vous avertir « aussitôt que la maladie avait présenté quelque danger, mais Fanny ne l'a pas jugé à propos. »

Edmond Deguisal fit encore cette remarque que le curé, en l'avertissant ainsi trop tard, ne l'avait pas invité à venir rendre les derniers devoirs à sa mère. Bien plus, il l'engageait à ne venir à Saint-Germain que sous deux ou trois jours.

Les deux beaux-frères s'acheminèrent tristement vers Saint-Germain, et, arrivés à la cure, y trouvèrent Gotteland, qui leur parut assez gêné par leur présence. Le curé leur raconta brièvement la maladie de Fanny, ajoutant qu'elle buvait beaucoup, et que cette habitude avait dû causer la congestion mortelle. Gotteland brûlait de l'encens dans la cure pour chasser, disait-il, la mauvaise odeur. Les deux beaux-frères n'avaient rien senti.

Gotteland s'absenta un instant ; une personne survint. Le visiteur était un M. Dussablon, médecin, établi à Saint-Germain, qui avait soigné Fanny. Il leur parla également des excès de boisson de Fanny, ce qui étonna Edmond Deguisal, car il savait que sa mère, femme d'une corpulence énorme, buvait en effet beaucoup, mais sans jamais aller jusqu'à l'excès. Le docteur ajouta que Fanny avait été bien soignée, mais qu'elle s'était refusée à prendre à temps les remèdes ordonnés, qui l'eussent sauvée peut-être.

Gotteland rentra sur ces paroles, et répéta que Fanny avait été soignée avec zèle. « Quant à moi, ajoutait-il, je l'ai soignée moi-même ; je lui ai donné à boire toute la nuit. »

La lettre d'avis de Gotteland à Edmond Deguisal parlait d'un compte à faire ; Edmond demanda ce compte, et le curé dit qu'il rassemblerait les notes des frais causés par la maladie et par l'enterrement, et qu'il enverrait le compte à Angoulême. Edmond Deguisal et Guichard repartirent, après s'être un instant rafraîchis.

Revenus à Angoulême, les deux beaux-frères firent connaître à Mme Guichard et à leurs amis tous les événements étranges de cette journée, cette inhumation précipitée, ce soin mis à cacher une maladie qui durait depuis plusieurs jours, ce mensonge de la lettre sur la date du décès. On rapprocha l'attitude suspecte du curé d'une révélation faite à ses enfants, quelque temps auparavant, par la veuve Deguisal. Satisfaite de sa place pendant les deux premiers mois de son installation chez le curé Gotteland, c'est-à-dire en août et septembre 1849, Fanny n'avait pas tardé à se plaindre, à dire à ses enfants qu'il se passait à la cure des choses qui la dégoûtaient. Elle avait vu, racontait-elle, par un trou du plafond, le curé consommant l'adultère avec une dame Dussablon, femme du médecin de Saint-Germain. On l'occupait incessamment à porter d'amoureux messages de la cure à la maison Dussablon, et de la maison Dussablon à la cure. Dans ce rôle d'entremetteuse, la veuve Deguisal ne se sentait pas à sa place.

On avait cherché à calmer l'indignation de Fanny et à lui persuader de ne pas s'occuper plus que de raison de ces honteuses intimités ; mais, le 20 novembre, elle revint à Angoulême, raconta de nouveau à ses enfants les relations adultères du curé, et ajouta qu'elle venait d'avoir une *prise* avec son maître, que celui-ci l'avait menacée de la chasser, et qu'elle, à son tour, l'avait menacé de parler. Sûr d'avoir été surpris, et informé par Fanny qu'elle avait gardé comme une arme une des lettres adressées par lui à Mme Dussablon, Gotteland s'était radouci, et avait donné à Fanny une lettre adressée à son fils Edmond Deguisal. Cette lettre, datée du 26 novembre, et que Fanny apportait à son fils, était ainsi conçue :

« Mon cher Monsieur,

« Je n'ai pas l'honneur de vous connaître ; mais, d'après tout le bien que m'a dit de vous madame votre mère, je prends la liberté de vous annoncer, au sujet de votre bonne mère, des choses qui, en vertu de l'amour filial qui vous anime envers elle, vous feront plaisir ; c'est que je suis content d'elle, et, la connaissant sous de bons rapports, je lui augmente son salaire. Elle gagne maintenant 100 francs.

« Veuillez agréer, etc.,

« GOTTELAND, curé de Saint-Germain. »

Cette lettre, véritable certificat de satisfaction, écrite à la suite d'une querelle dont les révélations menaçaient l'honneur et la sécurité du curé de Saint-Germain, prit, aux yeux d'Edmond Deguisal et des siens, un caractère des plus suspects, aussitôt qu'ils purent rapprocher les contradictions qu'elle faisait paraître, de la mort imprévue de Fanny. Il leur parut que Gotteland ne l'avait écrite que pour rassurer sa servante, pour endormir sa langue, sauf à faire disparaître le plus tôt possible un témoin dangereux.

Obsédé par ces soupçons, Edmond Deguisal écrivit à M. Dussablon une lettre dans laquelle il exprimait le désir d'obtenir de lui un certificat constatant la nature de la maladie terminée par la mort de sa mère.

Puis, il écrivit à Gotteland la lettre suivante, où perçait la pensée qui commençait à se faire de plus en plus nette dans son esprit.

« Monsieur,

« A notre arrivée à Angoulême, nous avons fait

part à la famille de la manière dont vous aviez agi à l'égard de notre mère, et de la précipitation que vous aviez mise à la faire enterrer. Nous avons relu votre lettre, dans laquelle vous nous annonciez sa mort du 22 décembre 1849, et votre lettre est datée de ce jour. Nous sommes arrivés chez vous le même jour. A notre grande surprise, vous nous avez dit l'avoir fait enterrer à quatre heures; et, d'après les renseignements que nous avons pris à Marthon, vous l'aviez, à ce que l'on nous a dit, fait enterrer avant. Nous avons aussi consulté les lettres que notre mère nous a écrites à votre service, et, d'après ce qu'elle a pu nous dire, et qu'elle a avoué à vous-même, vous devez penser que nous ne sommes pas satisfaits. Il nous faut des preuves plus convaincantes que celles que vous nous donnez.

« Il faut que vous puissiez nous en fournir dans un bref délai.

« Si nous ne recevons pas de vous une réponse satisfaisante pour la satisfaction de la famille, nous serons forcés de faire une plainte au Procureur de la République; car nous sommes tous outrés de la négligence que vous avez mise à nous écrire pour nous faire connaître la position dans laquelle elle se trouvait, étant si près comme nous le sommes, nous ignorons comment elle est morte.

« J'ai l'honneur, etc.,

« EDMOND DEGUISAL. »

Cette lettre resta sans réponse, et comme, à quelque temps de là, les Guichard en témoignaient leur étonnement à un sieur Godin, tailleur de Gotteland, celui-ci leur recommanda d'être prudents, et leur dit qu'il avait reçu une lettre du curé annonçant l'intention de poursuivre les Guichard et les Deguisal, à raison des imputations dirigées contre lui.

Mais déjà, Edmond Deguisal avait pris les devants; le 27 décembre, il avait adressé une dénonciation au Procureur de la République du parquet d'Angoulême. Sur cette dénonciation, une information fut ordonnée, et, dès le lendemain, 29, les magistrats se transportèrent à Saint-Germain, et firent procéder à l'exhumation du cadavre de Fanny.

L'autopsie, confiée à deux praticiens d'Angoulême, M. Montalembert, médecin, et M. Sicaud, pharmacien, constata que la cause immédiate de la mort avait été une inflammation congestive du cerveau et une gastro-entérite des plus intenses. Restait à savoir si ces inflammations avaient été spontanées, ou si elles avaient eu leur cause dans l'ingestion d'une substance toxique. M. Octave Lesueur, chef des travaux chimiques à l'École de médecine de Paris, et M. Mathieu Sicaud, le pharmacien d'Angoulême, furent commis pour procéder, en qualité d'experts, à l'analyse des membranes de l'estomac et des intestins, ainsi qu'à celle des liquides qui y étaient contenus.

Ce curé de Saint-Germain, Laurent Gotteland, né à Chambéry, en Savoie, et âgé de vingt-neuf ans environ, avait un passé suspect. Élève des Jésuites de Chambéry, il avait terminé ses études au séminaire de Saint-Sulpice. A sa sortie du séminaire, il avait été envoyé comme vicaire à Sémur, d'où il était parti après quinze mois d'exercice. Pourquoi avait-il dû quitter Sémur? Le bruit courait que sa conduite plus que légère lui avait mérité l'interdiction. Replacé plus tard à Charolles, dans le département de Saône-et-Loire, il en avait été renvoyé par suite de sa vie scandaleuse et de ses relations avec une dame Allier.

Revenu à Saint-Sulpice, il avait, pendant quelque temps, demandé en vain à être envoyé dans une paroisse nouvelle. Enfin, replacé à Angoulême, il avait eu soin de cacher dans cette dernière ville son passage à Charolles et les motifs de son renvoi.

Nommé, enfin, desservant de la paroisse de Saint-Germain, Gotteland se trouvait y remplacer un certain curé Bissette qui avait dû quitter la paroisse par suite de légèretés de conduite, et que la rumeur publique accusait de relations adultères, ou au moins de familiarités compromettantes avec Mme Dussablon.

Le premier interrogatoire subi par Gotteland ne fournit à l'instruction que des détails insignifiants et des dénégations obstinées. Fanny Deguisal était entrée à son service dans le courant du mois d'août 1849. C'est par l'entremise de la dame Dussablon qu'une femme Augé, vannière à Angoulême, lui avait procuré cette domestique. Il en avait été content dans les premiers jours; mais bientôt Fanny s'était montrée ce qu'elle était, cancannière, geignarde, lente au travail, difficile à vivre, malpropre, négligente.

Avait-il eu quelque querelle avec Fanny? Oui, répondit Gotteland, dans les premiers jours de novembre; mais Fanny ne l'avait menacé d'aucune révélation et n'avait fait aucune allusion à de prétendues relations avec Mme Dussablon. Cette dernière, au reste, n'était pas venue une seule fois à la cure.

Interrogé sur la maladie de Fanny, Gotteland s'empressa de dire qu'il n'avait pas soigné sa domestique; que, du mardi 18 décembre au vendredi 21, tous les médicaments et toutes les boissons avaient été préparés chez M. Dussablon.

A quelle cause Gotteland attribuait-il la maladie de Fanny? Il dit que cette femme, très-grosse et très-lourde, avait fait une chute grave. C'est là aussi ce qui avait été dit à M. Montalembert chez M. Dussablon. « Cette pauvre Fanny s'*est crevée* en tombant dans l'escalier, » et ce propos n'avait pas peu contribué à tromper le médecin d'Angoulême sur les causes de la mort.

Gotteland parla encore d'un lavement envoyé à Fanny par M. Dussablon, et qui aurait contenu 25 gouttes de laudanum. Le magistrat trouva la dose exorbitante.

Pourquoi, le 22 décembre, Gotteland avait-il annoncé à Edmond Deguisal la mort de sa mère comme ayant eu lieu le jour même? Simple erreur de plume, répondit le curé. Pourquoi ne pas avoir prévenu ce fils dès le commencement de la maladie? Gotteland répondit qu'il avait proposé à Fanny d'envoyer chercher son fils dès le mardi 18 décembre. Quelque témoin avait-il entendu cette proposition? Aucun.

Gotteland reconnut que le maire de Saint-Germain ne se trompait pas en fixant à six heures du matin la démarche faite pour obtenir le permis d'embaumer.

Telles furent, en substance, les réponses de celui en qui le magistrat voyait déjà l'auteur d'un crime.

On hésitait, cependant, à mettre la main sur un homme revêtu du saint caractère. D'ailleurs les relations adultères qui auraient existé entre le curé de Saint-Germain et Mme Dussablon, se rattachaient si étroitement comme cause déterminante à la perpétration du crime, qu'il semblait difficile de soupçonner celui-ci, sans soupçonner celle-là. C'était chez Mme Dussablon, quelquefois même par ses proprès mains, que les tisanes et médicaments donnés à la malade avaient été préparés; c'était une servante de Mᵐᵉ Dussablon, Jeanne Bergues, qui les avait portés à la cure.

Par exemple, le mardi 18 décembre, jour où les vomissements avaient redoublé de violence, Mᵐᵉ Dussablon avait préparé en partie et salé elle-même une soupe blanchie (soupe aux herbes, liée avec un jaune d'œuf), dont elle-même avait donné l'idée.

Mais de ce côté encore il y avait lieu à hésiter. Marie-Laure Goupillaud, femme Dussablon, donnait, il est vrai, quelque prise aux accusations par sa conduite antérieure; on la citait, par exemple, au nombre des femmes dont le nom avait été prononcé à propos de ce curé Bissette, déplacé pour son inconduite, et personne n'ignorait que M. Dussablon avait interdit à sa femme toute visite auprès du nouveau curé. Mais, enfin, tout cela ne constituait que des rumeurs sans preuves, et la Justice se trouvait en présence d'une femme mariée depuis onze ans à un médecin estimé, homme violent, emporté, mais honorable et honoré.

Toutefois, l'instruction ne tarda pas à prendre Gotteland en flagrant délit de mensonge. Gotteland avait affirmé n'avoir jamais donné à Fanny aucun soin direct, et un témoin attestait avoir vu le curé préparer pour sa servante une boisson de vin blanc, qu'il aurait sucrée lui-même avec du sucre râpé, de la poudre blanche. D'autres témoins affirmaient que Gotteland avait passé de longues heures près du lit de la mourante.

Gotteland avait dit que la dame Dussablon n'était pas venue une seule fois à la cure pendant la maladie, et le contraire parut prouvé au magistrat instructeur. La dame Dussablon, on le savait par les propos du pays, niait de même qu'elle eût jamais soigné Fanny ou donné ordre de la soigner, et le contraire était incontestable. Cette dame niait encore qu'elle eût jamais été seule à la cure depuis l'installation de Gotteland, et un témoin l'y avait vue seule.

Enfin, il était certain que, malgré la prudente interdiction de son mari, qu'avaient éclairé les propos causés par le départ de l'abbé Bissette, la dame Dussablon s'était empressée de choisir Gotteland pour son confesseur et de lui confier l'éducation de son jeune fils. De là était née entre les Dussablon et le curé de Saint-Germain une intimité toujours croissante. Tous les quinze jours, Gotteland dînait en famille avec les Dussablon; la soirée se passait souvent pour lui devant les cartons d'un loto, entre Monsieur et Madame. Quand Gotteland n'était pas là, c'était, entre la maison Dussablon et la cure, un va-et-vient continuel de messages et de billets. Bientôt revenu de ses défiances de la première heure, M. Dussablon avait pris goût pour ce grossier montagnard, aux propos lestes, au langage coloré comme la joue, qui ne boudait ni devant le verre ni devant l'anecdote graveleuse. Le médecin campagnard était, d'ailleurs, lui-même un bruyant, joyeux et brutal camarade.

Si l'instruction hésitait à mettre la main sur ceux chez qui elle soupçonnait le crime, parce qu'eux seuls avaient eu intérêt à le commettre, elle ne les perdait pas de vue. Elle s'assurait, par exemple, que, alors que l'autopsie n'avait fait encore que signaler une inflammation dont on ignorait la cause, le 29 décembre 1849, Gotteland manifestait ses craintes d'aller en prison. Pourquoi ces terreurs, s'il était innocent?

La veille, c'est-à-dire le jour même de l'exhumation, la maison Dussablon avait paru plongée dans l'inquiétude, et M. Dussablon n'avait cessé d'aller du cimetière à la cure et de la cure au cimetière. Dès les derniers jours de décembre, l'instruction avait cru voir que les futurs témoins d'un procès criminel encore douteux étaient l'objet de manœuvres, ou au moins étaient entourés d'influences. Des conférences avaient lieu chez les Dussablon, à la mairie. Le curé de Marthon s'agitait à Saint-Germain, à Angoulême; il propageait des rumeurs tendantes à attribuer à Fanny Deguisal des pensées de suicide souvent exprimées par elle; il recrutait des témoins de ces prédispositions sinistres qu'aurait manifestées la servante du curé. Voilà au moins comment les magistrats interprétaient les allées, les venues, les propos du collègue de Gotteland.

Gotteland lui-même se réconciliait avec des voisins qui pouvaient devenir des témoins gênants, commentait à table et rectifiait leurs souvenirs.

L'arrivée de la sœur de Gotteland à Saint-Germain, le 8 janvier, parut imprimer une nouvelle activité à ce que l'instruction appelait déjà des manœuvres. L'instituteur de Saint-Germain, très en froid avec le curé jusqu'à la mort de Fanny, avait été invité à dîner à la cure le lendemain de l'exhumation. Il fut invité encore le lendemain de l'arrivée de la sœur de Gotteland. Cet instituteur, nommé Savignat, était presque voisin de la cure, et disait avoir vu Mᵐᵉ Dussablon au chevet de l'agonisante, ce que celle-ci niait énergiquement.

Le 31 janvier 1850, les Experts déposèrent leur rapport.

Voici la conclusion de cette expertise, faite à l'aide des réactifs spéciaux, dûment vérifiés, et de l'appareil de Marsh, modifié par les procédés nouveaux:

Les liquides contenus dans l'estomac et les intestins, les parois de l'estomac et des intestins, le foie, avaient fourni en grande quantité du sulfure d'arsenic obtenu sous forme de taches et d'anneaux nombreux; les eaux de lavage de ces organes ne contenaient pas d'arsenic. Les symptômes manifestés pendant la maladie, les lésions des tissus indiquées dans le rapport d'autopsie Montalembert-Sicaud, offraient les caractères d'un empoisonnement par un poison irritant. « Nous sommes amenés, disaient en terminant les experts, par ces considérations et par les résultats de l'analyse chimique, à conclure que la femme Fanny est morte empoisonnée par une préparation arsenicale, et qu'il est *excessivement probable* que, depuis le jour où les accidents se sont manifestés jusqu'au moment de l'agonie, l'introduction de la substance vénéneuse a été *consécutive.* »

L'empoisonnement était prouvé; mais fallait-il l'attribuer à un suicide ou à un crime?

Quoi qu'il en fût, ce rapport des chimistes venait donner un corps aux soupçons de l'instruction: les magistrats ne crurent pas devoir hésiter plus longtemps. Quatre jours après la communication du rapport, c'est-à-dire le 5 février, le Juge se présenta, accompagné d'un huissier, chez M. Dussablon. Interrogé s'il avait de l'arsenic, le médecin de Saint-Germain répondit qu'il en avait acheté, le 16 décembre, à Angoulême, soixante grammes, dont il n'avait employé qu'une quinzaine de grammes, partie pour empoisonner les rats de son pigeonnier, partie pour donner à son métayer, que les rats incommodaient également. Il devait donc rester environ quarante-cinq grammes d'arsenic chez M. Dussablon.

Mis en demeure de représenter cette quantité, M. Dussablon ouvrit le secrétaire dans lequel il renfermait les substances vénéneuses, en tira un flacon bleu, pâlit et tomba comme foudroyé.

Le magistrat examina ce flacon, dont la vue avait renversé le médecin comme l'épée renverse celui qu'elle touche; ce flacon ne contenait plus que vingt-cinq grammes de la substance mortelle. Vingt grammes en avaient disparu. Vingt grammes, et un gramme suffit pour donner la mort!

Quand M. Dussablon fut revenu à lui, le magistrat lui demanda ce qu'avait pu devenir cette quantité de poison qu'on ne retrouvait pas; le médecin ne put le dire : évidemment, il en ignorait la disparition. « Donnez-vous quelquefois la clef de ce meuble à votre femme, dit le magistrat? — Oui, quelquefois; *je ne crois pas* la lui avoir donnée depuis plus d'un mois. »

L'empoisonnement remontait au 16 décembre; l'achat d'arsenic avait pour date le 16 décembre!

Plus d'un magistrat eût à l'instant fait arrêter Mᵐᵉ Dussablon et le curé Gotteland; celui-ci crut devoir temporiser. Il se contenta de faire rechercher dans le pigeonnier de M. Dussablon et dans l'étable à porcs du métayer Jarton, les préparations arsénicales qui y avaient été déposées. On trouva, dans chacun de ces endroits, une tuile encore couverte à plus du tiers d'une substance compacte d'un blanc verdâtre. L'analyse de ces substances réunies donna quatorze grammes d'arsenic, c'est-à-dire, à un gramme près, la quantité indiquée, formant, avec les vingt-cinq grammes retrouvés et les vingt grammes mystérieusement disparus, la totalité de l'achat primitif.

Le métayer Jarton, interrogé, raconta qu'étant venu demander certain jour à son maître de la mort aux rats, M. Dussablon avait cherché en vain à sa place habituelle le flacon qui contenait d'ordinaire l'arsenic. Comme il ne le trouvait pas, Mᵐᵉ Dussablon le montra à son mari sur la cheminée, en lui disant : « Tu sais bien que je l'ai remis à ta mère, qui l'a rapporté vide. » Le flacon était vide, en effet, ou ne renfermait qu'un peu de poussière inoffensive.

L'instruction retint ce fait que Mᵐᵉ Dussablon connaissait le flacon à l'arsenic, qu'elle l'avait manié, qu'elle l'avait elle-même donné à sa mère, qu'elle l'avait remis vide sur la cheminée.

Le lendemain, 6 février, le magistrat instructeur fut prévenu par le maire de Saint-Germain qu'un événement grave venait de se passer dans sa commune. Il ne s'agissait de rien moins que d'une tentative de suicide des époux Dussablon.

Ce jour-là, le matin, deux dames de Marthon, amies de Mᵐᵉ Dussablon, prévenues par une lettre de celle-ci, étaient accourues à Saint-Germain, avaient trouvé fermée la porte des époux Dussablon, et, l'ayant fait enfoncer, avaient pénétré dans la chambre à coucher. Là, au milieu de la fumée et de la vapeur de charbon, elles découvrirent sur le lit le jeune enfant des Dussablon à moitié asphyxié. Quant au père et à la mère, ils étaient renfermés dans un cabinet dont la porte céda facilement. Couchés tous deux sur un matelas, ils commençaient à ressentir les atteintes de l'asphyxie. De prompts secours les rappelèrent tous trois à la vie.

Deux lettres de M. Dussablon, trouvées sur un meuble, donnaient les raisons de cette tentative désespérée.

Ces deux lettres étaient adressées, l'une à sa sœur, l'autre à sa famille. La première était ainsi conçue :

« Ma chère sœur, vous savez que dans ma dernière lettre je vous disais que si Dieu me réservait de plus terribles épreuves que celles que j'avais soutenues, j'aurais besoin de plus de force. Eh bien! ces malheurs sont arrivés et les forces me manquent. Je vois ma femme et moi peut-être, quoique parfaitement innocents, menacés d'une condamnation infamante. Je ne sais pourquoi nous, innocents, et nous le jurons par ce que nous avons de plus cher pour notre salut, que notre action va compromettre, nous nous donnerions en pâture à cette stupide populace, qui ne manquerait pas de se réjouir de nous voir envoyer au bagne ou à l'échafaud. Une mort volontaire me paraît préférable, et j'espère que moi et les miens serons délivrés par elle d'un monde exécrable, où la calomnie est si puissante, que pas un honnête homme n'est sûr de ne pas éprouver notre sort.

« Je meurs avec la conviction que ma femme est pure et innocente; du reste, ma résolution le fait assez connaître. Je n'ai qu'un regret, c'est d'être obligé de sacrifier avec nous un être qui nous est si cher. Mais rassurez-vous, quoique très-jeune, il a de la fermeté, et il accepte notre proposition avec courage. Les forces me manquent; je ne puis que vous dire que je vous regrette tous, et que je vous prie de prier Dieu pour moi. Je désire que l'on prenne, sur le peu que nous laissons, une somme destinée à nous dire la messe tous les ans pour le repos de nos âmes.

« Soyez plus heureuse que nous!

« Adieu pour toujours.

« *Signé* COQUET DUSSABLON. »

Voici la seconde lettre :

« Mes chers parents, préférant la mort à l'infamie, et voyant que je ne puis éviter cette dernière, j'ai recours à la mort. Je regrette de vous abandonner ainsi dans votre vieillesse, mais la conduite des magistrats me prouve que ma femme est jugée d'avance; dès lors, j'aime mieux en finir. Je donne à Edmond, mon neveu, tout ce que je laisserai après moi. Songez que c'est la parole d'un mourant, et respectez-la. Je ne dois rien à personne que ce qui suit, etc. Je suis bien malheureux d'être obligé de prendre une telle détermination, mais surtout pour mon pauvre enfant, et j'espère que Dieu nous pardonnera. Nous sommes innocents, et nous pouvons le jurer, au moment de comparaître devant Dieu qui voit, lui, notre conduite, et qui, j'espère, nous sera miséricordieux.

« Je désire qu'on nous enterre tous trois dans la même fosse; ma femme et moi bien à côté l'un de l'autre, et notre enfant sur nous deux. Pauvre être! mon cœur se brise en songeant au sort que je lui fais. Mais je le lui préfère encore à celui que je lui ferais ainsi que sa mère. L'infamie le suivrait partout, du moins nous la lui éviterons; il ne la supportera pas.

« Dieu nous pardonne, ainsi que vous! Mais le courage nous a manqué en nous voyant ainsi accablés, étant innocents. Les ennemis qui nous ont poussés à cette triste nécessité ne manqueront pas de se réjouir et de nous dire coupables. Mais alors que nous importera? Je vous embrasse tous, et vous prie de croire que je souffre bien pour avoir recours à un pareil remède.

« Votre fils,

« *Signé* COQUET DUSSABLON. »

Cet acte de désespoir, ces deux lettres furent, pour le magistrat instructeur, un dernier trait de lumière. Pourquoi donc cet homme honorable, que nul ne soupçonnait, qui croyait sa femme pure et innocente, prenait-il la route de la mort pour échapper à l'infamie? Qui le menaçait de l'infamie? Sa femme était soupçonnée, sans doute : convaincue, arrêtée même, point. Supposez une erreur de la Justice, un soupçon immérité, un procès criminel. Eh bien! il fallait lutter, repousser victorieusement le déshonneur et l'injustice. On ne condamne pas tous les jours des Lesurque ou des Lesnier (1).

Au lieu de combattre, cet homme s'avouait vaincu à l'avance et s'enfuyait dans le suicide; et il emmenait dans sa fuite non-seulement sa femme, pure et innocente, sa femme qu'il eût dû défendre et justifier : il y emmenait encore son fils, un enfant de huit ans. Son fils! et c'était là une idée de père sûr de sa femme, une idée de mère sûre de son propre honneur! Mais ce père avait proposé le suicide à son fils, et ce fils avait accepté sa proposition avec courage. Un enfant de huit ans! Si la proposition avait été vraiment faite, quel nom donner au père capable de la faire?

Telles furent les réflexions du magistrat instructeur. Mais quoi! fallait-il placer sous la main de la Justice cette femme à peine arrachée à la mort? Quoi qu'il pût penser, il voulut respecter ces souffrances. Il ne pouvait craindre une récidive; car on ne recommence guère ces coups de désespoir, et d'ailleurs il lui semblait que cette femme n'avait pas voulu mourir. La Justice, c'est son défaut et sa vertu tout ensemble, est personne peu crédule : les amies de Mme Dussablon, si à propos prévenues, ne pouvaient représenter la lettre par laquelle leur amie les avisait de la résolution désespérée de son mari, et l'instruction supposait, à bon droit peut-être, que l'intervention des amies n'était pas due simplement au hasard. Cette mère, après tout, n'avait-elle pas bien fait de sauver son enfant en se sauvant elle-même?

Quant au prêtre, à Gotteland, il n'y avait plus de ménagements à garder avec lui. Ce même jour, 6 février, le magistrat se transporta chez lui, le remit aux mains des gendarmes, procéda à une perquisition, à un interrogatoire du prévenu.

Avait-il de l'arsenic en sa possession? Gotteland répondit qu'il ne savait que par ouï-dire ce que c'était qu'arsenic. J'ai un chat, dit-il, et ne crains point les rats. Avait-il du sucre en poudre? il montra son sucrier rempli de sucre en morceaux; jamais il n'en avait eu d'autre, et oncques n'avait usé de sucre râpé.

On chercha à se rendre compte des découvertes faites par Fanny Deguisal; on monta au grenier, et on examina de près le plancher qui régnait au-dessus des diverses chambres de la cure. A ce plancher, on trouva divers trous, notamment quatre, qui donnaient vue sur les deux chambres de la cure où étaient des lits.

Le premier trou, de 24 centimètres de longueur sur 4 de largeur, et dont l'aplomb donnait dans la cham-

bre et sur le lit de Gotteland, paraissait être produit par l'usure du plancher, ainsi qu'un second, de 10 centimètres de longueur sur 2 de largeur, donnant dans la même chambre, à quelque distance du lit. Un troisième trou, de 24 centimètres de longueur sur 3 de largeur, donnait dans un cabinet placé à gauche de la chambre de Gotteland, sur un lit qui se trouvait dans ce cabinet. L'origine de ce trou paraissait être la vétusté du bois, mais il semblait évident qu'on l'avait agrandi au moyen d'un instrument tranchant. Le quatrième trou, de 9 centimètres de longueur sur 4 de largeur, donnant près du lit du même cabinet, paraissait ancien et avait dû résulter d'un nœud du bois disparu depuis; on l'avait fermé au moyen d'un morceau de latte mobile, fixé par un bout seulement au moyen d'une pointe de Paris, de manière qu'on pouvait l'ouvrir et le fermer à volonté. Une sorte de petit judas, un véritable observatoire.

Gotteland prétendit que le lit du cabinet n'avait été dressé que depuis la mort de Fanny.

Ces découvertes vérifiaient les assertions d'Edmond Deguisal, de ses parents, de quatre personnes étrangères à cette famille, qui tous avaient reçu les confidences de Fanny.

Gotteland fut conduit à la prison d'Angoulême; mais, par respect pour sa robe, M. le Procureur de la République lui donna place dans sa voiture. Quant à la dame Dussablon, le magistrat fit céder son devoir devant la pitié que lui inspirait une femme souffrante. Il l'autorisa à rester chez elle tant que sa santé l'exigerait, et à ne se constituer que lorsqu'elle le jugerait à propos. Au jour choisi par elle, ce ne furent pas des gendarmes, mais des huissiers qu'on lui envoya, et elle put se rendre à Angoulême entourée de sa famille et de ses amis.

Dans ses divers interrogatoires, la dame Dussablon nia avoir visité la servante à son lit de mort, jusqu'à ce qu'on lui eût opposé un témoignage irrécusable, celui d'un voisin favorable à sa cause, l'instituteur Savignat. Elle avoua qu'elle avait eu la clef du secrétaire, et nia qu'elle eût connu le flacon bleu, jusqu'à ce qu'un témoin irrécusable, favorable à sa cause, le métayer Jarton, lui eût prouvé le contraire, et même qu'elle l'avait manié, prêté. Elle reconnut enfin avoir préparé la soupe blanchie, avoir fourni le pot à eau dans lequel buvait la malade. Ce pot à eau avait disparu; on lui demanda de le représenter : elle répondit qu'on le trouverait chez elle. Un témoin irrécusable, favorable à sa cause, sa propre servante, Jeanne Bergues, dit que ce pot avait été cassé par ordre de madame, qui ne voulait plus le voir.

Cette Jeanne Bergues, qui avait porté à la cure des tisanes et des aliments, qui avait soigné Fanny, interrogée dès le 9 février, avait tout d'abord rendu témoignage à la vérité, parlé de tisanes, de soupes, d'eaux panées portées au presbytère. Mais, à partir du 4 mars, son langage changea. Des faits nouveaux, des assertions qui n'avaient pas été produites dans les premiers interrogatoires ou dans les confrontations, firent leur apparition devant la Justice. Jeanne Bergues parla d'une certaine tasse, pleine d'une certaine poudre blanche, que Fanny cachait à son chevet, qui contenait, lui avait dit la mourante, le remède à ses maux, et dont il ne fallait parler à personne.

Ceci venait à point pour corroborer les insinuations du curé de Marthon et du curé de Saint-Germain relativement au suicide. Car Gotteland avait

---

abandonné sa première explication de la mort par une congestion cérébrale qu'aurait causée l'abus des liquides ; il s'était rallié à l'explication par le suicide.

Jeanne Bergues dit encore (fait tout nouveau) qu'elle avait vu un jour Fanny descendre de la chambre de M. Dussablon, seule, alors que personne ne se trouvait dans la maison.

Ceci venait à point pour insinuer à la Justice, qui n'avait pu trouver où Fanny se serait procuré du poison, que la morte avait pris chez M. Dussablon ce qui manquait au flacon bleu.

Enfin, Jeanne Bergues avait d'abord fixé au mardi l'envoi de la soupe blanchie. Le mercredi, jour de lessive, avait-elle dit d'abord, elle n'avait pu venir que quelques instants. Elle déclara maintenant, en contredisant cinq interrogatoires, que l'on n'avait pas fait de lessive pendant la maladie de Fanny, que la soupe blanchie avait été portée le mercredi. Ceci venait à point pour prouver que Gotteland n'avait pu rester toute une journée seul au chevet de Fanny.

Malheureusement pour Jeanne Bergues, si Gotteland s'empressa de dire qu'il avait vu cette tasse où Fanny plaçait sa poudre blanche, qu'une femme Toinette, dite Toinille, chargée de débarrasser la chambre de la défunte, lui en avait parlé, Gotteland fut démenti par cette femme, qui n'avait rien vu, qui n'avait rien dit de semblable.

Malheureusement encore, une inspection des lieux chez M. Dussablon prouva que la découverte faite par Jeanne Bergues d'une apparition mystérieuse de Fanny était matériellement impossible.

Malheureusement enfin, sur cette question du mercredi, Jeanne Bergues fut démentie par Gotteland lui-même.

Jeanne Bergues fut arrêtée.

En fouillant dans le passé de Gotteland, on trouva tout à coup plus qu'on n'espérait.

On sut qu'au mois d'octobre précédent, Gotteland avait annoncé l'intention de faire un voyage dans sa famille, et qu'en effet il était parti dans les premiers jours de ce mois, qu'il avait fait une absence de quinze jours environ, et qu'il était revenu à Saint-Germain le 27 du même mois.

Avait-il passé tout ce temps à Chambéry, comme il le disait ? L'information s'assura que la plus grande partie de ce temps avait été secrètement passée dans une petite ville de Saône-et-Loire, à Marcigny. Le hasard mit sur cette piste, ainsi qu'on va le voir.

Il y avait déjà quelque temps que Gotteland était détenu dans la prison d'Angoulême, quand M. le maire de Saint-Germain reçut une lettre portant le timbre de Marcigny-lès-Nonnains, chef-lieu de canton du département de Saône-et-Loire (à 24 kilomètres de Charolles), signée du nom de *femme Martoux*, dans laquelle on s'informait, avec une inquiétude visible, de ce qui avait pu arriver au curé de Saint-Germain. La lettre se terminait ainsi :

« Pardonnez la liberté que mon fils et moi prenons de vous demander si votre vénérable curé est mort ou malade ; mon fils, qui a fait un voyage dans le pays, nous a rapporté cette dernière nouvelle. »

M. le maire répondit à cette lettre, mais sans annoncer l'arrestation du curé ; il se contenta de dire que cet ecclésiastique se trouvait dans « de grands embarras, » que sa position était « fâcheuse. »

Quelques jours après, arriva à Saint-Germain une autre lettre, en date du 1er mars, également timbrée de Marcigny, recommandée pour plus de sûreté, et qui dut prendre le chemin de la maison d'arrêt d'Angoulême. Remise à Gotteland, en présence de M. le Juge d'instruction, cette lettre se trouva être écrite de la même main que la première ; seulement celle-ci n'était plus signée *femme Martoux*, mais *veuve Allier*.

En voici les passages les plus importants :

« Je reçois à l'instant une lettre de votre vénérable maire en réponse à une que je lui ai écrite. J'étais trop malheureuse de ne pas recevoir de vos nouvelles après plusieurs lettres que je vous avais écrites. Je suis fâchée de vous avoir dit tout ce que je vous ai dit dans toutes ; si j'avais su la cause de votre long silence, je ne vous aurais pas parlé comme cela. Je pense que *tu* veux bien me le pardonner, ainsi que la liberté que j'ai prise d'écrire à votre maire. Hélas ! il ne me rassure guère en me disant ce qu'il me dit ; il faut donc toujours que *tu* aies des peines. Serait-ce encore moi qui en serais cause ? Si *vous* saviez combien je suis tourmentée, et que je partage la peine dans laquelle *tu* te trouves. Je ne pouvais m'ôter de l'idée que *vous* étiez malheureux. Eh bien ! ta pauvre mère l'était autant que *vous*, soyez en persuadé ; et quand vous m'avez parlé de cette malheureuse, que vous vouliez en faire votre domestique, tout de suite je vous dis : « Cela ne vous convient pas, vous verrez que vous en aurez du désagrément. » Elle se croyait trop au-dessus de sa condition, et elle aurait voulu que vous eussiez plié à ses caprices. Vous ne l'avez pas voulu, chose que vous avez bien faite, cela l'a mise en fureur contre vous et elle a cherché à vous nuire aux yeux du monde. Mais je pense que votre évêque a trop d'esprit pour avoir pris la chose au sérieux, ainsi que les gens raisonnables.

« Voilà quatorze mois que vous êtes là ; on doit bien vous connaître, d'après les précautions que vous avez prises en venant occuper ce poste. Du courage et de la résignation à la volonté de Dieu ! *Vous* savez que *tu* as été déjà à bien des épreuves, et que, dans tous les maux et ennuis, Dieu ne vous a pas abandonné, et il ne le fera pas encore, et il vous fera sortir victorieux de tous vos ennemis ; et que vous passerez encore des années au milieu de votre troupeau, qui vous chérit, comme me le dit votre maire. Mais, en attendant, tout cela ébranle bien votre pauvre santé, qui est si chère à toutes les personnes qui vous connaissent, particulièrement à votre pauvre mère, qui n'est pas exempte de petites misères, mais qui ne sont rien en comparaison des vôtres.

« J'ai failli perdre ma belle-mère... Vous devez sentir combien je souffrais de voir ma belle-mère malade, et de penser que vous l'étiez aussi. Je vous assure que voilà deux mois et demi que je ne sais vraiment pas comment je les ai passés à pleurer et à me tourmenter, et, comme vous le voyez, j'avais bien tous les pressentiments de ce qui vous est arrivé.

« Je ne veux pas vous fatiguer plus longtemps : j'attends de vos nouvelles avec impatience. Votre bon maire me fait espérer que dans quelques jours vous m'écrirez. Si vous avez reçu une lettre avant de m'écrire, je pense que vous serez un peu remis de ce terrible assaut, et que le 15 je pourrai aller à la poste avec assurance. Hélas ! j'en ai bien besoin pour me calmer un peu. Ne me cachez rien, je vous en conjure ; vous savez que votre pauvre mère sait bien partager vos douleurs. Si elle pouvait vous les prendre, combien elle serait heureuse de pouvoir vous être utile ! Je pense que votre sœur est près de vous, et qu'elle adoucit votre position autant qu'elle peut par ses bons soins.

« Adieu, je n'y vois plus rien ; les larmes me cachent ce que j'écris. Vous me lirez si vous pouvez.

« Votre mère qui vous aime et vous embrasse.

« Je recommande ma lettre afin qu'elle vous arrive directement. Faites-en autant dans la réponse, et dites-moi quand il faudra vous écrire.

« Je vous prie d'avoir la bonté de dire une messe vendredi, le 8, pour mon pauvre homme. Je m'unirai d'intention avec vous. »

Cette lettre étrange, dans laquelle alternaient si singulièrement les expressions de dévotion respec-tueuse et de familiarité suspecte, donna à penser à M. le Juge d'instruction qu'il tenait là la clef d'une liaison immorale entre le curé Gotteland et cette femme Allier. Cette femme semblait être parfaitement au courant des *désagréments* intimes du curé de Saint-Germain. M. le Juge d'instruction n'hésita pas à adresser au parquet de Charolles une commission rogatoire pour faire une descente judiciaire et une perquisition au domicile de la femme Allier.

Mais, à Charolles et à Marcigny, l'instruction se heurta contre un obstacle secret, partant difficile à surmonter, de ceux-là qu'on nie toujours parce qu'on ne les voit jamais en face. Cette femme Allier avait, à Charolles comme à Marcigny, une réputation de vertu, même de sainteté, que lui avaient depuis longtemps acquise ses habitudes de dévotion exté-

« . . . Il brûlait de l'encens dans la cure pour chasser, disait-il, la mauvaise odeur... » (Page 2.)

rieure et les nombreux services rendus par elle à tout le jeune clergé du département. On la tenait en grande estime à l'évêché d'Autun. Femme d'ailleurs fort agréable encore, bien qu'une année à peine la séparât de cette redoutable frontière, la cinquantaine.

Quand le Juge de paix de Marcigny, commis par le Procureur de la République de Charolles, vit qu'il s'agissait de cette aimable et discrète personne, il hésita. Qui l'en pourrait blâmer ? On hésiterait à moins. Pour être magistrat, on n'en est pas moins homme, et les Don Quichotte sont rares, qui engagent la lutte contre ces puissances cachées. Il se rappela que

    ..... Dieu prodigue ses biens
    A ceux qui font vœu d'être siens,

et que le bien le plus prodigué à ces créatures d'élite, c'est le privilége, la faveur des situations exceptionnelles inaccessibles au profane vulgaire, le démenti poliment donné à l'égalité devant la loi, le croc en jambe doucement appliqué aux immortels principes de 1789. S'il eût eu affaire à quelque bourgeoise, de celles qui s'occupent moins de l'Église et de ses ministres que de leurs enfants, de leur ménage ou de leur boutique, il n'eût pas hésité, et la commission rogatoire fût tombée comme foudre dans cet intérieur privé du saint paratonnerre. Mais de toucher à *la petite maman* des jeunes vicaires, il n'y fallait pas penser. La commission rogatoire resta chez elle, et, comme elle n'osait aller à la montagne, elle pria bien humblement la montagne de venir la trouver.

Mme Allier, en personne sage, comprit à demi-mot et apporta, de son plein gré, ce qu'elle voulut bien apporter, à savoir quatre lettres du curé Gotteland. Qu'elle eût choisi ces quatre lettres, il eût été sans doute impertinent de le croire. On se contenta de sa parole, sans pousser l'indiscrétion jusqu'à demander s'il y en avait d'autres.

Une de ces quatre lettres était datée du 13 septembre 1840; Gotteland y donnait avis à la femme Allier de son prochain voyage à Marcigny. Après avoir expliqué par une indisposition sans gravité le retard de ce voyage attendu à Marcigny, Gotteland y disait de quelle façon il entendait arriver :

«.... Une lettre de ma plume précédera mon arrivée auprès de vous au moins de vingt-quatre heures. Arrivé à Roanne, je serai probablement obligé de prendre une voiture particulière pour aller frapper de nuit à la porte de madame Allier. Si je puis en trouver une tout à fait à ma disposition, je partirai de Roanne de manière à ce que j'arrive à Marcigny vers les onze heures et demie, minuit au plus tard, dans la supposition que la voiture qui me conduira à Roanne arrivera assez tôt. Vous aurez l'obligeance, madame, de ne pas vous endormir d'un sommeil trop profond, afin que vous puissiez entendre le marteau de la porte de votre belle-mère. »

Plus loin, Gotteland parlait de sa nouvelle servante, c'est-à-dire de Fanny Deguisal; ce passage attira l'attention du magistrat instructeur :

« Vous m'avez presque dit vrai, lorsque, me parlant de ma bonne, vous me dites que ce n'est pas encore la personne qu'il me faudrait. Elle n'est pas telle qu'on me l'avait présentée; on m'avait dit qu'elle avait cinquante ans, elle en a au moins soixante.

« Sa distinction a toujours été commune; ce n'est pas une dame d'un haut rang, elle a toujours travaillé. Le commerce, sur je ne sais quelle branche,

« Il en tira un flacon bleu, pâlit et tomba comme foudroyé. » (Page 5.)

fut le sujet de ses occupations; sa famille se vit en possession d'une certaine fortune; elle eut elle-même une certaine dot passable lors de son mariage; mais, devenue veuve, elle eut le malheur de contracter une seconde alliance avec un homme qui a tout dissipé et qui l'a réduite à la triste condition de servir. Ce qu'il y a de pire pour elle, c'est qu'elle se trouve impropre au service. Je trouve qu'elle n'a guère d'économie; elle parle à me casser la tête; elle est si grosse, qu'elle met toute ma cure en mouvement lorsqu'elle marche; elle ne peut faire mes commissions parce que la marche l'étouffe trop. Ainsi, je me trouve à vingt minutes de distance de la ville de Marthon, et elle a bien de la peine à s'y rendre. C'est là que je suis obligé de porter mes lettres pour la poste; si elle avait le courage d'y aller, il y aurait trois jours que la présente serait en route. Vous voyez, ma bonne dame, que je ne puis garder cette personne. Elle est honnête, elle a des formes décentes; mais elle ne peut remplir toutes les conditions requises à une servante. Tant que je n'en aurai pas une de ce genre, je souffrirai. Je m'en serais déjà dessaisi, si, d'un côté, je ne craignais pas de m'attirer la réputation d'un homme intraitable avec ses domestiques, et, d'un autre, si j'en avais une meilleure sous la main.

« Il faut que je m'en occupe, mais je ne ferai cette opération que lorsque je serai de retour de Marcigny. Ce qui nous offre des difficultés, c'est l'âge. On en trouverait bien encore qui conviendraient, mais elles n'ont pas quarante ans. Cette affaire seule suffit pour me rendre mon ménage à charge. »

Enfin la lettre se terminait ainsi :

« Je veux que Mme Allier la belle-mère ne se gêne pas le moins du monde avec moi. Je tiens à ce que ma présence n'entraîne aucune modification dans sa maison. Il faut que je sois le fils de Mme Adèle et le frère de Mme Allier; je deviens par là tout d'un coup l'oncle de M. Fortuné, que j'aime beaucoup, et auquel je me suis attaché dès l'instant que j'ai eu fait sa connaissance; » etc.

« *Signé :* Le curé de Saint-Germain. »

Rien de plus décent, de plus respectueux que la familiarité répandue dans cette lettre. Il est vrai qu'elle s'adressait tout à la fois à Mᵐᵉ Allier et à sa belle-mère. On pouvait s'étonner peut-être de cette arrivée furtive, annoncée pendant la nuit par un coup de marteau discret; mais enfin, il n'y avait rien là qui donnât la raison des tutoiements intermittents et des tendresses contenues de la lettre parvenue au prisonnier d'Argoulême.

La seconde des quatre lettres dues à l'obligeance de Mᵐᵉ Allier laissa apercevoir, comme par une échappée de vue, une familiarité d'une autre nature. Celle-là avait été écrite par Gotteland à son retour à Saint-Germain.

« Ma bien chère mère, je te dirai que je ne suis arrivé chez moi que le samedi soir. Dans le trajet de Marcigny à Roanne, il m'est survenu un mal de ventre qui m'a obligé d'ouvrir ma soutane et mon pantalon. A Roanne, j'ai fait faire un grand feu, et cette indisposition s'est passée. »

Ma bien chère dame, disait la lettre ostensible; *ma bien chère mère*, disait la lettre intime; au *vous* de la première, succédait le *toi* de la seconde. Et ce détail de haut goût, adressé à la sainte de Marcigny !

Un autre passage de la lettre fit pressentir au magistrat instructeur une sourde rivalité, une jalousie à distance, instinctive, entre les deux amies du curé, l'amie de Marcigny et l'amie de Saint-Germain. Après quelques détails sans importance, Gotteland ajoutait :

« Arrivé chez moi, mon premier soin a été de demander les deux lettres et de regarder si elles n'avaient pas été ouvertes. Elles ne l'étaient pas; mais il y en avait une autre de mon frère, et celle-là avait été évidemment décachetée et c'était par Mᵐᵉ Dussablon. Elle a voulu savoir où j'avais passé mes vacances, mais elle ne le saura pas; elle a reçu une réponse telle, qu'elle ne sera pas tentée d'y revenir. »

Dans une troisième lettre, datée de Saint-Germain, le 11 décembre, à côté des manifestations d'une haine noire contre le curé de Charolles, haine dont l'instruction connaissait déjà les causes, on pouvait noter l'empressement, brutal et tendre tout ensemble, avec lequel Gotteland cherchait à rassurer son amie de Marcigny sur les progrès faits dans son cœur par son amie de Saint-Germain.

« Ma chère amie,

« J'ai fait réception de ta lettre; elle m'a fait bien du plaisir et en même temps bien de la peine. J'ai eu du plaisir, en en prenant lecture, parce qu'elle me donnait de tes nouvelles, et de la peine, parce que tu as mal auguré de mon retard à t'écrire.

« Tu me dis que tu t'es laissé aller à cette présomption que Mᵐᵉ Dussablon l'emportait sur toi dans mon affection; si j'avais été à côté de toi, franchement je t'aurais battue. Si tu étais témoin de la lutte que je soutiens contre elle pour ainsi dire chaque jour ! Aujourd'hui j'ai visité, comme je fais de temps en temps, mes buffets, pour voir si des choses qu'ils contiendraient il ne s'en trouve pas qui viennent d'une main étrangère. J'ai aperçu des noix; j'ai demandé à la femme qui fait mon

ménage d'où provenait ce cadeau; elle m'a dit que c'était Mᵐᵉ Dussablon qui me l'avait envoyé. Sur-le-champ je l'ai fait rendre. J'ai chargé cette femme de dire à Mᵐᵉ Dussablon que les raisons qui m'ont empêché jusqu'ici de recevoir des faveurs de sa main existaient encore et existeraient toujours. Son petit, que j'ai pour élève, m'a dit qu'elle a beaucoup pleuré. Tu me parles d'une boîte que tu dois me faire tenir; je ne sais pas trop ce qu'elle contient. Je pense qu'elle a été soignée par toi, et que si tu me la disposes, tu veux me procurer une surprise. J'aime à croire qu'elle me sera agréable.

« Il faudra bien lui recommander, quand le moment sera venu de me l'envoyer, de dire qu'elle contient quelque chose de fragile. Je suis toujours bien aise que ta belle-mère et toi vous vous entendiez. Je désire que tu aies le courage de continuer tes sacrifices, pour que cette intelligence dans laquelle je vous vois avec plaisir puisse durer.

« La nouvelle que tu me donnes de la cure ne m'étonne pas. Il serait à désirer que ce désaccord existant entre le curé et ses vicaires achevât de faire connaître Cuénot, et de l'évêque et de Charolles, car c'est un homme qui cache trop bien son jeu. Il en fera à ses vicaires de toutes les couleurs, pourvu qu'il ne soit pas connu des personnes étrangères à la cure. Sa conscience ne le retiendra pas dans l'exécution de ses actes abominables; il n'en a point, ou, s'il en a une, elle est bien fausse. Si je savais bien les choses au fond, j'écrirais à l'évêque d'Autun pour lui rappeler ce que je lui ai dit au sujet du curé de Charolles, que le temps l'instruirait des injustices de cet homme... Je sais bien que ce serait mieux pour moi de ne pas avoir cette pensée, ni l'intention de l'exécuter; mais quand on a été malheureux comme je l'ai été par ce malheureux, il n'y a pas de mal à le faire connaître. Tâche donc de me mettre bien au fait de cette affaire, qui pour moi est une question intéressante.

« Tu pourras aller à la messe de minuit, mais tu auras soin de bien t'habiller chaudement et de prendre une bonne chaussure.

« Nous voici bientôt au premier de l'an. Tu connais mes intentions sur tes visites. Je veux que tu n'embrasses pas un homme, autrement tu le trouveras contre mes volontés.

« Adieu, pense à moi, qui te conserve dans sa pensée comme dans son cœur. »

Je t'aurais battue... Je veux que tu n'embrasses pas un homme... de ce côté-là, c'est-à-dire du côté de Marcigny, rien de plus clair; du côté de Saint-Germain, si le curé ne se vantait pas, ces pleurs de la mère du petit pour un cadeau refusé n'étaient pas non plus sans une signification assez précise.

L'instruction eut encore communication de deux lettres de Gotteland, adressées non plus à Mᵐᵉ Allier, mais à une certaine Marie Roquille. Oh ! dans celles-là, le curé de Saint-Germain laissait de côté les périphrases, faisait bon marché de la morale et se traitait lui-même en aimable sacripant.

« Ma pauvre Marie, y disait-il, on dirait que votre cœur suit les saisons. Il est chaud en été, froid en hiver; en effet, vous ne vous occupez pas plus de l'abbé Gotteland que s'il n'avait jamais été *attaché à votre cotillon... Ma pauvre vieille* Marie... *Je n'ai pas beaucoup de qualités morales, mais je sais et je dois croire que j'apprécie un bienfait à sa juste valeur.* » Et, encore, après avoir dit qu'il est découragé, qu'il ne peut plus vivre ainsi : « Si cela continue, je f... la clef sous la porte. »

Il se trouva que cette Marie Roquille était une femme employée par Mᵐᵉ Allier dans l'exploitation de son domaine.

Mᵐᵉ Allier voulut bien convenir, ce qui eût été impossible à nier, que c'était elle qui, sous un nom supposé, avait écrit la lettre à M. le maire de Saint-Germain. Elle consentit à reconnaître qu'au mois d'octobre Gotteland était venu passer plusieurs jours chez elle, à Marcigny, et que, pendant tout son séjour, il n'était pas sorti une seule fois de la maison. Elle ne voulut pas admettre que la véritable destinataire des lettres adressées à Marie Roquille fût elle-même, Mᵐᵉ Allier, comme l'Instruction pensait avoir des raisons pour le croire. Au reste, elle déclara que, dans son opinion, les désagréments dont le vertueux curé était la victime n'étaient causés que par la jalousie qu'avait inspirée à des âmes peu charitables son talent pour la prédication.

En rendant compte au Juge instructeur d'Angoulême des résultats malheureusement si incomplets de la commission rogatoire, le Procureur de la République de Charolles disait finement : « Il faudrait une expression nouvelle, des termes nouveaux pour caractériser la nature des relations de cette dame Allier avec Gotteland. » La langue mystique à la fois et sensuelle de l'auteur de l'*Amour* et de la *Sorcière* pourrait seule peut-être fournir ces termes nouveaux, ces expressions nouvelles que cherchait le spirituel magistrat de Charolles.

Interrogé sur son voyage d'octobre, Gotteland nia d'abord qu'il eût fait quelque séjour à Marcigny, qu'il s'y fût arrêté chez une dame Allier. Comme tous ses autres mensonges, celui-ci fut mis à jour et détruit par la production des lettres qu'avait fournies la femme Allier.

Dans une de ces lettres, dont nous n'avons pu nous procurer le texte complet, Gotteland déclarait qu'il avait *des raisons trop fortes* de renvoyer Fanny, pour ne pas le faire au plus tôt; il y annonçait sa résolution de lui chercher *une dispute*. « Quelles raisons si fortes aviez-vous donc ? » demande le magistrat à Gotteland. Celui-ci se rejeta sur la négligence de Fanny, sur sa saleté, sur son incapacité à servir.

Malgré ses découvertes et la gravité croissante de ses convictions, l'Instruction n'avançait que lentement et péniblement, souvent barrée par la mobilité des témoignages venus du côté de Saint-Germain et de Marthon. Le magistrat, à tort ou à raison, croyait voir grandir dans l'esprit de certains témoins les influences religieuses et les influences de famille. Aux premières rumeurs, très-nettement accusées, sur les légèretés de conduite de Mᵐᵉ Dussablon, succédaient les plus honorables attestations. Le métayer Jarton, dans ses premiers interrogatoires et dans sa première confrontation, avait rapporté ce mot significatif de Mᵐᵉ Dussablon à son mari, cherchant l'arsenic et le flacon bleu : « Tu sais bien que *je* l'ai donné à ta mère, qui l'a rendu vide. » Doucement repris par sa maîtresse, qui affirmait avoir dit : « Tu sais bien que *tu* l'as donné... » Jarton avait persisté d'abord. Plus tard, il vira de bord et s'attacha obstinément à la version nouvelle.

De même, à la suite des premières insinuations touchant la possibilité du suicide de Fanny, l'Instruction voyait venir tout un groupe de témoignages nouveaux, affirmant tout à coup la situation désespérée de Fanny Deguisal, ses tristesses noires

à la pensée d'un renvoi, ses propos funèbres faisant pressentir une mort volontaire, ses plaintes amères contre une famille qui ne lui réservait que l'abandon. L'Instruction, qui avait recueilli à Angoulême une vingtaine de témoignages désintéressés constatant l'amour filial d'Edouard pour sa mère, l'assurance où était celle-ci de trouver un asile en cas de renvoi, l'insouciance de son caractère, l'attachement profond pour la vie et la peur de la douleur dont cette femme avait toujours fait preuve, ne put voir, dans les tardifs démentis donnés à ce qui pour elle était la vérité, qu'un coupable concert en vue de tromper la Justice.

Aussi, le Ministère public crut-il devoir former un pourvoi en renvoi devant une autre Cour d'assises, pour cause de suspicion légitime; mais ce pourvoi fut écarté. Ces diverses causes retardèrent le procès public jusqu'au 29 novembre 1850.

Ce jour-là, la vaste place du Mûrier, sur laquelle s'élève le Palais de justice, est encombrée de curieux. La salle des audiences, très-grande, est remplie longtemps à l'avance. La ville, très-émue, est partagée en deux camps bien tranchés. Dans celui des accusés, les sympathies sont plus nombreuses pour Mᵐᵉ Dussablon que pour le curé Gotteland.

L'éloignement de la prison (la nouvelle maison d'arrêt n'était pas encore bâtie), a forcé l'autorité à faire traverser aux deux accusés une grande partie de la ville. Par une disposition regrettable, c'est à pied qu'on leur fait faire ce trajet. Le prêtre marche seul, les yeux baissés, mais la mine haute. Il a revêtu le costume laïque, redingote et pantalon noirs, gilet noir à raies, cravate noire à rosette soigneusement élargie, col rabattu. C'est un homme petit, large et court, à la tête carrée, aux pommettes saillantes, à la bouche grande et sensuelle; des yeux clairs, brillants, à fleur de tête; les sourcils fournis, les cils longs, la chevelure abondante, coquettement lustrée et peignée. C'est un tempérament. Cet homme sanguin, chez qui tout révèle une nature exigeante, des appétits violents, ne rappelle le prêtre que par un certain ensemble d'attitude étudiée. Ainsi dépouillé de la robe, il montre presque à nu le montagnard athlétique et grossier.

Mᵐᵉ Dussablon, vêtue de noir, enveloppée d'un long camail de satin, cachée derrière un long voile, laisse à peine deviner des traits fins, pâlis et amaigris par la douleur physique et par la douleur morale. Elle donne le bras à son mari, elle est entourée de ses parents, sa sœur, son beau-frère. Quelques groupes sympathiques ou ennemis suivent à distance. C'est là le résultat nécessaire de cette maladroite exhibition et de cette inconvenante promenade. On en arrivera bientôt aux outrages et aux ovations.

Cependant les accusés sont introduits. La Cour prend place.

M. le Conseiller *Fonreau* préside, assisté de MM. *Maréchal*, vice-président du Tribunal d'Angoulême, et *Devars*, juge au même tribunal. Le siége du Ministère public est occupé par M. le Procureur de la République *Bardy de Lisle*. Au banc de la défense sont assis Mᵉ *Aurélien Desèze*, ancien avocat général, représentant de la Gironde à l'Assemblée nationale, et Mᵉ *Théodore Georgeon*, membre du barreau d'Angoulême.

Après les formalités d'usage, lecture est donnée de l'acte d'accusation. Ce document, d'une logique serrée, expose les faits que nous venons de raconter et en tire fortement les conclusions. Fanny Deguisal a été empoisonnée; l'analyse chimique en fait foi. Elle a été empoisonnée successivement, à doses réitérées; sa mort n'est donc pas le résultat d'un suicide, car on se tue d'un seul coup et non comme à plaisir, à coups d'épingle. Elle a été empoisonnée par une main étrangère, car elle aimait la vie, elle se soignait avec excès, craignait la douleur et la mort. Elle ne pouvait avoir d'inquiétudes sur son avenir, car elle avait un bon fils, prêt à la recevoir et qui toujours l'avait aidée, non pas seulement par devoir, mais par un sentiment bien accusé de piété filiale.

Tout cela, des témoignages nombreux le démontrent. On en trouve, en outre, une preuve irrécusable dans cette lettre que le jeune Deguisal, alors garde mobile, écrivait de Paris à sa mère, le 22 août 1848 : « Tu me demandes si je pourrais te donner cinquante francs sur ce que mon oncle me doit. Je suis étonné d'une pareille demande *de la part d'une mère; car je ne crois pas qu'un enfant puisse se refuser à aider sa mère quand elle l'a élevé.* » Et, au lieu de cinquante francs qu'elle lui demandait, il l'autorise à toucher la somme entière de deux cents francs, qui lui est due.

Mais d'ailleurs, comment admettre ces pensées de suicide inspirées par la crainte d'un renvoi, quand, quelques jours avant l'empoisonnement prétendu volontaire, Fanny a vu augmenter ses gages; quand, spontanément, Gotteland a annoncé à ce fils qu'il ne connaît pas, que, content des services de Fanny, il portait à cent francs son salaire?

En outre, on s'est assuré que la victime n'avait pu se procurer du poison.

Le suicide écarté, reste le crime, et le crime ne saurait être imputé qu'à ceux qui avaient intérêt à le commettre: à ceux qui redoutaient, de la part de la veuve Deguisal, des indiscrétions qui pouvaient les atteindre à la fois dans leur honneur, dans leur position, dans leur avenir, peut-être même dans leur existence; à ceux qui l'ont entourée depuis la première atteinte de la maladie jusqu'à son dernier soupir; à ceux qui ont préparé et lui ont présenté les breuvages où elle a puisé une mort lente, progressive et cruelle; à ceux enfin qui avaient sous la main l'instrument du forfait. Ceux-là sont le sieur Gotteland, curé de Saint-Germain, et la dame Dussablon, la complice de ses désordres et de son crime.

Après les questions d'usage, *M. le Président* interroge Gotteland sur ses antécédents ecclésiastiques.

D. Pourquoi êtes-vous sorti de Semur, après quinze mois de vicariat? — R. M. le curé de Semur avait un beau-frère qui fit faillite. Il en résulta une sorte de défaveur contre lui; les paroissiens ne voulaient plus avoir affaire qu'au vicaire. Le curé, jaloux de ma popularité dans la paroisse, demanda mon changement.

D. M. le curé était sans doute mécontent de vous, puisqu'il demanda que vous fussiez renvoyé dans votre pays, à Chambéry? — R. Je n'ai jamais su qu'une telle demande eût été faite; bien au contraire, je ne suis sorti de Semur que pour avoir de l'avancement.

D. Pourquoi avez-vous été renvoyé de Charolles? — R. Nous étions deux vicaires à Charolles, tous deux en pension chez M. le curé. Il voulut nous faire payer 800 francs. Ce prix était trop élevé; pour ma part, je refusai, et il en fut très-mécontent.

Survint un autre motif. M. le curé de Charolles avait un neveu qui avait été chassé du séminaire pour cause d'immoralité; il vint demeurer à la cure où, plus libre encore, il continua de tenir une mauvaise conduite. Un jour, le vicaire, mon collègue, le surprit se permettant de coupables familiarités avec une jeune fille; il s'en plaignit au curé, qui, soutenant son neveu, écrivit une lettre à l'évêque pour se plaindre de l'abbé Larret et de moi. De notre côté, nous demandâmes à Monseigneur à quitter Charolles, et, à trois mois de là, nous en reçûmes l'autorisation de l'évêché.

D. M. le curé conteste, et d'une manière victorieuse, la version que vous produisez ici. Il affirme que s'il vous a renvoyé de Charolles, c'est que vous entreteniez des relations scandaleuses avec Mme Allier. Il vous aurait donné à cet égard de fréquents et paternels avertissements; vous n'en tîntes pas compte. — R. M. le curé de Charolles n'avait lui-même présenté chez les dames Allier; ma sortie de la cure n'a pas eu d'autres causes que celles que je viens de signaler.

M. le Président donne lecture de la déposition, sur commission rogatoire, faite à ce sujet par M. le curé de Charolles, déposition dans laquelle cet ecclésiastique signale les relations existantes entre la dame Allier et Gotteland.

D. Pourquoi, en arrivant à Angoulême, n'avez-vous pas dit que vous aviez été vicaire à Charolles? — R. Je ne croyais pas que cela eût de l'importance.

D. A Charolles, vous aviez connu Mme Allier; plus tard, vous avez correspondu avec elle? — R. Oui, M. le Président. Au reste, Mme Allier était en correspondance avec un grand nombre d'ecclésiastiques, quinze ou vingt au moins.

D. Vous avez adressé des lettres sous le couvert de Marie Roquille. Ces lettres, en réalité, ne s'adressaient-elles pas à Mme Allier? — R. Non. Ce que j'écrivais à Marie Roquille était bien pour Marie Roquille.

D. Dans votre lettre du 13 septembre 1849, en annonçant votre prochain voyage à Marcigny, vous preniez soin d'indiquer une heure de nuit pour votre arrivée? — R. Mme Allier se trouvait à sa campagne avec sa belle-mère; j'avais calculé les heures de passage et d'arrivée de la voiture de Moulins. C'était comme un avertissement, pour ne déranger personne, que j'écrivais ainsi.

D. Dans une autre lettre vous parliez à Mme Allier de l'ombrage que Mme Dussablon avait conçu de votre voyage, de ses questions, de la réponse que vous lui aviez faite, réponse telle, qu'elle n'oserait pas y revenir? — R. J'avais reçu, à Saint-Germain, une lettre de mon frère, dont le cachet était tellement fatigué, que je dus croire qu'elle avait été décachetée; je fis des reproches à ma servante, elle me dit que c'était Mme Dussablon qui l'avait décachetée. Je ne le crus pas. Je fis allusion, un jour, à ce fait devant Mme Dussablon, et ma conviction fut que c'était ma bonne qui avait ouvert la lettre. Elle l'avoua et me dit même qu'elle avait communiqué cette lettre à Mme Dussablon.

D. Dans une autre lettre, vous écriviez à l'adresse ou plutôt sous le couvert de Marie Roquille, que vous êtes découragé..... « Si cela continue, dites-vous, je f.... la clé sous la porte. » — R. C'est vrai, j'ai écrit cela. C'était à une femme que je connaissais bien, à une femme *pieuse*; je savais que cette lettre serait montrée à un ecclésiastique *respectable*, c'était pour l'égayer un peu.

D. Et cette lettre, dans laquelle vous parlez du cadeau retourné à Mme Dussablon, et des pleurs arrachés à celle-ci par votre refus ? — R. J'avais pour élève le fils de Mme Dussablon. Comme je lui donnais de grands soins, elle m'en témoignait sa gratitude par de petits cadeaux, au moment du dîner, tantôt un quartier de volaille, tantôt un morceau de rôti. Elle m'avait envoyé des noix ; comme je ne les aime pas, je les ai renvoyées plutôt que de les laisser perdre.

D. Mais cette phrase : « Son petit m'a dit qu'elle avait beaucoup pleuré. » — R. J'ai dit son petit, comme j'aurais dit ma bonne.

D. Et cette défense par vous faite à Mme Allier d'embrasser un homme ? — R. Mme Allier était veuve ; elle était recherchée par un monsieur qui eût voulu l'épouser, et qui ne lui convenait, à mon avis, sous aucun rapport. C'est à cette personne que je faisais allusion. Au reste, quand je suis arrivé à Charolles, cette dame avait quarante-huit ans ; il y a cinq ans de cela.

M. le Procureur de la République. — Mme Allier, dont nous n'avons pas d'extrait de naissance, paraîtrait être âgée de quarante-cinq ou de quarante-six ans.

Me Georgeon. — Mme Allier est née au mois de floréal, an XI. Elle touche à sa cinquantième année.

M. le Président, à l'accusé. — Étiez-vous, au commencement, content du service de la veuve Deguisal ? — R. Jamais je n'en ai été content.

D. On comprend que vous le disiez maintenant. Ce n'est cependant pas ce que vous témoigniez à son fils. Avez-vous eu quelque querelle avec elle ? — R. Une seule fois : c'était huit jours environ après mon retour de voyage, au mois d'octobre. Je rentrai à une heure assez avancée de la soirée, ayant dîné chez M. Dussablon. Fanny me dit qu'elle n'entendait pas se coucher aussi tard ; elle s'emporta, et comme je lui répondais que si elle le prenait sur ce ton, elle pouvait se disposer à me quitter, elle devint tellement colère, qu'elle s'arma des pincettes, et les brandit sur ma tête. Je lui déclarai alors que dès le lendemain elle devrait avoir à faire son paquet.

M. le Procureur de la République. — Et c'est peu de temps après cette scène, le 26 novembre, que vous lui remettez une lettre adressée à son fils, dans laquelle vous témoignez toute votre satisfaction de ses services, en annonçant que vous augmentez ses gages ? — R. Cette lettre était *une sorte d'ironie !* Fanny me demandait de l'écrire, elle l'a presque dictée. Mon Dieu ! j'ai écrit cela comme font les maîtres, qui, en congédiant leur serviteur, lui donnent un bon certificat ; quitte, à celui qui plus tard voudrait le prendre à son service, à venir se renseigner verbalement.

M. le Procureur de la République. — Croyez-vous que ce soit bien convenable pour un prêtre d'écrire ainsi le contraire de sa pensée ?

Me Georgeon. — Peut-être serait-ce là de la charité chrétienne ?

M. le Président. — Oui, si trois jours après, le 29 novembre, le curé n'avait écrit à Marie Roquille tout ce qu'il pensait de défavorable de cette femme et sa résolution de la congédier. — (A l'accusé). Que savez-vous de la maladie, de la mort de votre servante ? — R. Personnellement, peu de chose ; *ce n'est pas moi qui l'ai soignée.* Le soir du premier jour, elle se plaignit, et M. Dussablon, qui était présent, lui recommanda de prendre une tasse de thé. Le lendemain matin, elle se leva.

D. Dans la journée, elle fut plus indisposée ; que

lui a-t-on donné ? — R. Je ne saurais le dire ; *ce n'est pas moi qui l'ai soignée.*

D. Cependant vous avez demandé pour elle un médicament à M. Dussablon ? — R. Oui ; vers le soir elle me dit qu'elle avait beaucoup souffert ; elle me pria de lui procurer quelque chose qui pût lui apporter un peu de repos. Je me rendis près de M. Dussablon, qui me remit pour elle une boisson dans laquelle entraient des gouttes de laudanum.

D. Combien de gouttes ? — R. Je ne me le rappelle pas précisément, de douze à dix-huit gouttes, je crois.

D. Vous avez dit vingt-cinq gouttes. Comment les lui aurait-on fait prendre ? — R. En boisson, je crois.

D. Vingt-cinq gouttes de laudanum en boisson, cela semble bien grave ?

Me Georgeon. — Dans son interrogatoire, l'accusé a dit que ce laudanum avait été donné pour être administré en lavements.

M. le Président, à l'accusé. — Vous avez déclaré que les médicaments, les boissons, depuis le mardi jusqu'au vendredi, date de la mort de Fanny, avaient été préparés chez M. Dussablon. — R. *Je n'ai pas donné directement de soins à Fanny.* J'avais à m'occuper de mes deux élèves, de ma paroisse ; je ne pouvais être à tout.

D. Vous avez dit que Fanny, lorsqu'on lui présentait des médicaments, refusait de les prendre. — R. Je le crois ; cela m'a été dit.

D. Par qui cela vous a-t-il été dit ? — R. Par la femme qui la soignait, par Jeanne Bergues.

Me Georgeon. — Il y a un fait établi : c'est que Fanny ne voulait pas se soumettre aux prescriptions du médecin. Ainsi M. Dussablon voulait la saigner ; elle refusa d'y consentir, et ce ne fut que le dernier jour, le jeudi, que la saignée put être pratiquée.

M. le Président. — Gotteland, vous avez d'abord soutenu que vous ne lui aviez donné aucuns soins. Eh bien ! il est établi que vous ne l'aviez presque pas quittée d'un instant. Le jour, la nuit, vous étiez près de son lit. Il est constant que vous lui avez donné un breuvage, du vin blanc. — R. Je voyais que sa maladie devenait grave ; je crus le moment venu de la prévenir de se mettre en règle avec sa conscience. Comme je la connaissais peu disposée, je ne savais comment m'y prendre. Je me rappelai qu'elle aimait le vin blanc ; et comme elle me disait qu'elle avait la bouche amère, je lui offris de prendre un verre de vin blanc, que je préparai avec trois morceaux de sucre.

D. Était-ce bien du sucre en morceaux ? Un témoin a dit que c'était comme une poudre blanche. A-t-elle bu de ce breuvage que vous avouez lui avoir offert ? — R. Non, elle n'a pas voulu en boire, et voici pourquoi. Tout en le lui présentant, je lui disais : « Fanny, votre maladie n'a rien d'inquiétant ; cependant on ne sait ce qui peut arriver ; vous devriez vous mettre en règle avec votre conscience. » A cela, elle me répondit : « Si vous n'avez que cela à me dire, vous pouvez me laisser tranquille. » Et, du geste, elle repoussa le verre.

D. Comment, durant cette maladie, ou plutôt devant cette agonie de votre servante, n'avez-vous pas eu la pensée de faire prévenir sa famille, son fils ? — R. Dès le mardi, je le lui ai proposé ; le mercredi, je lui dis qu'il fallait envoyer chercher son fils ; elle s'y refusa par deux fois.

D. Est-ce devant témoin que vous avez proposé cela ? — R. Je ne me le rappelle pas.

D. Vous avez nié que, durant le cours de la maladie, Mme Dussablon fût venue à la cure. Persistez-vous dans cette dénégation? — R. Je ne sais si j'ai nié ce fait; je n'avais aucun motif de le faire, puisque Mme Dussablon est venue au chevet du lit de Fanny avec son mari et deux autres personnes.

D. Vous l'avez nié cependant? — J'étais malade, en proie à la fièvre; si j'ai fait une réponse que je ne me rappelle pas, il ne faut l'attribuer qu'à mon trouble.

M. le Procureur de la République. — Mais votre premier interrogatoire a eu lieu à Marthon; vous n'étiez pas malade alors? — R. Il aurait fallu avoir un cœur de pierre pour n'être pas troublé, malade, au milieu des circonstances où je me trouvais, au milieu de l'appareil qui a entouré mon arrestation.

M. le Président. — Il existe au plafond supérieur de l'alcôve, où se trouvait le lit, des trous qui paraîtraient avoir été agrandis; savez-vous d'où proviennent ces trous? — R. Oui. C'est le petit de M. Dussablon qui a agrandi en jouant des trous existant déjà au plancher du grenier. Je n'y avais pas fait attention jusqu'au jour où la Justice vint à la cure, et où M. le Procureur de la République, ou M. le Juge d'instruction y introduisirent le bout de leur canne. Du reste, il n'y avait pas de lit dressé dans l'alcôve inférieure. Une seule fois, en été, j'y avais offert l'hospitalité à une personne qui me visitait et qui se contenta d'un matelas.

D. Pourquoi, en écrivant au fils de votre servante, datiez-vous cette mort du 22? — R. C'est une erreur de ma part; ma lettre partait de Saint-Germain le 22, je me suis trompé en mettant cette date.

D. Dans cette lettre, vous lui recommandiez de ne venir que sous deux ou trois jours; pourquoi? — R. J'avais des comptes à régler avec lui; il n'y avait pas nécessité de se hâter.

D. Vous disiez encore « Votre bonne mère. » Vous parliez de ses sentiments pieux? — R. C'est que, au moment de son agonie, je lui avais entendu prononcer les noms de Jésus et de Marie. — D. Vous étiez donc bien rapproché d'elle, car personne n'a entendu ces saints noms? — R. J'étais seul en ce moment avec mes deux élèves. — D. Mais non, il y avait des sœurs qui n'ont rien entendu de semblable. — R. J'ai entendu, moi, les saints noms de Jésus et de Marie, et ça a été pour moi une grande consolation, car je lui ai administré aussitôt les sacrements.

D. Pourquoi, après le décès, avez-vous fait si grande diligence pour procéder à l'inhumation? — R. Je n'ai mis aucune précipitation à faire l'enterrement. Le décès avait eu lieu avant minuit, l'inhumation a eu lieu à quatre heures du soir, le lendemain. J'avais tout ouvert, et cependant l'infection était telle, que je ne pouvais rester dans la maison. M. le curé de Marthon lui-même en fut effrayé.

D. M. le curé de Marthon, c'est possible. Mais pourquoi, vous, dès six heures du matin, au mois de décembre, alliez-vous demander au maire l'autorisation d'inhumer? — R. Je n'y ai pas été à six heures. Ceux qui ont dit cela ont fait un mensonge. — D. C'est M. le maire qui l'a déclaré. — R. Alors M. le maire se trompe.

La première audience est levée, et alors éclatent les conséquences des dispositions prises par l'autorité. Dans le parcours du Palais de justice à la prison, les accusés et ceux qui les accompagnent se trouvent en butte à des outrages déplorables.

Le lendemain, 30 novembre, pour faire cesser ces manifestations indécentes et cruelles, on a trompé l'attente des curieux et des malintentionnés, en changeant l'itinéraire du cortége, et, à la suite de cette audience, un grand déploiement de forces militaires préviendra le retour de ces actes honteux, indignes d'une population civilisée. Mais ce qu'on n'empêchera pas, et ce qui attentera, d'une autre façon, à la majesté de la Justice, ce seront des manifestations sympathiques dégénérant en cortége nombreux de parents, d'amis, de partisans, accompagnant chaque jour les accusés, surtout Mme Dussablon, de la prison au Palais de justice et du Palais de justice à la prison. Ainsi encore, le lendemain, on verra, avec une douloureuse surprise, assister à l'audience, assis presque au milieu des gendarmes, le fils des époux Dussablon, bel enfant de huit à neuf ans, d'une physionomie douce et intelligente.

Il est procédé à l'interrogatoire de Mme Dussablon. *M. le Président* lui demande si, trois ans auparavant, elle n'a pas adressé une lettre et un chansonnier à M. Duvignon fils.

L'accusée. — J'ai adressé en effet à M. Duvignon un chansonnier, mais je ne lui ai pas écrit de lettre.

D. Ce chansonnier ne vous a-t-il pas été rapporté par la mère de M. Duvignon? — R. *Je ne me le rappelle pas.*

D. Vous avez connu le curé Bissette, qui a précédé l'abbé Gotteland? — R. Oui, monsieur. — D. Avez-vous été chez lui souvent? — R. J'y suis allée quelquefois, mais jamais seule. — D. N'avez-vous pas, avec d'autres dames, fait *des parties* avec le curé Bissette? — R. Non, monsieur.

D. Lorsque le curé Gotteland arriva à Saint-Germain, votre mari ne vous défendit-il pas de mettre jamais les pieds chez lui? — R. Oui, monsieur. — D. Cela ne vous donna-t-il pas à réfléchir sur les causes du départ de l'abbé Bissette de la commune? — R. *Non*, monsieur. — D. Vous ne savez pas pour quelle cause il avait dû en partir? — R. *Non*, monsieur. — D. La défense que vous faisait votre mari eût dû vous le faire comprendre? — R. *Je ne l'ai jamais su.*

D. Votre mari vous avait défendu d'aller chez l'abbé Gotteland; cependant vous l'avez pris pour confesseur? — R. Oui, monsieur. — D. Vous êtes-vous trouvée quelquefois seule avec lui? — R. Jamais.

D. Etes-vous allée à la cure quelquefois? — R. Une seule fois, monsieur le Président; c'était pendant la maladie de Fanny. — D. Est-ce la seule fois? — R. J'y ai été dans d'autres occasions, mais toujours accompagnée de mon mari.

D. Vous l'aviez nié d'abord. — R. M. Bouisseau, le Juge d'instruction, me tenait, malade que j'étais, jusqu'à quatre heures de temps dans son cabinet. Il a mis beaucoup de rigueur dans l'exercice de son mandat.

M. le Président. — M. le Juge d'instruction, loin d'user de rigueur, a mis beaucoup de complaisance dans l'exercice de son mandat; il vous a laissée sept jours sans vous interroger lorsqu'il vous a sue souffrante. — R. Non, monsieur, il a mis beaucoup de rigueur.

D. Le curé Gotteland venait-il chez vous fréquemment? — R. Il y venait quand M. Dussablon l'y engageait.

D. M. Dussablon lui prêtait son journal; il le lui envoyait chaque jour? — R. *Je l'ignore.*

D. Comment expliquez-vous ce que dit dans ses

lettres l'accusé Gotteland sur une lettre que vous auriez décachetée, sur un cadeau de noix que vous lui auriez fait et qui vous aurait été renvoyé? — R. Pour ce qui concerne la lettre, cela n'a pas le moindre fondement; quant aux noix, elles ont été envoyées à la connaissance de mon mari.

D. Vous saviez que votre mari avait en sa possession de l'arsenic? — R. *Non, monsieur*, je ne le savais pas; il en avait eu quelquefois, mais je ne savais pas qu'il en eût alors.

D. Saviez-vous où il déposait l'arsenic quand il en avait? — R. *Non, monsieur.*

D. Votre mari laissait-il entre vos mains la clé de son secrétaire, de sa pharmacie?—R. *Non, monsieur*; quatre mois avant, seulement, il m'avait donné la clé pour satisfaire à la présentation d'un billet.

D. Comme tous les médecins de campagne, votre mari, souvent absent de chez lui, devait vous laisser ses clefs assez fréquemment? — R. Non, monsieur. Il me laissait quelquefois des médicaments pour remettre à des malades. — D. Cela indique une assez grande confiance pour qu'il ne dût pas hésiter à vous laisser ses clefs? —R. Il ne me les laissait jamais.

D. Vous connaissiez la couleur bleue d'un flacon qui renfermait de l'arsenic; un témoin en a déposé. —R. M. Bouisseau (le Juge d'instruction) a menacé ce témoin de le faire arrêter; *sans cela, il se serait rétracté.*

D. M. Bouisseau avait reçu, déjà deux fois, la déclaration toujours concordante de ce témoin avant qu'il vous fût confronté. — R. Je dis ce qui est.

D. Vous saviez enfin qu'il y avait eu de l'arsenic renfermé dans un flacon bleu? — R. Je l'avais vu remettre par M. Dussablon à sa mère.

D. Avez-vous su que, le 16 décembre, votre mari rapportait de l'arsenic d'Angoulême? — R. Non, monsieur.

D. N'avez-vous pas dit, le matin même du jour où Fanny est tombée malade : « Cette pauvre Fanny, depuis qu'elle a fait une chute, elle ne peut plus se remettre ? »—R. *Je n'ai pas dit cela.*— D. Quand elle a été malade, qui l'a soignée? — R. C'est ma servante, Jeanne Bergues.— D. Qui lui a donné l'ordre de la soigner? — R. C'est moi.

D. Vous l'avez nié d'abord?— B. *Je ne me le rappelais pas alors.* — D. Qui a préparé les boissons? — R. C'est Jeanne Bergues, excepté pour une soupe blanchie; c'est moi, le mercredi, qui ai mis l'eau et le sel.

D. Vous l'avez nié avec persistance dans l'Instruction.

M. le Procureur de la République. — Voici le passage de l'interrogatoire : « J'ai mis l'eau dans le poêle seulement; c'est la servante qui a fait le reste. »

D. Qui a eu l'idée de cette soupe blanchie? — R. C'est mon mari. — D. Vous n'avez donc pas dit : « Cette pauvre Fanny, il y a longtemps qu'elle ne prend rien, il faut lui faire une soupe blanchie ? » — R. Il est possible que j'aie dit cela; mais c'est M. Dussablon qui en a eu l'idée.

D. Qui a fourni le pot à eau dans lequel était l'eau qui a servi aux boissons de Fanny? — R. C'est moi; il est à la maison.

D. Non, il a été cassé par votre ordre. Jeanne Bergues dit que vous ne vouliez plus le voir. — R. Ce n'est pas moi qui ai donné l'ordre de le casser.

D. Quelques jours après la mort de Fanny, ne dîniez-vous pas chez M. Fornel? lorsqu'on parla de cette mort, ne vous trouvâtes-vous pas mal? — R. J'ai été indisposée; mais je n'ai pas perdu connaissance.

D. Quand on est venu faire une descente chez le curé Gotteland, n'avez-vous pas été saisie d'effroi? N'avez-vous pas envoyé chercher votre mari? — R. Toute autre eût fait comme moi. — D. Mais monsieur votre mari ne vous dit-il pas : « Après tout, si on vient arrêter l'abbé Gotteland, cela ne nous regarde pas, » et ne persistâtes-vous pas dans vos craintes ?

L'accusée ne répond pas.

D. Dites qui, de votre mari ou de vous, a eu la première pensée du suicide? — R. C'est mon mari.

M. le Président procède à l'audition des témoins. Le premier entendu est *M. Montalembert*, ce médecin qui a fait l'autopsie du cadavre de Fanny. Il rappelle *qu'on lui avait annoncé que cette femme était morte des suites d'une chute*. Ne présumant pas l'empoisonnement, il conclut d'abord que la mort avait eu pour cause une inflammation congestive et une gastroentérite intense.

M. Octave Lesueur déclare persister dans les conclusions de son rapport. Il rappelle quels ont été les résultats matériels des opérations faites par lui et par M. Sicaud. Il ajoute qu'informé des vomissements du dimanche et du lundi, du mieux éprouvé le mardi et de la persistance des accidents depuis le mercredi jusqu'au vendredi, la conviction des experts a été qu'il y avait eu empoisonnement consécutif; sans cela, dans la supposition où la femme Fanny eût été empoisonnée seulement le dimanche, l'arsenic aurait été rejeté de l'estomac par les vomissements, des intestins par les selles, et la quantité n'en eût pu être que très-faible dans le foie. Il a fallu, pour que la substance arsénicale se soit trouvée en si grande quantité dans l'estomac, que l'arsenic fût ingéré encore, alors que Fanny ne pouvait plus vomir.

D. Y a-t-il chez vous conviction qu'il y a eu empoisonnement successif? — R. Non, pas absolument conviction ; j'ai dit qu'il était *excessivement probable* que l'empoisonnement a été successif. Ces expressions sont celles auxquelles je m'arrête.

D. Vous n'êtes donc pas bien certain que le poison ait été donné consécutivement? — R. Pour être certain il faudrait que j'eusse administré le poison moi-même.

D. Alors, s'il fallait affirmer...? —R. Je m'arrêterais ; je ne puis que répéter ce que j'ai dit, qu'il est excessivement probable que l'empoisonnement a été successif.

D. Ainsi, si l'arsenic avait été administré d'un seul coup, le dimanche, vous pensez donc que l'on n'aurait pas retrouvé d'arsenic dans l'estomac? — R. Non, on n'en aurait pas retrouvé. L'arsenic a dû être administré jusqu'au moment où Fanny n'a plus eu la force de vomir; sans cela, il ne se serait plus trouvé de liquides empoisonnés dans l'estomac.

D. Vous avez vu, dans la déclaration de M. Dussablon, que, le mardi, Fanny a été prise de vomissements violents après avoir ingéré une soupe blanchie. Cependant le lundi, elle allait mieux; pensez-vous que ces vomissements aient été le résultat d'un nouvel empoisonnement? — R. Oui, je le pense; mais seulement d'après ce que j'ai lu dans la déclaration de M. Dussablon.

M. Sicaud (Pierre-Mathieu), pharmacien, fait, à son tour, le récit des opérations de l'expertise et persiste dans les conclusions relatives à un empoisonnement consécutif. — Le cadavre, dit-il, contenait de l'arsenic *à flots.*

M. le Président. — Vous voulez dire, sans doute,

en quantité considérable? — R. Oui, monsieur le Président, on ne peut plus considérable. L'empoisonnement consécutif n'est plus une probabilité pour moi, c'est une profonde conviction.

M⁰ Georgeon. — Je demanderai à M. Sicaud quels sont les faits qui, depuis la rédaction du rapport, ont pu changer ce qu'il énonçait comme *excessivement probable* en *une profonde conviction.*

M. Sicaud — En présence d'une affaire aussi grave, j'ai beaucoup réfléchi, beaucoup étudié; il en est résulté pour moi la ferme conviction que l'empoisonnement a été consécutif.

M⁰ Aurélien Desèze. — Je demanderai à M. Sicaud, qui est pharmacien et non médecin, si la conviction qu'il vient de manifester s'est formée chez lui comme conséquence de sa mission d'expert, mission mécanique en quelque sorte, ou bien si c'est par suite de la connaissance de documents, de faits en dehors de sa mission, qu'il s'est formé cette conviction?

M. Sicaud. — Je le répète, j'ai beaucoup réfléchi, beaucoup étudié.

M⁰ Desèze. — Quelles étaient les pièces qu'avait sous les yeux M. Sicaud, lorsqu'il a rédigé son rapport? — *M. Sicaud.* J'avais sous les yeux la déclaration de M. Dussablon. Depuis lors, j'ai compulsé les documents de la science, les ouvrages de toxicologie; ma conviction s'est formée par l'étude, par la réflexion.

Pressé par les questions des défenseurs, le témoin ajoute que sa conviction a pu se modifier encore par les documents de l'affaire venus à la connaissance du public.

M. Breton-Robert, pharmacien. *M. le Président* lui demande s'il est certain d'avoir livré 60 grammes d'arsenic? — R. Oui, monsieur, c'était jour de foire, *le 15 décembre.* Je n'avais pas d'arsenic chez moi. A l'issue de la foire, j'allai chez mon confrère Robert auquel je demandai de l'arsenic et qui m'en livra 60 grammes. Je les pesai moi-même.

D. Vous dites le 15; est-ce bien le 15? — R. J'ai écrit cette vente sur mon livre le 17; mais je l'ai mentionnée comme faite le 15. M. Dussablon allait chez sa sœur à Arlette : il me dit de lui préparer les médicaments qu'il me demandait; je ne sais s'il a pris livraison le 15, le 16 ou le 17.

M. le Président. — Il a été établi, et cela n'est pas contesté, je suppose, par la défense, que l'arsenic a été livré à M. Dussablon le 16.

Sur l'interpellation de *M. le Président,* M. Montalembert déclare qu'un demi-gramme d'arsenic absorbé suffit pour déterminer l'empoisonnement et la mort.

Immédiatement après les experts, on entend les témoins qui peuvent renseigner le Jury sur la situation matérielle et morale de Fanny Deguisal avant et depuis son entrée au service de l'abbé Gotteland.

Richard (Gilbert), ferblantier à Angoulême, logeait la femme Deguisal au moment où elle est entrée chez le curé de Saint-Germain. Elle parut d'abord très-satisfaite de sa nouvelle condition. Elle se louait beaucoup de son fils, mais non de ses autres enfants. Elle était un peu *cancaneuse,* pas trop bonne langue, difficile à vivre.

La *femme Richard; Ballot,* serrurier; *Cécile Durandeau,* sa femme; la *femme Fleurar,* débitante de tabac; *Naduud,* épicier, et la *femme Naduud;* la *veuve Estère; Louise Fouché,* marchande de modes; la *femme Colas; Aimée Ribérac,* culottière; *Alexandre*

Aubertot, tailleur-coupeur; la *femme Jouade,* blanchisseuse; le docteur *Raymond Puymasson;* la *femme Robert;* tous voisins ou connaissances des Deguisal, se rencontrent dans ces déclarations unanimes et désintéressées : Fanny Deguisal aimait son fils Edmond et en était tendrement aimée ; si elle avait eu à se plaindre de ses autres enfants, elle ne voulait pas moins devenir vieille pour les voir réussir; elle tenait essentiellement à la vie, se soignait minutieusement à la moindre indisposition; elle était assurée de ne manquer de rien en cas de perte de sa place, et un suicide leur paraît impossible.

Elle *s'aimait trop* pour vouloir mourir, dit *Mathias Ordonneau,* frère de Fanny, et, pour *un petit bobo,* elle appelait le médecin. Elle se trouvait, dans les premiers temps, et même quinze jours avant sa mort, satisfaite de sa situation chez le curé.

Deguisal (Edmond), fils de la victime, est ce brave garçon dont on connaît la lettre si simplement touchante. Il raconte que, lorsque sa mère, avec qui il habitait à Angoulême, témoigna le désir d'entrer au service du curé de Saint-Germain, il lui dit : « Si cela te convient, vas-y; en somme, si on ne te plaît pas, tu reviendras ici; tu es chez toi, tu ne seras pas mariée avec ce curé. »

D. Votre mère ne vint-elle pas vous voir à Angoulême quelque temps après? que vous dit-elle? — R. Ma mère, qui m'avait d'abord dit qu'elle se trouvait très-bien à Saint-Germain, me dit, en venant une seconde fois, qu'il se passait à la cure des choses dont elle ne pouvait pas rester témoin; que ce n'était pas là sa place; qu'elle avait vu M. Gotteland avec Mᵐᵉ Dussablon dans une position qui ne pouvait pas laisser de doute; que c'était à la faveur d'un trou au plafond au-dessus d'un lit placé dans le cabinet qu'elle avait tout vu.

D. Votre mère n'est-elle pas venue chez vous une troisième fois? — R. Oui, monsieur; elle m'apportait une lettre datée du 26 novembre, dans laquelle le curé de Saint-Germain m'annonçait à moi, qui ne le connaissais pas, qu'il augmentait ma mère de 40 francs.

D. Que vous dit votre mère le jour où elle vous apporta cette lettre? — R. Elle me dit qu'elle avait eu *une prise* avec le curé; que celui-ci l'avait menacée de la chasser; qu'alors elle lui avait dit : « Prenez garde, monsieur le curé, j'ai vu des choses que je pourrais dire. — Qu'avez-vous vu? que pourrez-vous dire? accouchez, accouchez donc! — Eh bien! dit-elle, j'accoucherai d'un enfant qui ne vous fera pas plaisir; je vous ai surpris en flagrant délit d'adultère avec Mᵐᵉ Dussablon; vous nierez sans doute, mais j'ai la preuve de vos relations, car j'ai conservé une des lettres que vous me chargiez de porter à cette dame. » Alors le curé se radoucit; il lui dit qu'il voulait qu'elle ne le quittât jamais, qu'elle serait pour lui une seconde mère. Ce fut alors qu'il écrivit cette lettre.

D. Lorsque votre mère vous parla ainsi, quelqu'un était-il présent? — R. Oui, monsieur le Président; M. Tascher, maître-tailleur et sa femme; ils pourraient l'un et l'autre confirmer ce que je vous dis.

D. Ils ont tous deux entendu ce que vous rapportez? — R. Oui, monsieur le Président; ce ne sont pas là des témoins que je puis être supposé capable d'avoir influencé. Je ne suis pas assez riche pour cela, et d'ailleurs ce sont des personnes parfaitement honorables.

Le témoin raconte la façon étrange dont il fut

prévenu de la mort de sa mère, et son arrivée à la cure : «M. Gotteland parut fort étonné de nous voir. Il me dit que ma mère était morte d'une congestion cérébrale, qu'elle buvait beaucoup. Il paraissait fort mal à son aise et se hâta de sortir, sous prétexte d'aller tirer du vin pour nous rafraîchir. A peine fut-il dehors, que M. Dussablon entra. Ce fut lui qui prit le dé de la conversation ; il nous dit qu'il avait prodigué ses soins à ma mère. Quand le curé rentra, celui-ci me dit qu'il l'avait soignée aussi, qu'il lui avait donné à boire toute la nuit ; au reste, il parla peu. Lorsque Mme Godin m'apporta la lettre du curé annonçant la mort de ma mère, j'eus tout de suite des soupçons. Comme ma mère m'avait dit qu'elle avait vu ce qui se passait entre Mme Dussablon et M. le curé, je pensai tout de suite qu'ils avaient voulu se débarrasser d'un témoin dangereux pour leur sûreté.

M. le Président. — Gotteland, qu'avez-vous à dire sur cette déposition ? — R. Le témoin *ment* sur beaucoup de choses. J'ai proposé à sa mère de le faire appeler, lui et ses autres parents ; elle a refusé par plusieurs fois.

D. Comment pouvez-vous espérer de faire croire que le témoin ment quand vous-même vous avez menti durant tout le cours de l'instruction ; quand, annonçant à Edmond Deguisal la mort de sa mère, vous mentiez sur la date de cette mort ; quand vous mentiez en disant qu'elle avait reçu les sacrements ? — R. C'était par charité chrétienne que je disais cela.

D. Ce n'était point par charité chrétienne que vous mentiez sur tous les autres points de l'instruction.

Ici *Gotteland* se plaint amèrement des moyens d'intimidation dont aurait usé le magistrat instructeur pour obtenir des témoins des déclarations à charge.

M. le Président. — J'ai été appelé à me rendre compte de la marche suivie par M. le Juge d'instruction dans toute cette affaire, et je dois le dire ici, s'il y a un reproche à faire à ce magistrat, qui a fait preuve de tact, de zèle, de soin dans toute cette affaire, c'est d'avoir poussé jusqu'à l'excès l'indulgence envers les accusés.

Gotteland. — M. le Juge d'instruction, sachant qu'il avait affaire à des gens simples, leur disait : « N'est-ce pas vrai que M. le curé a fait ceci, a dit cela ? »

D. Mais quand Fanny Deguisal déclarait ce qui se passait entre vous et la dame Dussablon, quand elle le déclarait devant des témoins ? — R. Elle faisait cela pour me nuire, elle avait dit qu'elle me perdrait.

M. le Président. — Et elle allait même, pour vous jouer un tour, jusqu'à se suicider ?

Me Desèze. — Monsieur le Président, croyez que la défense est sérieuse, qu'elle n'a pas recours à de tels moyens.

M. le Procureur de la République. — Dans l'instruction, Gotteland a dit que c'était pour le perdre.

Gotteland. — Dans toutes ces déclarations, il y a *beaucoup de mensonges.* Comment ma domestique aurait-elle vu quelque chose ?

M. le Procureur de la République. — L'instruction,

... Elle saisit le pauvre enfant dans ses bras et le porta à la fenêtre... (Page 23.)

les témoignages, les expertises répondent à votre question.

M⁰ Desèze. — Le témoin a reçu une lettre de sa mère, durant l'absence qu'a faite Gotteland, au mois d'octobre. Sa mère, dans cette lettre, lui parlait-elle des relations du curé et de Mᵐᵉ Dussablon? — R. Oui, monsieur; sa lettre même ne parlait que de cela. Ma mère me disait qu'elle ne pouvait pas rester plus longtemps à la cure et continuer d'être témoin de ce qui s'y passait. Elle ajoutait que le curé avait écrit à sa sœur pour la prier de venir à Saint-Germain, et qu'aussitôt que cette sœur arriverait, elle reviendrait me trouver. A cette lettre, je répondis à ma mère qu'elle n'avait pas à s'occuper des intrigues du curé, mais qu'elle avait son chez soi à Angoulême, et qu'elle pouvait y revenir aussitôt qu'elle le voudrait.

M⁰ Desèze. — Le témoin a-t-il conservé cette lettre de sa mère? — R. Je n'y ai pas attaché d'importance, je l'ai laissée traîner sur la cheminée, et j'en ai allumé ma pipe.

M⁰ Desèze. — La lettre que le témoin a adressée à sa mère, qu'est-elle devenue?

M. le Procureur de la République. — On n'a trouvé aucune espèce de papier en la possession de Fanny après son décès. On peut même s'étonner que l'accusé Gotteland ait fait disparaître, après sa mort, les papiers qu'elle devait avoir.

M⁰ Georgeon. — Permettez! Je ne vois pas pourquoi l'accusation supposerait que ce serait l'accusé qui aurait fait disparaître ces papiers, plutôt que Fanny. Elle a pu les brûler, comme a fait son fils.

Un de MM. les Jurés demande si le plafond auquel auraient existé les trous était solide, plafonné ou seulement en planches; si, en un mot, de l'étage inférieur on devait nécessairement entendre le pas d'une personne qui aurait marché dans ce grenier.

M. le Procureur de la République répond que le plafond se compose seulement de planches jointes et posées sur des poutres; qu'en conséquence on pouvait entendre le pas d'une personne *qui n'eût point marché avec précaution.*

Jean-Baptiste Guichard, coiffeur à Angoulême, gendre de Fanny Deguisal. — Sa belle-mère, dans le dernier voyage qu'elle fit à Angoulême, vint voir le témoin. Dans l'après-diner, comme il la reconduisait, accompagné de sa femme, Fanny Deguisal dit à celle-ci qu'elle était mécontente de sa condition, qu'il se passait à la cure des choses dont elle ne pouvait être témoin; qu'elle était continuellement employée à porter des lettres, des livres chez Mᵐᵉ Dussablon; que cette dame ne sortait pas de la chambre du curé; elle était décidée à revenir près de son fils, à Angoulême.

Le témoin raconte, à son tour, le voyage fait à Saint-Germain : «M. le curé Gotteland nous dit que le corps était entré dans un tel état de putréfaction, qu'il avait fallu procéder en hâte à l'inhumation. Il brûlait même de l'encens, comme pour enlever la mauvaise odeur, et cependant l'on ne sentait rien. M. Dussablon survint. Il nous dit que notre mère buvait beaucoup, qu'elle était morte d'une congestion cérébrale, maladie fréquente chez les personnes qui boivent beaucoup. Notre mère n'était pas dans ce cas; elle était très-corpulente, elle buvait plus peut-être que d'autres personnes, mais sans jamais faire d'excès. M. Dussablon nous dit aussi que notre mère avait résisté à recevoir les soins qu'on lui donnait; qu'il avait voulu la saigner, qu'elle n'y avait consenti que tardivement, et lorsqu'il n'y avait plus

à espérer de résultat. J'ai entendu le curé dire à Edmond qu'elle avait été bien soignée, qu'il avait passé la nuit près d'elle; mais je ne l'ai pas directement entendu dire qu'il lui eût donné à boire.

Mᵐᵉ Guichard (Elvina-Martin), femme du précédent témoin, et fille de Fanny Deguisal, est une jeune femme d'une beauté remarquable, dont le grand deuil relève encore la physionomie distinguée. A peine a-t-elle pris place près de la barre, qu'elle est saisie d'un tremblement nerveux, et bientôt d'une attaque de nerfs assez violente pour qu'il soit nécessaire de l'emporter et de la livrer aux soins des médecins et pharmaciens experts. L'état de ce témoin ne lui permettant pas de reparaître devant la Cour, *M. le Président* fait donner lecture de sa déposition ainsi conçue :

« Ma mère est venue à Angoulême trois ou quatre fois, mais je ne l'ai vue qu'une fois; c'est le 14 ou le 15 novembre 1849. Elle me confia qu'elle était assez bien chez M. le curé de Saint-Germain, parce qu'il n'y avait pas beaucoup d'ouvrage ; mais elle ajouta que, d'un autre côté, cette position était pénible et dégradante pour elle, parce qu'elle serva d'entremetteuse dans une intrigue qui existait entre M. le curé et Mᵐᵉ Dussablon. « En es-tu bien sûre? lui dis-je. — Oui, certes, répondit-elle; je les ai vus plusieurs fois au moyen d'un trou qu'il y avait au plancher, et je me propose bien de le dire franchement à M. le curé, à qui j'en ai déjà parlé à mots couverts. »

« J'engageai ma mère à rester chez M. le curé, mais je lui dis aussi que si elle s'ennuyait par trop fort, elle pourrait revenir avec son fils, et que nous aurions soin d'elle.

« D. Votre mère n'a-t-elle pas eu plusieurs démêlés violents soit avec son fils, soit avec son gendre de Bordeaux, soit avec son gendre d'Angoulême? — R. Jamais.

« Mon frère vivait en bonne intelligence avec ma mère ; elle me l'a dit positivement. Seulement mon mari, à qui ma mère demandait une pension de 120 francs, a résisté à cette demande, parce que nous n'étions pas dans l'aisance. L'affaire a été portée devant le Juge de paix, qui a fait agréer à ma mère les 50 francs par an que mon mari lui avait offerts, pour sa quote-part de pension. Cela ne m'a jamais brouillée avec ma mère, que j'aimais et qui m'aimait beaucoup.

« D. Votre mère n'avait-elle pas manifesté, en paroles du moins, l'intention de se suicider? — R. Jamais; ma mère, au contraire, pour le moindre petit mal qu'elle ressentait, envoyait chercher le médecin.

« D. Avez-vous vu le linge de votre mère, et dans la caisse qui le contenait ou dans les poches des hardes, n'avez-vous pas trouvé quelques papiers? — R. J'ai parfaitement examiné le linge et les hardes renfermées dans la caisse, et je n'y ai trouvé aucun papier. J'ai été fort surprise de rencontrer parmi tout ce linge deux chemises sales : encore elles n'étaient pas tachées. »

Marolani (Jeanne) dépose des mêmes faits qu'a déclarés *Guichard* et qu'elle tient de lui et de sa femme.

M. Tascher, ce maître-tailleur qui a entendu les confidences de Fanny Deguisal à son fils au sujet des relations criminelles du curé de Saint-Germain avec madame Dussablon, rapporte presque textuellement les détails précédemment donnés par Edmond Deguisal.

M. le Président, à l'accusé. — Voici un témoin qui confirme la véracité d'Edmond Deguisal.

Gotteland, avec violence. — *Ce sont d'infâmes calomnies ; le témoin répète ici les infâmes turpitudes dont on veut me charger, mais je les méprise.*

M. le Président. — Ainsi, selon vous, Fanny Deguisal voulait vous calomnier. Alors, comment expliquez-vous la lettre que vous écriviez à son fils, et où vous en faisiez un si grand éloge? — R. Cette lettre était *une pure ironie* de ma part. C'est ma domestique qui m'avait dicté cette lettre. Maintenant, je suis porté à croire qu'elle me tendait un piège.

D. Mais dans quel but? — R. Cette femme était pleine de malice, animée contre moi des plus mauvais sentiments. Puis-je savoir ce qu'elle voulait machiner?

D. Dans la lettre que je vous rappelle, vous écriviez que vous augmentiez son salaire ; votre intention était-elle de payer ces 100 francs? vous croyiez-vous engagé de conscience à le faire?—R. Oui, monsieur; si elle était restée chez moi un an, je lui aurais payé les 100 francs. Mais je l'avais avertie de se pourvoir ailleurs, en lui annonçant que j'attendais ma sœur.

Marc Gros, carrossier. — Fanny Deguisal, à son dernier voyage à Angoulême, lui a raconté qu'elle avait eu une prise avec le curé Gotteland ; que celui-ci avait voulu la frapper, qu'alors elle lui aurait dit : « Prenez garde, monsieur le curé; je sais bien des choses qui vous mettraient dans la peine, si je les disais ! — Que savez-vous? interrogea le curé. — Je sais, répliqua-t-elle, que je vous ai vu avec *madame une telle* (Fanny ne la nomma pas), dans telle position une première fois, dans telle position une seconde fois ; j'ai d'ailleurs gardé, par devers moi, une des lettres que vous m'aviez chargée de porter. » Alors le curé lui avait frappé sur l'épaule en lui disant : « Allons, vous êtes une brave femme, préparez du thé, prenons-en une tasse ensemble et causons un peu. » Alors il lui offrit d'augmenter ses gages, de lui passer un acte par devant notaire pour lui garantir qu'elle resterait chez lui jusqu'à sa mort, etc. »

M. le Président, à Gotteland. — C'est toujours un effet des calomnies de Fanny, n'est-ce pas?

Gotteland. — Oui, monsieur. (Rumeur d'indignation dans l'auditoire.)

M. le Président. — Ainsi tout le monde s'accorde pour vous calomnier? — R. Oui, ils répètent tous la même calomnie.

Françoise Leg•r, femme du sieur Godin, tailleur, connaissait Gotteland et Fanny Deguisal. Celle-ci n'avait pas ce qu'il faut pour servir, le caractère gracieux, les soins avenants. Un jour, Mme Deguisal vint chez nous apporter du drap. Elle dit alors des choses affreuses du curé à mon mari ; elle déclara qu'elle avait surpris le curé, avec Mme Dussablon, en flagrant délit.

Quand Edmond apprit la mort de sa mère, je lui dis : « Votre mère n'était pas bien heureuse, vos beaux-frères ne pouvaient pas la secourir beaucoup. Pour vous, c'était une charge; le bon Dieu a fait pour le mieux. » A cela, il me répondit : « Que voulez-vous, *c'était ma mère !* »

D. Votre mari est le tailleur de tous les ecclésiastiques du diocèse? — R. Pas de tous. — D. Il était le tailleur du curé de Marthon et du curé Gotteland? —R. Oui, monsieur, mais *il connaissait peu ce dernier*, il n'a été que deux fois chez lui. — D. Quand il y est allé, il y est resté chaque fois deux jours et une nuit? — C'était pour attendre la voiture, qui ne fait le service que tous les deux jours.

M. le Président fait remarquer ici que, d'après les déclarations de Gotteland, Godin lui aurait fait souscrire un billet de 200 fr., bien qu'il ne lui dût que 50 fr.

D. M. le curé de Marthon et l'accusé sont venus chez vous à la fin de décembre? — R. Oui, monsieur; c'était la veille du jour de l'an. M. le curé de Marthon engagea M. le curé Gotteland à aller à l'évêché. Je fis remarquer qu'à cause du jour de l'an il ne serait probablement pas reçu. M. le curé de Marthon insista pour que la visite eût lieu. Il dit que Mgr était bienveillant; qu'il recevrait M. Gotteland; qu'il ne manquât pas d'y aller.

M. le Procureur de la République. — MM. les Jurés remarqueront que l'exhumation du cadavre de Fanny avait eu lieu le 28 décembre. C'est donc deux jours après cette exhumation que se place la démarche du curé de Marthon et de Gotteland près de Godin. (S'adressant à Gotteland) : Accusé, quel motif vous portait à aller, le 31 décembre, en compagnie de M. le curé de Marthon, chez le sieur Godin? — R. Monseigneur m'avait mandé pour lui donner des renseignements sur ce qui s'était passé. Je venais à Angoulême pour satisfaire à cette injonction et comme *toutes les fois que je venais en ville, j'entrais chez Godin*, j'y suis passé comme d'ordinaire.

D. Vous n'aviez pas d'autre motif? — R. Non, monsieur.

D. (Au témoin). Lorsque la sœur de l'accusé est arrivée à Angoulême avant de se rendre près de son frère, n'est-ce pas chez vous qu'elle est descendue? — R. Oui, monsieur; c'est moi qui lui ai appris l'accident.

D. Et depuis lors, c'est chez vous de même qu'elle est toujours descendue quand elle est venue en ville? — R. Oui, monsieur.

Godin, tailleur. — Fanny Deguisal se plaignait souvent de ses gendres et de la situation où elle se trouvait. « Un jour on me trouvera morte, dit-elle au témoin, et ce sera la misère et le désespoir qui m'auront portée à cette extrémité. »

Environ trois semaines avant sa mort, elle vint chez le témoin, toute joyeuse, toute riante.« — Qu'avez-vous donc qui vous mette tant en gaieté? lui demanda-t-il. — Oh! c'est que j'ai vu des choses qui m'ont bien fait rire, répondit-elle. » Et elle lui raconta qu'en revenant de faire une commission, elle avait surpris le curé et Mme Dussablon dans des rapports criminels. « Vous êtes folle, lui dit le témoin. — Pas du tout, j'ai tout vu par un trou, j'ai bien tout vu. »

Le 31 décembre, rentré chez lui un instant après le départ de M. le curé de Marthon et de Gotteland, le témoin courut après eux et les rejoignit bientôt. Alors Gotteland, à qui sa femme avait fait part des propos de Mme Deguisal, le pria d'aller à l'évêché et de faire part à Monseigneur de ces bruits calomnieux. — « Mais pourquoi voulez-vous que j'intervienne là dedans? lui demanda le témoin, cela ne peut que vous faire du tort. — Peu importe, repartit le curé; ce sont d'abominables calomnies, je vous demande en grâce de les porter à la connaissance de Monseigneur. »

Le témoin alla, en effet, à l'évêché et communiqua à Monseigneur tout ce qui était à sa connaissance.

Jarton (Léonard), métayer de M. Dussablon à Saint-Germain. — Ce témoin, qui est revêtu du costume de gros drap bleu des paysans périgourdins, répond en français aux questions d'usage, mais dépose en patois. Sur la demande de quelques-uns de MM. les Jurés, M. *le Président* traduit successivement ses réponses.

Le témoin déclare que les rats pullulaient dans l'étable à porcs de la métairie; il se rendit près de son maître, et lui demanda de l'arsenic pour le mélanger à de la farine afin de détruire ces rats. M. Dussablon, qui était assis, chercha le flacon qui devait en contenir; Mme Dussablon était présente. Voyant que son mari ne trouvait pas le flacon, elle lui dit : « Tu sais bien que tu l'as remis à ta mère, qui l'a rapporté vide. » En même temps elle désignait de la main un flacon étiqueté qui se trouvait sur la cheminée et qui ne contenait plus qu'un résidu de poussière.

M. le Président. — Vous dites aujourd'hui que Mme Dussablon dit : « Tu sais bien que *tu* l'as remis à ta mère. » Dans l'instruction, où vous avez été entendu trois fois, dans une confrontation que vous avez eue devant le Juge d'instruction, vous avez rapporté ces paroles d'une manière toute différente : « Tu sais bien que *je* l'ai remis à ta mère,» avez-vous dit alors; Mme Dussablon niait cette version, elle vous disait « Mais non, tu te trompes, j'ai dit à mon mari : « *Tu* l'as remis à ta mère, et non pas, *je* l'ai remis. » Vous persistâtes dans votre dire. Ce n'est que plus tard, quand vous vous êtes rendu compte de la gravité de ce fait, que vous avez changé de système. — R. Je dis la vérité comme un honnête homme; je ne puis pas dire autre chose.

M. le Procureur de la République. — Prenez garde; c'est devant moi que vous avez dit les paroles qui sont consignées dans l'instruction. Je suis Périgourdin, et je comprends parfaitement votre patois. — R. Si vous l'avez entendu et qu'on l'ait écrit, c'est que probablement je l'aurai dit, mais je me serai trompé alors.

Savignat (Jean), instituteur de la commune de Saint-Germain. — Ce témoin reconnaît avoir eu avec le curé Gotteland, depuis son arrivée dans la commune, des rapports fréquents. Mais de légers nuages s'étant élevés entre eux, leurs relations s'étaient refroidies. L'instituteur avait cessé de dîner, comme il le faisait autrefois, à la cure. Le 29 décembre, lendemain de l'exhumation, le curé l'invita à dîner, invitation qu'il a acceptée; il fut de même convié à la cure le 9 janvier, lendemain du jour où était arrivée à Saint-Germain la sœur du curé.

M. le Président. — Depuis la mort de Fanny n'avez-vous pas reçu de nombreuses visites de personnes qui venaient vous entretenir de cet événement? — R. M. Marchadier est venu chez moi, M. Valentin y est venu aussi; mais ils ont parlé de choses et d'autres, et il n'a pas été question de la mort de Fanny.

D. N'avez-vous pas été appelé chez M. Dussablon, chez le maire de Saint-Germain, et là, ne vous a-t-on pas demandé ce que vous aviez, ce que vous diriez à la Justice, si vous étiez appelé par elle? — R. On n'est pas venu me chercher.

D. N'équivoquez pas; êtes-vous allé chez M. Dussablon de votre propre mouvement, ou y avez-vous été appelé? — R. M. Marchadier m'a engagé à entrer au moment où je passais devant la maison de M. Dussablon, ce que j'ai fait.

Le témoin déclare que, causant un jour de ses petits chagrins personnels avec Fanny, celle-ci lui dit : « Je suis bien malheureuse aussi : je croyais passer chez le curé le restant de mes jours, mais le voilà qui fait venir sa sœur pour tenir son ménage. Mais si M. le curé me renvoie, j'emploierai tous les moyens pour le perdre; je dirai que je l'ai surpris en flagrant délit d'adultère avec Mme Dussablon; je sais tout, et pour m'en assurer je monterai dans le grenier où il existe des trous par lesquels je puis voir tout ce qui se passe entre eux. » Voyant que le témoin paraissait incrédule, elle lui dit qu'elle viendrait le chercher lorsqu'elle les surprendrait. « Je ne suis pas si curieux que cela, lui répondit-il; je n'ai pas besoin d'être témoin de choses semblables. »

Le témoin a vu la lettre d'Edmond Deguisal, dans laquelle celui-ci engageait sa mère à ne pas se préoccuper des relations existant entre le curé Gotteland et Mme Dussablon, que cela ne la regardait pas; qu'elle pouvait revenir à Angoulême, comme elle en manifestait l'intention, *mais qu'alors, lui, e n partirait.*

M. le Président, au témoin. — Que s'est-il passé lors de la maladie de Fanny? — R. M. Gottelard me fit prévenir et je me rendis chez lui ainsi que ma femme; je demandai si l'on n'avait pas appelé le médecin. M. Gotteland répondit que M. Dussablon était venu déjà, mais qu'il était inutile d'aller le chercher de nouveau, Fanny ne voulant pas suivre ses ordonnances.

Gotteland. — Je n'ai jamais dit cela.

Le témoin. — Le jour de la mort de Fanny, le curé m'ayant fait demander, pour arriver plus vite, j'entrai par la croisée. Fanny était dans le délire. Mme Dussablon était au chevet du lit; à mon approche, elle s'éloigna dans la direction de la fenêtre.

M. le Président, à Mme Dussablon. — Accusée, vous avez nié d'abord avoir été au lit de la servante; plus tard, ne pouvant nier l'évidence, vous avez dit n'y être allée que lorsque les époux Savignat s'y trouvaient déjà, et vous avez prétendu qu'alors vous aviez avec vous votre fils? — R. Quand je suis arrivée, M. et Mme Savignat entraient de leur côté.

D. Le témoin Savignat dit le contraire; vous venez de l'entendre. — R. Il se trompe; il entrait tenant sa femme par la main.

M. le Président, au témoin. — C'est au mois d'octobre que Fanny vous a dit avoir surpris les relations du curé avec Mme Dussablon; à cette époque, en avez-vous parlé à Gotteland? — R. Non, monsieur; ce sont de ces choses qui ne se répètent pas.

D. Mais après la mort de Fanny, vous avez informé le curé des confidences que vous aviez reçues? — R. Oui, et alors il me dit que j'avais eu grand tort de ne pas le prévenir.

D. C'était le lendemain de l'exhumation que vous lui parliez de ces confidences. Le curé ne vous dit-il pas, quand vous lui parlâtes de la lettre du fils Deguisal à sa mère, d'aller trouver M. le curé de Marthon et M. Marchadier, de leur répéter la confidence que vous aviez reçue, de leur parler même de la lettre, mais de ne pas rapporter ces mots qui s'y trouvaient: « Qu'ils fassent ce qu'ils voudront, peu m'importe? »

Gotteland. — J'ai dit au témoin de rapporter à M. le curé de Marthon et à M. Marchadier les confidences entières qu'il avait reçues, et tout le contenu de la lettre.

M. le Président, au témoin. — Lorsque vous parlâtes au curé de Marthon, lui dites-vous tout ce que vous avait confié Fanny Deguisal? — R. Non, monsieur; je ne l'ai entretenu que des menaces de Fanny.

M. le Procureur de la République, au témoin. — Le lendemain de l'exhumation, le curé ne vous parut-il pas inquiet, troublé? — R. Oui, monsieur, il paraissait fort ennuyé; il me dit qu'il craignait bien d'aller en prison. — « Mais il faut des motifs pour mettre un homme, un ecclésiastique surtout, en prison! lui fis-je observer. — Dame! d'après ce qui se passe, » répondit-il.

M⁰ Desèze. — Depuis cinq ans que le témoin Savignat habite la commune, a-t-il vu fréquemment Mᵐᵉ Dussablon chez le curé Gotteland? — Je ne l'y ai vue qu'une seule fois, le jour de la maladie de Fanny ; mais, de l'école, on ne voit pas ce qui se passe dans la maison Dussablon.

Un Juré. — Le témoin Savignat pense-t-il que Mᵐᵉ Dussablon pût aller de sa demeure chez le curé Gotteland sans être vue par lui? — R. Quand je suis chez moi, il est absolument impossible de rien voir de ce qui se passe chez M. Dussablon. Il n'y a qu'un seul côté, dans la partie haute, près de la mare, d'où la vue porte sur la cour du presbytère.

La dame Savignat, femme de l'instituteur, a présenté à la malade, qui demandait à boire, une tasse d'orge préparée d'avance; le curé lui donna des morceaux de sucre pour sucrer cette boisson, qu'elle offrit à la malade. Elle souffrait beaucoup, et n'a pas cessé de vomir pendant cinq heures. Le jour de la mort de Fanny, le témoin trouva Mᵐᵉ Dussablon à son chevet; cette dame s'éloigna en voyant entrer le témoin et son mari. Le témoin a vu Gotteland très-effrayé le jour de l'exhumation ; il craignait beaucoup d'aller en prison. Elle rapporte, dans les mêmes termes à peu près que son mari, les confidences que celui-ci avait reçues de Fanny.

Le témoin confirme, d'après les confidences de son mari, la recommandation à lui faite par le curé Gotteland de taire à M. Marchadier et au curé de Marthon le passage cité de la lettre du fils Deguisal à sa mère.

D., à l'accusé. — Croyez-vous que ce soit par animosité contre vous que le témoin dépose ainsi? — R. Je ne crois rien ; je n'ai rien à dire.

M⁰ Georgeon, à la dame Savignat. — Fanny Deguisal ne dit-elle pas à votre mari : « Quel malheur d'élever des enfants ! il vaudrait mieux élever des cochons! » — R. C'est vrai, elle a dit cela.

M. le Président, au témoin. — Le sacristain de la paroisse de Saint-Germain ne vous a-t-il pas dit avoir vu un soir sortir Mᵐᵉ Dussablon d'abord, puis, un instant après, le curé Gotteland, de l'église? — R. Oui, monsieur.

M. le Président, à Mᵐᵉ Dussablon. — Convenez-vous de ce fait, accusée? — R. Non, monsieur.

Jeanne Bergues, veuve Nulle, domestique des époux Dussablon, d'abord accusée de complicité, puis mise en liberté en vertu d'ordonnance de non lieu.
— Prévenue, le lundi, par Mᵐᵉ Dussablon que Fanny était malade, je me rendis auprès d'elle. Elle me dit que le corps lui brûlait.

M. le Président. — Avant de poursuivre, rappelez vos souvenirs. Le mardi, n'a-t-on pas donné à Fanny une soupe blanchie? — R. Non, monsieur; c'est le mercredi.

D. Mais le mercredi vous avez été occupée à la lessive? — R. Non, monsieur, c'est bien le mercredi.

D. Vous dites cela aujourd'hui; mais, durant tout le cours de l'instruction, vous avez été d'accord avec les autres témoins sur ce fait, que c'est bien le mardi que l'on a préparé pour Fanny une soupe blanchie? — R. Ça prouve que je me suis trompée. Je le répète, c'est le mercredi.

D. Comment se pourrait-il que vos souvenirs fussent plus précis aujourd'hui qu'ils ne l'étaient quand on vous a interrogée la première fois, alors que les faits sur lesquels on vous interrogeait étaient tout récents? — R. J'ai depuis lors rappelé mes souvenirs; si j'ai dit le mardi, et non le mercredi, c'est qu'on m'a tourmentée. C'est bien le mercredi que j'ai porté la soupe à Fanny ; le petit m'a accompagnée.

D. Il est établi, même par les dépositions de l'accusé, que, le mardi soir, vous l'aviez prévenu que vous ne pourriez pas venir le lendemain, que vous étiez obligée de faire la lessive. Il fallut même vous faire remplacer près de Fanny par une autre femme, la femme Toinette? — R. Nous n'avons pas fait la lessive pendant la maladie.

D. Mais, de l'ensemble des dépositions, il résulte que le mercredi vous n'êtes allée chez Fanny que le matin de bonne heure, et le soir vers cinq ou six heures pendant un instant.

Jeanne Bergues. — Oui, monsieur, j'avais cru d'abord cela ; mais, en rappelant mes souvenirs, j'ai vu que je me trompais et que j'y avais passé la journée du mercredi comme les autres jours.

D. Vous vous en alliez tous les soirs? — R. Eh ! sans doute. Le soir, je lui mettais à boire dans son pot à eau dans le coin du mur, et je m'en allais.

D. Mais il s'est passé quelque chose le mercredi soir, avant que vous vous fussiez retirée? — R. Oui; nous étions trois femmes, moi, Toinette et Marie Grenillier. Le curé nous dit : « Il faut cependant lui parler de la confession. » Alors, il prépara sur la cheminée du vin blanc avec du sucre, et il lui en porta dans sa chambre.

D. L'avez-vous accompagné? — R. Mais non, ma foi ! Il s'agissait de confession, nous n'avions rien à faire à cela; nous n'avions pas besoin d'aller en procession derrière le curé.

D. Vous avez dit que les boissons avaient été préparées par vous et par Mᵐᵉ Dussablon; Mᵐᵉ Dussablon a-t-elle porté des breuvages à Fanny? — R. Jamais, monsieur : elle n'est allée près de Fanny qu'une fois, parce que celle-ci l'avait demandée. Son mari l'accompagnait. Madame mettait de l'eau au feu pour les tisanes.

D. Vous avez dit dans l'instruction que Mᵐᵉ Dussablon avait porté des tisanes? — R. (Avec exaltation.) Non, monsieur, je ne l'ai pas dit. On a voulu me faire dire beaucoup de choses, mais je n'ai pas dit cela; jamais on ne pourra me le faire dire. (S'animant) : Il faudrait tirer mon père et ma mère de dessous le couteau de la guillotine que je ne le dirais pas. J'ai déjà bien souffert; mais qu'on me coupe le cou plutôt que de me faire dire ce qui n'est pas vrai. Le Juge se sera trompé.

M. le Procureur de la République oppose au témoin ce passage de son interrogatoire dans l'instruction : « D. Mᵐᵉ Dussablon est-elle venue quelquefois apporter des boissons à la malade? — R. Oui, mais elle ne s'est pas approchée du lit. »

Le témoin se rappelle ici une circonstance d'où elle infère que Fanny Deguisal a pu s'empoisonner elle-même. Un jour où l'on faisait la lessive chez M. Dussablon, celui-ci avait prié la femme Deguisal de venir chez lui préparer le repas des lavandières. Le témoin, qui avait accompagné les lavandières au ruisseau voisin, revint vers deux heures. La porte charretière de la maison était fermée ; un pas lourd se fit entendre, descendant du premier étage. Le témoin crut que c'était M. Dussablon qui descendait tout botté; sa surprise fut grande quand elle vit que c'était Fanny. Depuis, réfléchissant sur les faits passés, elle a été portée à croire que Fanny, profitant du moment où elle se trouvait seule dans la maison, avait pu prendre dans la bibliothèque de M. Dussablon le poison qui lui a donné la mort.

M. le Président fait remarquer à MM. les Jurés que Jeanne Bergues a été interrogée cinq fois, qu'elle était détenue; qu'elle pouvait recueillir et rassembler ses souvenirs; que, dans aucun de ses interrogatoires, elle n'a parlé de cette circonstance si grave, que c'est seulement le 4 mars qu'elle a mis en avant cette version. Une expertise a eu lieu à Saint-Germain; elle a eu pour résultat de constater que de la porte charretière, même de la porte intérieure de la maison, on ne pourrait entendre le pas de quelqu'un qui descendrait du premier étage, à moins qu'il ne fût chaussé de sabots.

Jeanne Bergues déclare ensuite que Fanny buvait le plus souvent à même le pot à eau dans lequel lui étaient apportées les boissons. Elle ajoute qu'elle la vit tirer de derrière son lit, dans l'angle du mur, une tasse enveloppée de chiffons dans laquelle elle versa une poudre blanche assez semblable à du sucre râpé. Le témoin lui demanda si c'était du sucre. Elle répondit que non, que c'était quelque chose qui lui ferait grand bien, qui mettrait un terme à ses souffrances. Ce fut alors que le témoin lui offrit de lui donner une boisson chaude ou tiède; elle répondit qu'il lui suffisait de boire de l'eau froide, puis elle lui recommanda bien expressément de ne pas parler au curé de ce dont elle venait d'être témoin.

M. le Procureur de la République. — Cette version, si contraire à tout ce que le témoin a déclaré d'abord, va sans doute nous mettre dans la nécessité de remplir un pénible devoir.

M. le Président. — Jeanne Bergues, la Loi impose au Président le devoir de faire renfermer dans la maison d'arrêt le témoin dont la déposition paraît empreinte du caractère de faux témoignage.

Jeanne Bergues. — Oh! monsieur, j'y ai déjà été renfermée dans la prison! Faites m'y mettre une seconde fois; il n'en sera pas davantage.

M. le Procureur de la République requiert l'arrestation à l'audience du témoin. L'organe du Ministère public constate que non-seulement Jeanne n'a pas parlé dans ses premiers interrogatoires de cette tasse qui aurait été placée dans le coin du mur, près du lit de Fanny Deguisal, mais que, bien plus, confrontée avec l'accusé Gotteland, qui, lui, déclarait avoir vu cette tasse, elle a affirmé alors ne pas l'avoir vue. Après la mort de Fanny Deguisal, cette tasse n'a pas été retrouvée, ni rien qui indiquât qu'elle eût existé. Antoinette Drouillet, dite Toinette et Toinille, qui a procédé à l'ensevelissement de Fanny, n'a trouvé ni tasse telle que celle désignée ni poudre quelconque.

Jeanne Bergues, interpellée si elle a quelque chose à dire pour sa défense, garde le silence.

La Cour, après en avoir délibéré, ordonne que Jeanne sera conduite à la maison d'arrêt de ville, pour être instruit contre elle sous prévention de faux témoignage.

Toinette Drouillet, veuve Blanchet, journalière, a vu le curé préparer, dans sa chambre, du vin blanc avec de l'eau et du sucre. — D. Était-ce du sucre en poudre ou en morceaux? — R. Il l'a pris avec ses doigts. — D. Dans l'instruction vous avez dit que c'était du sucre râpé. — R. J'ai dit qu'il l'avait pris avec les doigts, ou si j'ai dit autrement, c'est par peur. Quand j'ai peur, on me ferait dire tout ce qu'on voudrait.

D. Le vendredi, vous êtes allée à la cure. Avez-vous entendu dire à Fanny : « Jésus, Maria! » — R. Oh! non; quand je suis arrivée, elle ne pouvait plus parler; elle était comme sans connaissance.

D. Quand le curé a présenté à boire à Fanny le vin blanc qu'il avait préparé, vous étiez présente? — R. Non, monsieur, je n'y étais pas; je ne l'ai pas vu, donc je n'ai pas pu le dire.

M. le Président. — Dans l'instruction, le témoin a dit en tous points le contraire. MM. les Jurés apprecieront; c'est un système.

D. C'est vous qui avez déménagé et nettoyé la chambre de la morte? — R. Oui, monsieur, c'est moi. — D. Avez-vous vu une tasse, un pot à eau? — R. Non, monsieur; je ne l'ai pas vu, parce qu' il n'y en avait pas. — D. Le curé dit que vous lui en avez parlé cependant? — R. Le curé dit ce qu'il veut; moi, je dis ce qui est.

D. N'avez-vous pas dit au curé qu'il serait bien de prévenir la famille de Fanny? — R. Oui, monsieur; mais il m'a répondu que Fanny ne le voulait pas.

L'accusé Gotteland reconnaît avoir préparé et offert à Fanny du vin blanc avec de l'eau et du sucre concassé.

M. le Procureur de la République. — C'est ce qu'avait dit d'abord Jeanne, ce qu'elle rétracte aujourd'hui. Elle avait dit que vous aviez mis dans le vin blanc du sucre râpé? — *Gotteland,* aigrement. — Comme je ne suis pas un pâtissier, je n'ai pas chez moi du sucre râpé; je n'ai pu en faire usage.

Mme Marchadier (Jeanne-Valence-Isoline Champagnac). — Ce témoin, qui est une très-jeune et jolie personne, dit que, lorsqu'elle apprit ce qui transpirait d'odieux sur la famille de son amie, elle se proposait d'aller à Saint-Germain, quand la servante de Mme Dussablon vint, avant huit heures, apporter une lettre. Mme Marchadier était encore au lit; mais elle se leva *précipitamment* lorsqu'elle vit que celle-ci lui écrivait à peu près dans ces termes : « Vous devez savoir que la Justice s'est transportée à Saint-Germain pour cette malheureuse affaire. Je suis innocente de ce dont on m'accuse; mais il est bien dur de se voir soupçonné quand on est sans reproches. J'ai ma conscience pour moi; mais je n'en suis pas moins bien malheureuse. Venez me voir bientôt. » A la fin de cette lettre, il y avait : « Et Élodie aussi. » Aussitôt cette lettre reçue, Mme Marchadier, gardant avec elle la servante qui l'apportait, s'habilla, envoya chercher Mlle Élodie Doury, et partit pour Saint-Germain. En arrivant, elles trouvèrent la porte de l'escalier fermée, mais les sabots de M. et Mme Dussablon étaient au bas de la dernière marche, d'où l'on devait conclure qu'ils étaient à l'intérieur.

Les deux dames essayèrent de forcer la porte; ne pouvant y parvenir, elles envoyèrent chercher le maréchal de village, qui arriva bientôt et ouvrit. Elles gravirent alors l'escalier. La porte du logement de M. Dussablon était également fermée à l'intérieur. « Ah! mon Dieu! s'écria Mlle Doury, il y a peut-être quelque malheur. » La domestique, en entendant ces mots, se mit à pleurer. « Ce ne sont pas des larmes qu'il faut ici, lui dit le témoin; c'est de l'action, c'est du courage. » Et elle fit ouvrir cette seconde porte.

Mlle Doury avait peur; elle n'osait entrer la première. Mme Marchadier pénétra dans la chambre à coucher. « Elle était pleine de fumée, dit le témoin. Ah! les malheureux, m'écriai-je, ils se sont asphyxiés! J'ouvris aussitôt les croisées, et j'aperçus presque au même instant le jeune enfant sur le lit, et, auprès de lui, la servante. Mlle Doury saisit ce pauvre enfant dans ses bras et le porta à la fenêtre. Pendant cela, je cherchais le père et la mère; je les trouvai dans un cabinet attenant, fermant avec un bec de canne qui avait été enlevé.

« J'avisai au bas une fente qui se trouvait calfeutrée avec le drap d'un pantalon; je tirai le morceau d'étoffe, la porte céda, et j'entrai bien vite dans le cabinet. Mais je fus suffoquée par la chaleur et la fumée. J'aperçus cependant sur un matelas M. Dussablon étendu, la tête sur le plancher. Mme Dussablon avait la tête appuyée sur les jambes de son mari, et se trouvait plus rapprochée du réchaud embrasé. M. Dussablon avait les cheveux hérissés, les yeux retournés, l'écume à la bouche. Pendant que je portais Mme Dussablon, qui était à peu près dans le même état, à la fenêtre, Mlle Doury, qui s'y était placée, criait et appelait au secours. »

D. Cette lettre dont vous venez de parler, l'avez-vous conservée? — R. Je vous en ai dit la substance textuelle; elle a été égarée.

D. N'avez-vous pas, madame, pris part à quelques parties de plaisir avec d'autres dames et des ecclésiastiques? — R. Non, monsieur. — D. Cependant, il y a eu plusieurs fois de ces parties, notamment dans les bois? — R. Oui, c'est un usage. — D. Les maris, dans ces sortes de parties, accompagnent-ils leurs femmes? — R. Ordinairement, oui. Il a pu arriver que quelques dames aient fait de ces promenades sans leurs maris; je ne m'y suis jamais trouvée; mais en tout cas ces dames étaient toujours au nombre de quatre, six... dix.

D. Avez-vous su quels motifs ont été donnés dans le public au changement du dernier curé de Saint-Germain? — R. *Non*, monsieur, du moins *pas d'une manière précise.*

D. M. Dussablon ne vous dit-il pas qu'il avait eu une explication avec sa femme? — R. Non, monsieur.

M. le Président, à l'accusée. —Femme Dussablon, avant cette tentative de suicide, y avait-il eu une explication avec votre mari? — R. Oui. — D. Que s'est-il passé? — R. *Je ne me le rappelle pas.* — D. Il a fallu que cette explication fût bien grave; la lutte avait dû être bien longue entre vous et lui? — R. Si mon mari m'avait crue coupable, il n'aurait pas voulu me sacrifier sa vie.

D. Vous ne répondez pas à ma question. — R. Mon mari disait qu'il préférait mourir que de me voir aller en prison.

D. Mais, si vous n'étiez pas coupable, vous deviez lui dire que vous ne vouliez pas consentir à cette résolution de suicide. — R. Je ne voulais pas, moi.— D. Vous ne vouliez pas vous suicider? — R. Non; mon mari a insisté. — D. Et vous vous êtes déterminée à envelopper dans ce suicide, outre vous et votre mari, votre enfant? — R. C'est mon mari qui l'a voulu.

D. Vous avez écrit à Mme Marchadier : lui parliez-vous de cette résolution de suicide? — R. Non, monsieur. — D. Vous avez envoyé votre lettre à cette dame par votre servante? — R. C'était pour l'éloigner.

D. Mais, le 5 février au soir, vous n'étiez pas menacée d'arrestation, la Justice n'avait pas encore pénétré chez vous. — R. Mon mari avait parlé à M. le Procureur de la République; il lui avait demandé s'il s'agissait de lui dans cette affaire, et comme M. le Procureur de la République lui répon-

dait que non, mon mari dit : « Et ma femme? — Ah ! votre femme, c'est différent. »

M. le Procureur de la République conteste avoir fait cette réponse.

M. le Président. — C'est alors que monsieur votre mari aurait pris cette résolution de suicide? — R. Oui, monsieur.

Mlle *Doury* (*Élodie*), qui accompagnait madame Marchadier à Saint-Germain, rend compte des mêmes faits.

M. Minard (*Joseph*), curé de Marthon, qui a procédé à l'inhumation de Fanny, dit avoir recommandé, au moment où l'on introduisait le corps dans l'église, qu'on remuât le moins possible la bière, car le cadavre exhalait une très-mauvaise odeur.

—Me trouvant, continue le témoin, chez M. Marchadier le 29 décembre, je fus amené à parler de la mort de Fanny. « Peut-être bien, dis-je, cette femme s'est-elle empoisonnée. » M. Marchadier me dit alors : « Ce que vous dites là est bien grave, faites-y attention, monsieur le curé. Comme suppléant de la Justice de Paix de Marthon, je vous requiers d'en faire la déclaration à la Justice. » Il rédigea, en effet, une sorte de déclaration.

Le 15 décembre, Fanny vint à ma cure; elle me dit qu'elle était bien malheureuse, inquiète; que M. le curé de Saint-Germain avait écrit à sa sœur de venir; qu'elle allait se trouver sans place, exposée à la misère. «Il ne faut rien exagérer, lui dis-je; vous ne serez pas réduite à une telle extrémité, vous avez de la famille.» Alors elle me répliqua que ses enfants s'étaient indignement conduits envers elle, qu'elle était exposée à la mendicité. Mais je suis trop fière, ajouta-t-elle, pour en venir là. Je me donnerais plutôt la mort; j'ai eu bien souvent la pensée de me noyer dans la mare, mais je craindrais que le maître d'école ne m'en retirât.

D. Vous n'avez parlé à personne de ces confidences? — R. J'ai pour principe, pour devoir, de ne communiquer à personne ce qui m'est confié. Je ne croyais pas, d'ailleurs, que tout cela fût absolument sérieux.

D. Après le décès de Fanny Deguisal, avez-vous parlé de ces confidences à M. Dussablon? On disait qu'elle était morte des suites d'une chute; vous n'avez pas pensé qu'elle pût s'être empoisonnée? — R. Non, monsieur le Président.

D. Eh bien ! ce secret que vous aviez si bien gardé, ce silence absolu dans lequel vous vous renfermiez, vous n'y avez pas persisté. Le lendemain de l'exhumation vous venez à Angoulême, et à qui faites-vous confidence de vos suppositions de suicide? Au propre fils de Fanny.—R. Je venais à Angoulême pour toute autre chose; j'avais à parler à Godin, mon tailleur, d'une douillette qu'il m'avait faite trop ample.

D. Et c'est là ce que vous aviez de si pressé et de si important à dire à Godin? — R. Oui, monsieur; il s'agissait de ma douillette (rumeurs d'incrédulité). Je voulais en outre instruire la Justice des confidences que j'avais reçues de la femme Deguisal relativement à ses projets de suicide.

D. Est-ce parce que vous ne vous étiez pas rappelé les confidences de Fanny Deguisal que vous n'en avez pas parlé pendant quinze jours, ou bien est-ce parce que vous n'y attachiez pas d'importance? — R. C'est uniquement parce que je n'y avais plus pensé. Ensuite, je n'avais pas été personnellement étonné de la mort de Fanny. C'était une femme lourde, maladive; elle se plaignait: elle avait deux cautères. Elle était tout à fait incapable de remplir, près de

M. le curé de Saint-Germain, les devoirs de sa charge.

D. N'avez-vous pas eu une difficulté avec le curé de Feuillade? — R. *Non, monsieur*; un simple mouvement d'impatience, pour un dérangement qu'il m'avait causé.

D. Alors, une discussion ne se serait pas élevée entre vous à propos des circonstances de la mort de Fanny? — R. Non, monsieur.

Edmond Deguisal. — Je demande à protester contre les affirmations des témoins. Ma mère, je puis le prouver, était alerte, vive ; elle n'avait pas deux cautères et remplissait tous les devoirs de son service. Je demande de qui M.-Minard tient ces renseignements erronés?

Le témoin. — C'était la rumeur publique; je ne pourrais désigner nominativement personne.

M. Martin (Alexandre), curé de Feuillade. — Le curé de Marthon lui a dit que Fanny Deguisal avait bien pu se suicider par le poison. Le témoin n'a eu *aucune altercation* avec M. Minard.

M. Garigou Grandchamps, propriétaire à Feuillade. — Le curé de Feuillade a eu avec le curé de Marthon une altercation, parce que ce dernier voulait lui faire déclarer qu'il était à sa connaissance que Fanny s'était empoisonnée pour se soustraire à la crainte de la misère. La scène se passa chez M. de Rossignac, vers le milieu de février.

Le curé *Martin* persiste à nier, et le témoin affirme énergiquement son dire.

Duché (Henri), boulanger à Feuillade. — Le 1er février, le curé d'Ecuras se trouvait chez le curé de Feuillade ; j'étais présent. On parlait de la mort de Fanny, et le curé d'Ecuras disait que, de l'avis de Monseigneur l'évêque, cette affaire prenait, pour l'abbé Gotteland, une tournure fâcheuse. « Mon Dieu,

Une partie de campagne.

dit le curé de Feuillade, je me doutais bien que quelque chose arriverait ; car, dans toutes les maisons où je me trouvais en compagnie avec le curé Gotteland, comme chez M. Reynaud de Forne, je m'apercevais de familiarités qui m'étonnaient. C'étaient des allées et des venues dans les chambres de ces dames Marchadier, Dussablon et de Mondenard; tout cela ne me faisait rien pressentir de bon. J'ai même averti à cette occasion le curé de Saint-Germain d'être plus circonspect, à raison de ce qui s'était passé pour son prédécesseur, qui, sans l'intervention de M. de Béarn près de l'évêché, aurait été chassé de sa cure d'après les démarches de ces messieurs de Marthon et de Saint-Germain. »

Pierre Lacrosse, facteur rural a entendu raconter pourquoi le curé Bissette a été forcé de quitter la commune: c'est *à cause de ses relations avec cette dame*, et, par ces mots, il entend Mme Dussablon.

Pierre Jardinier, dit Cazot, cultivateur, dit que lorsqu'on portait de la luzerne dans le grenier du curé, il fallait passer par la chambre à coucher, l'autre issue ne s'ouvrant pas, la grosse porte communiquant du dehors à l'escalier du grenier étant depuis longtemps condamnée.

Jean Touchet, maire de Saint-Germain, prétend qu'il était « au moins huit heures » quand le curé vint lui demander le permis d'inhumer. *M. le Président* lui rappelle que, dans l'instruction, il a dit six heures du matin. *Le témoin* ajoute qu'Edmond Deguisal avait chassé sa mère de chez lui.

Edmond Deguisal s'inscrit en faux contre cette assertion. Ma mère, dit-il, était chez elle ; elle n'en pouvait être chassée.

M. le Procureur de la République reconnaît qu'en effet le loyer était au nom de Fanny. *M. le Président* fait observer que le témoin Touchet est l'ami des Dussablon, et on rapporte qu'il les escorte chaque jour à l'audience.

Henri Duché, déjà entendu, vient rapporter un propos tenu par Jeanne Bergues, dans la salle des témoins : « Il s'agirait d'empêcher mon frère et ma mère d'avoir la tête coupée, a-t-elle dit au témoin, que je ne dirais pas que j'ai vu Fanny mettre de la poudre blanche dans sa boisson. »

Jeanne Bergues persiste dans ses déclarations.

M⁰ Desèze rappelle une discussion que le témoin Duché aurait eue avec M. Dussablon.

Duché répond qu'en effet, à l'époque des élections générales, M. Dussablon ayant brutalement arraché des mains d'un électeur un billet portant le nom de Pierre Bonaparte, en disant que qui votait ainsi ne pouvait être *qu'une canaille*, lui, Duché, intervint et blâma cette conduite. Alors, M. Dussablon le saisit à la cravate et provoqua une lutte. Il y eut, à ce propos, une instruction judiciaire, suivie d'une ordonnance de non-lieu. Mais, ajoute *le témoin*, ce souvenir, effacé aujourd'hui, ne saurait me faire déposer contre ma conscience.

MM. Tuffan et Filhotte, sous-lieutenants au 44e de ligne, détenus, à raison d'un duel, dans la même prison que Gotteland, ont entendu les prisonniers Desbois et Rideau raconter du curé divers propos scandaleux. *Desbois*, condamné depuis cette époque pour abus de confiance, rapporte ces propos. Parlant de Fanny, le curé aurait dit : « Cette garce-là s'est empoisonnée par jalousie. » Il aurait raconté une comédie sacrilége jouée par lui-même, à propos d'une hostie perdue, au lit de mort d'une pauvre femme. Mais le témoin avoue qu'il n'a su tout cela que par ouï-dire. C'étaient des caquetages de prison.

Autant en dit *Firmin Rideau*, condamné à cinq ans d'emprisonnement pour attentat à la pudeur.

Louis Mesnaud, greffier à la Justice de paix d'Angoulême, était détenu en même temps que les deux sous-lieutenants, à raison du même duel ; il rapporte qu'un détenu, Lotte, lui a raconté différents propos

... Il traverse à pas lents, sous l'escorte de la troupe, cette multitude... (Page 32.)

de Gotteland. « Vous avez été l'amant de Mᵐᵉ Dussablon, aurait dit Lotte au curé. — Vous croyez, » aurait répondu celui-ci, avec un sourire significatif. » Un autre jour, Gotteland, se regardant dans un miroir : « Vous croyez, aurait-il dit, que si j'avais été l'amant de Mᵐᵉ Dussablon, ce visage-là lui ferait déshonneur. » Et encore : « Mᵐᵉ Dussablon ne restera pas avec son mari ; je l'enlèverai. Elle a de la fortune, et moi je n'en ai pas. » Apprenant la tentative de suicide, Gotteland l'aurait fortement blâmée, comme compromettante. Le détenu Lotte regardait Gotteland comme coupable.

Ce que le témoin déclare comme le sachant *de visu*, c'est qu'assistant, comme commis-greffier, à la visite faite à M. Dussablon par M. le Juge d'instruction, M. Dussablon, à la vue du flacon contenant l'arsenic, tomba comme frappé d'apoplexie. Il a aussi entendu Gotteland, alors que M. le Juge d'instruction lui eut appris la saisie des lettres de Mᵐᵉ Allier, s'écrier, parlant sans doute de Fanny :

« Cette sacrée maquerelle, elle était capable de tout. » M. le Juge d'instruction ne crut pas devoir consigner ces paroles au procès-verbal par respect pour la robe de l'accusé ; mais il le regretta ensuite.

Gotteland se lève, avec les marques de la plus vive indignation, et s'écrie : « Je n'ai pas dit cela ; cette déposition est fausse. »

Lotte, ancien maire, condamné à cinq ans de réclusion pour complicité de vol par recel, a fréquenté Gotteland dans la prison. Ils ont parlé ensemble des relations qu'on lui attribuait avec Mᵐᵉ Dussablon, et le rire significatif de Gotteland ne repoussait pas l'idée de l'adultère. C'est à Lotte qu'a été tenu, par Gotteland, le propos assez leste devant le miroir. — Je n'ai pas dit cela, s'écrie *Gotteland*. — Ah ! ne me démentez pas, répond *Lotte*, vous me feriez dire des choses..... Et, pressé par *M. le Président*, *Lotte* ajoute que Gotteland l'a prié de lui faire connaître sa déposition dans l'instruction ; qu'il paraissait très-rassuré, disant que Jeanne Bergues et d'autres déclaraient que Fanny s'était empoisonnée ; qu'il parlait de jeter la soutane aux orties, s'il rencontrait une femme riche. Il fut, dit encore le témoin, mécontent de la tentative de suicide, trouvant qu'elle le compromettait. Quant à M. Dussablon, cet acte de désespoir ne l'étonnait pas, car, disait-il, *il est si bête !* La sœur de Gotteland lui ayant dit que, s'il avait le malheur d'être condamné, M. Dussablon prendrait soin d'elle, il dit : « Cela ne me rassure pas ; je connais *le père Dussablon, il est bon de là,* » et il compléta sa pensée par un geste trivial. Enfin, l'accusé aurait confié au témoin que le lit du cabinet de la cure avait été prudemment dégarni avant la descente de justice et placé hors de la portée du trou le plus accusateur.

M. le Président rappelle à Lotte que, dans l'instruction, il a terminé sa déposition première par ces mots : « Gotteland avait une conduite ignoble ; il appelait les choses par leur nom ; on disait qu'il avait avec d'autres prisonniers des rapports d'une immoralité odieuse. Enfin, c'était un *misérable.* » *Le témoin* explique ce dernier mot : il a entendu par là un homme non riche et méchant.

M. Rivaud-Mathon, Juge de paix du canton de Montbron. — Le jour de l'exhumation, M. Dussablon lui dit, en lui présentant une lettre anonyme dans laquelle on le traitait de *cornard :* « Lisez, j'en ai déjà reçu d'autres ; mais j'ai foi en ma femme, et il n'est pas de lettre anonyme qui puisse ébranler ma confiance. »

Mme Dunignon, mère du jeune homme au chansonnier, confirme le fait d'un recueil de chansons *peu convenables* envoyé à son fils par Mme Dussablon, et, malgré les atténuations décentes de son fils qu'on rappelle, déclare que le jeune homme avait reçu de Mme Dussablon une lettre qu'il jeta au feu devant elle, afin de ne pas la compromettre.

Mme Dussablon répond que cette lettre n'était qu'un billet sans importance, et qu'elle n'a pas envoyé de chansonnier.

La liste des témoins à charge est épuisée. Le premier témoin à décharge entendu est *M. Claude Gigon,* docteur en médecine, commis par la Justice pour examiner l'état de Mme Dussablon après la tentative de suicide. Il a constaté que la population était favorable à l'accusée ; on disait seulement que le mari avait eu tort de se lier avec un prêtre ; on répétait le proverbe périgourdin : *Lous prêtres et lous pizous salissou la maisoun* (les prêtres et les pigeons salissent la maison). Le témoin ne croit pas à l'empoisonnement de Fanny.

Et *M. Gigon* cherche à expliquer par une gastrite, dont Fanny Deguisal, lourde femme, aurait été atteinte, les vomissements et les inflammations. « Dans mon âme et conscience, dit-il, Fanny Deguisal n'a pas succombé à un empoisonnement successif par l'acide arsenique, mais bien à une gastro-entérite, et à une méningite (congestion du cerveau).

MM. Lesueur et Montalembert soutiennent énergiquement leurs conclusions. « Je ne puis pas sortir de mon rapport, ajoute M. Lesueur. S'il le fallait, si on me pressait encore, je prêterais un nouveau serment. J'ai dit qu'il est excessivement probable qu'il y a eu empoisonnement successif. Eh bien ! ces expressions dont je me sers sont prudentes, sages, et je les exprime comme homme, et non comme expert. »

Les époux *Balotte,* voisins de la cure et de la maison Dussablon, reconnaissent que de leur boutique et de l'intérieur de leur maison on ne peut apercevoir la place de l'église. On n'a vue sur la place et les deux maisons que du palier ou de l'escalier extérieur qui communique de la boutique à l'appartement. Ils n'ont jamais vu de dames visiter Gotteland, ni Mme Dussablon venir à la cure sans la compagnie de son mari. *La femme Balotte* parle d'une chute grave que Fanny aurait faite dans l'escalier de la cure, environ quinze jours avant sa mort, et à la suite de laquelle elle aurait refusé de se laisser saigner. Fanny aurait dit au témoin que ses enfants ne voulaient pas la voir et que M. le curé faisant venir sa sœur, elle allait se trouver sur le pavé.

Pierre Valentin, cultivateur à Saint-Germain, cousin par alliance de Mme Dussablon a entendu Fanny exprimer les mêmes craintes sur son avenir. « Mais vous avez des enfants, lui dit Mme Savignat.— Oh ! ne m'en parlez pas, répondit-elle ; il vaudrait mieux élever des cochons que des enfants. J'ai reçu une lettre de mon fils. Eh bien ! il me dit : Tu peux revenir si tu veux ; mais si tu reviens, moi je partirai. »

Jean Jarton, fils du métayer de Mme Dussablon, dit avoir entendu Edmond Deguisal dire que sa mère était indigne de servir. *Edmond* repousse avec force cette allégation étrange, même alors qu'il semble expliqué que le mot indigne n'aurait dans la bouche du témoin que le sens d'*incapable.*

Jacques Debert, propriétaire à Dignac, dit savoir, mais seulement par ouï-dire, que Fanny aurait dit être assez malheureuse pour ne pas tenir à la vie. *Anne Renault,* tailleuse à Marthon, *Michel Duareuil,* menuisier à Saint-Germain, *Marie Saint-Vincent,* cultivateur à Saint-Germain, *Jean Mézières,* tailleur de pierre à Saint-Germain, et *Jean Cony,* aubergiste à Marthon, attribuent à la morte des propos du même genre : « J'aimerais mieux me donner la mort que de demander à mes enfants... J'ai de mauvais enfants qui me repousseront... Ils m'ont mangé tout ce que je possédais, et puis ensuite ils m'ont chassée. »

Jean Bouchard rapporte de Fanny un propos semblable, et, au moment de se retirer, dit se rappeler qu'un jour Fanny lui aurait dit que les *foies* (fouines), l'empêchaient de dormir et qu'elle voulait empoisonner un œuf pour les détruire.

M. le Procureur de la République. — Qu'est-ce qui a réveillé vos souvenirs à ce sujet? Vous n'avez pas dit un mot de cela dans l'instruction. — *Le témoin* répond qu'il a été intimidé dans le cabinet du Juge.

M. le Président, aux Jurés : « Il faut que vous sachiez bien, Messieurs, que M. le Juge d'instruction a été plutôt faible que sévère ; *qu'il a eu la complaisance d'entendre tous les témoins à décharge, alors que rien ne l'y obligeait, et que cela ne se pratique pas ordinairement dans les affaires criminelles.* »

Marie Drouillet, cultivateur à Saint-Germain, prétend aussi avoir été menacée par M. le Procureur de la République. Elle ajoute qu'elle a vu Gotteland préparer le vin blanc sucré avec du sucre en morceaux, pris avec les doigts dans le sucrier. *M. le Procureur de la République* fait remarquer que c'est encore là une assertion toute nouvelle, dont l'instruction ne présente pas de trace et qu'aucun témoin n'a fait mention de la présence de Marie Drouillet dans la cuisine.

Marguerite Maugé, ancienne domestique à la cure, dit que le bois de lit du cabinet ne servait pas. Le cabinet n'était destiné qu'au linge sale, et si quelqu'un couchait à la cure, on dédoublait le lit du curé.

Jean Lamouroux, sacristain et fossoyeur à Saint-Germain, a vu, peut-être bien, un dimanche, à la nuit tombante, Mme Dussablon et le curé sortir successivement de l'église ; mais ce serait la seule fois.

Pierre Dupont, employé à la préfecture, a vu Lotte dans la prison fort troublé par l'idée de témoigner dans l'affaire Gotteland. Lotte dit au témoin que M. le Procureur de la République lui aurait adressé ces paroles : « Ne dissimulez rien de ce qui est à votre connaissance, car je suis instruit de tout ce vous savez ; si vous cachiez la vérité, cela pourrait avoir pour vous des conséquences graves. La Justice a toujours été bienveillante pour vous ; elle pourrait l'être encore. »

Me Desèze fait observer, à propos de ce témoignage, que la défense n'entend pas insinuer que M. le Procureur de la République ait voulu influencer Lotte, mais il est facile de deviner quelle interprétation ce témoin a pu faire des paroles du magistrat.

M. le Procureur de la République. — On parle de promesses faites par moi ; si je ne craignais pas de faire intervenir dans ce débat des personnes qui n'y sont pas, je dirais que c'est moi au contraire qui ai rassuré Lotte contre des menaces qui lui ont été faites ; si je voulais, je prendrais une cruelle revanche... Ne me contraignez point à parler !

Me Desèze. — Eh bien ! je le désire, moi, tout le premier, d'autant plus que ce matin, il m'a été dit par l'honorable magistrat qui préside ces débats qu'une lettre infâme lui avait été adressée, lettre où il est dit qu'un représentant du peuple, qui est parent de l'un des deux accusés, a donné ici, à Angoulême, un repas auquel ont pris part des personnes importantes ; que des Jurés de cette affaire avaient assisté à ce repas. Eh bien ! quand une telle infamie a lieu, quand une calomnie est lancée avec une intention que l'on ne peut méconnaître, dans une affaire où deux têtes humaines sont en jeu...

M. le Procureur de la République. — Il n'est pas question de cela, il n'est question que de Lotte. Il craignait après sa déposition de perdre la protection d'un représentant. Je lui ai dit que, son intérêt personnel eût-il à souffrir de ses déclarations devant la Justice, la Magistrature saurait lui tenir compte de sa conduite. J'ai dû lui faire entrevoir que sa déclaration ne pourrait pas nuire à des promesses faites par d'autres que par l'autorité judiciaire.

Me Desèze. — Je nie absolument que Lotte ait pu vous dire quoi que ce soit qui puisse compromettre qui que ce soit. Dans tous les cas, le moment était mal choisi pour parler de la clémence de M. le Président de la République.

M. le Procureur de la République. — Lotte craignait de perdre ses titres à la clémence du Président de la République ; je l'ai rassuré.

Sur la demande de *Me Desèze*, le détenu *Lotte* est rappelé. *M. le Président* lui demande s'il est vrai, comme vient de l'affirmer un témoin, que M. le Procureur de la République ait cherché à l'influencer.

Lotte. — Oh ! pour cela non. — Et *Lotte* rend compte de sa conversation avec M. le Procureur de la République à peu près dans les mêmes termes que le lecteur connaît déjà ; il nie que ce magistrat lui ait promis quelque adoucissement à son sort en échange de son témoignage ; il avoue qu'il a dit à M. le Procureur de la République qu'il était dans une position à ne rien dire, parce qu'il avait besoin des messieurs de Paris. A quoi a répliqué en ces termes le magistrat : « M. Mathieu Bodet ne vous en voudra pas de dire la vérité, il a trop d'esprit pour se fâcher. »

M. Desèze. — Ce n'est pas trop d'esprit qu'il faudrait dire, c'est trop de justice.

Lotte reconnaît que c'est une fois sa déposition reçue que M. le Procureur de la République lui a parlé d'adoucissements possibles à son sort dans l'avenir.

L'audition des témoins est terminée. L'audience est renvoyée au lendemain pour entendre le Réquisitoire.

L'incident Lotte a tellement remué les esprits déjà excités que, sur plusieurs points de la ville, des rixes violentes se sont engagées entre les deux partis bien tranchés qui font cause commune avec l'accusation ou la défense. Aujourd'hui, l'émotion est tout aussi vive. Le cortège de parents et d'amis qui accompagnent les accusés dans le trajet de la prison au Palais de justice est l'objet de manifestations bruyantes, mêlées de sifflets et de murmures ; au contraire, des marques de sympathie, parties des bancs réservés, accueillent l'entrée des accusés dans la salle.

Une explication tout amiable a eu lieu la veille entre M. le Procureur de la République et le défenseur de Mme Dussablon, au sujet de l'incident dans lequel on s'est peut-être engagé des deux parts plus loin qu'on ne voulait le faire. A l'ouverture de l'audience, *Me Desèze* déclare que M. Mathieu Bodet est venu à Angoulême pour remplir un devoir de famille, pour couvrir sa parente du manteau de son honorabilité. Qui pourrait l'en blâmer ? Il ne s'est permis, ni directement ni indirectement, aucune démarche qui puisse donner lieu à aucune interprétation douteuse. Mais le défenseur n'a pu penser un seul instant à insinuer qu'il y aurait eu, de la part du magistrat, une tentative de séduction ou d'intimidation ; pas même de promesses ou d'ouvertures pouvant donner lieu à des espérances capables d'influencer un témoin.

En retour de cette déclaration, *M. le Procureur de la République* déclare, de son côté, qu'il n'a jamais été dans sa pensée que l'honorable M. Mathieu Bodet eût cherché à influencer par aucun moyen les témoins ni les jurés.

L'incident ainsi clos, la parole est à *M. le Procureur de la République* pour son réquisitoire.

Après une peinture de l'immuable Justice, résistant victorieusement aux attaques dirigées contre les principes constitutifs de l'ordre social (nous sommes au lendemain d'une Révolution), le magistrat repousse comme ridicules et odieuses les récriminations accumulées contre les représentants de la Loi et portées jusque dans cette enceinte.

« Ce n'est pas la première fois que la Justice a eu à lutter contre les passions que vous avez vues se démasquer devant vous ! Ce n'est pas la première fois que l'intérêt personnel froissé, l'esprit de corps mal entendu, l'amour-propre blessé, ont formé contre la sainteté de la Loi une coalition impie ! Qui ne se souvient des procès si tristement célèbres de Mme Lafarge, du frère Léotade ? Là aussi la Justice était méconnue et outragée ; là aussi des témoins complaisants essayaient d'arracher les coupables à un châtiment mérité. (1)

(1) C'est un organe de l'accusation qui parle. Il y aurait peut-être autre chose à dire sur ces deux affaires, dans lesquelles

« L'inébranlable fermeté du Jury confondit ces misérables intrigues et assura le triomphe de la vérité. Ce sont là d'honorables souvenirs pour cette grande institution dont vous êtes aujourd'hui les représentans. Nous attendons de vous la même impartialité, le même dévouement à la noble mission que vous avez à remplir.

« C'est sans doute un triste spectacle de voir assis sur ce banc un homme revêtu du sacerdoce, une femme à qui sa position sociale, son éducation, les bons conseils qu'elle trouvait dans sa famille, promettaient une autre destinée. Ce n'est pas à nous qu'il faut enseigner le respect dû à la religion ; le magistrat sait que toute justice vient de Dieu, et il porte dans le cœur les principes dont la loi humaine n'est qu'une imparfaite traduction. Mais il a, lui aussi, un sacerdoce à exercer ; il est, lui aussi, l'interprète d'une règle immuable qu'il ne peut faire fléchir au gré des passions de l'humanité, et, pas plus que le prêtre, il ne peut avoir de lâches complaisances. »

Après avoir établi avec force ces vérités incontestables que la religion n'est pas atteinte par l'indignité de ses ministres, et que le scandale n'est pas dans le châtiment, mais dans l'impunité du coupable, *M. le Procureur de la République* met une fois de plus en présence les faits de l'accusation et le système de la défense. Nous avons trop complétement exposé les deux ordres d'interprétation pour qu'il nous faille y revenir ici. Disons seulement que *M. Pardy de Lisle* discuta avec une grande force et souvent avec sévérité tous ces témoignages de la dernière heure, leçons tardivement faites à des esprits grossiers ou prévenus par des influences occultes, dont les maladroites inventions tendaient à appuyer l'inadmissible système du suicide volontaire de la victime.

M. le Procureur de la République résuma ainsi son réquisitoire qui, peut être, eût gagné en vigueur par plus de simplicité :

« Un prêtre indigne a souillé par l'adultère une maison honorée : une servante a surpris ce secret redoutable qui menace son maître d'une irréparable dégradation. Cette femme qui peut le perdre à jamais, cette femme obscure que rien ne paraît devoir protéger, il faut qu'elle meure. Elle résiste à la mort, il redoublera, jusqu'à ce qu'avec le dernier souffle de sa victime, s'envole sa dernière crainte.

« Mais ce cadavre lui pèse ; il n'aura pas de repos qu'il n'ait effacé de sa demeure, et s'il se peut de son souvenir, les derniers vestiges de son crime... Par une équivoque de date, il s'assure que les enfants de la malheureuse Fanny ne viendront pas le troubler ; il la fait inhumer à la hâte, presque clandestinement, et lorsqu'ils arrivent, ils surprennent sur son visage cette empreinte que Dieu lui même, gardien de l'éternelle Justice, grave sur le front des coupables.

« Et cette femme, qui s'est si fatalement liée à la destinée du meurtrier, qu'en dirons-nous, Messieurs ? Oui, c'est notre intime conviction, elle a cédé à l'influence de l'homme qui l'avait égarée : elle ne s'est pas décidée sans scrupule et sans hésitation à lui prêter sa main pour frapper la victime ; mais elle l'a fait, et elle restera un exemple à jamais déplorable du funeste entraînement des passions ! En pré-

sence de cette grande infortune, qui atteint autour d'elle tant de destinées honorables, nous comprenons l'indulgence, nous ne comprenons pas l'impunité. »

Le 5 décembre va voir enfin le terme de ces longs débats. *M⁰ Georgeon*, défenseur de Gottelard, se lève et s'exprime en ces termes :

« Messieurs de la Cour, Messieurs les Jurés, je sens trop que les forces nous manquent à tous et que le temps nous presse, pour ne pas immédiatement et sans préambule attaquer l'accusation. Je a résume dans son ensemble, voici quel est son système : Un empoisonnement a été commis ; il ne peut pas être le résultat d'un suicide, donc il est le résultat d'un crime. Ce crime, les accusés avaient intérêt à le commettre, car ils faisaient disparaître le témoin de la liaison adultère qui s'était établie entre eux. Leur crime est la conséquence *nécessaire* de leurs honteux désordres.

« Dans tout autre procès, en face d'autres accusés que ceux que j'ai à défendre, ne serais-je pas en droit de faire remarquer d'abord à l'accusation la témérité, je puis même dire la fausseté de ses conclusions ? Depuis quand serait-il vrai de dire que l'adultère doit avoir un crime pour conséquence *nécessaire* ? Alors que le secret de liaisons adultères vient à être surpris par une misérable domestique, son renvoi a-t-il d'autres conséquences que les récriminations, les calomnies ordinaires à toutes les servantes renvoyées de leur condition ? Supposez un instant, MM. les Jurés, l'adultère établi dans cette cause ; Fanny en a été témoin, Gotteland sait qu'elle connaît ses désordres : il la chasse, elle parle. Eh bien ! quelle puissance aura sa parole ? La vengeance des valets expulsés ne se répand-elle pas tous les jours en propos calomnieux sur les maîtres les plus vertueux ? Fanny n'a rien à l'appui de ses paroles ; son caractère ne permet pas qu'on puisse avoir en elle aucune créance. Et, dans de telles circonstances, on pourrait dire qu'il a fallu *nécessairement* se débarrasser par un crime d'un semblable témoin !

« Je vais plus loin : l'accusation ne démontre pas qu'il y ait eu adultère ; elle démontre encore moins qu'il y ait eu empoisonnement.

« Non, l'accusation ne démontre pas qu'il y ait eu adultère ; elle ne pourrait pas même l'insinuer, si elle n'avait pas pris soin de flétrir avant tout Gotteland ; de lui attribuer des actes, des paroles, des faits faux pour ce qui lui est gratuitement attribué, ou innocents pour ce qu'il y a de réel.

« Mais il fallait avant tout flétrir Gotteland. Pour le faire, l'accusation ne s'est montrée difficile ni sur les sources où elle est allé puiser, ni sur les interprétations auxquelles elle se livre.

« Dans la même prison que Gotteland, deux personnes se trouvaient, Lotte et M. Mesnaud. M. Mesnaud y avait été conduit par une triste affaire de duel, dans laquelle il avait figuré comme témoin, dont l'issue avait été fatale, et où il avait été loin de faire preuve de prudence. M. Mesnaud, qui avait la plume dans l'information de la cause qui se débat aujourd'hui, qui en connaissait toutes les circonstances, M. Mesnaud se trouva en rapport avec Lotte, et il aurait reçu de ce prisonnier des confidences. Eh bien ! quatre mois après sa sortie de la geôle où il avait été enfermé, voilà que, greffier destitué par suite du rôle qu'il avait joué dans le duel, il veut se rattacher à la Justice, en succédant à son frère, greffier de la Justice de paix. Il a besoin pour y par-

l'accusation a joué, selon nous, un rôle différent de celui qu'on indique. Si elle a eu à lutter dans ces deux causes, c'est moins peut-être contre de complaisants témoins, que contre ses propres préventions. Et, à vrai dire, il ne nous paraît pas qu'elle soit toujours sortie victorieuse de la lutte.

venir de la protection du Parquet, et alors il parle de ce qu'il a appris dans la prison.

« M. le Procureur de la République se rend près de Lotte. A-t-il des notes fournies par M. Mesnaud? Nous ne savons. Mais enfin il l'interroge, et vous savez ce qu'il lui dit. Y a-t-il eu une promesse? Non, assurément, non. Mais on a fait concevoir à Lotte une espérance. Que l'on ne dise pas que cette espérance a été sans influence sur la déposition qu'il a faite.

« Lotte a amassé dans sa déclaration toutes les charges dont on veut accabler Gotteland. Mais qu'est-ce donc que Lotte? MM. les Jurés, il y a quinze ans que je le connais; c'est ici que j'ai fait sa connaissance. Il y comparaissait le visage balafré par la main de son propre frère, qui l'avait surpris en adultère dans sa propre couche.

« Depuis lors, cet homme qui traite de *misérables ceux qui ne sont pas riches*, Lotte s'est enrichi; mais comment? Dans l'usure et dans l'adultère, et aujourd'hui encore il expie dans la prison un crime de complicité par recel dans un vol qualifié commis par sa concubine.

« Que de maladroites perfidies elles renferment, ces déclarations de Lotte! Il s'efforce d'y représenter Gotteland comme prenant des précautions pour mettre en défaut le récit de Fanny. Ainsi, Gotteland aurait dit à Lotte que le lit du cabinet avait été dégarni quand eut lieu la descente de justice. C'est le contraire qui est constaté par le procès-verbal, et toute l'information établit que ce lit était dégarni jusqu'à la mort de Fanny.

« Ainsi encore, Gotteland aurait placé le lit hors de la portée visuelle des trous du plafond, alors qu'il est constaté que ce lit a été trouvé directement placé sous les trous du plancher supérieur.

« Quelle conséquence veut-on déduire des paroles de Lotte? L'aveu; de la part de Gotteland, de ses coupables relations avec Mme Dussablon? Il n'y est pas, et je m'en étonne. Oui, je m'en étonne, parce que je sais à quels dangers expose une démarche comme celle qu'a faite M. le Procureur de la République. Le magistrat, guidé par sa soif de justice, cherche la vérité partout, par tous moyens. Mais quelles espérances ne font pas naître dans une âme basse ces interrogations partant de celui dans lequel les habitués du crime ne voient qu'un adversaire naturel de l'accusé!

« On a si bien senti quelle confiance méritait un pareil homme, qu'on a dit : « Je repousserais ce « témoignage, s'il s'appliquait à un homme hono-« rable. » En justice, c'est une hérésie que ce langage, et nous ne le laisserons pas passer sans protestation. Ce que nous demandons au ruisseau qui étanchera notre soif, c'est non pas s'il va tomber dans quelque égout immonde, mais si sa source est pure et si ses eaux n'ont point été souillées. »

Lotte seul a attribué à Gotteland des propos accusateurs, et, quant aux propos cyniques rapportés par d'autres condamnés, ce ne sont que des ouï-dire et on ne saurait parvenir à celui qui les aurait directement entendus.

« Sortons donc de cette fange! s'écrie Me Georgeon, les miasmes qui s'en exhalent sont malsains pour la Justice. Mais quand l'accusation puise à de telles sources, pourquoi ce blâme, ces soupçons contre d'autres témoins? C'est une belle chose que l'égalité devant la Loi; elle n'est qu'un leurre sans l'égalité devant les appréciations de la conscience. »

Le défenseur cherche ensuite à réhabiliter le passé de Gotteland. De son passage à Semur, l'information n'a recueilli que de bons témoignages. C'est un

avancement que sa nomination à Charolles. Quant à ses relations avec la veuve Allier, où sont les preuves? Les assiduités de Gotteland dans la maison Allier ne deviennent coupables aux yeux de M. le curé Cuénot qu'à partir du jour où ses deux vicaires ont trouvé trop chère la pension qu'ils prenaient chez lui. Et encore, peut-on réclamer de l'accusation qu'elle n'aille pas au delà du témoignage qu'elle invoque. M. Cuénot *n'a jamais supposé un commerce criminel entre Gotteland et madame Allier;* il n'a vu dans ces relations que *des imprudences compromettantes* pour le caractère de son vicaire.

« Mais la correspondance de Gotteland avec cette dame! Eh bien! examinons ces lettres écrites à une femme née le 26 février 1811, à une femme pieuse et d'une moralité dans laquelle rien n'a jamais paru à reprendre, ainsi que l'a dit M. le Procureur de la République de Charolles.

« La lettre datée du 13 septembre 1849 ne renferme aucune preuve d'une liaison criminelle; c'est simplement l'annonce d'un voyage projeté, et on y rencontre un enjouement qui n'exclut pas le respect. On ne supposera pas sans doute que, pendant ce voyage de dix jours, des relations coupables se soient établies sous les yeux d'une belle-mère et de deux jeunes gens de dix-sept et de dix-neuf ans, les fils de madame Allier! La lettre du 23 octobre porte-t-elle quelque trace de cette passion sacrilège? aucune; il n'y parle pas en fils, il n'y tutoie pas celle à qui il écrit. Commencer ces familiarités n'eût pas été convenable. Mais il reçoit une lettre où il est traité en fils, et, le 11 novembre, puis, le 11 décembre, il écrit à *sa chère mère*, et le fils tutoie sa mère. Mais cette forme de langage n'a rien qui révèle l'entraînement de la passion, et, sous la plume de l'écrivain, le *vous* respectueux reparaît plus d'une fois.

« Les interprétations seules ont pu envenimer cette correspondance : il faut les abandonner, la vérité l'exige. Nous avons lu un règlement de vie que Gotteland écrivait pour madame Allier. Qui de nous ne s'applaudirait de le voir choisir pour règle de conduite par sa mère, sa femme ou sa sœur? C'est le 19 octobre que Gotteland rédigeait ce pieux programme : ainsi voilà les coupables passe-temps des jours que l'on incrimine! Qu'on ne parle donc plus de relations coupables avec Mme Allier.

« Ah! sans doute, je ne le contesterai pas, il y a dans la tenue, dans les manières, dans les écrits de cet enfant du Piémont, certaines allures, certains termes qui jurent avec l'ordinaire gravité du sacerdoce en France. Sans doute, il eût mieux fait de ne pas oublier ce conseil de la sagesse : N'ayez de familiarité avec aucune femme, ne souhaitez d'être familier qu'avec Dieu. Mais il ne faut pas faire un crime de ce qui n'est qu'une légèreté. Des légèretés! où n'en trouverait-on pas à relever? N'en est-ce pas une de l'acte d'accusation de traiter Gotteland de prêtre *interdit*, quand! on a sous les yeux son *celebret* et ses certificats? N'en serait-ce pas une de M. Cuénot, si, comme on l'a prétendu, il avait parlé de scandales, quand les autorités de Charolles attestaient, le 8 janvier 1848, la conduite irréprochable de Gotteland et les regrets causés par son départ? »

L'adultère avec Mme Dussablon est-il mieux établi que la liaison criminelle de Charolles? Le défenseur montre Gotteland succédant, à Saint-Germain, à un prêtre obligé de fuir devant les obsessions d'une femme. La prudence lui fut recommandée, et il manifesta l'intention de ne jamais recevoir de femme seule au presbytère. A-t-il manqué à ses engagements envers lui-même? pas un témoin ne l'a dit; pas un n'a vu Mme Dussablon venir une seule fois dans ce presbytère *qu'elle souillait chaque jour*, au dire de l'accusation, *de ses scandaleux désordres*, et dans lequel elle n'eût pu pénétrer sans passer sous les yeux des Balotte et des Savignat.

Les lettres de Mme Allier repoussent l'idée d'un adultère avec Mme Dussablon. Ces précautions pour échapper à la calomnie qui vont jusqu'à refuser un insignifiant cadeau, en disent assez en faveur de la vertu prudente de Gotteland, et si Mme Dussablon pleure à l'occasion de ce refus, c'est qu'il lui rappelle les calomnies qui l'ont rendu nécessaire.

Le défenseur discute ensuite les propos tenus par Fanny sur le curé Gotteland et Mme Dussablon. Selon lui, le moment où ils furent tenus, les circonstances qu'elle précise, tout en fait paraître la fausseté.

En effet, entrée au service de Gotteland à la fin du mois d'août 1849, elle exprime, un mois et demi après, la satisfaction que lui cause sa place. Elle n'a donc encore rien vu vers le 15 octobre. Or, depuis le 12 octobre, Gotteland est parti pour Marcigny. Donc, si elle parle, avant le retour de Gotteland, d'un adultère surpris par elle, elle ment, elle calomnie. Eh bien! que dit Savignat? c'est bien en octobre, c'est bien pendant l'absence de Gotteland, qu'il a reçu les confidences de Fanny, qu'il a entendu ses menaces de vengeance. L'explication de ce revirement, c'est cette lettre arrivée à Saint-Germain avant le retour de Gotteland, lettre décachetée qui a appris à Fanny l'arrivée prochaine de la sœur de son maître. Et Fanny est tellement décidée à calomnier Gotteland pour le perdre, que, bien que la lettre décachetée soit du frère de son maître, elle s'écrie avec une atroce ironie : « Sa sœur! oui, sa sœur comme moi, une ancienne maîtresse ! »

Voilà pour le moment des propos : venons aux circonstances. Fanny dit avoir vu les adultères par les fentes de la cloison. Mais pour arriver à cette cloison, il faut ouvrir une porte pleine, et l'on aurait entendu; d'ailleurs, dans cette cloison, pas une fente, pas une fissure : elle est, à l'intérieur, recouverte de trois tapisseries collées les unes sur les autres à diverses époques.

Mais Fanny a dit aussi avoir surpris les adultères en regardant par les trous du plancher. Quels trous? ceux qui sont au-dessus du petit cabinet? Il n'y avait qu'un bois de lit dans ce cabinet; jamais ce lit n'a été garni avant la mort de Fanny; le témoin Maugé le déclare. Soit, répond l'accusation ; mais alors ce sera par les trous placés au-dessus de la chambre à coucher. Comment arriver à regarder par ces trous? il faut pénétrer dans le grenier. Or, les débats ont établi que la grosse porte donnant du dehors à l'escalier du grenier ne s'ouvrait pas depuis longtemps. Donc, pour épier par les trous du grenier ce qui se serait passé dans la chambre à coucher du curé, puisqu'on ne pouvait passer par l'escalier extérieur, il aurait fallu passer par la chambre même du curé. Supposition absurde. D'ailleurs, l'espion établi sur le plancher vermoulu du grenier, c'est cette énorme femme dont *chaque pas met toute la cure en mouvement*.

Mais il ne reste pas même à l'accusation la possibilité de supposer Fanny s'établissant à l'avance à son poste d'observation. Car que dit-elle à Godin et à sa femme? « *Je venais de faire une commission. J'ai vu Mme Dussablon dans la chambre de Gotteland,*

et, me doutant de quelque chose, *je suis montée et je les ai vus par un trou en relations intimes.* » *Je suis montée :* mais elle n'a pu le faire que par la chambre, et déjà les adultères auraient été enfermés dans cette chambre ! Le mensonge est-il assez évident? Ah ! si dans le constat des lieux on avait pris soin de vérifier l'état de la cloison, d'établir que la porte extérieure du grenier était sans clef, les gonds, le pêne et la ferrure recouverts d'une rouille attestant son immobilité prolongée, une ordonnance de non-lieu aurait clos cette affaire en faisant juger à sa véritable valeur une imputation sans la vérité de laquelle on ne trouve plus de motif au crime dont on accuse Gotteland.

L'adultère manque donc à l'accusation pour motiver le crime. Mais ce crime, où le trouve-t-on? Le défenseur rappelle les vicissitudes des opérations chimiques. A ce propos, il s'écrie : « Non, jamais, si j'avais l'honneur d'être juré, je ne consentirais à faire dépendre le sort d'un accusé et la paix de ma conscience des secrets d'une science que j'ignore et dont je ne puis redresser les erreurs; je tremblerais toujours que l'expérience de demain ne vînt démentir les conclusions de celle de la veille. C'est qu'en effet les sciences naturelles, et la chimie surtout, sont comme une vaste mer dont chaque jour se déplaceraient les rivages, tantôt s'avançant au loin dans les terres, tantôt se retirant et abandonnant ses conquêtes de la veille. » (1)

Ayons cependant une foi téméraire dans cette science mobile et journalière; croyons à l'empoisonnement de Fanny. Si Fanny est morte du poison, y a-t-il eu là crime ou suicide ? Un crime? Mais où serait la raison d'être d'un crime ? D'ailleurs, montrez donc le coupable accomplissant ce crime. A-t-on vu Gotteland donner à boire à sa servante? Une seule fois, et les vomissements avaient déjà commencé.

Encore n'est-ce pas dans l'ombre qu'il a préparé ce breuvage, c'est devant tous les yeux; il l'a sucré avec un morceau de sucre pris dans l'unique sucrier du presbytère.

Où Gotteland se serait-il procuré le poison? Chez M. Dussablon? mais là, le poison est sous clef ? Il manque de l'arsenic, répondez-vous, dans le flacon de M. Dussablon. Qui le prouve? une analyse faite sur les débris de farine empoisonnée trouvés dans des tuiles. Quelle preuve! et l'on ne tient aucun compte de ce qui a dû disparaître de cette poudre jetée sur une pâtée abandonnée pendant longtemps aux hasards de toute sorte, aux influences atmosphériques, à la dent des rongeurs! et on prétend reconstituer tout le poison primitivement acheté !

Ce qui prouve combien l'accusation s'est sentie mal satisfaite sur ce point, c'est qu'elle a cherché à Semur, à Charolles, à Marcigny, à Chambéry, si Gotteland ne s'y était pas procuré de l'arsenic.

Ce n'est pas tout : on place l'empoisonnement à la date du 16 décembre, et c'est ce jour-là que les vomissements ont commencé; or, c'est le 17 seulement que M. Breton-Robert a livré l'arsenic à M. Dussablon; ses livres en font foi.

Examinons maintenant l'hypothèse du suicide. Faut-il s'arrêter à cette objection que l'empoisonnement successif exclut l'idée de suicide? Mais il faudrait d'abord démontrer l'empoisonnement successif. Est-ce la durée de la maladie qui le prouve? Mais les lésions du cerveau sont suffisantes pour expliquer les vomissements, et l'absence de toutes déjections

(1) Voir les causes *Lafarge*, *Lacoste* et surtout Vve *Boursier*.

alvines jusqu'à la nuit du 20 au 21 décembre proteste contre l'idée d'un empoisonnement remontant au 16.

Laissons donc de côté l'empoisonnement successif, que, d'ailleurs, les experts n'ont affirmé que comme hommes et non comme experts.

Le suicide est-il possible ? Oui : la pensée du suicide n'était pas chose nouvelle pour Fanny. Cette femme sans religion n'avait pas le contre-poids le plus puissant d'une pensée semblable. Elle était descendue de l'aisance à la misère. Repoussée par ses deux gendres, elle trouve un asile chez son frère. Mais, là encore, son caractère difficile la rend impossible ; son frère la renvoie.

« Un jour, on me trouvera morte ; le désespoir et la misère m'y auront portée, » dit-elle à Godin. Et à madame Rullier (ce témoin, malade, n'a pu venir déposer à l'audience) : « J'en finirai en m'empoisonnant. »

Son fils, il est vrai, vient à son secours, la recueille. Mais Fanny n'a jamais pu vivre avec personne ; elle se plaint bientôt de son fils : il lui marchande la vie, il dit qu'elle mange tout ce qu'il gagne, elle voudrait bien être morte, elle veut le quitter.

Elle le quitte, en effet, et, quand elle pense qu'elle pourrait perdre sa condition nouvelle, qu'il lui faudrait retourner près de ses enfants, elle s'écrie qu'elle aimerait mieux se donner mille fois la mort. Qu'on se rappelle ses doléances quand elle apprend la prochaine arrivée de la sœur du curé : que va-t-elle devenir ? ses enfants ont mangé tout ce qu'elle avait, ils ne veulent plus la voir ; son fils l'a mise à la porte à coups de pied au cul, elle voudrait bien être morte ; il ne lui reste qu'à se détruire. Ne vaudrait-il pas mieux élever des cochons que des enfants ? voilà le langage qu'elle tient à huit témoins différents, pendant le mois de novembre et les premiers jours de décembre. Et, le 15 décembre, elle dit au curé de Marthon qu'elle a envie de se jeter dans le Bandiat ou de s'empoisonner.

S'empoisonner ! Mais où aura-elle pris le poison ? L'accusation n'a pas fait de ce côté les mêmes enquêtes que du côté de Gotteland ; elle n'a pas interrogé les officines d'Angoulême ; elle n'a pas cherché à savoir si, à Bordeaux, chez son gendre le teinturier, Fanny n'a pas pu se procurer de l'arsenic. Oublie-t-on, d'ailleurs, que, deux mois avant sa mort, Fanny s'est trouvée seule chez M. Dussablon, qu'un témoin l'a vue descendant de la chambre de Mme Dussablon. Qu'y avait-elle été faire ? Écoutez ce témoin, qui, le 19 décembre, a vu Fanny prendre quelque chose de blanc dans un papier près de son lit, le vider dans la tasse, en disant que ce n'est pas du sucre, mais quelque chose qui lui fera du bien.

Ce témoin, on l'a arrêté, il faudra bien le juger. Or, si Jeanne Bergues est acquittée dans trois mois, s'il est jugé qu'elle n'a pas été un faux témoin, que deviendra l'arrêt qui aurait déclaré Gotteland coupable ? La condamnation de Gotteland, en présence de l'acquittement de Jeanne Bergues, deviendrait une monstruosité judiciaire.

Vous acquitterez donc Gotteland, car alors seulement vous serez dans la vérité et dans la justice. Vous l'acquitterez, parce qu'il n'y a pas un fait à articuler contre lui, parce que le motif unique supposé à son crime disparaît devant l'examen, parce que la calomnie de Fanny est aussi évidente que son suicide. Non, non, qu'on ne parle plus d'adultère, ni de crime ; personne, à cette heure, n'y peut croire encore. « Aussi, Gotteland, je vous rends maintenant votre titre, que je n'ai pas voulu jusqu'à

cet instant compromettre dans ces débats. Oui, prêtre du Seigneur, à la fin de vos cruelles épreuves, tombez à genoux devant l'image de ce Dieu dont vous êtes le ministre, et bénissez la main qui vous a châtié par elles pour ces frivolités de vie ou de langage qu'on accepte trop souvent comme un agrément de plus chez l'homme du monde, mais qui vont mal à votre habit, à votre caractère sacré. A genoux devant Dieu ! mais, ensuite, relevez-vous devant les hommes, devant vos Juges, car vous ne pouvez avoir rien à redouter de leur justice. »

C'est-là, assurément, une bonne discussion, faible là seulement où elle est découverte par la cause même. Il n'aura pas échappé au lecteur que l'habile défenseur a dû, plus d'une fois, se mettre en contradiction avec les faits les plus clairement établis. Ainsi, il oublie, pour les besoins de son plaidoyer, qu'on peut visiter le presbytère sans être vu par les Balotte ou par les Savignat. Il oublie que Gotteland lui-même a déclaré avoir reçu maintes fois des cadeaux de Mme Dussablon et n'avoir refusé les noix que parce qu'il ne les aimait pas ; que Mme Dussablon ne pouvait pleurer au souvenir des calomnies nées du départ du curé Bissette, puisqu'elle a affirmé elle-même n'avoir pas su la cause de ce départ. Il affirme, contre toute évidence, que le poison était si bien enfermé chez M. Dussablon, qu'on ne pouvait s'en procurer là, et, l'instant d'après, oubliant sa propre assertion, il admet comme un fait la supposition étrange et tardive du poison dérobé par Fanny. Il commet une erreur matérielle en affirmant qu'il n'a pas été fait d'enquête pour s'assurer si Fanny avait acheté de l'arsenic. Enfin, pour prouver le prétendu désespoir de la veuve Deguisal, abandonnée de tous, *même de son fils*, n'ayant plus ni feu ni lieu, il oublie que le loyer d'Angoulême était au nom de Fanny ; il ne veut pas voir qu'elle avait près de son brave garçon de fils un sûr asile, et il ramasse l'ignoble calomnie qui représente ce bon fils chassant sa mère à coup de pied au cul !

Mais, encore une fois, c'est la cause même qui pèse ici sur l'avocat. Là où il peut trouver un terrain plus sûr, il se tient ferme et lutte avec bonheur. La discussion du témoignage de Lotte est vigoureuse et parfois éloquente. En somme, ce plaidoyer pour Gotteland a d'excellentes parties et fait honneur à l'avocat qui l'a prononcé.

Me Georgeon avait rendu la tâche facile à Me *Aurélien Desèze ;* car défendre un des accusés, c'était défendre l'autre. L'avocat de Mme Dussablon, par une de ces fictions d'audience qui s'adressent au Jury, voulut considérer l'accusation comme abandonnée en ce qui touchait sa cliente. Mais, dit-il, il lui restait à défendre l'honneur d'une famille honorable.

Lui aussi reprocha à l'accusation de n'apporter que des hypothèses et des soupçons, faute de preuves. Il affirma qu'on n'avait pas même trouvé à reprocher une légèreté à cette femme qu'on voulait charger d'un crime.

Restait la tentative de suicide, qui avait eu, aux yeux de bien des gens, toute la valeur d'un aveu, d'une preuve de culpabilité. Me *Desèze* n'y voulut voir *qu'une exaltation d'honneur* et la preuve de l'innocence.

« Vous supposez donc, dit-il, que M. Dussablon découvre à la fois l'adultère et l'empoisonnement. Que fait-il ? Tue-t-il la femme adultère ? Non ; il veut se réunir à elle dans la mort. *Ils sont d'accord :* ils associent *de son consentement* leur jeune enfant à leur suicide. Et ses lettres ! Les lettres qu'il écrit, chaque ligne y proclame l'innocence de sa femme. S'il y a un homme sur la terre qui puisse dire que madame Dussablon a commis le crime, c'est lui; si elle est coupable, il le sait. Eh bien ! quand les premières atteintes de la mort se font sentir, il se lève pour soustraire son cher enfant à la mort en le portant dans la pièce voisine, et il revient mourir avec elle !

« Et depuis lors, Messieurs les Jurés, depuis un an que ces faits se sont accomplis, cet homme, qui est d'une nature rude et violente, il l'a soignée, comme une mère; il la protége. Enfin, Messieurs, il a trouvé la force de supporter ces débats depuis huit jours. Dites-moi où il a trouvé cette force ; c'est dans le sentiment profond de l'innocence de sa femme. »

M. le Président résume les débats. Les quatre questions suivantes sont soumises au Jury :

1re question : Laurent Gotteland est-il coupable d'avoir attenté aux jours de Fanny Deguisal en lui donnant des substances pouvant causer la mort ?

2° Laure Goupilleau, femme Dussablon, est-elle coupable d'avoir attenté aux jours de Fanny Deguisal en lui administrant des substances vénéneuses ?

3° Laure Goupilleau, femme Dussablon, est-elle coupable tout au moins de complicité dans le crime en fournissant à Gotteland les substances qui ont donné la mort, avec connaissance de l'usage qui devait être fait de ces substances ?

4° Laure Goupilleau, femme Dussablon, est-elle coupable d'avoir aidé avec connaissance à l'empoisonnement commis par Gotteland ?

Ici, nous l'avouons, un des termes de la progression décroissante nous échappe. Demander au Jury si l'accusée a attenté aux jours de Fanny, cela est clair; si elle a été complice du crime en fournissant le poison ou en aidant avec connaissance à l'empoisonnement, cela est clair encore : mais séparer, dans deux questions différentes, l'aide avec connaissance de la complicité, c'est là, selon nous, une subtilité difficilement justifiable et qui pouvait, contre les intentions de la Cour, surprendre le Jury.

Cependant, MM. les Jurés se retirent dans la salle de leurs délibérations. Il est près de six heures du soir ; la vaste salle d'audience, mal éclairée par les quelques bougies allumées dans l'enceinte du Tribunal, grouille d'une foule à peine visible, dont les rangs serrés se prolongent, par les portes largement ouvertes, jusqu'à la place du Mûrier, et d'où sortent, comme par bouffées, de sauvages clameurs. La place et la rue qui borde le Palais sont pleines comme la salle même. Les dispositions de cette foule ont paru si peu rassurantes, que l'autorité a fait doubler les postes et consigner la troupe dans son quartier.

Cet encombrement inouï a, pour les accusés, une conséquence vraiment cruelle. Il est impossible de les reconduire à leur prison, et il faut les laisser là, sur leurs bancs, à quelques pas de ce Jury qui délibère, sous les mille yeux de cette foule avide.

Mme Dussablon, affaissée, presque insensible, est entourée des siens, de son mari, de son beau-père, de sa sœur, de M. Bodet, de son défenseur, qui la consolent, qui cherchent à la rassurer. Gotteland, seul à son banc, où nulle sympathie ne l'a suivi, conserve une attitude impassible. Il cause avec les gendarmes et ne paraît concevoir aucune inquiétude de cette délibération qui se prolonge.

Enfin, à huit heures, le Jury rentre, après la Cour, et c'est avec peine que, pour obéir à la Loi, les gendarmes peuvent faire retirer les accusés dans un étroit couloir qui règne derrière leur banc.

Le chef du Jury fait connaître les réponses, affirmatives sur la question relative à Gotteland, négatives sur les trois questions concernant Mme Dussablon. Des circonstances atténuantes sont admises en faveur de Gotteland.

Ce verdict a paru trop doux à la foule : car, chose indigne, plusieurs coups de sifflet et une rumeur profonde de désappointement accueillent le verdict. Mme Dussablon est rappelée la première, et M. le Président prononce son acquittement. Aussitôt, les parents, les amis de cette dame cherchent à lui faire escalader l'appui qui sépare le banc de l'accusation de celui de la défense. Mais elle a perdu tout sentiment, et il faut l'y porter, car il est impossible de penser à la faire sortir de la salle.

Gotteland, à son tour, est ramené à l'audience. Il cherche du regard Mme Dussablon, et, voyant qu'elle n'est plus au banc des accusés, il ne peut réprimer un mouvement de joie. Il est évident qu'il n'a pas compris la signification de l'appel isolé de sa coaccusée. Il s'avance d'un pas ferme, pour entendre la partie du verdict qui le concerne. M. le Procureur de la République requiert l'application de la Loi. M. le Président demande à Gotteland s'il a quelque chose à dire. Gotteland, qui ne paraît pas avoir compris encore la portée du verdict, met la main à son front et dit, avec un accent d'étonnement : « Mais M. le Président, je ne suis pas coupable, moi ! »

Après délibération de la Cour, M. le Président prononce un arrêt qui condamne Gotteland à la peine des travaux forcés à perpétuité.

C'est alors seulement que Gotteland paraît comprendre. Il tombe sur son banc, comme frappé ; ses yeux deviennent fixes, puis laissent jaillir un torrent de larmes. Longtemps il faut attendre, pour le reconduire à la prison, que la foule ait évacué les abords ; mais la foule persiste dans son impitoyable curiosité, et le prêtre déchu traverse à pas lents, sous l'escorte de la troupe, cette multitude qui, enfin satisfaite, ne lui prodigue pas de nouveaux outrages.

Le 30 janvier 1851, la Cour de cassation eut à statuer sur le pourvoi de Gotteland. Après le rapport de M. le Conseiller Quénault, Me Rendu soutint le pourvoi, non sans dire qu'il avait reçu cette mission de son confrère M. Mathieu Bodet. Les irrégularités signalées par l'avocat du demandeur, dans la procédure d'assises, ne parurent pas établies, et la Cour rejeta le pourvoi, sur les conclusions de M. le Procureur général Dupin.

Un mois après, la Cour d'assises de la Charente entendait le dernier écho de cette triste affaire. Jeanne Bergues y comparaissait, sous la prévention de faux témoignage en matière criminelle. Elle persista dans ses déclarations. L'accusation soutenue par M. le Procureur de la République, fut combattue avec talent par Me Georgeon, qui, comme c'était le droit de la défense, voulut voir à l'avance dans l'acquittement prévu de sa cliente, une contradiction avec l'arrêt qui avait frappé Gotteland. Le Jury rendit, en effet, un verdict de non-culpabilité.

Quant au prêtre criminel, le bruit courut qu'il était mort dans la traversée de France à Cayenne.

PARIS. — ÉDOUARD BLOT, IMPRIMEUR, RUE TURENNE, 56.

Mme LEMOINE ET SA FILLE (1859).

... J'ai mis des javelles, des bûches..., et l'enfant dessus par devant, puis, j'ai allumé. (Page 18.)

Le crime pour lequel le Jury, c'est-à-dire l'opinion publique, se montre le plus indulgent en France, celui dont il écarte le plus souvent les conséquences pénales les plus terribles, et qu'il couvre parfois d'une absolution complète, est l'infanticide.

Pourquoi ce privilége accordé à un crime dont un excès d'indulgence aurait assurément pour effet de favoriser la multiplication en détruisant peu à peu l'autorité de la loi religieuse, de la loi morale et de la loi civile, en habituant les esprits au mépris de la vie humaine, au risque de tarir les sources mêmes de l'humanité?

On ne supposera pas, à coup sûr, que ces défaillances, aujourd'hui fréquentes, de la répression aient leur cause dans un abaissement de la moralité générale : ce serait calomnier notre temps. Jamais l'homme ne fut plus que de nos jours respecté par l'homme, et notre civilisation moderne, quoi qu'on en puisse dire ou penser, se distingue de ses aînées par une douceur toute nouvelle sur la terre.

La raison de ces mansuétudes, dont s'effrayent à bon droit le législateur, le magistrat et le moraliste, est multiple.

Elle est le plus souvent dans les motifs déterminants du crime, dans la condition physique, morale et surtout sociale du criminel.

Quels sont-ils, en effet, presque toujours, ces coupables qui viennent répondre devant la Justice de la vie d'un innocent? Si l'on excepte quelques malheureux dénués de sens moral qui ne voient dans l'enfant qu'une gêne et une charge, et qui le tuent de sens rassis pour se soustraire à l'accomplissement du plus sacré des devoirs, ce sont de pauvres filles qu'un moment de faiblesse a fait glisser dans le déshonneur, qu'une faute publiée perdrait sans ressource, et que le désespoir de ne pouvoir nourrir un enfant, alors qu'elles ont peine à se nourrir elles-mêmes, a poussées au crime.

En pareils cas, la pitié du Jury se comprend et s'excuse. Mais si le criminel égarement de la mère n'a pas trouvé sa cause dans ces navrantes misères; si elle a voulu conserver l'honneur au prix d'une vie innocente, alors comment expliquer l'indulgence de l'opinion même pour celle-là? Ne serait-ce pas que cette opinion se sent elle-même en faute? N'a-t-elle pas encouragé le crime par ses préjugés? N'a-t-elle pas réservé toutes ses sévérités à la pauvre fille séduite? Ne l'a-t-elle pas confondue dans ses mépris avec celles que poussent dans la faute la paresse et le libertinage? Que le préjugé frappe aussi durement le séducteur que sa victime ; qu'il cesse d'envelopper dans la même réprobation l'inexpérience et la débauche, et sans doute on verra diminuer ces sanglants sacrifices à l'honneur. Cette aveugle loi d'honneur est souvent ici la meurtrière véritable, et excite au crime celles-là surtout chez qui le sentiment de la dignité sociale est le plus vivace et le besoin de considération le plus énergique.

Le dix-neuvième siècle aura peut-être le privilége de faire disparaître ces deux causes d'un crime qui affecte si profondément la morale sociale et la vie humaine : la misère sans défense et le fatal préjugé d'honneur. La misère abandonnée, sans ressources, des gens de bien, des femmes éminentes associés pour une noble tâche travaillent à la diminuer, et, s'il est possible, à l'éteindre. Le préjugé, des esprits sérieux, honnêtes et élevés s'entendent aujourd'hui pour le combattre. Que les sociétés créées pour venir au secours de l'enfance, joignant leurs efforts à ceux de ces âmes généreuses, étendent leur protection jusqu'à la fille-mère elle-même, et le préjugé, comme la misère, cessera bientôt de faire des victimes.

Dans la cause qui nous occupe, on ne voit pas une de ces pauvres créatures affolées qui expient durement un oubli d'un instant, qui payent pour un séducteur que la loi humaine ne saurait atteindre. La coupable n'est pas une de ces malheureuses abandonnées qui accouchent, ignorantes, égarées par la douleur, dans quelque grabat furtif : c'est une mère inspirée par le fatal préjugé d'honneur, une mère qui veut sauver la réputation de sa fille; une mère qui, dans l'abondance de toutes choses et dans une situation sociale enviée, accomplit froidement, énergiquement, le crime d'infanticide pour conserver intacte sa considération, celle des siens, pour tromper par les apparences d'un honneur immaculé, le monde aujourd'hui, demain, peut-être, quelque confiant honnête homme.

La Justice ici avait le droit et le devoir de se montrer sévère. Cette mère, si avide d'honneur, avait mérité par sa négligence le malheur auquel elle voulait se soustraire. Elle n'avait pas su entourer sa fille de cette surveillance active et salutaire qui protége une enfant inexpérimentée contre les périls de la vie. Elle lui avait donné le dangereux exemple du mépris des devoirs de famille et des convenances sociales, et sa propre vie avait été pour celle dont elle eût dû être la gardienne attentive une leçon de révolte et de désordre.

Mais le lecteur trouvera peut-être que, dans ce drame de Chinon, la Magistrature a trop fidèlement représenté l'opinion publique dans ses injustes préjugés. Ses sévérités se sont impitoyablement appesanties, non pas seulement sur la mère qui les méritait si bien, mais sur la fille, pauvre victime d'une éducation mal conduite, et des ignobles convoitises d'un misérable. Pour l'infâme séducteur, elle n'a pas eu, à défaut des peines que la loi n'a pas édictées, ces justes flétrissures qui, infligées de si haut, viendraient en aide à la conscience publique et contribueraient à déplacer la responsabilité morale de l'infanticide.

En 1858 vivait, à Chinon, petite ville d'Indre-et-Loire, une dame Lemoine, issue d'une famille considérable du pays. Victoire Mingot, dont les parents avaient, au commencement du siècle, occupé honorablement leur place dans les assemblées législatives et dans la magistrature, était, à dix-neuf ans, en 1835, riche et appelée à le devenir davantage. Elle pouvait prétendre à une alliance élevée; aussi, la vit-on avec surprise s'unir à un jeune homme pauvre, d'une famille obscure.

Ce mariage ne fut pas heureux. La vie commune devint impossible entre les époux, et, en 1851, la dame Lemoine obtint en justice une séparation de corps. L'arrêt fit droit à ses plaintes, en lui confiant la gestion d'une fortune importante et, faveur rare et significative, en remettant dans ses mains le soin d'élever les deux enfants nés de ce mariage mal assorti, un fils et une fille.

De ces deux enfants, le seul dont nous ayons à nous occuper ici, Angélina, avait quinze ans à peine à l'époque où s'ouvre ce récit. Précoce, comme l'avait été sa mère, elle avait déjà la taille et les élégances d'une femme, à l'âge où la plupart des jeunes filles ne sont encore que de maigres et disgracieuses enfants. Elle promettait de rappeler un jour par sa beauté sa mère, dont les traits nobles et la tournure majestueuse faisaient revivre, pour ainsi parler, dans la femme de quarante-deux ans, quelqu'une des beautés splendides et sévères de la cour de Louis XIV à son déclin.

La jeune Angélina avait été élevée dans la maison maternelle; elle avait reçu, elle recevait encore des leçons d'excellents et honorables professeurs. Cette éducation, la fortune de sa mère, ses avantages personnels qui se développaient de plus en plus, semblaient faire de cette jeune personne un des partis les plus enviables de Chinon, quand toutes ces belles espérances furent tout à coup renversées de la façon la plus imprévue.

Dans les premiers jours d'octobre 1853, le bruit se répandit dans la ville que la fille de la riche, de la fière Mme Lemoine, entretenait des relations honteuses avec le cocher de sa mère. Cette étrange nouvelle parut, tout d'abord, incroyable aux honnêtes gens de toutes les classes; mais elle fut accueillie avec faveur par quelques âmes basses, jalouses de tout ce qui les domine : elle eut faveur surtout dans le monde des antichambres et des écuries.

Ce cocher, qu'on donnait pour amant à Angélina Lemoine, était depuis deux ans au service de la mère. Il se nommait Jean Fétis; il avait vingt-huit ans. Son aspect seul semblait démentir la rumeur et la noter de calomnie. C'était un petit homme maigre, au front bas, au nez court, au teint jaune et terreux, à la voix d'eunuque, aux yeux chassieux. Une petite tête, même sur ce petit corps, une petite face bouffie, d'apparence scrofuleuse. Avec cela, ignorant et grossier comme un laquais campagnard, non sans une pointe de prétention grotesque : il prenait, par exemple, d'un ménétrier de Chinon, des leçons de violon à 25 centimes le cachet. Et c'était là l'homme à qui la charmante Angélina eût sacrifié son honneur!

En novembre, le petit bruit calomnieux commença à s'enfler, à grandir. En décembre, si tout le monde n'y croyait pas, personne ne l'ignorait. Beaucoup allaient jusqu'à dire que Mlle Lemoine était enceinte, que le cocher s'en vantait, qu'il annonçait son futur mariage avec la demoiselle.

Une brave femme, qui avait été longtemps elle-même au service de Mme Lemoine, qui lui portait affection et respect, qui avait vu naître et grandir la petite Angélina, avait entendu, comme beaucoup d'autres, à la *tirée du vin*, gloser impitoyablement sur les amours de Mlle Lemoine. Ce fut elle que le curé de Chinon chargea d'avertir son ancienne maîtresse. Choix malheureux! C'était une fort honnête personne que la mère Suard, mais timorée, manquant d'ailleurs de l'autorité nécessaire auprès d'une femme un peu hautaine, comme l'était Mme Lemoine. Celle-ci n'en était pas à entendre le premier écho de vagues calomnies. La bonne vieille Suard balbutia quelques avis, parla des vanteries ignobles du domestique, qui, à l'en croire, aurait été attiré par Angélina dans sa chambre à coucher. Elle laissa entendre qu'on l'avait chargée de la mission délicate qu'elle remplissait en ce moment; mais elle se contenta de dire que l'avis venait de source honorable, sans nommer le curé.

Mᵐᵉ Lemoine, restée seule, interrogea sa fille, avec la prudente réserve d'une mère qui ne veut pas instruire par des questions trop précises celle dont elle doit préserver la pureté. Angélina nia tout, non pas avec la confusion d'une coupable, mais avec la naïveté souriante de la candeur. La mère, dès-lors, haussa les épaules et ne pensa plus à ces sottises.

Peu à peu, cependant, les calomnies devenaient des médisances, les soupçons se changeaient en certitude. Soit stupide confiance, soit calcul odieux, ce Fétis avait si bien colporté par la ville l'ignoble histoire de son bonheur et de ses espérances, qu'il eût fallu se boucher les oreilles pour ne pas l'entendre. Il avait un frère, établi à Chinon, petit fabricant d'allumettes chimiques. Ce frère, Joseph Fétis, servait de trompette à l'heureux cocher, dont un mariage inespéré allait faire la fortune. A qui lui proposait un parti sortable pour sa condition, Jean Fétis répondait dédaigneusement: J'ai mieux que cela, et il ne se gênait pas pour nommer celle qui, disait-il, voulait assurer son avenir et le lui laissait escompter à l'avance. Chez tel autre, il comptait sur ses doigts le nombre des gens qu'il aurait à ses ordres, sans oublier la nourrice. Il mettrait sa maison sur un bon pied; il ne tenait pas la mère quitte à moins de 4,000 livres de rente.

Le premier mois de 1859 ramena les réceptions officielles, les soirées, les bals. Mᵐᵉ et Mˡˡᵉ Lemoine furent invitées au bal de M. Martin. Cette invitation devint un grand événement pour la petite ville. Viendra-t-elle, se disait-on, osera-t-elle venir? Elle vint, conduite par sa mère, sa mère qui, seule peut-être dans Chinon, ignorait ce scandale, ces curiosités cruelles attachées aux moindres mouvements de sa fille se rangeant en haie dans la cour pour la voir descendre de voiture, épiant les rondeurs de sa taille, les indications secrètes de sa démarche. Elle vint, toute rose, toute souriante, fraîche et svelte à étonner; elle dansa avec toute l'ardeur, avec tout l'abandon d'une jeune fille.

Comment croire à tant d'audace, à tant de perversité? Car la mère, évidemment, ne savait rien, et si ce Fétis ne mentait pas, la malheureuse enfant attendait, pour déclarer sa grossesse, que le scandale éclatât et forçât les parents à unir ces amants si bien assortis!

Quelques-uns, parmi ceux qui ne s'empressent pas de croire au mal, réservèrent donc leur jugement. Et cependant les preuves s'accumulaient. Ce n'était plus Fétis seul qui parlait. Des espions domestiques avaient surveillé le mystère de la maison Lemoine. C'était une ouvrière, c'était une cuisinière qui parlaient de vomissements significatifs, de linge révélateur. C'étaient des voisins qui ramassaient ces bavardages, les commentaient, les mettaient en circulation. Il n'y avait pas jusqu'aux envieux de bas étage qui ne contribuassent à répandre et à accréditer le fait honteux. Ceux-là disaient à Fétis: Vous avez de la chance, vous! et Fétis se rengorgeait.

A la fin de janvier, un incident vint donner raison à tous ceux qui ne doutaient plus. Le 28, Mᵐᵉ Lemoine renvoya tout à la fois cocher et cuisinière. Pourquoi faire ainsi maison nette? On s'informa. Les oisifs, les jaloux, les méchants, gent perspicace, allèrent aux renseignements. On questionna Louise Delacotte, la cuisinière. «Eh bien! ma pauvre Louise, vous voilà donc sans place? — Ne m'en parlez pas; madame m'a renvoyée comme un chien, sans même me dire gare! Pas un mot d'explication. — Mais, enfin, pourquoi?... — Ah! on savait trop de choses. Et puis, cet imbécile de Fétis qui s'en va demander mademoiselle en mariage, et qui raconte de but en blanc à madame que sa fille est enceinte! — Et qu'est-ce qu'elle a dit, madame? — Oh! vous savez, dans des moments comme ça, il n'y a que ses yeux qui parlent. Elle l'a payé, lui a fourré ses quatre loques sous le bras, et en avant marche! Mais, moi, qu'est-ce que j'avais fait dans tout ça? Est-ce que j'étais de la bande à Fétis? Madame sait bien que nous nous regardions comme des chiens de faïence avec ce bel oiseau-là. Mais, je vous dis, on en savait trop long, et madame se figure que les nouveaux n'en sauront pas aussi long que les anciens!»

Et Fétis confirmait ces dires, en promenant d'un air lugubre par la ville son paquet, sa boîte à violon et sa déconvenue.

Bientôt le silence se fit dans la maison Lemoine. On ne vit plus la mère et la fille dans le monde; mais Mᵐᵉ Lemoine ne se cloîtra pas pour cela. Elle semblait, au contraire, affecter de sortir avec Angélina. Ceux qui les regardaient passer voyaient toujours la fille rose et souriante, la mère calme et majestueusement sérieuse comme d'habitude. Quelques-uns, qui avaient pénétré dans cette maison devenue presque inaccessible, rapportaient que la dame plaisantait avec sa liberté d'esprit ordinaire. Quant à lui parler du malheur d'Angélina, peu l'osaient. A ceux-là, elle répondait superbement: Je ferai taire ces infâmes calomnies.

Cependant M. Lemoine avait été averti. Si on ne lui avait pas donné comme certains les bruits fâcheux qui couraient sur sa fille, on lui avait au moins fait comprendre que ces bruits avaient pris un caractère de gravité qui réclamait un prompt remède. Il arriva à Chinon dans la nuit du 4 au 5 mars.

Il avait été convenu que M. Lemoine verrait, à Chinon, ses enfants, chez M. Huet, ancien avoué. Jusqu'alors, toutes les fois que M. Huet avait prié Mᵐᵉ Lemoine de tenir Angélina à la disposition de son mari, elle avait accédé à cette demande. Cette fois, Mᵐᵉ Lemoine refusa de laisser aller sa fille, alléguant qu'elle était malade, qu'elle avait la migraine. M. Huet insista amicalement.

« Votre refus, lui dit-il, m'attriste plus que je ne saurais vous le dire; conduisez Angélina à son père, si cela est possible. Je vous le conseille dans l'intérêt de tout le monde. » Tout ce qu'il put obtenir fut que Mᵐᵉ Lemoine irait donner à son mari l'explication de ce refus.

M. Lemoine fut surpris de voir arriver sa femme seule : « Et Angélina! » s'écria-t-il. M. Huet se retira. L'entrevue fut vive entre les deux époux. Le résultat fut que M. Lemoine quitta la place, annonçant qu'il repartait pour Paris.

Avant de partir, toutefois, il eut le temps de passer chez un de ses vieux amis de Chinon, M. Guibout. Ce dernier était absent. M. Lemoine se promenait à grands pas dans son salon, quand il rentra. Voyant son agitation : « Qu'avez-vous donc? lui dit M. Guibout. — Ah! mon cher ami, il m'arrive une chose qui m'assomme. Je viens de voir ma femme chez Huet. En entrant, elle m'a dit : « Ce n'est pas moi que vous vouliez voir; c'est votre fille. Vous ne la verrez pas. » Et elle m'a accablé d'injures, d'outrages. Que veut dire cela? et ces bruits désolants qui s'aggravent tous les jours! — En présence d'une situation semblable, lui dit M. Guibout, vous ne pouvez pas partir, vous ne le devez pas. Prenez-y garde; si, par malheur, ces bruits ne sont pas calomnieux, si votre fille est enceinte, qui sait où cela pourra mener Mme Lemoine? — Eh bien? — Votre femme a un plan de conduite; elle le suivra jusqu'au bout. — Quoi! Guibout, croyez-vous donc ma femme capable d'un crime? — Vous la connaissez mieux que moi. »

M. Lemoine, toutefois, n'insista pas pour voir sa fille et repartit, le jour même, pour Paris.

Un mois après, le 4 avril, il écrivit à M. Clémenceau, avoué au tribunal de Chinon, une lettre dans laquelle il le priait de le renseigner sur deux points, sur l'importance d'emprunts qu'on disait avoir été contractés par Mme Lemoine, et sur la valeur des bruits qui couraient relativement à sa fille. M. Clémenceau répondit que les emprunts s'élevaient à une somme de 102,000 francs, et qu'il y avait lieu de révoquer le pouvoir d'emprunter. En ce qui concernait Angélina, l'avoué dut reconnaître que les bruits prenaient beaucoup de consistance, que les mieux intentionnés commençaient à y ajouter foi. Il fallait donc promptement aviser, et, dans l'intérêt de tous, s'assurer de la position de Mlle Lemoine.

Le 26 avril, M. Lemoine écrivit à M. Clémenceau qu'avant d'agir, il avait voulu consulter son père et s'entendre avec son fils. Fallait-il recourir aux moyens légaux, c'est-à-dire adresser une requête en révocation de pouvoir et en retrait d'administration? Mais, et ce fut l'avis de la famille, une pareille demande ne ferait qu'accréditer les bruits répandus. Pouvait-on faire la demande, mais sans publicité, sans scandale? « Voyez si c'est possible, disait M. Lemoine; pas d'avocats surtout. Il ne faut pas donner prise à la malignité publique. »

« Une pareille démarche ne saurait rester ignorée, surtout dans une petite ville, répondit l'avoué. Il faut chercher autre chose. J'ai pris, à ce sujet, conseil d'un des hommes les plus considérables et les plus honorés de Chinon; il a été d'avis qu'il serait bon de tenter auprès de Mme Lemoine une démarche conciliatrice. Qu'en pensez-vous? Mais, si vous goûtez le conseil, laissez-moi choisir une personne assez honorable, assez bien placée, pour que son caractère et sa position lui donnent autorité sur elle. Ce serait, par exemple, celle-là même que j'ai consultée. »

M. Lemoine consentit. La personne choisie accepta la mission et manda Mme Lemoine. Aux premiers mots, celle-ci protesta hautement, cria à la calomnie. « J'affirme, dit-elle, que rien de tout cela n'existe. Je suis la mère, on peut m'en croire. — Je veux vous croire, répondit l'honorable intermédiaire; mais tous vous croiront-ils? Une simple dénégation sera-t-elle suffisante pour rassurer M. Lemoine, par exemple? Tenez, faites une chose qui ne vous engage à rien, qui ne compromet personne. Laissez votre médecin, c'est, je crois, le docteur Gendron, voir votre fille, comme par hasard. A sa physionomie, il saura à quoi s'en tenir, et le père se contentera du rapport du docteur. » Mme Lemoine se refusa obstinément à toute concession, et se retira, jurant que sa fille n'était pas enceinte, qu'elle était victime de la plus noire calomnie, mais qu'elle saurait mettre un terme à ces infamies.

M. Clémenceau fit part de ce résultat à M. Lemoine, qui le pria de ne pas aller plus avant.

Mme Lemoine et sa fille continuaient, cependant, à mener cette vie solitaire, mais non retirée, dont nous avons parlé. Comme on n'avait plus de cocher, ces dames montaient à âne pour se rendre à leur campagne de Givray. La grossesse d'Angélina était, désormais, un fait si généralement accepté que, en voyant passer la jeune fille sur sa monture, les paysans se disaient: « Elles veulent le faire couler. » Des journaliers rapportaient qu'ils avaient vu la demoiselle exécutant des culbutes périlleuses sur les coteaux voisins, et on en concluait que la mère et la fille préparaient un avortement.

Les choses allèrent ainsi jusqu'en juillet.

Au commencement de ce mois, on vit reparaître à Chinon le triste héros de cette histoire, Jean Félis, qui, de nouveau, promena par la ville ses ignobles confidences. Cette fois, il annonçait presque à jour fixe la venue de cet enfant qui allait le faire riche et le métamorphoser en bourgeois. C'est pour les premiers jours d'août, disait-il.

Les curiosités malveillantes se tinrent donc sur le qui-vive. Mme Lemoine remontait peu à peu sa maison. Elle avait pris une nouvelle domestique; elle cherchait un nouveau cocher. Les voisines languardes eurent bientôt fait le siége de la Jeanne Rochereau, la nouvelle embauchée. Avait-elle vu mademoiselle se déshabiller? La trouva-t-elle bien grosse en négligé? et le linge? et le reste? La Jeanne n'avait pas vu mademoiselle en négligé; le linge de mademoiselle n'était pas celui d'une jeune fille.

Le 29 juillet, Mme Lemoine fit prévenir le professeur de musique qu'elle irait, le lendemain, à la campagne et qu'Angélina ne prendrait pas sa leçon ce jour-là. Ce lendemain, qui était un vendredi, on n'alla pas à la campagne. « Il fait trop chaud, » dit Mme Lemoine à Jeanne.

Le dimanche matin, 30 juillet, la Jeanne puisait au puits du voisin plus d'eau que d'habitude. « Pourquoi cela? — Ne m'en parlez pas; je ne sais qu'en penser. Ce matin, le tapis de mademoiselle était taché, le parquet lavé et les cendres du petit salon toutes mouillées. — Ah! est-ce que par hasard?... — Mais non, si c'était vrai, il y aurait un enfant; ça ne peut pas disparaître comme ça. »

Le nouveau cocher, entré depuis quelques jours, ne savait rien de ce qui se passait chez madame; mais il avait bien remarqué qu'on avait fait monter la chienne pendant le dîner, contre l'habitude; et la chienne avait refusé sa pâtée du soir.

Le soir du dimanche, Mme et Mlle Lemoine partirent pour la campagne. Domestiques et voisins s'aperçurent du changement subit qui s'était fait dans les traits, dans la démarche et dans le costume d'Angélina. Elle marchait péniblement, et, au lieu de précéder sa mère comme toujours, elle se traînait derrière elle. Elle s'enveloppait d'ordinaire d'un châle ample qui dissimulait la taille; ce jour-là, elle avait repris un mantelet qui la dégageait. Sa tête, qu'habituellement elle portait très-haute, n'était plus encadrée dans un chapeau renversé, mais coiffée en avant d'un chapeau Paméla, garni d'une dentelle noire couvrant en partie la figure. Ce qu'on voyait de ses traits la montrait pâle, fatiguée.

Ces observations furent colportées, commentées.

L'accouchement parut certain. Mais l'enfant, qu'était-il devenu?

Le 7 août, deux dénonciations arrivent au parquet de Chinon. On y affirme l'accouchement; on y parle d'un crime. La Justice s'émeut; Mᵐᵉ Lemoine est mandée par *M. Corbin*, Juge d'instruction de Chinon. Là encore, elle proteste contre la calomnie qui s'acharne à flétrir sa fille. « Eh bien! lui dit le magistrat, pourquoi ne pas vous adresser à la Justice pour en rechercher les auteurs? Ce que vous n'avez point fait encore, il devient nécessaire de le faire aujourd'hui. Ne pas porter plainte contre les calomniateurs, ce serait vous avouer coupable. »

Mᵐᵉ Lemoine parut hésiter; mais, enfin, elle se décida à signer une double plainte, l'une en diffamation contre Fétis, l'autre en dénonciation calomnieuse contre le révélateur d'un infanticide prétendu.

Cette dernière plainte nécessitait une enquête préalable sur la vérité ou la fausseté des faits énoncés. Mᵐᵉ Lemoine, sa signature une fois donnée, fut avertie que la Justice avait pour devoir de s'assurer, sur la personne d'Angélina, de la réalité des faits.

M. le Juge d'instruction, par un sentiment de convenance des plus délicats, chargea de cette démarche le médecin de la maison Lemoine, le docteur Gendron, de Chinon. Le 8 août, le docteur alla trouver Mᵐᵉ Lemoine. Celle-ci accueillit, sans étonnement et sans inquiétude apparente, les questions de M. Gendron, plus embarrassé qu'elle et peut-être plus ému. « Voyons, dit le docteur, vous me comprenez bien, vous savez bien ce qu'on dit par la ville. Eh bien! aujourd'hui, la Justice veut s'assurer de l'exactitude de ces bruits. — Tout cela est faux, mon cher docteur; cancans de domestiques, propos d'un misérable que j'ai chassé; voilà tout. — Réfléchissez, chère madame; pensez que la Justice n'est pas pour se contenter d'une dénégation sans preuves. Si je suis ici, moi qui suis votre ami, c'est que j'ai voulu, en acceptant une mission pénible pour moi, vous éviter de la voir remplie par un autre. — Ah! on va jusque-là... eh bien! oui, docteur, ma fille est accouchée. Allez leur dire que j'en conviens, et que tout cela soit fini. — A quand remonte l'accouchement? — A la nuit du 29 au 30 juillet. — Et... l'enfant? — Il est venu mort. — Vous l'avez enterré, sans doute. Il faut le représenter : la Justice ne vous croira pas sur parole. — Je ne le puis. — Mais il le faut... Allons, voyons, qu'en avez-vous fait? — Je l'ai brûlé. »

Il y eut un moment de silence. Le pauvre docteur était atterré. Mᵐᵉ Lemoine était grave et calme. Avant de se retirer : « Ce que vous m'avez confié, dit le médecin, vous appartient encore. Je ne suis pas un juge, moi. Si vous avez parlé au médecin, le médecin ne parlera que si vous l'y autorisez.—Vous pouvez leur redire ce que je vous ai dit. »

M. Gendron rendit compte de sa démarche au magistrat. « Cela ne peut me suffire, dit celui-ci. Il faut que vous visitiez Mˡˡᵉ Lemoine, et que le fait de l'accouchement soit prouvé par un examen légal. Mais ne vous pressez pas; ce n'est pas chez sa mère, c'est au pénitencier que vous aurez à remplir votre mission. »

Mᵐᵉ Lemoine et sa fille furent arrêtées; une information fut ouverte.

Le fait matériel de l'accouchement, les détails principaux, l'incinération de l'enfant, tout cela fut déclaré par les deux femmes, dans des termes presque identiques. La nuit venue, du 29 au 30, Angélina s'était sentie fort souffrante. Vers onze heures, les grandes douleurs se firent sentir. La mère fit alors passer sa fille dans un cabinet où un lit se trouvait habituellement dressé. Angélina se coucha sur le lit, le haut du corps appuyé sur un matelas que sa mère avait enroulé. Un creux fut fait dans la paillasse, et la mère y plaça un vase de nuit de forme plate, destiné à recevoir l'enfant. Un second vase devrait recevoir le sang et le placenta.

Mᵐᵉ Lemoine et sa fille, interrogées séparément, s'accordèrent à dire que l'enfant n'était pas venu à terme, que la grossesse était le résultat d'un viol, qu'on avait tout caché par crainte du scandale.

Les réponses de Mᵐᵉ Lemoine furent des plus sommaires. Quant à sa fille, que le magistrat avait, dès le premier moment, séparée d'elle et qu'il en tint séparée jusqu'à l'ouverture des débats publics, avec une habileté que la défense devait lui reprocher plus tard, l'instruction obtint d'elle quelques détails sur le fait de l'attentat qu'aurait commis Fétis. Voici ce que dit Angélina (1) :

« Fétis se trouvait avec moi à la cave; il m'a brutalement renversée le long d'une crèche. Il m'accrocha les bras sur un chevron (pièce de bois), et me viola malgré mes cris. Je n'ai pas voulu le dire, de peur que ma mère ne fît du scandale... »

Mais, objecta le magistrat instructeur, en supposant que ces premiers rapports aient été involontaires de votre part, en admettant même que vous ayez caché votre malheur à votre mère, pour que vous puissiez aujourd'hui accuser cet homme d'un viol, il faudrait que vous n'eussiez pas subi volontairement d'autres outrages. Or vous ne pourrez l'affirmer; car tout démontre que, malgré ces prétendues violences de la première heure, vous êtes restée avec Fétis, jusqu'au jour de son départ, dans des termes de familiarité significatifs. Direz-vous que tout s'est borné entre vous à cette scène unique de la cave?

Angélina répondit en propres termes :

« Une fois que je me fus abandonnée à lui, je n'ai pas cru devoir lui refuser ensuite ce qu'il me demandait. »

Ces relations consenties avaient-elles été fréquentes? Elle répondit qu'elle s'était souvent livrée à Fétis dans la cave.

Le lendemain de ce premier interrogatoire, Mᵐᵉ Lemoine persista dans ses déclarations de la veille et dans la concision de ses réponses. Mais, soit effet de l'isolement et de la réflexion, soit par toute autre cause, Angélina changea tout à coup de système. Le magistrat lui ayant fait observer que le viol ne pouvait être admis par le bon sens, puisque, de son propre aveu, pendant trois mois, elle se réunissait, dans cette même cave, avec ce même domestique, puisqu'elle y allait froidement, volontairement, elle revint alors sur ses déclarations. Elle avoua qu'elle avait eu son roman, que Fétis en avait été le héros bizarre. Était-ce là le fruit d'une imagination naturellement déréglée, d'une explosion soudaine des sens ou d'une éducation mal dirigée? A ces questions, elle répondit :

« On me laissait lire bien des mauvais livres. D'abord, je me cachais pour les lire; puis je les lisais ouvertement. »

Et encore :

(1) **Toutes** les questions, ou réponses, placées entre guillemets, sont empruntées textuellement aux citations faites de la procédure secrète dans le débat public.

« Fétis est le premier homme qui m'ait dit des mots d'amour ; j'ai eu le malheur d'y croire... et je me suis abandonnée... Après, j'ai été partagée entre la honte de m'être donnée à mon domestique et le bonheur d'avoir élevé jusqu'à moi un homme qui était, d'après les lois sociales, dans une position inférieure à la mienne... »

Le Magistrat. — Est-il vrai que Fétis ait été le premier homme qui vous ait parlé d'amour ? — *Angélina* garde le silence.

« Pourquoi vous êtes-vous abandonnée si facilement à cet homme ? Vous croyiez, n'est-il pas vrai, entrevoir un mari dans l'amant ? » — Elle répond encore affirmativement.—« Est-ce vous ou Fétis qui avez commencé ? » demande le Juge. Elle répond : « Je crois bien que c'est lui. »

Le viol aussi catégoriquement écarté, le concert devenait évident entre la mère et la fille. Elles s'étaient donc entendues pour tromper la Justice ? Jusqu'à quel point ? Angélina avoua d'abord ceci, que sa mère savait qu'un viol n'avait pas été commis.

Mme Lemoine n'avait-elle appris les relations de Fétis avec sa fille et la grossesse de celle-ci que le jour où fut décidé par elle le renvoi de Fétis ? Cela était probable ; Angélina le confirma. Mais, lui dit-on, votre mère a été avertie, nous le savons, par une personne honorable et digne de foi, des bruits qui couraient sur vos amours et sur votre grossesse. Elle a dû vous en parler ; qu'avez-vous répondu ? — J'ai nié. — Pourquoi, puisque vous deviez épouser ce Fétis ? — « A ce moment, ma grossesse n'était pas certaine et elle était le seul moyen de finir mon roman. J'ai voulu faire le bonheur d'un homme comme ma mère avait fait celui de mon père. »

Mais une femme a presque toujours des signes certains de grossesse ; à quel moment avait-elle pu se croire enceinte ? — « Mon époque de novembre avait cessé. Fétis le savait, et n'ignorait pas que j'avais eu des vomissements. »

Elle n'avait pas dû ignorer que la rumeur publique s'occupait de sa position secrète, et Fétis avait dû s'en rendre l'écho près d'elle ? Cette publicité ne pouvait contrarier leurs vues, puisqu'ils espéraient forcer la main à la mère par un scandale et assurer ainsi une union désirée.

« Fétis me dit, au mois de novembre, qu'on en parlait en ville, qu'il fallait tout brusquer. Je lui répondis : « Je n'oserai jamais en parler la première à ma mère. » Ce fut donc Fétis qui s'en chargea et il fut convenu qu'il profiterait, pour en parler, d'une excursion faite par Mme Lemoine à sa maison de campagne, le 27 janvier, en compagnie du seul Fétis.

« Fétis me dit le refus de ma mère ; je dis alors à Fétis : « Nous nous sommes promis de nous aimer toujours ; il est trop tard pour nous séparer. » J'entendis, le lendemain, ma mère donner son compte à Fétis et lui dire : Non, pas de grâce ! »

Quelle explication avait eu lieu entre elle et sa mère, à la suite de la demande en mariage ?

« Ma mère m'a demandé ce que signifiaient les prétentions de cet homme. Je lui ai dit que je l'aimais. Elle m'a demandé si j'étais grosse, et je lui ai répondu que je n'en étais pas sûre. »

Mais un moment avait dû arriver où cette grossesse était devenue certaine, et pour la fille et pour la mère ?

« Trois semaines avant mon accouchement, ma mère a surpris les mouvements de mon enfant en m'appuyant la main sur le ventre. »

Alors ce n'était plus seulement sur le viol prétendu, mais aussi sur la prétendue ignorance de l'époque de l'accouchement que s'était établi un concert entre la mère et la fille ? On avait prévu l'époque d'un accouchement normal ; cela devenait évident. Mais n'avait-on rien tenté pour précipiter le dénouement par une fausse couche ?

« Il était convenu avec ma mère qu'on brûlerait l'enfant, et c'est pour cela qu'elle me faisait dégringoler le coteau de Givray. — Oui, dit le Magistrat, nous comprenons si ce n'était qu'un embryon ; mais si l'enfant venait à terme ? — Eh bien ! elle me disait : « Ne t'en inquiète pas, j'en fais mon affaire, *il disparaîtra.* »

Les manœuvres abortives étant restées sans résultat, on avait dû se résigner à un accouchement furtif, dont on connaissait l'époque fatale.

« Il n'y avait pas de méprise pour nous ; ma mère et moi savions bien que l'accouchement était imminent. C'est peu de temps après m'être couchée, que j'ai senti de grandes douleurs et que j'ai été conduite dans le cabinet.

« J'avais lu un roman publié par la *Presse*, intitulé Mme *Gil-Blas*, où j'ai vu la description d'un accouchement.... Ma mère m'avait interdit de crier, mais les douleurs ont été plus fortes que ma volonté. Toutefois, j'ai peu crié. »

Restait la question la plus grave : l'enfant avait-il vécu ? Tout faisait pressentir ce dernier aveu d'Angélina :

« Ma mère, en voyant l'enfant, a dit : Dieu ! qu'il est gros ! il est énorme ! On ne l'aurait pas dit. J'ai vu mon enfant dans le vase ; il était replié. J'ai aperçu le derrière de sa tête. Il avait des cheveux. Je l'ai vu remuer.

« Je n'ai pas encore demandé sa grâce à ce moment suprême, parce que, pour moi, connaissant le caractère de ma mère, je savais combien ce serait inutile.

« En me sentant délivrée, j'ai poussé un dernier cri, je savais que c'était fini.

« Je ne sais comment ma mère l'a tué. Je ne crois pas qu'elle lui ait porté des coups de ciseaux ; je crois plutôt qu'elle lui aura porté la main sur la bouche, pour l'empêcher de crier et pour l'étouffer. »

Dans plusieurs interrogatoires successifs, elle revint sur son impuissance à modifier les résolutions de sa mère. Elle n'avait pu, dominée comme elle l'était, avoir même l'idée de la résistance.

« J'ai été entraînée par ma mère ; je ne pouvais lui résister. Je savais très-bien qu'elle tuerait mon enfant. Comment pouvais-je l'en empêcher ?...

« Que voulez-vous ? j'ai été entraînée par ma mère. Elle a un caractère indomptable. Je ne pouvais songer à lui résister. Je savais très-bien que ma mère tuerait mon enfant. »

Dans le septième et dernier interrogatoire qu'elle eut à subir à Chinon, Angélina fut invitée par M. Corbin à renouveler, à préciser une fois de plus ses aveux, à en bien faire ressortir le caractère spontané.

« Ma mère me fit remarquer que l'enfant était fort bien constitué, et qu'il remuait ; ce que j'ai bien vu... Quant à dire la manière dont ma mère a tué mon enfant, je ne puis faire qu'une supposition, c'est qu'elle lui a mis la main sur la bouche pour l'étouffer... »

Le Magistrat l'adjure, encore une fois, de dire toute la vérité. « On prétend, lui dit-il, que vous avez obéi à une surprise, à une pression quelcon-

que; il est temps encore de revenir à la vérité. »
Elle répond :

« On n'a pas usé de surprise; ce que j'ai dit, je le maintiens, et je ne l'ai dit que parce que c'était la vérité. »

Plus tard, à Tours, avant l'ouverture du procès public, Angélina renouvela une dernière fois ses déclarations :

« L'enfant paraissait très-vif; il me semblait à moi qu'il ne demandait qu'à vivre... Il s'est débattu pendant cinq minutes...

« Oui, je persiste. Je suis accouchée à terme. Mes relations avec Fétis dataient de la fin d'octobre. Il avait toujours été convenu que ma mère ferait disparaître mon enfant. Lors de mon accouchement, elle a trouvé qu'il était fort et bien vivant. Moi-même, je l'ai reconnu, car j'ai vu l'enfant remuer dans le vase où il avait été déposé sur mon lit. Sur la manière dont ma mère l'a tué, je ne puis faire qu'une supposition, c'est que ma mère l'a étouffé en mettant sa main sur sa bouche. »

Et, sur l'insistance du Magistrat, elle ajoute :

« On n'a usé, vis-à-vis de moi, ni de surprise, ni de menaces. »

Mme Lemoine, elle, se retranchait, cependant, dans des dénégations absolues. Fidèle au système qu'elle avait arrêté avec sa fille, elle se contentait de répéter ses aveux sommaires, sans s'engager dans des explications détaillées. Une fois qu'on put lui opposer les aveux explicites d'Angélina, elle n'en persista pas moins à affirmer le viol, la délivrance prématurée, inattendue, la mort de l'embryon avant terme. Elle nia obstinément qu'aucun concert eût été établi à l'avance entre elle et sa fille, et, comme on a pu le deviner par les précautions du Juge instructeur, elle ne voulut voir dans les aveux d'Angélina que l'effet des obsessions du Magistrat, arrachant à une enfant effrayée des réponses contraires à la vérité. Les manœuvres abortives rapportées par les paysans de Givray, elle les traita de contes, de *fagots*. Elle nia également qu'on l'eût officieusement avertie des bruits de déshonneur et de grossesse répandus dans Chinon.

La Justice, au même temps, interrogeait Fétis, qui avait de nouveau quitté Chinon, et qui était retourné dans la Charente, à Mansle d'abord, puis à Angoulême. Cet homme, avec une singulière naïveté, avec un cynisme inconscient, raconta la honteuse histoire de ses amours avec l'enfant qu'il avait souillée. Il donna les détails les plus précis, les plus impudiques sur ses rapports avec Angélina, et ne cacha pas qu'il avait vu dans une grossesse un moyen de se faire accepter comme gendre. Il prétendit avoir été provoqué par la jeune fille. Sur le fait matériel de la possession, il ne fut pas entièrement d'accord avec Mlle Lemoine. Celle-ci plaçait la première scène dans la cave; il dit que les relations avaient commencé, le 2 octobre, dans la chambre à coucher d'Angélina, et qu'il y avait été appelé par sa jeune maîtresse.

Il parut que cette spéculation monstrueuse faite par Fétis sur l'ignorance et sur la faiblesse d'une pauvre enfant sottement romanesque, n'éveillait dans l'esprit de cet homme aucune idée de crime ou même de honte. À peine avait-il joui de la jeune fille, qu'il s'était empressé de raconter aux siens son bonheur et, surtout, ses espérances. Les siens, dignes de lui, tout en lui donnant quelques conseils de prudence, l'avaient encouragé dans ses pensées d'avenir, heureux de le voir faire *une bonne affaire* dont ils pourraient eux-mêmes tirer pied ou aile.

« J'ai raconté à mon frère Joseph (le fabricant d'allumettes de Chinon) ce qui m'était arrivé deux jours auparavant. Mon frère me répondit que j'avais fait *un beau coup*, et que *ce serait mieux encore si j'arrivais à l'épouser*, mettant ainsi à exécution *l'idée qui m'avait fait agir*. »

« J'espérais, écrivait-il à ce frère Joseph, après l'arrestation de Mme Lemoine, qu'après que Mlle Lemoine serait accouchée que peut-être on me la donnerait en mariage avec notre enfant. Malgré toute la douleur que j'éprouve de voir que Mme Lemoine a eu la cruauté de faire brûler ce pauvre petit malheureux, j'ai aussi la satisfaction de savoir qu'elle est enfin sous les verrous et qu'un juste châtiment lui est réservé. *Je désire de tout mon cœur que la plus grande peine lui soit réservée. S'il était possible de lui en faire autant, je serais, je crois, assez heureux.* »

Tout cela peint l'homme. Quelques lettres portant le timbre de Chinon furent trouvées en la possession de Fétis. Il y en avait une de ce frère Joseph, datée du 7 février 1859; celle-là montrait la famille de Fétis s'occupant, à Chinon, de mener à bien l'aventure et mettant en garde l'heureux cocher contre les fautes de conduite par lesquelles il s'exposait à perdre le fruit de son *beau coup*.

« Mon cher frère,

« Je réponds à la lettre que je viens de recevoir à l'instant même, et je m'empresse de te donner des renseignements sur ce qui se passe à Chinon au sujet de Mlle Lemoine. Mademoiselle est allée au bal chez M. Martin; elle s'est bien amusée. Ensuite elle est allée chez M. Refoulé, le Procureur impérial, où elle a pris beaucoup de plaisir; ainsi, tu vois qu'elle ne se fait pas beaucoup de chagrin. Maintenant, je te dirai que toute la bourgeoisie de Chinon ne croit pas qu'elle est enceinte, et ils disent tous que tu devrais être en prison pour avoir fait courir des bruits semblables; que tu es une canaille, et que si tu revenais à Chinon, on te ferait mettre en prison.

« Ainsi, tu vois que tu ne dois pas penser à venir, et moi, je te le conseille aussi, parce que les choses ne sont pas assez avancées pour y venir; car tu dois savoir que ces messieurs ont le bras très-long, et si tu revenais à Chinon tout de suite, on dirait que tu le fais pour les vexer. Ainsi, crois-moi, ne viens pas tout à l'heure. Du reste, *je te dirai quand il faudra venir;* ne t'occupe de rien maintenant.

« Autre chose toujours pour la même affaire. Voici de quoi il s'agit : tu as eu la bêtise d'écrire à M. Boué et de mettre dans sa lettre une lettre à l'adresse de Mlle Lemoine. Tu n'as pas pensé plus long que ton nez et tu dois croire que tu te confessais au renard. Je viens te prévenir que tu ne dois pas écrire à d'autre qu'à Sorneau. N'aie pas confiance à M. Laurent, son maître de musique, car il te nuirait plutôt qu'il ne te protégerait. N'aie pas le malheur d'écrire à personne autre qu'à moi et à Sorneau.

« *Je te dirai que Mme Lemoine n'a pas encore de domestique, et c'est pourquoi nous n'avons pu faire parvenir ta lettre; mais nous y parviendrons.*

« Et puis je ne comprends pas pourquoi tu clabaudes cette chose-là; tu n'aurais pas dû en parler après que tu as été sorti de la maison, car ceux à qui tu as dit cela, ils se sont moqués de toi en disant : Bon enfant qui le fait, sot qui s'en vante. »

Ce Sorneau, à qui seul Fétis devrait se confier pour écrire, ou plutôt pour faire écrire (car Fétis, hélas ! ne savait ni lire ni écrire), ce Sorneau était le ménétrier de qui le cocher de Mme Lemoine prenait des leçons à 25 centimes le cachet. Fétis devait même à son maître de violon 53 fr. 95 c., que celui-ci n'eût pas été fâché de recevoir, sans compter les bénéfices de l'entremise.

On trouva sur Fétis une lettre de ce Sorneau. Ce dernier écrivait :

« Mon cher ami, je vous écris pour m'informer de l'état de votre santé ; tant qu'à la nôtre, elle est assez bonne, je désire que la présente vous trouve de même.

« Vous m'avez témoigné le désir de vous placer à Chinon ; cela est une chose impossible n'y pensez plus ; cela m'a contrarié comme si c'é ait vous ; peut-être plus. Depuis huit jours, j'ai vu mademoiselle deux fois, qui n'a pas bien bonne mine. Elle est d'une grossesse étonnante ; je la méconnais chaque fois que je la vois. Croyez-moi, restez dans votre place. Comptez sur moi, je veille à ce qui vous concerne, comme si c'était vous et encore mieux, car *on n'a pas de doute sur moi*. Je vous demande le plus grand secret possible de ce qui existe entre nous. Prenez courage ; *quand la cloche sonnera, je vous la ferai entendre le plus tôt possible.* »

Fétis avait fait, on l'a vu, écrire, depuis son dé-

« Elle le poussait, le jetait par terre. . . » (Page 14.)

part, une lettre à Mlle Lemoine. Cette lettre, qui ne fut pas remise, était ainsi conçue :

« Mansle, 4 février 1859.

« Ma chère amie,

« Tu ne dois certainement pas douter que, depuis le jour de mon départ près de toi, j'ai éprouvé le plus grand chagrin que jamais homme ait pu avoir, surtout quand je pense qu'il a falu que je me sépare sans avoir eu le bonheur de ne pas pouvoir te presser encore une fois sur mon cœur et te donner le doux baiser de l'amour et de l'amitié la plus pure. Enfin, puisque c'est pour toi que je souffre, je prendrai mon mal en patience et pense que le temps à venir mettra fin à mes douleurs. Du reste, je compte sur tes promesses et espère que tu y seras fidèle. Pour moi, c'est un lien que je ne briserai jamais ni personne. Je songerai toujours à toi et n'oublierai jamais ce que j'ai de plus cher au monde (1).

« Mon inquiétude est bien grande de ne pas savoir comment ta mère te traite, te gouverne. Je suis sûr qu'elle t'accable de reproches ; mais sois-y insensible, ne te chagrine point ; c'est là tout ce que je désire. Si seulement je pouvais faire comme les oiseaux, je volerais bien vite près de toi pour partager les misères que l'on peut te faire et te dire. Plus tard, je l'espère, je te consolerai. Puisque je ne puis faire mieux, en attendant, écris-moi quelques lignes, mon ange, afin de me rassurer sur ce qui peut se passer relativement entre ta mère et toi. Tu me rendras un bien grand bonheur, ce qui ne doit pas être difficile, vu que tu peux faire tes lettres dans ta chambre de toilette, et les remettre à ton professeur de musique qui, certainement, s'en chargera ; ça va être lui qui te remettra celle-ci.

« Je compte que tu voudras bien procurer le doux plaisir à celui qui t'aime et t'aimera toujours, de lire sous un bref délai la réponse, en attendant le plaisir de te voir, qui ne sera pas long, car j'espère être à Chinon sous peu de jours.

« Je t'embrasse mille fois avec l'amour et l'amitié les plus purs.

« Celui qui ne t'oubliera jamais.

« Jean Fétis jeune. »

(1) En lisant cette lettre à l'audience, *M. le Président Tournemine* s'est écrié : « Aujourd'hui, Angélina a traité Fétis de misérable, d'infâme ; tout cela a bien changé. »

Le point essentiel de l'instruction était celui-ci : L'enfant était-il venu à terme, viable? Le magistrat dut chercher là-dessus des lumières dans une expertise médico-légale.

M. Danyau, docteur-médecin, chirurgien en chef de l'hospice de la Maternité, à Paris, reçut, avec deux autres hommes de l'art, la difficile mission d'analyser les cendres de la cheminée du petit salon et celles de la buanderie, afin de constater, s'il était possible, l'âge de l'enfant brûlé. Il trouva, parmi ces cendres, une foule d'os n'appartenant pas à un sujet humain : des os de poulet, par exemple, surtout dans la buanderie. Un seul fragment, parmi ceux du petit salon, beaucoup plus calcinés, ceux-là, plus friables, et totalement dé-

barrassés de matière animale, fut reconnu par lui comme ayant appartenu à l'os frontal d'un fœtus. La difficulté était de déterminer l'âge de ce fœtus. L'expert, après avoir comparé ce fragment à des os frontaux de sujets d'âges différents, conservés au Muséum du Jardin des Plantes, arriva à cette conclusion, qu'il avait dû appartenir à un fœtus âgé de sept à huit mois au plus. « Cette portion d'os, disait le Rapport, se compose d'une surface légèrement convexe, où se voient les faisceaux radiés de tubes osseux convergeant vers un centre, près d'une autre surface à angle droit avec la première concave, avec un rebord saillant. Ce fragment nous a paru appartenir à l'orbite d'un fœtus humain, et être une partie de l'os frontal du côté

... Comme quoi Mademoiselle l'aurait fait venir dans sa chambre (Page 19).

droit. La comparaison des décimètres de la surface courbe avec ceux d'un os de même nature pris sur des fœtus de différents âges, nous a amenés à penser que, si c'était là l'os frontal d'un fœtus humain, ce fœtus n'était pas arrivé au terme de neuf mois. Cette opinion, que nous exprimons avec toute la réserve que nous imposent la gravité de la mission qui nous a été confiée et l'extrême difficulté de l'examen, doit être considérée comme exprimant, non une certitude complète, mais une grande probabilité. »

Les experts eurent encore à s'expliquer sur ces questions diverses : Chez une femme dont la menstruation est régulière, la suppression de trois époques peut-elle avoir lieu sans grossesse ; et la réapparition d'une époque nouvelle, suivie d'une suppression définitive, peut-elle porter une femme expérimentée à conclure que la grossesse n'existe pas? Un enfant qui a remué après son expulsion, a-t-il donné preuve suffisante de sa viabilité, et faut-il encore qu'il ait crié pour qu'on puisse affirmer qu'il a vécu? La non-ligature du cordon, sans autres sévices, suffit-elle pour amener la mort du

nouveau-né? Peut-on fixer le temps que devra durer l'hémorrhagie par le cordon pour causer la mort? Le fait de négliger les soins ordinaires, et, entre autres, celui qui consiste à dégager les conduits respiratoires de l'enfant des mucosités qui les obstruent, peut-il être considéré comme une cause déterminante de la mort?

A ces questions, le rapport des experts fit les réponses suivantes :

« Si, chez Angélina, la menstruation est régulière, cette suppression de trois époques sans grossesse chez une femme qui s'est exposée presque tous les jours à devenir enceinte, a lieu de surprendre ; et, bien que le fait ne soit pas sans exemple, et que nous puissions citer des cas dans lesquels la conception n'a eu lieu qu'après une plus ou moins longue suppression sans maladie, et contrairement à des habitudes de régularité établies depuis longtemps, l'apparition d'une époque menstruelle véritable, et surtout une apparition pseudo-menstruelle pendant la grossesse, n'est pas tellement rare, que celle de lévrier fût la preuve certaine de la non-existence de la grossesse.

« En tous cas, quand on considère la facilité avec laquelle les femmes acceptent, sans beaucoup de discernement, l'apparition des règles comme compatible avec la grossesse, on a lieu de s'étonner que Mme Lemoine, mère expérimentée, ait si promptement conclu du retour des règles en février qu'Angélina, à cette époque, n'était pas enceinte. Cet aveuglement sur l'état de sa fille ne s'explique que par la perspective d'un déshonneur bien propre à obscurcir son jugement. Nul doute qu'en toute autre circonstance elle n'eût raisonné et conclu tout différemment.

« En résumé, l'époque de février, si tant est qu'il se soit agi d'une époque véritable, ne prouve pas qu'Angélina ne fût point enceinte alors.

« Des mouvements des membres, et même des mouvements d'inspiration et d'expiration, sans cris répétés et vigoureux, ne prouvent pas qu'il y ait eu une vie complète, ou tout au moins suffisante pour la pénétration de l'air dans les poumons, et que les signes de vie donnés par l'enfant fussent des signes certains de viabilité.

« De cet état précaire, l'enfant pouvait-il être, par des soins intelligents, amené définitivement à la vie extra-utérine ? En négligeant de dégager la bouche et les narines des mucosités qui pouvaient les obstruer, n'a-t-on pas aggravé une situation qui n'était pas sans ressources ? Cela n'est pas impossible, sans doute, bien que ces obstacles à la pénétration de l'air ne soient pas de ceux qu'un enfant, en bon état du reste, ne puisse en général surmonter par ses propres efforts, quand il n'a pas d'autre cause d'obstruction, et quand il ne perd pas, avec son sang, la force d'en triompher. Ici, le cordon non lié a pu nécessairement, dans l'état imparfait de la respiration, laisser écouler une quantité considérable de sang, et cette hémorrhagie contribuer à la mort de l'enfant.

« Il n'en est pas moins vrai que l'enfant qui n'a pas crié, n'a vécu que d'une vie précaire et qui devait s'éteindre bientôt. Il n'est pas même suffisant que le cri ait été poussé une fois, car si cette première explosion de l'instinct ne s'est pas répétée, la respiration ne s'établit pas, et l'enfant succombe dans la transition de la vie intra-utérine à la vie extérieure.

« Il ne faut pourtant pas perdre de vue que son état précaire pouvait dépendre non des circonstances signalées, mais de quelque compression du cordon pendant le travail, compression qui peut avoir lieu sans que le cordon circule autour du col, compression souvent fatale après la naissance, quand elle ne l'a pas été avant l'accouchement.

« Il n'y a donc rien à conclure de ce qu'on n'a pas allégué que le cordon entourât le col. Au reste, que cet état grave, si voisin de la mort, fût dû à la compression d'une anse du cordon libre ou circulaire, si telle, en effet, en était la cause, on ne peut pas dire que l'application la plus intelligente, la plus persévérante de toutes les ressources de l'art usitées en pareil cas, eût été couronnée de succès.

« Quant au temps nécessaire pour qu'une hémorrhagie par le cordon amène la mort, il n'est pas possible de le fixer rigoureusement, et nous ne pouvons dire si, dans l'espèce, cinq minutes ont suffi pour amener la mort de l'enfant d'Angélina. »

On avait trouvé, chez Mme Lemoine, des ciseaux que la Justice soupçonnait d'avoir servi d'instrument à l'infanticide. Mme Lemoine affirmait ne s'en être servie que pour couper le cordon.

On représenta ces ciseaux aux experts. Ils reconnurent que les branches ne portaient pas de taches de sang. Mais, séparées l'une de l'autre, ces branches laissèrent voir, autour du trou du pivot, une tache jaune d'ocre, qui, examinée au microscope, fut trouvée, par M. Labadie, avoir été produite par du sang humain, de date récente. Les experts conclurent que les ciseaux avaient pu servir à couper le cordon ombilical.

Renvoyées devant la Cour d'Assises d'Indre-et-Loire par un Arrêt de la Chambre des mises en accusation de la Cour impériale d'Orléans, la dame Lemoine et sa fille se pourvurent contre cet arrêt. La Chambre criminelle de la Cour de cassation, présidée par M. Vaïsse, statua, le 10 novembre, sur le pourvoi, qu'elle rejeta, sur les conclusions de M. l'Avocat général Martinet. L'affaire put être portée à la session de décembre 1859 des Assises d'Indre-et-Loire.

C'est le 9 décembre que s'ouvrent les débats, dans la belle et vaste salle des Assises, digne du Palais-de-Justice, un des monuments de cet ordre les plus élégants et les plus majestueux de France. Elle est remplie entièrement d'une foule compacte. Le bruit se répand que l'un des témoins à charge, le sieur Licubray, mêlé d'une manière fâcheuse au drame de Chinon, a tenté de se suicider la veille à l'aide d'un pistolet chargé de clous au lieu de balle. Il n'est résulté de sa tentative qu'une blessure légère.

L'audience est présidée par un des magistrats les plus distingués de la Cour impériale d'Orléans, *M. le conseiller Tournemine*. *M. Savary*, Procureur général à la Cour impériale d'Orléans, occupe le siége du Ministère public ; il est assisté de *M. Boutillier*, Procureur impérial près le Tribunal de Tours. *MM^{es} Lachaud* et *Charles Seiller* sont au banc de la défense : le premier défendra la dame Lemoine ; le second, Angélina Lemoine.

L'acte d'accusation est lu aux deux accusées. C'est *M. l'Avocat général Merville* qui a rédigé ce document.

On en connaît déjà toute la substance. Contentons-nous d'en reproduire l'allure générale et les appréciations les plus importantes.

Après avoir raconté comment Mme Lemoine se trouva chargée de l'éducation de ses enfants, l'acte d'accusation lui reproche un défaut complet de surveillance sur sa fille, abandonnée à elle-même et à « ses inclinations déplorables. » Il montre Angélina sortant seule, se livrant à des propos d'une liberté choquante, se permettant avec ses domestiques des familiarités déplacées, lisant ouvertement les romans les plus dangereux.

De là le choix que la jeune fille, arrivée à l'âge de puberté, fit du cocher Fétis, dans lequel elle vit un amant d'abord, se proposant de le prendre plus tard pour mari.

De tous les documents de l'instruction il résulte qu'Angélina fut la provocatrice, et ces provocations consistèrent en « démonstrations d'une honteuse indécence, qu'il n'est pas possible de rapporter. » Si l'on en croit Fétis, elle connaissait les conséquences de sa conduite ; elle souhaitait une grossesse, qui seule pourrait faire consentir les parents à un mariage.

Devenue grosse sur la fin d'octobre, elle cacha d'abord sa honte à sa mère. Mais celle-ci fut avertie de ces amours furtives. Elle poussa néanmoins l'insouciance et l'aveuglement jusqu'à traiter ces bruits de calomnie, et garder son cocher pendant trois mois encore, sans exercer plus de surveillance qu'auparavant. Il fallut, pour dessiller ses yeux, que Fétis lui-même fit connaître à la dame Lemoine l'affreuse vérité, en lui demandant la main de sa fille.

A cette nouvelle, la dame Lemoine renvoie le cocher sans explication, donne également congé à sa cuisinière, bien qu'elle ne fût pour rien dans la scandaleuse intrigue. Elle fait maison nette, écartant ainsi des témoins dangereux pour la réalisation du plan qu'elle a concerté avec sa fille. Donner le change aux rumeurs, faire disparaître à tout prix l'enfant : voilà le plan. Le dernier mot d'Angélina à Fétis le dévoile : « Maman le fera passer. »

Dès lors, la dame Lemoine fit faire à sa fille les exercices les moins compatibles avec l'état de grossesse. Mais la vigoureuse constitution d'Angélina rendit stériles ces coupables tentatives. Il fallut faire un nouveau pas dans le crime. L'accouchement eut lieu dans la nuit du 29 au 30 juillet. Les aveux d'Angélina ne permettent pas de douter que l'enfant ne soit venu parfaitement vivant, bien conformé; et cependant, quelques minutes après, il avait cessé de vivre, et la dame Lemoine le livrait aux flammes.

La préméditation est constante; Angélina l'avoue. La mère avait disposé à l'avance, dans un petit caveau voisin du salon, le bois destiné à devenir un bûcher. Elle a pris les précautions les plus minutieuses pour commettre le crime ou pour en faire disparaître les traces.

La dame Lemoine prétend que le flux menstruel n'ayant cessé chez sa fille qu'après le mois de février, elle ne devait pas croire la grossesse si avancée; qu'elle a donc été surprise par un accouchement prématuré, et que l'enfant est venu mort. Tous les documents de la cause démentent ce système. C'est là une défense désespérée, qui ne peut s'expliquer que par l'obstination du caractère de la dame Lemoine.

Quant à la fille, elle cherche à excuser son crime, plus qu'à le nier. Elle prétend avoir subi l'influence irrésistible de sa mère. Cela n'est vrai qu'en partie. « Angélina avait spéculé sur le déshonneur pour affranchir sa sensualité des gênes du célibat. Une fois que la résistance de sa mère eut ruiné ce calcul, elle ne tint pas plus à son enfant qu'à l'homme qui en était le père; et, de même qu'elle paraît avoir assez volontiers oublié Fétis, elle consentit aisément à entrer dans les vues de sa mère pour se délivrer d'un enfant qui ne lui servait plus à rien.»

Pour Fétis, l'acte d'accusation voit en lui un homme « qui, si l'on envisage l'ensemble de sa vie, paraît être d'*une moralité ordinaire, n'ayant ni qualités ni défauts bien remarquables*, à qui aucun témoignage ne prête la réputation d'un débauché.»

M. le Président fait retirer la dame Lemoine et interroge Angélina Lemoine. — Donnez-nous des détails sur votre éducation, sur vos lectures. Votre mère assistait-elle à vos leçons? — *Angélina*. Elle était quelquefois obligée de s'absenter pour ses occupations.

D. Quelle a été votre éducation religieuse? Accomplissiez-vous vos devoirs religieux? — *R*. Oui, Monsieur, quatre fois par an. J'ai fait ma première communion à douze ans et demi.

D. Votre mère vous laissait une grande liberté; vous sortiez à peu près quand vous vouliez? — *R*. Pas trop; j'allais seulement chez Mᵐᵉ Lieubray, la femme du tailleur, notre locataire.

D. Vous lisiez beaucoup, et des romans? — *R*. Quelquefois, en cachette de ma mère.

D. Vous avez dit, dans l'instruction, que votre mère le savait. — *R*. Mais, non, Monsieur; elle savait quand je lisais les romans des feuilletons dans les journaux, mais je lui cachais les autres.

D. Entre autres romans, vous en avez lu un fort mauvais; dites le titre? — *R*. *Marion Delorme*.

D. C'était un livre fort dangereux pour votre âge. — *R*. Je ne savais pas cela.

D. Dès l'âge de quinze ans, vous avez dit que vous étiez désormais libre de vous marier. — *R*. Je n'ai pu dire cela qu'en plaisantant.

D. Vous étiez très-familière avec le cocher Fétis? — *R*. J'avais eu le tort de lui laisser prendre quelques familiarités que je n'aurais pas dû certainement lui laisser prendre.

D. Dès le premier moment, n'a-t-il pas été question entre vous de mariage? — *R*. Non, Monsieur, il n'en a été question qu'après.

D. Vous voulez dire après la faute commise. Je vous demande si, à la suite de certaines familiarités que vous aviez avec lui, vous n'auriez pas causé ensemble de projets de mariage. Ne lui avez-vous pas dit que vous vouliez faire son bonheur comme votre mère avait fait le bonheur de votre père, que vous étiez assez riche pour deux. — *R*. Mais non, Monsieur, jamais.

D. De quoi donc causiez-vous avec lui? — *R*. De choses indifférentes, de choses dont on parle avec un domestique.

D. Ce n'est pas par des propos indifférents qu'on arrive à l'intimité que vous a reprochée Fétis? — *R*. C'est ainsi, cependant; ce n'est qu'après ma faute que nous avons parlé de l'avenir.

D. A quelle époque remonte cette faute? — *R*. A la fin de septembre.

D. Comment êtes-vous arrivée à la commettre? — *R*. J'avais eu le tort de lui permettre des familiarités qui m'ont perdue.

D. Eh bien! quelles sont ces familiarités? Il y a familiarités et familiarités. Il faut bien que nous sachions la pente que vous avez suivie? *Angélina garde le silence. M. le Président.* — Il faut répondre. — *R*. Je vous demande en grâce de me dispenser de ces détails.

D. Je voudrais pouvoir vous en dispenser, mais je ne le puis. Il faut que nous arrivions à la vérité, pour faire le compte de chacun. Il faut parler, quoi qu'il m'en coûte de vous le demander, quoi qu'il vous en coûte de répondre... (Après un silence.) Dans quel lieu, pour la première fois, avez-vous accompli votre faute? — *R*. Dans la cave.

D. Vous y alliez donc avec le domestique? C'était fort imprudent de la part de votre mère. Comment avez-vous été amenée à céder? — *R*. J'ai cédé, mais seulement après une résistance que je croyais invincible.

D. Jusqu'où donc serait allée cette résistance que vous croyiez invincible? Prétendez-vous que vous avez été violentée? — *R*. Je ne prétends pas cela, j'ai résisté; mais il a usé mes forces.

D. Il vous a renversée? — *R*. Oui.

D. Sur quoi? — *R*. Sur des tonneaux qui se trouvaient là.

D. Et vous prétendez que vous n'aviez pas l'intention de céder? — *R*. Oui; j'ai eu bien des remords de ce qui s'était passé, mais l'événement a été plus fort que moi.

D. Et vous n'avez pas crié? Et, en remontant, vous n'avez pas parlé? — *R.* Parce que Fétis a paru très-repentant, et que je craignais que ma mère ne fît grand scandale.

D. Pourquoi, si vous avez eu des remords de votre première faute, avez-vous continué? — *R.* Continué?... très-peu. J'avais peur de lui.

D. Oh! ce n'est pas soutenable. Ce n'est pas le moyen d'intéresser à votre position, que de dire des choses semblables. Dans l'instruction, vous avez dit que vos relations s'étaient renouvelées presque tous les jours? — *R.* (Vivement.) Oh! non, non, je n'ai pas dit cela.

D. Oh! pardon, vos interrogatoires sont sous nos yeux. — *R.* On m'aura mal comprise. Si j'avais su l'importance de mes interrogatoires, je ne les aurais pas signés.

D. C'est que, depuis, on vous en a fait comprendre l'importance. Vous avez déclaré, dans l'instruction, que vous vous étiez très-souvent livrée à Fétis? Enfin, votre faute s'est renouvelée plusieurs fois? Combien de fois? il faut le dire. — *R.* Je ne sais pas au juste.... trois ou quatre fois au plus.

D. C'est déjà trop; cela ne se comprend plus si vous vous repentiez. Mais vous avez dit tout à fait le contraire, et vous êtes en désaccord complet avec Fétis, qui dit que ces relations ont commencé dans votre chambre. Il prétend que vous l'y avez attiré le 2 octobre, et que vous l'avez reçu dans votre lit? — *R.* Reçu, dites subi.

D. Quand votre mère, instruite de vos relations avec Fétis, vous en a parlé, vous avez nié? Pourquoi? — *R.* Parce que j'avais peur de ses violences et du scandale.

D. Vous avez donné un autre motif; vous avez dit qu'il serait toujours temps d'en parler, lorsque vous seriez sûre de votre grossesse. Ma grossesse, avez-vous dit, n'était pas certaine, et elle était le seul moyen de *finir mon roman.* Voilà des expressions qu'un magistrat n'invente pas.

D. A quelle époque vous êtes-vous aperçue que vous étiez grosse? — *R.* J'ai pu le croire vers le mois de décembre.

D. A quels signes? — *R.* Au moment de mes époques ordinaires.

D. Avant le mois de décembre, vous vous en étiez aperçue? — *R.* Je n'avais pas l'expérience nécessaire pour apprécier tout cela.

D. Si, vous êtes intelligente, plus instruite qu'on ne l'est d'ordinaire à votre âge. Et, quand on a eu des rapports fréquents avec un homme, l'expérience vient bien vite, et le moindre accident nouveau devient une révélation. Ainsi, par exemple, vous avez eu des vomissements, et vous saviez ce que cela signifie? — *R.* Je n'ai eu de vomissements que dans le mois de décembre.

D. Fétis vous parlait lui-même de votre situation. Un jour, il vous dit : « Il faut tout dire à ta mère; il est impossible que tu lui laisses ignorer plus longtemps. »

Angélina, avec dépit. — D'abord, il ne m'a jamais tutoyée, ni moi non plus. Il voulait absolument m'épouser, il disait qu'il m'épouserait malgré moi. C'est alors qu'il en a parlé à ma mère.

D. Il paraît, au contraire, que cette demande en mariage était concertée entre vous. Après la demande, vous avez encore causé avec Fétis dans la cuisine, et il y avait là un témoin? — *R.* Un témoin

tellement sourd, qu'il n'aurait pu rien entendre.

D. Il a compris votre dépit à l'expression de votre visage. Enfin, votre mère vous a parlé de la demande de Fétis? elle vous a questionnée? — *R.* Je lui ai dit que j'avais succombé à ses violences, que j'avais été obligée de céder à sa force.

D. N'avez-vous pas fait observer à votre mère qu'il était trop tard pour renvoyer Fétis? — *R.* Je craignais la vengeance d'un domestique ainsi renvoyé, et je croyais qu'il valait mieux ne pas brusquer les choses.

D. Et c'est pour ne pas les brusquer que, pendant trois mois, vous vous abandonnez volontairement à cet homme qui vous a prise de force? Le lendemain, vous avez parlé à Fétis de votre fenêtre? — *R.* J'ai pu lui dire adieu.

D. Vous lui avez dit, c'est lui qui le déclare : « Ma mère va te renvoyer, elle ne veut pas de mariage. » Il y aurait donc eu quelque chose de convenu entre vous? Vous lui auriez dit aussi : « Ma grossesse n'est pas certaine... ma mère me la fera passer. » — *R.* Je n'ai pas dit cela.

D. Mais vous l'avez dit et répété? — *R.* J'ai peut-être dit que cela passerait, c'est-à-dire que l'on verrait reparaître ce qui avait reparu.

D. C'est un mauvais système; vous rétractez tout ce que vous avez dit. Voilà donc Fétis renvoyé; est-il survenu ensuite quelque chose qui ait diminué ou augmenté votre croyance à une grossesse? — *R.* Diminué. En février, j'ai vu reparaître quelque chose.

D. Et, depuis février jusqu'à votre accouchement, rien n'a reparu. Votre mère a su la disparition des époques en novembre, décembre et janvier? — *R.* Ma mère ne l'a su qu'en décembre.

D. Vous avez dit qu'elle savait l'interruption en novembre. Enfin, le retour accidentel ne se reproduisant plus, il n'était pas possible d'avoir des doutes sur votre situation? — *R.* J'avais, au contraire, des doutes; ma taille n'avait pas changé.

D. Eh bien! à partir d'avril, votre mère n'ayant plus de doute, n'a-t-il pas été arrêté entre vous un projet? — *R.* A cette époque, il est vrai, comme ma mère était certaine que ma grossesse n'aboutirait pas, nous avons agité ensemble la question de savoir ce que nous ferions. Ma mère me dit que nous ferions disparaître l'embryon. « Mais, lui dis-je, si l'enfant vient à terme? — Sois tranquille, me dit maman, il y aura toujours moyen de le faire disparaître. »

D. Ce qui voulait dire que, mort ou vif, on brûlerait l'enfant? — *R.* Moi, j'ai compris qu'on l'enverrait au loin.

D. N'a-t-il pas été question de le brûler? — *R.* Peut-être, si c'était un embryon; mais s'il était vivant, j'ai toujours pensé que ma mère avait l'intention de l'éloigner, de l'envoyer hors du pays pour couvrir ma faute.

D. C'est aujourd'hui votre système, mais il est contraire au texte et au sens de vos explications réitérées. — *R.* On m'aura mal comprise; je vous jure qu'en ce moment je dis la vérité.

D. Vous avez même ajouté que vous n'osiez pas demander à votre mère ce qu'elle ferait si votre enfant venait vivant? — *R.* Je n'ai pas eu la pensée de questionner ma mère, persuadée qu'elle l'enverrait au loin.

D. L'éloignement de l'enfant ou la combustion n'était que le moyen extrême; mais, avant tout, votre mère voulait provoquer un avortement. Bien des moyens ont été employés dans ce but. — *R*. Non, c'était parce qu'elle pensait ainsi remédier à mon retard.

D. Un jour, à Givray, ne vous dit-elle pas de vous laisser rouler jusqu'au bas d'un petit escalier très-rapide, à quoi vous répondîtes : « Mais, maman, tu veux donc me tuer? » — *R*. Non; elle a pu me dire en riant : «Si tu faisais une bonne chute, tes règles reviendraient. » A quoi je lui dis : « Si on tombait d'ici en bas, on pourrait se tuer. » Aussitôt, elle me répondit : « Oh ! ce que j'en dis, c'est en riant. »

D. Triste sujet de plaisanterie! et ce coteau de quarante mètres que vous dégringoliez comme une pièce de vin? — *R*. (Vivement.) Oh ! il n'a pas quarante mètres, d'abord.

D. Vous montiez aussi à âne, vous preniez des bains très-chauds? — *R*. Il en a toujours été ainsi.

D. Soit; mais, dans votre situation, c'étaient des manœuvres abortives. Enfin, tous ces moyens étant restés inutiles, vous avez dû parler à votre mère du moment où vous avez senti remuer votre enfant? — *R*. Elle me questionnait souvent là-dessus, et je lui répondais toujours que je ne sentais rien. Elle a voulu s'en assurer plusieurs fois par elle-même, en mettant sa main sur mon ventre, et elle disait : « Il ne remue guère, car je ne le sens pas. »

D. Vous avez encore dit le contraire. Quand le moment de la délivrance approchait, pour donner le change, votre mère faisait continuer vos leçons, vous faisait faire des promenades dans la ville, à la campagne? — *R*. C'est vrai, elle voulait donner le change, parce qu'elle ne croyait pas à une grossesse véritable, et moi-même j'éprouvais si peu de chose, que je ne savais à quoi m'en tenir.

D. Ne dites pas cela, car, le vendredi qui a précédé votre accouchement, vous avez éprouvé des douleurs si violentes pendant votre leçon de musique, que votre maître s'en est aperçu?— *R*. Mon maître se sera trompé. Ces douleurs étaient si peu de chose, que je n'ai pas eu de peine à me contraindre.

D. L'accouchement était si imminent, que, la nuit suivante, vous avez eu des coliques, des vomissements? — *R*. Ma mère me dit alors : « Certainement tu n'es pas à terme. »

D. Votre mère vous a fait coucher dans un cabinet retiré. Ne vous a-t-elle pas recommandé de ne pas crier? — *R*. Comme elle était persuadée que l'enfant viendrait mort, elle m'avait dit de ne pas faire de bruit.

D. Les douleurs vous ont forcée à jeter des cris; ont-elles été longues ? — *R*. Je ne sais pas, c'est possible.

D. L'enfant venu, qu'avez-vous remarqué ? — *R*. Je n'ai rien vu, rien remarqué. Je souffrais horriblement.

D. Vous n'avez pas remarqué que l'enfant avait des cheveux? — *R*. Je crois que oui. — *D*. Qu'il avait remué ? — *R*. Oui, j'ai cru un instant qu'il avait remué, mais je ne puis l'affirmer. Je crois l'avoir dit à ma mère, et elle m'a répondu : « S'il a remué, il n'en vaut guère mieux. »

D. Il s'est passé autre chose. Votre mère, avez-vous dit, se serait écriée : « Comme il est gros, il est énorme, et toi qui étais si petite! » — *R*. Oui, il était gros; après ça je ne suis pas sûre qu'il ait remué.

D. Vous avez été jusqu'à dire comment votre enfant était placé dans le vase, qu'il était replié sur lui-même, qu'il avait remué cinq minutes au moins.

Quelles ont été les précautions prises par votre mère quand elle a reçu l'enfant? — *R*. Elle s'est occupée de moi immédiatement.

D. Avait-elle aidé à l'accouchement en écartant les parois?

Angélina fait un signe affirmatif.

D. Mais il y avait des soins préparatoires à donner à l'enfant, un cordon à couper; l'a-t-elle coupé? — *R*. Oui, je crois.

D. Ainsi, rien n'avait été préparé pour recevoir l'enfant. Il y avait encore une précaution indispensable à prendre : il fallait nouer le cordon, pour éviter l'épanchement. Qu'a-t-elle fait? — *R*. Je ne sais. Puisque l'enfant était mort, il était inutile de prendre les précautions ordinaires.

D. Qui rendait votre mère si certaine qu'il fût mort? — *R*. Puisqu'il n'avait pas crié.

D. Mais il avait remué, vous l'avez déclaré. Il avait donc vécu? — *R*. Il est venu mort.

D. Il n'est pas venu mort, s'il a remué. Avez-vous vu votre mère toucher l'enfant, le remuer? — *R*. Elle ne l'a pas pris dans ses mains ; tout au plus a-t-elle étendu la main sur sa bouche pour voir s'il respirait.

D. Ou pour le tuer en l'étouffant. Vous avez dit : « Je savais que ma mère tuerait mon enfant. » — *R*. (Vivement.) Non, je savais qu'elle le ferait disparaître, ce qui n'était pas la même chose. Dans ma pensée, ma mère n'a jamais voulu qu'une de ces deux choses : ou anéantir mon enfant mort, ou l'éloigner vivant. Le Juge m'aura mal comprise, et je vous répète que je regrette d'avoir signé ces interrogatoires.

D. Vous étiez convenue avec votre mère d'un système d'explications à donner à la Justice, dans le cas où elle vous interrogerait? — *R*. Oui.

D. Quel était ce système? — *R*. De ne pas donner de détails.

D. Le mot n'était-il pas de dire que vous aviez été violée par Fétis et que l'enfant était venu mort? — *R*. Cela est vrai; j'ai toujours persisté à dire que l'enfant était mort. Quant au viol, je n'y ai pas persisté ; je ne voulais pas faire un malheur de plus en faisant arrêter cet homme.

D. Voilà un point constaté; il y a eu un concert de défense entre vous et votre mère.

M. le Président, pour faire apprécier la moralité de la jeune accusée, lit les premières déclarations, dans lesquelles elle reconnaissait s'être abandonnée à Fétis comme à un amant qu'elle était heureuse d'élever jusqu'à elle. — Est-ce là, dit-il à Angélina, est-ce là la conduite d'une jeune fille qui se repent? Vous aviez entrevu dans Fétis un amant, et, plus tard, un époux.

Angélina, avec angoisse. — Oh ! non, cela n'est pas possible.

M. le Président. — Vos premiers interrogatoires le prouvent, et Fétis, interrogé au même moment que vous, dit la même chose que vous, entre dans les mêmes détails.

Angélina, avec indignation. — Est-il possible qu'un homme *comme ça*, aussi indigne que Fétis, puisse être cru plus que moi !

M. le Président. — Vous ne l'avez pas toujours trouvé aussi indigne. Nous comprenons tout ce qu'a de pénible votre situation; mais il ne faut pas aggraver votre faute en la niant, ou en cherchant à la faire tomber sur d'autres. Prenez avec courage la part qui vous en revient, c'est le seul moyen qui vous reste d'intéresser à votre sort.

M. le Président continue à lire plusieurs pièces de l'instruction, desquelles résultent, selon lui, un concert entre Fétis et Angélina, ayant pour but le mariage ; un concert entre la mère et la fille, ayant pour objet la disparition de l'enfant. Interpellée sur ces différents documents, *Angélina* répond par quelques monosyllabes d'affirmation ou de négation, d'une voix brève et sèche. Son attitude dénote plutôt la fatigue morale que la fatigue physique, bien que l'interrogatoire ait été long et souvent conduit avec quelque âpreté. C'est surtout quand il est question de Fétis que la jeune fille manifeste une sorte d'impatience, d'agacement nerveux ; son ton, alors, devient dédaigneux, irrité. Ses beaux yeux s'allument d'un feu sombre qui rappelle, par instants, le regard de sa mère.

M. le Président résume ainsi les résultats de cet interrogatoire : — De tout ce que vous avez dit, même aujourd'hui, quelles que soient les restrictions que vous ayez apportées dans votre déclaration, il résulte que vous redoutiez le caractère altier de votre mère, ses violences, sa volonté, que vous dites inflexible. Dans cette situation, ne pouviez-vous vous confier à d'autres personnes que votre mère ? Vous avez votre père, votre frère. Votre père, quoique séparé de votre mère, ne vous a jamais délaissée. Il vous aime. Il n'y a pas un an, il est venu à Tours ; il s'est informé, avec sollicitude, de vous, de votre éducation. Pourquoi ne vous êtes-vous pas confiée à lui ? — *R.* Ma mère avait la certitude que ma grossesse ne viendrait pas à bien, et elle m'avait fait partager sa conviction. Dans cette croyance, je n'avais à me confier à personne, et j'avais tout intérêt à laisser ma faute ignorée.

M. le Président interroge Mme Lemoine. — Accusée, je dois tout d'abord constater que, presque toujours, jusqu'à présent, vous avez refusé de répondre aux questions qui vous ont été adressées, soit en opposant des dénégations absolues, soit en ne faisant que des réponses incomplètes. Vous avez dit souvent au Juge d'instruction que vous répondriez plus tard. Eh bien ! l'heure est arrivée de parler sans réticences. En même temps que vous devez parler avec vérité et franchise, je vous rappelle que vous devez le faire avec retenue, avec convenance. Vous avez manqué à ces devoirs lors de vos premiers interrogatoires. Ces observations, messieurs les Jurés, je devais les faire à l'accusée ; il est, d'ailleurs, par trop commode de n'apporter à la Justice, qui vous demande compte d'un crime, que des réponses évasives, des dénégations et des contradictions, et, pour rendre une défense plus aisée, de ne la lier par aucun précédent.

(A l'accusée.) — L'accusation vous reproche d'avoir manqué aux devoirs qui vous étaient imposés par l'Arrêt qui vous a confié la direction de vos enfants, d'avoir élevé votre fille avec une légèreté et une imprudence impardonnables. Vous la laissiez seule avec ses professeurs ; vous n'assistiez pas aux leçons : vous vous absentiez souvent, et, pendant ce temps, votre fille allait seule chez ses voisins.

Mme Lemoine. — J'ai surveillé ma fille comme je le devais, et je ne crois pas avoir manqué à mes devoirs. Quant à mes absences, elles étaient très-rares. Pendant les leçons, j'étais dans la chambre à coucher.

D. Vous êtes-vous aperçue de familiarités entre votre cocher Fétis et votre fille ? Ces familiarités n'eurent pas d'abord une très-grande importance. C'étaient des agaceries que votre fille lui adressait ; elle le poussait, le jetait par terre, et cela en votre présence ? — *R.* Jamais en ma présence. Je n'aurais pas toléré cela.

D. Ainsi, vous prétendez qu'avant les relations qui ont eu lieu entre votre fille et Fétis, vous n'auriez rien aperçu qui pût éveiller vos défiances ? — *R.* Non, Monsieur, rien.

D. Que pensiez-vous en signant une plainte en dénonciation calomnieuse et en affichant l'intention de poursuivre Fétis en diffamation ? — *R.* Je pensais bien que cela n'aurait pas de suite ; et, d'ailleurs, que vouliez-vous donc que je fisse ?

M. le Président. — Ce que vous avez fait plus tard. — *Mme Lemoine :* J'ai mieux aimé le faire avec mon médecin.

D. C'était beaucoup d'audace ; mais passons. Ne vous êtes-vous pas concertée avec votre fils en revenant de chez M. le Procureur impérial ? N'avez-vous pas dit à votre fille : « Convenons et disons à tous ceux qui nous interrogeront, que tu as été violée par Fétis, et que l'enfant est mort avant l'accouchement ? » — *R.* Je n'ai jamais rien concerté avec ma fille ; je ne prévoyais pas ce qui pouvait arriver, je ne pouvais rien concerter.

D. Mon Dieu ! n'équivoquons pas ; nous allons préciser, puisque vous nous y contraignez. Vous avez indiqué à votre fille le point de départ et le dénoûment du récit, de la fable qu'elle aurait à faire à la Justice : « Tu diras que tu as été violée par Fétis, et que tu es accouchée d'un enfant mort. » — *R.* Non, Monsieur.

D. Votre fille a avoué ce concert dans son quatrième interrogatoire, le 7 septembre. — *R.* Si ma fille a fait cette déclaration, ses souvenirs l'ont mal servie.

D. Qu'avez-vous donc dit à votre fille, en revenant de chez M. le Procureur impérial ? — *R.* J'ai dit à ma fille : Il va venir un médecin, et on fera une perquisition.

D. Vous n'auriez dit que cela ?... Je vous répète que vous êtes en contradiction avec votre fille, et, ce qui prouve que votre fille a dit vrai, c'est qu'en effet elle a commencé à suivre le système convenu. Elle a raconté tout d'abord que Fétis lui avait fait violence dans la cave. Mais bientôt votre fille, qui est intelligente, a compris combien ce système était insoutenable. Elle est revenue à la vérité. Est-il rien qui prouve davantage l'accord entre votre fille et vous ? — *R.* Je ne me suis pas entendue avec ma fille, et je n'avais pas à m'entendre avec elle, ne pouvant prévoir alors ce qui arrive aujourd'hui.

D. A quelle époque avez-vous eu connaissance des relations entre votre fille et Fétis ? — *R.* Dans le mois de novembre ; j'en ai appris les premiers mots de la bouche de la veuve Suard. Encore ne me rapportait-elle que de simples propos ; j'ai dû les traiter comme des chimères, comme des propos sans consistance, nés du désir de parler ou de nuire.

D. Ils n'étaient pas, cependant, à mépriser. Avant de les repousser aussi légèrement, il était du devoir d'une mère de famille de chercher, de s'enquérir. Vous avez au moins parlé de ces bruits à Angélina ? — *R.* Elle les a niés.

D. Mais, indépendamment des déclarations de votre fille, qui avait intérêt à mentir, il y avait d'autres indications qui pouvaient vous mettre sur la voie de la vérité. On vous dit que votre fille est enceinte. Cette position, chez la femme, amène des perturbations dans la santé. Avez-vous remarqué ces perturbations ? — *R.* J'ai remarqué le contraire, c'est-à-dire que la santé de ma fille n'avait subi aucune altération. A cette époque de novembre dont vous parlez, la suppression n'avait pas eu lieu chez elle.

D. Vous êtes, sur ce point encore, en désaccord avec votre fille, qui dit que la suppression date de novembre, que vous l'avez su ? — *R.* Oh ! non, Monsieur, sur ce point, mes souvenirs sont précis.

D. Si précis que vous les disiez, nous ne pouvons admettre vos souvenirs. Supposons même que la suppression n'a eu lieu qu'en décembre... — *R.* Pardon, je ne sais, moi, si la suppression a eu lieu en décembre et en janvier ; ce que je sais, c'est qu'en février, ma fille avait ses époques.

D. Ainsi, d'après vous, ce ne serait qu'en mars que vous auriez su la suppression des époques ? — *R.* Oui, Monsieur.

D. Eh bien ! quand et par qui avez-vous su d'une manière précise les relations de votre fille ? — *R.* Je ne l'ai su que par la fameuse demande de cet homme ; il m'a parlé de grossesse ; aussitôt, je l'ai arrêté, je n'ai pas voulu en savoir davantage de sa bouche et me suis réservé d'apprendre les détails de la bouche de ma fille.

D. Eh bien, pourquoi alors avez-vous dit que Fétis avait violé votre fille ? elle ne vous l'avait pas dit ? — *R.* Mais, Monsieur, ceci est étranger à ce dont je suis accusée.

D. Pardon. Je sais que votre système a toujours été de ne pas répondre aux interpellations de la Justice ; mais, ici, il faut répondre. — *R.* Si je ne répondais pas, c'est que je considérerais ce détail inutile au procès.

D. Remarquez que vous n'êtes pas ici pour apprécier l'opportunité des questions, mais pour répondre à celles qu'on vous adresse. Je vous demande donc de dire à MM. les Jurés en quels termes votre fille vous a fait l'aveu de ses relations avec Fétis ?

Mme Lemoine. — Permettez-moi, Monsieur, de ne pas revenir sur ces détails. Je l'ai déjà dit une fois, et c'est bien assez.

D. Si vous l'avez dit, il faut le répéter ? — *R.* Je ne le puis pour le moment.

D. Nous devons insister. Le moment est venu de parler, parlez. — *R.* Mais, Monsieur, c'est tellement pénible...

D. Il faut tout dire ; et, d'ailleurs, la position que vous vous êtes faite, il ne faut l'imputer qu'à vous-même. Quant à nous, nous devons insister. Vous êtes devant vos Juges, qui ne connaissent pas l'instruction, et qui ne doivent prendre les éléments de leur conviction que dans ces débats publics (1). Je vous engage à redire le détail que je vous ai rappelé ? — *R.* Je ne le puis ; il y a des choses qu'on ne peut exiger d'une mère.

D. C'est ce que vous avez dit continuellement ; mais la Justice, tout en respectant les sentiments et le caractère d'une mère, veut la vérité avant tout ; dites la vérité ? — *R.* Je l'ai dite ; il me serait très-pénible de la répéter.

(1) Ici éclate la fiction de l'instruction secrète. Elle a été secrète, il est vrai, mais on a eu soin d'en faire connaître aux Jurés tous les résultats importants, toutes les révélations accusatrices. Est-il possible, après cela, de dire qu'ils ne devront prendre les éléments de leur conviction que dans les débats publics ?

D. Encore une fois, je vous engage à parler. — *R.* Ce ne sont que quelques mots que ma fille m'a dits, mais ils sont terribles pour moi.

D. Il n'y a pas eu que quelques mots ; cette confidence, votre fille ne vous l'a faite que dans une conversation poussée jusqu'à deux heures du matin. Encore une fois, rendez-nous compte de la confidence de votre fille, confidence terrible, suivant vous, puisqu'elle entraînait la consommation d'un crime de la part d'un de vos serviteurs ? — *R.* C'est pour sauver l'honneur de ma fille que je n'ai pas voulu dénoncer le fait à la Justice.

D. Ce fait, dites-le. — *Mme Lemoine*, vivement et avec agitation : Ma fille m'a dit que ce garçon l'avait surprise entre les murs du corridor de la cave, lui avait appuyé la tête sur deux solives larges comme cette barre et lui avait tenu la tête pour l'empêcher de crier. J'en ai conclu naturellement que, dans cette position, elle n'avait pu résister, et qu'elle ne s'était pas soumise volontairement à cette action.

D. Enfin, voilà votre déclaration. Selon vous, votre fille avait été victime de la violence. Admettons cette croyance dans votre esprit. Le lendemain, vous renvoyez Fétis ; que vous a dit votre fille à l'occasion de ce renvoi ? — *R.* Rien, que je sache.

D. Si, elle vous a dit un mot bien remarquable. Elle vous a dit : « Il est trop tard pour le renvoyer. » Ce qui voulait dire : « Ma faute est complète ; je suis enceinte. » Vous ne pouviez pas vous méprendre sur le sens de ces paroles : « Il est trop tard. » — *R.* Ce n'était pas une raison suffisante pour me faire croire qu'elle était enceinte.

D. Mais votre cuisinière savait tout. — *Mme Lemoine*, dédaigneusement : Pensez-vous que ce fût là une preuve pour moi ?

D. Mais, enfin, ce qu'une domestique savait sans avoir cherché à l'apprendre, une mère ne pouvait-elle le savoir ? — *R.* Plusieurs fois, les domestiques avaient tenu sur ma fille des propos qui ne s'étaient pas vérifiés. J'avais bien raison de ne pas croire en janvier à la grossesse de ma fille, puisqu'en février j'avais la preuve, à des signes ordinairement infaillibles, qu'elle n'était pas enceinte.

D. Oui, mais les signes ont disparu en mars. — *R.* Je rends compte de mes impressions et de mes croyances en janvier et février ; elles ont pu être modifiées en mars : nous vivons tous au jour le jour, et nous ne savons pas la veille ce que nous penserons le lendemain quand de nouveaux faits se seront produits. J'ai dû, à ce moment, croire à un retard, et j'ai engagé ma fille à prendre de l'exercice.

D. N'est-ce pas alors qu'il a été convenu avec votre fille que vous feriez disparaître son enfant ? — *R.* Non ; je le répète, en mars, je n'ai cru qu'à un trouble momentané. A une autre époque, quand j'ai vu que la grossesse se produisait dans des conditions extraordinaires, j'ai cru qu'elle aboutirait à une fausse couche, que me faisait présager l'absence de vomissements, d'épaississement de taille, de réapparition des effets ordinaires. (Avec des larmes dans la voix.) J'ai pu songer à faire disparaître les restes d'un embryon, je n'ai jamais songé à commettre un crime.

D. Je vous remets sous les yeux les termes des déclarations de votre fille, qui avoue que vous étiez convenues de faire disparaître l'enfant. Il est vrai qu'aujourd'hui votre fille, par suite de concert.

semble se mettre d'accord avec vous. — *R.* Je n'ai jamais songé à un pareil crime. Si j'avais eu cette pensée, il y avait d'autres moyens dont j'aurais pu disposer.

D. On ne prévoit pas tout, on ne s'avise jamais de tout. Que maintenant vous regrettiez de n'avoir pas employé d'autres moyens, c'est possible ; mais alors vous jugiez suffisants ceux auxquels vous avez eu recours. Et puis, d'autres moyens présentaient d'autres inconvénients. Vous étiez si résolue à ne reculer devant aucune extrémité, que, votre fille l'a déclaré, vous étiez prête à employer comme premier moyen la fausse couche, et, pour y arriver, la dégringolade, les courses à âne, les bains chauds ? — *R.* Tout cela est singulièrement dénaturé. J'avais à défendre ma fille des bruits, controuvés selon moi, qu'on répandait sur son compte. Comme je ne croyais qu'à un retard, j'ai conseillé des exercices fort éloignés du caractère qu'on leur a prêté.

D. Mais alors, s'ils étaient innocents, pourquoi avoir nié que vous y fussiez pour quelque chose ? — *R.* Je n'ai pas nié, j'ai expliqué, j'explique encore.

D. Vous avez nié ; vous avez dit formellement que c'étaient des contes, des *fagots*, ce fut votre mot. Et puis, à qui ferez-vous croire que, par de tels moyens, vous n'ayez voulu que remédier à un trouble momentané ? ce n'est pas à des hommes de sens, à des pères de famille. Laisser, au risque de la tuer, débouler une jeune fille enceinte le long d'un terrain glissant, presque à pic ! — *R.* (Avec chaleur.) Aussi, ne l'ai-je pas fait ; je n'aurais pas exposé une jeune fille que j'aimais tant !

D. Ainsi, c'est d'elle-même et par amusement, qu'elle déboulait comme une barrique, selon l'expression d'un témoin ? — *R.* (Avec aigreur.) Jamais je ne lui ai dit de le faire, jamais !

D. Votre jamais, quel que soit le ton dont vous le prononciez, ne peut inspirer une grande confiance, après d'autres dénégations sur lesquelles on sait aujourd'hui à quoi s'en tenir. Et les bains chauds, que vous ne trouviez jamais assez chauds ? — *R.* Ceci n'a pas le sens commun. Je n'ai jamais forcé ma fille à se baigner. Je prenais moi-même des bains très-chauds. Ma fille les prenait après moi, dans la même baignoire, alors qu'ils étaient suffisamment refroidis pour elle.

D. Mais encore, pourquoi ces courses à âne ? — *R.* Il n'est rien dans cette affaire que l'on ne trouve moyen de défigurer. Je n'avais pas de domestique à ce moment ; je n'avais ni cheval, ni voiture. Pour que ma fille se rendît à la campagne, je n'avais qu'un âne pour l'y transporter. Elle et moi, nous y montions alternativement. N'oubliez donc point que j'ignorais qu'elle fût enceinte. Mais je l'eusse su, que je n'aurais pas fait autrement, autant par nécessité que par la conviction où j'étais que cela n'avait pas d'inconvénient.

D. Les dangers auxquels vous exposiez votre fille étaient si réels, que, à propos par exemple de cette chute conseillée par vous dans l'escalier, elle vous dit : « Tu veux donc me faire mourir ? » — *R.* Ma fille était d'un caractère pusillanime. La moindre chose lui faisait peur. A propos de rien, d'une réprimande, d'une correction légère, lorsqu'elle n'était encore qu'une enfant, elle disait : On veut donc me faire mourir. Je n'ai jamais voulu exposer ma fille au moindre danger.

D. Cependant, vous n'avez pas craint d'exposer les jours de votre enfant en la laissant accoucher

sans secours ? — *R.* Cet événement était pour moi imprévu ; je n'ai pas eu le temps et la ressource d'appeler des secours. Je n'ai songé qu'à sauver l'honneur de ma fille. C'est au milieu de la nuit que je fus surprise, et si subitement, que je n'ai pu appeler personne ; d'ailleurs, je n'avais personne près de moi. Je vivais très-isolée, et j'avais pris une mesure générale, c'était de ne pas même recevoir ceux qui m'étaient dévoués.

D. On le comprend ; c'était le meilleur moyen de cacher la grossesse. Et vous n'aviez rien préparé, pas de layette ? — *R.* C'est tout simple, car en supposant la grossesse, je ne pouvais la croire à terme.

D. Mais il y avait eu des symptômes ; la veille, votre fille était indisposée, elle avait de violentes coliques ; elle avait eu des vomissements ? — *R.* Pour moi, ce n'était qu'une indigestion, et je lui avais donné du tilleul.

D. Votre illusion était-elle si complète ? Vous vous préoccupiez de l'accouchement. Vous palpiez votre fille pour savoir si l'enfant remuait ? — *R.* Oui, et j'avais trouvé dans ces recherches une cause de sécurité ; je n'avais rien senti. Comment voulez-vous que je crusse à une grossesse ?

D. Les lassitudes de votre fille, peu de temps avant, quand vous la faisiez coucher près du petit salon, devaient vous fixer ? — *R.* Cela ne s'est pas passé avant, mais après l'accouchement.

D. Votre fille précise l'époque dans ses interrogatoires ; elle dit que c'est avant. — *R.* Si elle a dit cela, la pauvre enfant, c'est que ses souvenirs l'égarent.

D. Votre fille, avant son accouchement, n'avait plus d'appétit, et, pour éviter les conjectures des domestiques, vous faisiez manger par la chienne les mets qu'elle avait laissés sur son assiette ? — *R.* C'était après.

D. Non, c'était avant ; des témoins vous le diront. Toutes ces indications devaient vous avertir ? — *R.* Je vous répète que j'ai été surprise ; car ma fille se livrait à ses occupations ordinaires, leçons, devoirs, plaisirs, sans fatigue ; elle se prêtait à tout.

D. Peut-être, en effet, a-t-elle pris ses leçons ordinaires ; mais c'est que vous l'exigiez d'elle et vous lui faisiez si peur, qu'elle n'osait vous résister ? — *R.* Je doute que ce fût là le sentiment que je lui inspirais.

D. Il vous est facile de nier toujours, ainsi que de recevoir des démentis de votre fille et des témoins ; mais est-ce bien là l'intérêt de votre défense ? Voyez ce que dit votre fille ; peut-être vaudrait-il mieux entrer avec elle dans la voie où, dès le lendemain de son arrestation, elle croyait devoir s'engager. Par exemple, elle nous a dit que c'était vous qui aviez disposé le lit du petit cabinet ? — *R.* Quand, au milieu de la nuit, ma fille s'est trouvée souffrante, je l'ai fait reposer sur un matelas. Presque immédiatement l'accouchement a suivi.

D. Mais il fallait appeler un domestique, un médecin ? — *R.* Les domestiques couchaient loin de moi, je ne les avais pas sous la main.

D. Depuis quelque temps, oui ; mais, avant, leurs chambres n'étaient pas dans un autre corps de bâtiment ? — *R.* Cela a toujours été ainsi. D'ailleurs, depuis quelque temps, tout le monde se croyait autorisé à se livrer à des investigations sur nous. J'ai voulu y mettre un terme en me renfermant dans ma chambre.

D. A qui la faute, si ces bruits couraient sur votre

compte?—*R*. Il m'était bien permis de faire ce qui dépendait de moi pour sauver l'honneur de ma fille.

D. Comment vous y êtes-vous prise au dernier moment? Vous avez accouché votre fille; vous l'avez aidée. Donnez-nous des détails? — *R*. Pardon, mais je l'ai déjà dit. Je ne puis le répéter... c'est trop pénible pour moi... dispensez-moi de renouveler la douleur de ce récit...

D. J'insiste. — *R*. Je ne puis le dire.

D. Permettez, vous avez eu le courage d'accomplir un pareil acte; si vous refusez de le dire, on pourra croire que c'est une comédie. — *R*. (Avec dignité.) Ah ! Monsieur, ce n'était pas une comédie pour moi !

D. Mais, enfin, qu'avez-vous fait? — *R*. J'ai fait ce que toute mère aurait fait à ma place.

D. Mais quoi encore? — *R*. J'ai mis dans la chambre voisine un lit.

D. Qu'est-il arrivé? — *R*. Un enfant mort.

D. Expliquez-nous les circonstances...(Après un silence.) Eh bien ! vous avez aidé à la délivrer de vos mains, vous avez écarté les parois... Qu'avez-vous fait de cette pauvre créature condamnée à l'avance?... Vous ne voulez pas parler? Quand, pourtant, on a eu le courage de brûler un enfant... — *R*. (Avec impatience.) J'ai eu le courage de brûler un enfant mort.

D. Eh bien! brûler un enfant mort, c'est déjà une action horrible. — *Mme Lemoine*, fièrement : Que voulez-vous? Je n'avais pas d'autre moyen de sauver l'honneur de ma fille... Il n'y a rien de plus que ce que j'ai dit à l'instruction.

... Elle vint toute rose, toute souriante, fraîche et svelte à étonner (Page 3).

M. le Président. — Ici, *nous ne la connaissons pas.* Le débat est oral; il faut tout répéter. Et d'ailleurs, dans votre interrogatoire, il n'y a que des réticences. Votre silence, sur un point si important, n'est pas de nature à servir votre cause, et la crainte de vous compromettre pourrait vous entraîner bien loin. Voyons, qu'avez-vous fait? — *R*. Vous connaissez les détails... (Après un silence.) J'ai reçu l'enfant dans un vase et le sang dans l'autre.

D. Il a fallu couper le cordon. A quel moment l'avez-vous coupé? — *R*. Je ne saurais vous dire. Au milieu de cette horrible scène de désolation, je n'ai qu'un souvenir, c'est que l'enfant était mort.

D. Et ce souvenir ne peut vous compromettre. C'est, en vérité, bien facile à dire que l'enfant était mort. Mais qui le prouve?... Tout, au contraire, prouverait qu'il a vécu. Il a remué. Votre fille l'a

vu remuer. — *R*. Il est venu un enfant mort, voilà tout ce que je sais. J'ai dû couper le cordon. Mais pour préciser, cela m'est impossible.

D. Mais il y a plusieurs manières de faire ou de laisser mourir un enfant, soit qu'on néglige de lier le cordon, soit qu'on omette de le débarrasser des mucosités qui obstruent les voies respiratoires? — *R*. Je n'avais pas tant d'expérience.

D. Votre fille dit que vous n'avez pas lavé l'enfant. — *R*. J'ai vu cet enfant mort, j'étais seule... qui devais-je soigner, de l'enfant ou de la mère?

D. Est-ce que vous croyez qu'un enfant qui n'a pas de mouvement est nécessairement mort? — *R*. Je le croyais.

D. Mais souvent il est vivant? — *R*. Cela est de la science; je n'étais pas si éclairée.

D. Eh bien ! quand on n'est pas si éclairée, on

s'abstient de brûler un enfant parce qu'il ne remue pas. Il pouvait être vivant encore ; pourquoi vous hâter de le mettre dans la cheminée, au risque d'avoir affaire à un être vivant ? — *R.* Il y avait déjà longtemps qu'il gisait là, quand je l'y ai mis.

D. Vous avez dit à votre fille que cet enfant était vivant, qu'il était fort, énorme même. — *R.* Je ne lui ai certainement pas dit qu'il fût vivant. Mais j'ai pu lui dire qu'il était gros, eu égard aux circonstances anormales de sa grossesse et au peu de développement de sa taille.

D. Vous avez dit qu'il avait remué. — *R.* Je suis bien sûre de ne pas l'avoir dit.

D. Votre fille a dit qu'il avait remué, qu'elle l'avait vu. — *R.* Une femme qui accouche ne voit pas cela.

D. S'il était vrai que l'enfant fût mort, pourquoi le brûler ? — *R.* Entre un enfant mort et l'honneur de sa fille, on n'hésite pas.

D. Comment avez-vous fait pour le brûler ? — *R.* C'est encore dans l'interrogatoire : on ne brûle qu'avec du feu, on fait du feu avec du bois.

D. Soit, oui, nous savons cela, mais où avez-vous pris le bois ? — *R.* J'en ai pris où il y en avait. En vérité, c'est inutile à dire ; il y en a toujours dans les appartements, il y en a encore en ce moment.

D. C'était au mois de juillet. Vous prétendez en être allée chercher dans un petit grenier voisin, votre domestique n'en avait pas vu trois ou quatre jours auparavant ? — *R.* Il y en avait. Il y en avait aussi dans la chambre de mon fils, sous le bûcher et partout.

D. Quel bois avez-vous employé ? — *R.* Si on le sait, à quoi bon le répéter ?

D. Cela est nécessaire, au contraire. L'accusation soutient que l'on a employé trois sortes de bois, dont plusieurs n'étaient à votre disposition que parce que vous les aviez apportés vous-même. C'étaient, dit-elle, de grosses bûches, des triques, selon l'expression du pays, et des javelles. — *R.* Tout cela était sous ma main. Quand mes enfants étaient malades, je voulais avoir toujours tout à ma disposition, sans appeler de domestiques.

D. L'un d'eux dit pourtant que vous n'avez pu prendre des javelles au grenier, où il n'y en avait pas. — *R.* C'est une erreur.

D. Comment l'avez-vous brûlé ? — *R.* (Avec impatience.) C'est écrit dans l'interrogatoire ; tout cela est parfaitement inutile… C'est bien cruel de m'obliger à reproduire tout cela.

D. Vos juges ont besoin d'avoir de vous ces détails. — *R.* Je l'ai dit : j'ai mis des javelles, des bûches… trois ou quatre… et l'enfant dessus par devant… puis, j'ai allumé.

D. Cela a-t-il duré longtemps ? — *R.* Je l'ignore.

D. Quand tout a été terminé, faisait-il jour ? — *R.* J'ai pu me coucher encore quelques instants.

D. Vous avez ensuite enlevé les cendres ? — *R.* Sans doute, il fallait bien les faire disparaître.

D. Mais c'était là une affreuse occupation, jeter les restes, même privés de vie, de l'enfant de votre fille ? — *R.* Toutes ces choses étaient les conséquences forcées les unes des autres.

D. Et c'était aussi une conséquence de traîner votre fille, le lendemain de l'accouchement, sur la promenade de Chinon ? Cela ne prouve-t-il pas un caractère indomptable, qui ne recule devant rien ? — *R.* (D'une voix accentuée.) Quand on veut sauver l'honneur de sa fille, on ne recule devant rien… excepté devant le crime. Ma fille avait la force d'y

aller ; elle l'a pu… Pouvais-je avoir un plus puissant mobile ?

M. le Président. — Il est encore une circonstance à relever dans les interrogatoires de votre fille. Vous avez résumé la conversation que vous avez eue avec elle, dans la nuit du 28 janvier, par ces mots : D'ailleurs, je te le ferai passer. — *R.* Je n'étais pas sûre qu'il y eût une grossesse.

D. Pourquoi avez-vous voulu empêcher votre fille de voir son père ? — *R.* Ma fille était malade ; M. Lemoine n'est resté que la moitié d'un jour : voilà pourquoi il ne l'a pas vue. S'il était resté plus longtemps, je l'aurais conduite auprès de lui.

D. Et c'est parce que votre fille avait la migraine que vous priviez son père de la voir ! — *R.* C'est tout simple. Quand on a la migraine, on n'y voit pas ; quand on n'y voit pas, on ne peut pas se conduire.

On passe à l'audition des témoins.

Le premier appelé est le cocher *Jean Fétis.*

D. À quelle époque les familiarités ont-elles commencé entre vous et Mlle Lemoine ? — *R.* En 1857. Elle me pinçait, me renversait, me passait la jambe et cherchait à me tirer une chose ou l'autre. Un jour, elle me dit : « J'ai quinze ans, je puis me marier et quand je voudrai. » J'étais à la fontaine, à puiser de l'eau, elle me parlait mari, je me permis de lui dire : « J'en connais un. — Qui donc ? — Si vous voulez, ce sera moi. — Eh bien ! nous verrons plus tard. » Quelque temps après, elle m'a fait encore plus d'amitiés bien sincères, de grandes amitiés. Un jour, à la cave, elle me tire en arrière, me pince sur la cuisse gauche. « C'est pas bien, Mam'selle, que j' lui dis, vous n'y mettez pas assez de manière. — Vous avez peur, grand rigaud que vous êtes, » qu'elle me répond. Le 24 septembre, elle se jette à moi, moi je me permets de l'embrasser ; alors, elle pose une jambe sur une crèche-râtelier pour les bestiaux…

M. le Président. — Passons sur ces détails. Quel jour l'intimité fut-elle complète ? — *Fétis.* Le 2 octobre.

D. Eh bien ! ce jour-là, vous êtes entré dans sa chambre. À partir de ce jour, les relations ont-elles été nombreuses ? — *R.* Assez. Après les vendanges, elles ont repris.

D. C'est alors que vous avez conçu la possibilité d'un mariage ? — *R.* Puisque mam'selle voulait absolument se marier.

D. Vous ne pouviez vous dissimuler la distance considérable qui séparait vos situations sociales. Avez-vous pensé à un moyen pour franchir cette distance ? — *R.* Oui, Monsieur.

D. Lequel ? une grossesse, sans doute ? — *R.* Ma foi, oui ; comme de fait c'est arrivé. Mam'selle m'avait dit que le moyen de passer sur les difficultés, c'était d'avoir un enfant.

D. Elle vous a parlé de sa grossesse, des premiers symptômes ? — *R.* C'est une fois qu'elle m'accoste à la cuisine : « Je te dirai, m'a-t-elle conté, que je viens de vomir. — Ce n'est pas étonnant, que moi je lui dis, tu as été au bal hier, tu as bu du vin chaud ou du sirop, ça t'aura dérangée. » Et puis je ne lui dis plus rien. Le lendemain, j'avais à brosser le salon, elle me dit : « J'ai vomi encore. — Ah ! que je lui dis, il se pourrait bien alors que tu sois enceinte. »

D. Vous aviez intérêt à savoir à quoi vous en tenir, vous avez dû lui demander si elle avait ses époques? — *R.* Elle m'a dit que, depuis décembre, elle ne voyait plus. Enfin, quand je suis parti, il y avait trois mois qu'elle ne voyait plus.

D. Vous en avez parlé à bien du monde? — *R.* J'en ai parlé à mon frère, à M. Sorneau. Je n'ai pas dit à Mam'selle que j'en avais parlé. Sorneau m'apprit que tout le monde en parlait. C'était la domestique qui avait observé le linge. Sur quoi, M. Sorneau me dit : « Venez donc me voir, vous me ferez un sensible plaisir. » Je passe chez Sorneau, qui me dit : « Ah! ça, savez-vous bien tout ce qu'on dit... et vous qui me cachiez cela !... »

D. Passons. Mlle Lemoine sentait toute la distance qui existait entre vous et elle; ne cherchait-elle pas à excuser en quelque sorte sa conduite? — *R.* Dame, elle me disait : « Ma mère a bien fait le bonheur de mon papa, je ferai le tien. » Elle disait qu'elle se moquait des bruits, qu'elle était bien contente d'être enceinte, et que, pour parler à sa mère, il fallait encore attendre que ça se voie davantage.

D. Arrivons au 27 janvier, à la demande.

Fétis. — C'est elle qui devait en parler à sa maman. M'ayant dit qu'elle n'osait pas, nous avons convenu que, devant aller conduire Madame à Givray, j'en parlerais. Comme de fait, étant à Givray à la cave, avec Madame, à tirer du vin blanc, et que j'étais en train de porter une dame-jeanne, Madame me dit d'atteler. Moi je lui dis : «Madame, c'est pas ça, j'ai quelque chose à vous dire? — Eh bien! parle, qu'as-tu à me dire? — « Madame, je lui dis, c'est qu'il est bon de vous dire que votre fille, Mlle Angélina, en personne, est enceinte de moi; que Mam'selle désire m'épouser, pas pour ma fortune, mais pour ma tranquillité.— C'est bien, me dit Madame, nous reparlerons de cela. Attelez. » Étant revenu à Chinon, Angélina s'aperçoit aussitôt que j'avais averti sa mère. — «Tu as averti maman? qu'elle me dit, — Oui. — Que t'at-elle répondu? — Eh bien! elle me chasse. — Pas possible? — Mais, oui; à présent, j'ai fait ma commission, je suis déchargé de tout. C'est à toi à parler. » Et voilà.

M. le Président. — Cette déclaration concorde parfaitement avec celle d'Angélina. Continuez. Que s'est-il passé ensuite?

Fétis. — Je porte ma dame-jeanne à la cave, puis, je remonte demander la clef à Madame. Angélina vient me trouver à la cuisine. — « Je pense, lui dis-je, qu'après le dîner ta mère va te faire la morale. » Comme il y avait les portes fermées par dessus elle, je n'ai pu entendre. Le lendemain matin, je me transporte près d'elle. Mam'selle était au balcon. — «Je te dirai, m'a-t-elle dit, que toi et Louise, vous ne coucherez pas ici ce soir. J'ai dit à maman que je voulais t'épouser.» Le soir, Madame m'appelle; elle me met cent francs dans la main, qu'elle me devait, et, comme je traversais la cour, elle me dit : « Allez tout droit à votre chambre, prenez ce qui vous appartient et sortez promptement de la maison, ou la Justice n'est pas loin. » Je lui ai répondu, en tenant ma malle d'une main, et de l'autre ma boîte à violon (avec une risible emphase) : «Madame, j'ai fait à votre fille la promesse de l'épouser, jamais je ne manquerai à ma parole. » En lui disant adieu, M'am'selle me dit : « Eh bien! mon pauvre Jean, ça n'a pas tourné comme nous voulions; mais ma mère m'a dit qu'elle me le fera passer. »

D. A quelle époque calculiez-vous que l'accouchement aurait lieu?—*R.* Je calculais pour le 8 août; après ça, quelquefois il peut y avoir de l'avancement.

Fétis est retourné à sa place, d'un air parfaitement satisfait de lui-même. — Femme Lemoine, dit *M. le Président,* qu'avez-vous à dire sur la déposition de Fétis? — *Mme Lemoine,* dédaigneusement : Rien.

D. Et vous, Angélina? — *Angélina,* la figure cachée par son mouchoir : Cet homme est un infâme, les choses ne se sont pas passées comme cela.

M. le docteur Danyau, l'un des experts, vient rendre compte de sa mission et répondre aux questions médico-légales destinées à éclairer le Jury. On connaît les parties essentielles de son rapport; nous n'y reviendrons pas. *M. le Président,* après avoir donné lecture de la partie de ce document relative à l'analyse des cendres, demande aux défenseurs s'ils ont quelque observation à faire.

Me Lachaud. — J'accepte le rapport tel qu'il est et la déposition telle qu'elle se produit.

Anne Quantin, veuve Suard, âgée de cinquante-cinq ans. — En septembre ou octobre 1858, on m'a dit des choses vilaines sur Mlle Angélina, et un jour que sa mère est venue à la maison, comme elle y venait souvent, je lui ai dit le bruit qui courait. J'y avais été invitée par une personne, qui elle-même y avait été invitée par une autre.

D. Quel était ce bruit? — *R.* Des bruits très-vilains et très-malheureux...

D. Expliquez-vous, je vous prie? — *R.* On m'a dit seulement que Fétis disait des choses bien viles et bien sales sur Mademoiselle. Voilà tout ce qu'on m'a dit. C'était une commission bien désagréable, mais ça pouvait avoir des conséquences et j'ai compris que je devais parler.

D. Sans dire les mots, ne pouvez-vous nous faire comprendre ce qu'on disait? Cela ne revenait-il pas à dire qu'Angélina avait des relations avec Fétis? — *R.* Bien sûr que c'était Fétis qui disait des choses bien grosses, comme quoi Mademoiselle l'aurait fait venir dans sa chambre. J'ai dû en parler à Mme Lemoine.

M. le Président. — MM. les Jurés se rappelleront que Mme Lemoine a toujours soutenu qu'elle n'avait pas reçu de communication de la veuve Suard. (A l'accusée.) Vous avez nié longtemps que le témoin vous eût avertie. Vous le reconnaissez bien maintenant? — *Mme Lemoine :* Pardon, je n'ai pas dit qu'elle ne m'eût pas parlé. Les confidences de la veuve Suard n'ayant pas été complètes, j'ai dit que je n'y avais pas attaché d'importance. Elle ne me disait pas de qui elle tenait ces bruits, et je les ai considérés comme des propos dont je n'avais pas à m'inquiéter.

M. le Procureur général. — Avez-vous interrogé votre fille à propos de ces confidences? — *Mme Lemoine :* Oui. Ma fille a nié, et je l'ai crue sur parole.

M. le Procureur général. — C'était agir bien légèrement. — *Mme Lemoine :* J'avais la plus grande confiance dans ma fille, et la faute qu'on lui imputait me paraissait si énorme, que je ne pouvais en admettre la possibilité.

D. Même dans le doute, vous deviez vous hâter de renvoyer Fétis.— *R.* (Avec énergie.) Si j'avais seulement soupçonné ce Fétis, je l'aurais immédiatement chassé. Mais, devant l'affirmation de ma fille, et en l'absence de tout soupçon, c'eût été une

maladresse de ma part de renvoyer ce domestique. C'eût été justifier jusqu'à un certain point les
soupçons.

M⁰ Lachaud, au témoin. — Si on avait dit seulement que ces bruits venaient de M. le curé, cela
eût pu engager à remonter à la source. —
Mᵐᵉ Suard : C'est vrai, M. le pasteur était mêlé à
cette affaire; mais je n'ai pas cru devoir le nommer. J'ai dit seulement que cela venait de source
honorable.

Fétis (Joseph). — La première fois que mon frère
m'a parlé de ses relations avec Mˡˡᵉ Angélina, c'était
aux vendanges de 1858.

M. le Président. — Ne vous a-t-il pas parlé aussi
de certaines agaceries qui venaient d'Angélina? —
R. Un jour, un mois après son entrée dans la
maison, il me dit : « Je m'ennuie. — Pourquoi?
lui dis-je. — C'est que Mademoiselle est toujours
après moi, qu'elle me fait des mines, des agaceries,
des niches, enfin, cinquante choses que ça me suf-
foque. »

M⁰ Lachaud. — Un mois après son entrée dans la
maison ! c'est-à-dire qu'Angélina avait alors douze
ou treize ans !

M. le Président. — Qu'avez-vous répondu à votre
frère? — *R.* « Prends bien garde, que je lui dis, Mademoiselle est forte pour son âge, mais elle est bien
jeune. C'est peut-être des enfantillages. Enfin ne
va pas surtout faire des attouchements, ça pourrait t'envoyer à Fontevrault. — Oh ! sois tranquille,
qu'il me dit, je ne me hasarderai jamais après elle;
tu connais ma tranquillité. » Mon frère en était si
ennuyé, qu'il parlait de quitter la maison.

D. Vos observations étaient sages. En somme, ce
n'est qu'en 1858, à l'époque des vendanges, que
votre frère vous aurait fait part de ses rapports
avec Angélina? A quelle époque vous a-t-il fait confidence de la grossesse? — *R.* Ce n'est pas par lui
que je l'ai su, c'est par une ouvrière que nous
avions à la maison. Je crus alors devoir en prévenir
mon frère, puisque cela courait les rues. Je savais
qu'il était assez mal avec la cuisinière, qui peut-
être avait inventé la chose, en sorte que je ne savais
si c'était vrai. C'est pour cela que je lui en parlais.

M. le Procureur général, au témoin. — Sans entrer dans aucun détail sur la nature des provocations d'Angélina, votre frère vous a bien dit, dans
l'intimité de la famille, que les propositions auraient
été dues à l'initiative de la jeune fille? — *R.* Oui,
Monsieur, mon frère m'a dit tel que je vous dis,
que, le 8 octobre 1858, Mᵐᵉ Lemoine étant allée
à sa campagne, Mademoiselle lui a dit de venir
dans sa chambre, et qu'elle lui a tenu toute la parole qu'elle lui avait donnée la veille.

D. Après sa sortie de la maison Lemoine, votre
frère a-t-il tenté de revoir Angélina ou de lui donner de ses nouvelles? — *R.* J'avais dit à mon frère
de partir de Chinon et d'aller se placer ailleurs
pour faire taire les bruits. Il m'a obéi, il a quitté
Chinon. Il y avait cinq à six jours que je n'avais pas
de ses nouvelles, quand j'appris qu'il avait écrit à
M. Boué, marchand à Chinon, en le priant de remettre une lettre à Mˡˡᵉ Angélina. J'ai été très-
fâché d'apprendre cela, car je lui avais recommandé
de n'écrire à personne à Chinon, excepté à moi.

D. La lettre est-elle parvenue à Angélina? — *R.*
Non, Monsieur; pas plus celle-là que d'autres;
Mˡˡᵉ Angélina n'a reçu aucune lettre de mon frère
depuis qu'il a quitté la maison : je lui avais signifié que je ne le voulais pas.

M⁰ Seiller. — Il résulte de la déposition du témoin, *très-prudent et très-habile dans cette affaire*,
qu'il n'aurait fait que donner d'excellents conseils.
Pourtant, cet homme, si moral, s'est prêté plus tard
à une correspondance clandestine entre son frère
et Mˡˡᵉ Lemoine. Son rôle ne serait donc pas si pur
qu'il le fait.

Joseph Fétis. — C'était pour qu'il ne s'adressât
pas à d'autres et qu'il ne mît personne dans la confidence.

M⁰ Lachaud. — Si je ne me trompe, le témoin
se pose en homme moral, qui voulait empêcher son
frère de profiter de la faiblesse d'une pauvre jeune
fille. Il voulait, disait-il, empêcher toute correspondance. Comment expliquera-t-il alors la lettre par lui écrite à son frère où on lit ce passage :
« Maintenant je te dirai que Mᵐᵉ Lemoine n'a pas
encore de domestique, et *c'est pourquoi nous n'avons
pu faire parvenir ta lettre; mais nous y parviendrons.*
Cela veut dire très-clairement qu'on a tendait la
connivence du successeur de Fétis pour établir
cette correspondance qu'on voudrait se faire honneur d'avoir empêchée.

M. le Président. — Ce fait n'a point d'importance
au point de vue de l'accusation. Peu nous importe
que Fétis ait conçu des projets de mariage, dans
lesquels il a été secondé par ce témoin et par quelques autres.

M⁰ Lachaud. — Je le sais, Monsieur le Président,
mais il nous importe à nous d'apprécier la moralité des témoins; cela a une certaine valeur dans
un procès criminel. Hier, messieurs les Jurés ont
pu juger Jean Fétis; aujourd'hui, ils jugeront Joseph Fétis : ils diront si ce témoin mérite le brevet
de moralité qu'il veut se faire donner dans cette
affaire. On achèvera de le connaître en écoutant un
certain Sorneau, dont une lettre du témoin a pu
faire apprécier aussi la moralité.

M. le Président. — Il ne faut rien exagérer. La
lettre du témoin, lue entièrement, n'a rien de contradictoire avec les bons conseils qu'il donnait à
son frère. Il faut bien distinguer d'ailleurs entre les
conseils donnés par lui avant qu'il eût connaissance
de la grossesse et ceux donnés après. La grossesse
connue, Joseph a pu espérer que son frère pouvait
aspirer au mariage et l'aider dans ce but.

Sorneau (Hilaire), maître de violon à Chinon. —
Après huit ou dix mois de leçons, je me suis aperçu
que Fétis ne faisait pas de progrès. Il avait quelque
chose, des distractions. Un jour, il me dit qu'il ne
voulait plus apprendre, qu'il n'avait plus besoin
d'être musicien pour vivre. « Vous allez donc vous
marier? lui dis-je. — Peut-être bien. — Avec une
demoiselle de Chinon ? — Non, elle n'est pas d'ici.
— Oh ! vous faites le discret. » Huit jours après,
voilà qu'il y arrive et qu'il finit par me dire que
c'était avec Mˡˡᵉ Lemoine; qu'un jour que Mᵐᵉ Lemoine était allée à Tours, il était entré dans sa
chambre...

M. le Président. — Oui, c'est un fait bien constaté.

Le témoin. — Il m'a même dit qu'il avait été provoqué par Mˡˡᵉ Lemoine, qu'elle lui avait dit : « Venez, Fétis, vous coucher près de moi... et... »

M. le Président. — Oui, oui, nous savons tout
cela; mais ce n'est pas cela que nous vous demandons. Il vous a dit que c'est le jour du voyage de la
mère que l'intimité a commencé; mais les taqui-
neries avaient commencé bien avant? — *R.* Oh !
oui; il m'a dit qu'une fois qu'il était dans le jardin,

courbé, en train de sarcler, Mme Lemoine et sa fille se promenaient dans le jardin, que la jeune personne était venue sournoisement derrière lui, qu'elle l'avait poussé par le dos et qu'il était tombé sur les mains, ce qui avait fait rire la mère.

D. Vous avez correspondu avec Fétis depuis son départ? — R. Oui.

D. Que vous disait-il dans ses lettres? — R. Qu'il était bien malheureux, qu'il voudrait bien épouser Mlle Angélina, mais que c'était difficile, qu'il ne mangeait plus, qu'il ne dormait plus, qu'on lui avait fait de grandes promesses.

Me Seiller. — Voulez-vous demander au témoin s'il n'a pas été l'intermédiaire très-actif, et sans doute très-intéressé, de Fétis? S'il n'a pas reçu des lettres nombreuses de Fétis, et ce qu'il en a fait?

Sorneau. — J'en ai reçu quatre ou cinq; je les ai brûlées.

M. le Président. — Que disaient ces lettres? — R. Il me demandait de le placer à Chinon et de lui écrire ce qu'on disait de son affaire dans la ville.

Me Seiller. — Si ces lettres étaient si insignifiantes, pourquoi le témoin les a-t-il détruites? Pourquoi détruire ces lettres qui prouveraient aujourd'hui son désintéressement?

M. le Président. — Le témoin a pu s'intéresser à l'espoir du mariage de Fétis; celui-ci faisait reposer la réalisation de ce mariage sur la naissance de l'enfant; il en parlait dans toutes ses lettres. Cette correspondance n'a pas, je crois, d'autre portée. Les accusées ont-elles des observations à faire sur la déposition du témoin?

Mme Lemoine. — Mon avocat saura faire apprécier la moralité du témoin.

Sorneau. — Jean Fétis ne m'avait pas payé ses leçons de violon; j'espérais qu'il me payerait s'il faisait un bon mariage. Voilà tout l'intérêt que j'avais dans cette affaire.

On appelle à la barre Frédéric Lieubray, âgé de soixante et un ans, tailleur à Chinon. C'est ce vieillard qui, honteux du triste rôle joué par lui dans toute cette sale intrigue, a tenté, mais vainement, de s'ôter la vie. Le malheureux est amené et soutenu par deux audienciers, qui le placent sur une chaise près du bureau de la Cour, car il est atteint de surdité. Sa blessure est légère et ne l'empêchera pas de déposer.

Aux questions de M. le Président, il répond qu'il n'a entendu parler de la grossesse d'Angélina que le jour du renvoi de Fétis, c'est-à-dire le 27 janvier, au soir. — J'en ai causé, dit-il, avec la cuisinière; elle m'a dit : « Savez-vous que ce Fétis est plus malin que je ne croyais? » Je me trouvais dans la cuisine au moment où Fétis qui revenait de la campagne avec Madame y est entré. Mlle Angélina est arrivée tout de suite après, s'est approchée de lui, et ils ont parlé longtemps ensemble. Comme j'ai l'oreille un peu paresseuse, je ne savais trop ce qu'ils disaient; mais comme j'avais entendu des cancans, j'ai bien deviné de quoi il s'agissait.

D. Et de quoi s'agissait-il? — R. De leur mariage. J'ai su depuis que Fétis avait demandé à Mme Lemoine sa fille en mariage, disant qu'il était l'époque de la marier, vu qu'elle était grosse; que Mademoiselle voulait l'épouser et qu'il lui demandait sa main, disant qu'il n'avait pas de fortune, mais qu'il avait de la tranquillité et de la conduite.

M. le Président, à Mme Lemoine. — Vous voyez bien que Fétis vous en a dit long, plus long que vous n'en convenez?

Mme Lemoine ne répond que par un léger mouvement de dédain.

M. le Président. — Nous n'admettons pas cette manière de répondre. Veuillez vous lever d'abord et répondre par oui ou par non.

Mme Lemoine ne répond pas.

M. le Président, au témoin. — Avez-vous eu des rapports avec Fétis depuis sa sortie de la maison? — R. Oui; il est venu une fois me prier de remettre une lettre à Mme Lemoine, mais je lui ai signifié que je ne voulais pas me mêler de ça, et qu'il fasse ses affaires lui-même.

D. N'a-t-il pas fait d'autres tentatives auprès de vous pour vous engager à remettre des lettres à Angélina? — R. Oui; mais je lui ai toujours répondu d'en chercher un autre et de me payer ce qu'il me devait.

D. Par quel motif était-il votre débiteur? — R. Pour des travaux de mon état de tailleur.

M. le Président. — Jean Fétis a écrit au témoin une lettre datée d'Angoulême, le 15 mai 1859; j'y note, ainsi que dans sa lettre adressée le 4 février à Angélina, des passages qui prouvent sa bonne foi et le sincère espoir qu'il conservait du mariage, et qui constatent les termes dans lesquels il se trouvait avec cette jeune fille. (A Me Lachaud qui s'agite.) Me Lachaud, est-ce que vous avez une observation à faire?

Me Lachaud. — Mon Dieu! non, si ce n'est que cette lettre que M. le Président vient de lire est datée du 4 février et n'a été envoyée qu'au mois de mai.

M. le Président. — Aucune lettre n'est arrivée. (A Lieubray) : Vous avez offert à Fétis vos services auprès d'Angélina?

Lieubray s'en défend. Jean Fétis est rappelé, et déclare que Lieubray était depuis longtemps au courant de ce qui se passait entre lui et Mlle Lemoine, et qu'après sa sortie de la maison il lui a proposé ses services. Nous étions à causer de la chose de Mlle Angélina, ajoute-t-il, M. Lieubray me dit : « Vous pouvez vous flatter d'avoir une bien belle chance. — Bah ! que je lui dis, peut-être pas déjà tant de chance, puisque je ne peux pas arriver au mariage. — C'est égal, qu'il m'a répondu, j'aurais bien voulu être à votre place. »

Lieubray. — Je n'ai pas dit ça. Après ça, il est bien possible que j'aie dit : Vous avez un fameux bonheur, voulant dire par là que c'était heureux pour lui d'être en chance de se marier avec une demoiselle que quantité de monde de Chinon aurait tant désiré d'avoir.

Françoise Landry, couturière à Chinon, dépose avec une grande réserve des familiarités entre Angélina et Fétis; c'était le plus souvent la jeune fille qui agaçait le domestique. Ces familiarités remontent à l'époque où Angélina n'était encore qu'une enfant.

D. Avez-vous prévenu la mère? — R. Elle pouvait voir comme moi. Il est possible que je lui en aie parlé, mais je ne me rappelle pas ce qu'elle m'a répondu. Je suis peu curieuse et j'ai fort peu de mémoire.

Poussée de questions, Françoise Landry ajoute : On avait dit que Mademoiselle avait donné rendez-vous au cocher dans sa chambre. M. le curé me dit : « Voilà ce qui existe; tâchez d'en avertir Mme Lemoine. »

D. Et pourquoi ne vous êtes-vous pas chargée directement de cette mission? — R. Je n'ai pas osé.

D. Cela eût mieux valu. Vous l'avez dit à Mᵐᵉ Suard, qui n'aurait pas dit l'origine du bruit. Mais voyons : à ce moment, le bruit que la demoiselle avait attiré Fétis dans sa chambre ne courait-il pas dans les rues de Chinon? Vous êtes une femme raisonnable, sérieuse, d'expérience, et même une fille religieuse dans la bonne acception de ce mot. Eh bien ! répondez-nous. — *R.* Oui, on en parlait beaucoup : mais je ne pouvais croire à tant de grossièreté.

D. Ne disait-on pas, dans le public, que l'accouchement serait pour la fin de juillet ou pour le commencement d'août? — *R.* On le disait.

D. En avez-vous parlé à Angélina? — *R.* Je ne lui ai pas parlé d'accouchement. Je lui ai dit que Fétis était à Chinon.

D. Vous lui auriez parlé de sa grossesse, ne croyant pas, avez-vous dit, faire mal parce que vous n'y croyiez pas. Nous avons votre déposition sous les yeux.

M. le Procureur général. — Mᵐᵉ Lemoine ne vous a-t-elle pas dit elle-même : « Ces bruits-là sont affligeants ; je suis obligée de sortir et de montrer ma fille pour les détruire? »

Françoise Landry. — Ah ! oui, elle m'a dit cela.

M. le Procureur général. — Femme Lemoine, peut-être n'allez-vous pas nous répondre, comme vous le faites d'ordinaire? Est-ce vrai que vous avez manifesté le regret de l'obligation où vous étiez de sortir pour montrer votre fille?

Mᵐᵉ Lemoine, d'un ton dédaigneux. — C'est vrai, Monsieur, que j'ai manifesté le regret de l'obligation où j'étais de sortir pour montrer ma fille.

Madeleine Gauthier, veuve Esnault, lingère à Chinon. — La femme de Joseph Fétis m'a dit que son beau-frère le cocher avait des relations avec Angélina. Je ne voulais pas le croire, j'ai voulu *éclairer* cela et j'ai été en journée chez Mᵐᵉ Lemoine. Là, j'en appris plus long. La cuisinière, Louise Delacotte, m'a dit qu'elle avait été témoin de familiarités entre Fétis et Mademoiselle, et qu'il y avait du dérangement dans le linge de Mˡˡᵉ Angélina. La regardant marcher, je me dis : Il pourrait bien en effet y avoir quelque chose, car elle n'a pas une *marche physique* pour une jeune personne non mariée ; et quand Jean a été renvoyé, tout le monde disait qu'il laissait la fille enceinte de trois mois.

D. Vous-même avez été témoin de familiarités entre Angélina et Fétis? — *R.* Certainement, mais j'ai pris cela pour des enfantillages, bien entendu jusqu'à l'époque du bruit. Plusieurs fois, dans l'été qui a précédé sa grossesse, elle lui faisait des niches, lui cachait son arrosoir, ses pantoufles, sa casquette. Ça ne me paraissait pas *conséquent.*

M. le Président. — Vous entendez, Angélina. Était-ce là la conduite d'une jeune fille comme vous? Est-il vrai que ces agaceries ont continué jusqu'au dernier moment?

Angélina ne répond pas.

M. le Président. — Votre silence est un aveu. Et vous, femme Lemoine, n'est-il pas démontré désormais que vous avez manqué de surveillance?

Mᵐᵉ Lemoine. — Je n'ai pas vu ces choses-là depuis au moins deux ans. Quand ma fille était une enfant, j'ai pu les tolérer; depuis deux ans, je ne les aurais pas souffertes.

Mᵐᵉ Truteau, marchande à Chinon. — J'ai entendu dire chez M. Martin, par Jean Fétis, que Mˡˡᵉ Angélina voulait faire son bonheur et qu'ils se marieraient ensemble.

Mᵐᵉ veuve Pilotot, âgée de soixante-seize ans, a reçu également les confidences du cocher. — Un jour, il est venu chez moi. Je lui dis que j'avais un petit mariage à lui proposer. « Je n'en veux pas, qu'il me dit, de votre petit mariage; j'en ai un gros qui mitonne. — Pas possible, que je lui dis, voulant un peu savoir ; lequel donc? — Je vais épouser la fille de la plus grosse bourgeoise de Chinon, et la première lettre de son nom, c'est Mᵐᵉ Lemoine. — Ah ! mon Dieu, que je dis, en manquant de tomber à la renverse. — Oui, qu'il m'a ajouté, et elle m'a dit : Je veux me marier avec toi, je ne veux pas de bourgeois. Et, en attendant que je sois son mari, je fais tout autant que si je l'étais. » Alors, moi, j'ai bien été forcée de le croire, et je me suis dit : J'oserai jamais dire ça à Mᵐᵉ Lemoine, mais je le dirai à quelqu'un.

D. Et à qui l'avez-vous dit? — *Le témoin,* d'un air de résolution : A monsieur le curé.

M. le Président. — Et vous avez bien fait de verser ce secret de famille dans l'oreille d'un ecclésiastique. Le curé d'une paroisse est bien choisi pour recevoir des confidences qui touchent au repos et à l'honneur des familles. Il est fâcheux seulement que les avertissements donnés à Mᵐᵉ Lemoine ne lui aient pas mieux profité.

Mᵐᵉ Lemoine. — Je ne les ai pas reçus. Si M. le curé me l'avait dit lui-même, j'y aurais attaché plus d'importance.

M. le Président. — Oui..., mais des avertissements qui intéressent l'honneur d'une fille doivent être pris en considération par une mère, de quelque source qu'ils viennent.

M. le Procureur général. — Témoin, Fétis est entré avec vous dans plus de détails? Ne vous a-t-il pas raconté qu'Angélina l'avait attiré dans sa chambre? — *R.* Oui, Monsieur.

D. Qu'elle l'avait provoqué? — *R.* Oui, et qu'elle lui avait dit : « Fais-moi donc va drôle, on finira bien par nous marier. »

Mᵐᵉ Gillot, femme de l'entrepreneur des voitures publiques, à Chinon. — Fétis ne s'en est pas gêné de nous conter, à moi et à mon mari, de son mariage avec Mˡˡᵉ Lemoine, et qu'elle était enceinte de lui, et qu'ils allaient bientôt se marier. Comme mon mari lui disait : « Mais, Jean, sais-tu que c'est une bonne affaire pour toi, Mᵐᵉ Lemoine sera obligée de te faire au moins 2,000 livres de rente? — 2,000, que répondit Fétis, il nous en faudra bien 4,000, avec une cuisinière, une nourrice et un bon train de maison. Nous serons trois maîtres. » Moi, je lui dis : « Mais, puisque Mˡˡᵉ Angélina est enceinte, comment se fait-il que sa mère soit allée à Tours pour lui acheter des toilettes de bal? qu'est-ce qu'on en fera des toilettes? — Bah ! qu'est-ce que ça fait? qu'il me dit; quand elle aura fait ses couches, les toilettes nous serviront pour aller dans le monde. »

M. le Président. — Ce propos prouve la confiance robuste qu'il avait dans ses espérances. Il se voyait déjà Mˡˡᵉ Lemoine au bras et une fortune. Ceci, Messieurs, c'est de la *naïveté,* de la *bonne foi,* et cela s'explique par le caractère de ces relations toutes volontaires d'Angélina, par les promesses faites.

Mᵐᵉ Fleurand, marchande, à Chinon. — Un vendredi matin, à la fin de janvier, Louise Delacotte, la cuisinière de Mᵐᵉ Lemoine, est venue demander à me parler. Elle me dit : « Quel malheur ! vous ne savez pas? — Non. — Ce mauvais gars? —

Qui? — Jean Fétis, le cocher de Mme Lemoine, qui a demandé aujourd'hui Mlle Angélina en mariage. — Pas possible, je lui dis; il est donc fou? je dis. — Non, me répond Louise Delacotte, il n'est pas fou, mais la demoiselle est enceinte. » Moi, me voilà si tourmentée, que, le soir, je m'en vas chez ces dames. Je les connaissais beaucoup. — « Ah! vous voilà? » qu'elles me disent. C'était l'heure du dîner. « Si nous avions un meilleur dîner, que me dit Mme Lemoine, nous vous engagerions à le partager. Mais il est détestable, n'est-ce pas, Angélina? » J'ai été surprise de voir Mme Lemoine gaie comme ça; elle riait comme à l'ordinaire, plaisantait sur la forme de mon vêtement.

M. le Président. — Eh bien! pourtant, elle avait reçu une horrible révélation, ce qui prouve une femme qui se possède à merveille. Continuez.

Mme Fleurand — Après le dîner, sa fille s'absentant, j'en profite pour dire à Madame: « Sortez-vous demain? passez chez nous, je vous prie. » Le lendemain, Madame ne vient pas. J'y retourne; je trouve les portes fermées et je m'en étonne: on me dit qu'elle a renvoyé ses domestiques... Aussi, en entrant, je lui dis: « Ah! Madame, quel malheur! il vaudrait mieux que ce soit arrivé à vous, » voulant dire que je croyais qu'il valait mieux que le bruit fût répandu sur la mère que sur la fille. Mme Lemoine m'a répondu: « Ne vous désolez pas. Tout cela, ce sont des cancans que je ferai taire; j'ai fait maison nette: dans quelques jours, on ne parlera plus de rien. »

M. le Président. — Oui, c'est déjà le rôle qu'elle a obstinément suivi jusqu'au bout. C'est ce qu'elle appelle être conséquente avec elle-même.

On appelle *Focillon (Pierre)*, propriétaire à Turpenay. — Il dit avoir vu Mme Lemoine, qu'il a parfaitement reconnue, monter, en compagnie d'une jeune fille, sur une hauteur dépendante du coteau de Givray. La jeune fille a ôté un surtout, s'est couchée sur le côté et s'est laissée rouler en bas comme une barrique de vin. Puis, elle est remontée prendre son vêtement. Sept ou huit jours auparavant, il tombait de l'eau, des ouvriers ont vu la même jeune fille monter un autre coteau. La mère est restée en bas. La fille se livra au même exercice; mais, cette fois, le danger était plus sérieux. Le premier coteau avait dix mètres de hauteur environ; mais celui-ci en avait bien quarante. « Moi qui suis un homme, ajoute le témoin, je ne voudrais pas pour 2,000 francs en faire autant. »

D. Êtes-vous bien sûr que ce fût Mlle Lemoine? — *R.* Je ne pourrais l'affirmer; cependant, c'était sa taille et son élégance.

Angélina. — Cela ne s'est pas passé ainsi. Je suis tombée par accident. J'ai quitté mon pardessus parce que j'avais eu de la peine à gravir le coteau. Je suis tombée, parce que j'avais marché sur ma robe en montant; et je me suis arrêtée à moitié chemin dans ma chute.

M. le Président. — C'est la première fois que vous donnez ces explications. Elles sont en contradiction avec tout ce que vous avez déposé des exercices violents convenus avec votre mère. Et vous, femme Lemoine? — *R.* Ces faits sont singulièrement dénaturés. C'est le dire d'un esprit prévenu par des rumeurs malveillantes.

Bruneau et Marais, cultivateurs, racontent la seconde scène à peu près dans les mêmes termes.

M. le Président. — Eh bien! femme Lemoine, qu'avez-vous à dire? — *R.* Ce que j'ai dit tout à l'heure. — *M. le Président.* Ce sont des fagots, n'est-ce pas? toujours votre réponse inconvenante.

Lemaître (Isidore), serrurier à Chinon, et sa femme, élégante de Chinon, sont de ces charitables voisins qui ont fait leur partie dans le concert de médisances organisé autour de la maison Lemoine. Le mari déclare qu'il voyait assez souvent Angélina chez Licubray. Elle y causait de tous les cancans un peu scandaleux de Chinon. Elle demandait si telle demoiselle n'était pas enceinte, si elle allait bientôt accoucher. Il rapporte une scène où Angélina seule au balcon, un jour de procession, aurait provoqué deux jeunes gens par ses regards et par ses sourires. Mais il ne se rappelle plus si, sur le geste inconvenant d'un de ces jeunes fats, Angélina s'est retirée. *Il croit bien* qu'elle est restée au balcon.

Angélina. — Je ne sais pas ce que veut dire le témoin. De quelle année parle-t-il? Dans quelle saison? Je ne sais.

M. le Président, à Mme Lemoine. — Votre fille allait, vous le voyez, dans les boutiques d'artisans, et on ne se gênait pas pour tenir devant elle des propos qu'on n'eût pas tenus si elle avait eu une tenue plus convenable, plus décente. Tout cela vient à l'appui de tout ce qui a été dit sur la légèreté de la fille Lemoine; elle s'affichait beaucoup trop. C'est l'indice d'une fort mauvaise éducation et d'un grand défaut de surveillance de la part de la mère.

La femme *Lemaître* témoigne d'une exclamation désespérée de Mme Lemoine parlant des bruits qu'elle traitait d'infâmes calomnies: « Si Dieu s'occupait des choses d'ici bas, ces choses n'arriveraient pas. »

D. (A Mme Lemoine.) — Pourquoi traitiez-vous d'infâmes calomniateurs ceux qui faisaient courir ces bruits? — *R.* Je devais le dire. On me prête, d'ailleurs, un langage qui n'est pas le mien.

M. Huet (Paul), propriétaire à Chinon, dépose sur les faits relatifs au voyage de M. Lemoine. Il dit avoir su par M. Maupetit que la migraine n'était qu'une excuse. Il rapporte le propos de M. Guibout.

M. Guibout (Hercule), propriétaire à Chinon, rapporte ce qu'on sait de sa conversation avec M. Lemoine.

M. le Président, à Mme Lemoine. — Vous entendez l'appréciation qu'on fait de votre caractère.

Mme Lemoine. — M. Guibout ne me connaît pas assez pour me juger.

M. le Président. — Il paraît, au contraire, vous avoir bien appréciée. Témoin, quel était le caractère de Mme Lemoine?

M. Guibout. — Mes relations avec elle ont été assez bonnes; mais son caractère est roide; elle a des idées arrêtées et n'admet aucune contradiction.

Me Lachaud. — Le témoin a-t-il des faits à citer pour appuyer ses appréciations?

M. Guibout. — Non; je ne citerai aucun fait.

M. Clémenceau, avoué au tribunal de Chinon, rapporte ce qu'on sait de sa correspondance avec M. Lemoine, et de ses démarches infructueuses pour amener Mme Lemoine à des concessions qui eussent dénoué l'affreuse position dans laquelle elle se trouvait placée.

M. le Président, à Mme Lemoine. — Pourquoi refusiez-vous de donner à votre mari ces garanties de sécurité qu'il était en droit de réclamer?

Mme Lemoine. — Ceci me regarde seule. J'avais l'honneur de ma fille à sauvegarder. Une mère n'avoue jamais ces choses-là; (avec énergie) le père n'est que le père, la mère est la mère. La honte de ma fille, je voulais la cacher au monde entier. Que n'ai-je pu me la cacher à moi-même! Si j'avais laissé voir ma fille à M. Lemoine dans l'état où l'avait réduite la migraine, il m'aurait fait un procès. Sa prétendue démarche de conciliation n'était qu'une menace.

La liste des témoins à charge est épuisée. Deux témoins ont été cités par la défense. Le premier, M. *Laurent* (*Ernest*), professeur de musique d'Angélina, dit n'avoir rien remarqué, chez elle, pendant deux ans et demi, qui lui ait paru de nature à la distinguer des jeunes personnes de son âge. Sa tenue n'avait rien de déplacé. Il a appris les bruits qui circulaient sur son compte, mais il n'y a pas ajouté foi un seul moment. Rien n'était changé dans les habitudes de la jeune fille; rien n'a pu lui faire supposer qu'elle n'était plus telle qu'il l'avait toujours connue.

D. Le vendredi, 29 juillet, vous ne donniez pas de leçon? — *R.* Non; c'est le lundi que je repris mes leçons.

D. Mme Lemoine n'assistait pas à vos leçons? — *R.* Elle n'était pas toujours là.

M. Maupetit (*Narcisse*), professeur d'histoire au collège de Chinon, a donné également des leçons à Angélina pendant plus de deux années. Il a donné sa leçon le jeudi, veille de l'accouchement.

D. Vous n'avez jamais rien remarqué qui pût faire soupçonner de mauvaises tendances chez votre élève? — *R.* Jamais. Elle avait une excellente tenue, un esprit très-prompt, très-ouvert, elle se livrait à l'étude avec zèle et avec fruit.

Me Seiller. — Le témoin pense-t-il que Mlle Lemoine ait pu être la provocatrice vis-à-vis du sieur Fétis? — *R.* Lorsque ces bruits se sont répandus, je ne les ai connus que fort tard, vivant retiré et absorbé par mes études. Le caractère de Mlle Lemoine, tel que je le connais, éloignait des idées aussi fâcheuses. Elle ne paraissait pas avoir d'imagination. Son ton était excessivement froid, sec.

M. le Procureur général. — Mme Lemoine vous a-t-elle donné à entendre que la migraine du 5 mars n'était qu'un faux prétexte? — *R.* Elle me dit seulement: « Voyez comme mon mari est maladroit; son voyage, en ce moment, ne peut qu'augmenter le scandale. »

M. le Président. — Eh bien! Monsieur, vous êtes marié, père de famille, n'avez-vous pas trouvé ce refus étrange, cruel? — *R.* Elle ne me demandait pas mon avis. Je ne me suis pas permis de donner un conseil à Mme Lemoine.

Tous les témoins sont entendus. *M. le Président,* avant de clore les débats, adresse quelques dernières questions aux accusées.

D. (A Mme Lemoine.) — Persistez-vous à dire que votre fille a été violée? — *R.* J'ai répondu hier.

D. Eh bien! nous ne nous rappelons pas votre réponse. — *R.* J'ai dit que j'avais cru à un viol.

D. Eh bien! y croyez-vous encore? — *R.* Les débats ont changé mes convictions.

D. Soutenez-vous encore que vous aviez la conviction que votre fille avait ses règles en novembre, en décembre, en janvier? — *R.* En novembre, elle les avait, j'en suis certaine.

D. Et en décembre et en janvier? — *R.* J'ai cru qu'elle les avait encore, les voyant revenir en février.

D. (A Angélina). — Votre mère a reçu, après votre accouchement, une lettre anonyme? — *R.* Oui; cette lettre disait: « Madame, ayant appris que l'homme à qui vous avez donné votre confiance a séduit votre bonne et innocente fille, je viens, comme votre meilleur ami,... » Le reste, je ne me le rappelle plus. On disait de s'adresser à une dame Rouger. Ma mère m'a dit: « Cela n'est bon qu'à brûler; en tous cas, cela arrive trop tard. »

D. Votre mère souriait en disant cela? — *R.* Je ne sais si elle souriait, mais elle n'en avait pas l'air préoccupée.

M. le Président. — On proposait une nourrice, et votre mère a dit: « Elle arrive trop tard. »

Mme Lemoine. — Puisque l'enfant était mort.

M. le Président. — Quelques jours plus tôt, c'eût été la même chose.

M. le Président croit devoir, une dernière fois, faire remarquer au Jury les contradictions des interrogatoires de Mme Lemoine avec les faits. Et pourtant, ajoute-t-il, cette femme a une intelligence rare, une logique effrayante; mais elle a un caractère entier, une énergie sans égale et qui devait la conduire où elle est aujourd'hui.

Mme Lemoine, debout, d'une voix grave et accentuée. — Oui, j'ai du caractère; oui, j'ai de l'énergie: je ne le nie pas. Mais l'énergie et le caractère conduisent aux grandes actions, et non au crime.

M. le Président. — La Justice appréciera.

Les débats sont terminés; ils ont duré deux jours. Le dimanche, 11 décembre, la lutte va s'engager entre l'accusation et la défense. La parole est donnée au Ministère public.

M. le Procureur général rappelle quel immense scandale causa, dans la petite ville de Chinon, ce fait monstrueux des relations d'Angélina Lemoine avec le cocher de sa mère. Cette mère, dont on connaît aujourd'hui la négligence coupable, la Justice crut (hélas! elle s'était bien trompée) qu'elle serait, plus que le père, digne d'être la gardienne de ses enfants. La légèreté des allures, des paroles de cette jeune fille, la liberté de son langage et de ses actions, tout accuse cette négligence, suite naturelle d'une éducation viciée. L'absence de ces principes religieux qui seuls pouvaient combattre de déplorables instincts, l'influence d'une mère philosophe, qui ne croit pas en Dieu, elle l'a dit! la lecture autorisée de livres pernicieux, tout se réunissait pour développer chez une jeune personne de quinze ans les excitations déjà si dangereuses de la jeunesse et des sens.

« Angélina, vous le savez, lisait les romans de Mme George Sand; elle lisait d'autres romans publiés par les journaux que recevait sa mère. Elle faisait ses délices d'un livre particulièrement immoral: les *Confessions de Marion Delorme.* L'histoire d'une courtisane avait, pour cette malheureuse enfant, un attrait particulier. Voilà où elle apprenait que le mariage est une chose insensée, une sotte institution sociale, qu'on n'a pas craint d'appeler la prostitution jurée. On lui représenta les passions comme données par la nature; on lui disait que c'est folie d'y résister.

« Voilà les enseignements donnés à Angélina, voilà comme la mère a compris la sainte mission qui lui était confiée. Étonnez-vous, après cela, que sa fille soit tombée si bas, que l'enfant, sans boussole, se soit perdue dans cet océan de boue.

«La responsabilité retombe sur la mère tout entière; elle a fait plus que l'abandonner volontairement, elle l'a privée des armes qui devaient la défendre, elle lui a caché la foi, que toutes les mères mettent joie et honneur à aviver chez leurs enfants. Elle a fait plus : alors qu'un avertissement salutaire lui était donné, elle l'a méprisé, se renfermant dans son orgueil et dans ce qu'elle appelle son honneur domestique. Les indications les plus précises ne peuvent entamer son incrédulité prétendue, et les relations de Fétis et de sa fille continuent tous les jours, aussi libres, aussi faciles, aussi peu surveillées que précédemment. »

Voilà donc un point acquis au procès. Angélina a été abandonnée à elle-même; sa faute se comprend par son éducation et le défaut de surveillance de sa mère.

« Toutefois, quand, devant le magistrat instructeur, Angélina a été forcée d'avouer ce qu'elle ne pouvait pas nier, ses relations avec le cocher de sa mère, elle a voulu poétiser sa faute. La malheureuse! avec son éducation, avec sa conscience obscurcie, elle n'a pas compris qu'une telle faute n'élève pas le complice, mais que, par elle, au contraire, on se rabaisse à la condition de l'homme à qui on se livre!

«Et encore, cette première défense, si elle l'avait trouvée en elle-même! si c'était sa pensée! Mais non, c'est tout simplement une réminiscence de roman. Tenez, Messieurs, je vois avec regret le drame et le roman s'immiscer dans nos débats judiciaires. Dans une cause récente, à la Cour d'as-

. . . Sortez, sortez, et ne reparaissez jamais ! (Page 28).

sises de Paris, dans un procès dont vous connaissez tous le retentissement, il y avait aussi une jeune fille, tristement célèbre, qui avait à se défendre, à la fois, et d'un crime, et d'une passion qu'on disait sans frein. Pour prouver cette passion, et dans l'espoir, sans doute, d'intéresser et d'attendrir les Juges, on lisait ses lettres, dont le style peignait la puissance de cette passion irrésistible. Eh bien ! ces lettres si passionnées, elles n'étaient pas de la jeune fille : elle les avait platement copiées dans un drame peu moral de notre époque. Cet exemple, vous le voyez, a été contagieux, et, comme sa devancière, Angélina Lemoine a copié, pour poétiser sa passion. »

La faute d'Angélina, continue *M. le Procureur général*, passant à un autre ordre d'idées, cette faute, connue de toute une ville, n'était qu'un outrage à la morale, aux institutions sociales. « Mais, dit le magistrat, si j'ai expliqué la faute morale, si je lui ai assigné ses causes, si j'ai limité la responsabilité de la fille par celle de la mère, je ne puis plus ex-

pliquer sa participation au crime que sa mère a commis.

« Il est vrai que ce n'est pas à Angélina que revient l'initiative de la pensée criminelle; la mère n'a pas consulté sa fille; mais enfin, à cette pensée elle n'a pas même fait une objection. Elle a accepté le pacte si cruellement formulé : « Nous brûlerons l'enfant ! » Et la jeune mère n'a pas trouvé le courage d'intercéder pour son premier né.

« Je comprends qu'elle foule aux pieds les institutions sociales; mais les lois de la nature, elles sont respectées, même dans les plus mauvais livres. La maternité, ce n'est pas une institution sociale, c'est un instinct de la nature, instinct admirable, qui devait protéger cet enfant. Était-elle si tristement organisée, cette fille, que de ses lectures elle pouvait prendre ce qui favorisait ses passions, et rejeter le reste?

« Mais la mère ! oh ! la mère, elle, n'a jamais hésité, jamais varié dans son projet. Le jour où sa fille, interrogée, lui a fait connaître sa faute, ce jour-là, à l'instant même, sans réflexion, le crime est né dans sa pensée. « Tu n'épouseras jamais cet homme, dit-elle à sa fille, et l'enfant, je le ferai passer. » Elle a dit cela, car Angélina et Fétis se sont rencontrés pour le déclarer.

« Quel a donc été le mobile de la mère ? Vous le connaissez : un orgueil inflexible, intraitable. Je ne sais pas ce que dira la défense ; peut-être, avec son habileté si connue, cherchera-t-elle à faire un acte d'héroïsme de ce qui n'est qu'un grand crime. Peut-être développera-t-on éloquemment les paroles prononcées par la femme Lemoine, s'écriant avec emphase : « Oui, j'ai de l'orgueil, j'ai du caractère, je ne le nie pas ; mais les grandes énergies font les grandes actions. » Nous lui répondrons avec autorité : Arrière l'orgueil et l'esprit de domination ! Le caractère, l'énergie ne conduisent à de grandes actions qu'une nature noble et généreuse ; mais chez une nature pervertie, la volonté énergique conduit aux plus grands crimes. »

Elle voulait épargner à sa fille le déshonneur ; mais elle a dépassé le but, et, avec ce caractère que vous lui connaissez, avec cette obstination qui ne recule jamais, il est certain que, lorsqu'elle disait : « Ma fille est calomniée, je le prouverai, » elle était déjà irrévocablement décidée au crime.

« Tenons compte, je le veux, de la situation d'une mère ; son devoir, assurément, est de dissimuler la faute de sa fille. Mais cet orgueil, ce refus de croire, cet aplomb accusateur, cette menace de confondre la calomnie, qu'est-ce que cela révèle ! une pensée bien arrêtée, celle de supprimer l'enfant d'une façon ou d'une autre, avant sa naissance si c'est possible ; à sa naissance, si c'est nécessaire. Voyons-la donc marcher de crime en crime jusqu'à l'accomplissement de sa pensée assassine, jusqu'à la mort de l'enfant. »

La dernière partie du Réquisitoire suit, pas à pas, à l'aide des documents fournis par l'instruction, les manœuvres abortives d'une part, de l'autre, après l'insuccès de ces tentatives criminelles, les faits d'infanticide, avec toutes les circonstances accusatrices. Cet exposé, très-complet, très-serré, n'apprendrait rien au lecteur, qui n'a plus à être convaincu.

Sur la question capitale, celle de savoir si l'enfant a vécu, M. le Procureur général ne veut d'autre preuve décisive que les aveux d'Angélina. Il n'y a qu'à lire les interrogatoires successifs de la fille, pour être certain de l'infanticide. Fidèle d'abord aux suggestions, au mot d'ordre de sa mère, elle ment, elle parle de viol, elle dit que l'enfant était mort. Mais, dès le second interrogatoire, elle revient à la vérité. « J'avais voulu sauver ma mère, et je reconnais que c'est impossible. »

« Et quel intérêt a donc cette jeune fille à compromettre sa mère ? Est-ce qu'elle ne se compromet pas elle-même, si elle reconnaît que son enfant a vécu ? Car, s'il n'y a pas eu d'enfant vivant, il n'y a pas eu de crime.

« Aujourd'hui, il est vrai, Angélina se rétracte. J'avoue que je suis peu effrayé de cette rétractation, après quatre mois d'aveux. J'en veux cependant tirer un argument irrésistible. Si elle a accepté un rôle qui peut la compromettre, c'est qu'elle a un grand amour filial ; et si elle aime sa mère, a-t-elle pu mentir pendant quatre mois, alors que ces mensonges auraient été la perte de cette mère qu'elle aime ? Non. Que conclure de tout cela ? que les déclarations d'Angélina sont empreintes d'un

caractère indéniable de sincérité, et que ses rétractations actuelles ne peuvent que corroborer ses déclarations antérieures, si précises, si réitérées. Et Mme Lemoine, elle aussi, s'est rétractée. Jusqu'à l'audience d'hier, elle en était encore à son vieux système du 8 août. Hier seulement, elle a dit qu'éclairée par le débat, elle ne croyait plus au viol. La vérité est qu'elle n'y a jamais cru. »

Quant à Fétis, cet homme est digne de foi. Il n'a pas d'intérêt à déposer comme il le fait. Son illusion, c'est un mariage. Eh bien ! pour qu'il puisse se marier, il faut d'abord qu'Angélina soit acquittée.

Comment mesurer dans tout cela la part de culpabilité d'Angélina Lemoine ? *M. le Procureur général* croit qu'elle doit partager la responsabilité de sa mère, dans une part moindre, il l'admet, car, sans doute, le Jury prendra en considération sa jeunesse et sa mauvaise éducation.

Quant à la femme Lemoine, c'est elle qui a condamné l'enfant à mourir ; c'est elle qui, alors que l'enfant vivait encore peut-être, tant sa précipitation était grande, le jetait sur le bûcher. Quelle nuit elle a dû passer, à remuer ce corps sur les cendres pour qu'il n'en restât pas un débris, un lambeau de chair !

« Mais ce que je lui reproche encore plus, peut-être, que ce grand crime, c'est d'y avoir associé une jeune fille qui n'en aurait jamais eu l'idée. »

M. le Procureur général termine par ces paroles :

« Ce n'est pas moi, Messieurs les Jurés, qui vous conseillerais une concession, si légère qu'elle fût, aux passions de la multitude. Mais, quand il s'agit de donner satisfaction aux intérêts légitimes des populations, qui cherchent dans un procès un enseignement moral, nous devons alors à l'opinion publique la satisfaction qu'elle réclame, *satisfaction d'autant plus sévère, que les accusées sont plus haut placées*. Avec des juges tels que vous, je n'ai pas à redouter un acte de faiblesse. Une femme a commis un crime odieux, qui excite l'horreur de tous. Eh bien ! *c'est une femme riche, c'était une femme du monde :* qu'on ne dise pas qu'elle a trouvé grâce devant la Justice ! »

La parole est au défenseur de Mme Lemoine, à Me *Lachaud*.

« Il n'est pas au monde, Messieurs, dit-il, une femme, une mère plus cruellement atteinte par le malheur et la honte, que l'infortunée qui est sur ce banc. Elle avait une fille, elle l'adorait ; cette fille était son orgueil et sa joie ; cette fille, aujourd'hui, est déshonorée ; elle est avec elle sur ce banc. Un misérable, épiant les ardeurs naissantes de cette enfant, conseillé par le calcul de la plus basse cupidité, a flétri un nom honorable.

« La faute de cette jeune infortunée pouvait être oubliée ; par un suprême courage, la mère avait anéanti la preuve de ces honteuses relations. La Justice se dresse alors, et on demande compte à la mère de l'existence d'un être qui n'a jamais vécu. Les révélations les plus honteuses, les plus abjectes sont jetées en pâture à toute une population, et la mère torturée voit les actes de sa fille chérie discutés, jugés sur je ne sais quels témoignages !

« Je vous le demande, y eut-il jamais pareil tourment infligé à une mère ?

« Eh bien ! je dis que si elle était coupable, que si l'instinct de la mère l'avait entraînée, que si, plaçant l'honneur au-dessus de la vie, elle avait commis un crime, elle mériterait encore la plus immense pitié, j'allais presque dire du respect : ce serait une héroïne d'un autre temps que le nôtre, mais, enfin, ce serait une héroïne. Quand l'humanité faiblit sous le poids de pareilles situations, elle porte encore un caractère de grandeur qui saisit.

« Mais, rassurez-vous, Messieurs les Jurés, Mᵐᵉ Lemoine n'est pas coupable, et votre conscience n'aura pas la douleur de le proclamer. Je vous en donnerai, j'espère, des preuves capables de vous satisfaire.

« Entrons dans la cause simplement, voyons ce qu'est Mᵐᵉ Lemoine.

« Elle appartient à une famille éprouvée depuis longtemps; elle est énergique, elle est fière, elle est haute! Ce sont les bonnes et grandes natures. Est-ce que fierté et férocité sont synonymes? Elle le disait hier mieux que je ne le dis : Rien que de noble ne peut partir d'un cœur bien trempé.

« Et d'ailleurs, où a-t-on vu que sa fierté soit de celles qui conduisent au crime? Qui l'a jugée ainsi? M. Guiboul, M. Guibout seul, et pas un autre avec lui ! Il a fait sa phrase, il a dit qu'elle était altière. Il a insinué qu'elle pourrait être pis encore. « Vous la connaissez mieux que moi ! » Eh bien ! je lui ai demandé un fait, un acte, un seul, il n'a pu m'en citer un.

« En 1851, la Justice, qui la connaissait à Chinon, où elle a toujours vécu, lui a donné un éclatant témoignage d'estime. Elle avait souffert des humiliations, des tortures : elle en fit la preuve devant la Cour d'Orléans; le Jugement qui prononçait la séparation à son profit fut confirmé.

« Des témoins, après cela, viendront vous dire qu'elle est altière, méchante, capable de tout. La vérité judiciaire dit qu'en 1851, elle était honorable et respectée. Si on ne m'oppose pas un fait, on ne peut persévérer dans cette préface inexacte qui fait de cette femme une espèce de monstre.

« Elle n'a pas de foi, dites-vous; elle est philosophe et voltairienne? Qui vous l'a dit? Est-ce qu'elle a manifesté du mépris pour les choses saintes ? Est-ce que, catholique, elle n'a pas vécu en catholique? Que, dans un moment de désespoir, elle ait poussé un cri impie ; mais c'est le cri de l'âme qui souffre. La foi, est-ce qu'elle ne l'a pas donnée à sa fille ? A douze ans, Angélina fait sa première communion. Est-ce qu'ensuite, elle n'a pas, tous les ans, aux époques prévues par l'Église, rempli, et sous l'inspiration de sa mère, ses devoirs religieux ?

« La tendresse de la mère n'avait pas voulu que sa fille se séparât d'elle. Vous avez entendu les professeurs, M. Maupetit, M. Laurent; ils vous ont dit la prudence de la mère. Et puis, si cette nature fatalement précoce a échappé aux soins dont on l'entourait, pourra-t-on rejeter sur nous la responsabilité de toutes les ignominies? Oh! si, pour la sauver, il faut que nous soyons deux fois coupable, soit !

« On la laissait sortir jusqu'au seuil de sa demeure; mais qui donc eût soupçonné ce vieillard que vous avez vu, et dont la vieillesse a conservé les ignobles passions d'un autre âge? Il y avait dans cette maison une femme, une mère souffrante. N'était-ce pas une garantie? fallait-il donc soupçonner des choses équivoques! fallait-il s'effaroucher, parce qu'elle joue follement avec un domestique, sous les yeux ou en l'absence de sa mère? Et si, un jour, étant au balcon, des jeunes gens la remarquent, la mère sera-t-elle coupable pour cela? C'est

avec ces misérables petits faits groupés qu'on en est arrivé à nous montrer comme un monstre la mère attentive, aimante, dont le grand, le vrai, le seul crime a été ce saint orgueil qui ne peut même croire aux souillures de celle qui est sortie de son sang.

« La fille lisait des romans ; est-ce nous qui les lui donnions ? Si, plus tard, elle a lu des feuilletons, c'était à l'insu de sa mère, en rusant avec sa mère. Elle a dit elle-même qu'alors que sa mère lisait le haut du journal, elle parcourait furtivement les colonnes du bas. Il y avait, dans cette nature, des agitations qu'une mère ne pouvait deviner. Voyons-nous tous les instincts, tous les défauts de nos enfants ? Non : nous les aimons souvent trop pour être clairvoyants. La mère a été ce qu'elle devait être ; elle a veillé comme elle devait veiller, et, ne sachant rien de cette nature exceptionnelle, elle n'a pas cru devoir prendre des mesures exceptionnelles.

« C'est en 1856, qu'un homme, pour lequel l'accusation a des bienveillances inouïes, est entré chez Mᵐᵉ Lemoine. Dès son entrée, il a fait le calcul abominable qui lui a réussi. Il ne faut pas dire non. C'est dans une lettre de son frère que j'en vois la preuve. Elle avait treize ans, il avait vingt-sept ans; elle n'était qu'un enfant, il était un homme. Joseph Fétis, à qui on avait parlé de libertés fâcheuses, écrivait à son frère : « Prends garde d'aller à Fontevrault. »

« Il est des détails dans lesquels je ne veux pas entrer. Est-ce un viol? Non, pas dans la loi des hommes; mais, dans la loi de Dieu, c'en est évidemment un. Il est un âge, âge difficile, où une jeune fille éprouve des sensations mystérieuses. Il a profité, le misérable, des dispositions de cette novice et folle enfant, qui va succomber, si son honnêteté ne la protége pas. Oui, cet homme attisera le feu nouveau qui doit incendier le cœur et l'imagination de cette enfant. Et l'accusation n'a pas de paroles sévères pour cet homme ! et elle dit de lui : Fétis paraît un homme d'*une moralité ordinaire*, n'ayant ni qualité, ni défaut remarquable. Fétis un homme d'une moralité *ordinaire!* Ah! les hommes honnêtes devant qui je parle, les pères de famille s'indigneront en voyant la monstrueuse infamie de ce rapt fait par un lâche domestique.

« Voilà l'homme que M. le Procureur général n'a pas stigmatisé de sa parole puissante. Allons, c'est de sa part un oubli.

« Ce n'est pas tout que cette trahison. Tenez, je vais faire des concessions. Fétis l'aimait, je le veux; il a succombé parce qu'il l'aimait, je consens à l'admettre. Mais si c'est cela, il faut frapper plus fort encore sur cet homme. Quoi ! il aime sa maîtresse, et il spécule sur son déshonneur pour avoir sa fortune ! Quand il a obtenu ou arraché les faveurs de cette enfant, les a-t-il cachées soigneusement, au fond de son cœur? Non. La séduction, il ne la voulait que pour la publier. Quelques jours après le crime de la séduction, toute la ville est avertie : la diffamation court comme une traînée de poudre. Il ignore encore la grossesse, car c'est en octobre seulement qu'il commence à parler.

« Alors, il se passe à Chinon des faits odieux. Il s'y forme une association de malhonnêtes gens. Il y a ce Lieubray, qui a joué cette comédie ridicule que vous savez. Lieubray, qui a offert ses services à l'infâme, qui lui a dit : « Je serai ton confident; on ne se défie pas de moi; » qui, plus tard, lui a dit :

« J'ai plaidé ta cause. » Il y a ce frère de Fétis, qui ne veut pas qu'on écrive à des bourgeois. Il y a ce maître de musique, qui, faisant danser chez M. Martin, eût remis la lettre à Mlle Lemoine, si elle avait pu lui être remise.

« Voilà les ambassadeurs, voilà les immondes chargés d'affaires que Fétis a laissés près de cette maison. Ce n'est pas le procès, je le veux bien, mais quand nous aurons écouté cette multitude ignoble qui entoure et assiége la maison de Mme Lemoine, nous demanderons si elle n'avait pas le droit de murer sa porte.

« Voulez-vous connaître encore mieux ce Fétis? voyez ce qu'il fait écrire à son frère, après l'arrestation de Mme Lemoine : « J'ai la satisfaction de savoir qu'elle est sous les verrous. Oh! que la peine la plus forte lui soit appliquée!... » Ainsi c'est la mort, il veut la mort; et, quand il sait que le petit cadavre a été brûlé, il ajoute : « Ah! s'il était possible de lui en faire autant, j'en serais, je crois, assez heureux. » Cet homme n'a pas eu ses 4,000 livres de rente, mais donnez-lui la tête de Mme Lemoine, et il sera assez heureux.

« Que voulez-vous, mon cœur déborde ! Je ne sais encore rien de la cause, je ne sais pas, je ne veux pas savoir encore si on a brûlé un enfant mort ou vivant; mais ce que je sais, c'est que je suis père, c'est que je suis homme, et j'ai honte de penser que cet être dégradé, que Fétis appartient à l'humanité. »

Ici, *le défenseur* prend à leur début, suit à la trace les rumeurs habilement mises en circulation par Fétis et par ses associés. A la fin d'octobre, ces rumeurs ont porté leurs fruits. D'honnêtes natures se sont émues de tant de scandale et de cynisme. Une honnête femme, dites-vous, Mme Suard, oui, elle est honnête, mais bien maladroite, parle à la mère. Celle-ci cherche à confesser sa fille. Angélina nie tout ; elle prétend que, pour elle, Fétis n'est qu'un domestique. La mère observe; elle ne découvre rien de cet affreux mystère : les révélations ont été incomplètes, inutiles. Mme Lemoine reste dans l'erreur, erreur bien naturelle à une mère qui aime sa fille.

« D'ailleurs, voyez quelle pouvait être l'importance de ces révélations de troisième main : « De qui tenez-vous cela ? dit Mme Lemoine à la donneuse d'avis. Fétis vous a-t-il parlé? — Non. — Qui donc ? — Je ne peux vous nommer la personne. » Et c'est là une de ces révélations qui doivent dessiller les yeux d'une mère!

« Celle qui avait entendu parler Fétis, celle qu'on eût pu croire, celle-là n'est pas venue à Mme Lemoine. Elle a été trouver le vieux pasteur. Je ne juge pas, mais je ne crois pas me tromper, en disant que le digne ecclésiastique regrette aujourd'hui ce qu'il a fait. Ah! s'il était venu, avec la majesté de son caractère, s'il avait parlé, on l'aurait cru.

« Angélina, cependant, est gaie, rieuse. Comment croire? Elle a été interrogée, avec toute la discrétion qu'une mère apporte en pareil cas; elle a nié, et, après cet entretien, elle est gaie, elle est rieuse comme avant. Encore une fois, comment croire ? ou plutôt, comment ne pas repousser bien loin cette révélation inadmissible? Est-ce la première fois qu'une jeune fille a été calomniée, qu'une turpitude infâme a couru les rues ?

« Mais marchons. Fétis a obtenu le fruit de son libertinage. Nous arrivons au 27 janvier, à cette scène que vous savez. Il dit, en portant sa damejeanne, comme il nous le répète, il dit « Votre fille est enceinte... » La mère a pâli; la malheureuse mère! le monde se serait écroulé, qu'elle n'en eût pas été plus atterrée.

« Il n'a pas fini, cet homme, il ajoute : « Elle est enceinte... de moi!... » Oh! alors, que lui fallait-il faire ? fallait-il lui dire des injures, en un pareil moment ? elle n'a pas eu la force de se jeter sur cet homme, de le tuer. Elle l'aurait fait, que vous ne l'auriez pas condamnée. C'est vrai ! elle reste impassible, sans mouvement, concentrant sa douleur, attendant qu'elle puisse interroger sa fille, lui arracher cette vérité à laquelle elle ne veut pas croire encore. Et, le soir, quand elle a éconduit les étrangers, quand elle a pu, par un admirable effort d'héroïsme, conserver un sang-froid qui peut-être sauvait sa fille, elle monte, et, enfin, elle parle, elle interroge.

« Ah ! qui dira jamais les angoisses, les douleurs, les déchirements de ces deux âmes torturées, aux bruits de la ville encore éveillée qui pénètrent par toutes les ouvertures et qui sonnent comme le carillon du déshonneur et de la mort? qui dira la fille aux pieds de la mère, lui avouant sa souillure?...

« Le lendemain, il faut chasser cet homme. Il demande sa grâce. « Pas d'explications ! » lui dit la mère; elle ramasse les effets du domestique, et, elle-même, se chargeant des guenilles de cet homme, elle lui dit : « Sortez, sortez et ne reparaissez jamais ! »

« A-t-elle accompli son devoir comme elle le devait faire ? Qu'on nous apprenne comment doit agir en pareil cas une mère. Ajoutez un mot à ce qu'elle a dit, un acte à ce qu'elle a fait !

« Mais elle a été irrévérencieuse, elle s'est refusée à parler, ou elle a trop vivement repoussé l'accusation imméritée. Ah! oui, je la blâme de ces vivacités qu'elle ne sait pas maîtriser. Mais ne lui reprochez pas de ne pas parler. L'accusé parle, ou ne parle pas, c'est son droit. D'ailleurs, vous voulez qu'elle ait eu la liberté de ses souvenirs sur une javelle prise ici ou là. Le Juge est calme, lui ; mais la mère qui a brûlé son enfant, l'est-elle ? Et puis, quand on a une fois raconté les détails de cette nuit sinistre, il est difficile d'y revenir. Sans doute, la Justice a ses exigences ; le magistrat veut des détails infinis, il demande qu'on fasse les efforts surhumains pour reproduire avec la plus grande fidélité ce qui s'est passé : mais le cœur brisé se complaît-il en ces souvenirs funèbres?...

« Continuons. S'il y a un fait incontestable, c'est qu'au mois de février, ce qui avait été jusque-là une possibilité, semble alors devenir impossible. Quelque chose a reparu. Mme Lemoine n'a plus d'inquiétude. C'est à ce moment que va se placer le voyage de M. Lemoine. Oh ! j'ai pris la résolution de ne pas dire un mot qui puisse le peiner. Je ne l'oublierai pas, son malheur le protége ; il est le père désolé de cette jeune fille, et, si l'épouse a pu se plaindre, la mère aimait ses enfants. Le 5 mars, M. Lemoine vient à Chinon. Eh bien ! estce que, le 5 mars, Mme Lemoine avait quelque chose à redouter? non, puisque ce n'est que plus tard que les espérances se sont évanouies. Est-ce que, le 5 mars, la fille avait quelque chose à dire à son père ? Non, elle était au comble de la joie, elle n'avait plus rien à craindre, rien à avouer. Quelque chose avait reparu.

« La vérité, c'est qu'il n'y avait rien à dire ; la vérité, c'est que la migraine était réelle, c'est que l'indisposition passagère de Mlle Lemoine ne lui permettait pas de sortir. Car, ne l'oubliez pas, lorsque ces dames sortaient, elles étaient épiées, suivies par d'avides, par d'indignes curiosités. Il fallait bien dérober à l'attention publique ces traits altérés par la migraine, cette pâleur d'un moment qui eût confirmé les bruits mis en circulation par la ville.

« Le 5 mars, non-seulement il n'y avait pas de confidences à faire, mais, à quoi bon aller chez M. Huet ? Elle eût rougi devant son père sans nécessité et sans profit. Mais si la tentative se fût renouvelée, le père aurait vu sa fille.

« Au mois de mars, les inquiétudes recommencèrent ; au mois d'avril, elles recommencent encore. Les bruits prennent plus de consistance. Fétis avait dit partout qu'au mois d'août il y aurait un enfant.

« Si Angélina était enceinte, ce qui devenait possible, elle ne l'était pas dans les conditions ordinaires, on en conviendra. Elle avait vu en février. Si la mère devait commencer à craindre de nouveau, elle ne pouvait encore être certaine. La taille de sa fille n'augmentait pas, cela est constant ; ce qui ne peut pas être nié davantage, c'est que les robes qu'Angélina portait avant, elle les portait après. Jamais une agrafe n'a été déplacée ; jamais il n'a fallu une toilette spéciale. Ce sont là des constatations qui ont bien leur valeur. Mais il est des signes plus certains encore, plus incontestables d'une grossesse ; or ils ne se présentaient pas. L'enfant ne remuait pas. Comment voulez-vous, après cela, que la mère crût à cette grossesse, qu'elle en fût sûre ? Et cependant, il faut que vous me prouviez qu'elle en était sûre.

« Donc, la mère vivait ignorante, et si elle a fini par croire, elle a dû croire que sa fille, si toutefois elle était grosse, se débarrasserait d'un enfant mort. Que devait-elle faire ? Tout le monde le reconnaîtra : il lui fallait, enfant vivant ou enfant mort, sauver ce qui restait de l'honneur de sa fille. Il lui fallait rire, garder les sanglots pour l'intérieur, et présenter au monde un masque hypocrite. Généreuse hypocrisie de mère qui veut sauver son enfant ! La lutte est d'autant plus acharnée que l'enjeu est plus considérable. Et, ici, quel enjeu ! l'honneur d'une fille à sauver !

« Mais, à ce moment, dites-vous, nous commettons un premier crime, un crime dont nous devrions être accusée ; vous dites qu'une question de tentative d'avortement pourrait être posée. Posez-la donc. L'Arrêt de la Cour est là, qui ne vous le permet pas, et la Chambre des mises en accusation est souveraine. Ni vous ni moi ne pouvons parler aujourd'hui d'un crime dont il est jugé que nous n'avons pas à répondre. Vous en parlez, vous n'en pouvez parler que comme d'un fait de moralité. Ah ! cela, c'est votre droit, et vous en usez largement.

« Et moi, je dis qu'au mois de mars, pour Mme Lemoine, il ne peut y avoir qu'un retard. Eh bien ! se dit-elle, faisons-lui faire de l'exercice. Il n'est pas nécessaire d'être médecin, pour ordonner un pareil régime. L'expérience l'a enseigné. Aussi, en mars, en avril, Angélina se livre à divers exercices. Elle danse, elle monte à âne. Eh bien ! la danse serait une manœuvre abortive, alors que tout ce qu'on peut affirmer, c'est un retard d'un mois ? Elle a monté à âne. Est-ce à dire qu'il y a eu des cavalcades à fond de train, capables de compromettre la santé ? Vous ne l'avancez même pas. On monte à âne. Eh bien ! oui. On n'a plus de domestique (hélas ! on en avait assez !) : Mme Lemoine ne peut pas conduire elle-même sa voiture.

« Elle a pris des bains trop chauds, ajoutez-vous. Prouvez-le donc. Et, moi, je dis que ce qui est constant, c'est que la mère se mettait au bain avant la fille, et que celle-ci n'entrait dans la baignoire que lorsque l'eau était déjà refroidie.

« Qu'y a-t-il de plus précis ? Ah ! une chute dans l'escalier. Mais elle n'a pas eu lieu, cette chute. La mère en a parlé, oui, mais en riant. Et cette dégringolade du coteau ? une gaminerie d'enfant. Angélina nous a dit qu'elle s'était livrée d'elle-même à ces enfantillages. Et ce coteau, d'ailleurs, on en a exagéré l'escarpement. Que M. Focillon ne consente pas à descendre ainsi le coteau en question pour 2,000 francs, je le crois bien, avec son âge et avec sa taille. Mais une fillette svelte et hardie !

« D'ailleurs, soyons logiques. Voilà une mère qui veut faire avorter sa fille. Est-ce que c'est dans un lieu public qu'elle va se livrer à de pareilles tentatives ? Ce tertre est-il au fond d'un bois, en lieu retiré, discret ? Non ; il est en pleine campagne, au-dessus d'une route, dans le voisinage de maisons, sous les yeux d'ouvriers. Et c'est dans un lieu semblable, et ce n'est pas la nuit, c'est en plein jour, que le crime est combiné !

« Mais cette femme si intelligente, si énergique, si elle veut un avortement, il lui sera donc bien difficile de trouver des mains complaisantes, habiles ? Eh ! quoi ! cette femme que vous dépeignez capable de tout, même d'un crime, voilà comme elle s'y prend ? Eh ! ce n'est pas la danse, une partie d'âne, ou une dégringolade d'écolier que l'on emploie. J'entends tous les jours dire par les organes du Ministère public que, dans les grandes cités, l'avortement est un crime déplorablement facile. Et ne sait-on pas que la sage-femme ignore toujours le nom de celui qui la fait agir ?

« Mais il y a des interrogatoires écrits, et M. le Procureur général ne veut voir que ces aveux d'Angélina, en désaccord avec ses premiers dires, avec son interrogatoire public. Eh bien ! je vais vous dire, avec la plus grande liberté, ce que j'en pense, de ces interrogatoires écrits. Mais d'abord, Messieurs les Jurés, la Loi ne veut pas que vous jugiez sur la procédure écrite. La loi veut le débat oral et public. Il ne faut ni fausser, ni tourner la loi. Et puis, examinons-les, ces interrogatoires écrits. Oui, les magistrats ne veulent que la vérité ; mais, quand une jeune fille de quinze ans est arrêtée, que tout est mystère, si, au premier moment, cette enfant dit tout et qu'elle persiste, je serai disposé à croire. Mais si, d'abord, elle nie, et si, plus tard, elle avoue un fait, un autre, et que le résultat de ces aveux successifs soit de se faire moins coupable, quand même par là sa coaccusée, fût-ce sa mère, deviendrait plus coupable, eh bien ! je tremble, je crains qu'elle ne cède au sentiment de la conservation. Oui, je tremble, quand j'entends qu'elle est arrivée, de degré en degré, jusqu'à dire : Je cédais à l'ascendant de ma mère, je ne pouvais lui résister ; je savais qu'elle brûlerait mon enfant.

« Est-ce une déclaration, cela ? un aveu libre et spontané ?... Non, c'est une défense.

« Et puis, j'ai un regret à exprimer. Dans cette

instruction si habilement faite, il y a une lacune, et elle est énorme : il n'y a jamais eu de confrontation entre la mère et la fille. Savez-vous que cela est sans exemple? Non, cela ne s'est jamais vu. Il en résulte que vous avez fui ce contrôle nécessaire de l'affirmation et de la contradiction mises en présence l'une de l'autre. Vous avez eu peur que la fille ne se rétractât devant la mère. La mère, si cette confrontation avait eu lieu, aurait dit : « Ma fille, tu te trompes; il ne faut pas te défendre en accusant ta mère d'un crime qu'elle n'a pas commis. » La pauvre enfant, elle a menti, parce qu'elle a eu peur ! »

Me Lachaud discute une à une les diverses assertions relevées par l'accusation dans les interrogatoires écrits, celle-ci, entre autres, qu'il y aurait eu concert à l'avance entre la mère et la fille, ou plutôt résolution inébranlable de la mère de brûler l'enfant, qu'il vint mort ou vivant.

« Non, cela n'a jamais été entendu entre la mère et la fille. Cet enfant, qui se montrait dans des conditions si exceptionnelles, s'il devait venir, la mère pensait qu'il viendrait mort; s'il arrivait vivant, on le ferait disparaître, c'est-à-dire qu'on le cacherait, voilà tout.

« Maintenant, est-il venu vivant? tout est là. Il faut que l'accusation le prouve, et elle ne le prouve pas; elle ne fait que l'affirmer. Or, en dehors d'un enfant né vivant, venu à terme, l'accusation n'est pas possible. J'en demande pardon à M. le Procureur général, je l'ai trouvé puissant sur tout ce qui précède, mais, sur ce point, il a été faible, et il ne pouvait pas ne pas l'être. C'était à vous à démontrer que l'enfant a vécu, et vous n'en avez rien fait. La science est pour moi.

« Angélina était souffrante quelques jours avant le jour fatal. Mais qui dira que c'étaient là les préliminaires d'un accouchement normal? qui peut le savoir? Quand la mère porte un enfant mort ou vivant, les accidents de l'expulsion ne sont-ils pas les mêmes? les indispositions ne sont-elles pas fréquentes? »

Ici, *Me Lachaud* décrit la scène de l'accouchement. « L'enfant arrive, il ne crie pas. Il a pu sembler à cette enfant sans expérience, effarée par la douleur, par l'horreur de sa situation, il a pu lui sembler que cet être remuait. Mais comment le voyait-elle? par derrière, à la lueur tremblante d'une bougie, au milieu d'une scène de terreur et d'angoisses toutes nouvelles. N'a-t-elle pas pu se tromper? — Est-il vivant? a-t-elle dit. — S'il l'est, il n'en vaut guère mieux, et, sans qu'elle ait perçu un mouvement véritable, sa mère a préparé le bûcher funèbre. Et la fille n'a-t-elle pas dit qu'en voyant disparaître les restes d'une liaison honteuse, elle a détourné la tête?

« Voilà les déclarations d'Angélina, affaiblies à l'audience. Discutons-les. Elle vous a dit qu'elle avait cru voir l'enfant remuer, et c'est sur cette donnée si vague, sur cette impression si incertaine, sur cette simple supposition qu'on n'hésite pas à vous demander un verdict capital ! Ah ! prenez-y bien garde, Messieurs, on vous place sur un chemin fatal qui conduit à une mort certaine par des hypothèses ! Qui donc, encore une fois, vous prouve qu'elle a vu l'enfant remuer? Elle ne le sait pas elle-même. C'est l'hallucination de la douleur. Seriez-vous sûrs, je vais plus loin, seriez-vous sûrs, et vous ne pouvez pas l'être, que l'enfant a remué, qu'il y aurait encore pour vous bien des raisons de

ne pas accepter les conclusions qu'en déduit si légèrement l'accusation.

« Et comment Angélina aurait-elle pu voir? Elle était dans un abattement extrême, dans une de ces situations nouvelles, terribles, où l'esprit et les sens ne sont pas libres. Et qui vous dit que ce mouvement qu'elle a cru apercevoir, n'était pas l'effet d'une imagination frappée, un jeu de la lumière, une oscillation imprimée au corps replié dans le vase par la main qui le portait?

« Eh bien ! je le veux, je vous abandonne les interrogatoires écrits, et je vous demande sur le fait capital, sur le point vrai du procès, où vous prendrez les éléments de la certitude.

« Moi, je tiens Mme Lemoine pour une femme digne, noble, élevée, généreuse. Vous en voulez faire un monstre; vous n'avez pas par là fait un pas de plus vers la démonstration. Eh ! quand elle serait une femme orgueilleuse, une mère inflexible, auriez-vous prouvé que l'enfant a vécu?...

« Vous savez ce que disent les savants. Oh ! M. le Procureur général n'en dit pas un mot; c'est tout simple. Qu'avons-nous à faire des savants? Eh ! qui donc les a appelés, s'il vous plaît?... N'est-ce pas vous? Ah ! si les experts choisis par vous étaient venus démontrer la maturité du part, sa viabilité, comme vous vous en empareriez, comme vous tonneriez, comme vous invoqueriez la certitude de cette science que vous dédaignez aujourd'hui parce qu'elle vous confond! Mais, aujourd'hui, ces conclusions renversent votre système, elles vous laissent entrevoir un enfant venu avant terme; vous les supprimez, et vous prenez à la place ces interrogatoires de cette pauvre fille, qui, alors qu'elle se débattait dans les douleurs de l'accouchement, sur son lit de misère, comme on dit, aurait vu plus clair que les hommes de science, en aurait su plus long que les médecins.

« Ce rapport des experts, il est invincible. L'enfant n'est pas venu à terme. Ce qui reste de lui démontre qu'il ne pouvait pas vivre. Il n'a pu crier, non : comment aurait-il crié? il n'est pas venu à terme.

« Mais, Messieurs, on vous dit ce qu'on dit toujours en pareil cas : « L'opinion est indignée; il lui faut une satisfaction. L'opinion n'aurait pas assez de clameurs si vous lui donniez le spectacle d'une accusée *riche* qui sortirait de cette enceinte sans être condamnée ! » Quoi ! c'est bien M. le Procureur général qui tient un pareil langage? Y a-t-il donc devant la loi des riches et des pauvres? D'Aguesseau, dont je vois ici le portrait, n'a-t-il pas dit de l'opinion publique : Le Magistrat qui s'en préoccupe commet une forfaiture.

« Eh ! je vous le demande, où est donc l'opinion publique? Le Ministère public prétend qu'elle est avec lui. Moi, je vous dis qu'elle est avec moi, que les cœurs de toutes les mères sont pour moi. Eh ! il y a, Messieurs, de saints désespoirs qui sont compris par elles, comme ils ne peuvent être consolés que par Dieu !

« Et puis, voyez-vous, c'est une famille bien éprouvée que la famille Lemoine : la mère de Mme Lemoine est morte folle; elle a un frère qui est interdit et enfermé dans un hospice d'aliénés; à vingt-trois ans, elle a perdu sa sœur, qui, elle, aussi, mourut folle; elle en a une autre qui est mariée; de celle-ci nous n'en pouvons parler ; quant à elle, je ne vous dis pas qu'elle ait perdu l'esprit... Eh ! non; mais je vous dis qu'il y a des ardeurs d'imagination qui égarent. Cette mère a été plus forte qu'une femme, plus courageuse qu'un homme; elle a été d'une virilité qui fait peur; oui, je le reconnais, elle a été d'une énergie antique; elle avait une fille à sauver !

« La cause se résume en un mot : quand vous avez à choisir entre un crime qui n'est pas justifié et une condamnation qui serait irréparable, vous n'hésiterez pas.

« J'ai rempli ma tâche, la vôtre commence. J'ai pu me tromper, moi !.. Mais si vous vous trompez, vous, Messieurs?... Vous m'avez compris ! »

Me *Seiller* s'acquitte ensuite avec convenance et talent de la tâche plus facile de défendre cette jeune fille, déjà si cruellement punie par la perte de son honneur, par les dures expiations de ces audiences publiques. Elle n'a joué, dit-il, dans cette affaire qu'un rôle secondaire. Aussi, ne la défendra-t-il pas d'un crime auquel personne n'a pu croire, pas même l'accusation, puisque, à ses yeux, Mme Lemoine a un caractère indomptable, une volonté qui ne permet ni la contradiction ni même l'objection la plus légère.

L'opinion publique, s'il fallait y faire appel, n'hésiterait pas' à l'absoudre. Ce dont l'avocat veut la défendre, c'est de l'impression fâcheuse que les sévérités imméritées de M. le Procureur général ont pu laisser dans l'esprit de MM. les Jurés.

« Ces sévérités n'auraient-elles pas dû s'adresser plutôt à Fétis, à cet être immonde, que l'accusation elle-même n'ose plus défendre, tant il inspire de dégoût et d'horreur. Ce qui m'afflige, j'aurai le courage de le dire, c'est l'acharnement calme, cruel, avec lequel cet homme s'attache à cette jeune fille qu'il a lâchement déshonorée comme à une proie qu'il a convoitée et qu'il veut obtenir à tout prix. Comment M. le Procureur général n'a-t-il pas laissé tomber de son siège un mot de sympathie pour cette enfant qui, dans cette lutte suprême racontée par elle, a dû enfin succomber sous les étreintes de son ignoble séducteur ! »

Ici, Me *Seiller* montre Fétis organisant, dès son entrée dans la maison Lemoine, cette basse intrigue de valet dans laquelle il doit faire jouer à la jeune Angélina le rôle odieux de provocatrice, complot dégoûtant, dans lequel entrent les cupidités intéressées des Joseph Fétis et des Sorneau.

A peine entré chez Mme Lemoine, on voit ce Fétis aux petits soins pour l'enfant dans laquelle il couve déjà la femme de ses hideux espoirs. Il va au devant de tous ses désirs, et il a compris qu'Angélina doit se laisser prendre à ce piège grossier. Car il a déjà éprouvé le caractère altier de la mère ; cette femme un peu hautaine tient à distance ceux qui la servent, ne se compromet jamais avec des inférieurs. Elle est de celles qui pensent avec raison que la familiarité altère vite ces rapports mutuels d'obéissance et de convenance sans lesquels les distances sont bientôt oubliées pour faire place à la grossièreté du serviteur. L'enfant, elle, est bonne autant qu'il est possible d'être bonne. Elle éprouve bientôt pour son domestique un peu de cette pitié qu'on ressent pour les malheureux, et il semblait l'être des rigueurs de Mme Lemoine.

« Que se passa-t-il dans la tête de cet homme, en voyant chez Angélina les marques d'une sympathie naturelle à un bon cœur? De quel vertige fut-il pris, en calculant ce que pourraient lui rapporter les familiarités de l'enfant, le jour où l'enfant deviendrait la jeune fille? Vous le savez. Dès le premier moment, tout est en germe dans cet esprit cupide, cette scène de la cave... cette chute... ce déshonneur !! Tout cela doit lui rapporter 4,000 fr. de rente et faire de lui le troisième maître de la maison !...

« Ah ! sans doute, je ne me sens pas le courage de dire que cette jeune fille n'a pas commis une grande faute; mais cette faute est celle de l'inexpérience, ce n'est pas, Dieu merci ! la faute du cœur. Plaignez-la donc, et ne lui laissez pas croire que tout est perdu pour elle. A son âge, l'avenir lui appartient. L'avenir ! que ce mot contient d'espérance! L'avenir! ne lui assombrissez pas trop l'horizon : L'expiation a été cruelle, terrible, et, croyez-le bien, sortie de cette enceinte, elle ne pensera qu'à faire oublier le passé et à devenir une honnête femme. »

M. le *Procureur général* se lève pour répliquer. Cette réplique ne sera, comme il arrive très-souvent, qu'une seconde édition du Réquisitoire : laissons donc M. *Savary* reproduire ses raisonnements sur les mauvais livres permis à Angélina, sur la *philosophie* de Mme Lemoine, pour qui « c'est un système de ne pas croire, » et qui ne donnerait pas son assentiment à Me Lachaud vantant ses croyances religieuses; sur les aveux d'Angélina dans l'instruction, aveux qui, combinés avec les déclarations de Fétis, rendraient tout doute impossible sur la criminalité des accusées. L'intérêt des derniers moments du procès n'est pas dans ces redites, mais dans quelques mots de réponse adressés à l'éloquent avocat de Mme Lemoine.

« On vous l'a représentée comme méritant toute votre admiration, je crois même qu'on a dit votre respect. C'est, vous a-t-on dit, une héroïne d'un autre temps; si c'est une héroïne des temps barbares, je vous le concède.

« Mais, Messieurs, avant de demander le respect pour soi, il faut savoir l'accorder aux autres. Eh ! pourquoi donc ce respect? Parce qu'elle aurait poussé jusqu'aux dernières limites le sentiment de l'amour maternel; il faut n'avoir pas de cœur pour ne pas apprécier et comprendre l'héroïsme de cet amour.

« Eh ! mon Dieu ! je comprendrais qu'on parlât de la sollicitude d'une mère, de son amour de mère, si celle-ci eût toujours veillé avec une vigilance constante sur l'enfance et la jeunesse de sa fille; mais le sentiment de l'amour maternel, il fallait le pousser à ses dernières limites pour l'empêcher de tomber dans le désordre... C'est alors qu'il fallait savoir être une héroïne, mais une héroïne chrétienne, l'ange gardien de la pureté d'une vierge confiée à ses soins par Dieu et par la Justice !... »

Un autre trait, dirigé, celui-là, contre la jeune fille, que la Justice pense n'avoir pas assez flétrie, mérite d'être rapporté :

« On m'a reproché mon indulgence pour Fétis. Ah! Fétis, je m'y attendais. Passez-moi le mot, c'est le Prieur de cette affaire (1). Je l'ai ménagé, dit-on. Pour moi, j'attaque le moins possible les témoins. C'est mon habitude, et je ne suis pas disposé à y renoncer. Et pourquoi d'ailleurs l'attaquer? Que ce soit le plus méprisable des hommes, je le veux. En ne le disant pas, *je ménageais Angé-*

(1) Ce Prieur avait joué, dans une affaire Léonie Chéreau, un rôle exactement opposé à celui de Fétis, mais tout aussi ignoble.

lina Lemoine. Plus il est abject, et plus la conduite d'Angélina est honteuse...

« On me reprochera peut-être aussi de n'avoir pas lu les déclarations de Fétis qui contiennent des détails odieux, révoltants pour la pudeur ; nous ménagions encore les accusées qui, même sur ce banc, méritent encore quelques égards. Eh bien ! Fétis, voulez-vous que nous vous le disions, a été provoqué, mais il n'a pas été discret ! *Ah ! vous voulez des amants discrets ; alors, quand on veut un amant discret, ce n'est pas dans l'écurie de sa mère qu'on va le chercher !* »

Ces duretés, qui ont causé dans l'auditoire une sensation pénible, ont, pour ainsi parler, fouetté l'éloquence du défenseur de Mme Lemoine. Il bondit, tout vibrant d'émotion passionnée.

« Fétis ! s'écrie-t-il, oh ! non, je ne m'indigne pas, je ne veux pas m'indigner ! Vous nous l'abandonnez maintenant, lui et toute sa bande infâme... c'est un peu tard ! Mais si vous n'avez pas flétri cet homme, ah ! j'allais l'oublier, c'est par ménagement pour nous... Oh ! permettez... depuis quand l'infamie du séducteur déshonore-t-elle la victime ? Jusqu'ici, les pères et les mères avaient cru le contraire. Mais, je me trompe, vous y tenez, il n'y a pas eu de séducteur, c'est ce pauvre Fétis qui a été séduit. Nouveau Joseph, il ne lui a plus manqué que d'y laisser son manteau. Pauvre Fétis ! il est vraiment à plaindre ; en effet, n'a-t-il pas manqué une bonne affaire, un gros mariage ?... Ah ! ce mot, vous l'avez prononcé encore, comme si la chose avait jamais été possible, comme si elle l'était aujourd'hui... Allons ! vous vous trompez. Il ne l'épousera jamais. Plutôt la mort que ce nouvel affront... Pauvre enfant ! vous trouvez donc qu'il ne l'a pas encore assez flétrie !

« Et sa mère ! Pour en faire un monstre, on a tout tenté. On a été jusqu'à descendre dans les replis les plus cachés de son cœur, jusqu'à violer l'asile inviolable, la conscience humaine ses sentiments religieux. Ce bien qui lui appartient en propre et dont chacun de nous a le droit d'interdire la discussion à qui que ce puisse être, il a plu à l'accusation d'en faire litière à cette audience. Elle est philosophe, vous n'avez pas dit athée, elle n'a pas de sentiments chrétiens ? Eh ! qu'en savez-vous ? Qui vous a donné le droit de pénétrer ainsi dans le sanctuaire de l'âme ? On vous a dit une imprécation échappée à la douleur ; mais à qui le désespoir n'a-t-il pas arraché de ces cris ? Quel est l'infortuné qui ne s'est pas écrié, une fois dans sa vie : Non, il n'y a pas de Dieu ! quitte à tomber l'instant d'après à genoux devant ce Dieu qu'il reniait tout à l'heure ? Les plus religieux, les plus honnêtes ont de ces défaillances. »

M. le Procureur général avait repris et remanié la plupart de ses moyens dans sa longue réplique ; force fut à Me Lachaud de rentrer dans la discussion. Nous ne l'y suivrons pas. Le défenseur, épuisé, mais soutenu jusqu'au dernier moment par sa passion convaincue, termina par ces paroles :

« J'ai fini : que tout le monde se taise maintenant, et les admirateurs de l'accusation et les admirateurs de la défense (1) ; que le respect de la Justice contienne les espérances au fond des cœurs.

« Si je n'ai pas devant moi des hommes de passion, des hommes d'émotion, si j'ai des Juges enfin, et M. le Procureur général m'assure que dans ce pays on en a toujours d'éclairés, eh bien ! j'ai foi, j'ai confiance. Je ne demande pas de la pitié. Non, Mme Lemoine ne s'incline pas pour implorer merci ; elle se dresse pour réclamer justice. »

M. le Président résume les débats. Ce long résumé, qui dura plus de trois heures, fut surtout, on le devine d'après la direction donnée aux débats, une habile, une énergique synthèse de l'accusation. A dix heures du soir, le *Jury* entre dans la salle de ses délibérations. On entend les bruits confus d'une multitude qui assiége au dehors les portes du palais et que la troupe est parfois impuissante à contenir.

Au bout de vingt-cinq minutes, le *Jury* revient avec un verdict qui reconnaît : Victoire Mingot, femme Lemoine, coupable d'avoir donné volontairement, et avec préméditation, la mort à l'enfant de sa fille ; des circonstances atténuantes sont admises en sa faveur.

Angélina Lemoine est acquittée.

Mme Lemoine est introduite. Elle est calme, haute et fière comme toujours. Elle entend impassible, *M. le Procureur général* requérir contre elle la peine de vingt années de travaux forcés.

Me Lachaud, d'une voix altérée. — Mme Lemoine m'a déclaré que peu lui importe la peine et qu'elle ne veut pas de l'indulgence de la Cour.

Elle est debout ; elle a levé son voile et promène sur l'auditoire des regards tranquilles, sans affectation. Pendant que la Cour délibère, elle se penche vers son défenseur et lui parle avec une aisance inaltérable.

La Cour rentre en audience. *M. le Président* prononce un Arrêt qui condamne la femme Lemoine à vingt années de travaux forcés.

Elle a écouté cet arrêt, debout, sans pâlir, toujours froide et impassible. Elle s'incline légèrement, comme pour saluer la Cour ; puis, comme reprenant une conversation interrompue, elle se penche de nouveau vers son défenseur, et s'entretient avec lui de l'air d'une femme du monde causant dans son salon.

Mme Lemoine se pourvut en cassation. Son pourvoi fut rejeté le 12 janvier 1860. La jeune Angélina fut, par les soins de sa famille et de la magistrature, placée dans l'atmosphère plus saine d'une maison religieuse. Quant à la mère, elle conserva jusque sous les verrous l'imperturbable hauteur et l'indomptable âpreté de caractère qu'elle avait montrées dans les débats.

Un dernier trait, qui peint, non plus seulement une femme, mais une époque. Pendant et après le procès, les défenseurs reçurent des lettres nombreuses (nous en avons lu quelques-unes), dans lesquelles on demandait, comme un honneur, sans parler du profit, la main de la jeune fille devenue si tristement célèbre.

(1) Il n'est pas, on le sait, dans les habitudes de l'éloquent et modeste avocat de parler ainsi de lui-même. Mais il s'y voyait forcé par une parole regrettable de M. le Président Tournemine. La magnifique plaidoirie de Me Lachaud, dont une analyse fidèle et de nombreux extraits ne sauraient faire deviner la puissance (il faudrait avoir entendu le *monstre*), avait arraché à l'auditoire d'involontaires et chaleureux applaudissements. M. le Président, comme c'était son droit et son devoir, blâma ces manifestations « inconvenantes, dit-il, et d'autant plus blâmables que, *pour la plupart, elles sont salariées.* » On sait si Me Lachaud souffrirait des claqueurs. L'auditoire, d'ailleurs, était, en grande partie, composé de gens du monde et d'étrangers, fort peu disposés à jouer le rôle de Romains, si les accusées avaient été assez mal inspirées pour salarier une claque et s'il pouvait se trouver en France un avocat pour accepter le profit de semblables manœuvres.

Paris — Typographie de Ad. R. Laine et J. Havard, rue des Saints-Pères, 19.

LES ADULTÈRES DE LA BASTIDE-NEUVE : Vᵉ AUPHAN ET DENANTE (1862).

Le prix du meurtre (Page 3).

L'adultère inspirant le meurtre n'est que trop fréquent, surtout dans nos campagnes. Une femme jeune encore a épousé un mari déjà vieux; un jour, elle s'aperçoit que son conjoint est devenu infirme, inutile. Quelque robuste gars est là sous la main; le vieux gêne : on le supprime. L'amour n'est d'ordinaire pour rien dans ces complicités criminelles; l'intérêt en est souvent le mobile dominant. Voici pourtant une cause où l'argent ne joue aucun rôle; l'ardeur des sens y conduit tout. Voici deux époux jeunes, mariés par amour : la femme s'éprend pour un rustre de passion lubrique, et n'a plus dès lors qu'une pensée, jouir de cet homme à son aise. Le rustre est marié aussi; elle ne voit là que deux obstacles à renverser. Et cette femme n'est pas une grossière paysanne; sa lubricité revêt des formes poétiques et prend le langage de l'amour.

Il y a là un tempérament particulier, une idiosyncrasie qui tranche avec les ordinaires vulgarités du meurtre adultère.

Le 24 décembre 1861, les habitants de la ferme de la Bastide-Neuve, petit hameau dépendant de la commune de Gordes, chef-lieu de canton de l'arrondissement d'Apt, dans le département de Vaucluse, célébraient en famille la veille de Noël.

Le maître du logis, Théophile Auphan, habitait la Bastide-Neuve depuis trois ans environ. Il avait épousé, cinq ans auparavant, Fortunée Béridot, avait demeuré deux ans à Gordes, et, à la mort du père Béridot, les époux Auphan étaient venus s'établir à la Bastide-Neuve chez la veuve Béridot, leur mère et belle-mère.

Ce soir-là, le père d'Auphan et un cousin de Fortunée étaient venus partager le souper de famille. On avait joyeusement trinqué au rétablissement d'Auphan, que minait, depuis quelques mois, une maladie de langueur.

Vers les sept heures et demie du soir, Alfred Béridot, c'était le nom du cousin, se disposa à partir. Auphan voulut en vain le retenir; Alfred était meunier à Goult, petit hameau des environs : il tenait à ne pas rentrer trop tard au moulin. Il partit donc, après un dernier verre de vin, en disant : « Bon Noël, vous tous; bonne fête, ma tante ! »

Alfred s'engagea, pour regagner Goult, dans un petit chemin de traverse qui serpentait à travers champs; mais au moment où il allait tourner une plantation d'oliviers qui s'étendait derrière la ferme, il entendit le bruit d'un coup de feu, et, aussitôt après, des cris lointains : Au secours! à l'aide ! Croyant reconnaître la voix de sa tante Béridot, Alfred revint en courant, et, par les trous du portail de la ferme, il aperçut, à la lumière de plusieurs chandelles et d'une lanterne allumée qui gisait sur le sol de la cour de grange, un corps étendu, près duquel gémissaient et s'agitaient la mère Béridot, le père Auphan, les domestiques de la ferme et les plus proches voisins.

C'était le malheureux Auphan qui était couché là, la poitrine couverte de sang. Le coup de feu entendu par le cousin Alfred l'avait atteint au moment où, comme d'habitude, il se dirigeait vers l'écurie pour y faire sa visite du soir.

On porta le blessé sur son lit; il paraissait souffrir d'intolérables douleurs. Ses yeux égarés ne reconnaissaient personne; sa bouche, tordue par les convulsions de l'agonie et rougie d'une écume sanglante, laissait échapper des cris déchirants : Tuez-moi, achevez-moi ! Après une demi-heure de cette lutte affreuse contre la mort, il expira dans les bras de son père.

Alfred Béridot, cependant, avait couru à Gordes pour chercher un médecin et un prêtre. Tous deux arrivèrent trop tard. Le docteur Appy ne put que constater la mort, causée par deux balles reçues en pleine poitrine, à courte distance.

Alfred avait également prévenu de l'événement un des meilleurs amis d'Auphan, le maquignon Denante. Ils revinrent ensemble à la ferme. A peine Denante eut-il aperçu le cadavre, qu'il se jeta dessus et le tint étroitement embrassé. « Mon pauvre Auphan, mon grand ami ! s'écriait-il; qui a pu te faire cela? Ah ! si je le savais, celui-là me passerait par les mains ! »

Un cultivateur de Fontblanche, qui se trouvait là, témoin de cette douleur bruyante, ne put s'empêcher de dire à voix basse à quelques voisins : « Si j'étais quelque chose dans le gouvernement, je mettrais la main sur cet homme. »

Auphan mort, on s'occupe de sa femme. Fortunée, pendant cette terrible scène, était restée assise à la table de la cuisine, accoudée et la tête cachée dans ses mains et dans son mouchoir. On l'entendait, de fois à autre, pousser quelque sourd gémissement. Elle n'avait pas couru avec les autres au bruit du coup de fusil. Elle ne s'était pas levée de sa place, elle n'avait pas assisté Auphan dans son agonie. Quand tout fut fini, il parut qu'elle allait s'évanouir. On la soutint, on la porta dans une chambre haute et on la mit au lit.

Denante, après la première explosion de ses regrets, demanda à voir la veuve de son ami. Il monta à sa chambre, y trouva une bonne femme, la Tamisier, qui préparait de la tisane, et, s'approchant du lit, murmura quelques paroles de consolation, passa la main sous les couvertures, pressa la main de Fortunée qui restait muette, et lui offrit une tasse de la tisane préparée. La Tamisier fut scandalisée de ces façons singulières.

Le commissaire de police de Gordes, M. Beauchamp, avait été prévenu dans la soirée. Deux gendarmes, Granier et Grandordi, vinrent visiter la ferme et ses alentours, recueillir les on-dit. Quand ils entrèrent dans la cuisine, où parents, voisins et amis étaient réunis, Alfred Béridot crut voir Denante pâlir et frissonner comme une feuille d'arbre au vent.

Les gendarmes eurent beau chercher, ils ne trouvèrent aucune trace de l'assassin. Ils purent reconnaître seulement, par la direction du coup, que l'arme meurtrière avait dû être passée à travers un des larges trous du portail de la ferme.

La nuit s'écoula tristement à la Bastide-Neuve. Les voisins s'étaient retirés un à un; le père Auphan et la mère Béridot, épuisés de douleur et de fatigue, sommeillaient dans la chambre commune. Denante s'était offert pour veiller le corps de son ami avec la femme Tamisier. Tous deux assis au coin d'un feu, dont la flamme seule éclairait la chambre mortuaire, échangeaient à voix basse les réflexions que leur inspirait cette scène lugubre. « On m'a raconté, dit la femme Tamisier, qu'il y eut un jour un homme assez hardi pour veiller le corps d'un malheureux qu'il avait assassiné lui-même. — C'était avoir bien de l'audace, dit Denante. — L'assassin eut ce cœur-là; mais mal lui en prit. Il n'était pas seul auprès du lit de sa victime; dans la nuit, un bruit léger, inexplicable, se fit entendre du côté du lit. C'était peut-être quelque souris qui trottait. L'assassin se leva comme s'il avait été pris par une main invisible; on vit ses yeux s'agrandir et ses cheveux se dresser sur sa tête, et ceux qui étaient là connurent qu'il était bien le meurtrier. »

Pendant que la Tamisier parlait, Denante avait pâli visiblement, et ses yeux inquiets se fixaient sur la forme vague qui se dessinait sous les draps. Vers minuit, il quittait la ferme pour rentrer à Gordes.

Aussitôt qu'il avait été averti du crime commis à la Bastide-Neuve, M. Beauchamp avait envoyé un exprès à Apt, qui n'est éloigné de Gordes que de dix-huit kilomètres. Le Procureur impérial et le Juge d'instruction arrivèrent à Gordes dans la matinée.

Le commissaire de police, cependant, n'avait pas perdu son temps. Les agents avaient été aux renseignements; on avait interrogé la rumeur populaire, et Denante avait été, de tous côtés, signalé comme le seul auteur possible du crime. Auphan, homme doux et d'une vie régulière, n'avait pas un seul ennemi; mais il avait cet ami. Denante, le maquignon que l'on sait, était établi depuis quelque temps au hameau de Fontblanche, dans le voisinage de la Bastide-Neuve, où il avait acheté un petit bien; sa famille habitait Gordes, où lui-même passait une grande partie du temps qu'il n'employait pas à courir les routes et les foires. C'était un gaillard solide, à larges épaules, bon vivant, même viveur. Il était marié, père de famille.

Depuis qu'il était arrivé à Fontblanche, Denante avait fréquenté chez Auphan. Il était notoirement familier avec Fortunée, et, quand la nouvelle du meurtre arriva à Gordes, il ne manqua pas de gens qui se rappelèrent des circonstances indiquant le caractère coupable de ces familiarités. Ceux-ci l'avaient rencontré sur la route de l'Isle, seul avec la femme d'Auphan, dans son char-à-bancs recouvert d'une bâche en toile. Denante embrassait Fortunée et la tenait enlacée dans ses bras. Il y en avait qui rapportaient des propos significatifs tenus par le maquignon. A celui-là, qui lui demandait des nouvelles d'Auphan, il avait répondu d'un air de dépit : « Cet homme-là est toujours malade et a peur de mourir !... mais, bah ! ça ne mourra pas, à moins que ça ne crève d'un coup de fusil !... »

Un mois avant le meurtre, un messager, Cyprien Rivarol, avait fait, en plaisantant, à Denante quelques observations sur ses amours. « Ah ! répondit le maquignon, je sais bien tout ce qu'on dit de moi; mais, à présent, je suis lancé, et il n'y a plus que la prison ou la guillotine qui puisse t m'arrêter. »

Ce Rivarol racontait encore qu'un jour de foire il avait conduit Auphan à Carpentras. Au départ, le fermier paraissait plus dispos et plus gai que de coutume. Mais, en route, les vomissements et les sueurs le prirent. « C'est peut-être votre déjeuner qui ne passe pas, dit Cyprien. — Oh ! répondit Auphan, ce n'est pas là ce qui peut me charger l'estomac. Je n'ai pris qu'une tasse de café que m'a préparée ma femme. » L'indisposition croissant, il fallut s'arrêter à Isle, où Cyprien dut laisser son voyageur à l'auberge.

Un cultivateur, le père Jauffret, avait vu de ses yeux Fortunée donner un rendez-vous au maquignon. « C'était le 3 décembre, disait-il ; j'allais donner une façon à ma terre et je passais sur le débord de la route, en bas de la Bastide-Neuve. Il faisait, ce jour-là, un joli soleil qui vous réjouissait les os. Je vis le pauvre Auphan qui s'y chauffait, en se promenant le long de son mur. Il s'appuyait sur un bâton, le pécaire, et on l'aurait quasiment pris pour un vieux, tant il était chétif, pâle et courbé. Voilà que, là-dessus, j'entends tousser de l'autre côté de la route, et j'avise en face, sur un tertre, caché derrière des troncs de mûrier, notre Denante. Je me dis à moi-même : Té, qu'est-ce qu'il fait donc là, le maquignon ? Et puis, voilà que je vois le portail de la Bastide-Neuve qui s'ouvre tout doucement, la Fortunée qui regarde vite à droite et à gauche, et qui, ne voyant personne, branle son mouchoir en l'air du côté de Denante et crie : « A ce soir ! » Le maquignon fait un signe, comme pour répondre : Compris, et s'éloigne. La Fortunée était restée là, le suivant des yeux tant qu'elle put l'apercevoir. Moi, qui pensais au pauvre affligé que je venais de rencontrer, je me dis à moi-même : C'est clair. »

Ces propos et beaucoup d'autres ne tombaient pas en sourdes oreilles, et quand les deux magistrats furent arrivés, que M. Beauchamp leur eut appris ce qu'il savait, ils jugèrent qu'il n'y avait pas à hésiter. Denante avait été entouré jusque-là d'une surveillance invisible. Il avait librement couru la ville, il était retourné à la Bastide-Neuve, il était allé à Fontblanche, il en était revenu. Il avait commandé un cercueil pour Auphan, il avait fait à quelques parents d'Auphan, qui habitaient Gordes, des visites de condoléance. Sur le soir, il fut arrêté.

Le jour tombait déjà, quand le maquignon fut placé sous la garde des deux gendarmes Granier et Grandordi. Il passa la nuit avec eux, moitié prisonnier, moitié libre. Au premier mot, au premier soupçon, il s'était récrié, avait protesté de son innocence. Lui, tuer ce pauvre Auphan, un ami si cher ! Hé ! dans quel intérêt, bon Dieu ! Puis, il tomba dans un grand calme, racontant tranquillement à ses deux gardiens toutes ses démarches de la veille. « Allez ! c'est moi qui ai été saisi, quand le petit Béridot m'est venu annoncer la nouvelle. Je venais de me faire raser chez Espitalier, il pourra bien le dire. Au reste, j'ai traîné mes guêtres par tout Gordes, ce soir-là, je ne sais pas où je n'ai pas été, chez Marius, chez Roussot, chez Vial. Comment veut-on que j'aie fait le coup, si je n'ai pas bougé d'ici ? »

Vers minuit, cependant, Denante commença à s'agiter. Après un long silence, pendant lequel il avait paru absorbé dans ses réflexions, il dit tout à coup à ses compagnons de veille : « Mais un homme qui l'aurait fait sans qu'il y ait un seul témoin pour le prouver, est-ce qu'on pourrait lui faire arriver de la peine ? »

Sur le matin, on entendit une voiture rouler sur le pavé. « Ah ! dit Denante, voilà le courrier qui part pour Apt. Té, Grandordi, c'est Pascal qui conduit ; fais-moi le plaisir d'aller lui demander s'il ne m'a pas vu par ici à huit heures. — Tu sais, mon Denante, répondit le gendarme, tout ça n'est pas notre affaire, et tu t'en expliqueras avec ces Messieurs. Je veux te contenter, pourtant. »

Grandordi sortit et revint, disant : « Pascal dit bien qu'il t'a vu à Gordes hier soir, mais trois bons quarts d'heure après le coup. Si tu n'as que ça... »

Denante parut consterné de cette réponse. Il s'agita quelque temps sur sa chaise, puis, se levant, demanda où il pourrait satisfaire un besoin. Un des gendarmes se leva, ouvrit une porte et indiqua à Denante un cabinet. Après quelque temps, Denante sortit et vint se rasseoir. Il était pâle et ses mains tremblaient. Les gendarmes, qui avaient l'œil sur lui, le virent relever les pans d'un long burnous qui lui descendait jusqu'aux genoux, et regarder ses cuisses. Un filet de sang coulait du ventre. Les gendarmes se jetèrent sur ses mains, le continrent et virent que le malheureux s'était donné un coup de couteau. L'arme était restée par terre dans le cabinet.

Avis fut aussitôt donné aux deux magistrats de cette tentative de suicide, et on envoya chercher le docteur Bernard pour visiter le blessé.

Celui-ci, cependant, resté seul avec les deux gendarmes et couché sur un matelas, se tenait la tête dans ses mains, gémissant et disant : « Ah ! les femmes, les femmes !... C'est elle, la malheureuse, qui me l'a fait faire... Je me suis fait justice... Ah ! les femmes ! les femmes ! »

Et il leur raconta, d'une voix entrecoupée, son crime de la veille : « Oui, c'est moi qui l'ai fait... elle m'y a poussé. Elle languissait d'être ma femme... Ah ! il a fallu que j'y vienne. Nous lui avons donné du poison, pas une fois, mais dix fois; mais cet homme-là avait l'âme chevillée dans le corps. Alors, elle m'a tourmenté pour que je l'étrangle, pour que je le noie, et, à la fin des fins, elle m'a donné de la poudre pour que je le brûle... Mais le fusil, on ne l'a pas trouvé, où est-il ? — Ah ! le fusil, je l'ai jeté dans mon puits à Fontblanche... je l'avais acheté 15 fr. à Cavaillon, chez Meyniel... Je lui disais que je n'avais pas de plomb, elle m'a répondu : Prends les grelots de ton mulet, et fais-t'en des balles... Ah ! les femmes ! les femmes !... Et, quand je suis arrivé là, au portail de la Bastide-Neuve, je m'en serais retourné, bien sûr, sans avoir le cœur de le faire. Mais elle, elle est venue voir si j'étais à mon poste. « Es-tu prêt ? m'a-t-elle dit, il va sortir... ne manque pas ton coup. » Et, passant sa tête par un des trous du portail : « Té, fais-moi un baiser. »

Pendant que Denante s'embarquait ainsi dans les aveux, le docteur Bernard arriva. Il visita la blessure et s'assura qu'elle n'intéressait aucune partie vitale. Peut-être avait-elle été faite d'une main peu ferme; mais, enfin, le médecin reconnut qu'à peu de chose il avait tenu qu'elle ne fût mortelle.

Le premier appareil posé, le Juge d'instruction put interroger Denante et recueillir lui-même ses aveux. Ils furent précis, multipliés, longuement appuyés de preuves. On peut les résumer ainsi :

« Mes relations avec Fortunée Auphan ont commencé quelque temps après que je fus venu habiter Fontblanche. C'est elle qui a été au-devant de moi, et qui, sur un mot dit à la légère, une bêtise comme on en dit aux femmes, m'a répondu qu'elle ne demandait pas mieux que d'être ma maîtresse. Huit jours après, elle m'ouvrait la porte qui est au fond du jardin, et nous couchions ensemble.

« Depuis ce moment-là, elle m'a poursuivi. Son mari lui était devenu odieux ; elle m'a dit vingt fois qu'il fallait que je l'en débarrasse, que nous nous maririons ensemble, que nous serions heureux. Ça n'était pas toujours facile de nous voir. Auphan n'avait de soupçon, lui ; mais la mère Béridot est une fine mouche et, quand Auphan a commencé à être malade, elle est venue plus d'une fois coucher dans le lit de sa fille pour nous gêner. »

Mais, demanda le magistrat, cette maladie d'Auphan n'était-elle pas causée par un premier crime ?

« Oui, mais Auphan était déjà souffrant, quand l'idée vint à Fortunée de lui faire prendre quelque chose qui nous en débarrasserait. J'avais du phosphore, je lui en ai donné : mais ça n'a rien fait. Il a trouvé sa soupe mauvaise, et voilà tout.

« Alors, j'ai donné à Fortunée de l'opium, que j'avais acheté à Apt, chez M. Granon. Ça n'a pas fait davantage.

« Un jour, moi et Fortunée, nous avions été ensemble à Cavaillon. Il y avait, sur la place, un dentiste qui vantait sa poudre dentifrice et qui disait : Remarquez que ma poudre est inoffensive et qu'on peut s'en servir sans crainte. Ce n'est pas comme certains de mes confrères, qui sont assez peu scrupuleux pour mettre du sublimé dans leurs dentifrices. Et vous n'êtes pas sans savoir que le sublimé corrosif est un des poisons les plus violents qu'on connaisse.

« Ça nous fit réfléchir, et Fortunée me dit : Si tu tâchais d'avoir de ce qu'il dit là. Je ne connaissais pas ce sublimé (1) ; mais j'allai tout de même en demander à M. D'Arbora, le pharmacien, qui m'en vendit.

« Le sublimé ne fit pas plus que le reste. Auphan vomissait, dépérissait à vue d'œil ; mais il ne passait pas. Comme on attribuait le plus gros de son mal à un coup de pied de cheval qu'il avait reçu en septembre, les médecins lui donnaient des remèdes qui le remettaient sur pied. Même, après une grande crise de vomissements qu'il eut le 14 décembre, il se remit si bien, que Fortunée, désespérée, me déclara qu'il fallait en finir. Elle m'avait déjà plusieurs fois parlé de le jeter à l'eau, soit dans son puits, soit dans la Sorgue, un jour que nous irions le promener jusqu'à la fontaine de Vaucluse, ou bien de l'écraser sous les roues de ma voiture, ou même, car ces femmes, une fois que c'est lancé, c'est pire que nous pour la férocité, de l'étrangler la nuit dans son lit ou de l'étouffer entre deux matelas. Elle devait épier son sommeil et m'ouvrir pour faire le coup.

« Moi, tout ça ne m'allait pas, parce qu'il était trop clair que ça se saurait. Alors, est venue l'idée du fusil. Je n'en avais pas, elle m'a dit de ne pas en emprunter et d'en acheter un ; je l'ai acheté. Mais je n'avais pas de poudre ni de balles : elle a pris de la poudre dans la poudrière d'Auphan, et, pour les balles, a imaginé de prendre les grelots de mon mulet. »

Denante raconta, comme il l'avait fait déjà, mais avec de nouveaux détails, ses démarches criminelles du 24 décembre. Ce jour-là, Fortunée Auphan était

<hr>

(1) C'est le deutochlorure de mercure.

venue à Gordes chez les Denante, avait dîné avec Denante et sa femme. Puis, elle s'était fait reconduire par Denante jusqu'à la Bastide-Neuve. En route, on était convenu de tout. Fortunée avait donné la poudre à son amant. « Tu viendras vers les sept heures, avait-elle dit. Nous serons à table. Tu te placeras derrière le grand trou du portail, et tu passeras par là le canon du fusil. Je l'enverrai à l'écurie, et, comme il faudra qu'il prenne la lanterne et qu'il vienne sur toi, tu pourras le viser à ton aise. »

Vers cinq heures, Denante avait été charger son arme à Fontblanche, y avait mis deux balles en fer. Puis, il était retourné à Gordes, y avait soupé avec sa femme, son père et son fils, et, vers sept heures, avait repris le chemin de Fontblanche. A sept heures et demie, Fortunée le trouvait à son affût et l'encourageait une dernière fois au meurtre.

« Quand ça a été fait, ajouta l'assassin, j'ai couru à Fontblanche, j'avais laissé ma porte entr'ouverte. J'ai jeté mon fusil dans le puits, et j'ai pris ma course du côté de Gordes. Là, j'ai été me montrer chez le buraliste (le marchand de tabac), dans trois cafés différents. J'ai rencontré Pascal, le postillon, et je lui ai parlé. Puis, j'ai été me faire faire la barbe chez Espitalier. Pour qu'il fît attention à l'heure, je lui ai demandé si sa pendule n'était pas dérangée. Mais tout ça, c'est comme si je n'avais rien fait. Ça m'étouffait d'avoir fait le coup ; il a fallu que je le dise. »

Le Magistrat instructeur fit vérifier aussitôt les assertions de Denante. On retrouva le fusil dans le puits qu'il avait indiqué. M. Granon, le pharmacien d'Apt, déclara qu'en effet Denante lui avait acheté deux grammes d'opium, destinés à assouplir un étalon indocile. Le pharmacien de Cavaillon, M. D'Arbora, prétendit n'avoir pas livré de sublimé corrosif au maquignon ; mais celui-ci dépeignit si exactement la chambre haute dans laquelle le pharmacien l'avait conduit, que, malgré les dénégations de D'Arbora, le doute ne fut pas possible. C'était bien dans cette chambre que le pharmacien serrait les substances vénéneuses soumises, pour la vente, aux formalités d'inscription sur un registre spécial et de prescription écrite par un homme de l'art. Les dénégations de D'Arbora avaient évidemment pour but de dissimuler une contravention trop fréquente aux règlements.

Cyprien Livarol fut entendu, raconta le voyage d'Auphan, interrompu à l'Isle par des vomissements répétés. Denante confirma ces dires, en ajoutant qu'il avait traversé l'Isle quelque temps après que Cyprien y eut laissé Auphan. Celui-ci pria Denante de le ramener dans sa voiture à la Bastide-Neuve ; mais Denante prétexta une affaire qui l'empêchait de rendre ce service à son ami, gagna rapidement Gordes, et, le soir, alla coucher avec Fortunée.

Il n'était donc que trop probable que Denante ne mentait pas et que les adultères avaient essayé du poison. L'autopsie du corps d'Auphan fut faite et la recherche des substances vénéneuses confiée à M. Colignon, pharmacien à Apt. L'expert soumit les viscères aux différentes analyses indiquées par les révélations de l'assassin ; mais il ne trouva rien. L'opinion de M. Colignon fut que le poison avait dû être éliminé par les vomissements et par la circulation. Ce fut aussi l'avis de M. Émile René, professeur de médecine légale à la Faculté de médecine de Montpellier, et de M. Gustave Charcel, professeur de chimie à la même Faculté. Ils déclarèrent que le premier expert avait suivi les règles, mais que, dans l'intervalle de temps écoulé depuis l'ingestion des substances vénéneuses, elles avaient dû être expulsées d'un corps vivant jusqu'aux dernières traces. D'ailleurs, suivant un procédé vicieux trop généralement employé, les viscères avaient été livrés à l'expert plongés dans l'alcool, substance qui rend souvent les recherches difficiles et s'oppose à la découverte de certains agents.

On entendit les médecins qui avaient soigné Auphan pendant sa maladie. Le docteur Peyron, son médecin ordinaire, avait attribué l'état général d'Auphan à une gastro-entérite intense. « Je vomis comme des os, du sable et des cendres, lui disait souvent le malade. Tout ce que je mange, tout ce que je bois, a mauvais goût et mauvaise odeur. » Le docteur, qui avait vu plus d'une fois Denante s'empresser auprès d'Auphan, qui avait même été appelé par Denante à soigner ce mal inconnu, n'avait pu soupçonner un crime. Toutefois, il avait recommandé expressément à Fortunée de garder les déjections de son mari. Celle-ci ne l'avait jamais fait.

Après qu'Auphan eut reçu, à la fin de septembre, un coup de pied de cheval qui aggrava son état, le docteur Félix, de l'Isle, fut appelé à seconder le docteur Peyron. Il vit un homme jeune encore, mais qui déjà semblait un vieillard, maigre à étonner, affecté de nausées et de vomissements fréquents, et qui disait ressentir à la gorge, à l'estomac et au bas-ventre des douleurs cuisantes, comme des brûlures. Lui aussi recommanda de garder les matières ; mais, un jour, Auphan ayant vomi devant lui, Fortunée s'empressa de jeter de la cendre sur les déjections et de les faire disparaître.

Le traitement indiqué par les deux docteurs, destiné à la fois à combattre une irritation profonde des viscères et à rendre du ton à l'organisme débilité, se trouva particulièrement apte à neutraliser l'effet des poisons. Le lait et le quinquina sont, on le sait, le contre-poison des sels de mercure. Quant à l'opium, l'ignorance des criminels en avait annihilé la puissance par l'ingestion simultanée du café noir. A ces causes et aux vomissements abondants du 14 décembre, par l'effet desquels l'estomac d'Auphan avait rejeté les substances toxiques, se rapportait sans doute l'amélioration observée vers le 20 décembre, qui fut, pour le malheureux Auphan, un arrêt de mort violente.

Fortunée Auphan, désignée comme complice et par les aveux de Denante et par les circonstances qu'on vient de dire, fut interrogée à son tour. Elle nia tout, même ses relations adultères avec le maquignon. En vain on lui opposa les déclarations si précises de son amant, la notoriété publique, les scandales de ses promenades avec Denante, elle s'obstina dans ses dénégations. Quand le Magistrat lui parla de l'affreux courage qu'elle avait eu d'embrasser et de réconforter son complice, un instant avant d'envoyer son mari à la mort, elle en appela au témoignage des parents et des amis qui avaient partagé, à la Bastide-Neuve, ce funèbre souper de la veille de Noël. Elle n'avait pas quitté la table un seul instant ; elle n'avait donc pu aller au portail encourager l'assassin, lui donner un baiser.

Il est juste de reconnaître qu'un témoignage important donna, sur ce détail, raison à Fortunée. Le cousin Béridot vint dire qu'il ne croyait pas que la femme d'Auphan fût sortie pendant le souper.

« Si elle avait été dans la cour, dit-il, je m'en serais aperçu. » Denante avait-il donc imaginé cette scène froidement horrible du portail, et ne devait-on pas craindre qu'il ne cherchât, par d'autres mensonges, à diminuer sa part de responsabilité ?

Ce fut encore Denante qui leva tous les doutes. Quand il sut que Fortunée l'abandonnait et le chargeait, le lâche maquignon la livra tout entière. Il indiqua au Magistrat un grenier de sa ferme de Fontblanche, dans le mur duquel un trou habilement dissimulé recélait toute la correspondance criminelle de Fortunée Auphan avec son complice. On trouva l'ingénieuse cachette, où étaient vingt lettres ou billets au crayon, prudemment gardés par Denante.

Ces lettres et ces billets sont, avec les aveux de Denante, les seuls témoins importants au procès. Il faut donc les transcrire ici, au moins en partie, non pas avec leur orthographe, car la lecture en serait trop difficile, mais traduites en style ordinaire (1).

Les premiers de ces billets respirent la passion la plus exaltée : « Mon bon mari (c'est le titre affectueux que Fortunée donne à Denante dans toutes ses lettres), je te dirai que je languis bien de coucher avec toi, pour avoir le plaisir de t'embrasser tout à mon aise ! Pour l'enfant que je porte, je t'assure qu'il est le tien. Je pense que tu peux compter du jour que nous venions de l'Isle. Je te demande une chose, que tu me souhaites pas plus d'enfants que ta femme propre. Pense souvent à moi, parce que moi je pense très-souvent à toi. Je t'embrasse mille fois et te serre contre mon cœur. Il n'est pas possible que tu m'aimes du fond du cœur comme moi je t'aime ; car je t'aime à mourir pour toi. »

Ailleurs : « Mon bon mari, loin de vous je suis toujours dans la tristesse et dans les larmes ; je vous embrasse du fond du cœur, et suis pour la vie votre dévouée femme. »

Dans un autre billet : « Toute la journée je n'ai fait que pleurer de voir que je suis toujours privée de vous, cela me rend malade. Mardi, je resterai à la maison, et, lorsqu'ils seront partis pour le marché, je pense qu'ils iront, j'ouvrirai la porte du jardin, et vous viendrez. Ah ! que je vous embrasserais volontiers si nous avions le bonheur d'être seuls ! Mille baisers, je vous serre contre moi. »

Les relations adultères ont commencé à s'ébruiter ; la correspondance témoigne des inquiétudes de Fortunée, constate les projets de mariage et en explique la nécessité : « Je pense que nos peines finiront bientôt. Si cela continuait, je serais bientôt morte de chagrin. Pour moi, je voudrais déjà être votre femme... Je t'embrasse mille fois au fond du cœur. Un jour, je l'espère, tu seras mon mari ; je t'aime plus que moi-même ; un jour je serai ta femme. » — « Je vois que cela ne peut continuer ; il faut que cela finisse d'une manière ou d'une autre. Il y a trop d'amitié de tout côté pour rester comme

<hr>

(1) Voici pourtant un échantillon de l'orthographe de Fortunée. Il suffira, pour donner au lecteur une idée du reste de la correspondance avec sa saveur véritable. « Mon bon mari je te diré que je lengui bien de couché avec toi pour avoir le plaisir de tant brasé tout à mon aise, pour l'enfant que je porté je tasure quillé tien. Je pense que tu peu conté du jour que nous venions de lile, je te demande une chose, que tu me souvète paplus denfant que ta femme propre, pensé souvent à moi parseque moi je pense tré souvent à toi, je tembrasse mille fois, et te sère contre mon cœur. il né pas possible que tu même du fon du cœur comme moi je téme euart je téme a mourir pour toi. »

cela. Il faut nous ranger et *nous débarrasser de cet embarras*. Si cela continuait longtemps, les gens pourraient parler de nous; notre affaire ne vaudrait plus rien; nous perdrions notre réputation. L'honneur est une belle chose, il faut le conserver pour nous marier à l'honneur de tout le monde. Ah ! que je serais contente, si je pouvais bientôt être votre femme ! »

Les lettres suivantes commencent la série des moyens à employer *pour se débarrasser*, et indiquent nettement le rôle de chacun des deux complices, l'ordre de priorité du meurtre d'Auphan, les irrésolutions de Fortunée, qui appelle Denarte à son aide, les plaintes, les reproches et les instances persistantes de celui-ci :

« Mon bon mari, de toute la semaine je n'ai rien pu faire de ce que vous m'avez dit. J'ai toujours ma tête occupée, sans savoir comment faire pour m'en débarrasser. A présent, ne pensez pas à vous, pensez à moi, à m'aider à me débarrasser si l'occasion se présente, sans procès. Une fois moi débarrassée, nous sommes beaucoup plus libres, et nous vivons dans l'espoir d'être bientôt mariés. Cela devrait vous donner du courage. Si vous faisiez quelque chose, n'ayez pas peur de reproches de moi. Au contraire, je dirais : S'il a fait cela, c'est une preuve qu'il t'aime bien. Vous pouvez m'aimer, mais vous ne pouvez pas m'aimer plus que ce que moi je vous aime, car je vous aime beaucoup. J'ai tant ma tête occupée, que je ne sais plus que vous dire. Je vous dirai seulement que j'ai bien de souci, que je ne suis pas un moment tranquille. J'ai toujours dans la tête que, si cela vient à se savoir, il n'y aura plus moyen de se voir. Si j'étais privée de vous voir, je serais bientôt morte. Je finis, et je voudrais vous dire bien des choses, mais je ne puis plus écrire; j'ai ma tête trop occupée; j'ai été malade toute la journée de chagrin et d'inquiétude. Je vous embrasse mille fois, en attendant le bonheur d'être votre femme, je languis bien que ce beau jour arrive. »

« Mon bon mari, vous m'accusez faussement, je n'oublie jamais ce que vous me dites. Si je n'ai pas ouvert, c'est que je ne trouve pas à propos d'ouvrir pour si peu de temps. Moi, vous oublier ! Non, jamais. A présent que je sens remuer votre bel enfant, cela me donne encore plus d'amitié pour vous. Il n'y a que la mort qui puisse me faire vous oublier; oui, que la mort seule. Je suis dans une position aussi triste que la vôtre, moi qui pense toujours à vous. Vous m'avez écrit une lettre qui me serre le cœur et qui m'a fait verser un torrent de larmes. Vous me parlez de votre mort ! Pensez un peu de ce que je deviendrais après. Vous mort, je mourrais aussi, je vous l'assure. Sans vous, je n'ai point de plaisir sur terre. Je vous promets de faire tout ce que j'ai promis, mais je ne sais plus comment faire pour m'en débarrasser au plus tôt; il me semble que vous pouvez bien m'aider un peu. Je n'ai pu dormir de toute la nuit de penser que vous étiez indisposé. Il faut avoir soin de vous pour avoir soin de moi.

« Je voudrais vous faire plus long discours, mais je n'ai pas le temps. J'ai fait cette lettre sur mes genoux, vous la lirez comme vous pourrez. Consolez-vous pour me consoler, car j'en ai bien besoin. Je suis toujours dans l'inquiétude et vous me faites toujours des lettres sans consolation. Au contraire, vous m'affligez. Je suis assez mal contente, sans me

faire de reproche. Si je vous ai fâché, je vous demande pardon, je vous embrasse du fond du cœur et vous fais mille baisers en pleurant. Vous me dites toujours que je ne veux rien exiger de vous : pour vous faire voir que je suis toujours dans les mêmes idées, je vais vous donner une commission. Si cela ne vous dérange pas et que vous ayez le temps, si vous allez à Avignon, vous m'apporterez un col en mousseline. Pas autre chose pour le moment que mille baisers. »

« Mon bon mari, il vaut mieux que je vous le dise que de le penser; je n'ai pas le courage de le jeter dedans le puits. Je ne vous aime que trop pour mon malheur, mais je n'ai pas ce courage. Il me semble que si nous allions un jour à Vaucluse, l'occasion serait plus favorable, et nous serions débarrassés tout de suite.» — «Pour moi, je voudrais déjà être votre femme, et je n'ai pas grand courage pour faire ce que vous me dites. Je vous prie, si l'occasion se présente sans vous compromettre, de m'aider un peu. Cela me ferait grand plaisir. Ayez un peu plus de courage que moi; il faut m'aider et vous charger de tous les deux. Les hommes ont plus de courage que les femmes; moi, ce n'est pas la peur que quelqu'un le sache, c'est le manque de courage, et je vois que je ne puis pas vivre sans vous avoir pour mari. » — « Puisque ce n'est pas possible que vous m'aidiez, je ferai l'affaire dès que l'occasion sera favorable. J'ai toujours peur que quelque chose se connaisse. Mais je pense que s'il y avait quelque danger vous ne me diriez pas de le faire. »

« Mon propre mari, je te dirai qu'hier j'ai passé un triste dimanche de ne te pas pouvoir parler; mais mes idées sont toujours les mêmes. Tu peux te tranquilliser. J'ai souvent des inquiétudes, et comme vous je pleure; c'est la grande amitié que j'ai pour vous. Vous me parlez de rendez-vous, ce qui me chagrine, je ne vois guère le moyen de nous parler en sûreté, ce qui m'attriste beaucoup. Vous me dites que vous mettez du doute sur ce que nous nous sommes promis. Ne doutez de rien, je sacrifierai tout pour vous. Pour les mille francs, il y a déjà longtemps qu'il désire les retirer; mais je n'ai jamais consenti, ce qui lui fait peine. L'autre jour, il finit par me dire qu'il n'aurait pas besoin de moi, et je sais que sans moi il n'y a pas moyen de les retirer. Je n'ai pas le temps de vous en dire davantage; je finis en vous embrassant mille fois et vous serrant dans mes bras. N'oubliez pas, dès que vous aurez la lettre, de la mettre au feu. Il n'est pas possible que je puisse exprimer toute l'amitié que j'ai pour vous; encore une fois je vous embrasse et vous fais mille baisers. »

L'idée de noyer Auphan paraît abandonnée. C'est alors que commence sous toutes les formes le long empoisonnement d'Auphan. La correspondance en relate les diverses phases : « Mon bon mari, je commence à m'inquiéter; je vois que les remèdes vont bien doucement. La première bouteille était beaucoup meilleure que les autres. Vous voyez que je ne l'épargne pas, et je n'avance guère... Vous voyez que je n'ai rien oublié de ce que vous m'avez dit... A présent, je suis livrée à vous, j'ai commencé la faute, je ferai ce que vous me direz. Vous n'avez qu'à commander, je vous obéirai... On me dit : Ne pleure pas, ce n'est rien. Quand j'entends dire que ce n'est rien, je pleure encore plus. »

Aux solutions phosphoriques ont succédé les fragments de pâte solide; Fortunée rend compte à Denante d'un nouvel insuccès : « Mon bon mari, moi qui vous aime tant, pensez-vous que je puisse vous oublier? Ah ! non, je ne vous oublierai jamais, je vous aime trop pour vous oublier. L'autre jour, je fis ce que vous m'aviez dit. La première fois, j'en ai mis deux, ça ne lui a rien fait. La seconde fois, j'en ai mis quatre dans un morceau d'omelette. En la mangeant il a dit : Cette omelette sent le soufre. Cependant, il l'a mangée, mais ça ne lui a rien fait. Maintenant, je n'ose plus en mettre, j'ai peur qu'il dise qu'il sent de nouveau et qu'il ne la mange pas. Ah! si vous pouviez m'aider, que je vous aurais d'obligation ! Il faut penser un peu s'il n'y a pas un autre moyen de nous débarrasser sans nous compromettre. Si vous aviez bon courage, en allant à Vaucluse, vous le pousseriez dans l'eau. »

Denante a encore refusé ce moyen trop périlleux. L'emploi d'un poison violent, le sublimé corrosif, a été tenté inutilement. Fortunée écrit : « Mon bon mari, c'est impossible que notre affaire puisse aller. Ce matin, pour essayer, j'en ai mis une dans sa soupe, ça lui a croqué sous la dent. Il a dit : je ne sais ce qu'il y a dans ma soupe, je ne puis pas la manger. Il l'a donnée au chien. Si j'en avais mis quatre, il se serait aperçu de quelque chose. Si vous alliez à quelque endroit que vous deux, je vous remettrais les boules et vous essayeriez de les lui faire manger. Peut-être que vous aurez plus de talent que moi. Ce qui m'inquiète beaucoup, c'est de voir que notre affaire ne peut pas réussir et que nous sommes toujours au même chapitre. Moi qui languis toujours de vous voir, et ne pas pouvoir rester un moment seule avec vous ! Ça me chagrine bien d'être privée de connaître celui que j'aime le plus au monde.

« Adieu ! mille fois adieu ! en attendant le bonheur de nous embrasser.

« Si vous vouliez faire votre affaire à Vaucluse, il faudrait me le faire savoir, parce que je n'aurais pas le courage d'y aller. Je ferai la malade, et je garderai la maison.»

Pour obvier au craquement du poison solide, les amants ont recours à l'opium. Auphan résiste toujours. Denante gourmande sa maîtresse, Fortunée répond : « Mon bon mari, je suis toujours dans les mêmes intentions, puisque je fais tout ce que je peux. Si ça va si doucement, c'est que je ne puis le faire aller plus vite, car je suis bien ennuyée d'être auprès de lui. Cette nuit, je n'ai pas pu dormir; je pensais toujours à vous; il me semblait toujours que j'étais dans vos bras... Pour cette affaire, je ne sais que vous dire, j'ai peur que quelque chose se connaisse. Si vous le jugez à propos, il me semble que vous n'avez pas besoin de moi; vous savez de la manière que la porte de la chambre s'ouvre : au moment qu'il dormira, vous ferez votre affaire, et on le trouvera mort le lendemain... Pour moi, je le trouve bien fatigué, il va bien doucement pour prendre des forces, mais il est toujours là. »

Le docteur Félix a prescrit à Auphan des pilules destinées à calmer son mal. Les meurtriers y substituent des pilules de sublimé corrosif de forme semblable. C'est Fortunée qui les prépare, mais elle est souvent troublée dans sa fabrication. Elle prie Denante de les composer lui-même : « Mon bon mari, demain je suis seule, mais je ne vois guère le moyen de faire notre affaire... Je pense qu'il faudra

attendre à mardi. En attendant, il me faut préparer de ces petites boules. Si je pouvais les lui faire prendre en guise des autres, je le ferais... Moi, je lui donnerai la couleur; en voici une pour la grosseur. »

« Je vois bien que de votre côté vous prenez bien de la peine, » écrit-elle encore à Denante, faisant allusion, sans doute, à quelque tentative d'empoisonnement pratiquée par le maquignon sur sa femme.

La mort d'Auphan est décidée par un moyen prompt et sûr : Denante le tuera d'un coup de fusil. Fortunée fournira la poudre; mais elle voudrait que l'*affaire* se fît en son absence : « Mon bon mari, je suis complice à faire comme vous; mais, dans ce moment, je ne voudrais pas y être. Il me semble que, dans la nuit, quand il dormira, il pourrait pas crier. Pour vous, je confondrai tout, je me confondrais moi-même; mais il faut m'épargner ce moment. Pour moi, ne craignez rien : c'est comme si moi je le faisais. Je vous demande peu de chose, vous pouvez bien me l'accorder. Je vous aurais bien d'obligation si vous m'épargnez ce moment. Cela me fera une sensation, si ce n'est pas pour moi, que ce soit pour votre enfant. Je pense que vous l'aimerez cet enfant, puisqu'il est le vôtre. » — « Mon bon mari, dans cette affaire, je vous laisse libre. Vous la ferez quand l'occasion vous paraîtra favorable. Si, mardi, l'occasion vous paraît favorable, vous pourrez la faire. Je vous donnerai ce que vous m'avez demandé. Cependant, si vous aviez une autre occasion et que moi je n'entendisse pas le coup, ça me ferait bien plaisir. Je pense que ça m'effrayera beaucoup. S'il nous arrive quelque chose pour notre enfant, cela nous ferait peine à tous deux. Vous le ferez quand vous voudrez, il arrivera ce que Dieu voudra; vous ne ferez rien sans m'en parler. »

L'impression qui résulte de la lecture successive de ces lettres est celle d'une complicité partagée, mais avec une nuance d'initiative passionnée du côté de la femme. Il est vrai que Fortunée n'avait pas gardé les lettres de Denante; elle les avait brûlées, comme elle demandait avec insistance qu'il brûlât les siennes. Si on avait eu la contrepartie, n'était-il pas naturel de croire qu'on eût surpris chez Denante les mêmes impatiences, les mêmes désirs brutalement exprimés, la même ardeur sauvage qui pousse à briser l'obstacle? Il était facile, aujourd'hui, à Denante, de se représenter lui-même comme l'instrument d'une volonté supérieure à la sienne; mais, dans ces lettres qu'elle croyait destinées à disparaître, Fortunée ne se montrait-elle pas obéissant elle-même aux suggestions de son amant? Ne devinait-on pas les excitations meurtrières, les reproches de défaillance, qu'avaient dû échanger ces deux coupables ?

Toutefois, pour faire à chacun sa part, il semble que l'idée d'un mariage facilité par deux crimes appartienne plutôt à Fortunée; « il y a trop d'amitié de tout côté pour rester comme cela. » D'ailleurs, le monde jaserait et il faut sauver sa réputation, afin de se marier « à l'honneur de tout le monde. » Étrange préoccupation de ce que pensera l'opinion publique ! Elle place l'*honneur* dans une union que deux existences devront payer. Fortunée ne redoute que le scandale; elle n'aime pas le bruit. Quant à la suppression de deux créatures vivantes, seul moyen de se *débarrasser* et de vivre honnête-ment et décemment avec l'amant changé en époux, cette horrible idée ne lui inspire aucune répulsion; on n'aperçoit pas même chez elle trace d'hésitation morale. C'est la femelle mal accouplée, qui veut changer de mâle, et ne voit à tuer celui qui la gêne d'autre inconvénient que la découverte possible du crime. Encore, n'y a-t-il dans le scandale d'un flagrant délit que ceci qui l'inquiète : « il n'y aura plus moyen de se voir. »

Denante, lui, joue dans cette correspondance un rôle moins original et peut-être plus ignoble. Il n'a sans doute vu dans tout cela, dès l'abord, que le plaisir de posséder une femme appétissante; mais il a été pris au sérieux, on l'aime, violemment, exclusivement, brutalement, on l'aime plus qu'il ne le voudrait peut-être. De scrupules, il n'en a pas plus qu'elle et deux vies ne lui coûteraient guère. Mais le drôle est lâche, il a peur de se compro-

mettre. Elle, elle a le courage moral, mais c'est le courage physique qui lui manque, la fermeté des nerfs. Pousser cet homme dans le puits, cela la débarrasserait; mais quoi! sa chair est faible et molle, si son âme est énergique. Qu'il le fasse, lui, qui est un homme; qu'il se charge des deux.

Si elle était un homme, elle, comme on sent qu'elle aurait « bon courage » et que l'affaire ne traînerait guère! Mais elle est femme et ne pourrait même pas voir noyer ou étouffer le mari. L'amant ne pourrait-il faire ces choses-là sans qu'elle soit là : « il me semble que vous n'avez pas besoin de moi... je ne voudrais pas y être. » Ne pourrait-il lui épargner ce bruit du coup de fusil, qui lui causera une sensation pénible?

La dernière lettre explique, en partie, l'attitude de Fortunée après l'attentat. De remords, elle n'en a

L'embuscade (Page 4).

pas eu, soyons-en sûrs; de crainte, pas davantage. Elle est débarrassée; encore une affaire du même genre, plus facile à accomplir, et elle aura son vrai mari, son propre mari. Mais ce coup de fusil lui a retenti dans l'estomac, ces cris, ces pleurs, tout ce bruit, et cet homme qui râle, tout cela est désagréable à ressentir. Aussi la seule attitude qu'instinctivement elle puisse trouver, c'est l'attitude de l'ébranlement nerveux. Elle se cache la tête dans son mouchoir, et ne pense à feindre un évanouissement que quand la victime n'est plus qu'un cadavre et que tout ce bruit fatigant s'apaise un peu.

Fortunée est un tempérament; Denante n'est qu'un maquignon grossier, un rustre à bonnes fortunes, qu'une femme a conduit plus loin qu'il n'aurait voulu. Il a goûté l'idée des deux assassinats; mais il aurait volontiers chargé Fortunée de toute l'exécution. Il lui a conseillé de pousser son mari dans l'eau; il lui a fourni du poison; il l'avait même, nous le verrons plus tard, chargée d'empoisonner sa propre femme. Si tout cela a fini par un

coup de fusil tiré par lui-même, c'est qu'il s'était trop avancé pour reculer, et qu'il a seulement, comme tant d'autres criminels de son espèce, imaginé qu'on ne le soupçonnerait pas.

Au fond de cette boue sanglante, qu'y avait-il après tout? l'amour? A Dieu ne plaise que l'on puisse donner ce nom à l'ignoble éréthisme que révèlent ces appels énergiques, ces regrets enflammés, ces espérances monstrueuses de la correspondance! C'est la poésie brutale du rut qui respire dans ces lignes : « Je languis bien de coucher avec toi pour avoir le plaisir de t'embrasser tout à mon aise. » Si elle n'a pas ouvert la porte du jardin, c'est qu'il y en aurait eu « pour si peu de temps, » que cela n'en valait pas la peine.

Et lui, sur le lit d'hôpital où on l'avait transporté pour guérir sa blessure, le misérable Denante parlait encore après son crime découvert, comme il avait dû écrire lorsqu'il en espérait pour fruit la libre possession de sa maîtresse. Un menuisier de Gordes, Martin, vint le voir sur ce lit de douleur 'et lui demander comment il avait pu s'abandonner au crime contre un ami, contre un pauvre inoffensif comme Auphan : « Ah ! répondit Denante, si vous l'aviez vue nue comme moi !... »

Le docteur Peyron vint aussi visiter Denante à l'hôpital; il lui fit, avec encore plus d'autorité, les mêmes reproches. « Je vous croyais son ami, lui dit-il, et vous vous occupiez à le tuer à petit feu! vous saviez bien que ce malheureux était gravement, presque incurablement malade. Ne pouviez-vous le laisser s'éteindre ? — C'est vrai, monsieur, répondit Denante, mais elle devait être ma femme et il ne pouvait pas mourir ! »

Elle devait être sa femme! mais Denante était marié. Le magistrat dut soupçonner un autre crime et il n'eut que trop de motifs d'insister sur ses soupçons. Des témoins avaient vu la femme de Denante vomir plusieurs fois, soit dans sa maison, soit à la Bastide-Neuve, après avoir accepté des mains de Fortunée, tantôt une tasse de thé, tantôt un verre de piquette.

Cette pauvre femme de Denante vint voir, elle aussi, son mari à l'hôpital. Elle lui rappela ces boissons suspectes, ces vomissements significatifs. « C'est vrai, ma femme, dit Denante ; c'est vrai... pardonne-le moi.»

La découverte des lettres ne put triompher des dénégations de la veuve Auphan. Avec la froide et tenace obstination de la paysanne, elle soutint que ces écritures au crayon qu'on lui représentait n'étaient pas de sa main. Jamais elle n'avait écrit à Denante. Il avait sans doute fabriqué ces lettres pour la perdre.

Deux experts furent choisis, M. Bonnetg, éomé-

Le coup de fusil (Page 4).

tre à Apt, et M. Ginoux, expert en écriture à Nîmes. Tous deux furent commis par le Magistrat instructeur pour comparer les lettres accusatrices avec quelques comptes des dépenses de ménage et surtout avec les cahiers de Fortunée, conservés depuis le temps où elle était à l'école de Gordes. Les deux experts reconnurent et déclarèrent que les lettres trouvées dans le grenier étaient bien de la main de Fortunée. Son écriture n'y était même pas déguisée.

Dans les cahiers d'écolière, portant encore le nom de Fortunée Béridot, l'instruction nota un trait de caractère, quelques phrases passionnées qui ne ressemblaient pas mal à une déclaration d'amour.

Ainsi appuyée, l'accusation avait la partie facile. L'affaire put venir, le 1er mai 1862, devant la Cour d'assises de Vaucluse séant à Carpentras.

Les débats vont s'ouvrir devant un auditoire nombreux, qui commente les faits du procès avec une passion toute méridionale. Au banc de la défense sont assis, pour Denante, M_e_ Barcilon, du barreau de Carpentras ; pour Fortunée Auphan, M_e_ Thourel, du barreau d'Aix. On se dit déjà que ce dernier a, par ses conseils, obtenu de sa cliente les aveux qui, seuls, peuvent inspirer quelque pitié à ses juges.

Les deux accusés sont amenés dans la salle. Les regards se portent avidement sur ces adultères, à qui l'imagination exaltée des populations a déjà fait une célébrité légendaire. On a dépeint le héros du sinistre drame comme un Antinoüs de village, la veuve Auphan comme un miracle de beauté. Denante est tout simplement un maquignon haut en couleur, qui frise la quarantaine, proprement mis, d'assez bonne mine après tout, de physionomie inquiète et soumise. Fortunée est vêtue avec quelque recherche, en fermière aisée; au grand désappointement des spectateurs elle cache obstinément ses traits derrière un manchon ou dans un mouchoir. Mais tout à l'heure, quand il lui faudra bien découvrir son visage devant la Justice, on verra, au lieu de la Vénus annoncée (1), une femme de vingt-cinq ans environ, plutôt fraîche que jolie, dont l'attitude trahit bien plus l'embarras et l'amour-propre blessé que le remords d'un grand crime.

La Cour entre en séance. *M. le président Tailhand* dirige les débats. Au siége du ministère public prennent place *M. Mestre, premier Avocat général,* et *M. Peiron, Procureur impérial* près le tribunal de Carpentras.

Après les formalités d'usage, lecture est donnée de l'acte d'accusation.

Le meilleur éloge qu'on puisse faire d'un acte d'accusation, c'est de dire, comme de celui-ci, qu'il est simple, clair, rigoureusement déduit, plein de faits, vide de phrases. Une légère critique pourrait, toutefois, être adressée à ce document d'ailleurs estimable. Non content d'exposer les preuves si incontestables des crimes poursuivis, l'acte d'accusation remonte le cours de la vie de Fortunée Béridot et y note tous les petits faits, tous les traits de caractère qui semblent chez la jeune fille promettre l'épouse coupable. Elle avait le caractère haut, dur, sec, volontaire. Elle a, plus d'une fois, donné des sujets de plainte à ses parents. Elle écrivait des phrases d'amour sur ses cahiers d'écolière. Elle a épousé Auphan malgré le vœu de sa famille, et, pour forcer le consentement de son père, elle s'est livrée avant le mariage, elle a fui avec celui qu'il a bien fallu lui accorder après cette algarade. Son père, en mourant, a dit à Auphan : « Tiens, veux-tu que je te dise, ta femme est une femme sans cœur. » Enfin, l'imagination pervertie de Fortunée l'a poussée, un jour, à écarter ses compagnes de la sainte table, en accusant les prêtres d'empoisonner les hosties.

Que fait tout cela dans la cause? Est-ce donc que toutes les filles qui ne sont pas sages, qui mécontentent leurs parents et qui escomptent le mariage, sont, par cela même, destinées à empoisonner ou à faire tuer leurs maris?

Et ce détail d'hosties empoisonnées, si bien fait pour scandaliser les âmes pieuses, prouve-t-il davantage? Au moment où le choléra sévissait sur la commune de Gordes, une jeune paysanne est assez sotte pour redire ce propos si souvent tenu dans les contrées ignorantes : On empoisonne les hosties. Sont-ce là des indices à ramasser? sont-ce des preuves dans cette cause, où les preuves ne manquent guère?

Autant en dirons-nous d'un bruit que l'accusation relève à la charge de Denante. Il aurait emprunté mille francs à l'ami Auphan, il n'aurait pu les lui rendre, ni même en servir l'intérêt : de là un mobile sordide à ce meurtre dont le véritable mobile, la passion lubrique, éclate aux yeux. C'était là, peut-être, un fait à écarter, puisque rien ne l'appuyait, que des assertions injustifiées.

Il serait grand temps que le Ministère public renonçât, en France, à ces recherches d'antécé-

dents qui n'ont rien de commun avec le fait incriminé. Il est peu d'honnêtes gens, de femmes estimables, dans la vie desquels on ne trouverait, en cherchant bien, quelque fait, quelque parole, indice de crimes futurs qu'ils ne commettront jamais. La Justice anglaise, au grand criminel, se borne rigoureusement à la question présente, sans rien perdre par cette modération de sa force ou de sa dignité.

On passe à l'interrogatoire de l'accusé.

D. A quelle époque ont commencé vos relations adultères avec la veuve Auphan? — *R.* Il y a quinze mois environ, vers le mois de janvier 1861.

D. Dans quelles circonstances? — *R.* C'est un jour que nous revenions de la foire de Cavaillon. La femme d'Auphan me demanda une place dans ma voiture, et je consentis à la laisser monter. En route, je lui dis *quelques bêtises* qu'elle accueillit parfaitement. Elle me répondit que si elle avait connu mes intentions à son égard, il y aurait longtemps que nous serions amis. Quelques jours après, je fus la trouver à sa campagne, et des relations intimes s'établirent entre nous.

D. N'avez-vous pas eu l'un et l'autre, à partir de cette époque, la pensée de vous marier ensemble? — *R.* C'est vrai, c'est une folie que nous avons eue l'un et l'autre. C'est la femme Auphan qui a eu la première l'idée de ce mariage.

D. C'est de là, sans doute, qu'est né le projet d'attenter à la vie d'Auphan, puisque vous ne pouviez vous marier, tant que ce malheureux vivrait? — *R.* L'idée de nous débarrasser d'Auphan ne nous est venue qu'au mois de mai ou juin 1861. Nous avions appris à cette époque que le public s'occupait de nous, et que la surveillance des parents d'Auphan avait été éveillée; nous avions donc toute raison de supposer que nous allions être troublés dans nos rapports. C'est alors que nous avons songé à faire disparaître l'obstacle que nous redoutions.

D. A quels moyens deviez-vous avoir recours pour atteindre ce but? — *R.* Il avait d'abord été question de jeter Auphan dans son puits. La femme Auphan m'y engageait vivement, mais je refusai. Elle me proposa alors de le conduire à la fontaine de Vaucluse, et de le précipiter dans le gouffre. Je refusai encore, trouvant l'emploi de ce moyen trop compromettant. Il fut ensuite question de le jeter sous les roues de ma charrette et de l'écraser; puis, de l'étouffer pendant son sommeil, mais le courage me manquait toujours pour l'exécution de ces projets. En présence de toutes ces difficultés, la femme Auphan me proposa d'avoir recours à l'empoisonnement, et nous nous arrêtâmes à ce projet comme étant celui dont la réalisation était la plus facile.

Il serait inutile de suivre l'accusé dans le récit de toutes les tentatives d'empoisonnement pratiquées, à partir de ce jour, sur le malheureux Auphan; on en connaît suffisamment les détails. Il raconte l'impatience que causait aux deux complices cette longue agonie et la détermination qu'ils prirent ensemble d'en finir par un assassinat.

M. le Président interroge Denante sur ces lettres saisies; celui-ci persiste à déclarer qu'elles sont bien de Fortunée. Mais il ajoute, avec une certaine insistance, que ce n'est pas, comme on l'a supposé, par suite d'un calcul intéressé qu'il les a conservées. C'était, dit-il, afin de pouvoir les relire plus à son aise, ne sachant lire qu'imparfaitement. Il

<hr>

(1) Un journal a publié, en 1866, sous le nom de *la Vénus de Gordes*, un prétendu récit de cette affaire. Les lettres de Fortunée sont, à peu près, la seule partie vraie de ce roman judiciaire. On comprend que le romancier crée de toutes pièces un procès imaginaire : Balzac l'a fait, on sait avec quelle supériorité de génie. Mais coudre à un drame trop réel ces événements fictifs, emprunter aux annales des Cours d'Assises un fait historique que l'on surcharge d'inventions, c'est n'être ni romancier ni historien. Ou toute fiction, ou toute vérité, il n'y a point de milieu.

proteste également, avec une grande énergie, contre les pensées de cupidité que l'accusation lui prête. Il ne devait rien à Auphan, il n'a jamais souscrit de billet à son profit, et c'est la violence de sa passion pour Fortunée qui, seule, l'a poussé au crime.

Denante, pendant cet interrogatoire, a fait preuve de sang-froid, de lucidité et d'une certaine habileté à rejeter sur sa complice une partie de son fardeau. Sa voix est contenue, sa parole claire. Il baisse la tête et les yeux, il se fait petit ; il paraît craintif plus que repentant.

C'est au tour de Fortunée Béridot, veuve Auphan, à répondre. Elle se lève, la figure toujours couverte de son mouchoir. Ce n'est qu'avec peine que M. le Président parvient à lui faire découvrir le visage. Elle répond du ton le plus bas, étouffant encore sa voix dans son mouchoir aux moments difficiles.

M. le Président. — N'avez-vous pas, à Gordes, cherché à éloigner vos jeunes camarades des sacrements, en leur disant que les prêtres empoisonnaient les hosties ?

R. Non, cela n'est pas vrai, Monsieur.

D. Vous avez eu avec Auphan des relations avant votre mariage, et vous vous êtes fait enlever par lui. Une fois mariée, vous vous êtes dégoûtée de votre mari, qui était pourtant, au dire de tous les témoins, excellent pour vous et vous portait une vive affection? — *R.* Oui.

D. Votre mari avait-il des torts envers vous? — *R.* Non.

D. Alors, pourquoi vous êtes-vous éloignée de lui? — *R.* Parce que Denante était toujours après moi.

D. Vous convenez aujourd'hui d'avoir été la maîtresse de Denante? — *R.* Oui, j'ai consenti à tout ce qu'il a voulu.

D. Puisque vous vous décidez à entrer dans la voie des aveux, je vous engage à ne rien dissimuler, et à dire la vérité tout entière. N'a-t-il pas été convenu entre Denante et vous que vous vous débarrasseriez de votre mari par un crime? — *R.* C'est vrai. Denante me l'a proposé, et j'y ai consenti.

D. Denante soutient, au contraire, que la première proposition est venue de vous? — *R.* Denante ne dit pas la vérité. C'est lui qui m'a toujours mal conseillée, et, pour mon malheur, j'ai fait ce qu'il a voulu.

D. Denante prétend que vous l'avez plusieurs fois provoqué à attenter à la vie d'Auphan. Tantôt vous l'engagiez à le faire tomber sous les roues de sa charrette, tantôt vous insistiez pour qu'il le précipitât dans la fontaine de Vaucluse ; tantôt, enfin, vous lui proposiez de venir l'étrangler pendant la nuit, en profitant de son sommeil? — *R.* Tout cela s'est dit ; mais c'est toujours Denante qui faisait ces propositions. Pour ne pas le contrarier, je consentais à tout.

D. Des tentatives d'empoisonnement n'ont-elles pas été faites par vous, à diverses reprises, sur la personne de votre mari? — *R.* C'est encore Denante qui a eu l'idée de l'empoisonnement, et je n'ai fait qu'obéir à ses ordres. C'est toujours lui qui me remettait les drogues que je devais faire prendre à mon mari.

D. On a peine à comprendre que vous n'ayez pas résisté à des sollicitations de cette nature. — *R.* J'étais livrée à Denante de la manière la plus complète, et je ne m'appartenais plus.

D. Il semble résulter, au contraire, de votre correspondance, que vous avez eu vous-même la première pensée de certains actes. Vous exprimez même dans quelques-unes de vos lettres de vifs regrets de voir que l'affaire ne marche pas. — *R.* C'est lui qui m'adressait toujours des reproches sur le peu d'efficacité des poisons, en prétendant que je ne savais pas m'y prendre. C'est à ces reproches que je répondais dans mes lettres.

D. Il existe une lettre de vous dans laquelle vous dites à Denante que vous pleurez toujours en voyant que les *remèdes* n'agissent pas et que toujours vous entendez dire autour de vous que cela ne sera rien ; alors, vous pleurez encore plus. Vous n'agissiez pas, du moins à cette époque, sous la pression de Denante.

L'accusée répond quelques paroles inintelligibles et cache sa figure dans son mouchoir.

D. Quand avez-vous commencé à donner du poison à Auphan ? — *R.* C'est le jour où il fit une chute, à la suite d'un coup de pied de cheval. Denante disait qu'il fallait profiter de cette bonne occasion, parce qu'on ne manquerait pas d'attribuer la mort d'Auphan à ce coup.

D. Le jour de la foire de Carpentras n'avez-vous pas fait prendre à votre mari, avant son départ, une tasse de café empoisonnée? — *R.* Non, Monsieur ; je ne me levais jamais d'aussi bonne heure. Au moment du départ de mon mari pour Carpentras, j'étais encore couchée, et je ne lui ai rien offert.

D. Vous parlez dans une de vos lettres d'un poison que vous auriez administré à votre mari dans une omelette, n'était-ce pas du phosphore ou de la pâte phosphorée? — *R.* Je n'en sais rien. Je donnais à mon mari ce que Denante me remettait. Il ne me disait jamais le nom des drogues.

D. Un jour n'êtes-vous pas allée au marché de Cavaillon avec Denante, et n'avez-vous pas entendu un charlatan qui parlait de « sublimé corrosif? » N'avez-vous pas engagé immédiatement Denante à se rendre chez un pharmacien de la localité pour se procurer ce poison? — *R.* Je n'étais pas ce jour-là à Cavaillon, et je n'ai pas vu le charlatan en question. Denante m'a remis, à son arrivée, un paquet dont il ne m'a pas dit le contenu, et qu'il m'a engagée à faire prendre à mon mari.

D. N'est-ce pas vous, du moins, qui avez fabriqué les pilules dont il est question dans votre correspondance avec Denante, et que vous avez administrées à Auphan? — *R.* Les pilules ont été faites par Denante, comme tout le reste.

D. Le contraire semble résulter de vos lettres. Il serait du moins certain, d'après ces lettres, que l'idée des pilules vous appartient et que vous en avez demandé plusieurs fois à Denante, en lui envoyant le modèle de *ces boules*, comme vous les appeliez? — *R.* Je ne faisais pas toujours ce que je disais dans ces lettres. Celle dont vous voulez parler était une réponse à une autre lettre de Denante, où il me pressait de donner de nouvelles pilules à Auphan. Je voulais calmer et adoucir son mal ; mais la vérité est que je n'ai jamais donné de pilules.

D. Sur ce point, comme sur beaucoup d'autres, vous êtes en contradiction formelle avec Denante, et je vous répète que vous êtes aussi en contradiction avec vos propres lettres. — *R.* Si j'avais conservé les lettres de Denante, il me serait facile de répondre à bien des choses ; mais je n'ai pas fait comme lui, car j'ai brûlé tout ce qu'il m'a écrit, comme nous en étions convenus.

D. N'avez-vous pas également administré une forte dose d'opium à Auphan dans un des remèdes ordonnés par les médecins? — *R.* Je n'ai jamais su le nom des choses; Denante me remettait les paquets et je les faisais prendre à mon mari. Souvent il m'arrivait de ne pas faire ce que je promettais. Je tenais surtout à contenter Denante et je lui faisais croire que j'accomplissais ses intentions, quoique le fait ne fût pas vrai.

D. N'est-ce pas vous qui, fatiguée de voir l'inutilité de vos tentatives d'empoisonnement contre Auphan, avez eu la pensée de lui faire tirer un coup de fusil par Denante? — *R.* Non; c'est Denante qui en a eu l'idée.

D. Denante affirme que c'est vous qui la première avez parlé de l'emploi d'une arme à feu? — *R.* Il ne dit pas la vérité; je ne savais pas qu'il eût le projet d'assassiner mon mari.

D. Le contraire résulte encore de votre correspondance. Dans une de vos lettres, vous le laissez libre de faire son affaire, mais en le priant de s'arranger de manière que vous n'entendiez pas le coup. Vous le priez de cela au nom de votre enfant commun, dont l'existence pourrait être compromise par la frayeur que vous pourriez éprouver? — *R.* Je ne me souviens pas d'avoir jamais écrit cela. Dans tous les cas, je ne sais ce que j'ai voulu dire. Il est certain que cela n'avait rien de commun avec l'assassinat.

D. Denante affirme également que c'est vous qui lui avez donné la poudre dont il a chargé son fusil, et dans cette même lettre, vous promettez en effet de lui donner ce qu'il vous a demandé. Que signifie cette phrase?

L'accusée s'abstient de répondre, et s'essuie le visage avec son mouchoir.

D. N'avez-vous pas engagé Denante, qui regrettait de n'avoir pas de munitions, à casser les grelots de son mulet et à en faire des balles? — *R.* Il n'a jamais été question de cela avec Denante.

D. Le jour même du crime, ne vous êtes-vous pas trouvée à Gordes avec Denante? N'avez-vous pas dîné avec lui, et n'êtes-vous pas retournés ensemble à la Bastide-Neuve? — *R.* Je suis allée à Gordes pour chercher des sacs, et c'est par hasard que nous nous sommes rencontrés en route. Il n'a pas été question de ce qui devait arriver le soir. Je ne suis pour rien là-dedans.

D. Le 24 décembre, un peu avant le coup de feu, n'êtes-vous pas sortie un moment dans votre cour pour vous assurer que Denante était à son poste? Sur sa réponse affirmative, ne vous êtes-vous pas approchée de lui, et ne l'avez-vous pas embrassé en lui disant: « Tiens-toi prêt, c'est le moment, je vais le faire sortir? » — *R.* Tout cela est faux. J'ignorais les projets de Denante, et je n'ai pas quitté ma cuisine.

D. Alors comment se fait-il qu'après la consommation du crime vous n'ayez pas eu la pensée de vous approcher de votre mari, étendu sanglant sur le sol, pour lui donner vos soins? — *R.* Je ne l'ai pas fait parce qu'on m'en a empêchée. On m'a fait monter dans ma chambre et on m'a fait coucher.

D. Tout cela n'est survenu qu'assez longtemps après. Une fois dans votre lit, n'avez-vous pas reçu la visite de Denante qui s'est approché de vous et vous a serré la main sous vos couvertures? — *R.* Denante est venu me voir dans ma chambre, et m'a offert de la tisane; mais il ne m'a pas serré la main; du moins je ne m'en souviens pas.

Comme son complice, Fortunée Auphan a témoigné d'une certaine adresse à nier les actions compromettantes, à avouer ce qu'il serait dangereux de nier. Le silence ou ses réponses évasives ont accueilli les questions les plus délicates. Elle a semblé ressentir surtout la honte d'être ainsi exposée aux regards avides du public.

Remarquons encore ceci: devant la Justice, sous la menace du châtiment légal, qu'est devenu ce grand amour, si puissant, que l'un devait mourir de la mort de l'autre, qu'être privé l'un de l'autre semblait plus dur que la mort même? Denante a trahi Fortunée; Fortunée charge Denante. A cette heure, ils se haïssent, et, s'ils le pouvaient, chacun d'eux se *débarrasserait* volontiers de l'autre. C'est l'ordinaire conclusion de ces sortes d'amours.

Rapporter les témoignages serait s'exposer à de perpétuelles redites. On en connaît la substance, et d'ailleurs, que reste-t-il à prouver ici? Tout est surabondamment démontré par les aveux les coupables.

On notera seulement les dénégations du pharmacien *D'Arbora*, qui a fourni le sublimé corrosif; *M. l'Avocat général* n'en tient pas de compte et fait savoir qu'il a recueilli sur ce témoin de tristes renseignements.

Denante repousse la déposition de *Cyprien Ricarol* comme dictée par un esprit de vengeance inspiré par d'anciennes querelles.

Un sieur *Sylvestre* et son fils croient, mais ne démontrent pas que Denante aurait dû 1,000 francs à Auphan. *Denante* oppose à leurs dires les dénégations les plus énergiques.

Alfred Béridot, racontant les circonstances qui ont suivi l'assassinat, dit que ses soupçons ne furent éveillés sur Denante que lorsqu'il le vit trembler à l'apparition des gendarmes. Il n'a rien remarqué de suspect dans l'attitude de sa cousine et croit pouvoir affirmer qu'elle n'est pas sortie dans la cour pendant ou après le souper.

Les débats sont terminés; l'organe de la Loi se lève.

M. le premier Avocat général Mestre, s'emparant des aveux de l'accusée, commença par constater combien le rôle de l'accusation s'était simplifié.

« Venu à vous, dit-il, dans la perspective d'une lutte à laquelle les dénégations de Fortunée pouvaient prêter quelque ardeur, nous avons vu se produire à votre première audience un fait inattendu. La dénégation allait à cette nature orgueilleuse, endurcie; mais, sous les inspirations de la noble et loyale intelligence dont son heureuse fortune lui a fait réclamer le concours, son orgueil s'est courbé sous la nécessité du salut. Avouant à son tour sa participation au crime, elle a renvoyé à son complice ses accusations d'entraînement. Dès lors, la preuve de la double culpabilité des accusés résultait: pour l'un, de ses aveux du lendemain; pour l'autre, de la confession de la dernière heure.

« Leur crime était de ceux auxquels la Justice humaine ne peut pardonner, et la réciprocité de leurs récriminations nous promettait des auxiliaires au banc de la défense, où nous ne trouvons d'ordinaire que des contradicteurs. Aussi, resté à l'écart du débat, nous venons résumer aujourd'hui des convictions qui sont les vôtres et prêter à vos consciences l'écho de notre voix. Notre tâche sera facile: dans le récit d'un drame aussi terrible, les faits ont plus d'éloquence que les plus éloquents discours. »

Après avoir raconté le mariage de Fortunée Béridot, avec ses péripéties romanesques et déjà inquiétantes pour l'avenir du jeune ménage, l'organe du Ministère public ajoute :

« Hautaine et passionnée, la bonté de son mari pouvait encore conjurer les orages, et le toit de la Bastide-Neuve eût abrité peut-être pour le jeune ménage un long avenir de bonheur. Mais l'adultère a passé par là ; et comme ces génies du mal, qui ne sèment que des ruines, il a laissé sur son passage la désolation et la mort.

« Il n'a fallu que huit jours à Fortunée pour ouvrir son lit à Denante. Quel abîme que le cœur de la femme dépravée ! Elle a un mari jeune, bon, honorable ; il y a cinq ans à peine elle l'épousait par amour. Qu'au travers de ces affections légitimes vienne se jeter le premier intrigant venu, je ne sais qui, un Denante, mal famé, marié, père de famille, un Lovelace de quarante ans, sans autre avantage sur Auphan que d'être un étranger pour elle, et avec lui, huit jours écoulés à peine, elle oubliera tous ses devoirs ! »

Le Ministère public analyse les lettres que l'on connaît, et n'a pas de peine à y montrer le projet de renverser le double obstacle qui sépare les deux adultères. Fortunée Béridot, qu'on cherchera sans doute à placer sous l'irrésistible influence de son amant, y indique elle-même la nécessité d'un double crime, pour conserver leur réputation « à l'honneur de tout le monde. » Effroyable dépravation ! déplorables maximes ! voilà donc où ces âmes corrompues placent l'honneur ! Pour elles, c'est le crime abritant le vice. Le législateur romain ne semblait-il pas avoir pressenti ces hideuses doctrines, quand son inflexible logique flétrissait dans l'adultère l'inévitable avant-coureur du poison ?

L'attitude de la veuve Auphan suffirait à marquer sa part de responsabilité criminelle. Au milieu du deuil général, dans cette maison désolée, son indifférence semblait insulter à la douleur de tous. Son œil est resté sec comme son âme. Vainement elle a demandé des larmes à la nature. On l'avait vue pleurer, cependant ; mais elle-même a livré le secret de ses larmes. Elle pleurait quand son mari semblait se rétablir ; elle pleurait quand on lui disait : Ce n'est rien. Quand tout est fini, quand ses vœux sont accomplis, comment voulez-vous qu'elle pleure ? la source de ses larmes est tarie.

Voilà donc quelle épouse a été Fortunée Auphan ! Une épouse ! Quel doux nom, quel saint rôle ! être l'ange gardien du foyer, le dépositaire fidèle du bonheur d'un compagnon, la sœur de charité veillant à son chevet, se réjouissant de ses joies, s'affligeant de ses peines ! Voilà ce qu'elle eût dû être, cette femme : qu'a-t-elle été ? Furie du foyer domestique, ennemie secrète de son mari, pendant six mois, elle a fait sourdement le siége de sa vie, lui versant la mort avec un sourire, mêlant la mort à ses aliments, à ses remèdes, se plaignant à son complice de l'inefficacité des armes qu'il lui donnait, accusant la lenteur du poison, appelant la violence plus sûre et plus prompte, proposant le gouffre de Vaucluse, proposant la charrette, la strangulation à table ou dans le lit, encourageant le meurtre par une dernière caresse, enfin, envoyant elle-même le malheureux à la mort.

Oh ! cette femme nous fait horreur ! ce cœur dé-naturé, nous avons beau le presser et le tordre, il n'en peut sortir rien d'humain. Locuste doublée de Messaline, elle a passé par la débauche pour arriver au crime, et, sur son front flétri, nous voyons empreint de la main de Dieu le triple stigmate de l'adultère, de l'empoisonneuse et de l'assassin !

La part de l'assassin n'est pas moins facile à faire et n'est pas moins grande. Le mobile qui l'a poussé a même quelque chose de plus ignoble encore que la passion désordonnée de sa complice : c'est la cupidité. Il devait 1,000 francs à Auphan et il ne voulait pas les rendre. Il faisait de mauvaises affaires, ce maquignon en quête de riches veuves, et le château de la Bastide-Neuve n'était pas à ses yeux un des moindres charmes de sa complice.

Mais, dira-t-on, il a été saisi de remords ; son repentir a été sincère, et lui-même a voulu se punir du crime qu'il a fini par détester. Indigne comédie ! ce remords qui ne s'éveille que devant les conséquences légales de l'action, l'accusation n'en tiendra pas compte et le Jury ne s'y laissera pas prendre. La blessure légère que Denante s'est infligée d'une main prudente, ne le sauvera pas de l'expiation véritable.

M. l'Avocat général repousse énergiquement l'admission des circonstances atténuantes. Les admettre dans une telle affaire, ce serait les déshonorer. « Sans doute, dit-il, vous êtes souverains, Messieurs les Jurés ; magistrats d'un jour, la loi vous a placés si haut, que vous ne reconnaissez pas de juridiction supérieure à la vôtre. Mais votre omnipotence s'arrête devant les droits de la vérité. Votre verdict vous appartient, mais vous en devez compte à vos consciences, à la société, qui vous a confié le soin de la défendre, à Dieu, qui vous jugera. Esclaves du serment, vous répondrez en hommes libres de toute passion, libres de toute faiblesse. Dans cette longue série de crimes, comment trouver une excuse ? Sera-ce dans les entraînements de la passion ? Les grandes passions expliquent les grands crimes, elles n'en amoindrissent pas la responsabilité. Aux grandes passions, Dieu et la société ont opposé une digue dans la voix de la conscience, dans les menaces de la Loi.

« Parlera-t-on des erreurs et des regrets des accusés ? Que nous font des aveux menteurs, stériles, fils de la peur ? Que nous veulent ces larmes tardives et ces regrets du lendemain ? Les larmes ne rachètent pas le crime, et les morts ne sortent pas de la tombe à la voix du repentir. Le jour du repentir est passé ; aujourd'hui, c'est l'heure de la suprême expiation.

« Naguère un crime sauvage épouvantait vos montagnes (1), et il y a quelques jours vos populations émues et rassurées disaient : Laissez passer la justice du Jury. Aujourd'hui, voici qu'un crime plus horrible encore, commis à si peu d'intervalle, semble menacer votre beau département du pilori des annales judiciaires. Répudiez, avant qu'elle s'accomplisse, cette triste célébrité. Que le pays attentif à ce grand débat apprenne la grandeur du remède en même temps que l'horreur du mal ; qu'il sache que si, sous votre beau soleil, dans ces contrées bénies du ciel, il s'est trouvé des monstres capables de pareils crimes, il s'y trouve des hommes honnêtes et fermes, infatigables à les punir. Pour nous, venu d'hier, et qui voudrions

(1) Léonard, condamné à mort par la Cour d'assises de Vaucluse, le 30 janvier 1862, pour triple assassinat et incendie, et récemment exécuté.

devoir à notre concours à cette œuvre droit de cité dans vos souvenirs, la main levée vers Dieu qui punit l'adultère et l'homicide nous jurons que les deux accusés sont coupables, et que pas un d'eux ne mérite merci. »

Des deux défenseurs, celui de Denante, Mᵉ *Bar-cilon*, prit le premier la parole.

«Je me lève, dit-il, pour un homme qui a commis un grand crime, et qui l'avoue. La défense de Denante, courbée sous ce lourd fardeau, placée, d'ailleurs, devant le souvenir de ce malheureux Auphan, qui fait couler nos larmes comme les vôtres, ne peut revêtir ici que les allures les plus modestes.

«Mais si une expiation est nécessaire, nous vous demandons une expiation plus douloureuse, et assurément plus longue que celle qui a fait l'objet des réquisitions du Ministère public. Et laissez-nous vous dire que notre mission, nous l'avons reçue de la femme de Denante, de cette femme dont l'accusation disait qu'elle était un ange. Appuyé sur elle, sur son jeune enfant, nous vous présenterons les moyens de défense de la cause, ne sollicitant que ceux que la conscience permet d'accorder. »

Après cet exorde, le défenseur reprit et discuta les moyens divers développés par l'accusation.

On avait représenté Denante comme un homme taré, de réputation détestable ; mais on n'avait invoqué aucun fait.

L'accusation avait vu une comédie dans l'acte de repentir désespéré qui avait poussé Denante au suicide. Le défenseur lut un rapport officieux du docteur Jourdan, duquel il résultait que la tentative de suicide avait été sérieuse et que la blessure aurait pu entraîner la mort. Voudrait-on méconnaître l'expression d'un repentir sincère dans ces révélations d'un homme qui s'attend à paraître devant Dieu?

C'est la cupidité qui a armé son bras, avait dit le Ministère public ; j'en appelle, répondit le défenseur, au témoignage même de Fortunée Auphan. Il résulte d'une de ses lettres qu'Auphan ne pouvait retirer sans elle les 1,000 fr. qui lui étaient dus. Or, s'il s'était agi d'un prêt fait à Denante, ce prêt aurait été postérieur au mariage d'Auphan avec Fortunée, puisqu'il est établi que Denante n'a connu Auphan que longtemps après son mariage. Dans ce cas, n'est-il pas évident qu'Auphan n'aurait pas eu besoin du consentement de sa femme pour retirer cette somme. On a donc mal interprété la lettre de Fortunée : Denante ne devait rien à Auphan.

Denante voulait, a-t-on dit encore, devenir le propriétaire de la Bastide-Neuve, cette ferme assez mince dont on a fait un château. Denante avait des dettes, il faisait de mauvaises affaires. Non : il n'avait pas d'engagement, il n'était pas dans une situation difficile. Nous avons entre les mains, dit *Mᵉ Barcilon*, la preuve qu'il avait à retirer une somme de 1,500 fr., qu'il avait acheté, en 1861, une terre du prix de 1,600 fr., avec offre de la payer comptant, et qu'il venait de toucher une autre somme de 1,500 fr. Le besoin et la cupidité n'étaient donc pas ses mobiles.

Le mobile de Denante, faut-il le chercher si loin ? qui ne voit qu'il a été dans son amour coupable pour Fortunée Auphan? Il faut bien chercher quelle a été, dans ces relations adultères, la part de Fortunée, dût la défense d'un des deux accusés être l'accusation de l'autre.

Eh bien ! tout, dans le passé romanesque de Fortunée Béridot, dans son attitude avant et après le crime, jusque dans ses aveux tardifs et dans les involontaires aveux de sa correspondance, montre que c'est à elle que revient l'initiative, la préparation du crime, la recherche des moyens. Qu'on lise ces lettres révélatrices :

« Il faut penser un peu s'il n'y a pas un autre moyen pour nous débarrasser sans nous compromettre. Si vous aviez bon courage, en allant à Vaucluse, vous le pousseriez dans l'eau. »

Si vous aviez bon courage ! Songez à ce que peut faire un homme, et un homme qui aime, quand la femme aimée lui dit de ces choses-là !

Et encore : « J'ai toujours ma tête occupée, sans savoir comment faire pour m'en débarrasser. A présent, ne pensez pas à vous, pensez à moi, à me débarrasser... Une fois moi débarrassée, nous sommes beaucoup plus libres et nous vivons dans l'espoir d'être bientôt mariés. Cela devrait vous donner du courage. »

Ici, on prend sur le fait l'idée fixe. Elle ne pense qu'à être libre, qu'à se *débarrasser*. C'est d'elle qu'il faut que Denante s'occupe, et non de lui-même. Et, pour lui donner le cœur qui lui manque, elle lui montre, comme un mirage, la libre possession de sa maîtresse.

Ailleurs, quand le poison a manqué son effet, elle en appelle à Denante. Qu'il cherche, qu'il imagine, « Je ne sais plus comment faire pour m'en débarrasser au plus tôt. Il me semble que vous pouvez bien m'aider un peu. »

Mais Denante ne l'aide pas; il n'est pas inventif Aussi, Fortunée perd patience. L'affaire ne va pas Il faut que Denante s'en mêle, qu'il fasse marcher des boules à Auphan. « Nous en sommes toujours au même chapitre. » Ainsi, toujours, elle l'encourage, elle le harcèle.

Enfin, Denante, qui est un homme, ne pourrait-il en finir d'un coup, en étouffant ce moribond. « Il me semble que, dans la nuit, quand il dormira, il ne pourrait pas crier. »

D'ailleurs, Fortunée est prudente quand il est question d'elle-même. Qu'on la débarrasse de son mari, mais en son absence. Si Denante fait l'affaire à Vaucluse, « il faudrait me le faire savoir; car je n'aurai pas le courage d'y aller. » Elle fera la malade et gardera la maison. Si, au contraire, Denante préfère étouffer Auphan dans son lit, il faut qu'il épargne cette vue à Fortunée. Qu'il agisse, qu'il ne craigne rien, « c'est comme si moi je le faisais. »

Oui, sans doute, c'est comme si elle le faisait elle-même; car c'est elle qui imagine, qui commande l'assassinat, qui gourmande les lenteurs et les défaillances de l'instrument du crime.

Denante a sa part, sans doute, et la défense n'a pas d'autre prétention que celle d'amoindrir le caractère odieux du rôle que l'accusation lui a prêté. Mais, enfin, où a été le tentateur? Pour l'adultère comme pour le crime, c'est Fortunée qui a tenté Denante. C'est elle qui, la première, a demandé à Denante une place dans sa voiture, en revenant de Cavaillon. Après l'avoir séduit, enlacé dans son amour, enivré de volupté, alors seulement, de cet homme qui ne s'appartenait plus, elle a fait un assassin.

S'il est possible qu'un vice, un désordre quelconque, soit l'atténuation d'une faute, l'ivresse dans laquelle cette femme a plongé son amant ne serait-elle pas cette atténuation? L'ivresse qui provient de l'usage immodéré du vin ou des liqueurs alcooliques n'est pas non plus une excuse ; elle laisse subsister les fautes qu'elle entraîne; mais, enfin, tous les criminalistes sont d'accord pour le reconnaître, si elle n'efface pas la responsabilité, elle l'amoindrit. Pourquoi donc n'en serait-il pas de même de cette ivresse des sens et du cœur, de cet énervement moral que la femme inspire à l'homme.

Or, elle était profonde, l'ivresse de Denante. On se rappelle le témoignage de Moulin : Oh ! elle était belle, bien belle, lui disait Denante ; mais elle était plus belle encore quand... On sait le reste.

Si donc cet homme était sous l'obsession d'une passion violente, s'il n'a pas agi à froid, s'il a été entraîné par une femme perverse, Denante, le paysan grossier, le maquignon Denante, aux prises avec cette Locuste doublée de Messaline, avait-il bien toute sa liberté?

Le Ministère public a reconnu que les aveux d'un accusé, quand ils sont utiles et spontanés, doivent lui être comptés, qu'ils sont pour lui une cause d'atténuation. Eh bien ! qui dira que les aveux de Denante n'ont été ni spontanés ni utiles? A-t-il avoué seulement lorsqu'il s'est vu accablé par les preuves? Non. Il s'était ménagé un alibi ; il pouvait encore l'invoquer. La déclaration du postillon ne lui enlevait pas tout espoir. Avant de voir passer le postillon, n'avait-il pas parcouru plusieurs cafés? N'était-il pas entré chez le perruquier. L'alibi avait d'autres bases que le témoignage du postillon.

Or, si Denante n'avait pas tout terminé par son aveu, qui sait si la Justice n'aurait pas hésité devant un témoignage d'alibi ? Et, d'ailleurs, aurait-on eu les lettres, s'il ne les avait pas livrées ?

L'aveu de Denante a donc été utile. Qu'il lui en soit tenu compte.

Mais l'accusation s'écrie : Pas d'impunité. Est-ce donc l'impunité, cette faible atténuation que poursuit la défense?

« On vous a rappelé l'affaire Léonard, dit en terminant *M⁰ Barcilon :* est-il donc nécessaire que le sang coule toujours sur nos places publiques? Et n'ai-je pas le droit de m'abriter derrière une femme, la femme de Denante, elle que l'accusation a honorée de ses éloges, elle qui m'a donné mission d'implorer votre pitié ? N'ai-je pas le droit d'invoquer le nom de cet enfant, innocente victime? Non, la Justice n'exige pas un sanglant sacrifice qui répugnerait à vos consciences. Ce fils ! il portera toujours un nom déshonoré, flétri... Voulez-vous encore que son nom soit celui d'un supplicié?

« La prière est toute-puissante auprès de Dieu; serait-elle donc sans efficacité devant la justice des hommes? Seigneur, Seigneur, s'écriait le Prophète, s'il y avait cent justes dans la ville, serait-elle sauvée? — Oui. — Et, s'il n'y en avait que dix, le serait-elle encore ? — Oui, elle serait sauvée. — Et, s'il n'y en avait qu'un? — Oui, elle le serait encore.

« Eh bien ! Messieurs, au nom des deux justes qui m'assistent, ce n'est pas le salut de Denante que je viens demander, mais un verdict qui accordera une ample satisfaction aux intérêts sociaux et qui ne sera pas une cause de désespoir pour sa famille. »

La parole est à *M⁰ Thouret*, défenseur de l'accusée.

« Messieurs, dit-il, ces deux têtes doivent-elles tomber ? Telle est la question terrible qui se débat devant vous. Et comment ne serais-je pas effrayé de l'immense responsabilité qui pèse sur ma parole, ma parole dont on a voulu exagérer la puissance, je ne dirai pas pour en atténuer la portée, mais par une bienveillance dont je remercie ceux qui m'entourent, et qui s'adressent bien plus qu'à moi au nom que je porte, et, dont on a voulu honorer les nobles qualités et les vertus traditionnelles.

« Que de dangers qui m'entourent! Un crime horrible a été commis, et quel jour ? Quelques heures avant celle où l'Homme-Dieu descendait sur la terre pour racheter les péchés et les crimes des mortels ! On semblait vouloir ajouter quelque crime aux crimes que le sang du juste venait encore expier... »

Quelle est la part de responsabilité qui incombe à Fortunée Auphan dans ce meurtre? Faut-il se hâter de l'assigner, en se fiant à l'horreur qu'inspire à toute âme honnête une action semblable ? Non, il faut se défier des jugements précipités; il faut descendre dans l'âme des coupables, se baisser, pour ainsi dire, à leur niveau, interroger leur conscience, sans oublier toutefois ce que crie la conscience indignée du juge lui-même.

Que sont les deux accusés ? Quelles révélations présente leur vie antérieure ? Il y a là deux caractères différents, deux natures opposées.

Fortunée Béridot, dont on a voulu faire une femme exceptionnellement douée, imagination ardente, volonté de fer, âme destinée à tous les excès de la passion, a eu, en réalité, la jeunesse la plus vulgaire, la moins accidentée qui se puisse imaginer. Rien dans son passé, jusqu'à l'heure de son mariage, n'annonce l'énergique créature dont l'initiative puissante aurait conçu l'idée du crime, marqué du doigt la victime et désigné l'assassin.

L'instruction, il est vrai, a fouillé ses cahiers de pension, et, comme on trouve toujours quelque chose en pareil cas, au milieu de ces devoirs d'écolière écrits de cette orthographe que l'on sait, elle a noté quelques rêves de jeune fille, des mots d'amour, l'amour d'une pensionnaire de treize ans. Ah ! si la Justice poussait l'indiscrétion jusqu'à ouvrir les pupitres de beaucoup de fillettes, qui ne commettent jamais le plus petit crime, est-il bien sûr qu'elle ne découvrirait pas beaucoup de ces petits péchés mignons d'une imagination qui s'éveille?

Le seul indice grave qu'on a relevé, c'est le prétendu propos des hosties empoisonnées ; mais ce propos, on n'a pu le prouver.

Fortunée avait l'imagination vive : soit. Eh bien ! c'est là son malheur. Elle a rencontré, pour sa perte, ce Don Juan de village, ce maquignon sans scrupule, Denante, cet homme à caprices et à bonnes fortunes, qui faisait claquer son fouet au physique comme au moral. Elle l'a aimé, cet homme, d'un amour coupable, mais enfin elle l'a aimé. Et lui, direz-vous qu'il l'aimait? Non, il s'est peint lui-même d'un mot, mot cynique : « Ah ! si vous l'aviez vue toute nue ! »

Voilà les deux natures : laquelle des deux a dû faire peser sa volonté sur l'autre? A laquelle revient la plus grande part de responsabilité?

Ah ! sans doute, on pourrait soutenir que, sous l'empire de l'influence fatale de Denante, la volonté de Fortunée s'est anéantie, qu'elle a perdu la libre perception de ses actes, que, livrée désormais corps et âme à son séducteur, elle a confondu le bien et le mal, et qu'elle a manqué ainsi des deux conditions constitutives de l'imputabilité, la liberté et la conscience.

Mais ne portons pas si haut nos prétentions. Non, l'influence de Denante n'a pas fait entièrement plier cette volonté de fer qu'on attribue à Fortunée; elle n'a pas perdu absolument tout sentiment intérieur de ce qui est bien et de ce qui est mal, de ce qui est défendu et de ce qui est licite. Mais, au moins, l'influence fatale a pesé sur sa liberté, a obscurci la lumière de sa raison morale et diminué d'autant sa responsabilité.

Écoutons ses lettres; n'y sentons-nous pas, à chaque ligne, la passion abandonnée, la dévotion aveugle à l'amant? « Mon bon mari, moi qui vous aime tant! non, je ne vous oublierai jamais!... Vous ne pouvez pas m'aimer plus que je vous aime... Si j'étais privée de vous voir, je serais bientôt morte... A présent que je sens remuer votre bel enfant, cela me donne encore plus d'amitié pour vous... Vous me parlez de votre mort : pensez un peu ce que je deviendrais après votre mort; je mourrais aussi, je vous l'assure. Sans vous, je n'ai point de plaisir sur la terre... Je n'ai pu dormir toute la nuit, de penser que vous étiez indisposé : il faut avoir soin de vous, pour avoir soin de moi.»

Et ailleurs : « Ne doutez de rien, je sacrifierai tout pour vous... Il n'est pas possible que tu m'aimes du fond du cœur, comme moi je t'aime. Car je t'aime à mourir pour toi. »

Est-ce de la passion cela? n'est-ce point de l'obsession véritable? C'est la monomanie de l'amour, amour criminel, direz-vous, oui; mais, chez elle au moins, il est sincère, aveugle, dévoué.

Si maintenant, au lieu de chercher dans ces lettres l'amour poussé jusqu'à l'oubli de soi-même, on y cherche les indices de l'influence fatale qui a poussé Fortunée vers l'abîme, les preuves ne manquent pas.

« L'autre jour, je fis ce que vous m'aviez dit la première fois... Mon bon mari, vous m'accusez faussement. Je n'oublie jamais ce que vous me dites... Vous m'avez écrit une lettre qui me serre le cœur; vous me parlez de votre mort... Je vous promets de faire tout ce que j'ai promis... Vous me faites des lettres sans consolation; au contraire, vous m'affligez. Je suis assez mal contente sans me faire de reproches... Mon bon mari, je suis complice à faire comme vous... »

De bonne foi, est-ce là le langage d'une femme qui a imaginé l'attentat, qui conduit la main du meurtrier, qui le rassure, qui l'exhorte? Elle fait ce qu'il lui a dit; elle n'oublie rien de ce qu'il lui a dit. Elle a promis; elle tiendra parole. Et lui, il s'impatiente, il presse, il reproche. Il menace de mourir, si la commune délivrance n'est pas consommée. Où est donc la volonté criminelle? Évidemment, dans Denante.

D'ailleurs, ajoute Me Thourel, croyez-vous avoir toute cette correspondance? Non ; nous qui l'avons copiée, étudiée, nous savons qu'elle n'est pas complète. Il y avait d'autres lettres. Par un lâche et machiavélique calcul, Denante a détruit toutes celles qui l'attaquaient directement. Mais celles-ci, il a cru qu'on n'y pourrait découvrir autre chose que cette passion aveugle, prête à tout, capable de tout. C'est pour cela qu'il les a gardées, bien qu'il eût promis de les mettre au feu.

Il s'est trompé. Ce qui ressort de ces lettres, c'est en effet l'amour sans bornes de Fortunée;

elle s'est donnée sans réserve à Denante : elle s'est faite sa propre chose. Elle a promis de l'aider à exécuter ses projets, elle a essayé de le faire; mais bientôt, fatiguée, révoltée de son rôle, elle l'a rejeté sur Denante.

Me Thourel discute habilement la complicité de fait; mais bientôt, abandonnant la thèse impossible de l'innocence matérielle de Fortunée Auphan, il va au fond même de la cause, reconnaît aux deux coupables une part commune de responsabilité et d'entraînement fatal, et il termine ainsi :

« Il a plu à Dieu que la lumière se fît, les coupables se sont dévoilés; quelle sera la peine que vous ferez peser sur ces deux têtes? Nous avons dû avec peine séparer pour un instant les deux causes. Nous devons maintenant les confondre. Denante, comme Fortunée, peut attendre aussi les circonstances atténuantes, non pas pour avoir été entraîné par sa complice, mais pour avoir subi je ne sais quelle mystérieuse puissance qui l'a maîtrisé.

« Quand j'ai vu pour la première fois Fortunée Auphan, je lui ai dit : J'ai lu votre correspondance, je connais les preuves qui vous accablent, voulez-vous me donner du courage? Au pied du grabat de votre prison, agenouillez-vous, priez, demandez à Dieu de vous inspirer une bonne résolution, et à moi le zèle et la liberté, avec la conviction qu'il me faut pour accomplir mon devoir. Et le lendemain elle m'a pris les mains, et baisant mes genoux : J'ai prié, et Dieu m'a entendue. Eh bien! oui, j'humilierai mon orgueil. — Je voulais la réconcilier avec Dieu avant de vous demander pitié pour elle; et elle a avoué, et elle n'est sortie de son humilité que pour se lever devant la calomnie. Ah! la nuit et le remords l'avaient vieillie, et elle vient à vous le deuil dans le cœur et sur ses habits. Elle avait de l'orgueil, de l'amour; elle s'est humiliée, sacrifiée dans tous ses sentiments. Elle était fière de sa beauté, et les rides du remords sillonnent son front, telle que Madeleine après s'être livrée à ses péchés enivrants! Elle était fille, et sa mère est là qui a brisé son cœur, et elle-même, mère à son tour... Mais cet enfant serait un bâtard! Dieu ne l'a pas voulu, et le berceau de cet enfant a présenté les traits de la victime. Dieu n'a pas voulu que l'adultère fût fécond, et l'amour légitime a porté son fruit, et cet enfant sera à sa mère un reproche vivant de son adultère et de ses autres crimes. L'Écriture l'a dit : *Cor contritum et humiliatum, Deus, non despicies.* Croyez-en ses entrailles de fille; croyez-en ses entrailles de mère. Ayez pitié de l'enfant qui ne veut pas voir la mort de sa mère. Frappez fort; mais ne supprimez pas le coupable, quand le coupable est digne de votre indulgence »

Nous sommes dans le midi de la France; on s'en sera aperçu à quelques ornements risqués du discours, aux métaphores solennelles, aux grands mouvements oratoires, à l'accent déclamatoire. Encore, n'avons-nous pu noter l'action passionnée des deux estimables défenseurs et avons-nous effacé de ce récit les éloges quelquefois hyperboliques qu'ils se sont prodigués tour-à-tour.

Le 3 mai, M. le président Tailhand résume les débats. Le Jury entre dans la salle de ses délibérations, et en sort avec un verdict affirmatif à l'égard des deux accusés, mais mitigé par des circonstances atténuantes. M. le Président prononce un arrêt qui condamne Denante et la veuve Auphan aux travaux forcés à perpétuité.

Paris. — Typographie de Ad. Lainé et J. Havard, rue des Saints-Pères, 19.

LA BELLE ÉPICIÈRE ET EUSTACHE LE NOBLE (1701).

La Belle Épicière dans la prison de la Conciergerie.

Voici l'histoire piquante et instructive d'un adultère au dix-septième siècle. Le lecteur y trouvera matière à réflexions sur le mariage; il verra combien peu l'infortune d'un mari inspirait de pitié à l'opinion publique, à une époque où l'union de l'homme et de la femme, considérée comme un contrat religieux, eût dû commander le respect plus encore qu'aujourd'hui. Il y prendra sur le fait cette procédure impuissante de nos pères, dont les lenteurs infinies éternisaient les procès et assuraient trop longtemps l'impunité des coupables.

Nous avons rapproché une des questions les plus curieuses de cette cause de l'interprétation qu'en a donnée notre moderne jurisprudence dans une affaire récente. Cette question, c'est celle du pardon de l'adultère, de la réconciliation conjugale, même après une séparation judiciaire, même après la damnation de la femme coupable. Quelle est la manifestation légale de cette réconciliation? consiste-t-elle simplement dans la reprise des rapports intimes entre époux? Le procès de la Belle Épicière a soulevé cette question de droit, mais ne l'a pas résolue.

Le triste héros de cette cause, la plus célèbre cause d'adultère qui ait égayé nos ancêtres à la fin du dix-septième siècle, fut un certain Louis Semitte, épicier à Paris.

Semitte, une façon de bourgeois gentilhomme (1),

(1) Ce type, peint par Molière sur le vif de la société française, ne parut à la scène qu'une vingtaine d'années avant le procès de la Belle Épicière, en 1670. Georges Dandin, le type du

avait eu les plus petits commencements : on l'avait
vu, à ses débuts, affublé de *la mandille*, c'est-à-dire
qu'il avait été d'abord petit laquais, puis grand
laquais, chez M. Nicolas-Louis de Bailleul, conseiller au Parlement, plus tard président à mortier,
d'une vieille famille de robe. Honnête homme,
chose rare dans la livrée, actif et intelligent, Semitte
avait amassé, au service du conseiller, un modeste
pécule qui lui avait permis de faire un petit commerce. Il ouvrit, dans le quartier Saint-Honoré,
une boutique d'épicier. Peu à peu, grâce à son intelligence, à son travail, à son ordre, Semitte fit
de bonnes affaires. Il ne lui manquait plus que de
l'argent pour en faire de grosses. Il en trouva chez
deux riches banquiers du temps, MM. Goy et Auger,
traitants enrichis. Semitte s'était fait une réputation
méritée de probité ; les deux marchands d'argent
n'hésitèrent pas à lui confier des fonds pour entreprendre plus largement un commerce qu'il entendait fort bien, celui des eaux-de-vie ; le petit épicier
devint rapidement un gros négociant.

Alors, il se sentit mordu de deux ambitions : se
marier à sa guise, et faire souche de gentilhomme.
Cela semblait facile, surtout la savonnette à vilain,
que l'or eut de tout temps la vertu de procurer.
Pour se décrasser, Semitte n'eut, en effet, qu'à faire
les frais d'une charge en cour. Il en acheta une va-
cante au *serdeau* du Roi : on appelait de ce nom la
desserte royale, et l'officier du serdeau recevait des
mains des gentilshommes de service les plats levés
de la table du Roi.

Se marier n'était pas plus difficile à un homme
déjà riche, considéré, non point des plus jeunes ni
des plus beaux, mais d'une agréable et solide maturité, qui d'ailleurs allait à Versailles, et qu'on
nommait, depuis la charge du serdeau, M. Semitte
de Lacroix, sans trop savoir que Lacroix eût été le
nom-de guerre de l'ancien laquais de l'hôtel de Bailleul.

Mais, on l'a vu, Semitte voulait se marier à sa
guise, c'est-à-dire qu'il avait rêvé de mettre à son
comptoir une femme qui lui plût et qui lui fît honneur. Une bonne et simple fille de quelque gros
marchand eût peut-être mieux fait son affaire ; mais
un officier de la bouche du Roi s'encanailler, fi
donc !

Or, à défaut de quelque demoiselle de qualité,
où Semitte n'osait encore prétendre, il avait remarqué, non loin de sa boutique, au comptoir d'un
petit pâtissier de la rue Saint-Honoré, une fille telle,
qu'il ne lui sembla pas possible de mieux rencontrer. C'était une adorable créature, seize ans à peine,
la figure d'un ovale parfait, le teint d'un rose délicat, les yeux longs, ombragés de grands cils bruns,
d'un bleu gris très-tendre, le front petit, chargé
d'une masse de beaux cheveux châtain doré. Avec
cela, une taille élégante, des airs naturellement
nobles, et, ce qui par-dessus tout enchantait Semitte, une candeur d'ignorance qui éclatait dans
ses jolis regards d'enfant étonné.

Beauté, grâce, noblesse, innocence, fleur de jeunesse, rien ne manquait, si ce n'est une dot digne
du riche négociant. Gabrielle Perreau n'avait que
4,000 livres à apporter à un mari. Semitte s'en contenta, heureux d'être agréé. Il eût pris la fillette à
moins.

Semitte ne croyait pas pouvoir être marié assez
vite. Il ne le fut pas, que les réflexions vinrent,

cocu (Molière et les honnêtes gens de son temps ne mâchaient
point le mot), est de 1668.

avant-coureurs des regrets. La petite personne était
coquette ; mais quoi ! si jolie, elle en avait le droit
peut-être. N'était-ce pas pour cette beauté qu'elle
parait à plaisir que Semitte en avait fait sa femme ?
L'heureux mari s'inquiétait bien un peu des mines
tendres et langoureuses que sa Gabrielle prodiguait
à tout venant ; mais elle ornait si bien le comptoir,
et il faisait si bon voir tous ces petits maîtres em-
plumés passer plus près que de raison des tonneaux
et des dames-jeannes, pour jeter un coup d'œil ad-
mirateur sur celle qu'on n'appelait plus que la belle
épicière !

Gabrielle devint grosse : ce bonheur chassa bien
loin les nuages légers des premiers jours. Bientôt
Semitte eut une fille. Dans un ménage bien réglé
d'honnêtes bourgeois, le premier enfant c'est, d'ordinaire, l'amitié solide qui commence et l'amour
qui finit. Il n'en fut pas ainsi chez Semitte. L'a-
mour survécut à la fécondité ; mais la mutuelle
confiance et la sécurité du bonheur dans ce devoir
accompli ne firent pas leur entrée dans la vie des
deux époux mal assortis. Semitte se retrouva aussi
amoureux que devant, mais plus jaloux. Quant à
Gabrielle, sa beauté avait pris une ampleur et des
grâces provocantes qu'on eût en vain cherché chez
la jeune fille. Ses yeux, qui ne se baissaient plus
avec un étonnement pudique, étaient tout impré-
gnés d'un feu humide ; ses lèvres, rouges comme
cerises mûres, ses épaules, blanches et fermes sous
le fichu de linon, disaient tout haut que Gabrielle
était devenue la plus appétissante des femmes.
Pour parler net, une femme drue, pleine de suc,
faite pour éveiller la chair plutôt que l'âme, une
Florentine de la rue Saint-Honoré.

Le pauvre Semitte fut effrayé, plus encore que
ravi, de cette éruption de beauté sensuelle. Il ne
tarda pas à s'apercevoir que les yeux de Gabrielle
allaient au-devant des yeux admirateurs. Il bouda,
il gronda, il épia, tout le manége du mari prédestiné, qui hâte le malheur redouté. La belle lui
riait au nez, avec de charmantes mutineries, l'embrassait, le narguait, le rassurait, l'effrayait de
quoi faire perdre la tête à plus solide mari que
monsieur l'officier du serdeau.

Un jour de calme conjugal, comme Gabrielle
trônait majestueusement dans son comptoir, et que
Semitte, plus gai que d'habitude, fredonnait, en attendant pratique, ce refrain d'un vaudeville à la
mode :

. . . . . Et vous m'entendez bien !

« Louis, dit sa femme en le regardant malicieusement, êtes-vous toujours jaloux ? — Jaloux, dit le
digne homme en haussant les épaules, est-ce que
je suis jaloux ? Vous savez bien, ma femme, que si
je vous gronde pour quelque enfantillage, cela ne
veut pas dire que je vous soupçonne de faire quelque chose contre l'honneur. — En vérité ! monsieur ; eh bien ! venez-là. » Et elle l'appela auprès du
comptoir par un joli signe de tête.

« Louis, lui dit-elle, quand il fut près, tu dis
donc que tu n'es pas jaloux. Ça, je gage que tu ne
serais pas homme à me laisser faire... *Et vous m'entendez bien*, » ajouta-t-elle, en fredonnant avec un
rire le refrain du vaudeville. « Hein ? comme ce
pauvre Jolivet, qui laisse si bien sa femme faire...
Et vous m'entendez bien. » — « Moi, répondit Semitte, faisant le brave, oh ! tu peux bien faire tout
ce que tu voudras, et je t'en signerais bien la permission. — Gage que non ! — Gage que si ! » Tout

en riant, Semitte prit, sur le comptoir, un bout de papier et écrivit :

« Je permets à ma femme de faire avec qui elle voudra... Vous m'entendez bien.

« Louis SEMITTE DE LACROIX.

« Paris, ce 4 janvier 1688. »

Le billet écrit, Gabrielle se jeta sur le papier, toujours riant, sauta hors du comptoir et grimpa, comme une chatte, l'escalier qui conduisait de la boutique à sa chambre. « Ma femme, lui cria gaiement Semitte, en la menaçant du doigt, vous êtes une badine ; jetez ce papier au feu. »

Un instant après, elle redescendit. « Et ce papier? dit Semitte ; ne laissez pas traîner de pareilles folies. — Oh ! je l'ai brûlé. »

A partir de ce jour, le pauvre Semitte n'eut plus guère de sujets de rire. Les allures de Gabrielle devinrent de plus en plus significatives ; il semblait qu'elle éprouvât une certaine satisfaction à inquiéter son mari par ses audaces.

Parmi les hommes qui fréquentaient chez Semitte, il en était deux qu'il eût soupçonnés les derniers d'intelligence avec sa femme : c'étaient les deux banquiers Goy et Auger. Deux amis, qui lui avaient rendu de signalés services ; quoi d'étonnant qu'ils en agissent familièrement avec sa femme, une enfant d'ailleurs? Cependant, Gabrielle avait avec eux de bien longues, de bien intimes conférences. Quand Semitte allait acheter des liquides, quand il s'absentait pour quelque affaire d'importance, toujours, en revenant au logis, il trouvait installé près de sa femme ou Goy, ou Auger ; mais, après tout, pourquoi se mettre la puce à l'oreille? ne valait-il pas mieux deux amis qu'un seul? Une femme peut tromper son mari avec un amant, elle n'en prend pas deux, moins encore deux amis intimes.

Dans ces perplexités, Semitte reçut un avis secret. On l'informait de ce que seul, disait-on, il ignorait encore. Sa femme avait deux amants, ne s'en cachait guère. Jeanne Plisson, la servante, favorisait ce honteux commerce.

Semitte n'éclata point : il n'avait pas de preuves, et il se refusait encore à tout croire. Mais, sur un prétexte, il mit à la porte Jeanne Plisson, qu'il remplaça par une Catherine Labbé, grosse fille assez niaise, partant moins dangereuse pour un mari.

Au commencement de l'année 1692, le scandale ne fit que grossir. Semitte hésitait toujours à croire ; quelquefois, craignant de passer pour un sot ou pour quelque chose de pis, il montrait les dents, mordait au hasard. Enfin, les dérèglements de Gabrielle devinrent si publics, la rumeur du voisinage si assourdissante, qu'il eût fallu être aveugle et sourd pour ne point voir et ne point entendre. Si le pauvre mari n'eut pas l'amer plaisir du flagrant délit, au moins les plus charitables d'entre ses voisins lui donnèrent de son malheur de telles assurances, qu'une confiance plus robuste que la sienne en eût été du coup renversée.

Semitte cassa les vitres ; Gabrielle se réfugia chez le père Perreau. Le lendemain, le mari trompé rendait plainte en adultère par-devant le Lieutenant criminel.

Une information fut commencée. Semitte fournit, à l'appui de ses dires, les témoignages de trois de ses domestiques. C'est là qu'il avait lui-même trouvé la certitude. Il avait recherché Jeanne Plisson, la

servante renvoyée, et cette fille lui avait avoué que, quatre ans durant, sa maîtresse l'avait employée à cacher ses relations adultères. Le premier amant de madame avait été le banquier Goy. Jeanne avait reçu de lui de l'argent pour qu'elle l'introduisît, en l'absence de Semitte, dans la chambre à coucher de sa maîtresse. Souvent, pendant que madame consignait l'époux à sa porte, parce qu'elle était à sa toilette ou qu'elle reposait, Goy, plus heureux que le maître de la maison, entrait sans faire antichambre, et Jeanne, cependant, faisait le guet. Plus d'une fois, lorsque les deux amants s'oubliaient, Jeanne avait dû les rappeler à la prudence ; il était même arrivé que, n'entendant pas Goy obéir au signal du départ, Jeanne avait dû entrer pour le renvoyer au plus vite, et elle disait avoir surpris souvent les deux amants dans des postures et dans des transports dont, sans sa prudence, le pauvre Semitte aurait pu devenir le témoin.

Au bout de quelque temps, ce fut le tour d'Auger, sans que pour cela Goy perdît quelque chose de ses droits. Au grand étonnement de Jeanne, qui croyait voir l'un des deux rivaux supposés céder la place à l'autre, les deux banquiers ne se rencontrèrent jamais en concurrence. Comme par suite d'un accord tacite, quand l'un venait, on était sûr de ne voir arriver l'autre que le lendemain.

Catherine Labbé, interrogée par Semitte, en dit à peu près autant. Dans les premiers temps de son service, sa maîtresse, la tenant sans doute pour niaise renforcée, ne l'avait pas initiée à ses débauches ; mais bientôt, voyant que la fille ouvrait les yeux, on la mit au courant, on paya sa discrétion, et elle fut préposée à la garde des plaisirs de madame. Pendant les quatorze mois que Catherine resta au service de Semitte, les rendez-vous avec Goy ou avec Auger furent innombrables. Mais ce n'était plus le matin qu'ils avaient lieu, comme du temps de Jeanne, en sorte que, dans le jour, Catherine était souvent appelée par madame pour réparer les désordres du lit et effacer au plus vite les traces de l'adultère.

Catherine ajouta que le commis de magasin, François Bertrand, en savait sans doute plus qu'elle ; car, dans les derniers mois surtout, lorsque madame ne se gênait plus guère, il avait plus d'une fois chargé de provisions et conduit un carrosse, dans lequel madame allait faire gala avec l'un ou l'autre de ses amants.

Autant en dit, ou à peu près, ce François Bertrand. Il assura avoir porté de nombreux messages à ces deux messieurs et les avoir mis souvent, moyennant finance, au courant des sorties de son maître. C'est lui qu'on chargeait d'acheter et d'emballer les provisions, d'aller quérir le carrosse, les jours où l'on savait que le mari ne rentrerait pas, par exemple lorsque son service l'appelait à Versailles. L'un ou l'autre des banquiers, les deux quelquefois, allaient avec madame au bois de Boulogne ou à Issy, au bord de l'eau, chez un traiteur qui vendait du poisson. Dans les premiers temps, François se retirait aussitôt que son service était fini ; plus tard, on se familiarisa assez avec ce garçon pour lui permettre de prendre sa part des friandises et pour le rendre spectateur de toutes les menues privautés de la petite oie. Enfin, dans les derniers jours, on ne se gênait pas plus devant lui que s'il eût été une des statues de plâtre qui ornaient le jardin du traiteur.

Tout cela, Jeanne Plisson, Catherine Labbé et

François Bertrand le répétèrent dans l'information. Gabrielle Perreau fut décrétée de prise de corps. Elle se pourvut, par appel, au Parlement, et obtint un arrêt contradictoire, qui convertit le décret de prise de corps en un décret d'ajournement personnel. Les sieurs Goy et Auger furent également décrétés, et l'affaire fut renvoyée au Châtelet.

Semitte fournit ses preuves dans sa requête d'usage : elles n'étaient que trop fortes. Il ajouta à sa première plainte une imputation moins bien établie, en affirmant que Gabrielle Perreau lui avait « donné des faveurs cuisantes, provenant de ses débauches. »

Gabrielle Perreau et l'un des accusés, le banquier Goy, présentèrent leur requête le 10 janvier 1693. Ils eurent le tort de la déposer le même jour et de la libeller dans des termes presque identiques.

Le public parisien, toujours friand de scandale, attendait avec impatience les révélations de Semitte sur son infortune, et les défenses de la Belle Épicière et de ses deux amants. Ce qu'elle fit plaider dépassa, par l'impudence, l'attente ces curieux.

Le défenseur de la Perreau porta hardiment la guerre dans le camp ennemi. Il prétendit que si Semitte sacrifiait honteusement son honneur, c'était par esprit de débauche et par avarice. Non-seulement il se plongeait, au-dehors, dans la débauche la plus sale, mais il en souillait sa propre maison. Si la Jeanne Plisson avait été chassée, c'avait été, non par Semitte soupçonnant en elle une complaisante, mais par Gabrielle Perreau elle-même, qui l'avait surprise sur le fait avec son mari. Quant à Catherine Labbé, aujourd'hui encore servante chez Semitte, elle était notoirement sa concubine.

Mais l'accusateur de la Perreau n'avait pas eu seulement pour objet de se livrer sans gêne et sans contrôle à ses honteux désordres : il voulait encore mettre la main sur la dot de sa femme, se faire adjuger la part de Gabrielle dans une communauté que son économie avait fait prospérer autant au moins que l'industrie de son mari.

Ce qui montrait au grand jour les secrètes pensées de Semitte, c'était le mépris qu'il avait depuis longtemps fait de sa femme, la liberté insultante et perfide qu'il lui avait laissée. Et ici, on vit apparaître le petit billet du 4 janvier 1688, précieusement conservé par Gabrielle Perreau. « Le voilà, ce billet écrit et signé de sa main, ce billet qui n'a point d'exemple et qui seul doit suffire pour faire connaître le peu de cas que l'on doit faire de l'accusateur et de l'accusation.

« Persuadée que son mari ne pouvait lui permettre ce que la religion et l'honneur lui défendent ; que, s'il dépendait de lui de la dispenser de ce qu'elle lui doit, il ne pouvait la dispenser de ce qu'elle doit à Dieu et à elle-même, Gabrielle Perreau a été bien éloignée de s'autoriser ni par l'exemple, ni par la permission de ce mari. Elle n'a reçu et n'a conservé ce billet, *par l'avis de personnes sages*, que comme une preuve écrite du peu d'estime que son mari faisait de son amour, et de la justice des plaintes qu'elle en avait souvent fait à sa famille et à lui-même.

« Ce sont ces plaintes qui sont la source du procès scandaleux qui fait aujourd'hui la matière de toutes les conversations. »

On jugera encore Semitte par le fait qu'il articule, dans des actes judiciaires, de *faveurs cuisantes*

données par sa femme. Cette imputation horrible n'est point établie par l'information ; si la chose est vraie, c'est le mari qui doit être regardé comme l'auteur de la contagion.

Le défenseur de Gabrielle Perreau conclut à ce que l'accusation fût repoussée, et cela pour trois raisons : l'indignité de l'accusateur ; l'indignité des témoins ; l'évidente suggestion et le défaut d'autorité des témoignages.

L'indignité du mari : ne résultait-elle pas de l'infamie de cette permission, de la licence de ses mœurs ? Celui-là qui expose sa femme au danger par son consentement écrit, verbal ou tacite, ou seulement par son mauvais exemple, n'a plus qualité pour l'accuser.

« Chez les Romains, l'adultère était un crime public, dont tout le monde pouvait poursuivre la punition en justice ; si le mari, si les parents de la femme gardaient le silence, tout citoyen était autorisé à en porter la plainte. Ainsi, le consentement du mari excusait bien sa femme envers lui, mais non envers le public. L'un et l'autre, en ce cas, pouvaient être traduits en justice par le premier venu, et étaient sujets aux peines portées par la Loi : la femme, comme coupable d'adultère ; le mari, comme coupable de ce commerce honteux qu'on appelait *lenocinium* et que nous appelons maquerellage.

« Chez nous, au contraire, l'adultère est un crime dont la recherche et la vengeance sont exclusivement réservées au mari. Ni les parents, ni les étrangers n'ont le droit de pénétrer dans le secret du mariage, ni de former l'accusation. Cette poursuite est même interdite au Ministère public, *à moins qu'il n'y ait un scandale marqué*.

« Or, Semitte, en permettant à sa femme de s'abandonner à son gré, s'est rendu, par ce seul fait, incapable et indigne de se plaindre de la mauvaise conduite à laquelle elle aurait pu s'abandonner. Il ne reste donc plus personne qui puisse poursuivre cette accusation contre elle. M. le Procureur du Roi ne peut être partie dans ce cas ; il ne peut élever la voix que pour appuyer celle du mari et lui donner plus de force. Le mari est incapable de former aucune plainte ; il ne peut être ni suppléé ni secouru. »

L'indignité des témoins : ceux qui déposent contre Gabrielle Perreau se rendent eux-mêmes indignes de toute croyance en s'accusant d'avoir vendu et livré leur maîtresse aux adultères, en se représentant comme entremetteuses et agents de ses débauches. Leur infamie avouée enlève toute foi à leurs paroles. D'ailleurs, l'exagération même des allégations les dépouille de toute vraisemblance. Qui pourra jamais croire qu'une épouse, quelque débordée qu'on la suppose, s'abandonne sans pudeur, sans précaution, aux excès dont on charge celle-ci ? « Il n'est pas sans exemple qu'une femme galante mette un domestique dans la confidence de son intrigue... Ici, l'on en voit une qui a pour confidents tous ceux qui l'entourent ; qui ne prend aucune précaution pour dérober son secret à son mari ; qui ne se borne pas à donner à ses domestiques de simples soupçons, en leur confiant ses messages et le soin de guetter pour prévenir les surprises du mari : elle les rend spectateurs de ses crimes. Quand ces faits seraient vrais, ils ne seraient pas vraisemblables, et la Justice ne pourrait les admettre. »

L'évidente suggestion et le défaut d'autorité des

témoignages, l'ordre, la suite de ces dépositions, leur gradation suffiraient pour les rendre suspectes, et décèlent la suggestion et le concert. D'ailleurs, bien que ces trois témoins fussent, soi-disant, tous également confidents de la prétendue débauche de leur maîtresse, on n'en voit pas deux qui déposent du même fait; chacune des aventures que raconte un de ces témoins est un crime isolé, et, pour aucun crime allégué, ne se montrent les deux témoignages uniformes que la loi réclame.

Goy ne s'étendit pas dans sa défense. Il fit plaider que la permission écrite de se débaucher donnée à la femme par le mari rendait celui-ci non recevable dans une demande en dommages et intérêts; que c'était un commandement de mener une vie déréglée, une profanation du sacrement de mariage, une violation de la loi qu'on invoquait.

Auger, plus sage, garda le silence.

Semitte fit répondre que la raison de ce procès n'était pour lui ni dans le désir de s'assurer la faible dot de sa femme, si peu en proportion avec sa propre fortune, ni dans l'envie de s'abandonner aux désordres dont on l'accusait calomnieusement, sans en fournir aucune preuve, sans même offrir de les prouver. La démarche qu'avait faite le mari trompé n'avait été déterminée que par les débordements d'une seconde Messaline, par des prostitutions « qui l'avaient rendu fameux dans toute la capitale, où on lui donnait une place distinguée parmi ces infortunés dont le nom, et l'épithète qu'on y joint, sont un sujet perpétuel de risée. » D'ailleurs, un père pouvait-il laisser devant les yeux de sa fille « un exemple capable de la corrompre, pour ainsi dire, dès le berceau ? »

Ceci touchait juste, et il est à remarquer que l'avocat de la Perreau ne s'était pas même rappelé que sa partie fût mère.

Quant au billet, qui pouvait le considérer comme sérieux? Les *gens sages* qui avaient conseillé à la femme adultère de garder cette pièce, avaient-ils cru qu'elle en imposerait à la Justice et que les Magistrats seraient trompés par un acte aussi illusoire, par une plaisanterie sans conséquence? En fournissant cette pièce, Gabrielle Perreau montrait clairement que, résolue à justifier ses désordres, et sachant que la poursuite de l'adultère est réservée au seul mari, elle avait cru, par cette précaution, imposer silence à son unique accusateur.

On reprochait les témoins parce qu'ils mettaient dans tout son jour la débauche de leur maîtresse, parce que leur récit passait la vraisemblance, parce que leurs dires concordaient entre eux sans se répéter. Semitte répondit qu'en effet la galanterie de sa femme passait la mesure ordinaire ; mais que, pour être rare, elle n'en était pas moins vraie. Quant aux témoins, qui ne sait que, parmi ceux qui ont vu un même fait, l'un est frappé d'une circonstance, dont l'autre n'est point affecté? Quoi d'étonnant, si leurs récits reliés forment un seul corps ? Gabrielle n'a pas eu, d'ailleurs, plusieurs confidents à la fois dans la même circonstance, et, par là, chaque aventure n'a eu qu'un témoin : mais la preuve n'en est pas moins complète. La connexité de deux témoignages au moins n'est nécessaire que lorsqu'il s'agit de prouver un acte unique, un meurtre, par exemple. Mais, s'il s'agit de prouver une habitude, un crime qui consiste en plusieurs actes réitérés, comme la folie, l'usure, le dérèglement d'une femme, les différents faits qui se rapportent à la même espèce peuvent être réunis, et chaque témoin fait une preuve nouvelle de l'acte nouveau dont il dépose.

Sur ces défenses respectives, intervint, au Châtelet, le 17 février 1693, une sentence portant que « Gabrielle Perreau est déclarée dûment atteinte et convaincue d'avoir vécu en commerce de débauche avec Goy et Auger; et, pour réparation, condamnée d'être conduite et enfermée dans une maison religieuse, ou régulière et de clôture, qui sera indiquée par son mari, pour y demeurer pendant deux ans, pendant lesquels *son mari pourra la reprendre*, si bon lui semble : sinon, et ledit temps passé, rasée, pour y demeurer sa vie durant. En conséquence, déchue de sa dot, de son douaire, préciput et autres avantages portés par son contrat de mariage. A l'égard desdits Goy et Auger, condamnés à être mandés et admonestés, avec défense de récidiver, hanter et fréquenter ladite Perreau, sous telle peine qu'il appartiendra ; chacun en mille livres d'aumône, applicables aux nécessités des prisonniers du Châtelet, et aux dépens, solidairement avec ladite Perreau, envers Semitte, pour tous dommages et intérêts. Et, attendu l'écrit produit au procès, que ledit Semitte a reconnu être écrit et signé de sa main, ordonné que les dot, douaire, préciput et autres avantages portés par ledit contrat de mariage seront et demeureront, dès à présent, adjugés au profit de la fille de Semitte et de Gabrielle Perreau; sur lesquels sera pris ce qu'il conviendra fournir à ladite Perreau, pour sa pension, nourriture, entretien, tels que de raison. »

La Belle Épicière interjeta appel de cette Sentence. Semitte fit ses diligences, et, avant l'appel, obtint un Arrêt ordonnant que Gabrielle Perreau se mettrait en état, c'est-à-dire se confinerait dans le couvent désigné par son mari, et que ses deux complices se rendraient aux pieds de la Cour, pour y subir l'admonestation. La vivacité de ces poursuites effraya la Perreau ; elle chercha à entrer en accommodement. Elle détacha à Semitte sa mère et une femme Pasdeloup, son amie, pour porter paroles. Elle déclarait se désister de l'appel, si son mari consentait à ce qu'elle se retirât dans un couvent de son choix, où il l'entretiendrait honnêtement. Semitte consentit, mais par un simple consentement verbal. Ce n'était pas assez; il fallait se procurer un consentement juridique. Les conseils de la Perreau ne se dissimulaient pas qu'elle serait condamnée définitivement, que le mari aurait le choix du couvent, et que, dans l'état d'irritation où on l'avait jeté, il ne manquerait pas d'aller au bout de sa vengeance. Gabrielle se voyait donc enfermée dans un couvent choisi parmi les moins agréables, et, après deux ans, rasée et confinée pour toute sa vie.

Aussi fit-elle, en apparence, toutes ses soumissions. Par un acte notarié, en date du 16 mars 1693, elle se désista purement et simplement de son appel et reconnut que le billet produit par elle n'avait été qu'un pur badinage, et qu'elle avait déclaré mensongèrement à son mari l'avoir brûlé.

Mais tout cela n'allait qu'à gagner du temps; Gabrielle espérait tirer de ces pourparlers quelque entrevue, où, connaissant la faiblesse de Semitte et le pouvoir de sa beauté, elle se sentait assurée de désarmer son mari. Une réconciliation prouvée par témoins suffirait à former contre Semitte une fin de non-recevoir invincible, qui la mettrait à

l'abri des poursuites. Mais Semitte ne tomba pas
dans le piége, et ne se laissa voir que par procureur. Gabrielle, alors, imagina une ruse passablement romanesque. La Pasdeloup attirerait Semitte
chez elle, sous un prétexte; Gabrielle, cachée dans
une des chambres, se montrerait tout à coup, se
jetterait dans les bras de son mari, lui demanderait
pardon, l'étourdirait de baisers, de larmes, l'eni-
vrerait de tendresses, et l'entraînerait sur un lit de
repos. Une fois là, retenant son mari d'une main,
elle tirerait de l'autre le cordon d'une sonnette,
dont le signal ferait accourir un Commissaire
aposté, qui, suivi de témoins, dresserait procès-
verbal de cette scène touchante de pardon et
d'amour conjugal; toute une aimable coquinerie,
qu'on dirait traduite de Boccace ou empruntée à
La Fontaine.

La Pasdeloup devait avoir cinquante pistoles pour
sa peine, si la machination réussissait; mais elle
eut peur et refusa son ministère. La Belle Épicière
dut se résigner, au moins pour le présent, et elle
entra dans le couvent des Bénédictines de la rue
des Postes. Mais ce ne fut pas sans avoir protesté
secrètement contre son désistement et contre sa
déclaration, chez un notaire différent de celui qui
avait reçu l'acte du 16 mars.

Semitte fut bientôt averti qu'on se jouait de lui,
et il sut, à n'en pas douter, que la clôture de sa
femme n'était pas sérieuse. Plus d'un couvent, à
cette époque, n'était pour les femmes qu'un asile
inviolable pour le seul mari. Goy était admis dans
le parloir de la rue des Postes; il savait même,
grâce à ses raisons sonnantes, trouver l'accès d'une
petite cour, sur laquelle donnait une fenêtre de la
chambre de Gabrielle. Le mari se plaignit verte-
ment de ces facilités; la supérieure dut resserrer la
Perreau, qui éclata en injures et en imprécations.

Cependant Semitte ne s'endormit pas. Il continua ses poursuites, et obtint, le 27 septembre, un
Arrêt qui ordonnait l'exécution de la Sentence du
17 février. Admirons, en passant, cette justice boi-
teuse dont chaque pas semble inutile, s'il n'est
doublé d'un pas nouveau.

Il fut donc jugé, le 27 septembre, que Goy et
Auger seraient tenus de se présenter aux pieds de la
Cour, sinon pris au corps, et que Gabrielle Perreau
serait transférée dans les prisons de la Conciergerie.

A peine écrouée, la Belle Épicière usa d'un nouveau moyen dilatoire. Elle rendit plainte des mauvais traitements qu'elle aurait éprouvés pendant sa
translation du couvent dans la Conciergerie; mais
elle échoua dans cet incident, qui fut bientôt expédié, et la procédure fut déclarée nulle.

Le 21 octobre, autre requête, par laquelle la Perreau demandait tout simplement à être déchargée
de l'accusation, son mari condamné en mille livres
de dommages et intérêts et en tous les dépens. En
même temps, elle prenait des lettres de rescision
contre l'acte de désistement qu'elle avait fait de son
appel.

Mais, à quelque temps de là, on la vit tout à coup
changer de langage, et, renonçant à des moyens
jugés à l'avance, elle avoua sa faute; mais elle prétendit que son mari avait passé l'éponge sur le
passé, et elle se fit fort de prouver que des réconciliations successives avaient désarmé son accusateur.

Il faut dire la raison de cette tactique nouvelle.
La Belle Épicière venait de prendre un maître savant en fait de stratégie.

La Conciergerie avait lors pour hôte un personnage fameux par ses aventures juridiques, par son
talent, par ses vices, par son impudence. C'était
Eustache le Noble. La vie de cet homme singulier
va se trouver si intimement liée à celle de la Belle
Épicière, qu'il convient de la faire connaître.

Le Noble, baron de Saint-Georges et de Ren-
lière, était issu d'une vieille et honorable famille
de robe de la Champagne. Son aïeul avait été Conseiller au Grand-Conseil, et mourut Conseiller
d'État; son père fut Président et Lieutenant général à Troyes; lui-même, au moment où son nom
commença à attirer l'attention publique, était Procureur général au Parlement de Metz. Sa science
reconnue, un grand talent de parole, une fortune
considérable, au moins en apparence, semblaient
lui promettre une des plus grandes positions de la
magistrature, quand tout ce bel échafaudage
s'écroula subitement. Le faste de son existence, ses
folles prodigalités le ruinèrent si bien, qu'il fut
forcé de vendre sa charge pour payer ses dettes. Il
ne s'en tint pas là, et se précipita de lui-même par un
crime jusqu'au fond de l'abîme. Le Lieutenant criminel de Troyes, M. Giraudin, étant mort, le Noble
réclama aux héritiers le montant d'une obligation de
neuf mille livres, que ce Magistrat lui aurait souscrite.
Les héritiers trouvèrent la pièce suspecte, demandèrent des preuves d'un prêt que la situation de
fortune de leur parent rendait fort invraisemblable.
Le Noble en fournit qui parurent plus suspectes
encore, et les héritiers Giraudin arguèrent de faux
l'obligation, les actes et les lettres à l'appui. L'affaire fut portée au Châtelet, le Noble décrété de
prise de corps, écroué. Ses défenses furent brillantes, énergiques, bruyantes, audacieuses; il prit
à partie son rapporteur, M. Belin. Mais, après une
lutte longue et opiniâtre, il fut vaincu, et, par Sentence du 15 juin 1693, déclaré coupable de faux,
condamné à l'amende honorable et à un bannissement de neuf ans. Sur son appel, il fut transféré à
la Conciergerie.

Lorsque la Belle Épicière fit son entrée dans cette
prison, le Noble y régnait par droit de naissance et
d'esprit sur la tourbe des voleurs et des filous vulgaires, comme elle-même allait régner par la grâce
de sa beauté souveraine et par la célébrité de ses
débauches sur le commun des prostituées. Ces deux
puissances se virent, s'admirèrent; car Gabrielle
Perreau n'avait pas été renfermée avec les filles de
mauvaise vie, et elle avait obtenu ce qu'on appelait
alors *la pension*, c'est-à-dire qu'elle avait sa chambre et la liberté de fréquenter les autres pensionnaires.

Ce qu'était alors la Belle Épicière, nous avons
cherché à le décrire; mais ce qu'on ne saurait faire
voir par des paroles, c'est le contraste piquant
d'une beauté opulente et sensuelle avec les grâces
juvéniles de traits fins et délicats, sur qui ni la
maternité ni les désordres n'avaient imprimé leurs
traces; c'est le ragoût d'une nature puissamment
libertine dissimulée sous l'expression de la naïveté
et de l'innocence.

Quant à le Noble, il était de grande taille, admirablement fait et proportionné; sa démarche était
majestueuse, sa jambe des mieux tournées, et, malgré ses cinquante ans accomplis, sa figure aimable,
ses yeux vifs, sa parole agréable et persuasive, en
faisaient un cavalier accompli.

Ces deux héros du vice hors de pair se compri-
rent, se plurent, et bientôt se prirent l'un pour

l'autre d'une passion véritable. Le Noble devint le conseil d'abord, puis l'amant de Gabrielle, qui, dans les derniers jours de septembre 1693, devint grosse. Cette fécondité intempestive condamnait irrévocablement la femme de Semitte ; le Noble le lui fit sentir, et lui remontra qu'il fallait changer d'attitude, ne plus s'obstiner à nier des faits surabondamment prouvés, et supposer que, depuis la Sentence du Châtelet, une réconciliation était intervenue entre elle et Semitte, qui annulait les effets de la poursuite. Gabrielle tenta donc d'obtenir un jugement sur sa requête, demandant qu'il lui fût permis de faire preuve des faits de réconciliation articulés, et de se retirer pour cet effet chez ses parents ou dans une communauté religieuse.

Cette nouvelle attaque fut d'abord victorieusement repoussée par Semitte.

Le temps pressait cependant, et le moment s'approchait où Gabrielle allait accoucher publiquement à la Conciergerie, à la grande joie du public et pour l'édification des Juges, quand, de fortune, *M. le Rapporteur le Nain* vint visiter les prisonniers. La Boursier, femme du concierge, gagnée par les pistoles de Goy, qui finançait toujours, bien que son règne fût passé, présenta au Magistrat la trop célèbre Épicière. Gabrielle n'en demandait pas plus. Aussitôt qu'elle eut vu M. le Nain, cette belle Madeleine, les cheveux ruisselant sur d'admirables épaules, les yeux si tendres tout chargés de larmes qui les rendaient plus tendres encore, se jeta aux pieds du Rapporteur, pressa ses genoux, le suppliant, avec les sanglots les plus touchants, de la faire juger, prenant Dieu à témoin qu'elle était réconciliée avec son mari.

Pour être magistrat, on n'en est pas moins homme. M. le Nain ne put résister à ces yeux, les plus beaux du monde, à ces étreintes, à ces prières : il promit de faire son Rapport, il le fit. La Perreau fut interrogée sur la sellette, et, par Arrêt du 15 juillet 1694, obtint de se retirer dans un couvent ou dans la maison paternelle, et de faire, dans trois mois, preuve de sa réconciliation. Pour obtenir l'alternative, Gabrielle avait eu soin d'insinuer qu'après la triste célébrité que son mari lui avait faite, elle trouverait difficilement une maison religieuse pour la recevoir. Mais Semitte, qui tenait la clôture nécessaire, sut obtenir de la supérieure de Notre-Dame-de-Liesse son consentement à recevoir Gabrielle, et, dès lors, put protester victorieusement contre l'alternative et forcer sa femme à entrer au couvent. Elle y fut traduite vers la fin de juillet.

Voilà le Noble désappointé ; car il est inutile d'ajouter qu'il avait conduit toute cette procédure. Toutefois, il avait gagné de substituer pour les couches de sa maîtresse le secret du couvent à la publicité de la Conciergerie. Il corrompit une fois encore la Boursier, et celle-ci s'aboucha avec une femme Gauthier, matrone peu scrupuleuse, dont la fille était prisonnière à la Conciergerie. Cette sage-femme se fit admettre comme pensionnaire à Notre-Dame-de-Liesse, et se tint prête à délivrer Gabrielle. Restait à faire disparaître le fruit de cet accouchement clandestin. Voici ce qu'imagina le Noble.

Une certaine Catherine le Febvre, femme d'un sieur Passy, et cousine germaine de la Perreau, fut avertie de venir prendre l'enfant, dès que la Perreau serait délivrée. On convint de pendre, comme signal, un bâton à une des fenêtres extérieures du couvent. A partir du commencement de septembre, la Passy vint, tous les jours, voir si le signal paraissait. Enfin, le 14 septembre 1694, le bâton fut pendu, et la Passy se présenta au parloir, demandant à voir une pensionnaire du nom de Pindek, mise à l'avance dans le complot. La Pindek vint au parloir, portant l'enfant dans un paquet de hardes, et comme on n'avait aucune raison pour la surveiller, le passa facilement par le tour à la Passy.

Telle était la confiance de le Noble dans le succès des mesures qu'il avait prises, que, le 6 octobre, c'est-à-dire une vingtaine de jours après l'accouchement, avec cette sublime impudence qui le caractérisait, il fit présenter par la Perreau une requête à la Cour où elle demandait qu'on vérifiât par les voies ordinaires la fausseté de sa grossesse pour le cas où son mari voudrait soutenir les bruits qui couraient à ce sujet, et dont elle l'accusait d'être l'auteur. Gabrielle traitait ces imputations de grossesse comme de punissables impostures, et se prétendant exposée, dans le couvent de Liesse, à des sévices multipliés, elle demandait à se retirer soit chez ses parents, soit dans un autre couvent à son choix, nonobstant « une réparation à l'injure atroce d'une si fausse diffamation. »

La requête disait vrai en un point : Semitte avait eu vent du nouvel adultère et de ses suites ; la femme de le Noble, délaissée, maltraitée, chassée par ce misérable, avait ébruité ses relations illicites par une plainte portée devant le Lieutenant criminel. Les rumeurs de prison et de couvent avaient fait le reste. Aussi, Semitte avait-il fortement averti la dame de Bretignières, prieure de Liesse, et il eût réussi, sans doute, à prévenir le mystère de l'accouchement sans la ruse habilement ourdie par la Gauthier, la Pindek et la Passy. Mais devant une telle assurance, Semitte dut être prudent, il ne voulut pas affirmer, et se retrancha à dire que le bruit de cette grossesse était grand, mais qu'il ne l'avait ni propagé, ni confirmé.

Sur cette hésitation, la Perreau triompha et obtint, le 21 octobre, un Arrêt qui l'autorisait à passer de Notre-Dame-de-Liesse aux Bénédictines de la rue des Postes, les parties mises hors de Cour sur la demande en réparation.

Une fois l'enfant disparu, la trace effacée, au moins le croyait-on, ce fut un bien autre bruit. Le Noble publia, coup sur coup, sous le nom de sa maîtresse, des *Mémoires* qui amusèrent tout Paris, libelles étourdissants d'effronterie, où le mensonge et la calomnie, l'hypocrisie et le cynisme se disputent la place. C'était une lettre écrite à la prieure de Liesse par un soi-disant religieux bénédictin à sa très-chère sœur en Jésus-Christ, où l'on blâmait la noire diffamation faite de sa pensionnaire. « Quel crime n'avez-vous point commis, ma très-chère sœur, écrivait le faux bénédictin, puisqu'il est certain que cette femme n'était point grosse,... que c'est là une calomnie infernale, une imposture diabolique... Je gémis, ma chère sœur, mes entrailles frémissent et se déchirent, lorsque je jette la vue sur l'état déplorable de votre conscience... »

C'était une lettre adressée par *Mademoiselle Semitte à son mari*, où Gabrielle jouait pieusement le martyre. Le Noble la faisait ainsi parler : « Quelque obstination que vous ayez à me persécuter, je ne puis, mon cher époux, oublier cette union sacrée qui nous lie, et dont je cherche à resserrer les nœuds autant que vous agissez pour les rompre. »

Après de douces plaintes d'agneau égorgé, la

Perreau faisait voir à Semitte, dans le dernier Arrêt du Parlement, une condamnation de ces persécutions imméritées qu'elle prétendait avoir subies, et une invitation à une réconciliation nouvelle, sincère et durable. « Il ne tiendra qu'à vous, mon cher et bien-aimé mari, je vous en conjure, les larmes aux yeux, ordonnez-moi tout ce qu'il vous plaira; j'y satisferai, pourvu que votre honneur, le mien et celui de votre fille soient à couvert... Je vous demande la paix. Accordez-la à une femme qui, malgré votre rigueur pour elle, vivra. mon très-cher époux, votre très-humble, très-affectionnée et très-soumise servante et *fidèle* Marie-Gabrielle Perreau. »

Il est vrai qu'à la suite de cette lettre onctueuse, le Noble faisait du mari trompé la plus ridicule des peintures. Il mettait dans la bouche de la Perreau, avec plus de verve que d'habileté, l'écho des rumeurs de la ville. Il lui faisait raconter qu'Audiger, procureur de son mari, s'excusant auprès de quelques personnes qui l'avaient longtemps attendu, leur avait dit : « Pardon, Messieurs, je tenais ma bête par les cornes; je ne pouvais quitter. Je viens d'avec ce cocu de Semitte chez ses Juges. »

Tout ce beau bruit fut bientôt suivi d'un incident nouveau. Un matin, le 4 décembre 1694, Gabrielle disparut. Dans ce couvent si bien gardé des Bénédictines, la grande porte s'était trouvée ouverte, et la Belle Épicière avait enfilé la venelle, escortée par son beau-frère, un certain Joseph Alix, par Passy, le mari de la Catherine, et par dix hommes armés, tout prêts à charger qui voudrait s'opposer à sa fuite. On va croire qu'elle chercha à se faire oublier : point. Le premier usage qu'elle fit de sa liberté fut de combiner une intrigue nouvelle.

Semitte habitait, dans le cloître Sainte-Opportune, une maison dont le rez-de-chaussée était occupé en partie par le pâtissier Buguet. Pâtissier et épicier avaient chacun leur chambre au premier étage, contiguës toutes deux et dont les portes se touchaient. La Passy fut détachée à Buguet, lui proposa cet innocent stratagème. La Belle Épicière s'introduirait secrètement chez lui, pendant la nuit. Le matin, Semitte une fois descendu à son magasin, elle entrerait, à l'aide d'une fausse clef, dans sa chambre, et se mettrait au lit. Alors, un complice, feignant d'être poursuivi par des archers apostés, se jetterait tumultueusement avec eux dans la maison. On irait quérir le Commissaire, et, sous prétexte de perquisition, on ferait ouvrir la chambre de Semitte, où l'on trouverait, dans le simple appareil d'une beauté attardée dans le lit conjugal, la Gabrielle, qui dirait avoir passé la nuit avec le cher époux.

L'intrigue était en bonne voie, quand, par bonheur, le menacé Semitte apprit d'un de ses voisins qu'on avait aperçu sa femme se glissant, sur les dix heures du soir, chez le pâtissier Buguet. Semitte flaira un nouveau piége, et courut chez le Commissaire du quartier. le prévint, se tint sur la défensive, s'entourant de ses garçons comme d'autant de gardes du corps. Le projet était éventé, la Perreau ne reparut plus.

Le mari, cependant, avait obtenu permission d'informer de l'évasion de sa femme, et, sur l'information, l'avait fait décréter de prise de corps. Le beau-frère Alix et Charles Passy furent décrétés d'ajournement personnel.

Cette procédure effraya la Perreau, qui prit le parti de quitter pour un temps la place ; elle cher-cha un asile dans la Flandre wallonne, à Tournay. Passy la conduisit dans cette ville, où le Noble avait des accointances. Recommandée par son amant à plusieurs officiers de la garnison, elle ne tarda pas à traîner après soi tout un bataillon d'amants enivrés de sa beauté singulière. Elle faisait profession apparente de vendre les ouvrages de le Noble, mais personne n'ignorait qu'elle vendait ses faveurs un bien meilleur prix que les Mémoires, les Libelles ou les Traités du Procureur général déchu; car le Noble se piquait d'écrire dans tous les genres, le badin comme le sévère, de trousser un poëme burlesque comme de compiler une dissertation historique ou théologique. La Perreau colportait par les casernes l'*Histoire de l'établissement de la République de Hollande* et la *Lettre à M. Canelle*, pamphlet dirigé contre le malheureux Semitte ; un *Traité de la monnaie de Metz* et les *Requêtes* au Parlement de Paris pour mademoiselle Semitte ; une *Dissertation chronologique de la naissance de Jésus-Christ, avec le Bouclier de la France, contenant les sentiments de Gerson et des canonistes touchant les différends des Papes et des Rois de France*, et le *Gingembrier Thémiste*, libelle où l'épicier du cloître Sainte-Opportune était affublé des noms de *Marquis de la Croix Gingembre*, de *muscadier Actéon*, de *Foucanelle* et de *Corrificius*. Des deux littératures, on devine celle qui avait le plus de succès auprès des suivants de la Belle Épicière.

Au mois d'avril 1695, le Noble réussit à s'évader de la Conciergerie. Il faut bien se rappeler, pour comprendre ces facilités qui nous étonnent, ce qu'était alors une prison, combien dure aux petits et aux pauvres, nourris par les hasards de la charité, exposés aux brutalités des concierges et des guichetiers, combien douce aux riches et aux intrigants habiles, qui savaient y vivre à l'aise et souvent en sortir par or ou par violence.

Une fois hors, le Noble rappela de Flandre sa digne compagne. Ils se tinrent longtemps cachés dans le logement de Passy, rue du Coq. De là, ils allèrent loger rue Saint-Joseph, dans la maison du logeur d'Auvergne, et s'y donnèrent pour mari et femme, monsieur et mademoiselle de l'Isle. Une fausse alerte les en fit déguerpir, et ils allèrent loger chez la Robelin, dans la rue de la Lune, sous le nom de monsieur et mademoiselle des Noyers.

Le 24 août 1696, la Perreau accoucha d'une fille. Les couches faites, le couple vagabond transporta ses pénates dans la rue du Bout-du-Monde, chez Cuvier. Ils y demeurèrent jusqu'au carnaval de 1697, sous le nom de monsieur et madame le Brun des Bois.

Enfin, le mois d'avril 1697 vit un nouvel incident de cette épopée de bohèmes. Le Noble fut appréhendé au corps et réintégré à la Conciergerie. Il envoya Gabrielle à Lyon, où elle recommença ses fredaines de Tournay.

Semitte, cependant, s'épuisait, mais en vain, à découvrir les fuyards. Le 8 mars 1697, il avait obtenu un Arrêt ordonnant que sa femme serait enfermée au Refuge; mais les mouches mises sur les traces des deux amants les manquaient toujours d'une heure ou d'un logis. Le Noble arrêté Semitte respira un peu ; car il avait vraiment peur de cet homme, de ses ruses inépuisables et des piéges qu'il pouvait lui tendre. Que devint-il donc quand il apprit que le Noble, ce cauchemar de son existence, traînait librement et insolemment ses talons sur le pavé de Paris ?

Paris. — Typographie de Ad. Lainé et J. Havard, rue des Saints-Pères, 19.

Voici ce qui était arrivé. Par singulière diligence de la Justice, le Noble, condamné par contumace pour les faux Giraudin, n'avait pu réussir à retarder que de onze mois l'Arrêt définitif, qui, le 24 mars 1698, le condamna, définitivement cette fois, à neuf ans de bannissement et à faire amende honorable en chambre du Châtelet, amende *sèche*, toutefois, c'est-à-dire sans la présence du bourreau et sans torche. Mais, soit que l'ancien Procureur général eût su faire mouvoir quelques ressorts cachés, soit que des Magistrats crussent un ancien confrère suffisamment puni par ce grand déshonneur public, le Noble obtint des lettres de rappel de ban, à la condition de n'exercer plus aucune charge de judicature.

A peine libre, le Noble ne pensa qu'à se réunir à la Belle Épicière. Elle faisait alors les délices des courtauds de boutique de Lyon; au premier avis, elle revint à Paris. Depuis le 28 mars, son amant l'attendait, prêt à continuer avec elle cette existence de galériens de la débauche dont il est difficile d'apprécier exactement les charmes.

A partir de ce moment, en effet, ils roulèrent de taudis en taudis, de gargotte en gargotte, jusqu'à ce que, le 6 octobre 1698, Semitte réussit à faire arrêter sa fugitive chez la logeuse Coquelin, rue du Foin, où elle avait pris le nom de Mlle des Tournelles. Fort de l'Arrêt du 8 mars 1697, Semitte fit conduire la donzelle à la Salpêtrière, sous grosse escorte, et bien lui en prit, car le preux le Noble attendait sa dame sur le chemin de l'Hôpital général avec quelques gaillards bien armés. Mais la vue d'une douzaine d'archers accompagnant l'huissier qui conduisait la Belle Épicière, donna à réfléchir aux ravisseurs.

Gabrielle ne resta pas longtemps à la Salpêtrière. Sur la requête qu'elle présenta pour purger sa contumace, elle fut conduite à la Conciergerie. Se-

La permission de... Vous m'entendez bien (Page 2).

mitte, cependant, obtenait un nouvel Arrêt qui lui permettait d'informer des dernières débauches de sa femme et qui décrétait le Noble de prise de corps.

A peine la Belle Épicière fut-elle écrouée à la Conciergerie, qu'il lui fut impossible de dissimuler une grossesse nouvelle. Semitte, averti à temps cette fois, demanda et obtint, le 4 avril 1699, un Arrêt ordonnant que l'enfant dont elle allait être mère, fût baptisé à Saint-Barthélemy, paroisse de la Conciergerie, avec défense d'inscrire le nom du père sur le registre. Gabrielle accoucha en effet, le 7 du même mois, d'une fille qui fut baptisée sous le nom d'Anne-Catherine.

Le Noble, lui, se cachait, et si bien, que les mouches les plus adroites ne pouvaient parvenir à le dépister. Et cependant il inondait Paris de ses factums, de ses Mémoires, de ses libelles. On vendait tout cela sous le manteau; on s'en régalait dans les ruelles du plus grand monde. Les plaisanteries dont le Noble assaillait l'infortuné mari, qui soulèveraient aujourd'hui le dégoût général, étaient accueillies par les rires des plus honnêtes gens. On s'arrachait *les Quatre Fils Aymon, ou les Enfans trouvés; qui contient de merveilleuses réflexions sur la sage conduite du fameux Cornificius, et comment, à force de remuer la corne d'abondance, dont il est authentiquement pourvu, il a eu le bonheur d'en faire sortir deux jolies petites nymphes qui lui ressemblent comme deux gouttes d'eau.* Pour mieux apprécier ces turpitudes que goûtaient si fort nos pères, il est bon de dire que, pour dérouter l'information commencée sur ses désordres passés, le Noble essayait, dans ces pamphlets au gros sel et dans des Mémoires plus sérieux, mais encore plus infâmes, de mettre au compte de Semitte les enfants issus de l'adultère.

La Police avait aisément retrouvé les traces des

deux enfants dissimulés par Gabrielle Perreau. Le fils, né le 14 septembre 1694, avait été, par les soins de Passy, qui servit de parrain avec la Tachon, nièce du concierge Boursier, baptisé sous le nom de chevalier de Saint-Georges. Le Noble avait payé les mois de nourrice pendant son séjour à la Conciergerie.

La fille, née le 24 août 1696, avait été baptisée sous les noms de Catherine-Louise, fille d Eustache le Gentilhomme, écuyer, sieur des Noyers, et de Marie le Brun, sa femme. La Passy l'avait tenue sur les fonts avec le chirurgien Castel. Mise en nourrice à Villevandé, elle avait été depuis reprise par Gabrielle et exposée par la Passy.

Croira-t-on que, malgré ces découvertes, malgré la notoriété de ses relations adultères avec la Belle Épicière, malgré la clandestinité de ces accouchements, le Noble, dans les Mémoires fournis pour Gabrielle Perreau, eut le front d'imputer à Semitte ces paternités de rencontre. en supposant, pour expliquer chacune des grossesses, des réconciliations imaginaires entre les époux? Il libella, pour sa concubine, une requête en date du 20 juin 1699, dans laquelle la Perreau demandait « d'être reçue opposante à l'Arrêt qui avait fait défense d'inscrire sur les registres baptismaux le nom de la fille née le 7 avril précédent; en conséquence, qu'il plût à la Cour maintenir et garder dans leur état, nom et qualité, ladite Anne-Catherine, et une autre fille nommée Catherine-Louise, née le 24 août 1696, *comme vraies et légitimes filles de Louis Semitte et de Gabrielle Perreau, sa femme.* »

A l'appui de cette requête, le Noble arguait, avec un redoublement de calomnies, des débauches prétendues de Semitte, qu'il représentait comme une sorte de fou, partagé entre le libertinage et la jalousie, revenant à sa femme aux époques nécessaires pour justifier les grossesses clandestines, la quittant ensuite et la poursuivant d'une haine sans motif au travers de ces réconciliations.

Je me suis désistée de l'appel de la Sentence qui m'a frappée, disait Gabrielle Perreau dans un Mémoire publié par le Noble, à condition que mon mari consentirait à m'entretenir dans un couvent le reste de mes jours. Il y a eu contrat entre nous, contrat verbal, il est vrai, mais dont l exécution fait foi. C'est là une première réconciliation confirmée par les visites faites au couvent par Semitte et les baisers donnés au travers de la grille. Trois autres réconciliations ont eu lieu, et ainsi, en 1693, en 1695 et en 1698, notamment, pendant les intervalles lucides de sa jalousie, Semitte a eu chez la Pasdeloup, chez la Guérin, chez Alix, des entrevues intimes avec moi. Comment donc pourrait-il détruire l'état de mes enfants, alors que ses approches sont sinon prouvées, du moins possibles? Il n'est pas impuissant et il a pu approcher de sa femme : il est donc le père que veut la Loi. Le père est celui que nous montre le mariage, et cette maxime salutaire est la base même de l'état des citoyens. Libre au mari de soupçonner qu'il n'est pas le père des enfants dont sa femme est accouchée : la Loi le croit pour lui et le délivre de tout examen et de tout scrupule.

L'adultère de la mère constant, avoué, n'est pas même un obstacle à la légitimité de l'enfant : un Arrêt du 26 janvier 1664 a déclaré légitime le fils du sieur Boizy, alors que sa femme, avouant l'adultère, déclarait elle-même n'être point grosse de son mari, alors qu'elle accouchait onze mois

après l'avoir quitté. Mais il n'y avait à la paternité du mari ni l'impossibilité naturelle de l'impuissance, ni l'impossibilité physique d'une absence telle, qu'elle rendît le rapprochement inacceptable. L'Arrêt de 1664 fut conforme aux conclusions de l'Avocat général Talon.

L'avocat de Semitte n'eut pas de peine à dévoiler ces mensonges et à renverser ces sophismes C'était *François-Pierre Gillet,* avocat distingué du barreau de Lyon, reçu avocat au Parlement de Paris en 1674, où il se fit une réputation par ses plaidoyers solides, un peu trop chargés d'érudition, mais écrits en très-bon style.

Il repoussa avec indignation ces allégations de débauches, ces réconciliations prétendues, dont on n'essayait pas même de fournir les preuves. Il rappela que la Perreau avait d'abord espéré dissimuler aux yeux de son mari et de la Justice la naissance du fils venu au monde dans le couvent de Liesse le 16 septembre 1694. C'est pour cela qu'elle n'en avait pas parlé, qu'elle avait même juridiquement démenti le fait de sa grossesse. Or, si cet enfant avait été, comme elle le prétend aujourd'hui, le gage d'une heureuse réconciliation, ne se serait-elle pas, au contraire, empressée d'annoncer sa naissance prochaine?

M. Gillet produisit des témoignages nombreux, ceux entre autres de la Pasdeloup, de la dame de Bretignières, de plusieurs religieuses, de quelques détenues, prouvant que Semitte, à chaque tentative de réconciliation, avait opposé une résistance invincible. « Que je n'entende plus parler de cette misérable, » répondait l'honnête homme aux sœurs qui lui disaient : «Allons, embrassez votre femme!»

Mais les faits allégués fussent-ils vrais, ajouta *M. Gillet,* qu'ils n'établiraient pas qu'il y ait eu pardon accordé par Semitte. Lorsque le mari a poursuivi sa femme comme adultère et obtenu condamnation, la preuve de la réconciliation ne résulte pas d'une simple manifestation de volonté; il y faut un acte réel, le retour actuel dans la maison. On ne juge pas que le mari ait pardonné, s'il n'a *reçu et ramené* chez lui sa femme en cette qualité. C'est sur ce principe que l'ancienne coutume de Bretagne a décidé que le mari est présumé avoir pardonné toutes les fautes et les *folies* de sa femme, s'il la ramène chez lui.

Ce n'est pas à dire que la femme ne serait pas écoutée si, sans avoir été ramenée dans la maison, elle prouvait les approches et les familiarités du mari, car il est telle femme qui saura si bien prendre ses avantages, qu'elle le conduira au point décisif de la réconciliation; mais la preuve de cette espèce de pardon ne se présume pas sur des conversations, pas même sur des paroles d'amitié ou sur des commencements de caresses réciproques.

Ici, il n'y a eu aucun pardon accordé. Et ne voit-on pas, s'écria *M. Gillet,* que tout crie la paternité adultère de Semitte ! Ce fils, né à Liesse, comment le nomme-t-on? Le chevalier de Saint-Georges, et Saint-Georges est le nom d'une baronnie qui a appartenu à le Noble. Catherine-Louise, le second enfant, est déclarée fille d'Eustache le Gentilhomme, sieur des Noyers. Qui ne reconnaîtrait dans ces noms Eustache le Noble, auteur du poëme burlesque si connu, intitulé : *L'Allée de la seringue, ou les Noyers?*

Et à qui persuadera-t-on que le Noble et Gabrielle Perreau, se cachant de logis en logis, sous les noms des époux de l'Isle, des Noyers, le Brun des Bois, des Tournelles, aient vécu ensemble dans la chasteté la plus exemplaire? Ce serait trop présumer de la crédulité des Juges, alors qu'il s'agissait de la maîtresse de Goy et d'Auger, de la prostituée de Lyon et de Tournay? N'avait-on pas d'ailleurs les témoignages de tous ses logeurs? Le Noble et la Perreau n'avaient-ils pas toujours partagé la même chambre, le même lit? N'avait-on pas vu le Noble se levant pour aller ouvrir aux visiteurs, pieds nus et en chemise, et se remettant au lit à côté de sa prétendue femme? Lorsque la Perreau était accouchée de sa fille Catherine-Louise, craignant d'être blessée, elle avait fait venir la sage-femme, et, comme celle-ci ne pouvait s'empêcher de s'étonner de l'immodestie avec laquelle la Perreau se découvrait devant elle : « Je vois bien, avait dit la Perreau, que vous n'avez pas coutume de voir des femmes de qualité. » N'était-ce pas là un accablant témoignage, celui de cette sage-femme à qui le Noble se présentait comme le père?

M. Gillet ne se contenta pas de prouver patiemment, minutieusement, les faits qui n'étaient douteux pour personne; il discuta encore avec un grand étalage d'érudition inutile, avec force textes de du Moulin et de Guy Coquille, le sophisme avancé par le Noble. Il montra que si le mari doit, en thèse générale, être réputé père des enfants de sa femme, il est cependant des exceptions à cette règle. Si la Loi invoquée, dit-il, était tellement générale qu'elle ne pût être restreinte par des exceptions, elle ouvrirait une vaste carrière à la débauche des femmes. La règle *is pater est* est soumise à deux principes : le premier, c'est qu'encore qu'elle soit fondée sur une présomption de droit, il y a néanmoins des cas où l'on admet la preuve contraire; le second, que la femme condamnée pour adultère perd tous les droits du mariage, « en sorte qu'il ne reste plus entre elle et son mari que le lien du sacrement, en dehors duquel, quant aux effets civils, ils ne sont plus mari et femme. »

Or, sur le premier point, les exceptions établies à la règle *is pater est*, la Loi a prévu le cas d'absence, le cas d'impuissance, et le cas plus vague d'impossibilité matérielle : *si fingamus abfuisse maritum, si generare non possit, si constet non concubuisse.*

Sur le second point, la perte des droits par l'adultère, il est certain que tous les effets civils du mariage sont anéantis pour la femme par l'adultère : elle perd sa dot, son douaire, sa part de communauté, ses droits même de société maritale, de cohabitation, de rapprochement conjugal. La règle *is pater est* étant une prérogative et un privilège du mariage, elle perd ce privilège, comme les autres; et l'adultère ayant détruit la présomption établie en faveur de la paternité, cette présomption, qui est fondée sur la vraisemblance, disparaît en même temps. S'il ne faut pas écouter, comme dit la Loi, celui qui *ayant toujours vécu avec sa femme, assiduè moratus*, ne voudrait pas reconnaître l'enfant dont elle accouche dans la maison, c'est précisément la raison de décider que la *cohabitation, la vie commune* sont nécessaires pour justifier les effets de la règle *is pater est.*

Or, si la demeure séparée suffirait pour combattre la présomption de droit, alors que la société conjugale continue d'exister, que sera-ce ici où nous avons un mariage dissous, une séparation, une réclusion; une séparation non pas volontaire, mais forcée, légale?

Quant à l'Arrêt de 1664, il ne prouve qu'une chose, à savoir que la vérité du fait doit être cherchée avant tout, en dehors des présomptions légales. Or, malgré les déclarations de la femme injurieuses pour le mari, celui-ci avait pu être le père, ayant cohabité avec la femme au temps de la conception; et, d'ailleurs, il ne s'était pas plaint et le procès n'avait été soulevé qu'après sa mort.

C'est ainsi que Coquille dit que les enfants nés durant le mariage *en la maison du mari*, sont réputés légitimes, bien que, par après, la femme soit convaincue et condamnée d'adultère.

La conclusion légale de *M. Gillet* peut être formulée ainsi : La femme condamnée pour adultère étant retombée dans le droit commun, ce n'est plus par la présomption de droit, ce n'est plus par la règle *is pater est*, qu'il faut juger de l'état des enfants nés et conçus depuis la condamnation; il en faut juger, comme on juge de l'état des enfants dont le père est incertain. La règle, alors, est tout entière dans les faits, les circonstances, les habitudes.

Au moyen de cette règle, comment admettre la paternité de Semitte?

Le Noble répliqua, opposa, sous le nom de Gabrielle Perreau, des arguties misérables et d'impudents mensonges aux faits incontestables et aux arguments solides exposés par M. Gillet. Entre temps, il faisait présenter au Roi des placets anonymes, dans lesquels il accusait Semitte d'inceste, de suppression de part, de parricide, même, on aura peine à le croire, du crime de lèse-majesté.

Toutes ces infamies, dont on s'explique difficilement la longue impunité, vinrent enfin se briser contre un Jugement en dernier ressort.

L'Arrêt définitif, en date du 1er décembre 1701, faisant droit sur le tout, et spécialement sur l'appel à minima, mit à néant Appellations et Sentences, et, en ce qui concernait la Perreau, la « condamna d'être renfermée dans la maison de force de la Salpêtrière de l'Hôpital général de cette ville de Paris pendant deux ans, devant lesquels ledit Semitte la pourra voir, et reprendre, si bon lui semble; sinon, ledit temps passé, sera ladite Perreau rasée et gardée dans ladite maison de force le reste de ses jours. » Il déclara adultérins et illégitimes les trois enfants de la Perreau, confirmant la disposition de la Sentence qui avait adjugé à Marie-Gabrielle Semitte la dot de sa mère et le profit des conventions matrimoniales. Quant aux sieurs le Noble, Goy et Auger, ils furent bannis chacun pour trois ans des Ville, Prévôté et Vicomté de Paris, défenses faites à eux de rompre leurs bans ni de hanter la Perreau sous plus grandes peines ; tous trois condamnés en cinquante livres d'amende envers la Cour, et le Noble, spécialement, à se charger des trois enfants, à les faire nourrir, entretenir et élever en la Religion catholique, apostolique et romaine jusqu'à ce qu'ils fussent en âge de gagner leur vie, ce dont il serait tenu de rapporter certificat au Procureur général de trois mois en trois mois : Castel, Alix, Passy, etc., hors de Cour et de Procès.

Ainsi finit cette longue odyssée des deux adultères. Gabrielle Perreau fut enfermée à la Salpêtrière, dont Semitte n'eut garde de la tirer. Elle y mourut, en édifiant le monde par son repentir.

Eustache le Noble revint bientôt à Paris, où son séjour fut toléré même avant la fin de son bannissement. Il mourut en 1711, à soixante-huit ans, sans avoir changé de conduite. Dissipateur et débauché jusque dans sa vieillesse, il finit misérablement, après avoir fait gagner plus de cent mille écus aux libraires, et fut enterré par la charité de la paroisse de Saint-Séverin.

Pendant ses dernières années, il subsistait des bontés du Lieutenant de police d'Argenson, qui lui envoyait un louis d'or tous les dimanches.

Pour qu'on n'aille pas penser que nous avons surfait l'homme d'esprit dans ce mauvais sujet fameux, voici ce qu'en dit un fin critique, Bayle, dans ses *Pensées diverses sur les Comètes :*

« Eustache le Noble a infiniment d'esprit et beaucoup de lecture. Il connaît l'ancienne et la nouvelle philosophie. Cependant il se vante d'avoir fait beaucoup d'horoscopes qui ont réussi et il s'attache avec soin à maintenir le crédit de l'astrologie judiciaire. »

Ce dernier trait n'achève-t-il pas de peindre le héros bizarre du procès de la Belle Épicière ?

On vient de voir, dans cette cause, s'introduire à côté du débat sur la paternité légale, la question curieuse et assurément grave de la réconciliation après l'adultère puni.

Les rapports intimes survenus entre époux, postérieurement à un jugement de séparation prononcé contre la femme pour cause d'adultère, peuvent-ils être considérés comme opérant cette *reprise* de la femme que les sentences d'adultère réservaient, on l'a vu, au bon plaisir du mari ?

La question est un moment soulevée dans la cause de la Belle Epicière, puis abandonnée faute de bases. Mais un Arrêt de 1859 l'a résolue, interprétant la loi de 1804 qui s'était contentée de prononcer le mot *reprendre*, sans le définir. L'espèce est bizarre, la solution intéressante.

En 1857, un jugement du tribunal de Reims avait prononcé la séparation entre deux époux Poisson, pour cause d'adultère de la femme, et condamné celle-ci à trois mois de réclusion.

Au cours du délai d'appel, la femme Poisson imagine de faire tomber les effets du jugement en se faisant *reprendre* par son mari. Elle est belle, elle est adroite ; elle sait se faire voir avec lui en conversation... criminelle.

Mais le mari, qui avait cédé à une surprise des sens, refuse de se laisser entraîner jusqu'à la reprise de la vie commune, de la recevoir chez lui. Alors la femme demande à la Justice sa réintégration au domicile conjugal, soutenant que les effets de la séparation judiciaire ont été détruits par la *reprise*, dont les rapprochements intimes sont l'expression la plus formelle.

Le tribunal de Reims admet ce système. Appel de Poisson. La deuxième chambre de la Cour impériale de Paris est saisie. La question est nouvelle, la Cour hésite, rend un Arrêt de partage.

Nouveaux débats, sous la présidence de *M. le premier Président Devienne*, avec adjonction de deux Conseillers nouveaux.

La Cour avait à combler la regrettable lacune que le législateur de 1804 avait laissée dans l'article 309 du Code Napoléon, textuellement reproduit par l'article 337 du Code pénal. Ces articles expriment que le mari restera le maître d'arrêter les effets de la condamnation, en *consentant à reprendre sa femme*. Il fallait une interprétation de cette vague formule. La Cour la donna précise, lumineuse.

L'avocat du mari, *Me Péronne*, demanda le sens des mots de notre Loi moderne à la législation romaine. La *Novelle* 134 de Justinien, parlant des cas où le mari consent à reprendre sa femme après une sentence d'adultère, l'autorise à la recevoir, *recipere*, si c'est son bon plaisir, dans le délai de deux ans. Pothier (*Contrat de mariage*, n° 523) emploie les mêmes expressions : « La peine qui est en usage dans notre droit contre la femme convaincue d'adultère, est la réclusion dans un monastère, où son mari peut la voir et la visiter, et, au bout de deux ans, l'en faire sortir *pour la reprendre et la recevoir chez lui*. »

La recevoir chez lui, c'est là l'explication du mot *reprendre ;* il faut donc, pour la reprise de la vie commune, une *réception* solennelle. Le mot de *réconciliation*, derrière lequel la femme Poisson tentait d'abriter la reprise des rapports intimes, ne se trouve que dans l'article 272, inapplicable à l'espèce, qui dispose pour les cas où la demande en séparation est seulement formée et où la Justice n'a pas encore prononcé. Et, même dans ce cas, la cohabitation conjugale, le fait *matériel* du rapprochement, n'a, aux yeux de la loi moderne, qu'une importance secondaire dans l'appréciation d'un fait essentiellement *moral*, la réconciliation.

Si tels sont les principes alors que l'instance n'est pas encore jugée, combien ils doivent être plus rigoureux lorsque la séparation est définitive ! Des relations clandestines, extorquées au caprice irréfléchi des sens, ne sont pas évidemment cette *reprise* légale que veut la Loi, et que le projet de loi adopté en 1816 par la Chambre des pairs, présenté à la Chambre des députés en 1817, fondait, avec une clarté qui manque à l'article 309, soit sur la déclaration des époux par acte authentique, soit, au moins, sur *le rétablissement notoire de l'habitation commune*.

Me Gressier, pour la femme Poisson, soutint que la reconstitution de la vie commune était la conséquence légale, *obligatoire*, du pardon accordé ; que le simple *consentement de reprendre* suffisait pour faire cesser les effets du jugement, et que, *même en l'absence de ce consentement*, le signe le plus certain du pardon était la reprise des relations intimes.

Le Ministère public, représenté par *M. l'Avocat général Moreau*, conclut contre les prétentions de la femme Poisson. Il fut d'avis que des rapprochements clandestins, comme ceux qu'on invoquait, honteux et dégradants pour les deux époux, ne sauraient constituer le rétablissement de la vie commune ni effacer les effets de la séparation. Faire de ces faits de concubinage un titre à l'épouse pour restaurer ses droits, ce serait offenser la majesté de la Loi et placer sous sa protection le cynisme et l'impudicité.

La Cour, adoptant ces principes, ne voulut voir l'abandon formel des droits résultant du jugement de séparation que dans le « rétablissement de la vie commune » et débouta la femme Poisson de sa demande par Arrêt du 5 avril 1859.

En 1701, la décision n'eût pas été certainement la même, et M. Gillet avouait alors que si, *sans avoir été ramenée à la maison*, Gabrielle Perreau eût pu prouver les *approches* de son mari, elle eût été écoutée. L'esprit de notre législation moderne n'est-il pas plus moral et plus respectueux pour la sainteté du mariage ?

Paris. — Typographie de Ad. Lainé et J. Havard, rue des Saints-Pères, 19.